中国非物质文化遗产百科全书

The Encyclopedia of Chinese Intangible Cultural Heritage

冯骥才 ⊙ 总主编

史诗卷
（格萨〈斯〉尔、江格尔、玛纳斯）

Epics
(Gesar Jangar Manas)

中国文联出版社
http://www.clapnet.cn

《中国非物质文化遗产百科全书》总编委会

总顾问：孙家正　　赵　实

顾　问：李　屹　　左中一　　夏　潮　　李前光　　郭运德　　陈建文

总主编：冯骥才

常务副总主编：罗　杨　　向云驹　　揣振宇

副总主编：周燕屏　　朱　庆　　奚耀华

总编委（按姓氏笔画排序）：

万建中	马雄福	王　娟	王勇超	王锦强	韦苏文	乌丙安	户晓辉
尹虎彬	孔宏图	叶　涛	叶舒宪	冯骥才	吕　军	朱　庆	朱辉军
乔晓光	向云驹	刘　华	刘晓春	刘晔原	刘铁梁	刘锡诚	刘魁立
齐　欣	安德明	李耀宗	杨利慧	吴元新	邹明华	沙马拉毅	张　锠
张志学	陈玉胜	陈连山	陈泳超	陈勤建	苑　利	林继富	罗　杨
岳永逸	周燕屏	郑土有	孟慧英	赵　书	赵　琛	施爱东	索南多杰
奚耀华	高丙中	陶立璠	陶思炎	萧　放	曹保明	康　丽	彭　牧
揣振宇	潘鲁生						

编　辑：

柴文良　　王东升　　周小丽　　王柏松　　龚　方　　王素珍　　李婉君

《中国非物质文化遗产百科全书·史诗卷》编委会

主　编：诺布旺丹
副主编：阿地里·居玛吐尔地　斯钦巴图
编　委：阿地里·居玛吐尔地　斯钦巴图　杨恩洪　益　邛　角巴东主　杨嘉铭　黄　智　龙仁青
　　　　李措毛　王国民　乌·纳钦　曹娅丽　郭晓虹　青　措　叶尔扎提·阿地里

本卷撰稿：

一、《格萨（斯）尔》

杨恩洪　诺布旺丹（第一部分：艺人）

诺布旺丹　益　邛（第一部分：史诗中的人物）

诺布旺丹　黄　智（第一部分：学者）

黄　智　诺布旺丹（第二部分：文本）

诺布旺丹（第三部分：说唱及道具）

益　邛　诺布旺丹（第四部分：民俗节日）

益　邛（第五部分、第六部分、第七部分、第八部分、第九部分、第十部分）

李措毛　诺布旺丹（第十一部分）

杨嘉铭　青　措（第十二部分）

郭晓虹（第十三部分）

曹娅丽　诺布旺丹（第十四部分）

角巴东主　诺布旺丹（第十五部分）

诺布旺丹　黄　智（第十六部分）

雅如夫（第十七部分）

王国民（第十八部分）

诺布旺丹（第十九部分）

诺布旺丹（附录）

本部分图片分别由诺布旺丹、杨恩洪、曹娅丽、杨嘉铭、周爱民、降边嘉措、昂乾才让、青措、徐国琼、宗者拉杰、次旺仁青、四川省"格萨尔办公室"等提供。

二、《江格尔》

由斯钦巴图、仁钦道尔吉、塔亚编写。"《江格尔》的艺术特色"部分，根据仁钦道尔吉的《江格尔论》编写；"中国江格尔奇"部分中的绝大多数，由塔亚撰写。其余全部词条，由斯钦巴图撰写。图片由斯钦巴图提供。

三、《玛纳斯》

由阿地里居玛吐尔地、叶尔扎提·阿地里合作编写。图片由郭晓东、任春生、阿地里·居玛吐尔地提供。

总 序

《中国非物质文化遗产百科全书》是一项旨在集结前人智慧、体现学术精华、弘扬传统文化的智力成果。编纂《中国非物质文化遗产百科全书》之所以能够成就，与当下的时代背景和文化繁荣息息相关，既满足了迫在眉睫的文化需求，又顺应了弘扬中华文明的大势所趋。

首先，"非物质文化遗产"是我们这个时代具有象征意义的文化样式。在学术界和文化艺术界又成为最具时代感和最时尚的一个名词，甚至有人将我们这个时代称为"非遗时代"。我国作为世界上的"非遗"大国，"非遗"资源就达87万项，这些项目反映在我国的各个民族和文化的各个领域。作为人类古老的文明形态，非物质文化遗产不是一种孤立的文化表象，它与物质文化遗产和自然文化遗产、甚至与我们精神文化遗产都有着内在的依存关系，涉及人类文化的诸多根脉和基因问题。因此，联合国教科文组织在2002年通过的《伊斯坦布尔宣言》中强调了非物质文化遗产的重要性，认为"非遗"是人类文化多样性的熔炉和可持续发展的保证。对"非遗"项目的立档、保存、研究、宣传、普及、弘扬、传承和振兴成为保护"非遗"的关键所在。

其次，盛世修典。在历史上，我国历朝历代都有修典撰志之风尚，唐代有《艺文类聚》、宋代有《太平御览》、明代有《永乐大典》、清代有《古今图书集成》、当代有《中华大典》。传统文化作为一个民族国家精神的实质内核，在当下仍然具有无可替代的功能和作用。它对综合国力的强弱越来越具有决定性的影响，成为综合国力竞争的关键因素。我国已经成为国际社会的重要成员，文化的交流和互动日益成为与国际社会沟通的重要方式，因此，普及性和大众化的读物在满足我国日益增长的物质文化和精神文化需求方面发挥着越来越大的作用。任继愈先生认为，一个民族的历史和文化是"国家兴亡之学，民族盛衰之学"。科学、抢救性地记录和汇总我国各民族传统知识的精华，使之得到在地化保存，即是保护和传承中华民族优秀文化遗产的有力举措。在此基础上，普及和教育传统文化，用普及性读物弘扬中华文明就成为我们这个时代和这代人肩负的重要使命，是实现中华民族伟大复兴的战略要求，也是全球化视野中保护文化多样性，促进与人类不同文明传统间对话、交流之必需。

再次，2006年5月20日，国务院批准文化部确定并公布第一批国家级非物质文化遗产名录518项。2008年6月14日，国务院又发布了第二批国家级非物质文化遗产名录510项和第一批国家级非物质文化遗产扩展项目名录147项。2011年6月10日，国务院公布了批准文化部确定的第三批国家级非物质文化

中国非物质文化遗产百科全书·史诗卷

遗产名录 191 项和国家级非物质文化遗产名录扩展项目名录 164 项。至此，国家级非物质文化遗产名录项目已达 1219 项，各省（区、市）人民政府也公布了省级非物质文化遗产名录近 1 万项。大部分市、县也建立了本级非物质文化遗产名录。同时，我国积极参与国际合作，推动国际非物质文化遗产保护规则制定，目前入选联合国教科文组织"人类非物质文化遗产代表作名录"30 项，"急需保护的非物质文化遗产名录"7 项，总数达 37 项，成为世界上入选项目最多的国家。

2012 年，经中国文联出版社立项，并由中国文联文学艺术基金会资助，中国非物质文化遗产首次向读者展示其"百科全书"的真正面目。经过近两年的努力，我们对目前国内外有关非物质文化遗产研究方面的学术成果进行了全面系统的综合性盘点、梳理，吸收和借鉴最新的学术成果，编纂出这部"百科全书"。书中所列条目和内容清晰、全面、明确，编者对相关研究进行了细致、深入的梳理，这在国内尚属首次，这也是本书所具有的最大价值。同时，本书对于弘扬优秀的传统中国文化，促进各民族、各地区之间的文化交流，增进不同民族、不同地域人民之间的相互了解，推动我国文化多样性的保护和发展，增强中华民族的凝聚力都将具有重要的现实意义和深远的历史意义。

《中国非物质文化遗产百科全书》编委会

前 言

《中国非物质文化遗产百科全书·史诗卷（格萨〈斯〉尔、江格尔、玛纳斯）》经过编委会全体成员的努力，终于面世了。它是一项旨在集结前人智慧、体现学术精华、弘扬传统文化的智力成果。《格萨（斯）尔》、《江格尔》和《玛纳斯》并称为我国的"三大史诗"。其中，《格萨（斯）尔》和《玛纳斯》在2009年被联合国教科文组织批准列入人类非物质文化遗产代表作名录。我国"三大史诗"是藏族、蒙古族和柯尔克孜族等民族的族群记忆、民间习俗、地方知识、宗教信仰的重要载体，是这些民族历史文化的"百科全书"和口头传统的集大成，也是中国族群文化多样性和人类文化创造力的生动见证。它们在民众中流传广泛、影响深远，已经成为这些民族文化生活的基本元素之一。其中关于造福百姓、寻求不同族群间和睦相处、抑恶扬善、抑强扶弱、共同建设美好家园的主题思想，至今在民众口中广为传诵。它们是中华民族传统文化之内核，是社会主义核心价值观的重要组成部分。鉴于此，其中所反映的种种鲜活的理念以及关于民族文化、社会、经济、哲学、宗教、军事、艺术等方面的内容长期以来成为学界关注和研究的重要课题。自20世纪50年代以来，我国在抢救、搜集、整理和研究"三大史诗"方面的工作取得了巨大的成就。陆续出版了一系列学术性较强的理论研究成果，但作为一种民族传统文化的百科全书，对它价值的认知和理解仍囿于本民族或学界范围，尤其"三大史诗"的大部分内容只有通过藏文、蒙文和柯尔克孜文等民族文字才能被阅读和理解，因此，长期以来影响全社会的、适合大众口味的汉文或外文读物仍然鲜有所见，这与史诗本身在本民族乃至中华民族文化宝库中所占有的重要地位不相适应。

2012年，经中国文联出版社立项，并由中国文联文学艺术基金会资助，使这一缺憾终于有了弥补的机会，并使"三大史诗"这一我国多民族文化的"百科全书"和"民族文化标本的展览馆"能够向读者展示其"百科全书"的真正面目。经过近两年的努力，我们对历史上，尤其是自20世纪50年代以来，学界在《格萨（斯）尔》、《江格尔》和《玛纳斯》等三大史诗方面所取得的研究成果进行了全面系统的综合性盘点、梳理，吸收和借鉴最新的学术成果，编纂出这部"百科全书史诗卷"。故此，应该说本卷不仅是一部填补空白之作，而且对于弘扬祖国优秀民族传统文化，促进各民族文化交流，增进各民族间的相互了解，推动我国文化多样性的保护和发展，增强中华民族的凝聚力都将具有重要的现实意义和深远的历史意义。这是本卷成就之的主要原因。

正当后现代主义思潮席卷全球，全人类的审美、价值体系日益发生冲撞、对话、格义、融通，许多民族的文化基因发生着裂变、消失和异化之时，史诗这一附着了人类原始文化诸多元素的文化，仍然在我国的青藏高原、帕米尔高原和蒙古高原以不同的形式活态化流传。其可贵之处在于，它折射出我们祖先时代的文明曙光，存续着人类原始文明的基因。这是我等晚辈之幸事。本卷行将出版之际，我们衷心希望，这一人类文明鲜活的基因，长久流淌在代际传承的血脉中，继续担当起传承人类文明薪火的责任，并能成为文化艺术不竭之灵感源泉。在世事变迁中不断吐故纳新，取其精华，为不同文明间对话、交流，构筑人类共有的和谐精神家园放射出无尽的能量。

《中国非物质文化遗产百科全书·史诗卷》编委会
2014年10月于北京

凡 例

1. 本卷作为《中国非物质文化遗产百科全书》的组成部分，除在体例上和叙述风格上与整个丛书的要求保持统一外，在内容方面尽量注重完整性、学术性、规范性、知识性和通俗性等特点，力求做到适合不同口味、不同层次、不同职业、不同年龄的读者阅读和参考，使之成为专业人士和非物资文化遗产爱好者的必备工具。

2. 本卷力求把握史诗作为口头传统这一非物质文化的特性，充分展示史诗在民族社会、经济、文化、哲学、宗教、军事、艺术等方面的特色和内涵，图文并茂，以叙述为主，尽量采用学术界公认的观点，避免学术性的讨论，对史诗中带有某些争议或悬疑的命题在尊重民间传统和大众化观点的基础上尽量做到客观、科学的阐述，避免神秘化，力求文风朴实、通俗。

3. 由于三大史诗在内容上和研究状况方面都有各自的特点，因此，在设计体例和编排框架时充分考虑到各自的实际情况，不强求面面俱到，不强求整齐划一，从各自的实际出发进行编写。每个史诗的内容侧重点不尽相同，因此形成了"和而不同"的文本框架和叙述策略。

4. 本卷在注重"统一原则"的前提下，根据"文责自负"的总要求，充分尊重编写者的劳动成果，除了错字、别字、病句、部分冗长句子以及重复性内容外，基本保持了编写者本人的文字风格。另外，三大史诗是藏族、蒙古族、土族和柯尔克孜族等民族数千年口头传统的集大成，因此，内容包罗万象，十分庞大。本书只是择其主要的和具有一定代表性的内容予以呈现，难免出现挂一漏万的现象，更难使所有内容在本书中穷尽。

5.《格萨（斯）尔》、《玛纳斯》和《江格尔》三个部分下面均分若干篇，尽可能地反映该学科的全部内容，体现其"百科全书"的性质。其中《格萨尔》和《格斯尔》分别是藏族和蒙古族的不同称呼，其内容正文共分十九个部分，分别是人物，文本，说唱及道具，民俗节日，社会，宗教信仰，经济，军事法律，生态，动物，语言艺术，图像艺术，音乐，藏戏，风物遗迹，研究蒙古《格斯尔》、土族《格萨尔》，以及其他地区和民族的《格萨尔》，术语和人名、地名词汇对照表附录。《玛纳斯》的内容共分人物，宗教信仰及仪式，《玛纳斯》的艺术特色，《玛纳斯》史诗中的古代部落，地名等人文资料，《玛纳斯》与柯尔克孜族民俗，《玛纳斯》史诗中英雄的骏马和武器,《玛纳斯》史诗的内容，《玛纳斯》史诗的各种文本，《玛纳斯》史诗工作，机构，文化空间，

◎凡例

遗迹和雕塑等部分。《江格尔》的内容共分人物篇、内容篇、版本篇、民俗篇、艺术篇、研究篇、其他篇等七个部分。

6. 本卷在编排方面，参照国内外相关典籍编写之惯用路数，尽量做到各取所需、编排合理、查阅方便。全书分为《格萨（斯）尔》篇、《江格尔》篇和《玛纳斯》篇三个单元，每个单元的内容按照各自传统的学术编目方式和主次编排方式编排。每个单元的内容编排最多分三级编码，譬如：第一部分，一、二、三、；（一）、（二）、（三）。每一个部分根据需要采取不同的分类和编排方式，如人物的排列按照英文字母顺序进行，但史诗文本的排列则按照史诗故事内容的时间顺序进行，其他多数词条则按词条的主次顺序进行。人名、地名等部分专用术语因方言差别而汉语译音有所不同。在内容上，主要涉及词条的选择标准和字数的统一性两个方面。在选择词条时采用"避重就轻"的原则，尽量做到所选词条具有代表性，避免出现"捡芝麻丢西瓜"的现象。

7. 全卷共有1600多个词条，90万字。词条分大、中、小三种，大词条字数一般在1000~2000字左右、中词条500~1000字，小词条300~500字。

8. 本卷主要的词条和具有代表性的词条都配有相关插图。这些配图旨在说明释文，除第十二部分"格萨尔图像艺术"中的正文图片外，均不标注规格尺寸。这些配图的出处在"本卷编委会"一栏中有说明。根据全书统一要求，插图下面未注明出处来源。

封面烫金图案为位于青海果洛州格萨尔广场上的格萨尔大王雕塑，原图由杨恩洪、次平、李连荣拍摄。

9. 本卷内容多由藏文、蒙文和柯尔克孜文翻译而来，其中的人名、地名和专用术语等均或意译、或音译、或直译而得。为了便于查阅和理解起见，本卷分别在《格萨尔》、《江格尔》和《玛纳斯》各部分的结尾处附有与本卷内容相关的人名、地名和专用术语的汉、拉丁撰写对照表（《格萨（斯）尔》部分还附有藏文）。它也可作为索引的依据。

10. 本卷字体除必须用繁体字和异体字外，均使用《简化字总表》所列的简化字。

11. 为了便于正确理解原文，本卷在正文中所涉及的部分主要人名、地名标有相应的拉丁撰写文（除附录中的内容外）。

12. 本卷除部分计量单位沿用地方习惯表达外，均使用法定计量单位。

目 录

《格萨（斯）尔》

英雄史诗《格萨尔》概览……………… 3
第一部分　人物………………………… 4
　一、主要艺人………………………… 4
　　《格萨尔》说唱艺人概说…………… 4
　　阿尼………………………………… 5
　　阿达尔……………………………… 6
　　昂亲多杰…………………………… 7
　　昂日………………………………… 8
　　巴丹………………………………… 10
　　巴嘎………………………………… 10
　　布特尕……………………………… 11
　　才让索南…………………………… 12
　　才旦加……………………………… 14
　　才让旺堆…………………………… 16
　　才仁塔星…………………………… 17
　　才智………………………………… 18
　　次丹多吉…………………………… 18
　　慈成江措…………………………… 20
　　次仁占堆…………………………… 21
　　次旺俊美…………………………… 22
　　达哇扎巴…………………………… 23
　　丹增扎巴…………………………… 24
　　丹巴坚参…………………………… 25
　　达杰………………………………… 25
　　多丹………………………………… 26
　　东奔央周…………………………… 27
　　俄珍卓玛…………………………… 27
　　嘎吉………………………………… 28

　　格日坚参…………………………… 29
　　格桑多吉…………………………… 30
　　格勒南杰…………………………… 31
　　根桑尼玛…………………………… 31
　　贡却才旦…………………………… 32
　　嘉戎·仁德………………………… 33
　　尼玛让夏…………………………… 33
　　卡察扎巴·阿旺嘉措……………… 34
　　罗松次仁…………………………… 35
　　拉布东周…………………………… 36
　　拉巴伊杰…………………………… 37
　　喇嘛秋洛…………………………… 37
　　青梅让丁…………………………… 37
　　曲扎………………………………… 39
　　仁孜多杰…………………………… 40
　　仁真尼玛…………………………… 41
　　桑珠………………………………… 42
　　色拉拥智…………………………… 43
　　色拉·久嘎活佛…………………… 44
　　斯塔多吉…………………………… 44
　　索南诺布…………………………… 45
　　松扎………………………………… 46
　　图登君乃…………………………… 47
　　玉梅………………………………… 48
　　玉珠………………………………… 49
　　扎巴………………………………… 51
　　卓玛拉措…………………………… 52
　二、史诗中的人物…………………… 53
　　（一）岭国的将士………………… 53
　　格萨尔王…………………………… 53

格萨尔的别名	54	岭国四位善知识	66
格萨尔的一生	55	岭国三长寿人	66
童年格萨尔丑陋九相	56	岭国三贤圣	66
格萨尔大王人物形象描写	56	岭国三诅咒师	66
岭国三十员大将	56	岭国白面人	66
阿努华桑	56	岭国守护四门的成就者	66
察香·丹玛向查	57	岭国富有福德的三人	66
晁同	57	岭国三位天臣	66
嘎德曲迥维尔纳	58	岭国六位殊胜大士夫	67
董穹达拉赤噶布	58	岭国五坚赞	67
嘉洛顿巴坚赞	59	岭国三灵智	67
根须提莱	59	岭国三朱	67
吉本	59	岭国三仁青	67
绒查叉根	60	岭国十位公务人	67
贾察协嘎尔	60	岭国六位首领爱子	67
昂欧玉达	60	岭国七位稳重新勇士	67
江赤昂庆	60	岭国六位俊男	67
觉阿华赛达瓦	60	岭国三位席次排位人	67
尼奔达尔雅	61	岭国席尾三人	67
仁庆达尔鲁	61	岭国二虎豹	68
木姜协嘎江扎	62	岭国善言手巧的三小伙	68
桑达·阿东	62	岭王三仆人	68
僧伦	63	岭国三仆人	68
辛巴梅乳孜	63	岭国三俄陆	68
伍雅周吉	64	岭国具威望的两人	68
玉拉托居	64	岭国两位具胆识的人	68
玉威	64	岭国十三爱子	68
扎拉泽杰	64	（二）岭国女人	68
丹玛古如坚赞	64	珠牡	68
拉桂奔鲁	65	阿达拉姆	69
穆穷喀德	65	阿琼吉	69
牟青杰巴灵智	65	晁姆措	69
玉潘达佳	65	达萨玉乙钟爱	70
岭国三猛将	65	旦萨	70
岭国三位大人	65	噶萨拉姆	70
岭国三位长者	66	腊噶卓玛	70
岭国两位法官	66	拉姆玉珍	70

梅朵拉泽	70
梅萨奔吉	71
乃琼	71
戎萨谢仲	71
柔萨格措	71
噶萨曲钟	71
岭国著名七女	72
岭国十三少女	72
岭国三核心女	72
（三）阿里金国人物	72
阿里七魔	72
多典多吉	72
多典桑热	72
尤介托桂	72
（四）阿扎玛瑙国人物	73
尼玛扎巴	73
（五）大食国人物	73
昂拉达亚	73
东尺拉隆	73
木那多旦	73
赛赤尼玛	73
（六）汉地人物	73
称姆措	73
日俄托古	73
睦姑措	74
曲姆措	74
（七）霍尔国人物	74
阿俄特布周	74
白帐王	74
赤宗柔雅	74
冬孔周扎	75
冬郭坚	75
冬旋	75
多庆朗布查巴尔	75
岗尕绕仁	75
固尔措	75
黑帐王	76

黄帐王	76
华旦雅买	76
结丑角尔玛	76
拉伍赖布	76
南吉奔图	76
却达尔	76
玉措	77
唐纳泽嘉	77
唐泽玉周	77
托赛周吉	77
陀赞	77
歇庆热吾邦科尔	77
辛巴	78
杂庆南木卡巴增	78
赞嘉卡肖	78
（八）姜国人物	78
达萨贝玛奇珍	78
梅多仲	78
萨丹	78
（九）卡切玉国人物	79
尺丹	79
道果美巴	79
冬尺赞桂	79
都粲洛居玛王妃	79
玉孜顿巴	79
真巴让霞尔	79
（十）拉达克人物	80
毕扎五虎魔臣	80
卡切刀登	80
米青伦波毕舍	80
庭绒拉格昂赞	80
庭学楚吉	80
（十一）门国人物	80
阿琼郭保	80
冬巴协宁	80
东丹欧尕	81
东迥达拉尺尕尔	81

梅朵拉孜	81	才旦夏茸活佛	87
门国六十员阿乍	81	次仁平措	88
太让喇嘛	81	陈宗祥	88
玉桂贝杰	82	旦白尼玛活佛	89
玉珠托杰	82	董绍宣	89
辛尺	82	东嘎·洛桑赤列	90
（十二）魔国人物	82	格桑多杰	91
鲁赞	82	更登	91
秦恩	82	古嘉赛活佛	92
（十三）木雅国人物	83	何峰	93
玉俄敦巴	83	华甲	94
玉泽东巴	83	黄静涛	95
（十四）尼泊尔人物	83	黄智	95
冬尺薇丹	83	贾东锋	96
东楚维巴尔	83	坚赞才让	96
（十五）戎国人物	83	降边嘉错	96
嘉萨太茂	83	姜佐鸿	97
嘉哇伍噶尔	83	角巴东主	97
戎萨阿曼格查玛	84	兰却加	98
赞粒托嘉	84	刘立千	98
（十六）珊瑚国人物	84	洛哲嘉措	98
达泽	84	马光星	99
东琼威嘎	84	马宏武	99
雅杰托噶	84	马进武	99
（十七）松巴国人物	85	毛继祖	100
晁纳	85	曼秀·仁青道吉	100
冬尺拉桂	85	毛尔盖·桑木旦	101
东尺俄登	85	诺尔德	102
东杰拉玛	85	平措	102
朗萨梅多措	85	恰贝·次旦平措	103
塔穷绕色	85	恰嘎旦正	103
托尺呷青罗威	85	任乃强	104
托郭墨巴	86	仁增	104
玉珠托郭	86	索南卓玛	105
三、学者	86	桑热嘉措	105
巴伽活佛	86	塔洛活佛	107
包发荣	86	土登尼玛仁波切	107

王歌行	108
王沂暖	108
王兴先	109
吴均	109
吴钰	110
徐国琼	111
许英国	112
杨恩洪	112
杨嘉铭	113
益邛	114
扎西达杰	114
赵秉理	114
朱刚	115

第二部分　文本 … 117

一、《格萨尔》史诗文本概要 … 117
分章本	117
分部本	117
降伏四方四敌	117
北妖	118
霍尔	119
姜	119
门	119
征服十八大宗	120
开启宝藏之门	120

二、《格萨尔》史诗主要文本 … 121
《天岭卜筮》	121
《果岭》	121
《贾察猎鹿》	121
《诞生篇》	121
《玛燮扎》	122
《擦瓦箭宗》	122
《西宁马宗》	122
《丹玛青稞宗》	122
《赛马称王》	123
《世界公桑》	123
《降伏魔国》	123
《霍岭大战》	123

《汉地茶宗》	124
《辛丹内讧》	124
《姜岭大战》	124
《门岭大战》	124
《阿达拉姆》	125
《梅岭黄金宗》	125
《大食财宝宗》	125
《大食施财》	125
《卡契玉国》	126
《向雄珍珠国》	126
《祝古兵器国》	126
《征服吉日宗》	126
《穆古骡子宗》	126
《阿里黄金宗》	126
《夹岭大战》	127
《雪山水晶宗》	127
《上蒙古马宗》	127
《下蒙古铠玉宗之部》	127
《阿扎天珠宗》	127
《米努绸缎宗》	128
《香香药物宗》	128
《白惹绵羊宗》	128
《降伏郎如之部》	128
《降伏郎如之部》	128
《松岭大战》	129
《安定三界》	129
《岭与地狱之部》	129

第三部分　说唱及道具部分 … 130
艺人说唱帽子	130

第四部分　民俗节日 … 132
爱情	132
自由恋爱	134
通婚习俗与禁忌	134
许配婚	135
品德类	135
处世类	135
生活类	136

岭国赛马赌注七宝	136	岭国部落社会	151
其他类	136	岭三部起源	152
《格萨尔》中的神山崇拜	136	冬族	152

第五部分 宗教信仰 ……………… 137

伏藏	137	且居	152
释梦	138	仲居	152
仪式	139	穷居	152
宗教仪轨	140	岭部落联盟	153
宗教信仰	140	岭部落联盟结构与首领	153
佛菩萨化现	141	岭国执政方略	153
格萨尔王神变幻化	141	婚姻家庭	154
神灵系统	141	草原游牧	155
原始神灵系统	142	农耕文化	156
苯教神灵系统	142		

第七部分 军事法律 ……………… 157

佛教神灵系统	143	地形地物利用	157
魔国信仰神灵系统	144	岭军作战方式	157
《格萨尔》中的佛苯之争	145	岭军防御战	157
格萨尔讲经说法	145	岭军进攻战	158
岭国三本尊	146	偷袭之战	158
岭国三喇嘛	146	攻城决战	158
岭国三作主	146	交锋对决	158
白梵天王	146	岭国将士之武功	159
南曼嘉茂	147	军事通讯 信号系统	160
岭国三天行女	147	岭国军人法令	161
岭国董氏护神	147	俘虏军法	161
岭国二护卫	147	百姓军法	161
岭国三大部落图腾动物	147	岭军赏罚军法	161
岭国格萨尔十三动物战神	147	军事文化	161
岭国战神	147	岭国军队编伍	161
寄魂鸟	147	岭国军队兵源	162
		兵源名册	162

第六部分 社会 …………………… 148

"岭"	148	岭国兵种	162
岭国主体部落联盟	148	《格萨尔》中的戎装和手兵	162
血缘联盟	148	岭国军队组织的官员称呼	162
联姻联盟	149	岭军集结令	162
战争联盟	150	岭国军事民主	163
"宗"	151	岭军武功训练	163
		岭军下达出征命令	163

目录

岭军出征	163
岭国行军纪律	164
岭军扎营命令	164
岭国军事计谋	164
岭国军事情报	164
法律	165
战争 英雄类	165
部落战争	166
岭军组织的盔缨颜色	166
格萨尔三佩饰象征意义	166
格萨尔王九大战神兵器	166
格萨尔铠胄	166
岭国三大铠甲	167
岭国三珍贵兵器	167
格萨尔马鞭	167

第八部分 经济

消费思想	167
分配思想	168
民族手工业	168
狩猎文化	168
畜牧业	169
商贸交往	169
《格萨尔》中的经济思想	170

第九部分 动物

牦牛	171
犏牛	172
马	172
骡	172
绵羊	172
山羊	173
赤兔神驹	173
嘉霞白背马	173
岭国三宝马	173
岭国三守门獒	173
动物崇拜	173
战神动物	174
财富性动物	174
图腾动物	174
妖魔动物	175

第十部分 生态

生态保护	176
《格萨尔》史诗的生态观	176
《格萨尔》中的青藏高原	177
霍尔国莲花草库园	177

第十一部分 《格萨尔》语言艺术

一、《格萨尔》语言艺术概览	178
二、譬喻	179
比喻	179
多样比喻法	179
三、谚语	180
《格萨尔》谚语	180
四、情感动态	180
"九曼六变曲"的动态描述	180
"光明天神琵琶曲"的动态描述	182
"百花争艳鲜花旋转曲"的动态描述	182
格律中的唱词动态描述	184
托物比喻的动态描述	187
人物、飞禽间内心的动态描写	188
"河水缓流曲调"的动态描述	190
植物、动物、飞禽、弓箭等曲调中舞蹈动态的描述	190
"仙女曼舞曲"的描述	193

第十二部分 格萨尔图像艺术

一、图像艺术概说	194
二、格萨尔唐卡	195
中国藏学研究中心大藏经对勘局藏《格萨尔王骑马征战像》唐卡	195
西藏自治区社会科学院藏《格萨尔》画卷	195
四川博物院藏《格萨尔画传》唐卡	196
四川大学博物馆藏《格萨尔及三十员大将》唐卡	197
青海省文联藏《格萨尔王骑马征战像》唐卡	197

青海省文联《格萨尔》研究所藏《格萨尔王征战》唐卡……198
四川省甘孜藏族自治州"格萨尔千幅唐卡"……198
青海省《彩绘大观》中的《格萨尔》唐卡……199
四川省甘孜藏族自治州《岭·格萨尔王》唐卡……200
四川省甘孜藏族自治州石渠县宜牛寺《格萨尔王骑马征战像》唐卡……200
四川省甘孜藏族自治州巴塘县相喀寺藏《格萨尔王骑马征战像》唐卡……201
四川省甘孜藏族自治州德格县仲萨寺藏《格萨尔王骑马征战像》唐卡……201
四川省甘孜藏族自治州德格县更庆寺藏《格萨尔与众山神》唐卡……202
四川省甘孜藏族自治州甘孜县东谷寺《格萨尔王及其岭国众将领》唐卡……202
四川省甘孜藏族自治州色达县民间珍藏的《格萨尔凯旋》唐卡……204
四川省甘孜藏族自治州色达县民间收藏的《格萨尔王骑马征战像》唐卡……204
青海省互助县黄兰索的格萨尔刺绣唐卡……205
青海省民间制作的格萨尔掐丝唐卡……205

三、格萨尔壁画……206
西藏自治区拉萨市罗布林卡格萨尔壁画……206
西藏昌都地区江达县瓦拉寺格萨尔巨幅壁画……206
四川省甘孜藏族自治州色达县拉则寺藏格萨尔壁画……207
青海省果洛藏族自治州玛沁县郎日班玛本宗的格萨尔煨桑壁画……209

四、格萨尔雕塑……209
四川省甘孜藏族自治州新龙县格萨尔广场格萨尔王铸铜像……209
四川省甘孜藏族自治州德格县阿须乡格萨尔王青铜铸像……210

四川省甘孜藏族自治州德格县格萨尔纪念堂格萨尔泥塑群……210
四川省甘孜藏族自治州色达县格萨尔文化博物馆格萨尔王及其岭国将领木雕群……211
青海省玉树藏族自治州结古镇格萨尔文化广场的格萨尔像……212
青海省果洛藏族自治州达日县狮龙宫殿格萨尔雕塑……213
青海省果洛藏族自治州达日县格萨尔石雕……213
青海省果洛藏族自治州达日县珠牡广场石雕……213
青海省玉树藏族自治州治多县珠牡石雕……214
青海省果洛藏族自治州玛多县格萨尔铜像……214
甘肃省甘南藏族自治州玛曲县格萨尔铜像……215

五、格萨尔石刻……215
四川省甘孜藏族自治州丹巴莫斯卡格萨尔喇空的珠牡彩绘石刻……215
四川省甘孜藏族自治州石渠"松格嘛呢城"、"巴格嘛呢墙"格萨尔石刻……216
四川省甘孜藏族自治州色达格萨尔石刻……217

六、格萨尔面具……218
四川省甘孜藏族自治州德格县竹庆寺格萨尔面具……218
青海省果洛藏族自治州隆恩寺格萨尔面具……219

七、格萨尔木刻画版……219
四川省甘孜藏族自治州德格印经院格萨尔木刻画版……219

八、绘画艺人……220
著名格萨尔唐卡绘画大师拉孟及其主要作品……220
四龙降泽和他的格萨尔药泥面具……221
画不完的《格萨尔》艺人——阿吾尕洛……222
绘制"吉尼斯之最"唐卡的美术大师——宗

者拉杰 …………………………… 222
　　　为"格萨尔千幅唐卡"点睛的泽仁巴登 223
　　　绘制《〈格萨尔〉精选本》插图的艺人东智
　　　才旦 ………………………………… 224
　　　仁青嘉措绘制的格萨尔唐卡 ………… 224
九、其他 …………………………………… 225
　　　格萨尔漫画 …………………………… 225
　　　格萨尔连环画 ………………………… 225
　　　《格萨尔》传统文本插图 …………… 226
　　　现代《格萨尔》出版物的文本插图 … 227
十、格萨尔图像艺术的相关著作 ………… 228
　　　《格萨尔唐卡研究》 ………………… 228
　　　《藏族英雄史诗〈格萨尔〉唐卡》 … 228
　　　《西藏格萨尔图像艺术欣赏》 ……… 229
　　　《琉璃刻卷——丹巴莫斯卡〈格萨尔王传〉
　　　岭国人物石刻谱系》 ………………… 229

第十三部分 《格萨尔》史诗音乐 230

一、《格萨尔》史诗音乐 ………………… 230
二、史诗音乐唱腔 ………………………… 231
三、史诗音乐类型 ………………………… 231
四、史诗唱腔衬词 ………………………… 232
五、史诗说唱形式 ………………………… 232
六、史诗唱词 ……………………………… 233
七、史诗人物曲牌 ………………………… 233
八、史诗曲式结构与节奏节拍 …………… 233
九、史诗特有的唱腔曲调 ………………… 233
　　　塔啦调 ………………………………… 233
　　　六变调 ………………………………… 234
　　　嘛呢调 ………………………………… 234
　　　佛教唱腔曲调 ………………………… 234
十、史诗人物唱腔曲调 …………………… 234
　　　格萨尔的唱腔曲调 …………………… 234
　　　珠牡的唱腔曲调 ……………………… 235
　　　贾察的唱腔曲调 ……………………… 236
　　　总管王绒查叉根的唱腔曲调 ………… 236
　　　晁同的唱腔曲调 ……………………… 237
　　　丹玛的唱腔曲调 ……………………… 237

　　　辛巴梅乳孜的唱腔曲调 ……………… 237
　　　鄂罗妮琼的唱腔曲调 ………………… 238
　　　梅萨奔吉的唱腔曲调 ………………… 238
　　　阿达拉姆的唱腔曲调 ………………… 238
　　　赤兔马的唱腔曲调 …………………… 238
　　　仙鹤的唱腔曲调 ……………………… 239
　　　乌鸦的唱腔曲调 ……………………… 239
　　　神灵的唱腔曲调 ……………………… 239
　　　父族、母族、子族的唱腔曲调 ……… 239
　　　巴拉•米姜尕尔保的"狮虎长啸曲"… 239
　　　扎拉泽杰的唱腔曲调 ………………… 239
　　　姜萨•贝玛曲珍的"鲜花妙笛曲" …… 240
　　　白帐王的唱腔曲调 …………………… 240
　　　丹萨的唱腔曲调 ……………………… 240

第十四部分 藏戏 241

一、藏戏 …………………………………… 241
二、《格萨尔》藏戏 ……………………… 241
三、《格萨尔》舞蹈 ……………………… 243
四、《格萨尔》藏戏表演艺术风格特点 … 243
五、《格萨尔》演述形态 ………………… 244
六、戏剧表演形态 ………………………… 244
七、《格萨尔》戏剧角色 ………………… 246
八、《格萨尔》剧诗 ……………………… 246
九、《格萨尔》戏剧服饰 ………………… 247
十、《格萨尔》戏剧化妆 ………………… 247
十一、《格萨尔》藏戏布景 ……………… 247
十二、《格萨尔》戏剧道具 ……………… 248
十三、《格萨尔》藏戏的主要剧目 ……… 248
　　　《赛马称王》 ………………………… 248
　　　《英雄诞生》 ………………………… 248
　　　《天岭卜筮》 ………………………… 248
　　　《十三轶事》 ………………………… 249
　　　《霍岭之战》 ………………………… 249
　　　《阿达拉姆》 ………………………… 249
　　　《辛丹虎狮合璧》 …………………… 249
　　　《格萨尔出征》 ……………………… 250
　　　《北地降魔》 ………………………… 250

《岭与姜国》……250
《岭与中华》……250
十四、《格萨尔》戏剧表演程式……250
十五、《格萨尔》戏剧表演形式……251
十六、《格萨尔》戏剧叙事……251
　　道歌调……252
　　喜庆调……252
　　悲歌调……252
　　嘛呢调……253
　　诵经调……253
　　仲调……253
　　吉祥调……253
十七、戏剧唱腔……253
十八、《格萨尔》戏剧韵白……254
十九、《格萨尔》戏剧说唱……254
二十、《格萨尔》戏剧乐器……255
　　大藏鼓……255
　　法鼓……255
　　龙鼓……255
　　藏大号……255
　　八角号……255
　　藏钹……255
二十一、《格萨尔》马背藏戏……255
二十二、现代《格萨尔》藏剧……256
二十三、主要地方藏戏……256
　　竹庆寺院《格萨尔》藏戏……256
　　色达《格萨尔》藏戏……257
　　海南州佐那寺《格萨尔》藏戏……259
　　果洛州隆恩寺《格萨尔》藏戏……259
　　海北州沙陀寺《格萨尔》藏戏……260
　　果洛民间《格萨尔》表演团体……261
　　果洛州《格萨尔》藏戏团……262
　　泽库县《格萨尔》马背藏戏团……262

第十五部分　风物遗迹……262
一、格萨尔遗迹遗物概要……262
　　格萨尔的遗物……263
　　格萨尔和三十员大将的遗迹……263

二、以自然界的各种景物形状和颜色命名的格萨尔遗迹部分……264
　　以自然界相似的景物形状命名者……264
　　以自然形成的印迹而命名的格萨尔的遗迹……264
　　以颜色命名者……265
　　以自然物形状而命名的格萨尔遗迹……265
　　格萨尔王的拴马桩……265
　　格萨尔王的练功石……266
　　珠牡的帐篷……266
　　珠牡的衣柜……267
　　珠牡的锅……268
　　梅萨的织布机……269
　　辛巴的灶脚石三兄弟……269
　　白帐王的城堡——雅泽卡玛尔……270
　　觉如的口袋……272
　　香日德的低头崖……274
　　贵德的刀劈石……275
　　鲁毛石崖……276
　　格萨尔王的宝座和经桌……277
　　格萨尔王的灶脚石……278
　　珠牡王妃的祭祀台……280
　　晁同石头城……280

三、以自然形成的印迹而命名的格萨尔的遗迹……281
　　格萨尔王的马蹄印……281
　　格萨尔王的脚印……282
　　格萨尔王的手印……282
　　格萨尔引进青盐到岭国的遗址……283
　　千里神驹绛果叶哇踢出的石块……284
　　格萨尔王的石梁……285
　　格萨尔王的赛马场……285
　　格萨尔王的赛棋遗址……287
　　被格萨尔大王射成两半的石崖……288
　　梅萨与青海湖的故事……289
　　总管王绒查叉根及其城堡……292
　　晁同的藏身洞……294

目录

晁同的堡垒 …………………………… 297
世界公桑遗址 ………………………… 297
英雄贾察阵亡地 ……………………… 299
辛巴的头盖骨 ………………………… 301
贾察的头盔 …………………………… 302
降伏魔羊卓茂的遗迹 ………………… 302
觉如的脚印 …………………………… 303
大将东赞郎吾阿华城堡遗址及其后裔 … 304
吉荣绵羊宗降伏地及有关古迹 ……… 304
阿达拉姆与可可西里 ………………… 306
岭·阿米降曲折阔诞生地 …………… 306
总管王的遗迹 ………………………… 307
格萨尔诞生地 ………………………… 308
贾察城堡 ……………………………… 308
珠牡故乡遗迹 ………………………… 309
俄支森周达泽宗 ……………………… 309
尼崩达尔雅城堡遗址 ………………… 309
石渠格萨尔遗迹 ……………………… 309
川西高原的格萨尔风物遗迹 ………… 310
嘉卡让茂城（茶城） ………………… 310
玉则宗 ………………………………… 311
晁同宗 ………………………………… 311

四、以自然界的各种颜色命名的格萨尔遗迹
部分 ………………………………… 311
珠牡的曲拉滩 ………………………… 311
珠牡的酥油和曲拉 …………………… 311
珠牡的羊群 …………………………… 312
珠牡泉 ………………………………… 313
岭国的白水泉 ………………………… 313
火海 …………………………………… 313
恰卜恰的吹火筒 ……………………… 315
岭国三大帐篷 ………………………… 316
岭国花虎集会场 ……………………… 316
岭国金宝座 …………………………… 316
岭国三寺庙 …………………………… 316
岭国三信仰圣物 ……………………… 316

五、后人为纪念格萨尔大王而兴建的遗迹 316

狮龙宫殿 ……………………………… 317
岭国十六勇士及他们的宫殿 ………… 317
岭国六天宫 …………………………… 317
格萨尔的俄博 ………………………… 318
达那寺与格萨尔及其三十员大将灵塔 … 319
当家寺的格萨尔木雕 ………………… 319
扎西神山与多钦俄博 ………………… 320
拉布寺格萨尔庙 ……………………… 321

第十六部分 研究 …………………………… 322

一、部分机构 ……………………………… 322
全国《格萨（斯）尔》工作领导小组
及其办公室 ………………………… 322
青海省《格萨尔》史诗研究所 ……… 323
西藏社会科学院民族研究所 ………… 324
西藏大学《格萨尔》研究所 ………… 325
西北民族大学格萨尔研究院 ………… 325

二、主要学术出版物 ……………………… 326
《格萨尔文库》 ……………………… 326
《格萨尔学集成》 …………………… 326
《格萨尔研究集刊》 ………………… 326
《<格萨尔>艺人桑珠说唱本》 …… 326
《格萨尔》藏文精选本 ……………… 327
青海《<格萨尔>艺人说唱本》丛书 … 327
《扎巴老人说唱本》 ………………… 327
四川《格萨尔》说唱本 ……………… 327

三、国外《格萨尔》研究 ………………… 327

四、国外《格萨（斯）尔》主要学术著作 329
《<格萨尔传>的历史源流》 ……… 329
《藏族格萨尔王传与演唱艺人研究》 … 329
《藏族格萨尔王传的歌曲》 ………… 329
《格斯尔传的渊源》 ………………… 330

第十七部分 蒙古《格斯尔》 …………… 330

一、史诗文本及相关内容 ………………… 330
蒙古《格斯尔》搜集概况 …………… 330
蒙古《格斯尔》北京木刻本 ………… 331
蒙古《格斯尔》北京隆福寺本 ……… 332
蒙古《格斯尔》乌素图召本 ………… 332

蒙古《格斯尔》鄂尔多斯本	333
蒙古《格斯尔》诺木其哈敦本	333
蒙古《格斯尔》札雅本	333
蒙古《格斯尔》策旺本	333
卫拉特托忒蒙古文《格斯尔》本	334
蒙古《格斯尔》其他单行本	334
蒙古《格斯尔》各版本之间关系	334
蒙古《格斯尔》渊源	335
蒙古《格斯尔》思想内容	335
蒙古《格斯尔》的故事概述	336
正面人物形象	336
反面人物形象	336
蒙古《格斯尔》动物形象	337
蒙古《格斯尔》蟒古思形象	337
蒙古《格斯尔》语言	338
蒙古《格斯尔》宗教文化	338
蒙古《格斯尔》音乐特征	338
巴林《格斯尔》	340
卫拉特《格斯尔传》	340
《霍尔·格斯尔传》内容	341
青海蒙古《格斯尔》	342
"中国格斯尔文化之乡"——巴林右旗	342

二、艺人 ……………………………………… 343
　　琶杰 …………………………………… 343
　　参布拉·敖日布 ……………………… 344
　　罗布桑 ………………………………… 345
　　苏鲁丰嘎 ……………………………… 346
　　却音霍尔 ……………………………… 346
　　齐木德道尔吉 ………………………… 346
　　敖干巴雅尔 …………………………… 347
　　金巴扎木苏 …………………………… 347

三、学者 ……………………………………… 347
　　索德那木拉布坦 ……………………… 347
　　曹都毕力格 …………………………… 347
　　斯钦孟和 ……………………………… 348
　　道荣嘎 ………………………………… 348
　　仁钦嘎瓦 ……………………………… 348

却日勒扎布	349
巴·布和朝鲁	349
乌·新巴雅尔	349
纳·宝音贺希格	349
巴图	350
斯钦巴图	350
乌·纳钦	350

第十八部分　土族《格萨尔》 ……………… 351
　　土族《格萨尔》 ……………………… 351
　　土族《格萨尔》说唱 ………………… 352
　　土族《格萨尔》的说唱特点 ………… 353
　　贡布（1900—1974） ………………… 353
　　李生全 ………………………………… 354
　　王永福 ………………………………… 355
　　《虚空部》、《创世部》 ……………… 356
　　鲁赞 …………………………………… 356
　　尼玛卓娃神箭 ………………………… 357
　　神女洞 ………………………………… 357
　　腾格利 ………………………………… 358
　　普日汗 ………………………………… 358

第十九部分　其他民族和地区的《格萨尔》 …… 359
　　裕固族《格萨尔》故事 ……………… 359
　　裕固族艺人与说唱习俗 ……………… 360
　　裕固族格萨尔风物传说 ……………… 360
　　撒拉族的《格萨尔》及其风物遗迹传说 …… 361
　　巴尔蒂斯坦的《格萨尔》 …………… 362
　　《盖瑟尔》艺人阿卜杜尔·拉赫曼 …… 363

附录：《格萨尔》专用词汇藏、汉、拉丁转写
对照表 ………………………………………… 365

《江格尔》

英雄史诗《江格尔》概览 …………………… 375
第一部分　人物 ……………………………… 375
　　一、史诗主要人物 ……………………… 375
　　　　江格尔 ……………………………… 375

洪古尔	376
萨布尔	378
萨纳拉	379
美男子明彦	380
阿拉坦策吉	380
勇士古恩拜	381
赫吉拉干	381
阿盖莎布塔拉	382
乌兰邵布秀尔	382
哈日吉拉干	382
和顺乌兰	382
阿里亚雄胡尔	382
塔黑勒祖拉汗	382
唐苏克宝木巴汗	383
乌宗阿拉达尔汗	383
哈日黑纳斯汗	383
沙日古尔古汗	383
库尔门汗	383
库日勒额尔德尼蟒古思	383
沙日蟒古思	384
乌图查干蟒古思	384
克勒干汗	384
扎安台吉汗	385
阿里亚孟胡莱	385
芒乃汗	385
哈日吉拉甘汗	385
巴德玛乌兰汗	385
阿布朗嘎汗	385
哈日旃檀汗	386
哈布罕哈日索耀	386
土默特汗	386
尹德尔拜哈日蟒古思	386
达赖柴拉布尔汗	386
海斯图哈日特博格里	386
阿拉坦毕希库尔	386
哈日布尔古德	386
库日勒哈日英雄	387
乌库尔奇汗	387
古南哈日苏农凯	387
腾格里天神之子铁木尔布斯腾	387
玛拉哈布哈汗	387
十五个头的安杜尔玛哈日蟒古思	387
二十五个头的浩特豪尔哈日蟒古思	387
毛勒木哈布哈	388
楚雄胡尔	388
哈日库库勒汗	388
库克芒乃蟒古思	388
额尔古蒙根特布赫汗	388
大力士阿拉坦索耀汗	388
杜希芒乃汗	388
道木布汗	388
那仁达赖汗	388
道格欣哈日蟒古思	389
格棱赞布勒汗	389
额尔古耀温乌兰	389
二、《江格尔》的演唱者——江格尔奇	389
（一）江格尔奇及其类型	389
江格尔奇	389
业余江格尔奇	389
职业江格尔奇	389
江格尔奇世家	390
御前江格尔奇	390
江格尔奇传说	390
（二）俄罗斯的卡尔梅克江格尔奇	390
鄂利扬·奥夫拉	390
巴桑嘎·穆克温	392
巴拉达尔·纳森卡	392
利基·卡纳拉	393
阿杜沁·策仁	393
利基·托尔图	394
道尔吉·穆西克	394
满吉·米哈伊尔	395
巴德玛·孟克纳生	395
考赞·安珠卡	396

条目	页码	条目	页码
夏瓦林·达瓦	396	乌日乐扎布	408
珠喀·奈曼	397	宾拜	408
巴德玛·乌鲁木吉	397	阿里亚	408
奥尔加·尼科拉伊	398	宗高罗甫	408
卡伦·弗拉基米尔（查干哈拉嘎）	398	图尔陶克陶	409
（三）中国江格尔奇	399	伊丹加甫	409
加·朱乃	399	布日古德拜	409
冉皮勒	400	柯克滚尊	409
巴图那生·达日木	400	巴·扎黑喇	410
胡里巴尔巴雅尔	401	扎·尼开	410
西西那·布拉尔	401	卡·普日拜	410
扎拉	401	劳宗	410
李·普尔拜	402	阿勒泰扎布	410
达瓦	402	巴彦泰	411
沙·普尔布加甫	402	安扎	411
额仁策	403	固沙	411
巴桑哈拉	403	孟特库尔	411
苏·图尔逊	403	布迪巴孜尔	412
杜岱	404	沙格杰	412
舒盖	404	朝乐登	412
钟高洛甫	404	莫那	412
普尔拜	404	嘎日布	413
宝斯郝木吉	405	伊万	413
格勒克	405	图·加瓦	413
巴桑	405	阿迪亚	413
照·道尔吉	405	齐木德	414
尼麦	406	浩·阿拉希	414
鹏斯克	406	利吉	414
巴希	406	利·阿拉希	414
奥其尔	406	阿·宾拜	414
胡·巴桑	407	道加	414
道尔吉	407	巴孜尔	415
沙·扎瓦	407	加衣瓦	415
善杰	407	巴音巴图	415
道·普尔拜	407	奥伦巴伊尔	415
道·都戴	407	奥其尔	415
占巴	408	布勒嘎	415

安凯 …………………………………… 416	戈尔斯通斯基 …………………………… 424
琼俊 …………………………………… 416	Ts. 达木丁苏荣 ………………………… 424
奥齐尔 ………………………………… 416	O. 扎格德苏荣 ………………………… 425
李嘉拉 ………………………………… 417	S.A. 科津 ……………………………… 426
梢夏 …………………………………… 417	G.I. 米哈伊洛夫 ……………………… 426
乌吉玛 ………………………………… 417	R. 娜仁图雅 …………………………… 427
哈尔察克 ……………………………… 417	S.Y. 涅克留朵夫 ……………………… 427
其麦 …………………………………… 418	N.N. 波佩 ……………………………… 428
萨·巴德木加甫 ………………………… 418	G.I. 拉姆斯特德 ……………………… 429
才外 …………………………………… 418	B. 仁钦 ………………………………… 429
吕日布 ………………………………… 418	G. 仁钦桑布 …………………………… 430
朱俊 …………………………………… 419	G.D. 桑杰耶夫 ………………………… 430
（四）蒙古国江格尔奇 ………………… 419	A.I. 乌拉诺夫 ………………………… 431
玛格萨尔·普尔布扎拉 ………………… 419	藤井真湖 ……………………………… 431
朝·巴格莱 ……………………………… 419	瓦尔特·海希西 ………………………… 431
帕·古尔拉格查 ………………………… 419	仁钦道尔吉 …………………………… 432
科彻·桑杰 ……………………………… 420	朝戈金 ………………………………… 434
道尔吉·乃旦 …………………………… 420	巴·布林贝赫 …………………………… 436
登得布·杜古尔苏荣 …………………… 420	丹碧 …………………………………… 436
格雷格·萨姆坦 ………………………… 420	贾木查 ………………………………… 437
孟根 …………………………………… 420	萨仁格日勒 …………………………… 437
乌力吉·道木 …………………………… 420	旦布尔加甫 …………………………… 438
青格勒 ………………………………… 420	卓日格图 ……………………………… 439
巴尔金·浩毛尔 ………………………… 421	哈·阿勒腾 ……………………………… 439
楚库尔·纳米朗 ………………………… 421	布·阿木尔达来 ………………………… 439
纳音泰·杜格尔 ………………………… 421	塔亚 …………………………………… 440
额日格金·罗布桑扎木苏 ……………… 421	斯钦巴图 ……………………………… 440
策·普尔布朝克图 ……………………… 421	那木吉拉 ……………………………… 441
卓拉·奥斯尔 …………………………… 421	扎格尔 ………………………………… 441
G. 敖登 ………………………………… 421	布·孟和 ………………………………… 442
M. 罗布桑金巴 ………………………… 422	娜仁花 ………………………………… 442
D. 丹奇格 ……………………………… 422	第二部分 《江格尔》内容篇 …………… 443
玛格乃 ………………………………… 422	一、卡尔梅克《江格尔》篇章 ………… 443
三、《江格尔》研究学者 ………………… 422	《江格尔序章》 ………………………… 443
B.Y. 符拉基米尔佐夫 ………………… 422	《江格尔征服阿拉坦策吉》 …………… 443
A. 鲍勃洛夫尼科夫 …………………… 422	《洪古尔娶亲之部》 …………………… 443
Sh. 嘎丹巴 ……………………………… 423	《赤胆英雄洪古尔同哈日吉拉甘汗鏖战

《之部》……444
《赤胆英雄洪古尔制服凶残的芒乃汗，使之归降圣主江格尔之部》……444
《乌兰洪古尔活捉阿里亚孟胡莱之部》……444
《绝世美男子明彦夺得图鲁克汗的一万匹黄斑马之部》……444
《绝世美男子明彦活捉凶猛的库尔门汗之部》……445
《勇猛的哈日萨纳拉征服凶猛的蟒古思的领地，让他归顺江格尔之部》……445
《铁臂萨布尔迫使凶猛的克勒干汗归顺江格尔》……445
《英雄哈日吉拉干、阿里亚雄胡尔、和顺乌兰三人活捉勇猛的巴德玛乌兰汗之部》……446
《赤胆勇士洪古尔和铁臂勇士萨布尔制服凶残的赞布勒汗手下的七员狂暴勇士之部》……446
《圣主江格尔征服乌图查干蟒古思之部》……446
《圣主江格尔征服库日勒额尔德尼蟒古思汗之部》……447
《名扬四海的乌兰绍布舒尔制服凶残的沙日古尔古汗之部》……447
《赤胆勇士洪古尔生擒凶残的沙日蟒古思汗之部》……448
《名扬天下的圣主江格尔制服凶残的哈日黑纳斯之部》……448
《赤诚英雄洪古尔同阿布朗嘎汗鏖战之部》……449
《骑漂亮黄斑马的克尔梅之子蒙忽莱驱走江格尔的九万匹红色骏马》……449
《江格尔的阿兰扎尔枣红马被盗之部》……449
《江格尔初掌国政之部》……450
《洪古尔夺取北方沙日库尔门汗的珊瑚珠尾棕色马群之部》……450
《洪古尔被九个妖婆吸血之部》……450
《萨纳拉夺取名扬四方的塔克毕尔玛斯汗的七百万匹花斑战马之部》……451
《芒乃汗的勇士那仁格日勒逼江格尔进贡五样宝贝之部》……451
《洪古尔盗取沙日毕尔玛斯汗的著名钢盔和闪电钢剑之部》……451
《圣主江格尔君臣同凶残的芒乃汗鏖战之部》……452

二、蒙古国《江格尔》篇章……452
《圣主江格尔》……452
《圣主江格尔》……452
《征服哈布罕哈日索耀之部》……453
《诺彦金格尔拜汗》……453
《乌宗阿拉达尔可汗之子、幼小的宗拉诺彦》……453
《博格达德钦江格尔汗》……453
《江格尔迎娶达赖柴拉布尔汗的阿勒腾黑努尔公主之部》……454
《江格尔一章》……454
《江格尔可汗》……454
《江格尔传》……454
《江格尔史诗一篇章》……455
《江格尔同罗藏缇布汗手下的阿拉坦毕希库尔激战之部》……455
《乌宗赞布勒汗》……455
《博格达诺彦江格尔汗》……455
《圣主江格尔的故事》……455
《圣主江格莱可汗》……456
《名扬四海的好汉洪古尔》……456
《三岁的伯东》……456
《圣主江格莱可汗》……456
《圣主江格尔》……457
《圣主江格莱》……457
《圣主江格莱可汗》……457
《勇猛圣主江格莱可汗》……457
《圣主江格莱汗》……457
《圣主江格尔可汗》……458
《罕西尔》……458

三、中国《江格尔》篇章 …………… 458
　《洪古尔及子和顺与乌库尔奇汗、沙莱高勒三汗战斗之部》………… 458
　《洪古尔之子和顺征服那仁达赖汗的儿子古南哈日苏农凯之部》 …… 459
　《洪古尔的婚事之部》 ………… 459
　《和顺乌兰征服玛拉哈布哈汗之部》… 459
　《乌兰洪古尔铲除十五个头的安杜尔玛哈日蟒古思之部》……………… 460
　《洪古尔消灭二十五个头的浩特豪尔哈日蟒古思之部》 ……………… 460
　《洪古尔之子和顺征服毛勒木哈布哈之部》 ……………………………… 460
　《洪古尔之子和顺结亲之部》 ………… 461
　《江格尔消灭道格欣沙日古日古之部》 461
　《道克欣哈日萨纳拉夺取扎恩台吉汗八万匹战马之部》 ……………… 461
　《美男子明彦夺取图鲁克汗一万匹黄斑战马群之部》 ………………… 462
　《洪古尔之子和顺征服楚雄胡尔之部》 462
　《洪古尔消灭哈日库库勒汗之部》 …… 462
　《洪古尔第二次婚礼之部》 …………… 462
　《洪古尔消灭道格欣哈日苏农凯，却被三个蟒古思打败，和顺复仇之部》……… 463
　《江格尔之子布俊宝日、洪古尔之子和顺乌兰灭库克芒乃蟒古思之部》 ……… 463
　《洪古尔之子和顺的婚礼之部》 ……… 464
　《洪古尔之子和顺取残暴的玛莱哈布哈的首级之部》 ………………… 464
　《孟根希克锡力格与孤儿江格尔相遇之部》 ……………………………… 464
　《孟根希克锡力格将希尔格汗的领地移交于江格尔之部》 …………… 464
　《额尔古蒙根特布赫汗扫荡乌宗阿拉达尔汗的故乡，摔跤手孟根希克锡力格给乌宗阿拉达尔汗的孤儿起名为江格尔之部》 …… 465
　《博尔托洛盖的大力士阿拉坦索耀汗之部》 ……………………………… 465
　《江格尔之子阿尔巴斯哈尔活捉额尔古蒙根特布赫汗之部》 ………… 466
　《博格达江格尔手执道格新希尔格汗的玉玺召集雄狮英雄之部》 ……… 466
　《扎雅图阿拉达尔汗之子宝日芒乃征服杜希芒乃汗之部》 …………… 466
　《洪古尔寻找叔父之部》 ……………… 467
　《江格尔向洪古尔之子和顺授玉玺之部》 ……………………………… 467
　《洪古尔抛弃道木布汗之女杜布尔沙日那钦，聘娶阿拉奇汗之女阿拉坦登珠叶之部》 ……………………………… 467
　《和顺乌兰砍取道克欣玛莱哈布哈的首级之部》 ……………………………… 468
　《洪古尔娶杜布尔沙日那钦，打败道木布巴尔汗之部》 ……………………… 469
　《洪古尔砍取那仁达赖汗的首级之部》 469
　《洪古尔之子和顺之部》 ……………… 469
　《洪古尔之子和顺灭二十五头的浩特格尔哈尔蟒古思之部》 ………… 470
　《洪古尔灭道格欣哈日蟒古思之部》 … 470
　《洪古尔征服格棱赞布勒汗之部》 …… 471
　《英雄萨布尔聘娶那仁达赖汗之女诺木特格斯之部》 ………………… 471
　《洪古尔智取葛棱赞布勒汗的首级，聘娶阿拉奇汗之女之部》 ………………… 471
　《孟根希克锡力格的婚礼之部》 ……… 471
　《洪古尔与和顺二人夺回战马，征服蟒古思部众之部》 ……………… 472
　《江格尔的小勇士巴特哈那巴托尔灭蟒古思国额尔古耀温乌兰之部》 …… 472
　《道格欣夏尔布尔格德之部》 ………… 473
　《江格尔开篇之部》 …………………… 473
　《圣主江格尔周游八千八百个汗国》 … 473
　《勇猛的哈日萨纳拉和圣主江格尔结义之部》 ……………………………… 474

《圣主江格尔出走，道克欣沙日古日古侵占宝木巴国之部》……474
《名扬天下的圣主江格尔制服凶残的哈日黑纳斯之部》……474
《江格尔之子阿尔巴斯哈日活捉道克欣沙日蟒古思之部》……475
《阿日格乌兰洪古尔与占布拉汗的公主珠拉赞丹成婚之部》……475
《阿日格乌兰洪古尔活捉顿舒尔格日勒蟒古思之部》……476
《阿里亚毛胡莱赶走江格尔的八千匹汗血枣红马之部》……476
《勇猛的哈日萨纳拉迫使扎恩塔巴嘎扎恩塔巴嘎库杜尔台吉归顺江格尔之部》……476
《汗西尔宝通之部》……477
《和顺乌兰、哈日吉拉干、阿里亚双胡尔三人活捉巴德曼乌兰之部》……477
《〈江格尔〉结尾之部》……477
《古哲恩贡布大战道克欣沙日古日古之部》……477
《罕苏尔布通之部》……478
《绝世美男子明彦大战库尔门汗之部》……478
《铁臂勇士萨布尔活捉图日森蟒古思汗之部》……478
《雄狮洪古尔活捉陶尔根焦劳汗，与格陵占巴拉汗之女成婚，征服三大蟒古思之部》……479
《奥特亨乌兰洪古尔大战哈图哈日桑萨尔之部》……479
《奥特亨乌兰洪古尔活捉胡日勒占巴拉汗之子纳钦雄胡尔之部》……479
《奥特亨乌兰洪古尔寻找叔父之部》……480
《布克孟根希克锡力格之子洪古尔大战那仁达赖可汗之部》……480
《奥特亨乌兰洪古尔大战哈图哈日桑萨尔之部》……480
《奥特亨乌兰洪古尔大战胡日勒占巴拉汗之子雄胡尔之部》……480
《江格尔开头之部》……481
《记述江格尔祖谱之部》……481
《摔跤手孟根希克锡力格汗与赞丹格日勒成婚之部》……481
《乌宗阿拉达尔汗成婚之部》……481
《摔跤手孟根希克锡力格给乌宗阿拉达尔汗的孤儿起名叫江格尔之部》……481
《古哲恩贡布之部》……482
《雄狮英雄阿日格乌兰洪古尔活捉阿斯日哈日蟒古思之部》……482
《雄狮英雄阿日格乌兰洪古尔与道克欣芒乃汗战斗之部》……482
《阿日格乌兰洪古尔大战沙日安岱蟒古思之部》……482
《阿日格乌兰洪古尔与布拉尔占布拉汗的赞丹公主成婚之部》……483
《圣主江格尔与道克欣哈日萨纳拉战斗之部》……483
《乌兰洪古尔大战哈图哈日桑萨尔之部》……483
《乌兰洪古尔大战那仁达赖可汗之部》……483
《乌兰洪古尔战胜伊赫汗和巴格汗，与布斯鲁尔齐汗讲和之部》……484
《乌兰洪古尔跟库日勒占布拉的小女儿成亲之部》……484
《乌兰洪古尔迎娶赞丹才茨克公主之部》……484
《征服圣主江格尔之部》……484
《圣主江格尔征服哈图哈日黑纳斯、道克欣沙日黑纳斯之部》……485
《洪古尔抢来杭克勒哈布哈汗的杭克勒孟根杜拉哈，将其献给江格尔之部》……485
《神箭手阿拉腾汗江格尔之部》……485
《阿日格乌兰洪古尔大战胡日勒占巴拉汗的儿子之部》……485
《狮子英雄阿日格乌兰洪古尔大战胡日勒占

《巴拉汗之子大力士雄胡尔之部》……… 486
《阿日格乌兰洪古尔大战哈图哈日桑萨尔之部》……… 486
《阿日格乌兰洪古尔大战道格欣芒乃汗之部》……… 486
《乌兰洪古尔消灭阿萨尔赞丹汗，娶其女儿奥特根哈拉格奇之部》……… 486
《阿日格乌兰洪古尔大战布尔固德汗之部》……… 487
《乌兰洪古尔大战道克欣沙日蟒古思之部》……… 487
《嘎拉珠乌兰洪古尔之部》……… 487
《额尔德尼哈日勇士之部》……… 487
《奥特亨乌兰洪古尔娶固什赞丹公主之部》……… 487
《奥特亨乌兰洪古尔娶阿拉奇汗的固什赞丹才茨克公主之部》……… 488
《乌兰洪古尔与布尔固德汗战斗之部》 488
《乌兰洪古尔做圣主江格尔的儿子之部》……… 488
《圣主江格尔大战哈日特布格图汗之部》……… 488
《奥特亨乌兰洪古尔取安杜尔玛汗的首级之部》……… 489
《布克孟根希克锡力格汗》……… 489
《巴木乌兰勇士被毒蛇活捉之部》……… 489
《巴木乌兰勇士成婚之部》……… 489
《巴木乌兰勇士寻找弟弟哈什朝仑之部》……… 490
《阿拉坦策吉汗之部》……… 490
《阿亚拉噶之子伊提力格消灭十五个头的阿塔哈尔哈日蟒古思之部》……… 490
《赤胆英雄洪古尔鏖战那仁达赖汗之部》……… 490
《赤胆英雄洪古尔之子和顺乌兰灭安杜尔玛之子阿图哈日蟒古思之部》……… 490
《圣主江格尔之部》……… 491

《阿拉坦策吉之部》……… 491
《赤胆英雄洪古尔与骑着棕色马的大力士雄胡尔战斗之部》……… 491
《洪古尔及子和顺同乌库尔奇汗与沙莱高勒三汗战斗之部》……… 491
《八岁的奈日巴图救霍尔穆斯塔腾格里神之女，降伏腾格里天神的铁木尔布斯特，聘娶乌孙达赖汗之女之部》……… 492
《洪古尔之子和顺与蟒古思战斗之部》 492
《赤胆英雄洪古尔取格楞赞巴拉汗的首级之部》……… 492
《洪古尔之子和顺消灭木匠、铁匠、玉匠三兄弟，征服布日古德达赖汗之部》…… 492
《赤胆英雄洪古尔与那仁达赖汗之子大力士雄胡尔鏖战之部》……… 493
《洪古尔及其儿子和顺夺回枣红马，征服蟒古思国之部》……… 493
《乌兰洪古尔与大力士雄胡尔的巴图蒙根西格西勒岱勇士战斗之部》……… 493
《赤胆英雄洪古尔与大力士雄胡尔战斗之部》……… 493
《赤胆英雄洪古尔与安杜尔玛蟒古思鏖战之部》……… 493
《江格尔的巴塔哈纳勇士灭额尔古耀温乌兰之部》……… 494
《道格欣哈日萨纳拉征服扎恩台吉之部》… 494
《铁臂萨布尔之部》……… 494
《阿里亚孟胡莱驱赶江格尔的马群被活捉，做江格尔的臣仆之部》……… 494
《道格欣哈日黑纳斯活捉洪古尔之部》 495
《江格尔的断事官凯吉尔宾与沙莱高勒三汗的讼事之部》……… 495
《哈日塔的儿子杭嘎勒迪吉毕格之部》 495
《两岁的和顺乌兰征服道格欣查干汗之部》……… 495
《汗哈冉贵与圣主江格尔交战，被赤胆洪古

尔消灭之部》……………… 496
《汗哈冉贵之子罕苏奈派使者用魔法蛊惑江格尔部众，最终使自己身败名裂之部》 496
《和顺乌兰勇士征服哈日苏乃，道格欣哈日萨纳拉征服哈日布图盖汗，布尔罕宝尔芒乃征服布日勒赞汗之部》……………… 496
《罕苏奈助江格尔活捉额尔克蒙根特博格汗之部》……………………………… 496
《江格尔汗让和顺乌兰继承宝木巴国的汗位之部》……………………………… 497

第三部分 《江格尔》版本篇 …… 497
《江格尔——卡尔梅克英雄叙事诗》… 497
《渥巴什洪台吉传、卡尔梅克民间叙事诗江格尔及尸语故事》…………… 498
《江格尔——有关哈日黑纳斯和沙日古日古的两首歌》……………………… 498
《卡尔梅克英雄史诗——江格尔》…… 498
十三章本《江格尔》………………… 498
《塔黑勒祖拉汗之后裔、唐斯科宝木巴汗之孙、乌宗阿拉达尔汗之子、孤儿江格尔之史诗10章》…………………………… 498
《卡尔梅克江格尔校注》…………… 498
十五章本《江格尔》………………… 499
《江格尔》…………………………… 499
《江格尔》…………………………… 499
七十章本《江格尔》………………… 499
《江格尔资料（一）》……………… 500
《江格尔资料（二）》……………… 500
《江格尔资料（三）》……………… 500
《江格尔资料（四）》……………… 500
《江格尔资料（五）》……………… 501
《江格尔资料（六）》……………… 501
《江格尔资料（七）》……………… 501
《江格尔资料（八）》……………… 502
《江格尔资料（九）》……………… 502
《江格尔资料（十）》……………… 502
《江格尔资料（十一）》…………… 503
《江格尔资料（十二）》…………… 503
《冉皮勒〈江格尔〉——新疆卫拉特蒙古族英雄史诗》……………………………… 503
《周乃手抄本〈江格尔〉》………… 504
《库尔喀喇乌苏土尔扈特〈江格尔〉》 504
《鄂利扬·奥夫拉演唱的10章〈江格尔〉》…………………………… 505
《冉皮勒演唱的23章〈江格尔〉》 … 505
《蒙古文学大系——史诗卷（三）》… 505

第四部分 《江格尔》民俗篇 …… 506
清唱方式……………………………… 506
弹唱方式……………………………… 506
呼麦方式……………………………… 506
演述方式……………………………… 506
演唱民俗不改变主干情节…………… 507
完整演唱……………………………… 507
完整听唱……………………………… 507
敬鬼神………………………………… 507
自行演唱……………………………… 507
喜庆节日上演唱……………………… 507
演唱比赛……………………………… 508
军营里演唱《江格尔》……………… 508

第五部分 《江格尔》艺术篇 …… 509
英雄人物……………………………… 509
人物类型……………………………… 509
理想型首领…………………………… 509
勇猛型将领…………………………… 510
智谋型将领…………………………… 511
贤慧女性……………………………… 511
神奇骏马……………………………… 511
乱世暴君……………………………… 512
残忍的岳父…………………………… 512
人物的半人半神性…………………… 513
人物的矛盾性格……………………… 514
《江格尔》的社会历史文化内涵…… 514
《江格尔》的发展与变异方式……… 515
增加正面人物或英雄人物的史诗发展变异

方式……515
由一代人的故事向三代人的故事扩展的发展变异方式……515
增加反面人物的发展变异方式……516
《江格尔》反面人物形象发展阶段……516
《江格尔》固定的征战母题系列……516
以"三项要求"为起因的征战母题系列……516
以驱赶军马群为起因的征战母题系列……517
活捉敌国汗王的征战母题系列……517
宝木巴的勇士被敌人俘虏受刑的母题系列……517
在战斗中江格尔的长枪折断的母题系列……517
史诗母题系列的发展变异方式……517
《江格尔》中的宇宙三界……518
《江格尔》的结构……519

第六部分 《江格尔》研究篇……519
一、分类综述……519
《江格尔》的传播……519
《江格尔》的搜集和出版……519
俄罗斯的搜集、翻译和出版……520
蒙古国《江格尔》的搜集出版……522
中国《江格尔》的搜集、翻译和出版……522
国际《江格尔》研究……524
俄罗斯的《江格尔》研究……524
蒙古国的《江格尔》研究……526
德国《江格尔》研究……527
美国的《江格尔》研究……528
芬兰的《江格尔》研究……528
前捷克斯洛伐克的《江格尔》研究……528
匈牙利的《江格尔》研究……528
中国的《江格尔》研究……528

二、研究著作……530
《蒙古卫拉特英雄史诗》……530
《英雄史诗——〈江格尔〉》……532
《中国少数民族英雄史诗〈江格尔〉》……532
《〈江格尔〉史诗研究》……532
《〈江格尔〉论》……533

《十三章本〈江格尔〉的审美意识》……533
《江格尔黄四国》……533
《史诗〈江格尔〉探渊》……533
《江格尔与蒙古族宗教文化》……533
《口传史诗诗学——冉皮勒〈江格尔〉程式句法研究》……534
《蒙古英雄史诗源流》……534
《蒙古史诗：从程式到隐喻》……534
《蒙古史诗生成论》……535
《卫拉特蒙古族文化研究》……535
《新疆〈江格尔〉演唱艺人传统研究》……535
《蒙古突厥史诗人生仪礼原型》……536
《加·朱乃〈江格尔〉研究》……536
《〈江格尔〉产生的地理环境与社会历史渊源》……536

第七部分 其他篇……537
《江格尔》演唱会……537
新疆维吾尔自治区《江格尔》工作领导小组……537
搜集整理蒙古族英雄史诗《江格尔》成果展览……538
中国《江格尔》研究会……538
新疆民协《江格尔》、《格斯尔》研究室……539

附录：《江格尔》专用词汇汉、拉丁转写对照表……541

《玛纳斯》

第一部分 人物……547
一、神话人物形象……547
腾格里……547
奇勒黛阿塔……547
阿亚孜阿塔……548
阿达姆阿塔和阿瓦耶涅……548
努赫……548

阿吉达尔	548
依塔勒	549
巴巴德依罕	549
朵特	549
阿勒巴热斯特	549
朵	550
四十个奇勒坦	550
梦神	550
乌麦	551
卡伊别然	551
各种动物的保护神	551
布达依克	551
库玛依克	552
克孜尔	552
夏伊灭尔丹	552
介孜开姆皮尔	552
阿勒巴尔斯特	552

二、史诗中的主要人物 … 553

玛纳斯	553
赛麦台	554
赛依铁克	554
凯耐尼木	555
赛依特	555
阿斯勒巴恰	556
别克巴恰	556
索木碧莱克	557
奇格台	557
卡妮凯	557
阿依曲莱克	558
库娅勒	559
克勒吉凯	559
萨依卡丽	560
卡尔德哈奇	560
加克普汗	560
巴卡依	561
楚瓦克	561
阿勒曼别特	562
加木额尔奇	562
什阿依汗	563
铁凯奇	563
玉尔必	563
艾尔托什吐克	563
森奇别克	564
阔绍依	564
古里巧绕	564
阿吉巴依	565
阿克巴勒塔	565
额尔奇吾勒	566
阿克艾尔凯奇	566
波略克拜	566
玛合都姆	567
阔阔托依	567
穆兹布尔恰克	567
阿牢开	567
孔吾尔拜	568
阔孜卡曼	568
娜克莱依	568
恰奇凯	568
坎巧绕	568
克亚孜	569
阔别什	570
巴额什	570
托勒托依	570
科尔格勒恰勒	570
玛纳斯的十四位汗王	571
玛纳斯的四十勇士	571
奥诺孜都的十个儿子	571
玛纳斯的祖先谱系	572

三、玛纳斯奇：《玛纳斯》史诗演唱艺人

玛纳斯奇	572
（一）国内玛纳斯奇	573
艾什玛特·曼别特居素普	573
额布拉音·阿昆别克	574
巴勒瓦依·玛玛依	575

目录

居素甫阿昆·阿帕依 …………………… 575
居素普·玛玛依 ……………………… 576
铁米尔·吐尔杜曼别特 ………………… 578
满别塔勒·阿拉曼 ……………………… 578
穆塔里夫·库尔玛纳勒 ………………… 579
萨特瓦勒德·阿勒 ……………………… 579
毛勒岱克·贾克普 ……………………… 580
萨尔塔洪·卡德尔 ……………………… 581
奥斯曼·纳玛孜 ………………………… 582
卡布拉昆·玛旦别克 …………………… 582
奥斯曼·玛特 …………………………… 583
托略·朱玛 ……………………………… 584
夏巴依·巧露 …………………………… 585
阿勒普别克·卡勒恰 …………………… 585
额司马依勒 ……………………………… 585
奥诺佐·卡德尔 ………………………… 586
木萨·牙库普 …………………………… 586
托略克·托略罕 ………………………… 587
曼别特·帕勒塔 ………………………… 588
库尔班·穆萨 …………………………… 588
图尔干·居努斯 ………………………… 588
阿布德勒艾则孜 ………………………… 589
朱玛·埃散 ……………………………… 589
卡其肯·萨乌特拜 ……………………… 589
阿散别克·阿曼拜 ……………………… 590
奥姆热坤 ………………………………… 590
撒乌特·吾斯曼 ………………………… 590
托略尼·玉素普 ………………………… 590
奥穆尔·玉素普 ………………………… 590
阿布德热扎克·马凯西 ………………… 590
阿满图尔·卡布勒 ……………………… 591
塔瓦力地·凯热木 ……………………… 591
阿坎别克·努拉昆 ……………………… 592
阔普尔·阿依巴西 ……………………… 592
奥穆尔拜·戴尔坎拜 …………………… 593
托合塔昆·阿德凯 ……………………… 593
麻木特·萨勒马凯 ……………………… 593

阿加昆 …………………………………… 594
曼别特奥诺佐·博尔布什 ……………… 594
塔力甫·赛依提 ………………………… 594
别克尔·马拉依 ………………………… 594
卡德尔 …………………………………… 594
厄布拉伊·奥诺佐满别特 ……………… 595
马特 ……………………………………… 595
图凯西·贾马凯 ………………………… 595
巴克特白·托阔 ………………………… 595
朱玛库勒·乌斯凯 ……………………… 596
加帕尔·铁米尔 ………………………… 596
托默克·曼别特阿勒 …………………… 596
额司马依勒·库勒毛勒朵 ……………… 596
阿依达尔阿勒·塔什丹 ………………… 596
玉赛因·阿布德加帕尔 ………………… 597
奥穆尔 …………………………………… 597
阿散木丁·麦伊曼 ……………………… 597
穆萨坤·木耳扎曼别特 ………………… 598
奥帕孜·加尔肯拜 ……………………… 598
别克包 …………………………………… 598
阿布德开热木·玉散别克 ……………… 598
赛依特·额不拉音 ……………………… 599
马麦特卡德尔·马麦特阿散 …………… 599
卡德尔·巴依萨勒 ……………………… 599
卡丹·司马依勒 ………………………… 600
吉勒布热斯卡·交勒多什 ……………… 600
阿瓦科尔·埃特曼别特 ………………… 600
玛尔杰克·加克瓦昆 …………………… 600
古丽孙·艾什马特 ……………………… 601
布把加尔·苏力坦 ……………………… 601
依力亚孜·阿日尼 ……………………… 602
纳满·朱玛 ……………………………… 602
江额努尔·图尔干白 …………………… 602
阿布德别克·奥斯坎 …………………… 602
比尔纳扎尔·吐尔逊 …………………… 603
苏拉伊曼·居马昆 ……………………… 603
库尔曼别克·奥穆尔 …………………… 603

23

别依先纳勒·阿布德拉依	604
托波库勒·艾沙纳勒	604
卡热别克·卡莱希	604
萨热拜·凯热穆	605
托赫托古勒·阿那匹亚	605
素云拜·额布拉依木	606
阿山·玛姆别塔昆	606
阿勒特米西·阿西姆	606
额勒尕尔别克·库尔玛什	606
姆卡迈特·穆萨	607
阿加坤·尼耶特	607
努尔玛特·额德热斯	608
别先阿勒·苏勒坦阿勒	608
苏玉姆库勒·玉萨纳勒	608
玛姆别塔昆·马坎	609
库瓦特别克·坎加坤	609
穆萨·对谢拜	609
穆萨·奥诺佐拜	609
奥曼·马木提	609
满拜特阿散·卡帕尔	610
阿布勒哈兹·依萨克	610
阿尔兹别克·阿曼图尔	611
依曼卡孜·阿布都卡力克	611
木卡什·托合托尔拜	612
乔珀什·依沙克	612
萨拉买提·莫勒多艾合买提	612
阿依提别克·提莱克	613
阿热克巴依·阿布勒尕孜	613
艾山卡地尔·卓勒达什	613
阿热普江·艾山库力	614
阿瓦克尔·朱玛巴依	614
（二）国外的重要玛纳斯奇	614
萨恩拜·奥诺孜巴克	614
特尼别克·加皮	615
萨雅克拜·卡拉拉耶夫	616
阿克坦·特尼别考夫	617
阿克勒别克	618

四、研究学者	618
（一）国内学者	618
帕自力·阿依塔克	618
阿不都卡德尔·托合塔诺夫	618
玉素音阿吉·吾色克毛拉	619
阿曼吐尔·巴依扎克	620
安尼瓦尔·巴依图尔	621
夏尔西别克·斯迪克	621
塔依尔·买买提力	622
吐尔干·伊仙	622
艾斯别克·阿比罕	623
苏勒坦阿勒·包尔泊多依	623
萨坎·玉麦尔	623
郎樱	624
胡振华	625
陶阳	626
阿地里·居玛吐尔地	627
托汗·依萨克	628
玉山阿勒·阿勒木库勒	629
曼拜特·吐尔地	629
托合提汗·司马义	630
阿曼吐尔·阿不都拉苏尔	630
吴占柱	631
巴赫提·阿玛别克	632
伊斯拉木·伊萨合	632
依斯哈别克·别先别克	633
马克来克·玉买尔拜	633
刘发俊	634
张彦平	634
尚锡静	635
潜明兹	635
马昌仪	635
贺继宏	636
侯尔瑞	636
阿散拜·马特力	637
朱玛克·卡德尔	637
阿力木江·阿布都克力木	637

梁真惠 … 638
斯拉依·阿赫玛特 … 638
张永海 … 638
（二）国外学者 … 638
乔坎·瓦里汗诺夫 … 638
维.维.拉德洛夫 … 640
诺拉·察德维克 … 641
日尔蒙斯基 … 641
A.T.哈图 … 642
西协隆夫 … 643
丹尼尔·普热依尔 … 644
凯艾希·科尔巴谢夫 … 644
雷米·岛尔 … 644
卡尔·莱谢尔 … 645

第二部分 宗教信仰及仪式 … 646

一、宗教信仰 … 646
甘 … 646
太阳崇拜 … 646
火崇拜 … 646
大地崇拜 … 646
月亮崇拜 … 647
苍天崇拜 … 647
星辰崇拜 … 648
大地崇拜 … 649
山水崇拜 … 650
自然崇拜 … 651
动物崇拜 … 651
骆驼崇拜 … 653
马崇拜 … 653
植物崇拜 … 653
图腾崇拜 … 654
神秘数字的崇拜 … 656
生育崇拜 … 656
祖先崇拜 … 657
英雄崇拜 … 659
麻扎崇拜 … 660
萨满崇拜 … 661

乳汁崇拜 … 662
铁崇拜 … 662
颜色崇拜 … 662
禁忌黄色 … 662
《玛纳斯》与伊斯兰教 … 663

二、古老仪式 … 664
祈雨仪式与"鲊答"魔石 … 664
祭拜山水大地的"杰尔—苏塔优"仪式 … 665
祈子习俗 … 665
防止毒眼仪式 … 665
布施消灾的习俗 … 666
祈福祛灾习俗 … 666
洁白祝福仪式 … 666
"萨达哈恰布"仪式 … 667
"穆尔卓塔优" … 667
古柯尔克孜人祭天的习俗和仪式 … 667
宣誓仪式 … 667
占卜 … 668

第三部分 《玛纳斯》的艺术特色 … 669
英雄史诗《玛纳斯》 … 669
《玛纳斯》学 … 670
《玛纳斯》的艺术特色 … 671
《玛纳斯》史诗的结构 … 673
《玛纳斯》的产生年代 … 674
《玛纳斯》的流传 … 674
《玛纳斯》的听众 … 674
《玛纳斯》的异文或变体 … 675
玛纳斯奇的梦授说 … 675

第四部分 《玛纳斯》史诗中的古代部落、地名等人文资料 … 677
阿拉什 … 677
诺奥依 … 677
克塔依 … 677
卡勒玛克 … 677
别依京 … 677
阔克苏 … 678
阔依卡普 … 678

卡伊普山	678	赛鹰	686
巴伊铁热克	678	二、丧葬	686
图玛尔	679	纳兹尔	686
阔孜蒙雀克	679	迎接灵魂	687
柯尔克孜族称谓用语	679	树葬	687
柯尔克孜族畜牧用语	679	土葬	687
柯尔克孜人对生肖的理解	680	火葬	687

第六部分 《玛纳斯》史诗中英雄的骏马和武器 687

阿依特西	680	阿克库拉骏马	687
铁尔麦	680	塔依布茹里	688
交毛克	680	康库拉	688
阿肯	681	玛尼凯尔	688
散吉拉和散吉拉奇	681	托托茹	688
叼羊游戏的传说	681	阿克凯勒铁神枪	688
攻占皇宫游戏的传说	681	阿克奥勒波克战袍	688
白毡帽的传说	682	卡尼达嘎依	689

第五部分 《玛纳斯》与柯尔克孜族民俗 682

第七部分 《玛纳斯》史诗的内容 689

一、竞技游戏	682	《玛纳斯》第一部《玛纳斯》	689
荡秋千	682	《玛纳斯》第二部《赛麦台》	690
攻占皇宫	682	《玛纳斯》第三部《赛依铁克》	690
抢朋友	683	《玛纳斯》第四部《凯耐尼木》	691
牛式拔河	683	《玛纳斯》第五部《赛依特》	692
互翻筋斗	683	《玛纳斯》第六部《阿斯勒巴恰与别克巴恰》	692
月下寻物	683		
蒙眼找伴侣	683	《玛纳斯》第七部《索木碧莱克》	692
滚球	684	《玛纳斯》第八部《奇格台依》	693
木马舞	684		
藏髁骨	684	第八部分 《玛纳斯》史诗的各种文本	694
赛马	684	一、手抄本	694
叼羊	684	《玛纳斯》（第一部）唱本之一	694
马背对刺	685	《玛纳斯》（第一部）唱本之二	694
飞马拾物	685	《玛纳斯》（第一部）唱本之三	694
赛骆驼	685	《玛纳斯》（第一部）唱本之四	695
跨驼比武	685	《玛纳斯》（第一部）唱本之五	695
射元宝	685	《玛纳斯》（第一部）唱本之六	695
马上角力	685	《玛纳斯》（第一部）唱本之七	695
人背角力	686	《赛麦台》（《玛纳斯》第二部）唱本之一	696
摔跤	686		

《赛麦台》（《玛纳斯》第二部）唱本之二 …… 696
《赛麦台》（《玛纳斯》第二部）唱本之三 …… 696
《赛麦台》（《玛纳斯》第二部）唱本之四 …… 696
《赛麦台》（《玛纳斯》第二部）唱本之五 …… 697
《赛麦台》（《玛纳斯》第二部）唱本之六 …… 697
《赛麦台》（《玛纳斯》第二部）唱本之七 …… 697
《赛麦台》（《玛纳斯》第二部）唱本之八 …… 697
《赛麦台》（《玛纳斯》第二部）唱本之九 …… 697
《赛麦台》（《玛纳斯》第二部）唱本之十 …… 698
《赛麦台》（《玛纳斯》第二部）唱本之十一 …… 698
《赛麦台》（《玛纳斯》第二部）唱本之十二 …… 698
《赛麦台》（《玛纳斯》第二部）唱本之十三 …… 698
《赛麦台》（《玛纳斯》第二部）唱本之十四 …… 699
《赛麦台》（《玛纳斯》第二部）唱本之十五 …… 699
《赛麦台》（《玛纳斯》第二部）唱本之十六 …… 699
《赛麦台》（《玛纳斯》第二部）唱本之十七 …… 699
《赛麦台》（《玛纳斯》第二部）唱本之十八 …… 699
二、印刷文本 …… 700
《玛纳斯》（第一部） …… 700
《凯耐尼木》（《玛纳斯》第四部） …… 701
《赛依特》（《玛纳斯》第五部） …… 702
《阿斯勒巴恰与别克巴恰》（《玛纳斯》第六部） …… 702
《索木碧莱克》（《玛纳斯》第七部） …… 702
《奇格台》（《玛纳斯》第八部） …… 702
国内出版和翻译发表的各种文本 …… 703
《玛纳斯》资料本 …… 704
居素普·玛玛依唱本在国外出版的版本 …… 704
三、与《玛纳斯》相关的其他史诗文本 …… 704
《艾尔托西吐克》 …… 704
《巴阁西》 …… 705
《托勒托依》 …… 706
《阿拉西汗》 …… 707
《萨依卡丽》 …… 707

第九部分　《玛纳斯》史诗工作、机构与研究 …… 708

一、工作 …… 708
《玛纳斯》的调查采录 …… 708
新疆维吾尔自治区首届《玛纳斯》史诗演唱会 …… 709
中国史诗《玛纳斯》学术研讨会 …… 709
《玛纳斯》史诗工作成果展览 …… 710
《玛纳斯》史诗国际学术讨论会（1） …… 710
《玛纳斯》史诗国际学术讨论会（2） …… 710
中国·新疆·克孜勒苏《玛纳斯》论坛 …… 710
《玛纳斯》国际文化旅游节 …… 711
《玛纳斯》演唱大师居素普·玛玛依史诗演唱艺术学术研讨会暨新疆《玛纳斯》研究中心成立大会 …… 712
《玛纳斯》柯尔克孜文的编辑出版 …… 712
《玛纳斯》学术交流 …… 713
《玛纳斯》史诗的汉文翻译 …… 713
二、工作机构 …… 714
《玛纳斯》调查组 …… 714
《玛纳斯》工作组 …… 714
《玛纳斯》工作领导小组 …… 715
中国《玛纳斯》研究会 …… 715
新疆柯尔克孜语言、文学、历史研究

学会 …………………………………… 715
柯尔克孜民间文学研究室 ………………… 716
新疆《玛纳斯》研究中心 ………………… 716

三、学术研究成果 …………………… 717
《〈玛纳斯〉论》 …………………………… 717
《〈玛纳斯〉演唱大师居素普·玛玛依评传》 ………………………………… 717
《〈玛纳斯〉论析》 ………………………… 718
《中国少数民族英雄史诗〈玛纳斯〉》 …… 718
《〈玛纳斯〉史诗歌手研究》 ……………… 718
《〈玛纳斯〉多种变体及其说唱艺术》 …… 719
《柯尔克孜文学史（2）》 ………………… 720
《柯尔克孜文学史（1）》 ………………… 720
《口头传统与英雄史诗》 ………………… 720
《呼唤玛纳斯》 …………………………… 720
《柯尔克孜族民间宗教与社会》 ………… 721
《柯尔克孜族民间文学概览》 …………… 721
《史诗〈玛纳斯〉情节概述》 …………… 721
《〈玛纳斯〉研究》 ………………………… 721
《民族英魂玛纳斯》 ……………………… 722
《柯尔克孜族部落史》 …………………… 722
《柯尔克孜族社会历史调查》 …………… 722
《柯尔克孜族简史》 ……………………… 723
《柯尔克孜族风俗习惯》 ………………… 723
《中国民族村寨调查丛书：柯尔克孜族》 ………………………………… 723
《柯尔克孜语言文化研究》 ……………… 723
《中国柯尔克孜族》 ……………………… 724
《中国柯尔克孜族百科全书》 …………… 724
《中国少数民族古籍总目提要：柯尔克孜族卷》 …………………………… 725
《中国柯尔克孜族》 ……………………… 725
《克孜勒苏柯尔克孜自治州民族志》 …… 726
《〈玛纳斯〉——影视文学剧本集》 …… 726
《中国各民族跨世纪家庭实录：〈玛纳斯〉演唱大师的一家》 ………………… 726
《〈玛纳斯〉百科全书》 ………………… 727

《中国柯尔克孜族〈赛麦台〉史诗情节结构及其特征》 ……………………………… 727
《英雄史诗〈玛纳斯〉调查采录集》 …… 727
《玛纳斯之光——〈玛纳斯〉的智慧》 … 727
《柯尔克孜口头文化及其传统社会》 …… 728
《〈玛纳斯〉论文集（1）》 ……………… 728
《〈玛纳斯〉论文集（2）》 ……………… 728
《柯尔克孜民间文学探微》 ……………… 729

第十部分 文化空间、遗迹和雕塑 ……… 729
与《玛纳斯》史诗相关的遗迹、雕塑及文化空间 ……………………………… 729
玛纳斯的陵墓 …………………………… 730
色尔哈克之墓 (Sirgaktin murzösu) …… 731
穆兹布尔恰克之墓 (Muzburqak din murzösu) ……………… 732
阿克库拉的拴马石 (Akkulanin chider taxi) ………………… 732
玛纳斯四十勇士所栽四十棵树 (kirik terek) ……………………………… 733
阿勒曼别特之墓 (Almanbettin murzösu) ………………… 733
比什凯克的玛纳斯文化广场 …………… 733
玛纳斯的阿依勒 ………………………… 733
居素普阿昆·阿帕依陵墓 ………………… 734
艾什马特·曼拜特居素普 ………………… 734
青海湖边的玛纳斯雕像 ………………… 734
新疆阿克陶县的布隆口乡的玛纳斯雕塑 ……………………………………… 735
黑龙江富裕县友谊牧场七家子村的玛纳斯雕像及玛纳斯文化广场和文化长廊 …… 735

附录：《玛纳斯》专用词汇汉、拉丁转写对照表 ……………………………………… 737

《格萨(斯)尔》史诗篇

◎ 格萨(斯)尔

英雄史诗《格萨尔》概览

《格萨尔》是关于藏族古代英雄格萨尔神圣业绩的宏大叙事,以韵散兼行的方式讲述了格萨尔王为救护生灵而投身下界、率领岭国人民降妖伏魔、抑强扶弱、完成人间使命后返回天国的英雄故事。凭借一代代艺人杰出的口头艺术才华,史诗在中国西部高原的广大牧区和农村传承千年,全面反映了藏族及相关族群的历史、社会、宗教、风俗、道德和文化,至今仍是民众历史记忆和文化认同的重要依据,也是中国族群文化多样性和人类文化创造力的生动见证。《格萨尔》2006年被列入中国国家级非物质文化遗产代表作名录,2009年被联合国教科文组织批准列入人类非物质文化遗产代表作名录。

史诗主要分布于东经30°—73°、北纬27°—40°的中国西部青藏高原、北部蒙古高原、天山脚下,区域总面积大约250万平方公里,包括位于阿里高原、雅鲁藏布江流域、藏北草原、横断山脉地区、念青唐古拉山山脉地区、长江上游流域和黄河源头流域、喜马拉雅山北麓地区以及蒙古高原北部的西藏自治区、内蒙古自治区、新疆维吾尔自治区、青海省、甘肃省、四川省、云南省等七省区的藏族、蒙古族、土族等当少数民聚居区域。此外,史诗在中国境外的尼泊尔、不丹、印度、巴基斯坦、蒙古国以及俄罗斯的卡尔梅克和布里亚特等地区也有流传。

蒙古族称《格萨尔》为《格斯尔》,土族等民族有时称《格赛尔》或《盖萨尔》。史诗叙述了英雄格萨尔一生的神圣功业,以其独特的串珠结构,融汇了众多神话、传说、故事、歌谣、谚语等,形成了气势恢宏、篇幅浩繁的"超级故事"。在长期的口耳相传中还产生了抄本和刻本。目前所见最早的抄本为14世纪的《姜岭大战》,最早的刻本是1716年北京出版的《十方圣主格斯尔可汗传》。迄今有记录且内容互不重叠的史诗诗章约有120部,仅韵文部分就长达100多万诗行。目前这一口头史诗仍保持着不断扩展的趋势。

作为史诗最直接的创造者、传承者和传播者,藏族史诗艺人因传承方式的不同,分为神授、闻知、掘藏、顿悟、圆光、智态化、吟诵等类型,演唱形式具有多样性,通常采用传统的"伯玛"说唱体,散韵兼行;除了使用80余种演唱曲牌对应于不同的语境外,艺人们还运用语调、声腔、表情、手势、身姿等表演性技艺,从多方面体现出口头叙事的艺术魅力。在藏族地区,史诗艺人奇特的、别具象征意味的服饰、道具(例如帽子和铜镜等),映射其宇宙观和审美观。蒙古族史诗艺人则多是师徒相传,演唱时多使用马头琴或四胡伴奏,融汇了好来宝及本子的说书风格。

史诗和当地社区的传统民俗活动和仪式生活密不可分。人们在诞生礼、成人礼、婚礼、葬礼等人生仪礼上,通常都会邀请艺人表演特定的史诗段落,如在诞生礼上演唱格萨尔王从天国降生的段落,丧礼上则演唱格萨尔王功德圆满、回归天界的段落;在传统节日庆典上,也通常会有史诗艺人演唱助兴,如在藏族赛马节上演唱格萨尔王赛马夺冠称王的段落。除了藏族本土宗教苯教的万物有灵宇宙观及其宗教仪轨如祭神、驱鬼、占卜等在史诗中有全面反映外,史诗的演唱本身就伴随着诸如烟祭、默想、入神等独特的仪式实践。史诗演唱不仅是牧民们与英雄、神灵、祖先和族众沟通的主要手段,也是乡土社区的主要娱乐方式。

史诗说唱是相关族群传承其自然知识、宇宙观和历史感的重要途径,也是当地社区民众了解历史、汲取传统、接受教育的重要手段。史诗广泛涉及了藏族、蒙古族等族群的天文、地理、谱牒、动植物、医学、工艺等方面的知识,演述中穿插着众多的"赞歌",如"山赞"、"河赞"、

"茶赞"、"马赞"、"刀剑赞"、"盔甲赞"等，回溯着藏族民众关于自然万物的经验知识和先民的文化创造。此外，在史诗流传的雪域高原上至今分布着数以百计的格萨尔人文风物遗址，回应着本土观念中关于人与自然和生态环境的认知和互动。

正如藏族谚语所说："每一个藏族人的口中都有一部《格萨尔》。"史诗说唱传统在一定意义上是地方性知识的汇总——对宗教信仰、本土知识、民间智慧、族群记忆、母语表达等，都有全面的承载，既是唐卡、藏戏、弹唱等传统民间艺术创作的灵感源泉，又是现代艺术形式的源头活水。它不断强化着人们尤其是年轻一代的文化认同与历史连续感，因而格萨尔史诗传统堪称民族文化的"百科全书"。

第一部分 人物

这里的人物是指演唱《格萨尔》史诗不同类型的主要艺人，即神授艺人类、掘藏艺人类、圆光艺人类、顿悟艺人类、智态化艺人类、吟诵艺人类以及史诗中的主要人物、研究史诗的国内外主要学者等内容。

一、主要艺人

《格萨尔》说唱艺人概说

《格萨尔》说唱艺人，在藏语中称"仲巴"或"仲肯"，意为说唱故事的人。《格萨尔》在其产生、流传、发展和演变的过程中，那些才华出众的民间说唱艺人起着很重要的作用。他们是史诗最直接的创造者、继承者和传播者。他们大多出生在边远牧区，目不识丁却能吟唱数十部甚至上百部故事。过去，他们云游四方、吟诵史诗。对他们而言，演述史诗既是自己一生的精神追求，亦是赖以维持生计的重要途径。

艺人的产生和演变是一个历史现象。在《格萨尔》史诗诞生的早期，《格萨尔》的吟诵和传唱是全体部落成员共同的行为之一，用集体记忆来延续这部史诗的生命。对英雄格萨尔的业绩的崇敬和颂扬是部落成员共同进行的一项主体性活动。后来由于藏族地区"泛佛教化"思潮的推进，尤其是思辨和理性思维的兴起，诗性思维和神话思维开始退却，史诗的演述传统在部落内部逐渐失去了普遍性，具有佛教信仰背景的僧侣或准信徒以艺人身份参与到史诗创作活动中，在佛教意识形态的维度中履行史诗的演述和传承义务，对这一民间大众智慧进行佛教化的改造。史诗演述开始成为少量说唱艺人的专利，也改变了以往那种以集体性记忆方式传承的路径，艺人的集体性身份开始分化，陆续出现了掘藏、圆光、神授、智态化、顿悟、吟诵等类型的个体性艺人，但这些艺人尚处在民间吟游的半职业化阶段。20世纪七八十年代以后，国家先后对农村牧区进行了大规模的民间文学调研，以便搜集相关资料，发现重要的人才。尤其是20世纪80年代上半叶，在北京及全国主要的《格萨尔》流传地区建立了《格萨尔》的抢救、搜集、整理和研究的专门机构。这样，自古以来一直在偏远的山区云游四方，吟诵格萨尔的众多半职业性艺人从此有机会走到历史的前台，而且确有一批优秀的艺人被吸收到相关文化机构，成为职业艺人，《格萨尔》艺人的职业化身份从此开始。

《格萨尔》说唱艺人大致上分为以下几种类型：听到别人说唱之后靠耳听心记学会说唱的"闻知艺人"；能"掘出"《格萨尔》之"宝"的"掘藏艺人"（"掘藏"在藏语中称为"代仲"）；与藏传佛教（主要流行于宁玛派）中的掘藏传统或伏藏传统有根脉关系、对着抄本说唱的"吟诵艺人"；无师自通托梦学会说唱的顿悟艺人（"顿悟"一词在藏语中谓"朵巴酿夏"，即是"觉悟体验的豁然性或同时性"）；受"神灵启示"进行说唱的"巴仲艺人"（也叫神授艺人，"神授"在藏语中为"巴仲"），意为"神灵启示的故事"，似乎与民间宗教中的"神灵启示"有关）；通过圆光的方法，从铜镜中吟诵或抄写史诗《格萨尔》的"圆光艺人"（"圆光镜"，藏语称"扎仲"，类乎宗教占卜者在预测未知事物时所应用的预言术）；在一种超世俗认知视域下演绎史诗故事的"智态化艺人"（藏语谓"大囊"，在佛教中作为伏藏传统的一部分，译为"净相"）等。除了"闻知类"和"吟诵类"艺人与世界其他史诗的传承形态有共同之处外，其他几种为藏族史诗所独有。

根据粗略计算，目前在藏区还有160位不同类型的艺人，主要生活在三江源地区，包括西藏那曲、昌都，四川德格、石渠、色达，青海果洛藏族自治州、玉树藏族自治州以及海南藏族自治州、甘肃玛曲县等地。

阿尼

阿尼 (a ne 1949—)，男，藏族，原名四郎多登，1949年出生于四川省德格县柯洛洞乡色巴沟村一个普通的牧民家中。他小的时候特别讨人喜欢，活泼可爱，因而当地活佛就赐给他一个名字——阿尼，大意是"乖巧、逗人喜爱"。从此"阿尼"这一称呼就一直伴随着他，人们渐渐地淡忘了他的真实名字。阿尼有兄妹八人，他排行第三。小时候，他家的主要生计是放牧，收入微薄。另外，他的父亲是名藏医，后来被划成了"四类分子"。他家境贫寒，加之父亲成分的缘故，全家人的生活十分拮据。因此，只读了7天的书，阿尼便回家放牧。家庭的不幸，并没有使活泼可爱的阿尼沉寂下来。他依然热衷于歌舞，喜欢听故事，参加当地的各种文艺活动。

15岁那年，阿尼做了些相同的、奇怪的梦，梦里总会出现一个身穿白衣、骑白马、全身武装的人，有时是白衣人向他讲故事，有时是白衣人直接带他进入古老的战场。次日，他就将梦里的场景讲给别人听。有人知道，他讲的是格萨尔的故事。当时说唱《格萨尔》是不被允许的，因为它是"封建迷信的东西"。阿尼说唱《格萨尔》的事情后来被当地的工作组发现，不准他再说唱。一天夜里他又梦见了白衣人，梦中白衣人告诉他，一定要把格萨尔的故事唱下去，传唱《格萨尔》，可保佑他一生平安，身体健康。这件事情，被色巴洛呷喇嘛知道后，喇嘛特意找到他，将一本旧的《格萨尔史诗·霍岭大战》上部交给他。有了这部书，阿尼在私下便开始更多地学唱《格萨尔》。

后来，阿尼开始学做生意，但这并没有使他放弃对《格萨尔》的热爱，他边做生意边学《格萨尔》。一次，阿尼在青海做生意时，看到了新出版的《霍岭大战》，共三部。阿尼十分想要，一问价钱，要30元一部。而他当时只挣到了100元，还得留出返回德格的路费。他到书店里软磨硬泡进行讲价，一连几天，书店的人被他说动了，答应他25元一部，阿尼花75元买下了三部书。怀揣着得来不易的书籍，阿尼回到德格。在德格，阿尼每天都在百货公司门前做生意，闲暇时就诵读《格萨尔》，或许是声音的优美，抑或是故事的迷人，他的周围渐渐吸引了不少听众。但好景不长，派出所发现了他说唱《格萨尔》的事情，前来制止他说唱，还没收了他的书。阿尼十分心疼他的书，想尽办法将书要了回来，从此规规矩矩地做生意。但人们对阿尼的说唱念念不忘，每天仍有许多人到他做生意的地方请他说唱。人们的热情让阿尼无法拒绝，他就偷偷讲，听众还主动地为他"站岗放哨"。

后来，阿尼师从竹庆佛学院罗曲老师学习《格萨尔》唱腔，丰富自己的说唱技艺。现在，阿尼能唱《格萨尔》史诗中80个唱腔，自学了77部《格萨尔》史诗。阿尼的才艺被四川人民广播电台发现了。20世纪80年代初，阿尼和其他两位艺人（包括他的妻子卓玛拉措）应邀来到四川人民广播电台录制《格萨尔》，节目播出后立刻轰动了康区大地，甚至传到了南亚的印度、尼泊尔。从此，阿尼开始走南闯北为人们说唱《格萨尔》。2007年，阿尼被文化部评为中国首届非物质文化遗产代表性传承人。

阿达尔

阿达尔（a dar 1911—1990），男，藏族，1911年生，西藏那曲地区人。阿达尔于藏历水猪年出生在那曲县巴尔达草原。幼年丧母的阿达尔，失去母爱，亦少有父爱，唯一的温暖来自在他家附近荣布寺当格西的叔叔，是叔叔教他学会了藏文。在那曲地区盛传的《格萨尔》史诗令阿达尔神往，在他初识藏文后，便可以随心所欲地拿着本子在史诗的王国中遨游了。他的第一批听众就是与他一起放牧的小伙伴。随后在村里亲戚及邻里家中说唱，久而久之练就了娴熟的说唱技巧。然而，父亲与继母却对他因说唱《格萨尔》耽误了放牧十分不满，对他说："要是你愿意说唱《格萨尔》，就永远也不要回家。"就这样，17岁的阿达尔被赶出了家门，成为无依无靠的流浪儿。

无家可归的阿达尔只好投奔寺院中的叔叔。寺主收留了他，从此，他每天与僧人们一起念经、生活。这座格鲁派寺院虽然戒律严格，生活异常紧张，但是，在那曲长大的僧人们却酷爱《格萨尔》。当他们得知阿达尔会说唱时，就在空闲的时候集中在僧舍里让他悄悄唱几段。只有在过节时，才可以放心大胆地聚在一起听他说唱。有时他们也会凑上一些食物，到远离寺院的草滩上搭起帐篷，让阿达尔唱个痛快。待人宽厚的寺主坚参仁钦得悉阿达尔会说唱《格萨尔》，人又年轻聪颖，便为他开启智门，使他可以更自如地说唱。

后来，阿达尔离开了荣布寺，开始了他的流浪生涯。除去说唱《格萨尔》外，还要给别人当用人、放牛、拾牛粪、揉皮子等，只要能挣到一口饭，他什么活都干。十八九岁时，阿达尔在那曲开始有了点儿小名气。不久他得以结识从比如县来到那曲的嘉黎县老艺人嘎鲁。阿达尔认为，嘎鲁是一位真正的仲堪（神授艺人），他们这些一般的艺人无法与他相比。后来，阿达尔曾与嘎鲁一起说唱，从他那里学到了一个真正的艺人应具备的技艺。他们一起说唱《赛马称王》、《大食财宗》、《霍岭之战》等《格萨尔》中最精彩的部分。这位老艺人的才华给阿达尔的说唱留下了深刻的影响。

仲肯•阿达尔的名字开始在那曲远近闻名。28岁时，他开始去拉萨朝佛。途经热振寺时应邀在寺中停留了七天，为僧人们说唱《格萨尔》，受到盛情款待。

朝佛归来后，阿达尔开始出入于达官贵人之家。在那曲地方集巧（总管）拉乌拉达以及贵族强秋帕巴的家里，都能听到阿达尔的说唱，经常通宵达旦。

位于那曲镇的孝登寺，也是阿达尔常去的地方。该寺活佛珠康（六世）是个《格萨尔》爱好者，阿达尔为活佛说唱时，寺里的领诵师、铁棒喇嘛、堪布乃至年老的喇嘛们从不缺席。活佛、高僧的捧场，让阿达尔的说唱更加生动、丰富而多彩。

此外，拉萨四大林之一的达吉林还曾派两个秘书专门来那曲找到阿达尔，让他说唱《霍岭之战》，两人轮流速记。用了40天的时间，先用草书记录，再用楷书抄好，完成时上部约有740页，下部有770页。

从此，阿达尔的生活有了转机，他与比他小15岁的藏北姑娘结了婚。此后，阿达尔曾带着妻子多次去拉萨朝佛，从那曲至拉萨，在人们朝佛途中，都能够听到新中国成立前阿达尔说唱《格萨尔》的声音。

"文化大革命之后"，他虽年已古稀，仍积极投入《格萨尔》抢救工作。他为那曲地区《格萨尔》抢救办公室说唱录了《祝古兵器宗》、《门岭之战》、《契日珊瑚宗》、《果岭》、《蒙古马宗》、《阿扎斯宗》、《梅岭之战》等7部。在每年那曲地区赛马会上，阿达尔头戴特制的艺人帽——仲夏，被众多牧民围着说唱《格萨尔》的盛况，则让他感到非常自豪。

阿达尔认为，《格萨尔》艺人可以分为三类：一类是通仲（看得到故事的艺人）；第二类是巴仲（神授故事的艺人）；第三类是洛仲（学来故事的艺人）。他认为自己属于第一类。因为巴仲是用嘴说，而通仲是根据画面说。

除说唱《格萨尔》外，阿达尔还身兼巫师和降神者。他自称自从开启智门后，便可以降神、给人们看病。当年喇嘛坚参仁钦曾嘱咐过他说：要为百姓做好事，即使不降神，也可以给人治病，预测人生的吉凶。那之后，他曾降过不少次神，有时还给人算命，有时给人治病。在"文化大革命"中曾因降神被批斗、监督劳动后，再也没降过神。而看病则因不断有人上门找他，远道而来，盛情难却。

1984年阿达尔到拉萨参加了西藏《格萨尔》艺人演唱会；1986年，在文化部、国家民委、中国文联、中国社会科学院联合召开的"全国《格萨尔》工作总结与表彰大会"上获得先进个人的称号；1991年11月，在由上述四部委联合召开的"《格萨尔》说唱家命名大会"上，被授予"《格萨尔》说唱家"的光荣称号。

昂亲多杰

昂亲多杰（dbang chen rdo rje 1938—1997），男，藏族，青海省果洛州《格萨尔》书写艺人。

当果洛处于封建部落社会，当时的果洛草原上有三个古老而又实力雄厚的部落：班玛本、昂欠本、阿什羌本。"本"即"万户"的意思。这三个大的万户组成了远近闻名的"三果洛"。阿什羌本主要居住在久治一带，又分为康干、康萨和贡玛三个支系，贡玛下边又分为然洛仓和哇赛两个小系。昂亲多杰便于1938年降生在哇赛部落的头人家中。他的父亲仁钦贡布是班玛本达多部落头人的孩子，到哇赛部落给没有儿子的次仁昂秀头人当了上门女婿，后来掌管了哇赛部落。昂亲多杰的母亲是仁钦贡布的第五个妻子，她生育了两儿两女，小儿子便是昂亲多杰。

昂亲多杰1岁时，便被附近的寺院认定为活佛，但是父亲不同意他进寺院，因为他同父异母的几个哥哥和同父母的哥哥均被认定为活佛进了寺院。父亲说，我的孩子不能都是活佛。因此昂亲多杰得以在家中度过无忧无虑的童年。

史诗《格萨尔》在果洛地区广泛流传，有关《格萨尔》的风物传说俯拾即是。每个果洛人都认为他们是格萨尔岭国人的后代，他们就生活在当年岭国英雄生活战斗的地方。昂亲多杰的父亲是一个非常崇信格萨尔的人，他搜集、珍藏了二三十部《格萨尔》不同的抄本、刻本，一有空闲便拿出来唱上几段，自我欣赏、自我陶醉。家中来了贵客或朋友，他也要给他们唱，每当此时，昂亲多杰总是最忠实的听众。几位活佛哥哥逢年过节也常聚在一起，说唱《格萨尔》。有时他们在寺院中得到好的抄本，便请人抄好送回家中。在他们的部落中，头人家对《格萨尔》的酷爱是出了名的。于是民间就有这样的传说，仁钦贡布一家与格萨尔是有缘分的，仁钦贡布是大将贾察的转世，昂亲多杰是大将丹玛的转世等。昂亲多杰就生活在这样一个环境和家庭中。他3岁那年父亲去世，到了读书的年龄，昂亲多杰就由专门请到家中的喇嘛授课，学习藏文及五明知识。随着年龄的增长他可以独立阅读不少书了，家里珍藏的《格萨尔》本子是他最喜欢看的。有时，他还模仿父兄的样子唱上几段。

15岁那年，昂亲多杰被送到康干部落头人家当上门女婿。不久他就做了一个梦，梦见自己来到花石峡附近的一个魔湖旁，只见从湖边走来一位骑枣红马的英武将领，原来是格萨尔大王，格萨尔为他唱起了他熟悉又喜爱的史诗。当他醒来时，方知自己做了个梦。然而梦中格萨尔说唱的悦耳动听的声音总在耳边回响，他坐卧不安，心中不由得产生一种冲动，很想把梦中听到的故事写下来。于是他提起了笔，没过几天，这部名叫《卡提琼宗》的本子就写好了。

昂亲多杰18岁那年离婚回到了自己的家哇赛部落。按果洛习俗，一般是小儿子在家掌管家业，哥哥俄合保把大权交给了他。就在他19岁掌权的那一年，家乡就解放了。他积极拥护果洛的解放，不久便参加了工作。后来在工作之余，他跟久治县东宗寺的叔叔达拉活佛学习藏医和历算，为后来成为一名藏医打下了基础。在他21岁那年，还撰写了《格萨尔》的重要篇章——《门岭之战》上、下部。"文化大革命"中他写的本子以及家中保存的全部抄本被搜走烧光。20世纪80年代初，《格萨尔》得到平反。昂亲多杰非常激动，便与在州政协当副主席的哥哥俄合保商量写了一篇关于《格萨尔》在果洛流传情况的文章。这篇名为《关于＜格萨尔王传＞的考证问题》的论文，由昂亲多杰在1981年8月在西宁召开的首届五省区藏族文学创作座谈会上宣读，并刊登在1982年果洛文联创办的杂志《白唇鹿》第1期上。1983年夏天，中国少数民族文学学会在西宁召开了中国少数民族史诗学术讨论会，昂亲多杰与哥哥俄合保一同前来，作为旧社会的头人、活佛，新中国的国家干部、藏族学者参加了这次史诗盛会，并在会上宣读了他们共同撰写的论文《岭瞻部岭格萨尔王是安木多果洛人》。在昂亲多杰被调到州政协任副秘书长后，他年轻时的创作欲望又萌发了。于是他拿起笔来，用了三年的时间撰写了一部《扎日药宗》。经过多方努力，这一凝聚着他多年藏医药知识的独特部本于1990年正式出版。

自1984年果洛州成立《格萨尔》工作抢救办公室，昂亲多杰被聘请兼任办公室主任，在他的领导下果洛州的《格萨尔》抢救工作取得了令人瞩目的成绩。1986年，在由文化部、国家民委、中国文联、中国社会科学院联合召开的"全国《格萨尔》工作总结与表彰大会"上，他被评为先进个人，果洛《格萨尔》工作抢救办公室也获得了先进集体的光荣称号。此后，他还参加了1989年、1991年分别在成都及拉萨举办的第一、二届《格萨尔》国际学术研讨会，发表了《论格萨尔其人及其历史功绩》等文章。1997年，已故的昂亲多杰在全国《格萨尔》工作总结、表彰大会上获得个人荣誉奖。

昂日

昂日（ngag rig 1939—2012），男，藏族，青海省果洛州甘德县人。昂日于1939年出生在果洛州甘德县柯曲草原的德尔文部落，这里是

格萨（斯）尔

史诗《格萨尔》广泛流传的地区。德尔文部落的人认为，他们部落原有的80个兄弟，是岭国80位英雄的转世。当地有关《格萨尔》的风物传说比比皆是，德尔文人笃信他们就生活在当年格萨尔王曾经战斗过的环境之中。为此，这个部落几乎人人都会唱《格萨尔》。昂日的父亲是德尔文部落人，名德尔文·德尔顿巴窝那姆卡多吉，是一位宁玛派僧人。他既是一位掘藏师，又是咒师，在当地有一定的名望。他写得一手好字，曾书写过1000多页纸的《姜岭之战》及《格萨尔》的其他章部，同时擅长撰写有关《格萨尔》的祈祷词，以及祝愿人畜兴旺、世道太平的祝愿词、寺院跳神时的祭祀词等。昂日出生时，据说恰好山里的石头堆中长出了一棵小树，这在海拔4000米的地方是少有的，所以父亲给他取名叫"孜日干巴"意为"稀有之物"。他5岁时曾被父亲带到大武，那里曾有几位活佛认定他为活佛转世灵童。

好景不长，昂日11岁那年，父亲去世了。家中的生活一下子垮了下来，他不愿意待在家中苦熬，就牵着一只山羊，穿着拖到膝下的一件父亲的藏式衬衣开始四处流浪。他睡觉时用的小白帐篷及零用物品一只山羊就能驮走。幸好他从小在父亲身边学习念经，又会唱一些《格萨尔》的故事和米拉日巴道歌，便以此为生。在牧民的要求下，有时唱几段《格萨尔》或道歌，有时为人们念卓玛经，用得到的布施糊口。唱得多了，他开始自己编一些道歌来唱。昂日有一副清脆悦耳的嗓子，每当看到他以说唱乞讨，牧民们都尽力多给一些布施。

13岁那年，昂日来到久治县的白玉寺，请求活佛收留他。他动听的歌喉和讲述的生动故事打动了寺院的僧人和活佛，于是，他被允许留在寺院学习宁玛派的经典。一年以后，白玉寺来了一位贵客，他就是阿坝扎姆塘寺的活佛多则·阿旺仁增。他是在拉萨朝佛逗留了15年后，在返回阿坝的途中经过这里。在白玉寺，他一见到昂日就非常喜欢，并认定他为赞木活佛的转世，并把他从白玉寺带回阿坝的扎姆塘寺。多则·阿旺仁增活佛为昂日举行了认定仪式，并给他起了一个法号叫"阿旺仁增多吉"（他的名字昂日就是由这个法号简化来的）。于是，昂日在白玉寺住了下来，白天学习觉囊派的经典；晚上，夜深人静了，他就给喜爱《格萨尔》的多则活佛说唱。多则活佛把他说唱的故事一字一句地抄录下来，对于一些精彩片断，有时活佛会一个人默默地读着，动感情时还会悄悄地落泪。此时，昂日能唱18大宗、26个小宗。他说唱的《格萨尔》不但嗓音动听，而且故事独具特色。比如他说唱的《霍岭之战》就与众不同，一般艺人把这一部划分为两部说唱，即上部"霍尔入侵岭国"及下部"岭国反击并降伏霍尔"。而昂日则把这一部分为三个部分：第一部"霍尔国大兵入侵岭国"，第二部"格萨尔乔装打扮智斗霍尔王"，第三部"格萨尔派坐骑回到岭国调兵遣将与霍尔大战，最后战胜霍尔"。此外，昂日还能唱总管王诞生之部等。

昂日来到扎姆塘寺不到两年，家乡果洛得到解放，他就回到家乡与群众一起参加劳动。从11岁起，昂日就与《格萨尔》形影不离，他总是压抑不住自己心中的激情，独自一人时，"鲁阿拉塔拉"的旋律便自然从口中诵出。他说，可以借此来寻求慰藉，否则憋在心中实在难受。在"文化大革命"中即使为说唱《格萨尔》挨批斗，他依然按捺不住自己，常悄悄地独自一人说唱。

1983年夏，从北京来的调查组与他在大武见面。一开始他心有余悸，不敢说唱，于是他向北京来的同志提出要求："希望你们能为我开一个证明，证明是你们叫我来说唱《格萨尔》的，将来若是遇到麻烦，我也有个凭证。"时任果洛州州委书记格桑多杰亲自出面向他讲了党的政策，并由全国《格萨尔》工作领导小组办公室给他出具了证明。当他把证明小心翼翼地揣在怀里时，一颗悬着的心才放了下来。此后，昂日成了果洛的活跃人物。他平时住在龙恩寺，寺主白玛单波建立了玛域格萨尔文化中心并组织了《格萨尔》藏戏团，他积极参加。由于他个子高大，五官端正，一脸福相，嗓子又好，被安排在剧中饰演白梵天王。

1987 年 7 月，昂日参加了果洛州《格萨尔》艺人演唱会，荣获"优秀说唱艺人"的光荣称号。1991 年 11 月，他第一次来到北京，参加由文化部、国家民委、中国文联、中国社会科学院联合召开的"《格萨尔》说唱家命名大会"。他与其他 20 余位藏族、蒙古族艺人被命名为"格萨尔"说唱家。北京之行令他激动，他表示：只要国家重视，我们有做不完的工作，只要国家需要，我可以写一个保证，一年录制一部，五年录制五部……昂日为家乡的《格萨尔》抢救工作投入热情，作出了他应有的贡献。

巴丹

巴丹（dbal ldan 1898—1956），汉族，原名梁文权，1898 年出生于成都北门一带。小时候，他和父亲一起为了生计，游历四方来到了川西的炉霍。到炉霍后，他取了个藏族名字——巴丹。为了学一门谋生技艺，巴丹拜当地的艺人为师学习说唱《格萨尔》，同时还找师傅学习雕刻嘛呢石手艺。学成以后，他便在当地说唱《格萨尔》，还参加过大藏经《甘珠尔》和《丹珠尔》的刻录。

巴丹 23 岁左右，父亲因病去世。为了谋生，他再次重返行乞之路来到丹巴大桑和瓦足一带，以三道桥村绕拉寨背后的坐禅岩洞为居所，走村串户地说唱《格萨尔》。后来他还在此地安家落户，当地百姓都习惯称呼他家的房名为"格萨尔"。他经常到巴旺、巴底和金川县一带说唱《格萨尔》。后来的人回忆，说："他身材高大，穿藏袍、蓄长发，头发拌红线盘缠于头，额头还留有一撮披发，蓄有小胡子。"巴丹时常带着家人走村串户，深入村寨中说唱《格萨尔》。唱完后，主人家会主动给他们茶和馍馍，有的还会送他们一些粮食或面粉。如果遇到村寨中有人家办红白喜事，他就带着家人应邀或自愿而去。红白喜事一结束，他便开始说唱。"说唱时，他总是戴着格萨尔帽，右手的食指与中指间夹着帽底垂下的五色彩带，抚住右脸颊，左手执小脆铃，叮叮当当地敲了一阵后，就开始说唱格萨尔王的故事。"新中国成立后的 1956 年，58 岁的巴丹在送公粮至丹巴县城途中，因突发疾病而去世。

巴嘎

巴嘎（dbal dga' 1970— ），藏族，西藏那曲县人。巴嘎 1970 年出生在西藏那曲县达尔玛贡乡。那曲地区是史诗《格萨尔》广泛流传的地区。而那曲镇是经商、朝佛的人们往返于拉萨与藏北、青海各地的必经之路。也是《格萨尔》说唱艺人相对集中的地方。尤其一年一度的夏季赛马会，是牧区人们进行物资交流的盛会，其间那曲地区的著名艺人都会汇集在这里进行演唱。在这一氛围中长大的巴嘎自幼对《格萨尔》情有独钟。他自认为是一名神授艺人，会说唱史诗开篇《天界篇》、《龙界》、《玛歇扎》、《诞生篇》，四部降魔《霍岭之战》、《北地降魔》、《门岭之战》、《姜岭之战》，以及 18 大宗等共约 30 部之多。1989 年由西藏社会科学院发现并录制了他的说唱。巴嘎个人录制了《大食财宗》、《契日珊瑚宗》等，在那曲镇的民间街市上出售，很受欢迎。他说唱的《格萨尔》故事结构紧凑、环环相扣，内容引人入胜；语言生动流畅；曲调丰富，委婉动听。此外，他还会说藏族谚语、唱藏族民歌。

2004年，巴嘎受邀前来北京参加"《格萨尔》史诗千年纪念大会"，并演唱《格萨尔》。目前他在西藏那曲群艺馆工作，负责民间艺人的组织、管理工作，是国家级非物质文化遗产项目代表性传承人。

布特尕

布特尕 (bu thub dga' 1932—2011)，男，藏族，青海省玉树州《格萨尔》抄本世家传人。布特尕出生在增达家族。外祖父叫增达嘎鲁，是西康人，住在四川甘孜州巴帮寺附近斯布克的地方，是一个靠租种土地生活的贫苦人家。嘎鲁六七岁时便到巴帮寺当小阿卡，他被指派到活佛嘉木央钦则旺波的身边干活。活佛看到嘎鲁小小年纪心灵手巧，人又勤快，十分喜爱。不出一年，便开始亲自教他藏文。嘎鲁的字体就是向这位活佛学来的。活佛是德格一带享有盛誉的大学者，又喜爱《格萨尔》。小小的嘎鲁在活佛身边受到了熏陶，加上聪颖的天资和刻苦努力，他写得一手好字。《格萨尔》的各种抄本是他最爱读的书。嘎鲁在巴帮寺一住十年。他17岁那年，家里发生了变故，父母及哥哥、姐姐租种的土地，年年上交繁重的各种租税，年复一年，欠账越来越多，无法偿还，于是父母决定带上一家逃跑。他们辗转流浪，最后来到玉树准达地方的单达乡落脚，靠给别人打零工磨糌粑生活。嘎鲁闲下来帮助别人抄一点儿经文或《格萨尔》补贴家用。此后，布特尕的外祖父正式开始了抄写《格萨尔》的生涯。

在布特尕8岁时，母亲丢下他与一个商人去了拉萨。从此他就与外祖父一起生活。外祖父是个勤奋的人，一有空闲便坐在小油灯下抄写《格萨尔》。渐渐地本子越抄越多，除了卖书维持生活外，家中还存了一套比较完整的本子。《格萨尔》的抄本在玉树颇受欢迎，人们往往愿意在家中存上一本，做供奉之用，以禳灾除病。每当有说唱艺人来到他所在的村庄，嘎鲁便把艺人请到家中住下来，供给饭食，并把他的说唱记录下来，使原有的抄本得到充实和丰富。

布特尕在外祖父的教导下长大。十五六岁时外祖父特意为他编写了一个藏文教材，亲自教他藏文。并以《格萨尔》抄本为识字课本。不久，他一边练习书法，同时与外祖父一起抄写本子。在这位良师的指导下，他抄写的本子竟能与外祖父所抄的字迹不分上下。直到1952年玉树解放，布特尕和外祖父都是以抄写《格萨尔》版本为生的。1960年，嘎鲁因年老体衰离开了人世，终年87岁。

新中国成立后，20岁的布特尕参加了工作。他当过印刷厂的藏文排字工人、小学教师，后被分配到州群艺馆工作。1953年他出席了青海省各民族民间文艺工作者代表大会，会上见到了贵德著名《格萨尔》艺人华甲。两人一见如故，建立了深厚的友谊。

"文化大革命"期间，布特尕曾因给学生讲过《格萨尔》和《尸语故事》而被视为宣扬封、资、修而受到批判和斗争。尽管如此，他相信《格萨尔》是藏族人民喜爱的，群众喜爱的东西就是有价值的。于是他悄悄地将没有被搜去的几个抄本《祝古兵器宗》、《汉岭之部》和《格萨尔与三十大将煨桑篇》以及一幅外祖父画的格萨尔王出征图一起埋藏在山上的一个石洞里。

中国非物质文化遗产百科全书·史诗卷

10年过去了，当布特尕1979年得到平反后去石洞挖出那些藏本时，由于雪水浸透，书的四周已经腐蚀，幸好中间的字体仍依稀可辨。它们便是布特尕保存下来的辛劳一生的外祖父嘎鲁留下来的珍贵遗产了。

布特尕对《格萨尔》的内容、顺序极为熟悉，如数家珍。在他的心目中，格萨尔是神，在抄写中将主要内容改动是会得罪神灵的。所以，多年来，他在整理抄本时就遵从这一信条，不能人为地加以篡改，坚持在整理中尽量保留其民间文学的风格、特有的地方方言及本来所具有的藏族牧区风采。布特尕家祖传的抄本与众不同，是用草书抄写散文部分，用乌末体抄写韵文部分，唱词前边的某某唱及六字真言均用红色抄写，其纸张是玉树本地唐达乡藏人用阿交日交植物的根部制成的纸。

自1980年至1983年，已经退休的布特尕应邀协助青海省民研会整理《格萨尔》的各种版本，共计25部。还与其子整理了祖传的六部《格萨尔》手抄本。其中《梅日霹雳宗》（已出版）是外祖父传下来的珍本，代表着抄本世家的真正水平，凝聚着祖孙三代人的智慧与艰辛劳动。此外，他们还承担并完成了青海著名说唱艺人才让旺堆说唱的《托岭之战》及《阿达鹿宗》的记录、整理工作。

1986年，布特尕被聘请为玉树群艺馆《格萨尔》抢救办公室的顾问。他的儿子秋君扎西深受家庭影响，继承了曾祖父与父亲的事业，也在州群艺馆工作，同时协助父亲整理抄本及艺人说唱本。布特尕搜集、整理、抄写的史诗部本主要有：1. 天龄卜筮；2. 开天辟地；3. 诞生篇；4. 赛马称王；5. 龙岭之部；6. 噶岭之；7. 尼琼预言；8. 降魔；9. 霍岭大战；10. 姜岭之战；11. 辛淡内讧；12. 门岭之战；13. 丹玛青稞宗；14. 汉地茶宗；15. 大食财宝；16. 分大食财宝；17. 卡契松尔石宗；18. 雪山水晶宗；19. 斯荣铁宗；20. 梅日霹雳宗；21. 蒙古马宗（上、中、下）；22. 阿扎玛瑙宗；23. 百热绵羊宗；24. 贡太让山羊宗；25. 米努绸缎宗；26. 祝古兵器宗；27. 日努湖；28. 香香药宗；29. 契日珊瑚宗；30. 契荣绵羊宗；31. 三十美女；32. 地狱大圆满之部（地狱救妻）。

由于他们一家对抢救《格萨尔》的贡献，在1986年全国《格萨尔》工作总结表彰大会上，布特尕受到表彰。1991年11月，布特尕父子双双来到北京，这是布特尕平生第一次来到祖国首都。他被文化部、国家民委、中国文联、中国社会科学院四部委授予"《格萨尔》说唱家"的光荣称号，儿子秋君扎西也得到了表彰。1997年，布特尕再次获得上述四部委授予的"有突出贡献的先进个人"称号。

才让索南

才让索南（tshe ring bsod nans 1971—），男，藏族，1971年出生在青海省玉树州治多县治渠乡治加牧委会。相传这里是当年觉如猎取黄羊帽的地方，人称"郭底沟"。

他隐约记得六七岁时，治加村里牧民请来了一位叫赤少·闹永的《格萨尔》艺人在村里说唱，才让索南跟随人流去了说唱地。但是那时他只顾玩儿，没有听到唱词，还挨了大人的骂。过了一两年，村里有些人诵读从《青海日报》（藏文版）上剪下来的《丹玛抢马》和《乌鸦报讯》等《格萨尔王传·霍岭大战》中的片段。虽然当时他才只有八九岁，但听到《格萨尔王传》的内容时，仿佛字字都能入耳，句句打动他的心灵，有一种似曾相识的奇妙感觉。与邻家同龄孩子

◎ 格萨（斯）尔

不同的是，每当村里大人念起报纸上的《格萨尔》故事片段时，他再也没有玩兴，双手托着下巴靠在大人们的膝盖上静静地全神贯注地听到最后，而且已经能理解其中意思，甚至有时产生一种身临其境的感觉。他总认为《格萨尔王传》比任何玩耍和故事更吸引人，他逐渐对这部史诗产生了浓厚的兴趣。

他9岁左右时，《格萨尔王传·霍岭大战》全书出版了。他父亲能读《格萨尔王传·霍岭大战》，有时家里来了客人，就会读一段给他们听。另外在村里，他也有很多机会听牧人读唱史诗。每次听完后，他总学着别人的口气说唱起来，而且总能复述其中的片段。

后来，市面上流行起录音机来。从录音机中经常听到拉伊（民歌）、哲尕（类似快板）、仲（史诗）等许多种游牧文化的内容和马赞、婚礼祝词等民间说唱，那时他能背诵很多相关的说唱片段和赞词。受这种文化氛围的感染，他经常情不自禁地朝着天空发呆，心中呈现出以前听过的史诗内容。例如他原先听过《丹玛抢马》，心中就呈现出丹玛抢了霍尔国的马的情景。回想起其情节并试着说唱时，就能比较流畅地说出来。之后，他经常自言自语地哼唱史诗的某个内容。他自己不知究竟，在不经意间已经变成了说唱艺人，而且此时说唱的内容全属于以前听过的，只是他觉得复述这些老故事比较顺口而已。

又过了一段时间，开始出现了这样的情景：他原先只听到过《阿扎玛瑙宗》和《契日珊瑚宗》两部的名称，未曾听谁说唱过，但是此段时间根据篇名仿佛能知道其大概。比如当他想到《阿扎玛瑙宗》这部史诗名称时，心中立即莫名其妙地接收到这部史诗主人公阿扎·尼玛扎巴是一位善道的大臣等如此这般的信息，后来听别人说到史诗中的情节时就发现与他自己头脑中的文本极为吻合。又如当他想到《契日珊瑚宗》时，心中呈现出契日地区的景象：一片杂草丛生的空旷的滩地，滩的中央有一块乱石地，是藏羚羊和藏野驴的栖息地。滩的尽头有悬崖石山如燃烧的火焰等情景。后来听到本部史诗的内容时，果然验证了他心中出现过的情景。诸如此类的现象出现了许多次，他渐渐意识到这种预感的存在和准确性。

大约17岁那年，他参加了一次婚礼。那是治加村有史以来最隆重的一次婚礼。很多阅历丰富的老人和饱学之士参加了那场婚礼。当天，同村德高望重的老者宗桑·加哇让他说唱史诗《格萨尔王传·赛马称王》。到了晚上又继续让他说唱《格萨尔王传·治格武器宗》。那次说了个通宵，到第二天破晓时他还意犹未尽。在场老人都异口同声地说：《格萨尔王传》史诗终于后继有人了！他们一致认定才让索南是一位地道的说唱艺人，并且按照以往的惯例，开始商讨怎样最后确认为"仲巴"的事情，最后商定让他拜见一位得道的活佛，祈求开通脉络。

就在那年秋天，宗桑·加哇把他带到一位叫洛·更松活佛的跟前，向活佛详细讲述了他原先关于《格萨尔》史诗说唱情况，并请教活佛："他这种说唱对众生是否有益？是否为弘扬格萨尔伟大精神之义举？他是否属于《格萨尔》艺人？请活佛给予指点和加持！"当时活佛略加思考后把他单独引到没人的地方，活佛问："学会说唱史诗前有没有什么梦？说唱时身体有没有麻的感觉？你说唱史诗时，心中呈现格萨尔当年情景有何感想？说唱时脊背有痛感吗？你自己有没有'我是说唱艺人'的想法？"活佛向他提出了一系列经典式的问题。活佛询问完这些情况后拿出一串念珠算了一卦，说："卦象极为吉祥！你就继续说唱吧！就说唱你意识深层涌动的景象。"活佛在一张纸上画了一顶帽子样式，并从活佛经卷中取出一册祷文，赐给了他说："这顶帽子就当你今后说唱生涯的一个标志吧！这是艺人帽，其样式取法于阿尼玛卿雪山。这篇格萨尔祈颂文融上师、本尊佛和护法神于一体，以后每次说唱前念诵它，并煨桑，将这顶说唱帽子在桑烟上按顺时针方向绕晃三周，就可以进入说唱史诗的状态。"活佛还郑重地劝导他以后不能杀生，要经常在大山之顶撒风马、挂经幡，并敬祭本族祖辈敬封的神山。

18岁那年，他到结古镇朝拜了一些活佛。第一个拜见的是著名格鲁派活佛秋吉仁波切，并向尊者陈述了他的说唱情况。活佛为他念了一段祷文并洒了洗礼圣水；当时正巧囊谦县著名活佛仲却仁波切也在结古，他也向仁波切陈述了关于《格萨尔》说唱的详情。仲却仁波切又赐给他一段祷文和格萨尔画像。他将那幅艺人帽子画也让活佛过目，因为仲却仁波切原本也是一位神授艺人，后来听说怕影响修佛，写了一部《玛卿水晶宗》之后，自闭经脉专心修佛了。仲却仁波切看了艺人帽画像后说："这样也可以。"不过艺人帽的样子应该是六棱的莲花生帮帽，即帽顶有金刚杵和雄鹰的羽毛，也就是莲花生大师帽，俗称邦夏。而活佛更松仁波切设计的艺人帽子样式是取法于阿尼玛卿雪山的样子。其理由是岭部大将们最后全部归天后，格萨尔王将他的白盔赐给了玛卿雪山，所以历史上有些说唱艺人为纪念格萨尔王而取此样式。后来他又拜见了尼珠仁波切，仁波切看了艺人帽子之后说："这个象征非常深刻，你努力说唱吧。"拜见了这些活佛大德们，得到了他们的加持和点化，更重要的是给他的意念中灌输了"你是《格萨尔》艺人"的信念，他的说唱比原来更加流利顺畅，而且他信心满满，终于在心底承认"我是《格萨尔》艺人"！这便是才让索南成为《格萨尔》艺人的历程。

2000年初，他开始着手整理自己会的说唱目录。才让索南总共会说唱324部《格萨尔》史诗，从数量和篇幅上来讲是目前《格萨尔》说唱艺人中最多的一位。保守地估算，他的说唱内容超过6480万字。每天以6小时的时间说唱，需要8年的时间才能结束。从篇目上来讲，很多部都是闻所未闻的全新内容。如藏民族婚俗文化的范本——《嘉洛婚礼》、民歌汇总式的《米琼山歌宗》、多达上千条谚语的《米琼谚语宗》、体现藏民族环保思想的《妖女水禽宗》等独具特色。

（根据角巴东主、扎哇主编的《雪域格萨尔文化之乡——玉树》一书改编）

才旦加

才旦加（tshe brtan rgyal 1934— ），男，藏族，青海果洛州达日县人。

1934年春天，才旦加出生在果洛州达日县黄河边上一个叫方宁克宁的地方，祖孙三代以讨饭为生。才旦加出生的这一年年景不好，春天本来是挖蕨麻（人参果，可食用）的季节，然而连蕨麻也很难挖到。这也预示着他未来的不幸生活。才旦加的父亲旺秋与母亲索措一直过着流浪乞讨的生活。他们夏天打哈喇，冬天打地老鼠充饥。在果洛草原上，这种打哈喇的穷人不算少，但却被视为最下等的人而遭歧视。

才旦加刚满两周岁时，父母再也维持不了这个家庭的生活，因为三个人一起乞讨是非常困难的事。最后父母决定分离，母亲跟着九世班禅大师经过果洛的队伍，沿途乞讨去了西藏，从此再无音讯。才旦加跟着父亲继续流浪。过

◎格萨（斯）尔

了两年，父亲遇到后母，从此他们三个人一起生活。他们从达日县到甘德县，后来又到久治县、玛沁县，几乎跑遍了全果洛。

8岁时，才旦加在流浪的人群中遇到了一位《格萨尔》说唱艺人，他说唱的故事引起了才旦加极大的兴趣。他经常不去讨饭，空着肚子听说唱。后来他发现艺人每次说唱后，都可以得到一点儿食物和东西，这是一个谋生的好办法，于是他就更加注意地听艺人说唱。几天后，才旦加试着给别人说唱了一段，没想到他的记忆力如此地好，几乎能把听到的故事全部讲出来。他高兴极了，开始把自己听到的故事再讲给别人听。这个办法很奏效，每次唱完，他都可以得到一两小碗糌粑或一小块肉等食物。从此，他的生活有了转机。虽然继续乞讨，但他已不再仅仅是大拇指朝上地请别人行行善，而是用自己的歌喉去挣得自己的饭食了。没想到《格萨尔》救了他的命，从此，他与《格萨尔》结下了不解之缘。

一次，在路上遇到一位说唱艺人随身携带几幅唐卡。只见他把唐卡挂在帐篷外的柱子上，就有人围过来听他说唱。唐卡上画的是许多威武的将士骑着马竞相奔跑，这位艺人就根据唐卡上的画面说唱了《赛马称王》，给才旦加留下了深刻的印象。后来，在讨饭时，《赛马称王》就成了他经常说唱的一部。15岁时，他与父母流浪到玛沁县日鲁部落的龙嘎地方，那里集中了许多僧人在一起念经。他被一位活佛发现，叫到帐篷中去说唱。他第一次在这么显贵的人面前说唱，不免有些紧张。但不知哪儿来的那么大的劲头，也不知什么时候会唱如此连贯的故事。因为以往讨饭时，他只唱片断，而那天他竟唱了整整一夜。活佛给了他一满盘炸果子和肉，还有三个银元，一条哈达。一次，才旦加在路上遇到了一位手托着一顶艺人帽的艺人，这顶帽子呈四方形，上边有三个尖，顶部插着鹰的羽毛，帽子两边各有一个非驴非马的耳朵，从帽子顶部垂下哈达和各色布条，帽子边还有红色的穗子衬托，非常漂亮。这位艺人在说唱帽子赞时总是一只手托着帽子，另一只手指着帽子一一进行介绍。才旦加羡慕极了，便请求把帽子送给他。那位艺人见他小小年纪出来讨饭实在不易，就慷慨地把帽子送给了他。从此，才旦加的说唱中又增加了一个精彩的唱段——帽子赞。

1952年，共产党派工作组进驻果洛，果洛的牧民从此得到了解放，才旦加也结束了他近20年的流浪乞讨生活。1954年，才旦加被送到兰州西北民族学院干训班进修。在那里的两年时间使他大开眼界，看到了果洛的天外天。他认真学习文化知识，从一个流浪汉成了一个粗懂藏文的国家干部。毕业后回到果洛，分配到果洛州中心银行支行工作，第二年被派往甘德县任银行支行副行长。

参加工作后，他很久没有说唱《格萨尔》了。1962年，当他看到青海人民出版社出版的藏文《霍岭之战》时，过去多年说唱的情景以及他对《格萨尔》的喜爱又涌上心头。这时他已经识藏文，可以看懂全部故事，于是又开始说唱。下乡工作之闲，他便拿出书来唱上几段。由于才旦加下乡经常为大家说唱《格萨尔》，与群众的关系十分融洽，工作也开展得极为顺利。但好景不长，"文化大革命"时这又成了他的罪状，被批斗达3年之久。

20世纪80年代，全国开展了抢救史诗《格萨尔》的工作，才旦加又可以理直气壮地说唱了。1981年才旦加任甘德县人大副主任，1984年任人大常委会主任。1985年9月，才旦加应邀参加了在内蒙古赤峰市召开的全国首次《格萨尔》学术讨论会，并为与会学者演唱《格萨尔》。20世纪90年代才旦加退休后，有了更多的时间来看他喜爱的《格萨尔》。《格萨尔》在他最穷苦的时候陪伴他，使他度过了艰难困苦的岁月。在他幸福的晚年，又是《格萨尔》在陪伴他，他感到满足和充实。

才让旺堆

才让旺堆（tshe ring dbang 'dus 1936—2014），男，藏族，青海省海西州格尔木市唐古拉乡人，出生于1936年。

才让旺堆8岁时，因家乡上安多地方发生草场纠纷，在械斗中家破人亡。为了给父母及哥哥还愿、超度亡灵，9岁时只身离开家乡，开始了朝佛生涯。

在那曲地区遇到从巴青县出来朝佛的三姐妹。好心的姐姐们与他结伴走上传经朝佛之路。他们经拉萨、日喀则、江孜、羊卓雍错、桑耶寺，然后向西北至冈底斯山。为了超度父母及哥哥，他磕长头转神山13圈，一年零两个月后，他完成了夙愿，姐弟四人踏上了返乡之路。途中对念青唐拉山及纳木错湖进行了朝拜，在湖边休息时，才让旺堆称做了七天的梦。他把在梦中得到的财宝、牲畜分给了百姓，还梦到一场场战争。醒来后嘴里不停地说着《格萨尔》的故事。此后他告别三个姐姐向安多家乡的方向走去。

才让旺堆开始了说唱《格萨尔》的生涯。在上安多有一座规模很大的波恩寺，大喇嘛嘎玛乌坚占堆非常赏识才让旺堆的说唱才能，送给他艺人帽——仲夏、弓箭和短剑，以及一张盖有寺院大印及喇嘛签名的凭据。无论走到哪里，人们一看到活佛赠送的宝物，就知道他是最好的艺人。由于他年龄小，又常年穿着一件灰皮袄（白色的光板皮袄，年久变成灰色），当地牧民就给他起了一个绰号——"仲珠嘉日"，意为穿灰皮袄的《格萨尔》小艺人。

自纳木错湖大睡七天后，他还在不停地做梦。梦中所见都是关于《格萨尔》的故事，醒来后脑海中便有图像浮现在眼前，于是《格萨尔》的故事就从口中自然地倾泻出来。他在流浪中说唱，在说唱中成长，他的演唱技艺也得到了提高。

1958年，才让旺堆在青海沱沱河畔的唐古拉乡成了家并定居下来。此后的8年里，为了支撑这个家，他主要从事牧业劳动，闲暇时学做一些手艺活。他是个心灵手巧的聪明人，诸如打铁、做银器，都无师自通，他不识字却能刻经板。有时他会应邀去说唱《格萨尔》，但那不是为了生计，而是自娱自乐。他经常做梦，不吐不快。

"文化大革命"期间，因为说唱《格萨尔》及与宗教人士的关系等，许多莫须有的罪名强加在才让旺堆的头上，使他备受磨难。"文化大革命"后曾担任生产队小队长，不久他又开始说唱《格萨尔》。人们爱听什么，他就说唱什么。他心中有说不完的故事，他说：《格萨尔》的故事就像天上的星星，地上长的青稞，数不胜数，比较大的部有四部降魔，而宗则有18大宗，46中宗，至于小宗则数不清了。岭国有35位英雄，每位英雄都可以说出一部来。为此，他报了一个148部的目录。关于说唱艺人的情况，他认为按照藏族的传统说法，人有五种功能，如听、看、说以及口中的味觉与心中的感觉。好的艺人应在说唱时达到耳听得见、眼看得清、心中想得出这三种功能同时发挥作用的境界，藏语称为"博学多闻同时显现故事"。才让旺堆自信地认为，自己就是属于这种艺人。多才多艺的才让旺堆，不仅融说、唱、跳于一身，同时还善于绘画，他能画出他说唱《格萨尔》的场景与人物，又能够动手缝制史诗中人物的帽子、服饰、铠甲之类的道具等。

才让旺堆超群的艺术才华得到了国家和学者的充分肯定，1989年，青海省文联《格萨尔》研究所把才让旺堆请到西宁，作为正式工作人员，享受副高级职称待遇，专门进行《格萨尔》的录音和整理工作。至今，他已经录制了《格萨尔》的《南铁宝藏宗》、《吉祥五祝福》、《阿达鹿宗》、《陀岭大战》、《孕德智慧宗》、《森达海螺宗》、《扎拉铠甲宗》、《犀岭之战》、

《征服南魔王》、《梅岭水晶宗》、《香日宗》等13部计800多小时的磁带，其中已正式出版了上述的前7部。

由于在抢救《格萨尔》工作中作出的贡献，他多次受到表彰，并于1991年11月被文化部、国家民委、中国文联、中国社会科学授予"《格萨尔》说唱家"的称号。2004年获青海省文化系统"晚霞奖"，2005年被批准为享受国务院特殊津贴的专家，2007年被文化部命名为首批"国家非物质文化遗产项目代表性传承人"。

才让旺堆于2014年5月29日11时52分因病在西宁逝世，享年78岁。

才仁塔星

才仁塔星 (tshe ring mthar phyin 1972—)，男，1972年10月出生在玉树藏族自治州的玉树县哈许乡王龙二村。父亲叫仁青格桑，现年68岁，母亲叫乌玉。小时候因家境贫寒，他不得不在哈许学校放牧度日。有一天放牧期间，他突然在罗布羊堆山头昏睡了。梦见一个骑着白色骏马，身穿白色盔甲的人来到他的面前，对他吩咐道：在格萨尔的故事中有三段莲花生大师旨意，这三段珍贵的旨意非同一般。说罢，那神奇的人在虹光中慢慢消失。此时他一心向莲花生大师祈祷，彼时不知从何方而来的一位身穿黄色袈裟、花白头发的老僧，右手持着金镜，左手端着银瓶，向他缓缓走来。瓶子上显现25个字母。

老僧手持珍贵佛珠。对他说道：这便是莲花生大师旨意，说罢将那串"佛珠"戴在他的脖子上，佛珠中显示有360种不同语言。格萨尔故事中的18大宗以及3首60小宗都尽在其中。此时他无奈地请求赐予他说唱它们的本领时，老僧毫无怨言地给他一张白纸，在那白纸上写上黄色字迹后对他道：上阿里中卫藏，下多康之地，处处都是藏区的神啊！雪域大地救主岭国格萨尔王的传说唱遍藏区……说着说着那位老僧在虹光中消失。那时他一片赤心眺望东边，只见在白云深处显示一道白虹仿佛白螺似的。向南眺望时显示一道蓝虹仿佛湖色一样，自己的故土被虹光所镶嵌。此时自己坐在驾着白马的白衣人后面，在彩虹中行走。白衣人骑白马瞬间转了上阿里、中卫藏、下多康、中念青唐拉、下玛沁一遭，这是多么神奇的事啊！玛沁神山叫他说唱格萨尔故事，继而又有年宝玉则以及玛堆十三神、玛麦九座神山等，以及董炯噶窝、鲁锥微光、森将塔雷薇嘎等众神众龙此起彼伏地来嘱咐他。那时他感觉那串佛珠融进自己右脑，而莲花生旨意便渗入左脑。玛沁神预言道：勿动老虎皮毛，勿杀大山之鹿，勿杀亮丽毛色之狐狸。走过一程后在马的嘶鸣声中只见那英俊潇洒的桑钦诺布占堆如神将般来到他的面前，白螺般洁净的牙齿，紫色珊瑚般的肉色，如黎明星星般的双眼，还有那柳枝般的头发使人折服。他将九结之旗戴在艺人的脖子上，再三地嘱咐叫他说唱360种格萨尔故事。最后派一身穿金刚盔甲的将士将他送到故土。此时他才从梦中醒来，但不知究竟昏睡了多长时间。从此发觉浑身不舒服，求医拜佛均未果。最后根据直堆喇嘛根桑曲杰的吩咐到自己出生之地的一座山上烧香供佛，按照喇嘛吩咐做完所有仪式后，他脑海中浮现出叫《噶墨竹就》的格萨尔故事，那时他才17岁。岭国的30员大将也逐一浮现在他的脑海中，滔滔不绝的格萨尔故事从此在他的口中奔涌而出。那时周围的人们议论纷纷，有人说他疯了，有人说他着魔了！如今他已完成130多种格萨尔故事的说唱。在他罗列故事的目录时，他强调说必须穿上神帽，降神之后才能数得清楚。《格萨尔》说唱艺人次仁塔星虽有很多说唱特点，但最大的特点是他说唱格萨尔故事时要戴上神帽，说唱当天忌吃肉，否则会出现呼吸堵塞而倒地等现象。尤其特别的是说唱时脖颈处要用哈达打结。他说唱速度极快，能一口气说唱一两章格萨尔故事。他的说唱中关于水山的内容格外迷人、格外清晰。（根据角巴东主、扎哇主编的《《雪域格萨尔文化之乡——玉树》一书内容改编》

才智

才智（tshe sgrub 1967— ），《格萨尔》圆光艺人，1967年6月7日出生于青海省果洛藏族自治州久治县一个普通牧民家里。自幼聪慧灵异，显示了不同寻常的禀赋。1980年，13岁的才智被确认为第十世格日活佛，从此走上了刻苦修行，弘法利生的道路。

艺人才智殊胜的修行成就之一就是圆光秘法。艺人才智看圆光的能力主要来自与生俱来的天赋和祖辈的遗传。据说他和祖辈的眼睛结构异于常人，他们的眼睛结构类似于"鸟类"，可以看到普通人所观察不到的微观世界。据他自己讲，他的祖辈曾远赴西藏拜一位活佛为师，接受了灌顶和传承，获得了圆光的能力，从此代代相传，传到艺人才智已经是第五代了。在他9岁时，他的叔叔把一祖传的神镜"圆光镜"交给了他，希望有朝一日他能继承父辈的事业。艺人才智21岁时，青海省果洛州隆噶寺噶玛加扬活佛和著名的空行母桑丹拉姆曾来寺院亲自观察他，发现他在看圆光方面有超常的潜力——其眼睛具备圆光师所需要的各项条件。因此，两位上师为他开启了看圆光的能力。

在两位上师的指导下，艺人才智通过修习《格萨尔仪轨》和《度母仪轨》，其圆光技能日臻成熟。2010年全国《格萨尔》工作领导小组办公室给他颁发了"圆光艺人"的鉴定证书。如今他以圆光技艺为《格萨尔》的传承与保护进行着不懈的努力。

次丹多吉

次丹多吉（tshe brtan rdo rje 1930—2014），男，藏族，1930年出生于青海果洛玛沁县当项地方的尼古日村。他的父亲是一位拉哇（巫师），又是一位《格萨尔》说唱艺人。次丹多吉11岁时父母离异，他先跟着父亲生活，后由于父亲去世，他来到母亲身边，与母亲一起生活。不久母亲再嫁，他成为孤儿，开始四处流浪。他只身流浪到四川的德格、阿坝，甘肃的拉卜楞等地，靠打零工、狩猎维持生活。其间他见到一些《格萨尔》说唱艺人，唤起了他对《格萨尔》的热爱。儿时从父亲那里听到的《格萨尔》故事在头脑中涌现，便开始说唱。在一次说唱后，他做了一个梦，梦见格萨尔大王征战的许多场面，醒来后大病一场，几乎死去。后来请活佛明示，活佛曾说：你唱《格萨尔》时将会与众不同，因为有神附体，有神降临，因此会比别人更胜一筹。在他流浪的10年中，见过不少说唱艺人，也懂得了不少道理，他的说唱也越来越好。1952年果洛解放了，次丹多吉回到了家乡。在商队做了4年的搬运工之后，被政府安排到果洛奶粉场当放牧工，从此，生活稳定，有了固定工资。

次丹多吉的父亲名叫拉哇果那姆，从小当阿卡（僧人），识藏文，后来学会降神给百姓治病，有时甚至被请到寺院里降神。他回忆说：父亲降神时，备有特殊的服装和道具。他头上戴一顶圆形瓜皮帽，上边有一个小布头，帽的四周有5个佛像；身上披着一个大披风，那是一块很大的布，中间剪一个洞，套在头上，然后再围上一个大围裙。胸前挂着一个白色的金属镜子，右手持带槌小鼓，左手拿铃。降神后，他变成了另外一个人，可以说许多祝词及卜词。父亲在世时，经常说唱《格萨尔》，次丹多吉就是在这种环境中长大的。

次丹多吉的说唱极有特色。当他开始进入说唱角色后，几乎达到旁若无人的境地。他唱到格萨尔大王出场时，仿佛自己就是一个英雄统帅，神采飞扬，威武雄壮；唱到王妃珠牡时，他又变得异常温文尔雅，柔情似水，连嗓音都变细了；情绪激昂时，手舞足蹈，时而拉弓射箭，时而跃马奔驰，忽而似铮铮铁汉，忽而如温柔女郎。强烈的艺术效果把人们带到了格萨尔征战的疆场，精湛的说唱和表演令人叹服，犹如一位出色的独角戏演员。

次丹多吉被当地群众认为是史诗中辛巴梅乳孜（简称辛巴）的化身，因为每当他唱起《霍岭之战》时，总是情绪激动。人们普遍认为，在岭国与霍尔的战斗中，是霍尔国的大将辛巴杀害了岭国名将贾察，但次丹多吉为此打抱不平。他说：是因为贾察撞在了辛巴的刀尖上而被误杀。他认为书本上把辛巴写得太坏了，那是歪曲。真正的辛巴是天神特意派来辅佐格萨尔王成就事业的英雄。他虽不是辛巴的化身，但自认为是辛巴坐骑的化身。

新中国成立后，有了固定的收入，生活有了保障。次丹多吉不再为吃穿发愁，过上了舒心的日子。一闲下来，他便唱《格萨尔》。他爱唱，周围的群众也爱听。他经常给牧工唱，给附近的牧民唱。有时，人们把他请到家中去唱。然而无论在哪里说唱，他从来不收报酬。同时，次丹多吉用自己的工资四处购买《格萨尔》的手抄本。他开始学习藏文，为的是可以照着本子说唱更多的故事。到"文化大革命"时，他家中已经保存了10本手抄本和一些唐卡，只可惜"文化大革命"的风暴把它们都化为了灰烬。

1987年在果洛州召开的《格萨尔》艺人演唱会上，次丹多吉又放开了歌喉，尽情地唱了《霍岭之战》的上部。因为上部是霍尔入侵岭国，辛巴还在霍尔国当大将，而下部则是描写霍尔国的失败，也正如他所说是"辛巴倒霉的时刻"，所以他一般不唱下部，从中不难看出次丹多吉浓重的感情色彩和偏爱，以及对辛巴的无限崇敬之情。在20世纪80年代《格萨尔》的抢救工作中，次丹多吉还积极协助果洛《格萨尔》工作办公室四处寻找抄本，为购买、保管珍贵的《格萨尔》抄本不辞辛苦，努力工作。

1991年11月，次丹多吉第一次来到北京，他被文化部、国家民委、中国文联、中国社会科学院四个部委命名为"《格萨尔》说唱家"，

这是他过去连做梦也不敢想的事。次旦多吉激动地说:"旧社会我是个流浪汉,一贫如洗的乞丐艺人,如今政府给了我这么高的荣誉,我一定不辜负这一称号,为抢救《格萨尔》作出更多的工作和贡献。"

遗憾的是,2014年次旦多吉因病在果洛州甘德县其家中逝世,享年84岁。

慈成江措

慈成江措(tshul khrims rgya mtsho 1980—)出生于青海省玉树藏族自治州治多县扎河乡玛赛牧委会一个普通牧民家中。慈成江措从小聪明伶俐,喜欢独立思考,富于想象力,总爱围坐在奶奶身边听她讲故事,喜欢参与村里年轻人的拉伊对唱,尤其对那些能够说唱《格萨尔》的前辈充满了敬仰之情,并经常模仿他们说唱《格萨尔》,自然而然对格萨尔王产生了浓厚的感情。

慈成江措自称是《格萨尔王传——米纳丝绸宗》中的米纳孔雀王的大臣杜日红屠夫的转世,曾经在格萨尔王面前誓言传播他的伟业,因此,他此生注定要说唱《格萨尔》史诗。据说,在他7岁的那年,有一天晚上,他做了一个非常生动、栩栩如生的梦,梦见一位骑着白龙马的白衣人率领很多人从他后面来到他跟前对他说:"我是阿尼玛卿山神。"他发现那人的头盔、衣服、盔甲、马鞍都是白色的,胸前有一个用白海螺做的镜子。他手持白海螺,后面簇拥着手拿彩旗的无数士卒。自称"阿尼玛卿山神"的这个神灵看上去身材魁梧,皮肤黝黑,额头的右侧有太阳纹,左侧有月亮纹,中间有星星纹。他对慈成江措说:"你前世是格萨尔王身边的内臣,因此,此生必须说唱《格萨尔》。"他答曰:"《格萨尔》史诗如此宏大,我何德何能去说唱?"此时,那个神灵用绳子绑住了慈成江措,脖子上戴了红色和黄色搭配的一条九结护身宝,胸前放了一本大部本,那部本上写有金字,内容不太清楚,他认为那是一本《格萨尔》。宗教部本会那个神灵不厌其烦地对他说:"你要学会《格萨尔》史诗。"他勉为其难地答应了那个神灵的请求,但同时又提了个条件说道:"今生我说唱《格萨尔》史诗,下辈子你们始终要保护我,我不管走到哪里都会煨桑祈祷的。"话刚说完那个人从右侧的高山中渐渐遁去了,他醒来后感到全身乏力,脑海中只有《格萨尔》史诗,在极度昏沉的情况下又睡着了。第二天,慈成江措和平常一样赶着牲畜到山里放牧,到了山里他身体有点儿不适就躺了一会儿便睡着了。他又做了一个梦,梦见来了一位穿着蓝色服装的人骑着蓝色的马,称他是《格萨尔》30员大将之一查香丹玛,他的头盔上有五彩的小旗,铠甲也是蓝色的,带有双龙对齐的腰带,穿着一双带有水獭图纹的绿松石鞋,褐花色的马上放着绿松石的马鞍,身上的箭袋中装满了箭,弓袋用玛瑙装饰,手持上方用金子装饰、下方用银子装饰、中间用绿松石装饰的一个弓,他对慈成江措说:"你要说唱《格萨尔》史诗,我丹玛时常会护佑你的。"他受宠若惊便回答道:"我一生都会说唱《格萨尔》史诗。"此时,一个穿有绸缎的长发女人也来到他的眼前,头戴铁盔,手持无比锋利的宝剑,说她是阿达拉姆,同时自称僧达阿东的一个将军也来到他身边,送了一部《格萨尔》史诗说道:"这一生都不要离开这个部本。"他收起来后就睡醒了,但是脑子里一片空白,感觉身体特别沉重。

慈成江措在做了不同寻常的梦之后,对格萨尔王充满无比崇敬之情,不知不觉中对《格萨尔》史诗倍加喜爱。平时在空闲时或和人群聚集时就会说唱起《格萨尔》史诗来,常常有很多群众愿意来听他说唱史诗。他22岁时,前去

◎格萨(斯)尔

膜拜玉树藏族自治州称多县的活佛昂旺丹白尼玛："我忒喜欢说唱《格萨尔》史诗,但我不知道说唱《格萨尔》史诗对我好不好。"活佛对他进行了洗礼后,授予了战神达托嘎保的颂词,并对他说："你说唱的是《格萨尔》史诗,要继续说唱下去。"后来,慈成江措在玉树州治多县民族语文委员会办公室正式说唱了《格萨尔》史诗,他正式录音的第一部《格萨尔》史诗是《姜岭之战》中的大将丹玛和僧拉赞布战争的片段。此外,还完成了《印度珊瑚宗》和《穆琼歌宗》录音,《赛马称王》和《祝古兵器宗》也分别录音完成,《印度珊瑚宗》部本是由当地僧人吉巴嘉措记录整理。这些资料现藏存于玉树州治多县民族语文委员会办公室。

次仁占堆

次仁占堆(tshe ring dgra'dul 1969—),男,藏族,西藏那曲地区申扎县人。

1969年,次仁占堆出生在西藏那曲地区申扎县巴扎区扎巧乡。母亲在他7岁时就去世了,他是跟着父亲和哥哥、姐姐长大的。次仁占堆的父亲曲桑是当地一位颇有名望的神授艺人,他因四处为群众说唱《格萨尔》而备受人们欢迎。就在他68岁时,一天在乡长家说唱《格萨尔》至深夜,后留宿在乡长家,第二天早上没有醒来。就这样离开了人世。那年次仁占堆13岁。

次仁占堆在9岁时,曾因与同村的小孩打架,被父亲训斥后跑出去,藏到一个山洞中昏昏欲睡。梦中一位活佛问他："你长大以后是以说唱《格萨尔》为生,还是当一个活佛管理寺院?"他不假思索地回答："我要说唱《格萨尔》。"此后,他心中总有《格萨尔》的故事在翻腾,但嘴上讲不出来。父亲去世后不久,他开始了说唱。他听说拉萨有一位热振活佛非常喜爱《格萨尔》,为了能够得到活佛的加持,他独自离家去了拉萨。在拉萨,他边朝佛边乞讨,在一位老阿妈的指引下,他来到了热振活佛面前。活佛听了他的说唱很满意,给他以加持,并款待了他,离开时活佛还给了他80元钱。

回到申扎县以后,由于经过了活佛的加持,次仁占堆自觉头脑中的故事逐渐多了起来,说起故事来也很流畅,从此在家乡一带开始说唱。他说当自己说唱时主要靠降故事神,如果降下来了,那么头脑中的图像就出现了。这时自己渐渐地不理会四周人的存在,而只想头脑中出现的图像,这是说唱的最佳状态。

此外,他记忆史诗还有另外一个途径,即他能够唱一种首尾完整的故事梗概式的"《格萨尔》目录"。这种梗概是全韵文体,前边有数句颂词,然后便直接进入正文。史诗的每一部都有4—8句韵文,对该部的主要内容与情节予以介绍。他会说唱的63部均可以如此按顺序唱出。通过这个纲,对故事的起因、主要人物、事件的脉络以及战争的结果起到提示作用,也便于记忆。其实,这才是他记忆史诗的诀窍。从1987年开始,次仁占堆被请到那曲地区群艺馆,专门为群众说唱《格萨尔》,后他被聘为专职工作人员,从事《格萨尔》的说唱、录音与抢救工作。1991年,在文化部、国家民委、中国文联、中国社会科学院联合召开的"《格萨尔》说唱家命名大会"上,他获得了"《格萨尔》说唱家"的称号;1997年,再次获得上述四部委的表彰,还被选举为那曲地区政协委员。

目前，次仁占堆在那曲群艺馆负责说唱艺人的管理与组织工作，是国家级非物质文化遗产项目代表性传承人。

次旺俊美

次旺俊美(tshe ring 'gyur med 1915—1991)，男，藏族，西藏那曲巴青县人。

1927年，羌塘巴青草原上流行起一场罕见的瘟疫。染病者轻的腹泻不止，重的发烧、说胡话、脱发乃至昏迷。人们请神、拜佛都无济于事。而次旺俊美的家乡巴青县本索区崩塔乡就处于劫难的中心。他的爷爷、爸爸和一个哥哥在这场灾难中相继病故。留下母亲、哥哥、姐姐三人。母亲变卖了家中仅有的牲畜换成酥油，给死去的亲人做了法事。等后事处理停当后，这个家已经一贫如洗。次旺俊美这个遗腹子还没来到这个世界，厄运就已经在等待他了。

母亲实在无法支撑这个家，在他3岁时，一家四口举家前往那曲，投奔在那里的舅舅。来到那曲后，母亲和哥哥、姐姐帮舅舅干活。从小过着寄人篱下生活的次旺俊美，特别懂事，又聪明伶俐，大人干的活，他看一遍就会；别人唱民歌或说唱《格萨尔》，他听一遍就能模仿着唱下来。随着他逐渐长大，对《格萨尔》的兴趣也与日俱增。

次旺俊美11岁时，舅舅去世了。他们一家只得另立门户。第二年，那曲当雄一带下了一场历史上罕见的大雪，几乎所有的牲畜都死光了。他们只得靠给别人打零工、打土坯维持生活。13岁的次旺俊美离开母亲独自去一家寺庙帮工。生活非常艰难，但他痴迷的《格萨尔》给他带来无限遐想和快乐。一天夜里，他做了一个奇特的梦，梦中出现了格萨尔及其大将征战的场面。当他醒来后，发烧头昏、说胡话，嘴里不停地叨唠着格萨尔自天而降的故事。寺庙的廓尔德喇嘛得知后，给他做了法事。几天之后，他便痊愈了。头脑清醒以后，他总是按捺不住地想说唱《格萨尔》的故事。而后，越说越多，越说越好。

18岁那年，他与母亲团聚，一家四口开始了将近5年的流浪朝佛生涯。此后，他给往来于那曲与青海结古之间的商队当用人；又给往返于安多和卫藏之间的商队帮工，糊口度日。其间遇到不少说唱艺人，给他留下深刻印象的有3位：那曲的名艺人斯塔老人说唱的《降伏妖魔》最有特色；比如县的艺人央卡央资则擅长说唱《姜岭之战》；安多县多玛的扎巴窝说唱的《大食财宗》最受欢迎。他们都是神授艺人，斯塔和扎巴窝说唱时要戴艺人帽子，并穿一种特制的服装。它是用红色的绸缎制成，左右两个袖子上绣着狮子的图案，前胸和后背绣的是龙和大鹏鸟。这种衣服是优秀艺人的标志。他们常常为牧民通宵达旦地说唱。

次旺俊美在34岁时回到了家乡巴青。他没有家，靠给别人帮工、缝制衣服勉强糊口。实在没活干时，就唱《格萨尔》，以此得到一点儿生活上的补助。这时，过去听到的故事在头脑中串联起来，似滔滔江水般从口中倾泻而出。当时他可以说唱18大宗和10个小宗。为此，他受到家乡牧民的欢迎，从此站住了脚。两年后，他结了婚，结束了漂泊的生活。

家乡实行民主改革时，他被选为代表参加了牧民代表大会。由于他口才好，被选为宣传委员。1970年成立人民公社时，被选为生产队队长和乡里的草场委员，负责调解草场纠纷。这时，他的才能得到了充分的施展，群众信任他，工作开展得很顺利。他也经常给牧民说唱《格萨尔》，但与之前不同的是，这完全是为了娱乐，为牧民服务，而不是为糊口。1972年夏季的一天，是次旺俊美永远不能忘怀的日子，他光荣地加入了中国共产党。1984年，他应邀赴拉萨参加艺人演唱会。他不善于宣传自己，特别是作为一名共产党员、乡干部，他从来不说自己是"巴仲"（神授艺人）。他总是讲，自己从小听过许多艺人的说唱，久而久之便学会了。

从拉萨回来后，他留在那曲为地区文化局录音说唱。1991年11月，他获得了文化部、国家民委、中国文联、中国社会科学院授予的"《格萨尔》说唱家"的称号。他说唱的独具特色的《其岭铁宗》，已由仁增整理，收入全国《格萨尔》办公室主编的优秀艺人丛书，由中国藏学出版社于2007年出版。

达哇扎巴

达哇扎巴（zla ba grags pa 1978— ），男，藏族，青海省玉树州杂多县人。

1978年，达哇扎巴出生在青海省玉树州杂多县莫云乡。这里是杂嘎雄、杂那雄、杂吉雄三山交会的地方，从这三座山里流出三条河，这三水会合后形成杂曲（澜沧江的上游）。在这三水会合的地方，虽然地理位置十分偏僻，但《格萨尔》被人们喜爱并传颂。甚至在"文化大革命"期间，《格萨尔》的说唱也从未中断。达哇扎巴的伯父是当地有名的神授艺人，他是个文盲，从20岁开始说唱，《格萨尔》的四部降魔史以及18大宗都会说，经常被请到活佛家、贵族家中说唱。伯父去世时，他已经14岁了。

他在13岁时做了一个梦。梦见一位年老的僧人叫他从三件东西中选择其中的一种：一种是学会天上飞禽的语言，另一种是学会地上爬行动物的语言，第三种是会唱《格萨尔》的故事。达哇扎巴选择了后者。梦醒后大病一场，病愈后总想去野外山上。在那里，眼前总是浮现岭国山水的情景，并情不自禁地流泪。于是开始说唱《格萨尔》，从《天界篇》、《诞生篇》到《霍岭之战》等一部部地增加。一天不说心里就不舒服。当时村子里的人都不知道。

他在大约16岁的时候，又做了一个梦，梦见一个骑白马穿白衣的人带他去见格萨尔王。而这位白衣骑者叫鲁珠，是来自龙界的人。在梦中，他被带到一座大帐篷中，见到了崇敬的格萨尔王。他想向格萨尔王做供养，但是自己什么也没带来，于是用自己前世及今世所做的一切善事及善缘做供养献给了格萨尔王。

17岁时达哇扎巴与同乡一起到拉萨朝佛，在途经那曲时遇到一位艺人，正在说唱《霍岭之战》，达哇扎巴情不自禁地跟着一起说唱起来。后来，他又说唱了《米努绸缎宗》。一起去朝佛的老乡才知道他会说唱《格萨尔》。

达哇扎巴会说唱《格萨尔》的消息不胫而走，1996年他被玉树群艺馆聘用。他说自己可以说唱170部，目前正在玉树群艺馆进行说唱录音。他说唱的《亭牟尼神宗》12盘磁带，于2006年由金花整理完成，在得到中国西藏文化保护与发展协会赞助后出版。

2003年，在《格萨尔》千周年纪念活动中举行的第五届《格萨尔》国际学术研讨会上，他被邀请为大会演唱《格萨尔》，得到与会学者的一致好评，并于2005年夏天来到北京，接受了全国《格萨尔》办公室研究人员的采访。

达哇扎巴没有上过学，完全是用大脑记忆、保存史诗。当演唱时，全情投入使他常常达到忘我的境地，而打断他的说唱是一件很困难的事。他的说唱语速很快，一小时的录音磁带可以容纳老一辈艺人说唱内容的三倍。虽然他认为自己头脑的《格萨尔》故事是神授予的，但是他并不否认自己曾经听过身为说唱艺人的伯父的演唱。

达哇扎巴平时经常说唱的部是《赛马称王》、《霍岭之战》、《卡契玉宗》、《北地降魔》等。他小时候曾听伯父说唱《霍岭之战》，但是他认为他们说唱的不一样，伯父说唱的篇幅长，内容详细，而他说唱的短、简单。与他来自同一家族的表弟松扎也是一位《格萨尔》艺人，其说唱的技巧与自控能力并不比达哇扎巴差。达哇扎巴现为青海省非物质文化遗产项目代表性传承人。

丹增扎巴

丹增扎巴（bstan 'dzin grags pa 1968— ），男，藏族，1968年出生于青海果洛藏族自治州久治县的一个普通牧民家中。丹增扎巴7岁识字，15岁出家为僧。尽管其创作天赋和兴趣就在他的儿时便显露出来了，但由于受寺院教规的限制，在寺院期间他并未能发挥其创作的才能，后由于家境所迫和在创作《格萨尔》激情的感召下还俗回乡，作为一个普通牧民，开始了他创作《格萨尔》的漫长历程。

丹增扎巴所创作的文本及传承方式与传统的其他藏族史诗传承类型又有所区别，他是《格萨尔》史诗在一种特殊的叙事视角下的演绎，我们称为"智态化"叙事模式。这种叙事模式将作为藏族人集体记忆的《格萨尔》故事与艺人对自己所处的母体的自然与文化的理解和感悟有机地结合在一起，创作出卓尔不群的"智态化"《格萨尔》文本群。

"智态化"既是《格萨尔》的一种文本类型，又是《格萨尔》的传承方式之一。作为传承方式，它源于藏传佛教的伏藏传统，这种传承称，部分俱缘艺人将隐伏在自己的潜意识中的《格萨尔》宝藏发掘出来诉诸笔墨，成为"智态化"故事文本：丹增扎巴眼中的世界分为现实世界与意象世界两部分，他又通过现象世界认知和解读潜藏在现象世界背后的意象世界或意义世界，也就是他把无数个偶然或必然的现实事象视为蕴含或象征某种意象世界的"信息流"。这种"信息流符码"在他的世界中可能会随时出现，甚至一件很普通的事象，在他看也预示或隐喻着某种神秘现象，甚至代表和象征着《格萨尔》故事的某个片段或主题这样的意义世界，这种文本看似一部文学作品，实则是一部他对佛教价值体系的个体体验的再现；其创作演述看似一种书面化的创作，实则是一种口头传统在另一种方式下的演绎；在其文本中出现的各种人物、场景、主题、故事范型等诸多的事项看似故事：情节的一般性展现，实则是一种对现象世界在另一种视角下的观察和解读，倾注了艺人的生命意识。他将藏传佛教的认知视角纳入了史诗的创作中，将现实与理想、战争与和平、慈悲与无情融为一体，在创作过程中心灵的激情自由穿梭于虚实、空灵，古今、时空之间。尤其是他的文本不仅是一个简单地叙述英雄故事的史诗，而且是一种在"精骛八极、心游万仞"的意象化世界之旅中演绎出来的"精神图谱"，其中包含着艺人对世俗的艰辛和尔虞我诈的丑恶现象的心灵叹息，也包含着对凡尘世界背后

◎格萨(斯)尔

的永恒、快乐、平安的佛教本体思想的"心灵归依"。到 2008 年 6 月,他已经完成自称可以撰写 118 部《格萨儿》故事中的 14 部 25 卷,还有佛教义理、佛教赞词、传记、民歌、弹唱等方面的内容多卷。2009 年他出版了 2 卷本的《格萨尔》文本。

丹巴坚参

丹巴坚参（bstan pa rgyal mtshan 生年不详），是玉树巴塘国营牧场牧人。丹巴坚参自称他能讲述 2280 部不同的《格萨尔》故事,其中有书名的就有 330 部之多。据说他起初是一位神授艺人,后来变成了圆光艺人。不管怎么说,从他给我们说唱的《辛丹内讧》、《丹玛青稞宗》、《阿达拉姆》等《格萨尔》故事片段以及讲述母亲果萨堕入地狱之因由等方面的情形看,他的确是一位神奇的艺人,而且掌握着许多不同部头的《格萨尔王传》。

据丹巴坚参称,他的祖父、曾祖父谁都不会说唱《格萨尔》,而且都目不识丁。他说在他刚 8 岁那年,有一天晚上,他突然做了一个奇特的梦,梦见一位勇士,只见他戴头盔,穿铠甲,腰佩三般兵器,骑一匹枣骝马,来到他旁边,说道："你能回想起你个人的前生否？你可知否？今生你可是一位传承故事（《格萨尔》）的人呀,你得传唱我的故事……"说到这儿,他被惊醒,这时天也亮了。打从那天开始,他就会说故事了,而且也会说《创世说》以及各种传说、谚语等。

他从 8 岁那年起开始自学文字,自 8 岁至 21 岁,讲述的是神授故事,而从 21 岁开始又成了圆光艺人。那么,自从他成为圆光艺人之后,便手持一张无字白纸,眼睛看着白纸讲述起来,他的确看见了文字吗？据他自己说,他脑中不仅可以显现文字,而且要说哪一部故事,就能显现那一部故事的文字内容,当一部故事说唱完结时,又能显现出新的一部。就这样,成百上千的故事就由他尽情叙说,一直可以说到生命的尽头。那张白纸上的光可以显现许多故事,还能显现故事的名称、唱腔等,不光可以在白纸上显现,而且从碗盘、指甲上也可显现。而今,他被聘请到玉树州群艺馆,他说唱的《格萨尔》故事以及赞美山水的诗歌等,正在由该馆进行录制,馆里每月给他的聘金为 600 元。到目前,他说唱的《达波狗宗》已录制完备,有 30 盒磁带,记录的文字足有 400 多页。录制完备的还有《公主的故事》15 章、《珠姆郎玛礼赞》17 章、《扎日礼赞》4 章、《说话黄河》9 章、《话说长江》9 章、《话说澜沧江》9 章等,文字记录及整理工作也已完成。他不仅能说唱很多的《格萨尔》故事、还掌握着其中的 228 种唱腔,能讲述 258 个神话故事、80 多首民歌、118 首格言、118 条圆梦术、《马说》60 篇、《羊说》70 篇、《山羊说》70 篇等,他说山水、说生灵、说神灵的赞词多得不计其数,仅就飞禽的故事多达 170 篇。（根据由角巴东主、扎哇主编的《雪域格萨尔文化之乡——玉树》一书改编）

达杰

达杰（dar rgyas 1975—），《格萨尔》神授艺人达杰是玉树州治多县治渠乡坚钦二村人。他是一位神授特点极为明显的艺人。

他不识字,但由于参加老年学校藏文和汉文学习班,现能读写藏文,略懂汉字。在他 16 岁的那年,有一天他去放牧时,在山上睡着了,在睡梦中看见一位陌生的活佛来到了他的前面,他问活佛："您去哪里？"活佛回答：他去那座高山上的人家。艺人达杰说："活佛啊,那里没有地方去呀。"活佛说："那么你给我指一条路。"这时,艺人达杰甩起抛石带,指到了另一条山沟。但是活佛说："那里没有地方去了"。说罢,活佛返回达杰的前面,并说道："达杰你应该学习藏文后念经。"达杰说："我不会藏文。""那不怕,我可以教你",活佛说罢,达杰高兴地道一声："啦嗦,我好好学习。"之后,他开始学习藏文，并且很快掌握了藏文的基本知识，读起藏文经文很流利。此时，他的妻子从远处来到他放牧处，惊醒了他的梦。过了几天后，他在家里睡觉时又做了一场梦，梦中那位陌生的活佛再次来到他的面前说道："你学会藏文了吗？"达杰立即回答："我没有学会。"这时活佛把经卷拿来说道："你将这些经卷全吃下去后，就能学会藏文。"达杰按活佛的旨意，使劲地把那本藏文经卷吃了下去，但是难以下咽。这时，活佛说："你把这些经卷烧成灰后吃了也行。"于是，达杰将那些经卷烧成灰后吃下去了。正当这时他突然发出了一声尖叫，惊醒了他自己。他的妻子看见他的模样，怕他生病，马上点起了从西藏买来的藏香熏他，然后他从梦中清醒了过来。可是奇怪的是他突然会讲《格萨尔》故事了，而且说唱得很流利。从此以后，他开始在各处说唱《格萨尔》部本。他会讲35部史诗故事，在当地群众心目中他是有一定名气的说唱艺人之一，深受群众好评。

他的说唱有自己的特点：1.每次开始说唱《格萨尔》时，先坐在佛堂内诵经，并举行供奉和祈祷格萨尔大王的仪式，之后，开始说唱；2.说唱时如果不戴说唱帽子，似乎说唱有些吃力，因此，他在称多县赛巴活佛仁钦才让那里做了一顶《格萨尔》说唱帽子。在说唱时戴上那顶帽子，感觉语言就很流畅，且心情舒适；3.他不但会说唱《格萨尔》，还会降神，传授神谕；4.说唱史诗时，他的眼神随着故事的变化而变化，双手的动作也有许多变化。他的声音动听，语言流利，思维敏捷；5.他还会唱康巴地区流传广泛的拉伊、歌谣等。曲调丰富，并且会唱许多原生态的民间唱调。

他能说唱的《格萨尔》部分目录如下：1.《嘉岭》；2.《达食财宝宗》；3.《象雄珍珠宗》；4.《契日珊瑚宗》；5.《白吾绵羊宗》；6.《卡且玉宗》；7.《白惹羊宗》；8.《岗群匝H药宗》；9.《穆古骡宗》；10.《门岭》；11.《阿扎玛瑙宗》；12.《奇玉狗宗》；13.《朱国兵器宗》；14.《赛马称王》等部本。曾录音过《赛马称王》和《朱国兵器宗》的部分章节。他一生的最大愿望是将他知道的所有《格萨尔》部本迅速传播到全藏区。（根据由角巴东主、扎哇主编的《雪域格萨尔文化之乡——玉树》一书改编）

多丹

多丹（stobs ldan 1970— ），出生于1970年7月5日。据说，他生下来的那一刻，天空出现了许多祥瑞之兆，草原上盛开的天然花朵也格外鲜艳，当地活佛为他起名为"多丹"。他从小聪明伶俐、孝顺父母，喜欢说唱《格萨尔》史诗。在他13岁那年，他家帐篷被搬到神山孜加觉吾勒智前后。有天晚上，他做了一个神奇的梦，梦见格萨尔全身金光闪闪，从多层彩虹中露面，他以十分敬仰的心情叩见了格萨尔王。之后，他的心中充满了惬意之感。从此以后，他每天晚上梦见在叩拜格萨尔王，还能听到格萨尔王说话的各种声音及射箭声、马蹄声等。过了一个多月之后，他去草原上放牧时顿时产生了想说唱《格萨尔》的念头。他在试说《格萨尔·赛马称王》时，果然说唱如行云流水，故事生动好听。这时，他心里非常高兴，但在不说唱时心里老有不舒适的感觉。又过了一个月后，他又试说《格萨尔地狱救妻》一部，还是像以往一样说唱得滔滔不绝。为此，家人把他带到当地活佛跟前，活佛听了多丹说唱的《格萨尔》后，认定他说的全是格萨尔征战四方的生动故事，让他大胆地说唱《格萨尔》，他将会成为著名的说唱艺人。听到活佛的教诲后他很高兴，他们回家后正式开始说唱《格萨尔》了。从此之后，他无论在家，还是在放牧时都不停地说唱《格萨尔》。不久就成为小有名气的说唱家了。他每次在大型赛马会或喜庆的节日里说唱的《格萨尔》部本，都深受听众的好评。2002年杂多县文化局得知他的情况后，邀请他到县文化局说唱《格萨尔》，并了解了他的习艺经历。之后，杂多县文化局的领导认可他是位地道的《格萨尔》说唱家，而且十分重视和关注他。只要县内开展一些群众性的文艺活动，都少不了邀请艺人多丹来说唱《格萨尔》。2012年全国《格萨尔》工作领导小组办公室认定他为顿悟艺人。这个荣誉，既是对说唱艺人的肯定，也是对他今后继续说唱《格萨尔》的鼓励。现在他能说唱5部《格萨尔》部本，还知道许多英雄人物的唱调，而且说唱得很有特色，尤其是活佛所赐说唱帽子与众不同。他帽子上的点缀都有一定的典故。他能说唱的《格萨尔》篇目有：《英雄诞生》、《卡且玉宗》、《朱国兵器宗》、《地狱救妻》等5部。他虽然不会说唱百部《格萨尔》史诗，但是，他讲得很实在、生动，具有较高的艺术性和欣赏性。（根据由角巴东主、扎哇主编的《〈雪域格萨尔文化之乡——玉树〉一书改编）

东奔央周

东奔央周(stondpon g yang grub)，生卒年不详，已故，系色达年龙人，是一位普通僧人，识字。20世纪70年代，以掘藏的形式书写出《格萨尔王传世界金宗》、《晁同征服红帐王》等。《世界金宗》以很大篇幅叙述了格萨尔王开启诸圣地伏藏大门的过程。其两部故事叙事内容独特，是其他《格萨尔》故事中所罕见的。如霍尔红帐王的说法是首次发现。《世界金宗》主要叙述了，世界雄狮大王格萨尔年仅5岁时的一天，十万空行母授记唱道：南詹洲十八大宗，还有世界五金宗，你征服不彻底，世间弘法是空话，若不降服四妖敌，天降大王是虚名，且说天竺之腹地。释迦佛王转法轮。人间佛法大弘扬，业生外道金国王，捣毁经典埋入土，一切正法变邪念，行恶众生堕恶趣，魔王统属无数民。魔力强大难降服，别怕觉如（格萨尔小名）仁波切，请使神通显化身，请赴金宗天魔王，这是空行之授记。觉如按照空行母的授记，立即煨桑祭神，并在阿尼玛沁的右方取出征服金宗时用的抛捆绳、飞石丸、金宝剑，八天后出征前往印度金宗。金国魔王拥忠登巴住在被称为金宝贝王宫的第九层中，底层住百万金兵，二层住小臣和外卫队，中层住王和妃子及内卫队。年幼的觉如只身到达金国。突然间变成十万白装神兵，出现在金国上空。其中现觉如、咯嗦三声呐喊声。霎时间地动山摇。第一声天降神兵，第二声速集世间兵，第三声突现龙宫兵。金国王臣心惊胆颤，此时制敌英雄格萨尔抛出手中的飞石丸。一声巨响，金国王臣和所有属民突然昏迷，不省人事，他不费吹灰之力消灭了金魔王。其公主南喀巴珍和王子尼玛让夏却欢迎格萨尔的到来。且打开金库向格萨尔敬献金曼荼罗、金旗、八尊金佛塔、金佛伏藏品、凡目睹者便能开示解脱之金经书等金国宝物，同时宣布金国民众臣服于格萨尔部下。格萨尔大王开启大量伏藏，取得征服金国的胜利。

俄珍卓玛

俄珍卓玛(dngos grub sgrol ma)，生卒年不详，是甘孜州色达县的一位普通牧民。平时，她与普通的牧民妇女没有区别，也是文盲。从小过着游荡的放牧生活。在她小的时候，有一天，她到山上放牧，放着放着就躺在草丛中睡着了，还做了一个神奇的梦。梦里，一个英武的汉子来到她面前，给她讲了不少故事，梦醒之时汉子随一道耀眼的光环而去。她揉着眼睛，汉子所讲的故事已经清晰地嵌入了她的脑中，但她没办法将这些故事讲给别人。一次，她捡到一块形状独特的石头，看着石头上面的图案，她十分兴奋。在脑中装着的很多故事像波涛一样涌了出来，随口而出，滔滔不绝。从此，她不断地捡回各种形状各异的石头。随手拿起一块，就能说唱出一段不同的故事。之后她拿着这些石头给牧民说唱，牧民说："你说的就是《格萨尔王》的故事啊。"她这才明白，自己无意中会说《格萨尔王》故事了。俄珍卓玛在家的院子里还搭了个小帐篷，里面堆满了她视为宝贝的各种石头。房屋不大，除了一张陈设单薄的床以外，只有大大小小奇形怪状的石头堆积如山，占去了屋子的大半空间。

石头大小不一，形状各异，上面的图案也千姿百态。在俄珍卓玛眼中，这些石头都与史诗中的某个人物有着密切联系，负载着这个人物的一段故事。她指着每一个石头都能讲许多，那些小段的故事正是史诗《格萨尔王传》分部本中的一些情节和段落。而如果没有石头在握，俄珍卓玛便和常人一样根本不会说唱。石头的寻找，来自她的一种感觉。比如，外出放羊或传经途中，她会突然对众多石头中的某一块有特殊感觉，当她俯身捡起，就会有一段新的《格萨尔》故事脱口而出。

嘎吉

嘎吉（ka skyid 1950—2012），全名嘎玛达吉，男，藏族，1950年出生于青海省杂多县。因父母早亡，致使他从未上过学，结婚后有两个孩子。但不久与妻子离异，从此他和孩子借住在亲戚和朋友家过着流浪的生活。23岁时，他曾梦到过一位身穿铠甲的人授命他说唱《格萨尔王传》。天亮后，他就变得胡言乱语、情绪异常，不能自控。几天后，去拜见当地著名的活佛杂那旺智，活佛认为他已被神授《格萨尔》，于是给他进行了数百次洒净灌顶仪式，从此恢复正常并能够说唱《格萨尔王传》。

艺人嘎吉自称他掌握的《格萨尔王传》目录有112部，而实际能够说唱的部数有40—50部。2012年7月21日，在巴塘草原举行的玉树《格萨尔》说唱艺人鉴定会上，艺人嘎吉通过《格萨尔》说唱艺人鉴定专家小组的严格考核和鉴定后，一致认为该艺人属于托梦"智显艺人"，因而授予他国家级认证资格证书。遗憾的是，他还没有说唱完他的《格萨尔王传》就永远地离开了。2012年7月22日，那天是玉树《格萨尔》说唱艺人最特别的日子，也是在巴塘草原举行的艺人鉴定会的最后一天。记得那天艺人嘎吉喝醉了酒，很兴奋，在黑帐篷前说唱了一部他最喜欢的《格萨尔王传》——《南部达格王之金宗》。在他的强烈要求下，几位艺人又开始了他们快乐的说唱交流。那天他们唱了一夜，谁知这一唱却成了他最后的告别说唱。2012年8月16日，艺人嘎吉因摩托车相撞而不幸身亡。

艺人嘎吉的不幸告诫每一位《格萨尔》说唱艺人，他们在获得国家保护的同时更要学会自我保护。同时也告诫《格萨尔》学界的人士，《格萨尔》说唱艺人虽然有着超强的记忆，但他们的生命和正常人一样也是脆弱的，所以要在保护好艺人的同时，更要抓紧时间挖掘他们的文化资源，这样才能够有效地保护好《格萨尔》文化。

格日坚参

格日坚参（gu ru rgayl mtshan 1967— ），男，藏族，青海省果洛州甘德县人。

格日坚参出生于一个贫苦牧民家中。自幼依靠笃信佛教的母亲抚养。靠一本小学一年级的藏文课本自学，认识了藏文字母和简单的字词。稍大一点他帮助母亲放牧或替别人家放牧得到一顿午饭，就这样度过了他的童年。

有一年，他的表哥得到了一本《格萨尔》的手抄本《阿达拉姆》。每天晚上放牧回来，他便坐在帐篷里听表哥唱抄本上的故事。格日坚参第一次听到《格萨尔》的故事，就被强烈地吸引，使他的生活进入一个崭新的世界。

15岁时，公社办起了小学，但没有老师。公社干部听说格日坚参认识藏文，便叫他当了小学一年级的教师。在边教边学中，他的藏文水平也得到了提高。然而，相依为命的母亲却认为，他应该到寺院做一名僧人，念经修习，求得一个好的来世。按照母亲的意愿，16岁的格日坚参穿起袈裟成为甘德龙恩寺的小僧人。不久，为了陪一位亲戚去西宁看病而中止了修行。他从西宁返回途中听到了母亲去世的噩耗。世上唯一的亲人离世令年仅19岁的格日坚参痛不欲生。他婉拒了龙恩寺主和在那里当活佛的表舅——著名《格萨尔》说唱艺人昂日的挽留，踏上了前往青海湖为母亲超度的路。他边转经，边为沿途的百姓念经，不时还会为他们念上几段《格萨尔》。在完成了为母亲亡灵超度的夙愿后，他开始返回家乡。在玛沁雪山附近他遇到了从四川来的晋美平措活佛，活佛对他说："看来你是昂日活佛父亲的转世"，并送他一张小纸条，上边写着"阿旺西热嘉措吉祥自在"（阿旺西热嘉措为昂日的父亲的名字）。活佛的话令他充满自信，相信此生定会有所作为。这为他日后成为一名掘藏艺人埋下了伏笔。后来他在当项乡与妻子达日杰相遇，并结为夫妻。此后，他写诗的欲望不止，又在妻子的要求下开始写《格萨尔》。以前他曾看过《卡契玉宗》、《霍岭之战》、《大食财宗》等章部，但这次在他心中涌现的却是过去没有看过的《列赤马宗》。后来，果洛州《格萨尔》办公室的诺尔德发现了他，并对他进行了考察。1987年8月在果洛州召开的"《格萨尔》艺人演唱会"上，格日坚参说唱了自己写的《列赤马宗》，引起了广泛关注。后来随着格日坚参书写故事能力的精进，他所书写的文本越来越精彩，稍后他所写的《格萨尔王传·敦氏预言授记》，经过当地有关专家的鉴定，认为这部部本故事情节完整，语言流畅，是一部从未流传过的新部本，具有较大的文学价值和史料价值，该本子新近由学者译成汉文即将出版发行。

根据艺人类型，格日坚参则属于"掘藏艺人"，藏语叫"德仲"。掘藏艺人又分为两种：一种叫"则德"（rdzes—gter），意为"实物藏"，是指掘藏艺人把前人埋藏在地下的《格萨尔》史诗文本发掘或经过解读空行母密符还原为书面的文本；另一种叫"贡德"（dgong—gter），意为"识藏"或"意念藏"，是指从掘藏者的潜意识里挖掘出来的大脑文本，用文字写出来成为史诗文本。这是由佛教的伏藏传统沿袭而来。根据佛教传统，在掘藏者的潜意识中潜藏着由过去某位伏藏大师授记加持的佛教文本"宝贝"。当机缘成熟时，会在掘藏者的意识中显现或在现实生活中发现被称为空行母密符的极为简短的(神秘)符号，通过解读密符将整个文本还原成文字的东西。格日坚参则属于这类人。

此后，他被果洛州群艺馆聘请为工作人员，专门从事《格萨尔》的书写工作。20多年过去了，格日坚参笔耕不辍，共写出了近40部《格萨尔》，至今已出版了26部，如《董氏预言授记》、《米孟银子宗》、《门嘎柏宗》、《乃琼的生平故事》等，都是他自己独特的章部。

1991年，格日坚参被文化部、国家民委、中国文联、中国社会科学院授予"《格萨尔》说唱家"的称号；1997年再次获得上述四部委授予的"有突出贡献的先进个人"，并被西北民族大学聘为特约副研究员；2011年被评为青海省非物质文化遗产项目代表性传承人。

格桑多吉

格桑多吉（skal bzang rdo rje 1955— ），男，藏族，西藏那曲比如县人。

格桑多吉的父亲多吉班丹与比如县《格萨尔》说唱世家的第13代传人赞古巴乌系同一部落人。多吉班丹自幼受其影响，最后成为一名职业拉巴（巫师、降神者）及《格萨尔》说唱艺人。后来他云游四方，在安多的江措如哇部落落脚。慢慢地在当地小有名气，他曾去热振寺，由热振活佛开启说唱的智门。格桑多吉是父亲与第二个妻子生的孩子。后因父亲又返回第一任妻子那里，自己的母亲又再嫁，所以，他是由外祖父母养育长大的。由于外祖父不舍得他离开家去上学，所以，他没有像一般的孩子那样接受过教育，而是一直在家放牧。

然而，作为巫师与仲堪（《格萨尔》艺人）的父亲对他的童年产生了极大的影响。他经常模仿父亲的样子摆弄用糌粑做成的各种祭品，学着做降神的游戏，或是唱上几段《格萨尔》。后来，在一次放牧后，他大病了一场。巫师看后说：格桑多吉的身上附有第13代仲堪赞古巴乌的灵魂，便给他做了法事。从此，他痊愈后便开始说唱《格萨尔》。14岁时，他已经能够把格萨尔的事迹从诞生一直讲到159岁。

十六七岁时，他曾两次与同村的男人们一同去青海驮盐。在往返的一个多月里，除了干活，每到晚上休息时，他就给大家说唱《格萨尔》。这时"文化大革命"已经开始，不知谁走露了风声，为此，他因说唱《格萨尔》而遭到批斗。格桑多吉19岁那年，藏北牧区开展了人民公社化运动。他成为一名公社的放牧员，在此后的时间，他不能说唱《格萨尔》，心中总像压了一块大石头。只有在放牧时，一个人在漫无边际的草原上，看着这片与格萨尔大王密不可分的山山水水，《格萨尔》的诗行才会自然地从口中唱出。

1980年的一天，收音机里突然传来了《格萨尔》的说唱，那是青海电台播出的艺人唱段。人们一开始惊讶，不知发生了什么，但在心中祈祷，希望这是世道安宁的开始。一天，公社书记找到了格桑多吉，叫他唱一段《格萨尔》。他推托自己已经忘了，不敢说唱。书记说：现在政策变了，雪山为证，我书记担保，你还怕什么？从此，他又开始了《格萨尔》的说唱。几个月后，一年一度的扎萨区赛马及物资交流大会开幕，格桑多吉第一次鼓起勇气，走上台，在众多双眼睛的注视下说唱了《赛马称王》。从此，他的名字在安多县的干部、牧民中不胫而走，找他录音的人接踵而来，他成了大忙人。

格桑多吉说唱的《格萨尔》有自己的特点，他会讲世界的形成、讲格萨尔和珠牡的来源，此外，他从来不把《格萨尔》的故事分割划分为大、小宗，而是把故事分为60回。他的理由是，既然是叙述格萨尔一生的故事，就应该完整地讲，今天接着昨天的讲，明天又接着今天的讲，直到讲完。

1984年夏，他应邀来到拉萨，出席《格萨尔》艺人演唱会，并演唱《格萨尔》。他激动极了，只有在这时，他才真正相信政策不会变了。

他所钟爱的《格萨尔》是民族的优秀文化遗产，是无价之宝。而他作为一个《格萨尔》仲堪得到了国家的肯定和表彰。

格勒南杰

格勒南杰（dge legs rnam rgyal 1989—）是著名《格萨尔》说唱艺人达哇扎巴的弟弟，现年23岁，结婚之后依然和哥哥达哇扎巴生活在一起。格勒南杰只有小学五年级的文化水平。在他13岁时，做了一个奇特的梦，他通过托梦神授成为一名《格萨尔》说唱艺人。据格勒南杰本人介绍，在他13岁那年做过一个梦，梦中有一只乌鸦落在他身上，嘴里夹着一本书卷，并反复对他说："从今天起，你不仅能够说唱《格萨尔》，还能为众人祈福。"乌鸦还说，它是从东方花花岭国飞来的，是格萨尔王的叔叔晁同之神鸟。说完后就飞走了。第二天格勒南杰还像往常一样去学校上学，正在上课时，突然间他的嘴中不由自主地开始说唱《格萨尔》史诗。同学们都认为他疯了，任凭老师怎么骂怎么打也停不下来。在他说唱结束后告诉老师他自己在说唱《格萨尔》，说唱的内容都是《格萨尔》史诗。放学回到家中，他把白天在学校发生的事情告诉了哥哥达哇扎巴，并在哥哥面前进行说唱。之后达哇扎巴用录音机录制了他说唱的《格萨尔》史诗，此部本的名称为《阿义牛宗》，至今仍保存在格勒南杰家中。他讲到，《阿义牛宗》部本主要讲述了格萨尔王率领30员大将中的丹玛、桑达阿东、嘎德等，到阿义地区降妖伏魔、为民除害，从此让当地人民过上了幸福生活的整个过程。格勒南杰能说唱90多部《格萨尔》史诗，以下是他本人提供的55部目录：《阿燕牦牛宗》、《郭日玉宗》、《察雅牛角宗》、《阿日金宗》、《穆娘雪山玉宗》、《赛马称王》、《嘎蹈金宗》、《黑茶药宗》、《岗阿嘎饶宗》、《格萨尔福言》、《喜朗套绳宗》、《雪山水晶宗》、《达H玉宗》、《阿朗金宗》、《唐穆内予吉盔甲宗》、《格日炜桑记》、《扎岭之战》、《大食财宝宗》、《阿吉羊宗》、《蒙古马宗》、《阿达夏宗》、《朵穆内予吉茶宗》、《措穆诺缎子宗》、《尔岭之战》、《僧布夏宗》、《向雄珍珠宗》、《色戎铁宗》、《孔雀米宗》、《蜗吾羊宗》、《哇燕马宗》、《阿瑟玉宗》、《霞日南铁宗》、《天岭九藏》、《贝饶羊宗》、《魔岭之战》、《梅日盔甲宗》、《喜岭之战》、《岗巴博吉牛宗》、《丹玛箭宗》、《擦哇箭宗》、《世界公桑》、《嘎德玉宗》、《郭日马宗》、《智格古宗》、《孟岭之战》、《姜岭之战》、《穆格骡宗》、《卡切玉宗》、《歇日珊瑚宗》、《阿扎天竺宗》、《日诺缎子宗》、《嘉纳茶宗》、《米岭天竺宗》、《托岭之战》、《琼岭之战》等。由他说唱录音的《擦亚牛角宗》部本目前保存在玉树州群艺馆。

根桑尼玛

根桑尼玛（kun bzang nyi ma 1904—1958），亦称根桑尼玛活佛，他于藏历木龙年出生在四川省甘孜州色达县一牧户家中，是敦珠仁波切后裔。其毕生致力于掘藏事业，成为著名的伏藏大师。他一生中，开启了60多部伏藏法门，其中部分目前仍然作为修供仪轨而在寺庙或群众中传承下来。在他的后半生又掘出《格萨尔王传》伏藏本，目前已发掘的有《公太让山羊宗》和数十万字的《格萨尔修供法》。《山羊宗》叙述了英雄格萨尔王在佛法前弘期，征服了黄霍尔国、紫姜国、黑魔国、花门国四方四敌，统属十二宗之际，遵从天母授记，率军远征东方苍穹之地，赴公特独脚鬼之国，以神奇的智慧、超凡的力量。惊人的法力降伏了公特四大王臣，开启了大量伏藏的故事。这位伏藏师在开掘伏藏时按照佛教伏藏传统，先解读空行母密符，然后口述伏藏经典的内容，让记录员记录。他属于意念掘藏艺人，他因同时口述三种不同伏藏的内容，而被传为佳话。

贡却才旦

贡却才旦（dkon mchog tshe brtan 1913—2004），男，藏族，于藏历水牛年出生在青海省同仁县兰才乡一个贫苦藏族家庭。父亲是藏传佛教宁玛派僧人，贡却才旦自10岁起便在父亲的教导下学习藏文。

同仁县一带是史诗《格萨尔》普遍流传的地方。当地逢喜庆事都会请艺人来说唱，许多人家中都存有《格萨尔》抄本，可以自说自唱。聪颖的贡却才旦常常听上两遍，便会仿照艺人的样子说唱了。他回忆说："在家乡时听过不少艺人说唱《霍岭之战》、《大食财宗》、《祝古兵器宗》、《地狱救母》等章部，留下很深的印象，后来我说的那几部，都是从艺人那里听来的。"他平时劳动，在年节期间为大家说唱，渐渐地在当地有了一些名气，但后来他却没有以此为生。

18岁时，贡却才旦经父母包办成婚。然而，在他28岁时，军阀马步芳来到他的家乡。兵匪所到之处烧、杀、抢、掠，贡却才旦一家也没能幸免。房子被烧，财物被抢，无奈只好逃离家乡。来到夏河后，他挣脱了父母包办的婚姻，在夏河定居下来，靠出卖劳力维持生活。不久，他又成了家。为生活所迫，他开始以说唱《格萨尔》为生。夏河地方的百姓和他家乡的人一样喜欢听《格萨尔》的故事。而经过了在家乡十余年的说唱，加上生活阅历逐渐丰富，文化修养也非一般人所能企及，他说唱的《格萨尔》备受当地群众的喜爱。

久而久之，贡却才旦又在夏河一带出了名。当时他可以完整地说唱15部，他的声音非常好，又会运用各种曲调说唱，如珠牡的"古桑六变调"、乃琼的"百灵鸟六变调"及格萨尔的"英雄猛虎怒吼调"等，或高亢激越，或缠绵委婉，令其说唱具有鲜明个性。按照当地的习俗，他在群众家或寺院中说唱时，人们除了供给他茶、酒和饭食外，有时还另付一笔报酬，通常是几块银元，他就靠着说唱所得勉强维持一家人的生活。

1948年夏河解放了。1956年贡却才旦被请到西北民族学院（今西北民族大学）担任藏文教师。教书和说唱完全是两码事，于是他把全部精力投入教学中，开始了新的拼搏。在周围老师和同事的关心和帮助下，在很短的时间内，他就完成了从说唱艺人到大学教师的飞跃。

1963年，贡却才旦被评为讲师。在紧张的工作与学习之余，他仍不忘他喜爱的、陪伴他前半生的《格萨尔》。他和余希贤老师利用业余时间一起整理了《英雄诞生》、《赛马称王》、《降伏妖魔》、《大食财宗》、《姜王子玉拉托居》、《地狱救母》等6部书稿。

"文化大革命"中他是最早受到冲击的知识界人士。他被作为年老体弱者送回夏河老家，直到1978年才返回学校。他不计个人得失，又全身心地投入工作。1981年被评为副教授。

贡却才旦平时要给研究生上课，课余时间他还埋头写作。经他整理的史诗《世界公桑》、《英雄诞生》、《赛马称王》、《天岭九卜》先后于1981年至1982年由甘肃人民出版社陆续出版。其中《世界公桑》1983年获评为全国民间文学作品荣誉奖，该书1986年还获得了甘肃省优秀图书奖。

在他发现出版的《格萨尔》汉译本存在一些专业名词不统一、不规范现象后，经几年努力，一部汇集了4000词目的专业词典《格萨尔词释》于1987年由甘肃人民出版社出版。这是国内第一部关于《格萨尔》的辞书。此外，他还撰写了一些论文，如《白岭国世系与格萨尔降生史》、《格萨尔简论》等，从他作为一个长期说唱《格萨尔》艺人的角度，以及他多年积累的学识而写成，其学术价值得到了史诗界学者的肯定。1987年他被晋升为教授。

鉴于贡却才旦为史诗抢救工作作出的贡献，

在 1986 年由文化部、国家民委、中国文联、中国社会科学院联合召开的"全国《格萨尔》工作总结与表彰大会"上，他被评为先进个人。

嘉戎·仁德

嘉戎·仁德 (rgyarong rin bde 1931—1985)，男，藏族，色达翁达镇人。出生在卓斯甲。由于家境贫寒，十多岁乞讨到色尔坝后，被吉俄寺主持香志活佛收留，在做寺院的放马员期间开始学习藏文。由于智力出众，随后进入僧众行列。不久，被任命为寺院六臂金刚护法修持喇嘛。当时卓斯甲也属嘉绒地域，因此，人们叫他嘉绒·仁德。三十多岁后，他特别喜欢说唱《格萨尔》故事，自称岭国朗穹玉达的化身。有时他同堪布达俄互讲《格萨尔》故事，最长达三天三夜。直到解放时，他开始发掘意念伏藏法，连续数天源源不断地写。他在写什么人们却不得而知。仁德有一个奇怪的习惯，当写完一部伏藏法时，全部焚掉，因此留存下来的伏藏文本不多。目前只搜集到他的《赛马称王》和《鬼岭大战》两部伏藏本。其中由于《鬼岭大战》部在以往的艺人说唱文本中不多见，故显得弥足珍贵。

尼玛让夏

尼玛让夏（nyi ma rang shar），生卒年代不详，《格萨尔》史诗掘藏师仲堆·尼玛让夏，原名付热。"堆"意为伏藏，"仲"在此意为《格萨尔王传》。此名是由他的上师著名高僧玉柯喇嘛秋央让卓所取。尼玛让夏出生在今甘孜州大塘坝一个普通牧民家里，父母均为虔诚的佛教信徒，希望儿子长大后能成为断除恶根，恪守十善戒的僧人。于是尼玛让夏十多岁时，在家学习藏文诵读经书，每天起早摸黑高声习诵。两年以后他学会了所有的常用念诵经文，后来又拜数位上师，成为一名普通的僧人。除参与定期的法会以外，平时他依旧在家中放牛。

20 世纪 30 年代末，尼玛让夏同本部落的两位教友到色达色尔坝地区，求拜当时多康地区遐迩闻名的玉柯喇嘛秋央让卓为上师。对他来说这是一次并未预感到的人生旅途进程中重要的转折点，也是一个良好的缘起。一进入色达境内，尼玛让夏心情特别愉快。他对两位同行者说，这一带是岭国大将色尔坝尼崩达尔雅居住的地方，还指出了大将的夏季牧场及王宫遗址，时而还学唱几句《格萨尔》唱词。到了玉柯喇嘛居住的小庙，由于此地成为当时多康地区弘扬大圆满的重要地方，前去学法的人络绎不绝，因此平时不易谒见大师。尼玛让夏三人只好请大师的随身近侍班玛多吉转禀大师，希望能拜见他。玉柯喇嘛得知后说："叫他们明日上午到我这儿来。"翌日，他们三人见到了喇嘛，并敬献了曼扎（见面礼）。喇嘛向他们念诵发愿偈，愉快地接收他们为教徒。一阵寒暄过后，玉柯喇嘛突然说道："你们三人中有没有会唱《格萨尔王传》的？"尼玛让夏的两个教友说："没有，只是付热有时学唱几句。"喇嘛说："那好，明日请付热到我这儿写《格萨尔王传》。"面对这突如其来的上师教言，付热不知所措，写《格萨尔王传》对他来说实属天方夜谭。然而，他把根本上师对自己提出的这一要求作为一种良好的缘起，喏嚅着说："好！好！"当晚他彻夜不眠，担心不能承担上师的重托。当东方露出鱼肚白时，他心里越是不安。喝完早茶后，他带着几分担心来到上师门下。当时喇嘛家中还有班玛多吉和阿交翁达等人。这一天是个良辰吉日，玉柯喇嘛让付热落座，一阵寒暄过后，基本平静了付热纷乱的思绪。此时，玉柯喇嘛把早已准备好的笔墨纸张亲手递给付热并说道："现在你开始写《格萨尔王传》。"付热在十分尴尬的情况下只能说实话："上师啊，我没有任何悟性写不出《格萨尔王传》。"喇嘛又接着说："很好！你今天做岭东穹达拉协嘎尔大将。班玛多吉做岭国巴拉牟强嘎布，阿交翁达做姜朱玉拉托居，这三大将乃是殊胜三怙主之化身，我做岭国大将丹玛向查。格萨尔王征服四方四魔的最后一敌为门国，你今天就写《门岭大战》，这是圆成的缘起。"付热只是发呆，此时玉柯喇嘛又说，先吟诵阿拉拉姆阿拉再正式动笔。倏地上师处于入定状态，双目紧盯着付热。片刻后，付热感到心中一亮，眼前闪现出一种幻象，喇嘛的入定变成一种暗波传入他的感知幻象中。这时付热神奇地发现自己拿起笔来可以自如地撰写《门岭大战》。还记得他十岁左右在山上放牛时，梦中见到一位骑马的勇士，说是岭国格萨尔王。但在写这部《格萨尔王传》时，当上师的精力分散或解除了入定状态，同别人谈话时，付热却写不出一句话。而当喇嘛又恢复入定状态后，他又可以自如地写下去。就这样，这部数十万字的《格萨尔王传·门岭大战》之部便问世了。撰写这部书，付热自始至终在玉柯喇嘛身边，这是两个人在进入一种难以解释的特殊的精神状态下完成的。这并非故弄玄虚。后来付热又根据上师的旨意，完成了《格萨尔王传·大食财宝宗》。到此，玉柯喇嘛对他说："现在你已经成为《格萨尔王传》宝藏的开掘者，具有此种情器是由于前世因缘所致，我正式把你认定为门东君达拉协嘎尔之化身，今后在密深伏藏中，迎请更多的《格萨尔王传》，这是弘法之需要，消除邪障之需要，众生安乐之需要。"并给他取名为仲堆·尼玛让夏。从此他获得了意境幻象证悟，写出了多部《格萨尔王传》，因而名扬多康藏区。后来有人问他连一般的书信都不太会写，怎么还能写这么多的书呢？他自己也说不清楚，只是说这是根本上师的垂赐。

上师玉柯喇嘛秋央让卓于1942年圆寂。尼玛让夏为祈愿他的根本上师调伏众生乘愿再回人间，回大塘坝以后，特此写了一部《降生篇》。这也是他所写的最后一部《格萨尔王传》。新中国成立以后，由于种种原因，他未能继续他的事业。"文化大革命"前夕，尼玛让夏病故于甘孜县大坝。

仲堆·尼玛让夏在色达的三年间，写出了《格萨尔传·门岭大战》、《大食财宝宗》、《祝古兵器宗》、《列尺马宗》、《阿扎天珠宗》、《汝域银宗》、《辛巴和丹玛》、《红岩大鹏宗》等10多部分部本，其中两部由当时的政府相关部门搜集后已由四川民族出版社出版，部分手抄本目前尚散存在民间。

卡察扎巴·阿旺嘉措

卡察扎巴·阿旺嘉措 (kha tsha grags pa nga dbang rgya mtsho1913—1994)，藏族《格萨尔》圆光艺人，西藏昌都地区类乌齐县人。

1913年出生于类乌齐县甲桑区达赤乡阿坝村一个姓卡察的富裕人家。自幼在祖父卡察拉年·扎巴班觉的严格管教下学习藏文。8岁时，因母亲与用人的恋情，阿旺嘉措跟着母亲离开了卡察家。12岁进入类乌齐寺当小扎巴。

一次，寺院里来了三位喇嘛。一位是嘉木央，他是德格著名的米庞大师的徒弟；一位叫那木堆，类乌齐寺桑巴扎仓的喇嘛；另一位是藏传佛教宁玛派第六世恰梅喇嘛。他们召集寺中30多名小扎巴，在摆放着巴掌大小铜镜的桌子前，开始教他们看铜镜的程序和方法。孩子们轮流观看铜镜，看不见的孩子便走出去了。最后只剩下两个孩子，阿旺嘉措就在其中。他看到铜镜在闪闪发光，然后出现了一个洞，这个洞渐渐变成红色，然后出现了弯弯曲曲的文字。后来他看到30多个身着盔甲的骑士在奔跑，最后剩下三个人。旁边出现了河流，有一匹马上坐着一位骁勇的将士，他似乎在歌唱。此后三天，在上师们悉心呵护与引导下，他看到了更多的东西。

有关阿旺嘉措看铜镜能知过去、未来的事一下子在他的家乡传开了。不少人慕名前来找他占卜。从25岁至30岁期间，他不但看铜镜算命，还借助铜镜抄写史诗《格萨尔》。有一次，他有幸应邀去昌都帕巴拉活佛的家里，帕巴拉

格萨(斯)尔

鼓励他说："你有条件,你很年轻,要继续抄写《格萨尔》,争取全部写完。"此后,不断有人找他看铜镜抄写《格萨尔》,他写的本子还传到了国外。

阿旺嘉措抄写《格萨尔》也是他的兴趣所致。他的家乡地处多康地区,那里是青海、昌都、那曲的交界地,也是经商、朝佛的人们往来于拉萨与各地之间的必经之路。这里是《格萨尔》流传十分广泛的地区。他就曾见过著名艺人索南班觉,他说唱的《大食财宗》给阿旺嘉措留下了深刻的印象。此外,他小时候也看过一些民间流传的手抄本。艺人的说唱、民间传播的抄本都是他获得《格萨尔》故事、丰富抄写内容的源泉。而他抄写《格萨尔》的另一原因则是为了延年益寿。他说,铜镜中次仁玛、佣珠玛都对他说："本来你的寿命只有62岁,现在由于你写格萨尔的故事,做了好事,只要你继续努力写下去,你的寿命是可以延长的。"所以1981年当西藏《格萨尔》抢救办公室的同志来看他,请他抄写《格萨尔》时,他便欣然应允。此后,拉萨、北京的同志来调查,他都积极予以配合。

阿旺嘉措作为罕见的圆光艺人,以及这一形式所具有的深远文化内涵,均具有重要价值。他共抄写了《格萨尔》11部,其中一部《底嘎尔》分上、中、下三本,已于1987年由西藏人民出版社正式出版。他从一个独特的角度,为抢救史诗作出了自己的贡献。国家和人民给予了阿旺嘉措应有的荣誉和地位。1984年,他当上了类乌齐县政协委员;1986年在北京召开的全国《格萨尔》工作总结、表彰大会上,被评为先进个人;1986年开始享受每月110元固定津贴。1991年11月,在文化部、国家民委、中国文联、中国社会科学院联合召开的"《格萨尔》说唱艺人命名大会"上,被命名为"《格萨尔》说唱家",1994年离世。

罗松次仁

罗松次仁(blo bzang tshe ring 1978—),男,1978年生于玉树州杂多县莫云乡。罗松次仁说唱的《格萨尔》在玉树地区广为流传,受到众多人的喜爱。在玉树赛马节和康巴艺术节上都能领略到他精彩的说唱。因此,玉树州杂多县教育局将他家评为"文化之家"。据说,在18岁那年,罗松次仁做过一场奇特的梦,从那时开始他就自然而然地会说唱《格萨尔》了。他说："有一天晚上,我睡在村里的一个朋友家中,梦中看到一片无边无际的大草原上搭建了一个很大的帐篷,突然听到从帐篷里传出声音,罗松次仁你进来……然后我便走了进去,我知道那是东方花花岭国的帐篷。里面有很多人,人们手中拿着很多书卷,他们对我说:你必须阅读这些书,当时听见了活佛的念经声。同时在天空中还出现了美丽的彩虹,而我不由得开始朗读。等我朗读完之后才发现,帐篷里的人早都消失得无影无踪了,此时,我想把这些书拿到自己的家中。随后我从梦中清醒过来,感觉自己有所变化,和往常不太一样。然而听见朋友的母亲在喊我吃早饭,而我的回答是,我不吃早饭,我要给您说唱一段《格萨尔》。朋友的母亲说:那你唱,我听听看……后来我唱着唱着就不知不觉地唱完了整部《英雄诞生》。"《英雄诞生》部本就是《格萨尔》说唱艺人罗松次仁说唱的第一部史诗。罗松次仁现在能说唱108部《格萨尔》史诗。

亚里士多德也曾说过,"梦是一种持续到

睡眠状态中的思想"。此艺人经过一场梦便开始了《格萨尔》史诗的说唱，《格萨尔》青年学者诺布旺丹的《"智态化"思维与诗性智慧》一文中有这样的一句话："对他而言，梦是一种符号，更是一种象征符号，梦也是一种信仰，梦是未知世界的预言，梦更是认知事物的一个重要的方式。"从中能体现出《格萨尔》说唱艺人在说唱和撰写文本时，梦在创作过程中起到了非常重要的作用，尤其是在对上述艺人的采访中得知，都是一场奇特的梦境让艺人进入了《格萨尔》史诗说唱的状态，也就是说，梦是史诗创作的预示和暗示，也是说唱《格萨尔》的启蒙术，在艺人说唱《格萨尔》时起到了启发性的作用。（根据由角巴东主、扎哇主编的《雪域格萨尔文化之乡——玉树》一书改编）

拉布东周

拉布东周 (lha bu don 'grub 1967—)，男，藏族，青海治多县索加乡莫曲牧委会牧民，1967年出生在传说中的岭部三员将帅之一桑达阿东的"狮子天堡"脚下。他十一二岁时开始接触《格萨尔》史诗，常常听别人说唱。十四岁进莫曲村帐篷小学念书，开始看《格萨尔王传》。他自小喜欢自言自语，常常编造出一些自己都听不懂的唱词乱唱。21岁那年他为了朝拜拉萨市的释迦牟尼12岁等身像"觉卧佛"，偷偷离家出走。到了拉萨他举目无亲，就跟"阿觉"（朝圣流浪者）们一块混。在拉萨市住了十多天，每天转经、朝圣和拜佛。

有一天晚上，他在小昭寺门前磕长头时，遇见一位衣衫褴褛的老和尚。和尚也是"阿觉"，属于"露宿街头组"。那晚，他俩坐在小昭寺门前过夜。那位和尚叫他说格萨尔故事，他说没带书口头不会说。老和尚硬叫他说，他还是不会说唱。第二天一大清早他俩去八廓街。在转经时，无意间老和尚不见了，从那以后就再也没有见过老和尚。二十天后他开始打道回府。

回家途中在羊八井下车，尔后步行准备到当雄县探亲。到了念青唐古拉神山前看到一户人家，他去讨口饭吃。可那一家不仅不给他饭吃，还无礼地把他赶出了家门。于是他又顺着青藏线走了一段路。天黑了，肚子也饿了，他就和衣躺在一处洼地睡着了。睡梦中他听见许多马蹄声，仿佛好多人把他围起来了。他抬头时眼前出现了一位骑着棕色高头大马的人。他有三只眼睛，脸色棕红，红胡子，右手拿剑，左手持金刚橛。骑者像一位说唱艺人，对他唱了一段很长的唱词，说唱的内容是说他本与格萨尔有缘，但是到21岁，还没有说唱很不应该。然后拿出15本书，叫他选13本。那些书是13本《格萨尔王传》和不知内容的其他两本书。他选择了全部的书。便令他当时就说唱前13本，但后两本嘱他在37岁前说完。随后那位骑士从地面渐渐升入高空，消失于云层之中。

他醒来时，不知什么原因发现自己双膝着地跪着。到家大约三个月后的一个晚上，睡梦中他又见到了那人。这回其坐骑是一匹白马。他用鞭子抽打他让他抓紧说唱。那晚他梦中说了很多部《格萨尔》史诗，把家人都吵醒了。又过了几天，莫曲二队牧户一位老人拿给他一本《格萨尔·米那丝绸宗》叫他说唱。晚上那家人围着他坐在一起，点着一盏酥油灯放在他前面，他开玩笑地说："我说唱不用书本也能把你们蒙混过去。"于是他就不看书，开始说《米那丝绸宗》，说着说着就失去了控制。第二天太阳出来时，他发现自己还在说，那家人早已东倒西歪地睡在原地。从那以后他就有点儿害怕说唱《格萨尔》，怕打扰别人，怕别人说自己是疯子，因此经常避而不说唱。

第二年他得到某位藏密大师的点化，大师还鼓励他继续说唱。第三年他又拜见一位大师，给他起名拉布东周。他先后遇到四位大师的点化，从此说唱比较自然、轻松，惧怕说唱的感觉也渐渐消失了。

他说唱时，有时说唱内容形象地出现在眼前，然后他就把其如实地描述出来。有时眼前现出一行行藏文字，而文字不是正楷，好像是行书，然后就照着一行行藏文字念下来。呈现文字时常常说唱不太流利，还不时念错字，会有些吞吞吐吐；而脑海里呈现景象时就格外流畅。（根据由角巴东主、扎哇主编的《雪域格萨尔文化之乡——玉树》一书改编）

拉巴伊杰

拉巴伊杰（lhag ba ye rgyal 1990— ），《格萨尔》说唱艺人拉巴伊杰，是玉树州治多县人，他的原籍是西藏自治区那曲地区那曲县越区乡，于1990年10月13日出生在一个普通的牧民家庭。他小时候由于各种原因没能上学读书，但是他是一个聪明好学的小孩，因此，他在放牧之际求拜多位老师学习藏文。再加之他起早贪黑练习藏文，后来成为能读藏文报刊及《格萨尔》故事的文化人。虽然他出生在那曲地区，但由于玉树治多县亲戚的多次邀请，他们全家于2011年移居到治多县。他说他小时候就是一个放牧娃，现在仍然是以放牧为主的普通牧民。他的家乡治多地区《格萨尔》流传十分广泛，有许多《格萨尔》手抄本和木刻本，而且这里的牧民喜爱说唱格萨尔及三十员大将、十三位美女的英雄故事。此外，这里也是康巴歌舞非常盛行的地区之一，因此激发了他说唱《格萨尔》的热情。他从小深受格萨尔生动故事的感染，非常喜欢说唱《格萨尔》，还喜欢康巴地区流行的民间歌舞。

据说，他于2005年和朋友们一起去大山深处挖冬虫夏草。那时他住在他的一位亲戚家，早上去高山上挖冬虫夏草，晚上回来住在亲戚家。有一天晚上，他做了一个奇特的梦。在梦中他清楚地看见了岭国的三十位英雄，其中一位骑着白马，穿着白铠甲和戴着头盔的勇士来到他的枕前，连叫三声他的名字。这时他抬头望去，看见该勇士手持一张白纸说道：我是阿尼科嘉嘎哇，你将这张白纸保存好，以后有莫大的好处，说罢将白纸放在他的胸前。之后，勇士突然不见了。天亮后他全身很难受，好像得了一场病一样不舒适。过了两三天后心中又着急又烦躁，而且很想说唱《格萨尔》史诗，他将此感受和情景毫无顾忌地告诉给自己的亲戚朋友们听，他们听后十分惊讶，而且他们要求他说唱《格萨尔》。他愉快地接受了他们的要求，说起了《格萨尔》。之后按照亲戚朋友的劝说，他去杂那昂智活佛处，让他开启智慧大门，活佛及时诵经并为他开启智慧大门。之后，他感到很舒适，在思想上好像没有什么杂念了，很轻松。他回到家后不断地说唱《格萨尔》给他的左右邻舍听，他的说唱在邻里间也深受欢迎。他说他会讲132部《格萨尔》，其中他会说58部关于女性的《格萨尔》部本。（根据由角巴东主、扎哇主编的《雪域格萨尔文化之乡——玉树》一书改编）

喇嘛秋洛

喇嘛秋洛（chos－lo 1931—1999），色达喇嘛秋洛又名秋尼多吉，开启过不少的意念伏藏。撰写了《格萨尔神山志》，并称此文是依据自然智的明点中显现出的空行符码而写成。特别是喇嘛秋洛写出长篇《话说格萨尔帐篷》，并制作了两个帐篷、数百根掌竿。演讲时，把帐篷搭在木板或草地上。《话说格萨尔帐篷》一书以帐篷为题材，讲述藏族的历史、宗教和岭格萨尔及三十大将的故事。据说新中国成立以后他只讲过一次，其帐篷和书籍由儿子收藏。

青梅让丁

青梅让丁（'chi med rab brtan 1988— ）于1988年12月出生在玉树藏族自治州治多县多彩乡聂恰牧委会第四大队的普通牧民家中。治多县多彩乡位于县境东部，距县政府所在地19公里。青梅让丁会读写藏文，因为她母亲识文断字，是他的启蒙老师，他外公被认为是当地有名的山神"科嘉嘎哇"的化身，他母亲就是从他外公那里学的藏文。他天生喜爱《格萨尔》史诗的说唱和民间故事。小时候，他常常与伙伴们玩《格萨尔》史诗里的某些情节，或者模仿大人们的样子，说唱《格萨尔》史诗或者讲故事。他经常与当地著名的拉伊歌手对唱，会讲十几则故事。玩"猜谜语"游戏时，他常常会击败对手。据当地群众介绍，他和已故著名《格萨尔》说唱艺人索南诺布在嘉洛四方神山之一的当江杂扎神山受到天启后，成为《格萨尔》说唱艺人。在民间素有"索南诺布第二"的称号，受到当地群众的喜爱。

据青梅让丁说，他从小师从母亲学习了藏文基础知识，喜欢听母亲讲《格萨尔》故事，对其主人公格萨尔王产生了深厚的崇敬之情。10岁时，他能简单地看懂《格萨尔王传》之一《天岭九藏》部本。那是他第一次接触《格萨尔王传》，《天岭九藏》是整个《格萨尔》史诗部本中的开篇之作。在他16岁时，那年的藏历4月15日是释迦牟尼佛成道和涅槃日。那天风和日丽，天气晴朗，艳阳高照。他和往常一样早上到山上放牧，快到中午时在山上酣睡，并做了一场以前从来没有做过的白日梦。梦见在东方的上空出现了洁白的云彩，一位骑着白龙马的白衣人从云端款款来到他跟前对他说道："我是阿尼玛卿山神，你要说唱《格萨尔》史诗。"他答曰："我不会说唱《格萨尔》史诗。"山神不厌其烦地对他说："你必须说唱《格萨尔》史诗，这是天神赐予的。"说完给了他一部《格萨尔王传》的长条书。随后那白衣人骑白马驾着祥云渐渐离他远去了。之后不久，在南方天空中出现了黑雾。黑雾中一个骑着黑马的黑衣人来到他的近前，对他说："我是山神杂哲喜梅，你必须学会以下几本书籍的知识。"并给了他一本《堪舆》的长条书、12部民歌书、一部神龙年预言书和地方山神书等。他回答说："我没能力学。"那黑衣人郑重其事地跟他说："这是神赐予的，你学会了将会得到好的因果，学的越多得到的福运越多。"并且还说道："学习这些，今生你不需要再做任何宗教仪式，它能代替所有的仪轨，尽快地说唱《格萨尔》史诗吧！"此时，他有一种强烈的说唱欲望，不由自主地唱起了《格萨尔》史诗部本之一《赛马称王》部中的两个章节。他感觉有很多人在听他说唱《格萨尔》史诗，但是眼睛却看不到人……不知不觉中他的美梦苏醒了。时间已到下午，他放养的牲畜已不知去向。他感到全身有气无力，尤其心脏跳动加快，有一种想说唱《格萨尔》史诗的冲动。他的脑子特别乱，口中讲述着不知是什么内容的东西。过了一个月后，他开始全身疼痛，还口无遮拦地说着胡话，他以为生病了就去医院看病，吃了药也起不到什么作用。就这样过了几天后，他又做了一个奇特的梦，梦里出现了一个叫"玛玖班拉"的女神，她目如晨星，颜如皎月，牙似白雪，发如黛丝，神态婀娜多姿，装束高雅华贵，如出水芙蓉，冰清玉洁。她说要为他加持，女神手持一枚宝瓶，把宝瓶中的圣水倒入他的手心里，让他喝了少量的圣水，剩余的圣水抹在他的额头上。女神手持宝瓶在他的头上碰了三次后，对他授记说："你在这一生中要朝拜格萨尔王，并要不间断地说唱《格萨尔》史诗。"早上醒来后他就会说唱《格萨尔》史诗了，于是在他家中开始说唱《格萨尔》史诗部本之一《梅岭金宗》片段，从此他就与《格萨尔》史诗结缘了。他还经常看西藏那曲《格萨尔》说唱艺人白嘎等说唱的《契日珊瑚宗》、《梅日霹雷宗》等很多说唱部本。

据他讲述，年满16岁时就能说唱《格萨尔》史诗，对《格萨尔》史诗爱不释手。因此，玉树地区"周巴寺"的活佛旦嘎为他授予了九个结的护身结和莲花生大师的佛像，并确定青梅让丁是一个很好的《格萨尔》说唱艺人。17岁那年，他在赛马会上说唱了《格萨尔》史诗部本之一《梅岭金宗》，该部本主要讲述了格萨尔王率领岭国的七勇士等三十员大将到梅岭地方降服梅岭的故事。

《格萨尔》说唱言辞犀利，语速奇快；日常生活中不间断地煨桑朝拜格萨尔王及三十员大将，每次说唱前举行宗教仪轨祈祷格萨尔王及其大将；每次说唱进入一定的状态后，无法自拔，说唱完后全身有气无力；说唱时表情变化多端，根据说唱的内容不一，外在体态摆出各种各样的姿势。比如，说唱中两个大将在对垒射箭时，艺人的手势也表现出射箭的模样。另外，说唱中的人物怒气冲天时，艺人的表情透露出愤怒，说唱中人物高兴时，艺人的表情自然兴高采烈；说唱曲调丰富，根据内容唱出不同的曲调，曲调刚柔相济；他不仅说唱史诗，而且也是当地有名的拉伊歌手，是《康巴拉伊》省级非物质文化遗产项目传承人。他的拉伊有非常鲜明的特点：对唱言简意赅，短小精悍；对答恰如其分，词锋犀利，针锋相对；对唱具有"精、准、快"的特点。他的反应敏捷、果断迅速，常令对方措手不及。他的演唱通俗易懂，他演唱时的表情丰富，能够表情达意，令听者心潮起伏。

据他自己介绍，他能够说唱的《格萨尔》史诗有50部之多，还会唱五万首拉伊，《嘉洛婚礼赞词》等。（根据由角巴东主、扎哇主编的《雪域格萨尔文化之乡——玉树》一书改编）

曲扎

曲扎（chos grags 1954—2010），男，藏族，1954年出生于西藏那曲地区索县。祖籍青海果洛，婚后生活于那曲地区巴青县。

曲扎与《格萨尔》女艺人玉梅既是同乡又是亲戚，他的外祖父与玉梅的父亲是一母所生的亲兄弟。幼年及少年时代与玉梅生活在同一地方。他们生活的地方是史诗广泛流传的地区，玉梅的父亲洛达是当地有名的说唱艺人，可以说是相同的地理环境及史诗说唱的文化氛围，孕育了两代三位说唱艺人。曲扎的父亲拉杰出生在青海省玛多县阿日宗家族，是当地的名门望族，他本人是个出色的藏医。在赴拉萨及印度朝拜的归途中，在索县与曲扎的母亲相识，从此留在索县成家并抚育子女，成为当地的名医。曲扎幼年曾随同父母去拉萨朝佛开阔眼界，并经常聆听玉梅父亲的说唱。因此，《格萨尔》的故事深深地刻在他的脑海里。10岁时，因父亲病故，家道中落，作为长子，他担起了家庭的重担，只读了一年小学便辍学在家。12岁时，曲扎做了一个梦，梦见有许多部《格萨尔》的书摆在眼前。作为只有小学一年级文化水平，本来只能认识一些字母的他，在梦中居然可以无师自通地读下去。他一部一部地读，不一会儿，20部就全部读完了。梦醒之后，只觉得满腹的《格萨尔》故事。开始时自言自语地说唱，有时白天说一天，到了晚上仍然停不下来，无法抑止。担心他生了病的母亲带他去找永贡活佛，最后在拉萨色拉寺找到了正在那里驻锡的永贡活佛。经过活佛开启智门的诵经仪式，曲扎头脑清醒起来，在拉萨租住的房子里便开始说唱《格萨尔》。后在回家途经那曲时，又为当地的亲戚们说唱了几天。不久，曲扎当了民办教师，1968年被送到位于比如县的那曲师范学校进修了一年，后回到家乡的生产队当了考勤员。不论在师范学校，还是在家乡，即使在"文化大革命"期间。他一直在说唱，只要有人想听，他就会高兴地唱起来。此后，曲扎仍在不停地做梦，每次做梦都唤起他新的灵感，唱出新的章部。他自己也十分奇怪，几乎每年都能梦到一两部。后来他已经能够说唱41部，他把这一切都归结为《格萨尔》的故事神不断地把故事降于他的头脑中，否则，他又没有专门学过，怎么就会说唱了呢？

曲扎在说唱及记忆史诗方面有自己的诀窍。他说：唱《格萨尔》时脑子里并不出现图像，只是在说唱每一部的前边，都用大约三十句话来概括这一部的精华。只要把这三十句记清楚背下来，那么这一部的内容便自然而然地从嘴里说了出来。史诗是一句套一句的，说出了第一句，第二句自然就出来了。由于在师范学校学过一年的藏文，曲扎如虎添翼，他的说唱水平提高很快，他开始把自己会说唱的部陆续地写出来。1980年，他写了第一部《阿里黄金宗》，约500页稿纸。1984年他参加了拉萨《格萨尔》艺人演唱会，回到家乡他又写了《巴杰铠甲宗》（约1000页稿纸）、《亭迟墨宗》（约700页稿纸）、《卡容金子宗》（上、下部，约700页稿纸）、《阿吉绵羊宗》（约500页稿纸）、《斯哇玉宗》（约900页稿纸）、《达由马宗》等，此外，他还录有《夏斯马宗》（30盘磁带）、《北方江莫让骡子宗》（40盘磁带）及《达由马宗》（30盘磁带）。

说和写对于曲扎来说并无区别，但是他更喜欢写。因为录音说唱时，他常常要分心于录音机的操作，而写则一张纸一支笔一气呵成。由于他的字迹工整，省去了笔录整理的时间，唯一的缺憾是无法体现口头说唱的特色与曲调。

婚后曲扎与妻子扎西措生活在巴青县，妻子不识字，却是个《格萨尔》的爱好者。为了让妻子高兴，曲扎经常在家里说唱，后来他又买了一台录音机，便于把说唱录下来，给周围的老百姓听。由于曲扎为抢救《格萨尔》所作的贡献，1986年在北京召开的由四部委即文化部、国家民委、中国文联、中国社会科学院联合举办的"全国《格萨尔》工作总结、表彰大会"上获得了表彰。1991年11月，被文化部、国家民委、中国文联、中国社会科学院授予"《格萨尔》说唱家"的光荣称号。2003年曲扎参加了在拉萨举办的《格萨尔》千年纪念活动，并在大会上再次演唱史诗《格萨尔》，2010年离世。

仁孜多杰

仁孜多杰（rig 'dzin rdo rje 1927—1999），男，藏族，于藏历兔年（1927）出生在四川省甘孜州理塘县瓦须云汝部落一个普通的牧民家庭里，家境极为贫寒。其父母都是虔诚的佛教徒，在年幼时，父母请来教师，教仁孜多杰学习。抑或是天性，决定了仁孜多杰与学习无缘，他从小顽皮，爱唱爱跳。仅仅随老师学习几天后，便觉枯燥无味，跑到山里躲了起来。6岁时，由于部落间的牧场纠纷，他家不得不迁到新龙县日郎部落。儿时的仁孜多杰和所有牧民的孩子一样，过着早出晚归的放牧生活。由于家里没家畜，主要靠为别人家放牛来维持基本生活。仁孜多杰生性乐观，每当放牛时都会放开嗓子唱起山歌。在他十一岁时，与同部落两个伙伴邂逅，离家远赴拉萨。他们一路行乞，途中饱尝了各种磨难。在西藏，他几乎谒拜了所有的圣迹，还徒步到西藏阿里朝拜了杂日神山等。一年后返回康区，20岁时他同当地的姑娘泽巴吉结了婚，生有两子两女，家庭生活仍然非常贫困。1959年，仁孜多杰一家人迁到了色达县泥朵乡。1962年又迁到该县克戈乡。

作为一名说唱艺人，他与说唱《格萨尔》结缘于他13岁那年。那一年，仁孜多杰作为马夫随石渠巴珠活佛和色达伏藏大师多吉占堆前往青海省果洛州境内的阿尼玛沁神山朝觐。有一天，他在神山东侧一条小沟内放马时，在一块大石头边睡着了，并梦见一位戴盔披甲穿白袍骑白马，帽顶插一白盔旗，手持长矛的武士来到他面前，翻身下马后把长矛插在地上，右手拿一本经书，左手拿一串绳子，对仁孜多杰说，我这里有两样东西，你选择哪一样？仁孜多杰想到经书是圣物，而绳子没有什么意义，就选择了经书。之后那位白面骑士便不见了踪影。梦中那武士高大的形象在后来的几天一直萦绕在他的脑海挥之不去。第二天他仍然在那条沟里放马，却在前一天睡过的大石上发现有两只乌鸦正啄一红色的物品。跑近一看，原来那是用红布包裹的一本书，缠绕的绳上还盖有黑色的图章。他极为激动，绕书三圈并磕礼三次后，把书带到他们的驻地给两位活佛看。两位活佛说这事极为殊胜。这是一本伏藏典籍，对于他是个良好的缘起。此书现在还不能开启，将来再具缘起时，自然有人开启。从此仁孜多杰把那本书视为宝贝，随身携带。时隔一年后的夏天，仁孜多杰到野外狩猎。一天，从远处来了一批僧人马队路过他的住地。其中一位大喇嘛见了仁孜多杰后立即下马进入他破旧的帐篷中与他攀谈起来。仁孜多杰讲起捡书的经过，喇嘛叫他拿出书来，打开一看，这书正是《格萨尔王传·仙界遣使》，于是喇嘛从该部书的首页开始念诵。不一会儿，仁孜多杰也不知不觉跟着喇嘛吟诵起来。最后他自己能完全说唱该部书的全部内容了。此时，喇嘛说："好，今天是个良好的缘起，我给你开启说唱《格萨尔王传》的智慧之门，从现在起，你将成为梦中神授的《格萨尔》说唱艺人（仲肯），今后要多说唱。"从此，仁孜多杰常常梦见格萨尔或与格萨尔有关的场景，第二天醒来便能说出更多的格萨尔故事。

仁孜多杰渐渐成了康藏大地人尽皆知的《格萨尔》说唱艺人，足迹遍布康北高原。仁孜多杰可以说唱38部以上的《格萨尔王传》。他说唱时不用太多的准备，别人请他唱哪一部，他便可马上开始，但中间不能被打断。他说唱时还有一奇特之处，即手中拿一小纸条，两眼紧盯，像看着一本书。他说小纸条可起到定神的作用。

仁孜多杰说唱的《格萨尔王传》从始至终层次清晰，语言优美，从不出现重复现象，让人难以相信出自一个文盲之口。他说唱引用的民间谚语丰富多彩、寓意深刻、比喻贴切，还具有幽默感和哲理性。他的说唱需长则长，需短则短，灵活多样，深受群众欢迎。此外，仁孜多杰的说唱曲调有其独特的风格，根据故事中的不同人物和内容采用不同的演唱曲调。

1999年初，这位年逾七旬的民间艺人在竹日神山附近寿终正寝，唯有经记录整理的《格萨尔王传》孤本《墨日器宗》成了他的绝唱本，还有三个具有孤本价值的《格萨尔王传》没能抢救整理出来，给后世留下了巨大的遗憾。

仁真尼玛

仁真尼玛（rig 'dzin nyi ma1931— ）于藏历十六胜生铁羊年（1931）出生在甘孜州色达县一个普通牧民家中，5岁开始习诵藏文。他从小天资聪颖，智力超群。学习启蒙文化时一学即通。后来依止金刚护法和扎智却吉尼玛活佛之授记，在多康大成就者叶西堪布洛珠足下听授各种法门。20世纪50年代，仁真尼玛前往色达有名的伏藏神山宗措处求拜著名的伏藏大师根桑尼玛活佛，并长期在静谧的深山观修。据说在一次观修时，冥冥中感到格萨尔与30员大将融入自身，从此时常出现格萨尔与30员大将之灵附于自己体内的感觉。这种现象一般称为降神，在藏区降神的种类繁多。仁真尼玛年轻时，经常举行格萨尔降神仪轨。降神时，穿上降神服饰，祈请烟祭护法神。霎时间脸色变青，精神失常，判若两人，口中滔滔不绝地述说格萨尔王或大将的亲身经历。而仁真尼玛的格萨尔降神得到了伏藏大师仁真礼丹多吉、白玉却智活佛、桑智额登却吉达瓦等高僧大德的认可，并赐予其一套降神服等法器，教诫他今后要持之以恒敬颂祈请格萨尔王和岭国30员大将，从此解脱喉脉结（一种修炼成就），发掘大量的伏藏法。到目前为止，他已发掘了10多部伏藏经书，同时成为开启天国空行伏藏之门的活佛。新中国成立以后，虽然停止了格萨尔降神活动，但在他非凡的意念中，格萨尔及30员大将从未离开过他，并指点他发掘了数部格萨尔伏藏本。它们主要有《降生》、《世界金宗》、《姜王子》、《征伏北妖》。他发掘的伏藏属于在当代艺人中比较罕见的分章本《格萨尔》文本。其中往往很少读到大的战争场面，征服各种妖魔不是通过干戈相见，而是通过格萨尔及30员大将的神变法力来取得胜利。此外掘藏师还撰有《格萨尔修持仪轨》、《格萨尔祈请偈》、《格萨尔呼财偈》等多种格萨尔念诵文。在他的影响下，他的部分弟子也十分喜爱《格萨尔》，有的还成为《格萨尔》掘藏者。

桑珠

桑珠（bsam 'grub 1922—2011），男，藏族，1922年出生在昌都与那曲交界的丁青县琼布地方一个叫"如"的村庄。这里是从青海、昌都去那曲、拉萨的交通要冲。由于桑珠的外祖父洛桑格列做一点儿小本生意，家境不错。外祖父喜欢广交朋友，朋友聚在一起便喝酒，然后他就唱上几段《格萨尔》。他的小屋经常坐满了来听故事的乡亲们。久而久之，他的生意萧条了，而他却得到了一个"洛格诺布占堆"（"洛格"是洛桑格列的简称，"诺布占堆"是格萨尔的名字）的美名。桑珠就是在外祖父的膝盖上听着《格萨尔》的故事长大的。后来家境败落，债主上门逼债，苦难的童年开始了。小桑珠生活中唯一的乐趣就是他心中的《格萨尔》故事。11岁那年，桑珠放牧时做了一个梦，梦见他与逼债人扭打的时候，格萨尔王出来解救了他。此后他经常做梦，梦中自己像活佛一样在看《格萨尔》的书，一部接一部。醒来满脑子都是《格萨尔》的故事。父亲把魂不守舍的桑珠送到仲护寺请列丹活佛明鉴，活佛把桑珠留在寺院。住了一段时间后，当他返回家中时，他已经可以自如地说唱《英雄诞生》的片段了。

家境贫寒使他不得不离开家乡，走上了朝佛之路。高原的神山、圣地他都去过，也曾聆听过许多艺人的说唱，尤其是玉梅的父亲洛达的说唱给他留下了深刻的印象。民主改革时流浪到拉萨说唱的桑珠与妻子在墨竹工卡县定居下来，政府分给他们一头奶牛和一些土地，从此桑珠开始了安定的生活。

1985年桑珠被选为墨竹工卡县和拉萨市的政协委员。此后，他全力以赴地投入到西藏社科院抢救《格萨尔》的录音工作中。2000年，由中国社会科学院民族文学所与西藏社会科学院合作立项出版桑珠说唱本，给他以极大的鼓舞。他精力充沛地配合课题组的工作，以保证这套艺人说唱本的忠实性与科学性。

桑珠身上体现着老一辈《格萨尔》说唱艺人的共性，他浪迹高原，阅历颇丰，且在漫长的游吟生涯中与多位有影响的说唱艺人接触，集众人之长，以丰富自己，使他成为老一辈艺人中的佼佼者，也是他们中的优秀代表。老一辈说唱艺人多为神授艺人，他们自称大脑中格萨尔的故事来自神授，他们的共同特点是：1. 全凭大脑记忆史诗，且能够说唱长达三四十部以上，有着惊人的记忆力；2. 神授艺人均称童年做梦，经过活佛上师开启智门后开始说唱；3. 西藏艺人相对集中于那曲的索县、巴青县及昌都边坝县、丁青县一带，这里是人们朝圣、经商的重要通道；4. 他们大都出生在说唱艺人家庭，他们的父辈或祖辈曾是《格萨尔》说唱艺人；5. 他们都有着浪迹高原、以说唱《格萨尔》为生的经历。

桑珠在具有老一代艺人共性的同时，又具有十分鲜明的个性。由于对《格萨尔》的独特理解，他曾提出史诗格萨尔有18大宗、18中宗、

18小宗之说。在18大宗中，他认为四部降魔（《魔岭之战》、《霍岭之战》、《姜岭之战》、《门岭之战》）是18大宗的开始，是史诗中至关重要的战斗。没有这四次战役，格萨尔王也无法进行后来的征战。因为后来的许多战争是在降伏四国之后，借助于四国的人力和财力进行的。所以，他认为这四部是奠定史诗基础之部，具有举足轻重的地位。他还有自己的独特之部，如讲述格萨尔的母亲果萨拉姆的来历及最后成婚的《果岭》，是以单独成部的形式出现的，如此处理，使这一人物在史诗中处于更加凸显的地位。

在说唱时，他总是十分虔诚地在心中默默祈祷，请格萨尔大王保佑自己一切顺利，而后进入史诗的境界中。此时，他的眼前浮现出一幕幕格萨尔故事的场景，只需依次把它们描述出来。由于常年在高原游吟说唱，他的语言丰富、诙谐有趣。其间包含了许多民间谚语与赞词，为史诗增色不少。

由于桑珠在抢救工作中的特殊贡献，在1986年文化部、国家民委、中国文联、中国社会科学院联合举办的"《格萨尔》工作总结与表彰大会"上他获得先进个人的称号，在上述四部委于1991年召开的《格萨尔》说唱家命名大会上被授予"格萨尔说唱家"的称号。1997年在全国《格萨尔》工作总结、表彰大会上，获得"有突出贡献的先进个人"称号。桑珠常说：我这么个流浪艺人，今天过上了安定的生活，政府又给了我金子般的荣誉，我要用自己最好的说唱报答这一切。

最为难能可贵的是，为了出版一套完整的艺人说唱本，桑珠老人在他80岁高龄的时候，为我们录制了史诗的最后一部：《地狱篇》。这是迄今为止由在世艺人说唱记录的唯一的《地狱篇》。而此前，世间只存宗教人士整理刊刻的木刻本。其原因是，艺人们都有一个忌讳，即一般不愿意说唱《地狱篇》。他们认为，一旦说唱完《地狱篇》，他们的生命也走到了尽头。这也是至今没有一部记录艺人口头说唱的《地狱篇》的原因。为此桑珠的包括《地狱篇》在内的说唱录音资料及文本，成为老一代说唱艺人为后人留下的史诗绝唱。

作为一位《格萨尔》说唱家，史诗《格萨尔》国家级非物质文化遗产项目代表性传承人，桑珠老人是一个奇迹。他是众多《格萨尔》说唱艺人中最长寿者，这与他生命的顽强及对《格萨尔》的挚爱是分不开的。他是至今说唱录音最多（45部，达2114小时）的艺人，也是至今唯一一位出版完整说唱本的艺人。而这部说唱本所具有的科学价值，则是难以估量的。它必将是人类认识未知的、逝去的英雄时代的一把金钥匙。

2011年2月16日，桑珠在他的家乡拉萨市墨竹工卡县因病医治无效逝世，享年90岁。

色拉拥智

色拉拥智（se ra gyang grags 1925—1988），掘藏师兼艺人，男，藏族。在他3岁时，由色拉寺索根活佛、降央钦则活佛认定为伏藏大师智美威色活佛之转世化现，并举行了隆重的坐床典礼。幼年时，他在色拉寺学习文化，后又赴西藏深造。23岁时掘出大量实物伏藏和意念伏藏，从此声名远扬。他一生发掘意念伏藏法门共十多个，包括《明集》、《马头明王》、《金刚橛》、《勇猛上师》、《狮面》、《亥母》、《措杰尔》、《度母》、《集章》。公元1962年他在珠日神山处掘出本尊像。同年在昂拉神山，突然降下一支金属箭到手中。据活佛讲，这箭是岭国大将丹玛用过的神箭。当时箭面有空行标相文字。掘藏师将这些符号转译成藏文，才知道是《狮面修供经》，其后空行母密符便自然消失。此外他还掘出了数十个实物伏藏，其中，部分伏藏箧形似鸟蛋，其色彩和构成各不相同。伏藏箧内有黄纸密码（空行母密符）。除掘藏师本人外，无法破译这些密码。据说其中有一个带玉绿色伏藏箧为格萨尔伏藏品，目前仍珍藏于掘藏师家中。根据佛教传统，这些伏藏箧将等待有缘者前来打开破译其中的空行母密符。

色拉·久嘎活佛

色拉·久嘎活佛（'jig dga' 1960— ），男，藏族，色达年龙人，他在幼年时失去了读书的机会，15岁开始学习藏文，求拜上师参与闻思修的学佛活动，系统学习了宁玛教派的各种传承，特别是在修学光明大圆满方面获得了一定的成就。以后，他在深山闭关苦修了两年时间。2001年初的一天晚上，他在梦境中拜见到莲花生大师。大师讲，写一部三怙主为一体的《格萨尔王传》，现时机已至。于是活佛想到写《格萨尔王传》不如继续观修密法。就这样，活佛再也没有在意此事。不料，他在梦境中见到了格萨尔王和13种战神。他们向活佛说你是岭中系部落首领，现已在人间，为驱除各种障缘，你必须写《格萨尔王传》，同时赐予他一杯酒。他不知不觉地将酒一饮而尽，霎时间回忆起前生在岭国的情景，有感而发。第二天，在他已证得觉悟的自然智中流露出《格萨尔王传·降服公格红幻王的故事》。

斯塔多吉

斯塔多吉（sri thar rdo rje 1990— ），男，藏族，西藏昌都地区边坝县人。1990年斯塔多吉出生在边坝县沙丁乡热巴村。他的家乡处于从康定到拉萨的交通要冲，是经商、朝佛的重要通道之一。著名《格萨尔》说唱艺人扎巴（1906—1986）便出生在边坝县。从小母亲经常外出打工，斯塔多吉是由舅舅带大的。他7岁开始就读于沙丁区小学，后在边坝县中学、昌都地区高中接受教育，2010年被西藏大学破格录取，成为文学院的学生，斯塔多吉是唯一一位接受过完整的正规教育的《格萨尔》说唱艺人。

一个奇特的梦使斯塔多吉开始说唱《格萨尔》，这个梦的情节与老艺人扎巴11岁时做的梦十分相似。他大约十岁在沙丁小学上学时，曾做了一个梦。梦中格萨尔的大将辛巴和丹玛带他去见格萨尔大王。格萨尔王给了他一本书，叫他一定要吃下去。他很害怕，心想：这本书怎么吃得下去？这时丹玛把这本书给他往嘴里塞了进去。格萨尔王说：在这个吉祥的日子里，你要到天上去！然后只见格萨尔王转了过去，突然在他面前出现一道彩虹，他一只脚刚搭上彩虹就走了。当他醒过来时，觉得自己闷得很，好像胸中装满了东西。后来在音乐课上，他终于唱出了《格萨尔》。

斯塔多吉说他没有听过《格萨尔》艺人的说唱，但是，在他的家乡热巴村，有一位老人会讲故事。他经常和小伙伴设法拿一些鼻烟送给老人，请他讲阿古登巴的故事以及岩鼠和老鼠等民间故事，至今他对这位老人还念念不忘。揭开斯塔多吉得到《格萨尔》故事之谜，还有待进一步调查研究。尽管他不承认自己曾接触过《格萨尔》，但是，他的家乡边坝县确实有《格萨尔》流传，而他从小对藏族民间文学的爱好、兴趣，受到过民间文化的熏陶是他能够说唱《格萨尔》的一个重要因素之一。

作为"90后"的边坝县艺人，斯塔多吉是一个既继承说唱传统又有创新的艺人。由于他出生在著名说唱艺人扎巴的家乡，所以当人们

◎格萨（斯）尔

发现他的时候，都叫他仲堪（艺人）扎巴，尽管他并没有见过扎巴老人。但是他的说唱形式与曲调却与传统的说唱，尤其是扎巴老人的说唱极其相似。所不同的是他可以自如地说唱，在开始说唱一部之前，脑子里首先浮现出那个地方的情景，然后就可以说唱。当需要停顿时，他也能够控制自己，即刻停下来。当老一辈艺人如扎巴、桑珠等进入说唱状态以后，很难打断他们的说唱，因为在他们看来，说唱《格萨尔》是一件很神圣的事，没有完成一个段落的说唱就停下来是对格萨尔王的不恭。

斯塔多吉的说唱吐字清晰，词汇丰富，带一点沙丁地方的方言，但大部分还是书面语。在继承传统说唱的同时，他的说唱也有自己的特点，如他把每一部战争篇均分为上部和下部，他说：上部是征战部分，下部是取得胜利以后分财宝部分。在他说唱的章部里，分为上下部的就多达 11 部。此外，他也有自己风格独特的说唱部，如：《囊岭之战》和《斯布塔之王》。他介绍说：在昌都一带有这样的说法，昌都人不喜欢说唱或听《霍岭大战》的上部，而那曲人不喜欢说唱或听《霍岭大战》的下部，那是因为，在上部，霍尔入侵岭国，杀了晁同的儿子和贾察，又抢走了珠牡，所以康巴人认为这是不祥之兆；而那曲一带是霍尔国的地方，在下部中岭国打败了霍尔国，为此那曲人不好意思说唱或聆听自己耻辱的往事。

2010 年 9 月，斯塔多吉被西藏大学文学院藏语言文学专业录取。成为历史上第一位进入大学的《格萨尔》艺人。在大学期间，有了更多的机会展示自己，他先后被西藏电视台、西藏人民广播电台请去录音，还有机会参加北京乃至全国各地的《格萨尔》学术与演唱活动。目前他是西藏自治区级非物质文化遗产传承人。2014 年他本科毕业，留在西藏大学工作，主要从事他本人和扎巴艺人的说唱文本的记录与整理工作。

索南诺布

索南诺布 (bsod nams nor bu 1976—2011)，不仅是一位能说唱 189 部《格萨尔》的"仲肯"，而且是一位出口成章、口若悬河的口才大师，即兴吟诗的传奇诗人。

他于 1976 年出生在治多县扎河乡。从小在家放牧，从未上过学。现为治多县文化馆临时工。16 岁那年的一天，他只身一人在家乡著名的神山当江杂扎山上放牧时，就仰卧在草地上，不知不觉间进入梦乡。在梦中，起初有一位骑白马的人给他送口信说："一会儿有位老法师要交给你一些重要的任务，你不许推辞，必须完成。"接着他的眼前出现了一位白发苍苍的老法师。他右手托着很多经文，左手持一根权杖，对他说："你要一条拴牦牛用的绳子，还是要这些经文。"尽管他不知道其中的意义，但他坚定地选择了经文。尔后他拼命读完了所有的经文，醒来后发现自己的面前放着一尊拇指大小的佛像（他认为是格萨尔王像），于是就很郑重地将它放在佛龛里一直佩带在身上。回家后得了一场大病。病后老有一种想说唱《格萨尔》史诗的冲动，感觉到所有的内容都要争先恐后地从他嘴里蹦出来，却哽在喉咙里说不出一个字。后来他先后得到二位得道高僧的点化，从此渐渐感觉到说唱《格萨尔》像流水一样畅快、轻松、自如，几乎张嘴就来。他说唱时语言流畅、优美。

他除了说唱《格萨尔》史诗，还能即兴作诗和演讲。毫不夸张地可称他为"口才大师"。他看着任何一幅画或其他任何物件，都能淋漓尽致地表达出所蕴含的内容，而且用最优美的诗的语言表述出来。

他的说唱语速出奇地快，吐字特别清晰，用词形象逼真。听他说唱，如果听力和反应不够敏捷，那么听到的只是一串声音而已。人们曾听他讲《赛马称王》、《辛丹狮虎对决》等部，发现现场的听众，各个闭了眼、屏住呼吸、握紧拳头、咬紧牙关、绷紧神经、竖起耳朵，集中全身精力在听。听他说唱时，也许由于语速太快，抑或别的什么原因，随着说唱情节的不断深入，所有的概念活跃起来，他所说唱的各种情景活灵活现地从听众脑海闪过。此时听觉仿佛退居二线，一种深度的视觉语言活跃起来，仿佛进入了一种身临其境、出神入化的魔幻境界。很多人听了他的说唱，都说在他的说唱言语里能够看到狼烟四起的疆场，听到战马嘶鸣、豪气冲天的声音。

2007年8月，索南诺布先生参加了"第一届科嘉嘎哇雪山转山节"，并让他现场说唱《格萨尔》。当地牧民听到索南诺布先生要来参加转山节说唱《格萨尔》史诗，原来只计划有一个村庄的百十来人参加的转山节，一下扩大至三乡六村，变成由上千名民众参与的盛大的活动。那次仅仅骑马转山的人就有五百多人。活动当日，大家在湖边草地上吃了午饭，就召集民众听索南诺布即兴说唱当日转山情景。他从科嘉嘎哇雪山的传说、雪山的外内秘三种境界说到了当天的情景。又从当日的天空神奇变幻的云朵、雪山显出的圣洁光泽、五百多名骑士的壮阔场面，说到每位骑士的状态，说到当天参与转山的一位活佛所表现的娴熟骑术等。在场的每一位听众都享受到一种从未有过的艺术快感。各个人都面带祥和而舒心的微笑，一种无法忘却的动情感受深深地印刻在了每个人的记忆中。

此后，那里的牧民年年都在雪山转山节这一天翘首企盼索南诺布先生的光临。然而2008年，他悄然离开家乡去了安多藏区。而后传言说他被认定为青海湖边某座寺院的转世活佛，应某位大施主之邀到了深圳、上海等地传经布道。后来又听说他在跟一些大老板做买卖，发了财。他已经从一个淳朴的山里人变成了花花世界中的一个世俗之人。从外表装束到言谈举止，都俨然是一副城里安多人之相。治多县科嘉嘎哇雪山周边的牧民等他莅临第三届转山节，却一直不见他的踪影。直到2011年，他终于回到自己的家乡。他又开始活跃在治多县的各种大场合，尤其在一些大型婚礼上，他几乎每场必到。嘉洛婚礼的祝词、赞词经过他的巧妙组合和搭配，顿觉精彩无比。然而，认识他的人都说他说唱或即兴演说都没有过去那么精彩。此时的他显得有些疲倦，在外奔波的劳顿和城市生活磨平了他身上的锐气和灵气，那些掷地有声、美妙绝伦的言语不见了，反而多了几分俗套。2012年，他应邀参加了在祁连县举办的"拉伊竞赛"，参加了玉树州文化部门主办的"艺人检定会"和玉树州群艺馆"《格萨尔》艺人之家"成立挂牌大会。这时候，他身体越来越消瘦了。根据诊断得了糖尿病，稍不注意，就犯病。即兴说唱时显出精力不足的样子，但是他从不推辞别人的邀请，将说唱事业一直坚持到了生命的尽头。他像一颗耀眼的流星，从《格萨尔》史诗的天空划过。遗憾的是，他留给我们的音像和影视资料太少，尤其他的精彩的即兴说唱随着他生命的终结而消失了。《格萨尔》艺人还有许多，但是像他那样妙语连珠的即兴演说大家，以后很难再有第二个。（根据由角巴东主、扎哇主编的《雪域格萨尔文化之乡——玉树》一书改编）

松扎

松扎（basod grags 1980—2010），1980年生于杂多县莫云乡一个普通牧民家庭。其父亲名叫仁扎，于2010年因得重病而去世，母亲还健在。妻名桑卓，育有三子。松扎从未进学校读书，但是他的父亲是一位有文化的牧民，教他学会了藏文的写读知识。现在他能阅读所有的《格萨尔》故事。他幼小时几乎天天放牧，早出晚归。在放牧时与同龄小伙伴们一起唱康巴民歌，跳康巴锅庄舞，有时学唱《格萨尔》片段。他是个勤奋劳动、善于学习、诚实厚道、朴实简单的孩子，现在又是一位人们公认的《格萨尔》

说唱艺人。关于他成为《格萨尔》神授说唱艺人还有一段很神奇而有趣的故事。他说有一天他像往常一样去大草原放牧，过了一会儿就睡着了。梦见有一只鹞鹰从远处的雪山顶上飞来说道："你应该很好地说唱《格萨尔》，才会有光明的前景。"松扎听到鹞鹰的话后，不知道如何回答才对，他急急忙忙说："我不会讲《格萨尔》。"这时鹞鹰强调说："你必须会讲《格萨尔》，若不会讲《格萨尔》史诗将会带来许多不幸的灾难。"说罢，它在空中盘旋三次后飞到远处的雪山顶上去了。这时牛羊的尖叫声惊醒了他，有点儿神奇而疑惑不解的是，他做了梦后心情变得舒适而欢快，心中还产生了颇想讲《格萨尔》故事的念头。接着他便开始试讲《格萨尔》，讲得确实很流利，并且讲的史诗故事完整有趣，很有吸引力。之后家人便把松扎带到杂多县佐钦寺嘉拉活佛处，请求活佛开启智慧大门。活佛认真细听松扎艺人讲的《格萨尔》之后，立即诵经，并举行相关仪式，活佛面对松扎的胸前连吹二遍之后开启了智慧大门。艺人松扎受到此仪式后突然感觉到讲《格萨尔》讲得比以往更好，更流利完整。从此以后，他慢慢变成了一位优秀的说唱艺人。每当县乡村举办各种赛马会、婚宴、家宴、文艺晚会等群众文化活动时，他就以《格萨尔》说唱艺人的身份向广大群众说唱生动而有趣的《格萨尔》的故事。人们敬仰他、赞扬他，他常常获得大家的好评。他先后在康巴艺术节和全国《格萨尔》说唱艺人大会中获得过"青海《格萨尔》著名说唱家"称号，并赢得了专家学者的高度赞扬。2012年在玉树州说唱艺人鉴定会上，全国《格萨尔》工作办公室认定他为《格萨尔》顿悟艺人，并颁发了荣誉证书。他现任玉树州杂多县政协委员。

他的说唱有如下特点：1. 他常常为格萨尔大王供奉祈祷。目的是平安，吉祥，尤其是顺利地无障碍地讲好《格萨尔》史诗故事；2. 他有活佛赐予的《格萨尔》说唱帽子，但是，他说唱《格萨尔》时，有时戴着帽子说唱，有时不戴帽子说唱；3. 说唱时，时而微闭双眼，时而睁大双眼，有时声音很强，有时很弱。他的语言流畅、口齿清晰，表达力强。他的表情随着史诗故事的变化而变化；4. 他会唱100多种不同人物的唱调；5. 他把每部故事都能分为长、短两部分来说唱。他向群众演唱时，一般讲压缩的短故事，最长时也一个小时就会讲完；他在录音时讲的《格萨尔》是最完整、最长的故事，因为用于记录、整理和出版。他可以根据说唱需要调整故事长短；6. 他每次说唱《格萨尔》到了结尾时会用动听的唱调吟诵《格萨尔》吉祥词。

他一共能说唱50多部《格萨尔》史诗，现在已经录制的有《木赤朱砂宗》，共16盘磁带，还有他录音的两部史诗的光盘也已发行，很受群众的欢迎。他能说唱的史诗部分目录如下：1.《天岭九藏》；2.《英雄诞生》；3.《赛马称王》；4.《朱国兵器宗》；5.《卡且玉宗》；6.《木努绸缎宗》；7.《霍岭大战》；8.《门岭大战》；9.《雪山水晶宗》；10.《象雄珍珠宗》；11.《丹玛青稞宗》；12.《姜岭大战》；13.《蒙古狗宗》；14.《阿扎玛瑙宗》；15.《百惹山羊宗》；16.《蒙古马宗》；17.《白吾绵羊宗》等部本。其中从未传世的新部本有《堪巴东宗》和《木赤朱砂宗》两部。（根据由角巴东主、扎哇主编的《雪域格萨尔文化之乡——玉树》一书改编）

图登君乃

图登君乃（thub bstan 'byung gnas 1985—2010），男，藏族，1985年6月出生于青海省玉树州杂多县一个牧民家庭，8岁进入当地的苯莽寺成为一名僧人。3年后还俗回家，15岁开始说唱《格萨尔》的故事。按照艺人的分类，他属于神授说唱艺人。2005年在青海西宁举办的全国首届《格萨尔》说唱艺人演唱会上，应邀参加的图登君乃艺人特别引人注目，来自三江源头的这位牧民《格萨尔》说唱艺人，身着专门为演唱《格萨尔》史诗缝制的服装，头戴着插有五颜六色小旗的艺人帽，缓缓走上舞台，面对台下来自全国各地的众多说唱艺人及专家学者，他镇定自如，气势非凡，很具大家风范。演唱过程中他滔滔不绝，一气呵成，一展《格萨尔》原生态的说唱风采，给与会者留下了深刻印象。值得一提的是，他不仅能说唱《格萨尔》的故事，还能说唱《水浒传》、《西游记》及成吉思汗等故事。会后，许多来自全国各地的专家学者和媒体记者争先恐后地采访他，在采访当中，他还说唱了《武松打虎》的片段，他成了这次演唱会的焦点、亮点。平时的图登君乃，看上去很腼腆害羞，不爱言语，不敢抬头正面看人。可一旦说起《格萨尔》的故事，却昂首挺胸、眉飞色舞、手舞足蹈、口若悬河，炯炯有神的双眼放着光芒，完全变成了另外一个人。随着故事情节的不断发展，他说唱的语速也愈来愈快，表情动作也越来越激情而复杂、紧张。虽然由于方言的限制，许多人还没有完全听懂他说唱的内容，但从他那沉醉、迷恋而热情奔放的神情演绎中，大家感受到了藏文化博大精深的内涵和《格萨尔》独特的艺术魅力。2007年8月，中央电视台《走遍中国》栏目组来到杂多县专门采访了图登君乃等几位玉树地区的《格萨尔》说唱艺人，并拍摄成《传奇的神授艺人》的专题片，此节目从2008年元月起在中央四套、青海卫视等多家电视台播放，深受观众好评。

据图登君乃自己说，他能说唱180多部《格萨尔》的故事。经专家鉴定，他说唱的《格萨尔》故事，内容新颖，故事情节完整，具有一定的文学价值、艺术价值和史料价值。他是一位年轻有为、才华横溢的艺人，也是一位难得的奇才。2009年4月，为了抢救图登君乃口中的史诗故事，玉树州委、州政府把他从杂多县聘请到州群艺馆，每月发放500元的生活费。于是他就在结古镇租了一套简陋的民房安居下来，由州群艺馆秋君扎西副研究员专门负责录制他说唱的《格萨尔》故事。直到2010年4月14日地震发生的那天，他一共说唱了3部半，最后一部刚录制了一半，地震就发生了。他计划录完第4部后回家乡杂多挖虫草，以便给家里补贴点儿零用钱，然后，再回到州上继续录音。可是万万没想到，无情的灾难夺走了他年轻的生命，同时带走了他满腹的才华，也带走了他的《格萨尔》故事。他的去世给民族民间文化的抢救工作造成了无法挽回的损失，是我国《格萨尔》事业的一大损失。

玉梅

玉梅（gyu sman 1957— ，）女，藏族，1957年出生于西藏那曲地区索县人，她自幼生长在史诗《格萨尔》文化浓重的氛围中。她的家乡索县有热、嘎、索三条河流，它们跋山过岭最后汇入滔滔怒江。三水流域即是古代索宗的所在地。当地人自称他们是以水命名的藏族三部落。这三个部落又均有一座有名的寺院：索—赞丹寺、热都—热不单寺、军巴—曲廓寺。格萨尔王那善良、美丽、聪慧的爱妃珠牡就出生在索宗的亚拉乡。传说她出生时正值隆冬，然而天空中却春雷滚滚杜鹃啾啾，因此取名珠牡。三水流域关于《格萨尔》的风物传说比比皆是，当地人以格萨尔王曾经生活和征战在他们祖辈生息的这片土地上而自豪。

玉梅出生在索县热都乡一个《格萨尔》说唱艺人世家。她的父亲洛达原是热不单寺的僧人。他身体魁梧，力大过人，是寺院中有名的大力士。每年在寺院的搬石比赛中，他总是夺魁；在寺院跳"恰姆"（又称跳神，一种祭祀舞蹈）的活动中，他是不可缺少的人物。再加上他会说唱《格萨尔》，遂得到众人的喜爱。洛达原居住在荣布区巴盖乡，后来到热都乡上门与玉梅的母亲结婚。婚后便开始了以说唱《格萨尔》为生的日子。他的说唱得到当地人们的赞许，曾被请到索宗宗本家中说唱。

这位闻名于那曲东三县的老艺人洛达留给女儿的唯一东西就是他生前从不离身的"仲夏"（《格萨尔》艺人帽）。这顶艺人帽具有康区的特点。帽子不高，较宽，两边各有一个较大的耳朵，是用藏地氆氇缝制而成。据说原来帽子上缝有不少装饰物及珠宝，"文化大革命"中被摘掉丢失。这一仲夏至今被玉梅珍藏，而父亲说唱的《格萨尔》给玉梅留下了极深的印象。这是她作为一个说唱艺人从长辈那里继承的一笔巨大的精神财富。

父亲去世时，16岁的玉梅做了一个梦。她自述在一次放牧时，在草场山睡着了，睡梦中有白水湖仙女与黑水湖妖怪争夺她。获胜的仙女曾对她说："你是我们格萨尔大王的人，我要教你一句不漏地将格萨尔王的英雄业绩传播给全藏的百姓。"回家后她大病一场，后经活佛诵经治愈。此后玉梅便开始说唱《格萨尔》。

玉梅的说唱独具特点。她无须任何道具，说唱时总是微闭双眼，呈坐姿，手中不停地拨动念珠。她说："我说唱时全凭眼前浮现的图像。说唱开始，格萨尔及其将领征战的一幕幕情景便出现在眼前，我就根据所看到的图像来说唱。有时听众多，情绪热烈，或心情好时，这种图像便会源源不断地出现，唱词很自然地从嘴里冒出来，说唱得很顺利；有时情绪不好，眼前总不出图像或出得很慢，这时的说唱就会十分吃力，说唱效果也不好。"她认为在拉萨说唱不如在家乡那么顺口，因为对家乡的环境已经很熟悉了，而在拉萨还需要慢慢适应。

玉梅说她可以说唱70部，包括18大宗，48小宗，以及史诗的首篇数部及结尾部，她说唱的小宗很有特色，有些是她独有的篇章。

1984年夏，玉梅从索县来到拉萨，参加全国《格萨尔》艺人演唱会，作为为数不多的女艺人，引起了人们的关注，随后被西藏自治区《格萨尔》抢救办公室录用，成为一位专职艺人。后在西藏社会科学院从事《格萨尔》的说唱录音，直至2012年退休。作为一位说唱《格萨尔》的女艺人，玉梅生在新中国，得到了政府的关怀与重视，成为第一个被国家录用的《格萨尔》艺人，享受国家正式干部待遇。由于她积极投入《格萨尔》抢救工作，1986年应邀到北京参加了全国《格萨尔》工作总结与表彰大会，获得先进个人的称号；1991年，再次进京获得文化部、国家民委、中国文联、中国社会科学院命名的"《格萨尔》说唱家"的光荣称号。

玉珠

玉珠（gyung drung 1925—2012），男，藏族，1925年出生于西藏那曲。他祖籍康区，后迁移至那曲安多县巴尔达村给富户人家当用人。在困苦中长大的父亲班觉为了生活学会跳神，曾在天葬台为死者刻经文，同时还是一位《格萨尔》说唱艺人。班觉与另一富户家的用人次单拉姆结婚后，玉珠和妹妹们相继出世。遭到富人家辞退后，玉珠的父母带着他兄妹开始了流浪生活。

10岁时，父亲把玉珠送到富人家当牧童。每当与几个小伙伴一起放牧时，他就学着父亲的样子跳神、作法事或说唱《格萨尔》的故事，表演给小伙伴看。家境稍有好转，玉珠被接回家中。父亲闲暇时经常为牧民说唱《格萨尔》，那曲折回环的调式，动人心魄的情节，激荡着玉珠的心。他常常彻夜不眠，并梦见格萨尔王征战的故事。不久，他得了一场重病。父亲为他请来达隆寺的活佛玛居仁波切念经祈祷，开启说唱《格萨尔》的智门，并送了他一顶说唱时戴的仲夏（帽子）。从此，他开始像父辈艺人那样有序地说唱《格萨尔》了。那时，他晚上做的梦，第二天就可以讲一整天，说唱的部数也与日俱增。

然而，父亲的突然去世使玉珠的家分成了两半。心灰意冷的母亲带着小妹妹走上去卫藏朝佛的路。而玉珠与大妹妹则留在家乡的富人家当用人。然而，玉珠始终惦记着母亲与小妹。几年后，他终于踏上了寻找母亲的朝佛路，也开始了真正靠说唱《格萨尔》而谋生的日子。他首先来到达隆寺，专门拜访了为他开启智门的玛居仁波切，并给僧人们说唱《格萨尔》，受到热情款待并获得丰厚的馈赠。

在从那曲走到拉萨的五年里，玉珠不仅说唱史诗，而且学着父亲的样子刻石头，缝制衣服，练就了多种谋生的手艺。幸运的是在他与母亲和小妹分别十年后，在拉萨粗布寺找到了她们。玉珠决定把母亲和小妹接走，用自己的肩膀承担生活的重压，让她们得到温饱。于是他们返回那曲，又接上当用人的大妹妹，一家四口开始走向冈底斯山。转完圣山，又去朝拜神湖——纳木错。在路上，玉珠一直不停地说唱《格萨尔》，以维持他们最低的生活。母亲朝拜过圣山、神湖后，完成了多年的夙愿，决定回到拉萨粗布寺过安稳日子。玉珠再次与母亲和妹妹告别，只身向萨甲（今班戈）方向走去。

在萨甲，当地人请他降神，为他们消灾祈福。他有时为他们说唱《格萨尔》，有时刻石头，秋天的时候帮牧民剪羊毛。在玉珠的记忆中，他参与的最大的活动是在江龙宗（今班戈县）13个部落每年秋季举行的交易会。玉珠在这里找到一片平坦的坝子，开始了说唱。在人头攒动的场子里，他一口气说了一整天，竟然没有疲劳的感觉。玉珠认为，仲堪（艺人）在说唱时，周围的环境和听众的反应是非常重要的，环境清新、气候适宜，再遇到知音互动，说唱者就能够情绪昂扬地进行构思和创作。由于这次说唱听众多，效果好，他的说唱情绪极佳，收入也相当不错。在当地停留四个月后，他继续西行，来到班戈湖的硼砂矿。在从内地来的矿工队当工人，慢慢有了一些积蓄，生活也稳定了。他仍然思念着流浪在异乡的母亲，想把她接回来。于是，他向单位的管理人员请了假，又向拉萨走去。

玉珠到达拉萨时，正赶上正月十五的祈祷法会，在八角街的转经路上，玉珠与母亲、妹妹邂逅相逢。此时小妹已与当地的一个小伙子热恋，他只好带着年迈的母亲上路了。途中母亲病倒，玉珠一边说唱，一边照顾母亲，历尽艰辛终于回到了班戈县。年已34岁的玉珠与一位萨甲的姑娘结了婚，并定居在班戈县萨甲地方（即今青龙区）。为了支撑这个家，他不能像以往那样云游四方说唱《格萨尔》了，于是他开始给别人揉皮子、缝制衣服。他灵巧的双手给他的一家带来了生活的转机。然而好景不长，安稳宁静的生活被打破。"文化大革命"的来临，使他首当其冲地成为被批斗的对象。他保存多年的艺人帽、艺人鼓被付之一炬，还被勒令今后永远不说唱《格萨尔》。

1981年随着国家形势的好转，党的各项政策的落实，《格萨尔》的春天来到了。他被接到班戈县进行采访。而后，他又被接到那曲，由专人负责录他的说唱。过去，他能够说唱18大宗、13小宗。现在他不无惋惜地说：已经好多年没有讲了，有的部生疏了，有的部忘掉了，要是国家需要，我一定好好回忆，争取多说几部。

1984年，玉珠应邀参加了在拉萨举行的《格萨尔》艺人演唱会，并为大家做了精彩的演唱。1986年在北京由文化部、国家民委、中国文联、中国社会科学院联合召开的"《格萨尔》工作总结、表彰大会"上，玉珠受到表彰；1991年11月，在北京由上述四部委联合召开的《格萨尔》说唱家命名大会上，被授予"《格萨尔》说唱家"的称号。

扎巴

扎巴（grags pa 1906—1986），男，藏族，于1906年（藏历第十五绕迥火马年）出生于西藏昌都地区边坝县一个贫苦农奴家。边坝县所处的地理位置恰是上至拉萨、下通打箭炉（康定）的要冲上。属于旧时进入卫藏地区之北、南、中三条路中的主要通道——中路的中间点。这里曾是商人、朝佛者、旅行者长途跋涉进藏途中歇息的地方，也是许多游吟说唱史诗的艺人们驻足之所在。为此，这里史诗《格萨尔》流传极为广泛，几为家喻户晓，妇孺皆知。古人在《西藏图考》中的"丹达山路径奇险，上有雪城，山神屡著灵异，秦列祀典"所描绘的具有神秘氛围的地方正是扎巴自幼生长的地方。

扎巴属于《格萨尔》说唱艺人中典型的"托梦神授"类艺人。据其本人自述，其八岁时经历了此类艺人均经历过的得来故事的过程：一次，在其失踪七天后，当家人找到他时，他嘴里不停地说着莫名其妙的话语。有人认为他疯了，有人认为他说唱的是《格萨尔》故事。父亲把他送到边坝寺，请活佛明鉴。后经活佛开启智门，小扎巴便可以自如地控制说唱了。他只记得，在他失踪的日子里，曾梦见格萨尔大王手下的大将丹玛打开他的肚子，掏出内脏，装进了史诗的故事书。从寺院回到家后，小扎巴和以前判若两人。他不用思考，《格萨尔》的故事便脱口而出。从此，他不断地唱给家人听，唱给村子里的人听，逐渐得到了人们的认可。从此，扎巴开始了说唱《格萨尔》的生涯。

扎巴带着家人从边坝走向圣地拉萨，走在高原的神山、圣湖旁，边朝拜、边说唱、边乞讨。经历了人生的苦乐酸甜，饱受人间的磨砺，在亲人的悲欢离合中度过了他的前半生。西藏解放时，他落脚在林芝，成为一名道班工人。由于数十年浪迹天涯的游吟说唱，高原气势雄浑的山山水水赋予了他恢宏的气魄和坦荡的胸怀。在集各地艺人说唱精华之后，他的说唱日臻完美。不仅说唱风格独具，而且篇幅很长。他可以完整地说唱34部，从格萨尔诞生直到他捣毁地狱完成人间使命重返天国。扎巴遂成为远近闻名的说唱艺人。

在"十年动乱"中，扎巴因为说唱《格萨尔》而倍受责难，被迫许下"永生不再说唱《格萨尔》"的承诺，而停止说唱。天才的说唱家在停止了十数年的说唱后终于迎来了他艺术上的春天。1978年底，当他到拉萨看病，被西藏大学（当时的西藏师范学院）几位热心的教师发现时，他已是年逾古稀的老人。1979年西藏大学正式成立抢救小组，对扎巴说唱的史诗进行录音、记录、整理以及出版工作。作为一个退休工人，凭着热爱祖国、民族和人民的基本觉悟，凭着他对格萨尔的崇拜与敬仰，不计因说唱所受的责难，义无反顾地重新开始了他的说唱生涯。

为了使扎巴能在晚年专心说唱，经西藏自治区有关部门批准，西藏大学将扎巴接到拉萨，同时将其全家安置在拉萨，使他能够在一个舒适的环境中，潜心于史诗的说唱录音工作。这个旧时代的乞讨者，不仅得以安居拉萨最高学府，而且成为与昔日的贵族们共议国事的自治区政协委员。1984年8月，西藏自治区《格萨尔》领导小组及西藏文联为他举行了79岁寿辰祝寿会，向他颁发了奖状和奖金。在会上他激动地说："在旧社会我是个穷要饭的，今天当了国家的主人，过去没有吃过的，现在吃上了；过去没穿过的，现在穿上了；过去没住过的，现在住上了。我要努力说唱，报答这份恩情。"他不顾多病的身体，每日争分夺秒地说唱录音，在生病住院时也不肯停止。甚至在梦呓中说的也是《格萨尔》。说唱史诗已成为他生命中最重要的组成部分。在短短的八年中，共说唱26部，近千小时的录音，这是他呕心沥血的结晶。至今扎巴说唱的《格萨尔》已经出版了17部，其余各部将陆续出版。

1986年5月，扎巴来到北京，参加由四部委——文化部、国家民委、中国文联、中国社会科学院联合召开的"全国《格萨尔》工作总结与表彰大会"，并被授予先进个人的称号。1991年他被四部委追认为"《格萨尔》杰出说唱家"的称号。

"德艺双馨"的说唱家扎巴于1986年11月3日坐化在他说唱的卡垫上安详地走了。但他那圆润洪亮的声音仍然在高原回荡。他永远活在人民心中。

卓玛拉措

卓玛拉措(sgrol ma lha mtsho 1934—1997)，女，藏族，1934年出生在四川甘孜州德格。这里是东部藏区著名的宗教与文化中心，藏族最大的印经院——德格印经院便坐落在这里。德格一带寺院林立，其中不少寺院都收藏有《格萨尔王传》的各种抄本、刻本。竹庆寺每年必举行一次跳《格萨尔》恰姆（宗教舞蹈）的活动。百姓心中对格萨尔的崇敬之情达到了与神佛同等的程度。由于抄本、刻本在民间和寺院广泛流传，加之当地的文化人较多，遂形成了"丹仲"（照本说唱的艺人）的形式，即人们茶余饭后或逢年过节之时聚在一起，由懂藏文的人照本说唱《格萨尔》。当地人均谙熟《格萨尔》的故事与说唱曲调，虽反复听唱，却乐此不疲。

卓玛拉措出身于德格地区一个贵族家庭。父亲曾出任德格王的大臣。她自幼生活在优越的环境中，从8岁起便在家跟着父亲专门请来的先生学习藏文，直到13岁，从而打下了很好的藏文功底。他的父亲是一位《格萨尔》的爱好者，家中收藏了30余部不同的抄本、刻本，其中包括完整的18大宗。平时几位大臣常常聚在他的家里，拿出本子来说唱。父亲是个能说会唱的人，经常自己边看边唱。每到这时，卓玛拉措就悄悄地坐在一旁听，渐渐地也成了个《格萨尔》迷。听过几遍后，她便能熟记各种调式，可以照本再唱出来。13岁以后，她就可以用多种曲调诵读《格萨尔》了。当时有不少人到家里听她说唱。由于她的嗓音悦耳动听，说唱十分生动，吸引了许多上层人士。父亲晚年由于眼睛不好，自己不能照本说唱，就由卓玛拉措为父亲说唱，从而使她的说唱技巧得到了锤炼和提高。

由于她是家中的长女，下边还有两个弟弟和一个妹妹，弟弟均被送进寺院，她便在家中操持家务。1950年家乡解放了，17岁的卓玛拉措积极帮助进藏的解放军驮运东西。由于她的突出表现，19岁时当了德格县的青年干事，还被送到康定学习跳舞。一年后回到德格，在县妇联工作，其任务是组织青年妇女学习文化，开展文体活动。

1959年平叛后划分阶级时，她家被划为地主。德格解放时卓玛拉措虽然未满18岁，却因是家中的长女（父亲已去世），被划定为地主分子。党的十一届三中全会以后，她头上那顶戴了二十年的沉重的"帽子"终于摘了下来，她如同获得了第二次生命。

卓玛拉措又唱起了她酷爱的《格萨尔》。她开始搜集由四川民族出版社出版的《格萨尔》，有了书就可以说唱。开朗豁达的卓玛拉措没有那么多的讲究和禁忌，别人请她唱哪一部，她就唱哪一部，《地狱篇》她也唱过。有时邻居们到她家中听她说唱，有时几家人凑一些茶、酥油聚集在一起，请她去唱。她总是有求必应。

1981年，四川人民广播电台请她前去录制《格萨尔》说唱，她欣然接受。在成都一住就是五个月，她为电台录制了《赛马称王》和《霍岭之战》上、下部。在四川人民广播电台连续播出《格萨尔》的说唱节目以后，整个康藏地区都轰动了。不少藏族牧民为了收听这个节目特意购买了收音机。每当节目播出的时候，在藏区城镇，都能看到许多人在街头的扩音器前驻足聆听。卓玛拉措的名字也随着她的声音响彻川藏和云南藏区。

1984年夏，卓玛拉措应邀参加了在拉萨举办的《格萨尔》艺人演唱会。在罗布林卡的演唱现场，这位来自德格的女艺人，以她那特有的清脆的好声音给人们留下了深刻的印象。1991年11月在北京召开的由文化部、国家民委、中国文联、中国社会科学院联合举办的《格萨尔》说唱家命名大会上，卓玛拉措受到了表彰。

二、史诗中的人物

（一）岭国的将士

格萨尔王

格萨尔是《格萨尔》史诗的主人公。据藏族有关文献记载，他于公元1038年诞生在吉苏雅格卡多，公元1119年卒于玛沁雪山附近。

《格萨尔》史诗作为一部宏大的叙事史诗，以格萨尔为主人公贯穿始终。根据史诗中的描述，格萨尔的人生历程经历了三个阶段，即从天国到人间，又从人间回归莲光净土。身居天界时，其名号为推巴尕瓦，有的史诗中称顿珠尕波或波多嘎布。那时，人间妖魔横行，灾祸连绵，黎民百姓处于水深火热之中。观世音菩萨、莲花生大师见状不忍。于是众神商议派遣白梵天第三儿子推巴尕瓦下凡拯救人类。这样天神之子立下扶助百姓、惩除妖魔、弘扬正法、拯救人类的誓言，在草原牧场上投了胎。其父为穆布董氏后代董僧伦，母为龙王之女噶萨拉姆，降诞人间后幼名叫觉如。出生不久，天子隐现神通，其叔父晁同心生嫉妒。他考虑到如不尽快除掉那小子，很有可能成为他登岭国王位的障碍，数次想将其扼杀在襁褓之中均未得逞。后又造谣惑众说觉如是邪恶，并强行把觉如母子俩流放到荒无人烟、兔鼠成群、妖魔出没的玛麦玉龙松多。母子俩过着啖野果、吃鼠肉的艰难生活。为了事业需要，觉如在别人的眼中是一个衣着褴褛、相貌丑陋的穷小子。然而他在暗地释放出半人半神的能量降伏了众多妖魔鬼怪，为一方的众生带来了幸福、平安。觉如至十二岁时，遵天神旨意，岭国上、中、下三大部落三十员大将商议决定，举行赛马会，夺冠者将获岭国王位和岭国七宝，娶富豪嘎嘉洛家的美女森姜珠牡做王妃。在觉如大哥贾察大将的强烈要求下，觉如被请回岭国参加赛马。其结果大出人们所料，乞丐儿子觉如一举夺冠，登上岭国黄金宝座。登基之际，他示现原形，戎装王服同着，威风凛凛、相貌堂堂，取名格萨尔·诺布占堆。美丽姑娘珠牡做王妃。从此，他遵照天神旨意，踏上了悠长的征途，以智慧和力量、神明和勇气先后降服了四方大敌，征服了十八大宗和众多小宗。率领千军万马铁蹄踏平四方恶魔，智剑荡涤众生无明神鞭挥洒雪域福祉。盖世无双的格萨尔大王成为流芳千古的英雄。寿至八旬时，大王圆满世间所有事业之后与麾下三十员大将高举正教法幢，常年闭关，勤勉精进，日夜禅定。随着岁月流逝，他们在轻松、自在、体性本净、自性任运的状态中陆续示寂，回归清净刹土。以另一种善巧方便度化被烦恼拘縶的无数众生。

睡狮大王格萨尔(文)

睡狮大王格萨尔(文)

格萨尔的别名

格萨尔在不同时期有不同的名字。其在天国期间，叫推巴尕瓦，意为闻喜，即听则生欣悦。《天界篇》中说，"十方善逝身加持力汇成'翁'字，又化作八辐白轮，显现天子头顶上空，此时此刻空中发出自然声说道，具功德的男子汉，取名推巴尕瓦。具加持的佛陀，闻者生喜，恶业蠲除。具势力的首领执政一方带来安康。愿降服四方大敌，愿结缘者远离恶趣、愿亲睹者往生净土"。格萨尔投胎人间，降生不久，其同父异母的兄长贾察立即前去看望这位来到人间的新弟弟。那出生不久的婴儿一见到贾察倏地坐起来面带

◎格萨（斯）尔

笑容。贾察非常高兴，随即为他取名。就叫觉如吧！在安多口语中，一个小物体突然立起来称"觉尔色"。此外藏语中觉或阿觉为哥之意。在这里"觉"字还有其他含义。《岭国形成》中说，"你觉尔色坐起，汝色怒，阿觉乃是神觉吾，汝汝日扎镇压者"（日扎为妖魔之意）。觉如赛马夺冠登上王位之后，晁同皮笑肉不笑地说："哈哈！我侄子今天如此格萨尔。"觉如说："叔父为我取名格萨尔，这是良好缘起，是降敌的格萨尔，成就岭国事业的格萨尔。未来降服四敌时，名曰格萨尔成就好汉；摄收各种宝藏时，名曰格萨尔宝贝成就；祭祀战神增风马时，名曰雄狮战神王；修持祈祷三根时，名曰密号金刚寿王。"总之，格萨尔有很多别名，称格萨尔诺布占堆（制敌法宝）、桑钦杰布（雄狮大王）、岭杰·格萨尔杰布（岭之王格萨尔），还有玛桑杰布、战神之王、白色威尔玛等。格萨尔在藏文字典中意为莲花或花蕊，在这里应理解为英雄豪杰的意思。

格萨尔的一生

格萨尔的一生，是神灵与人性结合、智慧与力量结合的一生，是敢于拼搏、善于奉献的一生，是为众生带来利乐的一生。格萨尔的一生可分三个阶段：童年时代，在苦难中度过，在夹缝中求生存。这并非命运的捉弄，而是天意的安排，是圆满事业的需要；青年时代格萨尔率领千军万马，气吞山河地争战把格萨尔的事业推向了巅峰；老年时代闭关修行。最终示寂不弃身躯往生莲光净土。

格萨尔降生不久，射死三黑鸦，降伏了贡巴拉查妖。2岁时，降伏了鼠兔妖和九头罗刹鬼。5岁赴南方察瓦绒，夺取箭竹宗，降伏了察瓦百眼赞普魔王和七妖子。7岁赴斯喀色国夺取山羊宗，降伏喀色王黑鹏角。8岁时，叔父晁同把格萨尔母子俩强行驱逐到荒无人烟的玛麦玉龙松多，从此他俩过着艰难困苦的日子。9岁受岭国总管之命，同叔父晁同一道赴丹玛域夺取青稞宗。10岁时，岭国遭受了一场空前的雪灾。总管派丹玛前往玛域（黄河上游）向格萨尔借草地，格萨尔同意后岭国三部落迁往玛域。格萨尔分配岭国草场，这就是著名的"占领玛域"。12岁岭国举行赛马，格萨尔夺冠登上岭国王位，取名格萨尔·诺布占堆。13岁，在阿尼玛沁神东面开启水晶伏藏大门，掘出大量的各种兵器法器等宝藏，被称为"玛协扎"。不久还举行了世界公桑、祭祀仪式，同时射死妖魔寄魂物，铜角吐焰野牦牛。15岁，降伏北妖鲁赞王。不久发生规模最大的霍岭大战，格萨尔王妃被霍尔国抢去。战争持续九年，格萨尔在北妖喝健忘水，未能回国。24岁，格萨尔征服了霍尔国，消灭了霍尔白帐王。30岁，遵天女授记率军赴姜域，降服了姜沙旦王。36岁，率领霍尔、姜两地将士远征门域降伏了门辛尺赞普王，以上为史诗中的征服四方大敌。39岁，为超度即将消灭的大食国王亡灵闭关修行。40岁，赴大食国，降服了大食财宝王，开启了财宝之门。42岁率军赴南罗刹国征服了米努玛夏王，取得米努丝绸宝库。44岁赴象雄国，降服了象雄灵智扎巴王，取得珠宝宝藏。46岁赴阿扎国，降服了阿扎·尼玛坚赞王，取得阿扎王天珠宝库。47岁赴祝古国，降服了祝古拖果王，取得了祝古兵器宝库。49岁梅岭开战，降服了梅国色尺王，开启了大量黄金宝藏。51岁赴穆古国，降服尼玛灵智王，取得了蒙古马宗。53岁赴阿里国，降服了阿里扎旺，取得了阿里金宗。54岁走岗日拉达国，降服了旺钦多吉扎巴国王，取得了杂日药宗。56岁赴歇日国降服了歇日达则王，取得了歇日珊瑚宗。61岁赴汉地，降服达德王，取得了汉地茶宗。62岁时，格萨尔王征战四方，伤生害命不计其数。为度化这些亡灵，闭关修行一年。64岁走东嘎国，降服了东嘎达投王，取得了东嘎海螺宗。67岁赴天竺国，征服了天竺却龙尼玛壤夏王，取得了印度法宗。68岁赴尼泊尔，征服了巴日穹天王，取得巴日羊宗。69岁至80岁还征服了若干个大小宗。与此同时坚持闭关修行，讲经说法。81岁，在圆满了各项事业后示寂，返回天堂。

童年格萨尔丑陋九相

格萨尔在其童年时代由于遭受其叔叔晁同的欺辱，与母亲一同被驱逐出岭国。在玛麦玉龙松多地方受尽了人间的折磨，生活贫困，衣着褴褛，相貌丑陋，人称穷小子觉如。头戴黄羊皮帽，虱和虱蛋满全身，帽顶插有不协调的红须顶饰，身穿硬犊皮袍，衣边全是灰和泥，脚穿干硬马皮靴，系有草绳靴带，背有牛毛编织口袋，手持杨柳木棍。

格萨尔大王人物形象描写

格萨尔大王代表着藏族人心目中最崇高英雄形象，泛称"岭国大王雄狮顿珠王"。他面如紫玉般赤红，齿如白螺般雪白，身貌相好庄严，牙上自现佛像，青黑油亮长发披身后，面带喜悦笑容，身耀英雄战神风采。穿有树叶宝珠花纹红缎袍和碧玉一般绿云纹的绸衣。披着黑红色战袍，腰系黄金色腰带，头缠白绸缠条。颈饰宝珠闪光，法衣孔雀花纹，密衣战神紫袍，边衣千佛无畏，短褂雍仲宝珠，下衣大官图案，足登镇天龙八部之翘鼻皮靴，饰以受用八物、姿态威严。

岭国三十员大将

岭国三十大将又称三十兄弟、三十大成就者。他们是岭国部落联盟的核心人物，既是英雄，又是部落、军队首领。其中大多为同一种姓的后代，也有联姻关系等加盟的部落首领。除此而外，岭国还有众多的大将。随实力向外扩张，一些部落首领投于格萨尔麾下，被任命为新首领、岭国大将。还有三十员大将的不少后代也是岭国大将。因此史诗中提到了岭国八十大将，是印度八十大成就者的化身。三十员大将的姓名、人数在各种《格萨尔》版本中的描述差异较大，有多有少，然而岭国三大部落中的主要人物是相一致的。此依据较权威的岭葱木刻版本《赛马登位》中，岭国上、中、下部落赛马人员排序所点大将姓名来罗列岭国三十员大将：

色尔坝觉阿华赛达瓦　翁吾阿努华桑　仁庆·达尔鲁　崩贝贾察协嘎尔

察香·丹玛向查　雅麦僧达阿东　达绒奔波苏彭　嘎德却君威那

却鲁吾益达彭　达绒娘察阿登　阿克吉奔杰布　僧伦嘎玛日基

麻希奔波晁同　朗穹玉叶美朵　觉阿华赛达瓦　迦那奔波桑桑

嘉洛伍雅周吉　阿巴尔吾叶潘达　拉吾南喀森夏　绒察贡格玛尔勒

翁吾姜赤昂庆　贡巴吾叶迦查　玉雅更波东投　果波尼玛灵智

色尔坝吾琼塔雅　牟青杰巴灵智　岭青塔巴索南　加奔色吉阿尔岗

东奔扎则希却　嘉洛顿巴坚赞　丹玛古如坚赞　嘎日尼玛坚赞

那日塔巴坚赞　阿格冲巴俄陆　牟吾达江俄陆　达绒真察俄陆

斯青威尔玛拉达　旺佳旺波达尔彭　切西吾叶古如　噶母之子觉如

阿努华桑

又译为文本·阿努巴桑或旺布阿列巴孙，是岭国三大部落仲部落（仲系）的首领，岭国30员大将之一，是格萨尔属下一员英勇善战的大将。也是鹞、雕、狼三虎将中的雕和岭国四公子（小王子）之一。岭家族源于古代藏族六氏族之一的穆布董支，董氏分"尕布董、纳布董、扎布董、穆布董"等四个分支，《穆布董族谱》中写道："若不认识我是谁，我是穆布董的后裔，权势从天而降，名叫小官觉如。"传说当年穆布董的后代董·热叉干布有三个儿子，分别占据了玛曲河上、中、下游，繁衍子孙，形成大部落，于是在岭地便出现了长、仲、幼三系。后来大儿子的后代叫岭国长系；二儿子的后代叫岭国仲系；小儿子的后代叫岭国幼系。仲系阿努华桑首领貌俊美，面如赭玉，牙似珍珠，头发如棕色宝石，用兵神速，霹雳天降，操使诸般武器如刀、矛、箭、盾、流星锤等，挥洒自如。不管在抗击霍尔国入侵，还是在保卫盐海、征门国以及后来远征米努、卡切、达色、松巴等各个战役，文布·阿努华桑都是格萨尔十分器重的猛将，经常被委以重任。在统一四域的戎马生涯中，为岭国立下了汗马功劳，最后献出了生命。每个岭人心中都屹立着他的丰碑。

格萨尔最亲近和倚重的大将。丹玛所辖丹柯部落（即今邓柯）各部原非岭国嫡系，因归服岭国，两国构成血缘关系（一说甥舅关系），所以名前冠以察香。又一说法，丹玛为岭国幼系（穷居）后裔，其父为南木卡三霞。据史诗内描述，丹玛是相当重要的一个人物，无论是保卫岭国还是征服四大国及18大宗的许多战争，丹玛凭其武勇，屡建奇功，为岭国诸将之翘楚。史诗中有一个分部本叫《辛巴与丹玛》就是专门描写霍尔国辛巴梅乳孜和丹玛之间发生的故事。史诗称，辛巴曾杀死格萨尔之兄贾察，被俘投降后，格萨尔赦免了他，并任用为霍尔新王。诸将不服，丹玛更为愤激，与之相争，大战不已。死去的贾察从天国下降人间，为之调和后才告平息。此后二人并肩作战，不计前嫌，为岭国屡建奇功。

察香·丹玛向查

又译查香·典玛向查、查香·邓玛强擦、擦香·丹玛姜叉，简称丹玛、典玛、典麻、旦玛、邓玛。向查意为黑毒虫（班蝥），言其猛勇犹如班蝥，令人畏服。为岭国三十员大将和七君子之一。以善射著称，为岭国最佳神箭手，是

晁同

又译超同、濯通、朝统、超通、赤同。晁同是格萨尔大王之叔父。居岭国三十英雄之列。他也是岭国长系达绒部落的首领，一说原属幼系（穷居），为绒查叉根和僧伦之弟，岭国征服戎部落后，戎部属地达让归属晁同，因此史诗称其为达让晁同或达让王。另一说法是因其

母为达让落部人，失宠于曲那奔，被分到达让居住而另成一系，该部落极为富有。"晁同"，顾名思义，藏语的意思是"易发怒的人"。传说他出世后除吃母奶外，还吃牛奶、羊奶、狗奶，所以又叫"麻希晁同"，意为四母晁同。晁同是由天神之女晁查帕姆东措和赤噶朗拉嘉波所生，他有弟兄五人，即东曲玛窝、也色欧浓、僧伦王、阿色欧浓和达尔盼。晁同的妻子名叫塞措玛，是知夸让国王的公主。他俩共有五个儿子，他们分别是达绒司盼、年查阿丹、达查欧喽、绒查玛利和达绒拉果本里。晁同的坐骑名叫"黑尾帕哇"。这个坐骑有一个特点，只要一听见人的吼声，它就立刻卧倒在地上，打起滚来。

在整个史诗中，晁同都是以反面人物出现的，他集奸诈、阴险、贪吝于一身。且具有多种变幻莫测的法术，瞬息数变，使人眼花缭乱，不知其踪，无时无刻不在窥视着岭国王位。他意志薄弱，信念不坚，嫉贤妒能，始终与格萨尔为首的岭国为敌，充当奸臣，向敌首通风报信，使格萨尔大王统一各部落的事业屡屡受挫。但他的反面形象也衬托了格萨尔在危机面前力挽狂澜、振兴岭国的超凡能力，民谚至今流传："没有晁同的雕虫小技、就没有格萨尔的英勇智慧。"

嘎德曲迥维尔纳

被称为是八十大成就者的化身，既有超群武艺，又具不凡的神通法力，是岭尕九大法师中的主要成员，面如重枣，卷发黑亮，雄姿勃勃，两眼闪烁如电。行动之敏捷、果断，犹如巨石滚下山崖。与大食作战中，敌方最英勇的主帅都成了他的手下败将。他的战马名叫"黑色旋风"，无往而不胜。他双手有剥野兽之力，指甲可剖野牛肚腹，人称"铁爪黑鹰"。

董穹达拉赤噶布

岭国英雄，善使大刀。在门岭大战中，扎日贡玛区以下，拉堆赞腊区以上，就由大将董穹达拉赤噶布指挥，其麾下步兵十五万，骑兵三千九百名。另外在岭国攻打阿扎国受时，岭军来到一座罗刹大城堡，开始岭军误以为这座城便是阿扎王城，其实罗刹城里住着蛋生的九人。这九人来历非同一般。当年女罗刹受孕怀胎九年九个月，生下十八只蛋。其中三只白的、三只黄的、三只蓝的。蛋破之后，出来九人。白蛋生出的是白天魔神的幻变子，黄蛋生出的则是花厉魔神的幻变子，蓝蛋生出的乃黑地魔神的幻变子。其余九只蛋破，生出九匹马。就这样被人称为蛋生九人九马。这九人九马甚是厉害，长到九岁时便精通九种武艺。自从岭国入侵阿扎，尼扎王又把拉浦阿尼协噶派了来，使蛋生九人如虎添翼，攻破此城变得更加困难。

按照天母的预言，岭国的三员大将森达、玉拉托居和董穹达拉赤噶布可破此城。王子扎拉下令：

"英雄森达，勇猛如霹雳，带领白缨军三百六十人，作攻城的先锋。玉拉托居，武艺如大鹏，带领蓝缨军三百六十人，作森达的右翼援军。董穹达拉赤噶布，威严如煞神，带领黄缨军三百六十人，作森达的左翼援军。你们三人，好汉穿戎装，好马配金鞍，将那蛋生九人全杀死，要把那蛋生九马牵回营，回来自有重赏。"

第二天一早，三员大将各率本部兵马向罗刹城进军，最终攻破了罗刹城。

嘉洛顿巴坚赞

此人是格萨尔王的岳父，爱妃珠牡的父亲。其生活的地方名叫加洛村，故亦称嘉洛顿巴坚赞。在与魔兵搏斗中，他曾被困在黄河源头。

根须提莱

岭国人，擅长打卦，是当地的大卦师。当年格萨尔王赛马称王时，根须提莱也参加了比赛。格萨尔王在超过根须提莱前与他有一番理论。格萨尔王让根须提莱算一卦，根须提莱比较实在地说："箭没有射出的时候，你可以问我能不能中靶，可现在箭已经射出去了，再神的卦师也无从算起了！"说完，卦师便策马跑到前面去了。后来觉如超过了他。超过的时候，他扔下一句话："你这个神算子，关键时候没有说谎，要是我得了胜，就还封你做卦师吧！"

吉 本

吉本，藏语意为总管王，即叉根，赛马让位的主持者，岭国众兄弟中的老一代，格萨尔之叔，僧伦（格父）之兄。他扶弱济贫，一切为公，明了世界之起源，人类之发祥，是"南赡部洲"的首领，岭国上下的尊长，格萨尔治国的良师。他从13岁起登上总管王位，80岁犹在。数十年间将敌君臣全都斩灭，关于他的英雄事迹说不完唱不尽，被后世称为岭部落的奠基人（同以下词条）。

绒查叉根

又译容查叉千、绒查岔更、绒察查根,格萨尔的伯父。按岭国世系,是幼系曲那奔(潘)的长子。绒查叉根在岭国是深孚众望、年高德劭的长者,也是岭国30员大将之一。在格萨尔尚未降生和登基为王之前,他曾由岭属众部落推举总管岭国政务。故史诗中常称其为总管王绒查叉根,甚至有时只称其为总管王。在其总管岭国军政事务时期,主持过"迎接神子降生"、"赛马选王"等全部族大事。在格萨尔赛马夺魁,登上岭国王位以后,他又运筹帷幄,辅佐其南征北战,为岭国的强大和藏区的统一事业,特别是抗击霍尔国的入侵,可谓鞠躬尽瘁。其年岁史诗中记述不一,《霍尔入侵》中称其80岁,《保卫盐海》又称其99岁。

贾察协嘎尔

又称奔贝·贾察协嘎尔,意为汉侄白面武士,格萨尔的长兄生母为汉女。他脸颊皎洁如十五的圆月,眼如启明的金星,眼圈淡红似血。骑"索嘎尔"飞天马,穿双层铠甲袍,"九百"装饰的衣衫,手持雪亮长刀,出入敌阵有如闪电,是名副其实的孤胆英雄。引军与黄帐王作战时,霍尔十万大军犹如大浪海沙被卷走,一天取了霍尔王八个儿子首级,名震天下。贾察是"吉祥门"中的汉王外甥,"六大部落"纠纷中,他坚定地实施"三兄弟必须和睦"之遗嘱;当格萨尔北方降魔,霍尔兵再次翻江倒海而来时,他砍下了霍尔王子纳尔的头颅,缴获了霍尔王的孔雀宝马,最后因寡不敌众牺牲,名扬乾坤,永世长存。

昂欧玉达

又译朗穹玉达,昂穷玉达,简称昂欧、朗穹、昂穷。岭国总管王绒查叉根幼子,岭国三十员大将和13青年将领之一。"玉达"在藏文中为"碧玉之虎"(或作松石虎),言其有碧玉之美,猛虎之勇。霍尔白帐王入侵岭国时,他积极投身于卫国战争,但由于少年气盛,不听其父兄以及未婚妻达萨玉钟的劝阻,反受晁同花言巧语的怂恿单人匹马冲进霍营。虽先后杀死不少霍将,终因敌我悬殊,左臂受伤。在贾察协嘎尔、阿巴伍乙盼达的接应下始冲出重围。返回途中,在一山坳随军藏医雄努措歇赶来为其治伤时,被躲在暗中的霍尔辛巴阿俄特布周用毒箭射死。时年13岁。在唐卡中,他的武士形象为头戴蓝色战盔,帽顶饰月牙及红色小旗,身穿蓝色红边铠甲,腰侧系有弓箭,脚穿鞋。

江赤昂庆

又译翁卜姜赤汪庆,或江赤安庆。属岭国仲系(仲且)后裔。岭国三十员大将(大成就者)和13员青年将领之一。霍尔入侵时,他率领本部人马参加了反击侵略者的保卫战。后被总管王绒查叉根派往嘉卡让茂城,保卫王妃珠牡安全。嘉卡让茂城被攻破时,他奋勇血战,终因众寡悬殊,被霍尔大辛巴梅乳孜俘虏,押往霍国囚禁了八年。格萨尔征服霍尔国后,始返国。

觉阿华赛达瓦

又译焦额巴赛达瓦。属岭国幼系(穷居)

南木卡三霞支系。简称华赛达哇、巴赛达瓦。岭国三十员大将（大成就者）及13员青年将领之一。霍尔白帐王入侵岭国时，他15岁，也率部英勇地参加了抗击侵略者的战斗。贾察协嘎尔牺牲后，他与尼奔达尔雅、噶德曲迥威尔纳、曲路伍乙达尔盼等一起冲进霍尔大营，企图为牺牲的贾察报仇。结果因敌军众多，他们又仅三人三骑，仅夺得几匹战马作为战利品而回。后来华赛达哇随侍格萨尔南征北战，降妖伏魔，建立了许多战功，成为岭国有名的战将。

尼奔达尔雅

"赛巴·觉阿华赛达瓦"，意为十万朝阳，赛巴是部落名。系岭国三十员大将和四小王子之一。也是鹞、雕、狼三虎将中的鹞。能征善战，勇猛异常，是岭国有名的勇将。

觉阿华赛达瓦为上岭尕赛巴落的首领，黄旗军主帅，弟兄三人中居长。对敌狠如铁锤，对友慈如父母，身体壮如大山，胆略才智过人，脸如毗萨门(财神)。身披金甲，敌阵中无人匹敌，在消灭霍尔黄账王等战役中，多次建立功勋。在抗击霍尔白帐王入侵的保卫战中，战功卓著，使入侵霍军闻名丧胆。终因敌军过于强大，不得不与绒查叉根等退居岭国边隅以避敌军锋芒。而待格萨尔归国后随格萨尔征门国、姜国、蒙古、米努、卡切等国，建立许多功勋。在格萨尔降妖伏魔、统一藏区的伟大业绩中，尼奔达尔雅都立下了汗马功劳。一生从未对敌屈服，胸怀宽广如太空，装进了岭国的男女老幼，艺高北斗，体如旭日，光芒万丈，故称十万朝阳。

仁庆达尔鲁

又译穆姜仁钦达尔玛，简称仁庆达鲁。岭国中最小部落首领，白旗军又一主帅，岭国幼系后裔。属南木卡三霞部落，岭国三十员大将之一。也是鹞、雕、狼三虎将中的狼。与文布阿努华桑、贾察协嘎尔、尼奔达尔雅三人合称岭国四公子。是格萨尔属下一员能征善战的勇将。霍尔白帐王入侵岭国时，在嘉卡让茂城的保卫战中，他的英勇善战起了很大作用。后虽兵败城破、珠牡被俘，而他的勇猛，仍使敌军闻之胆战心寒。后跟随格萨尔南征北战，在征门、征姜以及征18大宗等各个战役中，都是格萨尔十分信赖和倚重的大将。他像大鹏一样，未离开母体，已长硬了翅膀，武艺超群而富有胆略，对敌坚硬如黑刺，对内柔如酥油丸，面似月白，眼像星光，稳立如山，胸若大海。为了弘扬佛法他数十年如一日，一心一意为岭人谋福造利。当他年过古稀时，为民请命，骑马上天，祈求天母，降赐英雄，除魔祛邪，拯救苍生。霍岭之战中，当格萨尔王不在，敌人乘虚而入，烧杀抢掠时，他老当益壮，奋不顾身，披挂迎战，将敌营搅翻如浑水，活捉敌将茸察麻勒。在巴岭之战中（巴：可能指尼泊尔），敢与黑魔王搏斗千百回合，浴血奋战犹如水鸟出入大海，毫不吝惜自己的生命。此人慈悲为怀，常带笑容，对待岭国上下亲若父兄。

木姜协嘎江扎

又译木巴歇尕江治，简称歇尕江治。属岭国幼系南木卡三霞部落，是岭国30员大将和13员青年将领之一，霍尔入侵岭国战起，木姜歇尕江治奉贾察协嘎尔之命，前往嘉卡让茂城协助江赤唵庆等保卫王妃珠牡安全。当白帐王发现吉姬莱琼乃是假珠牡后，回师围困嘉卡让茂城，岭军寡不敌众。城破时，木姜歇尕江治虽冒死战斗，仍无济于事。战至精疲力竭被霍尔大将梅乳孜俘掳。最后被押至霍尔，虽一再受辱仍不屈。在霍尔被囚禁了八年，直到格萨尔征服霍尔后始返国。

桑达·阿东

或译森达阿·顿木、申达·阿洞、森达·阿栋、孙塔·阿东。简称僧达、森达、申达。岭国的狮虎大将，"桑达"意为"狮虎"。《岭门大战》分部本中的"巴拉"亦系其另一简称。"僧达"在藏文中有狮虎之意，这里似应解释为"猛将"。有时其名前冠以"雅买"，是言其英勇"无敌"。为岭国仲系（仲且）后裔。他是格萨尔部下有名的虎将，岭国三十员大将（大成就者）和七君子之一。他行动如闪电般迅猛，声音如狮吼虎啸。其英雄事迹在黄河流经的川甘边境盛传。民间还传说他是岭国十二"万户"的总领，白旗军的主帅，面白皙而俊美，横眉带怒，蓝发垂肩，松耳石穿发辫，白盔白甲，举白色大旗，英勇善战，如梵天大王，战斗中能敌万人，被称"人狼"，即人中之勇猛者，对敌狠如狼，在岭军中有极高的威望，一呼百应，所向披靡。在抗击霍尔侵略者时，桑达·阿东身先士卒，凭其超群武艺，立下赫赫战功，使霍尔侵略军闻风丧胆。以后征门国、松巴等国时亦被格萨尔倚为肱股。

僧伦

又译钦伦、僧伦森隆、有时也叫僧唐惹杰、桑唐仁杰。岭国幼系首领曲那奔（潘）第三子，名列岭国30员大将之一，是史诗主人公格萨尔的父亲。故史诗中有时称其为僧伦王。史诗称，在岭国，有一个穆布董族姓的人家。这一家有三个女儿，最小的女儿叫江穆萨，江穆萨嫁给曲潘那波后，生了个儿子叫僧伦，他天性善良，器量宽宏，性情温顺。他后来成为岭国相当有权势的首领之一。岭国与其他部族发生战争后俘获回来的女人，常被其纳为妻妾。其次妻果萨拉姆（格萨尔生母），三妻戎萨谢仲（玛尔勒生母）皆然，足见其在岭国之地位和权势。僧伦在岭国虽有一定的权威（格萨尔登上王位后，又加上子荣父贵），但在史诗中几无什么特殊表现，一般只出现在各种礼仪性场合。描述较详的仅是霍尔入侵后，晁同篡夺岭国王位，他备受歧视和折磨而已。

辛巴梅乳孜

或译梅乳则、梅乳孜、麦乳哲，霍尔逗觉五兄弟之一，是霍尔最骁勇且最具卓见的大将。因他是霍尔国辛巴级穴将之首，故史诗中有时只称其为"辛巴"而不称其名，盖言其为辛巴中之杰出人物。其名"泽"在藏语中有"顶尖"和"最"之意，他曾自我表白说道："高兴时最善良，愤怒时最猛勇，对敌人最凶狠，对战利品最无私，对黎民如丝绸最柔和"，足见其性格特征。他是一位手持巨斧的威猛战将，拥有一把宝剑名叫毒然霸哇。他曾多次进谏白帐王，极力反对入侵岭国。霍、岭战起后，他又忠心耿耿地效忠霍尔，立下汗马功劳。霍尔被格萨尔征服后，作为战俘被带到岭国，受格萨尔威力感召后降岭，被委为霍尔部落首领，成为格萨尔的股肱之臣。在以后统一藏区的降妖伏魔的战役中，梅乳孜以其机智和猛勇获得岭国军民的爱戴。史诗中一分部本《辛巴与丹玛》就是专门描写他和岭国大将察香·丹玛向查之间发生的故事。岭国军队征讨穆奴丝绸宗时，这场战争一直持续了四年又三个月，直到后来格萨尔王亲手活捉了穆奴的大勇士独眼陀堆若扎。但独眼陀堆若扎心高气傲始终不肯投降，包括格萨尔王在内的岭国众勇士谁也没法诛杀他。就在此时，岭国众勇士获悉辛巴梅乳孜的宝剑毒然霸哇可以诛杀独眼陀堆若扎，遂取得宝剑杀死了顽固不化的独眼陀堆若扎。

伍雅周吉

岭国格萨尔王妃珠牡之弟,因是嘉洛邓巴坚赞之子,或属嘉洛部落之故,其名前常冠以"嘉洛"。或叫帕雷布桂达尔雷,简称周吉,为岭国 30 员大将和 13 员青年将领之一。霍尔白帐王入侵岭国,掠走珠牡。伍雅周吉闻讯,单枪匹马冲进霍营以救其姐,终因势孤力单,仅杀死一名无足轻重的小辛巴阿桂达尔瓦吉雅,即被霍尔大将梅乳孜一箭射中坐骑,死于乱军之中。牺牲后,由珠牡出面向白帐王讨回首级,亲将遗体葬于熊岭。一说在穷追霍尔溃军时,身陷重围,被霍尔大将多庆朗布查巴尔所杀。

玉拉托居

简称玉拉,复国萨丹王之子。达萨贝玛琦珍王妃所生,故史诗中常称其为姜雏。藏族传说打雷时天上会降下各种武器,这种武器叫托琚尔,因此史诗中也把玉拉托居描写成为"一吼赛过青龙鸣,天雷都被我打败"。玉拉托居有两样本领特别出众:一是箭术,百步穿杨且威力无比;二是身法,快如闪电且能躲避任何攻击。玉拉托居的父亲是姜国国王萨丹,母亲是王妃白玛曲珍。这位王子的前世与格萨尔王前世在天界时是兄弟,都是白梵天王的儿子。对于其父夺取阿隆巩珠盐海、兴兵犯岭的做法,玉拉托居是积极的支持者,他不顾母亲达萨贝玛琦珍的苦苦劝阻,亲挂先锋印率军占领盐海,结果被岭国盟军霍尔国辛巴梅乳孜用计擒获。后降岭国,深得格萨尔器重,姜国投降后,子承父业,被委以姜国国王。以后率部协助格萨尔统一藏区南征北战,立下了许多大功。

玉威

岭国大将察香·丹玛向查之子,是驻守在岭国属地达离部落的首领。达玛原为朱孤国属地。在朱孤与岭国之战中,察香·丹玛向查功冠全军,格萨尔将达玛部落赐封给他,察香·丹玛向查仍随侍在朝,其封地由其子玉威掌管。拉达克兴兵犯境,达玛部落曾一度被拉达克占领。玉威撤退回岭国,后格萨尔亲征拉达克,玉威始返封地。

扎拉泽杰

又译詹拉泽介、甲马吉果、乍拉则吉、乍拉孜杰,简称扎拉、詹拉、乍拉。岭国大将贾察协嘎尔之子,是格萨尔之王储,故史诗中常称其为扎拉王子,后来继承了格萨尔王的王位。格萨尔北征雅尔康魔国时,扎拉泽杰年仅 6 岁,霍尔白帐王入侵岭国,贾察协嘎尔牺牲时,扎拉泽杰亦仅 11 岁。15 岁时曾只身前往魔国寻访叔父格萨尔,促其返国征霍复国。后即随格萨尔南征北战,在征门国、姜国、米努、卡切等战役中,扎拉泽杰都随侍左右,成了格萨尔的助手并屡立战功,赢得岭国军民的爱戴。其妻子除达萨玉乙钟爱外,格萨尔还为其聘订戎萨阿曼格查为妻。格萨尔 81 岁归天时,岭国王位传于扎拉泽杰。

丹玛古如坚赞

名古如坚赞,因属岭国丹玛部落故称幼丹

玛古如坚赞，为岭国大将察香·丹玛向查之侄，如丹玛向查属岭国南木卡三霞系，则丹玛古如坚赞应属岭国幼系后裔。他曾率领本部人马参加抗击霍尔入侵战争。霍尔被征服后，仍回归本部落。一说霍尔入侵岭国时，总管王绒查叉根命其为守卫嘉卡让茂城指挥，统领歇尕江治、朝嘉外尕尔等，以保卫王妃珠牡安全。后白帐王回师攻破嘉卡让茂城，珠牡被掠，丹玛古如坚赞虽力战，仍未将城守住，自己也被霍尔辛巴羌拉用箭射死。

拉桂奔鲁

又译拉郭彭伍。岭国达让部首领晁同幼子，出生应在格萨尔登上王位之后，史诗中的《门岭之战》和《松巴与岭国之战》之导火线，皆是晁同抢门国公主和松巴国拉桂奔鲁为妻引起。岭国与卡切玉国的战争中，拉桂奔鲁作战十分英勇，深得岭国军民赞扬。不幸在卡切玉国花纹虎山被卡切国大将赛查果木玛杀死。

穆穷喀德

又译穆邛卡德、米琼卡代、米琼卡德、木穷卡德、伍琼卡德。"穆穷"在藏文中为矮子，"喀德"为巧嘴者。原为噶部落人，由于双亲去世，卖身于总管王绒查叉根家，以其身价做大藏经法事以超度其父母。后被晁同送往霍尔国为人质，因此流落霍尔。另一说法为格萨尔北征魔国后，他在岭、霍边境被霍尔军掠去，因无意中流露格萨尔去魔国未归消息，致白帐王兴兵入侵，因而流落霍尔不敢返回岭国。他能言善辩，颇得白帐王赏识而留作近侍，并为其取名噶玛司郭（小丑）。后被白帐王派去伺候被掠到霍尔的岭国王妃珠牡。在霍尔国，因穆穷喀德地位低下，因此其名前常冠以贬称"霍丑"。霍尔国被征服后，格萨尔将其带回岭国。仍留作近侍。因其能言善辩，且工于谋略，在格萨尔征门国及后来汉、岭修好时，穆穷喀德起到了武将所不能完成的作用，得到格萨尔的器重。

牟青杰巴灵智

简称穆庆嘉哇，有时又叫嘉哇隆主，是岭国上岭六部落首领之一。属岭国长系（且居）后裔，为尼奔达尔雅和曲路伍乙达尔盼之长辈。霍尔白帐王入侵岭国时，作为上岭部落首领，他率领部队参加了抗击侵略者的保卫战。嘉卡让茂城失陷，珠牡王妃被劫走后，他与年查阿丹等4人追击后撤的霍尔部队，与断后的霍尔巴图尔羌拉、冬孔扎周等遭遇，在混战中不幸牺牲。

玉潘达佳

又译玉片达嘉，岭国总管王绒查叉根次子。在格萨尔尚未诞生前的一次岭国与戎部落之间的战争中战死。当时玉潘达佳和达让部落的色彭、玛戎部落的拉结、呷细部落的伦珠一起到岭、戎交界处的林中狩猎，与戎部落发生纠纷，玉潘达佳为戎部落将领玛热卡色所杀。为此，双方发生战争，结果戎部落战败，戎部落首领之女谢仲（又叫麦多措）被俘，后归僧伦，纳为妻子，是为玛尔勒之生母。

岭国三猛将

被誉为鹞、雕、狼三猛将的分别是察香·丹玛向查、嘎德却君威那和僧达·阿东。人类在古代往往以某种动物或植物作为自己氏族或部落的图腾，史诗中的岭部落以及相对抗的各部落也有各自不同的图腾物。色尔坝、翁吾和牟姜是岭国三个部落，这三个部落的大将察香·丹玛、嘎德和僧达·阿东被称为鹞、雕、狼三猛将，这三种动物绘在战旗上作为各自部落的标志。

岭国三位大人

在藏民族的传统观念中，所谓的"大人"主要是指上层人士。其中包括官宦阶层、宗教界高僧、善知识以及一些高贵家族。岭国三位大人中有格萨尔父亲、雄狮太阳王是指格萨尔本人等。他们是王父僧伦日基、古如拉则贡杰、雄狮太阳王。

岭国三位长者

岭国三位长者是总管绒查叉根、牟果阿贡达杰、嘉洛顿巴坚赞。

岭国两位法官

法官也称"裁决人",他们承担调处民间官司和安排一些重大公务活动的任务。岭国两位法官是斯青威尔玛拉达、旺佳旺波达尔彭。

岭国四位善知识

善知识通常指精通佛学的人士,而岭国四位善知识由不同职业具有一定特长的人组成。在很大程度上,他们的技能与当时的军事有关。岭国四位善知识是拉杰更嘎尼玛(医师)、孜巴拉吾央嘎(历算师)、摩玛更希土波(卦师)、节堪喀切米玛(魔幻师)。

岭国三长寿人

岭国三长寿人是总管绒查叉根、察香·丹玛向查、嘎德却君威那。

在藏族人的传统观念中,长寿被认为是前世修来的福。长寿人富有寿德,从而得到人们的爱戴和尊重。相传岭国大将丹玛是所有大将中最后圆寂的一位长寿人。而总管查干是一位老一辈长寿人,传说他活了190岁。

岭国三贤圣

岭国三贤圣是岭喇嘛噶察登巴、德亚朗喇嘛达尔崩、德玛朗喇嘛却崩。

贤圣是指宗教界的著名高僧十德,也是一方人共同崇拜的上师。

岭国三诅咒师

岭国三诅咒师是却君之子、达绒之子、华旦多吉麦巴尔。

咒师是指某种宗教中的一种通过传承、修炼的法术,具有一定特异功能的人。施咒术可使敌方或被咒对象承受天降灾难,一败涂地,也可迷惑他人,事业受阻。在古代,咒术多用于军事上。

岭国白面人

岭前宏期有白面贾察大将,后宏期有白面苍巴协嘎尔,还有大食王大臣白面勇士巴窝协嘎尔丁巴。

岭国守护四门的成就者

在以格萨尔王宫为中心的岭国四方派有四位守卫者,他们是岭国智勇双全的将士,也称四大成就者。曾在格萨尔登上王位就被任命。他们分别是:贾察·协嘎尔,为守护东门的大成就者;雅麦·僧达阿东,是守护南门的大成就者;达绒·娘察阿登,是守护西门的大成就者;大臣察香·丹玛,是守护北门的大成就者。

岭国富有福德的三人

在藏区,德福双全的家庭也被视为高贵之家,他们往往具有一定的社会地位。岭国有具福德者三个家族。他们是嘉洛·顿巴坚赞、总管绒查叉根、色尔坝觉阿华赛达瓦。他们在岭部落内是家底殷实、功德圆满的三个家族。

岭国三位天臣

天臣就是神明大臣,是格萨尔最重要的核心人物,他们既是大臣,又是勇将。岭国三位天臣是华拉僧达阿东、嘎德却君威那、察香·丹玛向查。

岭国六位殊胜大士夫

岭国六位殊胜大士夫是牟青·杰比灵智、嘉洛·顿巴坚赞、阿基·南喀森夏、卓洛·旺修坚赞、俄洛·钦绕坚赞、斯贝·却杰晋美。

岭国五坚赞

五坚赞在一些版本中称"三坚赞"或"四坚赞"。其意思是名字中有"坚赞"的岭国将士。坚赞意为"胜幢",是藏人姓名中常用的两个字。岭国五坚赞是嘎日·尼玛坚赞、那日·塔巴坚赞、贡觉·喇嘛坚赞、格日·扎巴坚赞、丹玛古如坚赞。

岭国三灵智

灵智意为任运成就,意思是名字中有"灵智"二字的岭国将士。岭国三灵智是牟青·杰贝灵智、达吉·奔穹灵智、嘎希·奔波灵智。

岭国三朱

"朱"为龙之意,是指名字中有"朱"字的岭国将士。岭国三朱是雅麦·珠加登巴、丹吉·玉朱拉藏、嘎嘉洛·伍雅周吉。

岭国三仁青

仁青为昂贵之意,是指名字中有"仁青"二字的岭国将士。岭国三仁青是赤奔仁庆·达尔鲁、门巴·达尔鲁仁青、雅麦·旦巴仁青。

岭国十位公务人

岭国十位公务人是岭国公务活动的执行者及服务人员,他们是阿克塔贝索那、迦那奔波桑桑、牟贝仲堆托果、苏绒华俄扎杰、嘎协更桑尼玛、贡威玉那托赞、斯贝基抽阿杰、贡巴吾叶迦查、拉吾雍仲巴登、噶却白日达杰。

岭国六位首领爱子

岭国六位首领爱子是东赞·朗欧阿华、却鲁·仁青所巴、达彭·杜格冬波、嘉洛·伍雅周吉、达绒·扎杰果波、直叶·切杰托美。在格萨尔时代,部落首领、军队将士实行世袭制。岭大将之子是父亲的接替人,父亲未过世之前,他们也有一定的官职。

岭国七位稳重新勇士

岭国七位稳重新勇士是那日·切吾阿杰、加奔·完德玛列、绒登·拉吾更嘎、文里·东奔玉杰、直察·拉果冬玛、达夺·格巴迦壤、果波·东赞岗基。

所谓的新勇士是在岭国七大勇将之后产生的七大勇士。这里所说的"稳重"是指他们的性格特点。

岭国六位俊男

岭国六位俊男是阿格·冲巴俄陆、达绒·真察俄陆、杰雅·达玛俄陆、赤苍·杜才昂玛、斯贝·节却阿登、格日·土旦坚赞。

在一些版本中称岭国"三俄陆"或"四俄陆","俄陆"意为"脸羊"。传说岭国这几位人士特别英俊。谁要想看一眼,就要收一只绵羊,因此得名"俄陆"。

岭国三位席次排位人

岭国三位席次排位人是苏青·壤托都玛、杰日·苏瓦那穹、董·牟青华旦。

岭国每当集会时,首先要下达席位排序命令。其座次安排是非常严格的,排序依据职位大小而定。正席在大堂上方中央为首长席位。正席左右为竖排,其有内排、中排、外排和排头、排尾。席次排位人将宣布岭国各界人士座位,各界人士对号入座。

岭国席尾三人

邻国席尾三人是切西·吾叶古如、蕃绸·米穹喀德、嘉洛·肖志索玛。

岭国二虎豹

叔父晁同为岭国虎，阿鲁苏彭为岭国豹。在格萨尔时代，首领或大将名前加动物名。主要有两层内涵：一是象征英勇顽强；二是代表家庭图腾物。此处称晁同为岭国之虎，更多意义在于他的部族图腾就是老虎，而豹象征勇猛。

岭国善言手巧的三小伙

岭国善言手巧的三小伙是布绸布穹协德、麻克布穹协德、觉西穆穹喀德。

岭王三仆人

岭王三仆人是阿穹吉、里穹吉、马勒多多玉雅。

岭国三仆人

岭国三仆人是布绸米穹喀德、高确华杰达意、阿克塔贝索那。

岭国三俄陆

岭国三俄陆是三位美男。如上所说，谁要想看一眼他们的容颜，首先要送一只绵羊，这就是岭国三脸羊。他们是阿格·冲巴俄陆、牟吾达江俄陆、达绒·真察俄陆。

岭国具威望的两人

岭国具威望的两人是牟青杰贝灵智、岭青塔贝索南。

岭国两位具胆识的人

岭国两位具胆识的人是加奔色基阿尔岗、东奔扎则希却。

岭国十三爱子

岭国有被称为"六爱子"或"十三爱子"的人物，均为岭国三十员大将或其他首领之子。他们是理所当然的父位继承人，也是岭国的重要人物。岭国十三爱子是朗穹玉叶美朵、绒察贡格玛尔勒、木姜协嘎江扎、翁吾姜赤昂庆、觉阿华赛达瓦、贡巴吾叶迦查、迦那奔波桑桑、玉雅更波东投、董赞朗欧阿华、果波尼玛灵智、嘉洛伍雅周吉、色尔坝吾穹塔雅、阿巴尔吾叶潘达。

（二）岭国女人

珠牡

珠牡，全名为嘎嘉洛·森姜珠牡，又译森坚珠姆、僧坚珠牡，简称较多，有珠牡、卓古玛、珠毛、珠茉、珠姆、杜姆等，是陪伴格萨尔大王终生的妻子。森姜珠牡在藏文中意为"狮虎龙女"，含尊贵之意，有点儿类似于今人之第一夫人或尊贵的女人。她是格萨尔王的王妃，岭国七姊妹之首。史诗中称她是白度母转世。森姜珠牡原是岭国嘉洛部落首领邓巴坚赞之女。岭国举行赛马竞赛决定王位时，她与王位一起作为彩注。赛马后，珠牡被登上王位的格萨尔纳为王妃，以后即成为格萨尔的贤内助。岭、霍战起，格萨尔远征魔国未归，霍尔军围攻嘉卡让茂城时，她亲率将士奋勇御敌。城破后，为保岭国军民安全，只身去霍尔国做俘虏求和。虽身在异国，仍不忘故土和思念格萨尔。平服霍尔后始返国。史诗对她的降生、美貌以及与格萨尔之间坚贞不渝的爱情，有许多极细致的描写。

一则关于嘎嘉洛·森姜珠牡名字由来的传说这样讲到，她降生的那一天，空中雷声隆隆，"草滩野驴叫，雪山狮子跃"（森为狮之意，姜为野驴之意，珠为龙之意），由此取名森姜珠牡。嘎嘉洛是其父系种姓称谓。史诗中说，王妃珠牡是美女中的美女，世间无人能逾。史诗中这样描述她：她那洁白不变的面容，好似皓洁月光照雪山；她那红艳不改的双颊，好似朱砂图章；她那丰满的乳房，好似一对野鸭漂浮在静静的莲湖上；她那娇滴的双眼，好似一对圆溜溜的玛瑙；她那垂着的一辫辫青丝，好似闪烁溜光丝线。她身穿长衣短衣十八件，不长不短十九件，长衣獭皮镶边，绣有九朵白花，短衣绸缎面显现喜旋图案，内衣面玉龙对喜，大衣面上莲花鹤翼，如意珠宝六饰，金眼玛瑙网格，珊瑚、琥珀、水晶半网状。足登小小红皮靴，系有五彩靴带，绿松石、珊瑚饰长辫，颈挂金银护身盒。美丽容貌照世界，清明的心灵能分辨二法。她好像天国下凡的仙女，无人不加歆羡。

中的得力助手。在门岭大战前夕，这位巾帼英雄率领五万犹如夜幕降临般的黑缨军，来到岭国的花虎坝下寨与岭国的诸君臣商议战事，后出任先锋。当格萨尔到汉地通好时，阿达拉姆病故，史诗中《地狱救妻》即是描述此事。

阿琼吉

又译阿琼姬，岭国王妃珠牡近身侍婢。在霍岭战争中，当入侵岭国的霍尔部队攻破嘉卡让茂城时，她和王妃珠牡互换衣衫，掩护珠牡逃走，被识破后，惨遭霍军毒打。珠牡被霍尔掠走后，她和另一侍婢里琼吉一起被窃夺王位的晁同留在宫中做侍女，备受折磨。格萨尔由魔国返回岭国后，她曾协助格萨尔将晁同赶下台。

阿达拉姆

又译阿达拉姆、阿旦拉茂、阿旦古茂、阿达鲁毛、阿史那。因她是魔国鲁赞王之妹，故在史诗中有时简称其为"魔女"，是指其为魔国之姑娘。

阿达拉姆是一位能征善战、武艺超群的女将。尤善射，有岭国三大射手之称。格萨尔北征魔国途中将其降服，并纳为妃。她曾帮助格萨尔顺利通过魔国的许多关隘，加速了鲁赞王的覆灭。破"魔"后，与梅萨奔吉一起在魔国京城的九顶宫陪同格萨尔住了九年。格萨尔归国后，她在魔国留住了一段时间。之后即随格萨尔征服霍尔、门、姜等国，是格萨尔在征战

晁姆措

或译晁孟措或晁措玛，岭国晁同之女。为岭国七姊妹之一。虽生于晁同家，并未受到晁同宠爱，因此，受其影响较小。同时由于当时的社会原因，妇女地位十分低下，不能干预部落政务，因此晁孟措只出现于一般的礼仪性场合。如出征送行、班师的迎接等。她唯一参与岭国的国家大事，就是格萨尔到汉地与皇帝通好时，她与柔萨格措、吉姬乃琼等岭国七姊妹化鸟到木雅国去索取征服妖魔的法物，以协助格萨尔。

达萨玉乙钟爱

又译达萨玉钟、达萨玉乙卓玛（麻），简称达萨。岭国总管王绒查叉根幼子昂欧玉达未婚妻。是北方达玉国公主。格萨尔北征魔国时，曾在达玉国停留，受到达玉国王尼玛赤宗热情接待。格萨尔见其女达萨玉乙钟爱美丽端庄，秀外慧中，心中十分喜爱。当即为堂弟昂欧玉达求婚。尼玛赤宗亦非常满意这桩婚事，约定在昂欧玉达成年后即行迎娶。霍尔白帐王入侵岭国时，在昂欧玉达出战途中，达萨玉乙钟爱料知凶多吉少，曾专程赶往劝阻。昂欧玉达因受晁同怂恿不听劝阻，反责达萨玉乙钟爱是妇人之见，后果被霍尔大将阿俄特布周用毒箭射死。噩耗传来，达萨玉乙钟爱悲痛万分，亲赴岭国参加葬礼。后由格萨尔做主，将其配与王储扎拉泽杰为妃。

旦 萨

本名赛措玛或柔萨奴措。又叫阿隆姬，岭国幼系（穷居）首领之一晁同的妻子。"旦"乃部落的名字，故称旦萨，有时也叫旦妃。是一位颇有正义感的女人，晁同企图利用赛马而阴谋夺取岭国王位时，她曾力劝。霍尔入侵岭国，晁同叛国投敌，做了傀儡国王、旦萨虽名为王妃，但并未跟着晁同倒行逆施、为非作歹。因此颇得格萨尔尊敬。史诗中有很多关于旦萨反对晁同的描述，如晁同企图强娶门国和松巴国公主，但由于妇女在当时的社会中地位不高，因此她的反对常被视为女人之唠叨而无效果。

噶萨拉姆

又译果萨拉姆。在史诗中她的译名和别称较多。有果茂、果姆、苟姆、尕擦、尕毛、果萨、苟萨、苟妃、果妃等。为岭国幼系首领僧伦之次妻，为格萨尔大王之生母。

原为玛旁雍错湖宝顶龙王邹拉仁庆的第三个女儿美朵拉泽（又叫雅尕泽丹）、因莲花生大师有恩于龙族，被莲花生大师作为供养募化带走，送与果（噶）部落顿巴坚赞为妻。后来果（噶）部落与岭国发生战争，果（噶）部落战败，顿巴坚赞逃走，美朵拉泽被俘，僧伦将其纳为次妻。因此其名前常冠以果（噶）。后来其子觉如，在12岁赛马时登上了岭国的王位。

腊噶卓玛

又译拉噶仲玛、腊尕尔钟玛、拉尕卓麻、尕提闷。岭国幼系首领僧伦之妻，贾察协嘎尔之生母。汉地人（一说为汉公主），因此在史诗中常被称为汉妃或甲（贾）萨。贾察协嘎尔之称"汉地三外甥之一"即由此而来。腊噶卓玛仅以其高贵的身份出现在各种礼仪性的场合，史诗说她善妒。美朵拉泽被僧伦纳为次妻后，她担心失宠，逼着僧伦将其迁出大帐房，住到一个叫吉祥院的小帐房中去，后格萨尔即在此小帐房中诞生。

拉姆玉珍

或译拉茂玉钟、娜姆玉仲，简称玉珍、玉钟、玉仲。岭国总管王绒查叉根之女，岭国七姊妹之一。除在岭国赛马、煨桑、迎送出征将领等各种礼仪性的场合出现外，一般很少露面。是一位家庭妇女。格萨尔去汉地通好时，拉姆玉珍曾与梅萨奔吉等七姊妹化鸟去木雅国寻求征服妖魔之法物。

梅朵拉泽

又译美朵拉泽，有时称龙女，是格萨尔大王生母噶妃的别称。玛旁湖中龙王邹拉仁庆第三个女儿，被莲花生大师募化走赐予苟（果）部落顿巴坚赞为妻。苟、岭战争后被岭国首领僧伦娶为次妻，生下觉如，详见词条"噶萨拉姆"。

梅萨奔吉

或译棒然绷解、梅萨绷姬、麦萨绷结，简称梅萨。原是绷部落首领之女，是格萨尔最宠爱的妃子，地位仅次于王妃珠牡。岭国七姊妹之一。曾因其貌美丽，被魔国鲁赞王用魔法摄去，因而引起格萨尔北征魔国。格萨尔到魔国后，在梅萨奔吉的协助下，终于杀死了鲁赞，取得了征魔的胜利。梅萨奔吉为了与珠牡争宠，用健忘酒使格萨尔忘记故国，在魔国与梅萨奔吉及新纳魔妃阿达拉姆一住九年。因此，岭国长期无主，给霍尔造成可乘之机，致使岭国国土沦陷，勇将战死，珠牡被俘。直到仙鹤传书，格萨尔始与梅萨奔吉返国。另一说法梅萨奔吉原为魔国鲁赞王妃子，格萨尔受天命北征魔国时，她爱上了英武的格萨尔，因此帮助其杀死鲁赞，二人结为夫妇；后她用健忘酒使格萨尔忘掉故国，留在魔国一住九年。

乃琼

又名莱琼鲁姑查雅（察妞）、吉姬乃琼、莱琼仲乃、乃琼查姬或译吉姬内琼，简称乃琼、内琼。岭国鄂洛（俄洛）部落人，故名前常冠以鄂落（俄洛），称鄂洛乃琼，为岭国七姊妹之一。据说是绿度母转世。史诗中有时以王妃珠牡之侍女出现。霍尔入侵，岭国战败，吉姬乃琼曾应总管王之命冒名珠牡嫁与白帐王以求和。她是一位温柔美丽而又对岭国和珠牡王妃无限忠诚的姑娘。后格萨尔到汉地通好，她同晁孟措、绒萨格措等岭国七姊妹曾变成小鸟到木雅国取回镇压妖魔的法物以协助格萨尔。

戎萨谢仲

又名戎萨梅多措，简称戎萨或谢仲。岭国幼系首领僧伦的第三个妻子。玛尔勒生母。格萨尔登上岭国王位前。总管王绒查叉根之子玉潘达佳为戎部落杀死。岭、戎之间发生战争，戎部落战败，首领戎尊日益甲波逃走，其女梅多措被俘，被僧伦纳为第八个妻子，是为戎萨，生子玛尔勒。玛尔勒七岁时，梅多措病死。其父疑是岭国将她谋杀，兴兵问罪，于是两国又开战。打了8个月，以戎部落战败告终。另一说法是梅多措并未病死，一直深居后宫，在霍尔白帐王入侵岭国，玛尔勒牺牲后，尚亲临岭军大营为其子致祭。

柔萨格措

又叫阿措姐毛，简称格措，爱称格措玛。岭国大将贾察协嘎尔之妻，扎拉泽杰王子之母。为岭国七姊妹之一，是一位贤淑的妇女。史诗中仅出现于一些允许妇女参加的庆典。在霍尔军入侵岭国，贾察协嘎尔出征牺牲前，史诗对其有较细致的描写。在贾察协嘎尔牺牲后，她即负起养育遗孤的重任。唯一一次抛头露面是格萨尔到汉地通好之前，她与梅萨奔吉等岭国七姊妹一起化鸟去木雅国寻取镇压妖魔的法物以协助格萨尔。

噶萨曲钟

或译噶莎曲卓、噶萨怯尊，又叫怯（祈）尊姨西、吉尊益西。格萨尔王妃。原为霍尔国噶尔哇部落首领却达尔（又译铁工王）之女。故史诗中有时简称其为噶萨。聪明美丽且善占卜。曾借予卜吉凶之机，企图劝阻霍尔白帐王兴兵犯岭未果。岭、霍战起，岭国王妃珠牡被掠到霍尔国后曾得到她多方照顾。格萨尔单人独骑远征霍尔，以流浪儿桑贝顿珠身份被其父却达尔收养为义子，因此二人得以朝夕相处，不久即相爱。在她的积极协助下，格萨尔得以杀死白帐王的寄魂牛使其失去神通，终于战胜白帐王。平服霍尔后，格萨尔胜利归国时，将其纳为王妃。

岭国著名七女

岭国著名七女是嘉洛·森姜珠牡、鄂洛·吉姬乃琼、卓洛·白嘎拉则、总管之女玉珍、察香之女则珍、亚特之女色措、晁同之女晁姆措。

《格萨尔》描述了诸多女性人物的外在美、心灵美和内心世界，以及不同性格。个性化语言表现得淋漓尽致，塑造了一群鲜明生动的女性人物形象。如典型人物岭国三位核心女，以及以部分大将之女为主体的岭国十三少女等。

岭国十三少女

岭国十三少女是苏毗之女娜姆色措、岭国女娘萨觉姆措、当萨玉珍祥嘎措、岭国女珍措、祥萨阿珍、嘉洛森姜珠牡、窈窕女梅萨奔吉、热萨拉则阿措、丹玛之女童杜杂、达扫玉叶卓尼、热萨色措、绒萨之女那特玛、汉女嘎特祥僧玛。

岭国三核心女

岭国三核心女是森姜珠牡、拉嘎卓玛、梅萨奔吉。

（三）阿里金国人物

阿里七魔

指窃据阿里金国大权的七个魔臣。他们是多典桑热（铜发力士）、多典多吉（金钢力士）、米纳冬同（短枪黑汉）、甄甲卡肖（豁嘴骑士）、达共桑曲（虎头铜唇）、米麻查热（血鬐火眼）、卡拉麦巴（喷火罗刹）。他们七人熟稔魔法，精通武艺。在他们的统治下，阿里金国由福地变地狱，佛法遭毁灭，巫术得昌盛。百姓苦不堪言。格萨尔受尤介托桂之请，发兵讨伐阿里金国七魔。在战斗中，由于阿里君臣设计不发援军，七魔孤军作战，在阿上拉塘草滩，阿里七魔被格萨尔一举歼灭，阿里金国百姓得以重见天日。

多典多吉

又译都天都切，简称多吉、都切。阿里金国七魔之一，多典多吉在藏文中意为金刚力士。因其膂力过人，又号称无敌将军。他与多典桑热等七魔一起窃据阿里金国大权，致使阿里百姓生活在水深火热之中。当格萨尔应尤介托桂之请，率军征阿里国时，两军相遇，七魔之一多典桑热首先被诛。多典多吉报仇心切，率军冲进岭营。他自持箭术超群，向岭将梅乳孜猛射一箭，被梅乳孜将箭接在手中，折断抛回。正当其大惊失色之际，岭国总管王绒查叉干射出八角水晶神箭，一箭将其射死。其坐骑九头铁狼亦为梅乳孜射死。

多典桑热

又译东田格沙、都天色让。阿里金国七魔之一。多典桑热在藏文中意为钢发力士。他与米纳冬同等七魔一起窃据阿里金国大权，横征暴敛，鱼肉百姓。他自称："自从出世到如今，只爱世间杀掠事，阿里君臣和百姓，人人都把魔法信，谁敢违反我心愿，把他血肉肚里吞。"格萨尔应尤介托桂之请，率军讨伐阿里七魔时，他自持武艺超群，魔法无敌，第一个出马应战，结果被岭国大将察香·丹玛向查射死。他也是第一个被诛的阿里七魔之一。

尤介托桂

又译宇杰托郭、玉介突国。阿里金国大臣赞拉多吉之子，是一位正直的青年。由于多典多吉等七魔窃据阿里金国大权，倒行逆施，致使阿里金国这个崇善憎恶、民风淳厚、佛法弘扬的乐土，成了"百姓被推入火坑，圣洁的佛法被毁灭，龌龊的巫术在横行，行善反被受责罚，作恶才能立功勋"的人间地狱。13岁的尤介托桂不忍目睹这"外道猖獗百姓受苦"的惨景，只身逃离阿里金国，到岭国向格萨尔求援。被格萨尔任命为扎拉泽杰王子谋臣，兼管木姜部落七千户牧民。三年后，在藏历阳龙年（戊辰），格萨尔进军阿里金国以伐七魔，尤介托桂作为向导，亦随军前往。

（四）阿扎玛瑙国人物

尼玛扎巴

阿扎玛瑙国大将，当格萨尔率军救援属国达玛和栢绕二部落，与拉达克发生战争时，尼玛扎巴率阿扎玛瑙国人马参加盟军，屡立战功，曾多次受到格萨尔旌扬。在达玛边境与拉达克军交兵时，不幸负伤。他咬紧牙关，继续奋战，终将拉达克猛将、毕扎五虎之一的赤扎拉玛劈于刀下，他亦因伤重壮烈牺牲。

（五）大食国人物

昂拉达亚

达色（大食）国大将，在达色与岭国战争中，达色领导北方大将贡吉麦达泽鲁被岭国盟军霍尔大将梅乳孜所杀。达色北方战事无人领导，昂拉达亚和阿群达昂二人力争前往。达泽王一时难下决断，命二人抽签，中签者前往。结果昂拉达亚抽中，即率绿翎军前往北方以抗击岭军，结果为霍尔大将唐尕孜果所杀。

东尺拉隆

又译冬赤纳洛克，简称东尺、备赤，达色（大食）国护马大臣。其所护达色名驹青色追风马，被岭国晁同派人盗走后，因失职险被达色国王处死。后为了立功赎罪前往岭国，虽未将马找回，却将晁同俘获。晁同用计逃脱后，并兴兵攻达色，两国爆发战争。东尺拉隆于两军第一次交锋，即被晁同之子拉桂奔鲁所杀。

木那多旦

又译莫纳朵旦，达色（大食）国青年将领，曾降伏野象，被誉为达色之大力士，颇得达色国王赛尺尼玛之宠爱。在达色与岭国战争中，凭其力大无穷，累败岭军，后被岭国盟军姜国王子玉拉托居所杀，一说仅为玉拉托居尔所败。

赛赤尼玛

达瑟国（大食）国王，是一位骄横跋扈的部族首领，史诗称他"权势比天高，财富比海深，名誉震天宇，武艺压群雄"。由于其所藏宝驹青色追风马被岭国晁同盗走，因而引起达色与岭国的战争。在战争中，赛赤尼玛调兵遣将屡败岭军。终因达色国虽富有，军力较之岭国相差很远，再加上赖以抵抗岭军的法物被格萨尔取走，终致败局已定。赛赤尼玛虽顽强抵抗仍无济于事。正当他企图逃走时，被格萨尔杀死。

（六）汉地人物

称姆措

又译茨玛措、尺玛措。汉地七姊妹之一，汉公主阿贡措密友。在汉皇帝噶拉耿贡受妖后尼玛赤姬蛊惑，使汉地日月星辰失去光彩，藏汉之间金桥被毁，百姓生活在水深火热之中时，称姆措等汉地七姊妹巧施计谋，瞒过汉皇帝，伪称五台山朝佛进香，暗请长命鸽传金信，迎请格萨尔前来汉地降妖伏魔，拯救百姓。格萨尔在汉地功德圆满后，称姆措等汉地七姊妹，为感谢格萨尔的大恩大德，又亲将格萨尔君臣陪送到珍徐通布山口才依依惜别。

日俄托古

汉皇帝噶拉耿贡的360个法臣之一。是汉族有名之神箭手，汉族皇帝为了感谢格萨尔到汉地焚毁妖尸、拯救百姓、弘扬佛法，派公主阿贡措偕同汉地七姊妹陪送格萨尔君臣出境返国。日俄托古奉命护卫公主。在即将到达边境珍徐布山口时，与受晁同欺骗率军前来救援的格萨尔的岭国扎拉泽杰王子的人马相遇。双方发生误会，在晁同怂恿下，日俄托古误发一箭，险伤扎拉泽杰。扎拉泽杰亦误认汉军在向岭军进攻，下令发箭对射后，使汉军伤亡惨重。汉将日俄托古、木次丹巴、赤肖丹巴等当场丧命。

睦姑措

又译鲁古措、鲁姑卓。汉地七姊妹之一，汉公主阿贡措密友。史诗中称她为汉地大官之女。在汉皇帝噶拉耿贡受妖后尼玛赤姬蛊惑，使汉地日月星辰无光，藏汉之间金桥被拆毁，汉地百姓生活在暗无天日的痛苦之中，藏汉两族人民交往断绝时，睦姑措等汉地七姊妹出于爱国忧民，伪托五台山拜佛敬香，暗命长命鸽传金信，迎请格萨尔前来汉地焚毁妖后尸体，弘扬佛法。格萨尔在汉地功德圆满后，睦姑措等汉地七姊妹一起陪送岭国君臣直到岭汉边境珍徐通布山口，才挥泪而别。

曲姆措

汉地七姊妹之一。史诗称其为"佛地的女儿"，汉公主阿贡措密友。在汉皇帝噶拉耿贡受妖后尼玛赤姬蛊惑，倒行逆施，广行无道，使汉地百姓生活在暗无天日的痛苦之中，藏汉两族交往断绝时，曲姆措等汉地七姊妹出于忧国忧民，伪托去五台山拜佛进香，暗命长命鸽传金信，迎请格萨尔前来汉地焚毁妖后尸体，拯救百姓、弘扬佛法。格萨尔在汉地功德圆满后，曲姆措又与汉地七姊妹一起奉汉帝之命陪送格萨尔君臣直到岭、汉边境的珍徐通布山口，才依依惜别。

（七）霍尔国人物

阿俄特布周

又译阿俄扎杜嘉杜、坚布阿峨特卜周，简称阿俄、阿峨。霍尔国辛巴级大将，是白帐王十分器重的心腹大将。"特布周"在藏义中为六指之意，因此他常被称作六指儿和六指儿阿俄。以善射著名，据说他一次能同时射出6支箭。白帐王入侵岭国时，他奉命与居悲朱固巴庆一起偷袭前来踹营的岭将昂欧玉达和贾察协嘎尔等。他从暗处射出6箭，杀死昂欧玉达等6员岭将，后被贾察协嘎尔杀死。史诗中有时称阿俄特布周为霍尔逗觉五兄弟之一，与梅乳孜、多庆朗布查巴尔、杂庆南木卡巴森等亦是兄弟。

白帐王

霍尔国的部族首领，史诗中称其为霍尔白帐王，名古如坚赞。霍尔国在岭国东北方，自称天帝赛庆后裔。赛庆在藏文中有黄色之意，所以又称黄霍尔。白帐王兄弟三人，分住黑白黄三座帐房，长兄住黑帐房，称黑帐王；古如坚赞住白帐房，称白帐王；三弟住黄帐房，称黄帐王。其中白帐王势力强大，因此黑黄二帐王皆由其节制。白帐王是一个专横跋扈、野心勃勃的部族首领，早就窥视着岭国富饶的疆土，所以当他得知格萨尔远征魔国未回，岭国无主的消息后，便借口要娶珠牡为妻。为任措玛被逐复仇为由，纠合霍尔所属各部发动侵岭战争，史诗中的《霍尔入侵》和《平服霍尔》即系记述这一场战争的始末。后来格萨尔由魔国归来，亲征霍尔，白帐王被擒获处死。

赤宗柔雅

简称赤宗，霍尔国白帐王次子。为汉妃噶斯拉姆所生。霍、岭战争时，随其父一起入侵岭国。他同乃兄拉伍赖布相反，是白帐王向外扩张的侵略行为的积极支持者和追随者。由于其在王宫中锦衣玉食，并无多大武艺。随其父出征，也不过希翼捞点儿资本，求得乃父垂爱以便排斥其兄拉伍赖布。由于其自不量力，在追击踹营返去的岭国大将察香·丹玛向查时，被察香·丹玛向查杀死。

冬孔周扎

简称周扎、宗叉。霍尔国白帐王部落辛巴级大将。他在霍尔国辛巴中仅算末流，但由于对白帐王的耿耿忠心，颇为白帐王所喜爱。在岭、霍战争中，他是侵岭的急先锋。在岭国嘉卡让茂城被攻破，白帐王掳走王妃珠牡暂时班师回国时，冬孔周扎奉命与羌拉等断后。他们曾浴血奋战，先后杀死年查阿丹、穆庆隆主、塔尔哇等岭国将领，使岭国勤王部队受阻。后岭国援军赶到，冬孔周扎被曲路伍乙达尔盼用青色泉水神套索困住拖下马来，被贾察协嘎尔杀死。

冬郭坚

又译茉玛冬帼、玛茂冬郭、麻嬷皋帼。霍尔国女巫。自称"黄河六谷螺头巫"，一说她系霍尔国白帐王之侄女。白帐王兴兵入侵岭国前，她曾奉命预言吉凶。因她预言此战霍尔军先胜后败，最后霍尔国将落到"草干水涸，山川皆平，血流遍地"，触怒白帐王，认为她胡言乱语，造谣惑众，下令将其处死。梅乳孜和多庆朗布查巴尔对其正直十分同情，将她释放，谎报已将她斩首。

冬旋

艾译东显尔，史诗中有时称其为冬旋巴图或冬旋伍乙巴图尔。因其武艺和战功，在霍尔国巴图尔级大将中常列榜首，故其名后常附以巴图尔，有尊其为勇士、英雄之誉。霍尔奔撒部落花缨部队首领。白帐王兴兵入侵岭国时，他奉召率本部人马前来参战。岭国大将贾察协嘎尔独骑离去后，冬旋奉白帐王军令，在其归路上进行伏击，谁知贾察协嘎尔早有预防，伏击失败，冬旋亦被贾察协嘎尔杀死。

多庆朗布查巴尔

又译多庆朗术卡巴尔、朵钦南吾卡巴尔，简称多庆、杂钦。霍尔国辛巴级大将，他足智多谋，且力大无穷。其名朗布查巴尔在藏文中即含"猎象者"之意，足见其膂力之大。多庆朗布查巴尔亦属霍尔逗觉五兄弟之一，是白帐王十分器重的将领，常委以重任。白帐王兴兵入侵岭国，他是一位积极的追随者。由于他膂力过人，且武艺超群，岭国大将阿努司盼都败在其手下。在霍、岭战争中，他所向披靡，杀伤许多岭国兵将。霍尔军战败后，他畏罪逃往旺古直宫躲藏起来，最后被格萨尔用神箭钉死在阴山一个赤色岩石上。

岗尕绕仁

藏文意为"吃死尸的灾鸟"。史诗中他受霍尔白帐王差遣，前往岭国打探虚实，以便决定是否兴兵侵岭和夺取珠牡归霍。岗尕绕仁飞至岭国王宫松石九梁宝帐顶上，被珠牡察觉，命侍卫郭巧术达尔达玉向其发箭，欲将其射落。仆人郭巧术达尔为岗尕绕仁羽翎闪耀的威光所震慑，不敢发箭，只躲在宝帐中射出一箭，仅射掉岗尕绕仁12根尾翎。岗尕绕仁逃回霍尔国向白帐王报告后，随即爆发了岭霍之间的残酷战争。

固尔措

霍尔国三魔鬼神之一白天魔之义女，也是魔鬼神三义女中之大姐，白石山日巴部落人，被霍尔国白帐王派到陀拉长山口守卫，以防御岭国进攻。格萨尔征霍尔途中，行至此处，幻化成魔国大臣秦恩与三魔女玩色子赌输赢而将其降伏。后三魔女协助格萨尔毁掉白帐王的长命灯，使白帐王失掉魔力而加速覆灭。另一说法，霍尔被征服后，格萨尔将其赐予扎拉泽杰为妃。

黑帐王

名桑格加。霍尔国黑、白、黄三大帐房首领之一，白帐王之兄。岭、霍战争中，曾参与霍尔盟军入侵岭国。征战中，战绩颇丰。胜利班师后，因不满白帐王日益骄横，特别是后来制定的一套束缚其他部族的法典，直接损害了黑帐王利益。他与霍尔日巴部落首领达奔一起，带着本部人马以及阿颜七匪离开霍尔，迁徙到北方去了。

黄帐王

霍尔国白帐王之弟，霍尔部族三大帐房首领之一。他是白帐王入侵岭国的积极支持者。霍、岭战争中，他亲率部落武装参加侵岭军。双方对阵时，被岭国大将尼奔达尔雅用箭射死。另一说法是霍尔黄帐王发动侵岭战争，抢走珠牡，后被格萨尔处死。事迹与白帐王完全相同，仅是两人名字对调而已。

华旦雅买

又译华德亚麦，简称华旦、华德。霍尔国黄帐王之子。霍、岭战争中，跟随其父率本部人马进攻岭国。当霍尔军攻破嘉卡让茂城。白帐王掠得珠牡，欲暂时班师回国，华旦雅买奉命与冬孔周扎等断后以御岭国追兵，与贾查霞尕遭遇。华旦雅买与俄吾周坚等华而不实的王子们，当然不是贾察协嘎尔对手，轻而易举地就被贾察协嘎尔劈死于雅司刀下。

结丑角尔玛

简称结丑。霍尔日巴部落首领达奔之辅佐臣，为巴图尔级大将，以能言善辩知名。霍、岭战争中，在玛曲（黄河）边，霍军进攻受阻，岭军固守坚垒，拒不出战，多次击退霍军进攻。白帐王命结丑角尔玛前往挑战，希用结丑角尔玛巧舌引出岭军主力应战。果然岭军不少将领被激怒，由察香•丹玛向查出战。二人相约以比箭决定胜负。结丑角尔玛连发三箭皆未击中，丹玛只发一箭，即将结丑角尔玛射死。察香•丹玛向查虽获胜，但也给了霍军造成长驱直入的缺口，致使岭军节节败退。

拉伍赖布

或译拉如赖卜尔、拉如雷保，简称拉伍、拉如。霍尔国白帐王之长子，汉妃噶斯拉茂所生，和贾察协嘎尔同为汉地三外甥。白帐王兴兵入侵岭国，他虽不赞同乃父倒行逆施，但仍被迫随军远征。在战场上与贾察协嘎尔相遇，他希望以同为汉地外甥的关系，劝贾察协嘎尔休战，遭到严词拒绝。他明知理亏，又不敢谴责其父，在矛盾中被迫应战，不敌而遁。在歇日安庆砂山被贾察协嘎尔从后面追上，用箭射死。

南吉奔图

又译朗却奔妥尔，简称南吉、朗却。霍尔国黑帐部落巴图尔级大将。辛巴唐纳泽加之弟。白帐王兴兵入侵岭国时，他随同其部族首领黑帐王一起进军岭国。因玛尔勒在玛曲河岸被杀，被悲痛激怒了的岭国总管王绒查叉根，单骑冲往霍营搦战。南吉奔图欺绒查叉根年老身单，因而轻敌，企图在双方交战前用箭将绒查叉根射死。可惜箭法欠佳没能得逞。接着双方进行刀战，一时杀得性起，又都抛掉武器进行肉搏，谁知绒查叉根趁南吉奔图不备，暗中用匕首将其杀死。

却达尔

霍尔国噶尔哇（噶尔哇务那）部落首领。因其掌管霍尔铁器和武器的冶炼与制造，史诗中有时称铁工王或铁工曲古木。噶尔哇在藏语中为铁匠，称其为铁工王当无疑义。在白帐王入侵岭国时，却达尔率领三个儿子和人马参加了这场侵略战争。其长子赞嘉卡肖、次子托赛周者先后战死。后来格萨尔只身远征霍尔国时，冒充却达尔长子赞嘉卡肖转世，被却达尔收为义子留养其家。因而撮成其女噶萨曲钟和格萨尔之间的爱情，也使格萨尔能迅速取得战胜白帐王的手段和条件，最后终于处决了作恶多端的白帐王而获得征服霍尔的胜利。

玉措

霍尔国三魔鬼神之一黑地魔之义女。也是魔鬼神三义女中的三妹。黑石山提巴部落人，被霍尔白帐王派往守卫陀拉长山口以卫霍尔国安全。格萨尔远征霍尔途中，将其降伏。平服霍尔后，格萨尔将她赐予阿努华桑为妻，其事迹详见固尔措条。

唐纳泽嘉

简称唐纳，霍尔国黑帐王部落黑缨部队辛巴级大将。霍岭战争中，因其骁勇善战、足智多谋，多次战胜岭将，深为白帐王所宠幸，被委为侵岭霍军之中军大将。当岭将阿努司盼营前叫战时，唐纳泽嘉和唐泽玉周、结丑角尔玛三将奉命迎敌。唐纳泽嘉邀功心切，命唐泽玉周等为其压阵，单人匹马阵前迎战，被阿努司盼杀死。

唐泽玉周

简称唐泽或玉周，原名华旦达鲁，又译华旦塔努。霍尔国黄帐部落辛巴级大将。霍尔三大神箭手之一。岭霍战争中，随黄帐王参加了霍尔侵岭盟军。进军前，参加校场比武获胜，被白帐王任命为侵岭大军之右翼大将，赐名唐泽玉周，意为草原上最猛勇的碧玉之虎。他与霍尔大将辛巴梅乳孜都反对白帐王发动的这场不义之战。但在两国交兵时，他们仍各为其主，效忠白帐王。冲锋陷阵，勇猛异常，为霍尔国立下了许多汗马功劳。后归顺岭国，并与梅乳孜一起被任命为霍尔国新首领。在格萨尔征门国、姜国、蒙古等许多战役中他都亲率霍尔部队参战，功勋卓著。

托赛周吉

又译突色朱且。简称托赛、突色，又名纳宣达尔钟。霍尔国噶尔哇（噶尔哇务那）部落首领却达尔次子。霍尔国著名神箭手。白帐王入侵岭国时，托赛周吉随其父兄等皆加入了侵略军。因其骁勇善战，颇受白帐王青睐，被倚为肱股。在雅拉赛吾山战役中，以其神奇箭术，连创岭军。后与岭将贾察协嘎尔相斗。由于对方有宝甲护身，托赛周吉射出之箭无法近身。在托赛周吉正惊诧之际，贾察协嘎尔用雅司刀将其劈死。

陀赞

霍尔国白帐王派往守卫托多达隆沟的魔将。陀赞善魔法，能呼风唤雨，且爱獐成癖。格萨尔远征霍尔，托多达隆山沟口是必经之路。为了能顺利地通过这个关隘，格萨尔投陀赞之所好，变成一只小香獐从其身旁跑过。陀赞中计，丢下自己守卫工作去追小獐。直追到一座山岩边，格萨尔又幻成一只猛虎出现，将陀赞逼下悬崖，粉身碎骨而亡。

歇庆热吾邦科尔

或译歇庆日卧邦科尔，简称歇庆，意为"能托举大山的大力士"。与梅乳孜、杂庆南木卡巴森等同为霍尔逗觉5兄弟，辛巴级大将。史诗中描述他："在印度把八百大象抛上天，在汉地把九百骡子挟腋间，在蒙古把上千骆驼怀中揽。"虽系夸张之词，亦可见其膂力之不一般。歇庆热吾邦科尔是白帐王死心塌地的追随者。当霍尔军入侵岭国时，由于其力大无穷，屡败岭军，立下许多汗马功劳，得到白帐王的多次嘉奖。岭霍之战后期，格萨尔只身深入霍尔，诱使白帐王中计而举行城堡新装金幢的比武大会以削弱霍尔力量。在比武会上，歇庆热吾邦科尔凭膂力，胜了不少霍尔将领，有的甚至被其摔死或致残。最后他与幻化成唐聂的格萨尔比武摔跤，被格萨尔施神力摔死。

辛巴

霍尔国大将之职称，原意为屠夫，此处含英雄之义。因梅乳孜为霍尔国辛巴级大将之首，故史诗中有时只称其为辛巴，而将其本名略去。另一说法，辛巴是杀人英雄，是后世民间艺人。为讽刺这些嗜杀者，把霍尔国这些首领和武将称为辛巴，这里的辛巴带有贬义。

杂庆南木卡巴增

又译杂庆南木喀巴森尔。简称杂庆。他本名南木卡巴森，以其精熟各种技艺，故叫"杂庆"，是霍尔国辛巴级大将，著名的炮石手。史诗有时称他与梅乳孜为兄弟，为霍尔逗觉5兄弟之一。白帐王入侵岭国时，他亦随侍营中听命。在岭、霍双方交战时，杂庆南木卡巴增用炮石协助霍军进攻。他的连珠炮石不仅击退岭军所发炮石，而且使岭军伤亡惨重。因而激怒岭国大将嘎德曲迥维尔纳。嘎德单骑冲进霍尔营，出其不意地将正在指挥发射炮石的杂庆南木卡巴增擒过马来，将其摔死。

赞嘉卡肖

又译赞加雅买。霍尔国噶尔哇部落首领却达之长子。白帐王兴兵入侵岭国时，随其父率本部落人马参加侵略军。赞嘉卡肖在霍尔虽非名将，但其精于韬略，且武勇善战，颇得白帐王喜爱，他也死心塌地地追随白帐王。在出战岭军大将昂欧玉达时，仅一个回合，就被昂欧玉达所杀。在格萨尔只身远征霍尔时，为了取得藏身之所，冒称是由赞嘉卡肖转世，取得了却达尔之信任，并被收为义子。在却达尔和嘎萨曲钟的帮助下，格萨尔终于战胜白帐王。

（八）姜国人物

达萨贝玛奇珍

简称达萨琦诊或琦珍，姜国萨丹王妃，是一位识大体、有远见的妇女。姜、岭战前，她极力劝阻萨丹王进军岭国夺取盐海。在战起后，她又忧心如焚为萨丹王父子及部落前途担心。九年的战争，使她心力交瘁，几于不起。萨丹王被格萨尔所杀，姜国有亡国之危时，她又忍辱负重向岭军求和。关于达萨贝玛奇珍的归宿有三种说法：第一种与三个儿子（玉拉、玉赤、弓赤）作为俘虏被带到岭国，囚于红珊瑚城；第二种说法是被格萨尔纳为王妃；第三种说法是玉拉托居在姜国继承王位后，她留在姜国辅佐其子。

梅多仲

姜国萨丹王妃，汉地人。一说为汉公主，与岭国幼系首领森隆之妻拉噶卓玛为姊妹，因而其子玉赤为汉地三外甥之一。史诗中仅有名讳和"汉地三外甥"之说，却无任何事迹记载。与萨丹王妃达萨贝玛琦珍是否一人，尚无法肯定。

萨丹

又译萨旦、撒旦、沙丹。姜（或译绛）国部族首领。史诗称其为萨丹王。是一位懂妖法邪术，精通武艺，对内横征暴敛，对外穷兵黩武的暴君。为了将岭国阿隆巩珠盐海归并于姜国版图，他不惜冒天下之大不韪，派兵强占盐海，致使岭、姜两国交兵九年。终使姜国战将牺牲殆尽，国土大部沦丧。萨丹王在十八霞瓦山沟，误食格萨尔幻化的比目鱼而死。最后姜国被格萨尔征服。一说姜国与岭国为了争夺两国相邻边界上的阿隆巩珠盐海，两国发生战争，打了九年。最后姜国国王萨丹被格萨尔杀死，姜国王子玉拉托居袭父职后与岭国求和，盐海归属争端迎刃而解。

（九）卡切玉国人物

尺丹

又译赤旦，岭国西方卡切玉国（在今克什米尔附近，以产松耳石著名）国王，是一位野心勃勃、狂妄自大的部族首领。据说当年莲花生大师修建桑耶寺，制伏西藏妖魔罗刹，持有邪愿的魔臣路贝，身体未得解脱，死后堕于恶道。次第转生为卡切国王子，取名尺丹，因此也称卡切尺丹路贝王。史诗中他狂妄地自称："势力比我大的只有阎王，地位比我高的只有日月，军队比我多的只有草木。"在其先后征服兼并尼泊尔、宁卡、卧卡三国后，其野心愈发不可收拾，又出兵侵略岭国，遭到岭国军民的反击。最后尺丹王被格萨尔所杀。分部本《卡切玉宗》即是描写这一战争。

道果美巴

又译多桂梅巴、刀果麦巴，卡切玉国大臣，是尺丹王派往入侵岭国三钦命大臣之一，道果美巴在藏文中含猛石火焰之义。他善魔法，且武艺精熟，史诗称他："比发疯的黑熊还疯狂，比具哈尔魔鬼力还大，比勾魂阎罗还凶狠。"曾参与尺丹王吞并尼泊尔、卧卡、宁卡诸国的战争，是藏地出名的刽子手。在卡切军入侵岭国后，他肆意残杀，遭到岭国军民反击。在岭国阿吉达塘地方，被岭国大将察香·丹玛向查杀死。

冬尺赞桂

又译当赤赞果，卡切玉国百员达惹之一。在卡切与岭国战争中，卡切侵略军失利，岭军转入反攻。前锋部队进入卡切国境，在达塘阿奇下寨。冬尺赞桂、差玛尔梅吉与乍桂坚赞三将，奉尺丹王之命，率300精兵偷袭岭营。由于岭军早有准备，卡切军陷入重围。冬尺赞桂在乍桂坚赞、差玛尔梅吉二将战死后，企图突围逃走。被岭国盟军门国大将东迥达拉尺尕挡住去路。冬尺赞桂虽作殊死战斗，终被东迥达拉尺尕所杀。

都粲洛居玛王妃

又译对参老居玛，简称都粲。卡切玉国尺丹王之妃。原属宁卡国王之女，是一个美丽善良的女性。尺丹王兼并宁卡国后，将都粲洛居玛掳来纳为王妃。她来到异国忍辱负重为尺丹王生儿育女，直到尺丹萌发侵略岭国野心，她仍不敢公开反抗。仅以讥讽之语激怒尺丹，企藉（借）格萨尔之刀，以报灭国之恨。尺丹王被杀后，她率幼子（仅5岁）向岭国投降。

玉孜顿巴

又译玉泽端巴。卡切玉国百员达惹之一。卡切大将鲁牙合如让副将。在卡切与岭国战争中，他与其主将一起多次重创岭将，特别是在铁城使用火枪杀伤无数岭军。正当玉孜顿巴等欢呼胜利时，姜国王子玉拉托居连发三箭，玉孜顿巴中箭身亡。

真巴让霞尔

卡切玉国三代老臣。在卡切与岭国发生战争时，他已113岁，是一位见多识广、足智多谋的老人。他曾力谏尺丹王不要入侵岭国。当入侵失利，卡切军节节败退，他又多次献策，力求战胜岭军以保卡切安全，但大都为尺丹王所拒。终于尺丹王被杀，卡切玉国被格萨尔征服。为了使卡切玉国百姓免遭涂炭和卡切国王子得以继承王位，他献出开"玉宗"的秘诀，并帮助格萨尔到照杰支山开启宝库取出各种珍贵玉宝。

（十）拉达克人物

毕扎五虎魔臣

拉达克国大臣毕扎宿昂的五个儿子，因其勇猛异常，号称拉达克毕扎五虎。他们五人是昂堆崩仁、崩土堆格、甲学冬堆、冬尺扎堆、赤扎纳玛。实际上都是色厉内荏的徒有虚名的人物。在崔拉达克与岭国战争中，他们虽有小小胜利，但仅在几次较小的战阵中，即全部被岭军所诛杀。

卡切刀登

又译卡其刀登或喀契多登，拉达克国大将卡切国人，故其名被冠以卡切。他力大无穷、武艺精熟、勇猛异常，属拉达克武将中之翘楚。被拉达克国王嘎沃倚为股肱，常委以重任。在岭国与拉达克两国爆发战争后，卡切刀登身先士卒，所向披靡。岭国名将桑达阿东、阿达拉姆等皆非其敌手，不少岭将死于其刀下。战争后期，由于他过分轻敌，在拉达克京城昂钦冬宗保卫战中，卡切刀登被岭国王子扎拉泽杰杀死。

米青伦波毕舍

又译美钦文布帛色，简称伦波毕舍、文布帛色，拉达克国王呷沃侍卫大臣，岭国与拉达克两国战起，格萨尔诛杀拉达克毕扎五虎后，大军长驱直入拉达克国境，直逼京畿，呷沃亲率门军迎敌。米青伦波毕舍作为护卫随侍左右，当呷沃轻敌落入岭军重围难以脱身时，米青伦波毕舍等近侍前往护驾，一起冲进重围，即被岭国大将嘎德曲迥维尔纳生擒。后降岭国。格萨尔征服拉达克后，命其辅佐拉达克新首领庭绒拉格昂赞治理拉达克国政。

庭绒拉格昂赞

简称庭绒拉格或拉格，拉达党大臣。他文武兼备，卓有远见。当拉达克呷沃国王兴兵侵岭中，他和老臣根桑扎巴力谏未果。即深思筹划如何以保拉达克社稷和百姓安全，故有暗中释放岭将玉拉托居之举。在两国交兵中，仍不失英雄本色，曾力败岭国桑达阿东等名将。其文武韬略颇得格萨尔赏识。后被俘，归降岭国，被格萨尔委以统治拉达克之重任。

庭学楚吉

拉达克大将，当格萨尔率大军征讨拉达克国时，拉达克军节节败退。为了保卫京城昂青冬宗，呷沃命庭学楚吉、率绛赤龙曾等守卫朗扎闪光城以为犄角之势。庭学楚吉等凭天险，使岭军攻势一度被阻。岭将察香·丹玛向查采用神箭，将在城垛瞭望的庭学楚吉射死，于是朗扎闪光城被攻破。

（十一）门国人物

阿琼郭保

又译阿穹桂保，简称阿琼、阿穷。门国两代（甲尺壬和辛尺王）老臣。门国六十员阿乍之首："千山宫殿我是二栋梁，六十员阿乍我是一首领；重搂聚众议事时，良谋善策我来定，刀来箭去战场上，由我上阵挫仇敌。"在门国朝野，他是一位深孚众望的大臣。门、岭战起后，阿琼郭保自感年老力衰，难以胜任统帅门国军马以抗岭军，决心辞去阿乍职务（遗缺由青年将领多吉旺扎担任），退而为孔雀不变城北门守将。当岭军攻城时，他指挥若定屡退岭军。终于在城楼观望时，不幸被岭国王妃阿达拉姆射死，时年89岁。

冬巴协宁

又译顿巴协尼。门国大智者，六十员阿乍之一。岭、门爆发战争后，门军节节败退，将士伤折过半。门国辛尺王遣冬巴协宁为使，带上500件价值连城的珍宝，前往汉地请求汉皇帝嘎惹古滚派兵干预。当冬巴协宁一行进抵巴买隘口时，被岭国大将察香·丹玛向查和梅乳孜截住。在慌乱中冬巴协宁奋起应战，措手不及被辛巴梅乳孜一刀劈于马下。其仆从6人被俘，全部珍宝亦为岭军夺去。

东丹欧尕

又译冬旦阿嘎，门国辛尺王之子，王妃阿钟所生。故有时史诗中称其为门雏。简称东丹、冬旦。"东丹"一词，在藏文中有"千瓣莲花"之意。形容其出身帝王贵胄、身份高贵。因其善武艺，且英俊武勇，颇得父母宠爱，事实上已成为门国之王储。当门岭战起，他积极投身战斗，身先士卒、多次击退岭军进攻，深得门国将士拥戴。在保卫铁城战役时，被岭国盟军霍尔大将唐尕孜果一刀劈于马下而亡。另一说法，东丹欧尕仅落荒而逃，并未被杀。

东迥达拉尺尕尔

又译东迥达拉赤秃。简称东迥、达拉或拉尺秃，拉尺尕尔。"达拉"在藏语中有神虎之意。言其猛勇似虎。门国多位甲拉黑部落首领，60员阿乍之一。史诗中称他为上天白梵天王第15个儿子，与格萨尔在天上应是兄弟，本应投生岭尕为岭国大将，结果误投于多位甲拉黑之香江多吉地方的白骡远音城堡。父亲为尼玛乔热，母亲为达哇孜旦。长大后受妖魔唆使，成了门国辛尺王之臣。在门、岭战争中，凭其有"神虎"之勇，多次重创岭军。在老虎威严城战役中，东迥达拉尺尕尔被岭国大将梅乳孜和木江尕尔保生擒活捉后归降岭国。在格萨尔征服达色国时，他立下卓越的战功。

梅朵拉孜

又译美朵拉泽、麦多拉孜。门国辛尺王之女，王妃阿钟所生，与王子东丹欧尕为亲姐弟。她13岁时丧母，由继母辛尺王妃尺肖抚养成人。岭、门战争时她年23岁。梅朵拉孜是一位美丽的姑娘，史诗形容她："皮肤比丝绸还细腻，肌肉比汉绫还柔软。身材窈窕似翠竹，鬓发如同汉杨柳。她是毒蛇头上末尼宝、百花丛中的优昙花。"岭、门之战的导火线，即系向其求婚被辛尺王所拒而起。她虽多次规劝其父息兵，均遭拒绝。后门国战败，辛尺王战死。梅多拉孜与其母后尺肖王妃率众投降。并亲自射开"白米宗"，把取之不尽的白米献给格萨尔。岭军班师时，梅朵拉孜亦随军到岭国，由格萨尔将其匹配与王子扎拉泽杰为妃。另一说法是：梅朵拉孜到岭国后，被晁同之子拉桂奔鲁娶为妻子。

门国六十员阿乍

阿乍是门国武将的职称，含猛将之意。60这个数字，是一种习惯称法，近似于岭国三十员大将、50员大将类型。其人员不一定就是60之数。从史诗中有关内容，门国阿琼郭保因年老辞去阿乍，遗缺由多吉旺扎接替来看，阿乍当系一种武将的官职，有点类似千户长、万户长之类的职务。门国的阿乍号称60员，实际在史诗中出现的有名有姓者仅23人。他们是古拉托吉、雍仲贝尔吉、桂巴达尔、玉桂贝杰、门卡扎吾克尔桂、阿琼郭保、多吉旺扎、米本阿却日果、玉仲巴杰、卡扎布、冬巴协宁、达哇察赞、玉微达吉、东迥达拉尺尕尔、囊拉托古尕尔钦、卡纳多吉旺扎、达毛东都、达拉赞保、龙拉江仁阿班、达都仁钦汪、日吉乔、勇都那保、米贡阿班等。

太让喇嘛

又叫木笛独足喇嘛，能知过去未来。他原系尼泊尔国比丘，因触犯王法，被剁去右腿，转世到门国后，仍是独足，因此人称独足喇嘛。他善各种魔法，并变化无穷，自称幻术喇嘛。岭、门爆发战争后，受辛尺王之请，在罗刹岩山滩上部设坛施法，企图阻止岭军前进。岭将嘎德曲迥维尔纳用神法将其修法坛击毁，木笛喇嘛幻化成鸽子仓皇逃往罗刹岩山洞中躲藏。后与格萨尔斗法，被降伏。为了防止他继续作恶，格萨尔将其压在三依怙山万灵塔下。

玉桂贝杰

又译宇郭巴达、玉果巴德。门国贝日孜结地方的部落首领。60员阿乍之一：岭、门两国爆发战争，他奉命守卫玉龙威虎城堡。由于守卫有方，曾多次击退岭军进攻。终因孤军无援，难以抵挡岭军的强大进攻。城破后，玉桂贝杰仍率军死战，两军在城楼展开逐房争夺。岭国大将察香·丹玛向查曾三次被玉桂贝杰射中，皆因有战神畏尔玛暗中相助，使察香·丹玛向查刀枪不入才幸免不死。见此情况，玉桂贝杰大惊失色，慌乱间被察香·丹玛向查的神箭射中头部，连头盖骨都射掉一半而死。

玉珠托杰

又译宇珠杜结，简称玉珠、宇珠，门国辛尺王幼子，王妃阿钟所生，岭、门战争爆发前，曾因经商出使姜国，与姜国王子玉拉托居私交甚笃。在门、岭两国交兵时，玉珠托杰守卫北方龟城以抗岭军。当岭军长驱直入门境大军进抵北方龟城时，恰遇岭军统帅为玉拉托居，玉珠托杰自感门国大势已去，自身兵微将寡，难与抵敌。正惶恐间，经玉拉托居晓以利害，当即率部投降。并率所部配合岭军攻取门国京城千山城。门国被征服后，格萨尔令其继承父职为门国国王。

辛尺

又译襄赤、门国国王、名达吉，自称"幻术王"。言其不受人生地、水、火、风、空五大神限制，是一位善魔法的部族首领。史诗称他"能使火旺，风向变，黑云降冰雹，能在水中游、空中飞"。格萨尔征服魔、姜、霍尔诸国后，向门国遣使为王储扎拉泽杰求亲，一说是晁同为其子拉桂奔鲁求亲。由于辛尺王记恨与岭国之间的宿仇，拒绝两国姻亲之议，因而门、岭之间爆发战争。由于双方力量悬殊，三年的战争，使门国大将大部分战死。国土亦丧失过半，覆国之灾，指日可待，辛尺王穷途末路，仗其魔法，乘升天魔梯逃走，以图东山再起。当他刚升至半空，即被格萨尔用神箭射落，被岭军纵火烧死。

（十二）魔国人物

鲁赞

又译禄赞、路赞。岭国北方雅尔康魔国的部族首领。据18世纪藏族学者松巴·益西班觉尔证实，历史上确有其人。是"古如和闷惹交界地方的一位有高超武艺的英雄"。史诗称他贝杰有9个脑袋，18个犄角，身上全是黑色襟蝎，腰上盘省九条带蛇，手足上共长36个铁指甲，口吐烟雾，鼻哼毒气，吃肉喝血，极端残暴的妖魔，是反佛吐蕃赞普朗达玛转世。他乘格萨尔闭关之机，施魔法将其爱妃梅萨奔吉摄走霸占为妻。后格萨尔亲赴雅尔康，在梅萨奔吉、阿达拉姆、秦恩的协助下，杀死鲁赞，将其尸体压在黑塔下面。另一说法，格萨尔奉天姑南曼嘉茂之命，北征魔国，以拯救生活在鲁赞统治下的雅尔康黑头百姓。鲁赞之妻梅萨奔吉及其妹阿达拉姆爱上了格萨尔。在她们的协助下，使鲁赞丧失了魔法，最后被格萨尔杀死。

秦恩

或译向宛、相宛、钦恩，也叫尕达向宛。其名为阿努森缠。魔国大臣。奉鲁赞之命守卫魔国山阴水草滩。被格萨尔用计降服，并帮助格萨尔擒杀了鲁赞，后被格萨尔任命为魔国首领。秦恩足智多谋且武艺超群，以后多次率领魔国部队参加格萨尔的盟军，征霍尔、门国、姜国以及18大宗，秦恩都建立许多功勋。一说秦恩原系戎部落人，13岁时被鲁赞房去，后为魔国大臣。投降岭国后参加了格萨尔统一藏区、拯救黑头百姓的许多战役，并曾以辅佐臣的身份跟随格萨尔到汉地通好。完成任务后，曾绕道故国探望。并将其妹戎萨阿曼格查配与岭国王储扎拉泽杰为妻。

（十三）木雅国人物

玉俄敦巴

又译宇吾顿巴，简称玉俄、宇吾。木雅（明仰）国国王玉泽东巴之弟。史诗称他"忠于教法，心地光明"。木雅与岭国因法物竹子三节爪而爆发战争，玉泽东巴误中岭将秦恩诈降计，准备进攻岭国以报父仇。他持反对态度，主张罢兵与岭国修好。同时他也中了梅萨奔吉之美人计，迷恋于她的美色，怕梅萨奔吉离去，因而存有私心，怕与岭国为敌，借此留下梅萨奔吉。后格萨尔处死玉泽东巴，来到木雅京城喀丹巴宗。玉俄敦巴投降，献出木雅王宫珍宝，格萨尔命其为木雅国的管理者。

玉泽东巴

又译宇泽敦巴。木雅（明仰）国国王。其父歇庆，在木雅和岭国之间的一次战争中被岭国所杀。玉泽东巴视为奇耻大辱，后因岭国在格萨尔治理下，国力十分强大，他只有隐忍不发。当因格萨尔到汉地降魔需要木雅法物竹子三节爪（又译三节竹当岭国七姊妹），岭国七姊妹来寻取时，由于珠牡不慎被发现。玉泽东巴将七人擒获。玉泽东巴误中梅萨奔吉和秦恩所设的诈降计，兴兵进攻岭国。结果木雅军几乎全军覆没，玉泽东巴亦遭擒被处死。临刑时，他发愿改恶从善。格萨尔允其发誓，对他"不伤针尖大一点伤痕，不让流跳蚤大一滴血，不受半点痛苦而引渡到西方清净国土中去"。

（十四）尼泊尔人物

冬尺薇丹

又译当亦奥旦，系尼泊尔国大臣。在卡切玉国与岭国发生战争，尼泊尔派往卡切以丹泽东丑、维巴尔为首的支援部队被岭国全歼后，迫于卡切尺丹王的压力，又第二次派出以希巴让囊为将、冬尺薇丹为监军的支援部队。援军抵达阿肯杰康塘时，他们见卡切国大势已去，为保尼军不遭覆灭之祸，向岭军投降，投降后尼泊尔部队即作为岭国盟军并用计捕获卡切大将冬宁亚昧。

东楚维巴尔

又译当差奥布巴尔。简称当差或东丑。尼泊尔国大臣。卡切玉国兴兵入侵岭国，尺丹王召令尼泊尔发兵。尼泊尔国王慑于卡切国威力，派盘东楚维巴尔率领部队前往参战。在途中，即为岭军截住，东楚维巴尔被岭国总管王绒查叉干杀死。

（十五）戎国人物

嘉萨太茂

戎国王后，是一位慈祥敦厚的藏族妇女，格萨尔帐前大将秦恩之母。秦恩八岁时被鲁赞掠走后，渺无音讯。直到50年后，在格萨尔至汉地降伏妖魔、藏汉通好后，始返戎国母子团聚，是时嘉萨太茂已七十有五高龄。受秦恩之请，格萨尔给戎国国王和王后传授长寿成就法和大圆满的甚深妙法等，使他俩恢复了少年般的青春，戎国人民也成为信奉佛法的臣民。

嘉哇伍噶尔

又译贾瓦乌尕尔、戎国国王。戎部落据说

在今云南省迪庆藏族自治州一带。岭国总管王绒查叉干和王子绒查玛尔勒皆与戎部落有血缘关系。魔国大将秦恩据说即为嘉哇伍噶尔之子。秦恩8岁即为魔王鲁赞掠走,直到格萨尔与汉帝通好后,始返戎国父子团聚。从此岭、戎两国像亲兄弟一样"世代相传友好长久不变"。这时嘉哇伍噶尔已经89岁高龄了。由于秦恩的请求,格萨尔授予戎王夫妇长寿正法,使嘉哇伍噶尔及戎后嘉萨太茂皆返老还童,成为十六七岁的少男少女。

戎萨阿曼格查玛

简称阿曼,戎国国王嘉哇伍噶尔之女。其名格查在藏语中有细腰之意,言其体态窈窕美丽。她是一位聪明过人、能文能武、温柔贤淑和虔心向佛的姑娘。史诗中描述她"戎地人们不信佛法,她却一心向佛求皈依,见到上师心底生敬意,听到佛法两耳更清晰,见到僧侣就布施,见到乞丐生怜惜,亲友有烦恼她安慰,穷人有困难她周济"。格萨尔到汉地降妖伏魔后到了戎国,出于政治原因,"使岭、戎两国友好长久不断,世代相传",向戎国国王嘉哇伍噶尔提婚,将戎萨阿曼格查玛聘与岭国王储扎拉泽杰为妃。

赞粒托嘉

戎国大将,是戎国国王嘉哇伍噶尔最信任,也是戎国深孚众望的统帅。戎国13万兵马归其辖制。当岭国大将秦恩返戎国探望分别50年的父母,因不明戎国情况,将部队驻扎在门周查茂山口以观动静时,引起戎国误会,以为系魔军犯境。赞粒托嘉与公主戎萨阿曼格查玛一起率军前往对垒,阵前交锋,连胜岭将,使秦恩深惑戎国有此勇将而赞叹。后认出秦恩,双方始握手言好。

(十六)珊瑚国人物

达泽

又译塔宗、歇日(杰日)珊瑚国郡族首领,史诗中有时称其为达泽赞布、塔宗赞布或达泽王。他权高势大,武艺超群,自称"力大能摘日月,势大可与天齐"。由于歇日盛产珊瑚,民富而国强,因而达泽十分狂妄,企图称霸藏区。加之过去岭、歇二国之间有旧仇,达泽常命其部众抢掠过境岭国商旅,终于导致格萨尔兴兵讨伐歇日。达泽虽倾全国兵力以对抗,终因岭军十分强大,难以抵抗,歇军节节败退,歇京被突围。达泽见败局已定,企图逃往朱孤城避难,途中遭到岭军阻击,被岭国盟军、姜国王子玉拉托居杀死。

东琼威噶

简称东琼,歇日(杰日)珊瑚国赤谷部落首领哈日索卡杰布之子,是一位骁勇善战且具卓见之青年将领。歇日与岭国爆发战争,岭军乘胜挺进歇日国境,东琼威噶力主赤谷部落不参与这场战争,并与其父到岭营求和。岭军统帅扎拉泽杰王子接受其所部,留东琼威噶在岭军中为将,后来东琼威噶以战功成为岭国名将。

雅杰托噶

歇日(杰日)珊瑚国部族首领之一。托赞王之兄,自幼出家修炼魔法,歇日和岭国爆发战争后,始返朝协助其弟达泽以抗岭军。他所施各种神通变化皆为格萨尔所破,后所用诈降计亦为岭国大将察香•丹玛向查和姜国玉赤王子识破,被玉赤用神套捉住后,变为白牛企图逃脱。后格萨尔施神法将其镇住,送到北方与厉神唐拉作了坐骑。

（十七）松巴国人物

晁纳

又译措曲杜纳、涩曲杜纳，简称晁纳，松巴国大将。因战功，松巴国王告乌坚赞晋升他为黑色将军。晁纳在松巴国以勇猛著称，在松巴、岭国的战争中，他一度被岭军围困，仍左冲右突，沉着应战，杀伤许多岭将。其中有昂旺拉桑、托拉赞布、玉月让夏、厅学、刀杰仁肯、挡纳亚麦多等。后在崩塘纳洼草原大战时与岭国大将嘎德曲迥威尔纳相遇，二人大战一百余回合，不分胜负。后弃马步战仍旗鼓相当，未决雌雄。最后双方丢掉武器徒手相搏。晁纳终因力怯被打倒在地，嘎德曲迥威尔纳用石头将其砸死。

冬尺拉桂

又译东尺纳合，简称冬尺、东尺。松巴国猛将。在松巴和岭国的战争中，他英勇善战，屡建战功，得到松巴国王告乌坚赞的多次奖赏和旌扬。他在战斗中杀死岭将卡查托吉，并重创岭国大将洞兄。当岭军进攻松巴四方军营时，松巴大将棒堆纳玛战死，冬尺拉桂率死士冲进岭军，企图为棒堆纳玛报仇。结果终因寡不敌众，全军覆没，冬尺拉桂亦为岭国盟军姜国王子玉拉托居杀死。

东尺俄登

又译姜赤悟增、冬茨莫增，简称东尺、董赤、冬茨。松巴国中座首席大臣，东尺俄登已年近古稀，系松巴老王托孤老臣之一，在松巴朝内外颇有威望，且具卓识。当告乌坚赞因晁同掠走其女，欲与岭国诉诸武力，东尺俄登曾进言主张采取和平办法，结果遭到拒绝，终于岭、松二国交兵，松巴战败。眼见即将招致亡国之祸，东尺俄登甘冒杀身之险，不顾老年体衰，亲赴岭营求和，得到格萨尔允准。后格萨尔仍令其辅佐告乌坚赞统治松巴国。

东杰拉玛

又译冬结纳木，简东杰、冬结。松巴国守卫王宫扎西期哇卫戍大将，岭、松巴战起，岭军攻破松巴京城玉如木宗。松王告乌坚赞逃往部草原求息玛拉尊山神保护，受命与托尺呷青罗威、尼玛尺赞三人共同守卫王宫。因岭军采用火攻，王宫危在旦夕。三将采取以攻为守战略，出城与岭军交战。东杰拉玛被岭国盟军朱孤国大将东杰息伦曲珠杀死。

朗萨梅多措

或译朗萨麦朵，简称朗萨。松巴国王妃，原为日努国公主，是一位贤淑慈祥的妇女。虽处深宫，仍关心着国家大事。她多次劝说告乌坚赞要修文偃武，特别是必须与岭国睦邻友好，都被置若罔闻，终致爆发了松巴和岭国之间的战争。当松巴国战败，京城玉如木宗沦陷，告乌坚赞只身逃往部草原求息玛尊山神庇护，玉如木宗群龙无首，很快被岭国扎拉泽杰王子攻破。朗萨梅多措为了京城免遭生灵涂炭，率领全体嫔妃和大臣投降。一说投降后被作为俘虏由扎拉泽杰派人送到岭国，三年后始回国与告乌坚赞团聚。

塔穷绕色

简称塔穷。松巴国大臣。在松巴与岭国的战争爆发后，松军节节败退，伤亡惨重。岭军长驱直入进逼松巴京城玉如木宗，塔穷绕色奉命守卫玉如木宗西门。但岭军势如破竹，西门很快被岭军攻破。当岭军蜂拥杀进城时，他来不及撤退，被乱军冲倒。恰遇岭将弄纳冲到，一枪被刺死。

托尺呷青罗威

简称托尺，松巴国守卫扎西期洼王宫的近卫大将。松、岭战起，岭国王子扎拉泽杰率领大军攻破松巴京城玉如木宗，将扎西期洼王宫团团围困。松巴国王只身逃走。托尺呷青罗威和尼玛赤赞、东杰达玛三人奉命留守王宫。岭军久攻不下,改用火攻。托尺呷青罗威等担心王宫被毁,采取以攻为守战略,三人出宫与岭军死战。虽重创岭军,而托尺呷青罗威等三人亦战死。最后扎西期洼王宫被攻陷,王后朗萨率众投降。

托郭墨巴

又译托桂巴尔,简称托郭。松巴国王告乌坚赞的亲信大将。许多军国大事(如追捕晁同)都是派遣托郭墨巴前往执行。在岭、松战争中,托郭墨巴的勇猛善战,常使岭军受挫。岭将拉尺亚布、尼玛拉郭、桑达阿东皆败在他的手下。崩塘纳洼草原大战时,托郭墨巴中了岭军的调虎离山之计。他与岭将察香·丹玛向查杀得难解难分时,岭军偷袭并占领了他的大本营,又故意让其部下将此消息向其报告。托郭墨巴一时心慌意乱,措手不及被察香·丹玛向查一剑劈于马下。

玉珠托郭

又译宇祖托吉、玉祖托杰。简称玉珠、宇祖、玉祖。松巴国大将,系松巴国中座首席大臣东尺俄登之弟,性格恰与其兄相反,粗暴嗜杀,且力能缚虎,自夸所向无敌。积极支持告乌坚赞用武力对岭国报复,因此受到松巴王告乌坚赞的青睐,赏赐颇多。松巴与岭国在达崩塘纳洼草原大战中,被岭国盟军姜国王子玉拉射死。

三、学者

巴伽活佛

岔岔寺第七世古杰噶举丹增活佛,即巴伽活佛,生于1952年。2岁时,巴伽活佛被第十六世大宝法王认定为岔岔寺第六世活佛的转世灵童,3岁到岔岔寺坐床,并跟朗日大师学习,随后,曾先后拜终身静修的次白大师、珠甘大师、格查尼玛加洛、噶玛扎西、朝日次朗等大师闻思显密经典,勤修佛门要诀,持众多传承汇集于身。巴伽活佛一生勤于弘法护法,修缮了岔岔寺和禅印寺的三处修行院、两处讲经院,促成了各种传统法会的恢复,培养了众多僧侣,重建了格萨尔王纪念堂,受到了文化部、国家民委、中国文联和中国社会科学院的联合嘉奖并颁发了荣誉证书。

包发荣

男,回族,1935年12月出生,青海省兴海县人,曾就读于西宁昆仑中学。1950年7月参加革命,在青海省人民公学学习。1954年8月在青海省民族公学加入中国共产党。1961年从青海民族学院中国语言文学系藏语文专业毕业后,留校从事藏语文教学工作,担任藏语文教研组组长。自1975年起,先后在青海省委、青海省人民政府办公厅从事汉藏翻译工作,曾任青海省人民政府翻译处处长,青海省人民政府少数民族语文翻译室主任,兼任中国译协青海省翻译工作者协会副会长,青海译协少语专委会常务副主任,青海回族研究会理事。1996年7月从青海省人民政府办公厅退休。20世纪五六十年代,包发荣同志曾两次带领工作队、工作组赴青海、四川、甘肃等广大藏区调查和搜集民族民间文学,完成70余部《格萨尔王传》原始版本的搜集工作,为后来进一步开展《格萨尔王传》的挖掘、整理、翻译、研究、出版等一系列工作奠定了坚实的基础,1986年被评为"全国《格萨尔》挖掘先进工作者",受到国家民委、文化部、全国文联和社科院的联合表彰。他长期从事民族语文翻译工作,在业务工作之余,曾策划组织80多名藏汉翻译工作者通过6年的奋战,完成400万字12万个条目的《汉藏新编对照词汇》,为后来正式出版《汉藏对照词典》一书奠定了资料基础;组织汇编翻译出版了《汉藏法律词汇》、《汉藏对照人口知识词典》等书籍；策划组织合作研制了两套藏文照相排版黑白字母盘，填补了国内空白，获得高科技发明奖；用藏文独自翻译发表出版有《伊索寓言故事选集》和《文成公主在西藏》等译著；发表以民族语文翻译为主要内容的学术论文20余篇。他发表的《格萨尔》及相关的主要论著有：

《辛丹内讧》，（合编、第三编辑），2011年6月高等教育出版社；

《丹玛青稞宗》，（合编、第三编辑），2011年6月高等教育出版社；

《大食财宝宗》，（合编、第三编辑），2011年6月高等教育出版社；

《卡切玉宗》，（合编、第三编辑），2011年6月，高等教育出版社。

《论藏族传统射箭文化的起源和发展》（译文），《西藏艺术研究（汉）》(2011年第3期)；《信仰的变迁及其民族性格——浅议卡力岗人的民族特征》；《关于改编<格萨尔王传>为评书之我见》；《吉祥文化浅议》；《回族的丧葬文化及其人文主义精神》；《关于藏历饶迥年与公元年换算问题——兼与<中国硬币标准图录>编者商榷》；《再探<格萨尔王传>中英雄人物的命名》；《年与"gnyan"的渊源关系》，《格萨尔和他的马》，《格萨尔研究》2012年第1期；《再探<格萨尔王传>中英雄人物的命名》，收入《多元视野下的<格萨尔>文化》一书，于2013年第7月由青海民族出版社出版。还著有《佛教前弘期的藏族文化》、《佛教后弘期的藏族文化》、《意乐仙女》、《切嘉诺桑》、《藏族民间说唱曲艺——卡嘉迦洛》等。另外，参与国家级课题《格萨尔原始版本研究》，完成其中1部原始版本的翻译工作。

才旦夏茸活佛

藏族，1910年生，青海循化县人。藏传佛教格鲁派高僧，现代著名藏学家。全名才旦夏茸·久美柔贝洛珠。3岁时被认定为才旦寺的五世才旦夏茸活佛的转世灵童。6岁行坐床典礼。民国5年(1916)在才旦寺所属吐哇寺从五世麻尼班智达更敦丹增嘉措华桑宝受沙弥戒，取法名更敦夏智嘉措。后拜俄昂琼增华桑宝为师，学习藏文。民国七年(1918)又到吐哇寺学习佛法。民国八年(1919)入丹斗寺学习佛法和诗学、历算学、因明学。民国十二年(1923)拜尕楞寺活佛晋美丹曲嘉措为师，学习佛经和诗学。民国十三年(1924)往返于尕楞寺、丹斗寺和才旦寺学经传法，并秉承前辈遗志，兼作宁玛派信徒的上师，为当地宁玛派信徒讲授密宗教法，制定戒律，决定每年法会期间僧官、翁则的任免。民国十四年(1925)在尕楞寺专门学习摄类学，并兼习佛学和历算学。其间还在丹斗寺、才旦寺、吐哇寺和尕楞寺等寺院从事法事活动，并以款仁波且为堪布兼轨范师，以晋美丹曲嘉措师徒为屏教师，受比丘戒，正式取法名久美柔贝洛珠。民国二十年(1931)，在继续研习佛法的同时，到黄南桑格雄（今同仁县隆务镇地区）和四川阿坝藏区等地拜师学经，收集经典。民国二十五年(1936)，开始到各地弘法讲经。同年，在吐哇寺修建了一座印经院，并与才旦堪布仓共同商定，出资维修和扩建丹斗寺。民国二十六年(1937)到丹斗寺、工什加寺等寺讲经，并前往甘肃永靖县、兰州等地云游、传法。民国二十九年(1940)到甘肃省夏河县噶达寺及才旦寺所属各寺，主持寺院的维修和扩建，为这些地区藏传佛教的发展作出了贡献。

新中国成立后，积极从事民族事务及发展藏族文化的工作。1954年夏，赴北京参加宪法、党和政府的政策法令、毛泽东著作哲学部分的藏译和审定工作。1955年再度进京承担会议文件的藏译任务。1956年冬到内地各大城市参观访问。1957年，与桑热嘉措一道整理藏族史诗《格萨尔王传》。后入青海民族学院从事教学工作。1959年赴北京进入民族出版社从事文件和论著的翻译。"文化大革命"期间受到不公正待遇。

1979年以后平反，受聘为西北民族学院少数民族语言文学系教授，边从事教学工作，培养教师和研究生，边著书立说。在短短的几年中整理、撰写论著100多万字。历任青海省人民委员会办公厅副主任兼省翻译委员会副主任、省政协委员、甘肃省佛教协会副会长、中国佛教协会理事、第六届全国政协委员、西藏天文历算研究所名誉所长、中国语言学会理事等职。

1984年以稿费1万元捐赠西北民族学院，设立"才旦夏茸奖学金"。1985年在甘肃拉卜楞寺圆寂，享年75岁。

他学富五车，著作等身，主要论著有《菩提道次第广论备忘录要义集论》（圣者类、奢摩他类、胜观类、修习金刚乘类）、《密宗注疏》、《藏传佛教各宗派名称辨析》、《藏文字帖》、《藏文文法》、《藏文词典》、《诗学通论》、《藏语语法简论》、《书信格式》、《藏文的来历》、《藏族历史年鉴》、《夏琼寺志》、《丹斗寺志》、《款仁波且传》、《宗喀巴传略》、《喇勤贡巴绕赛传略》、《历辈麻尼仁波且传》、《灵塔志》、《普氏历算法》等。

次仁平措

男，1965年9月出生，西藏日喀则白朗县人。现工作于西藏自治区社科院民族研究所，任所长、研究员；兼任西藏大学客座教授、硕士生导师和西藏自治区民间文艺家协会副主席，自治区非物质文化遗产专家组成员，被评为国务院"百千万人才工程"领军人物。

1986年毕业于中央民族学院，此后一直在科研第一线从事民俗学、民间文学和史诗《格萨尔》研究等工作。至今已出版了具有较高学术价值的《藏族民俗扬弃论》、《西藏民间文化若干问题研究》、《西藏民间体育及游艺》、《西藏婚俗概论》、《<格萨尔>艺人桑珠说唱本研究》等5部专著和《桑珠艺人谚语集》等数部编著，发表学术论文及其他文章80余篇，编辑出版10余部书；主编两套《格萨尔》丛书（出版46本），现正在主持西藏自治区重大文化工程《格萨尔》藏译汉项目。

他还分管《格萨尔》研究中心工作。自1997年分管《格萨尔》研究中心工作和2009年主持民族所工作以来，次仁平措以高度的责任感组织西藏史诗《格萨尔》的抢救工作和民族所科研工作，并取得了可喜的成绩，如组织刻录了30多部民间艺人讲唱的《格萨尔王传》的录音工作，组织著名绘画家绘制了21幅精制《格萨尔》连环唐卡。进入21世纪，次仁平措先后担任课题组副组长、编委会副主任、主编等职，全力投入录音、笔录、整理、编辑和出版"《格萨尔》艺人桑珠说唱本"的项目工程中，目前已录制了45部（时长2114小时），整理出版了其中的43本。这一项目已创了"艺人个体说唱的世界最长史诗"纪录，并填补了迄今为止国际、国内尚无一套由一个艺人说唱的较完整《格萨尔王传》的历史空白。他主持的院重点课题《<格萨尔>民间艺人独家说唱本》至今也已出版了6本书。以上两套丛书，受到国内外《格萨尔》学界和民间艺界的关注和好评。

陈宗祥

祖籍宁波，1919年出生于北京。他说："我一生在四川生活、工作的时间长，应该算是成都人了。"1940年在北京辅仁大学毕业后，留校任助教。1942年先后在四川华西大学边疆研究所、华西大学社会系、西南民族学院民族研究所等工作，先后任助理研究员、讲师、副教授和佳木斯民院教授、顾问。目前，他是四川语言学会理事和四川社会学会常务理事。

陈宗祥除讲学外，研究内容还涉及我国西南的藏、彝、普米、傈、傈傈等十多个民族的社会制度、风俗民情、思想哲学、历史地理、天文历法、宗教考古和文学艺术等方面，在国内刊物上发表研究论文40余篇。陈宗祥的译著也多，主要有《彝族起源史》（冯汉骥、[美]希洛克合著）、《农奴制及其可变性——西藏传统社会"人租制"的考察》（[美]戈尔德斯著）等部。他还参加集体编写《凉山彝族奴隶社会》（第七章）和《中国人口丛书》（四川分册）的工作。

陈宗祥在北京求学时，曾首次读到《格萨尔王传》并深为它的内容所感动。来到四川后，得到王光璧先生赠送的《超人岭·格萨乐王》（[法]达卫·尼尔英译本）后，将它译成了汉文并载于1944年的《康导月刊》上，成为我国《格萨尔史诗》最早的外文译作。以后又翻译了《藏族格萨尔王传与演唱艺人研究》（[法]石泰安著）等书，并在《民族文学译丛》上发表。与此同时，他还写有《试论格萨尔与不弄（白兰）部落的关系》、《石泰安＜藏族格萨尔王传与说唱艺人研究＞》一书简介等论著数篇。

陈宗祥在翻译研究《格萨尔》史诗、沟通中外史诗交流和国内史诗宣传工作上，曾起到启蒙作用。现在他虽年近古稀，在繁忙教学之余，仍继续修改《救世主格萨尔王》（西德瓦·海西著）的汉译本。近年又与王健民、方浚川两位同志合译[法]艾尔费的《藏族格萨尔王传歌曲集与研究》一书，它包括54个不同唱段，和他研究的《格萨尔》、《文体学》、《诗律学》、《歌词曲调》和《与其他文化关系》五章一起，总共约30万字，均预计1988年底完成。

旦白尼玛活佛

全名土登协珠·旦白尼玛，生于1930年（藏历第十六个饶迥的铁马年即）。父亲叫格泽晋多，母亲叫沛莎觉姆。两位老人淳朴忠厚，善良仁慈。藏历第十六个饶迥的火牛年七月初十日，多智钦仁波切认定他为多智钦寺的大堪布当秋威色的转世化身，赐上等法衣。后来，岭喇嘛仁波切曲吉多杰和巴拉邬坚朗卓一致同意于藏历第十六个饶迥的土虎年七月初八日认定其为大堪布当秋威色的转世活佛，并在离达日县只有30公里的查岭寺禅院举行坐床大典。随即跟巴措喇嘛扎洛学习语言文学。到十九岁时，拜巴琼乌钦降边多杰为师，到噶妥大堪布格桑勒协门下出家修行，并赐法号土登协珠·旦白尼玛。从此他更勤奋地学习显密经典。二十岁时，在噶妥格泽居美旦巴朗杰等全体僧众前受比丘戒，并在这一年就任噶妥寺将经院法台。不久，回到自己的寺院创建了吉祥密咒将修院。在修复查岭寺的佛事活动中，旦白尼玛活佛担任寺院职事的主要负责人。寺庙大经堂以及寺内佛像、佛经、佛塔和一切供奉用品都高质量地修葺一新。

61岁时，应第十世班禅大师的邀请，旦白尼玛活佛到中国藏语系高级佛学院任教。20世纪80年代，他开始筹划、筹集资金修建南瞻部洲雄狮大王格萨尔狮龙宫殿。2002年起新建大经堂，他不顾年迈，每天十多小时督阵，历时三年完工。目前狮龙宫殿成为藏区格萨尔文化建筑设施中最宏伟的一座，近期由政府主导出资又在进行扩建工作。

旦白尼玛活佛先后担任青海省佛教协会副会长，果洛州佛教协会会长，达日县政协主席等职务，同时兼任中国藏语系高级佛学院教学工作。旦白尼玛活佛在格萨尔文化的抢救保护方面作出了巨大贡献，于1986年受到文化部、国家民委、中国文联，中国社科院联合表彰。

董绍宣

男，藏族，笔名董牛、草轩，1926年7月出生于青海省湟中县拦隆口村。1944年西宁中学初中毕业，1949年青海新中国成立后在西宁市军管会《新闻报》从事校对工作，1950年到新成立的青海省文艺工作团任创作组长，1954年调至青海省文教厅社文科，1956年青海省文化局成立后任艺术处科员。"文化大革命"期间在尖扎"五七"干校劳动，1971年下放大通县黄家寨公社任文教干事，1976年调大通县丈工队任创作员。1978年省文联恢复后，上调中国民间文艺研究会青海分会，1981年6月任该会秘书长。1985年退休后担任《中国谚语集成·青海卷》副主编并责编。

董绍宣先生一生从事文化工作，尤侧重于民族民间文化的搜集、整理、评介和研究等工作，并取得了一定的成绩，为我国民间文化工作作出了贡献。其主要著述和贡献有：1.在贵德县参加土改时搜集的藏族民歌《北京有一个金太阳》一文，1952年发表在北京的《说说唱唱》刊物；2.《六世达赖仓央嘉措的情歌》（合作整理），1954年由青海省文联油印发行；3.《语言·习俗·精神面貌》一文，1962年发表在文学月刊《青海湖》上；4. 1978年在古洪先生的带领下，与徐国琼一道积极搜集了散失在民间的《格萨尔》史诗汉译资料本，并分别拜访了曾经参与翻译史诗的先辈桑热嘉措、才旦夏茸、苟果明、吴均等先生；5. 1982年10月，将《格萨尔》的部分章节改编为小说叙事的形式，题为"格萨尔悲喜兄弟情"，发表在《河湟民间文学》第四辑；6.与他人合作搜集整理的《藏族民间故事》一书于1984年2月由青海人民出版社出版，并于1984年全省文艺作品评奖中获民间文学作品大奖，在1989年第二届全国民间文学评奖中获三等奖；7. 1984年撰写了"青海省《格萨尔》工作概述"一文，被收入1990年12月由青海省社科院文学所赵秉理编纂、甘肃民族出版社出版的《格萨尔学集成》第一卷；8. 1988年与他人合作撰写了论文《<格萨尔>说唱艺人及演唱方式》，在当年的《青海方志》第四期上发表；9. 1990年撰写了《格萨尔及其研究》一文，被收入当年人民日报出版社出版的《青海掠影》一书中；10. 1991年撰写的《藏族英雄史诗<格萨尔>的搜集、整理、翻译和出版》一文被选入当年当代中国出版社出版的《当代中国的青海》一书中；11. 1993年初校对了由他人整理翻译的汉译本《格萨尔王传·梅岭霹雳宗》之部，并以内部资料本铅印；12.自担任《中国谚语集成·青海卷》副主编并责编后，除汇编了大量的藏族谚语外，又细读史诗汉译本《贵德分章本》、《霍岭大战》上、下册，将其中谚语一一摘出，编入集成卷本，使卷本别具特色，并于1997年11月获中华人民共和国文化部集成志书编纂成果奖；13. 2004年撰写了《江河源头的英雄史诗<格萨尔>》一文，并于当年刊登在省文化厅主办的《昆仑文荟》第1期上。

东嘎·洛桑赤列

东嘎·洛桑赤列(dung-dkar-blo-bzang-vphren-leg 1927—1997)现代著名藏传佛教高僧、藏学家，西藏林芝县人。历任中国佛教协会理事、中国佛协西藏分会常务理事、西藏自治区政协常委、西藏社会科学院名誉院长、中国藏学研究中心副总干事，第六届至第八届全国政协委员等职。

民国二十三年(1934)7岁时，经十三世达赖喇嘛土登嘉措圈定，被认定为林芝觉木宗扎西曲林寺第八世东嘎活佛（"东嘎"意为白海螺，东嘎活佛是受到清朝康熙皇帝册封的呼图克图之一，在藏区有较高的声望）。7—10岁在扎西曲林寺学经。二十六年(1937)10岁时入拉萨色拉寺麦扎仓学经，于三十六年(1947)获藏传佛教格鲁派的最高学位"拉然巴格西"。随后进拉萨上密院学习密宗，并到寺外拜师学习文法和诗学，一直到1954年。1956年后，担任塔工宗教事务委员会副主任。1959年，中央民族学院开办古藏文专修班，被推荐担任藏文教师。1965年返回西藏后，开始了为期11年的劳动生活。1978年恢复工作后，重新回到中央民族学院任教，并担任藏族文学专业的硕士研究生导师。1980年被中央民族学院评为副教授，1986年被评为教授，1987年国家人事部授予"国家级有突出贡献的优秀专家"称号。后调到西藏大学担任教授。

他的论著有《汉藏历史词典》、《汉藏历

史年表》、《论西藏的政教合一制度》、《西藏各教派斗争史》、《布达拉宫及大昭寺史略》、《诗学明鉴》、《西藏目录学》、《论西藏教育》等，校勘注释《贤者喜宴》、《红史》、《颇罗鼐传》、《旧式公文》等，还参加了《藏汉大辞典》、《布达拉宫史》、《拉萨志》等的编写和审定工作。他十分关心《格萨尔》抢救、整理与研究工作，他撰写的《格萨尔神授艺人的特点》一文对于阐释神授艺人的说唱之谜提供了全新的视角，成为研究该问题的一篇力作。

格桑多杰

笔名雪乡人，男，藏族，中共党员，1936年2月生于青海省海南藏族自治州贵德县。八岁开始习练藏文。1951年初参加工作，历任果洛州委书记、中共青海省委宣传部常务副部长兼青海省文联党组书记、主席，中共文联第五、六届委员、理事，中共中央候补委员、委员，青海省人大常委会副主任等职，并担任过中华文学基金会理事，中国少数民族文学学会副会长，全国《格萨尔》工作领导小组副组长，青海省《格萨尔》工作领导小组组长等社会职务。

20世纪50年代中期，格桑多杰开始坚持业余文学创作并发表作品，60年代初开始诗歌创作，主要作品有散文《塔尔寺灯节》、《巴颜喀拉山下》、《雄伟、神奇、多彩的阿尼玛卿雪山》、《孕拉拉措湖和天鹅姑娘的传说》、《访民德散文连载》等。主要诗集有《牧笛悠悠》、《云界的雨滴》，诗篇的代表作有《查曲的传说》、《这边是你的家乡——致旅印藏胞》、《黎明分娩的新城》、《清丽善感的夏米茨湖》、《玛积雪山的名字》、《你是阳光的婴儿》、《垛尼达山的沾露》、《雪魂》等。其中《查曲的传说》、《黎明分娩的新城》分别获全国少数民族文学创作一等奖、优秀奖，《你是阳光的婴儿》获全国五省区藏族文学创作一等奖，《玛积雪山的名字》、《请骑上这匹最好的马》、《查曲的传说》获1984年青海省人民政府庆祝新中国成立35周年文艺评奖优秀作品奖和朵誉奖，《雪魂》1989年获青海省新中国成立后40周年文学创作优秀奖，《这边是你的家乡——致旅印藏胞》收进《中国新文艺大系(1976年—1982年)少数民族文学集》。"文化大革命"后的80年代起，格桑多杰在不同的领导岗位上全力关心和支持"格学"事业。特别是在"格学"工作面临一些新的问题时，在机构、人员等统筹安排的工作中开创出了一个新的局面，迈出了一条新的路子，积极提出了"格萨尔机构不能撤、人员不能减、经费不能少"的口号，在《格萨尔》的抢救、挖掘、研究、整理、出版以及艺人的抢救、复出、安置和计定职称诸方面作出了重要的贡献。

更登

1926年出生于四川德格县龚垭。幼时的更登曾进龚垭寺当喇嘛，学习藏文和经典。青年时期，曾先后到德格、西藏等地求学二十多年，精通藏文和典籍，知识渊博。新中国成立后，更登毅然脱下袈裟，参加革命，成为一名中国共产党党员。他努力学习汉语后能全面掌握汉语并进行文字翻译。1951—1953年，更登在德格县文教科和甘孜州文教处工作兼康定中学藏师班教师；1954—1958年，调《康定报》任藏文编辑室副主任；1974年，调四川省民族出版社任编辑；1980年任编辑室副主任；1984年退休后，担任省民族出版社编委和西南民族学院教授工作。现在他用大部分的时间来专心负责编辑、整理《格萨尔史诗》。

在四川民族出版社工作期间，更登根据社会需要，编写出版了《藏文文法概论》、《藏文动词释难》、《藏文文法教程》、《巴塘锅庄》和古籍《青史》等书。在编辑以上各书时，他字斟句酌，修改润色，投入了极大的精力。劳动出硕果，《藏文文法教程》等书在国内被三个大专院校用作教材，在国外还被译成英文、法文，在伦敦、巴黎曾三次出版；《青史》一书是藏族文史书籍较完整、准确和稀有的版本，出版后引起藏学界极大的注意并畅销国内外。此外，他还整理出版了藏族民间故事《炼尸记》和翻译出版藏文《红岩》连环画，又参加了《藏汉大词典》的编辑工作。

自1980年4月，峨眉山第一次全国《格萨尔》工作会议召开以后，更登同志积极主动地担负起国家重点科研项目《格萨尔》藏文本的整理工作。他在几年中整理出版了《仙界遗使》、《赛马登位》、《地狱救母》等九部。1985年9月，全国《格萨尔》领导小组在成都召开了《格萨尔》史诗藏文本审稿会和出版计划会议。他接受了大会交给他整理《玛拉雅药物宗》、《格萨尔上半生（分章本）》等四部的新任务。他带病坚持工作，这些藏文本如期在"八·五"期间全部出版发行。

提到整理《格萨尔》，在当时来说，仍然是一个比较艰巨的工作。因为一些民间的手抄本经过十年"文革"，多残缺不全或错落散乱，整理十分困难。但经过他的弥缝补缺、改错润色和分段落编章目以后，这些民间文艺作品立刻显得人物形象鲜明生动，情节、细节更加完美，语言描写清新流畅，一时深受广大读者尤其是藏区读者的欢迎。因此，以上九部《格萨尔》出版累计481510册，平均每本印数为53500册，而且早已售完，毫无库存。其中的《英雄降生》、《赛马登位》、《地狱救母》曾再版一至两次，仍不能满足需要。他整理的藏文《格萨尔》分部本一下成为国内畅销书，并且一部分远销至日本、美国和法国。他整理的九部《格萨尔》中，有《仙界遗使》、《取阿里金窟》、《门岭大战》等五部，分别获得省和全国优秀作品奖。更登同志被选为四川省先进工作者和中国民间文艺家协会理事等。中国《编辑家列传》也收录了更登小传。1986年5月，在全国《格萨尔》工作总结、表彰、落实任务大会上，更登同志和他所在的单位——四川民族出版社，一起被评为先进个人和先进集体。他出席了北京的表彰大会，接受了国家和人民给予他的荣誉。

古嘉赛活佛

1911年出生于青海尖扎一个藏族名门望族，书香门第。其父为甘青川著名的藏传佛教宁玛派代表性人物——三世古浪仓·久哲曲央多杰大师。古嘉赛降生不久被列绕林巴（十三世达赖喇嘛密宗经师）认定为四川佐庆寺居·米旁大师的转世，赐名嘉赛曲吉洛智。居·米旁大师是藏传佛教的著名学者，他撰写了诸多有关格萨尔的仪轨、颂词，成为研究《格萨尔》文化的奠基性文献。之后佐庆寺寺主活佛、第五世佐庆图旦曲吉多杰大师曾两次亲临尖扎南宗寺和古浪寺认定古嘉赛为米旁大师的转世。古嘉赛11岁时，藏传佛教宁玛派康区三大寺（噶托、白玉、佐庆）高僧大德云集于四川佐庆寺，灵异的古嘉赛在四川德格佐庆寺举行的盛大坐床仪式上，继任为二世米旁转世灵童，从此年幼的古嘉赛活佛在学者密集的佐庆寺得到精心培育。在佐庆寺的四年中，米旁二世古嘉赛小活佛受到藏传佛教宁玛派高僧大德轮番授予的法脉传承和众多灌顶传承，后来赢得了藏传佛教宁玛派"灌顶传承之宝库"的美誉。

后来其父三世古浪仓活佛在征得佐庆寺高僧大德的同意后，将米旁二世古嘉赛活佛请回了青海，从此古嘉赛活佛在青海境内从事弘法事业。古嘉赛活佛先后师从40多位活佛、格西和堪布，在佛学和藏族传统文化方面受到了系统的训练。由于其兴趣所致，他在天文历算方面具有很高的造诣和独到的见解。古嘉赛活佛21岁时，被国民政府封为甘青红教教主。

1941年，古嘉赛活佛在直岗拉卡地区创办了一所完全小学，开设藏文、汉文、英文和数学等课门，古嘉赛活佛亲任校长。但由于马步芳总是在学生中抓壮丁，学校生源发生危机，影响了办学规模和效果，使这所青南藏区第一所现代意义上的学校不得不中途停办。

1949年10月，廖汉生和张仲良邀请古嘉赛活佛到西宁，希望他能为青海少数民族地区的解放事业多作民族宗教上层人士的思想工作。从此古嘉赛活佛与喜绕加措大师等作为群众与政府之间的桥梁，做了很多工作，为青海的顺利解放作出了贡献。毛泽东、刘少奇、周恩来等党和国家领导人多次亲切接见古嘉赛活佛。每次接见和交流，都对他留下深刻印象，也对年轻活佛的一生产生了重大影响。

解放初期古嘉赛活佛向廖汉生和张仲良多次建言，在省城西宁创办一所民族学校。在他的积极倡议下，青海省民族师范学校1950年宣告成立，并推荐化隆支扎寺僧人桑热加措、热贡亚玛扎西齐寺游僧才太活佛（因病未赴西宁就任）以及藏族文化人卓仓李承业等人担任校长。在古嘉赛活佛的倡议、参与和主持下，省城西宁先后开办了《青海藏文报》、青海藏语广播，藏族英雄史诗《格萨尔王传》的搜集整理工作也开始开展。尽管《格萨尔王传·霍林大战》上下两册完成搜集整理，但后来受时局影响未能及时付梓出版，直至1979年十一届三中全会后才与读者见面。

"文革"中，古嘉赛活佛因被判定为反革命而下放尖扎县直岗拉卡公社劳动改造，并在那里劳动改造10年。"文革"结束后，古嘉赛活佛得到平反昭雪，回到西宁，以极大的热情投入了藏传佛教寺院重建和仪轨恢复工作当中，并作出了积极的贡献。

古嘉赛活佛始终十分注重藏族文化的继承和弘扬。他身先士卒，对藏族内明学、声明学和工巧明学等方面进行了深入的研究，著有《昂觉》，在佛学方面著有《渡母释论》、《文殊祈请文》、《隆钦巴祈请文》以及关于藏文正字学、修辞学和书法方面的著作。

他先后担任了青海省南部警备司令部顾问（民国时期）、青海省政府顾问（民国时期）、青海省政府副秘书长（民国时期），新中国成立以后曾担任青海省各族各界人民代表大会代表、青海省抗美援朝慰问团副团长、青海省苏联慰问团副团长、中国佛教协会常务理事、青海省佛教协会常务副会长、青海省政府副秘书长、政协第六、七、八、九、十届青海省委员会副主席、常委等职。

何峰

男，土族，生于1956年12月，青海民和人，中共党员，博士，藏学研究员，民族学教授，青海民族大学硕士研究生导师，南开大学博士生导师，青海省优秀专业技术人才，享受国务院特殊津贴专家，十二届全国人大代表。1987年起在青海社会科学院工作，历任藏学研究所所长助理、副所长、所长等职，先后破格晋升为副研究员、研究员。2000年1月任青海民族学院副院长，2008年9月起任青海民族大学党委副书记、校长，兼任教育部政治学类专业教学指导委员会委员、国家社科基金评审委员会委员、青海省土族研究会副会长、青海藏族研究会常务理事等职。社会兼职为青海省土族研究会副会长、青海藏族研究会常务理事。

何峰教授长期从事藏学、民族学、政治学研究与教学，在藏族古典文学、藏族部落制度、吐蕃政治制度、格萨尔史诗和藏族社会现实问题等方面均有较大建树。他的论著以学术规范和学术创新赢得学界普遍好评，在国内外学界有一定影响，多次应邀参加国际学术会议。他主持的"藏族生态文化"、"吐蕃政治制度研究"等多项国家社会科学基金课题，出版专著5部，先后在《中国藏学》、《政治学研究》、《西藏研究》、《西藏民族研究》等学术刊物上发表论文60余篇，获国家级奖励3项，省部级奖励9项。他的藏族古典文学研究成绩显著，与导师祁顺来合作编著的巨著《藏族历代文学作品选》

（藏文），全书分为上、中、下三卷，于1989年出版，并获十世班禅大师、赵朴初大师题词，被十世班禅大师誉为"藏族文学之金砖"，曾获全国高校优秀教学成果一等奖，至今已再版3次。其硕士学位论文《宗喀巴诗歌的特点及成就》在《青海教育》（藏文版）连载发表，并荣获青海省第三届哲学社会科学优秀成果三等奖。

他在格萨尔史诗研究方面独辟蹊径，从社会学角度研究《格萨尔》史诗，发表了系列论文并出版专著《格萨尔与藏族部落》。该成果以独特的学术视角和新颖的学术观点，拓宽了《格萨尔》研究的视野，深化了对《格萨尔》内涵的认识，成为具有重要原创意义的《格萨尔》研究成果，并荣获青海省哲学社会科学优秀成果三等奖。由于在《格萨尔》研究方面的突出成就，他曾受到文化部、国家民委、中国社会科学院、中国文联四部委表彰奖励。

何峰教授曾参与陈庆英、蒲文成研究员主持的国家重点课题"藏族社会历史与藏族寺院调查研究"，主要调查青海黄南州、西藏藏北藏族部落，合作出版了《中国藏族部落》，该成果获青海省哲学社会科学优秀成果三等奖。在此基础上研究并出版《藏族部落制度研究》，该成果获青海省哲学社会科学优秀成果一等奖。之后，转而研究藏族社会制度，在《政治学研究》、《中国藏学》、《中国边疆史地研究》等刊物发表《论藏族天断制度》、《论藏族赔偿制度》等具有较高价值的系列学术论文。尤其在研究藏族军事理论时发表的《古代藏族军事理论研究》一文引起了学术界高度关注，被誉为"藏族军事理论研究处女地上的拓荒者"。该成果获青海省哲学社会科学优秀成果二等奖，全国藏学研究珠峰奖二等奖。国家社科基金项目成果《吐蕃政治制度研究》，在专家评审中获得优秀评价，对研究藏族古代政治制度具有重要贡献。

何峰教授曾合作研究并发表《十世班禅大师的爱国思想》，该成果于1995年获全国精神文明建设"五个一工程"入选作品奖。他主持研究并发表《中国藏族宗教信仰与人权》一文后，《中国对外新闻》、法国《欧洲时报》、美国《侨报》等海内外十数家媒体进行了转载或评论，引起社会广泛关注，有效配合了我国国际人权领域的斗争。该成果于1999年获全国精神文明建设"五个一工程"入选作品奖。2008年出版的《藏族生态文化》，弘扬了藏族优秀文化，拓宽了藏学研究领域，为藏区生态保护提供了重要参考，具有重要的学术价值和现实意义。

华甲

男，藏族，1901年生于青海省贵德县尚尤村，1975年在故乡谢世，享年74岁。1953年在青海省召开的一次音乐舞蹈演出会上，当时的青海省文联领导发现他会唱《格萨尔》的故事后便将其留在西宁。1957年，华甲接受省文联的委托，与西北民院教授王沂暖教授共同合作，首先翻译整理并出版了"贵德分章本"，分章本包括在天国里、投生下界、纳妃称王、降伏妖魔、征服霍尔五个部分。这是一部在《格萨尔》抢救、保护与研究方面承前启后、继往开来的奠基之作。遗憾的是它的藏文原始版本在"文革"期间佚失，现仅存他和王沂暖教授合作的汉译本。之后，又与王教授合作翻译了《格萨尔王传·保卫盐海之部》（草本）、《格萨尔王传·赛马称王之部》（草本）、《格萨尔王传》草本一《百花岭诞英雄》、草本二《远征北地降妖魔》、草本三《霍国乘虚侵岭国》、草本四《消灭霍尔救珠牡》等。不仅如此，他还同徐国琼等同志深入藏区抢救史诗，为史诗的抢救工作立下了汗马功劳。华甲老人是《格萨尔》史诗的发掘者、传播者、翻译者、收藏者，是《格萨尔》史诗杰出的说唱艺人、搜集者和研究者，是《格萨尔》史诗的先驱者。他为《格萨尔》史诗的保存、传承、搜集和抢救等工作作出了巨大的贡献。为缅怀他对民族民间文化的抢救、搜集、翻译、研究和传承等方面所作出的贡献，1996年7月青海省文联和省《格萨尔》史诗研究所在他的家乡——贵德召开了纪念华甲老人座谈会，并看望了他的家人及亲属。

我国著名藏族诗人、全国《格萨尔》工作领导小组办公室副组长、青海省《格萨尔》工作领导小组组长、原青海省人大常委会副主任格桑多杰同志曾撰文《烛光消融冰雪寒，拯奉史诗功千秋——论华甲艺人在"格学"研究中的地位及其功绩》，对华甲在民族文化的抢救、搜集、翻译和史诗的苏醒、弘扬等方面所作的贡献给予了高度的评价：虽然他在"文化大革命"中遭到了迫害，但历史雄辩地证明，他的贡献与《格萨尔》史诗本身一样生命力永存。1986年，华甲被国家民委、文化部、中国社科院、中国文联等四部委授予"荣誉奖"。

黄静涛

男，蒙古族，1922年1月7日出生，内蒙古呼和浩特市人。儿时在村私塾读经史，14岁小学毕业，后入北平蒙藏学校。1939年参加工作，1940年去延安，曾在延安陕北公学民族学院研究班、抗日军政大学学习，任政治干部及教员。1945年5月调绥蒙军区武工队。1945年至1949年任内蒙古自治运动联合会执行委员、察哈尔盟秘书长、内蒙古军政大学政治部主任等职。1949年3月接管原国立北平蒙藏学校并任校长。1951年调中共中央内蒙古分局宣传部任理论处长。1954年春调中共中央华北局宣传部任理论处副处长，后调中共中央宣传部工作。1959年3月调至青海省任省委宣传部副部长兼省文联党组书记、省作协与省民研会主席，直到"文化大革命"。1979年3月调中国社科院民族研究所任所长。曾任该所特邀研究员，中国民间文艺家协会理事。在青海省工作期间，主持并领导了民间文学的调查、搜集、整理及翻译出版工作。特别是在领导抢救史诗《格萨尔》工作中作出了突出贡献。在1986年全国《格萨尔》工作总结、表彰、落实任务大会上被评为"先进个人"。

黄静涛的主要著述有：（1）《〈格萨尔王传·霍岭大战〉序言》；（2）其他有关论文：《民族问题研究提纲》、《内蒙古发展概述》（上）、《土默特历史问题丛说》、《毡乡春秋》、《匈奴歌别议》、《土默特地区的古歌》及其他论著多篇。

黄智

男，藏族，译审。1981年12月毕业于青海民族学院并留校任教，1993年调省文联《格萨尔》史诗研究所工作，现为青海省民间文艺家协会副主席、中国少数民族翻译协会理事、青海省翻译协会副理事长、青海省《格萨尔》史诗研究所所长。系青海省社会科学、翻译理论、非遗保护等部门专家库高级专家。主要专业为《格萨尔》史诗研究及藏汉翻译。

黄智长期从事《格萨尔》史诗的田野调查、搜集整理、抢救保护、翻译研究以及艺人说唱的记录、整理、出版等业务工作，并作出了突出成绩。近几年主要完成的作品及成果有：发表《论珠牡的艺术形象》、《论＜格萨尔＞说唱艺人的群体贡献》、《格萨尔》史诗与藏族宗教》等数十篇科研论文；翻译的《辛丹内讧》由人民教育出版社出版，合作翻译的《歇日珊瑚宗》等四部译著由人民教育出版社出版；由青海民族出版社出版的专著《格萨尔》史诗概论》（汉文）、《＜格萨尔＞论文集》（藏文）、《多元视野下的＜格萨尔＞文化》（执行主编）等六部专著由青海民族出版社出版；完成国家重点科研项目《＜格萨尔＞原始版本研究》约100万字；整理出版《南岭之战》甘肃民族出版社等5部民间艺人说唱本，共约200万字；其专著《＜格萨尔＞史诗概论》荣获青海文艺评奖一等奖；编写的儿童文学丛书《姜国王子》由北京民族出版社出版，荣获青海省"五个一工程"

入选奖；他曾被文化部、中国社会科学院、国家民委、中国文联等四部委联合授予"全国《格萨尔》优秀工作者称号"。

贾东锋

又名扎西东珠，男，藏族，甘肃卓尼人。1950年12月28日出生，1974年毕业于甘南综合专科学校（现甘南师范），中专学历。1974—1984年，先后任甘南碌曲县小学、中学教师；1984—1999年，任甘南文联文学刊物《格桑花》编辑、二级文学创作，并从事文学创作与藏族文化研究；2000年1月至今，在西北民族大学格萨尔研究院工作，现任研究员、硕士生导师，从事《格萨尔》研究及教学工作。

1982年贾东锋开始文学创作，系甘肃作家协会会员、民间文艺家协会会员。曾任甘南州第十届（1998—2002）政协委员、合作民族师专汉语系客座教授（1998—1999）、四川少数民族语言文学研究所特聘副研究员（2000—2005）。因在英雄史诗《格萨尔》抢救与研究工作中取得了优异成绩，1997年获文化部、国家民委、中国文联联合表彰。2008年9月28日获得西北民族大学"科研工作优秀个人"称号。他主持并完成了国家民委院校系统2002—2003年度重点科研项目"《格萨尔学史稿》"，国家哲学社会科学基金西部项目"《格萨尔》文学翻译论"（2006—2008），正在参与由王兴先研究员主持的教育部项目"新发掘的土、裕固族《格萨尔》与藏、蒙古族《格萨尔》比较研究"和兰却加教授主持的国家哲学社会科学基金特别委托（全国民间文艺家协会）项目"中国民间文化遗产抢救工程"之一的《中国唐卡艺术集成·甘南卷》之文案编撰工作。主攻《格萨尔》民族学、文学研究。

于2011年5月29日因病在兰州逝世。

坚赞才让

男，藏族，硕士、研究员、中共党员。1964年11月13日生于青海省贵德县浪查村。1971年至1977年在浪查小学读书，1978年至1981年在贵德县民族中学读书，1981年至1984年在海南州民族师范学校读书，1984年至1987年在青海省同德民族中学任教，1987年至1991年在西北民院少语系读本科，毕业后留校，1991年至1993年在西北民族学院西北民族研究所工作，1994年至今在西北民族大学格萨尔研究（所）院从事科研、教学工作。其中1994年至1997年攻读藏汉翻译专业硕士研究生，1996年被聘为助理研究员，2001年破格晋升为副研究员，2007年8月被聘任为研究员，2002年获得硕士研究生导师资格；从1998年11月至2003年1月兼任格萨尔研究所（院）办公室主任，2002年12月起担任格萨尔研究院副院长、党委书记，系甘肃省藏学会会员、中国格萨尔学会会员、中国民族学会会员。主要研究著作有：《格萨尔民俗研究》（专著）、《赛马篇》（译著）、《门岭篇》（译著）、《荷马和〈荷马史诗〉》（编著）等。于2014年8月不幸病逝。

降边嘉错

男，藏族，1938年（藏历土虎年）10月出生，四川省甘孜藏族自治州巴塘县人，研究员，1955年毕业于西南民族学院。曾为达赖喇嘛、十世班禅担任翻译，1956年10月任中央民委翻译局翻译，现任中国社会科学院少数民族文学研究所研究员，曾任全国《格萨尔》工作领导小组副组长、全国《格萨（斯）尔》工作领导小组办公室主任、《格萨尔》研究中心主任、藏族文学研究室主任、研究生院少数民族文学系博士生导师。

1958年降边嘉措到民族出版社从事藏文翻译和编辑出版。1980年夏，任中国社会科学院少数民族文学研究所副研究员，主要从事藏族

◎格萨（斯）尔

英雄史诗《格萨尔》和藏族当代文学的研究和翻译。在"六五"、"七五"和"八五"期间，连续三次担任国家重点科研项目《格萨尔王传》搜集整理和学术研究的项目负责人和学科带头人，同时进行当代西藏问题的研究。1990年被聘为研究员，担任中国社会科学院研究生院少数民族文学系的硕士生导师和博士生导师。

近20年来，降边嘉措曾到美国、德国、英国、日本等10多个国家进行学术访问和讲学，并多次参加有关藏学的国际会议。2000年12月至2001年6月，应邀到美国哈佛大学任访问学者。先后出版的作品有：《〈格萨尔〉初探》、《格萨尔王全传》（与吴伟合作）、《〈格萨尔〉的历史命运》（论文集）、《〈格萨尔〉与藏族文化》、《〈格萨尔〉论》等，主持编纂"《格萨尔》艺人说唱本丛书"（科学版，藏文本，共10卷），编纂完成藏文《格萨尔》精选本，共40卷。这是一项得到国家重点资助的跨世纪的大型文化工程。

姜佐鸿

男，汉族，青海省西宁市人。1955年毕业于西北民族学院后，在青海人民出版社藏文编译室工作。1963年调青海海南藏族自治州民族师范学校任教。在"文化大革命"中受到残酷迫害，1978年落实政策后调入青海省文联《格萨尔》史诗研究所工作，至1985年退休。他曾多次深入玉树贵德、海南、黄南等地抢救、搜集《格萨尔》手抄本、木刻本，为史诗的抢救工作作出了贡献，并于1986年在全国《格萨尔》工作总结、表彰及落实任务大会上被评为"先进个人"。其主要成果有：（1）翻译《向雄珍珠之部》、《松岭大战之部》、《蒙古马城之帮部》（1959年青海民研会内部铅印）；（2）整理藏文版《向雄珍珠之部》，1984年出版；（3）担任藏文版《霍尔入侵》的责任编辑，1961年出版；（4）撰写《绝不低头任宰割——介绍即将出版的〈格萨尔王传·霍尔入侵之部〉》、《青海省英雄史诗〈格萨尔王传〉搜集概况》、《我在〈格萨尔王传〉翻译方面的点滴体会》、《玉树采风录》等。

角巴东主

男，藏族，1950年12月出生，青海省文联原副主席、巡视员，省《格萨尔》研究所所长，现任中国《格萨尔》学会副会长，青海省《格萨尔》学会会长，中共青海省委党校聘请教授，青海省人民政府文史研究馆馆员，青海省政协咨政室咨政，青海民族大学藏学院《格萨尔》硕士生导师、研究员，享受国务院特殊津贴专家。

1972年角巴东主开始从事民间文学的搜集、整理和文学创作，先后在《章恰尔》、《西藏文艺》等报刊上发表了小说、散文、诗歌、民间故事等200余篇。从20世纪80年代初开始从事《格萨尔》的搜集、整理、翻译、出版和研究工作至今。出版的作品有《格萨尔新探》、《<格萨尔>疑难新论》、《神奇的<格萨尔>艺人》、《藏区格萨尔遗迹遗物普查与考证》、《<格萨尔>儿童文学丛书》（六本）、《八部<格萨尔>汉译本系列丛书》等40多部书。其中专著《<格萨尔>新探》的出版，填补了无藏文版《格萨尔》研究专著的空白。他主编的我国第一部《<格萨尔>儿童文学丛书》（六本书）于1998年由北京民族出版社出版发行，又填补了我国无藏文《格萨尔》儿童文学丛书的空白，并荣获1998年青海省"五个一工程"入选奖。《八部<格萨尔>汉译本系列丛书》于2011年由高等教育出版社出版，填补了我国无藏文《格萨尔》汉译本系列丛书的空白。

角巴东主还在《中国藏学》、《西藏研究》等刊物上发表了《论格萨尔的生平探讨》、《论〈格萨尔〉与宗教的关系》、《论蒙藏〈格萨尔〉的关系》、《格萨尔遗迹考略》等60余篇藏学论文，参加过第一届至第六届国际《格萨尔》学术讨论会，分别于1995年、1998年、2000年、

2006年、2010年应邀参加了在奥地利、美国、荷兰、德国、加拿大等国举办的第七、八、九、十一、十二、十三届国际藏学会并宣读论文。2002年10月，加入中国藏学家代表团并担任副团长出访法国、德国、葡萄牙等三国进行学术交流。2011年应邀赴加拿大多伦多大学讲学，2012年3月应邀赴日本外国语大学讲学。1997年被文化部、国家民委、中国文联、中国社科院授予"《格萨尔》抢救与研究工作中有突出贡献的先进个人"称号。2004年被国家人事部、中国文联授予"全国首届中青年德艺双馨文艺工作者"称号（全国30名）。2012年被授予"青海省有突出贡献老文艺家"称号。

兰却加

男，藏族，1956年生于青海同德县，硕士，教授，博士研究生导师，主攻《格萨尔》宗教研究。1988年毕业于西北民族学院藏系古藏文研究专业。中国格萨尔学会会员、甘肃省藏学会会员。因在格萨尔抢救研究工作中作出贡献，于1997年受到文化部、中国文联、国家民委、中国社科院等四部委联合表彰。1998年获"甘肃省跨世纪学科带头人"称号，并承担国家新闻出版署重点图书规划项目《格萨尔文库》的编纂工作。他还主持了国家社会科学基金重点项目《大型格萨尔文化数字资源库建设及其应用研究》、国家社会科学基金特别委托项目《中国唐卡艺术集成·甘南卷》、甘肃省民委项目《<格萨尔>艺人研究》、甘肃省文化厅《中国格萨尔文化网站》等项目。

刘立千

出生于1910年，四川德阳县人。新中国成立前肄业于成都大学，曾参加四川华西大学边疆研究所工作。1950年刘立千参军入藏，在西藏军区工作；1956年调北京国务院翻译局；1958年调北京民族出版社任副主任，直到1973年退休。刘立千现为中国社科院民族研究所特约研究员，四川省《格萨尔》领导小组办公室顾问。他在华西大学边疆研究所工作时，学者王光璧先生曾把珍藏的格萨尔史诗藏文分本《天界会商》、《诞生岭国》、《赛马称王》三部（是林葱土司家的藏木刻本）赠予陈宗祥，陈宗祥将此书交谢国安先生保存。在谢先生指导下，刘立千将这三部书全部译成了汉文。参军时他将三部译稿交边疆研究所保存，后因华大并入川大，此三稿在交接上佚失，一直无法查找。直到1981年，清理到手的只有《天界会商》一部。近年重新校译，计8.7万余字，更名为《天界篇》，已由西藏人民出版社出版。刘立千在译本前写有前言，其中写道："……在《天界篇》这本书中，虽然喇嘛说教多一点，但它是整个《格萨尔史诗》的序幕。由于本书的编写者是佛教徒，自然一有机会总是宣扬一番'化苯为佛'的佛教思想……但在整个史诗中，基本上反映了牧民的生活、信仰、风俗习惯、道德观念以及原始笨教的本来面目。而且《天界篇》概括了整个'史诗'的全貌，是一部整个《格萨尔史诗》的必不可少的序幕。"这段话说明了他翻译《天界篇》的原因，有助于我们对一些古典著作的进一步理解。

1988年，刘立千写出《谈谈藏族民间史诗中的岭·格萨尔》的长篇论文，发表于《格萨尔研究》第三期上（中国民间文艺出版社出版），其中提出了许多有价值的观点，值得一读。

刘立千在研究藏族历史、宗教、哲学等方面都有高深的造诣，他译著的《米拉日巴传》也已出版，另整理、注释有《西藏王臣记》、《卫藏胜迹志》等书。

洛哲嘉措

男，藏族，1937年生，青海省化隆县金源乡桑家台人。22岁前洛哲嘉措在家乡随师父学习藏文、佛学；22岁在青海省人事厅参加工作；

◎格萨(斯)尔

1958年至1961年在果洛藏族自治州新华书店任发行员；1962年至1969年在达日县委党校任文化教员；1970年至1971年在达日县革委会宣传组任新闻通讯员；1972年至1977年在果洛州革委会翻译科任翻译、副科长、科长等职；1978年至1980年在四川参加《藏汉大词典》编纂工作；1981年至1982年在果洛州人民政府办公室任副主任；1983年至1987年在果洛州人民政府翻译室任主任；1987年7月退休。现洛哲嘉措为果洛州《格萨尔》办公室成员之一、四川省《格萨尔》办公室顾问、《格萨尔人物辞典》编纂人员之一。1986年在全国《格萨尔》工作总结、表彰及落实任务大会上被评为先进个人。主要著述：（1）整理、校订《格萨尔王传》中的《征服北方古拉国》，共10章9万字，由四川民族出版社出版；（2）《岭国在果洛的遗迹和传说》；（3）《略论格萨尔其人》（藏汉文）等。

马光星

男，土族，大学学历，1953年11月出生，1976年9月参加工作，获文学创作一级职称，现任省文联文学创作研究室主任，青海省民间文艺家协会副主席，被聘请为中华文化学院特邀专家，青海师范大学人文学院兼职教授，青海省非物质文化遗产保护工作专家委员会委员，共出版专著7部，获国家级奖2项，省部级奖6项，完成国家级课题项目2项，省级课题3项。他的主要学术成果有：《土族文学史》、《西海文探》、《当代文学五十年》（合著）、《黄河上游民间傩》、《河湟民间叙事诗》、《中国歌谣·青海卷》主编、《土族服饰集成》主编等，参与《青海花儿大典》的编纂并部分撰稿，发表的论文有《论土族格塞尔的一种特殊叙事结构》（载《民族古籍》2002年4月）、《奇特的土族创世神话》（载《中国土族》2003年秋季号）、《土族史诗〈福羊之歌〉浅析》（载2009年《青海民族大学学报》第4期，核心期刊）。

2009年9月获青海省"第二届德艺双馨文艺工作者"称号，2009年10月获中国民间文艺家协会"第三届德艺双馨民间文艺家"称号。

马宏武

又名马红武，回族，1960年3月生于青海化隆，1978年3月入原青海民族学院少数民族语言文学系藏语文专业班学习，1982年留校工作，先后从事教学、行政管理、报刊编辑、图书管理等工作，2000年12月任《青海民族学院报》编辑部主任、副主编。他擅长藏汉互译，于2007年获得译审专业技术职务任职资格。2009年获得青海省人民政府颁发的文艺创作奖，并获全省《格萨尔》工作先进个人奖。主要学术成果有：合编《五体清文鉴——汉藏文专辑》一部；完成以《格萨尔王传——象雄珍珠国》为主、两部藏族传统藏戏为辅的《马宏武译文集》一部；参与《藏族民间警句、俗语、谚语集锦》（汉藏对照）一书的编译工作；合编《高原沃土》、《西海英华》、《雪域芬芳》、《昆仑情怀》等青海民族大学60周年校庆系列文集，由青海人民出版社出版；完成国家级参与课题：《象雄珍珠宗》（独译）、《雪山水晶宗》（2人合译、第二作者）、《契日珊瑚宗》（3人合译、第三作者）、《阿达拉姆》（合编、第三编辑）。

马进武

又名华瑞桑杰，教授，男，1931年出生，藏族，甘肃省天祝藏族自治县人，毕业于西北民族学院藏语系，曾任西北民族学院藏语系系主任、硕士导师，现任西北民族大学《格萨尔》研究所特邀研究员，香港藏学研究会副会长，《西北民族大学学报》藏文版编委，甘肃省当代少数民族民俗研究会常务理事等职。出版《藏语成语词典》、《藏语语法明灯》、《华瑞·绕布色全集》、《喇嘛格尔布传》等多部著作，修订天祝藏族中学《藏语乡土教材》12部，发表论文60余篇。科研成果获省部级以上多种奖项。曾获文化部、国家民委、中国文联、中国社会科学院关于英雄史诗《格萨尔》抢救与研究工作中有"突出贡献的先进个人"称号。业绩收入《当代中国民族语言学家》、《中国当代教育名人大辞典》、《中国专家大辞典》等辞书。

毛继祖

男，汉族，甘肃省武山县人，1936年7月6日出生。1956年7月毕业于西北民族学院语文系藏语文专业，分配到北京民族出版社工作。1958年10月调青海民族大学，先后在编译室、藏文系从事编译、教学、藏学研究工作。1986年被评为汉藏翻译副教授。1993年12月退休。2006年7月被返聘到青海民族大学化学与生命科学学院药学专业工作，2011年被评为终生教授。懂得汉、藏两种语言文字。

20世纪50年代初，毛继祖在大学学习期间就涉猎藏族民间文学，搜集、整理、翻译一些藏族民歌谚语，并发表在报刊上。参加工作后，他一直在工作之余搜集、整理、翻译藏族文学作品，1978年在《青海民族学院学报》第2期发表了《仓洋嘉措情歌试谈》，1979年在《青海群众艺术》第4期发表了藏译汉《仓洋嘉措情歌》，1984年在《青海藏文报》发表了合作整理的藏族民间叙事诗《日月情》，获得青海省建国三十五周年优秀作品奖；他还搜集、整理、翻译、主编了藏汉对照的《藏族谚语选编》，于1988年由甘肃民族出版社出版；藏译汉的黄南民间歌谣四十首，1990年6月收在《中国民间文学集成·青海省黄南藏族自治州卷》第530—597页；藏译汉的民间长诗《祷祀神威庄严状如鹏头驰名河源的琼贡山的祈愿词》，1991年1月收在《中国民间文学集成·青海省果洛藏族自治州卷》第213—230页。从1959年春天起，他曾多次下乡搜集《格萨尔王传》的各种手抄本。1966年夏天，他将手头所有的资料装在一口大钢精锅中，上面盖上食品，让家人带回老家保护起来，一直保护到改革开放。

1982年他在《青海民族学院学报》发表了《岭·札木岭格萨尔是安多果洛人》的藏译汉译文；1983年秋天，在全国史诗研究学术大会上发表了长篇论文《岭·格萨尔与〈格萨尔王传〉》，刊载在《民间文学》增刊上；1984年在《青海民族学院学报》发表了《从"格萨尔"的词义说起》；1985年1月在《青海民族学院学报》发表了《岭·格萨尔王的传说》的藏译汉译文；1985年3月在《青海民族学院学报》发表了《再从"格萨尔"的词义说起》；1985年6月在《青海社会科学》发表了《试论〈格萨尔〉的主题变异》；1985年合作整理的藏文版《格萨尔·阿札玛瑙国》，由青海民族出版社出版，曾获得青海省新中国成立四十周年优秀成果奖；1986年5月22日，曾获中国社会科学院、文化部、国家民委、中国民间文艺研究会颁发的"英雄史诗《格萨尔》的发掘工作中作出优异成绩"的荣誉证书；2009年11月2日，曾获青海省《格萨尔》工作领导小组、青海省社会科学院、青海省文学艺术界联合会颁发的"青海省首届《格萨尔》工作先进个人"的荣誉证书。另外，他在翻译的理论与实践，以及藏医药的研究等方面也取得了突出的成绩。

曼秀·仁青道吉

男，藏族，文学博士。1972年生于甘肃省甘南藏族自治州夏河县，1998年获首届西北民院藏语系中国少数民族语言文学《格萨尔》学方向文学硕士学位，毕业后留校在《格萨尔》研究院供职，2008年获西北民大中国少数民族语言文学《格萨尔》学方向文学博士学位，主攻《格萨尔》学研究和拉卜楞藏学研究。他为西北民大全校研究生、博士生讲授《基础藏文》，为《格萨尔》研究院研究生讲授《格萨尔》学、《格萨尔》版本研究、《格萨尔》地名研究，为西北民大藏语言文化学院本科生开设《格萨尔》学概论(选修课)。在省级、国家级学术刊物发表论文等学术文章60余篇(其中核心期刊和CSSCI收录论文10余篇)、文学作品10余篇；出版译著《<格萨尔>文库·降姜篇》，约32万字，由何天慧教授修订，于2000年由甘肃民族出版社出版；出版专著2部，其一是《<格萨尔>版本研究》(上册，藏文)，约26万字，于2002年由甘肃民族出版社出版；其二是《<格萨尔>地名研究》，约60万字，于2011年由中国藏学出版社出版；主编《格萨尔》学刊，约32万字，于2011年由甘肃民族出版社出版。他还参与了国家新闻出版署重点图书出版规划项目《<格萨尔>文库》；主持2010年国家社科基金一般项目《<格萨尔>各类版本综合研究》；参与其他国家级、省部级项目、课题3项。

曼秀·仁青道吉于2002年获甘肃省教育厅"甘肃省高等学校科技进步奖暨社科成果一等奖"；2003年获甘肃省委、省政府"社科一等奖"；2003年、2006年获"西北民族大学青年教师成才奖"；2007年被评为"西北民族大学优秀中青年骨干教师培养对象"；2009年兼职甘肃省省级期刊《达赛尔》编委会委员；2010年被遴选为西北民族大学硕士研究生导师；参加第4、第5、6届《格萨尔》学国际会议并宣读论文；参加英国牛津大学第10届、德国波恩大学第11届国际藏学会并宣读论文。系四川省藏学协会(2002)、中国《格萨尔》学会(2004)、国际藏学会(2006)会员。

毛尔盖·桑木旦

(1913—1993) 现代著名藏传佛教高僧，藏族语言、宗教和天文历算学家，四川省阿坝州松潘县人，出身于农民家庭。民国十四年(1925)入松潘县毛尔盖寺为僧，后来到甘肃省拉卜楞寺学经，32岁(1943)获格西学位。1950年参加工作，到中央民族事务委员会从事翻译工作，参加了《中国人民政治协商会议共同纲领》、《中央人民政府和西藏地方政府关于和平解放西藏办法的协议》等重要文件的藏文本译审。1952年调回四川省阿坝州。1959年参加了《毛泽东选集》第一卷和第三卷藏文版的译审。历任阿坝州教育处副处长、《岷江报》藏文版编辑、州政协委员、州佛教协会理事、第七届全国政协委员、中国佛教协会理事、政协四川省第六至第七届常务委员、政协阿坝州第六届至第九届副主席等职。长期从事藏族文化的发掘、整理和传播，并担任教学工作。1980年以后，多次应邀到各地民族院校和科研机构讲学。为了编写藏族历史教科书，不顾年迈亲自前往甘、青、藏以及北京、上海、山西等地实地考察。著有《藏文文法概论》、《藏文语法评论》、《藏族史·其乐明镜》、《因明学入门》、《藏族文化史》、《格萨尔其人》、《诗学明析》、《妙音声明学注解》、《梵藏对照词典》、《梵文书写及注释本赞语》、《关于书信的十个问题》、《儿童字典》、《隐语、谜语辨析》等近二十部专著和数十篇论文。先后担任中国民族史学会理事，中国民族语言学会理事，中国民族古文字研究会名誉副会长，四川省民族研究会常务理事、副理事长，中国西南民族研究会和南方少数民族哲学思想史学会顾问，中国藏语系高级佛学院研究室研究员，西藏天文历算研究会名誉副会长，西北民族学院名誉教授，西南民族学院兼职教授，中国藏学研究中心副总干事等职。1990年被评为教授。

在藏学方面的贡献主要表现在藏族宗教、历史和语言方面。所撰写的《藏文文法概论》在藏区广为流传，被民族院校列为学习藏语文的重要参考书，并获四川省1984年哲学社会科学成果二等奖；其《因明学入门》获西南、西北9省区第一届优秀教育图书三等奖；《格萨尔其人》获民族科学研究优秀成果奖；主编的《藏文扫盲课本》获联合国教科文组织奖。他在《藏族史奇乐明镜》一书中关于"格萨尔统治安多地区"的章节和《格萨尔其人》一文中关于格萨尔的身世作了富有见地性的阐述，成为学界研究这方面的奠基之作。1993年去世，享年80岁。

诺尔德

男，藏族，1954年10月生，青海甘德县人，享受国务院特殊津贴的国家级专家，第十一、十二届全国人大代表，第十届全国政协委员，第九届、第十一届青海省政协常委，果洛州人大常委会副主任兼果洛州《格萨尔》研究中心主任。自1975年大学毕业后，诺尔德先后在青海省甘德县政府、果洛州民师、果洛州文联、果洛州政协等单位从事翻译、秘书、教学、文学创作、藏学研究及行政领导工作。多年来一直致力于《格萨尔》史诗的研究和保护工作，并先后主持编辑出版了《果洛文史》第一、二、三、四、五辑，《果洛史要》等5部历史专著。其中《果洛史要》获"青海省社会科学优秀成果二等奖"。他还发现了格萨尔说唱民间艺人52名；抢救、搜集格萨尔手抄本、木刻本如《列赤马宗》、《太让山羊宗》三部、《征服克才周杰》、《征服罗刹婆》、《降服魔王》、《迈努达日宗》、《白哈日茶宗》、《霍岭大战》等32部，艺人口头作品27部，出版10部，抢救、搜集240多篇历代藏族学者有关格萨尔作品；在国内外多种刊物上发表小说、诗歌及学术论文300多篇；作为国家社科基金重大委托项目《格萨尔的抢救、保护与研究》项目成果，《诺尔德研究文集》一套五卷本于2014年10月由甘肃民族出版社出版发行。

平措

男，藏族，1961年8月生，西藏日喀则市人。1986年7月平措毕业于西藏大学藏语言文学系本科并获文学学士，毕业后留校工作至今，在西藏大学《格萨尔》研究所专门从事著名说唱艺人扎巴说唱《格萨尔》之录音、录音的文字记录、文字记录的整理、编辑、审稿、研究、翻译等工作。其间，他曾先后在辽宁大学中文系首届民间文学、民俗学专业硕士课程班，中国社会科学院研究生院《格萨尔》与藏族文化在职硕士班，西藏自治区党校全区高校社科系统和社科研究系统三项学习教育活动班，西藏自治区哲学社会科学教学科研骨干研修班，中组部、中宣部、中央党校、教育部、财政部、解放军总政治部联合在中央党校举办的哲学社会科学教学科研骨干研修班学习。1997年6月平措被文化部、国家民委、中国文联、中国社科院特授予"《格萨（斯）尔》抢救、研究突出贡献先进个人"称号。现为西藏大学中国藏学研究所《格萨尔》研究室研究员。

平措先后承担完成的研究工作有：(1) 和同人协作完成了扎巴说唱《格萨尔》分部本《英雄降生史》、《征服魔王》的整理，两部书于1996年6月由民族出版社出版发行；(2) 独立承担完成了扎巴说唱《格萨尔》分部本《索布马宗》的整理，该部于1999年4月由民族出版社出版发行；(3) 独立承担完成了扎巴说唱《格萨尔》分部本《莫桂骡宗》的整理，该部于2008年7月由民族出版社出版发行；(4) 独立承担完成了扎巴说唱《格萨尔》分部本《雪山水晶宗》的整理，该部于2011年10月由民族出版社出版；(5) 主持完成了国家哲学社会科学基金一般项目——《格萨尔的宗教文化研究》，该课题成果于2009年8月由西藏人民出版社出版，成果的最后专家鉴定等级为良好；(6) 主持完成了中国社会科学院院级重点项目《藏文格萨尔精选本——松巴犏牛宗》的整理、研究，该课题成果于2010年12月由民族出版社出版；(7) 与同人协作承担完成了西藏大学校级课题《扎巴说唱格萨尔谚语汇编》，该项目成果于2008年6月由民族出版社出版；(8) 现正在主持完成教育部人文社科基地重大研究项目《扎巴说唱最后三部格萨尔的整理、研究》，即《霍岭大战上册》、《契日珊瑚宗》、《大食财宗》的整理、研究工作。

恰贝·次旦平措

男，1922年生于西藏拉孜县。他出身贵族家庭，1953年参加革命工作，历任日喀则小学教务主席、副校长，日喀则地区办事处常委和文教科长，日喀则地区政协委员，拉萨市政协党委、副秘书长，西藏自治区政协党委、文史资料委员会主任，西藏社会科学院副院长、顾问、研究员，西藏大学中国少数民族语言文学硕士研究生导师，全国第七、八、九届政协委员，西藏自治区人大常委会副主任，研究员。西藏文联副主席，中国作家协会西藏分会名誉主席。享受政府特殊津贴。1979年开始发表作品。1983年加入中国作家协会。

著有专著《西藏简明通史》（3卷，主要作者和主编）、《恰贝·次旦平措选集》、《夏格巴的西藏政治史》、《西藏历史的本来面目》、《西藏民间谚语典故选释》、《西藏当代作家》丛书、《冬之高原》，注释《兄弟教诲录》等。《冬之高原》获第一届全国少数民族文学创作奖、五省区藏族文学创作荣誉奖、西藏文学创作一等奖，《欢乐的拉萨之歌》获第二届全国少数民族文学创作优秀短诗奖，《西藏简明通史》获第一届国家图书奖，《觉贡的房东》获五省区藏族文学创作一等奖，《藏族祭祀风俗概述》获首届中国藏学优秀论文一等奖，《略谈新旧社会人之人权》获《中国西藏》纪念西藏和平解放40周年征文评论作品一等奖，《中国藏学》获首届优秀论文评选一等奖。他撰写的《格萨尔王传及其噶伦名称》一文在《格萨尔》学界产生了很大的影响。

恰嘎旦正

男，藏族，1955年生于青海共和县，现任青海民族学院藏学系总支书记、青海民族学院藏学研究中心主任、教授，享受政府特殊津贴，青海民族学院学科带头人，青海省文学艺术研究会理事。

他的科研成果有：1.专著：（1）《〈格萨尔〉新探》（合著），（2）《格萨尔》精选本《霍岭大战》（下册）编纂工作，（3）完成全国"优秀青年教师"奖励计划资助课题《〈格萨尔〉研究集锦》，（4）《历代藏族学者对〈格萨尔〉的论述》（整理）选入2004年《〈格萨尔〉期刊》；2.论文：（1）《浅谈〈格萨尔〉唱词的语言艺术》，（2）《探〈格萨尔〉中的羌》，（3）《从〈格萨尔〉的形式谈其产生与发展》，（4）《从〈格萨尔〉的内容谈其形成》，（5）《探〈格萨尔〉中的门》，（6）《试探天将故事讲述者的奇特性》，（7）《探〈格萨尔〉中的岭》，（8）《探〈格萨尔〉中的魔》，（9）《关于〈格萨尔〉翻译中的几个问题》，（10）《浅探〈格萨尔〉中的霍》，（11）《浅探〈格萨尔〉中的图腾崇拜及其艺术作用》，（12）《浅析〈格萨尔〉中反映的佛苯思想》，（13）《〈格萨尔〉中的环境保护》，（14）《〈格萨尔〉史诗中有关保护野生动物的描述》。

1996年专著《〈格萨尔〉新探》获青海省第4次哲学社会科学优秀成果二等奖，1998年该成果获中国少数民族文学学会第二届学术成果"佳作奖"。《谈〈格萨尔〉唱词的语言艺术》获青海省优秀作品奖。1999年《〈格萨尔〉中的图腾崇拜》获青海省第四届文艺创作评奖优秀作品奖。1998年《初探〈格萨尔〉中岭部落及其四大邻部的地域和民族渊源》获青海省高等学校人文社会科学优秀成果三等奖。由于在《格萨尔》抢救、保护与研究方面的突出成绩，1997年受到文化部、教育部、中国社会科学院、国家民委等四部委联合表彰。

任乃强

字筱庄，1884年生于四川南充县。任乃强幼年家贫，受张澜先生资助，到北京求学，因参加五四运动被捕。1920年，他毕业于北京农学院，曾随张澜先生办南充中学，1933年至新中国成立后，历任重庆大学、华西大学、四川大学教授，曾任四川省社会科学院特约研究员。

任先生系我国民族学、藏族学和史地学专家。20世纪30年代，又是康藏研究社和《康藏研究》月刊的发起、组织和主编人，月刊发行共29期，文章多由任乃强、谢国安、刘立千、戴新四先生撰写。

1929年起，他深入康藏地区考察民族、历史、地理、文学等，前后共达12年之久。约在20世纪30年代，他发现藏族人民普遍能讲《格萨尔》故事，常常看见藏族群众围听民间艺人说唱《格萨尔》，通宵达旦，连日不散，这引起了他的注意。他开始亲自调查，了解到各寺庙有20多部手抄本和木刻本，又根据线索托人从印度买回一部《格萨尔王传》。他阅读研究后，先后写出《"藏三国"初步介绍》、《关于"藏三国"》、《关于格萨尔到中国的事》等评介论著，于1944年至1947年分别在四川《边政公论》、《康导月刊》、《康藏研究》上发表。这是国内首次介绍藏族史诗的文章，当时曾引起国内学术界的一定重视。

1942年，陈宗祥来成都华西大学边疆研究所工作，将法国达卫·尼尔女士英译《超人岭格萨尔王》译成汉文，请任乃强先生审阅。他非常支持，立即写了一篇序言，并推荐给《康导月刊》发表。新中国成立前，彭功侯在川大农学院毕业后，没有工作。经任先生指导，将拉达克《格萨尔王传》的英译本译成汉文，在他主编的《康藏研究》上发表。新中国成立前，法国史泰安教授来华访问，在四川与任乃强、王光壁、谢国安等先生交往。任先生常为他介绍《格萨尔》史诗的版本和内容，石泰安主动申请参加他负责的康藏研究社社员，并亲自去藏区进行调查，回国以后，石泰安教授写了《格萨尔王传引言》、《藏族格萨尔王传与演唱艺人研究》等论著，在国外出版，并捐款资助康藏研究社。

任先生于1929年前后常年深入藏区考察，写有《西康图经》三卷，一共五十余万字，附有亲自测绘的地图数十幅，填补了我国康藏史地研究的空白。1941年，他编写了《康藏史地大纲》一书，与他早年编写的《四川史地》同为这方面极有价值的乡土教材。1934—1949年在川大任教时，曾撰写有《四川经济地理》一书，经地质学家翁文灏的推荐，在《地理学报》上发表。新中国成立以来，任先生编写出版的《四川州县沿革图说》、《四川历史图说》、《华阳国志校补图注》等书，受到学术界的欢迎和重视。1956年任先生退休后，又写了《羌族源流探索》、《四川上古史新探》、《周诗新诠》等几百余万字，并将20世纪20年代曾出版过的《张献忠实录》重新整理再版，在学术界反响很大。任先生还承担了西藏、四川两社会科学院联合项目《川边历史资料汇编》的编辑、注释、审定工作，该项目计分：（1）川边康区实地概况；（2）赵尔丰、改流活动；（3）改流至建省期的各项设施；（4）建省后至新中国成立的历史情况。

任乃强先生是新中国《格萨尔》学术研究的奠基人之一。他因病于1989年3月30日在成都逝世，享年96岁。

仁增

男，藏族，西藏社会科学院民族研究所《格萨尔》抢救办公室研究员，1964年生于西藏日喀则地区南木林县，1986年毕业于中央民族学院少数民族语言文学系，获藏语言文学学士学位，后被分配到西藏社会科学院《格萨尔》抢救办公室工作。

《格萨尔王传》作为中华民族五千年灿烂传统文明的组成部分，不仅是传播民族文化、凝聚民族精神的重要纽带，更是我国各民族相互交流和融合的历史见证，也是一部提高民族文化素养和民族自尊心及向心力，丰富人类文化多样性的百科知识宝典。仁增从事《格萨尔》抢救工作20多年来，为传承、发扬民族优秀传统文化，以高度的责任感和使命感，在始终如一日地坚持《格萨尔王传》民间说唱本的抢救、挖掘、整理工作的同时，撰写了具有较高学术价值的论著、论文，为我国《格萨尔》的抢救、研究事业作出了不可替代的贡献。

《格萨尔王传》作为藏族民间文学的重要组成部分，直至今日，仍在广大的藏族民间以口耳相传的古老方式不断地创作、丰富和发扬。根据广大民间艺人的自报目录得知，《格萨尔》仍处于从口头到文字的过渡阶段，笔录、整理、出版艺人口头说唱本，仍是今后抢救、研究《格萨尔》工作的重中之重。为避免重蹈随艺人离世而失去几十部史诗的历史覆辙，从20世纪80年代中末期到90年代末，仁增主要笔录了著名民间艺人玉梅说唱的《达绒玻璃宗》、《荪喀药宗》、《白娜盔甲宗》、《阿吉绵羊宗》、《西宁白银宗》、《百鸣盔甲宗》、《厅赤盔宗》、《绒擦诞生篇》、《阿里山羊宗》、《揪山铸铁宗》和著名民间艺人桑珠说唱的《契日珊瑚宗》、《北魔鲁赞》、《东魔长角鹿》等13部14册。进入21世纪以来，他整理、印校、出版了桑珠艺人说唱本《天界篇》、《北魔鲁赞》、《霍岭大战》（上、下）、《辛丹内讧》、《擦瓦戎谷箭宗》、《阿扎天珠宗》、《契日珊瑚宗》（上、下）、《白热绵羊宗》（上、下）、《项雄珍珠宗》、《东魔长角鹿》、《地狱大解脱》，次旺久美艺人说唱的《外岭生铁宗》及次仁站堆艺人说唱的《郭岭之战》和扎西多吉艺人说唱的《齐岭毒宗》（上、下）等14部18册；编辑了《工魔阿炯木扎》、《理玛药材宗》、《扎那黄金宗》3部4册民间艺人说唱本及《2009年全国〈格萨（斯）尔〉学术研讨会论文集》。

仁增脚踏实地、默默无闻地坚守在抢救民族优秀传统文化工作的第一线，为广大藏族农牧民群众和爱好《格萨尔》史诗的专家、学者提供了丰富的精神食粮和原始资料，并根据《格萨尔》史诗所反映的信息，撰写了涉及藏族历史、宗教、军事、文学、民俗等方方面面的论著《格萨尔散论》及《岭氏家族流变》、《〈霍岭之战〉版本研究》等十几篇具有较高学术价值的论著。

索南卓玛

女，藏族，1964年9月出生，2010年因病逝世。青海化隆人，中共党员，生前曾任青海省《格萨尔》史诗研究所所长，全国《格萨尔》工作领导小组成员，青海省《格萨尔》学会秘书长，青海省民间文艺家协会理事，青海民族文学翻译协会副会长等职。索南卓玛女士1986年于青海民族大学毕业，历任青海省《格萨尔》史诗研究所实习研究员、助理研究员、副研究员、副所长、所长。索南卓玛女士生前撰写出版了研究专著《关于〈格萨尔王传〉》、《〈格萨尔〉文化散论》、《话说〈格萨尔〉》；参与完成国家级课题《格萨尔》史诗部本《契日珊瑚宗》和《阿达夏宗》；主持完成了省级课题《〈格萨尔〉音乐研究》；主持承担了国家级课题《三江源〈格萨尔〉文化研究》；参与完成国家教育部后期资助项目八部《格萨尔》汉译本的整理翻译工作，其中研究专著《关于〈格萨尔王传〉》荣获2004年青海省第五届文艺评奖优秀奖、2006年青海省第七次哲学社会科学评奖三等奖；《〈格萨尔〉文化散论》荣获首届青海省文艺理论评奖二等奖。

桑热嘉措

桑热嘉措（1896—1982），青海省化隆县人，藏族，是青海省知名的宗教界爱国人士。新中国成立后，历任青海省人民委员会委员、省佛教协会常务理事、西北军政委员会文化教育委员会委员、青海民族师范学校校长，以及青海省文教厅厅长，第二、四、五届政协全国委员会委员，政协青海省委员会常委、副主席等职务。他对青海省的民族文化教育事业和民族团结作出了不少贡献。

桑热嘉措在幼年和青年时期，曾入化隆乙什扎寺学经，后转入支扎寺专心钻研佛教经典及大小五明学理论，尤其擅长声明学（即语言学）、韵律学、修辞学和文史方面的理论，对藏族诗赋等造诣较深。1938年，当他42岁时，即获得了"格西"学位。1939年任青海省政府秘书处藏文秘书，专门翻译公文信件。由于桑热嘉措先生一贯热心少数民族教育事业的发展，故在担任藏文秘书期间，他还担任青海省蒙藏教育促进会理事职务，并在青海蒙藏中学兼任藏语文教师，编译藏文课本（木版刻印）。这对青海的蒙藏族文化教育事业起到了启蒙作用。

1949年9月初，桑热嘉措先生随同支扎寺喇嘛、活佛到西宁欢迎中国人民解放军。同年9月11日参加革命工作，担任西宁军管会秘书处翻译科副科长，为民族团结和建立人民政权等方面做了许多有益的工作。从1951年起，直至"文化大革命"，他先后担任青海省文教厅副厅长、厅长职务。在此期间，桑热嘉措先生积极致力于少数民族文化教育事业。青海牧区藏族教育事业，经历了一个初创、发展、巩固和提高的过程，从创办帐房小学开始，到青海民族学院的诞生，桑热嘉措先生都费过心血。1951年，在青海省委的重视下，参与开办《青海藏文报》。同年9月，桑热嘉措先生到北京参加了第一次全国少数民族教育工作会议。会议期间曾受到毛主席、刘少奇等和老一辈无产阶级革命家同志的接见。1952年，根据青海省委宣传部的指示，桑热嘉措先生在青海人民广播电台主持了藏语播音节目。同年，他和喜饶嘉措大师等人，响应党的号召，曾去青海部分寺院，进行抗美援朝的宣传和捐助活动。之后，他按照省委和省人民政府的指示精神，在都兰、同德、同仁、刚察等县，指导、协助当地办起了二十几所帐房小学。其间，他还亲自翻译编写了《藏文小学课文》、《藏语文文法》和《正字学》等书籍。1953年至1956年，桑热嘉措先生受国家文化部的委托，前往长春电影制片厂，从事电影翻译配音工作，先后完成了《金银滩》、《董存瑞》、《美丽的华西丽沙》等16部影片的藏语配音。由于这是一项开创性的工作，曾5次获得中央文化部和当时的西北文教委员会的表彰和奖励；1956年中央文化部又授予金质奖章，长春电影制片厂热情地赞扬他的工作态度和为藏族人民服务的高尚品德，并赠送了齐白石的名画和一批精制的文具。1954年10月，第一届全国人民代表大会第一次会议在北京召开，桑热嘉措先生奉命赴北京参加全国人民代表大会的藏文翻译工作，与翻译组的其他同志共同克服了许多困难，首先翻译了《中华人民共和国宪法》、《人民代表大会组织法》、《各级人民政府组织法》、《法院组织法》、《检察院组织法》等五部大法。鉴于各省区所翻译的名词有许多互不相同，在工作中造成了极大的困难，会后，桑热嘉措先生主动组织了与会的青、康、藏及北京民族出版社的翻译人员，进行专门研究、讨论，统一了2000多个新名词和新术语，并先后整理出版了4册《藏汉名词汇集》，为汉藏文翻译工作创造了良好的条件。1956年，中央代表团去拉萨组建西藏自治区筹备委员会，省委推荐桑热嘉措先生随团前往工作，桑热嘉措先生顺利地完成了任务。随后，桑热嘉措先生又参加了中国少数民族出版工作者代表团赴苏联，访问吉尔吉斯斯坦、乌孜别克斯坦、哈萨克斯坦等3个加盟共和国，与该国的少数民族文字出版机构交流了经验。同年，桑热嘉措先生作为青海省少数民族参观团副团长，参加了国庆十周年观礼活动。

1963年，桑热嘉措先生参加了藏族民间文学巨著《格萨尔王传·霍岭大战》部分的搜集整理工作，这是新中国成立后编辑整理的第一部《格萨尔》文本。

"十年动乱"期间，桑热嘉措先生遭受迫害，被迫停止工作，被送回原籍监督劳动。党的十一届三中全会以后，年过80高龄的桑热嘉措先生又当选为青海省政协第四届委员会副主席，后又当选为第五届全国政协委员会委员。他重新工作以后，更加尽职尽责，积极工作，又重新编写出版了2本《藏文文法》，青海广播电台藏语编辑部还邀请他去录制由他编写的《藏文文法》，为"文革"之后，藏语文的复兴与推广作出了卓越贡献。

塔洛活佛

1937年（藏历第十六胜生火牛年）4月12日出生于四川色达县珠日神山前沟的一个名门望族。他四岁时由德高望重的大成就者蒋扬钦哲·秋吉罗卓仁波切认定为多智钦寺（或称多珠清寺、智钦寺、杜竹千寺）班玛多吉尊者的转世化身，赐名班玛塔却丹比坚赞。按照惯例后来赴宁玛派著名道场多智钦寺和亚隆寺，成为这两寺的寺主。他在藏传佛教的见行修方面有极高的造诣。"文化大革命"期间，仁波切生活贫寒，屡遭批斗，但他临危不乱，一直坚持秘密修持大圆满。他一生中最重要的功绩在藏戏方面。早在幼年时期他就表现出对藏戏的浓厚兴趣。1979年，他开始筹建藏戏团。1980年2月15日色达藏戏团正式成立，他亲自任团长。藏戏团成立之初，人、财、物均十分缺乏，仁波切多方奔走，凡事亲力亲为。他亲自执笔编写剧本，无论是唱词、唱腔还是动作、舞蹈、音乐、乐器等，都是他一人教授，既是导演，也是演员。1980年5月1日，藏戏团开始第一场演出，剧目是《志美更登》，获得极大成功，后来又编排了《志美更登》、《卓瓦桑母》、《邓约邓珠》、《朗萨文崩》等八大传统藏戏。1981年，仁波切第一次将《格萨尔王的传奇》搬上舞台，创编了《格萨尔王传·赛马登位》和《格萨尔王传·智取阿里金窟》等两部《格萨尔王传》藏戏，因此，受到了国家文化部、中国社会科学院、国家民委和中国民间文艺研究会的联合表彰。1982年，他再次创编了新藏戏《赤松德赞》。

他历任四川省《格萨尔王》研究领导小组成员。1986年，他参加了在北京召开的全国《格萨尔王》工作会议，受到国家副主席乌兰夫和十世班禅大师等亲切接见。二十年来，塔洛活佛多次亲自率领藏戏团到四川、西藏、青海、甘肃等三省一区各地演出，行程十几万公里，演出近万场，观众达100多万人次。特别是1992年，仁波切亲率藏戏团一行35人外出做巡回演出，途经四省（区）14个县，行万里路，演出百余场，受到了广大观众的好评。他还先后亲自或派弟子为青海省果洛州的甘德县、玖治县、班马县、黄南州的泽柯县、四川省甘孜州的丹巴县、新龙县、道孚县、甘孜县、色达县、阿坝州的金川县、壤塘县等地传授藏戏，并帮助建立了16个藏戏团。在锡金朝拜期间，他还为锡金国宁玛高级佛学院传授藏戏《赤松德赞》，并帮助建立了藏戏团。

改革开放以后，仁波切先后担任了甘孜州人大代表、色达县政府副县长、色达县政协副主席、甘孜州文联副主席、甘孜州戏剧家协会主席、甘孜州文学艺术协会理事和甘孜州佛教协会常务理事、色达县佛教协会会长等职务。他还经常在一些报纸、刊物上发表散文、文章等，散文《美丽的色达草原》还获得西部五省区藏文散文比赛一等奖。

土登尼玛仁波切

男，藏族，1943年7月出生，3岁时就被认证为阿拉桑嘎的转世灵童，在金龙寺正式坐床。他从小聪慧过人，10岁时，尊者赴竹庆寺和宗萨寺学习经教，后来又进入多智钦寺学习和深造；16岁时，土登尼玛活佛正式接任金龙寺、塔公寺二寺的寺主。土登尼玛活佛不仅精通五明，而且在汉语和英语方面也有极高的造诣。他主持编撰了举世闻名的《藏汉大词典》，以严谨的治学精神和渊博的学识，赢得了藏学界的赞叹和美誉。在他的提议下，还创办了四川省藏文学校，培养出了一大批继承和弘扬藏传五明文化的杰出人才。他先后完成了《巴珠仁波切文集》、《苯教大藏经》等校印任务，撰写了《巴珠仁波切传略》、《知识汇总提纲》、《扎尕罗桑巴登生平》、《九乘简论》等著作，并有大量的优秀论文、诗歌、散文、书法等作品问世。在兼任四川省《格萨尔》工作办公室副主任期间，他跋山涉水，深入牧区、寺院、先后搜集到29部散落在民间的《格萨尔》手抄孤本，还在尼泊尔等国搜集到6部《格萨尔传》。经过整理，已经有10多部《格萨尔》出版。除此之外，尊者还组织专家学者撰写了研究《格萨尔》的文章近百篇，主持编写了英汉双解的《格萨尔词典》。他是我国《格萨尔》抢救、保护与研究方面的主要奠基人。1987年，土登尼玛被任命为中国藏学研究中心《大藏经》对勘局局长，负责主持和安排藏传《大藏经》的对勘工作。这是我国在藏学领域开展的一项宏伟工程，任务是对《大藏经》的诸多版本进行细致对勘。近三十年来，他一直往返于国内和英国、加拿大、美国、澳大利亚等国之间，正在编写由伦敦大学亚非学院发起的《藏英大辞典》。

曾任全国人大代表，现任中国佛教协会常务理事、中国佛教文化研究所高级研究员、中国藏语系高级佛学院藏传佛教研究室研究员等职。

王歌行

男，1931年3月生，青海省西宁市人，中共党员，编审。王歌行毕业于青海师范学校高师部，系中国作家协会、中国民间文艺家协会会员，历任青海文协创作组组长，《青海文艺》、《青海湖》文学杂志主编、副主编，中国作家协会青海分会副主席，青海省《格萨尔》史诗研究所所长，青海省文联委员等职，还是全国第三、四次文代会代表，现为青海省民间文艺家协会主席。

王歌行自幼酷爱文学，及髫笔耕，迄今已五十余载，留下了许多文学作品。在文学创作实践之余，他参与中国著名藏族英雄史诗《格萨尔》的研究整理工作，已出书八部，约300万字，其中《岭·格萨尔王》上、中、下三卷，荣获全国民族民间文学优秀作品奖，并多次参加国际书展。1986年5月，中国社科院、文化部、国家民委、中国民间文艺家协会特授予其"先进个人"荣誉证书；1991年7月被全国艺术科学规划领导小组、中国民间文艺家协会、中国民间文学集成全国编委会评为"先进工作者"。现仍从事文学创作和《格萨尔》史诗研究工作。

王沂暖

又名王克仁，1907年1月23日出生于吉林省九台县，汉族。1931年北京大学中文系毕业，曾在吉林女中、一中和国立东北中山中学任国文教员。日寇侵占东三省时，王沂暖流亡入关。1938年他应邀在成都西陲文化院工作，开始自学藏文，1942年又应聘到重庆汉藏教理院任讲师，从此走上了藏文翻译、研究道路。20世纪40年代，他参加了我国第一部《藏汉大词典》早期编写工作，并汉译出版《西藏王统记》、《印度佛教史》、《米拉日巴传》等藏族古典名著。

新中国成立后，应聘到兰州大学任汉文副教授，1952年调西北民族学院教学并带研究生，编著《藏语语法》、《藏学历史概论》、《藏族文学史略》等教材和教科书。

在教学之余，他还翻译出版《猴鸟故事》、《玉树藏族民歌选》、《西藏短诗集》、《仓洋嘉措情歌》，中国戏剧出版社嘱托其翻译并出版了藏戏脚本《顿珠顿月》、《智美更登》、《苏吉尼玛》、《卓娃桑姆》、《朗萨姑娘》等五部。此外他还翻译了《论文集》，并由西北民族学院出版，他的《藏汉佛学词典》等专书由青海人民出版社出。20世纪50年代起，他开始搜集、翻译和研究藏族史诗《格萨尔》。1958年他首先与华加老人合作译出《格萨尔王传》（贵德分章本），在《青海湖》杂志陆续发表，介绍给全国人民。十年"文革"时，他受到一些冲击，但并不屈服。粉碎"四人帮"后，党落实知识分子政策，王沂暖被评为教授，又担任民建社甘肃省常委、甘肃省民间文艺家协会和省社科院联合会副主席、中国民间文艺家协会顾问、中国翻译工作者协会理事等职，于1979年出席全国第四次文代会等。

1982年，王沂暖接受任命，主持西北民族研究所《格萨尔》研究室工作，开始专心倾注在《格萨尔》的翻译和研究的全国重点科研工作中。他伏案工作，夜以继日，经他翻译出版的《格萨尔史诗》，除《格萨尔王传》贵德分章本外，还有《降伏妖魔》、《保卫盐海》等十余部。王沂暖一面从事史诗汉译，一面对史诗进行深入研究，在全国报刊发表了《卷帙浩繁的藏族长篇英雄史诗格萨尔王传》等多篇论文，为加强人们对史诗的了解和研究作出了重大贡献。

王兴先

男，汉族，研究员，研究生（硕士、博士）导师。1936年他出生于甘南藏族自治州临潭县木地坡村，2010年6月1日16时58分在兰州逝世。先后任中国少数民族文学学会常务理事，中国格萨尔学协会、中国翻译协会理事，全国《格萨尔》工作领导小组成员，甘肃省《格萨尔》工作领导小组办公室主任，西北民族学院《格萨尔》研究院名誉院长，《格萨尔文库》总主编，享受国务院津贴。他曾多次应邀参加国内外举办的大型国际学术研讨会。1986年，因"在英雄史诗《格萨尔》的发掘工作中作出优异成绩"，王兴先受到中国社科院、文化部、国家民委、中国民研会联合表彰；1994年获英国国际传记中心"格萨尔学特别成就奖"；1997年由文化部、国家民委、中国文联、中国社科院联合授予"突出贡献的先进个人"称号。

王兴先的主要作品有：《〈格萨尔〉论要》（专著），甘肃民族出版社1991年出版，2002年再版增订本；《〈格萨尔〉谚语集》（编著）；《格萨尔王传·分大食牛之部》（译著），与王沂暖合译，甘肃人民出版社1986年出版；《格萨尔王传·松岭大战之部》（译著），与王沂暖合译，甘肃人民出版社1991年出版；《格萨尔文库》，国家"九五"重点图书出版规划项目，任总主编，已出版三卷七册；《格萨尔文库》第三卷土族《格萨尔》上册与王国明合作，1998年获中国少数民族文学学会第二届学术成果佳作奖，1999年获甘肃省首届"五个一工程奖"；第二卷蒙古族《格萨尔》第一、二、三册，分别于2000年、2002年、2007年由内蒙古人民出版社出版。《格萨尔文库》第一卷藏族《格萨尔》第一册1999年获"中国少数民族文字图书三等奖"；《格萨尔文库》第三卷土族《格萨尔》上册于1998年获中国少数民族文学学会第二届学术成果佳作奖；《格萨尔文库》（第一、三卷）于1999年获甘肃省首届"五个一工程奖"；《格萨尔文库》（第一、二、三卷）于2002年10月获甘肃省教育厅"甘肃省高等学校科技进步奖暨社科成果一等奖"、2003年10月获甘肃省委、省政府"社科一等奖"。

吴均

男，汉族，1914年生，青海省循化县人，青海省隆务大寺夏日拉章文学院柔艾巴（学位）、教授。新中国成立前曾任青海省政协秘书处藏文秘书、国立兰州大学边语系副教授等职务，新中国成立后任青海省青年干部训练班副主任，青海民族教材编译处译审、青海民族学院少语系研究生班藏族史教授、青海师范大学历史系地方史硕士研究生导师（1985—1991）、政协第五届青海省委委员、青海地方史学会副理事长、中国藏学会会员等。曾多次参加全国藏学会、藏族史与藏族文学研究学术活动及国际《格萨尔》学术研讨会等，一生致力于藏文翻译研究整理和教学工作。

藏文翻译整理方面的主要成就有：1. 藏译汉作品共计有《岭·格萨尔王传》系列17种，23册，并各写有《译后记》，进行全方位评论，20世纪50年代由青海省文联以内部资料印行；1954年与杨质夫合译才旦夏茸《藏语词汇》；1979年，整理民间流传的五种藏文手抄本《岭·格萨尔传奇》，辑为《霍岭大战》与《平服霍尔》，并于1984年译为汉文《霍岭大战》（上、下），以上均由青海人民出版社出版；1986年译出《安多政教史》，由甘肃民族出版社出版，并译出《果洛史要》、《察罕呼图克图衮噶嘉勒赞传》等。2. 汉译藏者计有《雪山草地行军记》、《中国共产党三十年》等多部，20世纪50年代均由青海人民出版社出版。3. 先后翻译中学课本《自然地理》等多种为藏文，由青海教育出版社出版。4. 先后增订黄奋生《藏族史略》，在前言中对藏族族源做详尽考证；校注周希武《玉树调查记》、朱绣《西藏六十年大事记》等，对有关史料等做详尽注释，分别由北京及青海民族出版社出版。

论文方面：在国家级期刊《中国藏学》等刊有70余篇。刊于1980—1981年《青海民族学院学报》之《关于藏区宗教一些问题的辨析》，被国家教委收入"六五"期间《全国高等学校社会科学研究成果选编》第二辑；《论阿木多藏区的政教合一制统治》等文被选入中国藏学出版社出版的《西藏封建农奴制研究论文选》等中；先后在《中国藏学》等期刊对日本佐腾长《西藏历史地理研究》中一些错误论述提出《自截支桥至悉诺逻驿唐蕃古道的走向》等五篇系列商榷论文，以实地考察资料予以纠正。在成都第一届《格萨尔》史诗国际学术讨论会提出《论史诗〈岭·格萨尔王传〉是藏族文化镕铸发展的反映》等。1986年，受文化部等国家五部委颁发的全国《格萨尔》发掘工作中作出优秀成绩的先进个人奖（有十世班禅额尔德尼·确吉坚赞签名），先后获青海、甘肃等省社会科学研究成果奖、学会先进工作者奖及图书奖等。

吴钰

男，藏族，1953年生于青海贵南县，1981年毕业于青海民族学院藏学系藏语言文学本科专业，1989年毕业于西北民族学院藏学系藏族古典文学专业硕士研究生，2002年3月被聘任为文学理论教授，现任青海民族学院藏学系教授，准学科研究带头人，硕士研究生方向导师，青海省第十届人大代表。在三十多年的教学生涯中，他一直致力于藏族文学理论及汉藏翻译理论的研究，先后教授研究生的《文学理论研究》、《萨迦时期文论研究》、《藏族政教合一制度》、《古代名译赏析》、《翻译理论研究》以及本科的《文学理论》、《翻译名著赏析比较》、《汉藏文学翻译》、《翻译理论与实践》、《民间文学概论》等课程。

吴钰撰写并出版了《藏族民间文学发展过程中的宗教影响》、《文学概论》、《藏族文学趣谈》、《文学理论研究》、《吴钰学术论文集》等五部专著。《文学概论》一书获2000年青海省第五届哲学社会科学优秀成果二等奖。《藏族伏藏文化及其价值》获青海民院2002年度优秀科研成果奖。《藏族文学理论的发展特点及其实践》获青海民院2003年度优秀科研成果奖。2006年度获批"国家教育部人文社会科学研究项目《藏族文学理论批评史》"。他的《檀丁大师诗镜中有关诗魂之说》、《藏族文学理论的发展特点及其实践》、《浅析藏族古代"仲"的原型》、《<格萨尔>诗史中论价值的庄严修辞》、《格萨尔诞生与藏族原始神话的关系》

等数十篇学术论文发表于《中国藏学》、《西藏研究》等核心刊物上。2000年赴荷兰参加"第九届国际藏学研讨会"，2002年参加"第五届国际格萨尔学术研讨会"。

徐国琼

笔名王京，男，汉族，1928年5月生，云南省昌宁县漭水乡人。1955年毕业于云南大学中国语文系，云南省社会科学院民族文学研究所研究员，先后在中央国家建设委员会、中国民间文艺实研究会青海省文联民研会工作。1981年调云南省社科院民族文学所，任《格萨尔》史诗研究室主任，兼云南省社科院迪庆藏族自治州《格萨尔》室副主任。历任中国民研会、中国少数民族文学学会、青海省民研会、云南省民研会等会理事。全国《格萨尔》翻译整理协调组成员、中国《格萨尔》学会筹备组成员等。于2013年去世。

自1958年起，徐国琼开始从事藏族英雄史诗《格萨尔》发掘抢救及整理研究工作，并长期在青海、西藏、甘肃、四川、云南等广大藏区民间作实地考察，亲手搜集了大批珍贵资料。他参加搜集、组织译印《格萨尔》科研本74本，专研资料8集，共1800万字。他参加执笔署名整理印行、出版的《格萨尔》分部本有：《天岭筮卜》、《英雄诞生》、《赛马称王》、《霍尔侵入》、《平服霍尔》、《保卫盐海》、《霍岭大战》、《加岭传奇》、《姜岭大战》、《阿岭大战》等共12部，计342.5万字；出版专著《〈格萨尔〉考察纪实》、《〈格萨尔〉论坛》各一部；发表《格萨尔》研究论文70余篇，共106万字，多数论文被收入《格萨尔学成集》第一卷至第五卷，有的论文被译成蒙、英、法、德、葡、西班牙、阿拉伯等多种文字。"文化大革命"期间，《格萨尔》被打成"大毒草"时，他冒险将57种71本珍贵抄本、刻本埋藏地下，保护了这批"国宝"。周扬同志亲笔给以"你保护《格萨尔》资料有功"的题词。先后出席第二、三、四届全国民间文学工作者代表大会及第四届全国文代会。在参加第一（1989）、第三（1993）、第四（1996）届《格萨尔》国际学术讨论会时，均被荐作为中国代表在大会上宣读论文，经答辩，均受到与会各国专家好评。在参加1991年由联合国教科文组织（IOV）召开的"少数民族文化艺术国际研讨会"时提交的《格萨尔》论文，亦受到与会国际学者们的赞誉。

成果获奖主要有：1964年、1979年、1984年，获青海省人民政府、青海省文联、省民研会颁发的奖状、奖金、证书；1985年、1991年、1993年、2000年，获云南省社科院、云南省人民政府、云南省文艺创作奖励基金会颁发的奖状、奖金、证书；1989年，论文《论几个不同身世的格萨尔》获《民间文学论坛》编辑部颁发的"银河奖"、"优秀论文奖"等证书；2001年，专著《〈格萨尔〉考察纪实》获中国文联、中国民协颁发的"山花奖"、"学术著作二等奖"等证书；1986年，中国社科院、文化部、国家民委、中国民研会授予其"《格萨尔》工作先进个人"荣誉称号，颁发证书、奖金；1997年，文化部、国家民委、中国社科院授予"对《格萨尔》抢救与研究有突出贡献的先进个人"荣誉称号，颁发证书、奖金。他还多次受到过毛泽东、刘少奇、周恩来、朱德、邓小平等中央领导及十世班禅大师、阿沛·阿旺晋美等接见，并存合影，《瞭望》、《新观察》、《奥秘》等20多家书刊报道过其事迹。他的"传略"被辑入《中国现代民间文学家辞典》、《中国专家大辞典》、《世界名人录》等20多部辞书。40多年来，徐国琼为长达100多部计150万行1000多万字的世界最长史诗《格萨尔》工作了大半生。《格萨尔研究》有文称其为"终生从事《格萨尔》工作的专家"。他是我国《格萨尔》抢救保护与研究工作的主要奠基人。

许英国

男，汉族，1927年生于青海乐都。"文化大革命"前，在《青海日报》社从事记者和编辑工作。1958年反右运动中受过不公正的批判，被开除公职接受劳教，1979年获得平反，恢复公职，被安排在青海民族学院中文系任教。1980年3月至8月，在云南大学中文系民间文学班进修学习。他曾被青海省民间文艺家协会聘请为《歌谣集成卷》主编，为此，他曾到青海各州县文化部门举办业务骨干培训班，不顾年迈，细心讲授民间文学知识，为《歌谣集成卷》的顺利完成呕心沥血，不遗余力。退休后，更是全身心地扑在《歌谣集成卷》的编写工作中，并经过数年的努力，完成初稿。正当此时，他却身患绝症，不幸于1997年6月9日去世。

许英国教授学历不高，但自学不辍，在诸多自学成才者当中，堪称典范。据马光星教授讲："许英国教授被劳教期满释放后，就在乐都县城台乡一个小山村里当起了羊倌，与别的牧羊人不同的是，这位牧羊人赶着羊群上山时，除了带个粗粮烙成的干粮外，总是书不离身。先秦诸子百家，他一遍又一遍地研读，唐诗宋词等古典名著，他一篇又一篇地背诵。听到民间故事、歌谣等，马上会找些废纸记录下来保存。他的伙伴讥笑他：瞧你这书呆子气，读书读得落到这等地步，还不够啊。手捧着书本的牧羊人听了，也不介意，对着远山高声朗诵王勃的《滕王阁序》——嗟乎！时运不济，命运多舛，冯唐易老，李广难封。屈贾谊于长沙，非无圣主；窜梁鸿于海曲，岂乏明时？所赖君子见机，达人知命。老当益壮，宁移白首之心；穷且益坚，不坠青云之志……当人们问起他的学历、上的什么大学时，他会风趣地说，我读的大学可不一般，是家里蹲大学，畜牧兽医系。"

许英国的著作有《民族民间文学概论》、《青海汉族礼俗歌》、《青海藏族情歌三百首》、《青海汉族近代歌谣》、《青海藏族民间谚语选》等，其中，《青海藏族民间谚语选》获得"青海省庆祝建国40周年文艺创作评奖暨首届少数民族文学创作评奖优秀成果奖"（未分等级）。他曾经是青海《群文天地》特邀编委，在1988年10月1日于西宁召开的青海省民协第三次代表大会上，许英国等多位学者当选为副主席。他培养的学生，诸如马光星、马成俊等，已成为民族宗教、民俗、民间文艺研究领域的中坚力量，是教授、国家级专家。他们的研究成果、获奖项目令人羡慕。许英国教授长期致力于民间文化研究工作，发表有关民族文化方面的学术论文近40篇，其中在《格萨尔》学方面的学术论文有《略论<格萨尔王传>的演唱形式与唐代变文的关系》、《<格萨尔王传>的军事思想研究》、《略论格萨尔艺术形象的时代意义》、《史诗的理论问题》、《不废江河万古流——试论我国民族民间文学的成就与发展》等，而其他论文也都会涉及有关《格萨尔》的诸多问题。

杨恩洪

女，汉族，1946年4月生，山东临沂人，中国社会科学院民族文学研究所研究员，博士生导师，国务院政府特殊津贴获得者。1967年毕业于中央民族学院（现中央民族大学）语言文学系藏语文专业，毕业后赴西藏那曲工作。1980年调入中国社会科学院民族文学研究所从事研究工作，曾任中国社会科学院民族文学研究所藏语文学研究室主任、中国社会科学院研究生院教授，全国《格萨（斯）尔》工作领导小组副组长兼办公室主任，中国少数民族文学学会副理事长兼秘书长等职。现任中国西藏文化保护与发展协会理事，中国社会科学院口头传统研究中心副主任。

杨恩洪的学术研究方向为藏族文学与文化，长于英雄史诗《格萨尔王传》及其说唱艺人研究、藏族妇女口述历史研究等，已出版学术专著《民

◎ 格萨（斯）尔

间诗神——＜格萨尔＞艺人研究》、《中国少数民族史诗格萨尔》、《藏族妇女口述历史》、《蒙藏关系史大系——文化卷》（合著）、《人在旅途——藏族史诗格萨尔王传说唱艺人寻访散记》，此外还为《民间文学词典》、《中华文学通史》、《中国文学大辞典》等大型辞书撰写藏族文学部分词条，并发表相关学术论文、调研报告等百余篇。1980年她开始从事藏族文学与文化、史诗《格萨尔》研究，她始终把自己的研究建立在深入基层藏区，从事田野调查获取第一手资料的基础上，潜心于民间艺人的寻访和调查工作。在20世纪80—90年代，杨恩洪的足迹遍及青海、西藏、甘肃、四川、云南等藏区，与老一辈《格萨尔》说唱艺人结下了深厚的情谊。21世纪初，在得到社科基金的支持后，又开始了对年轻一代《格萨尔》说唱艺人的调研，于2005—2006年先后赴青海果洛、玉树地区，及西藏昌都、那曲等地进行调研，发现并采访年龄段在20—40岁之间的年轻艺人26人，试图通过对二十年间新、老艺人进行比较研究，探索《格萨尔》口头传统在新的历史阶段的发展变化规律，以期更有效地保护与促进《格萨尔》在藏族民间的传播与发展。

2000年由中国社会科学院民族文学所与西藏社会科学院合作立项并启动了著名《格萨尔》说唱艺人桑珠说唱本(45部49本)的录音、记录、整理与出版项目，作为本项目的倡导者之一及课题组组长，她积极投入了这项意义深远的工作之中，迄今共出版桑珠说唱本43本，目前正在积极筹备《格萨尔》说唱艺人音像档案库的工作，最终为每位说唱艺人建立档案，保护这批珍贵的遗产，为今后的研究提供立体、直观的资料。

杨恩洪曾积极参与并领导全国《格萨尔》抢救与协调工作，与各地区同志合作，举办了第六届《格萨尔》国际学术研讨会；参加了两次由国家民委、文化部、中国社会科学院、中国文联共同主办的全国《格萨尔》工作总结与表彰大会；积极参与主持史诗《格萨尔》的申遗工作，曾两次获得上述四部委的表彰。杨恩洪研究员在开展对外交流方面，多次应邀参加学术会议、讲学，曾赴澳大利亚、印度、瑞士、德国、奥地利、美国、荷兰、加拿大、蒙古等国进行学术访问，并五次参加国际藏学会议（第7、8、9、11、12届），在第9届（2000年，荷兰莱顿）、第11届（2006年，德国波恩）国际藏学会上组织主持了《格萨尔》学术论坛，在第12届（2010年，加拿大温哥华）国际藏学会上作了"论史诗《格萨尔》口头传统的保护"的主题发言。她在从事《格萨尔》调研之余，利用在藏地进行田野调查的空余时间，陆续对不同阶层的藏族妇女进行采访，记录了她们的口述历史，出版了《藏族妇女口述历史》一书，为世人研究西藏社会历史变革中的妇女地位、婚姻形态、宗教影响与传统观念等提供了鲜活的史料。

杨嘉铭

男，藏族，1944年8月生，四川省甘孜藏族自治州康定人，四川省康定县人。曾任康定民族师范专科学校主任、主编、教授，现为西南民族大学二级教授，曾获四川省"突出贡献优秀专家"称号。他长期从事藏族历史文化研究，发表有关藏学研究文章百余篇，出版专著20余部，代表性著作有《西藏建筑的历史文化》、《德格印经院》、《世界屋脊的面具文化》、《西藏绘画艺术欣赏》、《康巴唐卡》等，主要论文有《藏族茶文化概论》、《关于附国的几个问题的再认识》、《四川甘孜阿坝地区的古碉建筑文化》等。他曾先后获得中国教育部教学改革项目三等奖1项，第十四届中国图书奖1项，四川省社科优秀成果二等奖4项、三等奖5项，其他奖项多项。在其研究领域中，他对《格萨尔》研究的成果也卓有成效，先后出版专著《琉璃刻卷——丹巴莫斯卡〈格萨尔王传〉岭国人物石刻谱系》、《西藏格萨尔图像艺术欣赏》、《雪域骄子岭骄·格萨尔王的故乡》等，发表《格萨尔》论文多篇，代表作有《格萨尔造型文化论纲》、《格萨尔图像艺术的新开拓》、《格萨尔图像艺术的基本类型》等。

益邛

男，藏族，甘孜州色达县人，1950年7月出生，副译审，色达县人大常委会原主任。他曾在牧场放过羊，部队扛过枪，机关任过职。多年来，利用业务时间，勤奋学习各种文化知识，搜集民间文化资料，关注藏学研究，特别是对《格萨尔》史诗的研究有极大兴趣，先后搜集、整理出版五部《格萨尔》手抄本，在各类刊物上发表了80多篇藏汉文论文和其他文章，出版了三部《格萨尔》研究专著和一部《色达游牧部落志》，荣获中国社科院等国家四部委、省、州、县奖项八项。他先后担任四川省藏学研究会理事、甘孜州格萨尔学会副会长、康巴研究特邀专家、甘孜州电视台"康巴风"栏目主讲嘉宾等。

扎西达杰

藏族著名作曲家、指挥家、民族音乐理论家、《格萨尔》音乐专家。青海玉树人，生于20世纪50年代。先后毕业于玉树州民族师范学校、中央民族大学作曲专业、上海音乐学院指挥专业，师从我国著名音乐家田联韬、著名指挥家曹鹏。系首批享受政府特殊津贴专家和省级优秀专家，现任国家一级作曲、中国音协会员、省文联荣誉委员、青海藏族研究会顾问、青海民族管弦乐学会副会长。

他于1987年发表《玉树藏族<格萨尔>音乐研究》、《玉树藏族<格萨尔>音乐简析》等论文，填补了我国此领域的科研空白，从此走上了系统研究《格萨尔》音乐的学术道路。先后四次参加《<格萨尔>国际学术研讨会，宣读和发表论文《<格萨尔>音乐研究—吒仑曲调类型和音乐特点》、《<格萨尔>的音乐性》、《现代<格萨尔>音乐的多元结构》、《蒙古族<格斯尔>音乐研究》、《藏蒙<格萨尔>音乐比较研究》、《从土族<格萨尔>音乐看土族文化的多民族交融性》、《<格萨尔>剧种简论》、《<格萨尔>音乐研究回顾与展望》等。其研究成果受到国家级成就表彰奖，数次获全国及省级优秀科研成果奖。同时又是《格萨尔》音乐的整理、改编、创作的先行者和推动者，最先整理、发表《格萨尔》说唱曲调80首，最先录制钢琴、电子琴伴奏的《格萨尔》说唱专带，最先创作歌剧形式的《格萨尔》舞台剧目，最先出版歌颂《格萨尔》现代歌曲VCD专辑《向往岭国》。并与艺术团体合作，先后创作《格萨尔》大型歌舞剧《姜国王子》、《辛丹虎狮合臂》、《赛马称王》（合作）、《英雄降生》（合作）音乐以及《征途梦情》等部分《格萨尔》舞蹈音乐。其中《姜国王子》一剧获2003年"中国青海民族文化旅游节全省专业文艺调演"剧目一等奖、作曲一等奖、乐队伴奏一等奖（其任指挥）等六项一等奖及青海省庆祝建国五十周年优秀文艺作品奖。《赛马称王》一剧选为全省重点剧目。

除《格萨尔》音乐成果，他还发表《藏传佛教乐谱体系》、《牛角胡论》等多部研究佛教音乐、民族音乐论文；创作的《格桑花开的时候》、《热贡神韵》等大型剧目数获国家级金奖及最佳音乐奖，诸多大、中、小型各类音乐作品获多项全国及省级各种奖项；为《柴达木之歌》、《走进三江源》等6部大型广场舞作曲；出版《扎西达杰玉树土风歌曲》、《玉树二江的母亲》等10部音乐作品专著、专辑；指挥多部获国家和省级奖项的大型剧目，数获省级乐队一、二等奖。

赵秉理

男，汉族，1940年4月16日出生，陕西子

◎ 格萨(斯)尔

洲人，中共党员，1966年9月毕业于西北大学中文系，2000年3月获中医学博士学位。1967年9月至1973年5月他在重庆市16号信箱任职工医院中医大夫、党委秘书；1973年6月至1975年7月，在西宁市805信箱任政治处宣传组组长、兼职中医大夫；1975年至1982年10月，在青海省国防科工办任党委秘书、纪委负责人；1982年11月至2000年3月，在青海省社会科学院任《青海社会科学》杂志编辑部副主任、文学研究所所长、研究员；2000年4月退休，他还是青海省重点文艺创作（"五个一工程"）审评领导小组成员，中国当代文学研究会理事、青海省文学学会副会长、全国《格萨尔》研究会常务理事、中国当代改革与发展研究中心研究员、中国科技与人才开发研究中心研究员、四川省社会科学院知识经济研究所研究员、中国国际卫生医学研究院教授、中华临床医学会副会长、世界华人医学联合会副理事长、中华名医协会理事。

赵秉理长期从事《格萨尔》史诗研究，发表论文多篇，出版30万字的专著《格学散论》，荣获"青海省第四届文艺创作优秀作品一等奖"；编著出版国内外第一套专门研究藏族、敢古族英雄史诗的《格萨尔学集成》1—5卷，共646万字，填补历史空白，蜚声中外，反响很大，被誉为"《格萨尔》学的一座丰碑"，标志着具有中国特色的《格萨尔》学已经初步形成，从而确立了中国《格萨尔》学在国内外学坛的地位。他曾荣获中国第五届图书奖二等奖，青海省第三次社会科学优秀成果一等奖等多项奖励，受到原中共青海省委书记尹克升同志的亲切接见。他还发表过100多篇新闻通讯报道和理论文章。他还是一位颇有名气的老中医。他自幼酷爱中医，16岁起拜师学医并在民间行医，曾于某医学院旁听，进修于某军医大学，对中医学有较深研究，发表了许多具有广泛影响的论文。《我治萎缩性胃炎》在《陕西中医学院学报》上发表后，被《中国名医名论要览》、《中华医学研究精览文库》、《当代世界名医经典》等20多种书刊收藏，荣获国际优秀论文奖；《临证医案六则》在全国第六届中西医结合学术讨论会上宣读后，被《河北中医》杂志发表，并收入《西北名老中医临诊奇案》一书，荣获河北省优秀中医论文一等奖；《烧伤论治》在1999年成都中华医学学术讨论会上宣读后，被《世界华人医学》杂志发表，收入《中华优秀科学论文选》第二卷、《全国第六届内经学术讨论会论文汇编》。他对许多疾病都有独特疗法，以诊治心脑、胃肠、肝胆肾系统疾病、头痛、偏瘫、风湿性关节炎、类风湿关节炎、脉管炎、烧伤、疮疡、皮肤病、容颜病、糖尿病、妇科、男科、男女不育症、儿科等疑难杂症著称。1997年被文化部、国家民委、中国文联、中国社会科学院授予"有突出贡献的先进个人"称号。

朱刚

朱刚，男，回族，青海化隆人，1961年毕业于青海民族学院藏文系，留校任教至退休。也许是考入青海民族学院藏文系攻读藏语文专业的缘故，回族学者朱刚自那时起，就与藏族伟大的英雄史诗《格萨尔》结下了不解之缘。早在1958年，当朱刚还是一个不到二十岁的青年时，已经从老师口中听说了英雄格萨尔的故事，耳濡目染，那些赛马称王、地狱救母等惊天地泣鬼神的神奇故事深深印刻在他年轻的心里，时刻激励着他发奋苦读，学好专业，做一个有利于民族、有利于国家的建设人才。1960年7月，中宣部、文化部、中国文联联合下发文件，号召青海省各大学的有关专业师生利用暑假，奔赴各少数民族地区，抢救少数民族民间文学，抢救英雄史诗《格萨尔》。当时朱刚是一个藏语文专业二年级学生，他自愿申请参加了抢救队，被分配到甘肃甘南藏族自治州和青海黄南藏族自治州两地工作。在40多天不平凡的日子里，抢救队战胜了1960年的大饥荒和极度疲劳，双脚踏遍了甘青两个州藏区的主要藏族居住地，访问了尚弥留人世的《格萨尔》说唱艺人和《格萨尔》手抄本收藏者，翻遍了拉卜楞寺、隆务寺等各大寺院的藏书，把一批即将湮没在茫茫雪域草原的《格萨尔》珍贵手抄本从危险的边缘救了出来。他利用一切空闲时间将那丰富生动的工作和生活场景逐日详细记了日记，过了整整半个世纪以后的一年里，《青海民院校报》、《青海省文联民协通讯》、《青海民族研究》、《格萨尔研究》等报刊先后摘登或全文刊发了他的日记——《抢救＜格萨尔＞的日子》，引起了《格萨尔》研究领域许多人士的极大兴趣和关注。内蒙古一位主管博物馆业务的领导看到他的日记后则直接表示要将日记原文珍藏到内蒙古博物馆。各刊在刊登他的日记时，都加了这样一段编者按："本文是青海民族大学朱刚教授于1960年夏秋之交，按照中宣部、中国文联和青海省委宣传部、青海省文联的统一部署，参加抢救藏族英雄史诗《格萨尔王传》以及调查搜集民族民间文学40多天中所写的日记。《抢救＜格萨尔＞的日子》以数十篇日记，生动如实地记录了20世纪60年代，当时在青海民族学院就读的一批激情燃烧的青年学子，走出课堂，奔赴甘肃甘南及青海省黄南草原，深入牛毛帐房，一字一句、一页一张地搜集、记录藏族民间文学瑰宝的真实历史，为青海省民间文学的研究留下了一份不可多得的史料。其中所经历的艰难困苦自不待言，成为当时的青年学子开展田野作业、抢救民间文学的一个典范。为了鼓励更多有志于《格萨尔》研究的同志发扬不怕艰难困苦、甘愿走向基层、走向田野的奉献精神，不断地搜集和整理青海省各民族丰富多彩、取之不尽的民间文学作品，促进《格萨尔》研究工作以及更多民族民间文学研究工作的纵深发展，服务于社会主义文化的大繁荣、大发展，本刊将分期刊发《抢救＜格萨尔＞的日子》以飨读者。"朱刚毕业留校后，先后任藏文系藏族文学和文艺理论课老师。藏族文学丰富多彩，《格萨尔》作为人类文学史上空前绝后的巨制，成为朱刚在讲课中经常应用、经常引证的范例，许多学生从此爱上了《格萨尔》。在《格萨尔》中，常常用许多藏族民间谚语作为刻画人物性格、描写日常生活以及战争双方唇枪舌剑、争辩大事的武器，这引起了朱刚的极大兴趣。为了使这些谚语发扬光大，他在担任《中国谚语集成·青海卷》的编纂任务时突发奇想，建议编委会将这些著名格言一一摘出，编入集成中，且命名为"格萨尔谚"，提议得到上级支持。在北京审阅时，得到了主编马学良教授的赞赏和编委会的认可。1985年，中国文联在青岛召集各省民协负责人出席会议，研讨《格萨尔》有关问题，特邀美国一位《格萨尔》研究专家作专题报告。朱刚则以《青藏雪域的格萨尔》为题，作了即兴发言，第一次把青海搜集、整理、翻译、出版、研究《格萨尔》的信息传给全国民间文艺界。

第二部分 文本

一、《格萨尔》史诗文本概要

文本主要指格萨尔史诗的故事文本,涉及口述本、木刻本、手抄本、异文本、主要的分章本、分部本等主要版本。

《格萨尔》史诗产生于公元11世纪前后,最初纯粹由口头流传,随着佛教在藏族地区的复兴,藏族僧侣及具有佛教背景的艺人开始介入《格萨尔王传》的编纂、收藏和传播。史诗《格萨尔》书面文本的基本框架开始形成,并出现了最早的手抄本。手抄本的编纂者、收藏者和传播者,主要是宁玛派(俗称红教)的僧侣,一部分是"掘藏大师"。他们所编纂、传抄的《格萨尔王传》,被称为"伏藏"的抄本。尚有部分本子是当初有人记录整理成书,并辗转传抄,甚至被刻成木版印刷。也有部分版本由学者参与进行修撰,成为传世名篇,流传后世。但也有些刊本出自多人之手,形成不同的异文,再经艺人在传唱时不时加工,内容愈加丰富,情节也更加生动。

从目前搜集整理的情况看,《格萨尔王传》共有120多部,100多万诗行,2000多万字,是世界上最长的一部史诗。迄今发现的藏文版本,已达50多部。作为一部活态史诗,新的部本尚在不断增加。

现在流传于世并经常演唱的大约有30部左右,即《天岭卜筮》、《英雄诞生》、《十三轶事》、《赛马称王》、《世界公桑》、《降服魔国》、《霍岭大战》、《姜岭大战》、《丹马青稞宗》、《门岭大战》、《大食财宝宗》、《上蒙古马宗》、《阿扎天珠宗》、《契日珊瑚》、《卡切玉宗》、《香雄珍珠宗》、《祝古兵器国》、《雪山水晶宗》、《白利山羊国》、《阿塞铠甲国》、《米努绸缎国》、《汉地茶宗》、《松岭大战》、《提乌让玉宗》、《打开阿里金窟》、《开启药城》、《地狱救母宗》、《西宁马宗》、《射大鹏鸟》、《安定三界》等。其中包容了大大小小近百个部落、邦国和地区,纵横数千里,内涵广阔,结构宏伟。主要分为三个部分:第一,降生,即格萨尔降生部分;第二,征战,即格萨尔降妖伏魔的过程;第三,结束,即格萨尔返回天界。三部分中,以第二部分"征战"内容最为丰富,篇幅也最为宏大。除著名的四大降魔史——《北方降魔》、《霍岭大战》、《保卫盐海》、《门岭大战》外,还有18大宗、18中宗和18小宗,每个重要故事和每场战争均构成一部相对独立的史诗。

分章本

《格萨尔》史诗有两种本子,一种是分章本,另一种是分部本。分章本是把格萨尔一生大的事迹集中写在一本中,分为若干章。这种分章本可能是格萨尔最初的本子,或者说是叫原始的本子。目前已经发现的分章本有贵德分章本、拉达克本、玉树于科本和民和三川本等四种。

分部本

分部本是指将分章本中的一个情节或格萨尔史诗中的某个故事扩充为首尾完整的独立的一部。有的是在分章本情节之外,另加新的情节,独立成部。所有的分部本中心人物是格萨尔,都是史诗的一个组成部分,综合起来即《格萨尔王传》的全部。这种分部本目前已经收集到的和发现的就有上百部。

降伏四方四敌

降伏四方四敌又称四方四魔,是《格萨尔》结构中的重要构成部分,也是史诗中的经典之一。岭国大赛马、降伏四方四敌、征服十八大宗是《格萨尔》史诗的主体结构。所谓的岭国大赛马包括"天界篇"、"降生篇"、"占领玛域篇"、"再赛奇妙歌篇"。降伏四方四魔是岭国进入战争的初始阶段。四方四魔是指居住在岭国四方的四邦国魔王。因为他们是见生皆杀、破坏善业、消灭佛法的最大魔邦。史诗对四方四敌居住方位和具有象征意义的各邦颜色作了叙述，就是黑魔、黄霍尔、紫姜、花门。方位上北妖、西霍尔、南门、东姜。消灭妖魔、弘扬佛法是格萨尔降服四敌的宗旨。然而岭国与四国的战争也有现实版的诱因。首先北妖鲁赞王，史诗运用神话色彩对他的形象作了描述。说他是一个凶猛的恶魔，九头十八角，三十六只手，足生有铁铜利爪，全身毒虫，腰缠九条黑蛇，食人肉，喝人血。

格萨尔王登位不久，鲁赞王抢走格萨尔次妃梅萨奔吉，格萨尔王立即赶往北妖国降伏了鲁赞王。霍尔是一个势力强大的部落联盟，霍尔白帐王经常炫耀本国势力。企图侵占岭国。格萨尔大王赴北妖国期间，霍王向岭国发动了战争抢走了王妃珠牡。勇将贾察等岭国部分将士血洒沙场。格萨尔返回岭国后，以智慧和勇气生擒霍尔白帐王，取得了霍岭大战的全面胜利。之后岭国进军姜国和门国消灭了姜萨旦王和门辛赤王。四国归岭国，民众转向佛法。岭国将士凯旋，人们载歌载舞、大摆酒宴、欢庆胜利。四方四国的首领是北鲁赞王、西古嘎王（白帐）、南萨旦王、北辛赤王。虽然他们都是妖魔，但格萨尔消灭他们的方式有所不同。史诗中说，射额鲁赞王、上鞍白帐王、幻殪萨旦王、焚烧辛赤王。就是说用弓箭射穿鲁赞王头部；生擒白帐王用刀砍死、在其后颈上放一马鞍、象征永远镇住妖魔；降伏萨旦王时，格萨尔化作一个铁蝇进入魔王腹中再变成一把利刀搅动致死。降伏辛赤王，格萨尔射出一支火焰箭射中辛赤王宫，在熊熊烈火中辛赤王命归西天。为度化他们的亡灵，格萨尔以佛法的五智来结束他们罪恶的生命。佛法五智是，大圆镜智、平等性智、妙观察智、成所作智、法界智。史诗中说，嗔恨燃烧的鲁赞王，用大圆镜智之箭来送终；贪欲沸腾的白帐王，用妙观察智鞍来镇伏；痴心深厚的萨旦王，用法界智幻来砸碎；傲慢十足的辛赤王，用平等性智火焚烧；还有嫉妒疯卷的大食王，用成所作智之剑来砍死。四方四敌被降伏之后，紧接着就是征服大食财宗。

北妖

北妖是岭格萨尔大王降伏的四方大敌之一。在史诗中称"降伏北妖"，北妖是一个势力强大的魔国，居住在岭国的北部。因此人们称其为北妖。四方大敌所居住的地理方位，在各版本中不尽一致。一些版本中说，霍尔在东方，门域在西方、姜域在南方、妖国在北方。妖国居住地称亚康强玛日居，位于岭国西北部。其国王叫鲁赞王，他是一个魔力强大且十分残暴的恶魔，食人肉喝人血。史诗中对他的形象描写得十分恐怖，其魔宫称九顶铁宫，周围是肉山骨城。他的手下拥有众多精兵强将，他们四处杀戮，八方抢劫，欺压民众，强占弱小部落。特别是他把侵略的魔爪伸向了岭国，威逼岭国每年赋人税、马税。格萨尔登上岭国王位不久，一箭射杀了魔王寄魂图腾妖野牦牛九尖红铜角，救出了落入魔掌的岭国两位小人物。从此岭国拒绝赋税。岭国首领晁同却把这一事情告诉了魔国鲁赞王。魔王为了复仇，化作一股黑旋风，如同金雕捉小鸟，把格萨尔次妃梅萨奔吉抢走。此时天女贡门杰母向格萨尔授记道，降伏北妖的日子已至，若不及时降魔，拖延时间，则贻害无穷。准备出发时，王妃珠牡虽然百般阻挠，但这是天意，谁也无法阻挡。为了消灭吃人的魔王，救回爱妃，格萨尔只身出征妖国。经过他与梅萨奔吉的内外配合，格萨尔王折断了魔王的寄魂树，放干了魔王的寄魂湖。一箭射中了魔王额头，尔后再搏斗了许久，终于铲除了恶魔，魔国归属岭国管辖。任命魔女阿达拉姆和大臣嘎达向俄为魔国首领。梅萨奔吉欲格萨尔久留其身边，向其敬上健忘酒，使格萨尔长达九载未能返回岭国。其间岭国遭受劫难，内忧外患横生，正妃珠牡遭劫。

霍尔

霍尔为《格萨尔》中的四方大敌之一，在史诗中称"霍岭大战"。它是整个"史诗"中的早期分部本。其版本众多、流传广泛。新中国成立后，一些专家学者把众多版本整理成上、下两集。"霍岭大战"是一部情节复杂，人物众多，语言精美，故事引人入胜的格萨尔王传奇故事。特别是该本子上集中很少叙述鬼神故事，被认为是古代青藏高原游牧部落社会的真实写照。

"霍尔"为藏语音译，是一种民族名称，其在不同的历史时期所指的民族不同。唐宋时期指回纥；元代时期指蒙古人，霍尔被认为是胡人；元末明初指吐谷浑等。而《格萨尔》中的霍尔并非指蒙古人。在岭国东部有一个势力强大的部落联盟，人称色波霍尔国。自称权势如同日月，属民不计其数，山地覆盖三大部落，属下还有众多强势部落，还有更嘎六部落拥有六大强骑，有勇将辛巴的部落、勇士三部落、富足三部落、霸权三部落、大力三部落、智者二部落、青湖故乡铁部落、门喀三部落、妖魔三部落。三大国王每人拥有十万铁骑，还有防守军队、进攻军队、守卫部等。霍尔王叫古嘎杰皮（白帐王），一母生三子。他们均以自己的帐篷颜色命名，叫黄帐王、白帐王和黑帐王。其中白帐王为最高首领，他是一位非常狂妄的国王，自称无际天王。说本大王是拖穆热钦之子，事业法令的主宰人，教谕王印的掌握者，江山水草的支配者，名声远扬的白帐王。霍尔之关口比地狱门严，无人敢惹本大王。霍尔白帐王麾下有辛巴、多钦拉莫、唐则、赤赞等数十位著名枭将。《霍岭大战》中霍尔白帐王趁格萨尔王滞留北方妖魔国之际，利用岭国内部的矛盾，乘虚而入，发动了大规模战争。岭国不少名将血洒沙场，抢走王妃珠牡，捣毁岭国神庙，劫走无数财产，立晁同为岭国首领。岭国陷入空前绝后的灾难之中。格萨尔就是在这种情况下回到岭国的。他首先惩治内奸晁同，然后召集岭国将领，作进军霍尔国部署，并独身前往霍尔国，化作不同身份的各种人物，步步深入，突破十二个关口，用霹雳剑结果了长脑袋、千里眼、大力士三魔鬼，射死了霍尔野牦牛，降服了霍尔卫士三魔女和霍尔国各种寄魂物。生擒白帐王、救回王妃。霍尔国转入岭国属下，立辛巴大将为霍尔国首领。格萨尔取得了霍岭大战的全面胜利。

姜

在藏文典籍中"姜"或"姜域"指今天的云南省丽江一带，与《格萨尔》中所描述的基本一致。史诗所描绘的姜国，风景绮丽，如同仙境，那里盛产五谷，有种类繁多的果木和香甜可口的水果。那里鸟语花香，是人们向往之地。《姜岭之战》是岭国与姜国为争夺盐湖而发生的战争。在岭东南方向有一个称紫姜的邦国，其国王叫姜萨旦王。他也是一个精通魔法、伤害众生、贪得无厌的魔王。他企图抢占岭国盐湖。格萨尔王派霍尔国首领辛巴大将，设计降服姜王之子玉拉托居，并亲率大军进驻盐湖边。有了玉拉托居的策应，格萨尔对萨旦王的动向了如指掌。在一次战斗中，格萨尔王趁萨旦王低头饮水之际，变成一条金眼鱼钻入萨旦王腹中，入腹后又变成千辐轮，在其腹内不停地转动，降伏了萨旦王。姜民收归岭国辖区，妖民转向佛法。格萨尔任命姜王子玉拉托居为姜域首领。

门

"门"在藏文典籍和一些民歌中指现在西藏的山南一带，被称为"南方门域"。在《格萨尔》中也称南方门国，那里沟谷纵横，四季温暖，雷声隆隆、细雨绵绵、茂密的森林中野兽成群，飞鸟徜徉，庄稼年年丰收。《门岭之战》是格萨尔降伏四方大敌的最后一邦国。在南方门域，被称为门域特唐之地的千兵天宫里居住着南门国辛赤王，他是一个无恶不作的妖魔。麾下拥有十八大河谷中的十八大部落和七部落。手下有大臣古拉拖果、东群达拉赤嘎等著名勇将。还有守护辛赤王生命的食人魔红虎、独脚鬼上师三弟兄等，这些具法术的寄魂物南门魔国是佛法的公敌、岭国的私敌。于藏历铁马年，格萨尔王根据天神授意，为消除魔患，组织霍、姜等多部落骑队，进军南门国。首先除了寄魂食肉红虎，进入战争状态后，经过激烈的鏖战，双方均有死伤。最后格萨尔亲自出战与辛赤王交锋，降伏了罪大恶极的辛赤王。至此格萨尔消灭了四大魔王，这是格萨尔一生伟业中的重要使命。从此安定了四方，百姓过上了幸福吉祥的生活。

征服十八大宗

格萨尔大王降伏四方大敌与价值观、宗教冲突方面有密切的联系。而征服十八大宗，虽然说大多宗的首领为妖魔，但主要是为了扩张部落势力，获取更多的财富。十八大宗在《格萨尔》史诗各种版本中的说法不尽相同，较普遍称十八大宗、二十五小宗、若干个支宗。有的说唱艺人版本中列出一百多小宗，还有大宗、中宗、小宗的说法。然而，过去民间广泛流传的部分大宗是基本上相一致的。此外过去一些影响较大的《格萨尔》中的说法也与民间流传的大同小异。如《岭国大圆满》中说，降伏四敌之后，紧接着征服《大食财宝宗》、《印度法宗》、《祝古兵器宗》、《蒙古马宗》、《汉地茶宗》、《喀切绿松石宗》、《契日珊瑚宗》、《米努丝绸宗》、《阿扎天珠宗》、《雪山水晶宗》、《阿里金宗》、《象雄药宗》、《丹玛青稞宗》、《白布绵羊宗》、《嘉绒竹宗》、《木各骡宗》、《贾母牦牛宗》、《阿色铠甲宗》、《玛域伏藏宗》等。而一些版本中说，《大食财宝宗》、《蒙古马宗》、《阿扎天珠宗》、《歇日珊瑚宗》、《祝古兵器宗》、《米努丝绸宗》、《汉地茶宗》为七大宗。《贾母牦牛宗》、《列赤马宗》、《白拉绵羊宗》、《印度药宗》为四大支宗。《象雄珍珠宗》、《喀切绿松石宗》、《阿色铠甲宗》、《蒙古犬宗》为四小宗。这些宗中部分著名首领有：达食诺尔吉王、喀切赤旦王、祝古拖果王、米努麻下王、雪山拉达俄当王、象雄灵智扎巴王、阿扎尼玛坚赞王、麦岭色赤王、象象仁青道吉王、歇日汉地赤达得王、阿里扎日王、松巴嘎吾坚赞王等。

开启宝藏之门

《格萨尔》史诗中的征服十八大宗，都带有两大任务：一是降伏各邦国的妖王、妖臣，为民除害，在百姓中推行"十善戒"。二是开启各地的宝藏之门，为更多的人带来财运。例如，史诗与财宝相关的宗有《阿星金宗》、《如吾银宗》、《阿扎天珠宗》、《契日珊瑚宗》、《喀切绿松石宗》、《米努丝绸宗》等。征服阿里金宗时，大王开启黄金宝藏之门，大将们把金匣中所装的黄金七宝捧献到大王手中。金宝藏中的黄金大的如同马头，中等的如同羊头，小的如同指头，金光灿灿堆成了山。又如"征服阿谚"中说打开宝藏之门，只见黄金财神像，自生金柱，自生黄金佛塔，金书般若十三部，黄金王政七宝，黄金甲胄八套，千只黄金碗……还有黄金如来像，黄金百尊文武像，黄金千佛像等。《如吾银宗》中说，此时如大王打开银宗之门，大臣们开始搬运白银。财主班玛久美开始清点，马耳银锭，每块有五百两，牛头大的银包足有三千两，还有形似息、增、怀、诛之象征形状的各种白银等不计其数地摆满如国金坝。《阿扎天珠宗》中说，在白玉匣中装有短天珠似虎斑纹，玉瓶合口天珠，大的如同孔雀蛋，共有五万六千颗，在绿松石匣中有大花天珠白城墙纹，降色天珠玛瑙门，有十万五千颗，在玛瑙宝匣中有小花天珠白点，还有形似獐牙天珠，有二十万颗。在珊瑚宝匣里有长花天珠血眉。

还有黑白九眼珠,长珠日月合璧,有二十八万颗。《大食财宝宗》中说,大食公主斯娜却吉汪姆打开天珠箱时,只见黑白、黄白、红白、蓝白、绛白二色相间的天珠和三眼、五眼、七眼、九眼、十眼、十五眼、十九眼、二十一眼等富有珠运的各种天珠令人眼花缭乱。

《喀切松石宗》:大将们逐一打开伏藏匣一看,有四十三个石匣,然后又开启石匣,第一石匣中装有松石绿度母像和绿松石春鸟自鸣像,第二匣中装有七宝绿松石,绿松石吉祥八宝。第三匣中装有绿松石经书夹板和绿松石捆书扣,其他石匣中装钻石绿松石、白绿松石、紫绿松石等各种质地的绿松石宝贝。《米努丝绸宗》:今天是打开精美丝绸宝藏之门的日子。树叶纹黄丝绸,是岭国喇嘛们的袈裟料;龙纹浅黄丝绸是岭国太子们礼服料;圆龙纹紫色缎料,是岭国大将们的礼服料;波纹蓝丝绸是岭国女人们的嫁妆料。五彩缤纷的绸缎,如同草原上的百花。不同绸子十八种,不同缎子十八种。今天开启米努丝绸宝藏门,做岭将士的礼服,做岭国美女们的嫁妆,做岭国寺庙的华盖和殿幡。

二、《格萨尔》史诗主要文本

《天岭卜筮》

也叫《天岭九藏》,可以肯定为全部史诗的开篇之作。此部包括有四川林葱土司家的木刻本等手抄本、木刻本共有10多种版本。后来四川、西藏、青海先后都有正式出版物,其中四川民族出版社根据林葱土司的木刻本于1980年出版的《仙界遣使》较为完整,共有2185行诗句。该部讲述的格萨尔天神之子,名叫堆巴噶,因莲花生未能降伏的藏地妖魔,又为害藏人,使所有的人们都生活在极端痛苦之中。大慈大悲观世音菩萨,不忍万民受难,请求上天降生神子,解救世间苦难。这是格萨尔从天上下降人世间的起因。书中又叙述莲花生解救龙病,索取龙王第三个女儿美多拉孜,把美多拉孜转赐给果部落头人惹罗顿巴为妻。这个龙女就是格萨尔投胎降生的母亲。这一部宗教彩色很浓。另一部同名的本子,是西藏老艺人扎巴说唱的,共十章,已由西藏人民出版社出版。内容富于生活气息,情节很曲折,叙述格萨尔不愿意降生人间,曾躲九次,最后才应允下界投生。

《果岭》

《果岭》是一部独立形成的抄本。此部系青海同仁手抄本,又称《葛岭大战》,"葛"与"果"乃同音异译,在青海有此部的译文资料。藏文原稿在"文化大革命"中被遗失,主要内容说的是各部落为了抑制岭国的强盛而发生激烈战争的故事。

《贾察猎鹿》

此部讲的是发生尕岭大战之后的故事,主要讲述果岭大战期间,岭国总管王绒查叉根的次子曲巴拉杰战死沙场,一直在汉地的贾察王回到岭国。有一天,贾察王外出打猎,在猎杀一只老鹿准备返回的途中,遇见一位行乞的老年妇女,并从这位乞妇的口中得知,他去汉地期间岭国发生的战争和曲巴拉杰被果部落杀害的情况,因而激起贾察王的怒火,出兵果部落,为战死的侄儿报仇。此部是一本独立的抄本,在较为完整的贵德分章本《格萨尔》史诗中却没有该部和《果岭》两部故事情节。

《诞生篇》

此部由四川民族出版社根据四川林葱土司家的木刻本翻印成铅印本,已于1980年出版。全书为说唱体,分六章,共2477行诗句。甘肃民族出版社也出版了同一书的铅印本,分两章,内容全同。叙述贾察为其兄连巴曲嘉报仇,进军果部落。果部落惹洛顿巴坚赞不战而逃,龙女美多拉孜,在逃亡途中误入歧路,与岭军相遇，因而被岭军俘获，后归格萨尔生父僧伦，与僧伦成亲，诞生了格萨尔。格萨尔诞生后遭到叔父晁同的迫害，又被族人驱逐到黄河川。格萨尔携同生母美多拉孜移住黄河川，将那里治理得很好。有一年岭地下了大雪，牲畜受灾，岭人无以为生，前往黄河川向格萨尔借地居住。格萨尔把岭部落全部迁到黄河川分地而居。英雄诞生这一分部本，汉译名有的叫《英雄降生》，有的叫《花岭诞生部》，有几种内容不相同的本子。藏名有的叫《降生史》，有的叫《降生篇》。

《玛燮扎》

此部由青海民族出版社根据青海20世纪50年代搜集的抄本铅印出版，1982年再版。该书共分十章，共有2352行诗句。该部主要叙述的是八岁时的格萨尔（又名觉如），具有超强的本领，从黄河水晶石岩中取出为备战所用的各种兵器、盔甲、战马等物品。在贵德分章本《格萨尔》史诗中有格萨尔十三岁娶妻称王之后，从黄河水晶石岩中取出盔甲和战马的记述。《蒙古马宗》一部也记述了格萨尔十三岁时打开黄河水晶石岩取宝的情节。《赛马称王》抄本中，也有格萨尔通过赛马而成为首领之后，从黄河水晶石岩中取出铠甲、头盔、盾牌、弓箭等故事情节。因此，《玛燮扎》当系由上述这些故事情节中衍生而成的一部独立的《格萨尔》史诗版本。

《擦瓦箭宗》

西藏人民出版社1982年出版此部藏文本，原系昌都地区流传的本子，共有2916行诗句。内容为降伏擦瓦的南拉赞普王打开箭宗取箭的故事。时在格萨尔尚未称王之前，总管绒查叉根主岭政，进军南方擦瓦，行军九天，到擦瓦的中大路上宿营。这时觉如回来，出现在长矛顶上，作八岁的童身相，旋又变成一个妖艳的少女，到南拉赞普王前。后来南拉赞普王战死，擦瓦的残兵败将，投降岭国。觉如度南拉赞普德生极乐世界。岭国开库取出茶麦青稞白米，金银绸缎，又从石窟中取出金刚手，莲花生等身像，又得到稀有的箭支，分赐给将官。丹玛请求觉如和岭人同回白岭尕，不要再到黄河川母亲那里去云云。因此得知，降伏擦瓦箭宗之日，是格萨尔尚在玛麦未归之时，他时年才八岁，是在赛马称王之前。

《西宁马宗》

《西宁马宗》又叫《西宁马国》。它是一部独立的版本，叙述的是格萨尔十一岁时前往西宁马国城，巧妙地降伏了为非作歹的妖魔赤达夏。主人公自幼表现得勇敢和顽强，为了推翻上层权贵对民众的无情统治，救助那些受苦受难的黎民百姓，他把西宁国的全部马匹分给岭国所属的各部落和人民。在西藏的扎巴老人和青海的才让旺堆等著名说唱艺人自报的《格萨尔》说唱目录中都有这个版本。

《丹玛青稞宗》

原文收藏于中央民族大学图书馆。该部主要叙述的是当时北方有个与格萨尔同名同姓的国王，其妃子叫色隆华拉，是一位才貌双全的姑娘。丹玛青稞部落的萨霍尔国王也看上了色隆华拉的美貌，于是萨霍尔国王用从山头往下滚石头的土办法将国王杀死，抢走色隆华拉。但坚强的色隆华拉妃子和随同的女婢为了反抗北方魔王的暴虐行为，自尽身亡。总管王绒查叉根知道萨霍尔已夺去了北方的三条年轻的性命，就叫他到圣地拉萨的寺庙去诵经赎罪。萨霍尔王临行前非常担心他走后，幼小的擦向丹玛香叉长大会篡夺萨江王子的宝座和权力，于是就把原本是丹玛青稞国的擦向丹玛香叉驱逐到岭国。擦向丹玛香叉很想回到自己的国家继承王位，便让岭国去攻打丹玛青稞部落。最后萨江王子被杀，岭国征服了丹玛青稞部落，擦

格萨（斯）尔

向丹玛香叉也轻易得到了王位，同时也成为岭国的大将，这部《格萨尔》史诗对幼年的觉如（格萨尔）也多有描述。此版本是一部独立和非常完整的本子，共有6900多行诗句，在藏区的苯教寺庙都藏有藏文的手抄本和木刻本，在青海有汉译的铅印本资料。

《赛马称王》

这是一部异本最多的版本之一，四川林葱土司家有此部的木刻本，四川民族出版社1980年出版木刻本的翻印铅字本，甘肃和青海的民族出版社分别都有铅印的出版物，两书内容相同，汉译名作《赛马七宝之部》。但是甘肃本不分章，可能是林葱土司家木刻本的原貌，四川本分为七章，每章标题，置于章首，似是后来整理者加上去的。本部也是说唱体，唱词据甘肃本来计算为4016行。内容是遵照天神预言，晁同让岭国举行赛马会，以岭国王位、美女珠牡、未尼七宝为彩注，格萨尔取得第一名，因而坐上金座，成为岭国大王，并纳珠牡为王妃。贵德分章本无赛马称王娶珠牡情节，而是格萨尔贫穷时，在河边小桥上与珠牡相遇因而相爱成亲。珠牡的母亲反对这门婚姻，珠牡坚持，接着格萨尔便由神变成王，两人才结合。

《世界公桑》

书名世界是指格萨尔为世界大王的简称，公桑是指为公事而举行的煨桑祭典。此部内容叙述格萨尔在称王纳妃后二年又五个月之时，他将出征降伏四方妖魔，因而煨桑祭神，请求各类天神地祇予以协助，不为障难。在煨桑时，北方魔国命根子野牛向岭人冲来，被格萨尔一箭射死。煨桑已毕，霍尔人又乘机抢夺嘉洛顿巴家的马匹，守边人迎击，杀死霍尔大将三人，其中一人是霍尔王子。整个故事情节曲折，惊心动魄，扣人心弦。此部有汉译的资料本，也有很多手抄本和木刻本。

《降伏魔国》

《降伏魔国》又有《降妖伏魔》、《降伏妖魔》等几种不同的译名。本部叙述格萨尔纳妃称王之后，他的次妃梅萨奔吉被北方魔王鲁赞从半空中捉走，那时格萨尔才十五岁。他不顾王妃珠牡的劝阻，单人独马，深入魔国，半路上打败魔王守边的妹妹阿达拉姆，纳之为妃。到达魔宫，与梅萨奔吉见了面，梅萨奔吉告诉他杀死魔王的方法，他一箭射中魔王的额头，降伏了魔王。以后梅萨奔吉不愿意让格萨尔回国，用迷魂药麻醉他，因此他在魔国前后住了九年之久。此部的情节在贵德分章本中称《降伏妖魔章》，被列为第四章。这部史诗叙述的是格萨尔第一次出征降妖伏魔的故事。在整个史诗中有格萨尔降伏四方四魔的故事之说，而鲁赞是他消灭的第一个魔王。

西北民族学院曾出过此部的内部铅印本，全书分为八章，说唱体，唱词共3333行。甘肃民族出版社出版的铅印本，内容全同，文字稍有出入，唱词为3385行。

《霍岭大战》

《霍岭大战》又称《霍与岭之战》、《降伏霍尔》、《霍尔入侵》等译名，藏文版分上下册，汉译版分上中下三部，是一本内容丰富、分量较大的版本。在青海出版的铅印本中仅唱词就有30400多行，也是最早翻译成汉文的版本之一。这个本子叙述的是趁格萨尔王去北方降妖伏魔不在本国之际，霍尔国的白帐王公然带兵入侵岭国。岭国的勇士们虽然奋起反抗，但由于晁同的叛变和出卖，岭国遭到失败。众勇士被杀，王妃珠牡被抢走，岭国的所有财宝被掠去。一直在魔国的格萨尔得知霍尔入侵岭国的消息后，急忙赶回本国，在严厉惩罚叛国贼晁同的同时，急速前往霍尔国打败了所有的敌军，杀死了霍尔国的白帐王，救回妻子珠牡。此部是整个《格萨尔》史诗的战争篇里面最为重要的一部，从头到尾故事情节和战争场面此起彼伏，且连贯性很强，极为精彩。

《汉地茶宗》

《汉地茶宗》也称《岭与中华》，此《格萨尔》史诗故事在云南藏区非常流行，青海、四川、西藏等地也有很多异本出现，在青海还有完整的汉译资料本。北京民间文艺出版社曾用铅印的形式出版了此部史诗，书名汉译为《甲岭传奇》。全书共有2000多行诗句，是一部延伸出来的独立的版本。此本主要讲述的是格萨尔王降伏亚尔康鲁赞王和黄霍尔国的白帐王后，紧接着被甲那国的公主请到汉地处理皇帝的尸体。他一路千辛万苦，消灭了所有的毒蛇猛兽和妖魔鬼怪。最终按照公主的要求，他焚烧了甲那皇帝死后已经魔变的尸体。从此甲那与岭国之间来往无阻，商业贸易不断发展起来。此部有很多不同的异本，且内容方面出现较大的差异，是一部反映历史上藏汉民族就有着共同繁荣和共同发展的传统和友谊，表现谁也离不开谁的民族情谊的典型范例。这样的史诗版本弥足珍贵。该部所叙述的故事是在降伏魔国和黄霍尔后发生的，因此此部应列在《降伏霍尔》一部之后。

《辛丹内讧》

此部目前看到的有多种版本：一种是青海同仁地区搜集到的手抄本，并全部翻译成汉文资料，书名为《辛巴与丹玛之部》；另一种是甘肃省甘南州文联曾铅印成资料的抄本叫《辛丹内讧》；第三种是四川民族出版社铅印出版的版本，书名译成《辛丹虎狮相争》，约有3500多行诗句。另外还有青海、西藏等地出版的现代艺人说唱本和改编成儿童文学丛书等形式的版本。主要内容为辛巴原是黄霍尔的高级大将，丹玛用箭去射辛巴的脑袋，揭去了他头顶的一大块天灵盖。辛巴诡计多端，暗地里将格萨尔王的哥哥贾察协嘎尔杀害。格萨尔王不计前嫌，在征服了黄霍尔后，允许辛巴投诚岭国，还封他为岭国的大臣。丹玛对此做法极为不满，与格萨尔王对立起来，时刻准备着要为贾察协嘎尔复仇。这时已死去升天的贾察协嘎尔从天宫重返人间，并说服丹玛这才平息了这场纷争。整部故事情节曲折，扣人心弦。此部属于从分章本的简单情节发展成为独立版本的史诗故事。

《姜岭大战》

《姜岭大战》有《征服姜地》、《保卫盐海》、《姜国王子》、《岭与姜国》等多种译名。此部史诗如同它的书名一样，有很多不同的版本，来自不同地区的抄本其内容也有所差异。西藏、青海、四川、甘肃根据本地流传的抄本分别都有铅印本出版，其中西藏《姜岭大战》版唱词约有16000诗行，是一部独立成书的完整版本。综合该部的内容，主要叙述了姜国的萨丹王子为了夺取岭国的盐海而入侵，在战争中姜国王子玉拉托居尔投靠岭国，然后格萨尔巧妙地变成一条鱼在水中游荡。这时萨丹王正好下海游泳，趁他在海中喝水的时候钻入萨丹王的肚子里，变成"千辐轮"，从而将前来入侵的姜国萨丹王杀害。此版本很具神话色彩，有的抄本分上、下两部，前后的内容也出现相反的情况。在传统的史诗版本中，一般把《降伏妖魔》、《降伏霍尔》、《降伏姜国》与《门岭大战》称为降伏四方四魔。也有的把门国除外，而将另一次战争作为降伏四魔的一次战争。就比较原始的版本来说，降伏四魔可能是史诗最初固有的情节。

《门岭大战》

《门岭大战》或称《门岭之战》、《岭与门域》，是一部独立形成的战争篇。该篇主要讲述的是岭国为了报复过去抢夺过他们的财物、杀害他们英雄之深仇大恨，而与门国发生激烈战争的故事。经过长时间英勇顽强的斗争，最终格萨尔征服了门国。其中还有古代藏族社会的抢婚和走婚等方面的内容，反映了当时许多民俗文化，颇具研究价值。此部在青海、四川、甘肃、西藏等省区都有抄本收藏，并分别进行了出版。根据西藏著名《格萨尔》艺人扎巴老人说唱的新版本，约有 10000 来行诗句。与其他原始手抄本相比，主要情节和内容大体相同，但有些小的细节有所区别。叙述的是岭国的晁同为子娶亲，欲进兵去抢夺门国的公主，因而两国间发生激战。经过三年的鏖战之后，门国的辛赤王深感不敌岭国，爬天梯外逃，被格萨尔王发现。他一箭将天梯射断，辛赤王从半空中坠地而被擒获，又被以晁同为首的岭国将士纵火烧死。最后，门国公主与岭国的晁同之子拉桂奔鲁顺利成亲。在这个《格萨尔》史诗故事中，由于格萨尔的出面，以晁同为首的岭国军虽然取得了战争的胜利，但也表现出了晁同这个人物形象的贪婪、奸诈与野心。此版本对研究《格萨尔》史诗中的典型人物具有重要意义。

《阿达拉姆》

《阿达拉姆》又名《地狱救妻》，是在青海民族出版社出版的铅印本，唱词达 2081 行以上，是一部独立成部，并从远古流传下来的古老版本。内容是格萨尔离开岭国去汉地的时候，妻子阿达拉姆突然病死。因她在人间罪孽较重，死后灵魂被打入地狱，历时三年备尝痛苦。格萨尔回到岭国后，知道妻子的灵魂在地狱备受折磨，毅然前去阎王面前理论。阎王说出了她是如何下到地狱的，如何通过念经的方式去赎罪才能救出妻子等情形后，格萨尔按照阎王爷的指点经过千辛万苦，最终从地狱救出了妻子的灵魂，同时也把在十八层地狱中受苦受难的一切众生都解放出来，往生净土。阿达拉姆被搭救出来后复活，以后常随格萨尔南征北战。整个故事非常感人，其改恶从善的伦理意蕴十分明显。后来的各分部本，称格萨尔的妻子为阿达鲁姆，拉姆是天女，鲁姆为龙女。

《梅岭黄金宗》

《梅岭黄金宗》是一部独立形成的版本，青海民族大学于 1983 年已将此部进行了铅印并保存。该部主要讲述的是格萨尔降伏祝古王一年半后，眉岭王扎拉为了报复祝古国过去抢夺过他们财物、杀害过他们英雄之深仇大恨，向白岭进军。已故的贾察从极乐世界看到人间的不平，就重新下界，及时将挑起战争的罪魁扎拉王射死，立 11 岁的王子达迟东吉为眉岭王，获取眉岭国最为稀有的黄金及其他财宝并将其运回白岭的故事。

《大食财宝宗》

藏语作《大食诺尔宗》，有四川德格木刻本，西北民族学院内部铅印本，西藏人民出版社根据手抄本出版的铅印本和甘肃民族出版社的铅印本。各版本内容相同，均为说唱体，唱词 11444 诗行，描述的是在降伏魔国、霍尔、姜国、门国之后一次较大的战争。大岭大战的起因，是由于岭国晁同偷了大食的三匹骏马，战争最后岭国将大食王杀死，打开牛宗，赶出各种牛只，也有羊马金银绸缎等各种财物。此后格萨尔班师返回岭国。

《大食施财》

藏语称《大食诺尔杰》，有德格木刻本，西北民族学院内部铅印本，西藏人民出版社根据手抄本出版的铅印本，均系同本，内容全同。主要是叙述格萨尔降伏大食后，把牛只财物带回岭国，向有功将士分赐牛只的故事。这一部明显系根据《大食牛宗》的情节演绎而成，形成《大食牛宗》以外的独立分部本。全书为说唱体，内容较短，唱词只有 1124 行。因其与《大食牛宗》有关，故把它暂列此处。因此，此部的创作时间也应在后。

《卡契玉国》

《卡契玉国》又名《岭与卡契》，叙述了卡契国的赤丹王征服了尼泊尔、郭卡、尼卡等小国后，自以为是，傲慢至极，不可一世。他听说岭国的格萨尔王英勇无敌，内心很不服气，便带兵攻打岭国。格萨尔组织兵力坚决反击卡契王的侵略，不但亲自杀死了赤丹王，还打开了卡契国的玉库，取出所有玉器等财物分散给了人民。此部在各藏区非常流行，有完整的德格木刻本和青海玉树地区的很多手抄本。西藏人民出版社出版的《卡契玉宗》一部也是这个版本，共有28000多行诗句，是一部独立形成的《格萨尔》史诗。

《向雄珍珠国》

《向雄珍珠国》又名《香雄珍珠宗》，西藏、青海、甘肃等省区分别出版了铅印本，由于底本不同，其内容也有所区别。但主要讲述的是，岭国的晁同惹是生非去抢劫了象雄国商人的货物，象雄国人不甘示弱反而夺走了晁同的牛羊，因而两国间发生战争。在晁同被象雄国捉去拷问中，轻易地泄露岭国的军情，使战争格外艰苦。通过长时间激烈的恶战，格萨尔最终攻破象雄国的珍珠城，用神箭射死象雄国王雍仲龙珠扎巴，从而大获全胜。这也是一部独立形成的版本，其中还有象雄公主贝宗曲措出嫁给珠部落的拉乌等联姻方面的故事情节。全书除散文叙述部分外，共有4356诗行。

《祝古兵器国》

《祝古兵器国》又名《祝古兵器宗》，在西藏地区流传较广。根据青海20世纪50年代搜集并译成汉文版的抄本资料来看，共有五册，分为上中下三卷，在西藏人民出版社出版的铅印本，共有唱词21000多行诗句，是一部篇幅较大、综合形成的完整版本。主要讲述的是，祝古国的大王玉杰托哇，由于兴兵入侵藏地，攻陷阿里，深入后藏。这位大王凶猛勇悍，一路迎击白岭、岭国、古加等藏军。各地的战斗非常激烈，双方互有胜负。为此格萨尔征调自己的属国霍尔、姜国、上下蒙古、黎国、象雄国及岭国本部等各部落的全部兵马，迎战祝古兵，经过长时间激烈的较量，最终格萨尔大王统帅各路大军，北上祝古国，一举征伐玉杰托哇王并俘获全部人马和兵器。其中有创立佛教等重要故事内容，是一部有着重要研究价值的古老版本。

《征服吉日宗》

《征服吉日宗》又名《征服夹日江村》，是一部分流出来的版本，篇幅不长，目前看到的大约有1258行诗句，最早收藏在北京民族文化宫图书馆，为藏文手抄本。内容是格萨尔大王出征吉日的妖魔国时，路上遇到很有心计的纳萨姑娘，倾心格萨尔。她不想让格萨尔去攻打吉日部落，因而用心火烧死吉日王。

《穆古骡子宗》

西藏人民出版社有《穆古骡子宗》的铅印本，共有10000多行诗句，是一部独立的原始类版本。主要讲述的是，岭国以迎娶汉地公主为名，向穆古国发出假邀请书。穆古国难容岭人的做法，因此两国间发生纠葛。通过战争，最后格萨尔王挥刀劈下穆古国王尼玛赞杰的头颅而获得胜利，并用利剑劈开该部落圈养骡子的岩石大门，放出五颜六色的小骡驹，分赐予于臣民的故事。

《阿里黄金宗》

《阿里黄金宗》有两种不同藏文书名的抄本，名称不同而内容基本一致。四川民族出版社出版了该部书，共有28000多行诗句。主要叙述阿里地区的金岭部落本来信仰佛教，后来七魔臣大规模弘扬魔教，想改变他们的宗教信仰，为此格萨尔出征阿里，降伏魔臣，保护这里的人民和他们的宗教信仰。同时还开矿挖金，分赐予黎民百姓后回国。这是一部地域性很强的版本，里面有许多方言土语和原始宗教色彩，有一定的研究参考价值。

《夹岭大战》

此抄本在四川、西藏等地比较流行，西藏人民出版社出版了由强秋僧巴曲吉洛追整理的版本，共有5400多行诗句。主要讲述的是格萨尔率部前往夹国解救那里受苦受难的人民，夹岭两军经过激烈的鏖战，格萨尔亲自用自己的神箭将欺压在百姓头上的夹国国王南萨托赞射死，并打开国库取出珠宝以及国王的紫骠等凯旋的故事。

《雪山水晶宗》

此部是一部独立形成的版本，早在1982年由四川民族出版社根据民间搜集的手抄本进行出版。全书共分十七章，部分有6282行诗句。主要叙述的是格萨尔在征服祝古兵器国之后不久，莲花生大师给格萨尔授意，让他前往雪山之国拉达克，去消灭那里欺压百姓的魔王。这时，雪山国拉达克的雄努噶沃，已先出兵进攻白岭的属国小勃律。格萨尔立即出兵救援，先用神箭消灭了魔王的救护神九头魂狮，紧接着降伏了雄努噶沃王，从而打开冈底斯雪山国的宝库，获取了光怪陆离的水晶宝物。

《上蒙古马宗》

中央民族学院图书馆藏有此部，青海省民研会曾根据青海囊谦藏文手抄本汉译。分上、中、下三册，说唱体，唱词上册2269诗行，中册4392行，下册2477行，共计9038诗行。内容为格萨尔进军上蒙古，上蒙古王娘尺拉尕尔和王子拉如主战。最后王子战死，娘尺拉尕尔国王投降岭国，格萨尔取宝马回国。

本部在第一章中提到"格萨尔前半生将北方魔国霍尔、姜萨旦等国征服，把这些国家转成崇信佛法之地，到了中年降伏了南方米宗、大食牛宗"。在第四章中提到"五岁食人间食；十三岁开了玛尔康水晶岩宝库；十五岁去北方降伏了路赞王，在魔地弘扬佛澎；二十五岁去霍尔，降伏了白帐王报了仇恨；三十五岁去姜国，降伏了萨旦王，取得了福运；四十岁去南方，降伏了辛尺王，取得了白米宗；四十五岁到北方，征服了大食，取得珍宝财物"。这说明了格萨尔出征外国顺序，也说明征服"蒙古马宗"是在征服"大食牛宗"之后。

《下蒙古铠玉宗之部》

西北民族学院原藏有此部，青海省民研会根据玉树地区流传的手抄本译成汉文，说唱体，唱词8187诗行。内容系叙述岭国征服上蒙古之后，又进攻下蒙古。下蒙古王子仁钦扎巴和虎臣普钦投降，下蒙古王莽去尺赞被降伏。岭国打开英雄喜欢的铠甲和少女喜欢的璧玉宗后凯旋。此部有作者署名觉宛嘛呢。

《阿扎天珠宗》

此部已由青海民族出版社出版藏文本，汉译名《阿扎玛瑙国》，共二十一章，说唱体，唱词共11675诗行。青海省有汉译本，定名为《阿扎玛瑙城》，是根据果洛地区流传的手抄本译出的，说唱体，唱词12804诗行。此部内容叙述征服阿扎玛瑙宗的经过。它一开头叙述战争的起因是岭国商人去尼泊尔、印度贩运商货，路经阿扎。阿扎的杰日达孜王派兵抢去货物，杀死许多商贩。格萨尔于是进军阿扎，战至最后，阿扎力不能敌，请求和解，战争就此结束。四川亦搜集到此部的手抄本，汉译名为《征服阿扎玛瑙城》。

《米努绸缎宗》

此部在青海地区比较流行，曾在 20 世纪 50 年代搜集到藏文的原始手抄本并将其全部译成汉文，原始手抄本有 7240 余行诗句。该部说的是格萨尔在他 89 岁高龄时征服米努绸缎宗的事情。就在征服米努之前，岭国和白热宗发生过战争，最后岭军大获全胜，打败了白热宗。后来米努绸缎宗要发动援兵光复白热，然而米努宗首领、一母所生的同胞姐妹达鲁贞和拉鲁贞在这一事情上想法不同，各执己见。一个主张发兵，另一个反对发兵，最终反目成仇，深明大义的拉鲁贞在极力阻止出兵而无果的情况下，赶上骡马，驮着财物出走，遭到达鲁贞人马的追杀且兵戎相见，拉鲁贞无奈之下向岭军求援，联合对付达鲁贞的大军。结果，达鲁贞光复白热之事未成，却落得了自己的米努国反被岭国所灭的命运。

《香香药物宗》

甘肃民族出版社已于 1984 年出版此部，分上、下两部。上部《香香药宗上部廷岭大战稀有白光新传》。汉译名可作《在北海中黄金洲征服香香药物宗》，下部《甘露药成就无漏精华喜筵品悦耳笛声》。说唱体，上、下部唱词共 8119 行。上、下两部互相连接，成为一部。内容系岭国晁同赶走廷国的马群引起两国战争。廷王牟尼玉惹丢了马匹，大将保米玛尔跟踪追寻。晁同赶了马匹以后，未直接回岭国，想经过黄霍尔回到本部落。保米玛尔怀疑马匹为黄霍尔人偷走，于是他也赶走了黄霍尔的马群。岭人为了救助黄霍尔，两军发生激战。廷王牟尼玉惹最后战死，廷公主献出了药物库的钥匙。以前落在海中的马头未尼宝也由海中龙女献给了格萨尔大王。格萨尔打开宝库，取出药物。印度达姆萨拉图书馆收藏的《格萨尔王传》，有《廷国》一目。在《木古骡宗》一部中，参加岭军作战的也有廷王部队。此廷王名达桂南赞，可能是牟尼玉惹战死后，岭国另委的廷王。《廷国》一部或即是《香香药物宗》的别名。

《白惹绵羊宗》

青海省民研会有《白惹绵羊宗》的内部汉文译本，说唱体，唱词 5381 行。下一分部本《米努绸缎宗》中，有格萨尔八十九岁，在征服白惹绵羊宗后，云云。这里说格萨尔征服白惹绵羊宗是在八十九岁之前。出征时，格萨尔亲自统率大军，各部兵马由众英雄率领。白惹军屡次失利，大臣和王后劝降，白惹王拉赞尺都不听。晁同埋了白惹拉赞尺都王的命根子蜜蜂，丹玛用利箭射死拉赞尺都王，以后又打开羊宗石岩，跑出来漫山遍野的绵羊，白惹从此改信佛法。

《降伏郎如之部》

此部已由青海民族出版社 1985 年出版，汉译名《浪日》，另一部的汉译名是《世界格萨尔王传降伏本（苯）教王郎如篇》。全书分五章，说唱体，唱词 1765 行。故事叙述郎达玛转世的郎如国王笃信苯教，莲花生指示格萨尔前去降伏他。此王刀箭不入，格萨尔用心力把他化成灰烬，用箭射开郎如王的十八层藏宝石岩，取出无数珍宝福运带回岭国，将珍宝赐给上岭、下岭、中岭一切人等，并将阿里卫藏多康与郎如王有关的坏咒术师、坏苯教师全部清除。

《降伏郎如之部》

此部已于 1985 年由青海民族出版社出版，汉译名《浪如》。另一部的汉译名是《世界格萨尔王传收服日努品》。全书共分八章，说唱体，唱词 2537 行。故事内容是格萨尔出兵努国，使努国在战争中损兵折将。大臣朱拉托桂劝国王僧格扎巴投降岭国，国王不听，请他的先世祖母老妖魔用尕马咒术摧毁岭军，结果被格萨尔降伏。格萨尔射死国王僧格扎巴，打开宝库，取出各种珍宝，打开绸缎宗，取出各种绸缎，班师回国，将绸缎分赐英雄将士。此部与前一部同署名，内容情节不同，并非同部。

《松岭大战》

1981年西藏人民出版社根据手抄本出版此部，汉译名《岭主格萨尔王传松岭大战，取辎毛牛运回藏吉祥篇》。不分章，说唱体，唱词3834行。北京民族出版社1982年也出版了此部，汉译名《松岭之战》，又名《松巴辎牛宗》。分二十章，说唱体，唱词3015行，系西藏师院（西藏大学前身）《格萨尔王传》抢救办公室的整理本，两书内容情节大同小异，是叙述岭国晁同把松巴国公主美多措偷来，使之与其子成亲的故事。此国东邻朱孤，西与莫里湖接壤，国王名尕吾江村（西藏本名共赞尺杰），王妃生有二女，长女名冬达微尕，幼女名美多措，晁同偷来的是她的幼女。松巴国大臣浦都拉玛尔与托桂梅巴尔率兵追寻，捉住晁同，路过朱孤被杰大臣曲珠夺回。格萨尔得莲花生授计，出兵松巴国，松岭展开大战，松巴败阵。松巴盖尕吾江村乘鸟笼出逃，被格萨尔抛出套绳捉住，松巴王投降。岭国降下松巴国有人头插顶的黑旗，升起岭国狮虎相对的白旗，令松巴国奉行十善，不得背叛，此后岭军班师回国。

《安定三界》

此版本在青海及四川较为流行，属于一种独立的版本，在流传的版本中也出现了很多异本。该版本主要叙述了格萨尔降伏四方妖魔之后，因为他下凡人间、为民除害的使命已经完成，便安排了王位的继承人，带着自己的爱妃珠牡，身着金甲银盔，骑上赤兔大马，佩戴金光闪闪的神弓宝刀，重回天国的故事。其中还有白梵王等众多天神下界迎接等情节。

《岭与地狱之部》

此部汉译名《岭与地狱大圆满》或《岭与地狱大功告成》，青海玉树还有一部手抄本《娘岭》，已由青海民族出版社出版，说唱体，唱词6063行。青海民研会有内部汉译铅印本，译名为《地狱救母》，说唱体，唱词6220行。此部内容叙述格萨尔远去印度，回来时母亲已死，并堕入地狱。格萨尔进入地狱救出母亲，使其升上天界。自己也因下降人世后，降伏妖魔，所做已做，大功告成，于是也重回天界，王妃珠牡、骏马兵器也返回天界。此部是格萨尔全传最后一部的分部本。格萨尔全传，以《天岭》始，以《娘岭》终，这两部作为首尾两部是受到肯定的。有的说唱艺人如扎巴和玉梅自报说唱书目，也都是这样排列的。按两部内容情节来看，也明显地表明这两部，一是开头，一是结尾。1988年青海民族出版社出版藏文铅印本，说唱体，3780行。此文写于1986年，现在将此部补在此处，把诗行加入原计算数字内。

第三部分　说唱及道具部分

艺人说唱帽子

《格萨尔》民间说唱艺人的道具很少，但帽子是必备的。《格萨尔》说唱帽是民间《格萨尔》说唱艺人的专用道具，在藏语中称"仲夏"。说唱帽以羊毛毡、绸缎或布料缝制，其形状呈菱形顶尖、中大下小六棱四面，左右两侧有两个钝角形帽耳，帽顶插有各种禽翎，帽的正面镶嵌有数十种装饰物，每一种装饰物都有一定的象征意义。说唱帽在一些《格萨尔王传》中有专章叙述，被称为《王冠颂》，在民间广泛流传，特别是格萨尔王传《霍岭大战》下集中详细讲述了说唱帽的由头、制作缘起、制作方案和象征意义。说的是，格萨尔王为战胜霍尔白帐王幻变成三个形象一模一样的游僧进入霍尔国。当他们碰见被霍尔抢走的格萨尔王妃珠牡时，王妃看见三位游僧的奇特帽子，感到惊奇。便问道："这帽子由何而来？"于是游僧唱道：

当初缝制此帽时，
师问我如何缝？
游僧本人如是说，
不缝高僧大德帽，
度脱众生是难事。
不缝官宦白胄帽，
不做受贿罚民事。
不缝妖魔黑色帽，
无能把魔转向法。
不缝锥形羌人帽，
游僧不去羌人国。
不缝灰色牧人帽，
游僧难放百羊群。
不缝女人狐皮帽，
游僧不去联姻处。
裁师嘎玛贝学你，

请看上方所及处，
一山却有三峰峦，
那是卫藏殊胜山，
帽形参照此圣山。
藏地没有三尖帽，
游僧我帽有三尖，
三尖象征三怙主。
藏地没有六棱帽，
游僧我帽有六棱，
六棱象征六种佛。
藏地没有四门帽，
游僧我帽有四门，
四门象征四天王。
帽子顶端呈尖形，
象征男子汉机智。
帽子中间稍大些，
象征游僧智慧面。
帽边稍显小一些，
象征敌从边歼灭。
帽尖要有三指宽，
故离三指不放过。
帽边要有五指宽，
故离五指不放过。
帽带要有一度长，
故离一度不放过。
帽高要有一肘正，
故离一肘不放过。
游子四门小花帽，
嵌有右旋白海螺，
要有金刚宝三叉，
要心想事成至尊。
右边嵌有海螺圈，
象征好男洁白心。
圈眼嵌有红珊瑚，
象征敌眼灌满血。
左边嵌有水昌片，
象征好女之纯洁。

晶眼串有筋制线，
象征敌眼缝合线。
帽前嵌有银佛塔，
象征妖魔转向法。
帽前要有弓和箭，
象征箭穿黑妖额。
帽前挂有一把刀，
象征送给辛巴刀。
帽前要有一马鞍，
象征镇压白帐王。
帽口嵌有金刚杵，
象征击退敌进攻。
帽顶嵌有金刚橛，
象征官兵皆英武。
帽边围有八十珠，
象征八十成就者。
三十白眼珠围绕，
象征三十空行和，
岭国三十员大将，
帽檐围绕金属物，
象征敌堡围铁城。
帽尖要插白鹫翎，
象征勇士围自我，
帽顶要插黑鹫翎，
象征勇士母围绕。
帽顶要插孔雀翅，
象征占领玛域地。
帽顶要插杜鹃翎，
象征王妃妙嗓音。
帽顶要插乌鸦翅，
象征敌人丧威望。
帽顶还插鹞、雕翅，
游子赛过二鹰猛。
帽顶还插夜鹰翅，
象征驱散无明暗。
帽上嵌有鲲鹏鸟，
象征摄收皆三界。

大鹏丰满的双翅，
象征威震皆三有。
帽上嵌有铜明镜，
象征无碍的智力。
帽上嵌有一朵花，
象征生死得自在。
帽上嵌有宝贝图，
象征心想皆如意。
帽上别有铜制针，
象征时时具护法。
帽上搭有白色帛，
象征东穹寄魂帛。
帽上搭有黄色帛，
象征格卓寄魂帛。
帽上搭有蓝色帛，
象征马折寄魂帛。
帽上搭有红色帛，
象征麦达寄魂帛。
帽上搭有花色帛，
三十大将寄魂帛。
帽似公鹿站山梁，
似雕鹰俯冲山腰，
似兔子停立平地，
放在座前占一席，
似智者念诵经文。
帽子拿在手中时，
好似僧人持供品。
帽子放在臂弯里，
好似女人抱小孩。
帽子放在地上时，
好似高僧脱上衣。

此外，在《王冠颂》中，对帽子设计造型和许多装饰物象征藏地的雪山、六大山脉、四条江河、四大湖泊以及藏传佛教诸多内容等有详细的记载。

《格萨尔》说唱艺人说唱《王冠颂》时，具有独特的艺术魅力，说唱者的表情和手势动作以及说唱内容的和谐造就出一种欢快轻松的气氛，使观众获得审美愉悦。说唱艺人一会儿把帽子放在肩上；一会儿抱在怀中或放在地上、端在手上；一会儿把帽折叠起来或展开双耳、单耳；一会儿亮正面或侧面模仿各种物品、人、物等边唱边表演，十分有趣。

说唱帽从外部表现形态来看，是一种造型美和装饰美的和谐统一体，给人以美的享受，且蕴含丰富的文化内涵，营造悠长的意境，可引起人们的联想共鸣。除此之外，它也是说唱艺人审美反映和审美创造的物态化成果。可以说，格萨尔说唱帽也是一本内容丰富的史诗，是一本赞美青藏高原大好河山，赞美英雄格萨尔，赞美高原人扬善弃恶、不屈万难、勇往直前的精神史诗。

第四部分 民俗节日

民俗节日主要指婚、丧、嫁、娶、生日、祭山祭湖、盟誓、居室、生活用具、服饰、宴会、饮食、节日灯等。

爱情

格萨尔不仅是一个神话人物，而且富有人性的一面。在他身上，人们可领略到人的七情六欲和多彩生活意境的精彩呈现。《格萨尔》史诗中有关爱情的叙事比较多，但它有一个突出的特点，这就是以"三集中"凸显"三典型"。所有女人的美都集中体现在珠牡身上，史诗对珠牡美的描述淋漓尽致，惟妙惟肖，充分反映了古代藏人的审美观。史诗中描述：王妃珠牡，绝代佳人，美的典型，世界美女巅峰。她体态窈窕，举止娴雅，打扮雍容华贵，韶年丽质，明眸善睐，秀色可餐。岭国内外无不被她的美所倾倒，所有男人都无法抵抗她的魅力。《赛马称王》：鲜艳的莲花被她夺取了光彩，日月在她面前也显得暗淡无光。得道的修行人见她也燃起欲火，阎王见她也对她唯命是从。《霍岭大战》：霍尔兵见到她目瞪口呆，垂涎欲滴，谁也不愿离去。此外，珠牡除形象美以外，还具有心灵美的特点。她是一位具智慧、慈悲、心胸宽广、能辨明"二法"的姑娘。

所有男人的英武、阳刚、英俊集中体现在格萨尔王身上。格萨尔王不仅是一位文武双全、智慧出众的英雄，也是一位身材魁梧相貌堂堂的英俊男子。史诗中对他的容颜、牙齿、头发和静相、怒相表情以及服饰等作了详细描述。

所有的爱情故事都集中反映在格萨尔和珠牡身上。这就是格萨尔史诗的文学形象性、典型性、典型化和概括化。它具有一定的代表性和普遍性。有鉴于此，在格萨尔和珠牡的爱情

格萨(斯)尔

故事中,有初恋的温馨、甜蜜,有热恋的缠绵、浪漫,有情感动摇的困惑,有心生醋意的忌妒,有离别的惆怅和分离的思念,还有对爱情忠贞不渝、永不变心的故事。王妃珠牡由于天生丽质,引出了一连串的矛盾和冲突。也由于她的美丽,在爱情、婚姻的道路上遇到过一些困惑。在她身上发生了有人追求,有人求婚,有人暗恋,许配给陌生人乃至抢婚等故事。然而在《格萨尔》中,珠牡的爱情是以崇高、纯洁为主线展开的。在坎坷的人生道路上,珠牡从多彩的少女恋情走进了成熟的婚姻殿堂。从《赛马称王》的故事中可以看出,格萨尔与珠牡的结合是一种天意的必然。但从人性化的话语中,可以清晰地了解到,他们之间一幕幕浪漫的爱情故事,同时没能避免爱情的悲剧过程。艳压群芳的珠牡是岭国叔父晁同的梦中情人,他非常自信地认为,岭国赛马夺冠者将毫无悬念的就是自己,到时娶珠牡为王妃将是木已成舟之事。他想念珠牡食不甘味,夜不成眠,整天神思恍惚,一见珠牡就垂涎欲滴。与此同时,珠牡之父嘉洛顿巴坚赞把珠牡许给了荣华富贵、有权有势的大食财国王,把二女儿许给了班达霍尔国王,把三女儿许给了祝古国王。就在这个时候,乞丐儿子觉如也被少女珠牡那绰约婀娜、韶年丽质的风姿所倾倒。一天,嘉洛三姐妹出门挖蕨麻,来到觉如草场小桥边,正准备过桥,看见一个乞丐横躺在桥上,原来这是觉如有意为难她们。他向三位少女说,给可怜的乞丐一些食物吧,三姐妹向那位男孩送了食物,但他仍然不让她们过桥,她们又送了一些东西。这时珠牡仔细打量了一番那穷小子,他虽然是个乞丐,但仪表非凡。从他的眼神、额头上可以看出他那大士夫气质,于是一种爱慕之情油然而生。珠牡向觉如赠送了星光松耳石等定情礼物后告别。珠牡父母得知后,非常生气地说,这是给家族丢丑。但珠牡仍然爱恋着那位相好的穷小子。岭国举行赛马会之前,受贾察大将之令,珠牡只身去玛域接觉如回岭国参加赛马会。在途中碰见了一位觉如化身的英俊男子,这一下深深迷住了珠牡,她从未见过这样的美少男。他们相互倾吐爱慕之意,并以山盟海誓结为情侣。珠牡还向那位美男赠送了戒指。这是少女情感的第一次变数,也是最后一次。格萨尔赛马夺冠,登上岭国王位以后,珠牡顺理成章地成为大王的嫘祖。珠牡向大王敬献哈达时唱道:蜜蜂在百花丛中飞舞,百花酿蜜赛甘露,我愿作清泉浇灌的爱恋花,永远在您身旁。明月永远随太阳升落,珍珠需金线穿引,我心永远与您相随。如松柏常青,雪莲不败。从此他们步入婚姻殿堂。可是天有不测风云,第二年,格萨尔次妃梅萨奔吉被北妖王抢去,大王立即纵马追踪。珠牡带有醋意地说,要么您别去,要么我跟您去。格萨尔说,终身伴侣生离别,我心如同百针刺,心里一想珠牡你,走路歪斜难站立,甘甜的鲜奶如清水,美食如同土和石,我哪能忘记珠牡妃。但这次降魔难规避,如不降伏鲁赞王,老魔将成藏地害,珠牡为我想一想。王妃说,没有白雪的荒山上,栖息白狮心不安。没有清水的沼泽地,栖息金鱼不吉祥。没有森林的草滩,栖息老虎心烦乱。雄狮大王不在岭地,珠牡姑娘心忧愁。少女的天真开朗、热情在爱情上变得自私、忌妒。为得到格萨尔的专宠,不让梅萨奔吉接近格萨尔,当格萨尔出征北妖国时,珠牡千方百计阻挠,甚至紧追不舍。格萨尔抵达魔国以后,魔国女将阿达拉姆对威武英俊、智勇双全的格萨尔产生了爱意、敬意。甚至以身相许,与格萨尔结成良缘。格萨尔和阿达拉姆以神做证,誓结夫妻。阿达拉姆把戒指送格萨尔以示爱意,他俩尽情挥洒内心的独白。从此阿达拉姆女将成为大王十三次妃之一。霍岭之间爆发大规模战争之后,珠牡被霍尔掳走。霍尔王说,我疼爱你就像妈妈爱孩子,我保护你就像亲娘呵护娃娃。珠牡说,我生为岭国人,死为岭国鬼,珠牡我今生许给了格萨尔,同生同死永不悔。身被霍尔王霸占,心想格萨尔。数次欲寻短见,但最终决定忍辱负重,坚信岭国必胜,与心上人相聚,表现了王妃对爱情的忠贞。

自由恋爱

自由恋爱指青年男女在生产和日常生活中相遇、相识、相爱,决定终身,结成夫妻。格萨尔前往北地征服魔部落途中,和镇守边关的阿达拉姆相遇。孤男寡女在野外相逢,经短暂的问答和简单的考验,阿达拉姆爱上了格萨尔,便向他求婚,格萨尔也爱其勇猛、豪爽,答应成亲。"阿达拉姆于是请魔神为证,发了誓。格萨尔大王也请岭神为证,发了誓。之后阿达拉姆把格萨尔大王请到城内,以美味佳肴尽情款待。格萨尔在这里住了很多日子,与阿达拉姆姑娘成了亲。"后来阿达拉姆跟随格萨尔南征北战,成为他征战生涯的得力助手。这是不同部落的勇女在外私订终身的例子,其仪式比较简单。

同部落的男女自由择偶,似乎比较庄重。史诗说,岭部落嘉洛顿巴坚赞的女儿珠牡长得非常漂亮,她有闭月羞花之貌,沉鱼落雁之容,部落内外的青年人都想娶她为妻,婚使络绎不绝。岭部落认为,像珠牡这样一位佳丽嫁到岭地以外,是一件非常遗憾的事,而岭部落内部的求婚者又各不相让,于是决定让珠牡在岭部落长、仲、幼三个支系的年青人中自由择婿。岭部落在达郭息巴寺集会,30位英雄按各自所属支系分左、中、右三排列坐于会场中央,让珠牡从中选择。珠牡在彩箭的箭头上系着吉祥的哈达,出现在场中。主持人宣布择婿开始后,"珠牡举目一望,只见在那30位大将之中,没有一个比得上觉如英俊的相貌和伟岸的身材。她向左、中、右各排座位上扫视了一遍之后,果断地把神圣的彩箭放在觉如手中"。就这样珠牡选定了自己的意中人。

通婚习俗与禁忌

《格萨尔》所反映的部落社会的婚姻关系,严格遵循骨系外婚制原则。禁止近亲结婚是《格萨尔》中的各部落在婚姻关系中严格遵循的最重要的规则。霍尔部落首领白帐王为抢夺格萨尔的妻子珠牡发动了霍岭战争。后来格萨尔为征服霍尔潜入其腹地时,发现当地有一个名叫噶萨曲珍的绝色佳丽,格萨尔为之动心,不久与她结合。霍尔王放着眼皮底下的美女不娶而兴师动众地去争夺有夫之妇,格萨尔对他这种舍近求远的做法百思不得其解:"霍尔魔地竟有如此绝代佳人,岭地珠牡虽然名声不菲,但真正的美女还是这位噶萨曲珍姑娘。那么霍尔王为何不娶她为妻呢?莫非她是其近亲?"本来像格萨尔、白帐王这些居高位握重权的部落头人,有权自由选择意中人,甚至可以为所欲为,但是他们近亲不能通婚。近亲是部落民婚配中一条不可逾越的鸿沟,严禁血缘相同或相近的人恋爱、结婚是藏族部落在婚姻关系中严格遵循的重要原则。史诗所反映的这一限制性通婚原则,在近代藏族部落的现实生活中亦为人们所严格遵守。

在《格萨尔》中,从岭部落的共同祖先拉叉根保或曲潘纳波算起,至格萨尔及其子侄辈,只经历了六七代。按世俗的观念,这些人之间依然是近亲关系,仍属禁婚范围。在史诗所有的分部中很难找到同一部落的各大支系内部通婚的事例,这就说明史诗所反映的社会恪守着近亲禁婚的原则。史诗中许多人的称谓也表明,他们实行的是骨系外婚制,已婚女性的称谓之前一般要冠以其原氏族名称,男性的姓名也有这种痕迹。比如,岭部落总管王名叫绒查叉根,"绒查叉根"是绒氏外甥之意,格萨尔的同父异母兄名叫贾察协嘎尔夏尕尔,"贾察协嘎尔"为汉族外甥之意,等等。由于在部落中严格遵守同骨系内禁止婚配的原则,使部落内部通婚遇到困难，于是在外部落中寻求目标，有时为此大动干戈，引起部落战争。

许配婚

藏族传统的婚姻形式是多样的，有些是男女双方自由恋爱组成家庭，而有些则是通过许配形成。在史诗中反映出许配婚姻的普遍性。《格萨尔》文本中说：在岭部落，有个名叫嘉洛顿巴坚赞的小头人，他的夫人叫阿吉，阿吉生了一儿三女。大女儿叫嘉洛·珠牡，二女儿叫赛罗，三女儿叫冬洛。父母把大女儿许给了大食财王，把二女儿许给了班达霍尔王，把三女儿许给了古古玉王。除了珠牡以外其他两姊妹最终都按父母旨意分别嫁给了班达霍尔王和古古玉王。但嘉洛·珠牡未按父母意愿成亲，后来成为格萨尔王妃。

霍岭战争前期，霍尔围困岭城，眼看珠牡要被抢去，岭部落想出了个李代桃僵之计，让乃琼姑娘冒充珠牡出嫁霍尔，使得霍尔暂时退兵。这是部落及其头人对自己成员的婚姻具有许配权的表现。除了珠牡以外，史诗中还有戎部落的阿曼玛等姑娘被作为赛马彩注让众人争夺的记载。这种将女性作为赛马彩注的现象，反映了传统藏族部落社会，尤其是在牧业社会中延续下来的男权主义的思潮。毕竟不是自由选择，其中包含着头人及父母和部落的意愿。这就说明，通过个人或集体的许配定亲结婚这一习俗，在藏族部落中由来已久。

品德类

《格萨尔》史诗不仅是一部英雄史诗，更是一部劝人积极向上、主持正义、抑恶扬善的伦理道德的教育性史诗。它反映了诸多人生的处世思想和人格品德等理念。其中叙述：父到年老为儿想，母到年老为女思；一心做善事，得益在其间；不孝子当家时，把恩深父母撵家门，把牦牛关进圈内，宰掉乳汁养多年的老母牛；做了好事得善报，做了坏事欠恶债，善报善来恶报恶，人间天意本昭彰；早晨害他人，晚上自遭难；高山大海与长官，不动不摇坚定好，言语妻室与箭杆，不弯不曲正直好，纠葛弓弩与绳索，拉扯不直弯曲好；有仇不报是狐狸，有问不答是哑巴，送食不谢是畜生；黑暗使太阳更明亮，夜晚使群星更灿烂，诬蔑使英雄更荣耀，诽谤使勇士更显名；对富人，法律是浮泛，对穷人，法律是锁链；行贿的珠宝在闪光，大罪人法外逍遥。

贪财的喇嘛，活动频繁遇恶业，过分自私的男子，天天奔波遇官司，不知足的富人，频繁外出遇强盗；官吏徇情枉法行私弊，是丧失威信的标志，强霸欺压弱小贫苦人，是贪戾残酷的标志；暴君的奖赏，不是爱护，是罪行，喇嘛闭目沉思，不是诵经是想财。不守法度的官吏，其权力掌握在奸诈和行贿者手中，心怀不正的僧人，影响寺庙声誉，心怀不正的官员使百姓受害；掠人财富是盗匪，为官不清害无穷，娇惯子女非良母，做人要有好品行；向长官禀报如有礼品相配合，任你怎么说也不会把刺挑，如果没有礼品相配合，你说得再好也会犯条律；喇嘛需要精通佛法，只想游荡不勤修行，就是披上神圣的袈裟，与那湖里的黄天鹅有何异。长官需要办事公正，只想享乐贪赃受贿，就是坐在显赫的交椅上，与那坏人骗子有何异；男子汉需要勇猛刚强，只想带着眷属当懒汉，再勇猛与那黄狐狸有何异；别人的施食需要回报，一毛不拔专顾自己，就是穿金戴银住殿堂，与那守财饿鬼有何异；没有我执的上师缺，持戒清净的僧人缺，能辨是非的长官缺，没有吝啬的老财缺，没有争吵的夫妻缺，没有缺点的好人缺，一切俱全的学问缺；一名内奸胜过强敌一百，一名内奸能倾一国朝廷。

处世类

众人乘船过大江，和衷共济一条心，众人

携手创大业，同心协力共逸劳；没有下属的长官，才华虽高难办事，没有后援的英雄汉，再勇敢也难以取胜；兄弟二人和睦，是制敌的铁锤，骡马两匹相搭，是发家的种子；地里若不种庄稼，那有糌粑来充饥，不救兄弟于贫困，自己贫困无人济。

对人温和的长官，下属拥戴他，以诚相交的朋友，友谊才经得起考验；马儿慢慢跑，坚持是胜利；事情细心作，心愿能成就；慢慢熬茶味道好，慢步爬山身体好，沉着对敌战果好；要知人品如何，须从行为来判断，要知宾客来自何方，须从口音来判断，要知山顶落雪大小，须从雪鸡声判断，要知峡谷的深浅，须从河床高低去判断；是不是英雄好汉，危急关头方能认清，是不是骏马，大草原上赛跑时能分明；心中充满痛苦时，振作精神别萎靡，心中充满快乐时，戒骄戒躁要谦慎；事后后悔是愚人，事先料到是智者；清高有隐患，话多无重点。

生活类

平时主妇不积累，灾荒时会生争食事，闲时不做事，临行路时掉靴底；翻越陡峭高山时，始知行路难，人经过寒冬，始知太阳温暖；蔚蓝的天空乌云滚，蒙蒙细雨落大地，欲想五谷收入仓，雷电冰雹穗砸光，欲想瑞年播良种，炎热酷旱晒焦黄；人老死在旧房内，狗老死在家门口，牛老死在圈栏里；好汉早些离开家门，好马早些离套绳；刀多磨才锋利，话多了是啰唆，狗叫多了人心烦；无知的女人冬打酥油，酥油未出双手冻，无知的男人冻土上跑马，跑出几步落马受伤；吃肉之时高兴，支付肉钱时发愁；饮酒之时高兴，伤胆时忧虑；吃美食者是长官，下苦力者是仆人；无本做大生意，最终买来重债务。穷人爱认亲戚，最终招来闲话；男儿贪睡无知识，长官贪睡谁施法，勇士贪睡谁攻敌，妇女贪睡谁理家。

岭国赛马赌注七宝

岭国赛马时所下赌注在各版本中的说法不尽一致，但相同的有岭国王位和美女珠牡。较权威的版本中主要还有光射四方的法鼓、大钹阳光巨响、法螺声震四方、嘉洛家财富、绿帐宽大帐篷等。

其他类

一家弟兄多，是加强的铁锤。一家掌权人多，是分家的前兆；讲话要有谚语，无谚如同衣无领，言谈要有主题，无主题如同衣无襟；若无茎说扯根是空话。若无展示就说做了很多事是空话，与其受兄弟欺负，不如死在敌手；铁要趁热打，敌要乘虚攻；心放公正比法好，讲老实话，连敌人也来恭敬；无父母的小孩，叔父不收养，无财产的人，亲戚不接近；与其深山静修心，不如山下调纠纷；喇嘛贪心增大时，施主信念日渐减，长官权欲增大时，百姓爱戴日渐少，美女欲念增强时，娇容美颜易毁掉；位高者宽厚为重，残暴，百姓不满，富有者善良为重，仗势横行，荡尽家产；贪图名利的长官，胡作非为遭审判，身败名裂人人恨；此时后悔事已迟。一心为钱的商人，呕心盘算聚财富，强盗一朝来袭空，此时后悔事已迟。

《格萨尔》中的神山崇拜

藏族人民居住在山的世界，他们崇拜山的历史源远流长。在漫长的历史进程中，形成了丰富多彩的神山文化。祭祀神山、圣湖的民俗文化至今依然在民间延续。《格萨尔》中的神山文化十分丰富，几乎每一版本中都有祭祀神山的叙述，还有专门讲述祭山的《世界公桑》和"赞颂神山歌"及"历数神山歌"。《格萨尔》中的山颂包括了藏区所有著名神山。岭三大部落各自都有部落神山，岭长系部落的神山为色尔贡布珠日神山；中系部落的神山为年布玉则；幼系部落的神山为玛卿雪山。"神山颂"：那像水晶宝瓶，是冈底斯山，它是世界四大神山之一。那像上师戴灌顶帽，是卫藏雅龙香波山。那像白绸帷幕，是丹域年庆唐拉山。那像白色供品，是绒赞喀瓦嘎布山。那像蓝天落大地，是羊卓雍措湖。那像云中见青天，是赤学杰母青海湖。那像水晶佛塔，是玛卿邦日护法山。那像雄狮腾空，是扎嘎哲宗圣地。那像牛心放盘中，是色域珠日神山。那像大鹏站河边，是南方的鸡脚山。那白石山似雪山，是嘉绒墨尔多神山。那像帐篷顶饰，是东方的雅拉拉则山。那像英雄举剑，是阿色雄龙扎嘎山。在众多神山中，圣湖是格萨尔祭祀对象。神山、圣湖也是重点保护对象。过去，在神山附近不准挖土取石，不准采挖药材，不准狩猎，不准污染空气，不准丢赃物，不得烧烤牛、羊肉，不准大小便，不准高声喧哗，不准挥舞红色物，不准杀牛宰羊。

第五部分 宗教信仰

宗教信仰主要指神谱系统、仪式、巫术、格萨尔庙宇、释梦、伏藏和掘藏，以及各种信仰理念等。

伏藏

《格萨尔》史诗描述了大量的佛教文化。由于藏族独特的历史和文化关切所决定，宗教主题是《格萨尔》史诗的必然反映。在史诗中藏传佛教几大教派都是岭国人敬畏、信心、皈依祈祷处。格萨尔王既讲大圆满，又讲大手印，既讲顿悟，又讲苦行。但由于前世今生因缘，事业需要和传承上师的不同，格萨尔王所传承弘扬的教法主流为宁玛巴教派。此教派全称为"前译密咒金刚乘"。宁玛派是藏传佛教中传承前弘期所译密法，以"九乘三部"为教义标准，以"大圆满"为其特殊法门的一个教派，产生于公元8世纪。此教派拥有卷帙浩繁的密经和严格的传承教规。其创立者为被称为第二佛的莲花生大师。博大精深的密教传承方式有远传经典传承、近传伏藏传承、甚深净境传承。伏藏传承又分佛陀密意传、补特迦罗口耳传、持明标相传。统称具六大传承的旧译宁玛巴。伏藏之含义是埋伏之宝藏。伏藏印度古来就有，藏地其他教派也存在伏藏现象。然而宁玛派的伏藏法从根本续到实修事相部，有一整套传承体系。伏藏之法被称为严、密、深，具有严格的传承仪轨，神秘的掘藏形式，深远的弘法意义。密宗大师敦珠仁波切在《宁玛巴教史》中说："在藏地弘扬佛法关键在于密咒金刚乘，特别是甚深伏藏事业，伏藏传承于佛法前弘期。由莲花生大师等一代宗师将密乘经典法门埋藏于山、地、岩、水中。到后弘期逐渐有掘藏者将各种经典按伏藏主的提示发掘出来，这些经典称伏藏法。掘藏有严格而神秘的仪轨。伏藏法在传承过程中出现一百零八个掘藏师和数以千计的分支掘藏师，掘出了卷帙浩繁的伏藏法。伏藏分南传伏藏、北传伏藏。伏藏法具有深远的弘法意义。佛经云：若佛不住世，在虚空中、山中、墙体内可获得佛法。旨在佛法走向低谷或末法浊时，有缘大德掘出伏藏法。它是浊时解脱众生的重要佛法传承。因为伏藏法是没有走样的佛教言，具有不可思议的加持力。伏藏又分物质伏藏、理趣伏藏、内藏、外藏、密藏、上师藏等十多种。物质伏藏在山崖、湖泊等处掘出佛像、法器、伏藏匣等圣物。而理趣伏藏（心藏），是掘藏者顿悟前世密授，通过空行标相信号源源不断地记录佛经。这是人的大脑产生的一种灵感。《格萨尔》与宁玛派伏藏、掘藏有着千丝万缕的联系。首先，格萨尔王是一位掘出物质伏藏的上师。例如征服十八大宗，格萨尔王开启每宗宝藏之门都以掘藏仪轨程序，先祈祷上师、本尊、护法，然后用箭等兵器打开宝藏门取出各种宝物，有的宝藏中还有经书和伏藏匣。《象象药宗》中说，甘露物种之药，是埋藏雪山的伏藏，藏于湖泊和树林中，其上按有密印，伏藏守护者为年神。这是雪域秘密命伏藏，其掘藏者是本格萨尔。《契日珊瑚宗》中，格萨尔走至帐篷一般大的巨石边，只见在一个黄金金刚杵内有许多佛经和黄纸伏藏密码卷。此处西部的八大寒林中，八位空行和格萨尔王译出黄纸密码伏藏经典。类似描述在《格萨尔》各种版本中多处可见。宁玛派诸多掘藏大师写有不少的格萨尔伏藏本。格萨尔掘藏大师仲堆尼玛让夏说，凡是合格的掘藏师，都要首先掘出《格萨尔》，这是为了消违缘。公元16世纪，出现了北藏创立者仁真郭当坚掘藏大师。他在伏藏总论中说：吾为莲生王传人，为除邪恶之障碍撰写格萨尔大王传。又如伏藏大师乌金桑登林巴，在伏藏灌顶仪轨中说：吾掘藏之前写萨尔格传，消除厉鬼和魔障。还有雪域一代宗师居米房、降央钦则王波等许多宁玛派大师都有与格萨尔相关的专著或教言，影响了一代又一代的人。

释梦

自古以来，人类对梦的解读多种多样。梦陪伴着每一个人的一生，因此人们关注梦、研究梦、诠释梦。梦释甚多，归纳起来有三种：一是科学解释法；二是宗教解释法；三是民间传说解释法。具有悠久历史文化的藏民族对梦也有自己的解释，还著有多种释梦专著。其中包括梦与意识、梦与经验、梦与现实、梦与超现实、梦的预测、梦的象征意义等，特别是藏传佛教对如何认识梦、修炼梦、体味梦等有一系列理论。著名密宗大师乔麦仁波切在《密传》中说："我认知凶恶之梦。在觉受与梦境错综复杂的情况下，认识心性，随之出现神通的感觉。"又说："一次半睡半醒之际，我认识了浅光明。一般来说，光明分浅光明、深光明、觉受光明三种。所谓的浅光明是人一睡就能认知本性，然后于本性境界中生起几许微妙心念，并能知晓自己正处睡眠状态。"经过长期的梦修炼，他们可以控制梦，也可以放任梦，继续认知梦的过程和发展结果。对他们来说，梦不仅是一种入睡后人脑表相活动，而把梦视为生命终极关怀的途径来关照梦。其中有光明梦、中阴梦修炼法等。《格萨尔》史诗作为传播藏民族文化的独特载体，以自己的方式诠释了梦与梦境。释梦也是《格萨尔》的一大亮点之一。史诗中的有关梦与梦境可分两大类：一是史诗中所描述的岭国或其他邦国有关人士通过梦境物象预测未来。例如，《霍岭大战》描述霍尔国占卜者毛玛东葛通过梦境现象预测霍尔国将来的命运。他说，昨夜久久未能入睡，半夜才进入梦乡，梦见霍尔在未来五年中，冬春之交下冰雹，风雪中见老僧流浪，霍尔河渡口处见佛塔，山泉边上洒阳光，路上走来厉鬼。复次第二梦境中，霍尔国大草原中央，有狮子在发威，其周围有十万黑熊围绕。其周围有千颗小星闪烁，狮窝建在铁城中。第三梦境中，见霍尔王背马鞍，空城霍尔国无一人，山地变大漠，风过草茎呼啸，血被河水冲刷，此类在史诗中有很多描述。这种梦兆由分析师作出解释。梦境中所现物象引申出象征意义背后的真实内涵，然后判断出未来前途。还有一种是神仙托梦，预言国家、部落、个人将来的命运前途，在史诗中称"神授记"。第二类也是史诗中很有趣的释梦法，这就是《格萨尔》的创作者顿悟艺人和民间说唱艺人，他们的说唱才情都与梦有关。人的差异性源于灵魂的差异，源于生命能量的差异，源于诗性和艺术性。人与人的不同恰恰是那血肉之中"神明"的不同。从古今中外的一些相关案例来看，梦与诗、音乐等艺术并非不无联系。霍尔德林说："人在做梦是神，在思考时成了乞丐。"不少伟人在梦中得到启示后，创作出经典作品。而《格萨尔》掘藏艺人，虽然人们看不出个体最内在的隐密世界，但他们有限的文化，能掘出大量的理趣伏藏，使人们感到迷惑不解。这种掘藏现象源于个体的觉受、"净相"或恍惚精神状态。在《达巴桑吉和玛久拉仲传》中，对现实、梦、觉受三种作了诠释。觉受相为似睡非睡，在朦胧的感觉中产生灵感的另一种意识。它并非现实知觉所产生的一种映象，可谓一种幻觉。而这一幻觉是有内在规律的有意义的东西。在这种状态中，掘藏者源源不断地创作出《格萨尔》。当这种潜意识或者说集体无意识被中断后，他的创作也随之隐入空界。上述指的是《格萨尔》掘藏艺人，还有一种是民间说唱艺人。藏区各地的《格萨尔》说唱艺人，他们有一个共同的特点，大多艺人没有文化。他们的说唱缘起都是通过一场奇异的梦之后，启发了他们的说唱灵感。这就是人们所说的梦授艺人。言下之意，如果没有梦，就没有说唱。当代人不可能接受什么神授艺人、梦授艺人，但他们不可思议的说唱才华倾倒过不少听众。

仪式

仪式是一个民族群体认同、共同遵循、世代传承的一种文化规范，其意义在于让瞬间的感动成为一种永恒的记忆。《格萨尔》作为一个民族的记忆，其中必然涉及很多有关仪式方面的叙述。仪式包括宗教仪式和民间仪式两大类，这两大类仪式是在互动发展过程中逐渐分离出来的，然而它们之间的界限有时是模糊的。因为有很多仪式源于藏族原始宗教——苯教或藏传佛教。其中有些仪式成为民间化，有些成为宗教仪轨，但它们之间仍然有千丝万缕的联系。《格萨尔》中反映了各种不同形式的仪式，然而，祭祀可以说是史诗中描述最多的仪式。格萨尔以赛马方式登上岭国王位之后，岭三部落举行了隆重的登基庆祝仪式。岭国陷入旷日持久的战争之后，战争成为史诗叙事故事的主旋律。在这一过程中，史诗凸显了三种仪式——战前煨桑祭神仪式；战争胜利，大王开启宝藏之门仪式；凯旋后迎请岭军仪式等。其中最典型的要算煨桑仪式。这种民俗文化形态时至今日在藏区各地普遍延续着。其历史可追溯到苯波教时代，距今有两千多年的历史。岭国军队每次出征前都要举行大规模的煨桑仪式，祭祀神山，包含着宗教、社会、政治和文化内涵。一些神山名前有家族祖先的名字，以此确定行政区域。祭山还可以凝聚人心，增强部落意识。部落首领都要利用祭山机会作演讲，强调部落内部团结，齐心协力，共同对敌，强调部落法规。通过祭山，可以得到神灵的保佑，增强胜战信心，提高士气。"桑"为藏语译音，是"净化"的意思，旨在通过桑烟净化神灵。投放的饮食是敬给神灵的供品，抛撒风马纸，其上面印有五种动物，它们既是部落的战神，又是氏族的图腾。在远古，五大动物象征男子汉的生命，其中鹏为命，虎为身，龙为权势，狮为名声，马为灵魂，同时也象征土、风、水、火和天。风马又称四部风马或四部年钦，中间为宝马，四角为狮、龙、鹏、虎。在苯教时代没有狮，原是牦牛，佛教传入藏地后把牦牛改成了狮。格萨尔大王和大将们都有煨桑祭祀。他们的祭祀对象不仅仅是神山，在祭祀中他们祈祷、呼唤上师、本尊、护法、三宝、三根本、空行、持明和种类繁多的保护神灵。祭祀中他们会说：平时供养您们，战时保护我们，关键时刻要显灵。格萨尔开启各种宝藏之门时，举行隆重的开藏仪式，同样，首先祈祷各种神灵，念诵呼财宝经。岭军凯旋返岭后举行盛大的欢庆仪式，赞颂将士们的功勋。王妃等女士献敬酒歌，大家欢聚一堂唱歌、跳舞、赛马、比武等。

宗教仪轨

藏传佛教宁玛巴教派多数高僧大德把格萨尔视为护法、战神王，如意事成神，金刚寿王，创立了诸多传承仪轨，这些仪轨大多需要灌顶传授后方能传承。特别是近代著名大师降央钦则仁波切、居米旁大师、多钦则活佛、敦珠仁波切、迪果钦则大师，还有很多著名伏藏大师都著有相关"格萨尔祈祷仪轨"的内容，其影响非常深远。一些寺院收藏了格萨尔相关文物，建有格萨尔神庙、格萨尔三十大将塑像，还有唐嘎画、格萨尔寺院乐舞、格萨尔舞蹈、格萨尔石刻、格萨尔经幡等。一些寺庙天天举行格萨尔祈请仪轨或格萨尔煨桑仪式，一些寺庙每年举行格萨尔修供仪轨。特别是藏族著名佛学大师居米旁创立了一整套格萨尔祈供仪轨，有很多寺院传承了他的格萨尔祈供仪轨。他还创立了祈供格萨尔时形象各异的格萨尔观想法。《金刚寿王》仪轨中指出，观想自身为马头明王班玛旺青，观想头顶上金刚颅鬘力。自前上空，在缓缓飘动的甘霖白云中，在清净无量殊胜天宫内黄金宝座上垫着华丽多彩，吉祥纹饰绸缎之上盖妖魔鬼怪全皮。其中央安坐战神之王格萨尔，容颜好似十五皓月，光彩照人，相貌堂堂，百看不厌。他身穿青色长袍，外披红色氅披。下身围青色猛兽皮，长发散披，闪闪发光，头戴白色羊毡帽，顶饰为孔雀翅，明镜宝贝，彩绸飘带，容光焕发，面带微笑，双耳垂莲形宝物耳饰，脖挂黄金嘎吾和明镜，还有红白宝璎珞和花垂，右手轻触绸垫（注：观想金刚寿王格萨尔时）。摄收自在（象征权势）时右持金刚杵、铁钩和绳索，以此法力勾招世间一切美好，祝福时右持如意自在宝置胸前。

测箭卦时右持白莲花。禳灾时右持雷铁宝剑斩断罗刹头颅，左持弓箭为国王坐姿。修福时右持如意宝，左持铁弓箭……一些寺庙常诵祈供偈为："杰！能满所愿战神大力士，三部莲师幻化大狮王，大宝降敌护法使者众，祈祷供养所愿任运成。"

宗教信仰

世界上很多民族的历史、文学、诗歌、美术、音乐、舞蹈、雕塑、建筑，以及哲学、道法、社会风俗等都不同程度地受到各种宗教影响。青藏高原独特的自然和人文环境决定了《格萨尔》史诗浓厚的宗教思想和丰富的神话色彩，与世界上一些著名的史诗相比有过之而无不及。在史诗中神话和宗教相互渗透、宗教和史实相互渗透。神话与宗教，形成了你中有我、我中有你的关系，它们是用历史的轨迹串联起来的。其实人类在还没有创造文字之前的远古时代，人们用神话、民间故事、歌谣、谚语、谜语、史诗等形式来传承民族史、部落史、家族史。神话充满虚幻，但它不是虚幻的世界，而是真实的世界。神话故事的起源都是一些真实而严肃的叙述。宗教和神话是《格萨尔》史诗的灵魂，没有宗教思想，没有神话色彩，远远达不到它应有的艺术效果。宗教是渗透在藏民族历史中的难以分割的一部分，也是《格萨尔》史诗中的必然反映。

《格萨尔》史诗艺术地再现了藏民族的古代历史，与此同时，它毫不例外地反映了那一时期各个历史阶段中的宗教信仰意识，藏人从信仰苯波教到信仰藏传佛教到佛、苯之间发生的矛盾和冲突等都在"史诗"中留下了明显的历史轨迹。宗教是社会发展到一定阶段的产物，是社会意识形态之一，也是一种文化形态。而信仰是对某人或某种主张、主义、宗教极度地相信、尊敬并将其作为自己的行动指南。《格萨尔》史诗宗教信仰的主旋律顺理成章地成为藏传佛教，还有藏族本土宗教苯波教。在佛教中，除佛教之外的各种宗教称外道教，每一宗教都有一定的排他性。"史诗"中除这两大宗教，各个邦国都有不同的信仰崇拜对象。这些神灵既是一种信奉对象，也可视为一种宗教。这样形成了多元宗教、多种崇拜对象的各种信仰理念。

佛菩萨化现

弘扬佛法、惩罚妖魔、消除外道是格萨尔王的重要历史使命，这是天意所使然。格萨尔本身为佛菩萨化现，岭国三十大将为三十大成就者化现，王妃珠牡是白度母化现。在史诗中格萨尔被称为普摄诸佛之本体、千佛一子、莲花生大师心子、密宗事部三怙主（观世音、文殊菩萨、金刚手）化现。他既是战神，又是护法。"岭国形成"中说，三身诸佛海众，觉悟自明祈明鉴，五明五毒是妖魔，度脱至五智界刹土。在玛域空行城、在善巧智慧座垫上，本体是普贤佛，安坐金刚身众神。总集身乃格萨尔王，我是千佛之使者，是五种姓佛之化身，是三怙主之再生人。这是无量光佛的旨意，莲花生大师的决定。本人是降四魔的英雄，前半生是军队的首领，见敌皆杀的英雄，后半生是三世佛化现，所杀皆度的上师。《降生篇》：吾雄狮诺布占堆，事业是战争，其实为了众生安乐，除了佛法之公敌、格萨尔我无私仇。我与佛法同行、国法就是十善法。除雪域藏人的事业，格萨尔我无私事，这是天界旨意。只要弘扬佛法、利乐众生，岭国的事业也在其中。此外，岭国三十大将，八十大将都是印度佛法大成就化身。史诗描述：格萨尔为莲花生大师化身，色尔坝崩达雅是格格热巴大成就者，丹玛是萨热哈大成就者，僧伦是中白巴拉大成就者，总管绒查叉根是益西夏大成就者，贾察大将是班嘛巴杂尔大成就者等八十大将都有各自相对应的大成就者，岭国将士都是佛菩萨化现，是普度众生的使者。

格萨尔王神变幻化

神变幻化，通俗说法就是神通。为了事业需要，天界为格萨尔赋予了不可思议的神通，使他在降伏各种妖魔时成为决胜千里之外的英雄。例如在霍岭大战中，格萨尔只身进入霍尔国，先后变成汉区商队官员尼玛拉庆住进霍尔国草库，然后又变成游僧三兄弟，到霍尔王宫门前祈讨食物，探听霍尔国情况，变成乞讨孩童到霍尔国铁匠家当仆人，数月侦察霍尔国详情，以后又变成白头老僧人占卜师等走遍霍尔国的山山水水。对该国情况了如指掌后，开始了下一步的行动计划。史诗中说，格萨尔的神变幻化是空中闪电，看得见、摸不着，是灶灰中的火星看得见、捉不住。与此同时，格萨尔王还具有刀枪不入的金刚身。《门岭之战》：我是千佛指定的使者，降伏四妖的英雄，身为虹化身，无生无死的成就者。生命如同金刚岩，刀剑毒药全无用。我雄狮大王是无畏大士夫，火焚变成水坛城，投入江河变成金刚山，刀剑面前变成金刚帐，投毒时变成良药宝瓶。

神灵系统

《格萨尔》史诗描绘了一个复杂而完整的神灵世界，表现了藏族先民的宗教信仰和他们对宇宙的理解。藏族先民认为宇宙是天界、人界、龙界三部分构成，即三界结构宇宙观。史诗通过主人公格萨尔的诞生，把这三大部分巧妙地融入格萨尔这一半人半神身上。其实古人的观念中天、人、龙三界不仅仅是一种宇宙观，它们还分别代表神通无边的神，人们所说的天龙八部同样指神灵。藏族先民古老传说或藏族本土宗教苯波教、藏传佛教都有同样的观念，只是各自的理解上有所不同。《格萨尔》史诗中集中表现了天、人、龙和五花八门的神灵。首先格萨尔身上具备天、人、龙之神灵。因为他在天界时是天王白梵之子，在人间他的父亲是董僧伦，母亲是龙女葛沙。天、人、龙的因缘聚合体，就是百神化身。天、人、龙神灵观念在藏族人的心灵深深扎下了根。人们不知为什么，也不问为什么，只要深信不疑，就会给他们带来慰藉。《格萨尔》史诗中描述了众多的神灵，归纳起来主要有：藏族原始神灵系统、苯教神灵系统、藏传佛教神灵系统。这三大神灵系统既相互联系，又有明显区别。此外还包括正方神灵系统、邪方神灵系统。史诗中的四方四妖，十八大宗的每一邦国王都有各自崇拜的神。岭国有部族神、家族神、个人神、战神、财神等。然而岭国所崇拜神灵的主旋律仍然是藏传佛教中的三宝（佛、法、僧）、三根本（上师、本尊、空行）和护法海众。

原始神灵系统

原始神灵崇拜主要指原始自然崇拜，它的主要信仰内涵是万物有灵。这些神灵具有超人的神奇力量，都能够主宰人们的命运。人们以祭祀方式敬畏它们，为部落、家族带来好运。藏族先民与其他远古原始民族一样，都是将直接可以为人们感官所能觉察的自然物或自然力来作为崇拜对象的。由于其所生活的环境、自然条件不尽相同，他们对自然的崇拜对象也就各自有不同。对自然的崇拜，是藏族原始宗教观念的重要表现形态之一。这种古老的传统文化延续了三四千年。藏族先民世代繁衍生息于世界屋脊青藏高原。那里地域辽阔，不仅山峦纵横，江河交错，高山峡谷比比皆是，且有星罗棋布的高原湖泊和丰茂辽阔的草原，所以藏族先民以山、水、湖泊和山中栖息的各种动物作为自己的主要崇拜对象。在漫长的历史中逐渐形成了圣山、圣水、圣湖文化。特别是山崇拜在古代藏族自然崇拜中具有一定的代表性。整个雪域高原无论是农区还是牧区都有自各祭祀的圣山，有整个藏人崇拜的共同圣山、有地缘性的圣山，有部落圣山，有家族圣山，每座圣山都是一个神奇的神灵。《格萨尔》中的圣山文化独具特色，丰富多彩，藏区所有著名神山都是岭国崇拜祭祀的对象。史诗中还有"指点圣山"、"圣山颂"等专章介绍藏区著名圣山。例如：岗仁波切、年庆唐拉、雅龙香布、阿尼玛沁、年布玉则、墨尔多、喀瓦嘎布、年庆格卓、珠日穆布等。还提到了印度的一些圣地和汉地的五台山、峨眉山、九华山和鸡足山等圣地。史诗中多处描述了天、人、龙神灵。藏区几大名湖，例如玛旁雍措圣湖、纳木措圣湖、青海湖都是格萨尔祭祀的圣湖。动物崇拜——格萨尔十三种战神是由飞禽走兽组成的，还有龙、鹏、狮、虎、神牛、神马、羊、野牦牛。还有部落图腾崇拜、家族图腾崇拜、寄魂山、寄魂湖、寄魂石、寄魂树等。如此众多的神灵都是原始神灵系统的延续。人们以血祭、奶祭、茶祭、谷物祭、烟祭、辞祭、傩舞祭、风马祭、生殖祭、兽皮祭、兵器祭等方式祭祀各自崇拜的神灵。以求得神的呵护，纾解天灾人祸。

苯教神灵系统

苯教又称苯波教，源于古代青藏高原上一个强大部落联盟象雄邦国（象雄邦国最终归属于藏王赞普属下），汉文史书称"羊同"，其创始人为东巴辛饶。苯教成为印度佛传入之前藏区唯一流行的宗教，距今有三千多年的历史。苯教具有较完整的理论和多样化的宗教仪轨及巫术。对藏族古代的历史产生过十分深远的影响。藏族原始宗教并非苯教的代名词，万物有灵并非苯教的全部，然而二者之间又有一定的必然联系。无可置疑苯教仪轨中众多的神灵，都是人们崇拜和祭祀的对象。然而，原始宗教所崇拜对象多如牛毛，人们对其认识简单、幼稚，祭祀方式也有差异。而苯教对崇拜对象赋予了更深层次的精神意义和文化内涵，且影响到了后来的藏传佛教和许多民俗文化。有理由认为，苯教的诞生是藏族文明史上的一种里程碑。苯波教规教义中也有众多的崇拜物，包括外器物质世界，内情器生物世界。有的学者讲苯教的基本理念也是万物有灵，自然崇拜在苯教的神灵崇拜系统中占了很大的分量。苯教同时有其创始人、苯教九神、四神、护教等神灵，与此同时，还有很多祭神祛鬼的仪式。苯教经典《慈母》中说，聂赤赞普时，有因苯十二贤，即护法贤神苯、招福贤恰苯、仲西鲁顿、都希斯辛、藏戏赛化、卓希拉苯、幡布医术贤、变贤算师、善说师顿国、善跃师夏哇、善飞师居雄和善行师赤苯。这十二贤的宗教或祭祀职能是：诸贤供养上神，奉为怙主，诵经招福，牲畜兴旺，赎身替罪，神怪安宁，广行善事，饶益众生，酬补护神，平息战争，解除痛苦，法术治疗，断除烦恼，占卜算卦，了知往事，祈福奉神，预知吉凶，回向祭品，身往他方，降伏妖魔，除害安民，苯神护王摄政，苯师卜卦征战。苯教发展过程中出了笃苯、伽苯、局苯。初始阶段还没有教义，也没有宗教组织，还是下方作镇压鬼神，上方作供祀天神，中间作兴旺人畜仪轨的一种巫师。这些巫师所崇拜的都是属于自然崇拜中的地方神、山神、湖神、守舍神、战神等不同神祇，其祭品为动物或血肉等。随着社会的发展，苯教受到各种文化的影响，在继承传统文化的基础上步入规范化、系统化的道路。鼎盛时期的苯教同样祭祀各种各样的神灵，但其文化内涵发生了变化。当时藏区的大多圣山圣湖都是苯教崇拜祭祀对象。首先苯教特别崇拜天、人、龙三神。苯教所说的恰、牟、祖，其实指天、年、龙。苯教认为恰是创世者，牟为藏族祖先，祖为龙界祖先，年是一种保护神，居于天、地之间。关于其祭祀方式，祭天是向空中抛撒吉祥物，祭年就是祭祀人世间的神山等崇拜对象，祭龙可在大江边、泉边、湖边举行祭祀活动。远古九神、图腾动物等为标志性的神灵。传说有一年，人与年神、妖怪之间发生了战争，年神六兄弟之父赤多庆莫血洒沙场。最后停战，各方进行谈判，决定为年方赔偿四种动物，作为年六弟兄父亲的命价。四种动物分别为虎、牦牛、鹏、龙。以后四种动物成为藏族远古四大氏族的图腾，与此同时成为藏族崇拜的动物。岗仁波切圣山是苯教的圣山，相传苯教九神中的格柯神隐入岗仁波切圣山。入山时，他变成了一头白牦牛。还有雅龙香布、年钦唐拉等都是苯教圣山。千百年来，《格萨尔》在充满宗教气氛的社会环境中流传，但其中不乏藏族原始宗教和苯教古风遗韵，特别是对天、人、龙神和藏区各地的神山神湖描述得淋漓尽致，这些都是格萨尔王祭祀的神灵。

佛教神灵系统

佛教是格萨尔时代社会的主流意识，弘扬佛法是格萨尔王的重要历史使命。藏传佛教各教派中，格萨尔王信奉、传承的教派主要是宁玛巴，但他在修持、祈祷、传承过程中不排斥其他教派，只是在祭祀护法、保护神时有一定的倾向性。佛法皈依对象为佛、法、僧，上师、本尊、空行。不过在祭祀护法方面，因受佛教和苯教相互影响，佛教或《格萨尔》史诗沿用了一些苯教的祭祀仪式，藏族原始崇拜在佛教有关仪式中有所体现。例如岭国祖宗家族之神，"史诗"描述：在天界宫殿里，穆布董氏之战神，名叫董斯冲嘎波，身穿白绸袍，手持箭旗和天绳，坐骑为浅黄马，围绕白毛神羊。驾着彩云，带领众神，白矛战旗猎猎。羊崇拜是古羌人标志性的动物崇拜。岭国各部落寄魂动物：

幼系部落为鹏；仲系部落为龙；长系部落为狮，达绒部落为虎。岭国保护神，虎、狮、鹏、龙为岭国外护神，红金刚为岭国内护神。岭国经常祭祀的山神有阿尼玛沁圣山、年庆唐拉圣山、格卓神等诸多藏区著名圣山。格萨尔经常祭祀的神是天界白梵王、地界年庆五佛冠神和龙界祖那仁青龙王。岭国大将们经常祈祷的佛菩萨主要有：三世佛、十方诸佛、三宝三根、法身、报身、化身佛、五种姓佛、十万持明、五部空行、三怙主、文武百尊、八十大成就者，还有各自的本尊、护法、守护神和地域性护神。岭三十大将等都有各自重点祈祷的佛菩萨和护法。例如格萨尔王本人祈祷的神灵还有天姨贡门杰母、小妹塔里威嘎、小弟鲁直拖嘎、哥东君嘎布，祈祷的佛菩萨类有三怙主、红文殊、莲花生大师等。总管绒查叉根祈祷时说："祈祷观世音菩萨，参天的菩提树，愿枝繁叶茂。"贾察大将祈祷说："在高高的宫殿里，祈祷三根护法和财神，白玉金刚宫殿里，祈祷护法战神三尊"，"战神鹰巢宫中战神华桑冬扎大力士请助我掏敌心。燃烧的红殿中赞神之王红年虎请助我杀顽敌"。大将却鲁达彭说："在旋风卷火焰的坛城中，赞王年红虎神今日敬献敌心脏。"岭国时代，信仰任何教派都有信仰自由。例如，觉阿华赛达瓦大将说："圣地殊胜宫殿中，根本上师金刚持，围绕众噶举派上师，祈祷赐予加持。"嘎德大将说："在铜色殊胜山净土，怒相莲花生大师、祈请具武力的上师，在寒林坟场中，祈请披黑袍的六臂金刚。"丹玛大将说："在印度上方的寺院中，印度众生的上师萨拉哈，我以至诚祈请您。"晁同叔父说："铜色殊胜山净土，祈请莲花生大师。在旺扎若比寒林中，大天马头明王祈明鉴。"王妃珠牡说："东方绿玉叶刹土、金光灿灿宫殿中，白玉般的宝座上，祈请至尊白度母，祈请东方的金刚空行母，南方的珍宝空行母，西方的莲花空行母，北方的事业空行母，本意清净宫殿中，祈请玛久朱比杰母，金碧辉煌的大殿中，祈请仙女巴青母。"格萨尔母亲葛母说："在非底法宫中，祈请法身大母，在寒林刹土中，祈请报身金刚亥母，在清净四方的刹土中，祈请化身五部空行等。"诸如此类，各自都有重点祈祷对象。

魔国信仰神灵系统

岭格萨尔所征服的四方大敌和十八大宗中的大多邦国国王均为魔王，他们是与佛法不共戴天的敌人。他们千方百计企图毁灭佛教。在史诗中，凡是一切与佛法为敌的都被视为妖魔，都是格萨尔的敌人。然而史诗中数十个邦国魔王都有各自的信仰对象，且对自己所崇拜物非常虔诚。他们信仰的大多为妖魔鬼怪，都是各自的保护神，经常举行祭祀仪式。他们同样有各自的寄魂山、水、湖和寄魂动物。这些崇拜对象同样源于藏族原始宗教，有的源于苯教，有的是藏传佛教相关仪轨中已有记载的妖魔鬼怪。史诗中的这种妖魔神灵系统可称为妖魔教。这种宗教的基本精神就是伤害包括人在内的有情生命。藏人认为，世上杀人多的人就是现实版的魔鬼。《格萨尔》中描述的妖魔教中有总祈祷处，也有魔王的化身，形成了较系统化的妖群信仰对象。这一妖魔总王名叫嘎绕汪徐，译成汉文就是极喜自在王和大自在王。在一些经文中有他的生平记载，其祭品为人的新鲜血、肉等。《格萨尔》中较大的妖魔王首先是四方大敌魔王。霍尔国魔王白帐王祈祷时说："此祭祀阿彦王之战神，麻彦王之山神，昂亚特波九兄弟，铁匠特母独角鬼。祈祷天上的南特嘎布，地上的巴特查布，地下的萨特那布。天神具神变，地神具力量，下神具快速。霍王祭祀对象还有九层黑铁塔，红王之后代，不眠长供僧，不灭长明灯。"其实霍尔王之神三特只是名称与解读的不同而已，它仍然指天、人、龙三神。史诗中说南特是天之子，巴特是年之子，萨特是龙之子。北妖本身是一种魔王化身，他祭祀的主要对象是欲界自在魔和大自在魔王、极喜自在魔王等，姜萨旦王祈祷的对象主要是天、人、龙三界的三特神和格拉玉益恩波，（山神）寄魂花虎耳山等，门辛赤王祭祀大自在魔王、极喜神变大神王、赞神九眼神、独脚上师鬼等。其他不少宗中出现了类似的崇拜对象，也有各自祭祀的多种妖魔鬼怪。

《格萨尔》中的佛苯之争

佛苯之争是藏族历史上发生过的重要历史事件，持续时间长，影响深。其性质是信仰矛盾、文化冲突、集团争斗。佛教传入藏区之前，苯教已在整个藏区传播开来。它虽然发源于波斯一带，但人们视其为藏族本土化宗教。佛教传入藏区以后的初始阶段，曾出现过佛苯和睦共处的历史时期，一些寺庙历史中记载，佛苯僧人共住一寺。《格萨尔》史诗《契日珊瑚宗》中说，作为显教他是释迦佛，作为密教他是莲花生，作为苯教他是东巴辛饶。到了公元8世纪苯教进入了空前发展的历史时期，与此同时佛苯之间矛盾也随之日益激化起来。要彻底消灭一种已经深入人心的宗教信仰，其难度是不言而喻的。因此当时的佛苯之争是十分激烈的。据相关文史记载，到修建桑耶寺时期，可以说佛教取得了胜利，但这并不意味着苯教已彻底灭亡，有不少苯教上师、僧人外逃把经典埋藏在深山老林，弘苯事业转入地下。另外，佛苯之争在互动过程中，相互影响，部分仪轨相互采纳，使苯教得以生存下来。《格萨尔》史诗作为弘扬佛法思想的一种载体，顺理成章地反对苯教，并把它视为消灭对象。然而在格萨尔时代苯教处于弱势状态，史诗中的佛苯斗争并不明显。只是岭国即将征服的一些邦国的寄魂物中有苯教上师发功而成的产物，一些邦国有巫术高明的苯教咒师，成为岭军战胜敌方的一大障碍。《格萨尔》史诗叙事故事中，可以看出岭国三十大将中也有信奉苯教的，最典型的就是叔父晁同。他在史诗中虽然是一个有争议的人物，但他毕竟是三十大将中的一位重要人物。史诗中说，如果没有晁同，格萨尔也不会成为格萨尔。晁同有时惹是生非，玩两面派。但关键时刻他能发挥不可替代作用，也是岭部落的一位首领。他信奉苯教无人干预，表明岭国在这方面的包容性。不过晁同仍然信奉佛教。"不二法门"之说，在他的身上完全被颠覆。有时他居然站出来代表苯教说话。《岭国形成》中说，"我们苯波教法，如今处在黑暗之中，那黑暗中的明灯，乃是本执政者晁同"。他在祈祷神灵中说，祈请苯波上师泽旺仁真，祈请苯波众弟子，在圣地兵器帐室里，祈请无敌战神三尊。在虎纹云彩宫殿里，祈请苯波上师达拉麦巴，祈请苯波上师和众弟子。其教言麻旨牟叶萨玫得（苯教真言），阿嘎阿麦得旨斯，祈请苯神三千六十，祈请瓦旨达拉麦巴等。在各种《格萨尔》版本中，叔父晁同祈祷佛苯二神。他所崇拜的护法又是佛教中的马头明王。

格萨尔讲经说法

格萨尔作为莲花生大师心子、千佛一子，既是军队的首领，又是宗教上师，除降魔消灾，还要精进善业。他有时常年独居深山，禅定静修佛法奥旨，有时聚众讲经说法。他会针对不同根器的听众，讲佛法十善教诫人们众善奉行，诸恶莫作，讲大圆满奥旨，教诫弟子远离一切执着，万法皆空，悟道为上，内明自性无碍。在讲世间一切无常时他说，夏三月草原变花海，欢乐的蜜蜂游其中，秋末月雪花纷飞，寒风吹灭草地花，蜜蜂不知何处去，这乃是世间无常法，请思考死无常。在高高雪山上，心喜野牛自由地吃草，罪恶的猎人走近它身边，它命丧于利箭之下，喷血染大地，突然走进来世。这就是世间无常法。家中年迈父母，病魔缠身难动弹，久留人世是奢望，这就是世间无常法，请思考死无常。格萨尔为王妃讲授坐禅窍诀说，切莫过分执着，不刻意寻思、不取舍任自然。不是禅定是体味，不是束缚是解脱，不是执意是空虚，所相莫留意，时时祈祷三世佛化现上师，信心之心、清净之心、敬畏之心是获得加持的根本。《地狱救母》：岭国三部落以及周边各国的上师、比丘、沙弥、僧众如潮水般涌向狮龙宫，聆听格萨尔上师开示。海众中央为格萨尔上师法台，其上方为孔雀翅制作的华盖。格萨尔上师披上出家人袈裟。其右方码起高高的显教经书，左方摆放成就坛城的各种灌顶物品和佛像，前方摆放格西和出家人的供养品，后方坐着消除违缘的百余位祈供护法的僧人。其周围坐着岭国三十大将和妇女们及岭国上师和僧众，以及来自外地的听经人员。此时格萨尔大王开示先教授显教，然后是密咒窍诀，并以前行闻解道歌的形式唱道：切听如海的听众，首先以清净心灵，超越对现场的理解。此地观想乌仗那净土，上师观想佛真身，听众观想男女持明，观想三殊胜为首要条件。三界诸有情，皆为无不非父母，为报父母恩，为获佛正果而发心，然后禅定观想，自三世之善根为父母而回向，如是普贤上师之发心、发愿得究竟。聆听佛法当克服三种错误，否则参与法会是空事。所讲佛经若不用心听讲，如同石上泼水，若不用心记住，如同无底器皿、若有私心杂念，如同甘露中渗毒药。难得人生只有一次，若不勤修佛法来到此世空手归。世间一切无常，外器世界在变化，内器众生在变化，一秒一秒在变化，请看看祖先坟墓，请想想后辈换代，死期不测，死因未知。常听周围死讯，迟早降临头上。死神请你之时，谁也无法拒绝。人生真是短暂。一生一半在睡觉，还有一半三分之一在散漫中度过，其余时间中也会遇到很多挫折。临终还要接受四大隐没次第的恐惧感。赤条条而去，隐入无援的孤境。一生播下的种子，届时见分晓。行善必有果，安乐无比，行恶堕地狱，痛苦无量。这是佛教言。人生在世当学佛，为生计而奔波，无形中消耗人生，为了幸福而忙碌，所忙皆为苦。人的身躯是借来的四大构成，死亡无常是真谛。一生如果未行善，具有权势的国王，流浪在外的乞丐，死时都一样。穿上僧服的僧人们为了敛财而忙碌，富有不知足，此世幸福来世苦，自己违犯誓戒，却要求别人遵守誓戒。当学居山出离者，常思无常悟道。居室无财无贪欲，死神降临之际若鸟飞无迹赴净土。在座诸听众，切听本王教言，进入中阴获利益。吾所授大乘法，讲授时间要三载。

岭国三本尊

岭国三本尊是法身金刚持、报身五种佛、化身事部三怙主。

本尊为佛教用语，指密乘的不共依怙主尊佛及菩萨。金刚持为普贤佛。五佛为大日如来、无量光如来、宝生如来、不动如来、不空成就如来。事部三怙主为观音、文殊、金刚手。

岭国三喇嘛

岭国三喇嘛是上师莲花生、朗氏白吉桑格、朗登巴向曲扎巴。莲花生上师为密咒金刚乘教派创始人，其他两位为古代藏族朗氏家庭的高僧，也是格萨尔依止过的上师。

岭国三作主

岭国三作主是白梵大天王、念青五佛冠王、龙宫宝顶王。

三作主是岭国人经常祭祀祈祷的三神，他们分别代表天、地、海三神。在藏族历史上崇拜三神的历史非常悠久，距今有三千多年的历史。

白梵天王

又称梵天王，印度教婆罗门的创造之神。印度教徒认为世界万物皆为其所创造。史诗中格萨尔在天上为其第三子，由于藏区百姓遭难，白梵天王应观世音菩萨（一说为莲花生）之请，派其降生人间，是故格萨尔又称神子。白梵天王在我国藏区百姓心目中是管理天界的尊神，有点儿近似汉区的玉皇大帝，是带有"在俗"意味的神灵，因此也有王后、太子、公主这些神眷。

南曼嘉茂

又译宫萌捷姆、绷迥姐毛、巩闷姐莱、南曼捷姆、贡曼杰姆、囊闷嘎毛，格萨尔和岭国的保护神，史诗中称她为天上白梵天王之妹，也就是格萨尔在天上的姑母，故常称其为天姑和天母。是一位神通广大，能预知未来的女神，常以白梵天王和莲花生大师的传言人身份出现，向格萨尔或岭国首领传达上天神佛旨意，因此格萨尔的许多活动皆为"天神授意"。格萨尔遭遇困惑时，她会立即出现为其指点迷津。格萨尔遇到危险时，她会及时出现，使其化险为夷。总之在史诗中无时无刻不有南曼嘉茂的存在。唐卡中她的形象为寂静相，头戴宝冠，身穿空行母的舞乐服饰，身饰璎珞，双臂饰钏臂、手镯，左手放于龙口，骑坐绿色巨龙。

岭国三天行女

益希措杰、玛久智贝杰母、阿尼贡门杰母三天女是岭国人崇拜、祈祷的三位女性。她们称空行母，也称天女，其实她们是藏族历史上出现过的真实人物。

岭国董氏护神

岭国董氏护神是当坚多吉列巴金刚、战神严达玛波、白哈斯贝索达。

岭国崇拜的神灵非常多，而此神主要指董氏家族专门祭祀祈祷的神灵，董氏家族还有族神和图腾动物。

岭国二护卫

分内外两个护卫神，外卫虎、狮、鹏、龙，内卫神红施碍金刚，此四大动物在藏族传统文化中有多种解读。其中一个就是象征护卫的神灵，岭国也把它们视为保护神，红施碍金刚为藏传佛中的护法。

岭国三大部落图腾动物

幼系部落寄魂动物为鹏，仲系部落寄魂动物为龙，长系部落寄魂动物为狮，尚有长系达绒部落寄魂动物为虎之说。

岭国格萨尔十三动物战神

空中翱翔白翎鹰鹫，是威望高的战神。生有铁爪的黑雕鹰，是战则能胜的战神。前胛白毛棕熊，是显现威猛的战神。生有绿耳的兔子，是隐蔽不露的战神。花斑红毛老虎，是勇士胆量的战神。白翅金眼鱼，是计谋多变的战神。长有恐怖爪喙的猎鹰，是砍则能开的战神。生金毛角的猫头鹰，是夜不迷路的战神。腹散香气的黑獐，是跑则能脱险的战神。血鬃青狼，是能获食物的战神。血面黑熊，是英雄战术的战神。白角褐毛马鹿，是追踪能捕的战神。金斑花盘蛇，是生憎恨的战神。

岭国战神

在茫茫的天空，有穆布董氏的战神，他是董之斯冲嘎布。身穿白色绸袍，右手持箭旗和天绳，坐骑为浅黄毛色马。周围白毛神羊群，足下彩云飘动，众神围绕，白旗矛旗猎猎。此乃岭国的部族之神。

寄魂鸟

藏俗传说为与人共生的鸟，或人的灵魂依附的鸟称命根子鸟。如鸟发生不幸，则其人也遭到厄运或丧失其神力和魔法。史诗中常提到的还有寄魂牛、寄魂树、寄魂熊、寄魂蜜蜂……其含义皆同。魔国鲁赞即因格萨尔杀死其寄魂野牛，而使其丧失魔力，终被杀死。

第六部分 社会

社会主要指部落、社会组织、亲属关系、家族、生活方式等。

"岭"

"岭"(gling)字在藏语中的本意是指一种地域概念。大到一个州，小到一个地区，甚至一个寺院片区或园林均可称岭。"岭"为康巴藏语音译，在安多藏语中读"朗"。岭是格萨尔属下氏族部落联盟总名称，又是部族之名。岭部落又称"岭国"的故乡，它是古代传说或史诗中对岭部落的称谓，有别于现代意义上主权国家的界定。其实岭国上、中、下三大部落的真实部族系"穆布董氏"(smug po ldong)。因为岭国祖先董拉查干布三个儿子的后人繁衍成岭三大部落。这三大部落势力日渐增强，声名鹊起，成为外部落人议论的热门话题，人们称该部落联盟为岭日"岭"。"议论"在藏语中的读音为"岭"。虽然以后藏文中的岭字元音发生了一些变化，但发音基本相同，因此称岭日或岭国。一些学者认为，"岭"是《朗墀宝卷》中的"朗"字的变音。该典籍中的"朗"是古代藏族一个种姓名称。

岭国主体部落联盟

岭三大部落是岭国核心氏族部落，史诗中称长系、仲系、幼系部落，因为是按照同一氏族传人的辈分大小所组成的部落，故得此名。由于三大部落所居住的地域山水走向的不同，三大部落又称上岭色尔坝八部，中岭翁吾六部，下岭牟姜四部。除此而外，岭国部落联盟还有嘎巴仁青六部、丹玛河东西十二万部落，达俄木措玛布部落，右方居住的朱和嘉洛部落等。后来格萨尔大王征服四方大敌、十八大宗后，绝大多数邦国或部落加盟岭国，成为岭部落联盟成员之一。

血缘联盟

以血缘为纽带的联盟是部落联盟发展的最初形式，是一种以血亲团体为社会基本组织结构的社会组织形式。

《格萨尔王传》中的血缘联盟应以岭部落为典型。史诗描述，岭国属藏族原始六大氏族之一的冬族。到岭曲潘那布时代，已历经了49代，这时的岭还只是一个小部落。后来曲潘那布王娶塞措玛生塞巴人兄弟，娶沃措玛生文布六族，娶姜措玛生穆姜四族。这三族各自发展，分成岭长、仲、幼三系部落。到格萨尔称王前，这三系已有各自的首领，即长系首领为塞巴·觉阿华赛达瓦，仲系首领为奥本·阿努华桑，幼系头领为本绛·仁钦达尔鲁，外加由察香·丹玛向查为首领的丹玛部落和由嘉洛顿巴坚参为首领的嘉洛部落等，形成了以三支部落为中心的部落联盟。这些小部落相互结成联盟，归绒察叉根、僧伦、晁同等"三王"管理，其联盟具有相对的独立性和自由性，不能成为完全统一的"国"。格萨尔赛马称王，加紧了各部落间的联系。由若干个头领或"王"管理的部落联盟，逐渐变成由一人统一管理、具有较高的概括化、具体化的部落联盟集团。这时的岭国是以长、仲、幼三系为核心，连带旁系近亲氏族部落的联盟集团。正如摩尔根所指："一个部落一旦分化为几个部之后，这几个部落各自独占一块领土，而其领土相互邻拉，于是他们便以宗氏族为基础，以方言接近为基础，重新结合更高一级的组织，这就是联盟。"格萨尔称王后的岭国就属于这种现象。

与之相近的有藏族历史上关于藏族先民起源的故事。据史书记载，藏族先民是由雅垄河谷的一只猕猴和罗刹女结成夫妇后，生了六只猴子，后繁衍成五百只，在谷物分配上彼此产生不和，各自分裂，形成了藏族原始六大氏族。后来吐蕃王朝的第一位赞普聂赤赞普，在苯教

◎格萨（斯）尔

"十二智者"的拥戴下称了"王"，统一了雅垄诸部落，建立了以雅垄为中心的"悉补野"王朝。实际上这也是"以同宗氏族为基础，以方言接近为基础，重新结合成更高一级的组织"，即部落联盟。

除史书和史诗以外，藏族民间也有以血缘为纽带的部落联盟现象。例如位于青海省东南部的果洛藏族自治州，在当代民众中有"三果洛"的俗称。其称呼源于"果洛三部"，即昂欠本部落、阿什姜部落和班玛本部落，原属同一个祖先而得名。据《安多政教史》记载，这三个部落起源于一位珠氏官人部落，到其子孙珠安时分成三部部落。最后发展成"上、中、下"三部。在这三部旗下，也有若干个小部落，例如，上果洛昂欠本分昂欠曲多和昂欠曲麦，昂欠曲多又分了红科三部、小头人五部、曲旁六部、措麻合十三部、二十五小支等几个小部落集团；昂欠曲麦分上莫巴十一个部落、下莫巴九个部落和莫查日麻五部落等三个部落集团。同时中下果洛也分若干个分支。但珠氏官人为其共同的祖先。20世纪末，这三个部落基本解体，但其影响在民间依然存在，现有各部落的来历仍可以追溯到这三个系统。在果洛的零小部落，都以这三个系统为根源，视各部落为同一族源。必要时血缘较近的部落联合在一起，一致对外。

上述现象表明，由同一个祖先繁衍而成的后代是属同一个骨系。在部落时代，他们以血缘为纽带，相互结成联盟，一致从事生产劳动、对外抗争等活动。并在婚姻和男女关系上有严格的规定。凡属同一个骨系或同一亲属部落的人之间禁止通婚，否则被视为大逆不道、肮脏的人，将永远被人唾弃。在部落制度已消除的今天的藏族社会中，人们依然普遍地认为"骨系"至关重要。只要是与自己家族和部落有血缘关系，不管相互是否认识，地域相隔多远，也绝不与此通婚，更不会发生部落纠纷。并且一方部落有难，另一方则会帮助解决其困难。这种以血缘为纽带的部落意识仍然残留在藏民族的生活意识中。

联姻联盟

《格萨尔王传》中的联姻一般是为了诸部落的统一。如《魔岭大战》之部，格萨尔为了降服魔国，救出其妃子梅萨奔吉前往魔地，与魔国守门女将、魔王鲁赞之妹阿达拉姆结下良缘。阿达拉姆为了"爱情"，将如何进得魔城之秘告诉格萨尔，二人里应外合，杀死鲁赞，降服魔国。格萨尔和阿达拉姆的婚姻虽然被艺人神化了，但实质上是两国联姻后，格萨尔从妻子处得知魔之国情，才降服了魔国。

在吐蕃历史上，联姻也曾起到过至关重要的作用。尤其在吐蕃第三十三代赞普松赞干布时代。吐蕃为了扩充疆域、学习先进民族的长处、推动吐蕃社会的发展，实行了联姻对策。吐蕃第一个联姻的对象是象雄。在吐蕃王朝建立之前，象雄已经是一个大国，吐蕃第一位赞普聂赤赞普时代，传说象雄王室已历经了18代国王，其国域"东与后藏玛庞键措接壤，西至拉达克，并伸延到巴基斯坦及和田，甚至把势力扩展到了羌塘高原"。早在赞普布德贡恰时期，由象雄语弘扬的雍仲苯教已从象雄传到吐蕃。由此可见，当时的象雄在国势、文化、交通各方面都走在吐蕃的前面。因此松赞干布将其妹赛玛噶嫁给象雄王李弥夏，得以与象雄联姻。据敦煌史料记载，"赛玛噶为国家大政嫁给了象雄王李弥夏"，可见其婚姻背后的政治目的。当时吐蕃对象雄等邦实行"双韧政策"，"此赞普之时，对如象雄之邦，一面联姻结好，一面攻打征战"。赛玛噶嫁入象雄后，与其兄松赞联手，在公元644年灭了象雄国，使象雄全部成为吐蕃的属民。

历史和史诗赋予了赛玛噶和阿达拉姆的是同一性质的使命，即为了部落（或国家）的统一。不同的是阿达拉姆为了"神勇威武"的格萨尔

149

出卖了自己的国家，毁坏了王兄的业绩；而赛玛噶则牺牲自己的婚姻来成全松赞干布统一全国的大业。历史通过赛玛噶展示了松赞干布的雄才大略和政治野心；史诗则表现了"神子"格萨尔的"神变法力"和"个人魅力"。相同的是这两桩婚姻背后是肮脏的政治目的和践踏女性的劣性制度。

另外，《格萨尔王传》的《取宝篇》中，格萨尔赛马夺冠，登上岭国大宝，将作为赛马彩注之一的嘉洛部落首领的女儿嘉洛森姜珠牡娶为妃子。这时嘉洛顿巴坚参将自己一半的财产献给了格萨尔大王。在婚宴上他唱道：

"天竺汉地两地间，嘉洛富豪却传说，
我儿森姜珠牡女，无人跟她比美色，
远近邻邦无大小，争先恐后来提亲。
汉藏九十官宦家，派人来登我家门，
甚至兴兵用武力，又夺财产又抢人。
随后白岭三支系，首领部将老百姓，
都要争着做女婿，互相结怨成仇人。
嘉洛虽富力单薄，因而昼夜心不宁。
于是当众来宣布，要为女儿选女婿，
真言掷落谁身上，就做珠牡她丈夫。"

虽说格萨尔和珠牡是自由相恋，但从嘉洛这段话里，我们不难看出富甲天下的嘉洛顿巴坚参是迫于无奈才把女儿作为赛马彩注的。赛马胜利者能登岭国大宝，同时拥有至高无上的权力。谁称王，谁就是嘉洛的女婿，也就很自然地保护了嘉洛的财产和地位。在众多的参赛选手中格萨尔脱颖而出成了岭国大王，森姜珠牡觅得如意郎君，顿巴坚参也达到自己的目的，因此嘉洛将财产的一半作为女儿的嫁妆献给了格萨尔大王。这一举措使岭与嘉洛部落更加靠近，岭通过联姻增加了财富，嘉洛以格萨尔大王为靠山，巩固了自己的势力。实质上这也是一桩具有明显政治目的联姻联盟。"随着岭氏族部落的不断繁衍壮大，这个以血缘关系为纽带的部落组织已渐渐趋向共同化，向地缘关系为纽带的人们共同体渐进"，这一联姻举措使岭部落从单纯的血缘组织转化到地缘关系的联盟组织。

以联姻增强国势的典型是唐蕃联姻。当时"松赞干布统一吐蕃国不久，旧部和被征服的其他部族只是畏威而服，正需要借助大唐的声势震慑，这是吐蕃与唐联盟的目的之一"。公元664年，文成公主入蕃"和亲"，带来了大唐先进的科技文化，为吐蕃社会的进步和发展，唐蕃边陲安宁，两国的经济、文化交流等方面，作出了不可磨灭的贡献。

联姻联盟不仅在藏族历史上起到过重要的作用，在当今社会里它依然有特殊的意义。比如四川省阿坝藏族羌族自治州若尔盖县有十二个部落，其十二部落的头人之间都有联姻关系。这主要为了防止部落间发生偷盗、抢劫、草山纠纷等问题，并起到了一定作用。

战争联盟

这是一个强制性的联盟现象。《格萨尔王传》中，岭、霍、堆、闷、姜、勃律、阿豺、大食等部落都是些独立的"国家"。但随着岭部落的强大，诸部落一一战败，成为岭国的"属国"，都要向岭纳贡、称臣，彼此实行着一种臣属的联盟关系。

史诗中，格萨尔称王后便开始了他的戎马生涯。第一个出征的便是魔国，因为魔王鲁赞抢走了他的爱妃。他根据天神的授记，单枪匹马出征魔国杀死魔王普赞，将魔国麾于岭旗下。不料这时他的另一位妃子森姜珠牡被霍国白帐王掠去，两国因此交战。格萨尔同父异母的哥哥贾察协嘎尔被霍尔国大将辛巴梅乳孜所杀。格萨尔闻知此事后，便从魔国启程，前往霍国，开始了他的第二次征战。格萨尔打败霍尔国，服降白帐王。但他没有处置作为战犯的辛巴梅乳孜，反而封他为霍尔国国王。这虽然遭到了岭国王储、贾察协嘎尔之子扎拉泽杰的强烈反对，但在姜岭交战时，辛巴梅乳孜带领霍尔国将士，首当其冲，立下汗马功劳，并对岭格萨尔俯首称臣，每年朝贡。接着格萨尔征战四方，征讨十八大宗，将他们一一麾于岭的旗下。他们要对岭上贡，并且与敌交战时，所有的属国结成联队，共同伐敌，形成了以岭国为主体的军事部落联盟制度。战争联盟中值得一提的是盟誓现象。这是一种"以武力征服他部落后实行长期统治的一项有力措施"。如史诗《取雪山水晶国》之部，拉达克部落进攻柏绕、达玛部落，强迫他们向拉达克称臣纳贡，但达玛部落的一个名叫达崩的将领说：

"柏统和达玛众小国，
蒙雄狮王普施宏恩，
我达玛芸芸之众百姓，
一心向格萨尔王归结，
为何达玛进贡纳税，
订立条约又海誓山盟，
要改这条规矩不可能"。

这说明岭与达玛等部通过盟誓实行着一种附属关系。不久，岭攻占拉达克，大获全胜，格萨尔王命令拉达克通过盟誓与岭维持系亲关系。后来岭每战胜一个部落，都要与其盟誓，使其成为岭的盟友。在吐蕃的历史上，实行军事联盟的现象也比比皆是。据文献记载，吐蕃赞普达布聂息时代，雅垄周围共有三个大的部落，处于割据状态。即"达布聂息王驻琼瓦达孜堡、森布杰达甲沃据年噶尔旧堡、森布杰赤帮松木据都尔瓦之由那"，后来被达布聂息所并。到松赞干布时期，吐蕃将周围诸邦统一起来，组建了一支强大的军队，开始了统一青藏高原的战略部署。他们先后吞并了象雄、吐谷浑、突厥、南诏等诸国，形成了以吐蕃为中心的青藏高原诸部落和邦国间以战争为前提的军事部落的联盟现象。另外，当时赞普和大臣之间进行盟誓的历史记载在敦煌文献和其他史书中也随处可以见到。

部落联盟是民族形成过程中必须经历的一个历史阶段。每一个民族开始从单纯的血缘组织逐渐变成地缘或军事联盟为基础的部落集团共同体，从而形成一个民族或国家。史诗中，岭与周围部落的战争，与西南、西北其他民族间的战争，以及毗邻国家的古代民族间的战争，归根结底是为了诸部落的统一。《格萨尔王传》同藏族历史的发展相一致，顺应了古代青藏高原由分散走向统一的历史事实。形象地记述了藏民族从氏族、部族、部落到部落联盟的全部过程，是一部活的藏族部落发展史。

"宗"

在《格萨尔》史诗中，随处可见到"宗"字，史诗绝大部分的篇目是以某某"宗"来命名的。宗在《格萨尔》史诗叙事结构中起着承上启下的作用，说到格萨尔就离不开宗。"宗"是藏语音译，有多种含义。一些字典中解释成堡垒、要塞、城堡、碉楼。现在把"县"也译为宗。这样一来，宗主要有两层意思：一是指军事防御设施；二是指一个地域。史诗中两层意思都有涉及。其一，史诗中的宗是指格萨尔所征服的一个邦国或部落联盟，这些被征服的大大小小的众多部落联盟或邦国统称宗。其二岭国军队征服一个宗，最后要攻破对方的城堡、碉楼等，这在多数分部本中均有描述。史诗中称这些城堡、碉楼为宗喀尔或赞宗。

岭国部落社会

部落社会是《格萨尔》史诗赖以生存的社会基础。史诗全面深刻地反映了古代藏族部落社会产生、演变、发展的历史。数十部《格萨尔》分部本中，详细描述了氏族繁衍、部落形成、部落意识、部落政治、部落结构、部落军队、部落战争等方面的故事。因此，史诗又是认知研究古代青藏高原上游牧部落文化的百科全书。史诗中所描述的岭国部落社会结构与藏族游牧部落一脉相承。

"岭"为部落族号，岭国将士名前冠有族号。称岭格萨尔、岭贾察、岭丹玛等。然而岭并非本人种姓。岭国有多种名称，如岭嘎、岭嘎多，岭嘎为白岭之意。白代表善业；岔莫岭为花岭之意，象征部落规模很大。岭拉第，其意为岭神部落。国家和部落，国王和首领在史诗各种版本中交替出现。岭既称国，又称部落。格萨尔既称王，又称首领。岭三大部落是氏族发展的产物，而国家是部族发展结合的产物。这种政治集团也称邦国。岭三大氏族部落都有各自的族号。

岭三部起源

岭三部是在穆布董氏发展起来的基础上所建立的氏族部落集团。穆布董为藏族远古四大种姓之一。董氏分白董、花董、黑董、紫董等，紫色在藏语中的音为穆布。穆布董氏的图腾崇拜动物是白唇鹿。时至今日董氏后人在青海、四川等藏区延续着他们祖先的种姓，其传承脉络十分清晰。藏族远古四大种姓分别为嘎、扎、直、董等。除董氏，史诗中还描述了嘎氏和直氏等部落，源源不断的雪山之水，种姓不断的穆布董氏。其实岭部落就是董氏部落。《董氏预言》中说，董氏祖先董叶门南喀杰布之第十三代之后的第十四代名叫董拉查干布，第十七代是董却潘那布，其娶三妃，他们的后代繁衍成岭上、仲、下三部落。幼系部落董僧伦娶绒萨、贾沙、高沙三女，生三子，他们是绒察玛勒、贾察协嘎尔、格萨尔。总之，岭部落首领和三十员大将中的多数种姓为穆布董氏，岭三部是在岁月的流逝中逐渐形成的。史诗中说，岭国共有六部落，分为上、仲、幼三支系，同时却潘那布之后代，并非地位有高低，原本共为一血统。岭三部就是岭国的核心政体，其首领、大将多为家族成员。

冬族

或译东族、栋族，为西藏原始六族之一。传说藏族人种是由猿猴和罗刹繁殖而来，最初即有六族，即色、木、董、冬、惹和朱。史诗中的岭国自称是属于冬族，因而其人名前有时常冠以族姓——冬。

且居

又译长系，长支、大系。按岭国世袭：曲潘纳布娶赛萨（佘妃），生子拉亚达尕（拉噶大噶），其后裔为且居。

仲居

又译仲系、仲支。按岭国世系：曲潘纳布娶朗萨（文妃），生子赤江巴杰（池陷降华甲），其后裔为仲居。

穷居

又译幼系、幼支、小系。按岭国世系曲潘纳布娶姜萨（绛妃），生子扎甲绷梅（扎加奔买），其后裔为穷居。扎甲绷梅生子托那绷（托那剂），托那绷生子曲拉潘，曲拉潘娶戎萨，生子绒查叉根，娶嘎萨，子玉加，娶木萨生子僧伦，娶达萨生子晁同。僧伦娶拉噶卓玛，生子贾察·协嘎尔，娶果萨拉姆，生子格萨尔，娶戎萨谢仲，生子玛尔勒岭三部色、翁、姜、母系部族

格萨尔王时代，早已进入了父系社会。各部落族号，家庭传宗接代均以父系种姓名称来命名。时至今日青藏高原上的游地区都是如此。不过在《格萨尔》史诗中，人们可以清楚地了解到当时的部落社会对母系种姓的垂青和对女性社会地位的认同，这还得从岭三部的起源说起。董却潘那布娶了三妃之后说，现在我给你们三位重新取名。明日一大早你们去玛卿神山三条沟，各进一沟，拾到什么东西都拿回来，然后开始取名。三姐妹老大去上沟，老二去中沟，老三去下沟，各自在沟里徘徊寻找东西。老大

◎格萨（斯）尔

在上沟拾一尊金佛像，她大喜过望，转身往回走。老二找了半天，最后只拾到一捆红柳，老三拾到一个狼尾巴。三姐妹回到却潘那布身边，把拾到的东西拿出来摆在首领面前。他高兴地说，都很好，老大取名色姆措（金海女），老二取名翁吾措（红柳女），老三取名姜姆措（狼女）。她们的后代繁衍成岭上、中、幼三部落。三部落的第一族号称"岭"，这是部落联盟的总名称。而三姐妹的名字成为他们的种姓和三支系部落的族号，平时人们称她们为色沙、翁沙、姜沙。第一字代表种姓，第二字为女人之意。三部落称上岭色尔坝八部，中岭翁吾六部，下岭牟姜四部，从这里可以看出三个部落的真实族号乃是三女之种姓。作为部落族号的种姓是永远不变的传世性名称。此外在《格萨尔》史诗中有的大将的名字也是以母亲名字命名的，如贾察大将其母亲叫贾沙，意为汉族女，绒察冯尔勒，其母亲叫绒萨。还有一个有趣的岭国人物叔父晁同全名叫玛希奔波晁同或达绒奔波晁同。玛希的意思是"四妈"，说晁同小时候有四个奶妈，便以此成为他副种姓。因此岭国三部落中有一定的母系氏族社会的特征。

岭部落联盟

格萨尔大王率兵征战四方之前，岭三部已经是一个势力强大的氏族部落。其四周的许多大小部落通过联姻、自愿结合等方式加盟岭国。如右翼嘎部落、左翼珠部落、坝内嘉洛部落、坝外仁青六部落、丹玛十二万户、达绒十八学青部落、黑白东科部落等。这些部落与岭国结合，既有血缘关系，也有地缘关系。岭国进入大规模旷日持久的部落战争年代以后，岭国部落从血缘部落转向具有军事民主制性质的地缘部落社会，所有被岭国征服的若干宗都投于格萨尔大王麾下。部落联盟在很大程度上是军事联盟。血缘关系组成的核心部落首领就是部落联盟的盟主，也是军队的最高统帅。经过数十年的争战，有不少强大的外部落收归格萨尔王属下，如霍尔、姜、门、北魔、大食、歇日、拉达、米努、祝古等数十个大小部落。

岭部落联盟结构与首领

岭国部落联盟的组织结构与岭国军队组织结构是一致的。格萨尔作为国王，除统管部落大联盟，还要管理岭国三部落。大王下设地方议会、军事议会，还设有若干大臣。部落联盟的所有成员都有各自的首领，各有封地，散居各地，各自独立行使权力。每个部落头人也有大臣或参谋人员。各部落主要首领由格萨尔大王任命。所有头人均为世袭制，在岭国部落联盟内，杰波（王）和奔波（首领）有时都是指一个人。岭国下属的较大的部落联盟也称国及国王。与此同时，兵与民不分，岭国没有专门的常设军队。每户的男子平时是牧民，战时一集中就是军人。这些邦国下属组织称措哇或得哇（部落），其首领称奔波、措奔、得奔等，部落下设学或吉学或汝，由十几户或数十牧户组成，均设奔波。战时这些小群体是一个个战斗分队，这些组织一般为以血缘关系组成的社会小群体。

岭国执政方略

建立强大的部落联盟政权，就必须设计好契合实际的执政理念和执政方略，否则所建政权难以攻固，因此部落联盟政权应有凝聚力和向心力。《格萨尔》史诗中虽然有浓厚的宗教、神话色彩，但岭国执政方略仍然具有人类社会发展的共性和普适性。岭国执政的纲领是：团结、平等、利民，一心保护部落利益，齐心抵抗入侵敌人，真心为民纾苦难。史诗中说，"自从却潘那波起，岭国就有好传统，出现敌人共同敌，有了美食共同啖，有了幸福和享乐，共同享受无偏向"。总管绒查叉根说："我是强梁的压头者，孤苦无助的扶持人，贫穷百姓的依靠者，弱小妇孺的呵护人，富裕人们的出谋人。三句话出口皆为大家，三口食物皆归公，为了公众积财富，为了公众打敌人，总管的名字由此来。"史诗谚语中说："敌人只有一人也算多，朋友逾百也算少"、"见敌矛头齐对，见食平均分配"。总管在一次讲话中说，岭国执法要公正，是非要分清，逞霸者要压住，弱势者要扶上。为了岭国大业而敢于牺牲个人。视不义之财为毒草，担当重任的官宦要公正，失信于民受贿赂，与阴险盗贼无两样；无修养的喇嘛爱财产，成为堕入地狱的基石；部落首领爱财，收受贿赂丢真理；多心少女爱帅男、恋人多了终后悔等，对部落首领的自身廉洁等方面有详细的描述。这就是岭国部落联盟的执政方略。

婚姻家庭

在格萨尔时代，婚姻从群婚制、对偶婚制进入到了一夫多妻制、一夫一妻制的历史阶段。《格萨尔》史诗中所描述的婚姻家庭表现出三大特征，即一夫多妻、一夫一妻、父系继嗣制。然而史诗中有关婚姻家庭描述绝大多数为上层贵族阶层。它与平民大众的婚姻家庭既有一定的共同之处，也有区别。首先从岭国祖先董拉查干布到董曲潘那布都有三个妻子。格萨尔之父董僧伦也有三个妻子，其娶汉族女，生了贾察大将，娶龙女噶萨，生了格萨尔，娶绒萨女，生了绒察玛儿勒。格萨尔王有十三妃，其婚姻除了爱情，也包含着政治目的。此外岭国三部落部分大将只有一妻。不过史诗描述的婚姻中仍然留有一些古老的原始群婚制的痕迹。说岭国以财宝、王位和美女珠牡为赛马的彩注，谁能夺冠，谁就可获其财宝、王位和珠牡。家族的构成和亲族的产生和扩大，都是以婚姻为基础的。同样岭国各部落的形成，都是以婚姻、家庭、家族为基础的。这种从家族到部落的连接纽带为氏族或种姓。岭三大部落种姓源于穆布董氏，此种姓乃是父系种姓，其他部落同样如此。例如嘎部落、直部落、达绒部落、丹玛部落等都是父系种姓，又是部族名称。在《格萨尔》中，男女缔结婚姻的形式，除一般性聘婚之外，还有"和亲婚"。这是为了缓和双方矛盾或以维系和加强部落联盟为目的而进行联姻的婚姻形式。《格萨尔》中，不论是汉皇将三个女儿分别嫁给岭国的僧伦王，姜国的萨旦王和霍尔国的白帐王，还是格萨尔王在绒国说亲，把绒国的公主聘为岭王子扎拉泽杰之妃，它都带有一定的政治原由。如在"姜岭大战"中，辛巴受格萨尔之令出征姜国。辛巴对姜子玉拉托杰说，霍尔国和黑姜国，和解的人儿就是他，亲事一成人民乐，亲事不成动干戈。这虽然是辛巴制造的一种假象，但它却道出了当时"和亲婚"的政治目的。"和亲婚"还要有人充当"媒人"，这里辛巴就是"媒人"。男方还要拿聘礼。史诗中说，心爱的姑娘，容颜好还要百匹马，颈项好还要百头牛，身材好还要百匹骡，头发好还要百头牦牛，白螺般的牙齿还要绵羊一百只……可见当时女性相貌人品都是索取聘礼多少的条件。此外在史诗中，男女缔结婚姻还有一种特殊的形式称"抢婚"。它是指用抢劫妇女来缔结婚姻关系的一种求妻手段，它产生于对偶婚时期。在古代，因抢婚而发生部落战争的故事在国内外屡见不鲜。史诗《松岭大战》就是由岭国叔父晁同抢劫松巴国的公主梅朵措姆而引起的。《降伏北妖》、《霍岭大战》则重点反映这种抢劫与反抢劫的战争，其中最大的一场战争就是霍岭大战。当时霍尔白帐王趁岭国格萨尔去降魔之际，调集全国兵力，号称十八万大军，侵入岭国，欲抢格萨尔王妃珠牡，战争持续九年，结果抢走了珠牡。岭军遭受重创，这是《格萨尔》中规模最大的一场战争，又如门岭大战。门国被战败后，其公主梅朵拉孜被俘。格萨尔将其配给扎拉泽杰大将。在格萨尔时代，男女缔结婚姻关系，非常看重双方家庭种姓、地位、身份、财产等，讲究门当户对，禁止族内婚姻，也就是今天所说的近亲结婚。广大百姓的婚姻家庭与上层阶级有一定的区别。相同的是父系制、族外婚、一夫多妻制、一夫一妻制。男女缔结婚姻方式与古代游牧地区大同小异，有自由恋爱、媒人介绍、许配等方式。

草原游牧

草场是牲畜赖以生存的地方，草场的优劣决定牧业生产发展好与否。岭国草场归部落所有，部落首领有分配各家各户草场的权力。平时由各部落下属的氏族群体管理、使用。草场如果遭外部落侵占，将组织全部落骑队予以驱赶。据史诗描述，岭国拥有广袤的草原，纵横交错的沟谷，长长的河谷，烟波浩渺的群山，高耸入云的雪峰，还有茂密的原始森林和大片的灌木林。林中野兽成群，鸟鸣狼嗥。在草原上冬天冰雪覆盖，寒气刺骨，夏天山花烂漫，花浪滚滚，香气扑鼻。杜鹃鸣啼，仙鹤轻舞。史诗中所说的那地域是指今天的黄河上游一带。在那样的环境中居住了岭国的牧民。史诗描述：平坦坦的大草原像金盆内凝住了酥油那样地美。在它的中央，散布着牧民们的黑色牛毛帐篷，密密麻麻像夜空的万点金星。牧业生产也只有在这样的草原上发展起来。牦牛、奶牛和犏牛比天上的星星还多，山羊、绵羊和小羊好像白雪落山坡，一片兴旺景象。岭国草场虽然归部落所有，但划分到各氏族群体片区的草场，群体和牧户有保护、使用的义务和权利。若外地牧户租借草场要收取草税和水税。史诗描述：你们来放牲畜，牧草被踩坏。你们牲畜来饮水，清清河水被搅浑。吃草草钱要留下，喝水水钱要留下。然而部落首领、大臣、大将、英雄等有身份有地位的人则优先划分较好的草场。重要人物的草场由部落联盟最高首领分配，百姓使用的草场由各部落内部安排。根据牧业生产发展的需要，划分草场按四季逐水草而居的传统畜牧业生产方式进行。岭国迁徙到玛域，当时觉如是玛域领地的占有者，于是他分配岭国

格萨（斯）尔

大将们的四季草场时说，夏住山头天气凉，冬迁沟内避寒风。这是英雄的居住地，分给娘察阿登家园地。色拿宁青象鼻地，地形如同花斑虎，那里有大部落冬夏草场，是英武男儿的居住地。上有三大河谷交汇处，下有三大草原连接处，有万民部落冬夏放牧场，今分给晁察千户去居住。左方沟口的马场，右方沟口的牛场，中间沟口的羊场，点清全数后交付，收回之时如数收。

在管理爱护草原方面，史诗中有很多描述。例如觉如被叔父驱逐到玛麦玉龙松多后，那里是一片荒无人烟，寸草不长的不毛之地，灰尘弥漫整个玛域，鼠兔成群，觉如首先消灭了那里的老鼠，使玛域成为水草丰美、令人向往的富饶之地。从此觉如成为一方土地的主人，他热心爱护着那美丽的草原。一次觉如的领地突然进驻一批过路商人。觉如立即前去商人处说，这里是美丽的玛域福地，是岭国三十兄弟的公共草场。北岭那扎贡玛以南，加岭西玛拉亚以上，土地的主人本觉如。玛多则拉以下，玛绒扎那措喀以上，是走兽嬉戏之地，飞禽鸣叫之地，金鱼畅游之地。这里的兔鼠是我觉如的家畜，并非无畜食草，并非无畜饮水。这里的草尖花朵摇曳，草腰叶子茂盛，面上露珠欲滴，是我觉如的家产。若折断阳草茎用金签赔偿，折断阴草茎用银签赔偿。一瓢泉一两银。玛域花虎集结场，是我觉如下达法令场，是丹玛大将的靶场，是少女珠牡玩耍场。路边开口，割断灌木都要赔偿。如果今天不搬走，别说觉如不客气，坡地横躺尸体，沟内血流成河。说话算数是好汉。

岭国人在发展牧业生产时，强调爱护牲畜，养好牲畜，提倡辛勤劳动，莫当懒汉、勤劳致富。史诗中说，男儿贪睡无知识，喇嘛贪睡失善业，长官贪睡失威望，妇女贪睡家中空。男子无须思考财富少，只要勤于农牧业。妇女无须思考食物少，只要勤快节省持家。你的目的会达到，在牧业方面，牧民饲养牛和羊，希望得到牛羊毛，农户辛勤耕种忙，渴望丰收满粮仓。三春不播

下种子，到三秋何谈五谷；三冬不饲养奶牛，到三春何谈挤奶。在广袤的大地上，肥田沃土五谷丰。

农耕文化

《格萨尔》中的故事虽然是以游牧部落战争为题材展开的，但其不乏农耕文化，且农耕文化十分丰富。因为从岭部落的产生发展来看，岭国三大部落未迁徙之前为半农半牧生产形态。《降生篇》中说，在岭嘎部落居住的地方，沟脑有牧人居住的草场，沟中有大将的王宫，沟口有阡陌纵横的农耕地，并非放弃此地方，只因今年遭雪灾，沟脑的马群，沟中母牦牛和犏牛群，沟口绵羊群，准备迁往玛域地。此时岭国三十兄弟各自任命宗奔，留守各自宫殿，任命拖奔（粮官）经营耕地。三十兄弟带领三十个部落和戈巴组织（氏族群体）的游牧人迁徙玛域。这意味着农牧业进入了分离的时代。然而无论是农区还是牧区，青稞、小麦是所有藏人的主食。《阿里金宗》中说，在雪山围绕的地区，青色青稞和白色小麦是藏人不可或缺的食物。为了获得这一品种，征服丹玛青稞宗。《岭国形成》中说，觉日在丹域一岩洞里修行时，遵照护法预言，开启了丹玛青稞宝藏之门。但见上方堆积粮食形似石山，后方堆积的粮食形似绿湖浪花，近处堆积的粮食形似草山，前方堆积的粮食形似沙丘。格萨尔大王把一些青稞、小麦作为种子分配给雪域藏地。部分粮食分配给岭国将士和所有百姓，这里粮食取之不尽，大王关上了宝藏之门。然后在一个吉日良辰，大王拿金犁铧、银犁铧、雷铁犁铧、紫檀轭、丝绸绳拴在阿叶基犏公牛和哲叶卡基犏公牛脖上。还有耕地的犏牛、牦牛、黄牛十二头，觉如变作十二个觉如，珠牡变作十二个珠牡。觉如掌犁铧，珠牡牵牛绳。逐渐变成岭长、仲、幼所有的每一片耕地都有十二人在耕作，有的撒播种子，有的煮茶。此时绿度母化身岭女礼穹在金、银、玉等盘中放上天界白青稞，年界绛青稞，龙界绿青稞，吾金界紫青稞，本尊红青稞，母续淡灰青稞，战神黑青稞。觉如拿这些青稞祭祀诸神、唱呼财歌，说此圣物敬献给所有神灵、山神、战神和六度众生。祈祷诸神今天是下种的日子。消除霜和冰雹、消除虫害锈病等灾害。今天撒下粮种子，谷地山地都播撒，下种像天降雨、像草原花海。还有对耕牛的赞美词等，此乃为下种时举行的一种祭祀祈祷仪式。史诗中还有农耕经验和知识方面的谚语、歌词等。例如：撒下珍珠般的种子，禾苗像松耳石一般绿，秋日收割庄稼，两头犏牛往回驮，圆圆的石磙碾成米，糠皮吹进天涯和海边。又如：农田耕作施水肥，为了荒年度日子，如若不济饥荒年，长满茅草也无碍。南方紫云降细雨，峡谷地带六禾熟。农民收割丰收的庄稼，金浪起伏表现出秋天的喜悦。该摘果了，香甜的果子，园林飘香出季节的欢乐。水肥充足的庄稼，进入黄灿灿的季节，如不及时收割，降下冰雹后悔莫及。

第七部分 军事法律

军事法律主要是指兵器、战略战术、主要战争、奖惩制度、民间法、谈判等。

地形地物利用

在军事行动中，利用地形地物是一个不可忽视的战术。在《格萨尔》史诗中有不少正确利用地形地物使战斗转危为安的战例，总结了正确利用地形地物的经验。史诗中说，茂密的森林中有强盗路，高高的草山有盗贼路，无渡口的江边有怯者路。此类三地不得扎营安寨。要扎就扎如人盘腿而坐处（山台阶）。《大食财宗》中说，行军之路有三要。行进山腰横路时，若遇劲敌不胆怯，过山之路要警惕，河边小道要警惕。驻扎营寨要驻高山或开阔地。又如，一次丹玛大将分析作战地形后说，如不抢先占领山头，敌军会占领，那么岭军处于被动状态。而敌方也分析出岭军意图。岭军行至半途时，受到对方的阻击。又如在另一部史诗中说，格萨尔大王立即召集各位大臣和大将命令道，根据情报信息，敌军已知我军进入彼国，因此今晚必须连夜赶往目的地，否则敌军会在峡谷地带埋伏，这样我方将会遭受重创。又如一次姜玉拉托居带领的岭国骑队进军雪山拉达国时，拉达国防守分队凭借峡谷天险等待有利时机伏击岭军。岭军准备组织部分敢死队强攻，第一天岭军进入天险区，却没有任何动静，片刻后拉达军队突然万箭齐发，滚石如雹，岭军虽伤亡不大，但只得暂时撤退，重新商议攻破方案。

岭军作战方式

格萨尔时代的部落战争大多以骑战形式开战。史诗中强调军事实力的较量，其实在战场上首先是将对将的较量，将胜兵则胜，将败兵则败。史诗在描述众多的战场情景时，往往是一些大将或勇士单骑出征，而对方也以同等人马出征对付。有时他们的交战可以决定这一次的战争。因此史诗重视英雄决斗。此外一位大将带领大队人马与对方进行大规模交战，也是作战的常用方式。

史诗中还描述了"扎帕加、玛次翁"，这就是军事文化中的两大常识，进攻和防御，指出进攻时要像怒冲的野牦牛。勇士单骑出征、要有金雕俯冲的气势。举剑对准敌脑，速度如闪电。若一勇士被众包围，如同猎鹰闪开。进军他地时，要有树上乌鸦的警觉。固执的勇士终将死于敌手。若像狐狸逃命，是家族的可耻。英雄应具勇气、智慧和力量。进攻要像洪水巨浪。英雄单骑出征后卫骑队要跟上。应对敌方的进攻，要像流星般抵抗。勇将要像跳跃的猛虎。《门岭大战》中说，次日夜幕降临之时，岭国大将丹玛和辛巴带领精悍骑队，潜入巴玛昌南峡谷地带。大家拴好马，把守关口、备好弓箭和石头，下半夜对方悄悄进入了岭军埋伏圈，在很短时间内解决了战斗，大多门兵被活捉。

岭军防御战

在史诗中谈防御时，指的是以强大的实力把守四方要塞。《歇日珊瑚宗》中说，则塘部落派出十万绿缨骑队，其首领江察罗玛，配以五位大臣；达绸龙壤部落派出十万红缨骑队，其首领为鲁得热夏，配以五位大臣；斯比单学部落派出十万白缨骑队，其首领为玉珠丹巴，配以五位大臣；亚龙玛唐部落派出十万黑缨骑士，其首领为东得雅麦，配以五位大臣。四军骑队十万，守住四方堡垒。中心碉楼四方，由三百铠士守护。山上岗哨要密切观察四方，埋伏队伍要准时到位，其余骑队原地待令，作好一切准备。以上防守一有闪失就会丧失阵地，如能全面做到，岭军休想乘虚而入。《霍岭大战》中说，霍尔国队伍就地守候，戒备森严，山上放哨，山沟派探，连天上飞鸟，地上走兽，中间的空气也好像难以进入霍尔军的防区。外人不得入内，内人不得外出。在严密的注视下，等待着岭国军队的进入。

岭军进攻战

岭军进攻讲求快速、勇猛、天时地利。《松岭之战》说，时间已过三天，双方军队没有任何动静，岭国大将丹玛派遣密探侦察松军营区布阵情况。获得情报之后，大将丹玛说七月十九日是发动进攻的良机。于华拉大将和大臣却珠二位每人带百名精兵冲进松巴大将东唐拖果的营区，玉拉和东君带百名骑士冲进唐色哲营区，勇士冲杀声震天，马蹄扬尘如烟，刀碰火花闪闪，利箭飞声嗖嗖。勇将僧达阿东如同恶狼入羊群，单枪匹马冲进敌东营来，人逢人倒，马遇马伤，众兵哪里抵挡得住，大多命丧他的刀下。又如，十一月十九日，丹玛大将遵格萨尔大王之令，率领大队人马，前去松巴攻克玉日宗，骑队像洪水浪花，步兵像乌云翻卷，第二天破晓抵达玉日宗附近。岭军扎拉、却珠、尼崩三大将率五万骑士，冲进玉日碉楼东大门。楼上防守松军投石射箭，部分岭军进攻东大门时阵亡。岭三将重整旗鼓。却珠带领一万士兵集中力量向楼上万箭齐发，同时搭梯翻越城墙，而扎拉和尼崩也带部分士兵在东大门边点树枝，浓烟飘进碉楼之时，岭军砸开东门纷纷冲进碉楼。

偷袭之战

《门岭大战》中说，下半夜，我们组织精兵强将一万骑士，夜袭敌营，叫他们来个措手不及。此时，东君大将说此乃妙计，但无法躲开那龙沟脑岗哨的视线。我们几人前去先把哨兵搞掉，然后进军岭国。方案一经确定，门国几位大将带领百名骑士连夜赶到岭国岗哨附近。天蒙蒙亮时门军严严实实地包围了岭国四十多哨兵，在寡不敌众的情况下，岭哨兵全军覆灭。此时门国大军准备偷袭岭国军时，格萨尔获天神预言，才幸免一难。

攻城决战

史诗中的每一场战争都有攻城的描述。战争进入最后阶段就攻打宗喀（碉楼）。攻城是指交战双方在战场上的较量已见分晓，失利一方溃不成军，撤出阵地。而他们的部分精兵强将在王宫城墙四周和底楼严防死守。攻城是一场艰难的战斗，岭军每攻一次城，都遭到对方顽强而有力的抵抗。一次岭军进攻歇日西宗碉楼时，天亮前包围了整个城宗，被契日军队发现后开始了一场混战，双方都有死伤，岭军没能破门入城。底层两千契日士兵突然开门投降。岭军准备冲进碉楼时，守候二层楼的歇日穹拉协查和血眼妖两大将放火薰烟，岭军未能进楼，撤出门外。此时四方岭军与城内敌人再次进行激烈交锋，双方伤亡人员又一次增加。此时东门进攻的岭国大将姜子玉拉托居双手举起一块巨石，一个跃步至楼门，连砸三下破门而入，砍死门内四卫兵。同时翁吾等大将的队伍进入楼门，岭军占领了底层，再次发生交战。然而楼称铜碉九楼，住在顶层的契日军仍然占领着碉楼上层。他们拉掉楼梯，从楼上掉出石头等物，打死岭军部分士兵。岭军抬长梯，由丹玛大将带队强攻中、上层楼。其他几位勇将纷纷上楼。每进一步都遭到契日勇将们的顽强抵抗，激烈血战再次升级。最后契将士不敌岭著名勇将，全部命丧刀下。岭军占领了所有大楼，开启了宝藏之门，取得了契岭之战的最后胜利。

交锋对决

《格萨尔》史诗中叙述的岭军与其他邦国的作战形式，单骑出征，勇将对勇将，好汉对决，独身破阵的出场次数多于其他作战形式。作战手段较远距离采取箭战的方式。近距离大多使用矛战、剑战、刀战、摔跤等方式。交战之前双方都要唱上一段战歌，各自介绍自己，用强硬的措辞威慑对方。岭军进军雪山水晶国时，一次雪山水晶的妖臣喀拉麦巴和岭国达彭大将各自冲出营区在不远处相遇，喀拉麦巴首先射出一箭，射中达彭腹部击落五块甲片，之后矛刺数下未伤及达彭，又抽出宝剑朝达彭大将头部砍去，只见盔缨落地，无大碍。妖臣认为此岭将可能刀枪不入，拾起一块大石砸了过去，无果而终。此时达彭大将说，非好汉，兵器再多也无用，妖臣如果想继续交战，可能战死他手，决定改天再战，一定要夺回上一次失去的命债，于是转锋回路如旋风般策马回营。达彭大将快马加鞭紧追不舍，跑在妖臣前面挡住去路，唱一支短歌之后，射出一箭击中妖臣胸部使其落马而死。诸如此类在史诗中有不少描述。

岭国将士之武功

岭国的将士们个个身怀绝技，在对垒或格斗中各有各的招数。

色尔坝尼崩达雅：为上岭色尔坝八部首领，也是一位英勇善战的岭国将领。其坐骑是金首浅黄马。他相貌魁梧，身材雄壮，是岭国著名的大力士。史诗中说，他穿上铠甲似要绷断甲片连线，胯下坐骑四肢颤抖，手指大如八岁孩童，臂力移动高山。他是著名的大力士，在战场上擅长搏斗，武功超群，屡建战功。

东赞朗欧阿华：为叔父晁同之子，是达绒部落勇将，其坐骑称绿鸟骡首，是岭国跑速最快的战马，战胜敌人的好帮手。东赞从小苦练射箭功。为练准确度，他以草为靶，草秆射成八破。为练杀伤力，他以岩为靶，坚岩被粉碎。

达绒阿鲁苏彭：为晁同之子，岭国主将。其坐骑称雪山飞骏，他有一手高超的剑功和索套功，每每战场他只身杀进敌营，人头落地似撒豌豆、血流成河。

达绒娘察阿登：为晁同之子，是岭国一位得力战将，其坐骑称黑鸦飞舞。他有一手投掷寄魂球石和射箭的好功夫。

却鲁达彭：他是中岭翁吾六部首领，其坐骑称棕毛飞骏。手舞长矛之时，他是走进敌人的死神。由于他具有超群的矛功，人称达彭杜各冬波（其意手持毒杆的达彭）。

桑达阿东：他是岭国的一位猛将，人称亚麦桑达阿东，是无敌英雄之意，其坐骑称千山宝驹。史诗中说，桑达阿东是人中之狼，宽剑为宰人屠刀，没有他胜不了的敌人。他具有超群的剑术和箭功。

牟青杰巴灵智：他是岭国的一位大力士战将，其坐骑称白额双骏。他的臂力能移动山头。

嘎德却君威那：他是岭国护法化身，是直部落首领，其坐骑称黑旋风马。他具有超人法力，口出咒语地动山摇，敌心爆裂。除法力，他力大武功高，其兵器主要为天石。

崩贝贾察协嘎尔：为格萨尔同父异母哥，其母是汉族。他有一张白肤色的脸，人称百面贾察，其坐骑称汉鸟白胛马。诗史中说，他静时如观音，怒时如死神，是岭国著名的英雄。其宝剑称亚斯嘎产，剑术超群。

察辛丹玛翔查：为岭国无敌将领，也是丹十二万户部落首领，格萨尔王的大臣，其坐骑称疾风银骏马。丹玛是岭军下达出征命令的要人。他是一位久经争战、战无不胜的英雄将领，也是岭国独一无二的神奇弓手。他怒目瞪敌，连死神也望而却步，长矛抡舞三下，十万骑士也被吓散。

绒察玛勒：为格萨尔王之弟，是岭国的一位勇将，其坐骑称孔雀白面宝马。他的武功特长主要是剑术。

绒察玛勒：岭国一位英雄战将，白盔旗队伍的带兵人。他参战无数，英勇顽强。其坐骑称千价风腿，兵器称死神大刀，刀术超群。

翁吾阿努华桑：为贾察大将的二儿，翁吾六部落首领，红盔旗队伍的带兵人。出征手持长矛，矛头刻有火焰，象征强敌心血洒地。其武艺特长为矛术。

总管绒察叉根：为岭国部落首领，胸存大略，计谋出众。他是岭国德高望重的长辈；下达出征命令的指挥官；分配财物的主管。

玛希奔波晁同：为格萨尔王的叔父，达绒部落首领。史诗中描述，他虽是一个两面性人物，有时见利忘义，引发纠纷，但他为岭国的兴盛立下过汗马功劳，是岭国不可或缺的有功之臣。其坐骑称风貂黑尾，他具有神奇法术，拥有隐身棒，擅长索套、弯刀。

僧伦：为格萨尔之父，岭国首领，他是一位个性非常温和的长者。史诗中说，源源不断的黄河之水、种姓不断的穆布董氏，世袭不断的僧伦首领。其坐骑称杂色短腿马。

扎拉泽杰：为贾察大将之子，岭国主要军首之一，也是岭国英勇善战的后起之秀，岭王位传承人。其坐骑称鹤翅青马。擅长剑术。

朗穹玉达：为总管王绒察叉根之子，岭国一位勇将，善于矛功。其坐骑称飞鹃青马。

丹子玉威奔美：为丹玛大将之子，岭国勇将。史诗中说他是进攻的胜者、杀敌的英雄。弓满天地间，箭去如雷击。擅长箭术。

姜王子玉拉托居：为姜王萨旦杰波之子。姜岭之战后，姜国投于格萨尔麾下。姜王子作姜国首领，成为岭国著名勇将。其坐骑称青羊马。擅长剑术、箭弓。

门东君达拉赤嘎：为门王之子，门国归岭国后，门王子为门域首领，成为岭国勇将。善于箭术。

辛巴梅乳孜：原为霍尔国大将，霍尔收归岭国后，成为格萨尔的得力大将。其坐骑称土黄烈马。史诗中说，辛巴一举毒剑无人活着走。擅长剑术。

阿达拉姆：岭国所有大将中唯一屡建战功的女将。她原是北方魔国的一位女将，又是著名的狩猎人。格萨尔降伏魔国鲁赞王之后，阿达拉姆为魔国首领。史诗中说，阿达女将有三怪：脱下华丽服饰，身着勇士戎装；从小弓上搭箭，射猎动物无数；放弃成家做主妇，战马背上度人生。其坐骑称土黄驴首马。武功特长射箭。

军事通讯 信号系统

无论是在战争之中，还是在平时的战备活动之中，都有一些军令需要传达。在格萨尔时代，各部落联盟军队都建有自己的通信联络系统，有一套指挥方式可迅速有效地将各种号令传达到各部落军队。游牧部落地处高寒地区，地形复杂，独特的自然环境构成军事上的攻防自然天险，而且牧家居住特别分散。在没有常设军队的情况下，一旦发生紧急情况，把军令传达到各家各户是非常困难的。格萨尔时代各部落军队通信联络方式主要有远、近两地联络方式和战前、战中联络方式等两大部分。所谓"远地"，主要指集结骑队时，迅速把军令传到各地。由于牧家居住边远，有的需骑马走五六天才能到达目的地，因此军队设有专门的信使，把军队首脑的书面命令"嘎学"送到目的地。信使备有好马，不分昼夜以最快速度传达军令。距离远的地方设有驿站，由部落承担驿站任务。信使只把"诏书"送达部落首领处，由当地部落首领派员负责通知各家各户和邻近各部落。而"近地"指牧户较集中的地区，其集结命令使用一种特殊呼喊方式，就是至今还在延续着的煨桑呼喊声"咯……嘿嘿"。这是军事上用的一种听觉信号，集结和冲锋时都可用此信号。还有一种在战场上传达命令的近地信号，主要指听觉信号指挥用器。此外军队以军旗，盔缨颜色作为标识，以便指挥各路人马。

听觉信号指挥用器主要有鼓、锣、牛角号、海螺号、铜号、唢呐等。《霍岭大战》中说，进攻听螺号音，射箭听鸣锣声，刀劈听铜号声，矛刺听小鼓声，撤退听唢呐声，冲锋听小鼓声变化，平时听螺号声。浓雾听"咯声"、大河边听"索"声。又如《门岭之战》中说，明日天亮之时，听到去鼓"当当"声，大家饱餐一顿；听到鸣锣"桑桑"声，准备行军；听到唢呐声，各路马队按顺序出发。

岭国军人法令

《格萨尔》史诗所叙述的诸多战争中，用严明的赏罚来厉行军法，以作为战争取得胜利的基本保证。首先是通过赏勇罚怯来提高士气。杀敌有功者重赏，违犯军令者斩之，无所宽恕，这是作为军人的一条重要法令。岭国军法还有百姓纪律、俘虏纪律。史诗中说，出兵制敌，服从首领命令，团结如同亲兄弟，作战齐心对敌，有利均得。除非战斗对象，否则不得伤害无辜，内部不得争吵，战马不得充数，子不得替父入伍。必须按名册准时到达指定点，不得饮酒睡大觉，制造谣言。内人不得外出，外人不得进入。泄露军机者作全队之靶。任何人触犯军法，无所忏悔余地，必将受严惩。《大食财宗》中说，岭国诸位将士请听着，到了大食战场，英勇上阵地，出现摇狐尾的逃兵皆杀之。功勋勇将赏土地、金、银及甲胄，升官为万兵首领。何人违犯军令。将其作为全军众矢之靶。

俘虏军法

《天岭羊宗》中说，若有敌人投降，要依军法善待他们。五国大军，要像兄弟般亲近他们，对凶恶的敌人，不得心慈手软。对无权的弱兵切莫伤害他们。自愿投降的兵卒们，以慈悲之心爱护他们，不得恶言训斥。这是岭军作战胜利的好方式、是非分明的标志、讲因果的好传统。

百姓军法

《雪山水晶宗》中说，大军进发时，要像神兵赴战场，勇士要留意遵守军法；在分配战利品时，要如同父母为子分食，公平分配很重要；住扎营地时要像百牛拴成圈，何时何地都依军法办事；行军路上遇百姓时，要像父母对待子女一样，态度温和。树若空心不坚硬，军若无法打败仗。对敌要狠，对民要亲，这是岭军的好传统，是战胜敌人的根本。《天岭羊宗》中说，同等对待大食国的百姓与岭国百姓，不抢一针一线，要以爱心相待，此军法谁也不得违犯。在别国土地上，不得狩猎，不得行劫。

岭军赏罚军法

《雪山水晶宗》中说，大臣丹玛的箭掀翻东赤妖颅骨，崩日妖将血洒沙场。为岭国争得荣誉，完成了大王的重要事业，今天为大将奖赏黄金吉祥物，白银明镜，整条丝绸，九匹良马等。《喀切松石宗》中说，明日一大早，喀切所有将士进军岭国，必须依照名册集中，不得随意替代。到了临战时，若有退却者，以活活剥皮惩之。

军事文化

《格萨尔》作为部落战争史，丰富的军事文化贯穿史诗叙事故事的全过程，是研究古代藏族军事文化的"兵书"。史诗中所描述的军队战略战术与古代其他民族的作战方式有相似之处。但由于特殊的地理、人文环境，决定了史诗中的军事文化也有它独具特色的一面。纵观《格萨尔》军事文化，可以得出战胜敌人的三大法宝：军队讲实力，军官讲谋略，军人讲英勇。团结是军队的生命，纪律是作战的保障，武功是胜战的条件，情报是战略的命脉。这就是《格萨尔》军事文化要义。

岭国军队编伍

岭国军队由内外两大部分组成。"外"是指格萨尔王登位后所征服的大小各宗，投于其王麾下所组成的军队。"内"是指岭国三部落和其他原有的部落。外军队是由部落联盟构成的，内军队是氏族部落军队。其盟主所在部落军队为联军核心军队。核心部落的主体氏族祖先为部落创始人，也是世袭首领家族。岭国内军队由穆布董氏后人组成的岭三部落军队。外部落组成的军队主要有霍尔、北妖、门、姜，还有歇日、喀切、祝古、大食、米努、阿扎、阿里、象雄、松巴等部落。根据实战需要，几个部落可组织集团军。每个部落军队下属设若等战斗小分队，集团军下设学。岭国没有常设军队，平时在家从事农牧业生产。部落首领一旦下达命令，就要求每家每户的成年男子备好战马、兵器等军需物资。届时清点人数，检查装备，准备出征。

岭国军队兵源

部落军队兵源就是全部落所有除僧人和老弱病残者以外的男子，有时十多岁的儿童也参战。他们平时在家做活，战时参加战斗，他们既是民又是兵、平时备战马，战时入骑队是每个部落的铁纪律，若抗旨不遵则严加惩罚。因此，一个部落就是一支军队、史诗中说，本人你若不认识，你是上岭绵羊的放牧人、我是下岭山羊的放牧人，他是中岭羊羔的放牧人，早上才脱下牧羊帽，现戴上了白头盔；早上才脱下无面白皮袄，现穿上白铠甲；早上才放下抛石带，现挎上了兵器带；早上才离开放牧群，现夸上了好战骑。

兵源名册

兵源名册在史诗中称"各益"。每当集结大队人马时，各部落首领依照登记在册的人一一清点人数，检查装备。《米努丝绸宗》中说，三月十三日，按"各益"登记人数，不得缺席全到位，人马兵器全备好。弱马不得充数，不得子替父，不得仆替主，必须按"各益"来集中。

岭国兵种

岭国和其他所有国一样，只有骑兵和步兵两种。史诗中说，岭汝八十学队伍，加农区之队伍。骑队进军似天降冰雹，步兵进军像卷起黑旋风。

《格萨尔》中的戎装和手兵

格萨尔时代的战争是以冷兵器为主要武器的战争，冷兵器是人类历史上最早也是使用时间最长的金属武器。《格萨尔》史诗中描述的各类兵器与其他民族使用的兵器大同小异，主要有：矛类，如长矛、短矛、骑矛、步矛；弓类有牛角弓、木弓、铁弓箭为竹箭，箭镞为青铜等，刀类有长刀、短刀、双刃宝剑。还有斧、钺、藤盾、皮盾、棍棒、石球、投石带、套索、鞭等。铠甲是古代作战时不可或缺的防护装，铠甲有金甲、银甲、绿松石甲、铁甲、锁子连环甲、皮甲、棉甲、羊毡甲、全身甲、无臂甲、护心甲、马铠、战马面帘、腹甲。头盔有金盔、银盔、青铜盔、丝缠盔、丝棉盔、皮盔。

岭国军队组织的官员称呼

岭国军队官职按照部落联盟结构来设置，官员由格萨尔或岭国大臣根据实战需要任命。主要有总统帅、十万长、万长、千长、百长、大臣、嘎奔（营长）、葛真（首领）、葛哇（头人）、学本（团长）、如本（分队长）、尖兵长、压尾长、接应长、扶臂长、辅佐、卫营长。军队还设有警卫员、信使、司员、哨兵、特工人员、带路人、情报员、登记员、放马员、伙夫等。

岭军集结令

岭军集结派若干个专职信使，迅速到各部落传达格萨尔王的集结令。各部落又派信使到各家各户通知人马到指定的地点集中。史诗中说，岭军准备开赴米努国，派往各地的信使似空中流星，诏令若空中飘雪。六天之后，霍尔国十万军队人面马红顶饰盔缨，红旗猎猎，犹如燃烧的草原，辛巴大将带队火速赶赴岭国集结场；第二天北妖国的十万骑队，人面马黑顶饰缨，黑旗猎猎犹如翻卷乌云，阿达拉姆带队赶到了岭国集结场；又过了一天姜国十万骑队，蓝旗猎猎，犹如天落大地，玉拉托居带队赶到了岭国集结场；又过了一天南门国十万骑队，人面马青，青旗猎猎，犹如海面卷浪赶到了岭国集结场；又过了一天大食国十万骑队，人面马白，白旗猎猎，犹如雪盖群山，达拉赤嘎带队赶到岭国集结场。

岭国军事民主

岭国采取军事行动，首先由格萨尔大王遵天神预言作出决定。开赴阵地之前，大王召集各位首领、大臣集中智慧进行商议，决定军事上的有关重大问题。史诗中说，格萨尔大王面带微笑对大臣丹玛说，根据神的预言，征服雪山水晶宗的时间已到，岭军开赴水晶国势在必行。明日南山顶戴上金帽之际，岭议会的所有大臣、首领、耆老准时到达此地，认真周密商议进军作战方案。你赶快派信使传达信息，所有议员不得有误。又如，岭军遇到困难时通知议事要员，商议破解对策。征服雪山水晶宗时，岭军行至离水晶宗军队不远处，遇到了一夫当关万夫户莫开的峡谷天险，对方早已做好伏击准备。此时岭军停止了前进，通知各路议事要员，商量进攻方案。岭国商议重大问题，有时其参议人员规模非常大。史诗中说，上至岭国长老绒察叉根总管，大将扎拉泽杰以下，小至幼子朗穹玉达，下至仆人巴王达，所有议员都到岭国虎坝集会场商议重大事情。

岭军武功训练

岭国各部落军队平时军训很少，只有个人在家练一些各自擅长的武功。集中练兵时间安排主要是出征前后，凯旋欢庆胜利时，还有煨桑和一些节庆时开展一些简单的练兵活动。其主要内容为射靶、练刀术、矛术、骑战术、练索套、练投石靶、比力量、练长、短跑、摔跤等。《世界公桑》中说，遵绒察旨意，岭众将举行烟祭仪式。他们祭桑台，牵风马彩旗带，高呼"咯嘿嘿"、"拉杰罗"（神胜利），然后开始赛马。一阵激烈、壮观、震撼的赛马结束后，从格日穹则山上滚下一块野牦牛般大的巨石，将士们趁机练武功。丹玛大臣、达绒苏彭练矛术，猛将桑达和绒察则用宝剑砍石，尼崩和嘎德以他们独特的臂力抱住了大石。格萨尔大王从马背上捡起巨石抛到了山顶，贾察大将把大石砍成了两块……就这样大家亮出各自特功。

岭军下达出征命令

岭军出征命令由军队总统帅下达，大多时间由格萨尔大王下达，有时由丹玛大将或其他军队首领下达。格萨尔下达出征命令时说，今年岭军赴松巴国，各路骑队要立即出发，战旗猎猎赴战场，先锋如同激流河，骑兵如同突降雹，步兵如同龙卷风，队尾如同滚线球，要显示岭军的威风。

丹玛大将下达出征命令时说，今天是个吉祥的日子，请听岭嘎内外军，此有要事要相告。今年时至一半，米努妖军进岭国，雄狮格萨尔大王，发布征服米努国命令。内外岭国各队伍，立即进军米努国。下达出征命令者，乃是本丹玛大臣。格萨尔大王出发时，色尔坝觉阿华赛达瓦带领二十万岭上部落队伍，从大王右方出发。十万岭中部落队伍，从大王的左方出发。下岭部落十万队伍，由仁庆·达尔鲁带队从大王的前方出发。五万蒙古骑队，由达玛道庆带队，从大王的后方出发。格萨尔的右卫队，由僧达阿东带领，左卫队由察香丹玛带领，前卫队由却君威那带领。防卫东门首领，由噶伦却朱担任，麾下士兵七万加上喀切部落兵。防卫南门的首领由辛察龙拉觉旦担任，麾下士兵十万。防守西门的首领由姜王子玉拉托居担任，麾下姜兵十万。防守北门的首领由东君达拉赤嘎担任，麾下象雄军队和祝古军队。明日一大早，岭国大军赴米努，内部团结要如同亲兄弟。

岭军出征

岭军出征，必须提前做好一切准备，一声令下各路人马迅速下帐马，按前后左右纵队顺序远征他国。史诗中说，在岭国送行人们的良好祝福声中，格萨尔大王带领岭国十万骑士，夜以继日急行十天之后抵达祝古国边境。又如《霍岭大战》中说，浩浩荡荡的岭国骑队，日夜行进，离霍尔国不远处岭军干掉了霍尔国哨兵，突然占领霍尔亚拉色波山口的制高点，在霍尔人不知情的情况下，大将丹玛带精兵强将准备突袭之时，岭国其他军队也随即跟上来。

岭国行军纪律

史诗中说，前卫骑队行军，要像燃烧的火焰，中骑队行军要像快行的黑蛇，后续骑队行军要像卷起的线球，扎营要像寂静的大海。前行的骑队要照顾后续队伍，后续要看清前方的动态，前方不得退，中间不得断，后方不得落。

岭军扎营命令

扎营命令称"嘎噶"，由岭国大臣察香丹玛大将下达扎营命令。他说，岭军出征，扎营由本大将发布命令。大王帐篷的右侧是色尔坝和嘎日骑队驻扎地，左侧是牟姜和那日骑队驻扎地，帐篷的后方是嘎德和北妖骑队驻扎地，帐篷的前方是翁吾和霍尔骑队驻扎地。前右侧是达绒和玉拉骑队驻扎地。前左侧是华拉和丹玛骑队驻扎地。又如史诗中说，岭国大军经一夜急行军，当天边出现白光时，在达龙班央吉唐处，遵丹玛大将之令摆开了营盘。乍一看白旗之营与雪山媲美，黄旗之营与草山媲美，红旗之营与火山媲美，黑旗之营与石山媲美，盔缨与森林媲美，炊烟与浓雾媲美，取水者与鸟群媲美。其场面令人震撼。

岭国军事计谋

计谋是指在战争中相互之间使用智慧的斗争，其实质是斗智，是以智力取胜，任何一个军事家都要高度重视战争中计谋的运用。在《格萨尔》史诗中无论是岭国还是以岭为敌的国家都有各自的计谋，而且一些常用的计谋带有一定的共性。在战争中岭军特别重视英雄在战斗中所起的重要作用，无论是大规模的骑战还是少数好汉们的决斗，都以英雄精神鼓舞士气，以英雄的威风击退敌人。那是一个英雄崇拜的时代，英雄在人们的心中具至高无上的地位。军事实力的较量也是制敌的重要条件，实力在很大程度上指的是士兵数量。然而岭国在战争中总结出强敌不强、弱敌不弱的经验。强敌不动心、弱敌不轻视。有时英雄是怯懦，怯懦是英雄。知敌战则胜，轻敌、怕敌都是劲敌，出其不意攻其不备是妙计。酣睡、饮酒、马远放乃是帮助敌人打自己。没有失败则没有胜利，重整旗鼓是关键。军首的头脑是全军的生命，队伍素质高是敌人的死神。没有敌人的失利是内耗，没有纪律的队伍如同风中撒灶灰。强敌装弱，弱敌装强，对付有方，单骑出营，破阵制敌，里应外合，腹背夹击，攻心妙计，不战而胜等。在史诗中描述了不少这方面的经验。

岭国军事情报

情报是军事斗争中不可或缺的特殊任务。《格萨尔》史诗中也有不少这方面的描述。密探在史诗中称"桑尼"，暗派密探是获取情报的重要方式之一。在《格萨尔》中有关派遣密探虽带有浓厚的神话色彩，但不影响史诗对密探在战争中所起作用的重要意义的认识程度。在霍岭大战期间，霍尔白帐王派一只乌鸦到岭国侦察岭王妃珠牡的居住地和岭军的守护情况。又如格萨尔从北妖国回岭国后，化装成喇嘛、金鱼、占卜师、三兄弟朝圣者、流浪孩童等形象详细侦察霍尔国情况。与此同时他暗杀了霍尔国妖魔化身，为下一步的战争扫清障碍。岭国密探有外探和内探。外探是指离敌占区不远的周围隐蔽窥视对方动态，通过战马、帐篷数量推测对方兵力。而密探佯装成流浪人、游僧、寻马人、生意人等进入敌人营区或部落。通过寻访牧羊人、儿童、妇女，侦察对方军事实力以及地形、河流。有的还以机智和勇气进敌营，作首领家仆人，可了解更多的情况。

史诗中说，三山顶要有哨兵，三山沟要有侦探，三山腰要有信使。迷惑军队视线的有三样：传达错误信息占卜者，不喂养听觉、嗅觉灵敏的守门獒，以及不准确的妙算。一次格萨尔王派丹玛大将潜入霍尔国探听军情。丹玛向大王说，我丹玛很快去霍尔国摸清霍尔国动向，数清霍尔国人马，武功精的有多少，出众的好马有多少，探听霍尔白帐王的计谋。又如《大食财宗》中说，次日，大食国的大臣协嘎尔登巴和切吉东赤拉罗两人穿上破烂衣裳佯装两个乞讨人到岭国探听情况。十二天后他们到达了岭国居住的玛域大草原。他们首先见到的是在一个缓坡上，一老一少放牧着近千只绵羊。一少男悠闲自在地吹着牧笛，而老者正喝着香甜的奶茶。他们立即走到牧羊人身边说他俩饿得走不动路，给他们一些食物吧，老者给了他们两碗酸奶，他们便打开了话匣子。大食国的两位大臣从中了解到不少有用的情况。

法律

游牧部落是一种半军事化的政治集团。在烽烟四起的年代，游牧部落经常处于战备状态。因此部落法律更多地体现在军事法律之上，这是部落的最高政治。《格萨尔》中的法律充分地证明了这一点，"部落习惯法"在史诗中也有零散的描述。它与旧时游牧部落习惯法如出一辙，主要体现在部落草场的管理制度，部落头人任命制度和民间官司的裁决制度等。部落草场由部落首领分配，各牧户有管理、使用的责任和义务。各部落首领由联盟盟主任命，均为世袭制。民间官司是一种多发性的案件，因此岭国设有专门的裁决人，部落首领也是官司裁决人。民间对裁决人所裁案必须服从。《霍岭大战》中说，穿山羊皮衣的裁决人的决定，穿绸缎衣的不得撤销。戴羊毡帽的裁决人的决定，头缠丝带的人不得撤销。这里所说的衣帽是指身份的高低。在史诗中法律被称为"王法"。岭国格萨尔时代，部落习惯法中的大要案件仍然要算命案，其次就是婚姻纠纷，还有偷牛盗马。《霍岭大战》中说，霍岭之间存在命案和婚姻官司，还有命价和盗马官司。命案官司如同坚石不会自然消失，婚姻官司如同香柏不会腐烂。此外，史诗中对百姓的行为规范主要以伦理道德和佛教的"十善"为遵循的准则。民间收藏的手抄本中还有一部专门舌战官司场的分部本。舌战用语是比喻或谚语，其语言精美，逻辑性、哲理性强。

战争 英雄类

与其坐在家中活百岁，不如为国争光彩；与其厚颜埋坟场，不如战死在九泉；与其像狐夹尾逃深山，不如像猛虎斗死在人前……

不回击敌人进攻的是懦夫，不报答友人恩情的是骗子；趁敌弱时不进攻，拖延时间将贻误战机；鲁莽人若去侦察，未见敌人就空喊，机警人会冷静稳重；莽撞人若巡逻，将惹出不应有的麻烦，狂妄过度不克制，凶猛老虎也会碰死；吞食过度不知足，贪婪饿狼也会噎死；欺人过甚无休止，连小孩也会反咬一口；要使羊儿安身，就要打死豺狼，要使人民过上好日子，就要降魔除害……

失去犊儿的野牛，敢与棕熊拼命，失去蛇蛋的毒蛇，敢于进入烈火中；沙石丘堆虽然高，洪水到来即冲走；夏季绿草虽丰美，冬风随意将可摧；草原鲜花虽美丽，却是霜的停留处；军队数量虽然多，锐利宝剑可随意击；乌云深处隐藏的冰雹，不让谷穗长得饱满；星空深处隐藏的严霜，不让芳草延续生命；深山隐藏的恶狼，不让羔羊欢乐生活；熊熊燃烧的烈火，夺去林木的苍翠；没有勇将的军队，名声不响亮；没有军队勇将是孤家寡人，二者配合才能致敌于死命；没有箭时弓无用，没有弓时箭无用，二者齐才能射中目标；人多马乱目标大，泄露机密酿大祸；好汉有强弱，生命无粗细；零财产者是强盗的放生对象。

部落战争

《格萨尔》史诗可以说是一部落战争史。在格萨尔时代，战争是解决问题的最高政治。当部落之间的矛盾无法调和时，人们更愿意用刀剑来表达要求。而强势部落联盟则占有取得战争胜利的优势，失败者归顺强势部落。岭部落在局部战争中，虽然有时也有失利的地方，但从总体上看岭国是一个战无不胜、攻无不克的强大的部落联盟。节节胜利的战争，给岭国带来了势力上的强大、经济上的繁荣。

岭国部落战争的起因是多方面的，它与人类社会发展的阶段性规律如出一辙。有如同世界著名史诗《荷马史诗》中所描述的因抢夺美女而引发的战争；也有如同青藏高原游牧地区经常性发生的偷牛盗马、部落仇杀、抢夺财富、抢占草场、入侵别部落等原因而引发的部落战争。战争说到底，就是为了争夺某种利益所采取的军事行动。这里所说的利益不仅是指物质利益，还有精神利益，如价值观冲突、文化冲突、信仰冲突等。《格萨尔》中对这些冲突的描述是十分明显的。无论是降伏四方妖魔，还是征服十八大宗、若干小宗，都有三个目的：一是征服某邦国以后，取回那里所独有的某种财富或福宝分配给岭国、雪域藏地；二是除掉那里作恶多端、欺压百姓、与佛法教义背道而驰的魔王；三是被征服的邦国收归岭国属下，任命新的首领，把百姓转变成弘扬十善精神的善男信女。这里可以清楚地看到岭国部落战争具有物质和精神两方面的意义。为达到这一目的，岭国的不少战争并非被动迎战，而是依照天神的预言，主动组织大队人马开赴某国，发动战争。

岭军组织的盔缨颜色

岭国军队主要以各部落为单位组成，各部落首领为军队最高指挥官，部落军队下设学或汝组成分队。由部落首领任命学本、如本（分队长官），有时还可特别组织敢死队称"巴克林"。一些规模大的战争，根据战斗需要由多个部落组成集团军，其指挥官由岭军最高统帅临时任命。大队人马开赴战场时，以军旗、盔缨颜色来辨明各部落队伍，旨在便于指挥。史诗中说，现在下达行军命令，上岭色尔坝八部，二十万金缨骑士，首领为色尔坝觉阿华赛达瓦。中岭翁吾六部，十万银缨骑士，首领玉赤共恩。下岭牟姜四部，十万白缨骑士，首领仁庆·达尔鲁。达绒杜措柯母部，五万尾缨骑士，首领晁杰玛布。丹玛十二万户部落和嘎直、工觉、达吾等，三十万绿缨骑士，首领丹玛和嘎德。霍尔域山地各部，十万尾缨骑士，首领隆拉觉旦。北妖国十八万户，十万黑缨骑士，首领阿达拉母。姜域盐湖国，十万蓝缨骑士，首领玉拉托居。南方门域国，十万绿缨骑士，首领达拉赤嘎。

格萨尔三佩饰象征意义

在藏族人心目中，格萨尔是最崇高的英雄，是无往而不胜的法，佛教的护佑者。因此，他身上的佩饰均有一定的佛教色彩的象征意义。格萨尔身上的三样装饰品——宝珠鬘、护胸镜、水晶五钴金刚杵，分别象征大悲自在观世音、证智通彻文殊师利、大力密主金刚手。

格萨尔王九大战神兵器

格萨尔王九大战神兵器是所抢皆殒宝剑、三界制敌之矛、九庹黑蛇套索、坚弹牛角弯弓、神箭九十九支、乌多（投石带）沉石空旋、红藤盾牌底深、护神当坚石球、斧子金刚断岩。

格萨尔铠胄

头盔顶饰彩旗是军中之王，腰系弓箭带是

英雄装饰品。白盔成就法业，阳盔片是五佛，阴盔片是五空行，盔顶插法身胜利幢宝贝顶饰，盔旗报身五智慧，彩带化身闪光采，盔体日月莲花帽。铠甲内层莲花袍，铠带德洛巴修行带，防身殊胜铠甲，上方现淡白色，象征善待亲人，由千种文神之命铁铸造，下方淡红色，象征横眉冷对妖敌，由千种武神命铁铸造，铠甲似猛虎出山，象征千种护法圣殿。白色大裤象征战神之堡垒，五彩皮靴象征天、人、龙之宫殿，丝编襻儿象征四大天王。

岭国三大铠甲

岭国三大铠甲是斯贝柯威大铠甲、牟陆嘎布大铠甲、金甲片花大铠甲。

岭国三珍贵兵器

岭国三珍贵兵器是斩尘青红宝剑、红柄黑长刀、斩石亚斯嘎产。

格萨尔马鞭

格萨尔马鞭称"桑比顿珠"（心想事成）。史诗同样为格萨尔马鞭赋予了拟人化、神明化的生命。史诗描述：我这如意马鞭有父亲，它是印度的如意树；马鞭有母亲，它是汉地满节竹；马鞭有哥哥，是藏地神树香柏；马鞭有弟弟，是热带的紫檀香；马鞭有妹妹，是槽白柏杨木；马鞭侄女是美丽的植喀木；其侄子是红加达木。鞭柄心想事成鞭，鞭带如意法宝，鞭须空行母帛带，是镇邪的宝贝，是龙界宝藏物，王妃珠牡敬献的礼品。

第八部分　经济

经济是指牧业、农业、狩猎业、商业、手工业，以及生产资料等。

消费思想

《格萨尔》史诗中物质的消费表现在衣、食、住等方面。从史诗中的描述来看，岭国或其他邦国的物质资源主要由两大部分构成。一是取决于当地的自然环境、生产方式、经济形态；二是与外地的商贸交往，互通有无。史诗中的服饰文化丰富多彩，具有深厚的文化内涵。除战场上的戎装外，岭国的将士和贵妇以及广大百姓有常用衣裳、节庆时的盛装、重要场合的礼服。随着经济的发展，人们智慧的提升，服饰也日益多样化。从史诗描述来看，人们的性别、职业、地位、年龄，以及服饰的用途、质量、色彩、工艺、样式等都成了构成服饰文化的重要因素。岭国格萨尔大王的服饰描写大多以戎装为主，但有时王服戎装同穿，佩饰兵器同带。穿有树叶宝珠图纹的红缎袍和绿色绸衣，披着红黑色战袍，腰系金色腰带，头缠白绸带。项链闪光宝珠，还穿有法衣、密衣、战神袍等种类繁多的服饰，每一样都有丰富的文化内涵和象征意义。而王妃珠牡的形象，服饰描写惟妙惟肖。她穿有羊羔藏袍，绫罗绸缎缝制的长衣短衣十八件，袍边镶有黑白獭皮。珊瑚、绿松石、琥珀装饰发辫。佩带金银护身盒，两侧银坠垂两边，金、银耳环，金银戒指，珊瑚、琥珀、玛瑙、天珠项链。又如嘎嘉洛顿巴坚赞穿着金丝缎龙纹做面料的羔皮袍、袍边镶有水獭皮，上衣为金领红色衬衣，下穿大白裤、脚穿彩靴。三串天珠为项链，腰两边垂有银饰。岭国宫殿内的装饰富丽堂皇，美不胜收，殿堂底层是岭国将士集中的地方。九十九柱，柱有金缎幡，上方是大王威震三界的金宝座。根据席位排序，还有银宝座、海螺宝座、玛瑙宝座、绿松石宝座。其上面垫有五彩丝绸垫，厚垫以及虎皮、豹皮等兽皮垫和孔雀翅等九十九层坐垫。每个大将面前摆放着紫檀桌，玛瑙桌等各种珍贵桌。殿内点着各种妙香和董香。饮食方面，有汉地的白酒、藏地的青稞酒、印度的葡萄酒，五谷其玛，制作各异的糕点，不同的肉食，烹饪各异的食品、各种糖、葡萄、红枣等树生水果。这些食品装在金、银、水晶盘中。上述只是一些大的庆典场合所使用的消费物质，表现出史诗在衣食方面的财富思想。然而岭国百姓平时的消费以本地农牧业产品为主。例如酥油、糌粑、酸奶、奶酪、奶茶、牛羊肉和野生动物肉茶等，服装主要是绵羊皮袍、羔皮袍、羊毡衣、羊毡帽、牛皮靴，还有少量的山羊皮袍、犊皮袍、狐皮帽、羔皮帽等。

分配思想

在岭国的经济活动中，存在着以公有制为基础的思想、表现在草场的公有制、岭国的公共财产、战利品、狩猎得来的猎物的分配方式等方面。分配方式平均化是史诗分配思想的主要原则。史诗中经常说到一句话：见敌齐对矛头，见利平均分配，出口三句话皆为大家，三口食物皆归公，为公众集财物，为了公众打敌人，总管的名字由此而来。岭国猎获物的分配是平均的，只是在狩猎中有功人员可分多一点，这是为了奖赏他们。而奖赏在全部落是人人平等的，都有相同的机会，没有等级之分。岭国分配最明显的特征是战利品的分配。格萨尔大王征服十八大宗获得大量的财宝。这些财宝主要有金、银、铁、天珠、玛瑙、珊瑚、松耳石、丝绸、氆氇、兵器、牛、羊、马、犏牛、骡、山羊、骡及各种法器，还有大米、青稞、茶叶等。格萨尔和麾下军队每征服一个宗，就开启那里的宝藏之门，其分配方式，主要有三大内容：一是首先分配给岭国主要将士和有功人员，其意义在于奖赏和优待英雄，而立战功的机会是人人均等的。二是分配给岭国所有士兵、老百姓和被征服国的所有属民，以及寺庙僧众。三是所有财富中的一些弥足珍贵的宝物、圣物留给本国，作为公共财富。还有一些圣物重新伏藏起来，关上门盖上官印留给雪域藏地，作为一种福分的根子。这是为了居住在那片土地上的民众的生活逐渐富裕起来。此外，在部落战争中抢的各类牲畜，全部分配给部落所属民众。

民族手工业

在格萨尔王时代，民族手工业技术水平也有明显提高。主要产品有日常生活用品，畜产品的加工，服装裁缝，皮革、牛羊毛加工，金、银、铜、铁、青铜加工，酒酿造，兵器加工，建筑，还有医药、绘画等。这在史诗描述寺院的金顶、殿内的装饰、国王宫殿和金银宝座、金幢以及人们身上的装饰等工艺上有充分的体现。对金属加工方面的描述，例如在《霍岭大战》中说：特别是铁工十人部，内有一千九百铁匠，内有一千九百银匠，内有一千九百铜匠。黑色城堡铁城门，黄色城堡金城门，红色城堡铜城门。打铁描述：大锤如同飞落的金雕，小锤如下雪蛋，大钳如同虎张嘴，小钳如同湖中游鱼，红铁如同闪电，风箱如同雷鸣，打铁响声桑桑。酿酒时描述：青稞煮酒满心喜，吉祥纹好铜锅，倒上清泉煮青稞，煮好青稞堆毡上，要酿年酒需一年。一日酿酒称日酒，日酒就叫甘露族，花花汉灶先砌起，洁白毛巾擦锅内，灶膛红火烧得急，年酒名叫甘露甜，名酒名叫甘露寒。诸如此类其他很多品种的加工也有详细描述，如加工剑、缝制衣帽等。

狩猎文化

狩猎是人类社会发展过程中不可逾越的历史阶段。岭格萨尔时代虽然社会已经进入了农耕和畜牧业时代，但他们祖先留下的狩猎传统

◎格萨（斯）尔

在局部地区仍然延续，以此作为经济的补充部分。说到狩猎，在《格萨尔》史诗中有两位个性鲜明的典型人物，而且两位典型人物还是一男一女。他们是霍尔国的辛巴大臣和北妖国的阿达拉姆女将。格萨尔王降服四方大敌之后，他俩成为岭国勇将。他们是岭国部落联盟著名狩猎人。文学艺术中的典型人物在一定程度上揭示出当时社会生活的一些特征。从他俩所猎获的动物来看，大多为野牦牛、野驴、鹿等。要想猎获此类大动物，一是要具有娴熟的箭功，二是要具有胆量、勇气，因此这种猎人也被人们视为英雄。特别是女将阿达拉姆的故事在藏民中广为流传。一些猎人把阿达拉姆视为猎神，每当猎获动物时，首先血祭阿达猎神。辛巴和阿达拉姆每当在战场上与强敌决一雌雄时，首先炫耀一番自己的狩猎经历。阿达拉姆大将在战场上说，上午上砾石山，射死百头野牦牛，草原变红、血流成河。中午上草山射死百只雄鹿，沟里血满，乌鸦扎堆。下午上战场，射死百人好汉。史诗谚语中说："山顶马鹿亮十角，是向利箭招手，猎人若不向马鹿射箭，持弓箭有何用"。辛巴大将在介绍自己时说，在霍尔王大国，本人乃是猛将热青杜巴之子辛巴，是盔缨军队的首领。饿时食野牦牛生肉，渴时喝红牛血。七岁时苦练箭术，与野牦牛同玩，射杀居山青角野牦牛。其牛角制作弯弓，牛肉是美食佳肴，牛皮作烟袋。史诗描述：在贡庆杂扎贡玛，山峰顶上鹿满山，山腰峭崖有黑獐，山下河中鱼儿繁。即便是上午渔猎空手回，傍晚收获也可观。除此而外，在史诗中也有对其他岭人打猎的零星描述。

畜牧业

牲畜是草原游牧人最基本的生产资料和生活资料。牧民对牲畜有深厚的感情，爱畜如子。他们每当以宗教方式为牲畜回向时说，如母一般恩深的奶牛，用血肉养育的牛羊以及骑畜驮畜等解脱恶趣苦难而祈祷。很多牧民不忍宰杀自家牛羊。牧人们称牦牛为"罗尔那"，意为黑色之宝，又称长脚的黄金。据研究表明，岭部落联盟大多居住于雅砻江、金沙江、黄河三江上游一带。从古至今，那里居住着大面积的游牧人。因此《格萨尔》史诗中充满丰富的草原游牧文化。史诗中赞美牲畜和牧业生产方面的谚语和歌词随处可见。格萨尔大王首先征服大食国，开启牛运、马运、羊运宝藏之门，征服《松巴犏牛宗》、《牟格骡子宗》、《特壤山羊宗》，为雪域藏地开启了犏牛运、骡运、山羊运宝藏之门。史诗中还较为形象贴切地描述藏族从狩猎到游牧的历史过程：在岭·格萨尔时代，到高高的三山顶上狩猎，射杀野牦牛和野驴。迁徙到低沟谷、搭建黑帐篷，黑牦牛拴一排。牛马放台阶、羊放山。以慈悲心治理本部落和别部落收归的属下，内部和睦相处，强军压外侵，禁止偷盗行为，官民一条心，时常警惕外敌入侵。短短几句话，诠释了游牧部落的自然经济形态和部落执政理念。

商贸交往

岭·格萨尔时代，在经济活动方面岭国是一个开放的邦国。史诗中说，到印度引进佛法，到汉地引进茶叶。岭国和其他邦国的人们开辟了悠长的经贸商道。岭国人到印度、尼泊尔，到汉区做生意。别国商队经常路过岭国，使玛域福地一时成为商贸活动集散地。史诗中说，玛域朝阳莲花沟，向上是客商必经路，转回是货物聚集处。商品可在这里来交易。玛域是汉藏两地通商的好地方。当时人们已经认识到，各地区的自然资源不同，物产各异，只有物物交换，才能满足各自的需要，因此各邦国都重视商旅活动，并组织商队开展交易活动。史诗中描述最多的还是汉藏间的商贸活动。史诗中说，汉地商品运藏地，藏地货物运汉地，汉藏历来互通商，无人对此加以干涉。又如，汉地商品藏地销，并非藏地缺财宝，愿为汉藏同心结得牢。历史上的汉藏经济交往十分频繁，最典型的要算茶马互市。史诗中有关丝绸的描述非常多，这些商品大多也是从汉区引进的，具有一定的历史真实性。当今人们所熟知的茶马古道，在《格萨尔》史诗中同样可以找到它的历史轨迹。《汉地茶宗》说的就是格萨尔赴汉区引进茶叶的故事。《玉绒色宗》中说，上岭部落有两位牧民去汉区朝圣，做生意，他们先后朝拜了五台山、九华山等著名道场，返回时从"加益贾桑青莫"（泸定）到达折多（康定）顺茶路而上。"茶路"就是今天人们所说的茶马古道。岭国人还长途跋涉到印度、拉达、尼泊尔、里域（新疆）汉地做生意。例如，《阿扎天珠宗》中说，二十天之后，赴印度、尼泊尔的商队顺利到达岭国。骡马、商队管家、助手组成的队伍像流水般回到了王宫。《象岭之战》讲，木龙年象雄（羊同）苯教国商队管家带十六人助手，二百匹骡驮着金、银、绿松石等琳琅满目的商品赴汉地。《松岭之战》中说，岭国客商色尔坝觉阿华赛达瓦和姜王子赴里域（新疆）开展商贸活动，五百骡驮上丝绸、珊瑚、绿松石。半途遇上了葛域商队，他们在那里驻足煮茶。《降生篇》也有记载，此时拉达（印度）商队赶着千匹骡，到汉地经商，其管家巴登晋美、南贾诺桑等带七十助手。

《喀切松石宗》中讲到，岭国大将翁吾家的管家门吉多杰赞波、拉旺旦巴二人带领十四人助手，一百八十匹骡子驮着汉区琳琅满目的各种商品，返回岭国途中，与别邦国商队相遇。此时对方管家葛波拖赤吾赞向翁吾商队询问市场行情说，请向岭国商队、各位管家助手，带着微笑赶路，可知满载而归。汉地的著名国王、其势力威望如何？汉地盛产的各种美茶，其价格又是如何？五彩绸缎丝帛，市场价位如何？美食白色大米，今年的收获如何？岭国与其他部落之间也有商贸往来，游牧部落之间和牧区与农区之间有密切的商贸联系，畜产品或活畜交易，有畜粮互市、盐粮互市的传统商贸活动。牲畜交易的记录，例如在《霍尔国悔泪》中说：在高高山脚下，牛群跟着马群，千百畜群源源不断，羊群齐齐咩咩叫、我们门域来的商人，是门辛赤王派来的商人。其管家是古拉拖杰。专程到岭国做生意。青藏高原上有很多盐湖，在格萨尔时代盐成为重要商品，盐可交换粮食等商品。《霍尔国悔泪》中还说：如今的岭国更宽容，上部阿里和中部的卫藏，下部多麦六岗，来自各地的商队，集中于岭国盐湖，牛背上驮的全是盐。部分运往拉萨，祈祷岭人亡灵，部分运往汉地，作换取丝绸的本钱。部分运往门国，分配给门王属民。

《格萨尔》中的经济思想

经济思想是经济关系在人们头脑中的反映。人类社会离不开经济活动，经济关系也建立在各种经济活动之中。《格萨尔》作为反映古代一种社会群体全貌的史诗，经济活动同样推动了岭国社会的发展和历史的进步。在《格萨尔》所有叙事结构中，通篇贯穿了三大精神意义。一是通过降妖除魔，大力弘扬佛法，把妖众转变为属下遵守"十善"戒的佛法信众。这是一个历史时期的社会主流意识。二是格萨尔是制敌的英雄，弱者的父母，通过战争扩张部落势力，这是当时部落联盟的政治形态。三是通过征服十八大宗、二十五小宗，开启各种宝藏之门，为岭国民众带来福祉，这是当时的一种经济理念。因此《格萨尔》史诗表达了丰富的经济思想。在藏族历史上，雅龙部落时代，实现了人类社会第一个分工，即农业从畜牧业中分离出来，形成了农业与牧业的双重经济结构。随着社会生产力的发展，雅龙部落逐渐强盛起来。《格萨尔》史诗反映了古代青藏高原上各部落经济形态，是以当时的经济关系、经济活动为基础的。史诗中经济方面的叙事内容有：财富的积累、狩猎、畜牧业、农业、手工业、商贸等。

◎格萨（斯）尔

岭国是一个开放的部落，与外地开展商贸活动，物物交换，互通有无。史诗中说，赴印度引进佛法，到汉地引进茶叶。自古以来财富是人们所追求的，并对其认识最早。《格萨尔》史诗以丰富的想象力，浓墨重彩描绘了古代青藏高原上人们的财富意识。格萨尔征服的很多"宗"，就是开启各地不同的财富宝藏之门，把财运带给雪域藏地。在以游牧为主的社会里，人们把牲畜视为珍贵的财富，因此征服十八大宗中的第一宗为《大食财宗》，而大食国所拥有的宝藏主要是牦牛等牲畜的财运。史诗中分别以"达瓦果松"（福气马三首）、"阿尔雅赞巴"（财神福气牛）、"大鹏蛋"（福气母牛）、岗瓦桑布、嘎玛冬热比喻马运、牛运、牦母牛运、绵羊运、犏牛运等家畜之宝，视它们为藏地福分的根子。当时人们对财富的概念还有金、银、铜、丝绸、珊瑚、天珠、绿松石、甲胄、药、青稞、茶等。史诗中所说的这些财富，并不完全指某种财富本身，在史诗中所说的"福气"或"财运"是指某种财富招财增财的圣物。因此格萨尔征服一个邦国，并非把该国的某种财富抢走，而是把该国某种独特的财富之财运宝藏之门开启以后，让人们共享富裕生活。有鉴于此，《格萨尔》史诗中的财富意识特别浓厚。

第九部分 动物

牦牛

牦牛是草原游牧人所有牲畜中最重要的生产和生活资料，被认为是牧民的财宝。在民间故事、山歌、谚语、谜语中，歌颂、赞美牦牛是一项重要内容。甚至在藏传佛教一些仪轨中也有歌颂牦牛的偈诵和牦牛头像面具。在历史进程中逐渐形成了一种丰富的牦牛文化。同时成为高原游牧人的独特文化。例如在《格萨尔》史诗中也有很多与牦牛相关的描述，把牦牛视为神牛、财神牛、福运牛。还把牦牛作为格萨尔的战神。《杂日拉宗》中说，十三头年轻的野牦牛和战神九万九千，今天请助佑本格萨尔。亮出铜角的野牦牛是提升勇气的战神。一些分部本中把野牦牛作为格萨尔十三种动物战神中的一员。在"史诗"中牦牛和野牦牛交替出现，因为牦牛是由野牦牛驯化而来的，野牦牛是非常凶猛的动物。在《格萨尔》史诗中，有时也把野牦牛描述成凶猛的具有无比威力的妖牛。因此牧人们视雄牦牛为力量勇猛的象征，视雌牦牛为富足的象征，而且把牛奶作为最佳祭祀品和供养品敬神供佛。《大食财宗》中说，白额神母牛，见仔哞哞叫。犊牛在草地上欢快地嬉戏。乳湖荡起三涟漪，岭国贵妇们挤奶忙，敬给所有天神。格萨尔大王为雪域藏地开启牲畜宝藏之门，以夸张表现手法描述各类牲畜。牲畜宝藏是至上的财运。白玉头牦牛是招来财运的牦牛，同类牦牛一百八十头。黄金头牦牛和八十八万同类牛，是格萨尔王的家畜。白银头牦牛和七万六千同类牛，是扎拉大将的家畜；此时岭国女人们穿着华丽衣裳，手提奶桶走进牛群，做挤奶姑娘们的领头人，五百多挤奶姑娘同时挤奶，牛奶如无尽的河流。此外史诗中描述，为了雪地贫穷人，开启喀齐国山羊之门，开启白布国绵羊之门，白色牛羊奶是雪域藏人的生活必需品。为了守护牲畜还开启了索波国犬宗之门。为了男人们远行，开启了木雅马宗之门。为雪域人的生活富足，开户丹玛青稞宗之门。

犏牛

犏牛是黄牛和牦牛杂交畜种，此畜种个头大，具耐力，肉质较优。过去犏牛价格比牦牛高，在农牧业生产生活中起着重要作用，特别是在耕地、运输有其独到之处，甚至还可作骑畜使用。史诗《松岭之战》是专题叙述格萨尔开启犏牛宗宝藏之门的故事，说格萨尔用神箭打开宝藏之门，从门里走来一头首为珊瑚，四蹄为绿松石，嘴白，尾似飘动的南云的犏牛运，五百头白额红角和同类犏牛从洞里鱼贯而出。嘎德大将抛出套索，套住了白额红角犏牛。又射出一箭打开宝藏岩门。门里走来一头白玉犏牛运，双角为绿松石，四蹄为白银，六百头白尾巴和同类犏牛鱼贯而出。此时格萨尔王用斧子砍开那岩石，只见洞门走出一头四蹄白玉，双角绿松石，彩光毛色的犏牛运。

马

高原游牧人驯马养马的时间很早。游牧男子汉喜欢马的程度超过其他畜种。家里有一匹好马，成为自己炫耀，别人歆羡的对象。马是高原上最好的交通工具，特别是在部落战争中马起着举足轻重作用。在古代，兵马就是军事的代名词。格萨尔时代是部落战争频繁的年代，人人钟爱战马，个个爱护战马。格萨尔的坐骑还赋予了神灵，三十员大将的战马都是神驹、宝马、骏马，都有一个非常好听的马名，如风翅、千里、飞蹄、青风、旋风、天行等。史诗中还有著名"马颂歌"，描述马的优劣、马的体型、战马选择、马的功用、马的特点等。史诗中的一些谚语也谈到如何养马、使用马、爱护马。"马宗"中描述了格萨尔为雪域带来马运的情景。史诗描述，岭国大将门东君达拉赤嘎率五百白旗骑士日照雪山一般，行进东山脚打开一百六十大山门和众多小山门，只见长翅白色骏马带百万马出山门，为雪域藏地带来马运。当时格萨尔大王率领五百黄旗骑士，似日照金山走进南山，此时由百位黄旗战神迎请大王。行至六角金山脚下时，大王以神变法力，开启一百六十大山门和众多小山门，只见一匹金翅骏马从四福门中走出，为雪域藏地带来马运。黑红施碍金刚率五百红旗骑士，若日照珊瑚山，走进南歇日山，开启十百六十大山门和若干个小山门。只见青鸟骏马青翅带百万马从四福门中走出，为雪域藏地带来马运。丹玛大将率五百绿旗骑士，走进北绿松石六角山，开启一百六十大山门和若干个小山门。只见青鸟银翅骏马从四福山门里走来，为雪域藏地带来了马运。此外贾斯拉果，翁吾之子、色尔坝之子、嘎德之子四大将之子率五彩旗大队走进玛瑙四山，开启若干大小门，各色鸟翅骏马从福山门里走出为雪域藏地带来马运。此时世界马宝藏中走出的各种骏马像流水般走向雪域藏地。

骡

《格萨尔》史诗中描述，骡子是商贸大道上使用的一种交通工具，在战争中还可驮运炊具等。史诗分部本《牟格骡宗》讲述了格萨尔前去牟格国开启骡运之门的故事。该本子中说，"今天是吉祥的日子，中午过后开启骡子伏藏门，叔父晁同要备好辔头。骡群长龙行若流水，这是雪域藏地的福分。"此时从山门中走出百万骡群，黑压压一片为雪域藏地带来了骡运。

绵羊

《白布羊宗》是《格萨尔》史诗中的十八大宗之一。绵羊是游牧人的重要生活资料，白白的羊群象征牧民的富有。成群的绵羊像天边飘动的白云，自由自在地在高高山上。广袤的草原上吃草时，牧民们不由自主地会唱上优美动听的山歌来赞美那美丽独特的风景线。《大食财宗》中说，"你若不识我是谁，我叫姜阿文吾叶拉贡。岁至十三起我是岭木瓦家的牧羊人。今年二十有六岁，五千只羊的守护者，你若不知我唱的什么歌，此歌叫牧羊人的动情歌。"《贡特山羊宗》中说，"今天是开启财富之门的吉祥日子，大家为此而庆贺。东宗有白毛天界羊，南宗有人间黄毛羊，西宗有鬼界红毛羊，北宗有龙界青毛羊。"《天岭羊宗》中说，"祈祷三宝开启羊宗之门，咩咩声声到此地。水晶六角天羊，白头公羊右旋角，白玉额母羊，长毛小羊，白玉头羔羊，白毛天羊十万来此地，公羊拖着长毛来此地；小羊跳跃嬉戏来此地。祈赐天界财富，人间黑白花头羊，阿才花头四角，褐白花羊红头，今天到此地来，龙界青羊绿玉角，前青后白四蹄褐，今日到此地来。"

山羊

过去在游牧地区，家境贫寒的牧户才养山羊，而牛羊多的牧户不太重视养山羊，与史诗中描述的如出一辙。史诗中说，为贫穷牧户开启山羊宗之门。《贡特山羊宗》中说，今天是打开宝藏之门的日子，这是格萨尔大王的事业。东有天界白羊群，南有年神白山羊群，西有独脚鬼和山鬼褐山羊群，西北有独脚黑山羊群，东北有独脚鬼紫山羊群。大山羊与马牛一般大，中山羊与母牛一样大，小山羊与常见羊一样。角上挂彩带，山羊身上有多种药用品，是独脚鬼的财富羊。

赤兔神驹

赤兔马是格萨尔大王的坐骑。史诗中说，此马是日行千里的宝驹，驰骋沙场的骅骝，是乘胯大英雄的坐骑。外形美丽发光，皮毛红艳似闪光宝珠，步履矫健快如风。毛色红红依附着马头明王的神变之力；白光闪烁的马齿上依附着纾除病魔的神灵；紫色腹部上前方，吸附着福寿兴旺的神灵；耳梢一撮鹫翎处，依附着洞察三界的慧眼；四只铁蹄，附有征服四魔的战神；高昂的马头，是礼赞三宝威力的象征；厚实细长的鬃毛是万千神变的象征；清澈光亮的眼睛，是了达轮回涅槃的象征；竖立的双耳，是与二真谛等同的象征；四蹄上的四撮白毛是能摄魔护民的象征；腹部微带浅黄而泛白，是未受轮回所染的象征；嘴唇宽厚是会人话的象征。四蹄坚实而硕大，是能天行的象征；体外虽呈牲畜体，内心具有佛陀意。它是马头明王的化现，拜谒它能断恶趣道。骑上它，能直趋解脱道；见到它人们无限欢喜；得到它幸福无量。它有天行的翅膀，它有千里腾飞的铁蹄。

嘉霞白背马

又译汉鸟白马或白翼千里驹，穷居八骏之一。岭国大将贾察协嘎尔坐骑，据说此马乃其外祖父汉地皇帝所赠。贾察协嘎尔战死后，此马即由其子岭国王储扎拉泽杰乘骑。

岭国三宝马

岭国三宝马是赤兔神驹绛果叶哇、胜马加下索嘎、黑马果玛罗赤。

岭国三守门獒

岭国三守门獒是白胸小熊獒、熊仔花獒、声大母獒。

动物崇拜

藏族先民把自然界理解为由两大部分构成的一体化。即外器世界内器有情，其中包括了所有动物。动物伴随人类历史走到了今天。同样藏族历史从原始崇拜到苯教、藏传佛教的发展过程中，积淀了丰富的动物文化，并成为人与自然和谐相处的思想基础。藏族的传统唐卡、壁画等画卷中有许多动物画，它们都有丰富的象征意义。其中有一幅典型动物画，称"四兄弟图"，又称"和睦四瑞"。即大象、猴子、山兔和羊角鸡。其意义是人间一切动物，包括人在内，和睦相处，互救互助。人们把此画挂在家中，画在墙壁上，祝愿家庭和睦，世间一切和谐，还有藏族的"六长寿"画，六长寿分别为岩长寿、水长寿、树长寿、人长寿、鸟长寿、兽长寿，其代表了自然界和环境要素的整体。它告诉人们，人类与大自然包括所有动植物和谐相处，才能健康长寿。藏族远古图腾崇拜观念十分浓厚。整个民族的图腾在远古时代为牦牛，后来又变成了所谓的雪狮。藏族远古四大氏族，即董、直、嘎、扎的图腾分别为鹿、牦牛、羊、野驴。部落、家庭都有各自崇拜的动物图腾。《格萨尔》史诗用艺术的形式再现了藏民族的历史。史诗以神明、魔幻、浪漫主义的表现手法，描述了各种动物的奇特形象和能量。大多史诗中描述了许多不同种类的动物，包括飞禽走兽。这些动物的特征归纳起来主要有这样几种，即佛性动物、神性动物、战神性动物、图腾性动物，还有妖魔性动物等。

战神动物

战神动物是指战争中助佑参战者取得胜利的各自崇拜的动物。在史诗中无论是岭国还是魔国都有一些战神动物。最典型的仍然是格萨尔大王的十三威尔玛战神，它们是与格萨尔身影不离的战神。格萨尔唐卡画，威尔玛战神是不可或缺的组成部分。十三战神的结构由三部分构成，这就是以天上飞的、地上跑的、水里游的为群体。其本性特质系两大类，既有凶猛的毒蛇猛兽，又有无攻击力的弱势动物。每一动物都有与它本性相对应的象征意义。十三威尔玛战神是鹭鹰、雕鹰、棕熊、山兔、老虎、金鱼、猎鹰、猫头鹰、林獐、苍狼、黑熊、马鹿、草原毒蛇等。

财富性动物

开启财富宝藏之门是格萨尔的重要使命。给雪域藏地带来财运的动物主要指家畜，特别是高原游牧人视为黑色宝贝的牦牛。格萨尔开启了大食财宗的牛运宝藏之门。史诗中有关野牦牛、牦牛的故事比比皆是。史诗中的财富性的动物象征意义就是指某种动物为雪域藏地或岭国带来一种财气、福气、运气。这些动物主要有牦牛、马、犏牛、骡、绵羊、山羊。史诗中称牦牛运、马运、犏牛运、骡运、羊运、山羊运。为家畜赋予一种独特的文化内涵，并成为青藏人民崇拜的对象。

图腾动物

人类崇拜图腾的历史非常久远。家庭逐渐扩展、分化，按一定的血缘关系和继嗣规则，将一个个嫡亲家庭连接在一起，形成家族，之后是各个不同的家族，以远近不同的血缘纽带连接成宗族和氏族。随着时间的推移，氏族不断增多，彼此不易辨别，人们就以本氏族偶像或生计方式的象征物，作为自己氏族的"图腾符号"来彼此区分。后来，氏族由此演化产生。姓氏的出现，是人类文明的先声。图腾是一种原始的集体的感性记忆。图腾崇拜表现了人类对自然的选择趣意。《格萨尔》中的图腾崇拜存各自命根的藏器，史诗中称其为"寄魂物"。其实它与国际上通用的"图腾"之义没有大的差异。史诗中的图腾分族群图腾、部落图腾和个人图腾等。史诗中说，你问岭国三个命根鸟。白仙鹤是岭鸟、黑乌鸦是岭鸟、花喜鹊是岭鸟，这是岭国的三个命根子鸟。虎、狮、鹏、龙是岭国的护佑者等，为岭国部落的总图腾。岭国部族图腾，史诗中说，幼系部落的寄魂物是大鹏，仲系部落的寄魂物是龙，长系部落的寄魂物是狮，达绒部落的寄魂物是虎。个人图腾例如王妃珠牡的寄魂物是三只白仙鹤。霍尔王寄魂物是大鸟岗嘎食人肉鸟和霍尔花鸟、老鸦等。

神山中有白色神牦牛。例如《玛协扎》中说，突然间冲出一头白色绿毛神牛，高大如同雪山一般。这是一八部神，角尖喷火焰，毛间吐青烟，怒吼声震大地，岭国将士准备捉那头神牛。

妖魔动物

所谓妖魔性动物是指《格萨尔》史诗中所叙述的妖魔国或妖魔国王的寄魂动物，这些动物具有妖怪的本质特征。主要表现在它们有瘆人的恐怖形象，且好伤生害命，对善业十分反感。它们是妖魔国王的命根子。支撑着妖王的生命，意味着发展恶业。要消灭魔王，首先要除掉其寄魂物。同样一种动物，在岭国被视为神性动物，在妖国是妖性动物。因此，史诗中出现了很多妖牦牛、妖虎、妖蛇、妖鸟等各类动物。《别岭之战》：岭国将士发现了妖国寄魂食肉虎，于是行至妖虎近处一看，遍地是马尸，虎躺在血海中，长有九首，大嘴一张，散发出致命的毒气，空中飞禽不能过，地上行人止。格萨尔王在智慧弓上搭性空箭，以神变法力消灭了那妖虎。《门岭大战》：次日岭国各队伍开进门国，下午扎营达苍地。格萨尔、丹玛、华拉、玉拉等七位将士继续前进准备降伏门国寄魂虎，行至迪穹山头，在一个好像张大嘴的山崖中发现了门国寄魂虎，嘴中释放毒气，臭气熏天，气势汹汹、伸舌露牙，岭人难以接近。最终格萨尔王射箭降伏。《阿里金宗》：岭国三部军队按照大王命令，向阿里进发。九天以后，岭军到达阿里边境，他们在九顶山下扎营。此时空行母化作绿玉蜂向岭王预言道，在你们前进的路上一个岩洞里藏着九头巨蛇，其身长九百庹，是九妖的命根子蛇。只能由唐则玉拉去降伏，其他人无法接近。《世界公桑》：在恐怖魔城左方，凶猛的魔牛七天跑遍全世界，它以犄角抵穿百余人，男女尸体串双角，它叫妖魔寄魂铜角妖野牦牛。这次嗅到岭国桑烟味，心中升起怒火，欲伤害岭国人马。它体大如山，鼻放毒气，嘴喷火焰，犄角五尺高，还有霍尔国的寄魂妖牛。此时格萨尔祈祷诸神，以幻化神变一箭射死了那凶猛的妖牛。《雪山水晶宗》：格萨尔带领丹玛、晁同等将士赴雪山水晶国。行至雪山边界时，他们发现有一个雪洞里栖息着九头妖狮，它是雪山国王的寄魂物。大王预见到，要降伏此妖狮，必须使用咒师的功力，否则无法镇住。于是他派咒师晁同施咒术消灭了那妖狮。

第十部分 生态

生态保护

《格萨尔》史诗以自己的方式保护雪域高原自然环境。首先敬畏大自然,祭祀神山、圣湖,为保护生态起到了重要作用。在格萨尔时代,各部落都有保护草原、保护环境的约定俗成的规矩。霍岭大战期间,格萨尔为了侦查霍尔国情况,以神通化作一个商贸驮队进驻霍尔王莲花大草库园,试探对方态度。霍尔王立即下令驱逐商队。霍尔将士前去对商队管家说,这是霍白帐王的大草原,是观赏的美景,并非无畜吃草。此地过路商队千千万,谁也不敢进驻莲花大草原,无人租用大草原,任何动物休想践踏此美丽的草原。你们这傲慢的商队从何来,草原上方是青草地,点缀五彩花,若伤害花,用酥油赔偿。草茎挂露珠,若折断它,用丝绸赔偿。草根浸油、若拔掉它,用茶叶赔偿。草园中央为湿地,青青牧草翻波浪,若折断阳草茎,则用金签赔偿,若折断阴草茎用银签赔偿。五彩缤纷的鲜花,令人惬意,若踩死花朵,用绿松石赔偿。湿地泉水清澈见底,若搅浑用化好的酥油赔偿。若倒伏禾草,用鲜奶赔偿。草园下方为树林。若砍倒阳树,用马匹赔偿。若砍倒阴树,用骡子赔偿。若损坏树叶,用彩绸赔偿。若摘果用山羊赔偿。若打掉树苗用酥油赔偿。砸碎青片石,用金属片赔偿。草地开路,用金粉赔偿。用草收草税,用水收水税。

觉如和母亲噶姆被叔父晁同驱逐到玛域,那里是一片荒无人烟之地,母子俩占领了玛域。玛域条条山沟成为黑土裸露的鼠害地。但见山顶黑土翻,山腰草茎断,原野草根毁,人行扬灰土,牛进遭饥饿。无数鼠兔是妖魔的化身,时至觉如降妖之际,他的投石带中放一鬼神寄魂石,面对满山遍野的鼠兔说,这是鼠身赛热妖,原野青草从根刨,湿地花瓣落地,山顶一片黑土,草茎咬成渣,俗话说,黑土地的制造者是老鼠,黑部落的制造者是盗贼。青草是牲畜食物,花朵是三宝供品,草原是牧人美景,鼠兔夺去了人畜的幸福。说着投石带一挥,消灭所有鼠兔,换来了玛域草原令人神往的美丽景色。《岭国形成》中说,一次,绒巴部落来的八个狩猎人,牵着猎狗到了岭国边境。突然猎狗们见半山腰三只鹿子在悠闲地食草。它们似离弦之箭,追赶鹿子。狗追鹿,人跟狗追到绒岭边界山口时,一位猎人说,绒岭之间曾发生过纠纷,我们到此止步吧,此时另外一位猎人说,不能放弃自己心爱的猎狗,岭国小子觉如由本人来对付。他们继续前进,猎狗们把三只鹿追至悬崖边,三鹿走投无路。此时猎人们也跟了上来。他们离收获一步之遥时,觉如骑着木棍挡住他们的去路。他们相互唱歌,各自做了自我介绍,觉如用投石带消灭了所有猎人和猎狗。这是一段觉如保护野生动物的故事。

《格萨尔》史诗的生态观

自古以来,藏民族是一个富有生态智慧的民族。在历史的进程中,形成了一种内涵丰富的生态文化传统。他们对大自然的崇拜,对故土的热爱,对一切生命的尊重超越任何民族。这种传统文化,时至今日在民间延续着,他们以自己的方式敬畏自然界、爱护生灵。人与世间万物原本就有着一种深刻的联系,二者共同生成、同形、同构。敬畏爱护大自然,它将会善待人类,若亵渎、破坏它,将会反目成仇惩罚人类。《格萨尔》史诗中贯穿了藏人古老的传统生态理念,青藏高原上居住的岭国及其他所属部落。早已将自己居住的这块土地神圣化。史诗认为,青藏高原是一方神圣的净土。这里的高山、湖泊、江河被赋予神灵的文化内涵,被称圣山、圣湖或神山、神湖。神山、神湖附近栖息的动物是山神的家畜、树木花草、土石

格萨（斯）尔

同样不能破坏，否则会遭报应，后果不堪设想。《格萨尔》中把天、地、水视为大自然的母体和人的父母。天、地、水在史诗中称天、年、龙，它们是格萨尔的三大保护神。这种天人合一的观念，集中表现在格萨尔一人身上。因为格萨尔前世之父为天王，降生到人间，其父亲为僧伦，象征年或地，母亲为龙女，象征水。这种天、地、人合为一体的格萨尔夸张的艺术化形象，集中体现了藏族先民的世界观和人与自然的关系。

《格萨尔》中把生命的同构要素分四大类。那就是地、水、火、风称为"四大"。若四大和谐，人与自然都将处于平安、健康状态，四大失调将带来灾难性后果。人的四大退失则意味着死亡。骨肉融土，鲜血融水，体温融火，呼吸融风，这就是说生命源于自然，回归自然。自然灾害在史诗中被称四大灾害，这是因为四大失调而造成的。《格萨尔》史诗以祭祀自然界的方式来祈愿四大和顺。史诗中最典型的就是煨桑神山、圣湖，战前祭祀，战后祭祀，平时良辰吉日也要举行祭祀仪式。祭祀活动不仅仅是祭祀某神山之神灵。而是以某神山作为载体，祭天、地、龙，祭所有藏区著名神山、圣湖，还有印度、汉地等著名佛教道场等。烟祭的目的就是净化神山、圣湖，供养十方佛与佛子和各种神灵。史诗中有很多祭山词和神山颂，还有不少赞美雪域高原，赞美故乡的歌词、谚语等。这是岭国人热爱雪域高原的一种情感表达。

《格萨尔》中的青藏高原

《格萨尔》中有不少赞美青藏高原的描述，赞美意味着热爱，热爱意味着爱护。《辛巴和丹玛》中说，在圣地印度的北方，寒气和白雪围绕之地，上阿里三围，中卫藏四山，下多康六岗的高原藏地，雪山巍峨、群山浩渺，岩羊成群，广袤草原山花药材芬芳四溢。十二万游牧人家，夏日迁居山梁，冬日迁住河谷。拉出大帐篷拉绳之地，小帐篷楔桩之地，长角公牦牛奔跑之地，母牦牛欢歌之地，牛犊嬉戏之地，百羊群放牧之地，骏马奔步之地，牧笛声悠扬之地，藏獒守护之地，路人神往之地，江河下游是土肥水丰的农耕地。是农人耕种之地，是五谷生长之地，十二万农户居住之地。无边的森林之海，栖息虎、豹、熊等多种野兽，那里有无尽的森林资源，百姓用其建住房，寺院用其建殿堂，这就是雪域藏地。史诗中对岭国居地也有不少描述说岭国居住的玛域福地，阳光普洒草原金光灿灿，炊烟袅袅，五彩花海翻动波浪，草原上空细雨绵绵，杜鹃啼叫悦耳动听，羊群在白云深处遨游，人见人羡。各种禽鸟和山羊、马鹿、盘羊等野生动物都向岭域迁徙。《赛马称王》：天边雷声隆隆，山腰杜鹃啼叫，空中云雀放歌。上有广袤草原，鲜花露出笑容，中有一片湿地，金黄小花作装饰，下有茂密树林，风中摇曳向人们招手。一百零八条小河，纵横交错。杜鹃啼叫蜜蜂舞，仙鹤亮长颈。黄鸭游湖泊，小鸭随后嬉戏。

霍尔国莲花草库园

《霍岭大战》：那里是黄霍尔王的下草库，任何人不得进入那草地。中央为牧草，其中长花朵。草原围绕树木，绿树成荫，阳树捧花，阴树吐芽，子树结果。树枝摇曳，杜鹃欢唱，蜜蜂飞舞，翠湖荡涟漪。草尖长穗，草茎挂露珠，草根浸油，禾类草如双手合十，野牦牛欲食垂涎。这美丽的地方，是霍尔白帐王的莲花草库，至今已走过十四代的历史，长期封闭禁牧。

《格萨尔》中描述的姜和门域系青藏高原范围之内，大多地处高山峡谷地带，那里气候温和物产丰富。史诗在描述姜域时说，姜域阴阳两山，生长多种树木，此地就像天国城，草地满山遍野是牛羊，树木花草令人陶醉。还有专供国王的三种水果。儿童喜欢的水果、大臣喜欢的水果。又如《门岭之战》中说，门域大部落，高高山峰，河水湍急，生长多样植物等，指藏区的农业地区。

第十一部分 《格萨尔》语言艺术

一、《格萨尔》语言艺术概览

《格萨尔》作为数千年藏族口头传统的集大成，它承载了丰富的藏族民间语言艺术。因此，语言艺术是《格萨尔》史诗最为重要的一个内容，其第一个特点则是口语化、大众化。史诗的语言，明白如话，生动流畅，通俗易懂，易说易唱，非常优美，又非常朴素，毫无矫揉造作之感。

《格萨尔》语言艺术的朴素，在于它不是堆砌许多华丽鲜艳的辞藻，相反，它的朴素，跟生活本身一样朴素自然，但在这朴素的日常生活中，表现了极为深广的社会内容，闪耀着理想的光辉。言浅意深，疏中见密，寓质朴于浑厚之中，寓清新于自然之中，是《格萨尔》语言艺术的重要特色。

在藏族文学作品中，《格萨尔》达到了语言艺术的巅峰。表面看来，它很客观，很简单，很朴素地"模仿自然"，刻画人物，反映社会生活，朴素无华，都是一些"平常言语"。实际上它用这种"平常言语"，把自然环境、社会生活和人物形象描绘得那样真实生动，多彩多姿，却又浑然天成，几乎看不到人工雕琢的痕迹。它比生活更集中、更典型、更优美，但又像生活本身一样质朴自然。藏族的僧侣文学和某些作家文学作品，单纯追求语言的辞藻美，实际上是用一些华丽的词句掩饰思想的贫乏和内容的空虚。《格萨尔》却与此相反，它寓博大精深的内容于质朴自然的语言之中。这种"富有智慧的朴素"，是《格萨尔》在语言艺术上的重大成就和显著特色。

《格萨尔》卷帙浩繁，流传久远，在长期的发展过程中，经受了严格的检验和筛选，它几乎汇集了藏语的所有具有生命力的、表现力强的词汇。《格萨尔》几乎包含了藏族语言的全部精华，是学习和研究藏族语言最丰富、最完整的资料，是取之不尽、用之不竭的语言艺术的宝藏。《格萨尔》词汇的丰富性和准确性，还表现在近义词的运用上。一个民族语言的丰富性，除了基本词汇的丰富，还表现在近义词的丰富多样上。近义词多，说明人的思维能力发达，观察事物精细，能更准确地反映事物的本质特征。《格萨尔》里经常运用一连串的比喻和一系列的叠句或排比句。这种句式，内容相同或相近，但用词不同。既要从各个不同的侧面、不同的角度表现同一个内容，又要尽可能地避免词语的重复。在这种情况下，更显示出史诗用词的准确，尤其是动词的使用，往往达到不可更改的程度。这种准确性，是以掌握大量的词汇为基础的。只有掌握丰富的词汇，才会有选择的余地，才能够达到精确的程度。

《格萨尔》语言艺术的另一个特点，是运用了大量精当贴切、生动形象的比喻。比如，在如何对待自己的错误时，史诗把人分为三类，说有的人能认识并改正自己的错误，有的则不能。史诗中作了这样的比喻：

> 上等汉子如弯藤，太阳晒了能拉直；
> 中等汉子如弯角，冷热适度能拉直；
> 下等汉子如顽石，无法使它变成泥。

这里把对待错误持不同态度的几种人分别比喻成"藤条"、"牛角"、"顽石"。藤条只要经太阳一晒，就能拉直，牛角只要有一定的热度也可使它变直，而顽石是无法改变其形状的。

谚语的丰富性是《格萨尔》语言艺术的另一大特点。谚语是民间文学中最精练、短小的形式，有深刻的哲理性。它言简意赅，形象鲜明。除此之外，谚语还具有自己的特点：音乐性强，句式对偶整齐，音韵和谐，一般都是六言、七言和八言，间或有五言或九言，和民歌的形式很近，客观地为运用到史诗中去提供了方便。《格萨尔》中的谚语大体有两种情况：一是大量吸收民间谚语，把那些概括了社会生活本质规律的谚语，化作自己的血肉，熔铸成史诗的筋骨，对表现主题思想，塑造人物形象，增强史诗的知识性、趣味性和民族特色，都起着重要作用。《格萨尔》里的谚语，不是黏附在作品外表的华美的装饰品，也不是游离于主题思想、情节结构之外可有可无的附加物，而是像人体的血管和神经一样，非常自然地渗透到整个史诗中去了。另一种是民间艺术家们在说唱过程中，创造了很多精辟的哲理性很强的佳句，经过不断的锤炼和浓缩，又流传到群众中去，成为新的谚语，丰富和发展了藏族的文学语言。史诗中运用的谚语非常多，形式也非常灵活。有时用排比句的格式，一连用好几个比喻和谚语。

个性化的语言，对刻画人物性格，塑造鲜明生动的艺术形象，起着十分重要的作用。在《格萨尔》史诗中，语言的个性化表现得很突出。史诗中的几个主要人物，如格萨尔、贾察、丹玛、绒查叉根、米琼卡德、辛巴、珠牡、晁同、白帐王等的语言，就有个性化的特色，把不同人物的性格特征表现得十分准确、传神，让听众（读者）在听讲（阅读时，感到史诗中的人物仿佛就在眼前，闭上眼睛一想，那些人物仍然活在脑子里。

格萨尔的语言庄重，又不乏机智和幽默，同他这个"天神之子"、人中豪杰的身份相吻合。绒查叉根的语言，显示出他的公正无私和阅历丰富。珠牡的语言，表现出她善良贤惠和忠厚的品质。这三人是贯穿全书的主要人物，他们的语言特色表现得十分明显。还有其他人物，如晁同的语言，则表现出他的贪婪、狂妄和奸诈等。

藏族的古典文学，十分注意修辞，讲究辞藻的华丽和典雅，而不太重视人物语言的个性化。而《格萨尔》的语言有鲜明的节奏感和音乐美，句法灵活多变，对偶句和排比句运用得很多，而又十分和谐、贴切。它吸收民众的口语，运用了大量的象声词。所有这些，都为《格萨尔》的语言艺术增添了光彩。

二、譬喻

比喻

《格萨尔》语言艺术的另一个特点，就是运用了大量精练、贴切、生动、形象的比喻。史诗中比喻随处可见，琳琅满目，使读者耳目一新，惊叹不已。比喻运用奇特，想象丰富，表现在于博喻，也就是对一事物加用多种比喻渲染。例如《霍岭大战》描写刀，史诗中称"刀赞"。贾察大将的"刀赞"歌，是史诗所有"刀赞"歌中关于刀的歌最精练的一段。"刀赞"中说，这刀来到岭国后，称为雅斯嘎产刀，第一个钉子真好看，好像国王登宝座；第三个钉子真好看，好像兄弟三人守三关；第五个钉子真好看，好像白雪落平川；刀把后顶真好看，好像姐妹争丽艳；刀柄穗子真好看，好像雄牛穿祭儿。刀的护手真好看，好像英雄制服狂妄男；刀把缠丝真好看，好像英雄带兵器；刀鞘底枢真好看，好像青年系腰带；刀鞘花纹真好看，好像天空星光闪；鞘端镶铁真好看，好像黄河绕雪山；刀鞘环节真好看，好像姑娘戴项链；刀的阳面真好看，好像太阳照东山；刀的阴面真好看，好像六大部落在集会；刀的脊背真好看，好像大雪落高山；刀的刃子真好看，好像下弦月儿弯；刀的斜面真好看，好像顽皮孩儿在窥探；刀的尖子真好看，好像火焰腾空闪；刀一扬，好像烈火熊熊燃；刀一挥，好像阴风阵阵寒；刀一劈，好像要把人吞咽。

多样比喻法

明喻：诡计多端施巧计，犹如海中波浪起，玩弄手法多反复，犹如狂风在翻卷，谎言累累不定数，犹如空中现彩虹。

隐喻：说话你比丝绸还软，做事却比蜂刺还尖。你的心肠比黑铁还硬，外表却装得像酥油一样软。

比兴在《格萨尔》中运用得较多，其主要作用有二：一是物喻，如浓云深处孕冰雹，不让谷穗长得旺；群星深处藏严霜，不让芬芳活得久，深山崖中藏恶狼；不让羊儿生命长。二是通过比兴，表达人物内心情感。例如巍峨的雪峰，抚育雄狮如儿女，雄狮觅食去远方，心中牢记白雪峰。密密茂林层，抚育虎如儿女，老虎巡游高山岭，心中记着密林层。陡峭山崖壁，抚育野牛如儿女，野牛扬角走四方，心中记着石山崖。格萨尔王母噶萨，一心养育格萨尔，格萨尔独身去远方，心中想念葛沙母。救世主格萨尔是普照世界的太阳，王子扎拉是白光洒地的月亮，众将是空中闪烁的群星，发怒为乌云密布，攻击是闪电雷击，军营是响彻四方的雷声。

夸张与排比：我技艺高强赛猛虎，机警聪明不可比；智谋深沉赛大海，风起不惊不可比；胆大能比雄狮，谋略与狮不可比；动作敏捷赛大鹏，较量指挥不可比；射出之箭赛霹雳，百发百中不可比。

三、谚语

《格萨尔》谚语

藏民族是富有语言智慧的民族。过去民间很多长者、耆老虽然没有文化，但一旦讲起话来妙语连珠，口才出众，他们具有高超的演讲和辩论水平，他们的精彩讲话曾倾倒过不少听众，有的传为佳话在民间广为流传。而一些爱好语言艺术的年轻人则纷纷效仿，学习老一辈的讲话风格。在无形中传承了民间语言艺术，形成了良好的语言环境。在藏语言艺术中，谚语是不可或缺的重要组成部分。藏语中如没有谚语那是非常苍白的，藏族民间谚语具有"三高"的特点，即普及率高、使用率高、传承率高。藏族谚语还具有谚语、成语、比喻三种语言艺术特征。藏族谚语简明精练、言简意赅。其语言精美，节奏鲜明，句式完美，音韵和谐，哲理性很强，富有吸引力、感染力、生命力。藏族谚语中说："没有放盐的茶难喝，没有谚语的话难听。""美酒在于品味，美言要有谚语。"《格萨尔》中谚语数量之多，内容之广，超过了任何民间文学作品。史诗中的大多谚语来源于民间，但又不失史诗本身的特色。史诗中的谚语大量吸收民间谚语。把那些概括了社会生活本质规律的谚语化作自己的血肉熔铸成史诗的精髓，对表现主题思想，塑造人物形象，增强史诗的知识性、趣味性和民族特色都起着重要作用。《格萨尔》之所以成为人们喜闻乐见、历久不衰的民间文学，最主要有两个原因：一是它的叙事故事情节跌宕起伏、惊险神奇，引人入胜；二是它的语言精美、曲调优美，回味无穷。《格萨尔》堪称是谚语、比喻的宝库。《格萨尔》谚语句式成分大约有二十多类，即一句体谚、二句体谚、三句体谚。

四、情感动态

"九曼六变曲"的动态描述

艺人们以自身语言的天赋、优美悦耳的声音将《格萨尔》史诗中从天界诸神，到人间群雄、众妖直至阴间的阎罗鬼魅，以朴素易懂、富有情趣的语言艺术，对藏族群众有巨大的吸引力。《格萨尔》史诗以至高无上的神各具形态，尽职尽责；人间的妖魔各霸一方，涂炭生灵；地狱中的阎罗小鬼则执掌人们在阴间的归宿，使人们备受轮回之苦。神、妖、鬼的形象自是独具特色，与众不同。然而史诗中着墨最多、塑造得最成功的还是人的形象，特别是主要人物英雄格萨尔及其爱妃珠牡。格萨尔作为天神之子投胎人间，历尽苦难之后，经过赛马而一举称王，成为岭国国王，从此开始了他完成人间使命的征程。在史诗中他被塑造成一个神人参半的形象。在他身上，我们看到了神的力量，他能够呼风唤雨，变幻无穷，从而降伏一切妖魔；同时，他又有着常人的一切特征，"食人间烟火，有七情六欲"，是一个看得见、摸得着的血肉之躯，一位可亲可敬的英雄。"珠牡"成为藏族人民心目中美的代名词，她是一位集外貌美和心灵美于一身的人物。千百年来人们将人世间一切美好的赞颂之词都献给了珠牡这一人物，倾注了无限的爱心。从岭国高山峻岭处不断伸展望去，可以看到美丽的峡谷中一块长满青青的草垫，淡蓝色的迷雾在温暖曙光的照耀下轻轻流动。远处高耸入云的顶峰上住着一个名叫嘉罗敦巴的头人，夫人叫阿吉。他们生有一儿三女。大女儿许给了大食财王，二女儿许给了班达霍尔王，三女儿许给了祝古玉王。一天，妈妈告诉三姐妹明天到中沟岭地的蕨麻海挖一些蕨麻，于是三姐妹带着酥油糌粑去了。当她们走到下沟木桥时，一个乞丐躺在桥上不让过。这小伙名叫台贝达琅（下凡到人间的格萨尔），他看见三个姑娘生得美丽动人，于是唱道：上沟灿烂耀眼的青牧草，下沟摇摇欲坠的小木桥，中沟一望无际的蕨麻海，叔父将这些都给了我，除了飞鸟谁也不准过。

三姐妹没有办法，将随身带的酥油糌粑都给了他，他还是执意不让过桥，没办法三姐妹只好手拉手踩水过河。没想到的是到了河中间那乞丐将一块石头扔进了河里，顿时波浪翻滚水淹到腰部以上，使三姐妹无法行走，险些被水冲倒。三妹害怕地说道：大姐啊！快把你的衣服送给他，求他放我们过去吧！大姐是一个非常善良的人，名叫珠牡。她用九曼六变曲唱道：我这件美丽的衣服，领口是五色缎子料。我这件美丽的衣服，千股金丝线仔细缝。衣料是亲爱的爸爸买，衣裳是亲爱的妈妈缝。穷苦的孩子台贝达琅啊！请你让我们姐妹过河去，我将这美丽的衣服送给你。话没说完，台贝达琅又向河里扔了石头，水比先前更翻腾，姐妹三人吓得前后仰。三姑娘又喊道：姐姐啊强过河咱们定会被水冲走，你把头上戴的似繁星闪耀的松耳石给他，好让我们过河去。大姐珠牡唱道：穷苦的孩子台贝达琅啊！请你再听我说几句，我戴的这块璀璨宝玉啊！是繁星放光的松儿石，亲爱的爸爸给我买来的，亲爱的妈妈给我戴上的，请你让我们姐妹过河去，我将这美丽的松耳石送给你。台贝达琅还是不让她们过河，又向河里扔了石头，河水淹到姑娘们的脖子上，被水冲出三丈远。吓得姑娘们脸苍白，三姑娘更是乱喊叫，姐姐呀请你快把自己许给他，不然咱们定会被水冲走。咱们站在水中间，过不去回不来，眼看快要淹死了。珠牡看看妹妹们，没有办法只好这样办。又看看台贝达琅小伙子，虽然是个穷孩子但却仪表非凡头额宽，将来定会成大器。于是唱道：穷苦的孩子台贝达琅啊！请你再听我说几句，今生我愿陪你去，你若有牛羊我情愿去放牧，你若有奶牛我情愿去挤奶，你若有家我情愿打扫去收拾，请你让我们姐妹过河去，平安渡过对岸去。这时台贝达琅终于达到了求婚的目的。在唱词中反映出"说出的话要像金刚一样不能变"。三姐妹回到家中，妈妈听了非常生气，责备珠牡不该私自定终身。尤其对珠牡放弃富贵的姻缘，而选择贫穷的台贝达琅非常生气，但是珠牡坚定地唱道：自己不管富贵与贫贱，认为自己选的是个好女婿。这一段故事描述了一个美好的画面，三姐妹要去岭地的蕨麻海挖蕨麻，碰到台贝达琅这个穷小子，他冲破世俗观念以自己独特的方式求婚，情节曲折、感人。从这一故事中的对唱形式中可以看出艺人们丰富的生活知识。比喻贴切含蓄，语言优美动听，以它独特的魅力与高原色彩，给人以美的感受。并按照一定的格式、规则和价值观念来领悟人生，形成藏族史诗特有的表现手法和审美情趣。

"光明天神琵琶曲"的动态描述

金刚禅定空行母以格萨尔王做梦的形式托梦于格萨尔王。例如，邻国的格萨尔王，率部逼近了恰噶城，在北野塘东拉察茂滩宿营。他在"见者自脱"王帐里，当晚半夜时分，为了众生之事，以无量慈悲之心，入于光明禅定，将十八地狱、六道众生，安置在大快乐处金刚佛位，到了半夜稍微睡了一下，就做起梦来，只看见在东北方向出现了如同十五的满月一样，白里透红的一道光泽，又好像是水晶瓶子，这时金刚禅定空行母，行动迅速而有力、通过虚空中的道路，用"光明天神的琵琶"调子，唱起了清脆的歌儿：柔巴德萨宫殿中，无欺救主法身金刚持，愿证诸佛的菩提听：此地是东拉察茂滩，神兵集结的大本营，像狮雏屹立的白帐中，有岭国的十万军队。光明空行众生的导师，大宝上师格萨尔啊，若不认识我这个人，多喀木右方的这面，云霞中间的神室中，五宝的顶饰凌虚空，手持明镜照大千，飞空翅声哗啦啦响，启示的歌声呜呜呜，我是阿嫂郭琼噶茂，格萨尔请听莫迟缓，太慢了水上要架桥梁，站久了野牛要被风吹去，太轻了雨滴要被风吹去，太松懈了敌兵要闯入，好比是：卫藏和印度的金刚座，沙门和苯教争室位，扎西剌瓦讲经院，宗派展开大辩论，将黄教徒拥上金宝座。若不能出言折服人，宗派的教法要受挫折，白石山间的两座城，两只白鹫争巢窠，快点儿的白鹫就占了它，若不能展翅横扫长空，高峻的白岩要失于人，身具六翮的白鹫哟，守住白岩最要紧，唐剌尼玛马厩中，大小马儿在争位置，在达塘差卯六川里，谁跑得最快就算是骏马，若不能一趟子跑过去，长美草的草场就会消失，鞴着金鞍的骏马哟，竭尽全力去驰骋，在恰噶南宗城堡中，歇日和岭军争王业，看谁的马儿捷足先登，若不能扬鞭催马先登，六城即刻要沦陷、身配三器的英雄们，快快出发打先锋，在雅萨瓦塘嘉卯滩，歇日国达泽王率大军，千军万马如汹涌，无敌的四大重臣，各领精锐十万兵，勇士好似凶狼奔、从长长的山梁进军时，如同鸡冠摆动在广阔的平原进军时，三川如同狂飙落，越山犹如数捻珠过，川恰似飞舟行，渡河揽起连天浪，一宿行军一月程，一刻行军一夜程、格萨尔大王听仔细，四大部的将领内，饮血英雄四十人。同样是一母的雏鹏，还要看羽翼长得丰满否。飞翔的本领怎么样，同样是一母的爱子。还要看权势的大小，同样自告奋勇去出阵，还要看气运的盛衰、八大英雄打前战，数十万大军紧随后，看谁能巩固大王的伟业。同样的两人交手时还要看谁是英雄谁是懦夫。同样的两武器拔出鞘，还要看哪个锋利哪个钝。同样的两马赛跑时，看哪个迅捷哪个缓，有战神威尔玛做救援，有英雄空行做战友。

"百花争艳鲜花旋转曲"的动态描述

在格萨尔故事《霍岭大战》中对舞蹈的描述有这样一段：……唐聂化作猫头鹰前往草场上部，于是霍尔地方到处流传着："在草场那儿，当猫头鹰奋翅欲飞时分，有个戴金环的舞狮，要表演动人的舞蹈……"于是，所有人包括老人孩童都前拥后挤地去看热闹了。

到了黑暗笼罩大地的时分，在那玩耍把戏的箱子跟前，站着一个大个子人儿。大家注意观看时，只见那箱子盖儿自动开启，从里面走出七个人来。那些人和普通人不一样，个个神采奕奕，相貌堂堂，像天神似的端庄大方。那皮肤白净得如白玉松石，每部盛宴美不胜言，好像在那白海螺里注满乳汁；那肤色红的地方，红艳艳得像珊瑚上闪烁着火苗，很难比喻，头发蓬蓬松松，笑眯眯的眼儿轻盈流盼，长相英俊美雅，犹如一朵鲜艳小花；身体修长刚劲，犹如参天青松；丰满的脸庞，清光四溢，犹如皓月行空，浑身上下，光彩绚烂犹如昂宿放光，洋溢着青年人的俊秀，真是使妇女们神移魂销，使武士们倾心神往。他们每个人手中拿着一柄小小的牛尾拂尘，肩上都配着一个护身佛龛，腰间悬挂着一个环佩。一个给一个打招呼，首先跳了一个金刚环舞。舞毕，那个舞师长说道："我们这七个人，跳起舞来，步伐的姿势，像骏马奔腾；手势的表演，像风吹柳叶；身子的舞姿，像白藤缭绕；腰部的动作，像金叶摇摆；膝盖的扭动，像法轮旋转；头发的蓬松，像虹光弥漫；语音的妙婉，像嫩腾箫管。这个舞蹈，若向外跳时，所踏出的脚印都要在里面显出来，霍尔人们仔细看着足所踏过的地方。"说罢，将"法轮长久"踢踏舞跳了一遍。刚才的舞蹈，已经使你们感到非常惊奇了，现在要演一场"鲜花旋转"的舞蹈，将使你们霍尔人感到更稀奇！将使你们没有这样那样可说的，将使你们觉得要对自己的行为深刻地审查一番，对于过去不应该做却做了的那些事、那些行为，感到伤心，想想将来，则又心灰意冷，忧郁沉闷不止哪！因此要跳一个想笑而又笑不出来之舞。只听到"咚、咚"地响了两声，一场"鲜花旋转"的舞蹈开始了。跳得人们个个张开嘴巴，像个石洞敞开；牙齿晶莹闪光，像露珠明晃；头左右摇摆，像谷穗摆动；身子前仰后合，像树梢动荡不停。当这轮舞蹈停止之后，舞师摊开双臂说：现在请看"喜乐美舞"。"当、当、当"连声响过之后，这一轮"喜乐美"舞蹈开始了。在青天碧蓝的帐幕中，扯一条灰白云丝路，那是鸟王凤凰翱翔的路，跳一个翅羽丰满的舞。从美丽雪山的水晶宫，系一道白色的环圈儿，那是东方雪狮腾跃的路，跳一个绿鬃抖擞的舞。在下面茂密森林中，系起白色绸带一幅，那是斑斓猛虎捕食的路，跳一个斑纹耀眼的舞。在黄色草山的金冠上，扯起白色旗一绺，那是青色野狼奔驰的路，跳一个圈毛曲曲胡舞。在那嘉让卡茂胡长城上，插上蓝色供奉旗一株，那是首领王者来去的路，跳一个甲胄鲜明的舞。要跳舞呀，就要这样跳，头部的姿态像宝幢，快快活活地往上举；要跳舞呀，就要姿势美，上体像碧鬃丰满雪狮子，威风凛凛昂然凌云踞；下体像南方绿孔雀，孔雀开屏蹁跹飞舞起；腰部像灵巧白鸽子，下体像南方绿孔雀，孔雀开屏蹁跹飞舞起；腰部像灵巧白鸽子，辗转绕旋如扯旗。舞狮们的舞姿，像鸟儿在天上翻飞，雕鹰在空中翱翔，鱼儿在水中漫游，风儿在滩中轻拂一样。霍尔人们看舞蹈看得正出神，舞师长说："呀，今天晚上，舞跳得非常美妙，现在要跳最后的'主人失笑'和'客人事成'两场了，请你们耳听歌唱，眼观舞姿，心思舞意。"说罢，鼓声和歌声，以及脚步声都配合得非常整齐地随着舞姿响将起来，甚至眼睛看的姿态也都一致了。他们用舞曲的调子唱歌道：若不认识我这个人，天上有那七大猎户星，空中有那七大金之山，地上有这七位大舞神。头上戴着英雄巾，佛龛上花纹甚玲珑，口中小曲甚悠扬，腰身旋转柔软如丝绫。小鼓猛击响咚咚，脚腿踢踏地欲动，喜悦的睫毛甚滋润，幸福的笑颜光溶溶。美丽的红毯上来舞蹈，赤红的火花四飞迸，风动环佩光陆离，金铁之声铿锵而动听。自己的事情已随心，舞狮的演出已完成。愿霍尔这个地方，苦难随着跳舞来结束！愿岭尕唐哇耿曼地，幸福随着歌曲来兴盛！

随后每跳一段舞蹈隐去一人，直到隐没到猎户七星中去……很明显这一段故事是以歌舞表演的形式向百姓宣传和平、与邻国和睦相处的意义。就这段故事中有三种多舞种名"鲜花旋转"舞、"法轮长久"舞、"喜乐美"舞等。

在《格萨尔王传•天界篇》的一段里这样讲：很久以前，在天上、地下、地上中间的人世间，雪山环绕着"朵康"即青海安多和康巴地区，林国居住在幸福宏运的圈子里，"黄河腹部"即黄河从青海扎陵湖向南流到第一道湾处的中流地带，大约今天的青海果洛到达日县和班玛、久治等之间，"是三十位英雄的首领，三十位有福运的人第一，三十位有权柄者的顶端"。有一天夜里，格萨尔的伯父在白天的睡梦中得了一个很稀奇的梦兆，他梦见东方阿尼玛沁山巅升起了黄金般的太阳，太阳的光照射藏地。又梦见在光明的中央现出了一个黄金般的金刚杵，这金刚杵下降在中部岭国的"硕多"，即"玛钦帮日"神山巅，西藏最大的山神都在"格卓山"下黄河边聚会，达日附近的门郎山升起银子一般的月亮。金山上有群星闪烁光芒，"格卓山"即巴颜喀拉山的支脉（传说是格萨尔的生父），与霓光相连，玛旁雍错湖光芒四射。又梦见他的兄弟僧化杰布（即格萨尔家族世系之父）手中有一宝伞，以白缎的顶子、红缎子的彩边、黄缎子的伞衣、黄金做伞柄，拿在手中旋绕。那伞宽广无量，可覆盖东、西、南、北之山地。又梦见西南角上升起一白色云霞，有一大师骑着白色的狮子，头戴莲花冠，右手执杵，左手拿三角叉，另有一红色女子以骨骼作装饰为他引路。大师同那女子同时说道：大首领！不要睡了，请快起来，天已开始在发白，太阳照在布达拉，若想阳光照岭国，庸人睡着无好处，便歌唱道：阿，祥瑞八义为歌首。阿，是本自无生妙文字，塔那、三昧耶以作庄严，愿三身的刹土得相应！岭国的首领请听唱，不要痴眠不自慎，富者积蓄永无满足时，只有受我大岩所压制。今年是火鸡年的四月，上弦初八日的黎明，预兆应不坏是好兆头。

大族支系三高属鹏类，中族支系美誉属龙类，小族支系英雄属狮类，能有属民虎斑以上者。十三之日神民大集会……

十三面吉祥大旗要升起，十三种修福诵经要建立，祥瑞舞蹈要绕十三场，发愿歌咏要十三章，十三盘冰糖果子要摆上，番土一定呈祥兆，岭国一定要昌盛，朝谒天堂净土时，善种王，不要退失信念。良辰与福运遇合，要推算准确不错来，懂此歌金环耳上坠，若不懂费力一场空，愿你如愿成就得吉祥。

他们唱了歌后，便向西方空中消失了。格萨尔的伯父杰本做了这样的梦，醒后马上心中充满了无限的欢喜，急忙喊仆人格丹达鲁："喂！喂！声音急促，如摇手鼓。声音洪亮，如击小鼓……"不难看出这一段主要描写的是"神子"格萨尔诞生前的预兆，当杰本梦到这一吉祥的梦，首先可以感觉到人物"声音急促，如摇手鼓。声音洪亮，如击小鼓……"可见在《格萨尔》中也有关于鼓乐的描述与作用。

《格萨尔》故事情节曲折，语言通俗，说唱结合，深受藏族群众的喜爱。从古老的诗、歌、舞三位一体的乐舞中发展起来的舞蹈艺术，同传统的藏戏有着千丝万缕的联系。歌与舞蹈语汇在《格萨尔》藏戏中起辅助性作用，它是依据唱词的内容规定而舞动的。

格律中的唱词动态描述

《格萨尔》故事的乐曲具有不同的个性特征，形成这种个性特征是由于艺人们各自运用的表现手段不同的结果。如音阶调式、旋律的抒发手段、节奏的形态和气质曲调的构成，节拍的处理以及速度的快与慢，力度的强与弱，这些手段的运用又与各自的乐舞语言与思想内容紧密相连。《格萨尔》的音乐曲调比较短小，从曲式上来看大致有如下几种：一句体，即只有一个乐句构成的曲体；二句体，是由前后两个乐句构成。其中有的是重复性的二句体，这种曲体比较多。上述这两种曲体虽然短小，然而却与故事情节紧密结合，独立地担负并完成着故事所需要的时间和情绪，因此，每一首歌舞曲不论其长短都应视作一个具有独立意义的曲体。四句体，这种曲式也占很大比例，它最能体现出《格萨尔》中乐舞的个性特征，每一首唱曲都有引子。艺人们在唱最前面的引子时各有特色，有非常幽雅的，也有高昂的。进入正题时，其特点是前两个乐句为慢板，后两个乐句为中速，其旋律基本上是从慢板旋律中脱胎变化而成的。有时也根据故事情节，激烈时采取两个乐句浓缩前两个乐句而成，这种浓缩变化一般只表现在旋律进行上和乐句长度上。慢板所含的小节数较多，大都在五六个小节以上，有的多至八小节。快板乐句所含的小节数比较少，一般只保持在四小节上，其音程、调性、调式及骨干音型仍基本保持前两个乐句的面貌。有的艺人的曲式结构与卓近似，也是或一个乐句成为一曲，或一个乐段成为一曲，也有由重复乐段构成的。乐句的组合虽有着一定的规律，但又不是只遵循一种模式，并非每一个乐句都是均衡的四小节，而是根据内容的需要、情绪的发展和旋律进行的规律或采取均衡的乐句或突破均衡乐句，有时用一种乐句形式唱完一段大约60行诗句。有的乐句是七八个小节组成，有的在上下乐句之间插进扩充句，这是泽库地区哇角艺人的曲体区别于其他地方。哇角艺人结构的另一个特点是曲调一开始往往先以几个音节组成的引子作先导引出正曲，引子大都以"啊拉拉姆鲁拉澜，沓拉拉姆沓拉澜"等衬字或衬词引出正词。通过内在节奏的处理，将人物的内在韵律、内在形式、情节的变化与发展以夸张与诗歌的内在动态表现出来。用不同人物的唱词显示情绪的变化，自然曲折。例如，《格萨尔》史诗中格萨尔的叔叔是一个多面性的人物。他既是岭国大让部落的长官，又是岭国三十员大将中一员。由于格萨尔和晁同叔侄赛马，格萨尔领先夺取了晁同原来的岭国王位。因此晁同怀恨在心，在许多战役中暗通敌人，企图复辟失去的王位。故事中晁同是一个信奉苯教的人，擅长各种巫术的幻术师，具有呼风唤雨、隐身的本领。这一章中格萨尔识破晁同的真面目，晁同求饶。"但求你看看叔叔的老脸，不要就把我杀了。你且听我说：叔叔我中了霍尔的魔魔法，神志昏迷，颠三倒四，不知道都做了些什么。若不然，怎么会在头上挽起三个发髻？让老婆梳起三发辫？让狗戴上三个项圈呢？这都是我疯了才干的呀！如果叔叔不疯，怎么会干出这样的蠢事呢？恨只恨叔叔在不知不觉中干了那么多坏事，所有的罪名都由我来承担。对于侄儿，叔叔从来是忠心耿耿的，我的好侄儿呀！再不好也是你的亲叔叔呀，请饶我这条老命吧！饶了我吧……。"格萨尔想了一想，把佩刀收起，没有立即杀死晁同，他骑上马，一边用皮鞭抽赶着血污肮脏的晁同往前走，一边喊道："快看呦，这个尸袋里的死人诈尸了！"岭国所有的人认出这是晁同，大家都异口同声地嚷道："打死他，打死他！"边追着，边嚷着。那晁同羞愧得无地自容，竟然钻到山谷间的一个旱獭洞中去了。格萨尔也勒住了马，稍事休息。看那晁同能在洞里待到什么时候。

这时，总管王远远看见赤兔神马扬起满天尘雾，知道格萨尔王已经返国，便急忙带了丹玛向查、珠嘎德、尼奔达尔雅、焦额华赛达哇众英雄及霍尔降将唐纳琼郭、尕庆宗肖、察郭达哇等人前来欢迎。大伙一一参见了大王，接着，在山谷里扎起参见者祝愿的大宝帐，铺下虎皮坐垫，请大王坐在上面，恭敬地献上英雄绶带，以及各种美酒佳肴。总管王激动不已地唱道：一切都变得遥远了，像解冻的冰块，飘走了迷蒙的惆怅，那山顶浓黑的烽烟，那黄河血染的波浪……令人欢愉的日子已经降临，邻国的山河铺了一层黄金般的曙光；让我颤抖的手举起颤抖的酒杯，把欢乐的歌曲由衷地吟唱。大王啊！只要你治国清廉公正，只要你和睦地保护黎民，只要你能收揽大家的心，那光明的部落就会无碍地扩充。男子们用不着顾虑财产不多，只要你知足常乐居心光明，只要你精于农牧爱护畜群，只要你善良慈祥地对待众人，那财宝货物会无碍地增盈。妇女们用不着顾虑食物不多，只要你手脚勤快持家节省，只要你殷勤接待各方客人，只要你能结识商旅照顾周到，衣食就会无碍地送上家门。我总管王也不必过于悲伤，因为忠心不渝坚持始终，问心无愧地保护着骨肉至亲，终于盼来了除暴安民的救星。但是一想起往事啊，愤怒难竭仇恨难平。雄狮老了被熊娃欺凌，猛虎老了被虎仔欺凌，家狗老了被乞丐欺凌，总管老了被黑心的弟兄欺凌。那鬼魔一般的晁同呀，逞势仗凶夺了我的三项权力。

他舞弄破坏外部和睦的锛子，他狠魔毁坏内部团结的斧子，他张起了侵吞岭国各部的外囊，黑心上沾满了肮脏的油脂。一个家族里的人尚且如此歹毒，那白帐王的凶狠就可想而知！残害凌辱侄子的那叔伯呀。

快乐安闲如毛绒丰满的野兽，福庆环绕如海中的摩尼宝珠，悠然自得如碧玉瓶中的甘露，自尊自贤如金盆中的酥油。我这后裔断绝了的老人呀，心灵悲伤如饿火中烧的野狼，难以安眠像暗穴中的老鹊，和人来往如沿门讨食的乞丐，难耐的痛苦似巨石压弯脊梁。有几句值得深思的古谚，闺女们长得风姿过于娇艳，兄弟们对她的命运绝不会十分乐观；犹如那酥油提不起炒面的香味时，将和不受欢迎的白开水一样清淡；犹如没有氆氇和绵软的毡毯时，睡卧处耐得住深夜的风寒。我呀，好像在暗无天日的沉沉的云层下，竟然天开云散阳光是这样灿烂；好像在那渊深莫测的海底，竟然沧桑转流见到湛湛青天。谁知道我总管绒查叉根，在今天见到了格萨尔大王！虽说我已八十九岁，心情却像少年人一样欢畅，活着觉得无限快活，就是死了也无挂无虑不再悲伤。总管王的这一段不仅揭露了晁同的罪行，见到大王无比兴奋，高兴得像少年一样欢畅。总管王唱完后，连连顶礼不止。格萨尔大王唱道：在宽广天空出现的群星，并未想到去爱护众生，但太阳从东方升起，尘世的万物都感到温馨，这乃是众生应有的福分。那汪洋大海中漫游的玩物，并未想把贫困的人们周济，但若得到龙头上的摩尼珠，就可以得到所希冀的宝玉，这乃是自己应得的运气。我南瞻部洲雄狮大王，想给众人做些好事，你总管王，贾察和臣僚们，热心支持一往情深，这乃是缘分相投的原因。对在此相聚的父辈和英雄们，岭国上、中、下各部神族们，还有湖水般纯洁的嫂嫂们，以及向英雄贾察投诚的唐纳琼郭等五百名霍尔军珠嘎德勇士所俘获的察郭达哇、龚庆宗肖等将领，我愿将所获的全部魔财分给你们，作为对和平事业贡献才智者的鼓励和赞颂。至于这个邪恶的祸根子晁同，天网恢恢十恶不赦。没有一件事他不怀恶意，没有一个时候他不把众人残害。他出卖祖国欠下一笔笔血债，还想在我面前花言巧语取得信赖。其实他心中最恨的是格萨尔，斜眼直瞪的是格萨尔，恶言咒骂的是格萨尔，用小指戳的还是格萨尔。想起了英雄贾察和郎琼，年察阿丹和珠牡妃子，我恨不得用青锋剑将他劈为肉泥，将他的心肝活活地扒去！

晁同听见这话，吓得肝胆欲裂，面如土色。也顾不得什么羞耻，赤条条地从旱獭洞中爬了出来，跪在大王面前，泪如雨下。哆哆嗦嗦地唱道：钻了旱獭洞的晁同，身子颤抖像山顶的旗幡，声音打战像风中的树叶，心里抖动像波中的残月，长寿不朽的雄狮大王啊，请对我老不死的晁同，千万不要这样的给予严惩！杀死我不过像杀一只老鸹，羽毛和臭肉都没有什么大用。求求你总管王，在尊神和凡夫之间说情，在牛角和木头之间作为胶汁，请饶恕我老鬼的一条性命！

总管王道："对于你呀，就活该有这么一天！"一句话引起了在场的岭国男女大众的义愤和奚落。大家你一言我一语地数落他的罪行，有的用手指着戳着，有的用唾沫不断地啐着。晁同像一只人人喊打的过街母狗，绕着圈，向大家一个劲地摇尾乞怜。这时，那赤兔神马再也忍耐不住了，它跑过去张开大嘴把晁同活生生整个吞了下去。于是格萨尔王由总管王、王子扎拉泽嘉等一千多骑簇拥着来到岭域，召集岭国大众，畅叙离别后的种种情况。大家感慨万千，有说不尽的话，直谈到深夜三更。忽听得那赤兔马不断地嘶鸣，大伙感到惊奇，都纷纷来到马圈里。原来那赤兔马拉了一泡屎，把晁同也拉了出来，晁同在马粪中乱扒乱叫："格萨尔大王，快饶了我吧！我再也不做那伤天害理的事了……"接着就像捣酥油似的连连磕头求饶。格萨尔看到他这等狼狈不堪的样子，心里的气消了不少，就说："按你的罪孽应该立地处死，念你嘴上还有悔改的意思，就给你一个实地表现的机会。我想把你放逐到拉德的偏僻地区，以观后效，但不知大伙和总管王有什么意见。"总管王说道："知过改过，我们欢迎。但不要学那改不了吃屎的老狗。"大伙把晁同数落了一番，也就同意了。格萨尔命人拉过一匹马来交给晁同，说道："现在就给我滚！"晁同喜出望外，磕头谢恩，牵着马一跛一颠地走了。有人看着晁同那像脱离了陷阱的狐狸背影，很不放心地说："大王啊？您就这样放他走了，不怕他跑到霍尔那里去！"格萨尔哈哈一笑说：量他也不敢！万一逃到霍尔也没有他的好下场，我要亲自率领大军去把他和白帐王一起抓来，吊在杆子上为岭国大众彻底报仇雪恨。到了第二天，格萨尔和各大部众都齐聚在大事业宝帐中，熙熙攘攘，欢歌跳舞。但不是计议攻打霍尔、报仇雪恨的事，却是为格萨尔凯旋举行盛大的庆贺宴会。看啊，他们有的在狼吞虎咽，有的在哼哼酒曲，有的在高谈阔论，更多的人在为从魔国带来的牛羊财宝等战利品而欢呼雀跃。只有格萨尔一个人默默地坐在虎皮宝座上含笑不语。艺人们刻画的英雄人物格萨尔是一个善于思辨，勇敢降魔的人。在以上故事中人物之间的内在联系，每个人的情感变化与内在的韵律，通过诗词再经艺人们演唱具体地体现出来，使其更加深动化。艺人们在演唱时旋律运用独特生动。说与唱相结合是《格萨尔》艺人们的共性。但由于每个艺人的生活经历不同，自称的接受方式也不同，因此，有着各自的传授方式。

托物比喻的动态描述

《格萨尔》故事十分讲究唱词格律的严谨，句式的流畅和语言的形象，声韵的优美和丰富的想象力，尤其讲究运用托物寓意，表达思想内容，抒发人们心声。运用比喻以加强艺术感染力是许多民间歌谣常用的手法，而在《格萨尔》故事中则运用得更生动，语言更质朴，寓意也更加深刻、含蓄、富有哲理性和强烈的艺术效果。比喻大都采用一种或两种本质不同的事物，以本意的手法，通过比喻与本意对偶，给本意以渲染。这种托物不但不使人觉得累赘，相反给人以美的享受。例如岭国壮士丹玛唱道：登上雅拉塞吾山巅，万里山河映入眼帘，山峦如云，犹如跳跃的白狮；湖水盈盈，像飘落在草原的一角蓝天；湖光山色，像一幅奇艳的梦幻般画卷。鲁啊拉拉姆鲁拉谰，鲁沓拉拉姆沓拉谰……雪域芝则拉索的刍模山，好似装满乳汁的奶桶，北方的淌塞乔沃山，好似头戴松石帽的美少女，玉雕冰琢的冈底斯山，好似玉女佩带的花玛瑙；东方宗喀岔昂的靠背山，好似头戴黄帽的喇嘛，长寿五天女拉齐大雪山，好似头戴五佛冠山脚的曼扎（曼扎，即分多层的供品器血之一）。山头好似白绸子缠绕，山腰好像白蛇盘旋，那是南方诺巾拉桑山，山根好似大象横卧，山顶好像右旋白海螺，那是藏区安多的积石山。右边热曲河奔腾，左边如曲河汹涌，两水汇合好似一条闪光的金链。那是九曲富饶的滔滔黄河，水源出自巴颜喀拉山。淙淙的溪流浇灌着肥沃的草原，清清的雪水哺乳着岭国的臣民，岭国大好的上河岂容霍尔来侵犯……以装满乳汁的奶桶，头戴松石帽的美少女，玉女佩带的花玛瑙，白绸子缠绕、白蛇盘旋等比喻雪域高原的神山。在演唱的同时将黄河源头和岭国肥沃的草原，岭地国泰民安不容霍尔来侵犯和岭国将士保卫国土的决心等自然呈现。通过蓝天、草原、雪山、雄狮等大自然中雄伟优美的形象，用精练的语言，海阔天空即兴作比喻，贴切地揭示出主题思想，把形象与哲理完美地融合在一起。这种独特而美妙的比喻表现出藏族《格萨尔》艺人们的艺术想象力、丰富的生活经验、对事物特征深刻的观察力和感受。这种比喻手法以及随之而形成的比喻格律，给我国民族民间乐舞艺术的百花园增添了一枝艳丽的花朵。

人物、飞禽间内心的动态描写

《格萨尔》故事是一部在藏族民众中传播历史，启发人们智慧的民间文学形式。艺人们对事物的细微观察、归纳和总结，创作出饶有兴味又符合事物特征的史诗，内容十分丰富。从战争、善与恶的比较到建筑、生活用具、生产用具、动植物，以及人们的衣食住行都在史诗创作者所涉及的范围之内。艺人们用人们最简单又最容易接受的方式形成《格萨尔》故事独特的传播方式，调式框架，通过唱解说各种人物的来历，以及人们对自然、对人生的种种猜测性问答和自我介绍等，把人类所处的时空环境点缀得五彩缤纷，使传唱形式成为《格萨尔》故事讲述中的独特形式，并以此方式传播深化了人们的内心艺术思维，成为人类最宝贵的财富。史诗《格萨尔》故事中对人物的解说与介绍极其丰富，独具一格。每一个人物以神变人或以魔成人都有自己的来历。故事中的主人公格萨尔，就是半神半人的英雄首领，他依托神的力量战胜妖魔，以人的气质保护百姓，反对侵略。有真实、有虚构，更瞩目的是每一个人物在特定的情节中自我介绍，告诉对方"我是××天神下凡"或者将自己的身世和目前的官位、能力以歌唱的方式解说，以此抓住听众的心，这种独特的艺术表现形式显示了藏族民间艺人的聪明才智。譬如在《格萨尔》故事中鸟与人之间的对话，小白鸽、花孔雀、红嘴鹦鹉和黑老鸦为了寻找王妃离开了雅泽卡玛尔京城。四只鸟儿飞到三岔路口，停了下来，商量各自的去处。能说会道的红嘴鹦鹉说："我们现在虽是派出的信使，射出的箭，凡事由不得自己做主，但是，天下能作白帐王的妃子、拉如王子的继母、辛巴大臣们的主母、霍尔江山的主妇的美女，是很难找到的。即便找到这样的美女，若是不愿嫁给大王，必定会惹得他出兵动武，弄得天下大乱，不知要伤亡多少人马。到了那时，人们一定会埋怨我们。我看不如各自飞回老家，花孔雀回印度去，小白鸽回汉地去，我鹦鹉回南方门地去，黑老鸦愿意到哪儿去，随你自己的便好了。"红嘴鹦鹉说罢，小白鸽和花孔雀都同意它的话，它们三个各自飞回老家去了。只有那好管闲事的黑老鸦，不愿回家，展开它乌黑的翅膀，到处乱飞。它飞到天宫，飞到半空山神殿，飞到海底龙王宫，飞遍了上面的阿里三部、中间的卫藏四翼、下面的尔甘六岗。整整飞了三个月，经过许多高山平原，巡遍无数大国小邦，始终没有见到一个最美丽、最能称白帐王心意的姑娘。这时已是暮春时节，东方花岭的杜鹃委婉歌唱，阿兰鸟嘤鸣不绝。在龙蟠虎踞的珍宝坝予、那吉祥胜乐宫所在的平坦原野上，格萨尔大王的妃子嘉洛森姜珠牡忧忧悒悒地用手将理着她满头散乱的青丝，走出松石大宝帐外。自从格萨尔前往北地降魔以后，三年之中，她无心梳洗打扮。这一天，恰是个吉祥日子，她把柔歇宗梅和艾惠洒两个女伴叫来，替她梳洗头发。正在梳辫盘髻的时候，那只多事的黑老鸦飞到了她的宝帐前，对珠牡浑身上下打量了一番，唱道：这凤舞莺歌的同瓦地，这弥香荡彩的花花岭，长眼圆眼地都在注视，长耳圆耳地都在倾听。时候到了总要说心里话；称心事，时机到了自然成。我从远方飞来，羽翼沾着路途的风尘，给你带来心醉的佳音。我是霍尔大王的御鸟黑老鸦，豌豆似的眼睛又小又圆，荞麦一般的鼻子又尖又弯，胡麻似的舌头又长又扁，黑铁一般的爪子又利又坚，我的翅膀是幸福的风帆，带来的喜讯如同绮旎的梦幻。

◎ 格萨（斯）尔

珠牡啊！你令人倾倒的形象，是爱与美揉成的谜。随着我的脚步将走向华贵，失掉的是你独守空帐的凄楚，找到的是你身为霍尔王后的高位。你将登上松石宝座，给拉如王子做继母，给辛巴众臣做主母，给霍尔江山做主妇，在瞻仰和崇拜的目光中，显示你至高的权力！我展开乌黑的翅膀，飞过许多大邦和部落，见到无数如花似玉的女子，她们在你的面前都黯然失色。英俊勇武的白帐王，威名如雷四方颂扬。他的牛羊如蓝天的白云，他的骡马像碧海的波浪；面对纳贡称臣的万邦，他是一轮闪射光焰的太阳。幸福的地方虽然多，难找霍尔这样富饶的天堂；兴旺的国家虽然多，怎有霍尔那样的兵强马壮。你这金花似的美人儿呵，正好与白帐王匹配成双。

珠牡听了黑老鸦的歌曲，气得脸色发青，对身边两个女伴唱道：小时同山放羊的姐妹，幼年同树采花的女伴，这个兆头多么不祥，丑恶的乌鸦也学人言。我未诞生人世前，家在松石装饰的国土中，住在金光灿烂的无量宫，坐在白螺雕琢的宝座上，长寿白度母是我名。当我降生人世后，享受十全福庆院，住在六大河谷口。那金碧辉煌的达孜殿，浪淘汹涌的碧湖奏仙乐，高耸云霄的曙光崖闪金光。我不生在夏天生于冬，虎兔之交我诞生。当我来到人世的那时辰，碧空苍龙长鸣，雪山雄狮咆哮，地上葵花盛开，因此得到了森姜珠牡的美名。白鹭落在帐幕头，我皮肤雪白如白鹭；紫鹫落在帐绳上，我脉络紫红如紫鹫；鹦鹉落在帐柱上，我言语灵巧如鹦鹉；白鸽落在帐橛上，我的脖颈像白鸽；百灵落在帐柱顶，我的歌喉婉转像百灵；头发美丽像孔雀翎。我生年属羊主吉祥，我生相属木显旺春，降生遇上木羊午，是天造地设的好时辰。人杰地灵花似锦，岭国处处舞春风。圣洁升平的仙境中呵，怎得飞来这妖乌？黑爪黑嘴黑脑瓜，一双贼眼胡乱瞅，唠唠叨叨拌嘴巴，万恶的黑老鸦呀，白昼带来坏兆头，夜来带来凶恶梦，平时带来小灾难，乱时带来大祸患。快抓一把灶灰撒过去，立时将它撵出国境，把灾难赶回霍尔敌国，让厄运降给白帐王，叫他自作自受不得安宁。不等两个女伴动手，珠牡亲自抓起一把灶灰向黑老鸦撒去，不料用力太猛，把戴在手指上的南卡哦琼宝石戒指甩落了。那黑老鸦眼灵爪快，连忙抓起宝石戒指，得意洋洋地沿着阿噶嘉兰木贡玛大道飞回霍尔国去了。珠牡主仆三人，看着妖鸟飞去的方向，不禁黯然失神，愁云笼罩了珠牡的面容。在鸟儿出去找寻美女的第一百天的早上，白帐王闷闷不乐地向梅乳孜说："四只鸟儿派出去已经整整一百天了，怎么还不见音讯？你去看看是不是出了什么差错？"辛巴梅乳孜登上雅泽卡玛尔城的高地，四下瞭望，只见在那一片平坦的草原上，毫无动静，孔雀、坞鸡、鸽子更是杳无踪影。他有点儿纳闷，低头沉思。突然听得"哇哇"几声，只见那黑老鸦拍打着翅膀从岭国方面飞回，落到霍尔供奉的白天魔鬼神所依附的高幡竿顶上。梅乳孜问道："老鸦！你是大王派出去的御鸟，天下各国你都走遍了吗？特别是花花岭国去过了吗？有没有可作白帐王王妃的美女？"黑老鸦暗想，辛巴梅乳孜素日常说岭国的英雄出众，今天又特别打听岭国的消息，如果我告诉了他，不但传不到白帐王的耳朵里，反而会使我黑老鸦遭到冷落，说不定连栖身的地方都没有了，不如直接报告白帐王好。于是说道："天机不可泄露。辛巴啊，我对你没有什么话可讲。"它随即飞往王宫，穿过帐檐，落在白帐王的黄金宝座之前，把南卡哦琼宝石戒指放在他的面前，察言观色地唱道：虎皮斗篷内的虎帽王啊！泉水从地下喷出，歌声从心中升起；请让我收起这疲惫的双翅，将一路感受尽情倾诉。鸽子、孔雀和鹦鹉，连我老鸦四飞禽，本是宫中御养的命根鸟，能懂人言能传信。白银鸽子喂白米，五彩孔雀喂青稞，红嘴鹦鹉喂麦子，对我老鸦喂糟糠。大王的爱待不一般，大王的使命却一样。

这次四只鸟儿同派遣，它们三个把命抗，各自飞回老家去，借酒还水无心肠；唯独我黑老鸦最忠诚，未把大王恩义忘。我谨遵白帐大王命，展翅一飞十万里。我在空中飞呀飞，飞坏了我的铁翅翼。渴时我往地里刨水喝，刨坏了我的铁爪子。饿时我在地上啄虫吃，啄坏了我的铁钩嘴。为了给大王找妃子，我受的痛苦难尽叙。

它说着就一下飞到天上去了。霍尔白帐王一见，非常着急，赶忙叫人把白嘴巴神羊杀了，唤它落下来吃：忠实的黑老鸦呀！我宰了白嘴神羊，肥厚的肉儿嫩又香，请你敛翅降落，莫在云中彷徨。一次又一次地讲条件……《格萨尔》故事在对话的同时介绍自己，蕴含了古代藏族先民认识世界，认识自身的广阔内容。尤其在魔国宫中御养的命根鸟，鸽子、孔雀、红嘴鹦鹉、黑老鸦四禽的不同待遇，对黑老鸦最差。黑老鸦为了改变自己的命运，给白帐王寻妻，将岭国的王妃珠牡介绍给白帐王，在白帐王跟前表功。禽与人之间的对话，相互利用，最后引起两国战争。故事中人物之间的关系都作了充分的表述，将藏族丰富多彩的谚语以及古代藏族文化、歌舞融入《格萨尔》故事。讲述的过程主要以艺人唱腔的强、弱、情感音乐的力量。"唱"者的声音输入到听众的耳朵并在听众的脑神经元中储存与记忆。在群体的记忆与传播中保存下来，并且继续传承并成为永不消失的嘹亮如初的世界史诗之冠。

"河水缓流曲调"的动态描述

有一天，龙女到湖边散心，清凉的湖水，慢慢地卷着微波，发出潺潺的声音。岸上各种美丽的花草，丛丛簇簇，千姿百态。姑娘触景生情，想起水下龙宫，旧日的享受，父母和亲友，一切都涌现心头。于是，用"河水缓流曲调"，唱起呼唤龙神的伤心歌，歌道：歌儿不一一来唱没办法。歌儿如一一来唱无节制。高兴时唱取笑欢乐歌，痛苦时唱安慰自心曲。救主上师、护法与三宝。请坐我头顶别远离。唱歌错了我忏悔，话说错了请恕罪。她这样唱完，非常悲痛，两眼泪水汪汪，停立湖畔。龙王佐那仁钦立即化作绿人绿马，从湖中出来，到女儿面前，说："女儿呀，你不要这样抱怨！我和上师不是没把你放在心上，反而时时惦念着你，怎能将你忘记呢？"

植物、动物、飞禽、弓箭等曲调中舞蹈动态的描述

艺人们在《格萨尔》故事中常常以拟人化的手法表现故事情节，例如，有这样一段故事：格萨尔王到霍尔国去救珠牡。在这一段故事中，它将人的自然本性与植物、动物、飞禽、弓箭等淳朴的对话，表现出人物内心真情。在霍尔国，珠牡感应到好像是格萨尔王的玉箭射来了，喊道："大家快看哪！"于是大家都爬起来，跑到前面去看，只见大磐石被劈得粉碎，在石头碴儿上，那只"善飞饮血电舌"神箭，迸着火花，霞光闪闪地立在那儿，梅乳孜、多庆、姜拉等辛巴和巴图尔刚一跑到近前，那箭立即乒乒作声，喷射出更大的火焰，表示出极为愤怒的样子。这时，他们便把珠牡带到神箭跟前，那箭顿时熄了火焰，像转动纺线杆儿似的，自动向后转了好几圈，明显地露出了那卷黄缎书信。珠牡连忙解下书信，交给唐泽玉周。辛巴们捧着信，急忙去向白帐王禀报。

珠牡主仆四人，在印有金纹的天蓝色的杯子里，放上血丸，斟满葡萄酒，唱起给神箭敬酒的曲子道：请神威的五部空行母，帮助我珠牡唱歌曲，金身不朽的雄狮王，权势比苍天还要高，肯定歼灭了黑妖魔，饮血神箭才来发信号，对雅泽城君臣和部众们，这确确实实是真事情，但对我森姜珠牡来说，是真的见到了还是在做梦？能飞电舌神箭啊，当大王驾临家乡时，大好河山已经属他人，美丽城堡已破碎，库藏财物丧失尽，不会有兴高采烈的人欢迎，也不会

格萨（斯）尔

有幸福安乐的人慰问。饮血电舌神箭啊，你到这儿来不容易，在这天蓝金纹抱怀中，甘露美酒满满斟，纯正血液酒里容，请你弹舌一口饮，然后我再来请问。大王他呀，不朽金身如文殊，是否健康无伤害？妙语无涯如观音，是否滔滔无阻碍？心意坚定如金刚，是否无懈很安泰？无量的事业和功德，是否仍如天空高而阔？对圣灵这个根据地，是否惦记在他心里？对大众的疾苦和伤悲，他智慧之目可曾察，他先知之心可曾知？贾察他白日作人夜作狗，他森鲁心中可否曾理会？加霞马奔如旋风，枣骝野马圈中膘正肥。为何竟有此等事啊，神箭你可否知底细？劫后剩下的那些人，应该如何决行止？我珠牡又如何去安置？请你给我以启示！当你归去后，请向大王说清楚：望在霞鲁未死前，请他一定回岭地。万一暂时难分身，一定要在三年内，赶到霍尔来搭救妻！告诉他珠牡心意永远不变，告诉他珠牡心中永远惦记。若能把残军收拢起，霍尔狐狸自会心胆碎。请你告诉大王他呀，对于开辟魔国光明景，自当费尽心力不松弛；对那镜中幻影梅萨妃，怎能迷恋丧志托心意；当魔国归依正发后，万勿久留速速返故里！神箭啊！请你心中别忘记！珠牡一边唱一边把满满一杯血酒注入箭镞，只听像牛饮水似的咕噜咕噜声和喷喷弹舌声，那神箭把血酒一饮而尽。当珠牡唱完曲子，南曼天母隐身于箭尾，指使神箭说道："听呀，珠牡，我神箭未敢违背大王的命令，从魔国一昼夜飞到了岭国，已将降敌大王的命令，像黄金牛轭一样架在白帐王和他的臣僚们劲上了。我现在还要飞回大王跟前去报信，才能回来护佑圣岭属民。至于岭国的大业和你的行止，大王没有吩咐，我也无可奉告。三年之后，我还要到霍尔来，这期间，你要善自保重！"说毕发出隆隆巨响，伴着五彩缤纷的虹光，朝着飞来时的方向又返回去了。

霍尔国的部队面对岭国的将士，士气跌落，意志消沉，没有一个人真心实意地跟岭国作战。

正当白帐王束手无策，像热锅上的蚂蚁急得团团乱转的时候，唐聂来到面前禀道："尊贵的大王啊，现在霍尔没有一个人愿与岭国作战，如何是好？"白帐王本来就是一个没有主张的懦夫，这时他更提不出什么有用的办法，只是说："你还是到辛巴那儿商量一下，回头再商讨吧！"于是唐聂假装去见辛巴的样子，却来到岭军大营，现出雄狮大王的真身，给部下命令道："明天，扎拉泽杰攻打雅泽城东门，丹玛攻打南门，阿达拉姆攻西门，北面由四个魔军将领把守。其余大军把城困起来，隔一会儿射一阵箭，还可轮流唱一些炫耀英雄的歌曲，削弱白帐王的气焰，瓦解敌人的士气。到时候我也会到来。愿我们的事业一定成功！"说完又返回铁工王家中去了。当晚，唐聂让枣骝神马变为白雕飞往托拉山坡去，通知鸹子赶来雅泽城。当晚唐聂分出一个化身，前往上草场的上部。于是霍尔地方上到处流传着："在上草场那儿，当猫头鹰振翅欲飞的时分，有个戴金环的舞师，要表演动人的舞蹈……"霍尔所有谷口谷脑的人们，都听到了这个消息。自头发斑白的老人以下，到赤腹的小儿以上，都前拥后挤地前往该地看热闹去了。

到了黑暗笼罩大地的时分，在那玩耍把戏的箱子跟前，站着一个大个子人儿。大家注意观看时，只见那箱子盖儿自动开启，从里面走出七个人来。那些人和普通人不一样，个个神采奕奕，相貌堂堂，像天神似的端庄大方。那皮肤白净得如白玉松石美不胜言，好像在那白海螺里注满乳汁；那肤色红的地方，红艳艳得像珊瑚上闪烁着火苗，很难比喻；头发蓬蓬松松，笑眯眯的眼儿轻盈流盼，长相英俊美雅，犹如一朵鲜艳小花；身体修伟刚劲，犹如参天青松；丰满的脸庞，清光四溢，犹如皓月行空；浑身上下，光彩绚烂，犹如昂宿放光；洋溢着年轻人的俊秀，就像蒙古花一般芬芳；真是使妇女们神移魂销，使武士们倾心神往。他们使那年轻的小伙子们稀奇惊诧,理所当然。就是年事已高,白发盈头,皱纹重叠的老头们,也都目摇神驰不已。他们是黑头人们的眼福,就是天神们见了也会不由自主地神魂飘荡,艳羡不止哩。他们每个人手中拿着一柄小小的牛尾浮尘,肩上都佩着一个护身佛龛,腰间悬挂着一个环佩,一个给一个互相打招呼,首先跳了一个金刚环舞。舞毕,那个舞师长说道:"我们这七个人,跳起舞来,步伐的姿势,像骏马奔腾;手势的表演,像风吹柳叶;身子的舞态,像白藤缭绕;腰部的动作,像金叶摇摆;膝盖的扭动,像法轮旋转;头发的蓬松,像虹光弥漫语音的妙婉,像嫩藤箫管。这个舞蹈,若向外跳时,所踏出的脚印都要在里面显出来,霍尔人们请仔细看着足所踏过的地方。"说罢,将"法轮长久"踢踏舞舞了一遍。霍尔人都感到非常稀奇。他们各个将美丽的小眼儿,睁得蛮大蛮大,四方的嘴巴张得合不拢来。舞蹈之后,舞师长说道:"上霍尔的宛塘嘉茂滩这地方,从前任何舞师都没有来到过。土地没有经过平整调伏,土块遍地,沙沙作响,住人的地方,又是人言嘈杂,闹成一团。因此在这种地方来一次舞蹈,是很必要的。刚才的舞蹈,已经使你们感到非常惊奇,现在要演一场'献花旋转'的舞蹈,将使你们霍尔人感到更稀奇!将使你们没有这样那样可说的,将使你们觉得要对自己的行为深刻地审查一番,对于过去不应该做却做出的那些事、那些行为,感到伤心,想想将来,则又心灰意冷,忧郁沉闷不止哪!因此要跳一个想笑而又笑不出来之舞。在这种情形下,真如俗话所说的'事儿太奇怪了,独一个儿也会发笑;吃得太饱了,要暗自发出呻吟声',我们就要跳一场这样的舞蹈呢!"

只听得"当"、"当"地响了两声,一场"鲜花旋转"的舞蹈开始了。真跳得使人们个个咧开嘴巴,像个石洞敞开;牙齿晶莹闪光,像露珠明晃;头左右摇晃,像谷穗摆个不了;身子前仰后合,像树梢动荡不停。当这一轮舞蹈停止之后,舞师摊开双臂说:"嗨,嗨。霍尔们,看来你们对舞蹈是感到极大的兴趣了,因此,我舞者七兄弟心意不敢放纵,脚步不敢散乱。现在请看'喜乐美舞'。""当"、"当"、"当",连声响过之后,这一轮舞开始了。在青天碧蓝的帐幕中,扯一条灰白云丝路,那是鸟王凤凰翱翔的路,跳一个翅膀丰满的舞。从美丽雪山的水晶宫,系一道白色的环圈儿,那是东方雪狮腾跃的路,跳一个绿鬃抖擞的舞。在下而茂密森林中,系起白色丝绸带一副,那是斑斓猛虎捕食的路,跳一个斑纹耀眼的舞。在黄色草山的金冠上,扯起白色旗一杆,都是青色野狼奔驰的路,跳一个卷毛曲曲的舞。在那嘉卡让茂的长城上插上蓝色供奉旗一杆,那是首领王者来去的路,跳一个甲蹙神明的舞。要跳舞呀,就要这样跳,头部的姿态像宝幢,快快活活地往上举,要跳舞呀,就要姿势美,上体像碧鬃丰满雪狮子,威风凛凛昂然凌云踞,下体像南方绿孔雀,孔雀开屏蹦跶飞舞,碾跳步部像灵巧白鸽子,辗转绕旋如扯旗。于是舞师们的舞姿,像鸟儿在天上翻飞,雕鹰在空中翱翔,鱼儿在水中漫游,风儿在滩中轻拂一样。正当霍尔人们兴高采烈、目无旁顾的时候,格萨尔王由噶萨曲珍陪同着乘上枣骝马径直到了霍尔王宫城门边。大王通过铁索向上爬去。那魔神三姊妹已由枣骝神马变化的白雕接了来。她们将铁索的一端,拉到长明灯跟前,拴将起来,一端交给大王。大王绕过金幢,顺着铁索到达了"白色虎宫"小寝宫的门对面的长明灯那儿。那长明灯里发出焦腥难闻的气味,并且从火焰中发出"唧唧"的声音,一颗颗火星儿噼噼啪啪地向外直冒。大王向灯油里注了血汁,油里即刻爬出了三只蛾子。他将那四方形的长明灯提起,面朝下掼在地上。格萨尔王将灯火等器皿,交给魔神三姊妹,命令她们保管。那时,霍尔人们看舞蹈看得正出神,舞师长说:"呀,今天晚上,舞跳得非常美妙，现在要跳最后的'主人失笑和客人事成'两场了，请你们要耳听歌唱，眼观舞姿，心思舞意。"说罢，鼓声和歌声，以及脚步声都配合得非常整齐地随着舞姿响起来，甚至眼睛看的姿态也都一致了。他们用舞蓝的调子唱歌道：若不认识我这个人，天上有那七大猎户星，空中有那七大金之山，地上有这七位大舞神，头上戴着英雄巾，佛龛上花纹甚玲珑，口中小曲声悠扬，腰身旋转柔软如丝绫。小鼓赫击响咚咚，脚腿蹋踏地欲动，喜悦的睫毛越滋润，幸福的笑颜光溶溶。美丽的红毯上来舞蹈，赤红的火花四飞迸，风动环佩光陆离，金铁之声铿锵而动听。自己的事情已随心，舞师的演出已完成。愿霍尔这个地方上，苦难随着跳舞来结束！愿岭尕唐畦耿曼地，幸福随着歌曲来兴盛！唱罢又圆满地跳了一场舞，而那七个舞师却在每跳一轮舞之后，隐去一人。直到场中只剩舞师二人时，霍尔人眼睁睁地看着，一个跟一个说："那些人到哪里去了？"那时两个舞师中的一个说："现在除了我俩外，其余的都走了。你们虽然睁大眼睛在看着，但是他们到哪儿去了？你们没有一个看得见。现在若不把舞蹈作个结束，怎么行呢？来呀！我来跳'主人失笑'，你来跳'客人事成'！再说藏区古人有句谚语，'一人跳舞像疯汉，两人跳舞如争战'。但是我俩在跳舞的时候，用不着争战。可是当你一个人跳完舞之后，可别使霍尔人发起疯来跑掉啰！"一句话，惹得大家狂笑起来，声震山谷。那舞师又说："这种无缘无故的狂笑，是招来啼哭的前导。但怎能不使人发笑呢？跳舞曲规矩，本来就是如此嘛。我还没有工夫来跳舞，而主人已经都高兴失笑了。他也要跟在我的后面跳舞了，看起来客人的一切事儿，似乎已经完成了哇。"说罢，两个人又比以前更热烈地跳了一场。跳着跳着，一个舞师也不见了。看热闹的人们，只听得耳边大风阵阵怒号，向上面天空看时，只见那些舞师们隐投到猎户七星中去。而猎户七星转过去，列成原来的星象，同其他星宿一样光辉瞬朗地照耀着，天边已经快要升起曙光了。在那黎明前的黑暗中，只剩下霍尔人留在那里。大家都感到非常惊异，心上不由得虚怯起来，都说："事情不妙啊，似乎是一场虚幻的把戏呀！"便高一脚低一脚跌跌撞撞地回家去了。

"仙女曼舞曲"的描述

一天黎明，神和魔合成的大军，把雅泽城围了三道。只见扎拉泽杰面如阴云密布，眼如红电闪烁，仇恨如烈火燃烧，鼻中发出哼哼的声音，牙齿嘬得吱吱作响，手提大斧，冲到东城门口就砸城门。其他各英雄也持斧赶来，同力奋勇地一会儿就把城门打开了。守在城门里的辛巴和巴图尔们慌忙喊道："来了，来了！"喊着前来迎战。在两相混战的当儿，城堡里的霍尔军把里外所有长短梯子都收进城堡中，把大小城门都关闭死了。以扎拉为首的诸英雄，无法攻入城堡，又不敢放火烧，因不知此时格萨尔大王在什么地方，未敢妄动，只在城堡外厮杀。这时候在铁工王长城内的唐聂对噶萨说："今天已经到了给白帐王备马鞍的时机，你帮我拿来兵器铠甲，给我祝福吧！"那空行女噶萨曲珍走路如仙女曼舞，启齿如乐师弄琴，面带笑容，向战神的兵器铠甲叩了三个头，用一条结拜的绫带裹着甲盔，恭恭敬敬地献于大王面前，祝愿道：大慈大悲的白度母，请赐慈悲来保佑，今天祝福好兆头如这洁白绫带捧在手，内有吉祥八宝像，外有轮王七宝图，今天献给大王您，愿您像山崖般健康和长寿。雪山之顶的雄狮您，昂踞雪山是去年，张开四爪是今年，愿您快把丰满绿鬃抖，坐镇金宝座上显尊严。高空之上的苍龙您，转向南方是去年，隆隆吟啸是今年，愿您快把浓云来汇聚，使黑头黎民一望而敬羡。您到黄霍尔整三年，平服黄霍尔在今天，以您无比的神通和英武，给白帐王马上备马鞍。

噶萨这样祝幅后，又摇着令箭请战神入座，敬了年酒，把天母赐的长寿金刚结系到大王项颈上，用荣酒、肉食丰盛的筵席送别。于是格萨尔大王骑上枣骝神马，直到城堡中取出铁链和铁橱子，悬在城墙上。岭军英雄们认出是格萨尔大王，都欢呼跳跃起来。格萨尔王手提铁链登上稚泽鲢头，把手中铁链当啷一声抛向城楼，那铁链不偏不倚正好挂在城楼鞭麻大鹏圈下面的铁钩上，像吊梯一样立在那儿。这时躲在雅泽城堡中的白帐王君臣见此情形，顿时惊惶万状，乱嚷着往城下射箭、抛砖。正在攻打东南两个城门的扎拉和丹玛立即集中一起把箭猛烈地射过来，使白帐王等人又躲回城堡中去了。这时白帐王的魂命鸟沙巴九兄弟不知从什么地方飞来，想把铁链取下来，却被鹞鸟一个个吃了。

珠牡的"神鼓六变曲"、"九曼六变曲"、"快乐六变曲"等；丹玛的"塔拉六变曲"、"奇来六变曲"、"声法六变曲"等；甲嚓的"纯净六变曲"、"英雄短调"等；丹玛的"护法漩歌"、"灭鬼宏曲"等；《格萨尔》中的这些牌名，将在与它的说唱曲调、演唱形式的结合中，形成完美的曲牌艺术整体。我们看到"歌名"在正反等各类人物中布局比较均匀，而"牌名"则主要集中于格萨尔及其邻国人物。这可能体现了《格萨尔》作者们的一种创作心态。一部书不但主要由唱词构成，而且歌有歌名，曲有牌名。这使前述《格萨尔》的剧本因素，音乐诗剧的属性更加引向显明和深入。以上的例子只是从《格萨尔》的曲名富库中信手拈来的很少部分。要想从号称洋洋二百来部的《格萨尔》全书中搜集、整理好所有的曲名，将是一大工程。当然也是应该进行和很有意义、颇具价值的劳动。这些伴随唱词，充斥全书的丰富歌名、牌名，形成了《格萨尔》所特有的庞大的音乐曲名体系。它是对《格萨尔》高度音乐性的一种深化，将《格萨尔》音乐的丰富、发展推向了一个高峰。

第十二部分　格萨尔图像艺术

一、图像艺术概说

格萨尔图像艺术是指关于格萨尔的唐卡、绘画、石刻、壁画、雕塑、面具、木刻画版及其相关研究著作等。

《格萨尔》史诗在长期发展和传播过程中，逐渐渗透到藏族的传统美术、戏剧、舞蹈、音乐等艺术领域之中，从而形成了特色鲜明、专题性彰显的格萨尔艺术。归纳起来，格萨尔艺术大致可以划分为格萨尔图像艺术、格萨尔戏剧艺术（即藏戏）、格萨尔舞蹈、格萨尔音乐四个大类。在四个大类中，有的大类还可以细分为一些亚类。

格萨尔图像艺术，也可称之为格萨尔美术。它主要由传统绘画和传统雕塑组成，按照其载体存在形式，传统绘画部分可细分为格萨尔唐卡、格萨尔壁画、格萨尔文本插图三个亚类；传统雕塑部分可细分为格萨尔雕塑（含金属铸像、木雕像、金属雕像、泥塑像、石雕像等）、格萨尔石刻、格萨尔面具、格萨尔木刻版画四个亚类。

20世纪80年代以来，格萨尔图像艺术在传统美术的基础上，又吸收了现代美术及其表现形式，有了新的拓展，出现了连环画、动漫、现代《格萨尔》出版物的现代插图等新的表现形式。同时，在传统美术的基础上出现了一些传统美术和现代美术相互共融的格萨尔图像新作。这些都是格萨尔图像艺术发展的时代气象。

格萨尔图像艺术的题材源于《格萨尔》文本，其基本内容和人物形象都力求与《格萨尔》文本保持一致。根据其载体形式和技法的要求，题材的选取主要有《格萨尔》故事情节、《格萨尔》人物形象两大板块。在《格萨尔》人物形象中，尤以《格萨尔》主人公——岭·格萨尔为最。

二、格萨尔唐卡

中国藏学研究中心大藏经对勘局藏《格萨尔王骑马征战像》唐卡

中国藏学研究中心大藏经对勘局藏《格萨尔王骑马征战像》唐卡亦属于民间广泛流传的典型《格萨尔王骑马征战像》定型式的作品。画幅尺寸为：高82厘米，宽60厘米，作者耿秋，绘制于20世纪五六十年代。

画面上方为祥云和日月，所占画幅面积很小。中心部位为《格萨尔王骑马征战像》，格萨尔王身着红色铠甲，青色围腰，胸佩白色护心镜，头戴红色战盔，盔顶饰胜利幢和四面三角小旗；左手执马鞭，右手握带矛旌旗；面为粉色，扬眉瞪目，一派英姿；胯下为红色宝驹，昂头奋蹄，踏于云层之上；祥云之下为浪花汹涌的海水，海底堆积有各类宝物；十三威尔玛保护神所幻化的鸟兽动物，在祥云中姿态各异，簇拥于格萨尔左、上、右三方。

整个画面色彩较为鲜明，对比度强烈，有较强的个性特点。

中国藏学研究中心大藏经对勘局藏

《格萨尔王骑马征战像》唐卡

西藏自治区社会科学院藏《格萨尔》画卷

2002年，由西藏自治区社会科学院策划、出资，组织西藏《格萨尔》说唱艺人和专业人员提供文字资料，聘请以西藏大学教授、著名藏传绘画大师丹巴绕旦为首的一批唐卡绘画专家，共同绘制了由21幅唐卡组成的一套《格萨尔》画卷。

在这套画卷中，中挂图为格萨尔王骑征像，采用黑唐形式绘制，人物造型准确，线条极为精细，线条勾勒大量使用金线，更显贵气和深邃。画面中心为格萨尔王，头戴金盔，盔顶插有翎羽和摩尼宝焰；身披金甲，右手持宝剑，腰系弓箭，左手握缰绳，带矛旌旗在其左身后高高飘扬；十三威尔玛保护神幻化的鸟兽全用金线勾勒，环绕于格萨尔王周围。红色宝驹前蹄高扬，作腾跃状。上部正中绘有莲花生大师，右方为格萨尔王保护神朗曼杰姆，左方大梵天王。在格萨尔王的左方有岭国将领紧随其后。在右下方为王妃珠牡、梅萨等岭国众美女。

其余二十幅唐卡，以连环画卷的形式绘制，均为彩唐，画工细腻，色彩绚烂，人物造型生动。每一幅唐卡表现的都是格萨尔一生中的一个故事，其故事脉络为：《赛马称王》、《魔岭大战》、《霍岭大战》、《姜岭大战》、《门岭大战》、《大食财宝宗》、《索波马宗》、《阿扎玛瑙宗》、《奇日珊瑚宗》、《象雄珍珠宗》、《卡契玉宗》、《祝古兵器宗》、《雪山水晶宗》、《松巴偏牛宗》、《白热山羊宗》、《米努绸缎宗》、《穆古骡宗》、《梅岭朱砂宗》、《奇岭铁宗》、《地狱大圆满》。

该套唐卡是近三十年来，我国藏区新绘的格萨尔唐卡中的精品。

西藏自治区社会科学院藏《格萨尔》画卷之《赛马称王》
插图"珠牡送别格萨尔王"

四川博物院藏《格萨尔画传》唐卡

四川博物院藏《格萨尔画传》唐卡是一套由11幅唐卡组成的组画唐卡，其来源为四川省甘孜藏区，为清代作品。每幅唐卡的尺幅都大体一致，画心尺寸高为82—83.5厘米，宽为59—60厘米。

按照传统唐卡组画的基本格局，在11幅唐卡中，第六幅唐卡格萨尔王为中挂图，其余10幅中，左右各为5幅。左1为羊雄玛波，左2为娘亲多吉巴娃，左3为十阿栋青呷波，左4为龙王朱拉仁钦，左5为龙米甲姆；右1为绿举脱冈，右2为达那却果，右3为多吉苏列列，右4为仓巴栋吉巴波，右5为生姜提列玛。每幅唐卡的名称，都是按该幅唐卡的中央主尊命名的。这些中央主尊都是格萨尔王的保护神。在10幅唐卡中，除达那却果外，中央主尊都是单独的保护神。而达那却果则是战神九兄弟的组合，其组合形式是中央一位大型男性武士形象，周围有八位较小的武士形象。中央武士呈寂静像，身白色，身穿武士服装，有战盔和铠甲，胸前佩戴一面大金镜。整组唐卡，格萨尔的保护神共有18位。

在整组唐卡中，人物众多，主要人物达55位。其中包括格萨尔王及其岭国30员大将、岭国以珠牡为代表的8位著名女性、霍尔国、魔国的将领和格萨尔王的众保护神。这些人物都分别展现于各幅唐卡之中。

在每一幅唐卡中，围绕主尊画面展开格萨尔一生的故事，其中有《天界遣使》、《英雄降生》、《征服嘉地喀尔喀山羊宗》、《征服觉沃金宗》、《征服阿甲野牛宗》、《征服甲莫牦牛宗》、《征服冈底斯山水晶宗》、《征服丹巴青稞宗》、《征服噶德大鹏宗》、《赛马称王》、《夺取柏布绵羊宗》、《征服鲁赤马宗》、《征服西宁青稞宗》、《征服阿赛铠甲宗》、《魔岭大战》、《霍岭大战》、《征服罗刹玉宗》、《征服白岩金宗》、《夺取盾牌宗》、《嘉岭传奇》、《地狱救妻》、《魂归天界》等。这些故事所安排的场景达数百个，从而使整套唐卡的画面十分紧凑、致密，但又不显零乱。最难能可贵的是，每个场面都有藏文题记，对画面进行解说，这对正确认识画面所表达的故事内容起到了至关重要的作用。

纵观整套唐卡，其构思十分巧妙、严谨，绘制甚为精美，色彩对比强烈、细腻。

四川博物院藏《格萨尔画传》唐卡

该套唐卡是迄今为止保存下来的格萨尔唐卡中的上乘之作。作为以组画面貌出现的格萨尔唐卡，更是一种创新，十分罕见。不仅具有极高的艺术价值，而且具有重要的历史价值和研究价值。

四川大学博物馆藏《格萨尔及三十员大将》唐卡

四川大学博物馆藏《格萨尔及三十员大将》唐卡是一幅尺幅较小的传统唐卡，画心尺寸高45厘米，宽31.5厘米，绘制年代为清代，来源于四川德格。左手并未执带矛旌旗，而带矛旌旗立于身后，左手于胸前执宝珠并握缰绳。身后有透明的顶光、背光和身光。祥云缭绕于格萨尔王四周，而并无十三威尔玛神簇拥，显然系按神的规格来造像的。唐卡上方中央为阿弥陀佛，左右为四臂观音和莲花生大师像。三十员大将分别环绕格萨尔王周围，均各执兵器，骑于战马之上，呈奔驰状，动感十足。在格萨尔王右侧站立一男二女供养人。

四川大学博物馆藏《格萨尔及三十员大将》唐卡

《格萨尔及三十员大将》唐卡在构图、用色、人物造型等方面都独具特色。在构图上，岭国三十员大将围绕主尊格萨尔王，画面空间既饱满而又不失灵动。在用色上，打破了传统着色方式来区分画面层次，以淡色为主调，铺陈晕染，将天空和草地融为一体。在人物造型上，三十员大将姿态各异，所有战马颜色不同，且动感十足。

青海省文联藏《格萨尔王骑马征战像》唐卡

青海省文联藏《格萨尔王骑马征战像》唐卡亦属于广泛流传于民间的《格萨尔王骑马征战像》定型式作品。该唐卡为20世纪50年代青海省民间文学采风队在西藏自治区江达县收集，疑为明代画师所作，现藏于青海省文联《格萨尔》研究所。

画面中心为格萨尔王骑马征战像，格萨尔王身着黄金铠甲，头戴战盔，上饰胜利幢，左手执带矛旌旗，右手扬鞭，箭袋悬于右胯，胯下为枣骝马，足踏于十八种宝物的莲座上，呈奋蹄奔跑状。格萨尔王脸形丰满，扬眉瞪目，山羊胡，神情自若。画面上、左、右三方为十三威尔玛保护神所幻化的鸟兽，在祥云中，姿态各异，以作拱卫。

青海省文联藏《格萨尔王骑马征战像》唐卡（疑为明代画师所作）

青海省文联《格萨尔》研究所藏《格萨尔王征战》唐卡

青海省文联《格萨尔》研究所藏《格萨尔王征战》唐卡，是一幅创新型唐卡。该唐卡由青海著名《格萨尔》说唱艺人才让旺堆出资聘请冈察寺画师绘制。整幅画面呈横宽形。画面上部正中绘莲花生大师及格萨尔在天界的保护神。画面中心部分为格萨尔王骑马征战像，格萨尔王右手执金刚神剑，左手握缰绳，腕间挟神杖；身着金甲，胸佩蓝色护心镜，头戴金盔，后背插有红、蓝、绿、黄八面三角小旗；格萨尔王面为赤色，额头开有天眼，瞪目，张口，呈愤怒像；其坐骑红色宝驹，昂头奋蹄，跃于草原之上。在格萨尔王身旁是十三威尔玛保护神所幻化的鸟兽，或在云际，或在草原，姿态各异。在十三威尔玛保护神外围的左、右、下方是岭国的众将领。他们手执各种武器，骑着战马，在草原上随格萨尔王一同征战疆场。

该幅唐卡的特点：一是气势宏大，场面壮观；二是格萨尔王的造型较为特别；三是整幅画面，横宽竖窄，是唐卡中较为特殊的一种画幅。

青海省文联《格萨尔》研究所藏《格萨尔王征战》唐卡（说唱艺人才让旺堆请冈察寺画师绘制）

四川省甘孜藏族自治州"格萨尔千幅唐卡"

"格萨尔千幅唐卡"最初是由德格著名大画师通拉泽翁的亲传弟子、德格人、民营企业家根秋扎西于1997年创意发起的。从1998年至2000年的3年时间里，根秋扎西和他的顾问团队分赴国内各藏区，以及印度、尼泊尔等国进行考察，收集了大量的《格萨尔》文本和相关资料，在此基础上，开展了"格萨尔千幅唐卡"中所涉及的主要人物形象、服饰、坐骑、兵器，以及文化生态、自然环境、生活习俗等方面的初步设计。2001年，正式招聘了30余名来自藏区各地的优秀画师和学者，深入探讨创作思路、创作规模、人物塑造和绘画艺术风格等方面的问题，并确定由四川民族学院教授麦波、泽仁翁加等人组成的文案组，编写"格萨尔千幅唐卡"绘制大纲。2003年，"格萨尔千幅唐卡"的绘制工作正式启动。为确保这项浩大工程的顺利实施，由甘孜藏族自治州国有资产经营管理有限公司、德格县格萨尔文化旅游公司、成都噶玛博秀文化发展有限公司共同组建了"甘孜藏族自治州岭·格萨尔王文化发展有限公司"，公司以企业运作方式、股份合作制形式，具体负责"格萨尔千幅唐卡"的组织和协调工作。

甘孜藏族自治州岭·格萨尔王文化发展有限公司在康定设立了绘画基地，让所有画师都集中在基地绘画。在整个绘制实施过程中，面向全国藏区招聘画师。在基地参与绘制工作的画师最少时为五十人左右，最多时达百余人。

"格萨尔千幅唐卡"的绘制风格为噶玛噶孜画派绘画风格，绘画颜料全部使用矿物颜料。为确保绘画风格统一，绘画质量的精良，在人员组成、绘制程序、设计创作、质量检验诸方面均做了周密安排。技术总监为根秋扎西和根秋登子；在创作设计班子中，由拉孟任总设计师，亚玛泽仁、洛绒、米玛、克珠尼玛、泽旺交为设计师。以上人员根据绘制大纲，负责全部唐卡稿样的设计，并经过集体审查通过后，方可付诸具体绘制工序。在骨干画师中，主要有泽仁巴登、根嘎泽仁、伦珠多吉、多吉尼玛、西洛、小巴松、吾金多吉、格乃尼玛、降嘎、降拥朗加、

◎格萨(斯)尔

嘎玛翁加等。在这些画师中，他们除了直接带领其他画师一道工作外，有的还负责颜料的配制，有的负责上金，有的负责开眉眼等关键工序。在技术检验上，检测组人员主要有根秋登子、颜登泽仁、布根、多智、亚玛泽仁、布迪、根秋扎西等。检测组还制定了唐卡的验收标准，按照自然物（天地、山水、花草树木等）、建筑物、服装服饰、人物、动物、勾线等内容，制定具体的评分标准，对于低于70分最低分的唐卡，不予验收的规定，以确保每一幅唐卡的绘制质量。

2008年上半年，经过近十年的艰苦努力，总幅数为1288幅，每幅高2米，宽1.4米，总长1500米，囊括《格萨尔》70部分部本的"格萨尔千幅唐卡"的创作与绘制工作告竣。于2008年7月30日至8月20日在北京民族文化宫进行了全球巡展的北京首展，由中国国家文物局、中国博物馆学会颁发了"中华民族艺术珍品"荣誉证书。

四川省甘孜藏族自治州"格萨尔千幅唐卡"之《赛马登位》

"格萨尔千幅唐卡"是迄今为止我国藏区格萨尔图像艺术的一项空前巨作。从规模上看，不仅幅数达1288幅，其覆盖的《格萨尔》分部文本达70部；从所涉及的史诗人物来看，也是绝无仅有的。各分部本之间既相对独立，又相互联系，构成一个完整的整体。就画面的结构而言，打破了传统唐卡的结构，形成了连环画型的表现形式，是一次成功的尝试。

总而言之，"格萨尔千幅唐卡"以艺术的语言，再现了被称之为世界上最长的史诗《格萨尔》的基本面貌，是当之无愧的藏传绘画的集大成之作。

青海省《彩绘大观》中的《格萨尔》唐卡

《中国藏族文化艺术彩绘大观》是由藏族工艺美术大师宗者拉杰先生组织策划和创作设计的，全长618米、宽2.5米，是目前世界上最长的卷轴画。整幅画卷为1500多平方米，重1000多公斤。1999年，被载入"世界吉尼斯之最"。这幅巨型卷轴画的绘制者主要以青海热贡艺人为主体，参加者还有西藏、甘肃、四川、云南四省（区）的藏、土、蒙古、汉等民族艺人达400人，前后耗时四年。

这幅巨型画卷内容包罗万象，其中就有格萨尔的内容。其画幅有《格萨尔王和三十员大将》、《天岭卜筮九藏》、《赛马称王》、《诞生花苑》、《降魔》、《霍岭大战》、《姜岭之战》、《门岭之战》、《征服十八宗》（上、下）、《地狱救妻》、《安定三界》等12幅。这12幅唐卡风格统一，是因为整个《彩绘大观》是统一设计、统一部署，虽然内容丰富，但在每一章节中尽量达到风格的一致。从构图方面来讲，保持了传统唐卡的布局格式。在色彩方面，达到色调统一。在塑造人物形象方面，笔法细腻，线条悠韧。同时，构思缜密，布局匀称，线条流畅，完全突出了热贡唐卡艺术"精、细、繁"的制作风格，在整个《彩绘大观》中都是精彩的篇章。

《彩绘大观》中《格萨尔》唐卡（来自于降边嘉措和周爱民《藏族英雄史诗〈格萨尔〉唐卡》）

繁的史诗《格萨尔》浓缩到一幅画面之中，整幅画面气势宏伟；在造型处理上，写实、变形、夸张并用；在色彩处理上，红、黄、蓝、黑四大主色调形成强烈的对比；在技法上，精雕细琢、细致入微，有巧夺天工之美。

该作品被公认为当代新唐卡"里程碑"式的代表作，曾参加过法国沙龙画展，现收藏于北京民族文化宫。

四川省甘孜藏族自治州《岭·格萨尔王》唐卡

四川省甘孜藏族自治州《岭·格萨尔王》唐卡

《岭·格萨尔王》唐卡是20世纪80年代由四川省甘孜藏族自治州画家仁真郎加、尼玛泽仁、益西泽仁、达瓦、益西桑丹、梅定开、陈秉西、吕树明等共同创作的新唐卡。

《岭·格萨尔王》新唐卡在绘画技法上采用了藏族传统绘画和现代绘画相结合的技法，在形式上采用了藏族传统的"黑唐"表现形式。画面中央是英姿飒爽、气宇轩昂的格萨尔王。他身着战袍，右手执长矛，左手高扬，骑在奋蹄的赤色宝驹上，左右为他的两个近妃珠牡和乃琼，十三威尔玛神近侍于格萨尔王的周围。在莲形框内，描绘了史诗中的格萨尔王降生、称王、降服魔国、征服霍尔等18大宗的内容。四周绘制了岭国三十员大将降伏恶魔，英勇战斗的主要情节。画面下方表现了格萨尔王给藏族民众带来安乐的生活和藏族民众世代传颂格萨尔王功绩的场景。

该唐卡以高度概括的艺术手法，把卷帙浩

四川省甘孜藏族自治州石渠县宜牛寺《格萨尔王骑马征战像》唐卡

四川省甘孜藏族自治州石渠县宜牛寺是著名宁玛派高僧居·米旁大师驻赐的寺庙，寺内珍藏有一幅《格萨尔王骑马征战像》唐卡。该唐卡画宽38厘米，高47厘米，属于小型唐卡。其造型十分特殊，一是在岭·格萨尔王的面部造型中，开有天眼，二是格萨尔王的赤色宝驹的颈部鬃毛呈齿形。由于历史相对久远，唐卡的外装裱局部破损，画面陈旧，有些地方已看不清楚。据寺庙僧人讲，该唐卡已有近500年的历史，系明代作品，其历史价值和文物价值较高。

◎格萨(斯)尔

四川省甘孜藏族自治州石渠县宜牛寺《格萨尔王骑马征战像》唐卡

四川省甘孜藏族自治州巴塘县相喀寺藏《格萨尔王骑马征战像》唐卡（该画作于公元1696年，作者不祥）

四川省甘孜藏族自治州巴塘县相喀寺藏《格萨尔王骑马征战像》唐卡

四川省甘孜藏族自治州巴塘县相喀寺藏《格萨尔王骑马征战像》唐卡是广泛流传于民间的格萨尔王骑马征战像定型式的作品，作者是公元17世纪康巴地区的著名画师阿惹。画幅尺寸为高82厘米，宽50厘米。画面中心为格萨尔王骑马画像，身着浅蓝色铠甲，头戴战盔，盔顶插有四面镶有白边的红三角旗；右手执马鞭，左手执带矛旌旗，箭筒悬于右胯，战靴白底上翘；格萨尔王面部为粉红色，面相静怒兼容，山羊胡，扬眉，神情泰然，安骑于枣红宝驹之上；宝驹呈奔驰状，马蹄正踏在盛有十八种宝物的莲座之上。在格萨尔王及其战马的上、左、右三方，为十三威尔玛保护神所幻化的鸟兽，在祥云中姿态各异，以作拱卫。画面上方无佛、菩萨、本尊、上师像，仅为青天和日月。

四川省甘孜藏族自治州德格县仲萨寺藏《格萨尔王骑马征战像》唐卡

四川省甘孜藏族自治州德格县仲萨寺藏《格萨尔王骑马征战像》唐卡创作于1696年，距今已有317年历史，作者名门沙尔。画心尺寸高82厘米，宽52厘米。画面上部所占幅面较大，共绘制佛、本尊、菩萨、上师计11位，这在其他格萨尔王骑马征战像中是不多见的。中部主尊为格萨尔王，格萨尔王面容呈愤怒相，双目圆睁，八字胡须；头戴金色宝盔，盔顶系红簪缨，上插两面三角小旗；右手执神鞭，左手执缰绳，左胯悬箭筒，左腕挽带矛旌旗，身披绿色战袍，足蹬翠绿黄纹战靴，跨赤色宝驹；格萨尔王及其战马周围皆有祥云萦绕，两边均各有四位护法神祇簇拥。其中两位呈坐姿，其余六位均骑有虎、牛、鹿等六种不同的动物坐骑，以作格萨尔王的护佑。画面下部安排独具匠心，正中为一位说唱《格萨尔》的僧人，两旁的僧俗听众呈人字形排列；底端堆积各种财物。

201

四川省甘孜藏族自治州德格县仲萨寺藏《格萨尔王骑马征战像》唐卡（该画作于公元1696年）

四川省甘孜藏族自治州德格县更庆寺藏《格萨尔与众山神》唐卡

四川省甘孜藏族自治州德格县更庆寺藏《格萨尔与众山神》唐卡，据说为德格土司第二十代传人多吉僧格（1876—1926年）绘制，该唐卡已有100余年的历史。其整体尺寸高为3.5米，宽为1.8米，是一幅巨幅唐卡。整幅唐卡底色为淡黄色，其布局为上、下两部分。上部画面约占整幅画面的三分之一，上部中心绘有莲花生大师，上、左、右三方绘有九尊本尊和上师。下部中心绘制格萨尔王骑马征战像，格萨尔王周围有祥云缭绕。在格萨尔王骑马征战像周围左、右、下三方分别绘制有14幅人物像。其中一幅中呈坐姿，头上有顶光，同时身后还有背光，其余均为武士（骑马）形象。据更庆寺僧人介绍，在14幅画像中，仅有3幅画面较大的武士为岭国的著名将领外，其余11幅均为德格地区著名的山神造像。该唐卡系格萨尔唐卡中颇具特色的一种表现形式。

每年央勒节期间，在柳林演出藏戏和举行法会时，更庆寺都会将该唐卡悬挂于柳林的显赫位置，一方面供人瞻仰，另一方面起驱邪的作用。

四川省甘孜藏族自治州德格县更庆寺藏《格萨尔与众山神》唐卡

四川省甘孜藏族自治州甘孜县东谷寺《格萨尔王及其岭国众将领》唐卡

四川省甘孜藏族自治州甘孜县东谷寺是甘孜县格鲁派"霍尔十三寺"之一，寺内珍藏有两幅大小尺寸相同，内容和画面布局大体一致的格萨尔唐卡。其中一幅唐卡的装帧部分已经不存，另一幅为灰色素布装帧。两幅唐卡的画心尺寸均高约100厘米，宽约80厘米。据寺庙僧人讲，其中一幅为炉霍著名画师朗卡杰绘制。朗卡杰为清初人氏，其出生时间距今已400余年。据此推断，由朗卡杰绘制的《格萨尔王及其岭国众将领》唐卡距今至少有350余年的历史。而另一幅《格萨尔王及其岭国众将领》唐卡，从绘画内容和画面布局，以及唐卡的新、旧程度来分析，应为同时代的作品，极有可能是朗卡杰的弟子所绘。

两幅唐卡的上部画面所占比例较小，正中均绘有三位佛和上师，左、右各画有5位护法神。中部和下部画面比例基本相等。中部中心为格萨尔王骑马征战像，左方有十余位岭国僧俗人众手捧哈达作迎接格萨尔王的姿态，右方有岭国众将领议会的场景。下部有雪山、草原、佛塔，在雪山和草地之间，岭国30员大将骑着战马驰骋其间，呈之字形排列。在底部的两端，还绘有碉楼式建筑，其场面可谓壮观。

两幅唐卡之间的区别主要如下：

一是一幅唐卡的色彩基调偏绿，另一幅唐卡的色彩基调偏红。

二是在格萨尔王的人物造型上，绿色基调的唐卡中格萨尔王面庞显得年轻，无八字胡须，且在马上的身形挺直。而红色基调的唐卡中格萨尔王面庞却有八字胡须，在马上身体略向前倾。

三是绿色基调的唐卡下部中的雪山、岩石，以及佛塔等景观画得十分精细，而红色基调的唐卡下部中的雪山、岩石，以及佛塔等景观则稍显粗糙。

四是绿色基调唐卡中部格萨尔王右侧的僧俗人众数量要多一些，场面也大一些，而红色基调唐卡中部格萨尔王右侧的僧俗人众数量要少于前者；在绿色基调唐卡中部格萨尔王左侧的岭国众将领议会场景略大于红色基调唐卡中部格萨尔王左侧的岭国众将领议会场景。

四川省甘孜藏族自治州甘孜县东谷寺《格萨尔王及其岭国众将领》唐卡之一（朗卡杰绘）

四川省甘孜藏族自治州甘孜县东谷寺《格萨尔王及其岭国众将领》唐卡之二（传为朗卡杰弟子绘）

四川省甘孜藏族自治州色达县民间珍藏的《格萨尔凯旋》唐卡

四川省甘孜藏族自治州色达县《格萨尔凯旋》唐卡珍藏于民间，是清代作品，作者不详。画幅尺寸高约60厘米，宽约40厘米。整幅唐卡大致均匀分为上、中、下三部分。上部正中为佛祖释迦牟尼，两侧还各有两位菩萨、本尊和上师并排，五位佛、菩萨、上师莲座下，有祥云相连，在其下方左、右两边还各有一位护法神，也在云际间。中部中心为格萨尔王骑马征战像，格萨尔王左手放于耳际，仿佛在聆听迎接他的人们的欢呼声，左手第五指上挂着神鞭，右手执缰绳，腕间挟住带矛旌旗；左腰际挎长刀，脚踏白底红靴；身着红黄相间铠甲，腰系蓝彩带；头戴金盔，盔顶配有胜利幢和翎羽。相貌年轻英俊，目视前方，坐骑红色宝驹呈奔驰状，格萨尔王左手缰绳拉紧，有使坐骑驻足之意。在格萨尔王前方有僧人及其岭国将领、格萨尔妃子四人双手捧着哈达，迎接格萨尔王，身后有一位岭国将领亦双手捧着哈达，跟随其后。下部为山、水、湖泊、岩石、树木等，湖水中有动物嬉戏，草地上马儿在自由地徜徉，一派和谐安详的大自然景观。就在草地的石头旁，摆放着刀箭、矛等武器，以及头盔、铠甲等装备，在其旁边还摆放着各种宝物、兽皮和绸缎等物品。通过中、下两个部分的艺术安排，烘托出格萨尔王出征，凯旋，藏区社会呈现出和平安宁的气氛。

该幅唐卡在情景安排和艺术表达上体现出独特的匠心和意蕴，这在格萨尔唐卡中是少见的。此外，整幅唐卡许多地方使用了纯金，这在格萨尔唐卡中也不多见。

四川省甘孜藏族自治州色达县民间珍藏的《格萨尔凯旋》唐卡

四川省甘孜藏族自治州色达县民间收藏的《格萨尔王骑马征战像》唐卡

四川省甘孜藏族自治州色达县民间收藏的《格萨尔王骑马征战像》唐卡，蓝布面装帧，高约60厘米，宽约40厘米，据收藏者讲，该唐卡绘制时间大约为清末或民国初期。格萨尔王骑马征战像及其十三威尔玛保护神所幻化的鸟兽占据了整幅画面。格萨尔王右手高扬神鞭，左手执带矛旌旗，右手握缰绳；左脚未蹬马蹬，脚靠于马背上；面庞为白色，神情凝重；身披金甲，胸佩白色护心镜；头戴金盔，金盔上高插胜利幢和蓝、红边白色三角小旗；格萨尔王坐骑赤色宝驹扭头面左，神情夸张，鬃毛与马尾均为蓝色，四蹄踏在盛满宝物的莲座之上。

该幅《格萨尔王骑马征战像》唐卡与其他同题材的唐卡相比，其突出特点是：

1. 画面构图线条粗犷；

2. 十三威尔玛保护神的幻化像体型较大，位置突出；

3. 在下部莲座下正中还画有一朵莲花，莲花心蕊内盛有吉祥宝物。

◎格萨（斯）尔

四川省甘孜藏族自治州色达县民间收藏的《格萨尔骑马征战像》

格萨尔刺绣唐卡

青海省互助县黄兰索的格萨尔刺绣唐卡

刺绣属传统民间手工技艺，它与人们的生活息息相关。刺绣由于应用十分广泛，其品种丰富，花样繁多。用刺绣的手法来塑造格萨尔及其大将们的英雄形象是近二十年来发生的事。

青海省互助县年轻的刺绣艺人黄兰索，开创了格萨尔刺绣的先河。她将格萨尔的故事用连环画的形式绣在绣片上，一幅绣片一个故事，共有三十幅，形成系列绣品。黄兰索的《格萨尔》刺绣有自己鲜明的特点：在构图上，借鉴唐卡的手法，格萨尔及其大将们占据中央主体位置，其背景上部为"天界"，下部为"地界"，布局非常饱满。凡空隙之间多用祥云、山石、花草填充，显得十分充盈，而且形象突出，主题明确，布局严谨。在制作上采用平绣，兼用参针绣的手法，针脚细密，图案轮廓线边缘整齐，线条排列紧凑，色彩艳丽，精致美观。用刺绣的手法来表现《格萨尔》故事，是一个大胆的创举。这种艺术形式有着广阔的发展前景，极大地丰富了《格萨尔》艺术的宝库。

青海省民间制作的格萨尔掐丝唐卡

格萨尔掐丝唐卡是在唐卡制作工艺基础上，以中国传统手工掐丝为基础，与现代科技相结合，以金箔、金丝镶嵌而成的纯手工制作的唐卡艺术品。这种融合现代工艺的青海民族工艺品，它的制作工序为绘图、定稿、掐丝、点蓝、定型、装裱。其中，掐丝与点蓝两道工序是区别于传统唐卡制作之处。与传统格萨尔唐卡相比，格萨尔掐丝唐卡画面清晰、新颖，色彩丰富、艳丽，立体感强；在底色的映衬下，主体图案更显突出。而且经过定型后，画面不变色、不变形、不变质，既有较高的艺术欣赏价值，也便于长期保存与收藏。格萨尔掐丝唐卡的生产周期较短，减轻了劳动者的劳动强度。可以说，格萨尔掐丝唐卡既保持了传统唐卡工艺的风格，又充满了浓郁的现代气息，更符合现代人的审美观念。

中国非物质文化遗产百科全书·史诗卷

格萨尔缂丝唐卡

三、格萨尔壁画

西藏自治区拉萨市罗布林卡格萨尔壁画

西藏自治区拉萨市罗布林卡格萨尔壁画，位于"措基颇章"（湖心亭）左边廊壁上，壁画高约2米，宽约1.5米，彩色绘制。画面大体由上、中、下三部分组成。其基本布局是：上部为雪山，山际白云缥缈。天际左有太阳，右为月亮，交相辉映。下部有湖水、草地，湖水中有黄鸭戏水，草地上有盛开的鲜花，还有三五人正在行走。上、下两部互为呼应，展现出雪域高原的景象。中部为壁画的主体部分，大约占整个画面的五分之三。其中绘制了《格萨尔》分部本《北地降魔》和《霍岭大战》两大故事情节。

在《北地降魔》中，画有魔王鲁赞的夏加如南宫，王宫左边格萨尔王张弓射箭，射中鲁赞王头颅。在《霍岭大战》画面中，画有高达9层的霍尔·白帐王的雅泽卡玛尔宫殿。宫殿右侧一根铁链从宫顶斜垂至地面，格萨尔王正在攀缘而上。

壁画突出了史诗《北地降魔》和《霍岭大战》中征服魔王鲁赞和霍尔·白帐王的场面。

整幅壁画共绘制人物39人，包括格萨尔王、晁同、珠牡、乃琼以及魔王鲁赞等，各个人物下面均有藏文署明其名号，但因壁画陈旧，剥落情况严重，多数已无法辨认。

此幅壁画是西藏格萨尔壁画中的珍品，具有极高的历史价值和文化价值。

西藏自治区拉萨市罗布林卡格萨尔壁画（图像来源于徐国琼《格萨尔考察纪实》）

西藏昌都地区江达县瓦拉寺格萨尔巨幅壁画

西藏昌都地区江达县瓦拉寺是一座萨迦派名寺，位于江达县同普乡境内，该寺在历史上就有尊崇格萨尔王的传统。巨幅格萨尔壁画绘制于寺庙大殿外的围廊上。整幅壁画高约2.5米，长为57米。如此画幅巨大的壁画，是迄今为止我国藏区格萨尔壁画中，保存最完整，规模最大的壁画。该壁画的重点，也是核心部分，是格萨尔王、王妃珠牡、乃琼及其三十员大将。此外还画有十二地母神和江达当地的山神。据专家考证，该壁画至今已有一百多年的历史，属于典型的新门派作品。该壁画能够较为完好地保存到现在，实为格萨尔文化的一件幸事。

画廊正中为格萨尔王骑马征战像，王妃珠牡、乃琼分立格萨尔王左右。格萨尔王右手执神鞭，左手执长矛，身披黑色铠甲，胸前佩黄色护心镜；头戴棕色头盔，头盔上配有胜利幢，并遍插翎羽；面呈肤色，有八字胡须，面庞圆润，神情自若；胯下红色宝驹，昂头回望，奋蹄于彩云之上。十三威尔玛保护神幻化为鸟兽，围绕在格萨尔身旁的云际间作护卫状。岭国三十员大将依次分列于格萨尔王两旁。作者对每一位将领的神情姿态，手执的武器，以及坐骑都根据《格萨尔》文本的描述，做了精心设计和安排，从而不仅使整幅壁画气势如虹，而且使每一位将领都动感十足。整幅壁画色彩凝重、饱满，对人物的烘托感极强。就绘画细部特征而言，无论是各将领的神态、所执武器、身着的铠甲，头顶上的头盔，还是所骑战马姿态，都细致入微，绘制得十分精妙。各将领之间的云彩过渡和间隔也十分得体。

总之，该壁画堪称我国格萨尔壁画中的精品，值得倍加保护。

西藏昌都地区江达县瓦拉寺格萨尔巨幅壁画之一

西藏昌都地区江达县瓦拉寺格萨尔巨幅壁画之二

四川省甘孜藏族自治州色达县拉则寺藏格萨尔壁画

四川省甘孜藏族自治州色达县拉则寺是一座宁玛派寺庙，该寺十分尊崇格萨尔王。在寺内两处地方，分别绘制有三幅壁画，三幅壁画的绘制时间大致为清代中晚期。在拉则寺的转经堂中，画有两幅格萨尔壁画。一幅为典型的定型式《格萨尔王骑马征战像》。该壁画高约3米，宽约3米。整幅壁画的背景底色分为两个部分，上半部分为蓝色，其间绘有祥云，以示天空，下半部分为绿色，以示草原。中心画面是《格萨尔王骑马征战像》，格萨尔王右手执神鞭，左手既执缰绳，又执带矛旌旗，箭筒悬于右腰；身着红色镶绿边的嵌肩式铠甲，双臂袒露，腰系蓝腰带，胸佩黄色护心镜，头戴红色头盔，盔顶配有胜利幢、翎羽和五角形小旗；眼睛圆瞪，张牙咧嘴，呈怒相，面色深黄，显得格外凝重。胯下红色宝驹扬蹄驰骋在草原上。在格萨尔王上方、左方和右方，十三威尔玛保护神所幻化的鸟兽，画面较为突出。在下部绘制了藏族传统的七种宝物。

另一幅是格萨尔王降服妖魔鬼怪的法像。该壁画高约3.5米，宽约3.5米，中部是壁画的核心部分，格萨尔王端坐于法台之上，右手执神剑，左手执宝物，身着蓝缎面虎皮大袍，座下有镇伏的妖魔；头戴黄色大檐帽，大檐帽正中饰有日月图案，帽顶有红、黄飘带分于两边，顶饰孔雀翎羽，格萨尔身体周围均发散佛光；格萨尔王扬眉瞪目，开口露齿，八字胡须，显现出制胜之威严神态。在格萨尔王的法台上方，绘制有十三威尔玛保护神所幻化的各种鸟兽，再上方为格萨尔王的妃子珠牡和乃琼，在行云中呈飞天状。在格萨尔王法台下部，排列有各种作为供品的宝物。最外层是岭国的三十员大将，全副武装，骑着战马，腾跃于彩云之中。这幅壁画极富有创造性，不仅是格萨尔王的造型特色鲜明，三十员大将在外围作拱卫，均充满了想象力，是一幅十分珍贵的壁画。

这幅壁画和前面介绍的《格萨尔王骑马征战像》壁画均画于拉则寺的转经堂中，尽管内容各异，但从绘画笔法和色彩效果来看，应是绘于同一时期，而且同出于一位作者之手。

第三幅壁画系《格萨尔王骑马征战像》。该壁画绘制于拉则寺一座面积约为20平方米的格萨尔拉康之中。壁画位于进门左侧，整幅壁画，高约2.2米，宽约3.5米，以蓝色为底，顶部绘有日月，《格萨尔王骑马征战像》位于中心部位。格萨尔王右手执神鞭，左手又握缰绳，又执带矛旌旗，手腕上套着长长的呈飘扬状的套绳；身着绿色坎肩式铠甲，腰系蓝色腰带，铠甲中心黄色护心镜，护心镜两边饰有"雍仲"符号，头戴银色头盔，盔顶插有胜利幢和两面蓝边红心的三角旗。坐骑为红色宝驹，呈奔驰状，四蹄踏在莲座之上，莲座上盛满了各种宝贝。格萨尔面容呈肤色，目圆眉飞，显威猛相。

该壁画最突出的特点是，其护法神和本尊绘于格萨尔王的左右两侧，在其右侧两尊，左侧三尊。这幅壁画由于格萨尔拉康年久失修，画面损失较大。

四川省甘孜藏族自治州色达县拉则寺藏格萨尔壁画之一

四川省甘孜藏族自治州色达县拉则寺藏格萨尔壁画之二

四川省甘孜藏族自治州色达县拉则寺藏格萨尔壁画之三

青海省果洛藏族自治州玛沁县郎日班玛本宗的格萨尔煨桑壁画

位于青海省果洛藏族自治州玛沁县的郎日班玛本宗,被誉为"岭山万朵莲花宫"。在阿尼玛沁雪山东侧,传说是格萨尔王为阿尼玛沁雪山煨桑的地方,也是阿尼玛沁的大儿子闹日昂杰的魂山,海拔3961米。《格萨尔煨桑壁画》就绘在此殿堂内,画面中心为格萨尔骑马征战像,高大,威猛。周围有十三威尔玛战神拱卫,岭国的战将布满四周。从整个画面的色彩及构图来看,这幅壁画应该是80年代的作品。此幅壁画因色彩艳丽,人物众多,远远望去,十分壮观。《格萨尔》壁画如同《格萨尔》唐卡,在藏区流行比较广泛,主要出现在寺庙和一些高僧大德之家。《格萨尔》壁画多以骑马征战图展示,古朴淡雅,庄重神秘。

青海省果洛藏族自治州玛沁县郎日班玛本宗的格萨尔煨桑壁画

四、格萨尔雕塑

四川省甘孜藏族自治州新龙县格萨尔广场格萨尔王铸铜像

新龙县是四川省甘孜藏族自治州格萨尔文化积淀深厚的县份之一,如龙镇是新龙县的经济、文化和交通的中心城镇。2004年中共新龙县委、县人民政府决定在如龙镇兴建格萨尔广场,同时筹组在格萨尔广场树立格萨尔铸铜像事宜。格萨尔王铸铜像的设计样稿由新龙县籍画师觉巴多吉主持、画师益西贡布、雕塑师四龙降泽共同参与完成。由山西省运城一家专业公司铸造。整尊铸像高约7.7米,重约20吨。同年,该铸铜像在格萨尔广场落成。在格萨尔王铸铜像的台基四周,还刻有岭国三十员将领的石刻;格萨尔王铸铜像高高耸立于台基之上。

铸铜像的基本造型为格萨尔王骑马征战像。其造型特点如下。

一是格萨尔王所骑神驹为现代造型,马头高扬,双前蹄扬起,双后腿踏于莲座之上,整匹神驹几乎成直立状;神驹肚下,铸有祥云,给人以天马行空之感。

二是在神驹的装饰上,项上系有一圈铜铃,在马鞍前后均饰有吉祥结。

三是在格萨尔王的凯甲上,除有金色护心镜外,在护心镜双侧还配饰有带图案的铜泡。在腰间的系带前,配饰有面具形的铜质护法神;在格萨尔王左手所执的带矛旌旗上,刻有"岭"字藏文,且十分醒目。

四川省甘孜藏族自治州新龙县格萨尔广场
格萨尔王铸铜像

四川省甘孜藏族自治州德格县阿须乡格萨尔王青铜铸像

该铜像落成后，在阿须草原上，与格萨尔王纪念堂交相辉映，世代留芳。

四川省甘孜藏族自治州德格县阿须乡格萨尔王青铜铸像

2002年5月，在中共四川省甘孜藏族自治州德格县委、县人民政府的主持下，全县干部职工踊跃自发捐款，铸造格萨尔王铜像。在捐款及铜像铸造过程中，四川省政协委员、甘孜藏族自治州政协副主席、德格籍人士土登泽仁活佛创作设计了铜像样稿，德格县人大副主任巴伽活佛四处奔走，积极呼吁，嘎玛博秀雪艺文化发展有限公司董事长、德格籍人士根秋扎西具体承办铜像的全部制作工作。该铜像于2002年8月，在格萨尔王诞生之地德格县阿须乡多麦村吉苏雅给康多格萨尔纪念堂旁落成。整尊铜像高6.3米，重3.5吨。格萨尔王青铜铸像被安放在一方形台基上，台基高约4米，台基正面刻有《岭·格萨尔王简传》，后面刻有中共德格县委、德格县人民政府刻写的铜像落成记文。另外两面，上面刻有藏文，一面刻有英文。

该青铜铸像为格萨尔骑马征战像。格萨尔王右手扬鞭，左手握缰绳，左腕挟带矛旌旗，左腰佩战刀，身披甲胄，头戴头盔，盔顶上插有胜利幢和三角小旗，神情威严，胯下战马一蹄腾起，三蹄立于莲座上，呈奔走状。

四川省甘孜藏族自治州德格县格萨尔纪念堂格萨尔泥塑群

四川省甘孜藏族自治州德格县格萨尔纪念堂位于德格县阿须乡格萨尔王的诞生地吉苏雅格康多，其原址为格萨尔拉康。格萨尔拉康始建于公元1790年，系由当时的岭苍土司翁青友加倡建，至1967年以前，正殿内所塑35尊格萨尔泥塑像，殿内四壁所绘壁画，以及上千件文物保存完好。"文化大革命"期间毁于一旦。从1984年起，德格县人民政府正式批准并拨专款对该遗迹进行重建，经过十多年的努力，于1999年8月8日举行了隆重的竣工典礼，并将其更名为格萨尔纪念堂。

格萨尔纪念堂内共塑有大大小小泥塑像145尊，是目前我国藏区新塑制的格萨尔塑像最多的地方。所有塑像大致可分为四个部分。

第一部分是以格萨尔王为主体的雕塑群。高约5米的格萨尔王骑马征战像位于堂内正中，在格萨尔王骑马征战像后背的圆圈内塑造有大鹏、青龙、巨狮、红虎狼、野驴、青野、灰鹰、花鹞、白胸黑、白肩熊、金蛇、野牛、长角鹿等十三威尔玛保护神所幻化的鸟兽。该部分雕塑为堂内塑像的主体部分之一。

第二部分是岭国的文武官员和女士，其中

文武官员四十位，均按人体1:1比例塑制，他们分列于格萨尔王两旁，有三十八位为坐姿，两位站立。这些文武官员分别是：靠右方的有冬布比贾察谢嘎尔、大总管叉根、巴雅麦僧达·阿东、吉本郎吾玉达、冬色益觉阿华赛达瓦、翁布阿努巴桑、亚青僧伦杰布、阿格冲比俄鲁拉色扎拉泽杰、嘎嘉洛顿巴坚赞、嘎日尼玛坚赞、拉吾南喀桑谢夏、那日塔巴坚赞、董赞郎吾阿贝、觉阿巴萨达哇、姜楚玉拉托居、达绒娘察阿登、翁觉翁波达彭、迪觉辛巴梅乳孜、蕃绸米穹喀德；靠左方的有权伯晁同杰波、绒察贡格玛尔勒、止嘎德却君威那、董曲鲁吾益达彭、察香丹玛向查、绒察拉郭奔鲁、杰却塔巴坚赞、米钦杰哇伦珠、达绒阿努苏彭、奔贝协嘎江扎、加奔色吉阿尔岗、姜阿达且威拉姆、摩玛更希土波、拉杰根嘎尼玛、且杰岗巴晁杰、董穹达拉赤噶、斯钦威尔玛拉达、绒伦阿努桑恩、杰吉布益古如。

在格萨尔王塑像前有按人体1:1比例塑制的八位女士，她们分别是嘎嘉洛森姜珠牡、噶萨、杜莫梅萨奔吉、东尼噶萨曲珍、吉本之女玉珍卡且绒萨格措、晁同布莫晁措、俄洛吉杰乃琼。

岭国四十位文武官员的相貌、姿态及手执武器，均按《格萨尔》文本描述设计，八位女士的服饰均带有浓郁的地域特色。这个部分也是堂内雕塑群的主体之一。

第三部分是塑在正墙上的十二位佛、上师和神祇，他们分别是释迦牟尼、大圣阿尼格宗、鲁加朱郎仁青、普俄东兄嘎波、孙姆给切嘎姆、杰尊米拉日巴、莲花生大师、白梵天王、白梵天母、鲁俄陆珠俄穹、扎拉查打玛波、大成就者唐东杰布。

第四部分是塑在左右两壁神龛上的印度八十大成就者小型塑像。

四川省甘孜藏族自治州德格县格萨尔纪念堂格萨尔王泥塑像

四川省甘孜藏族自治州德格县格萨尔纪念堂岭国众将领泥塑群

四川省甘孜藏族自治州色达县格萨尔文化博物馆格萨尔王及其岭国将领木雕群

四川省甘孜藏族自治州色达县格萨尔文化博物馆始建于21世纪初。该馆的陈列展出由三个展厅组成，一个展厅为综合展厅，另一个展厅为格萨尔彩绘石刻展厅，第三个展厅为格萨尔木雕艺术厅。在格萨尔木雕艺术厅中，陈列了格萨尔王、妃子珠牡和乃琼，以及其岭国众将领的木雕像。格萨尔王端坐于三层殿中，雕像高约 3 米，宽约 2.5 米。格萨尔王右手执智慧剑，左手平托喷焰摩尼；身着镶金黑甲，胸前佩一大护心镜，垂肩双耳佩戴耳环，丹凤眼，八字胡须，面庞饰金，显得高贵神圣；头戴战盔，盔前饰有日月，盔顶插有胜利幢和四面三角旗；其坐姿十分特别，一脚盘于座椅之上，另一脚落地，呈弓立状。在格萨尔雕像后背雕有背光环，环内呈蓝色，背光环周围饰有祥云，十三威尔玛保护神所幻化的各种鸟兽，栩栩如生，在祥云中各展其姿。在格萨尔王左右，妃子珠牡和乃琼双手各执供盘，亭亭玉立，神情自若，其比例按人体 1:1 雕塑。岭国众将领共为三十尊，均为骑马征战像，每尊雕像高约 2 米。各将领姿态及手中所执武器各异，战马姿态也各不相同，均踏于莲座上。

该木雕群的总体设计气势宏大，所有雕像刻工十分精细，人物及战马的匹配和比例合理，造型均按《格萨尔》文本所描述的内容而定。最突出的特点是在格萨尔王形象的处理上，超脱了骑马征战像的传统格局，将格萨尔王的姿态进行了独具匠心的处理，一是呈坐姿；二是双手所执的不再是神鞭和带矛旌旗，而是智慧剑和喷焰摩尼；三是其面相酷似莲花生大师。一方面表现出格萨尔王人与神的二重性特点，另一方面寓示格萨尔对和平安宁和追求。

四川省甘孜藏族自治州色达县格萨尔文化博物馆藏格萨尔王及其岭国将领木雕群中的"格萨尔王木雕像"

青海省玉树藏族自治州结古镇格萨尔文化广场的格萨尔像

备受瞩目的青海玉树格萨尔铜像矗立在玉树藏族自治州结古镇的格萨尔文化广场。这尊铜像始建于 2005 年，于 2007 年完工。铜像高达 22 米，是由黄铜材料制作而成，座基高达 2 米左右，台面上雕有吉祥八宝的图案。主尊格萨尔王面部丰满圆润，整座塑像看上去浑厚饱满，给人以力量感。而且，人物的面部形象和神态都非常柔和，握鞭的右手手指也有两个高高翘起、如佛祖拈花般从容淡定。从远处望去，身穿盔甲，手持兵器，骑着骏马，无比威武。据说，4 月 14 日玉树地震发生后，满城废墟中唯有这尊格萨尔王铜像仍然高高地矗立在广场中间，给人们带来无限的信心与希望。藏民们都说格萨尔王铜像不倒，玉树就不会倒。也因为，格萨尔一生戎马，惩恶扬善，是藏族同胞心目中的英雄。所以，玉树州将把格萨尔文化广场作为灾后重建的十大标志性工程之一，准备在原址上恢复重建。

四川省甘孜藏族自治州色达县格萨尔文化博物馆藏格萨尔王及其岭国将领木雕群中的"格萨尔王木雕像"（杨嘉铭 提供）

◎格萨（斯）尔

青海省玉树藏族自治州结古镇格萨尔文化广场的格萨尔像

青海省果洛藏族自治州达日县狮龙宫殿格萨尔雕塑

青海省果洛藏族自治州达日县狮龙宫殿格萨尔雕塑

格萨尔王狮龙宫殿位于青海省果洛藏族自治州达日县吉迈镇境内，距县城约18公里。整个宫殿的总面积达180平方米，高约40米。宫殿四周呈现八宝如意图山形，一千多条山沟犹如连心的叶纹，东南西北都朝向狮龙宫殿。宫殿玻璃瓦顶上安装了塔尖顶宝幢和铜质镀金祥麟法轮。远远望去，颇为壮观。宫殿内，除了藏有古老的格萨尔遗物外，最有代表性的就是那些栩栩如生的格萨尔三十位兄弟的塑像。他们的身像都是用药泥塑造，身高约五尺，各自手执兵器，神态各异，显得威武雄壮。进门左边是白度母化身嘎嘉洛森姜珠牡，右边是绿度母化身俄洛吉杰乃琼。俩人笑容满面、神采奕奕地向雄狮大王格萨尔王献茶。据说这些塑像的内藏里，都有舍利塔、各种各样的佛陀菩提佛像、密宗四部和修行佛法等各种经典、贤哲大师们的遗骨和舍利、佛法僧三宝、圣物、法衣以及收集来的各种汉藏法物礼品，应有尽有。

青海省果洛藏族自治州达日县格萨尔石雕

位于青海省果洛藏族自治州达日县境内的格萨尔石雕，坐落在格萨尔林卡。雕像由花岗岩制成，总高21米，座基长17米，宽11.6米，主尊格萨尔右手扬鞭，左手挽辔，内握长矛，身着铠甲，下跨宝马，面带微笑。整个浮雕总占地面积150平方米，据说是目前国内最大的格萨尔雕塑。站在格萨尔林卡可以俯瞰整个达日县的全景，现属于达日县的3A级景区之一。

青海省果洛藏族自治州达日县格萨尔石雕

青海省果洛藏族自治州达日县珠牡广场石雕

坐落在青海省果洛藏族自治州达日县珠牡广场的珠牡雕像，与格萨尔林卡的格萨尔雕像遥相呼应。主尊像珠牡也是由花岗岩制成，高达12米。珠牡一副典型的牧家女的装扮，且面带微笑，手捧美酒，高举哈达，迎候着格萨尔王的凯旋。据说，珠牡广场的背景寓意深远，是格萨尔时期玛域岭国版图的缩影，藏语译音"玛域通瓦贡门"。如今的珠牡广场既是信奉者祭拜的地方，也是人们休闲娱乐的场所。

矗立在珠牡广场上的珠牡，面带微笑，左手持一莲花，右手拿一佛珠，三只仙鹤依偎在她身旁，样子娴静而典雅，高贵而内敛。她就像一道亮丽的风景点缀在美丽的尕嘉洛草原上，让人流连忘返。

青海省果洛藏族自治州达日县珠牡广场石雕

青海省玉树藏族自治州治多县珠牡石雕

青海省玉树藏族自治州治多县珠牡石雕

位于青海省玉树藏族自治州中西部的治多县，传说是格萨尔王妃珠牡的故乡，是珠牡的父亲嘉洛敦巴坚赞的领地。根据史诗中珠牡的唱词，她父亲的辖区有十个地方，分别是聂恰河上六条川，还有上游的造雄川，雄伟的杰吉噶布拉山，宫殿般的达孜堡，还有赛措湖和玉措湖，这十个地方都在治多县境内。美丽庄重的珠牡雕像就建在位于县城附近的珠牡广场上。

这座石雕修建于2010年，由汉白玉雕塑而成，雕像高10米，底座高5米左右，总高15米左右，据说是根据珠牡16岁时的少女模样雕刻而成。因为史诗中的珠牡是白度母的化身，所以，

青海省果洛藏族自治州玛多县格萨尔铜像

青海省果洛藏族自治州玛多县也是格萨尔文化的发祥地之一。据传，格萨尔12岁在境内赛马称王，并迎娶当地贵族嘉洛之女珠牡为妃，留下了诸多美妙的传说，像格萨尔赛马称王、珠牡宫殿等历史遗迹在玛多依稀可见。位于县城东南角经山上修建的"格萨尔赛马称王"主体雕塑，由当地政府自筹资金440余万元，于2011年8月修建而成的。此雕塑由青铜做成，高13米，宽8米，格萨尔呈坐姿装，右手扬马鞭，左手举法轮，身着铠甲，面朝东方，十三位威尔玛战神环绕四周，整个塑像威武中透露出一种慈祥。

◎格萨（斯）尔

青海省果洛藏族自治州玛多县格萨尔铜像

甘肃省甘南藏族自治州玛曲县格萨尔铜像

甘肃省甘南藏族自治州玛曲县有"中国赛马之乡"的美誉，也是格萨尔发祥地之一。位于县城中心地带的格萨尔广场，矗立着一主体性建筑，即格萨尔神马。远远望去，腾跃若飞，栩栩如生。2012年8月竣工完成的格萨尔铜像也矗立在格萨尔广场上。此塑像由黄铜制成，高3.2米左右。雕塑中的格萨尔怒目圆睁，右手扬鞭，左手握旗，金盔金甲，战马仰天长啸，一幅驰骋沙场的英雄形象。

甘肃省甘南藏族自治州玛曲县格萨尔铜像

五、格萨尔石刻

四川省甘孜藏族自治州丹巴莫斯卡格萨尔喇空的珠牡彩绘石刻

四川省甘孜藏族自治州丹巴县莫斯卡村地处两州（甘孜藏族自治州、阿坝藏族羌族自治州）三县（丹巴、道孚、金川）交界处，是一个典型的纯牧业村。村所在地海拔4014米，辖一个自然村和五个牧业组。在这个范围内，格萨尔石刻分布于金龙寺大殿、金龙寺格萨尔喇空、卡斯甲都、吉尼沟青麦格则神山、曲登沟巴扎格热神山和甲拉沟甲拉勒神山6处地方。各处格萨尔石刻的基本情况是：金龙寺大殿中完整的旧石刻10幅、残片30余块，均系原色石刻。这些旧石刻及残片是莫斯卡最早的石刻，距今已有210多年的历史；另有1997年补刻彩绘石刻37幅。金龙寺格萨尔喇空中有彩绘石刻109幅，这109幅石刻全系旧石刻，距今约170多年历史。这部分彩绘石刻无论刻工和彩绘都十分精良，保存也特别完好，是莫斯卡石刻的精华部分。卡斯甲都石刻存放形式十分特殊，均镶嵌于一座四方形的石塔上，共计83幅，均系1994年新刻彩绘石刻。吉尼沟青麦格则神山上石刻存放于半山腰一大石岩下，共计80幅，均为1994年新刻彩绘石刻。曲登沟巴扎格热神山上存放的石刻共计120幅，其中有近40幅为旧石刻，刻制时间与金龙寺旧石刻相同，系本色石刻；另80幅为1991年刻制的彩绘石刻。甲拉沟甲拉勒神山有60幅石刻，均为1993年刻制的彩绘石刻。此外，在当地一些牧民家中也存放有类似石刻。

丹巴莫斯卡格萨尔石刻有以下特点。

一是数量大。六处格萨尔石刻总计数量达550余幅，是目前我国已发现的格萨尔石刻中存放数量最多的地方。

二是谱系完整。在每一处存放地的格萨尔石刻中，岭国人物的谱系基本都是完整的。其

215

中格萨尔喇空中的109幅石刻中，除去与《格萨尔王传》中有关联及和本地有联系的佛、菩萨、神和高僧大德外，岭国人物多达70余幅。所以，有《〈格萨尔王传〉岭国人物石刻谱系》之称。

三是每一幅石刻的刻绘都是根据石材的自然形状而设计的，达到了画面与石体的有机契合。

四是地域特色鲜明。第一是造型有鲜明的世俗性特点；第二是石刻技法和彩绘明显带有噶玛噶孜画派特点；第三是格萨尔石刻中，还刻有当地的山神，以及金龙寺和格萨尔石刻的创制者钦则益西多吉的石刻像等。

四川省甘孜藏族自治州丹巴莫斯卡格萨尔喇空的格萨尔王彩绘石刻

四川省甘孜藏族自治州丹巴莫斯卡格萨尔喇空的珠牡彩绘石刻

四川省甘孜藏族自治州石渠"松格嘛呢城"、"巴格嘛呢墙"格萨尔石刻

四川省甘孜藏族自治州石渠县是我国嘛呢堆最多的地区之一。在众多的嘛呢堆中，"松格嘛呢城"和"巴格嘛呢墙"最为著名，现为国家级文物保护单位。

"松格嘛呢城"位于距石渠县城东北90公里的恩德尔红山脚下，整个嘛呢堆宛若一座巨大的藏传佛教坛城造型，高度达20余米，长70余米，宽40余米，故有"松格嘛呢城"之称。据传，该嘛呢城始建于格萨尔王时期，其建造原因与岭国有密切的关系。及至公元16世纪，由普公寺高僧白玛仁青主持进行扩建，才形成现在的规模，整座嘛呢城全由石刻经石垒砌。四方墙体都留有若干龛窟，用以摆放佛、菩萨、神、高僧大德的石刻像。在该嘛呢城正面的多层龛窟中，摆放着格萨尔王及其三十员大将、王妃等的彩绘石刻。在嘛呢城顶部四周的龛窟中，摆放有格萨尔王的彩绘石刻。此外，在嘛呢城墙体上，也发现散存的本色格萨尔王的石刻像。该嘛呢城所存放的格萨尔石刻是目前已发现的格萨尔石刻遗址中，历史最为久远的最初的格萨尔石刻已有近500年的历史，也是格萨尔石刻数量较多的一处遗址。

"巴格嘛呢墙"位于石渠北的色须乡境内，该嘛呢堆以其长度而著称，其墙高度在2.5米至3米之间，厚度达3米左右，长度为1700米，是目前我国藏区长度最长的嘛呢堆。该嘛呢墙全由石刻经石垒砌，石经墙两面龛窟成排，其中摆放佛、菩萨、神、高僧大德的石刻像。在其龛窟中共摆放了4尊格萨尔王石刻像。另有一尊格萨尔王石刻像存放于墙头的经堂之中。据传该石刻为"巴格嘛呢墙"初建时所刻。该石经墙的建造时间为公元16—17世纪，由第一世巴格活佛桑彭措所建。由此说明，"巴格嘛呢墙"最早的格萨尔王距今已有400余年的历史。

◎格萨（斯）尔

四川省甘孜藏族自治州石渠县"松格嘛呢城"

四川省甘孜藏族自治州色达县泥朵乡格萨尔石刻墙全景

四川省甘孜藏族自治州石渠县"巴格嘛呢墙"

四川省甘孜藏族自治州色达格萨尔石刻

四川省甘孜藏族自治州色达县也是格萨尔石刻较多的地方。其中有一幅已有100多年历史的格萨尔王石刻像，现仍保存于色达县色尔坝乡雅格神山上的一个拉康中（该拉康属拉则寺）。其余两处格萨尔石刻均为"改革开放"后新刻。一处在色达县泥朵乡，那里砌筑有一个梯形石台，近200幅格萨尔石刻分级存放其上，场面颇为壮观。另一处在色达县城的格萨尔文化博物馆内的格萨尔石刻陈列室，里面存放有格萨尔王、珠牡以及三十员大将的石刻。两处石刻无论是造型、刻工、色彩均带有浓郁的色达石刻的风格。

由于色达格萨尔彩绘石刻的艺人传承谱系完整，石刻保存完好，制作工艺和特色鲜明，已被列为第二批国家级非物质文化遗产名录。

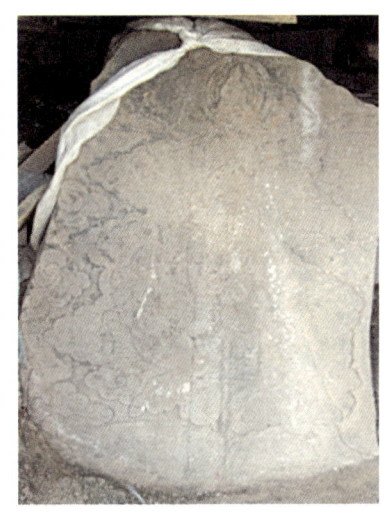

四川省甘孜藏族自治州色达县雅格寺珍藏的古老的格萨尔王骑征像石刻

四川省甘孜藏族自治州色达县格萨尔文化博物馆格萨尔王彩绘石刻

217

六、格萨尔面具

四川省甘孜藏族自治州德格县竹庆寺格萨尔面具

藏族的面具文化十分发达，历史也十分悠久，其载体主要为寺庙"羌姆"（神舞、乐舞）、藏戏、民间舞蹈、民间祭祀活动等。

据调查，格萨尔面具兴起较晚，大约为19世纪后期。最初是由德格竹庆寺第五世土登却吉多吉活佛创制。寺庙每年都要举行格萨尔王的祭祀活动，在祭祀活动中以羌姆跳演形式来纪念格萨尔王。"文化大革命"中，寺庙格萨尔祭祀活动停止，格萨尔面具被毁于一旦。1983年，寺庙恢复对格萨尔王祭祀活动，复制了近80具格萨尔面具。这些面具的质地为贴布脱胎面具，形象主要有岭·格萨尔王、岭国三十员大将、岭国的七位女士、十三威尔玛神等。在表演内容上，除了传统的祭祀表演外，还增加了《赛马登位》、《岭国三十员大将》、《岭国统帅格萨尔王》、《七大勇士、十三王妃》、《岭·格萨尔王、王妃珠牡和十三威尔玛神》等藏戏剧目。

德格格萨尔藏戏及其面具在藏区的传播范围较广，先后传至青海、甘肃、西藏昌都地区、那曲地区、四川藏区。尤其在德格地区，至今仍有14座寺庙，每年都要开展格萨尔祭祀和格萨尔藏戏的演出活动，所以格萨尔面具的制作十分普遍。

以德格竹庆寺为代表的格萨尔面具最突出的特点主要表现为两个方面。一是武士形象突出。在面具造型上，以怒像为主，静怒兼容，面相威严，头上戴头盔，头盔上插旌旗或胜利宝幢，更显神圣。二是寺庙"羌姆"面具特色较浓，因为格萨尔藏戏最初是在寺庙"羌姆"的基础上发展起来的，所以，无论在制作工艺上，还是在造型形象上都有较浓烈的寺庙"羌姆"面具的特色。

四川省甘孜藏族自治州德格县竹庆寺格萨尔贴布脱胎面具（格萨尔王）

四川省甘孜藏族自治州德格县竹庆寺格萨尔贴布脱胎面具（珠牡）

◎格萨（斯）尔

青海省果洛藏族自治州隆恩寺格萨尔面具

隆恩寺位于青海省果洛藏族自治州甘德县。隆恩寺有格萨尔大殿、晁同宫殿及纪念堂、玛域格萨尔文化中心等大型建筑群。该寺从层面上讲属于宁玛派，但从重大佛事活动看，格鲁派、宁玛派、噶举派萨迦派四大教派兼具。该寺特别崇尚格萨尔，寺内藏有数量颇多的格萨尔面具，属于格萨尔故事系列的面具约40幅。其中，最主要的15幅铜制鎏金格萨尔人物面具是该寺面具中的珍品。有格萨尔的母亲噶萨、王妃珠牡、大将丹玛、哥哥贾察协嘎尔、叔叔晁同，还有格萨尔作战时的面具、登基加冕时的面具等15幅。面具造像均采用佛像雕塑手法，技艺精湛，美轮美奂，在青海藏区寺院面具中独树一帜。其面具造型和制作工艺，都可称为青海面具艺术的珍品。

青海省果洛藏族自治州隆恩寺格萨尔面具

七、格萨尔木刻画版

四川省甘孜藏族自治州德格印经院格萨尔木刻画版

四川省甘孜藏族自治州德格印经院是我国藏区历史上的三大印经院之一。在该院保存的二十多万块古旧印版中，珍藏着300多幅木刻画版。其中有两幅《格萨尔王骑马征战像》木刻画版。其中一幅已经有上百年的历史，作者不详。版面尺寸高33厘米，宽20厘米，由于版面尺寸较之另一幅小，所以，习称为"格萨尔小像"。另一幅为近代作品，作者系德格八邦寺高僧、噶玛噶孜画派著名大画师通拉泽翁所绘。版面尺寸高80厘米，宽60厘米。由于版面尺寸较之另一幅要大，故习称之为"格萨尔大像"。

两幅木刻画版的构图大致相同，均为《格萨尔王骑马征战像》。格萨尔王身着铠甲，骑着战马位于版画的中心位置，右手挥舞着神鞭，左手持带矛旌旗，神情威严。在格萨尔王周围有十三威尔玛神护佑。在格萨尔王坐骑脚下，为放满18种宝物的莲座。两幅画版的区别在于，除了画幅尺寸大小外，在构图上只有细微处才能分辨，例如莲座、莲座上的宝物、十三威尔玛神等的细部画法。

四川省甘孜藏族自治州德格印经院藏
格萨尔木刻大画版

中国非物质文化遗产百科全书·史诗卷

四川省甘孜藏族自治州德格印经院格萨尔木刻大画版拓片

四川省甘孜藏族自治州德格印经院藏格萨尔木刻小画版

八、绘画艺人

著名格萨尔唐卡绘画大师拉孟及其主要作品

拉孟，1970年8月8日出生于四川省甘孜藏族自治州色达县年龙乡热萨玛村，其父乌扎是当地一位擅长藏传绘画和雕塑的民间艺人。拉孟从7岁起，便和他的哥哥一道，跟随父亲学习藏传绘画和雕塑。拉孟是一个极有天赋和勤奋好学的人，从15岁开始便才华初绽，独立绘制唐卡，制作面具和刻制石刻。22岁时，拉孟绘制了《格萨尔王与岭国七勇士》唐卡。23岁时，他创作绘制了《岭·格萨尔王》唐卡。该唐卡在前人的基础上，彰显了其自身绘画风格，人们对其独有的"拉孟风格"给予了极高的评价。这个风格便是以传统藏传绘画为基调，融入了现代美术技法，二者之间的结合十分融洽、和谐。由此，才华横溢的青年拉孟在四川、甘肃、青海等藏区扬名。2003年，四川省甘孜藏族自治州"格萨尔千幅唐卡"工程的绘制工作正式启动，拉孟被聘为总设计师，与其他设计师一道，负责全部唐卡样稿的设计。2005年，为庆祝色达县建县50周年，拉孟创绘了4幅（一套）《格萨尔画传》，这4幅唐卡的绘制独树一帜，采用横条形画幅绘制，以"英雄降生"、"赛马登位"、"降伏妖魔"、"祝福草原"为题，描绘了格萨尔王波澜壮阔的一生。这4幅唐卡，后被色达县以浮雕形式刻制于金马广场。2006年，拉孟为甘孜藏族自治州绘制了大型唐卡《格萨尔王与三十员大将聚会议事》。2007年10月，拉孟被评为国家级非物质文化遗产名录"噶玛噶举绘画技艺"省级代表性传承人。2008年，"格萨尔千幅唐卡"工程完成后，拉孟作为一位才思敏捷、技艺超群的民间画师，先后应邀绘制了《米拉日巴画传》的80幅插图，《热穷巴》的40幅唐卡。2009年，他又被聘为"莲花生千幅唐卡"的总设计师。

◎格萨（斯）尔

由于拉孟自幼生长于"格萨尔文化之乡"的色达，他对格萨尔文化有着至深的感情。2012年初，拉孟便萌动了绘制"百幅格萨尔唐卡"的念头。截至2013年8月，经过一年多的艰苦努力，"百幅格萨尔唐卡"的画稿已经基本完成，目前正在着色过程之中，预计全部绘制工作将于2014年内全面告竣。拉孟的"百幅格萨尔唐卡"，极富创新性，无论是画面场景、人物设计、总体构思都别具一格。"百幅格萨尔唐卡"中，含格萨尔王1幅，岭国89员大将各1幅，岭国著名女士1幅，根据居·米旁大师的格萨尔祈愿文创绘格萨尔王的神变相7幅，此外，还有史诗分部本《英雄诞生》、《赛马登位》各1幅。2013年初，应玛多县的邀请，拉孟在百忙中挤出时间，为该县绘制了60幅格萨尔石刻样稿。

拉孟正值不惑之年，凭借其横溢的才华，以及对《格萨尔》的深刻理解和丰富的知识积淀，其格萨尔绘画的创作道路定会越走越宽广。

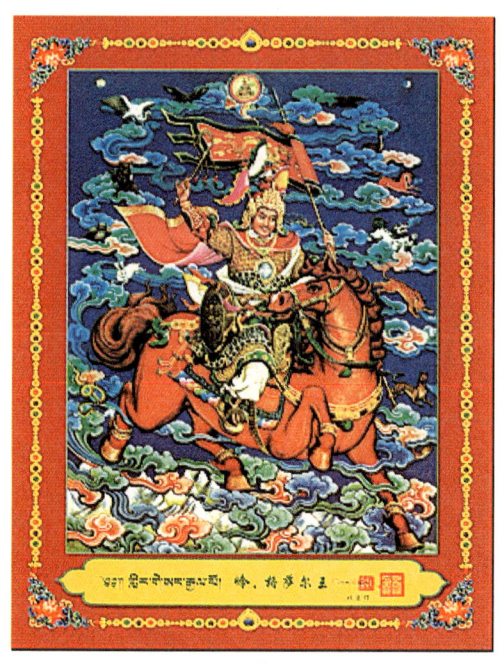

拉孟作品

拉孟画师所绘《格萨尔王传》横条唐卡之一，英雄降生

四龙降泽和他的格萨尔药泥面具

四龙降泽，四川省甘孜藏族自治州新龙县下扎俄拉西乡共同村人，生于1955年。他的家族中，自爷爷那辈起，就开始从事藏医、藏传绘画和泥塑的传统传承，四龙降泽从小就受到熏陶，特别是他的叔叔波洛仁孜，不仅医术精湛，尤其擅画唐卡和泥塑，对四龙降泽的影响很大。1976年，四龙降泽从康定师范学校美术专业毕业，在校期间，系统学习了美术专业知识和技能，为后来从事藏族面具的制作打下了坚实的基础。从康定师范学校毕业后，四龙降泽回到新龙县，先在拉日马乡蓝溪牛场小学教书六年，之后调到新龙县检查院从事检察工作。在工作之余，四龙降泽一直努力钻研藏族雕塑药泥的配方和药泥面具的制作。经过二十多年的摸索，四龙降泽不仅使藏族雕塑药泥的配方更臻完善，对药泥面具的制作技艺也更为熟练。2002年，四龙降泽开始创制格萨尔药泥面具。这一年，一共制作了格萨尔王及其7员勇将的小型面具，受到社会的广泛关注和好评。从2005年起开始创制格萨尔王及其王妃、30员大将共38具（一套）格萨尔药泥面具。并申报了藏族药泥面具省级非物质文化遗产。2010年，在甘孜藏族自治州建州60周年庆典之际，四龙降泽的格萨尔药泥面具系列一套（38具）在康定展出，之后又参加了第二、三届成都国际非物质文化遗产节的展出。2012年，获四川省非物质文化遗产"藏族药泥面具制作技艺"代表性传承人称号。2013年，四龙降泽新创制了格萨尔王、珠牡药泥面具，再次参加了第四届成都国际非物质文化遗产节的展出。格萨尔王和珠牡药泥面具在原来两次制作的基础上，形象造型有了很大的提高，艺术性更强；在药泥的芳香味道、功能上，也有较大的提升。四龙降泽的格萨尔药泥面具不仅为格萨尔图像艺术增添了新的色彩，同时，他个人也得到了"格萨尔药泥面具第一人"的美誉。

四龙降泽制作的大、中、小三种类型的格萨尔药泥面具

海民族出版社出版。其内容包括不同造型的格萨尔、格萨尔的护法、岭国的各色彩旗、幡幢、格萨尔的神器、已经圆寂的一些活佛上师、《格萨尔》艺人等，前后大概一百多幅。其绘画笔锋细腻，人物形象逼真，是一本值得收藏的画册。

画不完的《格萨尔》艺人——阿吾尕洛

阿吾尕洛出生于1945年，系青海省果洛州甘德县江千乡人，是藏传佛教宁玛派僧人。代表作品有《格萨尔呈祥风马旗》、《绿度母》、《阿尼玛沁山神》等。很不幸的是，2012年阿吾尕洛身染重疾，过早离世，可以说是《格萨尔》艺人界的一大损失。

阿吾尕洛画《格萨尔》唐卡的最大特点是，他不仅能复制或临摹前辈的作品，还能根据故事情节构思创作，绘制出自己独特的作品来。

阿吾尕洛擅长现场速绘，绘制的《格萨尔》人物场景和格萨尔风马旗，笔锋细腻，人物特点分明，很受寺院和人们的欢迎。他前后大概绘制了一千多幅《格萨尔》唐卡，许多作品被四川省甘孜藏族自治州、青海省的一些寺庙收藏，尤其是青海果洛几乎每个寺庙都有收藏。1991年，在西藏自治区召开的国际格萨尔研讨会上，阿吾尕洛绘制的《格萨尔》得到了国内外专家学者的高度评价，并荣获了"《格萨尔》唐卡艺术专家"的荣誉称号。同一年，在北京举行的《格萨尔》绘画展示会上，阿吾尕洛绘制的一幅《格萨尔》唐卡荣获了"艺术创新奖"。正因为有了这么多殊荣，阿吾尕洛也赢得了"画不完的《格萨尔》艺人"之美誉。阿吾尕洛根据多年累积的绘画经验，完成了一部名为《格萨尔文化》的画册，该画册于2011年4月由青

画不完的《格萨尔》艺人——阿吾尕洛

阿吾尕洛作品

绘制"吉尼斯之最"唐卡的美术大师——宗者拉杰

宗者拉杰，1951年12月出生于青海省循化县文都乡的一个普通藏族农民家庭。早年曾拜藏画艺术大师更藏为师，研修曼唐、钦孜、希岗、噶玛噶孜等藏传绘画流派的绘画技艺，还学习了国画、油画、水彩画等技法。由于勤学苦练，宗者拉杰的绘画技艺日臻娴熟，作品不断问世，

他的作品不但题材新颖，技法也有一派新风。

《中国藏族文化艺术彩绘大观》是由宗者拉杰牵头组织、策划的，内容包罗万象，博大精深。藏族英雄史诗《格萨尔》，是长卷的重要内容之一，有《天岭卜筮九藏》、《诞生花苑》、《赛马称王》、《地狱救妻》、《安定三界》等12画幅。这12幅唐卡风格统一，其内容几乎涵盖了史诗的大部分内容。每一幅画面的中心人物都是格萨尔（有一幅是他和王妃珠牡的画像），环绕周围的是史诗中的故事情节。画面中，不管是人物的表情还是动作，都描绘得惟妙惟肖，入木三分。当你站在画卷前，面对这一幅幅精美的格萨尔唐卡，你有这样一种感觉：你不是在看唐卡，而是在阅读史诗，看了还想看，读了还想读。

绘制"吉尼斯之最"唐卡的美术大师——宗者拉杰

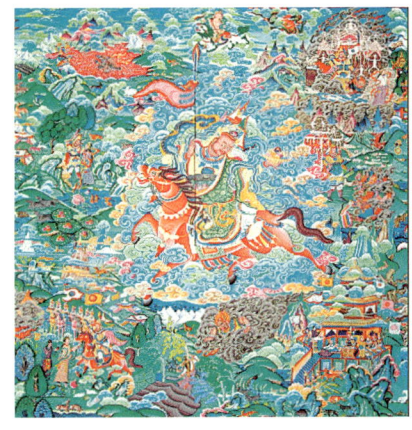

宗者拉杰绘制的《彩绘大观》中《格萨尔》唐卡之"北地降魔"

为"格萨尔千幅唐卡"点睛的泽仁巴登

泽仁巴登，四川德格噶玛噶孜画派的衣钵传人，曾在德格印经院担当经文印童。泽仁巴登从小就十分热爱唐卡的绘制，并一直努力学习绘画技艺，他很快就掌握了唐卡的基本画技，尤其擅长唐卡的"辛杰"，即点睛，是一名在"辛杰"画技上能够独步藏区的优秀画师。泽仁巴登早年一直游离在各大藏区从事唐卡绘画。2003年4月，泽仁巴登受聘参与了"格萨尔王传千幅唐卡"的绘制，担任设计师，专门负责唐卡绘制关键工序"点睛"工作。

"辛杰"画技的最大特点就是能够在细微之处展示人物的性格特征，从而让观者感受到画作本身所要传达出的最真实的意蕴。在绘制"格萨尔王传千幅唐卡"的浩大工程中，泽仁巴登发挥了重要作用。经过无数个通宵达旦的辛勤劳作，2006年4月25日，泽仁巴登终于完成了千幅唐卡的全部点睛工作。气势恢宏的"格萨尔王传千幅唐卡"最终以完整的形式展示在了世人的眼前。

专门为"格萨尔千幅唐卡"点睛的泽仁巴登参与绘制的《攻克扎日天国》第11幅

绘制《<格萨尔>精选本》插图的艺人东智才旦

东智才旦出生于青海省化隆县一个普通农民家庭,在他很小的时候便举家迁徙到黄南藏族自治州同仁县,在被誉为藏族"艺术之乡"的热贡地区生活。在绘制唐卡方面,东智才旦表现出特殊的天赋和性格。1996年,中国社会科学院民族文学研究所开始编纂出版40卷藏文《格萨尔》精选本插图,精选本每卷6幅,40卷共240幅。东智才旦有幸被吸收到这个项目之中,承担绘制插图的部分工作。在进行创作前,东智才旦首先对《格萨尔》这部古老的史诗的思想内容、艺术结构、人物形象、故事情节和社会历史等方面进行了较为全面而准确的理解和把握。东智才旦有很好的悟性,又勤奋好学,进步很大。他和他的同伴们一共绘制了100多幅《格萨尔》精选本插图。在此基础上,又绘制了格萨尔和30员大将的系列唐卡,构成了一套完整的《格萨尔》唐卡系列。与传统的藏传佛教唐卡相比,它们具有世俗化的特点,如果说传统的藏传佛教唐卡营造了一个巨大而神秘的神佛世界,那么,精选本插图则为我们描绘了一个美丽而多彩的人间世界。这是《格萨尔》精选本最大、也是重要的特点,而其中最优秀、最典型的代表则是东智才旦的作品。

绘制《〈格萨尔〉精选本》插图的艺人东智才旦

仁青嘉措绘制的格萨尔唐卡

仁青嘉措是青海省黄南州尖扎县的一位创新派的民间画师,也有人称他为新诞生的藏族古典主义画派代表人。他创作的格萨尔唐卡不同于传统的格萨尔唐卡。他新近创作的格萨尔唐卡,打破了传统的艳丽色彩,而是一种以类似于古希腊油画的色彩风格进行搭配,使人物形象看起来醒目、庄重。而且在画面布局上打破了以往的构图风格,突出中心人物,使之显得高大、伟岸。总体来看,他绘制的格萨尔唐卡,人物形象鲜明生动,构图大胆但不张扬,色彩庄重但不矫饰,格萨尔的英勇和善战跃然可见。2009年仁青嘉措的作品首次在青海省举办的第二届唐卡艺术节上展出,因为他大胆的创新,作品一经展出,就吸引不少《格萨尔》学爱好者驻足围观,并对其惊叹不已。

◎格萨（斯）尔

仁青嘉措绘制的格萨尔唐卡

《格萨尔》漫画（权迎升绘制，该图片下载自腾讯动漫网）

《格萨尔》漫画（权迎升绘制，该图片下载自腾讯动漫网）

九、其他

格萨尔漫画

漫画是现代美术中一种独特的艺术表现形式。21世纪初，将卷帙浩瀚的《格萨尔》纳入到漫画艺术视野的工作开始启动。

2004年，东方巨圣（北京）文化有限公司就已经开始研究策划《格萨尔》漫画项目。该项目根据降边嘉措和吴伟共同编撰的《格萨尔王传（汉文本）》改编创作，原计划创作10卷本，后经与专家反复磨合，最终定稿为5卷本。该漫画集由著名的《格萨尔》研究专家降边嘉措担任主编，由东方巨圣（北京）文化有限公司总经理金永彪担任策划，由漫画家权迎升绘制。最后定名为《格萨尔王》。这套全彩漫画集已于2011年1月由海豚出版社以中英两种文字出版。

该漫画巨作的出版，是格萨尔图像艺术漫画创作的一次成功尝试，是《格萨尔》传播史上的一件盛事，也将是我国动漫发展史上的一件盛事。

格萨尔连环画

连环画是现代美术的一种表现形式。英雄史诗《格萨尔》步入连环画艺术领域始于20世纪80年代初。1980年，中国戏剧出版社就出版了一套《格萨尔》连环画。之后，四川民族出版组织一批藏、汉画家，先后出版了由仁真朗加绘制的《攻克玉城》，梅定开绘制的《仙界遣使》、《北地降魔》，由尼玛泽仁绘制的《英

225

雄降生》、《赛马称王》、《取阿里金窟》和其他画家绘制的《霍岭大战》（上、中、下）、《真假公主》等系列的《格萨尔》连环画。此外，还出版了根据史诗内容集体改编绘制的《格萨尔王的故事》连环画。

2001年12月，由青海省格萨尔研究所角巴东主编撰的《格萨尔王传·北地降魔》连环画，由青海民族出版社出版；2003年4月，由角巴东主和索南多吉合作编撰的《格萨尔王传·霍岭大战》（上、下册）连环画，由青海民族出版社出版。

1989年，尼玛泽仁曾应中国民族出版社之约，历时一年，完成《格萨尔王传·霍岭大战》的全部画稿，后因多方面的原因一直未出版，直至2008年1月，才由远方出版社正式出版。

格萨尔连环画《北地降魔》（藏文版）封面

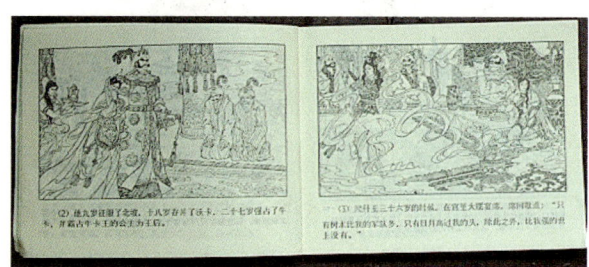

格萨尔连环画《攻克玉城》内页之一

《格萨尔》传统文本插图

在藏族的经典中，无论是手抄本还是印刷本，都有绘制插图的传统。在一些《格萨尔》的分部本中，也吸纳了这种传统。其插图成为格萨尔传统图像艺术的一个组成部分。但文本插图由于历史的原因，人们对它的关注较少，还鲜为人知。

目前，对《格萨尔》文本插图的了解，大致可以从以下材料来证实。

1. 在色达县民间，还珍藏有一部《降服北妖》的手抄本，这部手抄本的扉页正中，就绘制了一幅格萨尔王骑马征战像的彩图，全图尺寸很小，仅为5厘米的正方形。

2. 葛艾的文章《格萨尔造型艺术在甘、阿》介绍，1985年，阿坝藏族羌族自治州格萨尔工作组找到10幅格萨尔王及其岭国将领的传统文本插图。这10幅插图产生于百年之前，分别画于两页传统经版纸上，每页上绘有5位人物。在"文化大革命"中，为了复制保存，聘请民间画师依照原样放大绘制于32开道林纸上。其10幅插图所绘制的人物是：格萨尔王（图中名为桑钦·诺布占堆）、贾察协嘎尔、觉阿华赛达瓦、晁同、吉本、察香·丹玛、僧达·阿东、阿努·华桑、刀登、仁庆·达尔鲁。

3. 由匈牙利学者凯特·U·科尔米、格察·乌瑞著，那哈斯巴特尔翻译的《论〈格萨尔〉插图》一文，介绍了阿尔敏·施瓦宁尔收藏的4幅传统条形彩色格萨尔插图。这4幅插图分别于1969年在美国纽约、华盛顿和西雅图展出，后又于1977年在巴黎和慕尼黑展出。1972年，克里丝蒂纳·布兰色·奥尔沙克夫人在其《古西藏的音乐和艺术》中又以彩印出版。据文中介绍，除第4幅插图的人物辨认困难外，第1幅至第3幅的人物均可辨认。第1幅插图中的人物有达本、森达、丹玛、绒察、贾查、唐则；第2幅为邻国将领丹玛与霍尔国白帐王的儿子尺宗进行决斗的场景；第3幅为尺宗手持三角旗装饰的长矛跃马飞奔，直取丹玛，丹玛挥剑斩断对手长矛的情景。由此大致可知，该4幅长形插图，当为史诗中的《霍岭大战》分部本的插图。

◎格萨(斯)尔

《格萨尔》传统文本插图之一

藏族传统书式《格萨尔》连环画插图

现代《格萨尔》出版物的文本插图

自20世纪50年代以来，特别是改革开放以来，在国内先后出版过许多经过整理的藏、汉文《格萨尔》分部本，这些分部本均按现代图书样式印刷出版。在这些现代图书样式的出版物中，也配画了许多插图。但这些插图有一个共同的特点，便是跳出了传统藏传绘画的圈子，在忠实于文本内容的基础上，以现代绘画的手法，创造性地进行了构思和设计，代表了格萨尔图像艺术新的时代潮流。

其中代表性的版本有：

1. 由阿图、徐国琼、解世毅翻译整理，中国民间文艺出版社出版的《格萨尔·加岭传奇》中有6幅彩色插图；

2. 由王沂暖、唐景福译，甘肃人民出版社出版的《格萨尔王传·赛马七宝之部》中有4幅彩色插图；

3. 由王沂暖、何天慧译，甘肃人民出版社出版的《格萨尔王传·花岭诞生之部》中有4幅彩色插图；

4. 由阿图整理，中国民间文艺出版社出版的《格萨尔王传·汉岭传奇》（藏文版）中有4幅彩色插图。

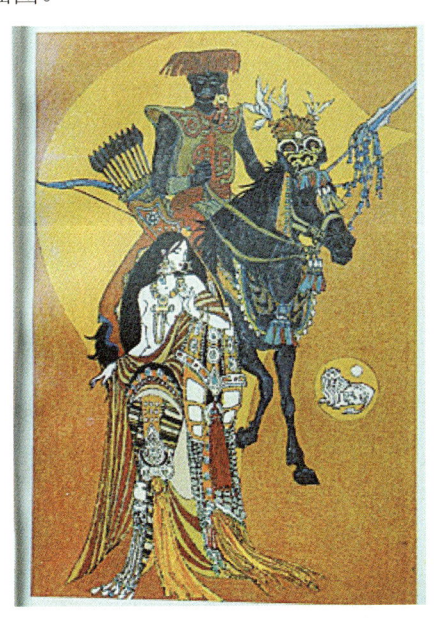

《格萨尔》现代文本《赛马七宝之部》插图

《格萨尔》现代文本《花岭诞生之部》插图

十、格萨尔图像艺术的相关著作

《格萨尔唐卡研究》

《格萨尔唐卡研究》是由四川大学博物馆、四川博物院科研规划与研发创新中心编著，中华书局于2012年3月出版的研究格萨尔唐卡的力作。该著作由引论、《格萨尔画传》主要人物简介、格萨尔唐卡图像解读、研究论文、附录四部分组成，其中格萨尔图像解读是全书的重中之重。该著作图文兼备，以图为主，以文解读，主要研究对象为四川省博物院藏《格萨尔画传》11幅唐卡。该著作对每幅唐卡所展现的画面进行了合理分解，对分解的局部画面，一方面按照画面上的藏文题记，进行藏汉对译，同时还对画面的内容进行了归纳。另一方面对画面中的重要人物身份也按照《格萨尔》文本作了交待。其目的，就是在忠实于该唐卡的艺术表达的基础上，进行细致、认真、准确的解读，让更多的人了解这套稀世珍品的基本面貌和深刻内涵。

《格萨尔唐卡研究》

为了让人们从更大范围内了解《格萨尔画传》的背景，该著作还对法国吉美博物馆珍藏的两幅《格萨尔画传》唐卡进行了比较。同时收录了3位外国学者所撰写的相关论文，一是阿米·海勒的《〈格萨尔画传〉系列唐卡的历史与艺术史背景》，二是杰夫·瓦特的《藏族文化英雄——岭·格萨尔艺术图像的基本调查》，三是石泰安的《格萨尔画传》。上述专题研究不仅为该著作增力不少，更重要的是帮助人们从他山之石中获得对《格萨尔画传》更深刻的理解。

《藏族英雄史诗〈格萨尔〉唐卡》

该著作由我国著名的"格学"专家降边嘉措和周爱民博士编著，中国画报出版社于2003年12月出版。是一部以图为主、图文并茂的格萨尔唐卡研究专著。全书由前言、《格萨尔》画传、唐卡艺术、仲唐的新发展等部分组成。其中《格萨尔》画传是该著作的主体部分。该部分唐卡从藏文《格萨尔》精选本中的240幅插图中，精选了与14部《格萨尔》中较有代表性的分部本故事相关的唐卡，并根据唐卡画，结合各分部本的内容作了简练的解读。其14部分部本分别是《英雄诞生》、《赛马登位》、《魔岭大战》、《霍岭大战·霍尔入侵》、《霍岭大战·降服霍尔》、《姜岭大战》、《门岭大战》、《大食财宝宗》、《阿扎玛瑙宗》、《契日珊瑚宗》、《卡契松尔石宗》、《扎日药物宗》、《托岭之战》、《地狱大圆满》。此外，还从中分解出了《格萨尔》中一些代表性的神祇及人物，并对对应图片作了文字说明。其主要神祇有大梵天王、朗曼杰姆、念青唐拉山神、阿尼玛沁神山神、战神威尔玛，主要人物为格萨尔王、绒查叉根、贾察协嘎尔、丹玛、晁同、辛巴梅乳孜、珠牡、阿达拉姆。在唐卡艺术部分，分别对佛教唐卡、医药唐卡、历算唐卡和格萨尔唐卡进行了分述和图像展示，特别是对格萨尔唐卡部分作了重点分述，四川省博物院藏《格萨尔画传》的11幅唐卡，以及四川、青海等省区的4幅传统唐卡均有收录。在仲唐的新发展部分，该书重点介绍了西藏社科院《格萨尔》唐卡工程的新绘21幅唐卡，此外也收录了青海、西藏、四川等省区一些民间画师和画家的相关新作。

《藏族英雄史诗〈格萨尔〉唐卡》是我国首部专题研究格萨尔唐卡的专著，展现出了我国藏区格萨尔唐卡艺术的基本面貌。

2013年，《藏族英雄史诗〈格萨尔〉唐卡》，又再次出版。

《藏族英雄史诗〈格萨尔〉唐卡》

《西藏格萨尔图像艺术欣赏》

《西藏格萨尔图像艺术欣赏》（上、下）由杨嘉铭、杨环、杨艺编著，台湾山月文化有限公司于2008年2月出版。全书共分前言、《格萨尔》史诗要览、格萨尔文化解析、格萨尔图像艺术扫描、格萨尔图像艺术的基本类型及造型特点五个部分，其中格萨尔图像艺术扫描、格萨尔图像艺术的基本类型及造型特点是全书的重点。

该书的突出特点是：1.作者在长达十余年的田野调查的基础上，结合相关文献资料，对我国藏区格萨尔图像艺术进行了梳理。其一是对我国藏区已有的与格萨尔图像艺术相关的研究成果的整理；其二是对近30年来我国藏区新出现的代表性图像作品的扫描。2.首次对我国藏区的格萨尔图像艺术按照艺术学的分类，结合藏区格萨尔图像的传统类型进行了分类，将基本类型归纳为：格萨尔壁画、格萨尔唐卡、格萨尔木刻版画、格萨尔面具、格萨尔石刻、格萨尔雕塑、格萨尔文本插图、格萨尔其他图像八种类型。3.全书共选用了近200幅图片，其中有相当数量的图片均为作者实地考察所拍摄，首次登载发表。

该书被学界公认为是我国格萨尔图像艺术的开拓性的综合研究的一项成果。

《西藏格萨尔图像艺术欣赏》

《琉璃刻卷——丹巴莫斯卡〈格萨尔王传〉岭国人物石刻谱系》

《琉璃刻卷——丹巴莫斯卡＜格萨尔王传＞岭国人物石刻谱系》由西南民族大学罗布江村、赵心愚、杨嘉铭三位教授合作编写，四川民族出版社2003年5月出版。

该书是作者两次进入丹巴莫斯卡，在对那里存放的格萨尔石刻进行田野考察的基础上，以调查报告形式形成的专著。其主要特点是：1.图文并茂，以图为主，真正凸显了丹巴莫斯卡格萨尔石刻的全貌。文字部分较为简略，除对我国藏区的石刻文化和丹巴县的历史文化、格萨尔文化作了铺垫性的简述外，重点对丹巴莫斯卡所遗存的格萨尔石刻进行了较为详细的介绍，包括莫斯卡的自然与人文生态环境、莫斯卡《格萨尔王传》岭国人物石刻谱系的基本分布与数量、莫斯卡《格萨尔王传》岭国人物石刻谱系产生和发展的背景、莫斯卡《格萨尔王传》岭国人物石刻谱系的基本特点。根据以上文字表述，全书共选载了230余幅图片，对莫斯卡所遗存的各个时期的六处格萨尔石刻进行了全面直观的展示。2.莫斯卡格萨尔石刻尚属我国首次发现，所以，该书的文图均为首次发表，填补了我国格萨尔石刻图像艺术研究的空白。

《琉璃刻卷——丹巴莫斯卡〈格萨尔王传〉岭国人物石刻谱系》

第十三部分 《格萨尔》史诗音乐

一、《格萨尔》史诗音乐

史诗音乐，是一种颂唱形式，有很强的节奏感和感染力，气势宏大，听者能够受到很大的鼓舞，让人热血沸腾，激情澎湃。藏族《格萨尔》英雄史诗音乐有单曲体和多曲体两种类型。单曲体的特点是整篇史诗只用一支曲调；多曲体是指根据故事情节的需要，使用不同的曲调，表现不同人物形象，此类史诗往往用乐器伴奏，除了说唱之外，表演艺人还创作出一些器乐化短小曲调，夹杂于史诗说唱当中，制造和渲染气氛。

从《格萨尔》文学唱词和说唱韵律、节奏规律和结构格式中，不难看出它们吸收和借鉴了许多具有浓厚地域特色的藏族地区和牧区的山歌、牧歌的内容和形式。两者不仅语调风格完全相同，而且每句唱词的头尾两处各有一节拍的单词，中间有三个每节拍双字的节奏规律，同时它们又都是八字一句，四句一首的结构格式，说明音乐与史诗的渊源关系。同时，呈现出史诗说唱独有的口头文学的叙事性、口传性和极强的韵律特征。

史诗音乐的韵律性可从两方面分析，一是史诗中纯语言学的分析与研究，即格萨尔史诗中诗歌内在规律性的"韵律"。这种韵律，指的是在诗歌内部构架中存在的一种"语法"——语义上的反复。如诗歌语气、语调等因素和诗歌反复吟诵等特点，这些因素标志着诗歌的结构。格萨尔史诗依据藏民族的语言特征，诗歌分行、分段，有四字句或五字句等构成韵律性。格萨尔史诗是口耳相传的说唱表演，由史诗说唱者进行史诗说唱表演，或者说是史诗说唱的戏剧表演，这种通过口头艺术表演过程中的声音、语气等变化而展现出的表演特性，展示了格萨尔史诗韵律的诗性美。因此，可以说，特殊的表演语境，决定了其史诗口头传统中的语法和诗学特性。

另一方面，史诗音乐的韵律性，是指史诗说唱音乐中的"节拍"，也就是由节奏、调式、旋律所构成的规律性的韵律特征。如格萨尔史诗中的道歌调，它形成了一种特殊的魅力，使其道歌既具有民间古老的韵律特征，又具诗歌格律特征。

二、史诗音乐唱腔

《格萨尔》史诗说唱中的声乐部分，即唱出来的曲调。《格萨尔》史诗音乐唱腔融合于藏族音乐风格中，唱腔极其丰富，川、青、藏区的史诗唱腔曲调目前统计为180余种。这些唱腔曲调的基本特征是旋律简洁、淳朴，具有吟诵性质的宣叙特征。这些唱腔的词曲结合大多为一字对一音，音域并不宽，常在一个八度之内，旋律走向通常为级进或者同音反复，这种旋律特征便于《格萨尔》艺人的记忆与演唱。史诗说唱中人物形象的刻画主要依靠唱段部分表现，即唱腔的演唱。《格萨尔》史诗音乐唱腔可分为抒情性唱腔、叙事性唱腔与戏剧性唱腔。这三类唱腔的交替运用，丰富了《格萨尔》史诗的音乐唱腔，更加完美地塑造了史诗人物形象。许多《格萨尔》演唱艺人之所以能深受藏区民众的爱戴，主要得益于其脍炙人口和丰富多变的唱腔。

1.抒情性唱腔是一种比较明快、活泼的曲调，特点是字少声多，旋律性强，长于抒情、状物，抒发内在的感情，其中"圣洁祈祷曲"、"金刚道情曲"即属于此种类型。

2.叙事性唱腔的特点为字多声少，朗诵性强，多为叙事、说理、舒缓、深沉的曲调，适合表现犹豫、哀伤的情绪，多用于悲剧型的剧情中，如"忏悔罪孽曲"、"永恒生命曲"等。

3.戏剧性唱腔多为节拍自由的散板，节奏的伸缩有极大的灵活性，因而长于表现激昂强烈或悲痛万分的感情，如"英雄长啸曲"、"果断歼敌短调"等。

三、史诗音乐类型

史诗音乐中的许多歌曲名称因人而异，因事而异，纷繁多样，用场不同。在史诗中将其分为两大类，歌谣体曲调和曲牌体曲调。在史诗说唱中，常常也将这两种类型的歌唱形式结合起来演唱，运用灵活，不同的曲调也塑造了不同的人物形象。

1.歌谣体曲调主要提示歌唱内容、歌曲性质，如直接表明歌唱情绪的"乐歌"、"苦歌"、"恶歌"等；或由人、神、兽、魔及史诗中出现的各种形象所唱的歌，诸如"嘉洛部的指挥官珠牡的弟弟嘉洛伍雅周吉与姜军白干图鲁对峙时，伍雅周吉唱的一支呼唤箭神的歌"；以及这些形象以直观或抽象的音乐唱腔来表现的，体现战争、仪式、心理活动、劝谏处世、议事等方面的歌唱曲目，如战争类歌曲"禀报军情歌"、"决策歌"、"行令歌"、"调兵曲"等；劝谏处世类歌曲"临别赠言歌"、"道歌"、"授记之歌"等；仪式类歌曲"祈愿歌"、"卜卦签语歌"、"祭祀歌"和"挽歌"等；心理活动类歌曲"忏悔罪孽曲"、"试探曲"、"安慰自心曲"等；议事类歌曲"河水漫流曲"、"梵音畅通曲"等。旋律明快流利，从而形成了庞大的歌名系统。这些歌名又可以用固定的曲牌唱腔演唱，这种情形在史诗中经常出现，即多种唱腔曲调用固定的曲牌演唱。"九曼六变曲"是王妃珠牡的固定曲牌唱腔，她多次运用此固定曲牌演唱不同的唱腔曲调，如"王妃珠牡将'战神九兵器颂歌'曲调以'九曼六变调'唱道……"等。

2.另一类主要体现音乐特征，多数用固定的曲牌，即曲的调子的名称，为曲牌体曲调，如"幸福要唱享受茶酒欢乐曲，痛苦要唱安慰心灵、呼唤神祇曲，高兴唱支茶酒助兴曲"；格萨尔王"威震大会曲"、珠牡"车前婉转曲"、丹玛"塔拉六变曲"、贾察"悠缓长韵调"等。

四、史诗唱腔衬词

史诗中，很多的唱腔曲调都有衬词。在其唱段的歌词中，除直接表现歌曲思想内容的正词外，为完整表现歌曲而穿插的一些由语气词、形声词、谐音词或称谓构成的衬托性词句。衬词大都与正词没有直接关联，不属正词基本句式之内，甚至很多还是无意可解的词句。但一经和正词配曲歌唱，成为一首完整的唱段时，衬词就表现出鲜明的情感，成为史诗唱段部分不可分割的有机组成部分。衬词的运用，不但可以突出唱段的风格和特色，同时对渲染说唱气氛，活跃歌者与听众情绪，加强歌唱语气、烘托旋律等方面，都起着十分重要的作用。在史诗唱段中，如果把这些衬托性的词句去掉，不仅会大大减弱曲调的音乐表现力，使说唱顿失光彩，而且会破坏史诗说唱结构的完整性，使其面目全非，甚至根本无法演唱。这些衬词有的是在每首歌曲开头必唱的，有的则是出现在句中或是末尾。有的衬词没有实际意义，而有些衬词有出处，含有专门用意。比较常见的是："阿拉拉姆阿拉热，塔拉拉姆塔拉热"，"啊噜啦莫拉拉热啊噜，乃是歌曲老唱法，啦莫乃是摄词老方法"；"哎哎咯咯咯咯嗦嗦嗦""咯咯咯，嗦嗦嗦咯咯之声是在呼唤神，嗦嗦之声是在敦请神，请神来做英雄好后盾"，是请神时表示威猛的一种呼喊声；"噜啊啦啦噜嗒啦啦，嗒啦嗒啦嗒啦啦"、"噜啊啦啦噜嗒啦啦，嗒啦嗒啦嗒啦啦"。如不连唱三声啊啦啦，只是空唱声调难婉转。若是不来连唱三嗒啦，心中要唱的词儿无法填，以此说明衬词的不可或缺。"噜啊啦莫噜啊啦，噜啊啦莫是唱法。曲头婉转悠扬最好听，曲尾押韵合辙音最佳"。在史诗歌唱中还有一种运用衬词引曲的特点，从而形成人物专有的曲名或标志。《霍岭大战》中

有一段描写："威名远扬的白帐王，唱的是傲慢威严曲。君王的曲子不雷同，霍尔古仰曲子用'吐'引，魔王鲁赞用'哦'引，岭格萨尔曲子用'噫'引。"这些衬词在某种意义上代表人物特征，增强了音乐色彩。

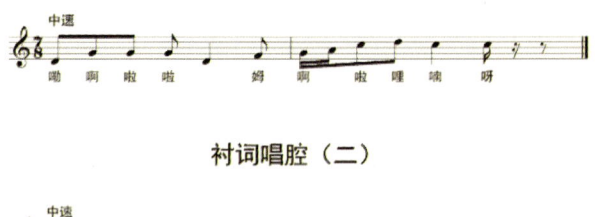

衬词唱腔（一）

衬词唱腔（二）

五、史诗说唱形式

史诗说唱在传承过程中，综合吸收了大量藏族民间音乐中丰富的艺术形式，诸如朴素的"折尕尔"（说唱）、活泼的"则柔"（表演唱）、高亢悠远的"勒"（山歌）、多情婉转的"拉伊"（情歌）、故事调、嘛呢调等，形成了不同的艺术表现形式。有只说不唱的说书形式，有边说边唱的说唱形式，有边拉"牛角琴"边唱的弹唱形式，还有载歌载舞的歌舞形式以及藏戏编排的戏剧形式等，其中以说唱形式最为普遍。歌唱形式表现为一人唱、二人唱与众人演唱的方式。

所有的说唱体裁一般都承袭藏族诗歌最为古老的散韵结合的鲁体形式，史诗中晁同有段唱词说明鲁体诗歌的运用形式："噜嗒啦啦是歌的唱法，表达心意时候用此法。鲁体诗歌常用六音节，人们歌唱习惯用此法。"每首说唱基本上是由四部分组合而成：一是在诵念嘛呢后，以固定衬词唱腔的某一曲调起头，此曲调大都作为衬句出现，再以祈祷词来祈请自己信仰的神灵；二是向对方介绍自己的身世、来历、地名、人名和所唱的歌名；三是说唱的核心部分，是唇枪舌剑的精彩片段，此段说唱运用许

多谚语、格言来交代任务，夸耀自己，嘲讽对方；四是在所有的说唱结束时都会唱的结束语，"听懂我歌赶快去行动，如未听懂我不再重提"。

六、史诗唱词

史诗唱词采用散韵结合的表现手法，汇集藏族古语、口语、谚语、方言、通用语等。在演唱过程中，以唱词为主，运用史诗特定曲调呈现场景和演绎不同情感表现，特别是通过唱词表现人物的心理个性；散文叙述部分相应短小且颂唱频繁，只是按照单一音调演唱，成为联结各主题唱段的承接部。

史诗《格萨尔》中众多的人物唱词必须遵守一个约定——在唱正文前一定要颂赞主人公所信仰的神灵，让这些神灵来加持、护佑，因而形成了一种固定模式的祈祷唱词。史诗中有很多篇幅是关于"马赞"、"箭赞"、"帽子赞"、"山赞"等的歌吟对唱，这些赞词成为史诗中最为重要的艺术表现形式。《格萨尔王传·察瓦箭宗》中有段描写马的赞词："奔巴·贾察有威名，坐骑名曰'白旋风'。羌塘草原将它生，这样的马有一匹就算行，做娘的要是生孩子，这样的孩子有一个就算行。"

七、史诗人物曲牌

川、青、藏区的史诗唱腔曲调目前统计为180余种，其中史诗中出现的主要人物或同类人物均有一个或几个专有固定的曲牌。有的是专门的曲牌有专门的曲调，不可随意变换，如格萨尔的唱腔"威震大会曲"、"雄狮六变曲"，珠牡的"九狮六变曲"、"鲜花争艳曲"、"车前婉转曲"等；有的是一个曲牌有数个曲调，由不同的人物演唱，如六变调等。

八、史诗曲式结构与节奏节拍

史诗说唱音乐中的曲式结构有一句式、上下句式、三句式和四句式，其中较为常见的是上下句式和起承转合的四句式单段体结构形式。唱词格律以七字句为主，个别也出现八字句、九字句的音节格式。

史诗说唱节奏较快，一字对一音，唱腔中也有一字对多音的现象，三连音、附点音符的运用较为频繁。这是根据说唱时艺人在原有节奏型上添加的字词而加以变化的。同样一首唱腔，由于所在地艺人的演唱风格及其地域的音乐个性，使得唱腔旋律千姿百态，曲调大相径庭。节拍强弱不明显，但是各种节拍均会出现，而且往往是交错在一首唱腔中，既有单拍子又有复拍子。这种形式非常普遍，节奏节拍的不稳定性，也是说唱音乐口头传承的一大特征。

九、史诗特有的唱腔曲调

塔啦调

藏族《格萨尔》说唱曲调的音乐类型主要分为人物通用调，人物专用套曲等。其中"专用调"不但有人物于各部、各战事情节中贯穿运用的人物曲调。而且只限在专门的部和战事中由专门的人物为对付专门的对象而运用的固定曲调。岭国和其他邦国的将领都有各自专用曲名。大多曲调之前都有阿啦塔啦调。《霍岭大战》中说，六调曲有六塔啦、东升的旭日塔啦啦、南方白云塔啦、西方的阴影塔啦、北方的寒风塔啦啦、上师讲经塔啦啦、好首领忠言塔啦啦。还有三调吐鲁歌、高山阴雨吐鲁鲁、低海蒸气吐鲁鲁、小人恶言吐鲁鲁、还有六调歌、天空六星闪烁、由地丰收六熟、佛法六字真言、藏人六大种姓、大千六度轮回。格萨尔的曲名有威镇大众歌、木棍紫曲、如意任运歌、禅定小花曲、白颜六调歌、青青六变歌、休闲长调、寿歌永恒调、箭调凉歌、坐立马背歌、悠悠长歌、勇猛短歌、吉祥法歌等。

六变调

史诗唱腔音乐中，六变调是一种特殊的曲调，即在说唱过程中随着人物内心变化和所遇环境变化而在主要曲调上加以新的演唱形式，曲调多变。有的表现为转调形式；有的是加一些变化音、装饰音；有的变化则是在速度和节奏上。在史诗刻画的所有人物中，只有少数几个人拥有六变调的唱腔，如格萨尔雄狮六变歌、贾察大将洁白六变歌、勇将丹玛塔啦六变歌、热沙嫂水晶六变歌、礼穷云雀六变歌、王妃珠牡九曼六变调。它们是在史诗《雪山水晶宗》中珠牡的一段唱腔中表现出来的。"在我圣洁的岭国，仅六人配唱六变调，圣王唱雄狮六变调，贾察唱善业六变调，丹玛唱塔拉六变调，旦萨唱水晶六变调，妮琼唱云雀六变调，珠牡我唱九曼六变调。"因此，六变调成为身份地位的象征。

嘛呢调

在句首出现的祈祷词，有时为苯教密语，俗称"七字密咒"；还有岭方信奉的"六字真言"，称为"嘛呢调"。嘛呢调旋律优美动听，以级进与同音反复、延长音为特征，多反复演唱，表现意蕴悠长的场景与悲剧情境。

佛教唱腔曲调

在史诗唱腔中有些曲调的牌名是沿用了佛教中的唱名曲牌，如"金刚道情曲"，此曲旋律豪迈、雄壮，进行曲速度。《姜岭大战》中，格萨尔大王把用计谋降服劲敌及捣毁姜地神物白螺马等情况对岭国众英雄用"金刚道情曲"的曲调唱道："岭国众英雄快来听，快来听我大王唱一曲。这是一首豪迈的英雄曲，今日愉快我才唱此曲。"还有"天竺法歌长调"；在《达岭之战》中，小将米琼有段唱词："金刚古尔鲁国王的曲、世间深明首法活佛之曲、大哞九声咒师的曲、八种瑞物僧人的曲"等多种佛教曲牌体曲调。

十、史诗人物唱腔曲调

格萨尔的唱腔曲调

格萨尔是史诗中的核心人物，作为众英雄的首领，他勇敢、顽强又富于智谋，他一生的使命就是降妖除魔，弘扬佛法，拯救众生，在史诗中唯有他可以使用所有唱腔曲牌，但是专属于他的曲调别人是不可以诵唱的，因此他的所属专曲也是与众不同的，以此烘托出格萨尔独一无二的重要性。其主要曲调有永恒生命曲、云集响应曲、雄狮六变曲、大小抖擞曲、飞矢传书曲、喜语妙音曲、五圣六态曲、圣音七六曲、圣洁祈祷曲等等。

岭国军队在出征之前必定要有誓师大会，这也是格萨尔对所有将士的激励、对战争部署的一个重要环节。许多格萨尔专有曲牌都是在这时运用的，诸如"雄狮六变调"、"大众镇威调"、"英雄怒吼调"等。这些唱腔曲调勇武恢宏，旋律高亢嘹亮，表现出英雄主义的气概。另外一个运用专有曲牌的场景就是部落中有重大集会共同议事和宣布号令时，如"呼神长调"、"威慑会场调"、"无阻金刚曲"等。

"威慑会场调"是常常在进行盛大集会时格萨尔王必唱的一首曲调，尤其是在欢庆胜利的大会上，"谨向救主佛法僧三宝作顶礼，谨向静猛兼备本尊作顶礼，谨向法身、化身、报身做祈祷，谨向诸神一齐前来赐加持。"曲中的句首唱词可以看出格萨尔的信仰神灵。

为了表现格萨尔除魔的所向披靡，在征服四大魔王和攻取十八大宗时史诗中也运用不同的唱腔曲调来歌颂他的战绩。如《降服妖魔》中用"英雄缓慢长音"对抗魔怪鲁赞，以表现出他面对鲁赞王时的镇静和笃定；《霍岭大战》中在攻打霍尔国白帐王时运用了"食肉吮血调"，此曲调抑扬顿挫、音乐表现上多出现顿音、休止，深刻地揭示格萨尔对白帐王劫掠王妃珠牡的切齿痛恨；《姜岭大战》中运用"杜鹃远鸣调"对阵姜地萨旦王；《门岭大战》中对降服门国香迟王的"猛虎闪电猛曲"、"六变神音曲"，表现出势如破竹、横扫千军的气势。

在格萨尔未称王之前的觉如时期，用许多诙谐轻快的曲调来表现他童年的乐趣，如"旱獭嘲笑调"、"画眉嬉戏调"、"掷石晓意曲"等。

格萨尔"车桑下沙叉通"曲

格萨尔"腊昂登周"曲

格萨尔——"曲吾大巴"曲

格萨尔"耶冒朱久"曲

格萨尔唱腔

珠牡的唱腔曲调

嘉洛·森姜珠牡，她本是白度母的化身，心地善良，外貌秀美，是岭国最漂亮的七姊妹之首，史诗中称其"光明的太阳比起她来还嫌黯淡，洁白的月亮比起她来还嫌无光，艳丽的莲花被她夺去了光彩，死神见了她也将唯命是从"。因此珠牡的唱腔曲调如同其人一样，婉折动听，细腻深情。她熟悉酿酒，一首"酒赞"把酿酒的制作说得周周详详；她精于养马，一首"马赞"，将马的优劣分析得头头是道。她的曲调有"九曼六变曲"、"鲜花争艳曲"、"车前婉转曲"、"永恒生命曲"等。

《加岭传奇》中有段唱腔中讲述珠牡所唱曲调有一百零八调——"我唱的曲儿有一百零八调，我唱的曲儿多得难计数，我快乐时唱欢娱嬉戏曲，我悲伤时唱忧郁痛苦曲；若不认识这是什么曲，这是阿珠的九曼六变曲。平时此曲我不唱，紧要时才对大王唱此曲。"从此唱腔中可以确定"九曼六变曲"有一百零八个调。在青海人民出版社1984年出版的《霍岭大战》中，珠牡的唱段解释了"九曼六变曲"的含义——"三夏时我唱鲜花清露曲，三冬时我唱旋风抒情曲，三春时我唱车前婉转曲，三秋时我唱六谷成熟曲，一生常唱九曼六变曲，九曼取自虚空甘雨音，六变取自苍龙吟啸声"。《取雪山水晶国》中珠牡运用深情委婉的"九曼六变曲"唱腔曲调为格萨尔大王唱起饯行的敬酒祝福歌，"我手捧这碗饯行酒，是成就大业寿缘酒，是祈祷平安祝福酒。王喝下这碗饯行酒，出口成章盖世聪明；王喝下这碗饯行酒，运筹帷幄决策如神；王喝下这碗饯行酒，驰骋千里马到成功；王喝下这碗饯行酒，吉祥相随如意称心；王喝下这碗饯行酒，早早凯旋欢聚国门"。

《姜岭大战》中珠牡告诫姜萨，希望姜岭讲和，"在这清静紫色姜域地，森姜珠牡雄狮大王妃，谨以悦耳动听琴弦声，唱支感人鲜花争艳曲"；在格萨尔要远离自己的家乡，为了梅萨，甘冒生命危险，单人匹马去征服魔国时，珠牡挽住马缰，企图用柔情蜜意来打动格萨尔："白雪山不留要远走，丢下白狮子放哪里？大河水不流要远走，丢下金眼鱼放哪里？高草山不留要远走，留下花母鹿放哪里？岭大王不留要远走，留下我珠牡姑娘放哪里？"声声呼唤下的"车前婉转曲"将即将被弃的女性哀怨之声、悲悯形象刻画得淋漓尽致。曲调一次次的递进，由柔美婉转的慢板到中庸的快板到后来对格萨尔限于无能为力境地之时无奈又气急败坏的急板唱腔："格萨尔大王坏坯子，你没良心没情义。以前你穿着难看的小马靴，那时候，除我珠牡哪个可怜你？以前你穿着难看的破皮袄，那时候，除我珠牡哪个看上你？以前你戴着难看的尖尖帽，那时候，除我珠牡哪个体贴你？"

贾察的唱腔曲调

贾察协噶尔直译为"白面汉甥"，是格萨尔同父异母的兄长，号称"神刀手"。他勇武超群，身具六艺，史诗中是仅次于格萨尔的大英雄。在抗击霍尔的入侵时战死，死后被尊为神。他的固定唱腔是"善业六变调"，有的书中也称为"白狮六变调"。

总管王绒查叉根的唱腔曲调

"缓慢长音曲"是总管王绒查叉根的特有曲调。绒查叉根是一个忠心耿耿的老总管，所以他的唱腔就突出了"慢"和"长音调"，以对应年老者的缓慢体态，多表现优美舒缓的旋律和雄浑壮阔的格调，音域高亢、宽广。《加岭传奇》中有段"缓慢长音曲"的唱腔："向宽广如海的佛法祈祷，请诸神佛祖保佑我唱曲；若不知道这是什么曲，这是我老人唱的缓慢曲。一因我人老身体动作慢，二因我体弱心脉跳动慢，三因我舌头不灵说话慢，因此我曲子只能慢慢唱。"手抄本《降伏妖魔》中对总管王绒查叉根的曲调有如下注释："你可知这首歌吗？总管王'缓慢长音曲'。外脉乃缓脉而柔和，内脉表心性而缓慢，中脉乃风轮脉而松弛，'缓慢长音曲'由此而来。"手抄本《姜岭大战》中也有对缓慢长音曲的注释——"可知这支歌真情？鹞鹰的'缓慢长音曲'，'缓慢长音曲'不是原因，外形虚幻而疲缓其一，内部意识如骏马失散其二，中部风脉地方缓行其三，这些就是唱此歌规矩。"

晁同的唱腔曲调

晁同是除了格萨尔之外的又一个贯穿整个史诗的灵魂人物，藏区里流传着这样的俗语——"有他不行，叔叔晁同；没他不行，叔叔晁同"，"晁同不晁同，格萨尔就不格萨尔"。由于他性格的奇诡、复杂，行为的不伦不类，他的唱腔也极为丰富。他的唱腔有"黄河漫流曲"、"紧张草率短曲"、"鬼门青刀曲"、"机灵吹牛短调"等。晁同的"哈热赫堂"曲，也叫"哈拉糊涂调"，是晁同的专用曲牌体曲调。

丹玛的唱腔曲调

史诗中的格萨尔大将察香丹玛江叉是岭国的英雄武将、丹玛十二部落首领。他勇敢机警又忠诚，技艺超群，是一个神箭手和好骑士，是岭国三十员大将之首。他的固定曲牌为"塔拉六变调"、"声法六变调"，他还常常吟唱"英雄长啸曲"。《姜岭大战》中岭军抵达姜地，姜军中负责教法事务的法王衮尕吉美出营挑战、岭人们事先没有防备，一时不知如何对付。大将丹玛骑在马上，从东边驰来对衮尕吉美唱起此曲调。唱毕，一箭射去正中衮尕吉美胸膛，衮尕吉美丧生在丹玛刀下。

辛巴梅乳孜的唱腔曲调

辛巴骁勇善战且富有远见，他曾多次进谏白帐王，极力反对入侵岭国。霍岭大战中又冲锋陷阵，助纣为虐。被俘后作为降臣归顺岭国，格萨尔任命其为霍尔部首领，追随格萨尔征战四方，屡建奇功，长达四十四载。他的忠心也体现在他的唱腔中，稳重而又有力度。他的特有曲调是"长短果实调"、"白练流水长调"、

"果断歼敌短调"等。

辛巴所唱的一首"猛虎短怒曲"中,这样描绘:"夏三月唱'玉龙吟啸曲',要与毛毛细雨一起唱。秋三月唱'黄云翻滚曲',要与缕缕薄雾一起唱。冬三月唱'严霜降临曲',要与凛凛狂风一起唱。春三月唱'春雷鸣响曲',要与暖气一起唱。辛巴我唱'猛虎短怒曲',要在显耀英勇时刻唱。"

辛巴——长短串调

辛巴-吆喝调

辛巴"折仁折铜"曲

鄂罗妮琼的唱腔曲调

妮琼为鄂洛部落人,是王妃珠牡最要好的玩伴、女伴。在霍尔入侵岭国时,曾冒珠牡之名嫁于白帐王。她能歌善舞,擅长吟唱赞歌,"优美歌喉如门域布谷鸟,如歌般鸣啭花花白岭地"。她的固定唱腔是"云雀六变调"。

妮琼——百灵鸟六变调

妮琼"玫尕朱久"曲

梅萨奔吉的唱腔曲调

次妃梅萨是红色金刚帕姆转世,是集美貌与智慧为一身的女神。在格萨尔修学大力降魔期间被黑妖鲁赞强抢为妃,九年之后被格萨尔救出。在嘉地有妖尸作乱时,与岭国七姊妹前往穆雅取降妖法器"三节爪",为解救岭国七姊妹委身于玉昂敦巴,后被格萨尔救出。安定三界后,同格萨尔返回天界。她的特有曲调是"阿兰妙音六变曲"、"琴声婉转曲"等。

阿达拉姆的唱腔曲调

北地女将阿达拉姆,系岭嘎布北方魔国黑妖鲁赞的妹妹,实际上是肉食空行的化身。为格萨尔声名所倾倒协助他降服鲁赞,解救梅萨奔吉。阿达拉姆武艺超群,在战场上屡立战功,一生追随格萨尔东征西战,不断杀戮,因而死后被阎罗王打入十八层地狱,最终亡魂被格萨尔救出得以超度升入天界。她的特有曲调是"北音流转曲"和"母虎短怒曲"等。

赤兔马的唱腔曲调

赤兔马是格萨尔的坐骑,在史诗中亦有描绘此马专门的曲调"马嘶长鸣曲"和"洪洪音曲",诸如"神驹赤兔马啊!是日行千里的宝驹,是驰骋沙场的骅骝,是承载大英雄的坐骑,他有野牛的额头,青蛙的眼圈,怒蛇的眼珠,白狮的鼻孔。斑斓虎的嘴唇,梅花鹿的下颌,耳后还有一撮鹫鸟的羽毛"。演唱时有很多的颤音变化,是艺人的独特演唱技巧所致,也是对马的拟人写法,用不同的声腔来刻画马的嘶鸣、奔跑。

仙鹤的唱腔曲调

珠牡的坐骑丹顶鹤在史诗中已被拟人化，这只神鸟为珠牡和格萨尔王传递信息，功不可没。这首旋律异常优美的丹顶鹤冲冲（或虫虫，表示非常亲切的呼唤，也是藏语对鹤的称呼）曲，曲调单一，有少许变化，旋律近似摇篮曲。唱词大意为："鹤呀鹤，当你在天上飞翔时，你是那样舒展；鹤呀鹤，当你在水中站立时，身材是那样修长。"此曲调节奏鲜明，音律和谐。

神鸟仙鹤的"冲冲调"曲

乌鸦的唱腔曲调

《霍岭大战》中霍尔王出兵前，曾派出使者前往岭国寻找美女，可派出的使者却是通晓人情世故的四只鸟儿——白鸽、花孔雀、鹦鹉、黑乌鸦。最后，爱管闲事的黑乌鸦寻找了三个月，在岭国发现了格萨尔王的大妃子珠牡，于是飞到珠牡帐前，花言巧语的唱道："我是霍尔王的御鸟黑老鸦，豌豆眼睛小又圆，荞麦鼻子尖又弯，胡麻舌头长又扁，黑铁爪子利又尖，千里飞来喜讯传……"

乌鸦的唱腔

神灵的唱腔曲调

神灵的唱腔曲调有天母南曼婕姆的"天母草原鲜花曲"、"天母金刚曲"，莲花生大师的曲调，还有格萨尔天上父亲白梵天王的唱腔等。这些唱腔和雅悦耳、端正祥和，曲调和缓、庄严。

莲花生大师唱腔

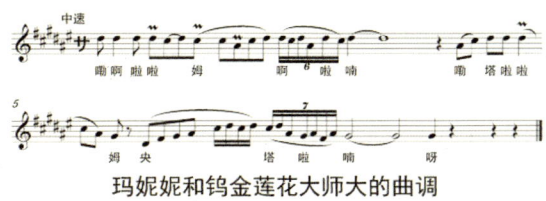

玛妮妮和钨金莲花大师大的曲调

父族、母族、子族的唱腔曲调

《加岭传奇》中对父族的曲调、母族的曲调、子族的曲调描绘如下："父族曲是天空空行曲，此曲好比天空渺茫无边际；母族曲是河水奔流曲，此曲好比河水滔滔无止期；子族曲是风脉轮转曲，此曲好比风轮旋转无休止。"父族的曲调雄壮、激烈，母族的曲调婉转优雅，子族的曲调急促而坚定。

巴拉·米姜尕尔保的"狮虎长啸曲"

《姜岭大战》中姜国毒孩拉乌斯斯突围，被辛巴拦住。辛巴劝他投降，被他用套索套住。巴拉·米姜尕尔保上前解救辛巴，射死姜国毒孩拉乌斯斯。他以"狮虎长啸曲"唱道："噜啊啦啦噜嗒啦啦，嗒啦嗒啦嗒啦啦。若是不来连唱三嗒啦，就会空有声调难婉转。"曲调雄浑，加有衬词，节奏缓慢。

扎拉泽杰的唱腔曲调

扎拉泽杰有几种不同的曲调，包括"悠悠流水曲"、"白日谈笑曲"、"高亢远呼曲"、高亢远呼短曲"和"雪狮六变曲"等。

扎拉公子——猛虎咆哮调

扎拉"道莫阿咤"曲

姜萨·贝玛曲珍的"鲜花妙笛曲"

姜萨·贝玛曲珍为姜国公主。"鲜花妙笛曲"在曲名上非常清晰地展现了吹奏的乐曲笛子。史诗中有许多曲名亦用乐曲名命名，如"笛子六变调"、"弦琴六变调"、"弦琴妙音调"、"竹节笛管调"、"白藤笛箫调"、"玉龙吟啸曲"等。

白帐王的唱腔曲调

白帐王为霍尔部族总首领，在霍岭大战中抢夺王妃珠牡。格萨尔征伐霍尔后，白帐王被处死。他的唱腔"傲慢威严曲"，乐曲表现出不可一世、野心勃勃的音乐形象。

霍尔唱腔

丹萨的唱腔曲调

丹萨本名赛措玛，岭国幼系首领晁同的妻子。"丹"是部落的名称，故称"丹萨"，有时也叫"丹妃"。丹萨是一位颇有正义感的女人，她虽为晁同的王妃，却并不与晁同同流合污，倒行逆施，因此深得格萨尔敬重。晁同在《赛马称王》篇中垂涎珠牡美貌，鬼迷心窍。为了得到珠牡而要去赛马，拿自己的妻子丹萨与珠牡作比较："珠牡俊美像朵圣洁花，开在达绒海子岸边上，众眼把她当甘露饱尝，愤怒王似蜂儿迷恋她。丹萨是最贱的邦锦花，也曾在草原艳丽开放，可惜岁月的冰霜摧残，如今是脚垫任人践踏。"

丹萨"曲吾达巴"曲

丹萨——缓水漫流调

第十四部分 藏戏

一、藏戏

"藏戏"是汉语对藏族各种传统戏剧的统称。由于藏戏包含诸多剧种和流派，在藏区各地对其称呼也有所不同。藏语中较为通用的称谓为"阿姐拉姆"，在"小五明学"中称"杜嘎"，一些地区对人物传记性的藏戏称"南塔"。地方性的不同流派的剧种也有各自不同的称呼。此外，寺庙的金刚舞称"羌姆"。

公元14世纪噶举派著名高僧唐东杰布被历代藏戏艺人尊奉为藏戏祖师。然而藏戏的萌芽可追溯到藏族早期古文明时代，即新石器时代。原始藏戏的孕育与藏族的历史自然环境、思维方式、宗教信仰、文化娱乐方式、傩文化等密切相关，它普遍存在于民族集体无意识之中。藏民族很早就将劳动、战斗、狩猎、求偶、祈禳、祭祀等交织于原始歌舞与原始戏曲活动之中。这种活动主要以傩仪、傩舞形式呈现。特别是藏族本土化宗教苯波教兴起以后，藏族的祭仪文化变得非常宏大。宗教节日和各种庆典活动都有歌舞、说唱、体育等娱乐活动，其初始阶段是狂欢性的。其源于驱邪酬神、消灾纳福的原始歌舞，表达了古代藏人追求美好生活的愿望。随着社会的不断向前发展，那些歌舞、祭仪逐渐脱离原始宗教，由娱神向娱人过渡。藏戏作为一种独立的艺术形态。它并非与时间无缘，与历史无关。恰恰相反，藏戏是藏族原始歌舞、傩文化发展的产物。藏戏是藏族小五明文化的组成部分。诸多学者认为，藏戏产生于公元14世纪，其创始人是噶举派著名高僧唐东杰布，他创立了第一个七兄妹组成的戏班子。幼年时期的藏戏主要以说唱、跳舞形式来表现，朴实简单，这就是著名藏戏蓝面具派的前身。以后，藏戏发展很快，新创排了不少藏戏剧目。

◎格萨（斯）尔

17世纪，五世达赖喇嘛阿旺罗桑嘉措将其从宗教跳神仪式中分离出来，成立了职业剧团，表演经过艺术加工的民间故事和佛经故事。历史上，主要采取广场演出的方式。藏戏是一种歌舞性、戏剧性相统一，自成体系的艺术形态，其在发展过程中形成了诸多流派。逐渐传播到了康巴、安多等藏区。传统藏戏剧目有十多种，但主要是八大藏戏。这八大藏戏均有文学剧本，其中包括悲剧性、喜剧性、正剧性的故事。

二、《格萨尔》藏戏

现代意义上的格萨尔藏戏缘起于北派藏戏。顾名思义，格萨尔藏戏就是把英雄史诗《格萨尔》中的某一分部本所叙述的故事改编成戏剧，搬上舞台，用另一种艺术形态呈现格萨尔王及其三十员大将感天动地的英雄形象。格萨尔藏戏分四大类：一是历史较长的寺院舞蹈或格萨尔金刚乐舞；二是具有传统藏戏特征的格萨尔藏戏；三是马背格萨尔藏戏；四是现代格萨尔藏戏。

自18世纪以后，藏戏进入了成熟期和稳态化时代。然而就在这一时期，在安多甘南草原上诞生了一台风格独特、颇具创意、独放异彩，且具有里程碑意义的藏戏，这就是北派藏戏的滥觞地——甘南拉卜楞寺。北派藏戏又称安多藏戏。拉卜楞寺始建于公元1709年，是我国著名格鲁派六大寺庙之一。寺内丰富的佛教艺术及该地区独特的民间歌舞，奠定了北派藏戏产生的客观文化基础。早在寺主二世嘉木样久美旺波（1762—1823）的授意下，由三世贡唐仓、贡确丹比仲美（1762—1823）编写了《至尊米拉日巴语考释成就者密意庄严》一书，其中的"语考释"部分被改编为跳神剧。它是综合了歌舞等多种民间艺术形式，构成为有说有唱，有歌有舞，又有较完整故事情节的戏剧形式，表演上同跳神舞蹈有较大的区别。该跳神剧共分六场，表现了尊者米拉日巴弘法事迹传奇而动人的故事。20世纪40年代，拉卜楞寺第一部"南塔"藏戏

《松赞干布》，在本寺首演。这部藏戏是在《米拉日巴跳神剧》和吸收民间歌舞元素的基础上发展起来的。以后，该寺庙陆续创排了传统藏戏《智美更登》、《卓瓦桑母》、《赤松德赞》、《诺桑王子》、《罗摩衍那》、《阿达拉姆》等九种剧目。其演出单位在本区域内发展到十多个，还流传到青海、四川等地区。与此同时，北派藏戏的表演艺术、唱腔、音乐、道具也有了进一步的丰富和完善，使其成为人们尊崇和喜爱的藏戏。北派藏戏所演剧目大多为传统藏戏，但其艺术风格不同于西藏、康巴等地的藏戏。首先，它是舞台戏，就是在草原上演出，把帐篷作为幕布，面向观众演出。北派藏戏的传承和倡行者——拉卜楞寺五世嘉木样活佛是一位喜爱藏族文学艺术的人。他为了振兴北派藏戏，利用赴内地的机会，学习汉地戏剧的表演技艺。北派藏戏除了表演风格、唱腔、歌舞等不同于南派藏戏以外，它还有布景、灯光、舞美、音乐伴奏等；除了有寺庙传统乐器以外，它还有笛子、扬琴、笙、胡琴、三弦等多种乐器。本区域之外学习北派藏戏第一人是原色达县多智钦寺（现系青海省果洛州班玛县管辖）仁真丹比坚赞活佛。1949年，他带25名僧人赴拉卜楞寺学习北派藏戏，学习结束后，他们一行人返回智钦寺，为本寺创建藏戏，付出了极大的努力，活佛亲自编写剧本，排练节目，并对原形藏戏作了进一步的改进。不久，多智钦寺藏戏团演出了《志美更登》等藏戏，仁真丹比坚赞活佛成为北派藏戏的重要传承人，并为该流派藏戏的继承和发展作出了很大的贡献。自改革开放以后，濒临绝迹的北派藏戏率先在甘孜州色达县得到恢复。1980年，经色达县委、县府同意批准成立色达县业余藏戏团。第一任团长为色达县政协原副主席塔洛活佛，他是原多智钦寺藏戏团的一名小演员。他先后编排了《智美更登》、《松赞干部》、《朗萨雯崩》、《卓玛桑姆》、《苏吉尼玛》等北派藏戏，受到相关专家学者和广大受众的一致好评，塔洛活佛也顺理成章地成为安多藏戏的第三代传承人。之后，他又花费大量精力写剧本，作编导，设计服装，首次用北派藏戏的表演风格，把英雄史诗《格萨尔》搬上了舞台，获得了成功，受到各地群众热烈欢迎。塔洛活佛是以藏戏的形式，把《格萨尔》搬上舞台的第一人，被人们誉为格萨尔藏戏之父。色达县成为格萨尔藏戏的发祥地。格萨尔藏戏在整个藏区各地得到快速发展，成为老百姓喜闻乐见的文艺节目。其普及率之高，受众之多，令人惊叹。色达藏戏团后更名为"色达县格萨尔藏剧团"。建团不久，青海省果洛州隆恩寺率先派20名学员到色达学习格萨尔藏戏。从此，格萨尔戏剧在果洛各寺院中得到发展，其表演形式多样，主要分为两种，各具审美风格。一种是广场马背藏戏，一种是广场藏戏。表演剧目达十余部，主要有《赛马称王》、《英雄诞生》、《天岭卜筮》、《十三轶事》、《霍岭之战》、《阿达拉姆》、《辛丹虎狮合璧》、《格萨尔出征》、《北地降魔》、《岭与姜国》等。以后，色达又派多名教员到藏区各地，传授格萨尔藏戏。到目前为止，整个藏区共有五十多个格萨尔藏戏团，均系色达格萨尔藏戏流派。

果洛格萨尔藏戏（甘德龙恩死藏戏团演出）

格萨尔马背藏戏

三、《格萨尔》舞蹈

格萨尔舞蹈全称为"岭卓极乐金刚乐曲舞",民间称"岭卓",距今有两百年的历史。它是迄今发现的记载最完整、历史最长的格萨尔舞蹈。其创立者是宁玛派著名佛学泰斗居米旁大师。格萨尔舞蹈的特点是颂唱词与民间舞相结合。它是一种寺院和民间均可表演的大众化舞蹈。其演员组成为十六男十六女或八男八女。舞蹈动作和唱腔均可改变,但舞蹈的结构程序和唱词要遵循原创版排演。该舞蹈共有四个舞段:第一段迎清舞,第二段供赞舞,第三段诸事业舞,第四段吉祥妙音舞。每段均有一首较长的歌词和舞蹈队型动作说明,表演时边唱边跳,每一动作都有丰富的象征意义。每一段之间有紧密的内在联系。表演岭卓舞首先讲究其完整性。从四个舞段中人们可领略到该舞蹈的创作旨意、意境设计、精神意义都紧紧围绕岭格萨尔大王和三十员大将、诸战神护法以及众眷属而展开的。整个舞蹈欢乐吉祥。外在简易的肢体语言,内化为美妙的意境,诠释了深藏在舞蹈背后深远的精神意义。使舞者和观众共处一种观赏、观想、愉悦、感悟和慰藉的状态。这种舞蹈目前还在青海、四川的部分地区流传。

四、《格萨尔》藏戏表演艺术风格特点

格萨尔藏戏是在传统藏戏的基础上,吸取民间歌舞、说唱艺术和相关文化艺术元素而逐渐形成的一种有着独特风格的戏剧形态。其剧本为在《格萨尔王传》原著基础提炼加工而成的文学剧本。格萨尔藏戏虽然吸收多种文化艺术元素,但它并非颠覆或解构北派藏戏。它仍然保持了北派藏戏的表演艺术风格。如台上演员的排列方式,左右两排相向排列而坐或站立。其上方为王、臣席位,两边站立守护将士或王妃。表演主角出列走到两排中间进行说唱表演。向大王禀报时,右膝跪地,双手合十;亮相时,走到前台左手叉腰,右臂斜举上方,两眼平视前方;演员的步伐为阔步,向前抬腿,两脚尖向外缓缓起步,左手自然下垂,右手向前后摆动,入座为半跏趺式,道白、对白腔调和部分音乐伴奏保持了北派藏戏风格。舞步仍然沿用了北派藏戏的"黄牛撒尿步"、金刚舞步等传统表演法。北派藏戏演员的模仿动作,情感表达,音乐、对白等几乎是无修饰地带着生活的直接性,具有一种原始、质朴的感染力。格萨尔藏戏在北派藏戏的基础上,不仅丰富了表演技巧,还融入了现当代的一些演技,注重把语言艺术表现于物质的舞台。一方面通过演唱渲染剧情,另一面也不忽略演员外在的行动,用肢体语言表达剧情,在二者的结合上表现人物内在的激情。格萨尔藏戏中塑造人物形象意识明显增强。用服装、道具、动作、化妆、唱腔、表情以及个性化语言塑造人物的个性。如戏中的总官绒查叉根从化妆、唱腔、举止表情等方面表现出雄才大略,沉稳可敬的形象。而叔父晁同从演员的选择和表演技巧给观众以阴险狡诈,见利忘义的印象。白面贾察大将则表现出一副直爽坦荡、英气逼人的形象。晁同和阿克的对白中吸收了一些调侃幽默之趣和嘲讽诙谐之趣的新的艺术成分。格萨尔藏戏本身是对传统八大藏戏的一种超越。传统藏戏是文人文学作品改变的戏剧,而格萨尔藏戏剧本源于民间文学,它所具有独特的语言风格——精美而丰富的史诗语言是人们对格萨尔史诗投注的又一大兴奋点。同时,因为格萨尔是说唱的叙述体,它本身就具有表演的艺术特质。说唱艺人戴上特制的说唱帽,身边挂格萨尔唐卡画,用优美而质朴的歌声和神态,丰富的表情变化表现出故事中的各种人物的复杂心理和不同形象。格萨尔藏戏保持了史诗的语言特色,曲多白少,以唱腔和身段表演剧情,以叙事的诗性结构,唱词的音乐结构,组合成格萨尔藏戏一种独特的舞台风格。格萨尔藏戏的音乐结构由两部分构成:一是伴奏音乐,二是说唱

部分。伴奏乐器使用寺庙少量打击乐和笛子、二胡、六弦琴等。其曲调为北派藏戏的一部分，同时还吸收了一些民间歌舞的音乐元素。其节奏轻快，旋律高低起伏不大，平缓自如。有人把南派藏戏唱腔比喻为京剧唱腔，北派藏戏唱腔比喻为昆剧唱腔。格萨尔戏中的不同人物均有不同的唱腔。史诗中的唱腔、曲调还有一定的区域性差异，但其曲名在史诗中是固定的。人们从曲名中能体味到包涵人物性格和情感的音乐节奏和歌曲美感。如格萨尔王的"威震集会场歌"、"永恒长寿歌"，王妃珠牡的"九曼六变歌"，阿尼查根的"轻缓悠长歌"，丹玛大将的"塔啦六变歌"等都带有个性化的曲调。格萨尔藏戏舞台表演动作则采用了传统藏戏、民间杂耍以及民间歌舞、寺庙乐舞融为一体而形成的舞台表演风格。其主要表现在说唱时的个体表演动作（如个体出台舞步）、群体舞蹈（如群体乘马走步舞蹈），还有武打动作、骑战动作等。这些动作具有一定的程式规制，以营造一种戏剧特质的意蕴。此外格萨尔藏戏还用了布景、灯光、道具等，以提升戏剧的表现力和审美感。其服饰精美、装扮华丽，道具丰富多彩，演出服装多用绸缎制作。同时还参照古代藏族戎装和格萨尔史诗中所描绘的样子，富有创意地制作了胄、铠甲、金、银甲、战袍、全身甲、无臂甲、氆披、弓箭、兽壶、盾牌、马鞭、矛等道具。根据剧情需要，一些格萨尔藏戏还用上了寺庙乐舞面具。格萨尔藏戏具备了戏剧这一概念所具有的艺术品质。

五、《格萨尔》演述形态

演述形态，即表演形态，在人文社会学科领域里对"表演"一词有各种各样的用法。在人类学中主要有两种，一种是把表演看成一种特殊的、艺术的交流方式；一种是把表演看成一种特殊的、显著的事件。前者的特点在于表演是一种艺术性的言说方式和交流模式；后一种特点在于将视角和方法致力于"文化表演"的研究。《格萨尔》戏剧演述形态既是一种特殊的艺术交流形式，又是一种特殊的历史事件。在表演中格萨尔说唱居于特别重要的位置，这种以说唱为主的叙事特点的形成，一方面与藏族文学和音乐的结构特点相联系，另一方面与北杂剧的结构特点很相似。这与其所继承的艺术传统有密切关系。其中特别是民间说唱艺术对它有重大的影响。以安多地区固有的格萨尔调为代表的说唱艺术，在演唱艺术的发展上具有很高成就，它善于运用长篇歌唱形式，来刻画人物形象，有讲述人叙述故事，演员依据讲唱内容运用戏剧动作和歌舞而表演故事，同时它又是对历史事件的描述，即一种文化表演。

六、戏剧表演形态

戏剧表演形态，是指戏剧表现形式，包括外部形态和内部构造。外部形态主要指以各种舞蹈、歌唱、对话为主要手段的表演，也包含一种戏剧文学的唱词。内部结构主要指戏剧的观念形态和意识形态，即通过演员表演故事来反映社会生活中的各种冲突、社会秩序、意识形态等思想内容或主题。这就是所谓的戏剧，它是由演员扮演角色，在舞台上当众表演故事情节的一种艺术。格萨尔戏剧演述就属于戏剧表演艺术范畴，其戏剧表演形态既脱胎于山神祭祀仪式，又是传统戏剧的延续——说唱戏剧形态。其中格萨尔戏剧内容大致可分为三类：（1）取材于格萨尔史诗中的神话传说，如《天岭卜筮》；（2）取材于格萨尔史诗故事，如《赛马称王》、《英雄诞生》；（3）取材于史诗历史事件，如《霍岭大战》、《天岭卜筮》、《十三轶事》等。这些表演内容均由果洛各寺院的活佛依据《格萨尔传》和《格萨尔故事》节选改编，并由他们兼导演。

格萨尔戏剧的整个表演艺术手段都有抒情写意、炼形拟神的诗化倾向。如在唱、舞、韵、白、表、技、艺等各个方面，都开始产生表达戏剧意境和人物内心感情的程式化表演技术。而在藏族古文明发祥时，和古希腊一样，歌颂祖先的神话传说和史诗都很发达。因而，在藏族艺术理论中也有描摹客观生活要求自然、真实的总结。在表演理论上，二百多年以前龙登喇嘛在自己的著作里提出了艺术表演，根据人物性格情绪可分为九种类型：一是优雅、勇敢、凶残，这三种着重在身体形态；二是残暴、诙谐、凶恶，这三种着重在语气形态；三是昂扬、怜悯、温和，这三种着重在心理形态。毫无疑问，这里明显强调描摹客观外物的逼真性和写实性，其中蕴含了主客观结合向类型化发展的写意抒情的程式化因素，也因此而逐渐形成了藏族自己独有的戏剧表演风格——写意与写实。即韵律化的连珠念诵，类型化的唱腔，部分虚拟和部分实物道具相结合的表演，程式化的藏戏舞蹈等等，都属于向写意风格发展的。而口语化的道白，丑角生活化的表演，与初步提炼成程式化动作相结合的一部分直接模仿生活的动作等，都属于向写实风格的发展。写实和写意也是相对的，唱腔、舞蹈、连珠念诵和戴面具表演，写意性就特别强烈；直接模仿生活或按生活形态照搬的道白部分表演和简淡化妆的男女主角，则与话剧、电影中表演完全相像，就是十分地道的写实。藏戏唱腔、动作和舞蹈有一套写意的程式规定，而在戏中直接掺插的大量民间艺术表演，一般都未加以戏剧化，也没有对它作更多的适应藏戏程式化表演的加工改造，完全搬自生活中的形态进行表演，写实风格就很浓厚。藏戏表演中写意和写实的程度又各个不一，有的同一种内容既可以用写实手法，也可用写意手法，如表演走路可以像生活中快步跑过去，也可用行进的程式步法，甚至用"躺身蹦子"那样的大旋舞在舞台或场地上飞旋几大圈来表演。

格萨尔戏剧是由一讲述人承担各种角色的唱词，扮演各种角色的声音，以讲述格萨尔史诗故事展示戏剧情境，而演员要依据讲述人的讲述事件进行戏剧扮演，是一种演述史诗的戏剧表演。可以说表演作为一种口头交流的模式，演述则是将口头叙事用戏剧行为展现情境与场景的一种表演。所以格萨尔戏剧演述形态是更具体、更直接的与演述史诗的戏剧表演视角，或者说演述场域。藏族民间自古以来就十分兴盛的说唱艺术，是藏戏的又一个源头。早在西藏的苯教时期，被称作"仲"的口头神话、历史传说故事已成为当时西藏意识形态的重要组成部分。在苯教中已有了专司说唱的故事师和歌唱家。英雄史诗《格萨尔王传》，其说唱性文体既继承苯教说唱"仲"的传统，又受佛教讲唱文学的影响而有所发展，除独白与对话是适宜歌唱的韵文外，部分故事情节的叙述也改为可歌唱的韵文。据文献记载，喇嘛嘛呢作为宗教说唱艺术始于唐代，赤松德赞时唐皇应吐蕃请求，派琅秀、文素二和尚到吐蕃以讲唱变相和变文来弘扬佛法，由此流传发展，形成了西藏民间十分流行的喇嘛嘛呢说唱形式。喇嘛嘛呢这种说唱艺术对藏戏的影响是非常大的，格萨尔的剧本就是喇嘛嘛呢艺人的说唱故事脚本。格萨尔戏剧独特性就在于说唱艺术传统在戏剧中的延续，如藏戏演出时有剧情讲解人。他讲到哪里，演员就演到哪里。

在《格萨尔》戏剧表演形式中，说唱居于特别重要的位置。这种以说唱为主的特点的形成，一方面与藏族文学和音乐的结构特点相联系，另一方面与北杂剧的结构特点很相似，这与其所继承的艺术传统有密切关系。又如格萨尔戏剧在形成发展的过程中，吸收藏族古往今来各种各样表演艺术的同时，又借鉴吸收汉族古典戏曲的程式表演动作，综合融铸成藏族歌舞表演艺术技法，主要有唱、舞、韵、白、表、技、谐等几种。在化妆方面一则吸收藏族格萨尔壁画形象，二则又吸收了京剧脸谱。可以说，艺术的互相交流是形成特色的因素之一。

此外，格萨尔戏剧歌舞性与戏剧性相统一。格萨尔戏剧由最初用说唱和舞蹈来演述故事，至20世纪80年代形成戏剧性与歌舞相结合的戏曲程式。藏族的歌舞形式往往是诗、乐、舞三位一体时代的延续，藏戏中再加上已经戏剧化了的舞蹈，就产生了抒情状物的戏剧功能，而格萨尔戏剧在演述中既继承戏剧表演特征，又融合藏族歌舞元素，独具民族特色。

《赛马称王》珠牡观赛

七、《格萨尔》戏剧角色

《格萨尔》史诗中一个特殊的角色"仲肯"，即史诗说唱者，他讲唱整部故事情节，说唱全部的角色（不同角色用不同情感色彩说唱），格萨尔戏剧便继承这种演唱形式。演唱者既是剧情的介绍者，又是戏中的扮演者，同时又是表演藏戏的组织者（戏师）。其形式既具有艺术性审美性，又具文化价值。

"仲肯"的主要特征表现为两方面。一是在格萨尔史诗讲述中的行为特征表现为在讲述前神灵附体，有超常的记忆力和模仿力和极强的语言能力。面部表情为翻白眼或双目紧闭，面部肌肉抖动，处于神灵附体状。叙事中语调、语气多变，声音顿挫有致，且伴有歌唱（赞颂之词）。这种艺人自控力较弱，一旦进入讲述状态便无法停下来结束讲述内容。讲述中常有右手托帽、左手作旋转或高举的手势动作。

二是在格萨尔戏剧表演中的行为特征是介绍故事发生的地点、事件和人物和讲述剧情。叙事中语调、语气多变，声音顿挫有致，由多种声音讲述不同人物，演唱不同人物的唱腔，具有较强的模拟性。这种艺人组织戏剧的表演，承担着戏剧导演的角色。

角色：珠牡、贾察协嘎尔、晁同

八、《格萨尔》剧诗

格萨尔戏剧具有民族戏曲"剧诗"的特征。"剧诗"，是戏曲中诗歌与戏剧结合的"以舞蹈演故事"的一种戏剧形式，古人把戏剧称为"戏剧诗"。在西方，从亚里士多德到近代黑格尔、别林斯基，都有抒情诗、史诗和戏剧诗的三分法，中国戏曲史学家张庚先生为了让艺术家更好地理解和继承民族戏曲遗产也曾提出"剧诗说"。"剧诗"是戏曲艺术传统，具有戏曲艺术的诗的特质。其核心是戏曲要运用韵律的诗（包括念白），舞（做打）等艺术手段反映富有诗意的生活。"剧诗说"是张庚先生对中国戏曲美学的一个贡献。格萨尔戏剧无论从文本，还是表演角度来看，都有一个重要因素——音乐。口头叙述中说唱音乐的节奏，赋予了格萨尔戏剧诗意，使戏剧与诗歌紧密结合起来，反映藏民族富有诗意的生活，因此，戏剧舞台是充满诗意的。同时，还有一种因素是格萨尔史诗的创造者，他们生来就是诗人和歌唱家。他们的生活充满着诗意，"剧诗"来自于他们内心的节奏、律动和情绪。他们将说唱格萨尔史诗的内心节奏转化为让人看得见、听得清的鲜明感人的艺术形象，使传统，民族的睿智均藏匿于此。

总而言之，戏剧从来都是时代和生活的反

映。从远古神话传说中走来的"格萨尔"戏剧的孕育、萌芽、成长乃至可能的消亡，都离不开藏族社会相应的人文生态环境。同时，无论是神话传说、还是宗教仪式，都是一种口头艺术的产物。它将口头艺术作为一种特殊的叙事方式，包括神话叙事、仪式叙事和诗性叙事，也包括社会中的某些特定人物的演说、艺术事件的演述或戏剧表演。格萨尔戏剧既包括对史诗故事的讲述，也包括宗教仪式演说。这些均是格萨尔戏剧演述的源头。

九、《格萨尔》戏剧服饰

格萨尔戏剧角色服饰分为两种：一种为藏族生活装，另一种与汉族戏曲服装相似，也称藏族古装。藏族生活装，即普通的藏服。古装的男角服饰，据说是依照"格萨尔传"壁画或"格萨尔故事"制作的服饰，与羌姆服饰相似，即身穿绣有各色图案的宽袖彩袍，着荷花状绣、有五色彩线的披肩，背插五色彩旗，腰系绘有动物头像（一般为狮头或虎头）或威猛的愤怒明王面容，边缘绘头颅与火焰的宽带，与汉族戏曲"蟒袍"相似。女角穿裙子、戴龙凤冠，因男扮女装，故须戴头套。因此，女装亦酷似汉族戏曲服饰。

角色服饰均由寺内僧人自己制作，其造型的参照物不外有三：一是从西藏传来的模式；二是唐卡、壁画、佛像上的式样；三是汉族戏曲服饰。他们将诸素材糅为一体，形成了自己的独特造型。用料有布、织锦、皮革等，饰以珍珠、玛瑙、宝石、羽毛，既结实大方，又玲珑华贵。

《赛马称王》剧景

十、《格萨尔》戏剧化妆

格萨尔戏剧化妆是整个藏戏化妆的组成部分。就藏戏而言，可以主要运用现代的化妆艺术，同时也不放弃面具。如在开场戏和正戏中有些人物还戴那些面具表演，保持独有的浓烈的传统特色。格萨尔藏戏化妆在藏戏化妆的基础上因地因风俗而略有不同，具有浓郁的地方特色。例如，果洛格萨尔戏剧化妆很有特色，演员不戴面具，一律根据角色的需要在面部用色彩勾画，酷似京剧脸谱，如白面为奸臣、黑脸为魔或巫师等。

在藏戏中庄重型和英武型一般化妆采用生角脸谱，藏地吐蕃人的面部特征，如卷曲的胡须和鬓角，浓眉卷发等。秀丽型和慈祥型一般采用仙女、度母面部特征，显其女性的俊美、飘逸和聪慧。险恶型一般化成白脸或黑脸，其中"咒师"这一角色，在戏中为占卜卦算的巫师，一般头戴黑穗"咒师帽"（与羌姆咒师帽相同），黑穗将脸部遮住，或画成黑面黑发黑须脸谱。

十一、《格萨尔》藏戏布景

布景是一种具有浓郁时代气息的新的文化元素。在传统的民间藏戏或格萨尔藏戏中不采用布景，但随着新的娱乐方式和舞台技术的引进和应用，布景才逐渐成为藏戏表演中很重要的一个内容，且逐渐应用到格萨尔的戏剧艺术表演中来。近年来，有的演出广场有了简单的布景，即在选定的空旷地挂有一块幕幔，作为舞台布景，演员在幕幔前表演，幕幔的两端可以掀起的地方就是上、下场门。这种幕幔的作用，首先在于净化舞台。把前台与后台隔离开来，把与戏无关的事物隐蔽起来，以免分散观众的注意力。其次起着美化舞台的作用。幕上的双钱图案，是用来装饰舞台的。在后来的戏曲演出中，幕幔上还用各种藏族堆绣图案，这是进一步强调美化舞台作用的结果。

十二、《格萨尔》戏剧道具

果洛格萨尔戏剧中使用的道具比较少，主要有哈达、马鞭、刀、弓箭等，有时在演出场地放置一长凳，为君王大臣之宝座。布景一般选依山傍林之地，以山峦、草原为背景，真实地再现格萨尔驱除邪魔、解救黎民百姓之痛苦及赛马称王的剧情，给人以身临其境之感。也有些寺院，除了寻找一块宽阔的草地之外，还置一面长方形的幕布，上面绘有格萨尔英雄像，或画有山峦、草原、帐篷、牛羊等，铺摊在草地上作为广场舞台布景。这里值得指出的是，这幅布景与《格萨尔王传》史诗的绘画资料相同。

剧目《赛马称王》舞台布景

十三、《格萨尔》藏戏的主要剧目

《赛马称王》

该剧目根据《格萨尔王传》故事改编，由果洛藏族自治州各寺院"格萨尔"藏戏团演出。该剧主要描写格萨尔在叔父晁同的迫害下，经受了种种磨难，终于成长起来。到格萨尔十五岁时，岭国举行盛大的赛马会。格萨尔在赛马中夺得第一名，按岭国规矩当了岭国国王并娶最美丽的珠牡为妻。

格萨尔赛马称王，黎民百姓拥戴他。《赛马称王》

《英雄诞生》

该剧目根据《格萨尔王传》故事改编，由果洛藏族自治州各寺院"格萨尔"藏戏团演出。该剧主要描写尕部落杀了岭国总管王绒查叉根的儿子，岭国起兵报仇。尕部战败，首领逃走。首领之妻、龙王的三女儿噶萨被岭国抢去做了僧伦的妻子，他们便成了格萨尔人间的父母。在噶萨怀格萨尔时，父亲的第三个妻子纳提门，怕噶萨生了男孩对自己不利，便和僧伦的弟弟晁同勾结起来，挑拨离间，唆使僧伦把噶萨赶出家门，住在荒郊野外的破帐篷里。格萨尔就在这种逆境中降生人间。

《英雄诞生》剧目

《天岭卜筮》

该剧目根据《格萨尔王传》故事改编，由果洛藏族自治州各寺院"格萨尔"藏戏团演出。该剧主要描写人间妖魔鬼怪横行，善良百姓遭受欺压和残害，同时部落之间互相征战，民不聊生。天神们看到后，心中不忍，便集会商量，决定派天神幼子顿珠呷保降生人间，扫除暴虐，消除妖魔，拯救黎民百姓。顿珠呷保当时不愿下凡，便躲藏起来。九次躲藏，九次都被找到。最后，他同意降生人间，这就是格萨尔王。

《十三轶事》

该剧目根据《格萨尔王传》故事改编，由果洛藏族自治州各寺院"格萨尔"藏戏团演出。该剧主要描写晁同为了夺取权力，千方百计迫害格萨尔母子。当格萨尔刚刚降生时，晁同便把他埋在土坑里，格萨尔以神通逃出土坑。晁同让喇嘛念恶诅咒害格萨尔，格萨尔也设法战胜。晁同对格萨尔进行了十三次迫害，都被格萨尔躲过或战胜。格萨尔母子以挖人参果、捉田鼠甚至乞讨为生，过着贫苦的日子。后来，母子二人到了黄河川，使当地变成牧草丰盛、牛羊肥壮的地方，格萨尔当了黄河川的主人。

《霍岭之战》

《霍岭之战》根据《格萨尔王传》故事改编，由果洛藏族自治州各寺院"格萨尔"藏戏团演出。该剧主要描写霍尔国白帐王依仗自己的势力，为娶到美女做妻子，便派人寻找，发现珠牡最美丽，白帐王心中大喜，又探知格萨尔去北地降魔未回，便决定趁机入侵岭国抢夺珠牡。岭国众英雄和百姓在总管王叉根和格萨尔的异母哥哥贾察协呷尔的率领下，奋起抵抗霍尔的侵扰。经过浴血奋战，岭国屡屡获胜。霍尔国损兵折将，惨遭失败，正要退兵逃遁，不料晁同背叛，向霍尔王通风报信，并做内应，致使协呷尔等岭国众英雄被杀。珠牡团结众将与百姓继续抗击，也遭失败。珠牡被抢走以后，晁同当了岭国国王。格萨尔的父亲被迫放牧牛羊。后来，格萨尔摆脱了梅萨的阻碍，得知岭国的情况，便立即赶回岭国。在牧场见到父亲，探听到了晁同的行动，捉住晁同，给以应得的惩罚，救回了珠牡。

《阿达拉姆》

《阿达拉姆》，是根据《格萨尔王传·地狱救妻》创作的剧目。由果洛、黄南藏族自治州民间藏剧团表演。故事叙述格萨尔王远征后，王妃阿达拉姆染重病，百药无效，在49天后去世。其魂入地狱，见阎王诉说生前所做善事的故事。有判断善恶的黑白二人自其左右肩上出——白者道其为王妻、信佛无恶，应入极乐世界；黑者道其为坏人，应入地狱受罪。阎王不能决，遂将其打入地狱。格萨尔回国后，知妻灵魂下了地域，便进入地域，与阎王理论，救出爱妃与十八层地狱受难者。

同仁县江什加村藏戏队表演的剧目《阿达拉姆》

《辛丹虎狮合璧》

《辛丹虎狮合璧》根据《格萨尔王传》故事改编。由青海海南藏族自治州民间歌舞剧团表演。故事讲述了很久以前，在美丽的岭国里，有一个孩子名觉如，他在奇异境界里诞生并长大成人。在岭国英雄云集，赛马争夺王位时，力战群雄并得胜称王，遂进驻岭国都城森周达泽宗，尊号为格萨尔，并娶美丽的姑娘珠牡为妻。他降敌驱害造福藏族人民，为这片纯净而祥和之地带来了幸福和安康。岭国祥和的生活在桑烟中缭绕、彩幡中飘扬。

岭国虽然逐渐富饶和强大，但却也常遭到敌国的侵扰。格萨尔称王后的第三年，再次率兵执锐，驰骋沙场，要挑选骁勇善战的英勇大将来保卫国家的安康。在一场别开生面的文武比试中，以智慧取胜的贾察协嘎尔最终担负起这个卫国的重任。但他的赤胆忠心却遭来格萨尔叔父晁同——岭国奸臣的嫉陷。阴谋满腹的晁同密谋霍国残暴好色的霍尔·白帐王，协同敌国将珠牡掳走，借此怪罪于贾察协嘎尔夺取兵权。贾察协嘎尔义无反顾地率军与霍国大军抗衡，在晁同背叛的危局之下身先士卒，勇敢杀敌。最终以少抗多，殒命沙场，留得忠烈之名世代传扬。

《格萨尔出征》

英雄格萨尔王率领千军万马出征在即，他将离别心爱的王妃走向残酷无情的战场。格萨尔出征北方时，霍尔国为抢夺王妃珠牡，大举进攻岭国，格萨尔同父异母的哥哥贾察率军奋勇抵抗，终寡不敌众，被霍尔军所杀，珠牡被抢。格萨尔痛苦万分，为哥哥进行了七天七夜的祈祷，最终杀死了魔王，让已变成鹞子的哥哥实现了誓吃霍尔肉、痛饮霍尔血的诺言，亲自超度哥哥灵魂。格萨尔王15岁那年，应命出征北方亚尔康魔王城，收服了魔王的妹妹阿达拉姆，并根据阿达拉姆的策略，降服了魔王，并收阿达拉姆与魔王王妃梅萨为妃子。

《北地降魔》

《北地降魔》是京剧剧目，编剧高鹏，导演杨涌泉，主要演员有李卫、王萍、李忆芳等，青海省京剧团1995年首演。

该剧取材于藏族英雄史诗《格萨尔王》。岭国新王格萨尔称王登基之时，北亚尔康魔国趁机派兵前来偷袭岭国。雄师格萨尔率兵北征，巧遇被魔王鲁赞劫掠的民女梅萨奔吉，在其帮助下杀死鲁赞老魔，降服了北亚尔康魔国。与此同时，岭国却处在大将晁同叛国、生灵涂炭的境地中。其间格萨尔误饮毒酒，丧失记忆，忘记了岭国，忘记了百姓，后来在阿妈央宗和神鹤的感召下，格萨尔恢复了记忆，带兵平息了叛乱，使岭国重振雄风。

《岭与姜国》

《岭与姜国》是根据《格萨尔王传》中的保卫盐海的故事改编的。由青海海南藏族自治州民间歌舞剧团表演。主要描写姜国与岭国为争夺盐海而发生的战争，是《格萨尔王传》中十分重要的一部。该剧目依托的历史背景，讲述姜国萨丹王的艺术形象，姜国与岭国之间的战争，格萨尔王率岭国军队最后击败姜国的萨丹王的故事。

《岭与中华》

《岭与中华》是京剧剧目，编剧贾士鑫、吕建民，导演王潞萍、李卫（执行），主要演员有李卫、杨海东、王萍、田信农、田艳君等。

该剧取材于藏族英雄史诗《格萨尔王传》。被格萨尔降伏于三界的毒龙、罗刹妄图篡汉灭岭重霸三届，潜入中华汉地作邪。罗刹被格萨尔掌心雷击中命在垂危，毒龙欲救罗刹以实现他们的阴谋，骗汉皇服食魔丹。汉皇因之昏聩，听信谗言，毁界河金桥，断汉藏交往，修陵寝以期罗刹妖尸返阳。格萨尔得汉公主阿娇告急书，不顾路途遥远，魔障重重，毅然助汉。他与王妃珠牡赴西海，奔昆仑夺宝衣，借玉宝，盗解药，创地宫，焚陵寝，毁妖尸，除毒龙，救汉皇，使汉地百姓免受磨难之苦。通过血与火的洗礼，岭与中华更加亲密无间。青海省京剧团1991年首演，在全省专业文艺汇演中荣获舞台美术纪念奖、乐队优秀伴奏奖和演出奖。获全国第三届少数民族题材剧本评奖铜奖。

十四、《格萨尔》戏剧表演程式

表演程式是戏曲中运用歌舞手段表现生活的一种独特的表演程式，它是作为演员进行舞台创作的戏剧艺术语言，具有较强的可塑性。

◎格萨(斯)尔

其表演程式一般是从生活中提炼，根据人物性格和戏剧规定情境创造而成为一种程式的规范，其基本特征为综合运用唱、念、做、打等多种手段演述故事的程式化和戏剧化的歌舞表演。格萨尔戏剧既具有中华民族戏剧共同的风格特征，如歌、舞、剧、技的有机结合以及戏曲程式化的表演手段，又在产生、形成与发展的历史中，有着自己独特的人文生态环境以及民族语言、音乐、唱腔、舞蹈动作的艺术提炼与规范，且有着不同的综合方式，形成了格萨尔戏剧独有的表演程式，即以歌舞性与戏剧性相统一、虚与实相结合的戏剧表演程式来演述格萨尔史诗的戏剧形态。

格萨尔藏戏表演形式

十五、《格萨尔》戏剧表演形式

藏族是能歌善舞的民族。藏戏中载歌载舞的特点比汉族戏曲更为突出与浓郁，可以说是一种以歌舞演故事的戏剧表演。具体表现为藏戏的表演是和歌舞相结合进行的，其戏剧表演艺术的六功，除口语道白外，其余唱、舞、韵、表、技艺等，无不与歌舞有不同程度的关联。它和话剧很不一样，不是直接用日常生活中的说话和神情动作来表演，而是用歌唱和简单的舞蹈化动作来表演。这些类型化的歌唱和程式化的舞蹈动作吸收和继承了古代藏族民间和宗教歌舞音乐的艺术传统。基于此，格萨尔戏剧既继承了古老的宗教乐舞仪式，又保留了说唱因素，并融入了民间舞蹈和民歌，形成了独具特色的格萨尔戏剧表演形式。

格萨尔戏剧在演出中还可以直接穿插许多民间歌舞、宗教歌舞和歌舞性很强的民间艺术表演。这些歌舞表演有的与剧情紧密结合，如赛马称王，格萨尔登上王位，全部落或者说整个部族都为此庆祝，便有了歌舞性表演；有的与剧情无多大关系，只是民间歌舞是藏族生活的主要内容，即是说歌舞既是一种艺术传统的延续，又是生活习俗的延续。因而，藏戏歌舞是戏剧性的表演，也是生活中情感的抒发。因为藏戏的戏剧性带有很强的抒情性，而歌与舞恰恰是最善于抒发内心情感的。藏族的歌舞形式，往往是诗、乐、舞三位一体，使戏剧程式化歌唱、舞蹈，产生抒情状物的功能。一些最动人心弦的戏剧场面，往往用歌舞更能表现人物内心世界的戏剧性感情波澜，用载歌载舞，包括灵活穿插杂技百艺表演的艺术形式，也往往更有效地展现隐伏在故事中的戏剧性矛盾冲突。而格萨尔戏剧，它一方面以藏族歌舞铺排剧情发展，一方面用说唱形式推动剧情的展开。因此，格萨尔戏剧的戏剧性既通过强烈的歌舞性与说唱艺术的结合来演述故事，又以戏剧程式动作，规范了戏剧表演，达到了歌舞性与戏剧性的有机统一。

赛马称王后的庆祝歌舞结束全剧

十六、《格萨尔》戏剧叙事

戏剧叙事，就是保留格萨尔演唱的原有语言来呈现故事，如诗歌格律、重复句、比喻、排比、语句、语调、韵律以及仪式中的咒语、预言、

251

祷辞等。这些元素虽然没有太多意象和历史隐喻，却构成史诗音乐的文学叙事性，既便于说唱和表达，又更具感染力。实际上，这也是民族志诗学所要着力研究解决的问题。当然，口头艺术讲述的声音在本节中受到关注的另一个重点是格萨尔史诗口头叙事是由多种声音构成的。这不仅是因为其中不同的人物，以及同一人物在不同场合会有不同讲述方式和不同的声音、语气、语调等，还因为交代情节发展的叙述本身也是由不止一种声音所承担的，包括朗诵、歌唱、吟诵、说话等。因而，我们在关注口头叙事声音的基础上，首先要强调的是，《格萨尔》说唱音乐的传播主要是靠民间艺人的口头传唱。他们是史诗音乐最直接的创作者、演唱者和传播者。格萨尔每一个艺人都能说唱几部、几十部、甚至上百部的史诗故事，他们说唱的相同内容，或者不同内容都是各具特色、自成体系的。也可以说，一个说唱艺人一种风格。这种独特的说唱艺术风格一方面是由《格萨尔》艺人的特殊性所决定的，如艺人神灵附体行为、讲话方式、声音等；另一方面由口头叙事形式决定的，所有口头叙事包括散文叙事，其实都是诗性的。这种诗性是由叙事过程中的沉默、换气、停顿等语气以及本土语言、句法结构、平行关系等重要因素决定的。所以说，《格萨尔》说唱艺人在世界范围内是少有的，是不可创造、不可复制、更不可传授的。正如格萨尔学界所认为的，艺人的叙事表演才能是神授予的，他们肩负着神圣的使命。毫无疑问，格萨尔史诗是特定地域和特定民族独有的诗歌形式。其藏民族的语言价值、修辞方法等诸方面的独特性，使其史诗的说唱更具民族神韵和艺术精华。因而，格萨尔戏剧音乐叙事是史诗说唱音乐传统的延续、继承和发展。

道歌调

藏语"格里"、"桑格岗拉"、"额尔达"，是指闭关修持的僧人在修持之余，将自己修持的体验和感情用歌的形式吟唱出来的曲调。后来成为藏戏音乐的基本唱腔，常用于叙事和人物内心独白及描述景物，道歌调分长道歌和短道歌两种。

长道歌是由两个或三个乐句组成的单一乐段，旋律起伏不大，平缓自如。演唱时无乐队伴奏，演员可根据剧情按词意自由演唱、自主发挥，适当添加装饰音和颤音。以羽调式居多，五声音阶。润腔方法多喉头颤音和鼻音，要求音色浑厚，具有庄重威严之感。一般用作国王、大臣、法师、喇嘛等人物的唱腔。

短道歌节奏明快，高低起伏较大，润腔采用舌尖音，故吐词清晰。词格一般为七言句式，也有八言、九言。音程中有级间跳进，多以2/4拍、4/4拍、3/8拍的节奏表现。短道歌一般用于赞美、颂扬等场面。

道歌调，浑厚而低沉，为王臣演唱的曲调。民歌曲调一般为王妃、仙女演唱，其唱腔悠扬、婉转，具有浓郁的藏族民间小调韵味。

喜庆调

藏语称"尕尔顿央达"或"达尔嘎都拉"，这类源于说唱音乐的赞词曲，唱腔节奏明快，高低起伏较大，音域较宽，色彩明亮。通常用于团圆、喜庆场面，多为合唱形式，边歌边舞，对烘托舞台气氛，活跃观众情绪，能产生很好的效果。

悲歌调

藏语称"觉勒"，意为悲伤的歌。主要表现剧中悲伤的情节。它来自民歌及说唱音乐中的悲伤曲调，演唱时节奏缓慢，多为散板。润腔用鼻音和喉头颤音相间进行，音韵要求时断时续，悲凉凄楚，如泣如诉。用于生死离别，乞讨等场面。这类唱段有时不用乐队伴奏效果更好。

嘛呢调

嘛呢调又称"六字真言调"。是在民间进行宗教祭祀活动时诵唱的一种曲调，大多由妇女诵唱。有"嘛呢呢格"、"嘛呢西格"、"嘛呢那格"、"嘛呢周格"等几种唱法，意思分别是反复两遍、反复四遍、反复五遍、反复六遍。诵唱嘛呢调的形式也有独唱、合唱、轮唱、领唱、合唱等多种。嘛呢调旋律优美动听，情绪深沉，气氛虔诚，节奏缓慢，在一些仙境场面和悲剧情绪中使用。

诵经调

诵经调，藏语称为"敦达"，是典型的宗教音乐，是寺院喇嘛诵经时唱的曲调。音乐旋律平缓，以级进式上下起伏，唱起来上口、自如。

仲调

格萨尔调，藏语称"仲格央达"。说唱格萨尔的唱腔，属藏族说唱音乐。说唱格萨尔的唱腔非常丰富，经过筛选后，部分被吸收为黄南藏戏的唱腔。格萨尔唱腔不同于一般藏族民歌和民间小调，有其鲜明的特点。从曲式上看，有一句式、上下句式的，还有三句式和四句式的；每个乐句的小节数目也多少不等，三连音和附点切分音符较多；演唱时一字一音，属于说唱形式。因为这样便于清楚地表达内容。格萨尔调节奏较快，唱腔浑圆低沉，苍凉悠扬，唱起来铿锵有力，给人以勇往直前的感觉。

吉祥调

吉祥调，藏语称"扎西"，即吉祥的意思。有"且节扎西"和"尕顿扎西"两类。"尕顿扎西"意即喜庆吉祥，是群众在欢庆节日和喜庆的场合里唱的。格萨尔戏剧采用的就是这种"扎西"。吉祥调曲调丰富，以四句式结构和羽调式结构居多，大多节奏明快，情绪高昂。格萨尔戏剧多为大团圆结局，所以剧终时都要有一场"扎西"的音乐和唱腔，边歌边舞，在热烈欢乐的气氛中结束全剧。

十七、戏剧唱腔

《格萨尔》的唱腔多达百种以上，在有经验的说唱艺人口中，几乎每一个人物都规定有几种调子。这些调子，有的雄浑，有的委婉，既适应于人物的性格，又与故事的内容吻合。这种说唱、表演方式，对于能歌善舞的藏族人来说，是民族固有的，是人民所喜闻乐见的，它符合民族传统的审美方式，这就是《格萨尔》说唱艺术和接受者之间的契合点之一。正是这样的审美交流，对《格萨尔》的流传和发展起到了重要作用。格萨尔戏剧便是继承这一说唱传统至今。

青海省研究格萨尔史诗的学者郭晋渊先生认为，藏戏曲牌的基本特点大致可以从三十多部《格萨尔》史诗故事中发掘、摘录的有关藏戏音乐的曲牌资料中归纳出来，并可以对这些特点逐一进行深入探讨。据文献记载，《格萨尔》史诗中描摹出雏形藏戏或史诗在音乐发展方面的基本特点，有如下三方面：（1）古拙的仿声特征；（2）拟形传情到戏剧化、演绎化特征；（3）由模糊的戏剧形态向雏形藏戏音乐戏剧化发展的定型特征。郭晋渊先生认为，在史诗《格萨尔》中，远古音乐的生成源于仿生，这种仿生融入到了格萨尔音乐曲牌的名称之中。这部分可称之为仿声的音乐曲牌，为我们传达了远古的音乐信息，是这部分音乐文化材料中最重要、最原始的材料。

仿声音乐的仿声对象，就是藏区常见的飞禽走兽、草木花卉、江河湖汊和风雨雷电声、嘶叫声以及想象中的崇拜物的虚构鸣声等。从曲牌上看，这些仿声音乐不但模拟出了仿声对象的单纯音调，而且还反映出了他们的变、颤、转、换等音质色彩。不但模拟出了自然鸣声的常规音色，而且还有更细微的变化特点。这些宝贵的仿声音乐文化，为我们揭示了藏族原始音乐源起、形成的重要特征。在表演中，上场演员一律不唱，唯有一人在演出前说唱整个剧情和完成所有角色的唱腔、独白、对话，从开场白到剧情发展的全过程，直至结束，属于说唱表演。

十八、《格萨尔》戏剧韵白

藏族传统的曲艺形式丰富多彩，有民间故事、六弦琴弹唱、拉玛麻尼、折嘎、白嘎尔等。而艺人在说唱《格萨尔》时，就是吸收并综合了多种曲艺形式的表现方式与手段，以一人多角色的说唱表演充分展示史诗的故事内容，表达说唱者的思想感情。可以说，说唱形式是《格萨尔》戏剧演述的载体。果洛藏族《格萨尔》戏剧说唱调不但各种调式俱全，而且由于不受舞蹈的限制，歌舞的节奏、节拍及曲调更为多变、复杂。因而可以说，《格萨尔》说唱是一种藏族特有的曲艺品种。由于果洛格萨尔戏剧源于四川德格藏戏，受其影响，其《格萨尔》说唱调与德格地区的山歌、对歌、故事调、念经调、酒歌等音乐相互联系、相互渗透，有许多曲调在旋律、音调、节奏、节拍、风格、情绪等方面，非常接近甚至比较类似。根据实地考察归纳如下。

在民间格萨尔剧表现形式方面，一是果洛民间格萨尔戏剧只说不唱的说书形式；二是在表演过程中连说带唱的说唱形式；三是在戏剧尾声以果洛地区民间舞蹈，即载歌载舞的吉祥歌舞形式。其中，以说唱形式的表演风格尤为突出。值得指出的是无论说唱、歌唱、念白等都是由一人承担戏剧中所有人物的演唱。

在表演程式方面，果洛格萨尔戏剧在表演前要举行焚香请神仪式，而后祈祷诵经。接着要挂英雄画像而指画说唱，有戏剧主持者手捻佛珠，托帽说唱。

在专业格萨尔戏剧音乐演唱方面，表演时，每个人物出场先得歌唱，各人物也要求唱各自的专用曲调，像格萨尔、珠牡这样的主要人物就各有十几种较为固定的音乐曲调样式；同一人物在不同环境中还要求采用不同的曲调或同一曲调的变体即兴演唱。结构方式，有的以事件为中心，而有的又以人物为中心进行演唱。以上表明，民间说唱的表演形式既具有严密的规范性，又在一定程度上具有即兴性和随意性。果洛格萨尔戏剧正是通过沿袭这种说唱表现形式——说书形式的说唱表演风格，从而成为格萨尔戏剧独有的演述形态。果洛格萨尔藏戏是叙事史诗形态的，通篇都是唱词，没有一句道白（有些格萨尔剧目有少量对白）。在表演中，上场演员一律不唱，唯有一人在演出前说唱整个剧情和完成所有角色的唱腔、独白、对话，从开场白到剧情发展的全过程，直至结束，属于说唱表演。

十九、《格萨尔》戏剧说唱

说唱音乐，主要指诸如说话、讲史、说经、说书等艺术形式，是一种说唱相间，以唱为主，表演情节复杂的长篇故事的说唱音乐形式。格萨尔史诗音乐是以戏剧说唱音乐叙事形式为主要演述形式。其特点具体表现为以下几点。

1. 在一个故事中只重复使用一个曲牌，表现为两种形式，一是又说又唱，唱段间夹以说白；二是只唱不说，用同一曲牌以分节的形式歌唱多段曲词。

2. 说唱音乐结构庞大，曲调丰富，适合表达复杂的社会生活内容。

3. 格萨尔整部史诗说唱由很多套曲牌组成，每套曲牌使用不同曲调。

4. 格萨尔史诗音乐源于藏族民歌、韵文等。

5. 伴奏乐器主要是唢呐、鼓、笛、三弦琴等。

二十、《格萨尔》戏剧乐器

音乐伴奏主要是打击乐，有鼓一面、钹一副、锣一面。另外还有吹奏乐器，如唢呐两个、海螺一对、竹笛一个。有条件的寺院还运用手风琴、电子琴、三弦琴伴奏。吹奏乐只有格萨尔王、大臣上场时才使用，其音调浓重低沉，以烘托气氛，显示英雄之威。需要指出的是，其他角色上场时，尤其是走圆场或起舞时，伴奏乐为竹笛、弦乐，其声犹如丝竹音乐，委婉、悠扬，这一点与汉族戏曲音乐较为相似。

大藏鼓

大藏鼓形似堂鼓，比堂鼓略大，木制鼓框，双面蒙牛皮，鼓面直径约45厘米。大藏鼓是藏戏中的指挥性乐器，在打击乐中占重要地位，如同板鼓在京剧中的重要性一样。大藏鼓的使用会根据剧情的进展而敲击出各种复杂的节奏，一般是单槌击，和乐队一起演奏时是双槌击。

法鼓

法鼓分大、中、小三种，它是一种薄形鼓，有手持柄，双面蒙皮，大者鼓面直径约45厘米，中者30厘米，小者30厘米。此种鼓在藏戏中演奏较少，多与其他鼓钹一起演奏，以营造庄严雄伟的气氛。演奏时一手持柄，一手以长槌击鼓，有单击、连击、重击和轻击等手法。

龙鼓

龙鼓又名"神鼓"。以铁圈为框，单面蒙皮，鼓面绘有龙形图案，故称龙鼓。有手柄，柄上有铁环和铜铃。主要用于欢乐喜庆歌舞演奏场面，特别是用于开场（"雄"）和结尾（"扎西"），演员边舞边唱，故亦称龙鼓舞。

藏大号

藏大号又称大法号，由三段铜管组成，可伸缩，长达250厘米，号口直径近30厘米。演奏音域只有三个音，多用滑音、倚音，音量宏大，传音远，音色深沉浓重。它是藏戏中不可缺少的乐器，用于营造雄伟、庄严的气氛，也可表现恐怖、森严的气氛。它有时同鼓、钹同奏，用于舞蹈伴奏时效果更佳。

八角号

八角号，藏语称"五烈"。长45厘米左右，号口呈八角形，口径近10厘米，用红、黄铜加工制成，号上有雕花图案。八角号是藏戏中专用的特色乐器，音色柔和，穿透力强，近似海螺的音色，常用于紧张的气氛和号召性的情节中。

藏钹

藏钹，铜制而成，有大中小之分，在藏戏中使用的多为大钹，钹面直径约22厘米，在藏戏中和大鼓同时使用，一般与大鼓同击。演奏方法有单击、磨击、滚击、竖击、单边击、双边击、闷击等。

果洛格萨尔藏戏乐队及乐器

二十一、《格萨尔》马背藏戏

马背格萨尔藏戏，是近年来在格萨尔舞台藏剧的基础上逐渐发展起来的一种表演形式。20世纪80年代，德格竹庆寺在表演格萨尔乐舞的同时，在马背上表演格萨尔王和三十员大将、岭国数位女士等，老百姓十分喜爱这种节目。

马背格萨尔藏戏，在藏语中称"格萨尔达羌姆"。特别是在青海省果洛地区，各县都有马背格萨尔藏戏。其表演者大多为寺院僧人。马背格萨尔表演有两种形式：一是仪式性表演，二是戏剧性表演。前者格萨尔王和三十员大将、王妃等骑上各自坐骑，手持兵器或彩旗，在广场或草地上奔跑，以展现岭国将士的雄姿。举行格萨尔煨桑仪式，三十员大将围绕烟祭台，口诵祭词，祈祷护法海众，祝愿世界太平，人间吉祥，众生安乐。其场面非常壮观，从中人们可以感受到岭国将士们的古风遗韵。第二种则是真正意义上的马背格萨尔藏剧。一般为实地拍摄，根据剧情设置多个场地。如在草原上搭帐篷作为岭国及魔国营盘。天界授记、部署作战计划等在帐篷内表演。行军、作战大多在马背上。骑战表演为剧情的高潮部分。双方好汉手持兵器冲出营区，在马背上表演各种动作，以说唱方式对话片刻后开战。

马背格萨尔藏戏，是一种写实的马背戏剧表演形式，独具审美风格。每种角色都要在马背上完成唱、诵、舞、技等表演。它不受时空制约，即圆场、绕场和过场皆利用演出广场外围的崇山峻岭、河流草原、马匹进行表演，以表示人物在行路、追逐或出入场等情节。如在表演赛马过程中，演员们都要从表演场地骑马至山坡（表演场地至山坡距离为200米）绕行一周，象征"追逐"，相当于汉族戏曲中的"跑圆场"。总而言之，这种表演形式表现出舞台空间的转换。其表演风格强悍、干练，场面宏大，气势壮阔，有着浓郁的藏民族生活气息。演出的主要剧目有《姜岭大战》、《丹玛王子传》、《多岭之战》、《赛马称王》、《降伏北妖》等。

二十二、现代《格萨尔》藏剧

现代格萨尔藏剧是指一些由专业文艺团体创编的，具有一定的现代戏剧表演艺术特质的格萨尔藏戏。它具有民族特色，时代精神，现代风格，顺应了现代人的审美情趣。让更多的人了解了世界上最长的英雄史诗《格萨尔》。这种戏剧是以格萨尔藏戏为基础发展起来的舞台艺术。其戏剧构成要素较完整，有较规范化的剧本，有专业导演和音乐创制人员，舞美、灯光、舞台调度、幕与场、舞台指示等都较为规范。同时采用现代科技手段，强化剧中叙事故事的表现力。现代格萨尔藏戏，其实是一种歌舞剧。其主要表现手段是歌和舞蹈，同时也穿插了不少对白。《格萨尔》本身为说唱体，戏剧中也有说唱。除伴奏音乐外，所唱的歌绝大部分沿用了艺人唱腔。因此人们一听就知道那是格萨尔剧，而舞蹈是在现代藏族舞蹈艺术基础上创作出来的新式舞。服饰、化妆、道具与传统藏戏比较，作了很大的改进。这种格萨尔藏剧最具代表性的就是果洛州歌舞团，他们先后创演了《赛马称王》、《辛巴和丹玛》，受到观众的欢迎和专家学者的好评。青海省海南藏族自治歌舞团、四川省甘孜藏族自治歌舞团等专业文艺团体也曾排演过格萨尔藏剧。此外成都军区战旗歌舞团编演了数百演员参加的大型歌舞诗"格萨尔"，色达县格萨尔藏团排演过格萨尔歌舞诗"天牧"等。《格萨尔》戏剧化、创新化的倾向日渐明显。

二十三、主要地方藏戏

竹庆寺院《格萨尔》藏戏

竹庆寺坐落在四川省甘孜州德格县境内。于公元1685年，由第一世竹庆主持白玛仁增大师创建，是宁玛派著名六大传承基地之一，被称为竹庆母寺。该寺还办有遐迩闻名的喜日森佛学院，世代培养了诸多著名善知识。寺院历代主持对格萨尔文化倍加关注，第一世主持白玛仁增大师以开启净意伏藏（智态化）的形式，撰写了格萨尔史诗中的《分配大食财宝》，藏区不少百姓将其视为宝物珍藏家中。该寺大堪

格萨(斯)尔

布白玛巴杂尔也以开启意藏的形式,撰写了格萨尔王传《雪山水晶宗》。作为竹庆寺堪布的一代宗师居米旁大师撰著了"格萨尔金刚寿王"等系列祈供偈,在整个藏区的诸多教派中产生了深远的影响。成为寺院祈请护法的传承仪轨。时至今日不少寺院上师、僧众仍然延续着这一绝无仅有的"祈祷仪轨"。他还史无前例地创立了"岭卓德钦若莫"(格萨尔舞蹈),至今流传在一些寺院和民间。在此格萨尔文化氛围中,竹庆寺第五世活佛土登曲吉多吉(1872—1933)创建了格萨尔寺院乐舞。首次把格萨尔这一民间说唱艺术转换成寺庙乐舞艺术形态,格萨尔王及麾下大将们成为物质形象化的视觉艺术,呈现在人们的眼前。关于创立格萨乐舞的缘起,有资料记载,土登曲吉多吉活佛时常思考如何以跳神的形式,塑造格萨尔王和诸位大将的形象。令人惊奇的是在一次梦境中,岭国格萨尔王和八十员大将、七大名女、十三威尔玛战神,各将士肤色、坐骑毛色、鞍鞯、手持兵器等一一呈现在活佛的眼前,突然激活了他的灵感。不久组织各类工匠,遵循活佛创意,制作岭国八十员大将的面具、服饰、道具等。一切就绪后在寺庙广场上首演格萨尔,受到观众的热烈欢迎。以后格萨尔舞作为竹庆寺定期传承仪轨,每年的金刚橛修供大法会的最后一天演格萨尔藏戏。一般在每年的藏历2月1日,僧众们都要于清晨念诵格萨尔王的仪轨,白天跳格萨尔藏戏,成为竹庆寺格萨尔藏戏展演日。

有资料记载,竹庆寺的格萨尔羌姆木还传到了青海贵德县佐那寺等寺院。20世纪80年代初恢复了寺院格萨尔羌姆舞。竹庆寺格萨尔藏戏表演风格与寺庙金刚舞相同。它是一种祭典式面具乐舞,有专门的乐仪轨,表演时岭国八十员大将穿上华丽服饰,戴面具按寺院传统打击乐节奏跳舞,十三战神个个出场亮相,三十员大将人人登台而舞。舞蹈队形一般围成圆形。内围由大将们构成,外围为十三种战神。舞蹈结构为单人舞和群舞。每一员大将单独出场亮相,各自有不同的舞姿。幕后伴祈请唪诵声和打击乐。舞蹈动作沿袭了寺庙跳神风格。自恢复格萨尔乐舞后,竹庆寺还新编了马背格萨尔表演形式。这种独具特色的格萨尔表演艺术风格,直到今天在整个藏区都绝无仅有。因为它具有寺院乐舞特质,不可能在民间流传。寺院跳神和藏戏在历史上有着千丝万缕的联系,都源于藏族远古的傩文化。然而在它们长期的发展过程中形成了两种不同的概念。寺院跳神姆,是一种宗教祭仪舞。而藏戏是具有文学剧本的戏剧,文学剧本在整个戏剧艺术中占有重要地位。因为它规定了一个戏的主题思想、人物、情节、语言和结构,是舞台演出的基础和依据。因此格萨尔乐舞和格萨尔藏戏是两个不同的表演艺术形态,其传播和流传的方式也是不同的。

竹庆寺曾出现过许多著名的格萨尔文化学者,其中有第一世竹庆法王白玛仁增、竹庆巴珠仁波切、堪钦白玛班扎、米旁仁波切和第五世竹庆法王。除了第一世竹庆法王、米旁仁波切、堪钦白玛班扎外,还有巴珠仁波切著述了分部本《辛丹之争》,第五世竹庆法王编写了格萨尔王护法经并创编了格萨尔藏戏。

在德格除了竹庆寺外,还有协庆寺、龚垭寺、丁青寺等14座宁玛、萨迦、噶举派的寺院均有格萨尔藏戏演出。

色达《格萨尔》藏戏

色达县位于甘孜藏族自治州西北部,是一个藏族集聚的纯牧业县。色达县藏戏系安多藏戏,源于甘南拉卜楞寺,传承于多智钦寺(现为青海班玛县管辖),当时多智钦寺藏戏团是色达地区唯一的藏戏团,有学者称"北派"。它综合吸收了民间歌谣、舞蹈、说唱艺术,并在寺庙乐舞的基础上,从安多、西藏、汉地戏剧及歌舞中汲取艺术营养。以当地语言为主、安多语言为辅而形成了地区性的白话风格,而这种风格更适用于生活化表演。念诵道白清晰，表演自然，不重脸谱，注重人戏表演。效仿歌舞话剧又呈现喜剧艺术效果，人物造型鲜明，各得其宜，舞美道具亦繁亦简，开门见山，剧情、层次、节奏较其他藏戏紧凑。乐队在承袭拉卜楞寺藏戏的基础上，增加了寺庙乐舞乐器和扩音设备。

1980年，该藏戏流派传承人，色达县政协原副主席塔洛活佛（多智钦寺活佛）在县委书记珠朱的全力支持下，在色达县建立了业余藏戏团。先后编排演出了《智美更登》、《卓瓦桑姆》、《朗萨雯崩》、《松赞干布》、《敦月敦珠》等传统藏戏剧目。不久塔洛活佛亲自编写剧本，首次把英雄史诗《格萨尔》搬上了藏剧舞台，得到相关专家学者和广大受众认可和欢迎。塔洛先生成为集编、导、演于一身的格萨尔藏戏之父。他先后编排了《赛马称王》、《英雄降生》、《阿里金宗》、《地狱救妻》、《丹玛青稞宗》片段以及歌舞《英雄赞歌》、《岭国七勇士》等格萨尔节目。格萨尔藏戏是在安多藏戏的基础上发展起来的一种新兴戏剧艺术形态，然而它并非传统藏戏的复制，当然也没有颠覆传统藏戏。为传统藏戏增添了许多创意性色彩，融入了时代精神，为振兴藏戏迈出了大胆的一步，在提升格萨尔藏剧表演艺术方面作了有益的探索。以后色达藏戏团更名为色达县格萨尔剧团。2002年，该剧团拍摄了实景马背电视剧《赛马称王》，获得成功，受到国内外观众和专家学者的高度赞扬。不久又拍摄了电影电视《智美更登》，编排了格萨尔歌舞剧《天牧》等。1987年，塔洛先生在锡金等地探亲期间，受国际宁玛派佛学院的邀请，传授色达藏戏，并在那里建立了藏戏团。色达藏戏团派教员到青海果洛州的甘德县、玖治县、班玛县、黄南州的泽柯县，四川甘孜州的丹巴县、新龙县、道孚县、甘孜县，阿坝州的壤塘县等地传授格萨尔藏戏，帮助各地建立了数十个藏戏团。到目前色达流派格萨尔藏戏已流传到包括西藏在内的藏区各地，深受群众的欢迎。1993年，色达县格萨尔藏剧团进行了一次万里巡演，先后赴四省（区）、三地（州）、两市、十四县，行程一万余公里，演出近百场藏戏，所到之处无不受到当地百姓的热烈欢迎。2000年，应浙江省新四军后代委员会浙江分会之邀请，色达藏戏团赴杭州、青田、上海等地进行文化交流演出。2001年10月，该团赴北京参加《格萨(斯)尔》诞生千年纪念活动。并在全国政协礼堂、中央民族大学等地演出了格萨尔藏剧，不少观众为之倾倒。2005年8月，该团接受波兰官方邀请，赴波扎柯班内市参加"第三十七届国际山丘民俗节"，捧殊荣而归。2007年7月，受中国西藏文化保护与发展协会和英国西藏基金会共同邀请，色达格萨尔藏剧团赴英，进行其首次国外演出（演出内容为格萨尔藏剧）。他们在伦敦维多利亚、阿尔博特博物馆、和平公园、伦敦Metroplitan大学，Womad文化节、Deven郡黎艺术中心等地进行了多场演出，受到西方人和在外藏胞的一致好评。

色达县藏剧团先后在四川省藏戏调演，四川省少数民族艺术节、康巴艺术节、国际非物质文化艺术节、甘孜州艺术节上多次获奖。1986年、1996年分别获中国社科院、中国文联、国民委等四部委颁发的奖状、证书。藏剧团拍摄的格萨尔电视剧《赛马称王》荣获"全国少数民族题材电视骏马一等奖"，"四川省政府电视奖"和全国电视节目制作一等奖殊荣。在波兰举行的"第三十七届国际山丘民俗节"上，色达格萨尔藏剧团一举荣获了本次民俗节的所有奖项，囊括了六项大奖。其中，"新闻媒体最推崇奖"和"主办地政府奖"同为一个国家所得，是本艺术节历史上尚属首次。色达格萨尔藏戏已经成为具有独特艺术风格的藏戏流派，流传于藏区各地。

◎ 格萨（斯）尔

海南州佐那寺《格萨尔》藏戏

从海南藏族自治州贵德县城沿黄河向西约十五公里处，有郭密四部共同供奉的宁玛派密宗寺——佐那寺。该寺历史久远，盛名远扬，是方圆数十里群众云集朝拜之所。新中国成立以来，该寺从未间断过藏戏《格萨尔》的演出活动。

每年5月29日这天，来自罗汉堂、雅隆、曲那等郭密四部落八口锅（集会时每一自然村支一口大锅，以供村民共同烹调和食用）。近千余名藏族群众身着节日礼服，前来观看以《降魔》和《霍尔大战》中的部分章节为题材的藏戏《格萨尔》的演出。多年来，这已成为当地一种风俗。所有演出人员都是当地宗教教职人员及普通群众，共有二十多名。其中年龄最大者五十岁左右，年纪最小者为十岁左右的少年儿童。演出以"说"、"唱"和"跳"三种形式为主，配有以演奏藏族传统乐器为主的乐队进行伴奏。

佐那村宁玛派寺院演出《格萨尔》藏戏始于1941年。因佐那寺乃康区竹庆寺之子寺，该寺活佛（康格钦，俗名仁青南杰，现任海南州政协副主席的前世）遂派两名信使赴竹庆寺请求，该寺立即委派《格萨尔》戏团团长司都到佐那寺传授技艺。经过一年的认真排练，于次年5月29日起正式开锣演戏。随之改巴寺的广大僧俗群众也对学习藏戏《格萨尔》产生了不可抑制的激情，继而派出几名机灵的小伙子前往佐那寺学习，学成后于每年正月初六演出。"文化大革命"期间《格萨尔》的演出虽然受到了一些挫折，但十一届三中全会之后，藏戏《格萨尔》的演出又像雨后春笋一样活跃在舞台上，使广大藏族群众能够一饱眼福。此间喜悦，自不可言喻。特别是格萨尔大王英俊威武的英雄形象和老总管绒查叉根及商人首领诺布二人脍炙人口的说辞，森姜珠牡和梅萨二人的吉祥祷词等更使人称赞不已，记忆深刻。

目前，从演出的技艺到道具虽然还有诸多不尽人意之处，但随着世人对《格萨尔》重视程度的进一步提高，藏戏《格萨尔》的演出条件在逐年改善。

果洛州隆恩寺《格萨尔》藏戏

隆恩寺，藏语称"龙恩图丹群科林"，位于青海省果洛藏族自治州甘德县东南部，下贡麻乡境内东柯曲河对面的隆恩滩。靠山面河，开阔向阳，占地面积约200亩。隆恩寺是甘德县规模最大的一所宁玛派寺院，母寺为四川省德格的竹庆寺。该寺院拥有堪称一绝的格萨尔人物檀香雕刻艺术群；独具特色的建筑艺术——雪域宝塔夏荣卡肖，此塔目前已成为亚洲第一高塔，名扬国内外。

隆恩寺《格萨尔》藏戏团是本寺的寺主班玛登保活佛于1982年组建起来的。该藏戏团当时不仅是果洛地区唯一的表演团体，而且是改革开放以来实施抢救和保护《格萨尔》的第一个民间团体。同年，寺主班玛登保活佛为了使果洛地区《格萨尔》得到进一步传承和发展，创建了玛域《格萨尔》文化中心，得到原佛教协会会长赵朴初及众多国内外知名人士的关怀和支持。赵朴初先生也亲自为其题字——"玛域格萨尔文化中心"。之后，寺主活佛，挑选有艺术天赋的几位僧人，前往四川甘孜州色达县学习藏戏的基本知识和基本动作。他们回寺后，组织45位演员，编排了具有果洛特色的《格萨尔》的《赛马称王》，表演十分成功，受到了当地僧众的高度赞扬。目前演职人员已发展到80余人。隆恩寺藏戏团所表演的《格萨尔》，虽然是从色达学来的，但是追根溯源，它的根就在德格竹庆寺，这是公认的。据有关资料介绍，《格萨尔》藏戏的创始人是竹庆牟居南卡多杰先生。当时，班玛登保活佛在组织表演《格萨尔》藏戏时，听到过来自四面八方的不同声音。但是，寺主活佛宽宏大量，没有理睬风言风语，一心一意地发展史诗，保护史诗，受到了全国《格萨尔》工作领导小组和青海省《格萨尔》工作领导小组的好评和表彰。现在，在相关单位和相关领导的关心和支持下，他们的藏戏团每年多次在甘德县、达日县、玛卿县等地表演，多次也在色达、德格、海南、海西等州进行表演。他们的演出不仅受到了当地百姓的热烈欢迎，甚至有许多群众在观看演出时流出了激动的眼泪。寺主班玛登保活佛健在时，曾多次说："应该感谢全国《格萨尔》工作办公室的领导，降边嘉措、杨恩洪，青海《格萨尔》工作领导小组的格桑多杰、角巴东主等领导的关心和大力支持！"寺主活佛圆寂后，他的儿子红格多杰活佛，继承了父亲的事业，一心多方筹措资金，扩建玛玉《格萨尔》文化中心，并不断地传承和发展着藏戏《格萨尔》。2005年红格多杰活佛组织相关人员编排了《霍岭大战》电视剧，用三种语言播放，深受群众的喜爱。这里值得一提的是，班玛登保活佛他老人家既是组织者，也是藏戏表演者。另外寺内还有国内知名的《格萨尔》说唱艺人昂仁和掘藏艺人格日坚参（已出版17部《格萨尔》说唱本），以及有很高藏传绘画技艺的尕日洛等，他们凭借各自的特长不断地为寺院文化添砖加瓦。

海北州沙陀寺《格萨尔》藏戏

沙陀寺，藏语称"华沙陀扎西群科孟金郎"，意为"吉祥法轮洲"。

沙陀寺坐落在青海省海北州刚察县泉吉乡年乃索麻村境内、布哈河畔卓龙沟东、拉日优杰山前，地处青海湖旅游景区。清顺治十年（1653）五世达赖喇嘛罗桑嘉措受诏进京觐见皇帝，受封诏归返西藏途中，途经刚察县泉吉乡西沙陀山梁时，为祈祷海神保佑，举行了规模宏大的法事活动，信教群众为五世达赖喇嘛修建了一座讲经台。后来，为纪念五世达赖喇嘛，信众在达赖喇嘛讲经的沙陀山梁上用泥土做了一座大塑像。随后，建立了一座俄博（藏语称旦盼俄博）及闭关禅房等。从此沙陀山梁成为虔诚信众向往的圣地，吸引了无数信众到此煨桑拜佛。

清康熙四年（1665），云游僧人多哇喇嘛把五世达赖喇嘛赠送给他的一尊四臂观音像作为主供佛像，在沙陀山梁上修建了经堂，这便是沙陀寺最初的宗教建筑。

经过漫长的日晒风吹，最初的小佛堂成了一个泥土堆。当时人们称它为"土堆寺"（沙陀意为一个土堆）。后在土堆的周围，许多修行者又建立了许多小闭关禅房，长期在此修习佛法。

在多哇曲吉昂秀和协嘎尔巴大师的主持下形成账房寺院。此后青海湖海心山的千手千眼观世音菩萨殿、闭关禅和沙陀寺均交给第二世协嘎尔巴管理。

清乾隆六十年（1795），同德郎加高僧尕日旦到沙陀寺，协嘎尔巴把沙陀寺的管理权交给了第一世尕日旦活佛。在其主持管理下，这里佛事更加兴隆，尕日旦活佛逐渐成为第一任主持寺院的活佛，寺院逐步发展成为宗教活动的殊胜重地。历史上该寺僧众素有在青海湖海心山修行的传统，藏族历代的许多高僧大德到达此地，开坛讲经。此地培养了许多很有成就的名僧，从古至今具有较高的声誉。

历代的尕日旦活佛在寺院的建设和僧人的培养等方面都作出了巨大贡献。尤其是现在，在第五世尕日旦活佛的亲自主持下，古寺的面貌发生了翻天覆地的变化。1982年，沙陀寺由沙陀地区迁往今址重建。在新建寺院的同时，完成了大藏经石刻和嘛呢石刻，以及成千上万的佛像石刻，形成了宏伟的嘛呢石墙，并在寺院前修建了具有高原特色的八宝佛塔。今天的沙陀寺规模宏大，建筑雄伟壮观，成为环湖地区最大的藏传佛教宁玛派寺院，赢得了佛教界的高度评价。

沙陀寺《格萨尔》藏戏的表演，也是第五世尕日旦活佛发起的。尕日旦活佛15岁（1946）时曾到四川竹庆寺学经，以贡宝和扎哇思德二活佛为师，和该寺部分僧侣一起学习经文的同时学习了藏戏《格萨尔王传》中的《赛马登位》之部的表演。尕日旦活佛回寺院后，将《格萨尔王传》这部史诗的部分剧本的表演艺术教给僧侣们并进行演出。他们最为擅长的便是长篇英雄史诗《赛马登位》之部。

20世纪50年代（1958），沙陀寺遭到严重破坏，寺内佛像和法器也都被毁坏或下落不明，尕日旦活佛本人也受到了巨大的冲击，遭受了20多年的牢狱之灾。

后来尕日旦活佛重新组建表演《格萨尔》藏戏。1993年他邀请四川德格竹庆寺多智堪布曲嘎和堪布旦桑二位《格萨尔》藏戏专家，到该寺向僧侣传授藏族传统藏戏《智美更登》、《诺桑王子》、《朗萨奥奔》、《雅热旋奈》等藏戏，僧侣们学得了《赛马登位》的表演。这部剧本反映了当丑陋、矮小的少年格萨尔在比赛的关键时刻一路当先到达终点时，一改他往昔的容颜，变成一个英俊的骑士和勇敢的射手，有突然得势之意，遂取名格萨尔诺布占登的主题。据说，沙陀寺藏戏的唱腔有诵经调、仲调、吉祥调等，是典型的宗教音乐。诵经调是寺院喇嘛诵经时诵唱的曲调。仲调，则作为说唱格萨尔的唱腔，即在该寺演出《格萨尔王》藏戏时保留着。说唱格萨尔的唱腔非常丰富，形成独特的唱腔。格萨尔唱腔不同于一般藏族民歌和民间小调，有其鲜明的特点。如《格萨尔出征》一剧的演唱，一字一音，属于进行曲。格萨尔调节奏较快，唱起来铿锵有力，给人以勇往直前的振奋力。

除了努力提供学习藏戏表演的机会外，寺院还提供了资金并邀请雕工和艺人制作了格萨尔王剧团的甲胄、面具和服饰，随后确定了格萨尔王藏戏的剧本、导演和20人以上的演出人员，这台藏戏每年农历8月1日至5日在该寺院中演出。该演出队先后参加过省、州、县文艺演出和青海省文化旅游节活动，得到了广大国内外游客和观众的好评。

果洛民间《格萨尔》表演团体

格萨尔藏戏表演的组织机构，一般以寺院演出为单位，寺院设立藏戏团或藏戏队，以寺院名称命名藏戏表演机构的名称。在青海果洛就有24个寺院藏戏团。他们分别是青海果洛州班玛县知钦寺、甘德县龙什加寺、龙恩寺"格萨尔"马背藏戏团、久治县阿索寺、德合龙寺藏戏团、达日县查郎寺"格萨尔"马背藏戏团等寺"格萨尔"藏戏团。他们均建立于1958年左右，后因故停演。1980年前后又得到恢复。演出时间为正月春节期间，主要是在初三、四、五、六、七演出。藏戏以《格萨尔传》史诗为主，由果洛各寺院的活佛依据《格萨尔传》和《格萨尔故事》节选改编，并由他们兼导演。演出剧目主要有《赛马称王》、《天岭卜筮》、《英雄诞生》、《十三轶事》、《霍岭大战》等。演出地点一般设置在寺内场地。果洛格萨尔藏戏的演员全部由寺内僧人担任，俗人群众一概不参与。在演员的选择上，注重人的天赋，选择一些聪明伶俐、好学上进、长相端庄的僧人，女角则选择扮相漂亮的僧人男扮女装。青海果洛格萨尔藏戏在各寺院表演的形式主要分为两种，一种是广场马背藏戏，一种是广场藏戏。广场马背藏戏是在马背上表演的一种艺术形式，在马背上每角必唱、念、舞、技等，完成唱念做打表演。2002年各寺院"格萨尔"藏戏团参加了"玛域'格萨尔'文化艺术节"的藏戏演出。

果洛"格萨尔"藏戏多分布于果洛藏族自治州班玛县知钦寺、甘德县隆什加寺、龙恩寺、久治县阿索寺、德合龙寺、达日县查郎寺等，均称为"格萨尔"藏戏团。20世纪三四十年代，"格萨尔"藏戏团有30余个，几乎全州各寺院都在演唱"格萨尔"藏戏。1958年宗教改革，寺院关闭，藏戏停演。1980年前后又得到恢复，纷纷建立和恢复的藏戏团共计24个。可以说，这些民间藏戏团在以不同形式传承这一古老的史诗。

果洛州《格萨尔》藏戏团

果洛州格萨尔藏戏团成立于1979年，长期以来以表演藏族歌舞为主，自2001年7月开始表演格萨尔藏戏。2002年7月，首次将《赛马称王》搬上舞台，在果洛草原巡回表演40余场，受到广大藏族群众喜爱。2009年参加青海省藏戏调研活动，该团的剧目《赛马称王》在青海省西宁剧场举行公演，2010年参加省委宣传部"五个一"评选活动。

果洛格萨尔藏戏团演员、编剧和舞台设计师

泽库县《格萨尔》马背藏戏团

泽库县格萨尔马背藏戏团成立于2009年，长期以来以表演格萨尔藏戏为主，演员有30余人，其中女性演员有10余人。女演员更藏吉，30岁，会演唱曲调达10多种，其表演独具特色。2010年该剧团开始在泽库草原巡回表演《赛马称王》藏戏，受到广大藏族群众喜爱。

第十五部分　风物遗迹

一、格萨尔遗迹遗物概要

格萨尔的风物遗迹主要指历史上遗留下来的反映有关格萨尔史诗中的人物及其战事、生活场景、生产生活用具等的遗址、遗迹、遗物、神山圣水及其传说等，分为人文和自然两个方面。

藏族英雄史诗《格萨尔王传》在藏区从古到今广为流传。它不仅是藏族文化宝库中的一颗璀璨的明珠，也是中国乃至世界文学百花园中独具藏族风格和高原特色的一枝奇葩。在藏区至今依然活跃着众多才华横溢的民间《格萨尔》说唱艺人。他们源源不断地创作和传播各种新的《格萨尔》内容，不断给史诗注入新鲜血液，使史诗得以不断丰富和发展。作为一部抒情与叙事结合、历史与神话融合、情感与理性呼应的神圣叙事，涉及以格萨尔王为首的三十员大将关于波澜壮阔英雄业绩的遗迹遍布整个藏区，且形态各异、寓意深远。几乎每个遗迹都有一段想象丰富、语言优美、生动有趣的传说故事。

正如著名学者前贤居米旁嘉央朗杰嘉措（1846—1912）所说的那样："祖师释迦牟尼有八万四千种佛经；瑜伽师米拉日巴有八万四千种道歌；英雄格萨尔有八万四千种故事。"的确，每个黑头藏民口头都有一段《格萨尔》，它不仅是融汇藏区人文与自然精华的荒漠甘泉，荡涤心灵，愉悦身心，而且为了使它们永驻人间，泽被后代，用独特的方式将它们建构成一个个物理化的世界，并赋予无尽的意义，呈现在世人面前。如今，无论在巍峨的雪山，还是在广袤的草原，无论是在峻峭山峰还是在风光迷人的江河源头，我们都能看到"格萨尔王的寺院"、"格萨尔俄博"、"格萨尔宫殿"、"晁同的石城"、"嘉洛顿巴坚赞的土城"、"格萨尔的棋盘"、"贾

◎格萨(斯)尔

察阵亡地"、"珠牡的帐篷"、"梅萨的织布机"等遗迹,并与《格萨尔王传》中所提到的地名和城名相吻合。除此之外,尚有人们以藏族传统的"考古方式"发掘和保存着种类繁多的关于格萨尔时代的器皿、武器、法物、装备、生活用品等,包括格萨尔坐骑的金鞍、宝刀、弓箭、头盔、晁同的宝剑、珠牡的腰带等。它们是《格萨尔》史诗在另一种视野下的"叙事",也是物态化的"叙事文本",颇具研究价值。

格萨尔的遗物

这里的遗物指的是格萨尔和三十员大将遗留下来的各种实物,在藏区这种遗物不仅随处可见,而且有些遗物还有文字记载。

1. 藏区六大黄教寺院之一拉卜楞寺的陈列馆中现今仍存有格萨尔王的宝剑和马鞍。据有关资料记载,宝剑和马鞍是一位叫岭仓活佛传下来的,他的真名叫东主嘉措,曾任拉卜楞寺第十位法台,他是岭国王的后裔。

2. 藏族学者降边嘉措在其《格萨尔初探》中这样写道:"阿里的一座寺院里,直到民主改革时,还保存着很多大刀、宝剑、长矛、马鞍,在护法神殿里,珍藏着七副铠甲。据说当年格萨尔降伏克什米尔地区后,将缴获来的一部分战利品送给阿里国王。阿里国王非常高兴,把它们作为最珍贵的礼物,世代相传。"

3. 藏族著名学者毛尔盖·桑木旦在《格萨尔其人》一文中说:"德格的岭仓土司是岭僧钦王之后裔。《岭仓世系》记载:'从色·扎纳孜杰至岭·古司王之间,共经历了四十九代',岭仓土司现在在印度,岭仓土司的家乡还有过去岭·格萨尔的营寨遗址及格萨尔等人的兵器、象牙、印鉴等。在邓柯吉索雅路口,有格萨尔神庙,那里还有传说是格萨尔用过的甲胄、弓箭、鞍鞯等物,现在如何尚不知晓。"

4. 普布觉阿旺强巴在叙述西藏乃东历史时也提到了格萨尔的遗物:"按照宗喀巴大师的指教,在乃东用金铜制成的释迦牟尼像内装有佛骨、格萨尔的剑、矛、箭,宗喀巴大师的一套衣服等等。"

5. 玉树州囊谦县(属噶举派)的岭国达那寺周围有数座大小不一的灵塔,在塔身用金粉书有大将的姓名和爵位。寺内有格萨尔的王冕、金鞍、金甲、宝刀、神弓等物品,以及大将的银鞍和兵器、王妃及三十员大将的家眷佩戴过的装饰品等。1991年在北京举办《格萨尔》成果展时,从玉树州的江永慈诚同志带来达那寺珍藏的一卷用金粉书写的《八千颂》长条书。据说是格萨尔之父僧伦王归天之后,格萨尔出资书写后捐赠给该寺的。50年代末到60年代初,在青海组织人员搜集《格萨尔王传》时,征集到许多有关格萨尔的文物资料,其中有剑、矛、弓、箭、铠甲、马鞍等。可惜大部分均在十年动乱中散失,现在在青海省《格萨尔》研究所仅存有格萨尔的一副头盔和双箭。

6. 在离青海玛多县扎陵湖不远的地方,有一座名叫"珠牡马圈"的山峰。据当地群众反映,在那座山峰上,经常可以捡到一些箭头、铠甲上的铁片等物。人们分析这里很可能是一个古战场,类似的遗物还有许多。

这些文物不仅是现在我们能够看到的实物,而且每件遗物的来源都带有格萨尔或三十员大将的传说;这些遗物大部分在历史较长的寺院里珍藏,且有历代藏族文人学士的记载。

格萨尔和三十员大将的遗迹

在果洛州达日县查朗寺附近,有一称作"具达尔"的黑土沟口有格萨尔的狮龙宫殿遗址。1993年在宫殿遗址处集资一百多万元新建了格萨尔狮龙宫殿。宫内塑有格萨尔的铜像和三十员大将以及珠牡、乃琼的塑像,墙壁上绘有格萨尔战神的壁画,目前正在举政府之力扩建。四川芒康宗有一地方叫普若娘宗,相传晁同的老家就在那里,因史诗中晁同的城堡叫"普若娘宗"，故此而得名；在德格的江热地方，有格萨尔的兄长贾察的城堡——银水怒宗之遗址，果洛州玛多县扎陵湖南边，有一旧城的遗址，相传是嘉洛顿巴坚赞的城堡；海南州共和县石乃亥乡的附近有一座用石块垒成的石城，人们叫"辛巴石城"；在阿尼玛沁山脚下，大武乡和东倾沟乡交界处有用巨石垒成的煨桑台，台长、宽、高比例相等，大小约一间藏家普通房屋。传说当年岭国每逢喜庆的日子或战争、灾难，格萨尔大王就到这里煨桑祀神，以求岭国太平、消灾灭难，故当地人称其为"桑下"。西藏那曲索县的赞丹寺，意为檀香树寺，据说寺中曾有一颗檀香树。传说噶妃拉姆生下格萨尔后，剪脐带时，一些血流在地上，不久在那里长出一棵又粗又大的檀香树。后来人们将它砍了作栋梁，建了一座寺院，取名赞丹寺。在果洛州达日县境内，有一座用鹿角、野牛角和牦牛角堆砌成的城堡，人称"阿达角城"。这一角城一直完好地保存到民主改革时才被拆毁。像此类遗迹和传说在四川的阿坝、甘肃的甘南、青海的玉树、果洛等地还很多。在这些遗迹中有许多与《格萨尔》传说中的遗址相一致。比如，《格萨尔综合本》中有这样一段话："扎陵、鄂陵、卓陵有三湖，扎陵湖边有嘉洛，鄂陵湖边有俄洛，卓陵湖边有卓洛。"这里所说的"嘉洛"和"鄂落"完全与史诗中叙述的扎陵湖和鄂陵湖边嘉洛顿巴坚赞和俄洛旧城遗址相符。《格萨尔王传》中说："达日河的黑土沟口有格萨尔的宫殿，这里是黄河下部玉隆松多地。"据有关资料反映，"达日河的黑土沟口"指的是现在离达日县城20公里处，查朗寺附近发现的格萨尔狮龙宫殿遗址。

二、以自然界的各种景物形状和颜色命名的格萨尔遗迹部分

以自然界相似的景物形状命名者

从青海省会西宁到贵德县途中的拉脊山上有一座高高矗立的石柱，从远处看形状酷似藏家的拴马桩，故而人们称其为"格萨尔的拴马桩"；在离黄南州河南县城10公里处有一块直径约一米的圆石，人们称为"格萨尔的练功石"；海北州岗察县吉孟乡的夏季草场上有一座很高的四方大山，其形状如藏家的方桌，因而人们把它称为"格萨尔的餐桌"；位于青海湖南边的隆保赛钦山上有三块奇特的大石，远处看去就像牧民野炊搭起的三块石，人们称其为"格萨尔的三灶石"；共和县倒淌河乡的夏季草场上有两座外形与帐篷和蒙古包极为相似的山，人们称其为"珠牡的帐篷和包"；尖扎县措周乡政府对面山坡上有一块巨石，上面印有一个巨大的马蹄，马蹄中间还有一个小孩的脚印。当地人们说，这马蹄印是当年格萨尔王的坐骑留下的，而那小孩子的脚印则是格萨尔大王小时候的脚印。除上述以外，还有"格萨尔的石梁"、"石柱"、"晁同的石城"、"辛巴的三灶石"、"珠牡的羊群"、"格萨尔的马鞍"等不胜枚举。当地人民群众不仅将它们视为圣迹加以膜拜，而且有些地方还举行盛大的祭祀活动。

以自然形成的印迹而命名的格萨尔的遗迹

格萨尔王的遗迹就如妇孺皆知的《格萨尔》故事一样，从卫藏、康巴到安多整个藏区普遍存在。尤其是在长江、黄河、澜沧江的源头和青海湖周围，那些遗迹中常见到格萨尔的马蹄印、狗爪印，还有他的手印和脚印等许多遗迹。那些遗迹个个都有符合格萨尔史诗情节的生动故事，这些故事对弘扬和继承格萨尔精神起到

◎格萨（斯）尔

了不可低估的作用。此外，雪域藏人自古以来就有以自然形成的山水和天然的颜色来命名格萨尔遗迹的习俗，而且那些遗迹都有一部格萨尔的生动故事，并具有较高的民间文学价值和学术研究价值。

以颜色命名者

在青海省黄南州河南县托叶玛乡有一湖叫仙女湖，湖边堆满了大小和颜色与"曲拉"（意为奶酪）相似的小石子堆，人们称这些石堆为"珠牡的曲拉"。每到夏季，藏族妇女成群结队地来到仙女湖边捡石子堆"曲拉"以求今年多打酥油和曲拉。从同仁县到循化县途中的一条沟里，有一块房屋大小的黄色巨石，巨石旁边撒满了小石子，人们称它"珠牡的曲拉和酥油"；共和县石乃亥乡尕是拉村的夏季草场上有条叫哈达沟的小山沟。沟里大大小小的白石头到处都是，远处看像牧人放牧的一群羊，人们称其为"珠牡的羊群"。

以上这些遗迹在藏族地区流传广泛，深入人心。这些传说遗迹是随着《格萨尔》的流传、演变和发展而产生的；而这些传说遗迹的出现，又使《格萨尔》本身得到了更广泛的传播，扩大了它在群众中的影响。同时，体现了格萨尔是一位很有威望的岭国国王，是一位具有传奇色彩的英雄人物。在人们的心目中，他是一位生活在人间的神通广大的天神，具有超人的本领。

以自然物形状而命名的格萨尔遗迹

格萨尔王的拴马桩

位于青海贵德县境内的阿玛索格雪山东边，有一个非常美丽的大草原，名叫尼色贡卡。经过这个草原约行二十公里处，有一个天然形成的拴马桩会出现在你眼前。如果初次看见，那是黄土筑起的一根柱子，如同一名勇士有意地钉了一个大木桩一样，约有十几米高，所有从这里经过的人看见这个奇特的拴马桩，都会情不自禁地说，这个拴马桩是雄狮大王格萨尔在降伏魔王征途中拴过赤兔神马的马桩。那么为什么叫它雄狮大王格萨尔坐骑的拴马桩呢？

据说当年雄狮大王格萨尔把岭国十三美女当作朋友供养起来，正在一处闭关静修之时，一天，梅萨奔吉就像往常一样在帐房门口摆展纺织架，开始织布时，忽然间，从上方刮起红色旋风，从下方刮起黑色狂风，黑魔王鲁赞像老鹰抓羊羔一样，把梅萨奔吉带上了天空。这时，天姑贡曼杰姆左踩一块门板似的云，右踩一块门板似的云，前边有一块门板似的白云在迎接，后靠一块门板似的彩虹在送行，不久腾空而至，对格萨尔王说：

您不要安睡快起床，
白梵王已经有预言，
快去降伏北方鲁赞王。

听了这个预言后，格萨尔王立即身穿戎装盔甲，腰系箭袋，跨上良驹绛果叶哇，向着不驯的魔地出发了。这时，王妃森姜珠牡心中迷惑不解，非常痛苦，坐立不安，于是来到岭国的纳玛滩地方，哭声如雷，并喃喃低诉。此刻，岭国十三名美女烧好奶茶送到她的面前，请她喝一碗酥油茶，但她心想："大王不在这里，我今后不知该依靠哪一位？"于是就变得迷迷糊糊，寝不安枕，食不甘味。过了一会儿后，她突然醒悟似的吩咐说："我不能住在这儿，我要跟着大王去征战，快给我的坐骑备好鞍。"第二天清晨，森姜珠牡骑上她的母马洛赤，去追赶格萨尔大王。经过许多山川，来到了一个水草肥美的宽阔地带。这时王妃珠牡看见雄狮大王格萨尔把他的坐骑绛果叶哇拴在那个天然形成的拴马桩上，在旁边甜甜地贪睡。就在那里，他们俩悲欢交集地相会，并同住了三天。格萨尔王的坐骑绛果叶哇和珠牡的母马洛赤每天晚上同拴在那个拴马桩上。从此以后，这个传说故事在当地流传开来。

这一被称为雄狮大王格萨尔拴马桩的巨型立柱，就在从西宁到贵德县的途中，大约从西宁起程60多公里处公路边上。

格萨尔王的练功石

黄南藏族自治州河南蒙古族自治县所在地前面有一片广袤而美丽的草原。穿过这片草原，经过一道像虎狮对峙的险峻的羊肠小路，向西南方再行走十几公里，便又是一块平坦而开阔的好地方。这里布满了肥壮的牛羊马群，四五户牧民的牛毛帐篷和蒙古包悠然地扎在各自的放牧点上。从向着右方的一条深沟走去时，就能看到被称为格萨尔王练功石的那块绵羊大小的石头。这块石头与其他普通石头不一样，上面不但有手握过的印痕，而且有油光光的一道标志。石头的形状是圆的，周围有许多样式各异的石头。但当你睁大双眼，在众多的石头中无论再仔细寻找也绝对找不到与那块石头形状相同的石头。

据说佛陀的弟子、莲花生大师的化身——英雄诺布占堆（指格萨尔）年幼时，为了降伏四方魔国，征服十八大宗，他每天要不断地用这块石头锻炼身体。尤其是到了15岁，他登上岭国王的黄金宝座后，更是刻苦练功。不论是刮风下雨，还是寒冻冰雪，他每天清晨起床后，先到练功石旁边，一会儿举起，一会儿放下，从未间断过。正是由于这样认真持久的练功，所以格萨尔王身强力壮，力大无比。据说他一只手能举上千斤的重量。而且格萨尔王还将岭国所有勇士集中起来，他首先在大家面前表演武艺做示范，并发号施令："如果要降伏敌人，首先要练好本领。"与此同时，让大家轮流举起他的练功石，结果没有一个人能举起来。从那时起，岭国上下都形成了崇高武艺、勤练武艺的规矩。

还有这样一段有趣的故事，相传那块圆圆的巨石曾是格萨尔王降伏魔鬼时用过的战石。为什么这样说呢？很久以前，这个地方降生了一个从鼻孔中能喷出一团黑色云雾，口中能伸出一条闪闪发光的火舌，吞噬人间所有动物且贪得无厌的魔鬼。英雄诺布占堆知道了这个桀骜不驯的魔鬼正在残害无数生灵，便毫不迟疑地头戴白盔，身披青铜铠甲，腰带箭袋，速跨骏马绎果叶哇，飞快抵达知嘎宗那个凶恶魔鬼的所在地。魔鬼闻讯后，迅速翻山越岭，逃到名叫知甲果的地方。格萨尔大王从很远的地方，将神箭东雪嘎姆搭在神弓拉果其哇弦上，"嗖"的一声发出去，正好射穿了魔鬼的大腿，并将其身后的石山劈成两半之后，那支箭又自动飞回大王手中。但是，魔鬼由于修成了铁命，虽然大腿被射断了，但仍不断地逃窜，穿过九重高山，越过九个平滩，逃至一个广阔的山沟北面。正思谋着稍微休息一会儿时，格萨尔大王像飞鸟一样，紧紧地追赶上来，把魔鬼捉着。此刻，地上马上出现的一块绵羊大的石头，格萨尔大王握在手中，狠狠地向魔鬼的头上抛扔，残暴成性的魔鬼发出一声惊天动地的巨吼，倒地一命呜呼了。

总之，当地的人们看了那块练功石，都会自动地摘下头上的帽子，围绕巨石转三圈，以缅怀雄狮大王格萨尔，这已成为一个约定俗成的规矩，还有每年盛夏，当地年轻人在那里欢聚在一起时，都来举一举那块石头，比一比谁的力气更大。

珠牡的帐篷

雄伟壮丽的雪山，位于海南藏族自治州共和县倒淌河乡的夏季草场上，坐落着被称为阿妈索格的群山。《格萨尔王传》中女主人公森姜珠牡的帐篷所在地就在阿玛索格雪山环绕的一个名叫七湖沟的地方。从远处望去，七湖沟的东边有两顶酷似帐篷的小山丘。但到近处一看，原来是草丛和各种鲜花覆盖的两座小山丘，从平地上高高突起，宛如藏家牧民居住的两顶普通帐篷，人们把它叫作珠牡的帐篷。清澈的河水从旁边哗啦啦地流淌着，仿佛给人们讲述着一个美丽动人的故事。

话说格萨尔大王赛马夺魁，登上岭国王位的宝座后，岭国上下欢呼雀跃，人们陶醉在欢乐的气氛中。时过几日，天姑贡曼杰姆降下预言，命令格萨尔赴北地降伏妖魔鲁赞王。于是，格萨尔遵照天姑的旨意前往北地降魔。珠牡知道此情后，心情万分悲痛，难以抑制的泪水像断了线的珍珠串一样往下掉，实在按捺不住内心的痛苦，便骑上心爱的黑母马去追赶格萨尔。于是，翻过许多高山峻岭，穿过一座座茂密的森林，来到了一个名叫七湖沟的、胜似仙境的地方。此地的东边有一块水草肥美的山谷，的确让人流连忘返。就在此地，珠牡与格萨尔终于相逢了。此时，已日落西山，苍茫的暮色笼罩住整个山谷。格萨尔和珠牡双双下马，铺上鞍垫，准备在此过夜。到了三更，天姑贡曼杰姆在空中唱道：

"岭国大王格萨尔，
不要贪睡快起来；
今晚珠牡已熟睡，
现在正是走的好时候；
不必痛苦快起程，
我将用幻术挡住珠牡的去路。"

说毕，便消失在空中。格萨尔看到珠牡的确在酣然大睡。于是，遵照天姑的旨意，蹑手蹑脚地骑上赤兔马向北方走去。

第二天天刚亮，天姑贡曼杰姆便在珠牡和格萨尔之间变幻出一条滚滚大河，将赤兔马变成一棵檀香树，长在河的北边；把格萨尔的盔甲变成一件袈裟；把头盔变成一顶黄帽；把格萨尔变成一个喇嘛，披着袈裟，戴着黄帽，靠着檀香树，盘腿坐在河岸上。珠牡醒来后，四处张望，可是未看到格萨尔的踪影，顿时，愁云涌上心头，再也无心在此待下去，便骑着黑母马，顺着赤兔马的足印追赶格萨尔。大约走了一杯茶的工夫，一条大河挡住了她的去路，珠牡看到咆哮奔腾的河水，心灰意冷，不得不掉转马头返回岭国。当她经过人烟稀少的荒山野岭，来到七湖沟东边的山谷时，整个大地被浓雾笼罩着，眼前白茫茫的一片，辨不清东南西北，珠牡束手无策，不由自主地喃喃自语："怎么办？今晚我住在哪里？"正在她急不可耐、六神无主之际，天姑贡曼杰姆为了不使珠牡遭到野兽的袭击和食宿的危机，在此地用神力变幻了两顶食宿兼备的帐篷，供她使用。帐篷的周围有绿色的草地，潺潺的溪水，满山遍野布满了成群的牛羊。珠牡看到这些后，心情比先前有所好转，脸上露出了微笑。那晚，珠牡就在这个神帐内度过了一个美好的夜晚。因而，人们将其称之为"珠牡的帐篷"。后来，这两顶帐篷慢慢变成了两座绿草丛生、布满鲜花的小山丘，远看犹如两顶藏家牧民居住的普通帐篷。人们称之为"珠牡的帐篷"。

珠牡的衣柜

学富五车、德行高深的爱国大师道帏格西喜饶嘉措诞出生在青海循化县道帏沟。从大师的故乡往里行走，在举世闻名的孟达天池的源头嘉姆泉水以下，有两块酷似古代衣柜的方形巨石，传说是珠牡存放衣裙的柜子。

这两块灰白色巨石的体积如两扇大门，因过往行人经常用手触摸，显得非常光滑舒适，周边的绿草丛中镶嵌着朵朵赛钦花。

据当地老人介绍，很早以前，惩强扶弱的格萨尔大王听从天姑贡曼杰姆的预言，身着铠甲，佩带三种兵器，骑上千里马绛果叶哇，策马扬鞭，为降伏恶魔鲁赞而奔赴魔国之后，岭国的祸害晁同利欲熏心，投靠霍尔国白帐王，向他泄露了岭国的很多机密，给原本和睦友好的霍岭两国无故挑起争端，招来霍尔国百万大军兵临城下，不仅夺走了诸多岭国将士的性命，而且抢走了倾国美人珠牡，同时将装有珠牡华丽衣裙的衣柜一并掳走并驮在一匹力大无比的骡子上仓皇逃回。当走到道帏沟，稍事歇息时，岭国英雄察香丹玛向查因听说珠牡被抢，气得火冒三丈，骑马挥刀直追霍尔兵马。察香丹玛因英勇善战，威不可挡，在百万霍尔将士中横冲直撞，手中的宝刀像镰刀割草一般轻易斩下许多敌人的首级。但终因寡不敌众，未能抢回森姜珠牡。当时，受到惊吓的骡子将衣柜丢在原地，未能带到霍尔国。为使岭国上下不忘记这欺霸男女的耻辱，两个灵气通人的衣柜变成了两块巨石，永远留在了这个地方。

此外，据说当地是一个亘古以来比较贫穷、落后，居民大都过着衣不遮体、食不果腹的生活的地方。但自珠牡的衣柜遗留在道帏沟后，这里的土地拥有了八瓣莲花之精，天空具备了八辐车轮之福，成为人和牲畜赖以生存的宝地，并且逐步走上了富裕的道路。所谓"饮水不忘挖井人"，到今天仍有很多居民到珠牡的衣柜前磕头膜拜，以感谢它给当地带来福泽，使百姓过上了富裕安康的生活。

珠牡的锅

在美丽富饶的刚察新兴牧区，上有白塔般整齐峭立的雪山群峰，下有蓝宝石一样清澈透明的青海湖，其间像蓝天一样辽阔无边的草原上牛羊遍野，马匹成群。现已成为国内外众多游客的旅游目的地。过去，这里虽然十明（藏族文化的统称，概括为佛学、医学、因明等十大学科）等书面传统不甚盛行，亘古以来作为藏族口头传统的集大成格萨尔大王的故事在此却极为流行。除此之外，这里随处可以看到被传为格萨尔大王的手印、脚印，珠牡的桌子和辛巴的灶脚石等无数格萨尔的遗迹。

从刚察县政府所在地，向东北方向骑马行走两天，到穆日山脉的左侧有一名叫江仓杂隆（意为狼窝沟）的地方，那里有圆如十五的月亮般的两眼沸腾的热水泉，传说是珠牡的两口锅。不远处，还有一座像野牛横卧的山丘，传说是珠牡倒倾茶叶渣滓的地方。

当地居民中流传着很多有关这两眼神奇的热水泉与珠牡的传说，其中最优美动听、脍炙人口的当属海北州政协关却坚参所讲述的故事。

继赴北降魔及霍岭大战之后，格萨尔大王在上部岭国刚刚度过一年左右的生活，天姑贡曼杰姆于彩霞间骑着白狮来到他的前方上空预言道：

三世诸佛的弟子，
请你仔细听我言！
目前虽然已降伏，
魔头鲁赞与白帐王。
尚有征服姜、门等，
敌之重任在你肩。
特别是姜国萨丹王，
降伏的时机已成熟。
请你速带三兵器，
前往姜域征服他，
上部岭国由我护。

言毕，消失在厚厚的云层中。格萨尔大王听此预言，迅速给千里神驹绛果叶哇鞴上马鞍，带上三种殊胜兵器，穿上白盔白甲，由成千上万的护法神簇拥着飞往姜国。

这时晁同知悉格萨尔大王已去遥远的姜城，短时间内不能回来，贪婪之火由心燃起，害人的毒蛇紧缠其身。正所谓"白昼与人为伴，黑夜与鬼为伍"。他秘密策划得到岭国之敌门王香赤的如意珍宝。神不知鬼不觉地跑到门王香赤身边，想用花言巧语骗取对方的如意珍宝，但门王香赤洞察晁同来意，未圆其梦。因而晁同以卖国利己之心，提出以岭国珠牡换取如意珍宝。门王香赤闻听此言，喜不自胜，连连点头表示同意。于是二人交头接耳，经过紧密磋商，达成如下协议：门王香赤的如意珍宝归晁同所有；而晁同作为内应，让门王凭借武力强抢岭国珠牡为妃。

珠牡对晁同的奸佞行为丝毫没有察觉，时刻思念着格萨尔大王，寝食难安。更没有心思佩戴首饰，她面容憔悴，以致连说话的力气都没有。这时天姑贡曼杰姆预言她于次日东山日出之时，就到穆日雪山避难，若不及早动身上路，恐遭叔叔晁同暗算。因为，他用你换取了门王香赤的如意珍宝。七月初一这一天，将有百万门域将士前来抢你，到时你将在劫难逃。珠牡听此预言后，无比悲伤，泪流成河，尽快召集所有仆人，宣布天姑预言，并商议次日到穆日雪山避难。

夜半过后，珠牡从上面的马圈中牵来母马洛赤，从中间的库房中取出马鞍，从下面的库房中取出三种兵器，带上两名忠实听话的女仆于黎明时分艰难跋涉，翻山越岭，连续奔走了十八个昼夜，终于抵达穆日雪山。只见两座天然扎好的帐篷，无人看管，帐篷中摆有多种美味，供他们吃住。两个帐篷的旁边有两眼热水泉，像两口沸腾的大锅。见此情景，珠牡知道，是天神帮助她们解决了饮食起居问题，便欣喜万分，住进帐篷，并将两眼热水泉作为锅灶，用来烧茶煮饭，烹饪美食。

据说，珠牡在此为等待格萨尔大王凯旋，度过了整整三个春秋。

梅萨的织布机

黄南藏族自治州尖扎县县城往南行走三十公里左右，即可到达一个叫拉萨的村庄。那里有一处被称作梅萨的织布机的风物遗迹和若干个《格萨尔大王》优美动听的传说。

格萨尔大王与森姜珠牡听从天界神灵的预言，在宗喀地区的密洞静修七天。北方魔国吉合拉泽格城中恶摩鲁赞体形高大如山，身上长有九颗魔头十八个犄角，九条毒蛇紧缠其身，四肢分别有四九三十六个像铁钩一样的爪子，口吐火焰，鼻孔里冒着毒气。他的内相阿哇斥通、外相乞卡然京、信使夏纳雪让、鬼卒炮姜纳室、大力士雅杰纳宝、二十九名文纳、守卫阿达拉姆、魔鬼蔡周若宝等个个令人望而生畏、胆战心惊。

他们正读着晁同为了暗算格萨尔大王而寄来的密函，恶魔鲁赞刚想强抢梅萨为妻时，上部岭国的梅萨奔吉，恰巧作了一个噩梦。次日她做好美味食物，想去请求格萨尔预示梦兆攘灾解难。于是她来到一个清泉旁，正好遇上了到此背水的森姜珠牡。珠牡说："阿姐梅萨，你为什么来到这里？"梅萨说："阿姐珠牡，我昨晚作了个噩梦，想请求大王给我解释梦兆。我梦见沟脑里刮起一股红风，沟口里刮起一阵黑风，两股风将我卷入空中被带走。请您如实禀告大王！"说完就在原地等候。而珠牡到大王身边，未经禀报，就回来给梅萨撒谎说："阿姐啦！大王说了，睡梦是不真实的幻想，特别是妇人之梦，没有什么可解说的。"梅萨听后，心虽不悦，仍让珠牡捎去食物，给大王献上。珠牡回到大王身边，不仅未说梅萨之梦，还将梅萨带来的食物说成是自己母亲捎来的。梅萨回到岭国怀疑大王没给自己说什么话，但仍然不能荒废自己手头的活计，故而在帐篷门口放下织布机。在她准备织布时，突然，像梦中所见的那样，从岭国两头吹起红黑两股歪风，中间有一高大的黑色恶魔，如同老鹰叼小鸡一般将她带到天空。之后，梅萨那完整的织布机就留在原地，逐渐变成两座小山，成了永久性的纪念。

辛巴的灶脚石三兄弟

海天一色、碧波荡漾的青海湖南麓，巍峨壮丽的伦保赛钦山巅，有三块被传说为辛巴的灶脚石的石头。从远处看，这三块石头跟一般的灶脚石没什么两样，但爬到山顶，方才知道是房子般大小的三块巨石。

如果想一睹神奇的灶脚石的风采，就必须到伦保赛钦山前的瓦燕滩。关于将这三块石头称作辛巴的灶脚石有一段这样的传说。

在很久很久以前，辛巴梅乳孜在奉格萨尔大王之命到遥远的盐湖准备去降伏姜王萨丹之子玉拉托居时，正好遇上了烧开一壶香喷喷的浓茶，在那儿酌饮的玉拉托居。辛巴装作前来投靠的样子，和玉拉托居攀谈起来。他们从霍岭开战的原因到霍岭大战中，双方阵亡的情况和遭受的重大创伤，以及格萨尔大王直抵霍尔国的原因等话题。最后骗得玉拉托居的信任，辛巴用计谋诱骗玉拉托居一口气喝了十八斤醇酒，醉得昏昏沉沉。辛巴乘姜国王子酒醉之机，用百度长绳将他捆紧后拴到三个铁钩上，正想喝一碗浓茶时，玉拉托居突然像梦中惊醒一般站了起来，辛巴慌忙跑上前去，紧紧抱住他的腿。

玉拉托居拖着辛巴从山巅到河底，从草滩到石崖，不知跑了多少地方，就是没能把辛巴甩掉。最后当他俩来到伦保赛钦山顶时，辛巴祈祷格萨尔大王道：

> 圣主制敌大宝王，
> 勿忘我辛巴记心间，
> 请用睿智目光远关照！
> 你的贵体无变化，
> 你的言语无障碍，
> 你的心急不错乱，
> 你早上有言晚上得到印证，
> 不但真实且能亲眼见。
> 玉拉托居似疯象，
> 拖着辛巴满世界跑，
> 请求大王遥见怜，
> 助我辛巴降伏他。

格萨尔大王预知此情，即刻变成一块马大的石头，挡在玉拉托居的脚前将其绊倒。辛巴当即用施咒附魂的一百零八庹长的草绳将他捆紧后，支锅烧茶，美美地喝了一顿，才将他驮在姜马南雅俄宝背上，绕过青海湖边，带到辛巴的石头城。从此，人们将辛巴烧茶的三个灶脚石，叫作辛巴的灶脚石三兄弟。

白帐王的城堡——雅泽卡玛尔

从古城西宁启程，驱车经过美丽富饶的青海湖和一片片百花盛开的大草原，大约走五小时，就能到达海西州天峻县所在地。在那里骑着一匹骏马向东北交界处走一个小时左右，就能看见一座自然形成的红土城。据当地群众所说这是霍尔国白帐王的城堡——雅泽卡玛尔。那座红城的左角上部有一块与老鸦的体形一模一样的石头，人们说这是白帐王的寄魂鸟——黑老鸦。据说黑老鸦从花花岭国偷探国情之后，返回霍尔国，降落在雅泽卡玛尔的左角上顶向白帐王报告密探情况的景象。该县的快尔玛乡的乡名也由此而得。假若有人想知道黑老鸦向白帐王究竟报告了什么秘密？这个秘密只有当地少数几个老人才能回答。

很早以前，雄狮大王桑钦·诺布占堆年满十五岁（木虎年）那年，遵照白梵天王的旨意，为了拯救处在水深火热之中的北地众生，到北地雅尔康降伏恶魔鲁赞去了。一去三年，渺无音讯。这时，在岭国北面，有一个霍尔国的国王白帐王之妃子嘎司忽然去世。次年正月，以辛巴为首的众多大臣们聚集在帐篷前，共商怎样再给白帐王找一位妃子的大事。经过国王和大臣们多次商量，最后决定"派出小白鸽、花孔雀、红嘴鹦鹉和黑老鸦去寻找王妃较合适"。因此，大臣辛巴将四只鸟招来后，明确地交待了肩负的使命。不久四只鸟离开雅泽卡玛尔卡尔玛城，飞到三岔路口停下来，能说会道的红嘴鹦鹉说："我们现在虽是'派出的信使，射出的箭'，凡事由不得自己做主，但是，天下能作白帐王的妃子、拉俄王子的继母、辛巴大臣的主母、霍尔江山的主妇的美女，是很难找到的。即使找到这样的美女，若是不愿嫁给大王，必定会惹得他出兵动武，弄得天下大乱，不知要伤亡多少人马。到那时，人们一定会埋怨我们。我看不如各自飞回老家，花孔雀回印度去，小白鸽回汉地去，鹦鹉回南方门地去，黑老鸦愿意到那儿去，随你自己的便好了。"说罢，三只鸟各自飞回老家去了。但是好管闲事的黑乌鸦，不回家，展开它乌黑的翅膀，到处乱飞：它飞到天上梵天宫，飞到半空山神殿，飞到海底龙王宫，飞遍了上面的阿里三部、中间的卫藏四翼、下面的多麦六岗。整整飞了三个月，经过许多高山平原，巡遍无数大国小邦，始终没有见到一个最美丽、最能称白帐王心意的姑娘。

这时已是暮春时节，东方花岭的杜鹃婉转歌唱，阿兰鸟嘤鸣不绝。在那吉祥胜乐宫所在的平坦原野上，嘉洛·森姜珠牡忧郁地用手捋着她满头散乱的青丝，走出松石大宝帐外。自从格萨尔王前往北地降魔以后，三年之中，她无心梳洗打扮。这一天，恰好是个吉祥的日子，她把两个女伴叫来，替她梳洗头发。正在梳辫盘发的时候，那只多事的黑老鸦飞到了她的宝帐跟前，对珠牡浑身上下打量了一番，说道：

美丽如花的珠牡姐，
请暂听我的几句话，
我是霍尔王的寄魂鸟。
我展开乌黑的翅膀，
飞过许多大邦和部落，
见到无数如花似玉的女子，
她们在你面前都黯然无色。
你是令人倾倒的形象，
是爱与美揉成的谜。
随着我的脚步将走向华贵，
失掉的是你独守帐的凄楚，
找到的是你身为霍尔王后的高位。
你将登上松石宝座，
给拉俄王子做继母，
给辛巴众臣做主母，
给霍尔江山做主妇。
在瞻仰和崇拜的目光中，
显示你至高的权力。
你这金花似的美女，
正好与白帐王匹配成双。

珠牡听了黑老鸦的歌曲，气得脸色发青，对身旁两个女伴说道："小时同山放羊的姐妹，幼年同村采花的女伴，这个兆头多么不祥，丑恶的乌鸦也学会人言，快抓一把灶灰撒过去，立即将它撵出国境。"说罢，不等两个女伴动手，珠牡亲自抓起一把灶灰向黑老鸦撒去，不料用力太猛，把戴在手指上的南卡哦琼宝石戒指甩落了。那黑老鸦眼灵爪快，连忙抓起宝石戒指，得意扬扬地沿着阿噶嘉兰贡玛大道飞回霍尔国去了。

珠牡主仆三人，看着妖鸟飞去的方向，不禁黯然失神，愁云笼罩了珠牡的面容。

黑老鸦拍打着翅膀从岭国方向飞回，落到霍尔供奉的白天魔鬼所依附的幡竿顶上。辛巴见后立刻问道："老鸦你是大王派去的使者，天下各国你都走遍了吗？特别是花花岭国去了吗？有没有可作白帐王王妃的美女？"

黑老鸦暗想：与其告诉辛巴梅乳孜，不如直接报告白帐王好。于是说道："天机不可随便泄露。辛巴啊，我对你没有什么话可讲。"它随即飞往王宫，落在雅泽卡玛尔卡尔玛堡城（白帐王的城堡）的左角上，把南卡哦琼宝石戒指放在前面，察言观色地说道：

虎皮斗篷内的虎帽王，
我谨遵天下大王命，
展翅一飞十万里，
到过许多大邦和部落，
我给大王找爱妃，
没有找到真晦气！

没有办法我再飞，
一飞飞到岭国里。
在那龙盘虎踞的珍宝地，
有一位艳丽的妃子，
眼睛灵活如蝶飞，
双眸黑亮像泉水，
眉儿弯弯似远山，
牙齿晶莹如白玉，
双唇好比玛瑙红，
身似修竹面如月，
漫步犹如仙女舞。
人间美女虽然多，
唯她才可配大王。
我把珠牡的宝石戒指，
献给大王作凭证。

白帐工听，心花怒放，乐不可支，对老鸦说道："老鸦啊！你真是不辱使命，给我办了一件大事。你带回来的好消息，真使我高兴！"随即叫来辛巴等大臣下了一道命令："霍尔辛巴梅乳孜，快让召唤战斗的海螺与法鼓齐鸣，召集黑、白、黄三帐，十二名统兵大帅和部属，立即跃马出征，抢来岭国的美女珠牡作我白帐王的妃子。"翌日霍尔国的兵马按白帐王的命令，浩浩荡荡地向着岭国的方向出发了。

这时候，花花岭国地区出现了许多不祥之兆。白天从空中下来灰雨，夜晚在空中多次出现彗星，查多雪峰突然崩坍，神林中的柏树突然干枯，骏马巴旺哲嘎被雷电击毙，狮龙官殿顶上的幢幡倒地，普若娘宗城的旗杆碎折，地动、山摇、雷鸣等许多恶兆接二连三地出现。

没过几天，霍尔大军纷纷赶来，立即把嘉城团团围住。北门有多钦查巴尔、西门有巴图尔羌纳穆布、南门有唐泽玉周、东门上有辛巴梅乳孜等四员大将，各自指挥着五千红缨战士。另有从各部中精选来的十万大军，分为四股，把嘉城分层包围。北部门外的霍尔军向城内射箭发石，最先进攻。其余各门跟着发动猛攻。一瞬间杀死了许多岭国军士，抢走了嘉洛森姜珠牡。

从那时起，在霍岭两国间挑起争端的祸根，伤害岭人的罪魁祸首黑老鸦变成了一块石头，并留在了霍尔王的红城雅泽卡玛尔卡尔玛的左角上部。

觉如的口袋

在青海省果洛藏族自治州甘德县，有一个叫作柯雄的地方，辽阔广大，物产丰富。在这里，有一座叫作鲁姆德果的山峰，宛似一颗绵羊的心脏巍然屹立着。山左边一个长方形柯曲河流出潺潺清水；山顶上，有一个叫作岭国觉如口袋（是一种装藏族婴儿的口小底大的毡袋）的小洞，洞口狭小，但里面豁然开朗，相当宽敞，一眼看去就像一个藏家装婴儿的口袋倒挂在那里，所以当地的人们就把这个小洞命名为岭国觉如（格萨尔幼时别名）的口袋。

根据著名《格萨尔》艺人昂仁的讲述，早在一千年前左右，岭国雄狮大王诺布占堆之父王僧伦的汉妃拉吉卓嘎，看见龙女噶妃生了一个神子觉如，刚一落地双脚就会站在大地上，并且向前迈出三步，为自己起了一个名字。如同大鹏在蛋壳里就长成丰满的羽翼，具备了六种英雄武艺。从右边看就像佛教始祖释迦牟尼，从左边看就像苯教导师辛饶，从前面看就像莲花生大师，从后面看就像索多玛杰蚌拉。汉妃由于嫉妒之心萌发了陷害的念头。一天上午，来到斯巴柯毛若宗（岭国四部长官晁同的城）告诉四部长官晁同说："噶妃生了一个魔鬼孩子，刚刚落地三天，不但会走会跑，而且像大人一样可以随便讲话。如果不用套索把他制服，以后除了抢去晁同您的官位，还会把汉妃我送上死路，肯定要把岭地变成一片废墟的！"听到此语，晁同脸上充满狞笑，大声吆喝道："哈哈！汉妃您看见这个恶兆太好啦，昨天生的孩子，今天会走路，不是灾星又是什么？如果留

◎格萨（斯）尔

他再待三天，只会留下一个毒根而已。不过，你也不必担忧，我的上师贡巴拉杂正在山洞里坐禅修道，我们向他讲一讲，要对付这样一个乞儿非常容易。但是，如果不献一些特殊的礼物，贡巴拉杂是很难喜欢的啊！"说罢，汉妃拉吉卓嘎就像天上的旋风一样迅速溜到外面，趁丈夫僧伦王不在之机悄悄地偷走水晶宝瓶，交给晁同并说："你如果立即去把觉如杀死，要给贡巴拉杂任何报酬答谢，我都可以毫不犹豫地赠送！"晁同一听十分高兴，咧着大嘴："好、好、好！"一连说了无数遍，并发誓："汉妃卓嘎你尽可放心地立即回去好了，我自有妙法置觉如于死地！"汉妃心满意足地回到自己的住所，晁同也马不停蹄地跑到贡巴拉杂跟前，毕恭毕敬地禀告："洞察一切的上师贡巴，你可知岭国神境之上，生下一个黑色的魔儿觉如，昨天降世今天就会走路，人间尘世有个谚语，凶兆和幻术无须呼唤，魔鬼和害虫无须邀请，恶妇噶妃所生的乞儿，是毁灭岭国的恶魔，如果不尽快降伏，我晁同的官位肯定要丢失，你这个修行者也肯定要倒霉，此事是真是假，你心中一清二楚！"于是外道贡巴拉杂自吹自擂起来："晁同长官你是岭国的王族，贡巴拉杂我是密宗的嫡系，对于这个刚生下来三天的小孩子有什么可怕的呢？总之，晁同你的王位绝不会被女仆的孩子所动摇，汉妃卓嘎的福运绝不会被坏女人噶妃所抢走，岭地无与伦比的贡巴拉杂导师又怎么会被这个魔鬼孩子所损害呢！但是，若一定要我用法力镇服这个孩子，我在天上有黑鸟三兄弟，它们的翅膀可笼罩住印度大地，那是鸟中值得夸耀的强大者，肯定能遮住卫思藏的太阳，它们的翅膀还可笼罩中原汉地，它们是鸟中值得夸耀的强大者，肯定可使安多和康区暗淡无光，它们的尾巴可笼罩岭国四部，它们的硬角和硬嘴是吃肉的利刃，它们的脚爪像铁制的钩子，它们的呼气是空中的毒雾，能够取回敌人的心脏。觉如尽管是天界所委派，

明天清早启明星出现时，请在柯毛若宗城堡之上，你就观看稀奇古怪的热闹吧！积下恶业的噶妃之子觉如，良鸟要用硬嘴啄出他的眼睛，利爪拉年扯他记忆的悬索，就像山鹰抓走小兔，你一定可以看见这奇特的怪景。如果不能做到这点，我就不是一个有威望的修行者！"贡巴拉杂用鲁达调大放一番厥词之后，晁同心花怒放，磕了许多头，回到自己的住所。

晁同很快来到汉妃面前，把贡巴拉杂可以轻而易举制服觉如的大话详细转述了一遍。第二天黎明时分，登上房顶等着看热闹，并说一定会有三只黑鸟要来制服觉如。神子觉如由于有佛的先知之明，已经发觉情况不妙，便对母亲说："阿妈，本来孩子没有委派阿妈做任何事的规矩，但是我年幼力小，不请阿妈帮助没有其他办法，所以，必须请你今晚前往像箭翎一样的石山右脚去取鹞鹰、山雕和猫头鹰的三种翎羽；前往像马背垫一样的草坪去取一把柽柳枝；前往像牦牛尾一样的柏树右侧去取一段黄刺枝；前往像刀刃一样的阴山下边去取一庹长的软枣枝，上述东西，要尽快带回来！"阿妈心中暗暗地想："今晚牺牲一整夜睡眠去取这些鸟羽和树枝究竟是为了什么呢？由于是自己的孩子所说，不那样去做也不合适。"于是，按照孩子的嘱托，前往所说的各个地方，找到鹞、雕、猫头鹰三种翎羽，柽柳、黄刺、软枣三种树枝，全都带回家来，交到觉如手中。神子觉如又说："阿妈拉姆，请赐我三根头发，就会有十万个度母集中保佑。"然后，用红软枣枝做了弓，用柽柳枝做箭矢，用黄刺枝做箭镞，用鹞鹰、雕鹰的翎羽做箭羽，用阿妈的头发做弓弦，一切准备就绪后，对阿妈说："今天晚上凶狠的敌人要到我们母子俩的头顶上来，一定要提高警惕！"言毕，觉如把全套弓箭带到所说的觉如口袋里面，眼望着外道贡巴拉杂的那个方向。

尽管如此，阿妈仍是想："上下岭国的宝库如果没有残暴的敌人来。我们母子俩的上方

不可能出现什么敌人的。"心中存着这个疑虑在那里等待。第二天黎明时分，果然天空中飞来三只黑鸟兄弟，展动翅膀的声音像是把石山劈开一样，在母子俩的头顶上方盘旋着。这时，神子觉如的身语意化作护法的三宝之神，立于头顶之上，说道："住在上面十三层天界的诸多神仙们，今天请诸位速到此地对我觉如大力加持；住在佛城竹林园的佛祖释迦牟尼，今天请到此地做我觉如的保护神；住在白狮宝座上的天姑贡曼杰姆，今天请到此地做我觉如的指导神，还有岭国的九十万员战神，九十九员护身神，三百三十员威尔玛，今天全到此地保佑我小觉如。大神如同雪片一样从天上降落，小神如同狂风一般从地上起步。噶萨的儿子岭国的小觉如，光临大地就是按照天神的旨意，化身为凡人降生在岭国地方。刚刚来到人世间的第一天，就对生母唱出了一曲歌，汉妃拉古卓嘎满心嫉妒怒眼看我们；刚刚来到人世间的第二天时，利用红桎柳木做小弓，利用鹞鹰、雕鹰花翎做箭羽。今天觉如我口袋上方，凶残的敌人来了黑鸟三兄弟，如果不去立即制服它，我就不是神子觉如了。"说罢，向着神龙念三界诸神和威尔玛战神再三祈祷祝福后，射出像火星一样的神箭，那神箭正中外道贡巴拉杂派出的三只魔鸟的要害。三个黑魔鸟就像扬起手中的一把石子一样落在母子俩的眼前了。这时，晁同站在自己的城堡上，正在瞪大眼睛望着把觉如生擒而至呢。一根像牦牛尾似的鸟毛从天而降，打在他的脸上，情不自禁地大叫一声："哎呀、黑鸟不好了，完蛋了。"说完很快跑到贡巴拉杂跟前，把黑鸟被觉如打得落花流水的事做了报告。此刻，贡巴拉杂心中想："这晁同什么礼物也没有给我，尤其是岭国的宝物水晶宝瓶连看都没有让我看。"顺口"哼"了一声，没有给晁同一点好脸色。并径直回到自己的住房，将瞠目结舌的晁同晾在了原地。

现在，那地方不仅叫作觉如的口袋，而且当地的牧民人人都会讲上述美妙动人的故事。

香日德的低头崖

水马年十二月十五日清晨，觉如头戴石羊皮帽，身着破旧皮袄，脚穿红色马靴，在上部岭国的羊圈旁露天睡觉时，梦见五彩云霞中自然飘下各种花朵。与此同时，百万空行簇拥而至的莲花生大师给他预言说：

"圣人杰布敦珠，
请你听我一言，
木猴年的春节，
你去占领玛麦，
届时得神加持，
且有空行协助。"

言毕，消失得无影无踪。这时，他的母亲噶妃也接到了众空行母的预言，并证得无漏三摩地，在玛隆河打坐修行时，圣人觉如恭恭敬敬地向他母亲说："慈母啊！请您暂听我一言，咱们母子穷困潦倒，身无分文，长此以往，恐难生存。不如谨遵我上师预言，到遥远的玛麦地方落脚。若是好汉，定能自力更生；若有净相，遍地都是财富。古代藏人谚语说得好：遇事能自主决断，远比那官人的文书通牒强，生活自由自在，总比他帝王将相过得惬意。"

噶妃听了这话，思虑片刻后说："好孩儿杰布敦珠，咱娘儿俩去那荒山野岭，既没有食物也无财，更没有首领可依靠，连个乞讨对象也难寻，在那里何以过日子？"觉如面带微笑地回答道："慈祥的母亲啊！请不必如此悲伤，在那里上无帝王首领，觉如我无需事事谨慎，下无黎民百姓，觉如我不怕强敌来犯，旁无亲戚朋友，觉如我不必阿谀奉承。哪里的阳光温暖，哪里的地方舒适，咱母子俩就到哪里生活，根本不必担心吃不饱肚子。"

噶妃听他这么一说，并想到此儿并非凡人，

说话可靠，进而作出迁居玛麦的决定。

没过多久，觉如母子启程来到支果达地方，在澜沧江畔看见一个吃人的女魔头正在吃四五个孩子的尸体。觉如心想，此魔女只能智降，不可力敌，故大声喊道："美丽的魔女啊，请你给我借个火，作为交换条件，我给你出一个上好的妙策。"魔女说："我若给你借火，你有什么妙计给我讲？"觉如说："您如果留在此地，只能吃到个别孩童，而如果游到对面，就可以吃到很多孩子。"魔女听他这么一说，欣喜若狂地说："你的计谋好虽好，但怎样才能游过河去呢？"觉如听她这么一说，就将自己的白杨木棍变成一条白膛黑尾巴长达百庹的大狗说："过河的办法我有的是，这世上像狗一样善于游泳的动物实在难以找寻，请将我这条狗的尾巴拴在您的脖子上，让它拖着您，便可安全地游到对岸。"魔女信以为真，将狗尾巴拴在脖子上去河里游泳时，觉如虔诚祈祷诸位神灵协助，那狗用力一拽，勒断魔女的脖子而降伏了她。

当觉如母子来到支果达下面的石崖丛中时，有一个名叫卡赛的恶魔，正在用人肉筑墙，用人头做围栏，将人血汇成大海。他扣押行人，食人肉饮人血，剥人皮。见到此情此景，纵然是鬼神遇到也会心有余悸，即便是魔鬼见到也会感到恶心。哪怕是八部鬼众，也会心生惧念。觉如预知降伏此魔的时机已经成熟，便对母亲说："母亲啊！请您随后慢行，我先去看看这条沟里有什么东西。"说罢，上前一看，只见大魔头正龇牙咧嘴地等着他，格萨尔默默祈祷众神龙前来相助，同时将铁钩拴在一条八十庹长的皮绳上抛出去，正中魔头右手，猛地一拉，想把那恶魔就地降伏，但魔头凭着变幻之术一连滚了几滚，致使皮绳断作几截，并随之逃往北方魔国。觉如也毫不迟疑，紧追其后，将要到达海西州的香日德时，恶魔随着一股旋风正从日安地区的一个山上逃窜，觉如将铁箭冬雪噶姆搭在铁弓上射出，正中魔头左手，射断了他的左手，并将山脉射成像箭筈一样的牙豁后飞回觉如手中。今天，在青藏公路上行走的每一位旅客都会看见这个被觉如射成的牙豁。

这时那魔头仍未丧生，躲到该山脉末端一座高耸入云的孤崖后面。觉如再次将铁箭冬雪噶姆搭在弓弦上追来，眼前被一座孤崖挡住去路，无法通行。觉如向天姑贡曼杰姆祈祷三次后说：

前面的孤崖听清楚，
若是朋友请低头，
若是敌人将割头。

并拉弓如满月。这时，云集而来的战神如雪花飘飘，护法似狂风呼呼，威尔玛像雷电闪闪。因该孤崖是觉如善业之友，故将头低了下来，觉如从它的头顶放箭，射中魔头卡赛的心脏，结果了他罪恶的生命。觉如用他的血肉祭祀战神威尔玛，将其灵魂超度到极乐世界。

从此，人们将那座孤崖当作圣地，并取名为"低头崖"，与之有关的故事传说古往今来，流传不止。

贵德的刀劈石

"天下黄河贵德清"，清澈的黄河蜿蜒向东，而坐落在九曲黄河南岸的贵德县城往东南的常牧乡行走十余公路，可见美名远扬的刚察寺右侧有一块被劈成两半的非常神奇的石头——刀劈石。该磐石的形状就像一头横卧的牦牛被利刃劈成两半。此外，在刀劈石的东北角有三个分别被称作格萨尔的马驹滩、格萨尔的母马滩、格萨尔的赛马滩等大滩。每个滩的面积有一千亩左右。

据当地居民介绍，很早以前，这个从事牧业生产的刚察大队是个非常富裕强盛、明辨善恶，敬信正道佛法，慈悲为上，有尊老爱幼之习俗的一个村庄。人们过着安居乐业、丰衣足食的仙人生活。一天有一个头上长满犄角，力大可擎磐石，生吞众生，口吐火焰，任何人见了都像风吹树叶一样惧怕得颤个不停的恶魔忽然出现在村口。这恶魔来到村里，危害生灵、涂炭百姓，置村民于水深火热之中。

此时，格萨尔大王在闭关静修期间，预知此情。他想若不即刻降伏此妖魔，会给众生带来更大的灾难。为此，他佩带三种兵器像利箭一样徒步飞来。这时，该妖魔已知格萨尔大王前来降伏自己，遂仓皇逃跑。格萨尔大王在马驹滩骑上一匹小马驹紧追其后，却未能赶上。到母马滩时，格萨尔大王又换乘母马紧追不舍，仍无结果。最后在赛马滩格萨尔又改乘一匹千里马继续追赶。这时，妖魔已知无法遁逃，故举起一块一扇大门般的磐石，准备对抗。格萨尔大王举起哦玛都却宝刀，毫不犹豫地砍下去。只见将妖魔与磐石一同劈成两半，就地降伏。后来人们将当地取名为永远无法忘怀的——刀劈石。

鲁毛石崖

碧波荡漾、风景如画的青海湖之南共和县恰卜恰地区是自古以来人杰地灵，能人辈出之地。恰卜恰乃藏语，是两条河流之意，因当地有黑白两条河流，故得此名。恰卜恰地区有一村庄，名叫加拉，从加拉村向西北方向约行十公里处，有很多状如猛虎扑月的陡峭山崖，山脚下有一条蜿蜒曲折的山路。顺着此路，向沟里行走四五公里，可见一座如一头疯象俯冲而下、令人望而却步的巨大石崖，那便是整个恰卜恰地区民众共同敬奉朝拜的鲁毛石崖（"鲁毛"一词是藏语，直译过来有龙女之意）。鲁毛石崖右边的山沟里有一条黑水河汩汩流淌，左侧的山沟中有一条白水河湍流不息。上方有千百年内采之不尽的矿山——德日杂。前面有一座高耸入云，积雪常年不化的大山。传说是地方山神铎钦桑钦·诺布占堆的住所。

相传，当年葛岭之间因杀人越货，引起纠纷，致使兵戎相见。双方数万人马相互奋死拼杀，相持半月，岭军最终消灭了葛国所属十八大部落，而岭国总管王绒查叉根的爱子兰巴曲嘉也战死沙场。因此，贾察协嘎尔等岭国英雄被气得火冒三丈，人人脸上怒云密布，个个眼中火花迸冒。紧急召集岭国堂房英雄商议决定，誓死要向葛国讨还血债。并于当天下午向岭国上、中、下三部将士遣使送信，调集岭国七万将士进军葛国。

三天后，当岭国七万将士云集于德合唐叉姆聚议滩时，晁同心想：贾察协嘎尔是遇雄狮敢与之搏斗、见猛虎能揪其耳朵的勇士。如果让他率领这么多的堂房将士攻打葛域，定能彻底消灭对方。而自己倾慕已久的鲁毛将被晚辈侄儿抢占。故需想方设法，阻挠他们成功。他拿定主意，抽出一支金箭，经过施咒后绑缚了这样一封密函射出。

嘉洛顿巴坚赞麾下：
达绒首领晁同拜上。

明日拂晓，以贾察协嘎尔为首的岭国七万将士为总管王之子前去报仇雪恨。为今之计，你最好到一个安全的地方暂避一时。我在此冒死给你报信，他日有小事相烦，切勿忘怀。

晁同的这支咒箭雷厉风行，直插嘉洛顿巴坚赞的王帐。嘉洛顿巴坚赞折函阅览，知道情况危急，遂遣使通知各部人马连夜逃命。途中鲁毛那头驮着珍珠宝贝的母牛不肯随队前行，反而原路折回。此景此情，唯鲁毛之外他人均未知晓。鲁毛亲自下马驱赶。但她不仅未能赶上母牛，还让自己的坐骑也给走脱。无奈之下，她只好放弃坐骑，一路追赶牦牛。说来也怪，这头母牛看到鲁毛追赶时，跑个不停，看到鲁毛驻足时，它也歇息。如此反复，致使鲁毛饥渴交加、疲惫不堪。直至现在的鲁毛石崖前，方感一种莫名的快感遍布全身，饥渴疲惫之感不翼而飞。因而在此一连歇息了几天，期间有很多吉祥瑞兆显现在她的眼前。

这时，百万岭军已达葛域，却见葛域境内别说人影，就连一头牲畜都未找到。因此，总管王说："我岭国军士所到之处战无不胜、攻无不克，今怎能无功而回呢？"并命随从备齐杜鹃花、柏树叶、红柳和野蒿等煨了一次大桑，高呼三声"格、格、索、索、拉加洛"后继续追赶嘉洛顿巴坚赞。当追至风景秀美的鲁毛石崖前时看到一位貌如天仙、牵人心魄、腰细如柳、婀娜多姿、身材修长、亭亭玉立、皮肤白嫩，如出水芙蓉，黑发浓浓，似瀑布飞泻的柔弱女子。晁同对她垂涎三尺，出言挑逗道：

请问姑娘你是谁？
早晨是从何处来，
如今要到哪里去，
你的身世与背景，
不要隐瞒直相告！

鲁女自觉无法推辞，便直言相告：

若不知道我姓名，
请君详细听我说。
习气之障未惑前，
我是空行佛化身。
此世投生玛者湖，
是龙王邹那之公主。
三姐妹中最年幼，
雅葛泽丹是我名，
为了供奉莲花生，
我被赐予葛·然洛。

言毕，正准备追赶母牛时，只听总管王说道：

岭国出兵有所获，
舍此再无战利品，
即刻班师回岭国。

晁同一听此言，气急败坏地争辩道："此女不算战利品，因她是从这荒山野岭中被找到的，而并非真正的战利品。"总管王说："君子一言既出，驷马难追；利箭既脱弓弦，伸手难抓。这位姑娘及其母牛，只能送给僧伦叔叔作为卦资，岭国任何权威人士，都不能据为己有。"对此，岭国所有将士异口同声表示赞同，晁同亦无可奈何。

岭国将士将鲁毛带回岭国，大摆筵席，庆祝了七天七夜，让她与僧伦结为伉俪，并给他们祈求福佑、吉祥。从此岭人称此女为噶妃拉姆，简称噶姆。因她是龙王邹那仁庆之公主，又是格萨尔大王之母亲，后人又将她曾经歇息过的这个石崖称作阿妈鲁毛。

格萨尔王的宝座和经桌

从青海省海北藏族自治州刚察县西头的吉日孟乡所在地，骑上一匹善走的良马，向着西北方走两个小时左右，就是吉日孟乡的秋季草场——塞拉隆哇左方的山顶上，有自然形成的四四方方的高地。那块高地的形状同喇嘛面前的经桌完全一样。从这张经桌向北再走不远，有一座既大又高的山峰，面向西方，山头后部高仰，前部稍微平坦而低凹，形同一个执政国王的宝座一样威武庄严。从远处朝北方望去，宝座比经桌高几米，面向西方，经桌比宝座低，面向东方。你再仔细观看酷似一个能工巧匠精心制作的宝座与经桌。

当地人常常这样说：我们所看到的宝座和经桌，就是格萨尔大王的宝座和经桌，它的起因有一个美丽的传说。

很早以前，雄狮大王格萨尔征服四面八方的魔敌之后，遵照天神的预言，率领千军万马前往日努国。日努国的王臣们得知这个消息后，兵荒马乱，来不及组织力量对抗。这时英明的大王立即射出一支神箭，把日努王僧格扎巴射得脑浆迸流。岭国众英雄紧接着夺取日努王的宫殿，岭国的三十万大军马上进驻日努国，把日努全境治理得国泰民安。同时打开各种珍宝库房，向所有穷人发放布施。此刻，格萨尔大王为了让所有臣民心情欢快，下令他们让法轮常转，使得那个地方的男女老幼全都信仰神圣的佛法。所有的日努人都情不自禁地把英雄大王看作真正的佛陀，无限信任。大军在日努驻扎到第七天的清晨，格萨尔大王下令：明天太阳照在宫殿楼顶之时，全军一律迅速撤走。于是，次日太阳升上东山之后，岭国大王、大臣们和参战的其他许多国家的兵马，排着长队从一个城门依次出发，共同踏上花花岭国的归途。

出发第八天的早上，大王派出一名信使飞马直奔岭国，报告以雄狮大王为首的全体王臣武将二天之后就要凯旋的喜讯，父王僧伦、母亲噶妃、王后森姜珠牡、达萨曲卓、郎塞卓玛等十三位王妃都十分高兴。为了欢迎参加征战日努的大王、文臣武将和全体士兵，拿出了多年保存的各种陈酿美酒，还有闻名于世的各种食品。他们举着华盖、幢、飞幡，带着藏族的各种美酒、食品，来到青海赤雪嘉姆（青海湖）北边，即现在的刚察县吉日孟乡塞拉日杰大山前面，迎接格萨尔大王一行。在西山顶上为格萨尔王修建了一个宝座，在东山顶上为格萨尔王修建了一个经桌。他们在那里大约等了一昼夜后，择取一个良辰吉日——藏历五月十五日，岭国英雄格萨尔王和文臣武将等像天上的群星一样，浩浩荡荡地来到了此地。大家无比欢乐，前来迎接的仪仗队拉起胡琴，吹起法螺、唢呐、长号角，敲起神鼓，摇起碰铃、铙钹等乐器，音乐声音响亮动听，十分热闹。众人把格萨尔大王请到宝座上，王妃森姜珠牡立刻用金宝瓶敬献香茶，用银宝瓶敬献美酒。一连欢庆七天七夜，把白糖、红糖、蜂蜜等甜食，以及牛羊肉、酥油、青稞酒、奶茶等美味饮食摆在宴会上，尽情地痛饮欢餐。同时，载歌载舞、欢庆胜利。到了下弦二十二日那天，大王同大臣、大将及士兵们一起，把马头转向岭国回去了。

从那时起，刚察县吉日孟乡境内的天然宝座和经桌，被认为格萨尔大王的宝座和经桌，同时这个故事也流传在人们的口中。

格萨尔王的灶脚石

从美丽富饶的切吉乡政府所在地骑马向西南方约行三个时辰，便到曲嘉地区一个名叫尼玛隆的深山大沟。沟里有牧户帐篷般大小的三个巨石，传说是格萨尔大王支锅造饭的灶脚石。这三个灶脚石呈墨绿色，与周边的其他石头大相径庭，谁见了都会觉得与众不同，深沟两边绿草如茵，百花争艳，是个理想的天然牧场，顺沟溯源，可见高如须弥的郭仓占都山是鹿和野牦牛等百万野生动物生存、繁衍和栖息之地。在当地群众中流传着有关格萨尔大王的种种传说，非常生动、形象。

三世怙主的化身、莲花生大师的高徒、南瞻部洲圣者格萨尔桑钦·诺布占堆诞生在上部花花岭国。五岁前以少儿游戏的形式降伏了支达的所有恶魔；六岁时以戒律言行使岭国万众信服；八岁感化了整个岭国；征收汉藏交易税，攻克丹玛青稞宗，收服丹玛王赤嘎嘉布；十二岁赛马称王；十六岁赴北降魔；二十四岁出征霍尔；二十七岁时接到天神贡玛吉姆的重要预言，要到姜萨丹王的领地盐湖城，降伏姜王萨丹杰布，并教化其百姓皈依佛门。

格萨尔大王发出霹雳闪电般军令，吹起号角，敲响大鼓，顷刻间召集岭国所有将士，向他们宣布了天神的预言，并命令他们准备兵器，整装待发。岭国将士领命，回营打点行装。

四月十五日的吉祥时辰，岭国所有将士腰佩三种兵器，头戴白盔，身着铠甲，战旗锦簇招展。格萨尔大王似群星之中的月亮，威武凛然，气宇盖天。岭国大军稍事整顿后，便向姜国黑暗之域进发。

格萨尔大王一行用一个半月的时间，走过辽阔无边的茫茫草原，涉过无数波涛汹涌的大河，穿过不少茂密森林来到了水草丰美、牛羊遍地的尼玛隆。这时，众将士饥渴难耐，举步维艰。格萨尔大王命令所有人马原地歇息，自己凭着无边法术飞往郭仓占都山宰杀并带回一百零八头野牦牛，烧开似海的茶水，煮熟如山的牛肉，供随从部队连续三个昼夜尽情吃喝，以解乏气。

经过一段时间的休整，格萨尔大王击鼓升帐，下达进攻命令：

大将贾察协嘎尔，
率领百人百骑，
攻打姜城东门。
英雄桑德阿顿，
率领百人百骑，
攻打姜城南门。
察香·丹玛向查
率领百人百骑，
攻打姜城西门。
晁同年查阿丹，
率领百人百骑，
攻打姜城北门。
降伏与我为敌者，
恩泽施于穷百姓，
格萨尔我去擒萨丹。

诸将得令，分别率部攻打姜城。格萨尔大王跨上千里神驹绛果叶哇，策马扬鞭直奔姜王萨丹处。这时姜王萨丹正侧卧在铺有九头虎皮的宝座上，向他的内臣们说道：

为我效命的诸内臣，
汝等暂且听我言。
昨晚夜半我做梦，
梦见寄魂神山上，
来了凶猛的鹰与狼，
飞禽走兽被杀害。
你我君臣因胆怯，
四处逃窜不停留。
如此噩梦非祥兆，
咱们时刻要谨慎。

言毕耷拉着脑袋，正若有所思之际，格萨尔大王神兵天降，至其宫殿，将鹏翅神箭搭在弦上瞄准萨丹王的心口大声说："咳！大力士萨丹王啊，看你今天往哪里跑？"与此同时正准备放箭，不料萨丹王因深切祈祷自己的本尊而变成一只麻雀从格萨尔大王头顶飞往宫外，格萨尔大王随之变成一只鹞紧追其后。追至萨丹王的寄魂神山智喀群宗时赶上麻雀，这时萨丹王变成只兔子逃窜，格萨尔大王也变成一只大鹰将其追至洞口，用锋利铁爪将它锁住使其动弹不得。萨丹王被迫原形毕露，格萨尔大王亦回复原形，用俄玛日都却宝刀将他的首级砍下来带回宫殿。这时贾察协噶尔等岭国将士分别从东西南北门浴血奋战，攻克城池，打入宫殿见格萨尔大王手提萨丹首级，便树起了胜利法幢，齐声欢呼"格、格、索、索、拉加洛"。格萨尔大王褒奖岭国将士说：

花花岭国诸英雄，
骁勇善战无敌手。
百万敌军被消灭，
丰功伟绩史可鉴。
现将姜王萨丹头，
务必速埋九层洞。

岭国将士争先恐后，从格萨尔大王手中接过姜王萨丹的首级，挖开九层深洞将其埋入，在上面建起九层宝塔，使其永不复生。

格萨尔君臣在姜域期间，上供怙主三宝，下慰黎民百姓。广转法轮，使幸福之光普照姜域上下。十八个昼夜后，班师回朝。途经尼玛隆时，在此又欢度三个昼夜后始回岭国。

从此，切吉乡尼玛隆以格萨尔大王的三个巨大的灶脚石及其有关的优美传说而名噪雪域高原。

珠牡王妃的祭祀台

札陵湖的东边有座山，山上挂有很多经幡，人们称之为珠牡王妃的祭祀台。这里有上下两个城堡遗址，上面的城堡遗址约长 178 米，下面的城堡遗址约长 234 米，遗址基本形状是正方形。上面的城堡遗址内部空间直径是 6.7 米，有五个房间的痕迹，城堡遗址左边还有六房间的痕迹。下面的城堡遗址大约长 21 米，宽 12 米，有个正方形房间长约 6 米和椭圆形房间长约 6 米的痕迹。

这祭祀台山下的湖边有很多石头跟修筑城堡的石头很相似都有斑点，可以断定这些石头是原先用于修建祭祀台的石材，后因人为或自然等原因滚落到湖边来的。从这座祭祀台城堡遗址我们可以观察到一些岭国时期的建筑特点，为藏族的古代建筑学的研究提供了一些新的史料。

晁同石头城

青海省果洛州藏族自治州达日县库多李茂东度地带，四面环山，河水从山脚奔腾而出；牧草丰茂，气候湿润，是牧民们理想的冬窝子，这里屹立着一座占地约三百平方米的石头城遗址，这座城池具有与众不同的特色：城堡的左边是举世闻名的黄河，滚滚东流，气势磅礴；右边是著名的科曲河，清澈透明，川流不息，四周绿草如茵，满山遍野开满了美丽的野花，此地给牧民和牲畜带来了"福禄之气"，是一块"聚宝盆"。由于年久失修，城墙多处坍塌，城石呈土黄色，当年牧民们在安置帐房、挖土造灶的时候，在这里发现了大量的陶土罐子、茶壶、锅等古代日用品。据说这座城是格萨尔大王的叔叔——声名显赫的晁同王曾经住过的"颇若娘宗城堡"，现在人们把它叫作晁同城或科曲城。

据著名艺人才让旺堆讲，起初在建造晁同的城堡时，白天由人们建造，到了晚上则由天神、历神和年神建造。正因为如此，这座城堡不仅坚如磐石，攻而不破，而且四面八方的墙裙上绘着丰富多采的图画。这些画面分别预示着岭国将来所要发生的一切。

这座城堡的建造独具特色：城堡的中央建有一座佛堂，内供奉有一尊马头明王天神的佛像。传说晁同是本尊神马头明王之化身，因此，将马头明王的佛像高高供奉在上。佛堂上边雕有一条青龙，青龙嘴里衔着一条水獭似的可怕动物，头朝南方。这是格萨尔大王征服南方魔国辛赤王的象征；城堡的东西交界处有一个一米高的用纯金塑成的小人像，这人左手拿着一柄火光闪闪的刀子，右手握着一个用铁铸成的人，刀尖直接戳向这个人的心脏。这个用金子铸成的人面朝姜国，显而易见，这分明是有朝一日格萨尔降伏姜国萨丹王的预兆；城堡的西南角有一个白狮子肃然屹立着，嘴里叼着矛、盾和刀等三种兵器，标志着格萨尔制服祝古兵器国；城堡的西北角，有一个高傲的白狮子和一只威武大鹏鸟，将一个独眼猛虎狠狠地夹在腋下，其中蕴藏的天机是格萨尔征服汉地茶宗时，向狮子般高大的战神和大鹏鸟般威武的战神默默地祈祷，护佑他顺利降伏汉地桀骜难驯的独眼猛虎之壮举；在城堡东北接壤处，一个黑人的额头上火光闪烁，眉宇间射有一把三角形的神箭，这黑人吃力地伸着头，向城池的外边张望，这个情景标志着格萨尔在征服黑魔国鲁赞王时，向魔王射出致命之箭的征兆；城堡正东方的外围有一个用金子雕刻的犏牛，这个犏牛的鼻子正好缠在前面我们所介绍的那个用纯金子雕塑的一米高的小人的右肩上，预示着格萨尔将要征服大食财宝宗；城堡正西方的外围有一血海，有许多人在海边东倒西歪地躺着。这个情景给我们预示了在格萨尔去北地降伏魔王鲁赞时，霍尔白帐王便率领霍尔部队乘机偷袭花花岭国，抢走如花似玉的珠牡，将岭国搅成一潭血海的不祥之兆。城堡正南方的外围有一条白色的路，路旁建有一座二十八层的宫殿，这条白色的路一直延伸到宫殿的旁边，暗示了格萨尔在北地降伏了魔王鲁赞后回到岭国，沿着这条白色的道路，来到霍尔白帐王的宫殿前，营救珠牡，活捉白帐王，为岭国人民报血仇的征兆；城堡的左边有一座四角形的牛角宗，名叫"蒙保具宗"。这里面有晁同的三百六十种秘诀，是晁同一生修行的地方。因为晁同是马头明王的化身，是曲那潘的后裔，在他身上有一种非凡的本领，就是他的巫术，是任何人替代不了的。当时蒙古马城给岭地降恶兆，闹得岭地灾病流行，人仰马翻。此时，能为岭地禳灾消难的只有晁同，能为敌人施放恶咒的也只有晁同。平服祝古兵器国，需要降敌法物，去汉地除妖尸时也需要罗刹的法物。能与罗刹交臂的，除了他晁同，再无他人。因而岭国的英雄对晁同的咒术一筹莫展，即便是格萨尔大王也觉得回天乏术。所以人们认为，在他的城池周围有许多丰富多彩的预示未来所要发生的一切的塑像出现，也不足为奇。

三、以自然形成的印迹而命名的格萨尔的遗迹

格萨尔王的马蹄印

黄河南岸的尖扎县拉萨村河边有一块巨石，巨石上面印有鬼斧神工雕琢一般形成的一枚马蹄印，它被人们称作"格萨尔的马蹄印"。那个"马蹄印"就在一块四四方方的巨石上，石头底下又压着一个像魔女的躯体一样的石块。该魔女石的腋下又有一块孩童的脑袋般的白石。在这个被称为拉萨村的村庄有个叫扎西的老人，善于讲述各种趣闻传说。据他说，当格萨尔王年满十五岁时，首先把北方恶魔鲁赞视为头号敌人，飞箭射死了魔王鲁赞；24岁时，又把刀尖对准霍尔国，征服了霍尔白帐王；35岁的时候，再把矛头对准木布姜，击败了姜国萨丹王；45岁的时候，在铁马年盛夏农历七月一日的清晨，太阳照耀在雪山之际，忽然从天空彩虹放射的霞光中，数以万计的神众簇拥着白梵天王，来到岭国上空对格萨尔王说："岭国国王格萨尔，若要保家快出征，目标对准南方敌，他是黑色魔鬼首，神圣佛法的障碍，花花领国的死敌，绝无不去降伏之理！"听罢白梵天王预言，格萨尔王恭恭敬敬地连声"啦索"。并立即遵照白梵天王的预言，进行了充分的出征准备。第二天天刚亮，就踏上了征服南方门国的道路。英雄诺布占堆带领千军万马，翻越高山峻岭，穿过茫茫林海，在来到拉萨村河边时候，天空突然乌云滚滚，黑色狂风呼呼格萨尔大王神机妙算，知道此地生了一个毁灭佛法、为害当地众生的凶残魔鬼。于是，格萨尔变成一阵狂风向前席卷而去。在不远处，他看到一个呲着獠牙、披头散发的母魔怀抱一个满口獠牙、全身铁褐色、长着两个黑角的小魔女。此刻，格萨尔王发现这个小魔是一个力气尚未长足的小魔鬼，立即加速追赶。魔鬼母子俩知道追赶者是降伏妖魔的能人，急忙随着黑色狂风逃跑到拉萨村河边，并藏身在河边的那块巨石底下。格萨尔王的坐骑绛果叶哇如同老虎纵身一跃，马蹄重重地踩在巨石上，魔鬼母子俩发出"哎哟"一声惨叫，未能做任何挣扎就一命呜呼了。

因此，良马绛果叶哇在巨石上踩出一个大蹄印，巨石下面压着如同魔鬼母女俩的尸体一样的石头，直到现在还清楚地保留着。与此同时，这个动听而有生命力的故事流传至今、亘古不衰。

格萨尔王的脚印

穿越青海省黄南藏族自治州同仁县热贡金银滩，就会到达昌贡玛麦秀邪塘。那里有一条清澈见底、甘甜醇美、潺潺流淌的被叫作麦秀河的河流。河流两旁茂密如网的柏松等各种乔木把大地装饰得如诗如画，而且各种鸟类唱着悦耳动听的歌。尤其令人神往的是一群群膘肥体壮的牛羊，就如繁星落地布满了山山沟沟。各种庄稼结满了丰硕的果实，藏式的美味佳肴任人品尝。在这美丽如画的麦秀河边，一块牛犊大小的石头上有一个与人的脚印一模一样的纹印，石头周围堆积着许多白石子。这块巨石的后面是一座高耸入云的山峰，山顶上有一座像九层楼那样庞大的悬崖，远看像一只凶虎从虎穴中冲出一样威武。从这座陡峭的悬崖向前望去，就看见一块狗熊头一般大小的巨石。巨石上印有一只人类的脚印，人们传说这是雄狮大王格萨尔的脚印。相传，格萨尔大王左脚踏在麦秀邪塘的那块石头上，将神箭拉贡其哇搭在牛角弓上，拉得足有一庹长，对准山顶的那座悬崖峭壁射去，正射中了像狗熊头一样的大石头，把那块大石头一箭射碎，落在那座高山的前面。

关于格萨尔王用箭射那块石头，有一段较完整的传说。

很久以前，格萨尔王同森姜珠牡分别后，前去征服桀骜不驯的魔国鲁赞王时，路经原始森林、山川平原、大江小河。一天，在一座状如羊心的山顶上出现一个四角铁堡，东西南北四方插有人尸旗幡。格萨尔大王心想：今晚应该在这个铁堡借宿为好！一边想一边到铁堡门前下马，用手指"哒哒"敲门。堡内走出一个与凡世女子截然不同，与神界仙女一样的美女，问道："男士你是到上方去还是到下方去？我就是鲁赞王的妹妹，我是女英雄阿达拉姆！你赶快从这里走开为妙，你在这里将要被魔鬼干掉！"格萨尔王回答："我叫雄狮大王格萨尔，是为降伏桀骜不驯的鲁赞王而来，是专门讨还梅萨奔吉而来！"言毕，把阿达拉姆一把拉到自己的怀抱摔在地上，阿达拉姆身上闪闪发光的金子，玉石、珍珠、珊瑚等首饰先后散落下来。然后，格萨尔王将双膝压在这位魔女的胸部，要求她做自己的终身伴侣。阿达拉姆一口应诺，并立下誓言，决定与格萨尔结成百年之好。于是，格萨尔大王在那里住了很多时日。阿达拉姆把前往魔国的沿途关卡毫无保留地报告给格萨尔大王，于是格萨尔在朝阳普照在三山顶时向着魔国出发了。

大王格萨尔按照阿达拉姆的指点，他把大象横卧似的白山置于右边，把苍龙游动似的黑水置于左边，跨过一座黑色毒蛇向下爬行似的桥梁，在那雪白奶汁似的海水里进行沐浴。然后又骑马继续往前赶路，在那边黑色猪鬃似的石山脚下的毒酒一样黑海中间，跑出一只红色母狗，向着麦秀邪塘的果曲山峰追来。格萨尔王怒气冲天，胡须竖立，马上从箭袋中取出托果巴哇神箭，搭在神弓之上，左脚踩在石头上，将弓弦拉得一庹长，猛力射出，箭就像流星一样飞快地打中了现在麦秀邪塘前面高山上的果曲知托巨石上，把巨石头部击得粉碎。同时也射中了魔狗的头部，魔狗当即毙命。从那时起，格萨尔大王的脚印和击毙魔狗的动人传说，就像盛夏的雷声一般传遍大千世界。

格萨尔王的手印

在黄河南岸青海省黄南州尖扎县拉萨村，流传着格萨尔王的很多轶闻传说。在拉萨村两边茂密的森林中间那个挺拔矗立的山崖峭壁上，清楚留着格萨尔王的一个手印。完全像一个人在黄泥上用三个手指按下的印痕。那个手印不仅比一般人的手印大两三倍，而且很平整、很光滑。

对于在这块印在峭壁上的手印，有各种不同的说法，其中有故事讲道：

英雄诺布占堆十五岁赛马称王后，首先把目光对准北方的魔王，用神箭托果巴哇，射死了鲁赞。然后对准了霍尔国，降伏了白帐王。在他二十五岁的时候，就是铁马年仲夏农历五月初一的后半夜，正在神殿里酣睡。白梵天王从天空彩虹中声音悠扬地念起预言：

岭国君王诺布占堆您，
暂听我几句劝说，
今年您二十五岁，
需要全力出击南方敌人。
南方黑系辛赤王，
他是魔鬼大首领，
他是佛教信徒的公敌，
是岭国大众的私敌，
必须降伏不能放过他。
您尽快率军去南征，
骑兵要像冰雹从天降，
步兵要像狂风满天卷。

说毕，就像天空中的彩虹一样顷刻间消逝得无影无踪。

雄狮大王心想天神的预言不会有什么错误。于是毫不迟疑地向大将们下令："明天早晨太阳在东山升起之前，岭国各部长官全都要整好自己的部队，披挂盔甲如同彩虹升空，军马鞍镫如同天空明星一般，到岭国宫殿狮龙宫殿前集合。"言毕，大王回到了宫殿。

次日天色刚亮，岭国大王诺布占堆率先驾到，岭国八十大部也纷纷带领自己的兵马到来。这时，雄狮大王登上宝座，头戴战胜四洲白盔，身披压倒一切铠甲，腰挂金刚宝石箭袋，佩带天下无敌宝剑，手持神鞭金刚马鞭，还有征服三界的矛和盾。军旗宛似天神哨兵，不但如此全副武装，而且所乘骏马是无量佛的化身，备有随心如意鹏鞍，日月相辉似的羊毛垫，肚带就像玉龙舞动，两个螺镫如同白雪亮。这匹战马嘶三声，大地发出六种震动天空、花雨纷纷飘落等吉祥瑞兆。这时，雄狮王跨上骏马绛果叶哇，率领岭国六部大军，向着南方魔国门地进发。

雄狮王和文臣武将们经过魔山泽古来到拉萨扎岗神山上面，看到一处像魔女张大嘴巴一样的岩洞里，出现一只吃人的九头老虎，老虎口中喷吐着如同牦牛尾巴似的毒气，发出一种难闻的怪味。此刻，晁同有点害怕，不敢向前，便心惊胆战地说："大王，我们在这里住下，您的法力加持没有什么远近啊！"大王稍加考虑后面带微笑地说："六部兵马继续向前，叔叔晁同就住在这儿吧！"于是大王坐在一块如同大象长鼻一样的巨石上，操着大慈大悲的铁钩，举着万物皆空的绳索。晁同主仆二人在那里住下，晁同在眨眼间，抛出修行法宝击碎了那块巨石。但是那只九头老虎的生命仍是安然无恙，不久从巢穴中跑出，伸着红绸一样的长舌头，呲着雪峰一样的獠牙，对准晁同像流星一样奔来。晁同急忙逃窜，但皮靴碰上草堆把晁同一个趔趄绊倒在地。这时，九头老虎已经来到他的身边，晁同手足无措，不知如何是好，急忙爬上一棵松树。老虎紧跟着爬到树的半腰，在威胁到晁同生命的危险时刻，格萨尔大王取出翎羽神箭搭在牛角弓弦上，嗖的一声射出，像一道闪电一般，正好射中老虎的心脏。天空卷起一团乌云，雷声隆隆，地动天摇，降服了那只吃人的九头老虎，沉没到那块巨石中去。在那块巨石上留下了雄狮大王诺布占堆的手印。

从那时起，尖扎县拉萨村扎岗巨石上有了格萨尔大王的手印和有关格萨尔的许多趣闻传说，人们便一代一代地传颂着这个故事。

格萨尔引进青盐到岭国的遗址

父王僧伦和母亲噶妃之子，岭国君主英雄诺布占堆诞生未满两岁，征服了印度佛经宗，得到了十万部佛经和早期佛经箱箧。神圣佛法的圣贤哲人乘坐母系空行度母变幻法术的风马，被请到了西藏地方。

格萨尔王3岁时，征服了尼泊尔绵羊宗，引进了许多不同品种的绵羊。岭国的山坡上到处是绵羊，草滩里到处是羊羔，随处可以听到"咩咩"的羊叫声。乳白色的羊奶汇成了大海，岭国出现了兴旺发达的各种吉祥瑞兆。神子格萨尔王九岁时，他心想："看这大地上的庄稼和前所未有的花草树木的长势，打开白青稞的库门的时机已经成熟了！"想着，便火速来到南方丹玛地方，利用巧计和法术征服了丹玛王赤嘎，打开了丹玛青稞库，并把青稞引到岭国。

格萨尔王10岁时，他想："岭国虽然各种食品应有尽有，但是没有什么味道，就如喝白开水一样，应该征服西方湖畔的盐宗，把盐引到岭国。"于是，同岭国大将丹玛、达尔彭、贾察等一起向西方盐宗出征了。

他们如同勇猛矫健的老虎一样，丝毫不怕三九寒冬的冰天雪地之艰险。来到西方盐宗之际，格萨尔王没有改变原来的决心，没有违背天神旨意，作了祈祷，运用九变法术，忽然间，不知从哪里抬来了一百零八名大力士，很快降伏了盐宗君王米色觉丹，打开了盐库的大门。

岭国从此有了享用食盐的福分。为了更加圆满幸福，以格萨尔王为首的岭国勇士用一百匹壮骡和一百头牦牛驮着盐包，穿过无边无际的金色盆地和无穷无尽的森林，来到叫作古穷的地方。前面有一条就像针线似的羊肠小道。走在最前的骡子就像被魔鬼附体似的忽然惊跳起来，搞得天摇地动，把所有的食盐洒在前面偌大的草滩上，一时间，那里变成了一片白茫茫的盐池。格萨尔大王大发雷霆，从刀鞘里抽出无比锋利的宝刀，向挡在前进之路的巨石用力砍去，发出一声惊天动地的巨响，把巨石劈成了两半。现在化隆县古穷地方，格萨尔王用刀劈开的那块石头和洒落白盐的痕迹还能清楚地看得出来。

从那时起人们都说，岭国不仅有了盐得以繁荣昌盛，而且岭国百姓养成了用盐调味的习惯。

千里神驹绛果叶哇踢出的石块

黄南藏族自治州河南蒙古族自治县有一个人们向往的圣地，叫作岭国的美虎滩。从那个圣地东南方走二十公里左右，群山林立，天然生长的各种花草树木十分繁茂。无数陡峭的岩石犹如锋利的刀剑，威武庄严地屹立着，前面只有一条狭窄的羊肠小路。

在成千上万的岩石中，有一块非常奇异的自然形成的巨石大门，当地藏民称之为"知加果"，汉译为巨石大门。巨石大门的那边有一块与马蹄一模一样的巨大石王，紧贴在人行小路左边的山坡上，一眼望去，谁都不由自主地担心这块巨石随时有掉落下来的危险。

当地的老人们说，那块马蹄型的巨石，可不是一般的石头，它是格萨尔王的坐骑绛果叶哇用它的神蹄踢出的石块。关于这个石块，还有两个不同的传说呢。

传说之一是，说岭国王族有长系、中系、小系三大系统。觉如八岁时长系首领晁同叔叔把他们母子俩赶到黄河下游玛麦玉隆松多地带以后，觉如诺布占堆把神驹绛果叶哇放在一片石滩上。这匹马与其他马有根本上的不同，毛色非常亮，膘肥体壮，步伐敏捷。虽然没有翅膀，但有空中飞行的绝技，虽然是个牲畜，但能听懂人的语言。有一天，神驹绛果叶哇看见姜国南雅思毛跑到岭国马群中任意骚扰，顿时心升万丈怒火，立即变幻法术以如雷鸣闪电似的步伐奔前追赶。有时在蓝天白云中飞腾，有时在广袤大地上驰骋。姜国魔马南牙恩毛也很快变成狂风逃跑，在跑到巨石大门地方的时候，神驹绛果叶哇转眼间追上了魔马，并开始了生死较量，但是一时分不出谁胜谁负。最后神驹绛果叶哇伸展飞蹄把魔马踩得乱石横飞。其中一块像马蹄一样的巨石被神驹一蹄踢飞起来后，紧紧贴在石门的右上方。

传说之二是由长者多杰讲述的。格萨尔王根据天姑贡曼杰姆的预言，在射死魔国鲁赞王的归途中，经过黄霍尔。一座叫扎嘎穷钦的石峰，像一道长城一样阻挡着人们的道路。如果想要到石峰那边去，不是长着翅膀的飞马，就连一根针线插过去的希望也没有。由于这种原因，格萨尔王心想：莫非这是桀骜难驯的白帐王的不良法术？因此，他马上就向白梵天王祈祷，同时神驹绛果叶哇用力长鸣一声，向前飞奔，踩在石峰中间的巨石上，不断地踢踩之后，就把一块帐房一样大的石头抛出一公里之外，开出了一个像大门一样的道路。据说从那时起，就有了知加果——巨石大门之名。

格萨尔王的石梁

青海省循化县文都藏族乡是一个令人向往的地方。这里不仅诞生了包括班禅大师在内的许多著名人物，而且还有不少藏族古代珍贵的文化遗产。尤其是人们能够亲眼看到很多关于岭国大王格萨尔的故事传说的手抄本和民间演唱艺人。最令人神往的，是这里还有格萨尔王的遗迹遗物。从班禅大师的家乡沿着长长的弯曲小道走了四十多公里，在前往热贡地区的公路右边让觉曲萨石崖那儿，有一块长约五十米的叫格萨尔王的石梁。它巧夺天工，巍峨壮观地挺立在那儿。抬头望去，犹如一擎天之柱伫立在天地之间。

这个地方的老人们说：很久很久以前，格萨尔王看到黄河左右两岸的人畜被黄河截然分隔两处，造成相见却不能相聚的痛苦，便用他的神力从文都让觉曲萨地区扛来一条比黄河宽度还长的石梁，打算架一座黄河大桥。这时，天空中忽然搭起一道彩云的帐房，升起一道五彩的长虹。其中一条洁白哈达挂在前面，天母贡玛杰姆在空中降下预言："阿乃心中的宝贝请听好，你有解除人间痛苦的伟大愿望，但现在降伏四方敌人的时机已经到来。如果不先去降伏妖魔，那么，即便架起黄河大桥也不会有很大好处。所以，应把石梁暂时放在一边为好！"言毕，天母飘然而去，不知去向。于是，格萨尔王想，阿乃天母的预言怎么会错呢？所以，他便把那个石梁再扛在肩上，靠放在文都沟让觉曲萨石崖前面之后，踏上了降伏四方妖魔的征程。

格萨尔王的赛马场

被人们广为流传的格萨尔大王的赛马场位于青海黄南州同仁县麻巴乡，名叫邦嘎塘。

在那里几百年前就居住着自称是岭国后裔的岭加七个藏族村庄。每年农历一月八日那天，他们所有的年轻小伙子都穿上各种节日盛装，戴上珍贵的男士首饰，打扮得漂漂亮亮，把各个独具特色的骏马，鞴好金鞍银镫，纷纷前往赛马场，加入赛马的行列。一个个年轻俏美的少女们也都穿上最美最艳的衣服，戴上金、银、玉石、珊瑚等首饰，迈着很有风度的步伐，徐徐走来，享受赛马的欢乐。这已成为当地的一种风俗，并且有一段前所未闻的优美传说。

很久以前，美丽可爱、龙盘虎踞、平坦广阔的玛域草原，杜鹃鸟歌声悦耳，百灵鸟婉转歌唱，在邦嘎塘会场上，举行着盛大的赛马大会。

这时，上岭赛巴氏八弟兄以长系（岭国三大部落之一的长者）的九个儿子为首，像猛虎一样，率领弟兄们，穿着黄金锻袍，像阳光照耀在金山上，灿烂夺目；中岭文布氏六部落以中系（岭国三大部落中的居中者）的八大英雄为首，率领弟兄们，穿着白锻袍，像大雪降在雪峰上，放射着皓月的美丽光彩；下岭木姜四部以小系（岭国三大部落之一的幼者）的奔巴七弟兄为首，率领弟兄们，穿着宝兰锻袍，像太空中布满着雨云，闪烁着琉璃光芒。此外，右翼的噶部、左翼的珠部，达绒的十八大部，达伍木措玛布部落，富有的嘉洛部落，丹玛河的河阴河阳地带，察香九百户等，无论上岭、下岭的弟兄，个个都穿着盛装，豪情万丈，齐聚草原，志在必得。

这些人当中，自认为神降有预言，神支配

着人们的行动，一心一意要求赛马的达绒长官晁同、东赞、梅多等人认为，在今天的赛马场中，除了玉霞骏马外，没有能夺到锦旗的宝马。因此，他们比老虎还要骄傲自满，满身的穿戴好像老虎的六色毛茸，华丽非凡，满口豪语犹如母老虎咆哮，从强盛的达绒部落中，如猛虎出山似的浩浩荡荡地出发列队而来。

长系的尼奔达尔雅、牟青杰巴灵智、达彭、盼达等认为不能丢长系的脸，田而大话累累，气势比山还高，耀武扬威，好像与狮王也要争个上下，穿戴比狮子的绿鬃还要华丽，像狮子屹立在雪峰一样昂然自得，随即也出发赶来。

仲系的阿努华桑、噶德、僧达、尼玛隆主等认为今天正是显示仲系势力的时候，要给他挣得脸面，于是像苍龙飞舞于太空中，雷声伴着云层，声誉与雷声互争高低似的出发赶来。

小系的仁庆达尔鲁、贾察协嘎尔、总管王叉根、察香丹玛向查等，认为不能把幼系神鹫的地位弄得一塌糊涂，他们在内部会商中决定：岭地的弟兄们虽不给王位，但也不能把它送给别人！譬如身体外表的六肢虽然相同，但体内的勇气和毅力则各有差异。无论能得到速快的锦旗也好，得不到也好，岭地的江山，决不能拱手让人。小系们武勇满怀，威镇四敌，好像在卵中六翼已告丰满的鹏雏似的，抱着要与大鹏争高低的决心出发前来。

此外，拉伍南卡、敦巴坚赞、尼玛坚赞，大证人外梅拉达尔、公证判断人达尔盼等，岭国四位善知识、六俊男、三贤圣、三位聚福德之人、三大臣、六位殊胜大士夫等依次鱼贯而出。

噶妃的儿子觉如此时头戴着破旧的黄羊皮宽檐帽子，身上穿着不合体的牛犊皮硬边破袄，脚上穿着不合脚的马皮制的灰溜溜的一点光泽也没有的红腰破靴。赤兔神驹虽然鞴着黄金宝鞍，但他故意把鞍马变成坏马坏鞍，有时把棒棍——江尕儿外尕拖在手中，有时则别在腰下，像一个上不起台面的下贱人。犹如有歌所唱"没见过世面的阿木林，装出一遇寒气就冻结，一见太阳就融化，碰上风吹就飘起的寒酸样"。这时谁也不知道，他犹如珍宝藏于矿中，破衣苦行流浪奔波的命运，即将宣告结束。现在到了发出以地换天，推陈出新的时候了。

此时前来看赛马热闹的人们，像浓云密布于空中，尘土弥漫在大地，属下的各个小邦国差不多都来聚会。岭地的人们排着赛马大队，浩浩荡荡地从阿玉底山向下出发，走向赛马场所。

嘉洛·森姜珠牡、俄洛·乃琼、卓洛·拜尕尔拉泽、总管王的女儿玉忠、察香的姑娘帧忠、雅台的姑娘赛措、晁同的姑娘晁茂措等七人，满身绫罗绸缎，头上戴着各种珍宝首饰，颈上戴着玛瑙长串，服装较神华丽，饰品比龙阔绰，珠光宝气，美丽非凡，前往拉底山上煨桑去了。

观看热闹的人们，都聚集在鲁底山上，坐着观看。参加赛马的人们在阿玉底山下不前不后，一字儿排开，准备出发，长系、中系、小系以及上部等五个部落都在一起竞赛，都祈祷大神白梵天、厉神主格作、龙王邹纳仁庆前来相助。真是热闹空前，目不暇接。敌人看见了会胆战心惊，亲人们看见了会心花怒放。看热闹的观众和岭地的人们议论纷纷，大家推猜今天谁能得到赛马大彩注。有的说"除了东赞外，再不会有第二个"，也有的说"贾察协嘎尔会取得胜利，或者察香能战胜一切"云云。

这时，岭国的总管王宣布岭国的赛马正式开始。一时间，骑手们各自骑上骏马你追我赶，竞赛非常激烈。其中觉如的骏马如同神鹰卷起狂风，飞驰而去，刹那之间，就把其他骑手接二连三甩地在后面，最后跑在岭国大将东赞的前面，获得了最后的胜利，登上了岭国国王的金制宝座，使这个赛马夺冠的事迹像风中的旗幡，飘扬在岭尕儿的上空。

这时觉如的相貌，变得仪表堂堂，容光焕发。世间的绝大多数人们所衷心拥护的太阳升起来了，岭国的男女老少都充满着希望和快乐。清凉的皓月，放射出万道清辉，庆贺着这稀奇的盛事。用力量、能力进行竞争以及战争中的攻无不克、战无不胜的事业大宝幢，开始树立了。在他之前，前来观看热闹的神和人，对这个盛况空前，将夺取赛马彩注为获取事业的佳音传向人间。好像夏季雷雨时，雷声在空中震响，大地也被其撼动，因此地下、地上、空中、无论是听到的，或亲眼见到的，都羡慕、景仰不已。

岭·格萨尔王顺利地登上了王位。自然也成了嘉洛家产的主人、森姜珠牡的丈夫。此刻，哥哥东琼嘎布、弟弟龙树俄琼、妹妹姐莱娥尕、嫂子却简嘎布等变化为许多童子，拿着法鼓、法螺、铙钹、令旗等，吹吹打打，飘扬挥舞。喜气洋洋地向格萨尔祝贺。前来参观热闹的人们和所有部众，看到诸神在美妙异常的庆贺声中娱乐，都惊奇不已，疑在梦中，痴呆呆地不知所措了。

从那时起，在麦巴地方的邦嘎塘上形成了赛马的习俗。这习俗到今天不仅从未间断，而且邦嘎塘被称作格萨尔大王的赛马场，所有的男女老幼无不为此津津乐道。

格萨尔王的赛棋遗址

黄南州同仁县城往西宁行进的途中，当人们几近隆务峡谷口时，远远可以望见各种奇形怪状的悬崖峭壁头靠头，肩并肩地矗立山肩。著名的隆务河在峭岩下向东北方向哗哗地流去。在隆务河右岸，在一条像怒火中燃烧的毒蛇爬过一样的蜿蜒盘绕的路口，有一个叫格萨尔王下棋石的地方。那个棋石四四方方，而且上面还有许多画纹，与藏族棋盘上的画纹基本相同。当地的人们经过那个地方时，必定去看望棋石，并且有坐在棋石旁边做一下赛棋动作的习惯。

据当地老人们所言，雄狮大王格萨尔从小就非常喜欢下棋，而且棋艺非同一般，岭国三十员大将谁都赛不过他。有一次，岭国长系首领晁同心里很不服气，他想大将都比不过小小觉如的棋术，我不相信，非要试试他不可。他边想边走在前面对格萨尔说："觉如你下棋真的那么厉害吗？如果真的那么厉害，跟叔叔赛棋打赌行不行？"格萨尔毫不犹豫地回答说："可以比赛，但我们的赌注是什么？"晁同犹豫片刻之后说道："赌注不定为马和犏牛，因为太大，也不定为羊和山羊，因为太小，不大不小的是中间的母牛，把一头母牛定为赌注如何？"格萨尔王说："叔叔你说定就行。"言毕，侄子格萨尔和叔叔晁同摆开棋盘开始下棋。开棋没过多久，晁同就开始蛮不讲理地走赖棋，周围观看赛棋的人们看到晁同赖棋心里很不高兴。大家三言两语地讽刺晁同的不良棋风，但是晁同毫不在意别人的言论继续赖棋不讲理。此刻，格萨尔忽然地将棋盘中间的白棋子向左边一走，轻易将对方置于死地。晁同无可奈何，不得不认输，赌注母牛也非给不可了。

还有一则故事说，岭国英雄格萨尔王把凶恶的北方魔国王鲁赞射死之后，按照白梵天王的旨意，箭镞刀尖对准黄霍尔地区，并运用变幻法术火速赶到了白帐王的宫殿雅泽卡木尔前。这时，岭国大将勇士们也在宫前等着大王的到来。格萨尔王看见整齐威武的勇士们十分高兴，于是站在大家的前面向神龙念再三祈祷之后，立即解开系在腰上的铁链，搭在黄霍尔王宫殿雅泽卡木尔城顶。这时神龙念之兵马就如乌云一般，战神威尔玛像雷电一样，顷刻之间来到此地协助大王。在岭国的大将们通过搭在城顶上的铁链云梯攻克坚固的宫殿时，宫内的白帐王和大臣们心惊胆战，手足无措，心急如火，尽快命令士兵们坚持对抗。但士兵们手忙脚乱，从城内扔出了许多乱石，射出了不少乱箭。这时，以大将丹玛和扎拉为首的勇士们从东门和西门地方射入了神箭，黄霍尔宫内的士兵吓得无处躲藏。白帐王急得到处乱窜，最后派出霍尔王寄魂鸟沙巴九弟兄，在解开城顶上的铁链爪钩时，被贾察灵魂转世的鹞鹰发现，从空中迅速飞过来，立即杀死了三只沙巴鸟，赶走了四只沙巴鸟，铁链爪钩没有受到任何损坏。

格萨尔王一马当先爬上铁链云梯，随后扎拉、丹玛、嘎德等也跟上来了。白帐王带着珠牡急忙躲到一个名叫"黑暗坚城"的地洞里去了。

勇士扎拉泽杰按照大王的旨意，来到那外面虽有百螺齐吹，里面却丝毫听不见，里面即便有百鼓齐擂，外面却听不见任何响动的"暗无天日"的险要的石洞城内。里面的警卫早已逃得无影无踪，他便放心大胆地跑到软禁珠牡的房门前，并尽快打开房门将珠牡带到洞城外。这时，珠牡亲眼看到了城里城外，到处都插满了岭国军旗，她欢喜若狂地跑过长梯，跳过短梯，来到东门广场，岭国大王格萨尔像群星捧月般地被众英雄包围着。珠牡拨开人群，倒在大王怀里，一时说不出心里的千言万语。

此刻，那龟缩在黑暗坚城地洞里的白帐王心想：我堂堂白天魔神的爱子，世上有名的霍尔天王，如今一败涂地，把红黑十二部的所有人马全部都化为乌有，看来一切都完了。我一个人待在这儿，还有什么用。不如出去求饶认错，忏悔投降，说不定还能保住性命！遂钻出坚城地洞，正好碰上前来搜索的岭国部队，白帐王顿时吓得双腿颤抖，两眼发直，浑身冒汗，一动也不敢动。

扎拉泽杰和丹玛二人跑过去，从两边把白帐王架起来，正欲抽出宝剑砍死时，格萨尔赶来大声说道："不要便宜了他，得给他一点颜色看看。"遂命令用绳子捆绑起来押解回城。巴图尔们见白帐王被擒，一个个缴械投降。至此，霍尔百万大军全部覆灭。

白帐王被押到东门广场时，大王将马鞍鞴在白帐王脖子上，将金辔勒在白帐王的嘴里，把宝剑当鞭子挥舞起来。当大王骑在白帐王背上的马鞍上时，白帐王就像被皮鞭追赶的老牛一样，扑通跪倒在地，向格萨尔王哭涕求饶，但是格萨尔怒火冲天，怒不可遏，"嚯"地抽出宝剑杀了白帐王。

这时，正在喇宗城静坐修行的辛巴梅乳孜也主动前来岭国的军营，向格萨尔大王诚心请罪。与此同时，霍尔部落大小首领带着白雪似的哈达，特别是辛巴将九百个仓库的钥匙和十二部的名册，都放在了格萨尔大王面前。胜利的喜悦，像欢腾的火苗，在每个岭国英雄的心里突突跳跃。这一天，风和日丽，人欢马嘶，他们喜气洋洋地从阵地上赶来，聚集于白螺如意宫内，举行盛大的庆祝宴会。

这天格萨尔大王心情非常愉快，面带微笑地对大将丹玛说道："勇士丹玛请过来，今天是欢庆胜利的日子么！我们俩坐下来好好赛场棋。"丹玛很恭敬地回大王说："我的棋艺很差，无法跟您赛棋。""没有关系，失败乃成功之母嘛。"大王说罢，俩人坐在隆务河边天然形成的棋盘两边开始下棋。从那时起就有了格萨尔王棋石的地名，这个生动有趣的故事也从此在民间流传开来。

被格萨尔大王射成两半的石崖

上有百万牲畜如繁星落满草原的业主牧户，下有五谷丰登、富可敌国的农民村庄，中有神赐甘露般的河水涓涓东流，四周有百年青松在忙于迎宾送客，从这般美丽富饶的黄南麦秀沙滩往里行至四五公里处，可见左面有一高耸入云的石崖，崖顶如一棵干树被斧头劈成两半，甚是陡峭，当地居民行至此处，都要摘帽示敬。

关于此地，当地人口中有一段饶有趣味的故事：

格萨尔大王是诞生在大地上的佛陀、显现在石头上的舍利子，他是蓝天般不撼的柱子、大地般不动的基石、是奔向极乐世界的领路人、是降伏魔障的英雄、满足一切的如意宝。当他凭着自己的无边法术用宝刀砍下泽楚若波（又叫青脸刺锥、系魔王鲁赞之弟）的三颗头继续赶路时，在一处平坦而又辽阔的草原上，放牧着很多花白相间的羊群的五头小魔看见格萨尔大王说：

吠，坐骑赤兔马者请听好！
自己送上门来是你命该绝。
你刚才是从何处来，
如今要到哪里去？
如此奔波为了甚？
你的发眉为谁黑、
你的牙齿为谁白？

与此同时，一挥羊鞭顿使草滩火焰四起。格萨尔大王闻此言语却毫无惧色地应道：

喂，牧羊人啊你听好！
我从上部岭国来，
去降伏鲁赞大魔头；
我是利乐法幢的树立人、
邪恶孽缘的根除者、
花花岭国的守护神。
为了证明我话不假，
请立一靶子让我射，
我用箭给你玩把戏，
稍安毋躁你看清楚。

牧人心想：看此人口出狂言，决不像有真才实学之人。故而以九只公羊、九只母羊、九副铠甲、九口锅、九副马鞍作为靶子，让格萨尔大王去射。格萨尔大王从敦卓格赤箭筒中抽出一支利箭搭在弦上，一箭射出。只见上述靶子如火烧鸡毛般被射穿后，还把背面的石崖顶射成了两半。现在我们所看到的正是被格萨尔大王用箭射成两半的石崖。

梅萨与青海湖的故事

关于吐蕃大臣"禄东赞与青海湖的故事"，通过学者大量撰文宣传，已成为家喻户晓、妇孺皆知的事情、但在青海湖以南四五十里处的郭密部落却流传着一段关于青海湖与之迥然不同，鲜为人知的传说。

很久以前，格萨尔大王为降伏恶魔鲁赞、拯救梅萨奔吉而赴北方魔国，经过一年多的斗智斗勇，终于降伏了涂炭生灵、十恶不赦的魔头鲁赞。这时，大王因惦记岭国臣民和王妃珠牡一再催促梅萨收拾行装，班师回朝。但梅萨曾经给珠牡捎话，向大王请教过噩梦的预兆，因珠牡的妒心太重，未给传话，而被恶魔鲁赞轻易抢去。对此她怀恨在心，伺机报复；其次岭国格萨尔大王的众多嫔妃个个貌如天仙，婀娜多姿。在她们当中自己很难得到大王的宠信。故而一再拖延，不肯上路。

而格萨尔大王的坐骑，千里马绛果叶哇洞悉梅萨心态，对她甚为不满。时常准备给大王进言劝说，早回岭国。孰料格萨尔大王被梅萨的迷魂汤药灌醉，整天乐不思蜀。对梅萨的花言巧语偏听偏信，也不来给它添草加料，致使绛果叶哇无法接近大王以直言相谏。日久天长，它对梅萨的所作所为更为不满，怒火中烧，恨不得将梅萨一口吞下肚去。但碍于格萨尔大王的情面，未敢下手。此情反被梅萨察觉，给它戴上铁辔，绊上铁绊，拉到一个漆黑的茅屋拴在一根粗如人腰的铁杆上终日紧锁房门，不添草料。

一天清晨，格萨尔大王洗漱完毕，准备去用早餐时，天姑贡曼杰姆从五色彩云中骑一白狮来到大王上空，给他预言道：

岭国英雄格萨尔，
切勿逗留快动身。
霍尔磨刀向岭国，
森姜珠牡恐遭殃。
你是百姓的救世主，
驱除黑暗的红太阳，
胜利法幢的树立人，

征服霍尔的大英雄。

言毕，与彩虹一道消失得无影无踪。格萨尔大王谨从天姑预言，叫梅萨赶快备马，准备上路时，梅萨仍不觉醒，继续欺骗大王说："绛果叶哇到东部的草原吃草，请大王稍等片刻，我这就去把它找回。"对此，格萨尔大王无言以对，只好与梅萨一同徒步到东部的草原寻找绛果叶哇。

格萨尔大王和梅萨一边寻找千里马绛果叶哇，一边游山玩水。不知不觉中他俩来到了盐湖旁。只见一片晶莹透明的盐冰与天相连，甚为壮观。格萨尔大王命梅萨把几块盐装到自己的口袋，以备来日将盐"央"运往整个藏区。随之继续往前赶路，直到今天的青海湖附近时看见一个巨大的盆地绿草如茵，百花齐放，成千上万个洁白的帐篷和成群的牛羊像天上的繁星一样布满整个盆地。梅萨好像从未见过如此美丽而壮观的景色，故而心生懒惰，不想继续赶路。劝说格萨尔大王在此歇息几日，享受这人间天堂。但因格萨尔大王与绛果叶哇一同从天界来到人间，共同肩负着惩强扶弱、降妖伏魔的大任。它通人性而知书达礼，不同于一般的畜生，从天界下凡时，曾立誓生死与共，互不辜负。今听说被他所弃，大王幡然醒悟，悔不该贪图安逸，伤它之心。因而找马之心更切，根本无心逗留。为此，扎好一座帐篷，将梅萨安顿在那里并答应她："找回宝马后，立刻飞回她的身旁。即便找不到宝马，自己天黑之前一定会赶回来陪她。"

望着格萨尔大王远去的背影，梅萨想到由于自己的自私、虚荣和愚昧无知，骗得格萨尔大王跋山涉水，如此辛劳，不仅甚感愧疚。想着为格萨尔大王烧一壶香喷喷的奶茶，做一顿可口的晚餐，以报答大王的宠幸之恩。她随手背起木桶，到一口泉眼处舀水，可泉眼被一块石头盖着，而且水流太细，舀满木桶需要花费一段时间。梅萨急于求成，搬开石头，舀满木桶后却忘记盖上石头便匆忙间往回赶路。她没走几步，只听到一声开天辟地的巨声从身后响起，梅萨转身一看，只见一股如桶口粗的水柱从地面直冲云霄，复落草原，汇流成河，注入盆地，逐渐淹没了百万牲畜和牧户帐篷。梅萨见此情景，张皇失措，不知如何好，落荒而逃。她前脚刚一离地，后脚已被水淹没。不知不觉将一只鞋丢到水中，另一只鞋丢在今之倒淌河乡黄果村，后来变成一座山丘，到今天人们仍将其称之为"亥"，即鞋之意。与此同时，将手中的木勺随手一扔，落在倒淌河乡的甲乙村，逐渐形成一个草木旺盛的小山丘，人们将其称之为"纳拖布"，即木勺之意。而这时泉水愈涌愈大，淹没了整个盆地。使万户牧民葬身湖底。从此，日久天长，不仅形成了这个美丽的青海湖，而且他还有了一个使人难以忘怀的别称——赤雪嘉姆（葬送万户牧民的女王，指王妃梅萨背水惹祸，以致百万生灵遭殃）。

慌忙中，梅萨背着木桶，一路奔跑，由于颠簸桶中的水不停地撒落下来，又流入湖中，以致形成了今天的倒淌河。

最终，她跑到被后人称作阿妈索格的高山后，方才定下神来，背靠山崖休息片刻，不禁昏睡过去，木桶也随之倒地，将辛苦背来的水倾倒在地，成为今天的湟水河。它从古至今，流淌不息，世世代代养育着湟川儿女。而后人将梅萨曾经御过木桶的这座高山命名为阿妈索格，即阿妈的大木桶。

这时，格萨尔大王的千里神驹绛果叶哇预知此情，悲怜那芸芸众生遭此大难，忍耐不住挣断铁辔铁绊，踢破屋门腾云驾雾，转眼间飞到莲花生大师身旁，向他禀告了青海湖的灾情。莲花生大师毅然削来印度圣山玛哈德瓦之巅，让绛果叶哇驮去并填入青海湖中，方才制住了波涛汹涌的泉眼水。后来人们把青海湖的海心山叫作措娘玛哈德瓦，即海心山玛哈德瓦。据说，当时如果不是千里马绛果叶哇见义勇为、舍生忘死，还不知会造成多大的伤害呢！

格萨尔大王因找不到千里神驹绛果叶哇，爬到一座可以望见玛沁邦拉神山的高山顶上。望着故乡，不觉又是欢喜又是惆怅，终于从梅萨的迷魂汤药的药性中完全苏醒过来，向岭国的神灵和天姑贡曼杰姆呼吁祈祷，请求显示神力，召回骏马。祈祷刚毕，只见绛果叶哇嘹亮地嘶叫三声，用前蹄把地面刨了三次，抛洒着蜜蜂大的泪珠儿，从空中向大王驰来。向格萨尔大王唱道：

雄狮大王格萨尔，
当初我在岭国时，
珠牡像慈母一样呵护。
早晨金盆中盛满嫩米，
中午银盆中盛满奶汁，
整天都问我饥渴安乐。
可如今女魔梅萨，
无情地给我戴上铁辔，
铁绊绊锁住我的四蹄，
拴到铁柱却说我弃主而去。
若非她自以为是，
掀开那镇锁大海的石块，
千万户牧民岂能遭殃，
我怎敢擅自挣脱铁绊。
请大王启程速回故里，
岭国的百姓早已早盼雨露。
切勿与妖魔梅萨，
逗留在黑暗魔域。
岭国的百万臣民，
正遭受豺狼霍尔的凌辱。

大王听了以后，长长地叹了一口气，说道："你说的句句在理，现在我们回去叫上梅萨尽快返回岭国去吧！"说着，骑上宝马，一时三刻来到梅萨身边，却看见一片汪洋大海出现在自己的眼前，与早晨离去之时恍如隔世，真难相信是真是梦。

为了补救梅萨创下的弥天大祸，超度众生亡灵，格萨尔大王一连七七四十九天原地打坐，颂经施法，将百万生灵一个个超度到极乐世界。这时，霍尔国妖魔泰让为阻止格萨尔大王返回岭国，兵伐霍尔，将今之寡俊达钦山脉的"无头崖"之巅削下来，击打"玛哈德瓦"海心上。格萨尔大王又施展法力，射出一箭将其镇住，在半空中坠入湖中，成了今天的"者姆智噶"，即女魔崖。接着霍尔国的寄魂野牛，为了扩大灾害，阻止格萨尔大王返回岭国，从黄河中汲来无量大水，从刚察县境内注入湖中，使湖水再次暴涨起来，大有淹没整个雪域藏区之势。格萨尔大王见此情形，将一块如绵羊大的石头，放入抛石掷出去，正中野牛的前腿，使它落荒而逃，不敢回头。

格萨尔大王在湖边打坐期间，被白帐王抢到霍尔国的珠牡思君心切，派来三只仙鹤给大王送信。大王读完来信后命它们在此等候并监视湖水有什么异常情况，待征服霍尔国，杀死白帐王，将森姜珠牡接回岭国后再派人召它们回去。因此，三只白鹤落脚于蔡瓦日——鸟岛，并繁殖后代，吸引其他过往鸟类至此栖息。从而形成了今天这个景色迷人，鸟类众多，吸引广大国内外游客前来旅游观光的一大胜景。每逢五六月份的产卵季节，岛上的鸟蛋一窝挨着一窝，密密麻麻到处都是。如果人们此时到岛上去，几乎难以下脚。这里的鸟类主要有斑雁、鱼鸥、鸬鹚和棕头鸟等，总数约有十万只。此外，还有近千只岛上唯一的冬候鸟大天鹅在这里越冬。因为它种类繁多、分布稠密而堪称"鸟类王国"。

与此同时，格萨尔大王的千里神驹绛果叶哇也动了凡心，与当地一匹毛色洁白、四腿修长、体形高大的母马交配，产一马崽，取名洁浪。可日行千里，通人性而富有灵气，被当地牧民尊称为神驹。其威名远扬，几乎达到了人神共知的境界。而它的子孙后代，在青海湖周围繁衍不息。被西藏及内地达官贵人所看重。冠名为"青海龙驹"或"青海神骢"。经常以购置产自青海的宝马而感到荣耀。特别在行军打仗之际，因青海骢持久耐力，奔走如飞而被将领们所器重，在枪林弹雨中将自己的生死托付给跨下坐骑者大有人在。今天的"江西沟乡"和"黑马河乡"等地名的由来都与绛果叶哇的子孙后代密切相关：江西沟乃是藏语，意译过来有"骏马滩"之意；黑马河也是藏语"达那玛"的意译。究其原因，在此不言而喻。

为了纪念格萨尔大王托山填海、拯救百万生灵的伟大壮举，位于青海湖边的沙陀寺特地从四川德格等地引进藏戏《格萨尔》进行演出，每年都能吸引数万游客前来观赏。

梅萨仓皇逃跑时遗忘了取自盐湖的那几块盐，从而使青海湖成为中国最大的咸水湖。而她经常使用的那面镜子，从湖底下看到蔚蓝的天空，美艳多娇，纯洁无瑕。对此不甘认输，而与此媲美，致使今天的青海湖像宝石一样清澈透明，晶光闪烁。人们很难判断究竟是天蓝还是青海湖蓝。

总管王绒查叉根及其城堡

远在很多年以前，一个号称穆布董的游牧部落生活在今四川省甘孜藏族自治州石渠、德格（原邓柯）一带，这个部落的首领名叫曲拉潘。他有三个儿子：大儿子名叫绒查叉根，二儿子叫僧隆，三儿子叫晁同。绒查叉根，岭国王室的族长，格萨尔之伯父，是一位智慧过人、英明善断、豁达宽容之人，是三兄弟中的首要人物，岭地六部落的总管王，是传说中的恩知布达神的化身。自从以神祇们的旨意投生到东方花花岭国以后，上供奉无量神佛，下布施芸芸众生，一心敬重佛教事业。尤其在岭国执政期间，为岭国所作的贡献不胜枚举，众百姓有口皆碑。关于总管王绒查叉根的有关历史及其城堡，根据史诗文本和民间有如下描述。

很早以前，绒查叉根在天界时，是天神梵天大王的儿子。当混沌初开时，下界人间一片混乱，妖魔鬼怪到处横行，善良无辜生灵惨遭涂炭，疾病成灾、瘟疫蔓延、庄稼干旱、民不聊生等种种不祥之兆频频出现在花花岭国，当时的岭国首领为了拯救在苦难中受煎熬的百姓和与之相伴的牲畜，去天界向天姑贡曼杰姆禀报了下界人间所发生的一切，再三请求天神派遣一位智勇双全的天神之子前来为民除害、治理岭国国政。天姑听了后心想，岭地出现的这种现象实属罕见，擅自解决这件事还有点棘手，踌躇之余，便前往文殊菩萨前将情况作了详细汇报，经过磋商，决定派遣梵天大王的儿子绒查叉根投生到岭国，治理岭国国政。

过了一年左右，按照天神的旨意，在藏历五月十五日（藏族认为是最吉利的日子）那天，有一位智慧超人、聪明能干、名叫戎萨梅朵措姆的少女，正在自家宫殿的花园内悠闲自得地来回散步、自由玩耍，没过多久便不知不觉地睡着了。这时，莲花生大师在空中用幻术将聚集在一朵花瓣上的甘露，轻轻地滴入戎萨的口中，想方设法促使她吞咽下去。没过多久，戎萨觉得身上有一种无可名状的感觉，全身上下五颜六色的光芒四射，身心非常舒适。这样，一滴甘露竟在戎萨的腹中孕育成了一个小小的生命。大约过了九个月零十天，那天正好是藏历十二月初八，是一个非常吉利的日子。空中出现七彩之虹，地下降着鲜花之雨，伴随着种种吉兆，绒查叉根呱呱坠地，便来到了这个世界。

光阴荏苒，斗转星移，几年过后，绒查叉根长成了一名英俊潇洒的年轻小伙子，俗话说："男大当婚，女大当嫁"。绒查叉根也经历了凡人所经历的一切，他娶了尊大玛的女儿姜萨达曲拉姆为妻，生下三男一女共四个孩子；大儿子名叫玉盼达嘉，在噶岭战争期间不幸遇难；二儿子名叫连巴曲嘉，在征服祝古兵器国时献

格萨(斯)尔

出了年轻的生命；三儿子名叫郎琼玉达，在霍岭大战时英勇善战，不幸被霍尔国杀害；女儿名叫拉姆玉钟。

总管王小的时候总是身着黄缎子黑水獭皮镶边的长袍，头戴金黄色的帽子，腰系绸缎腰带，足蹬绣有虎豹斑点花纹的靴子，气宇轩昂、潇洒自如。右手拿着一串大鹏鸟的鸟蛋似的珍珠念珠，口中念念有词；左手紧紧握着箭镞的彩带，当他将彩带向四周一甩时，种种祥瑞不断出现：干旱地区突然降下倾盆大雨，无牲畜的地方带来"福禄之气"，空中出现美丽的彩虹，天下百姓安乐吉祥；美丽的少妇显得艳丽俊俏、光彩照人；潇洒的男子汉更加英俊自如、容光焕发。等绒查叉根到了豆蔻年华，为了筹备军用兵器，更好地保卫国土，便来到上界天空，向父亲梵天大王索要箭、矛、刀等必备武器，并向父王娓娓道去索要这些武器的原因。梵天大王听了儿子的一番话后，牢牢记在心里，并将天上人间绝无仅有的三件秘密武器亲手交到了儿子手中。从此以后，他就成了一位智慧超人、英勇善战、战无不胜的人。

要想了解绒查叉根的城堡的故事，民间有这样一段传说：绒查幼小的时候，他们母子俩居住在一座名叫"尕茂曲州城"的城堡内。当时看来这座城堡外观气派，造型也非常好。但现在看起来有点陈旧不堪，里面破破烂烂，只是一堆废墟，人们也不忍心多看一眼。当绒查叉根十三岁时，"尕茂曲州城"的正前方有一座像绵羊心脏大小的小土包，有一天他闲得无聊，便登上这座小土包去看看此地的地貌特征。他仔细环视了四周，居然发现此地是一块难得的风水宝地，地理位置非常独特：东边的山冈犹如鲜花盛开，闪烁着彩虹之光；南边的山岳酷似天兵天将下凡，层峦叠嶂；北边的山峰高耸入云，犹如老鹞背对着天空晒太阳，又好似雏鹞拍打翅膀；此地乃是降洒甘露、照耀金色阳光之地；从远处眺望，此地犹如猛虎斜视，四蹄伸入地心；仿佛苍龙盘踞在上空，雄狮傲居在雪山；这座小土包完全具备了建造一座城堡的所有条件。看到此情此景，他无比高兴，突然间萌发了在此地建一座城堡的念头。于是急急忙忙来到达绒部落长官晁同前，向他说明了建城堡的想法。他说："这个想法早就有之，只是时机未到，现在时机已成熟，请晁同将印度、藏区、汉地等地区的能工巧匠邀来，助我一臂之力，建造城堡，以实现我梦寐以求的夙愿。"晁同是个自私自利、心胸狭窄的人，他听了总管王的话后心想："假如绒查叉根在岭地建一座城堡，肯定比我的'颇如娘宗城'豪华壮丽，那不是显得自己比他逊色，岂不是丢了我晁同长官的脸面了吗？"想到这里灵机一动，便向总管王说道："尊敬的总管王，请您莫生气，本人以前从未去过印度和汉地等地区，我也无法找回技术娴熟的能工巧匠，因此，你建造城堡我实在是无能为力，敬请原谅。"总管王听后非常生气，知道晁同由于嫉妒，分明是不想帮这个忙，无奈便回到了自己的住处。经过左思右想，别人是指望不上，求人不如求自己，建造城堡的重任只能靠他们母子来完成。于是，他寄希望于神佛，向东方阿尼玛沁神山、西方念青唐拉神山、上方冈底斯神山、神湖赤雪嘉姆等虔诚地祭祀祈祷，保佑他们母子顺利建造城堡。一天傍晚，对总管王来说是一个不寻常的夜晚，大地静谧，万籁俱静，人们都进入了甜蜜的梦想。这时的绒查只梦见一个白人骑着一匹白马，白马的身上备着白色的鞍鞯，只见那白人身着白色的盔甲，头戴白色的头盔，左手握着长矛，右手持有灵光闪闪的神剑，全身上下用珍贵的装饰品点缀着，金光灿灿，光芒四射，威风凛凛地向他走来，用低沉的声音说道："德高望重的总管王，请不要整天为建城堡的事发愁担忧、绞尽脑汁。你建造城堡定会得到神祇门的鼎力相助，而且你的城堡定会在七天七夜内建成。"说完之后便不见踪影，据传这个托梦预言的白人是梵天大王所变。

自那天起，大概不到七天七夜的工夫，梵天大王派遣天界的一百八十名神童，下界龙宫的一百八十名龙子，中间历神界的三百六十名神兵运来了天界的金、银、铝等各种矿物和各种不同的岩石，筑起了"南宗秀茂城堡"。城堡共有三十六层，金碧辉煌，雄伟壮丽。城堡最上层建有八间供奉祭祀神佛的佛堂，间间都有佛龛，盏盏酥油灯像金色的太阳照亮着整个佛堂，像夜晚的星星，眨着明亮的眼睛，向人们诉说着一个美丽神奇的故事，显得清净幽雅、庄严肃穆、令人神往。要说这些支撑佛堂的大柱子，上面均由金子点缀着，下面由银子装扮着，中间绘有虎、狮子等各种各样的俊美图案，从中可以窥视藏民族的图腾崇拜。从这些吉祥的征兆中可以预感到，在花花岭国将会出现一位像狮子一样威武、像猛虎一样勇敢的伟大人物。城堡的大门左上端塑有三个狮子的雕像，威武昂然地站立着；右上端是三个猛虎的雕像，威风凛厉；中间则是一个大鹏鸟的塑像，大鹏鸟左右两边的鬓发上闪烁着五种不同的火光。传说左边的这五种闪烁的火光是岭国的长系、中系和幼系图腾崇拜的标志；而右边的五种火光是因为格萨尔有控制水、土、火、风和天空等五大元素的本领的标志。城堡的正前方立有一个胜利幢，上面有自在天八辐轮、吉祥八宝和如意月亮等自然形成的图案。城堡的外围墙裙上是以格萨尔大王降伏四方妖魔以及十八大宗的故事情节绘制的图画，惟妙惟肖，一目了然。说到这里，有必要交代总管王绒查叉根的"南宗秀茂城"遗址的所在地。它就在现今青海省海南藏族自治州同德县拉加军工乡拉加寺寺庙的所在地。不仅当地的人们这样世代传颂，而且与之有关的故事在民间流传不少。

为什么把总管王叫绒查叉根呢？对此民间有诸多不同的说法，艺人才让旺堆的说法颇有历史根据，值得信赖。他说，以前，格萨尔麾下的大将查向丹玛向叉出生在盐海城后不久，他孤身一人，无依无靠，于是前往花花岭国。富有智慧的绒查叉根早就预料有一位经受饥饿、贫困潦倒的人要来此地，不由得升起怜悯之心，将自己仅有的金银财富分成三份，将其中的一分赐给了丹玛，让他享受人间荣华富贵；后来，按照天神的旨意，印度八十位大成就者之一桑德阿冬木，变幻为一名乞丐来到岭国绒查家的大门口，向他索要食物，绒查看到来人非同一般，便毫不犹豫地把剩余的两份财富中的一份赐给了桑德阿冬木，让他在岭地安家落户。后来，将自己手中剩余的那一份财富又分成两份，把其中的一份毫不吝啬地分给了岭地的三位喇嘛，另一份施舍给了三位可怜的乞丐，给自己未留分文。人们认为他是一位毫不利己、专门利人、处处为他人着想的好人，扶助百姓像父母，因此，人们把他称为"总管王"。而且他的声誉响彻上至印度、下至汉地、中至卫藏等地区，可以说是威名远震。

"绒查叉根"一名有它的来历："戎"为他母亲部落之名，"查"一说是由城堡"查多南宗秀茂"而来，另一说为"外甥"，"绒查"意为"戎国（或戎部落）的外甥"；"叉"为"鹞鹰"，"根"为"老"；"叉根"为"老鹞子"，或"叉地老头儿"，属于岭国幼系部落。

晁同的藏身洞

从青海省海西洲格尔木市唐古拉乡的正南方向前大约走六十公里左右，一座名叫邦戎雪山的旁边有七个一模一样、自然形成的岩洞。民间传说这是岭国征服大食财宝宗期间，达绒部落长官晁同躲藏的洞。这七个岩洞的左侧有一座巍峨高大的雪山，水晶般晶莹透亮，这座山的形状酷似一个高大的人一手牵着一个鹞子，而另一手托着一个鹞子，从远处望去，高耸入云，雄伟壮丽；右边有一条清澈的河流，向东方缓缓流去；正前方是广袤无垠、绿草如茵的大草原，犹如天地相连；后面是一座黑黑的山峰，恰似一根擎天柱，高大无比，直插云霄。这七

◎格萨（斯）尔

个岩洞各有各的特征。第一个岩洞里有格萨尔大王当年用过的头盔、盔甲和矛等兵器放在石头上的印记，洞口有一个四四方方的石头，上面有格萨尔坐骑绛果叶哇的马蹄印，清晰明了。第二个洞里有麻希晁同长官的灶台和坛坛罐罐放置的印痕，另外，还有一张晁同睡过的石头床，床上有一对自然形成的狮子图案，由于前来朝拜的人在此磕头膜拜，点燃酥油灯，石床显得油光闪亮，一对狮子图案则显得活灵活现。第三个洞里有晁同用石头铸成的马、绳子和拴马的橛子，石橛子上清晰地留有当年晁同拴马时留下的手指印痕。第四个洞内有格萨尔王的灶房和他的坐骑沐浴用的净水。据传，这个净水是从一个像狮子嘴一样的岩石中汩汩流出来，清澈如玉，水尖朝上，冲向天际。奇怪的是，这水夏天没有涨势，冬天不会封冬，与天界的甘露没有丝毫区别。第五、六、七个洞内虽然没有格萨尔王和晁同当年留下的各种印记和遗物，但是，每个洞内至少有两三个小湖泊，周围开满了雪莲花、八瓣莲花等各种各样的雪域名花，芬芳的花香引诱着千里之外的游人。每当封冬季节，不计其数的梅花鹿纷至沓。在湖泊两旁，嬉戏玩耍，舒适地度过冬春两个季节。人们为什么把这七个岩洞称为"晁同的藏身洞"呢？著名艺人才让旺堆讲述了其中的奥秘。

以前，花花岭国和大食财宝两国间连针尖那么大的是非争端都没有，国家昌盛太平，人民安居乐业，处处充满欢乐祥和的气氛。可是时隔不久，若是生非、贪心不足的晁同按捺不住自己，心中起了歹心，想偷捉大食财宝国国王的"青色风翅"千里马。据说这马是从大鹏鸟蛋中孵出的，耳朵上有撮绒毛团，四个蹄子上也有绒毛，霎时间，能围绕南瞻部洲转一圈，大食国国王将这匹马视为掌上明珠。晁同对这匹马早已垂涎三尺。于是，算计好了以后，便把达绒部落有名的两个小偷叫到跟前，发号命令道："听说大食财宝国有一匹非常优良的骏马，今天我命令你们俩去偷。这匹马有它独有的特征：耳尖有一簇凤绒团，走起路来快如飞鸟，好似长了翅膀，是世间少有的走马。二位务必将这匹马偷来，完不成任务别来见我。"发出的命令射出去的箭，开弓没有回头箭。这两个小偷听了长官的命令后，觉得这事很难办。即使办成了，后果不堪设想。尽管如此，还得为长官效力，于是他俩手持晁同多年修炼成的法器，头戴凡人肉眼看不见的帽子，足蹬不留脚印的长腰木头靴子，毫不犹豫地向西方大食国方向奔去。

没过多久，两个小偷风驰电掣般地到达了大食国，轻而易举地偷到了该国的宝马，便牵着马来到了邦戎雪山旁那七个岩洞的前面，把马亲手交到了在此等待多时的晁同手中。晁同看到宝马到手，欣喜如狂，万分高兴，用人世间最美好的语言把两个小偷大大夸奖了一番。特地设宴款待了七天七夜，破例还为他俩放了七天假。但是，大食国的马虽然到了自己的手中，无论怎样，晁同心里还是有点放心不下，整日忐忑不安，惶惶不可终日。几日来，他食不甘味，寝不安枕，害怕大食国知道宝马丢失后会派追兵追赶，这样好不容易刚刚得来的宝马会从自己的手中失去。于是，他想了一个万全之策，把宝马藏在水草丰美的四个岩洞中，他自己藏在另外的两个洞里，以解燃眉之急。等啊等，屈指一算，他在洞里足足藏了一个多月，可是始终未见大食国追兵的踪影和任何不祥的征兆，一切安然无恙。于是他放心大胆地牵着马来到了花花岭国。与此同时，他心里一直嘀咕着，因为大食国的宝马在世间赫赫有名，是一匹神马。除了大福大贵、命大福大的人以外，一般凡人没有福气触及它，更不用说骑乘它。所以他认为这匹神马应该由格萨尔的神侄扎拉泽杰驾驭为好，思来想去扎拉泽杰是最合适的人选。另一方面，即使大食国追来，他们也没有任何借口怪罪于他。所以，他召来达绒部落的重臣，将他的想法如此这般一说，众大臣便觉得这无疑是最好的办法。于是便把宝马交给了扎拉泽杰。直到这时，大食国的国王才发现宝马一夜间从他的马厩消失了，惊悸之余慌忙召来本国最优秀的占卜师占卜。占卜师一算，其占文是这样显示的：在一个形似马头状地方的顶部，有一座状如犄角的城堡，盗马者正是城堡里一个满脸胡须、身材矮小的人。看完占文，大食国国王心想，像这种形状的城堡周边几个国家除了麻希晁同的城堡外再没有别的。毫无疑问，这个小偷肯定是那狡猾的晁同。想到这里，便把大臣们召来，向他们一一说明了宝马被盗和派遣追兵追寻的详情，并向他的内臣夏噶命令道："由你挂帅，带领三千多兵马，赶快到达绒地方，追回我的宝马。"夏噶接到命令，立即召集兵马，带着兵器弓箭，涌出帐门，浩浩荡荡地向花花岭国开拔。

到了岭地后，立刻把晁同的"颇若娘宗城堡"围得水泄不通，杀死了难以计数的兵马，还活活杀死了晁同的两个亲生儿子。晁同亲眼目睹了此情此景，吓得屁滚尿流，无处藏身。慌乱之中，随即躲到了一口大铜锅的下面，因此，大食国的兵马才没有发现他的踪影。这时，晁同的兵马被大食国的兵马搅得六神无主，像疯牛一样来回乱窜。大食国的兵马费了九牛二虎之力，始终没有发现宝马的影子。无奈便赶了许多达绒部落的马，拿着许多财物返回到大食国。这时晁同心想：这次达绒损失惨重，大食国赶走了我们的许多马，而且拿走了我晁同不少的财物，不仅如此，还搭上了我两个儿子的性命，我现在活着还有什么意思。想到这里，便命令达绒部落所有的大臣、英雄等集中在塞顿前。没过多久，所有被通知的人都按时到达此地。晁同看到人已到齐，便语重心长地说道："达绒部落所发生的一切，大家兴许都看到了，所以，今天我命令所有五十岁以下、十五岁以上的青年男子，一个都不能留在家中到大食国，为达绒部落报仇雪恨！"这样，也未向格萨尔大王请示汇报，第二天早上太阳刚刚爬上山顶时，由晁同自己亲自挂帅，带领部队向大食国方向走去。

晁同的部队经过数日的翻山越岭、跋山涉水，到达了大食国西面的一个名叫野茂滩的地方，准备在此扎营设帐。大食国的部队打老远就看见了他们，个个按捺不住心中的怒火，像猛虎出洞，争先恐后地冲向他们扎营的地方。"打"、"杀"之声惊天动地，一次血肉战就这样拉开了帷幕。转眼之间，双方战死的兵马布满了满山遍野，鲜红的血像小溪一样流淌着。但是，一时双方还分不出胜负。这样，这场战争持续了将近六个月左右。到了最后，两败俱伤，但是，从兵力和财力来看，晁同方面略显得弱些。晁同早已看到自己的不足之处，于是想派遣使者到岭国，向格萨尔大王求援。想到这里，便派遣达绒的使者曲盼，并附带一封信件。信中这样写道："格萨尔大王，请您亲自带领援兵火速到大食国，切勿拖延！"在使者未到达岭国时，格萨尔王好似在看镜子一样，早对大食国和达绒部落之间战争了如指掌。于是，向岭国的众英雄发布军令，命令所有部队立刻集中在森周达泽宫殿前，火速赶到大食国，援助摇摇欲坠的晁同及其兵马。正在出发之机，晁同的使者曲盼这才姗姗赶来，把信件交给了格萨尔。格萨尔阅罢，遂带领岭国精锐部队，在号角声声、旗幡簇拥中，雄赳赳气昂昂地向大食国挺进。不久，格萨尔及其兵马便来到了唐古拉地区邦戎雪山脚下。这里依山傍水，绿草如茵，气候宜人，于是便在那七个岩洞里前整整齐齐扎下营，歇息了三天三夜，还向此地的山神、土地神等进行了大规模的祭祀煨桑，将所有的恶神都归顺到善神这边，并在此地立了一个高耸入云、所谓"水晶雪山"的胜利幢，祈求国泰民安，大吉大利。这个胜利幢的印痕至今可以清晰地看到。他们在此地又待了三天后，马不停蹄地向大食国走去。快要到达时，晁同的马又被大食国抢走了许多。这时的晁同黔驴技穷，气得两眼冒火，愤怒之余，便变成一头山一样大的犏牛，头上长着四百五十个铜犄角，犄角间喷着火花，鼻孔冒着黑黑的浓烟，缕缕浓烟弥漫在整个天空，红色的舌头一甩，好似空中雷电闪烁，四蹄踩满了人的尸体，即便是矛箭也伤害不了它的一根毫毛。假如你向它射箭，箭反弹过来会射死你自己，无论任何英雄豪杰都无法制服它。大食国的人们看到这种情景非常惊奇，心想：这个犏牛要么是神龙念所变幻的，要么是雄狮大王格萨尔所变。他们根本未料及这是晁同所变，看着情况不妙便班师回国了。

这时，格萨尔大王带领三十位英雄和七名骁将尾随大食国兵马，给他们来了个措手不及，射出的箭像冰雹一样密密麻麻地落在大食国兵马的身上；宝刀像飞轮旋转，火花四溅，使人眼花缭乱，目不暇接；没过多久，地上躺满了许多兵马的尸体，大食国国王还没弄清楚这突如其来的打击，莫名其妙地被送上了西天。

之后，格萨尔大王征服了大食财宝宗，打开了财宝库，将所有的财富供奉给了三界神佛，把所有的金银财产平均分给了藏区所有的平民百姓。

从此以后，人们把唐古拉地区邦戎雪山旁晁同藏身的这七个岩洞叫"晁同的藏身洞"。

晁同的堡垒

在兴海县城以西，温泉乡以南，金矿之右，杂玛日山之前清澈溪流的交汇之处，竖立有一块房子般大小的巨石。其侧横卧着另一块体积同等的巨石，背后则有九块磐石交叠垒起，高如烟囱。传说，这里曾经是晁同避难的堡垒。堡垒前面的石头个个像涂了一层油似的光滑明亮。据当地老人介绍：雪域藏族的守护神、超度六趣众生的上师、黑色恶魔的克星、霍尔国的枷档、姜王萨丹的天敌、佛法三宝的支柱格萨尔大王于八岁赛马夺冠，登基称王。对此，妒火中烧的晁同深知格萨尔大王法力无边，奈何不得。但想晚上可乘夜色去格萨尔大王的母亲噶妃处，加害于她，以解自己心头之恨。他打定主意后怀揣匕首，神不知、鬼不觉地在夜幕的掩护下悄悄上路。

晁同甭说伤及噶妃，连她的面都未能见上。就在途中遇到三百匹恶狼从左右前后号叫着包围上来。他胆战心惊地抛下随身物品，从一个山顶夺路而逃。在两条山沟的交汇处看见一个坚固的堡垒，便毫不犹豫地钻到里面，在入口处与狼群对抗。这时百匹公狼从右侧包抄，百匹母狼从左面围来。百匹狼崽从前方攻上，它们口喘粗气如枪矛；龇牙咧嘴像屠斧，口吐舌头似火焰。晁同满耳朵都是恶狼的嚎声，眼冒火花，毛发直竖，汗流浃背，浑身颤抖，哭爹喊娘之声充满山谷。

这时，岭国的太阳格萨尔大王用天眼看到这种情景，悟出降伏恶狼的时机已经成熟。于是他的原身安坐于宝座，变出一个化身觉如到晁同那里。从地上拾起三个羊肚般大小的石头，装进炮带一一掷出，将百匹公狼砸死在右侧，把百匹母狼杀死在左侧，还将百匹狼崽射死在前面。

顿时整个山谷寂静无声。晁同欣喜若狂，趔趔趄趄地跑出堡垒向格萨尔大王说："阿觉拉觉仁宝且，愿上师时刻护佑您，愿轻易证得佛身，论英雄降敌之力，您无人能及。"说完，向墙倒一样地磕起头来。

从此，人们将温泉旅馆南面天然的石墙称作晁同的堡垒，以揭露这个欺软怕硬、吃里爬外的奸佞小人的罪恶行径及宣扬格萨尔大王惩恶扬善、虚怀若谷的英雄气概。

世界公桑遗址

当你来到黄南州同仁县玛巴乡朗加村，极目远眺，在这个村的左边恰好有一座圆圆的小山丘。从远处望去，酷似一个自然形成的煨桑台。这里地势开阔，平坦如砥，传说它曾经是格萨尔王每次战争胜利后率领群臣祭祀煨桑和赛马活动的场所，因而，把它叫作格萨尔的煨桑台，也叫作"世界公桑遗址"。"世界"是指格萨尔为世界大王的简称，"公桑"是指为公事而举行的煨桑祭奠。为什么这样称谓呢？民间有这样一段耐人寻味的传说。

藏族有句谚语说得好："世上没有长生不老的人，但有久传不衰的民间传说。"据当地的老人们讲，从前有一个地方，天空如光芒四射的八辐轮，大地似盛开的八瓣莲花，奔腾的黄河在左边咆哮，巍峨的神山在右边环绕。这个地方名叫东方玛域花花岭国，堂堂同瓦耿曼的名声传四方，雄伟的森周达宫殿，巍然屹立在岭国的东部，岭国的众部落像须弥山一样，德高望重，像宽阔的大海一样，宁静自如，整个大地充满着"央"之气。这时，噶妃的儿子觉如在黄河上游玛麦玉多地方，从深山里牵来神驹赤兔马，佩上金色的鞍辔，戴上银色的辔头，神采奕奕地来到了赛马会场，参加了举世瞩目的岭国赛马盛会。在神龙念的护佑和加持下，觉如一举夺魁，登上了岭国王位的宝座，和如花似玉的珠牡结为伉俪，被称为格萨尔王，也叫作"世界雄师宝贝制敌王"。大概过了两年零五个月左右，也就是藏历火鼠年，有一天格萨尔想到：以前在雪域藏区，由于对家神、土地神和三世诸佛等祭祀供奉不够，所以岭国的一切事宜都不遂人愿，正如有句谚语说得好，"没有弓弦箭难射，没有神佛事难办"，所以在当年的农历五月初四，格萨尔大王发号施令，通知岭国上至大臣英雄，下至平民百姓，初四早晨必须聚集在森周达泽宫殿前，有要事相告。这天清晨，人们按照大王的意愿早早地来到了宫殿前。此时，格萨尔大王从宝座上起来后，向各部众说道："明日五月初五，是一个非常吉利的日子，我们要在此地举行隆重的煨桑祭神活动，祭祀世间所有的神佛，保佑岭国太平昌盛，战胜四方强敌，消灾解难。明天太阳在东山顶上露出时，请法师、僧众、咒师及众英雄等做好充分准备。"大家异口同声地说了"啦嗦"之后，各自回去做准备。

第二天当太阳从东方冉冉升起时，岭国宫殿前法号震天，锣鼓声声，与此同时，岭国的法师、僧众等聚集在朗加村的"拉日群则"，欲举行大规模的煨桑祭神活动。煨桑之前，人人都要沐浴洁身，煨桑台上，堆放着早已准备好的牛粪等燃料，燃料上面供放着大量的丰富多彩的祭神用的食品（这些祭品在制作过程中特别讲究卫生）。于是，点燃祭品，规模宏大的煨桑活动正式开始，在法师、僧众的诵经声中，格萨尔王和群臣按顺时针方向绕台转七周，一边转，一边大声祈求阿尼玛沁神、土地神和天神、三世诸佛等，保佑岭国一切太平。当熊熊烈火燃起时，缕缕桑烟袅袅升起，直冲天际，整个天空犹如白云笼罩，沁人肺腑的香气弥漫整个岭国大地；祥瑞霭霭，空中出现七彩虹霓，横跨天地之间，若同神话中美丽的金桥；天上地下五颜六色的经幡轻轻飘扬，向众神佛欢呼致意，祭祀情景蔚为壮观。岭国百姓欢呼雀跃，随着美妙的音乐翩翩起舞，放声歌唱，歌唱岭国美好的明天，"咯"、"嗦"、"拉嘉洛"的喊声响彻天宇。煨桑结束以后，岭国君臣方可自由自在地喝茶饮酒、吃手抓、拌糌粑。酒足饭饱之后，开始举行声势浩大的赛马活动。

为了纪念格萨尔大王，每年正月十八，同仁县郎加村方圆几十里七个村庄的男男女女、老老少少，身着华丽的服装，不约而同地来到煨桑台前，举行隆重的煨桑仪式之后，便举行赛马和射箭比赛。作为能歌善舞的民族，当然也少不了表演舞蹈民歌之类的节目。这天，最高兴、最开心的莫过于那些激情高昂、飒爽英姿的年轻人。在这吉祥的日子里，他们放开歌喉尽情歌唱、尽情舞蹈，充分展示他们美妙的歌喉和潇洒的舞姿，把对格萨尔的怀念之情和对美好生活的向往，深深地融入歌舞当中。这种习俗千年来流传至今，经久不衰。

英雄贾察阵亡地

海南藏族自治州同德县巴沟乡政府的前方是一片美丽辽阔的草原，从这里往前走十五公里左右处，就能看见叫作嘎巴洋热的土崖，地势十分险要。那座断崖的右方有一块很大的沼泽地叫作查当那干，左边有一座虽不起眼但历史悠久、趣闻传说很多的一座禅房；前面清澈的巴沟河、查当河和那玛河等三河汇合一处，流入黄河。

当地的人们路过看嘎巴洋热时，都情不自禁地说那是岭国英雄贾察阵亡地。还有些人指着那座出家人的禅房说："那是少年英雄贾察牺牲后，人们为了超度英雄的亡灵或纪念英雄而修建的禅房，历史很久，而且很灵验。"

我们亲眼看到那个具有各种神话传说的遗址，感到十分惊喜，并立即对旁边的华桑老人问起："人们为何说那个地方是英雄贾察阵亡地呢？"老人不慌不忙地顺抹着长长的胡子就讲起了下面的传说故事。

很久以前，在霍尔国和岭国的战争延续两年之后，岭国英雄贾察协嘎尔在激烈的战场上一箭射中了霍尔王王子拉伍的后心。拉伍痛苦地弯着腰，两眼直勾勾地望着贾察，往前挣扎了不远，突然惨叫一声，口吐鲜血，沉重地跌下马来。贾察将拉伍杀死后骑上玛霞马，牵着空鞍的加霞马蹄蹄地向山下走去。正好碰见东赞昂欧，就让他把加霞马牵着，自己沿着大路缓缓下来。这时天上下起雨来，雨点疏疏落落，时续时停，不一会儿空中出现了一道霓虹，若隐若现。路旁松鸡啼鸣，悲悲切切，头顶白鹏展翅盘旋，一片洁净的白云向北方缓缓飘游。

看着这些，贾察心中产生了一种莫名悲伤。他信步来到一棵大树下稍事休息，刚想闭眼养神时，从山头上突然出现了许多霍尔兵。此刻，贾察骑上玛霞马向霍尔兵冲去，正好看见原先躲在歇日山一条偏僻小沟的辛巴梅乳孜和他所带的五百红缨军，便紧紧追去。贾察原来头盔上的红缨绸已被拉伍射落，只剩左右两片白绫插在盔顶，远远望去和白马尾缨一样，霍尔们以为是那个拉伍，都不在意。直到一箭之遥处，霍尔还未发现。这时贾察抽出宝刀，冲向辛巴梅乳孜，辛巴回头一看，认出是贾察，连忙喊道："呀！请别再往前冲了！贾察呀！对弱者追得没有节制，矛把会碰到悬崖上，会分出个死活来的呀！"说着，扭头就跑。

只想孤注一掷的贾察并没有注意去听这些话，他从沟顶的雪山上，直追到山坡下，最后追到霍尔嘎巴洋热灰白悬崖侧旁的一条小河沟里。这时，辛巴梅乳孜折身向崖上逃去，贾察在崖下猛追，并抢先绕到前边，把路堵住。辛巴梅乳孜无路可逃，便躲进一条崖湾里，下了马，在较低洼的地方背向岭国，面朝霍尔，把以前从晁同手中夺得的长矛。矛根顶在石头上，矛尖向上翘起，站在那里一动不动。贾察站在稍高的地方，背向雅泽卡玛尔城，面向岭国，正打算挥起战刀，那玛霞马承受不起贾察的重量，满身汗流如洗，一点也不想跑了，又看到辛巴梅乳孜弓腰站在前面，不由得倒退了几步，把异常愤怒、正欲前扑的贾察摔了下来。那马也打了个趔趄，卧倒在地上起不来了。为了追赶逃敌，急欲捉到白帐王，贾察丢下战马，赤膊上阵。他的乱发似一缕缕浓烟，一对充血的大眼里迸发出两道凶光，犹如一头发疯的狮子一样，凶猛地扑了过来，大喝道："咄！白帐王在哪里？"辛巴梅乳孜薹的一见，吓了一跳，扔下长矛扭头便逃。突然，四面山头一片呐喊声，霍尔兵马像潮水般滚滚涌来。贾察举起"群星犀利"雅泽卡玛尔宝刀，左砍右劈，如同一个红色血轮在阵地上旋转。霎时间，血肉横飞，断尸首遍野，敌人胆寒，无法近前。这时，霍尔营中有人高呼："放箭，一起放箭！"于是，各种箭镞像暴雨般飞来。贾察舞起宝刀，奋身遮拦，一时箭落满地。但那箭矢一阵密似一阵地朝他飞来，纵有万夫不挡之勇，也难逃难躲。正在一旁观战的梅乳孜，此刻惊魂稍定，一见贾察的形势不妙，情急间大声喝道："要活的，不要死的！大家不要放箭！"但为时已晚、无济于事了，贾察由于没有重铠保护，已身中数箭，鲜血似小溪一般从身上涌出。他捶胸顿足，仰天长叹："天啊！这真是应了'十五皓月陨落滩上'的谶语了吗？气煞我也，气煞我也！恨不能喝白帐王的血，吃白帐王的肉，我愧有这七尺之躯啊！"他双手战栗，万分悲愤地呼号："国仇不报，有此身何用！"突然目光盯着梅乳孜逃跑时扔在地上的那杆"富丽花幡"长矛，心内一阵难忍的绞痛——这是达绒王晁同投敌的罪证啊！我何不拿它来死谏岭国各大部众和后辈儿孙：宁肯死于刀下，绝不跪着求生！这样想过之后，贾察毅然拾起长矛，大吼一声，猛地向自己腹部扎去。

霍尔军士惊恐万状纷纷倒退，梅乳孜大惊失色，像小孩一样"哇"地号啕大哭起来："哎呀！我一心暗暗地向往雄狮王格萨尔的事业，谁知却把坏事做到了奔巴王你的身上呀！唉，也怪你一味逞强，不知节制，到这时还刚愎好胜！哥哥呀！你算把我一身美好的愿望全断送了。"

贾察微微一笑，吃力地向梅乳孜说："人生一世，必有一死，血洒疆场，夙愿已了！梅乳孜呀，用不着大呼小叫，为我流泪！如果你真的向往格萨尔的事业，就把我的头割下来，赶快去觐见白帐王，任凭他高杆悬示，随意发落，好让我的死激起远在北方的弟弟格萨尔和岭国部众的满腔仇恨，向真正的死敌魔王讨还这笔血债！"说完，一脚把雅泽卡玛尔刀踢到梅乳孜面前。

梅乳孜颤巍巍地祈求道："哥哥呀，你千万不能死呀，不能死！我知道唐泽玉周手里有一瓶起死回生的宝药仙丹，我这就去取，我这就去！"他口心一致，说着拔腿就跑。只听见贾察轻轻地说声"慢！"他刚回过头来一看，只见协嘎尔紧咬牙关，用尽平生气力，把矛头狠狠地又向腹内一推，接着容颜失色，"皓月陨落"，这位勇敢、刚强，忠贞不渝的岭国英雄就此与世长辞了！

风在哭，云在泣，海在啸，山在抖……贾察的死，惊动了远在天界的天母贡曼杰姆。她睁开慧眼，看到人间这一出征战的悲剧，不由得发出一声声怜悯的喟叹："战争啊！多么残酷的战争！"但是如何才能得到合理公允的结局呢？她觉得贾察协嘎尔在临死前的誓愿是正确的，应该想办法激起格萨尔对侵入者的愤慨，让他赶快回来替天行道，作出最公正的判决，了此残局。"是啊，是啊！若不把贾察协嘎尔的头弄到霍尔，挂在雅泽城的金顶上，将不会引起格萨尔的巨大愤怒来的。"于是她变为独脚魔神的样子，自天而降，使黄霹雳宝剑劈开贾察的身首，然后在空中说道："呀！红色觉拉的孩子红臂辛巴呀！拿上这个首级向敌人炫耀，向亲友们夸功去吧！把他挂在雅泽卡玛尔城金顶之上，就达到白帐王的心愿了！"

辛巴梅乳孜还在犹豫的当儿，那丹玛和嘎德二人，蓦地看见天上那不祥的白色虹光，心急如焚地赶了上来，辛巴梅乳孜扔下那尸体、战刀、玛霞马及长矛，只带贾察的首级仓皇逃走。

故事讲到这时华桑老人的眼泪就像断了线的珍珠串一样哗哗地流下来，我们也自然而然地被引进了无限悲伤的氛围中。

华桑老人还不停地说道："我们眼前的嘎巴洋热和《霍岭大战》中讲的嘎巴加让是同一个地方，是《霍岭大战》中说到的"前面是一块那滩，辛巴梅乳孜无路可走"，左边的查当那干沼泽地。岭国英雄贾察壮烈殉国的遗址不仅当地的男女老少都知道，而且从外地去参观考察者和朝拜群众络绎不绝。

辛巴的头盖骨

沿着滚滚流淌的隆务河前行，快到黄南州同仁县智改地区时，跃入你眼帘的是一个富裕而秀丽的村庄——古曼村。著名的格鲁派小寺古曼寺就坐落在这个村庄的最中央。

听说，"文化大革命"前，古曼寺里不仅有辛巴的头盔，而且流传着有关辛巴王的动人故事。这个地方有好几个不同的名字，有的叫"古曼"，有的叫"高曼"。不管它叫什么，"辛巴王头盔"这个美丽的故事在这里都广为传颂，妇孺皆知。

有一次，岭国大将察香丹玛向查与辛巴狭路相逢，他心想霍尔辛巴无论在军事演习，还是在平时的谈话当中，总是把矛头指向岭国。这次他来肯定是霍尔国想要入侵岭国。今天与他不争个高低，丹玛我枉活今世。为此，他从阳面坡上捡来冬青子，阴面坡上砍下柏枝，阴阳沟里拾起蒿草，煨了一堆盛大的桑火。香烟就像天上的云彩一般，缭绕群山大地，以祈求护法神的保佑。然后，给自己的坐骑交待了出阵的意图，便伪装成瘸马、瘸狗和跛子。丹玛牵着马，一瘸一拐地从巍峨的高山上步行下去。

这时，辛巴梅乳孜说：天之骄子白帐王啊！在尤拉色吾的山沟里，单人单骑还有一只狗三个都瘸着走来。巫师说的话一点也不假，肯定不会带来吉祥。白帐王对此置若罔闻，低头沉思一言不发。

察香丹玛向查在霍尔营地的旁边，找了个不高不低的沟壑，故意扎下一顶白帐房，拉上白色绳子，有意挑衅滋事。随后给坐骑备上马鞍，骑马像闪电一般，直冲霍尔大营，见兵就杀，见物就搬，踏平整个营地，把霍尔军打得人仰马翻、落花流水后，他就赶上他们的马群高声欢呼着回到帐篷。辛巴急忙向白帐王报告了发生的一切，白帐王道："没事，没事，就让岭国这小子，把马群向上赶一会儿，他不过是单枪匹马，成不了气候，到今晚太阳快要落山的时候，谁为勇者，就会见到分晓。追他一人也无许动用更多的兵力。辛巴梅乳孜，你不就是一位英勇善战的将领么？现在追击的任务就落在你的身上了。"辛巴一听非常气愤，整个脸就像鲜血染红似的，当场穿上所有战服；给马备上马鞍，套好笼头、自己右挎箭筒，左配弓弩，口吐火焰，鼻出烟乌，跨上骏马像闪电一般腾空而起，直追丹玛而去。

丹玛向查将马群赶到尤拉色吾山时，辛巴骑着马突然出现在眼前，挡住他的去路。并毫不客气地说："你最好把马群留下，否则别怪我不客气。"丹玛心想，今天我一箭不把这小子解决掉，就算自己有毛病。于是他正要放慢脚步准备迎战的时候，辛巴强先以箭拔弩张之势，威风凛凛地说："你是岭国的牧羊儿、还是放牛仔？今天我要一箭射死你，鲜血和尸体可以就地供奉天神，取下头颅带回去，我还要在白帐王面前请功呢！说着便对着丹玛狠狠一箭，快要射准丹玛的刹那间，丹玛一个鹞子翻身贴到马肚，利箭划肩而过，未能射准。但他帽顶上的彩樱被射落在地。他迅速捡起来后想：这不是个好兆头，莫非贾察王有生命危险？看来非得我射一箭把辛巴教训一下，否则算不得什么好汉。于是对着辛巴狠狠地射了一箭，正中辛巴头部，辛巴就从马上掉下来，失去知觉。丹玛立即跑到辛巴跟前，见他双手捂头，奄奄一息，这时，丹玛正想用箭搅其脑浆，取其性命！坐骑俄知马说："辛巴梅乳孜在天界与格萨尔大王是同宗兄弟，请您手下留情，免他一死"。丹玛听了马的话，收兵回到岭国。

后来，通过当地一位精通医术的小男孩的治疗，辛巴恢复了健康，并将他的头盖骨重新用红铜修补。为此，该地方也就叫"高曼"，人们传说辛巴的头盖骨藏在这个地方的原因，也就在于此了。

贾察的头盔

从海南藏族自治州同德县休麻乡向黄河对岸望去，有一座红色石崖。其顶端入云，根扎黄河。据说该石崖腰部有一口古代的木箱，木箱内装有贾察协嘎尔的头盔和铠甲，故而将该石崖称作贾察头盔。据当地年老而富有经验的人们介绍，亲眼见到该石崖上存有木箱的人还真不少，但目前只能用望远镜等工具隐约观赏，而无法取来查验。如果凭借现代的直升机，他们深信一定能取出贾察的头盔。

当地流传着很多与贾察头盔有关的故事传说，其中最最生动、感人的就是在霍岭大战之际，岭国英雄贾察协嘎尔战死沙场的这一段。

乘雄狮大王格萨尔赴北降魔之际，霍尔国白帐王举百万大军侵犯岭国。这时，以察香丹玛和贾察协嘎尔为首的岭国英雄奋起反抗，保家卫国。不少英雄抛头颅，洒热血，献出了宝贵的生命。但终因寡不敌众，岭国王妃珠牡被霍尔国抢去。英俊威武的贾察协嘎尔闻此噩讯，孤身一人闯入霍尔国千军万马之中奋力拼杀，勇不可当。将霍尔大将辛巴梅乳孜从山顶追到河边，又从河边赶到山沟。辛巴迫于无奈，下马躲在一个悬崖下。紧追不舍的贾察的坐骑在悬崖边突然马失前蹄，将贾察摔了下来，正好栽倒在辛巴的长矛上，牺牲了年轻的生命。

因而，大地为之颤抖，一股白霞灌满天地。丹玛和嘎德二人见此白霞，心生疑虑，匆匆赶来。辛巴迅速割下贾察的首级后逃之夭夭，而将贾察的遗体、坐骑、长矛等留在原地。当丹玛和嘎德知悉贾察阵亡后，丹玛准备用利箭射杀辛巴，给贾察报仇。嘎德劝说道："他背有贾察的首级而受神灵庇佑，射之不中，不如用炮带击之。"丹玛听其劝说，在炮带中放一白石，向格萨尔大王祈祷并起誓赌咒后，抛向辛巴。虽击中辛巴右臂以致脱臼，但未伤及性命。

这时，总管王绒查叉根急急忙忙赶到贾察协嘎尔的遗体旁，下马摘掉头盔说：

神嗣岭国诸英雄，
贾察协嘎尔被杀害，
从此我等便失去，
如眼似心之贾察。

经过一番深思熟虑后又说："岭国诸英雄啊，事到如今，抱头痛哭也于事无补，当务之急，我们应好好收殓贾察的遗体。"众英雄取下贾察的头盔和铠甲，火化安葬了贾察的遗体。又想到贾察的头盔和铠甲不能随便乱扔，如果任人跨越，恐对岭国的后人有所不利，故而商议决定，由丹玛和嘎德二人将贾察的头盔和铠甲请到一口巨大的木箱内，存放到这个人迹罕至的红石崖上。从此，世人将这个红崖称作贾察的头盔。

降伏魔羊卓茂的遗迹

海南藏族自治州共和县瓦里关山前，巍然耸立的当家寺西面下龙才村口，有一个名叫叶噶唐的地方。那里不仅有传说中非常清晰的格萨尔脚印、矛印、狗脚印，还有一块被称作魔羊卓茂的肚子的石头。其大小、颜色和形状都与一只羊的肚子毫无区别，石头上还有两块与羊脾脏和脖颈一模一样的石块，对面的石崖上红色的鲜血和白色的肚油般的颜色分外显眼。据说，那是格萨尔大王降伏魔羊后，用其鲜血祭祀当地神灵的遗迹。

雄狮大王格萨尔桑钦·诺布占堆根据神的预言，熟知降伏魔王鲁赞的时机已经成熟，起程向北方魔国进发。首先用智慧将魔王鲁赞的妹妹阿达拉姆收服为友。继之，格萨尔大王骑马继续赶路。当行至20多里处时，眼前出现了一处中有山山沟沟，四周有铜墙铁壁般的红崖包围的景象，甚是森严可怖。格萨尔大王见此情景，知道已到了魔羊卓茂的地盘，遂小心翼翼地向前赶路，忽然从前面的群山丛中冲出了铁角母羊卓茂，像一只恶虎一样直扑格萨尔大王而来。大王不慌不忙，将冬雪噶姆神箭搭在然果曲哇弓上，射向母羊卓茂，正中铁角，将其断为两截。魔鬼母羊卓茂惊恐万分，想到从未遇到过如勇敢的对手，故而撒腿便跑。格萨尔大王翻山越岭，紧跟不舍。当追到龙才村的叶噶唐时，赶上魔鬼母羊卓茂，挡住了它的去路，举起堪森战斗长矛准备取其首级，魔鬼母羊卓茂表现出一副可怜巴巴的模样，请求大王宽恕，但大王熟知那是魔鬼的阴谋诡计，绝不能心慈手软，故用刀刺向母羊，砍下了它的脑袋。

格萨尔大王掏出魔羊的肚子扔到地上，随后又用它的鲜血和肚油祭祀当地的神灵。随后大王靠着矛柄稍事歇息，之后骑上千里马绛果叶哇飞往北方魔国。

从那时起，当地就留下了格萨尔的脚印、矛印、魔羊卓茂的肚子以及用其鲜血和肚油祭祀神灵的遗迹。

觉如的脚印

从黄河南岸的尖扎县城到神宝山脚下，大概走四十公里，就是措周乡人民政府所在地。在乡政府前面生波河的北岸，有一个陡峭的悬崖，悬崖附近有一个帕蚌纳杂的巨石，这巨石就像牧民的帐篷那么大。巨石顶端有一个清楚的马蹄印，马蹄印中又有一个小孩的脚印。当地人都说："这个马蹄印是格萨尔大王的坐骑绛果叶哇的蹄痕，其中小孩的脚印就是大王幼年时的足迹！"当地阅历丰富的老人们说："我们这里有很多格萨尔大王南征北战的各种生动的传说，尤其是那个觉如的脚印和马蹄印的传说更为生动，并有许多不同的说法。"说罢，有一位老人自告奋勇地坐在大家的中间，开始讲述起关于脚印的一个个别样的传说。我们听了之后，觉得确实很生动。其中三段传说更有吸引力。

传说一：黑色巨石上的马蹄印和脚印是古时候有个黑色魔鬼要在这地方出生的先兆，即天狗突然把太阳、月亮吃掉，旱灾把大地的庄稼毁坏，人们染上各种疾病，牲口大量死亡，在盛夏季节风雪交加，大地失去光泽，变成一片荒漠，出现了许多异常现象。此时，岭国英雄察香丹玛向查心想，这些从未见过的前兆，肯定不是我们普通凡人所为。便很快到总管王叉根面前，把上述种种不祥的恶兆一五一十地作了详细报告。总管王略加思索便开口说："岭国英雄丹玛啦，照你看到的这些恶兆来说，诚然是要出现一个凶残的魔鬼。但是我们一般人难以制服这个魔鬼，请你迅速到黄河下游地方，把这些情况向噶妃的儿子圣者觉如报告吧！因为只有他才具备制服千百敌人的法力！"丹玛遵照总管王的指示，来到黄河下游向觉如如实作了报告。觉如立即取来能够看清远方的宝镜，仔细观察之后，说道："哎呀，你今天来得正是时候，否则凶残的九头魔鬼就要出世。那个魔鬼一旦出生，不仅岭国所有英雄都缺乏降伏的天命和本领，就是我觉如也难以降伏啊！"说罢，运用变幻法术，在那块帐篷大小的巨石上留下了坐骑绛果叶哇的蹄印和他本人的脚印，并向天母作了三次祈祷。与此同时，右手举起巨石在空中挥动，发出轰隆轰隆的巨响，正中正在出生的黑色魔鬼脑袋。刹那间，就把魔鬼彻底消灭了。

传说二：岭国格萨尔王在前往北地降魔的征途中经过这个地方。此地与其他地方不同，天空中出现一轮幸福的太阳，大地开遍了雍容华贵的野花，牛羊膘肥体壮，果树结满了成熟的果实。无论从哪里看，都是极其美好，令人心满意足。富饶的大地到处闪烁着金色的光芒。格萨尔王得知这是一块宝地，便在这里住了三天，详细考察研究了这块地方后，很满意地指向陡峭的悬崖说："这里有开发不尽的金银铁矿，但是尚未开发之前，为了预先防止九头魔鬼作崇，应该把宝矿之门锁得结结实实，这是至关重要的！"说罢，大王走在巨石之上留下了马蹄印和脚印，然后运用变幻法术以两个指头举起黑色巨石朝着陡峭的悬崖扔去，堵住了宝矿之门。次日，向魔国飞奔而去。

传说三：很早很早以前，不论是人还是牲畜，只要来到这里，就没有一个不受伤害。所以，格萨尔王的良骑绛果叶哇心想此地出现这样的恶兆，究竟是什么原因？于是不止一次地进行考察，最后发现黑色巨石底下生了一个凶狠的魔鬼。一天，绛果叶哇踩踏那块黑色巨石，顷刻间，那个魔鬼就一声不吭地销声匿迹了。虽然巨石上留下了清楚的马蹄印，但过了一段时间，又和从前一样。在陡峭的悬崖附近，人和牲畜又不能自由来往了。良骑绛果叶哇便把这些恶兆向格萨尔王作了详细汇报。为此，格萨尔王略作思考，便对坐骑说："黑色巨石底下生出了一个凶残魔鬼，已经到了刻不容缓必须制服的时候。你虽然用马蹄把它踩成了重伤，但现在它又苏醒过来了。如果我不用脚踩死它，其他任何英雄好汉也没有征服的办法！"说罢，太阳升上山顶的时候，格萨尔王利用变幻法术来到黑色巨石上，用右脚使劲踩了三下，从石头底下发出一声惨叫，那个吃人肉喝人血的魔鬼就立即停止了呼吸，踏上了黄泉路。

以上三种不同的传说都认为黑色巨石上的马蹄印和脚印是格萨尔王的脚印和他的马蹄印。因此，人们都当作重要的史实，前往参观和朝拜。

大将东赞郎吾阿华城堡遗址及其后裔

在玉树县小苏莽乡和下拉秀乡地界处有一个人迹罕至的绿荫景地，地名叫多多登。这里流淌着两条亘古不息的河：南北有乔曲河，东南有滋曲河。两条河流在元朝帝师八思巴亲临并选址的多多寺院处相聚流入。

寺院的东北方向距两公里处有残存的古代城堡遗址。据说那是格萨尔三十员大将中东赞郎吾阿华城堡遗址。遗址处在东北方向。那里大将东赞郎吾阿华的后裔到现在延续不断。后裔名为阿宫。其用意为大将东赞郎吾阿华每次亲临战场时候总会穿戴头盔。头盔上写有"阿"字，因其战绩彪炳，故以战盔命名之。相距十多公里处有著名的"岭"色巴八大系中的色巴家曾在名为果觉的地方生存，并在修筑的堡垒上建起了一座禅房。现无从寻到原本的地基和遗址残留。多多寺西面有地名为"降阔"的恰似浅锅的地方。相传那是大将东赞郎吾阿华的爱驹栓地和阉割之地。人们常以此地为骏马阉割地，当地人诉说这样可以延续岭国战马的护佑下骏马能飞翼如风。在此不远处有峭立的峡谷。峡谷的岩壁处有大将东赞郎吾阿华神驹所留下的蹄印，在我幼年的时候目睹过这一现状。此后修建道路时被破坏，现已无从查找。

吉荣绵羊宗降伏地及有关古迹

在吉雄上下地区，有许多与仲和岭有关的历史、传说和遗迹。仲和岭为什么总是连用在一起是有一定的历史原因的。其实仲和岭来源于同一个姓氏家族，都是属于穆波董氏家族，是岭国大、中、小三系分支出来的同一个父族的兄弟，在玛域草原的通瓦贡门那里分离出来的。也是在同一个世纪，由祖先前辈繁衍的子孙后代，无疑是前与后或上与下的世系过程。从历史的角度讲，二者是分不开的。不仅如此，这一地区的古迹和传说都与仲和岭有一定的联系。因此，这里针对这个情况作一简要的介绍。

首先，关于仲和岭两部占领吉系的故事。在古代，玛域草原上来了一位名叫董仲巴切钦图图杰的人。此人神通广大，能用自己的威慑和神通制服神、鬼、人三类，迫使他们成为奴役。9世纪初叶，法王赤松德赞在桑耶永固天成庙的修建成就开光大典上布施僧众，礼佛供神。为拜见师君三尊他（指董仲巴切钦图图杰）远行千里，路过孜雄地带。当时，地名吉雄不叫"吉雄"，而叫"昂雄"。那里有一位名叫昂·迪波日孜的强有力的非人妖怪，他控制了整个这一地区。仲切钦在孜区的窑纳狭路上方射了雕翎神箭，并且诅咒说："射准此箭的地方，未来将由我的后嗣主宰这里。"射出的箭落在了昂域上半区河边岩石上，后来人们称其为"吉石刺箭"。仲切钦为了使昂曲河水倒流前去改水道，到了赛荣要道他遇到了黑人黑马的昂·迪波日孜，切钦向他射箭，昂·迪波日孜仓皇出逃，箭未射中却刺到岩石上。那块岩石上现在还留有像刺箭的痕迹。还有人迹、马迹以及矛脚之迹等。印迹深而清晰，犹如人和马在泥土里行走留下的脚印，至今在赛荣要道吉曲河沿岸的阳山岩壁上依然可见。

岩壁上的印迹还有另外一种传说，相传这些印迹是岭·格萨尔降伏妖魔时留下的遗迹。

昂魔逃窜时切钦随后追踪，到了昂区上部的昂堆夏特石岩山角，从昂曲河里跃起了龙魔幻变的蛇妖，在阴山弄死黑色雄麝的地方即刻制伏了蛇妖。后来，当地人把这里的狭路称为"夏特智界狭路"，此处岩壁上还可见自然形成的痕迹。

后来，切钦在此处追上了昂·迪波日孜，他向护法和董氏家族的威尔玛战神求援，护法在狭路口挡住了他（指昂·迪波日孜），使他无法逃逸。切钦正要向他射箭时，迪波日孜突然出现在他前面并向他挑战，两个人进行了斗剑交锋。他看到切钦的剑头燃着威光四射的火焰不敢再对抗，于是露出原形并将自己的命根捐献出来说："我所占领的昂区上部所有领地全都捐献给您，但请您赐给我一处住宅卧具。"切钦赐予他正前方那座高耸雄伟的青黑色岩石山，后人称其为"吉日孜南结嘎瓦"。仲切钦降伏昂魔后，封他为白方善品之王，授权管理一切。并让他山盟海誓，立下庄严盟书。如果违背盟约，发下的毒誓作为定罪受罚之证。桂荣要道的吉曲河沿岸有一块磐石，相传是昂魔的寄魂石。石面上可见藏文文字"吉"。据说这是切钦用神通法术写下的文字以作为印证。斗剑交锋的地方至今称之为"冉直崇"，意思是剑狭路。同样，仲切钦图图杰用神通法术在磐石上写下了藏文文字"吉"。依据这个情况，后来人们自然把"昂曲河"称作"吉曲河"、"昂雄区"称作"吉雄区"。这一区域最初是由董仲巴占领，在《仲氏世系史》中记载："董仲巴切钦图图此人，昂域孜地窑纳狭路处，神箭射在红岩之旁侧，相传吉区石岩刺中箭，黑色昂魔与董相较量，不料降于寄魂磐石处，现场留有不变字样'吉'，曾经非人妖怪所占地，吉域变为善品之神地。"

这段引用文描述了董仲巴切钦图图降妖的情况。还有在朵给尼玛让夏的上部，犹如竖着红缨长矛的岩山石壁上有一块黄石。黄石上有形似八辐轮的图案，八辐轮的中心部位有藏文文字"南"，藏语的意思是"天"。相传这也是仲切钦用神通法术写下的文字。在朵给查穆松多这个地方有一块与地黏合在一起的青磐石，上面有形似八瓣莲花的图案，图案部位凸起，花纹很清晰，花纹上面有藏文文字"萨"，藏语的意思是"地"。这些传说和遗迹至今可闻可见。在《仲氏世系史》中，有一章回是专论吉隆玉地区，章回里记载："业之英雄仲切钦他，神通万变无上最胜，吉堆属地赛碧上方，为金色尼玛让夏地，记载着天之八辐轮，以及地之八瓣莲花，在孜区窑纳狭路处，神箭射在红岩之旁，传吉区石岩刺中箭。"所描述的传说与实地所闻所见相符。

吉荣绵羊宗降伏地是今杂多县吉堆地区仲美属地凯擦布村境内。具体的地点，据说是在吉堆地区桂荣要道阴面的朵给日基山脉和寨哇桂仓嘉羽白岩山，以及阳面的普阮杂嘉或者是扎噶谢噶翁宗山等一带地区，并在这一带有很多遗迹。比如，格萨尔王和叔臣晁同二人降取吉荣绵羊宗时，留下的矿门和矿窟遗迹，还有绵羊的足迹等。据说晁同曾到矿窟寻觅是否还遗留绵羊，他向洞内探头寻望时手没能抓住跌倒在地，跌倒的地方有个明显的痕迹很像是人影，当地人叫它"晁同古美"，意思是"晁同下半身"。无可怀疑的是，在岩石山近旁有很多像是羊蹄的痕迹。山下吉曲河沿岸磐石上的多种足迹，相传是格萨尔王的足迹、马蹄遗迹、狗爪遗迹，还有羊群在此渡河时留下的遗迹等。

在桂荣塘喀玛的岩石石壁上有自然形成的格萨尔王人马像、《百字论》和六字真言等心咒和经文。在奔钦噶卡赛尔莫的岩石上也有人迹和马迹，以及右旋永仲万字纹和左旋永仲万字纹，还有嘎、喀等几个藏文字母。在朵给山谷下部有一片绿洲草坪，草坪凸起的小丘上有一座像山豁口的白岩，当地人称其为珠牡袅罗。

在莫云美，"美"指下部、下方。有一个像是地上钉了小桩的长形寒水石桩，相传是珠牡拴牛犊用的橛儿。在布雄拉古上道有传说中的珠牡稻田。还有自然形成的黄色石头形状像一对小容器，人们叫它珠牡的黄金容器。查乃的下面有一处像耕地一样的地方，那里长有很多与其他草不同的很长的草，相传这是珠牡的草田。在查乃要道有自然形成的岩石叫珠牡酥油箱。查乃塘亚玛有传说中珠牡粪便的化石。在布雄左面山谷里有个神奇而稀有的盐湖叫作帝俄钦措曼。传说格萨尔王双亲为了开启吉荣绵羊宗的福禄财运之门，从湖水中捞取了打开宝藏的钥匙和财新。帝俄钦措曼湖就是传说中的那块宝地之湖。湖水具有三个特征：湖深、咸湖、汤泉。湖神叫鲁曼嘎姆。相传地方的兴衰从湖水的水位高低或涨度可预知。还有在贡钦达须玛的石岩上，有自然形成的凸起的花纹看上去像是珍宝，从珍宝的颜色深浅度也可预测地方的兴衰。

在吉区赛荣要道，迥莫纳一带是原先日沃切寺庙的旧址。与山相连的地方有很多传说遗迹。如格萨尔王和仲切钦的足迹、矛脚之迹，还有珠牡捣染料用的石臼和捣药物用的石臼以

及洗发用的石盆等三个有模有样的奇石。附近还有叫作宗查日的山位于南部，山脚下与吉曲河相连的地方有个鸟穴岩窝，传说是晁同闭关静修室，只有冬天结冰期间才能到此处。在吉苏央雄有一个地方叫森更卡哇尔，那里的部分古迹与晁同和森凯才然瓦二人的传说有关。以上都是在当地可闻可见的风物遗迹和传说。

总之，吉隆上、中、下三区，有很多仲岭时期遗留的古迹，至今依然清晰地展现在世人眼前。

阿达拉姆与可可西里

格萨尔王降服北方巨魔后，把这片空阔无际的阿青羌塘——野生动物的王国赐封给了格萨尔王妃阿达拉姆。在江源民间自古就有"勒池、勒玛（今曲麻莱县境内）是藏羚羊的宗（天地或王国之意），卡拉、雅拉（今曲麻莱县境内）是野牦牛的宗（天地或王国之意）。"的说法。从此阿达拉姆与阿青羌塘（可可西里是清朝年间蒙古人起的名字，意即青色的山梁）结下了不解之缘。在《狩猎肉食宗》中记载有阿达拉姆率领岭部军马，征服花白黑三股从事以猎杀野生动为业、毫无节制地灭绝阿青羌塘野生动物的狩猎部落的壮阔场面。如今在可可西里地区仍有巴毛马圈、巴毛羚羊圈、巴毛肉城等地名。巴毛是阿达拉姆的别名，她是岭国唯一最英勇的女将。

（摘选自《雪域格萨尔文化之乡——玉树》一书）

岭·阿米降曲折阔诞生地

藏族英雄格萨尔和朗顿阿米降曲折阔两位是福田和施主的关系。祖先芒顿德赞至措桑拉色之间有十三代，措桑拉色的父亲叫德布切达班，生母叫囊萨拉姆。措桑拉色之子阿米降曲折阔于公元968年在当今玉树囊谦县达纳寺左边尤格当地诞生。

为了实现他诞生之后从小送进佛门的预言，他四岁时入学宁玛派旧密乘知识，五岁时拜见了君丹释迦图巴大师，从而学习了许多佛经，初步掌握了佛学的基本常识；八岁时赴阿富汗、尼泊尔、藏区上、中、下向诸多学者求学，并征服了鬼神八部，于是鬼神都变为他的服从者，因此，将他的原名绛曲嘉布改为降曲浙桂。降曲浙桂的含义是鬼怪变为他的奴役之意。之后，神子阿米降曲折阔准备赴西藏贡布地区时，空行独母有了预言，预言说："神子你的事业在东方，去东方有如意妙果。"神子阿米降曲折阔五体投地地按照独母的预言去了东方的家园，到了此地后在噶措格拜见了格萨尔大王，格萨尔将自己的宝刀、岭国的黑骏马等作为见面礼，赠送给了神子阿米降曲折阔，并向神子阿米降曲折阔提出了"我将来降伏妖魔鬼怪时多多关照"的请求。神子阿米降曲折阔十分高兴地说道："你如要到了过世日，谁也无可救药，但是魔鬼阻碍时，由我来保护，你能活88岁，这是你的寿命。"神子阿米降曲折阔的预言说完，福田和施主一起，探讨善恶取舍的深渊意义，格萨尔从中学会了许多佛学知识。

此外，格萨尔大王为了整个雪域藏区，尤其是岭国大地的人畜兴旺发达，给神子阿米降曲折阔赠送了法号、法旗，莲花生大师的法帽、袈裟等珍贵礼品。与此同时，岭国的三大首领、三十员大将、三十位美女都分别赠送了礼品，并禀报了求意。神子阿米降曲折阔又讲述了善恶区分和为民造福的许多知识，逐渐加深了福田和施主的感情。之后，神子阿米降曲折阔到了乃舟吉地区，受到了朗山班的热情接待。朗山班将吉地的六大山沟、念布热杂知郭、吉班谦三等地区都献给了神子阿米降曲折阔。

后来神子阿米降曲折阔将格丹玛娶为妃子生儿育女，为岭国的幸福和富强作出了不可磨灭的业绩。最后他快要圆寂时，说了"我们的施主是岭国，子孙后代继续坚持福田和施主的关系"的遗嘱。神子阿米降曲折阔于公元1076年农历11月10日在囊谦达纳寺前圆寂，享年108岁。神子阿米降曲折阔的灵塔至今保存在达纳木里修行洞里。之后，根据神子降曲浙桂的遗嘱，加深了子孙后代之间的亲密关系，神子阿米降曲折阔和岭国的许多珍贵遗物收藏在也巴仁波切修建的达纳寺中，至今还能看到。

朗氏家族的主要家谱中说，朗降曲浙桂儿子是念图阿川，念图阿川之子是娘果赤，娘果赤之子是霞须那布，霞须那布之子是阿桑，阿桑之子是阿赛，阿赛之子是元谦嘉哇杰。元谦嘉哇杰娶了卓多萨和德格玛两个妻子，大妻子卓多萨生了杰坚阿、宗桑杰加、西热坚赞等三子，德格玛生了贡布坚赞。其中杰坚阿于公元1175年诞生，13岁那年出家。他拜见了也巴仁波切，从仁波切那里学习了很多佛学知识。之后，按照上师旨意，赴西藏直贡寺和帕竹寺，担任过多年主持。

杰坚阿在也巴仁波切身边接受过密传灌顶仪式。他从小聪明伶俐，严密遵守教规，因此成为仁波切最喜欢的弟子。杰坚阿大师于公元1255年农历12月8日在直贡住地圆寂，享年80岁。

他的同父异母哥贡布坚赞之子晁吾盼、晁吾盼之子环仁钦杰、环仁钦杰之子索南桑布等后代不断地继承和发扬前人开创的大业，为早日实现格萨尔降伏妖魔、除暴安良、造福人民的伟大目标，作出过巨大的贡献。

（选于《雪域格萨尔文化之乡——玉树》一书）

总管王的遗迹

岭国总管王的城堡藏语称"查卡尔夏惹南宗秀姆"，又名为"查卡尔南宗秀姆"。此遗迹位于离214国道线七八公里处，和玉树藏族自治州称多县拉布乡德达地区东部紧紧相连，即县境南部，距县府驻地132公里。嘎雷拉则神山东部和勒纳董赞东北角矗立在这座城堡内，巍巍群山中脱颖而出的这座城堡古人称之为岭国总管王城堡。久买彭措君乃华尔桑宝大师到此圣地称,岭国时期之子叶奥奔梅出生后,为了纪念神子的诞生而建造的城堡。那么为何说这是岭国总管王的城堡呢?在《格萨尔》史诗中有这样的叙述:城内明镜似天空,城外地气似朝阳,雏鹞嗷嗷待哺的起点,鹞鹰展翅翱翔的祥地,查卡尔南宗秀姆相传巴颜磕拉山以东是格萨尔总管王叉根的领地,他供奉的山神就是南宗秀姆山,也就是今天的巴颜喀拉山。

（选于《雪域格萨尔文化之乡——玉树》一书）

格萨尔诞生地

在川西高原这片吉祥的土地上,流传着动人的《格萨尔王传》英雄史诗。在人们的心中,格萨尔是英雄,是护佑他们的神灵。在这块祥和的土地上有格萨尔的出生之地、生活之地、征战之地,这里有众多与他有关的遗址、遗迹以及因他而得名的地方,格萨尔的踪迹无处不在。

德格素有"格萨尔王故里"之称,《格萨尔王传》在德格家喻户晓,人人皆知格萨尔王就出生在德格县的阿须草原上。阿须草原被认为是岭·格萨尔王的诞生地,它位于县境内北部,距离德格县城206公里,距离马尼干戈120公里,海拔4000米左右,连接竹庆、浪多、阿须等地,总面积达八万五千多公顷。整个阿须草原山清水秀,地表坦荡,山峦环绕,雅砻江川流而过,是格萨尔子孙们心中的净土和世外桃源。在阿须草原有格萨尔王出生地遗址,当地政府还建有格萨尔纪念馆。

阿须随处可见格萨尔诞生及童年、少年时期生活的印迹。在阿须草原至今还有格萨尔母亲生他时留下的两个深深的脚印,以及她用来砸断脐带所用之石;格萨尔王出生不到一天,便用弓箭射死七只孽鸟时留下的背靠印和足印;有因格萨尔幼年时居住过而得名的嘎青岩;有传系格萨尔10岁时为等待降服妖魔伴装捣旱獭洞的样子而得名的吉科虚果陇;有因格萨尔幼年放牧而得名的阿须乡"燃泥坝"和打滚乡"热火通";有因格萨尔和母亲一起打猎维持生活而得名的"珠哥达"（意为蛇头坝）。

在阿须乡境内有很多与格萨尔有关的地名。"据坝",相传是格萨尔给将士们分发军、物品的地方,故称"据";夏卓龙,相传因当时格萨尔王在坎沟内用箭射落丁只鹰而得名;"磨勒"村因格萨尔王追杀恶魔,砍掉恶魔头颅并卜卦吉凶而得名。所巴乡的"噶日通",相传岭国军队曾驻扎在此而得名。"打滚"这一地名,相传是岭国大将阿加贡波带领部落将士作战勇猛如虎而得名,该乡境内的"力穷"村,以大将力穷之妻曾居住此地而得名;"尼夏通"相传因格萨尔王将士们在此烹烤食物而得名;"卓隆龙"则是格萨尔赶走叮头耕牛至此因疾而死而得名;"戏穷尼比冲"因格萨尔在此降伏了恶魔如鲁而得名;"俄支"则因收藏有格萨尔王侄子的宝刀而得名;浪多乡错通寺据传是岭国卜卦大师莫玛根协腾波牛场所在,因地而得名。（益希汪秋＜袁晓文＞、刘俊波文）

贾察城堡

贾察是格萨尔三十员大将之一。贾察城堡位于德格县龚垭乡拉翁通村丫口处的山梁上,城堡与古时中岭部落遗迹相连,三面环山,一面临水。现在的龚垭寺庙就建在贾察城堡遗址上,在寺庙的墙体下半截和后山处,明显可见古城堡遗址的断垣残壁。在12世纪末到13世纪初,岭国所辖地区分上岭国、中岭国、下岭国三部分,现龚垭所在地为当时中岭国的政治、经济、文化中心。格萨尔王统一岭国后,派遣其同父异母的哥哥贾察镇守龚垭一带,直到1406年被德格土司家族取代为止在贾察城堡四周还有贾察射箭留下的箭路遗迹,有格萨尔王护法长寿五女神佛塔遗址,有贾察遇见神仙白梵天王的地方，还有因贾察大将征战时屡屡胜战而欢歌痛饮，微醉时将酒碗抛向崖壁，留下一碗痕而得名的用察工日多崖。（益希汪秋＜袁晓文＞、刘俊波文）

珠牡故乡遗迹

珠牡是格萨尔的爱妃，他俩感情十分深厚。据说珠牡的祖籍在今玉隆乡。现玉隆乡境内有珠牡家你嘎嘉洛家的牛场旧址。阿须乡有珠牡父亲放牧的夏洛牛场。在俄支乡，有珠牡的官寨遗址。马尼干戈乡有珠牡赛马之地——"姑友通"草坪。在柯洛洞乡独木岭村、俄南乡马绒村，有两处珠牡沐浴的泉池。在县境内，有多处相传是格萨尔王与珠牡相爱留下的遗址，如马尼干戈有他俩饮酒共欢的地方，俄南乡有珠牡迎接格萨尔王至此敬酒祝安的旧址。沿马尼干戈乡上行有一仙湖玉隆拉措，因珠牡到此梳妆映照并流连忘返，不忍离去而得名。（益希汪秋＜袁晓文＞、刘俊波文）

俄支森周达泽宗

岭国时期，部落众多，群雄并起，格萨尔以其非凡的智慧与勇敢，一生驰骋疆场，东征西讨，创立了岭国，建都"森周达泽宗"。森周达泽宗位于今德格县西北部俄支乡的俄支寺，距乡政府11公里，距格萨尔出生地88公里，距德格县城224公里。森周达泽宗依山而建，坐北朝南，四面都有城墙，现有少部坍塌，大部分保存完好。除现在都还保存有较完好的遗址外，它的外围城堡遗址也清晰可见。森周达泽宗近似长方形，占地面积43143平方米。城外围的东、西、北三方各有一个用土夯筑而成的岗楼。岁月流逝，风雨侵蚀，但城墙基石上的格萨尔雕像依然清晰可辨。城中西南方是松石九梁大宝帐。传说是内务大臣办公之处。现在有的地名都还沿用过去的名称：一是郭仓喀雅宗，又译郭仓卡羊城；二是东顺尕茂宗，又译东训噶茂城，冬向木噶尔布城；三是嘉卡让茂宗。（益希汪秋＜袁晓文＞、刘俊波文）

尼崩达尔雅城堡遗址

在甘孜州色达昂拉神山附近，至今有一高十多米、周长百米的土石堆，相传为岭国长系部落即上岭色尔坝八部之首领色尔贝·尼崩达尔雅住地的城堡遗址，并经格萨尔伏藏大师仲堆，尼玛让夏生前认定。色尔贝·尼崩还有四位大臣，色尔坝一带是其辅弼吉唐扎西绕登和杰嘎斑玛单珍的属民居住区。位于翁达镇西北部的雅格山，被瑜伽大师玉柯秋央让卓认定为格萨尔王神山。在色尔坝拉则寺百年前建造的格萨尔小殿中至今还完好地保存着格萨尔壁画。霍西乡涅柯沟的阿甲神山，据说因是阿奔大将王宫的靠背山，故而得名。（益希汪秋＜袁晓文＞、刘俊波文）

石渠格萨尔遗迹

甘孜州的石渠被誉为察香丹玛大将的故里，也是格萨尔征服《丹玛青稞宗》的地方，因而这里与格萨尔有关的遗址、遗迹也不少：洛须镇龙溪卡村的邓玛宗堡遗址；真达乡甲日村的尼绷达尔雅城堡遗址；瓦土的格萨尔王爱妃珠牡夏季行宫遗址；嘎依乡境内的嘎依温泉，当地人称之为格萨尔温泉；在松格嘛呢石经城还发现了爱十余尊有关格萨尔王及其三十员大将的石刻……甘孜盛产好马。产于该县绒坝岔的马据说是当年岭·格萨尔王路过甘孜时留下的马种，在康区很有名。格萨尔放战马的地方，当地人称为其达柯沟。另外，在乃龙神山有关岭·格萨尔大王的遗迹、传说有很多，岭国三十大将赛马场景图和修行洞；格萨尔王降服妖魔处所留下的遗迹：神山北坡有觉如与岭国乞丐古如赛马时相遇的地方；晁同降妖处有格萨尔降生天然图；自生的格萨尔宝藏守护神马头明王像等。（益希汪秋＜袁晓文＞、刘俊波文）

川西高原的格萨尔风物遗迹

白玉的河坡乡因生产制造格萨尔兵器和日常生活用品而得名；当巴（村）留有制造兵器留下的炼铁遗迹；拉吉（村）因曾是格萨尔检阅过部队的地方而得名；格萨尔瓦西昌台部落的行宫就建在卡塔（村）（宫殿之旁）；吉松姆（吉松村）因格萨尔营救自己孩子而得名，有"保卫王子"之意……

新龙，旧时藏语称"瞻堆珠牡宗"。据说霍岭大战时，格萨尔的部队在霍国频繁遭遇强敌，打仗带着爱妻珠牡有不便之处，于是格萨尔将珠牡安置在"瞻堆"官寨暂住，直到战争胜利。因而后人称此地为"瞻堆珠牡宗"，意为珠牡居住过的地方。新龙还有拉扎呷神山、雨毡遗址、阿色相达"格萨尔王点将台"和"贾察试剑石"等遗迹、遗址。

炉霍，曾称霍尔章谷，当地人认为章谷是当时格萨尔征战四方大敌之一的霍尔白帐王及其属民居住的地方。因而炉霍境内有不少关于霍尔的遗迹，如传说位于嘎拉中至虾拉沱一带的千年城堡是霍尔白帐王的城堡。

格萨尔征战《玉绒色宗》的目的地是道孚，在玉科草原上留下了许多遗迹：玉科境内有格萨尔城墙的遗址和拴马树；各卡乡有格萨尔大王搭帐篷的遗址；龙灯乡有被称为格萨尔塘的草原，传说是格萨尔征战弭药时安营扎寨的地方，并有点将台……

美丽的康定据说是格萨尔战途中的歇息地，著名的折多山、郭达山、跑马山和子耳坡都与格萨尔有着千丝万缕的联系。在新都桥的曲木寺有一尊"嘎东塔"，传格萨尔王在攻打第六圣僧鱼子王时，因大臣阿嘎然探来的敌情而获得胜利。格萨尔王为了表达对阿嘎然的谢意，便授予他一尊"嘎东塔"和一顶头盔帮助他降妖除魔。

在理塘有格萨尔王家庙（现称"勒普寺"）、兔耳神山、森格玉宗神山、格聂神山。在兔耳神山周围有格萨尔的佛塔、手印、马蹄印、大将修行洞等遗迹；森格玉宗神山脚下有格萨尔的修行泉，珠牡织布的遗迹；格聂神山周围有格萨尔的试剑石，王妃帐篷遗迹及马蹄印等。下木拉有个叫马岩的村寨，传说是因格萨尔派到该地的一位叫马岩杰布的将士而得名。

有"弦子之乡"美称的巴塘，也与格萨尔有着不解之缘。措拉区又名"岭嘎溪"，有"岭国后裔"之意。当地至今还保留着姜岭大战时期的古堡、格萨尔生大营盘、试剑石、磨剑石，其他地方还有格萨尔沐浴处—虎头温泉，扎西寺旧址，"马跃山涧、剑劈顽石"，八角碉楼，情侣河畔，以及章柯草原上的"赛马登位、珠牡寻马"，劈石鼓士气等遗迹、遗址。

在乡城也留下了格萨尔的足迹。硕曲河畔的阳具石和阴具石，传说是格萨尔王和珠牡的；青麦乡的松牧牛场有格萨尔王测力石；沙贡乡有达根格萨尔温泉；洞松乡有格萨尔鞭笞硕曲除恶蟒的遗迹。县城附近有平顶山通沙贡遗址，其形成及其地名的由来是因格萨尔王在尼斯村脚的山坡上掘下一锄土投掷到了硕曲河岸的村寨北面，这一锄土便形成了"通沙贡"，藏语意为"积土而成的平顶山"。

在九龙县的斜卡，有许多地名都以格萨尔的名字命名，如格萨牧枯、格萨跨机、格萨麻窝、格萨雪注、格萨曲撒等。

嘉卡让茂城（茶城）

又译嘉卡穆布茂城、富裕紫茶城。简称茶城、嘉城。岭国首都森周达泽宗外围城堡。在森周达泽城东方。霍尔与岭国战争时，格萨尔王妃珠牡曾退守此城，后城破，珠牡被俘。格萨尔平复霍尔后，始修复。另一说法，此城在玛域，乃汉商旅和尼泊尔商旅所建。

玉则宗

在四川省康定县木雅区营管区营管河岸附近，有六七个用石块砌建的古城堡，外形至今尚很完整。当地称这些城堡为玉则宗。相传这是当年格萨尔赴汉地修好时，途中与木雅国国王玉泽东巴发生冲突，玉泽东巴修此城堡与岭国对抗。

晁同宗

在四川省德格县玉隆地方，相传是岭国达让部落首领晁同的家乡。据说晁同在格萨尔尚未登上王位前，为了扩大势力，曾到处修建城堡，驻扎军队，以为自己夺取岭国王权作准备。除四川德格而外，西藏昌都县境内、青海省甘德县下贡麻乡亦有晁同宗。从青海省甘德县的晁同宗沿黄河溯流而上，约10华里处有个德囊渡口，过去此渡口有一只形状奇特的古旧木船，即当年晁同来往于黄河两岸的运输工具。

四、以自然界的各种颜色命名的格萨尔遗迹部分

珠牡的曲拉滩

黄南藏族自治州有不少关于格萨尔的优美传说及其风物遗迹。其中在河南县的托叶玛夏女神湖沟中，有一堆被称作珠牡的曲拉的石子，其大小和颜色与曲拉一模一样，不论是谁，初次相见都会将它误认为是一堆曲拉。人们将当地称作"珠牡的曲拉滩"（意为奶酪）。

距神女湖15米处，有一块长164米，宽160多米的曲拉滩，其周边还有三块相对较小的曲拉滩。对此，当地流传着许多不同的说法：有人说那是珠牡用一百头犏牛和一百头牦牛驮着新鲜味美的曲拉到上部岭国的路上，天姑贡曼杰姆为了给这个贫穷的地方赐予足够的酥油和曲拉之福禄，用变幻之术使珠牡的牛受到惊吓，将所有的曲拉洒在了当地；有人说这是森姜珠牡的曲拉库；还有人说这是珠牡晒曲拉的滩。不论如何，这里石子的颜色及大小形状与曲拉完全一样。

当地群众无论男女，只要稍有空闲，便会到珠牡的曲拉滩垒石子、堆曲拉。据说垒珠牡的曲拉，就会富贵盈门，能打出酥油的山、挤出奶子的海、晒满曲拉的滩，这种信念支撑了亘古不变的传统习俗。

珠牡的酥油和曲拉

从黄南藏族自治州同仁县浪加村往循化文都的路上，有很多诸如像格萨尔大王的脚印、手印、马鞍、磐石、护法神殿等名胜。浪加金佛沟上牙豁左侧山坡有一块房子般大小的黄白相间的巨石，右侧山撒满状如曲拉的白色石子。从远处一看，真像两堆酥油和曲拉分别放在公路两旁。而一段动人心魄的爱情故事也由此流传于民间。

觉如母子结束了在黄河上游玛麦地方猎食无尾地鼠，采集人参果的凄凉生活，回岭国上部赛马夺冠，登基称王，迎娶森姜珠牡为妃，过上了丰衣足食，安逸自在的生活。

不久，天姑贡曼杰姆自彩云中乘一白狮，来到格萨尔大王上空，向他详细预言降伏恶魔鲁赞的因缘及其时机业已成熟等情况。格萨尔大王双手合十，毕恭毕敬地向天姑祷告了三次后径直到总管王叉根处，告知天姑的预言，叔侄二人详细商议制定了降伏恶魔鲁赞的计谋。

次日凌晨，随着号角的吹起，格萨尔大王依依惜别恩重父母双亲和终身伴侣珠牡，跨上了千里马绛果叶哇前去降魔。经过斗智斗勇，格萨尔大王最终成功降伏了恶魔鲁赞，并与梅萨一同在那里度过了九个春秋，而在岭国的珠牡因时刻思念远在他乡的格萨尔大王，郁郁寡欢、度日如年，朝思暮想，望眼欲穿，形容憔悴，茶饭不思。

此时，霍尔国白帐王因王妃去世，探得珠牡有倾国美色，故举百万大军，侵犯岭国。岭国将士虽奋勇杀敌，捍卫国家，但因寡不敌众，王妃珠牡终究被霍尔抢去，她在异国他乡日夜祈祷格萨尔大王速来相救。

九年后，一天珠牡的一位女仆匆匆跑来告诉她说："格萨尔大王派来的使者已到宫外，他给您送来了一封信，请您过目。"珠牡听了欣喜若狂，立马拆封细读格萨尔大王的亲笔书信，只见信中写道：亲爱的终身伴侣珠牡您好！根据上天神灵的预言，教化霍尔国众生的时机已经成熟。因此我亲率魔国降军昼夜兼行，明天东山日出，我定能抵达霍尔国，特此告知。

珠牡读完此信，百感交集，眼泪像断了线的珍珠一样撒了下来，禁不住喃喃自语："不知是真是梦？"

格萨尔王征服霍尔国君臣上下，抚恤百姓，正准备去和珠牡相会。这时，珠牡吩咐女仆用一头犏牛驮着金黄的酥油和洁白的曲拉去迎接格萨尔王及其百万雄师。老远就看到珠牡前来，大王一跃下马，快步流星地飞到珠牡身边。这时阔别已久且历经酸甜苦辣的大王夫妇紧紧拥抱在一起，千言万语尽在不言中。

珠牡又彬彬有礼地向诸位将士问好，并让女仆向他们敬献了酥油、曲拉和哈达等物品，犒劳三军。

为了使这一时刻成为永久性的纪念，格萨尔大王一行回归岭国后，将珠牡敬献的酥油和曲拉分别变成一块巨大的磐石和成千上万个小石子，放在这浪加的金佛沟。

珠牡的羊群

青海循化县文都藏族乡以南的克玛滩上，有一大群大小均等的白石头，像洁白的珍珠撒落在大地一样璀璨、闪亮，在烈日晴空中显得尤为壮观。传说，这就是森姜珠牡的羊群所变。克玛滩四周的群山个个像擎天的柱子巍然耸立于白云丛中，大地上森林茂密，百草鲜嫩，像天界甘露一样的无数清泉从石崖、草丛中涓涓流淌，源源不断，百看不厌的各种鲜花千姿百态，竞相争艳。鹿和石羊等野生动物在其间啄水草而悠然自得。在这鸟语花香、美如仙境的地方，虽没有活过千年的老人，却不乏能言善道的智者。人人都会讲关于"珠牡的羊群"故事。

格萨尔大王遵从天界神灵的预言前去降魔，而森姜珠牡强忍别离之苦，在辽阔无边的草原上放牧着她的羊群。忽然有一天，霍尔国白帐王派出的成千上万的大军浩浩荡荡，气势汹汹地出现在她的眼前。珠牡心想，这大军并非神兵天降，而是孽障霍尔王的骑兵，真不知该如何躲避。匆忙之间，迅速收拢起散布在草原上的羊群，准备返回时，那些凶残的霍尔将士直取珠牡。有的人抓住她的双手，有的人抬起她的双脚，像一群大鹰共叼一只羊羔一样，将珠牡强行带到霍尔国。

珠牡被抢之后，她那群忠实的羊像失去父母的孤儿一样在克玛滩上日夜等待着它们主人，经过无数个风霜雪夜，最终变成了一群洁白的石头。

当地还流传着一个与之不同的故事传说：很久以前，当森姜珠牡像往常一样，在水草肥美的克玛草滩放牧着自己的羊群时，格萨尔大王接到赴北降魔、带回梅萨的上天预言，来不及给自己的终身伴侣珠牡交待几句，就急急忙忙奔赴魔国。当珠牡听到这个消息后，抑制不住极度悲愤的心情，俏脸上顿时乌云密布，眼泪像断了线的珍珠一样撒落胸前。心中除了格萨尔大王，别无所思。故不由分说，径自骑上她的母马洛赤，紧追格萨尔大王而去。而她的羊群看到自己的主人弃之而去，故而驻足原地，不思水草，最终一个个变成了洁白的石头。翘首祈盼着珠牡的归来。

珠牡泉

在青海省班县江塘乡开库合沟有许多温泉，其中有一口珠牡泉。据说当年格萨尔王妃珠牡得了一种浑身战抖、冷汗如雨、面部发青的怪病。久治无效。到这个温泉沐浴后，立即痊愈，且容光焕发，更加美丽。直到现在这里的藏族中还流传："喝了开合沟的热泉水，能使人眼明心亮，用热泉水洗脸擦身，能洗尽前生罪愆，脱尽今生鄙俗，得到格萨尔的庇护。"据说这种泉水，对胃病有奇效。

岭国的白水泉

从景色秀丽的黄南藏族自治州同仁县麻巴乡浪加村的金佛沟往里行至七八里处，您可以看见一股从地下冒出的清澈泛白的泉水，那就是传说中的"岭国的白水泉"。当地村民经过浪加村的白小泉时无一例外地摘帽示敬，并虔诚地喝上几口。

据传说，普天下众生的太阳、黑发藏人的怙主、黑头恶魔的枷档、证得十地的佛陀、天地之间的巨柱、驱除黑暗的明灯格萨尔大王遵从天界神灵的预言远赴魔国降伏鲁赞。不料，在那里一连耽搁了九年。一天晚上天姑贡曼杰姆骑着白狮，由众神簇拥着来到身在魔国的格萨尔大王上空向他预言道：

神之爱子格萨尔、
切勿贪睡快请起！
像那天上之飞鸟，
快速赶到霍尔国。
降伏霍尔白帐王，
带着珠牡回岭国，
天赐良机在眼前，
请勿疑虑速启程。

格萨尔大王谨记天姑预言，即刻命令魔国降香翁和阿达拉姆召集上万名魔国将士准备出征。格萨尔则回到岭国在严厉惩治了卖国求荣的奸贼晁同后，让岭国英雄与阿达拉姆等合兵一处，浩浩荡荡开赴霍尔国。

格萨尔君臣一行不辞艰辛、昼夜兼程，连续奔走十八天后，终于来到了金佛沟的白水泉边。这时，格萨尔大王心想，在这等水草肥美，景色宜人的地方安营扎寨，让所有人马休整几日又有何妨？遂命令随从吹响号角，通知大队人马原地歇息。格萨尔大王本人也兴致勃勃地来到白水泉，双手捧起清澈的泉水喝了几口，并让自己的千里神驹绛果叶哇也尽情地喝了一顿后，又让岭魔两国的所有人马喝了此水，并连续三次祝告他们遇事呈祥，福寿延年，快乐安康。此时，所有将士感到无比兴奋，在白水泉边，尽情享乐，度过了一段欢乐祥和、歌舞喜庆的日子。因岭国将士在此休整时，有过无比的喜悦和兴奋。为纪念这段美好的日子，岭国将士及其后人将此泉水命名为"岭国的白水泉"。而这个优美动听的泉名，响彻了整个雪域高原。

火海

举世闻名的青海湖西面，蓝宝石般澄蓝的盐湖像一面磁铁一样吸引着不少中外游客前来光顾。而盐湖四周像珍珠一样晶莹透明的雪山丛中成群的牛羊和牧户洁白的帐篷，似人间仙境的点缀物格外引人注目。

这个被称作"黑色恶魔之地"的地方，成天狂风咆哮，黑红的石崖顶峰燃烧着可怕的火焰，黑色的河水滚滚流淌。大地上不要说吃五谷的人类，就连一只飞禽鸟类都很难见到。在这种具备多种恶相的地方，有一处竖有人类尸体法幢之称的魔城（吉合拉泽格）。城墙四周的每一角都分别有五个具有马头、牛头的魔鬼守护。魔城的东西南北每一个门都有手握染血长矛的魔臣守卫。城里九颗脑袋上长有十八个犄角的魔王鲁赞正将铁嘴伸到一个孩童的胸膛吸血，常人见了会胆肝俱裂。

与魔国相邻的各小邦国，每年都得向魔王鲁赞进贡犏牛、马和人力的赋税，这是无法逃避的事实。而岭国不仅要向他进贡上述赋税，还不得不送上两位属虎的男孩，供他食用。以致岭国的优秀人物几近绝种。无法忍受痛苦的生灵终年过着悲观消沉的凄凉生活。降伏四方敌人的英雄、扶助贫困弱者的父母、莲花生大师的爱徒格萨尔大王根据神的预言从玛麦来到了上部岭国。在整个岭国的赛马活动中勇夺冠军，登上了麒麟托起的帝王宝座。为了使人类脱离苦海、过上幸福生活，他向三宝真心不二地祈祷，给比丘献上不可估量的供品。而对征收岭国赋税且备受其凌辱的魔王鲁赞心怀不满，恨之入骨。这时，从上空的彩虹宫中出现一位年轻貌美、皮肤白皙、披有乌黑长发，右手持拨浪鼓，左手拿法铃，右腿伸直而左腿弯曲的女神，慈祥地注视着觉如说：

我在空行丛中
对你预言如下：
恶魔鲁赞那厮，
迫使六趣众生，
沦入火海受苦。
难以忍受分秒。
好男儿杰确扎都，
勿迟疑速往魔国，
去取那鲁赞首级。
切不可延误战机，
若不然难成大业。

说完消失得无影无踪。次日凌晨，格萨尔大王二话没说，迅速鞴好马鞍，飞驰而去。这时魔王鲁赞正侧卧在榻上，魔王的寄魂鸟丑乌鸦急急忙忙从天空落在吉合拉泽格城上，连叫三声

呱呱呱，
魔王鲁赞请听我言，

我从那上部岭国来，
带着岭国的信息来，
你不可逗留速离去。
格萨尔带着三兵器，
骑骏马飞往魔国来，
扬言要即刻降伏你，
不知您是否听明白。

说完，又飞回自己的鸟窝。恶魔鲁赞听此言语，怒冠冲天、鼻孔中浓烟直冒，口腔里火花飞溅，毫不犹豫地召来魔国众臣，详细告知乌鸦所言，并商议退敌之策。

魔王鲁赞右手持鲜血染红的长矛，左手握九度大刀。从一股前所未有的旋风中扑到盐湖岸边，想把盐湖化作火海以拒格萨尔大王，同时伤害周围的所有众生。遂从口中喷出一团熊熊烈火，将盐湖变为火海。看到可怕的火烟无情地吞噬一切，那里的众生胆战心寒，四处逃窜。

格萨尔王预知恶魔鲁赞的罪恶行径，深知若不及早解决，将会给无数生灵带来难以忍受的痛苦。他用鞭子再三抽打胯下坐骑，风驰电掣般飞到青海湖西面的布哈河边，千里马绛果叶哇汲了口几乎使其断流的河水后，直奔火海而去，将水泼到火上。随之，格萨尔大王使出无边法术，将那水变成倾盆大雨，持续下了两个时辰，最终将盐湖之火熄灭，使之比以往更显得晶莹透明。

今天，布哈河仍有偶尔断流的现象，人们将这种现象解释为格萨尔大王的坐骑千里马绛果叶哇正在吃水。

恶魔鲁赞敌不过格萨尔大王的无边法力，只得仓皇逃回。格萨尔大王见恶魔随着旋风逃遁，便紧追不舍。后来大王自己也被卷入旋风，伸手不见五指。他拔出宝刀，向前一挥，只听咔嚓一声，一颗脑袋滚落到，格萨尔大王下马细看，方知是鲁赞的九颗脑袋之一，故而继续追赶，没过多久，他几乎追到鲁赞时，鲁赞用

妖术变出一百匹公狼和一百匹母狼从格萨尔大王前后左右围了上来。格萨尔大王洞悉恶魔妖术，随之变出一百位猎人弯弓搭箭，每一支箭射死两匹狼。恶魔鲁赞再一次败在格萨尔大王手下，落荒而逃。格萨尔锲而不舍，将要赶上他时，鲁赞又变出一百个小魔头，手持刀枪，围攻大王。格萨尔也用分身术变出一百个化身，将一百个魔头统统杀死。这时老魔头仍不甘心，逃往吉合拉泽格城，格萨尔大王不给他任何喘息之机，赶上前来说道：

　　恶魔鲁赞短命鬼，
　　竖起耳朵听我说，
　　不论施出啥妖术，
　　我有法术能对付。
　　时至今日你没有，
　　任何机会把命逃。
　　你使所有众生灵，
　　无情忍受地狱苦，
　　因果报应不欺人，
　　今天就是你末日。

说着举起大刀，准备杀他时，恶魔道：

　　岭国觉如听我说，
　　空说大话没有用，
　　你如小羊到狼口。
　　我若今天不杀你，
　　就不是鲁赞大魔王。

随之冲到格萨尔大王前一阵乱砍，大王左躲右闪，虽毫发未损，却被惹得怒火中烧，双目圆睁，咬牙切齿，一挥宝刀哦玛都却，刀尖上一团火光直冲苍穹，将恶魔的左手砍下地来。再补一刀，正中魔头颈部，将其余八颗脑袋一并削了下来，结束了恶魔鲁赞罪恶的一生。

恰卜恰的吹火筒

海南藏族自治州州府所在地恰卜恰镇，北有巍峨耸立的伦保赛钦山。金黄的赛钦花丛中，常有珍奇的动物和鸟类栖息。方圆数十里以内的居民都到此煨桑祭神，香烟弥漫。它常年被裹在浓烟密雾中，显得神圣而又壮观。其西面有传说为姜王萨丹领地的盐湖，其周边的草原上牛羊遍地，马匹成群，呈现出一片美丽富饶的景色；南面是中华民族的母亲河——黄河，清澈透明，犹如蓝天，龙羊库区，更是水天一色，令人留连忘返。东面有与伦保赛钦相媲美的瓦燕神山。总之恰卜恰是一块人杰地灵、高人辈出之地。然而也有不少人称恰卜恰为风的皮袋，称沙珠玉为风沙之父。那么，对于他们的这种说法，我们能否看作无稽之谈呢？其实不然，因为恰卜恰一年四季的风沙较大，特别是冬、春两季。这里的风频繁而风力强大，人们非常厌恶这种天气，常恨不得拿条绳索绑住风的皮袋之口。可作为渺小的人类，又怎样能与大自然相抗衡呢？更何况生态如此恶劣的今天，短时间内要止住恰卜恰的风沙，要比登天还难。

而恰卜恰的风沙因何比其他地方都大呢？对这个问题，加拉村的诺布尖措老人自有他的一套说法。他说：在数劫之前，这个被称作恰绒扎西达唐的地方是个空气清新、冷暖相宜、四季常春、很少有风雪飘舞的好地方。

后来，格萨尔大王征服霍尔国白帐王，将其大将辛巴梅乳孜押回岭国，后封为大将。这时，乘降伏姜王萨丹之子玉拉托居的时机成熟之际，格萨尔大王命令辛巴前去降伏玉拉托吉。辛巴领命，即刻佩带三种兵器，戴上头盔，披上铠甲，双眼冒着愤怒之火向姜域盐湖进发。辛巴涉过一百零八条大河，穿过一百零八片森林，走过一百零八个大滩来到了有水有草、景色秀丽的恰卜恰地区。在这里辛巴心想，在这等连神仙都会留恋的地方，休息几日该有多好啊！想着他就卸下马鞍,取掉马辔让马吃草。自己也卸了披挂,取下兵器,拿出灶炉准备烧茶。但因无风,他烧的茶未及时开。辛巴饥渴难耐,取出吹火筒,对准灶门,狠狠地吹了几次。顿时茶水沸腾,山沟里刮起了前所未有的飓风。当地居民对此甚感奇怪,前来探视。这时辛巴已停止吹火,飓风也随之停息。

辛巴美美地喝了一顿茶之后,整整休息了十八个昼夜,进而连降伏姜国的重任也给遗忘殆尽。格萨尔大王在千里之外,预见此情,变作一只蜜蜂来到辛巴身边,嘴对着他的耳孔讲道:

辛巴勿留请速去,
即刻降伏姜王子,
如果贪恋在美景,
吃喝玩乐不向前,
敌人可能要察觉,
届时降伏更困难。

言毕,顷刻之间不见踪影。这时辛巴知道是格萨尔大王金口赐教,匆匆忙忙鞴好马鞍,披挂整齐,拿上三种兵器,骑马像流星一样奔往盐湖。

当时,辛巴因过于匆忙,忘记携带吹火筒。从此,恰卜恰地区天气多变,开始了长年累月狂风咆哮的日子。

也许是人们对美好生活的一种憧憬,当地居民还说,格萨尔大王曾经预言,在若干劫之后,这个地方仍可恢复以前那种空气清新、冷暖适宜、四季如春的好天气。

岭国三大帐篷

绿帐宽敞大帐篷、鹏鸟展翅大帐篷、回荡如意大帐篷。帐篷是青藏游牧人不可或缺的移动居室,由牦牛毛编制而成。帐篷除了作牧民的居室以外,在军事上也发挥着不可替代的作用,因而在《格萨尔》中也有很多有关帐篷的描述。还有专门的帐篷颂,这里所说的几大帐篷就是岭国公共用帐。

岭国花虎集会场

花虎集会场是岭国举行集会的场地。其因远看此场地形似铺展的虎皮而得名。

岭国金宝座

岭国王金宝座称人见人羡公台、又称狮座威震三界。岭国金宝座是部落联盟最高权力的象征。金宝座又称王台。格萨尔夺取王位后,登上该宝座。

岭国三寺庙

指东宗喀查摩寺、南贡德查摩寺、西崩迥嘎摩寺。

岭国三信仰圣物

指自生黄金佛像、能言绿松石度母像、海螺观世音像。藏族历史上,各地区都有种类繁多的圣物,家庭有各自的圣物,部落、寺庙均有圣物。圣物是世代相传、永久珍藏的物品,其中大多为宗教用品,也有其他各种物品。《格萨尔》中所说的圣物是岭国共同拥有的公共财产。除信仰圣物,岭国赛马时的赌注都是岭国共同拥有的物品,也是镇国之宝。

五、后人为纪念格萨尔大王而兴建的遗迹

为了纪念格萨尔大王和三十员大将以及十三位美女,整个藏区兴建了许多格萨尔的寺院、宫殿、雕塑和唐卡,还有格萨尔的俄博和经幡等纪念载体。位于玉树州囊谦县被称为格萨尔寺院的达纳寺,寺内有三十员大将的灵塔,以及格萨尔等人的遗物等。据有关资料记载,该寺有八百多年的历史;果洛州玛多县境内有格萨尔的俄博,离俄博约30米处立有野牛头,俄博和野

牛头中间有许多白石堆；海南州共和县曲沟乡属宁玛派的当加寺，寺中曾塑有格萨尔的雕像；玉树州称多县尕桑寺的大经堂内有格萨尔的壁画；著名的格鲁派寺院塔尔寺的大金瓦寺顶部有格萨尔的壁画；果洛州达日县查朗寺附近新建有格萨尔的狮龙宫殿；西藏拉萨市班玛日的格萨尔庙、青海贵德县的格萨尔诺布林、玉树结古镇文化广场中有格萨尔的铜像，在四川德格宗钦寺、昌都、阿坝、甘南等地的寺庙中有不少格萨尔的唐卡、塑像和道具。除此之外，在许多寺院中还有格萨尔的雕塑、唐卡、壁画等。

总之，从英雄格萨尔诞生之日起，为了抑强扶弱、造福人类，征服四方妖魔，攻占十八大城，攻取二十一座小城，为藏民族作出了不可磨灭的功勋。人们为了纪念他的丰功伟绩，使他和三十员大将留下的精神遗产得以世代相传，建造了诸多用来纪念的格萨尔文化场所和物体。

狮龙宫殿

狮龙宫为格萨尔大王行宫，又名狮子虎戏宫或胜乐宝贝宫殿。高耸入云的狮龙王宫，顶层建有三顶饰金阁，形似大鹏展翅。其上还有金顶饰，金光闪闪照四方。宫檐嵌有雍仲符号，饰以十五黄金胜利幢。上层由洁白海螺构成，镶嵌绿松石吉祥图案，形似白狮炫绿鬃，射出耀眼的白光。中层由黄金构成，刻有黄金吉祥图案，形似猛虎发威，射出耀眼的彩光。底层由绿松石构成，红檀木门四扇，湛蓝天空本色。东为黄金门，南为白银门，西为玛瑙门，北为琥珀门。四门之外还有门，珠宝镶嵌十八门。十八座宝塔更诱人，均为耀眼的玛瑙金银塔。宫中城墙内各种树木花草，鸟语花香，沁人心脾。中层城墙内有楼八区四门，存有嘉洛家的财富和放牧骡马。城墙四阴角内有生铁构筑的碉楼，居住岭国十万天兵。大厅中央有格萨尔大王宝座

岭国十六勇士及他们的宫殿

东赞郎吾阿华——祝古天堡官
牟青杰贝灵智——狮子天宫
金却塔尔巴坚赞——雷铁固宫
达绒奔波苏彭——犊虎宫
叔父晁同——乌鸦心宫
总官绒查叉根——查域富天宫
雅麦桑达阿冬——紫色旋顶宫
色尔坝觉阿华赛达瓦——成就万能宫
郎吾阿努华桑——万伞崖宫
仁庆·达尔鲁——长原宫
贾察·协嘎尔——水银铁宫
却鲁吾叶达彭——格欧金宫
阿鲁绒察玛勒——珊瑚顶宫
大臣丹玛向查——东谷六山宫
嘉洛顿巴坚赞——虎战宫
嘎德却君威那——紫玛瑙宫

岭国六天宫

寝宫狮龙宫、东方富茶宫、南方富灵宫、西方富鹰居宫、北方盛宏宫、永恒九旋紫宫。岭国六天宫为格萨尔大王系列王宫。其中心地带为狮龙宫，四方有四大宫殿。各宫造型独特，结构宏伟，赋予了神奇的传说，人称天宫。

格萨尔的俄博

果洛藏族自治州玛多县是一个美如仙境、水草丰美、牛羊遍地的辽阔草原。这里不仅有很多鹿和石羊等野生动物，还有掘之不尽、用之不竭的五金等矿产，扎陵湖和鄂陵湖像两颗巨大的蓝宝石镶嵌在这片草原上。

这里藏族文化的普及面广，影响大。人们对藏传佛教有着无比坚定的信仰。特别是雄狮大王格萨尔的优美传说遍地皆是，言之不尽、写之不完，与格萨尔大王有关的历史遗迹令人目不暇接。

这里我们要着重讲述的是玛多县措乃亥乡上玉龙牙豁口的格萨尔大王的披挂俄博，这个俄博有很多与众不同的特点。距俄博一百米左右的地方竖有一只巨大的野牛头，这只野牛头的两角之间竟有三米之宽，真乃世之罕物。俄博和野牛头之间有很多用白石头垒起的小丘。据当地居民介绍，那俄博就是在霍岭大战之际格萨尔大王为阿尼玛沁岗日所竖立的祭祀台。

格萨尔大王听从天界神灵的预言，16岁就到黑色魔国射死恶魔鲁赞，并收服魔国臣民，与梅萨一同度过了九个春秋。这时森姜珠牡托寄魂鸟仙鹤给格萨尔大王捎信，详细说明：

祸根晁同用奸计，
使郎琼命丧敌手。
小将绒查玛尔勒，
战死沙场不复活。
贾察霞鲁斩杀那，
霍尔王子后牺牲。
森姜珠牡迫于无奈，
被百万霍尔兵抢走。
此外八大宝贝被掠走，
东方乌黑茶城被毁坏。

格萨尔大王知道这般情况后，心口似毒箭猛中，不由得悲从心中来，恶向胆边生，命令魔臣向宛，顷刻召集所有兵马，雄赳赳、气昂昂地发往霍尔国。

格萨尔大王一行翻山越岭，风驰雷鸣地来到玛多县上玉龙牙豁口时，格萨尔大王心想现已到阿尼玛沁的地界，若给阿尼玛沁竖立一座俄博，则战神威尔玛等定会前来相助，遂命令随从预备一应器具，他自己手握一百零八庹长的不变金刚套绳到不远处，看见一头高大凶猛的野牛，运用法术套之擒来。众随从见此情形惊慌失措、四处逃窜。格萨尔大王将其捆紧宰杀后，向阿尼玛沁祭祀敬献了三次热气腾腾的鲜血，并将牛头竖着立了起来，以示见证。这时众随从迅速备齐所有重要器具竖起俄博，连叫三声"格、格索、索、拉嘉洛"后，各自骑马继续赶路。

格萨尔君臣一行不辞艰辛，连续奔走两个昼夜后，正想稍事歇息，谁知格萨尔大王已预知霍尔国的三个哨兵正在附近。当即抽出万钧霹雳能飞箭，向神箭仔细正确地把任务交待清楚并祝告后拉弓放箭，只听轰轰隆隆一阵巨响，那箭如一道紫色的闪电从空中飞掠而去。

只见那霍尔国长胳膊、千里眼、大力士等三个哨兵远远听见隆隆的声音，十分惊诧，千里眼往远处一看惊呼道："啊呀呀，不知是只岩雕还是一只乌鸦，径直朝咱们这边飞来，真不知是福是祸。"其余二人催促他详细探视，他复而细察后，大声惊呼："啊呀，不好，不好，是一支箭向咱们这边飞来，长胳膊你快伸手把它抓住。"长胳膊急忙张开双臂，猛地抓住神箭的箭杆，其他二人紧紧抱住他的身子，试图制服神箭，但因神箭力大无比，将他们一起带到天空，又一起摔下来，抛进波涛汹涌的黄河里淹死，而万均霹雳一般的飞箭飞回格萨尔大王身边。

格萨尔大王继续向前赶路，翻过雅拉赛吾山时，忽见对面的红崖上霍尔国的寄魂长犄野牛。它血红的舌头闪着电火，黑尾巴像涡旋的乌云，吼声像巨大的铙钹相击，大王轻蔑地向它唱道：

野牛你凭啥耍威风，
你怎能敌得过大王我。
你想知道我是谁？
我乃岭国的雄狮王，
是我射杀恶魔王鲁赞。
你似乎是霍尔的寄魂牛，
在没有征服白帐王前，
先将你射死是吉兆。

唱毕，拉弓满月，一箭射出，正中那野牛的前额，直贯后尾，顷刻间那野牛从石崖上跌了下来。大王用牛血祭祀天神并与随从分食其肉后继续赶路。

从此以后，征服霍尔国的大战正式拉开了序幕。传说，我们现在所看到的这座俄博便是格萨尔大王去征服霍尔国的途中所竖立的。受此护佑，格萨尔大王成功猎杀了霍尔国的寄魂牛，为全面征服霍尔国铺平了道路。当地群众在此举行一年一度的祭祀活动已成为一种惯例，这也是当地一个规模较大的盛会。

达那寺与格萨尔及其三十员大将灵塔

达那寺位于距玉树州囊谦县城150公里的达那山山腰（"达那"，藏语，意为马耳），因为这里的岩山形状酷似马的耳朵而得名。公元1188年由藏传佛教著名高僧帕竹噶举创始人帕摩竹巴的高徒桑吉叶巴·意西泽巴创建，迄今已有800多年的历史，属藏传佛教噶举派寺院。

"达那山"下是一片沙土地带，颗颗沙粒在阳光下闪闪发光，再下面草坪如茵，相连着茂密的松柏林，寺院即在林间。寺前一片河柳和灌木丛。清澈的麦曲河自山根缓缓流过，这里山势极其险峻，但风光又着实迷人，不失为青藏高原一处修身养性、闭关禅定的好去处。为与印度格本日地方的达那寺相区别，此寺也称"北部达那寺"。达那寺最初为本教寺院，后改宗藏传佛教叶巴噶举派。当初，达那寺建筑规模宏大，仅一座称为"嘎嘉玛"的大经堂就有100根柱子。该寺鼎盛时期有寺僧300余人，还辖有今囊谦县尕永乡的嘎扎西寺、吉曲乡的叶文寺和赛佐强寺等。经堂里供奉有9米多高的英雄格萨尔王及其部将的塑像和他们用过的战刀、盔甲、衣物和数万卷藏族早期经卷等。在距离达那寺不远的一处岩洞中，还保留有《格萨尔王传》中岭国三十员大将的灵塔，塔形均为噶丹式（一种藏式塔）。2006年达那寺被列入国务院公布的第六批全国重点文物保护单位。

当家寺的格萨尔木雕

位于共和县东南方20公里处有一座巍峨壮观、高耸入云、气势磅礴的大山，名曰瓦里关敦日噶布。阿聂瓦里关（该山神名）是整个郭密部落祈求福佑、抵御外敌的守护神。登高一望，可见密密麻麻状如羊心的无数山丘布满眼帘。据当地老人所言，曾几何时有一巨翅可遮日月的天鹏看见伦保赛钦山前有一体形硕大的毒蛇蜿蜒爬行、直取东方，势不可当。遂毫不犹豫地张开铁爪将其捉到瓦里关山上吞食，因无法承受这样巨大的压力，瓦里关的很多山头至今呈现出一副下滑坍塌的样子。

瓦里关敦日噶布南侧有一个村庄，名为瓦里关村。村里有一座始建于元朝，并曾经有过一段辉煌的鼎盛时期的藏传佛教宁玛派寺院——当家寺。

山不在高，有仙则名。水不在深，有龙则灵。当家寺虽然规模不大，但在整个郭密乃至康区都有很高的声望，历史上有无数像阿柔格西这样的高僧大德在此潜心修炼，传为佳话，载入史册。

该寺的主要供奉圣物虽然是阿柔格西之肉身灵塔，但历史悠久的木雕格萨尔大王亦被当作主要的供奉圣物之一进行供奉。据该寺活佛仁青南杰介绍，该寺后来在大堂还塑造了一座形态逼真、生机盎然的格萨尔像，以供百姓瞻仰膜拜。

该木雕格萨尔大王身呈红色，状如愤怒本尊相，精通十八般武艺，坐骑千里马绛果叶哇。该马嘴唇白如奶，浑身赤如燃烧火，四蹄乌黑如铁制，所留足迹赛真蹄。其身右侧神相随，正好三百六十位；其身左侧有龙王，一十八位全到齐。四十九处腰骨上，亦有三百六十神。格萨尔大王头戴遇事呈祥的白色头盔嘉哇敦珠，盔顶饰有红宝石，右有五条红盔旗，恰似赤精子上阵；左有五条蓝盔旗，犹如龙兵去迎战。背插护法神之旗，盔旗锦簇似花坛。身着逢凶化吉（雷击不透）的黑色铠甲赛巴拖图，右观铠甲如金塔，左看铠甲似银塔，前面镶金护心镜，护镜如日放灿烂。具有防箭护心的六大功能，右手持削铁如泥的宝刀红刃哦玛都却，其刃如黎明破肚，刀背似乌云蔽日，刀尖像火焰燎天，刀环如红白二蛇盘于地面；左手持花樱长矛登敦达查秀姆，三角矛尖好血腥，战神火花竟并冒，矛柄似晴天霹雳、势可降神鬼八部，力可拒四方魔敌；腰间挎日光蛇绳，套中央如满月，是活捉敌人的铁钩；腋下有硬角弯就的宝弓热国期哇，上绱有苍龙雷鸣，下绱闻鬼哭魔嚎；弓弦如红色闪电，右侧有摄取三界生命的利箭如雷电闪击，箭上战神集聚，箭杆右侧有灵鹫羽毛，状如灵鹫奔肉；左侧为紫色雕羽，势可日行千里。此外，还有万事如意之藤鞭桑比邓珠，鞭把为如意宝珠。该木雕英姿威武，活现格萨尔大王英雄本色。

遗憾的是，"十年动乱"中，木雕格萨尔大王被毁于一旦，真乃生平之一大憾事。近来当地数名有识之士高薪聘请雕刻专家，模仿旧图复制了一尊木雕格萨尔大王，权当是给当地群众的一种心灵慰藉。

扎西神山与多钦俄博

海南州共和县恰卜恰沟后水库附近，在山青水秀的恰嘎地区，坐落着以加拉村为首的尕寺、索吉、恰仓、吉东等几十个藏族村庄。村民们依山而居，村庄的后山就叫"扎西拉日"神山，它高耸入云，雄伟壮观。山腰间还有一个外形酷似宝瓶的小山丘，多钦俄博就矗立在这座小山丘的最顶端。人们把这个地方的山神叫作"多钦诺布扎斗"，意思是强力法宝降敌。

每年农历四月十五日这天，恰嘎地区大部分村庄的男士们穿着盛装，前去祭祀俄博，已成为这里的习俗。如果长年不断地祭祀多钦俄博，祈祷"诺布扎斗"山神，不仅使人心想事成、官运亨通、富可敌国，而且能提高恰嘎地区的威望，使百姓安康长寿，吉祥如意。这种信仰和说法从古到今一直在当地流传着。

建有多钦俄博的这座山，人们为何要叫它"扎西拉日"神山呢？有两种不同的传说。一种说法是：因为它的外形就像一座天然形成的佛塔，而且周围的环境非常优美，满地鲜花盛开，百鸟在山间歌唱，洁白的羊群和牛马在自由地生息。另一种说法是，在恰嘎的历史上，有一位叫加拉扎西的老人，他聪明过人，很有权势，一生只做对人有益的善事。他去世后，将遗体葬在这个叫"扎西拉日"的大山后面，从此这个山就被称为"扎西拉日"神山。无论怎样，这里的人们都承认，这座山非同一般，不仅雄伟高大，风景如画，而且它的山神很具威力。所谓多钦俄博，顾名思义就是因这里的山神之名而得名，对此任何人都没有异议。

多钦俄博的创建者是二世色拉堪庆土丹曲久嘉措大师，始建于公元1947年农历四月十五日。这天整个恰嘎地方的男女老少，欢聚一堂，举行了盛大的庆典。有美妙歌喉的男女歌手唱起了悦耳动听的酒曲；会骑术的少年们，展示了各种马术；技艺超群的中老年们，射箭比赛，场面极为热闹。这天，色拉堪庆大师非常高兴，他用优美的语言，对建立多钦俄博的必要和益处方面做了演讲。同时吟诵了许多吉祥的祝词，并即兴作了一首祈祷多钦俄博的诗句：

◎格萨（斯）尔

棕脸诺布旺丹神，
右手撑着鹞鹰宝，
左手捧着聚宝盆，
头戴金边黄盘帽，
身着黄色绸缎衣，
骑来神力白龙马，
为了民众到此地，
请将托事全做完。

他说建立这个俄博的主要用途是赐人平安，给畜禳灾，保证风调雨顺、年年丰收、预防干旱和饥荒。在座的人们听后，从内心对它更加虔诚和敬仰，不停地磕头致礼。

多钦俄博的山神为何被称为"多钦诺布扎斗"？有许多不同的说法。但下面两个故事流传较广，人人皆知。第一个故事是，从前有一个比丘僧，他身强力壮，又很聪明，对经文和俗务两方面都很在行。但他又是一个品行很差的人，时时为自己着想，不管别人的死活，处处刁难他人。他死后，在很长时间里，他的鬼魂一直游荡在阴间，很难投胎转世。这时候，精通密宗的色拉堪庆大师，采用各种佛教法术，将比丘僧的游灵召至身旁，化为自己的朋友，让它做这里的山神，在当地给他建立了俄博，起名为诺布扎斗。据说起这个名字是因它的山神力大无比，并具有扶正压邪护佑百姓之能力的。

第二种传说是，格萨尔大王射出的利箭正中魔王的额头在消灭了魔王鲁赞后，大王来到霍尔国，给白帐王鞴上马鞍，出去散步。霍尔国的大力士多钦朗布查白看见后，心里非常害怕，迅速给自己的黄牛备上鞍子，骑着黄牛一溜烟地飞快逃走。格萨尔立即骑马像闪电般追过去，追了好大一阵后，查白跑到霍尔黑喇嘛格日泰三兄弟所建的叫九巨石城堡中的幻术房里，并用力将门关死。这时大王怒气冲天，他用劈山大斧狠狠地砍了三下，把整个九巨石城堡劈得四分五裂。查白看着情况不妙，又骑上黄牛逃出去，大王边追边拿出利箭对着黄牛的头部射了一箭。黄牛就地倒下，多钦郎布查白也滚倒在地。不久格萨尔大王逮住多钦朗布查白说道："名叫查白的狗嘴脸，我的勇士们在何处？敌视我岭国的坏小子，终究把你消灭掉。"说完，格萨尔大王把查白的双手和两脚分别拴在四面的铁钉上，然后将一根长长的橛子钉在他的胸口，将查白送上了西天。后来，岭·格萨尔王把大力士查白的灵魂派到山神之中，住在扎西拉日山上，起名为多钦诺布扎斗。山神的名字就是因格萨尔大王将霍尔国的大力士多钦郎布查白的灵魂变成山神之故而得名。

这个山神是一个很有权势的人。其形象非常威严，头戴一顶金边的黄盘帽子，右手撑着非常宝贵的鹞鹰，左手捧着装满宝藏的珠宝盆，身穿漂亮的黄色袈裟，骑着白色的神马。

多钦俄博在历史的长河中，曾遇到过许多坎坷。1967年在"破四旧"的运动中，曾遭到破坏而变得面目全非。1979年民族政策和宗教政策逐步得到落实后，多钦俄博也重新建立。从此，每年的农历四月十五日人们前来这里举行祭祀仪式，以示庆贺。

拉布寺格萨尔庙

玉树州嘎域拉布寺格萨尔庙，是14世纪下叶，由拉布寺寺主第一世丹玛堪谦元丹班，为了北方大门守护的需要而建成。到了16世纪上叶发生内战时被摧毁。之后，拉布寺寺主第十三世江永罗松加措，于1939年重新修复并扩建了格萨尔庙。庙内主位兴建了一人高的格萨尔雕塑，左右两旁塑造了一尺高的格萨尔三十员大将塑像，两面的墙面上绘有反映岭国的形成及历史的生动壁画。庙顶上镶有金光闪闪的琉璃瓦，房窗边有班甲和班见、白色铜镜似的装饰等。后来，到了1958年又受到了第二次冲击，格萨尔的庙几乎成了一片废墟。

到了80年代初，我国进入改革开放时期后，由拉布寺寺主赤谦夸登仁波切，于 2006 年重新修建了格萨尔的庙。此地值得一提的是原玉树州州长罗松达哇先生将结古镇格萨尔广场的格萨尔铜像的模型赠送到拉布寺格萨尔庙内供奉。公元 2011 年玉树地震后，国家投资 50 万元补修了格萨尔的庙。此庙修建在山神却丹恰结的山嘴上，恰似西藏第一代赞布的宫地雍布拉岗的建筑风格。

这里的信教群众十分敬仰和崇拜藏族英雄格萨尔大王，每天环绕神庙和朝拜格萨尔的群众络绎不绝。

第十六部分 研究

一、部分机构

全国《格萨（斯）尔》工作领导小组及其办公室

全国《格萨（斯）尔》工作领导小组及其办公室，简称"全国格办"，成立于 1984 年。全国《格萨（斯）尔》工作领导小组是由文化部、国家民委、中国文联、中国社会科学院等和广电总局五部委联合西藏、青海、甘肃、四川、云南、内蒙古和新疆等格萨（斯）尔流传省区共同建立，是协调、组织和领导格萨（斯）尔抢救、保护和研究工作的全国性专门机构，办公室设在中国社科院民族文学研究所。

在"文革"期间，格萨（斯）尔也和其他文化事业一样受到"左倾"错误影响，被视为大毒草。"文革"后，民族文学所所长贾芝同志提出了抢救《格萨（斯）尔》的意见，并呈送时任中宣部副部长的周扬同志，得到积极的支持，并获得中宣部等中央有关部门的批准，对格萨尔文化进行了彻底平反。在中国社会科学院和国家民委领导下，1979 年 4 月在四川峨眉山召开了第一次工作会议。以后，1980 年、1981 年连续开了两次工作会议。这 3 次会议，不仅回顾了新中国成立以来《格萨尔》工作的经验，而且交流了各地搜集、整理、翻译和出版《格萨尔》的工作情况，为今后工作确立了一个工作目标。

1983 年，中国社科院把《格萨尔》作为少数民族文学所的工作重点任务，报全国哲学社会科学规划会议，经专家学者评审通过，被列入"六五"国家重点项目。2 月 22 日，中国社科院向中宣部呈送《关于加强国家重点科研项目〈格萨尔〉工作的报告》，并附全国《格萨尔》

◎格萨（斯）尔

工作领导小组名单。2月28日，中宣部发出《关于加强少数民族文学研究和资料搜集工作的通知》，并附了中国社科院《关于加强国家重点科研项目〈格萨尔〉工作的报告》，批准成立全国《格萨尔》工作领导小组。

1984年1月11日至16日，第四次全国《格萨尔》工作会议在北京举行。9月10日至16日，首次《格萨尔》学术讨论会在内蒙古自治区赤峰市举行。在会议期间，召开全国《格萨尔》领导小组扩大会议，决定由中国社会科学院、国家民委、文化部、文联民研会四单位发起，于1986年5月在北京召开"《格萨尔》工作总结、表彰及落实任务"大会，对于那些在史诗抢救工作中作出贡献的民间艺人，搜集、整理、翻译、出版工作者，以及抢救工作的组织领导者予以表彰，并在大会期间举办"《格萨尔》抢救工作展览"，以推动抢救工作顺利进行。1986年5月22日至26日，"全国《格萨尔》工作总结、表彰及落实任务"大会在北京举行。这次会议在《格萨尔》发展史上是一次史无前例的盛会。党和国家领导人乌兰夫、习仲勋、阿沛·阿旺晋美、班禅额尔德尼·确吉坚赞，以及有关部委领导同志江平、贺敬之、吴介民、刘德有、任英、洛布桑、平措旺杰、扎喜旺徐等出席会议并接见了会议代表和工作人员，并向《格萨尔》工作中作出优异成绩的14个先进集体、53位先进个人（包括《格萨尔》艺人）颁发了奖状、证书和奖杯，表扬了作出成绩的12个单位和203位同志，并向在这项工作中作出一定贡献的已故去的19位艺人、实际工作者表示敬意。会议期间，江平、吴介民、刘德有、任英等领导同志讲了话。周扬同志给大会发来了贺信。党和国家领导人还和大家合影留念。国家副主席乌兰夫同志在闭幕式上发表了重要讲话。

后来又于1991年和1997年在人民大会堂召开了第二、三届全国《格萨尔》表彰大会和成果展。2009年9月，《格萨〈斯尔〉》被列入联合国教科文组织人类非物质文化遗产代表作名录，同年12月在北京召开了全国《格萨(斯)尔》工作领导小组会议，改选了全国《格萨(斯)尔》工作领导小组成员，中国社科院副院长武寅任组长、民族文学所所长、党委书记朝戈金任常务副组长。

青海省《格萨尔》史诗研究所

成立于1985年，现有工作人员8名，其中正高1人，副高3人，中级职称4人，负责人黄智。该所除了从事《格萨尔》史诗的调研、搜集、整理、翻译、研究、保护等工作外，还对全省的《格萨尔》史诗工作负有联络、协调、服务、指导和宣传等任务。该所受全省《格萨尔》工作领导小组和省文联的双重领导。还与青海民族大学在教学、科研等方面密切合作，并将《格萨尔》资料中心及研究办公室等设在青海民族大学。全省《格萨尔》工作领导小组办公室就设在该所，系国家全额事业单位，业务上受全国《格萨尔》工作领导小组办公室的指导。

青海省《格萨尔》研究所的工作是在50年代成立的青海省《格萨尔》工作普查队开始的。当时青海省率先组织成立了200多人的普查队伍，足迹踏遍全国整个藏区，对《格萨尔》史诗进行了大规模的普查工作，搜集到了大量的第一手资料，并将绝大部分译成了汉文。这些文稿保存在省文联《格萨尔》研究所资料中心，至"文革"之前已正式铅印了多部《格萨尔》藏文原始版本。为我国《格萨尔》史诗研究工作打下了坚实的基础，得到了省内外有关专家学者的称赞。遗憾的是，在"十年动乱"期间，该项工作遭到了严重破坏，所有资料付之一炬，参与这一工作的同志都受到了残酷迫害，《格萨尔》史诗研究工作也被迫停顿。至1979年，青海省文联恢复之后，《格萨尔》的抢救、整理与保护工作又得以重新展开。在中央及有关部门的大力支持下，很快将《格萨尔》史诗工作列为国家重点科研项目。青海省为加强《格萨尔》工作的领导，适应新形势的需要，在省文联及时成立了专门的研究机构——青海省《格萨尔》工作领导小组办公室，这也是青海省《格萨尔》史诗研究所的前身。机构成立后，青海省对《格萨尔》的各项工作进行了具体规划和周密的安排，先后取得了一系列的成果，迄今已整理出版了30多部藏文史诗部本和10多部《格萨尔》汉译本。其中，藏文本《霍岭大战》曾荣获全国少数民族文学一等奖，汉文本《岭·格萨尔——霍岭战争之部》多次参加国际书展，引起世界学术界的关注。1986年，中国社科院、国家民委、文化部、中国文联联合召开的"全国《格萨尔》工作总结、表彰及落实任务"大会上，对青海的《格萨尔》工作给予了很高的评价，省《格萨尔》史诗研究所等3个单位荣获全国先进集体，才让旺堆等13位同志被评为先进个人，并给为史诗的抢救作出过卓越贡献的14位已故同志颁发荣誉证书。对6个单位和34位同志进行了表扬。1987年9月成功召开了全省首届《格萨尔》史诗民间艺人演唱会，发现了一大批优秀的包括著名艺人才让旺堆在内的《格萨尔》民间说唱艺人。

鉴于事业发展的需要，1985年，将原有的青海省《格萨尔》史诗抢救办公室正式改名为青海省《格萨尔》史诗研究所，使青海的《格萨尔》研究工作步入了正确的轨道。

随着国内外对非物质文化遗产保护工作力度的加强，我省的《格萨尔》史诗研究工作也得到了前所未有的发展。截至目前，已出版了30多部藏文民间史诗部本，完成了十多部艺人说唱本的记录、整理及出版工作，翻译出版了10多部汉译本，专家学者出版了20多部研究专著。其中，《格萨尔新探》等4部专著分别荣获全省社会科学优秀成果二、三等奖。另外，研究所出版的《格萨尔儿童文学丛书》荣获全省"五个一工程"入选奖，我省《格萨尔》研究工作队伍整体入选全国民族团结优秀集体，受到了国家民委的表彰。青海省《格萨尔》研究所连续两届荣获青海省宣传部年度先进单位。

西藏社会科学院民族研究所

西藏社会科学院民族研究所成立于1997年，下设《格萨尔》抢救办公室（即西藏自治区《格萨尔》研究中心），主要从事藏族（包括西藏境内门巴、珞巴等其他少数民族）的历史、语言、文学、民俗等，以及《格萨尔》史诗的抢救和研究工作，是西藏社会科学院传统学科研究和学术交流的重要平台。现有科研人员15名，其中2名研究员、5名副研究员、2名实习研究员和1名《格萨尔》说唱艺人。

20世纪90年代中期，西藏社会科学院根据自治区社会和经济发展情况，将原民族历史研究所、语言文学研究所（均为1980年成立）和《格萨尔》抢救办公室（1984年成立）合并组建为民族研究所。该所成立后将传统学科研究和以传统研究为现实服务定为其两大学科发展方向，并把多元一体历史文化中西藏地方与中央政府的关系史、藏族和汉族及其他少数民族在历史上政治、经济、文化、语言等方面的亲密关系作为主要研究领域、密切关注社会发展过程中的现实问题，积极参与重大现实问题的调查研究，努力服务于西藏社会稳定与经济发展的决策需要。

二十多年来，通过全体科研人员的辛勤工作，民族研究所在不同学科领域取得了丰硕的科研成果。该所科研人员以藏、汉、英文种编著的学术著作（专著、译著）多部；整理、编辑出版《桑珠格萨尔说唱本》共47部。在国内外学术刊物上发表论文数百篇；多次承担国家、自治区和国外基金会所安排和委托的重大科研项目；完成多项重要调研报告。

民族研究所与国外学术机构有广泛的学术交流与科研合作关系。民族研究所的专家学者

◎格萨（斯）尔

先后多次在奥地利、英国、法国等国作访问学者，举行学术讲座，并出访德国、法国、美国、意大利、瑞士、挪威、比利时、日本等10多个国家，与各国学术研究机构和学者进行学术交流。

西藏大学《格萨尔》研究所

西藏大学《格萨尔》研究所，它的最初机构名称为西藏大学《格萨尔》抢救小组，成立于1979年。这是一个针对著名《格萨尔》说唱艺人扎巴的口头说唱《格萨尔》的录音、录音的文字记录、文本记录的进一步编辑、整理以及出版而组建的一个专门研究机构。随着1985年西藏师范学院改建西藏大学，以及学科建设和学术研究相结合之实际工作需要，1985年把原来的抢救小组正式转为研究室，2001年又正式更名为西藏大学《格萨尔》研究所，属于西藏大学中国藏学研究所辖下的一所校级的研究所。

从最初的《格萨尔》抢救小组到今天的《格萨尔》研究所，研究所过去的主要人力、精力和非常有限的财力，放在了著名《格萨尔》说唱艺人扎巴的口头说唱《格萨尔》的录音、录音的文字记录、记录文本的编整合编整本的出版，以及录音带的复制保存乃至光盘制作等方面上。从1979年开始说唱录音到艺人1986年过世期间，从艺人口头上共抢救录音了内容翔实、独具特色的十七部《格萨尔》部本。其中书名为《天岭占卜九藏》、《英雄降生史》、《征服北方魔王》、《门岭大战》、《松巴犏牛宗》、《霍尔齐巴山羊宗》、《索岭之战》、《汉岭传奇》、《霸嘎拉神奇王》、《吾斯茶宗》、《象雄珍珠宗》、《墨古骡宗》、《扎巴艺人谚语集》等13部书已正式出版面世。还有《雪山水晶宗》、《霍尔岭大战》（上、下册）、《姜岭大战》、《大食财宗》4部书正在录音文字记录当中，有的已经记录成文字，有的正在进一步的编整过程当中。相信这些书，在不久的将来陆续和国内外《格萨尔》研究者和读者见面。

除了抢救整理艺人说唱本外，研究所在学术研究方面也取得了不菲的成果。先后在国内外各种学术刊物上刊发有多篇学术论文。鉴于研究所在"《格萨尔》学"学科建设所作出的突出成绩，研究所多位学者曾数次受到文化部、国家民委、中国文联、中国社会科学院和全国《格萨尔》办公室的表彰和嘉奖。

西北民族大学格萨尔研究院

西北民族大学自1954年开始进行《格萨尔》史诗的调查、搜集和研究工作，1981年成立"西北民族研究所《格萨尔》研究室"，1994年成立"西北民族学院格萨尔研究所"，2002年更名为"格萨尔研究院"。

西北民族大学《格萨尔》研究院，是全国民族院校中唯一一家以世界最长史诗《格萨尔》为主要研究对象的、建制级别最高的研究机构。自1995年开始招收"中国少数民族语言文学"（《格萨尔》学方向）硕士研究生，2004年获得"历史文献学"（《格萨尔学》方向）硕士学位授予权和"中国少数民族语言文学"（格萨尔学方向）博士学位授予权。1999年至2010年，该院"格萨尔学"研究连续三届被评为甘肃省省级重点学科，培养了十余届藏、蒙、土、汉等民族格萨尔学高级人才。除了《格萨尔学》和《史诗学》，他们还通过了《民族学》、《语言学》、《藏汉翻译实践》等专业课程的高级培训。

研究院立足于我国西部，除了藏族《格萨尔》，还广泛研究西北、西南地区的蒙古族、土族、裕固族、撒拉族、普米族、白族、纳西族、傈僳族等民族的《格萨尔》，积极挖掘各相关民族的《格萨尔》文化资源，以"格萨尔"研究和与《格萨尔》有关的中国少数民族历史文献学研究两大方向为重点突破口，取得了丰硕的研究成果，同时积累了大量的文献资料。

研究院自建立以来，积极探索管理体制与科研方法创新，在管理上，推行开放的、流动的、专职与外聘相结合的科研人员管理措施,为资源优化、科学发展创造条件。在研究中,以编纂《格萨尔文库》(精选规范、国际音标记音、翻译注释、版本说明)为基础,积极承担省部级、国家级课题、项目,全面建设格萨尔学。

《格萨尔》研究院办院方略:研究与抢救搜集相结合;研究与整理翻译相结合;研究与学术活动相结合;研究与培养人才相结合;研究与学科建设相结合;研究与建立《格萨尔》文化基地相结合。

二、主要学术出版物

《格萨尔文库》

大型系列丛书——《格萨尔文库》系国家"九五"重点图书出版规划项目,经甘肃省《格萨尔》工作领导小组和西北民族学院组织专家精心编纂,现已由甘肃民族出版社和内蒙古人民出版社出版。

《格萨尔文库》分5卷多册,共3720万字。现已出版第一卷藏族《格萨尔文库》第一、二册;第二卷蒙古族《格萨尔》第一册;第三卷土族《格萨尔》上、中册,共计750万字。多年来专家、学者们致力于边缘、交叉学科的研究,从民族、语言、宗教、民俗、历史、文艺、伦理、心理、神话、军事、比较文学等多个分支学科的研究与教学做起,第一次提出了从总体上构建格萨尔学的理论体系和方法论。该文库通过对多种译本的精选规范、翻译注释、记音对译和版本说明等方法,使《格萨尔》规范化、完整化和系统化,从而具有更高的科学研究价值。

《格萨尔学集成》

该丛书是由我国格萨尔学界资深专家赵秉理先生主编,1990年由甘肃民族出版社出版的大型学术资料集。《格萨尔学集成》已出版五卷,共327万字,是新中国成立以来我国格萨尔搜集、整理、保护与研究方面的文件、论文和译著等方面的集大成。全面收录了涉及藏、蒙、土、裕固、纳西、撒拉,印度、不丹、外蒙古和俄罗斯等国的格萨尔学的研究成果。该丛书除了国内,还发行到日本、法国、德国和中国香港等国家和地区。

《格萨尔研究集刊》

本丛书由中国社科院民族文学研究所和全国《格萨(斯)尔》工作领导小组办公室共同编辑,是一套关于反映格萨尔学界最新研究成果的丛书,内容涉及格萨尔的艺人、文本和语境等。自1985年出版第一集以来至今已出版6集,其中第六集用汉藏两种文字合璧出版。

《<格萨尔>艺人桑珠说唱本》

《<格萨尔>桑珠说唱本》是根据对著名艺人桑珠的说唱录音进行记录、整理、编辑而成,全套书共有45部48本。前35部由中国社会科学院和西藏社会科学院民族文学研究所《格萨尔》艺人桑珠说唱本课题组于2000年开始共同整理、编辑出版,后10部由西藏社科院整理编辑出版,是目前为止国内外规模最大、内容最丰富、情节最完整的艺人口述本。桑珠艺人在1979年就被邀请到西藏社会科学院,专门从事《格萨尔》的说唱和整理工作。桑珠被誉为说唱《格萨尔王传》的"语言大师",他能够唱颂65部,两千多万字,他的说唱属于"托梦神授"。桑珠的说唱有自己独特的语言风格,在长期的流浪说唱中,不断吸收各地的谚语、歌谣,使他的说唱语言极为丰富,且赞词联翩,成为说唱艺人中使用赞词最多的艺人。桑珠艺人从艺60多年来已经说唱了45部作品,录制了近2000小时说唱音像资料。本书则是在对这些音像资料进行记录的基础上编辑出版的。

《格萨尔》藏文精选本

《格萨尔》藏文精选本是中国社科院重点科研项目，由中国社会科学院少数民族研究所组织领导、降边嘉措担任主编，历时十余年近二十多位专家学者参与编纂完成的一套大型藏文丛书，2013年由民族出版社出版发行。全套书共40卷，每卷约2万诗行，40万字，总计约80万诗行，1600万字，内容涵盖从《天界篇》到《安定三界》的全部内容。

青海《<格萨尔>艺人说唱本》丛书

本书一套共5部，由青海省《格萨尔》史诗研究所专业人员搜集、记录、整理，甘肃民族出版社出版发行。这五部分别是青海果洛说唱艺人丹增扎巴的《降服霍拉王》；青海海南籍说唱艺人年智合说唱本《南岭之战》；木久南喀永忠的《欧燕银宗》；青海果洛说唱艺人门俄保的《南方米宗》和《孜丹魔幻宗》。这五部《格萨尔》说唱本内容丰富、语言生动、文字流畅、通俗易懂，故事情节曲折、人物塑造完美，不仅有较强的文学吸引力和感染力，而且其欣赏性和可读性都很强，同时具有学术价值和文学价值。

《扎巴老人说唱本》

该说唱本由西藏大学《格萨尔》研究所录音整理，由民族出版社陆续出版。它们分别是《仙界占卜九藏》、《乌斯茶宗》、《格萨尔降生史》、《象雄珍珠宗》、《索岭之战》、《甲岭之战》、《霸嘎拉神奇王》、《征服北方魔王》、《霍齐巴山羊宗》、《墨古骡子宗》、《谚语集》。

扎巴老人生前共说唱25部，近40万诗行，600多万字，本套丛书是从他生前说唱的本子中部分结集出版的。

四川《格萨尔》说唱本

本丛书由四川省《格萨尔》工作领导小组办公室搜集整理，四川出版集团和四川民族出版社联合编辑出版。它是对流传在川西高原民间的多种《格萨尔》本子进行编辑整理的基础上出版的。其中部分属于民间手艺抄本，系第一次公开出版，对于了解认知川西高原的人文历史和民俗风情具有很高的参考价值。目前已经出版的有《少年格萨尔王》、《玉绒色宗》、《格萨尔王传之降妖部》、《岭国民形成记》、《征服阿严国》、《降服如扎魔王》、《竹杰沃嘎故事集》、《木里掘金招福记》、《格萨尔王传——曲宗》等部。

三、国外《格萨尔》研究

国外介绍并研究史诗《格萨尔王传》已有两百多年的历史。1716年，北京出版的蒙文木刻版《格斯尔可汗传》（这是《格斯尔传奇》的前七章）的问世，可以说是一个开端。从此，这部史诗流传到国外。1776年，帕拉斯第一次向俄国人介绍史诗《格斯尔》。1836年，施密特院士在圣彼得堡，首次翻译出版了北京七章本，书名为《神圣格斯尔王的事迹》。这一最早的德文译本，于1925年再版，1966年再次重印。在施密特的德文译本出版后，苏联的科津于1936年将北京蒙文七章本译成俄文出版，名为《格斯尔王传——关于仁慈的格萨尔贤王的故事》，同时对史诗进行了社会分析。由此，引起了国外学者的广泛重视。与此同时，1864年，温尼阿敏. 别尔格曼出版了他在伏尔加河流域卡尔梅克人中记录的《格斯尔王传》第八、九两章的歌曲，并译成德文，1961年巴尔达诺在乌兰乌德出版了《阿拜格斯尔——布里亚特的英雄史诗》，并由李福清译成俄文。蒙古人民共和国也出版了卫拉特托忒文本等《格斯尔》的多种异本。随着各种版本的问世，对蒙古格斯尔的研究也逐渐展开，不过当时发表的文章大部分是介绍性的。

对藏文手抄本的研究晚于蒙古文版本的研

究，当时人们还不敢确定是否有史诗藏文抄本的存在。俄国的帕塔宁在1883年，把他从安多地区弄到手的一部藏文抄本在题为《中国的唐古特——西藏地区蒙古西北散记》一文中，做了片段的转述。摩拉维亚传教士弗兰克在拉达克，从西藏艺人那里记录了一部格萨尔，他以《格萨尔王传的春季神话》为题于1900年发表在《芬兰乌戈尔社会札记》上，有口述版本的原文和德文译文。同时，他又从拉达克一个16岁的女孩那里记录了一部，于1905—1919年用英文在加尔各答出版，题目是《格萨尔王传的一个下拉达克版本》。其后，法国亚历山大，达维·尼尔女士与永登活佛合作，根据她在我国康区从说唱艺人那里记录下来的记录本，参照她所得到的手抄本整理出了《岭格萨尔超人的一生》，于1931年用法文在巴黎出版。该书于1933年又由窝勒特·舒德尼译成英文在伦敦出版，1959年再版。1978年此书英文版又在纽约出版。这一版本虽然是整编本，但在西方影响较大。

在此之前，对于西藏手抄本的翻译几乎都是片段的或转述本，而根据藏文本逐字逐句翻译的第一个版本乃是法国石泰安的《岭地喇嘛教版藏族格萨尔王译本》(1956年在巴黎出版)，他是根据一个三章的木刻版抄写后译出的。这是一个比较忠实于原文的版本。以后，德意志民主共和国的胡默尔根据安多方言版本译成德文的《论格萨尔王传》，于1959年在《人类学》第54卷上发表。德意志联邦共和国的赫尔曼依据安多方言藏文本翻译的《藏族岭格萨尔的民族史诗》，于1965年出版。

此外，尚有锡金的雷普查语本、吉尔吉特的布鲁萨斯基语本和南西伯利亚某地发现的突厥部落抄录的《格萨尔王传》残篇等流传。1959年一部分藏胞出走带走了大量的藏文文献资料，其中包括格萨尔的藏文抄本，并在国外建立了研究机构，这无疑给国外学者提供了研究资料。近年来，不丹王国国家图书馆出版了由石泰安撰写《导言》的29卷本藏文《格萨尔》。印度也出版了8部藏文《格萨尔王传》。迄今为止，用德文、俄文、法文，英文、蒙古文、藏文等文字出版的格萨尔史诗的各种版本近50部，而用各种文字节译的片段就更多了。

随着蒙文本、藏文本《格萨尔王传》的陆续翻译和出版，国外《格萨尔》的研究工作也逐步得到了发展。据不完全统计，到1981年为止，国外发表的研究《格萨尔》的论文有83篇，其中包括几部专著：蒙古人民共和国策，达木丁苏伦的《"格斯尔传"的历史源流》(1957年，莫斯科出版)，法国石泰安的《藏族格萨尔王传与演唱艺人研究》(1959年，巴黎出版)，法国艾尔费女士的《藏族格萨尔王传的歌曲》(1977年，巴黎大学高等学术研究院第四部历史语言研究所)、苏联斯·史恰格杜洛夫著《格斯尔传的渊源》(1980年，新西伯利亚出版)，以及1983年西德瓦尔特·海希西发表的《＜格斯尔研究＞——蒙古格萨尔传的新章节（后六章）研究》。除以上专门论述格萨尔的研究文章(指83篇而言)外，在论述其他题目时，涉及格萨尔的论文多达255篇。应该提到的是1978—1983年波恩大学中央亚细亚语言文化研究所曾召开了四次蒙古史诗学术讨论会，会上也发表了有关《格斯尔》的论文。

2014年10月在巴黎召开了"岭格萨尔的多种面孔：纪念鲁勒夫•A•石泰安国际研讨会，来自法、美、英、中等国的40多位参加了会议，这是21世纪以来以格萨尔为主题的最重要的一次会议。

国外研究《格萨尔》的论文涉及的范围较广、他们不但研究《格萨尔》的主题思想，史诗的起源，格萨尔是否为历史人物，蒙、藏《格萨尔》的关系等，同时，还从宗教、历史、考古、语言、音乐、习俗等不同范畴的不同角度进行了探索。应该说这些努力是颇有成效的。及时地了解国外的研究动态，对于我们进一步开展国内的研究工作将是十分有益的。

四、国外《格萨（斯）尔》主要学术著作

《〈格萨尔传〉的历史源流》

策·达木丁苏伦著。它是第一部较为详尽的专门著作，全书共140页。他认为格萨尔是否为历史人物是解答关于叙事长诗起源的一把钥匙。为了弄清这一历史源流，他力图以历史唯物主义的观点研究史诗的各类版本，从研究中国西藏的编年史、民间文学和蒙、藏各族作家的历史性创作入手，力求从虚构的表皮下找出历史的内核，从而对这部史诗作出全面正确的评价。

策·达木丁苏伦的主要观点如下：(1) 史诗《格萨尔》是真正具有人民性的作品。它宣扬高尚的道德，歌颂英雄主义，鄙夷怯懦的行为，叙述了人民的苦难，明显地表现了反贵族、反喇嘛教的情绪。(2) 通过对蒙古《岭格萨尔》版本的分析研究，得出史诗是由格萨尔的同代人诺布尔·却博巴编写的。又推断出《岭格斯尔》最初不是口头而是书面流传的。(3) 史诗是生长在9世纪和13世纪之间的安木多人创造的。那时的安木多社会动荡不安，格萨尔率领人民进行了社会斗争。(4) 通过论证史诗与中国编年史中提到的格萨尔与吐蕃王确厮罗的活动地点、生活年代、名字的含意、两人叔父的比较，认为各部族名称与他们传记的主要线索相吻合，得出了确厮罗与格萨尔王是同一历史人物的结论。

《藏族格萨尔王传与演唱艺人研究》

石泰安著，共646页。该书旁征博引，立足于藏文资料，从历史文献、民族文物、民族情况等不同方面，来探讨这部史诗构成的各种因素，值得我们重视。他的专著分为三大部分。第一部分为《资料与归类》。这一部分他把自己搜集的较为齐全的全世界研究《格萨尔王传》的论文，加以系统介绍。第二部分是《英雄活动的地区和姓氏》。这一部分主要讨论了岭国本身的问题，他从地理与历史的角度探讨了岭国的地域和格萨尔的姓氏问题。他提出了岭国是否来自原始部族的问题，并认为《格萨尔王传》是藏区东北部情况的结晶史，否定了格萨尔为上天的后代，断定他不过是人世间的国王。第三部分是《史诗构成与英雄人物塑造的因素》。这一部分具体介绍了演唱《格萨尔王传》的艺人、人民群众集体创作史诗的素材来源、喇嘛教中的作家对史诗创作的影响，以及用什么手法来塑造史诗的主要人物，刻画其性格等。最后石泰安根据他多年的研究结果，提出的主要观点是：史诗内容不是喇嘛教的，因此必定起源于藏族，不过增添了由印度来的，间接由中亚来的佛教的影响。此外，又增添了外国民间文学，特别是伊朗民间文学的影响。关于史诗产生的年代，石泰安认为作为演唱艺人的真正的口传语汇，是从10世纪开始的藏族社会的产物。而《岭格萨尔》的编撰年代是在1400年到1600年之间。至于作为独立的创作和有机的整体，作为出色的和完美的作品的编辑年代，与其说在15世纪不如说在16世纪。

除这部专著外，石泰安还著有《格萨尔生平的历史画卷》、《藏族史诗的古代历史文献》等多篇关于研究格萨尔的论著。

《藏族格萨尔王传的歌曲》

艾尔费著，该书共计573页。本书作者是法国巴黎大学高等学术研究院第四部（历史与语言学）的女藏学家。本书根据8位藏族艺人的录音资料，从对格萨尔的歌曲文体、诗律、曲调及与其他文化关系等方面，进行分析研究的专门著作。全书共分为两部分：第一部分是把罗桑丹增提供的《格萨尔王传》的《赛马》篇译为法文，第二部分是关于它的分析研究。在这

部著作中作者力图在对于这部史诗的口头传唱调式尚无人注意的情况下，在藏族史诗未脱离口头传承而成为作品的定本之前，来研究史诗演唱的调式。她通过研究梳理藏文诗的格律规则，认为史诗充满口述文体的风格：(1) 丰富的用语（无论其词汇的运用，还是句式）；(2) 严格的韵律（合于诗句的标准水平）；(3) 平行诗节的近乎系统化的运用等。另外，认为史诗音乐语言在风格上有极大的统一性，同时这些调子的结构易于适应诗句的格律。艾尔费后来又发表了《藏族格萨尔王传的音乐性》（载《亚洲研究丛刊》，1981）一文。

《格斯尔传的渊源》

斯·史·恰格杜洛夫著。系苏联学者，全书共10万字左右。作者在这部书中着重研究了《格萨尔传》的渊源、诗学结构的特征。同时，也研究了史诗的作者——古代蒙古人的史诗创作。作者提出这样的设想，认为发生在公元前7世纪的古米太的事件是《格萨尔传》的基础。

与此同时，《多米尼克·施罗德与史诗格萨尔》一书问世。它记录了西德多米尼克·施罗德 (1910—1975) 于新中国成立前夕，在青海省土族地区搜集到的《格萨尔传》12000 行。瓦尔特·海希西为此记录稿的影印件写了序和导言。虽然施罗德由于西宁的解放在即中断了记录，现在保存下来的史诗，只是全部史诗的百分之一，但它较为忠实地记录了史诗在这一地区的流传情况，因此对于我们研究史诗在土族地区的流传提供了重要的原始资料。

第十七部分　蒙古《格斯尔》

一、史诗文本及相关内容

蒙古《格斯尔》搜集概况

最早刊行的蒙古《格斯尔》是公元1716年的北京木刻本。在我国和国外蒙古族人民中流传的《格斯尔》，既有手抄本、木刻本，又有民间艺人的口头传唱本。新中国成立后，在党和政府的支持下，开展了较为系统的搜集、抢救《格斯尔》工作。今天搜集到的蒙古《格斯尔》重要手抄本有北京隆福寺本、乌素图召本、鄂尔多斯本、诺木其哈敦本、札雅本、策旺本、卫拉特托忒文本以及其他单行抄本（包括传统蒙古文和托忒蒙古文抄本）等。同时，也注意抢救国内外民间艺人口头演唱的《格斯尔》。20世纪50年代末60年代初，抢救了内蒙古著名民间艺人琶杰演唱的《格斯尔》。这是他根据蒙古民间流传的《格斯尔的故事》和北京木刻本七章本的一些内容，进行加工再创作的6万多诗行的演唱本，并经过汉译，以《英雄格斯尔可汗》为书名，于1959年分别由内蒙古人民出版社和北京作家出版社出版蒙、汉两种文本。1984年，内蒙古人民出版社又出版了琶杰演唱的《英雄格斯尔》改编本。

自1966年，"十年动乱"使蒙古《格斯尔》的抢救工作停顿下来，直到1981年，内蒙古的《格斯尔》搜集、抢救工作才逐步恢复，并延伸到新疆蒙古族聚居区和青海省柴达木地区蒙古族人民当中，搜集、抢救了民间艺人口头演唱的《格斯尔》和格斯尔风物传说多篇。在报刊上发表的论文众多，研究成果涉及的领域相当广泛。此外，从国外也搜集到了《布里亚特格斯尔》和《图瓦格斯尔》。

1983年，《格斯尔》史诗正式被列为国家

◎格萨(斯)尔

重点科研项目将我国境内蒙古族聚居区广为流传的《格斯尔》的搜集、抢救、整理、翻译、出版和研究工作，摆到了重要的位置。1984年5月，内蒙古自治区成立《格斯尔》工作领导小组及其办事机构。经过对内蒙古自治区境内各盟、市和青海、甘肃、新疆等西北三省区以及辽宁、吉林、黑龙江等东北三省境内蒙古聚居地区的普查，搜集到《巴林格斯尔》资料、《科尔沁与蒙古贞格斯尔》资料。

在国内，据说最早研究蒙古《格斯尔》的人是清朝乾隆年间（18世纪下半叶）出生于青海的著名蒙古族高僧学者松巴堪布·耶喜班觉。1985年，内蒙古《格斯尔》领导小组在赤峰召开了"全国首届《格斯尔》学术讨论会"。这次会议的召开有力地推动了《格斯尔》研究工作。会议上的多篇论文对蒙古《格斯尔》产生的时代问题有了新的见解。

在国外，1776年，俄国旅行家帕·帕拉斯将北京木刻本蒙古《格斯尔》带回莫斯科刊行，第一次向俄国人介绍了这部史诗。1836年，德国学者雅·施密特刊印蒙古文本《格斯尔》，1839年，他在圣彼得堡首次用德文翻译出版了北京木刻本，书名为《圣神格斯尔可汗的事迹》，欧洲东方学者们从此知道并开始研究这部史诗。蒙古国于1960年影印出版了20世纪30年代搜集到的数种传统蒙古文和卫拉特托忒蒙古文手抄本《格斯尔》。国外学者对蒙古《格斯尔》的研究推动了整个蒙古史诗的研究。1849年，俄国学者阿·鲍勃洛夫尼科夫在其《蒙古语法》一书中，对蒙古《格斯尔》的语言进行研究。蒙古国学者策·达木丁苏荣对《格斯尔》进行了深入的研究，出版了专著《〈格斯尔〉的历史根源》（1957年，莫斯科）。20世纪80年代中期谢·涅克留多夫出版了学术专著《蒙古人民的英雄史诗》，其中专章介绍和论述了蒙古《格斯尔》的搜集和研究概况，可视作蒙古《格斯尔》的国外研究史，具有重要的参考价值。

从1984年以来，作为内蒙古自治区普查抢救工作的第一批成果——已经编辑出版和正在编辑出版的一套预计共25种30本的蒙古《格斯尔丛书》。2000年以后出版了《格斯尔全书》，这是囊括中外蒙古《格斯尔》各种版本的最完备的一套学术资料，为今后《格斯尔》研究奠定了丰富、翔实的资料基础。

蒙古《格斯尔》北京木刻本

公元1716年（清康熙五十五年），七章本蒙古文《十方圣主格斯尔可汗传》在北京首次用木刻版刊行。北京木刻本《格斯尔》语言是通俗口语，接近青海厄鲁特蒙古人方言。这是世界各国蒙古学研究者和《格斯尔》学研究者普遍利用的版本，也是国内广为流传的版本。这一版本各章内容提要如下。

第一章，格斯尔的诞生和青年时代。天神"霍尔穆斯塔腾格里"遵照释迦牟尼之命，派二儿子威勒布特格齐（格斯尔在天上的名字）投生人间，取名格斯尔。格斯尔从小显示出超人才智，战胜各种恶魔和其叔父晁同的种种迫害，15岁娶了美女茹格慕高娃和阿尔伦高娃、阿鲁莫尔根，并称汗。

第二章，战胜黑斑虎。格斯尔镇伏吞食众生、体大如山的黑色斑斓猛虎，并用虎皮给勇士们做成盔套和铠甲袋等。

第三章，格斯尔的汉国之行。汉国国王爱妃病死后，格斯尔应邀前去帮助解除国王的悲哀和老百姓的痛苦，并娶国王的女儿红娜高娃公主为妃。

第四章，战胜十二颗头颅的蟒古思。北方十二颗头颅的蟒古思想掠走格斯尔的美丽夫人阿尔伦高娃。晁同用诡计赶走阿尔伦高娃后，十二颗头颅的蟒古思不费吹灰之力将她弄到手。后来格斯尔前去征讨十二颗头颅的蟒古思，将蟒古思家族斩尽杀绝，救出妻子阿尔伦高娃。

第五章，沙赉高勒之战。沙赉高勒黄、白、

黑三帐汗为了掳掠格斯尔妻子茹格慕高娃，趁格斯尔到北地征讨十二颗头颅的蟒古思，大举进犯格斯尔家园，杀死了格斯尔哥哥和众勇士，并掳去茹格慕高娃。叛徒晁同帮助敌人并欺骗自己的同族人，在沙赍高勒三汗的扶持下登上统治岭国的宝座。后来格斯尔返回岭国，严惩叛徒晁同，消灭了沙赍高勒三汗，严惩了变心的妻子茹格慕高娃。

第六章，格斯尔战胜蟒古思喇嘛。化身为呼图克图喇嘛的蟒古思，以施仙丹之名给格斯尔摩顶，趁机把他变成毛驴，并用各种苦役折磨他。格斯尔的另一位妻子阿鲁莫尔根用计谋打进魔窟，救出格斯尔并帮助他恢复了原身。

第七章，格斯尔地狱救母之行。格斯尔消灭了蟒古思喇嘛返回家乡后，得知母亲已死去，便去地狱寻找。他大闹阴曹地府，痛打阎王，终于从地狱里救出母亲，并送到天堂成神。

蒙古《格斯尔》北京隆福寺本

在新中国成立之前，中外学者一直未能找到北京木刻本七章的续编。新中国成立后，1954年，在北京隆福寺旧书摊上发现了这部手抄的续编六章本，故称北京隆福寺本。其原本现藏内蒙古社会科学院图书馆。1956年，内蒙古人民出版社在铅印北京木刻本七章的同时，作为它的下册，按照原貌，第一次铅印出版了这一续编六章，因此又称它为"内蒙古下册本"。这样，与北京木刻本七章本一起构成了首尾基本一贯的十三章本蒙古《格斯尔可汗传》（亦称"内蒙古上下册本"），开始为国内外所知。这一续编六章所描写的内容概要如下。

第八章，（接北京木刻本第七章）格斯尔从天上求得圣水，救活了在抗击沙赍高勒三汗战役中牺牲的众勇士。

第九章，格斯尔奋战昂都拉玛魔汗。当格斯尔与昂都拉玛魔汗的正处于胜负难分之际，格斯尔的哥哥哲萨希格尔被从天上派回下界，帮助格斯尔战胜了昂都拉玛魔汗，欲斩杀叛徒晁同，后被劝阻。

第十章，格斯尔被乔装成呼图克图喇嘛的罗布萨哈蟒古思变成毛驴。又是聪慧的妃子阿鲁莫尔根施计搭救，格斯尔得以恢复原形。格斯尔和阿鲁莫尔根一举歼灭蟒古思及其家族，罗布萨哈蟒古思被永远压在大山底下。这一章是北京木刻本第六章的变体。

第十一章，格斯尔大战住在金滩、银滩的二十一颗头颅十八犄角的冉萨克魔汗，并娶其美女赛乎丽高娃为妻。

第十二章，格斯尔征服冉萨克魔汗之后，和赛乎丽高娃住在一起，由于吃了赛乎丽高娃进献的蒙昏膳食而忘却故乡。在此期间，生有十八颗头颅、四十八犄角的固么布魔汗，为抢掠格斯尔的美妃茹格慕高娃，率亿万大军进犯岭国。格斯尔在天神的帮助下醒悟返乡，消灭了十八颗头颅、四十八个犄角的固么布魔汗。

第十三章，格斯尔战胜抢夺其美妃和向他提出挑战的北方杭盖哈尔干山地方的那钦汗，并娶奈呼丽高娃美女为妻，全胜而归。

蒙古《格斯尔》乌素图召本

1958年，在内蒙古呼和浩特市郊区的乌素图召发现《格斯尔》手抄本，共八章，现藏内蒙古社会科学院图书馆。其内容同北京木刻本的第一章至第七章再加上北京隆福寺本的第八章基本一致，文字上稍有差异，在第一章的末尾和第八章开头有一些不同情节。这一抄本的特点是"分卷多章"，第一卷包括四章（第一章至第四章）；第二卷包括三章（第五章至第七章）；第三卷只有残缺的第八章。由于它"分卷多章"和第三卷以后部分散逸，可推测原来很可能是想要编辑一部包括北京木刻本全部内容和北京隆福寺本部分内容的较为完整的本子。

◎格萨（斯）尔

蒙古《格斯尔》鄂尔多斯本

1959年在内蒙古鄂尔多斯地区（现鄂尔多斯市）原扎萨克旗发现一《格斯尔》手抄本，现藏内蒙古社会科学院图书馆。该本现存十三章。其章序为：第一、二章由北京木刻本第二、三章构成，第三章是独特新颖章节，内容为格斯尔率众勇士出猎，智娶白龙王美女阿鲁莫尔根为妻的故事；第四、五章由北京木刻本的第三、四章构成；第六章也是独特新颖的章节，内容为沙贲高勒白帐汗的暴虐夫人，为了替儿子夺取格斯尔美妃茹格慕高娃为妻，多次派兵侵扰岭国，而格斯尔侦查勇士们伺机出击，夺取无数经过的马匹；第七、八章由北京木刻本的第五章构成；第九、十章由北京木刻本的第六、七章构成；第十一、十二、十三章由北京隆福寺本的第八、九、十章构成；最后一章残缺不全。鄂尔多斯本开头有一篇带有宗教色彩的祭奠格斯尔的祈祷文，内容与《格斯尔》故事无直接关系。

蒙古《格斯尔》诺木其哈敦本

其为1930年左右，在蒙古国北杭盖省发现的一种手抄本。它原为鄂尔多斯土绵（万户）济浓的诺木其哈敦所珍藏。因此，当1960年蒙古国影印刊行时，称为诺木其哈敦本。该本共十一章，章数较多，故事情节也比较丰富。它包括了北京木刻本的第一章至第七章内容；鄂尔多斯本第六章的内容（同一故事的变体）；北京隆福寺本第八章至第十章的内容。但在章序上有所颠倒交叉。其中第一章至第六章是北京木刻本的第六章至第五章和鄂尔多斯本的第六章；第七章至第九章是北京隆福寺本的第八章、九章、十章；第十章至第十一章是北京木刻本的第六章、七章。

该本另一个值得注意的特点是，在最后一篇题为"达赖喇嘛与格斯尔可汗二人会晤"的跋语，其中也有"敖尼可汗的铁虎年一月三日夜，格斯尔由天尔降，拜会达赖喇嘛，二人晤谈慈悲六道众生……"等记述。又有"这部达赖喇嘛和格斯尔可汗二人会晤，对杀死六道众生深表慈悲而撰写的经典，经虔诚的诺木其哈敦提议，由苏玛迪、嘎日迪的堪布喇嘛额尔德尼绰尔济翻译……"等附记。所谓格斯尔和达赖喇嘛会晤，由诺木其哈敦提议把《格萨尔王传》译成蒙古文的说法，其实指的是"附记"的翻译。

蒙古《格斯尔》札雅本

1930年，从蒙古国策其尔力克市的札雅班第达书库里发现一种十八章手抄本，故统称为《札雅格斯尔传》，简称札雅本。该本1960年在乌兰巴托影印刊行。

该手抄本在蒙古《格斯尔》中是很奇特的一种异本。它与1716年的北京木刻本和北京隆福寺本，内容与结构顺序完全相同，只是文句、词语方面有些小的差异，间或掺有不同情节。该本把北京木刻本第一章至第七章的内容分成十五个小章，其中把第一章分为六个小章（作为第一章至第六章），把第二、三章改为第七、八章，把第四章分为两章（作为第九、十章），把第五章分为三章（作为第十一、十二、十三章），第六、七章改为第十四、十五章。同时，把北京隆福寺本第八、九、十一章分别改成第十六、十七、十八章，第九章成了第十六章，第八章却成了第十七章；第十一章成了第十八章。

该本的主要特点是叙述故事简单明了，有显著的编创性、概括性、通俗性。根据该本末尾所附的一篇祭奠格斯尔的祈祷文和藏文名词保存较多等情况看，很像是经一位学识渊博的蒙古喇嘛之手编纂的"最完整的"汇编本。

蒙古《格斯尔》策旺本

1918年，住在蒙古国的策旺（又名扎姆查拉诺）博士在库伦（现在的乌兰巴托）从一位内蒙古人手里获得这一本有第八章以后章号的手抄六章本。他把它作为北京木刻本七章本的续编加以整理缮写，并视为珍本收藏。沙俄白匪侵扰库伦时，这部史诗一些篇章散逸。1960年，蒙古国在首都乌兰巴托影印刊行该本剩余篇章时，称为《策旺格斯尔传》，简称策旺本。

该本是人们至今所能看到的唯一同北京隆福寺本的章节内容、结构顺序基本相对应、词句和情节有较大差异的一种本子。北京隆福寺本里有将近160页内容在该本里看不到，同样，该本开头、中间以及最后40多页的内容与情节，在北京隆福寺本里也是没有的。

该本的第八、九章和第十一、十二、十三章，与北京隆福寺本基本相同，且内容相当完整。第十章全部无存成为缺失。最后一章（应为第十四章而误为第十五章）的内容，是仿照北京木刻本第二章内容加以改编的。从该本与北京隆福寺本之间存在如此密切关系来看，可以推定，像这类北京木刻本第八章以后的续编手抄本，在内蒙古地区曾较为广泛地流传过。

卫拉特托忒蒙古文《格斯尔》本

1960年，在蒙古国首都乌兰巴托影印刊行了从蒙古国乌布苏、科布多等喀尔喀地区的卫拉特蒙古人中发现的手抄本。该本由七章构成，第一章至第四章的内容和北京木刻本前四章完全对应；第五、六两章的内容和北京隆福寺本的第八、九章相对应，只不过未标章号；最后的第七章又同北京木刻本第七章内容完全相对应，而且在末尾也附有"康熙五十五年"的标识年。因此，卫拉特托忒蒙古文本的第一章至第四章和最后一章，是取自北京木刻本，中间的第五、六两章取自北京隆福寺本（代替北京木刻本的第五、六两章）。不过，该本中约有44行承前启后的一段叙述是在北京木刻本和北京隆福寺本里所看不到的，而在其他抄本如乌素图召本、诺木其哈敦本、札雅本和策旺本里却都可以看到。由此判断，该本实际上是将北京木刻本和北京隆福寺本的部分章节连缀为首尾相对完整情节而成，在从回鹘蒙古文转写为卫拉特托忒蒙古文时，在文字方面又有所删节，因而同北京木刻本和北京隆福寺本的有关章节相比，存在叙述详略的不同。从其第一章末尾的"光绪十五年虎月二十三日（1889年9月25日）请"的附记来看，其形成年代为19、20世纪之交或19世纪后半叶。

蒙古《格斯尔》其他单行本

国内外曾流传手抄单行本蒙古《格斯尔》，而目前能看到的有国家图书馆收藏的题为"《格斯尔救活众勇士和征服十五颗头颅的昂都拉玛魔汗》的第八、九两章"的蒙古文单行手抄本，其内容和北京隆福寺本第八、九两章完全相同。另外，从新疆卫拉特蒙古民间发现的托忒蒙古文单行手抄本有三章，其中一章同北京木刻本第一章内容相对应。据说在新疆卫拉特蒙古民间，还有很多这类托忒蒙古文《格斯尔》的单行手抄本流传。

蒙古《格斯尔》各版本之间关系

《格斯尔》各种版本之间有差异，也有程度不等的依存关系。

（一）北京木刻本和北京隆福寺本，是一种首尾基本一贯的、比较完整而又影响较大的十三章蒙古《格斯尔》本，这十三章本对其他抄本的形成提供了资料来源。可以说，北京木刻本和北京隆福寺本，是蒙古《格斯尔》各种抄本的祖本，而其他各种抄本都是以它们的内容为基础，在长期流传过程中派生出来的异本。因此，北京木刻本和北京隆福寺本一直是为国内外蒙古《格斯尔》研究者所重视和利用的本子。

（二）其他各种异本的编纂者，都是有意识地从北京木刻本和北京隆福寺本中选取部分章节，加以整理和编辑各自异本的。因此，在内容构成方面，它们大致相同，只是在文句、情节和章节安排等方面存在一定差异，表现出各自的编创特点。其中，鄂尔多斯本和诺木其哈敦本，是相互比较接近而章数最多、情节最丰富的异本，札雅本则是结构完整、章节安排新颖独特的异本。

（三）在各种抄本中，从内容来看，保留最多的是北京木刻本的第一章至第七章和北京隆福寺本的第八、九两章。保留较少的是北京隆福寺本的第十、十一、十二、十三章及鄂尔多斯本和诺木其哈敦本的第六章。至今未见流传的是鄂尔多斯本的第三章和策旺本的第十四章。

蒙古《格斯尔》渊源

在我国蒙古族聚居地区广为流传的《格斯尔可汗传》和在藏族聚居地区流传的《格萨尔王传》是两部在国内外享有盛名的长篇英雄史诗。这两部史诗具有横贯蒙藏两个民族的性质，即具有跨民族的特性。由于北京木刻本蒙古《格斯尔》刊刻最早，国外最先知道长篇英雄史诗《格斯尔》的存在并向西方译介的都是北京木刻本蒙古《格斯尔》，因此，对蒙藏《格斯（萨）尔》关系问题，在国内外研究界出现过各种不同的看法。归纳起来主要有四种意见：一是认为蒙藏《格斯（萨）尔》之间没有任何关系，蒙古《格斯尔》纯系蒙古人自己的创作；二是认为藏族《格萨尔》是蒙古《格斯尔》的变体；三是认为蒙古《格斯尔》是从藏族《格萨尔》翻译过来的；四是认为蒙藏《格斯（萨）尔》为"同源异流"关系。其实，"同源异流"说较为合理，但这个源是蒙古《格斯尔》还是藏族《格萨尔》尚未有定论。蒙古族《格斯尔》和藏族《格萨尔》仅有两个章节相同或相似，其他的大量章节和内容都互不相同，因此，不能因为几个人物名称相同而判定二者的从属关系，应当理解为二者是并行生成和发展的史诗，分别为所属民族的标志性非物质文化遗产，并同属于游牧民族文化传统，在中国文学史和世界文化史上散发着馥郁的异香。

蒙古《格斯尔》思想内容

第一是降魔除妖主旨。史诗开篇就说，"下界人间正处于混乱，弱肉强食，兽禽相捕"，妖魔鬼怪到处横行，善良无辜遭受欺凌迫害的状态。于是，天神霍尔穆斯塔腾格里，遵照释迦牟尼佛祖之命，派次子威勒布特格齐到下界人间投生。待他长大成人后，"抑强扶弱，降魔除妖，救护生灵，消弭人间灾难"。寥寥数语，开宗明义，点明了贯穿史诗的主题思想："降妖伏魔，为民除害"。史诗描写的"妖"、"魔"主要是指那些给本国或邻国人民群众带来深重灾难的社会邪恶势力，同时也包括少数自然力化身的妖魔鬼怪。如霸人妻女和施展魔法将格斯尔变成毛驴，并诱骗拐走其夫人茹格慕高娃的罗布萨哈；盘踞在鸟道峡谷里每天索食"七百个人和七百匹马"的七个魔鬼等。格斯尔正是肩负着镇压残暴、降魔除妖的使命降生人间。整部史诗人物、故事大都围绕这一主题展开。

第二是正义战争颂歌。蒙古《格斯尔》绝大部分内容描写战争，歌颂主人公格斯尔所进行的一系列正义战争，高度赞扬人民群众的爱国主义精神。这种赞扬特别突出的表现在抗击沙赉高勒三汗挑起的掠夺性悲壮战争之中。故事说，当格斯尔离开家乡到北方征讨十二颗头颅的蟒古思时，沙赉高勒的黄、白、黑三帐汗为了掳掠格斯尔妻子茹格慕高娃，趁机大举进犯。在这场反对掠夺、保卫家乡的正义战争中，勇士扎萨希格尔在消灭大批敌人之后终因精疲力竭、口干舌燥，饮黄河血水而死；三十名勇士在殊死战斗中全部阵亡。格斯尔可汗返乡后，严惩叛徒晁同，彻底消灭沙赉高勒三汗，恢复了故土，从而谱写了一曲正义战争颂歌。

第三是对美好生活的憧憬。蒙古《格斯尔》生动地描绘了人民群众改造自然、发展畜牧业生产、建设家乡草原的美好理想。青年时的格斯尔便懂得要保护草场。当犀牛般大的鼹鼠精在肆无忌惮地掀翻草皮时，格斯尔飞奔上去一斧砍死了鼹鼠精，为家乡人民除了害，保卫了美好的草原。除此之外，格斯尔通过兴修水利，将不毛之地改造为宜林宜牧的乐园。总之，蒙古《格斯尔》又是一曲憧憬美好生活的赞歌。

蒙古《格斯尔》的故事概述

通过描写格斯尔及其勇士们所进行的艰难困苦的斗争，表达人民群众希望解脱苦难，过上幸福生活的理想。史诗从头到尾用大量的篇幅描写了格斯尔及其勇士们同敌人浴血奋战和镇压蟒古思的伟大事业。作为霍尔穆斯塔天神次子的格斯尔降生到人间时便负有这种崇高的目标，并为之奋斗终生。

正面人物形象

在正面人物形象中，最富神奇性的是主人公格斯尔。格斯尔一生，以纳妃称汗为界，可分为前后两个时期。纳妃称汗前，他从一个穷孩子经历种种磨难，逐步成长为三大部落可汗。纳妃称汗之后，他惩治奸佞，造福百姓，反击敌人，成功消灭了沙赉高勒三汗等部族。蒙古《格斯尔》的作者们，赋予格斯尔以现实的人性，同时赋予他超人的勇气和智慧，使他成为人民理想的化身。因此，格斯尔的艺术形象是一位身上闪烁着浓郁的神话色彩的理想人物形象。

格斯尔性格的第一个特征，是他在同大自然和各种社会恶势力的斗争中，表现出的勇敢、坚毅和不屈不挠的战斗精神。他只身进入沙赉高勒三汗辖境，或化身为百岁喇嘛或化身为八岁孤儿，巧妙地砸毁了三大可汗的长寿石，折断了三大可汗赖以为非作歹的羽翼，最后逐个消灭了沙赉高勒三汗，报了大仇。

格斯尔性格的第二个特征，表现在格斯尔的幽默风趣，有时喜欢捉弄人，甚至恶作剧。如幼年放牧时，他对荣萨和父亲僧伦的捉弄，他对马巴彦的女儿阿尔伦高娃的恶作剧，他对未来岳母的捉弄。勇敢无畏、足智多谋，再加上具有讽刺、捉弄人的才能，使格斯尔的性格显得豪爽乐观，从来不知道忧愁痛苦，总是洋溢着勇往直前、积极向上的精神。

格斯尔性格的第三个特征，即他是一个富有人情味儿的英雄人物。他在童年时期生活极端艰苦的条件下，就懂得为母亲身体的虚弱而焦虑不安，并千方百计去寻找食物。按照晁同叛国灭亲的罪行本应处以死刑，可是格斯尔念其同祖、同宗的叔侄关系，多次予以宽恕。后来当其兄长扎萨希格尔愤恨至极，欲斩晁同时，格斯尔又出面加以劝阻。

在史诗中，人民不仅把自己的理想愿望集中在格斯尔可汗这一主人公身上，而且还刻画了为数众多、各具特殊本领的英雄群像。如乞尔金、扎萨希格尔、苏米尔、伯通、安琼等，都是大无畏的英雄好汉。史诗中还刻画了一些善良、美丽、勤劳、坚贞和智慧的女性形象。如阿鲁莫尔根不仅是一位美丽聪慧、通情达理、勤劳能干的女子，而且是一位能骑善射、刚强果断的传奇式汗妃。又如却玛荪高娃，她心地善良、富有正义感，在斗争中足智多谋，令人钦佩。

反面人物形象

蒙古《格斯尔》不但成功地塑造了格斯尔等正面英雄人物形象，还塑造了晁同等反面人物形象。晁同是格斯尔的叔父，是卑鄙、阴险、虚伪、自私、凶恶、残暴的集中代表，也是一个贪生怕死、胆小如鼠、唯利是图、叛国投敌的家伙。他那永远不知餍足的权势欲，使他常做出伤天害理的事，甚至不惜出卖祖国，充当敌人的帮凶，奴役自己的部众。当沙赉高勒三汗侵犯格斯尔的故乡，他被俘之后，为了活命，毫不犹豫地投降了敌人。他欺骗了名将扎萨，帮助敌人杀死了格斯尔的三十名勇士，使格斯尔的正妻茹格慕高娃落入敌人之手。从个人品德说，他对美女的强烈占有欲，使他野心勃勃地企图占有美丽聪慧的阿尔伦高娃夫人，并为此千方百计地陷害格斯尔。

格斯尔的正妻茹格慕高娃，也基本是一个反面人物形象。在作品中，她不像传统蒙古族史诗对英雄夫人所描写的那样。如她被沙赉高勒三汗掳去后，为了获得暂时的荣华富贵，变心归顺白帐汗。她背叛自己的丈夫，忘记国难家仇。又如，当格斯尔的仇敌——身具十大法力的蟒古思魔汗为了陷害格斯尔，变成一位得道的呼图克图喇嘛，携带许多金银财宝来到格斯尔家乡引诱茹格慕高娃时，茹格慕高娃忘记了格斯尔的恩情，与蟒古思喇嘛串通一气，以施仙丹为名，将格斯尔骗来施礼叩头，蟒古思喇嘛借摩顶之机，瞬间使格斯尔变成一头驴子，茹格慕高娃自己则做了蟒古思汗的妻子。蒙古《格斯尔》中的茹格慕高娃形象，不同于同一作品中阿鲁莫尔根那样的女中英杰，不同于蒙古族传统英雄史诗里那些忠贞不贰的贤妻良母，而基本上是一个朝秦暮楚、见利忘义的女人。

蒙古《格斯尔》动物形象

蒙古《格斯尔》中的动物形象，不仅具有各自的自然属性，而且具有人的思想和感情，具有现实的社会属性和超现实的神性，成为作品有机的构成部分，从而增强了作品的浪漫色彩和特殊的艺术魅力。在蒙古《格斯尔》中，格斯尔可汗的坐骑叫神翅枣骝马，它从天宫下凡，在格斯尔所进行的战争中立下许多不朽功勋。如阿尔伦高娃怕回国后茹格慕高娃夺走格斯尔对自己的宠爱，便向格斯尔进献迷魂糕，使格斯尔吃后忘却了世上的一切，以致在魔地久住不归。长期与格斯尔患难与共的神翅枣骝马被无端地"关进一所高大闷热的马厩……拴在粗大的桩子上过着挨饿的生活"。于是神翅枣骝马按捺不住心头的愤怒，烈性爆发，踢断铁绊，跳出来跑到格斯尔面前，口吐人言，流着泪说："亲爱的主人啊，我万没想到你竟抛弃了你的哥哥额尔德尼图扎萨希格尔和三十名勇士，抛弃了用奇珍异宝修建的宫城，迷恋上十二颗头颅魔王的城池和阿尔伦高娃妃子……"神翅枣骝马对主人置故乡和亲人于不顾所表示的愤慨，不仅强化了作品的艺术真实性，也倾诉了惨遭蹂躏的人民的心声。

又如，沙赉高勒三汗所豢养的四种禽鸟和一只狐狸，它们被指派去查访容貌美丽的女子，以便为白帐汗的太子选妃。其中的那只助纣为虐的黑老鸦被派往吐伯特，它飞走三年没有转回。在吐伯特，黑老鸦见到格斯尔的美妃茹格慕高娃之后欣喜若狂，当它飞回沙赉高勒身边后，自以为立了大功，傲慢无比，即使三大可汗为慰劳它杀了一只羊，宰了一匹马，让它落下来享用，可它仍盘旋在云端诉说它的新发现。直到白帐汗大怒并拿起弓箭威逼，黑老鸦才落下来吐露查访的结果。史诗对黑老鸦这一形象的描述，是人民群众创造的一个非常成功的人格化了的反面典型。

总之，这种借拟人化的动物来表现人民群众的机智和风趣的描绘，有其独特的情趣和审美价值。

蒙古《格斯尔》蟒古思形象

蒙古《格斯尔》中的蟒古思，是蒙古神话史诗中的恶魔形象，长相奇形怪状，如长着十二颗头颅、十三颗头颅、二十一颗头颅、十八颗头颅和四十八个犄角等。蟒古思被描绘成人类一切灾难的祸根，是恶势力的集中代表。而萨满作法，就是驱逐各种魔鬼。这反映在原始社会，人类生活受到自然界的巨大压迫，对自然界的许多现象，诸如洪水暴发、猛兽袭击、火山地震、暴风骤雨、日落月蚀等迷惑不解，归结为恶魔在起破坏作用。蒙古《格斯尔》中的蟒古思就是把自然现象人格化的表现，并体现出了萨满教的遗风。

蒙古《格斯尔》语言

蒙古《格斯尔》所使用的语言都是民间口语，自然、生动、活泼、朴素、通俗易懂，适于诵读；同时，又具有散文诗那种含蓄隽永的特色。总体来看，《格斯尔》是散文体，间或用了一些韵文。它的叙述语言和人物对话使用了大量的比喻、夸张、拟人等丰富多彩的修辞手法。如"见笑要询问，见哭要劝解"；"沉默的人必定是足智多谋，孤独的人常常坚忍不拔"；"男人汗贵在年轻力壮，山羊羔的肉趁热才好吃"。这些都采自民间谚语，内容深刻，结构精巧。又如形容如何煮奶茶时，说："炉灶的里层要燃上金色的牛粪，外层要烧上银色的牛粪。水像奶茶的亲生母亲，须多倒一些；盐像奶茶的亲外甥，须少加一些味道才鲜；茶叶像奶茶的亲生父亲，须少放一些香气才足；牛奶像奶茶的娘舅，须多掺一些才会使它颜色洁白；黄油像奶茶的臣佐，须少搁。要使奶茶烧得像翻腾的波浪一样滚滚不停；扬奶茶的时候，要扬得像众僧诵经一般哗哗不休；你要把奶茶煮得使人喝起来像黄雀归巢般地畅快适口。"一连串的比喻，形象异常生动。蒙古《格斯尔》是一部民间语言的丰富宝藏，同时也兼有书面文学的诸种优点，呈现出鲜明的民族特色。它的这种别具特色的语言，最易于抓住听众和读者心绪，能够增强艺术感染力。

蒙古《格斯尔》宗教文化

格斯尔故事里大量反映了蒙古人信奉萨满教观念。在《先锋诸将复活之章》里，格斯尔的三十员大将和三百名先锋，在抗击沙赉高勒三汗的战斗中全部壮烈牺牲。经过若干年后，格斯尔吊唁亡魂，经同行的其尔庚老人提醒，随请三位神姐转奏天父，天父又转奏九重天神，查看生死簿，得悉生年未尽，馈赠圣水一瓶，准许阵亡的先锋诸将全部复活。于是，把英雄们的尸骨按人集拢在一起，洒第一次圣水，骨头上长了肉；洒第二次圣水，能够呼吸了，洒第三次圣水，揉着眼睛站起来了；和活着的人一模一样。按照萨满教解释，上天分为九层，九重天列为最高神祇。既然经过他的恩准，又赐生命圣水，那么，阵亡的先锋诸将复活就是顺理成章的事。这明显地体现了萨满教里的灵魂不灭论。

琶杰本中有关乌鸦和凶鹰的描写，也具有萨满教的色彩。如沙赉高勒三汗派遣乌鸦充当暗探，去侦察格斯尔可汗美丽的妃子。后来沙赉高勒三汗的精灵，又变成一只凶鹰实地查看茹格慕高娃夫人。萨满教认为乌鸦和鹤鹰有时依附着恶魔的灵魂，有时又充当恶魔的使臣，它一出现就预兆不幸即将降临。它在空中飞舞，惊扰人们，蔓延疾病，鼓动情欲狂。所以，至今蒙古人对乌鸦和鹤鹰怀有恐惧心理，不敢轻易惊它，更严禁猎杀。

蒙古《格斯尔》音乐特征

长篇英雄史诗《格斯尔》的音乐特征，主要表现在其表演艺术、曲调类型、音乐表现手法和音乐独特性几个方面。

第一，表演艺术。《格斯尔》的说唱以男性艺人的单口表演为主，在表演中十分强调表情变幻和艺术渲染，音乐用潮儿和四胡琴伴奏，自拉自唱的形式形成风格特色。蒙古族《格斯尔》的艺人们能说会唱、善奏，集多种说唱艺术于一身，是以师徒传承而形成的艺人。

第二，曲调类型。蒙古族《格斯尔》的说唱曲调丰富多变，其类型大致可归纳为人物专调、人物通调、基本调、道白调、借用调等。其中人物专调占很重要的位置，是构成整个曲调的核心和主要部分。如《格斯尔思考调》、《格斯尔征战用调》、《格斯尔胜利喜悦曲》等，此三曲的曲调为同一人物在沉思、征战、取得胜利。这三种情况下的人物专调，从不同侧面塑造了格斯尔的形象。首先，蒙古族《格斯尔》说唱有一种常用于出现在重要部位和专门故事场面的基本调。称开篇曲、结尾曲、仪式曲、歌赞曲等。开篇曲分器乐和声乐两种，作每篇说唱前的演奏或歌唱用，用来描写故事背景，制造气氛，祷颂一曲，从而引出全文。除唱词外，对故事情节的介绍、人物的对话，蒙古族《格斯尔》形成了念白、朗诵、唱诵等一系列艺术处理。唱诵时用的曲调即为道白调，道白调的音乐分规整性与不规整性两种，以不规整性为主，其特点是旋律性不强，节拍变化自由，结构比较随意，似在朗诵的基础上加进曲调，是个很别致的艺术形式。人物对话的道白调，主体是以急板式的八分音符变化进行。最后，《格斯尔》音乐不但吸收本民族民歌的养分，而且还根据情节、情绪的需要，将一些说书调、好来宝、赞歌等其他本族说唱艺种搬来，结合得和谐、自然。如在史诗中婚礼、庆贺的场面常用好来宝的曲调、赞物颂人时常用赞歌的曲调。

第三，音乐表现手法。首先，从结构上看，其段式结构表现为，组成乐段的乐句分别由单句、双句、三句及更多句构成。短乐句两小节，长乐句十几小节。乐句间的关系呈方整型、长短型等，在音乐进行中随机单独反复某乐句。单乐段多段体有两种情形。一是由几个相对完整、具有一定独立性，为表达同一乐曲的手段相连构成。二是在一个音乐主题引导下，顺势发展、一气呵成，将数个缺乏独立性、完整性的乐段连在一起，使之相互依赖。单、复乐段及混合多段体的情形同单乐段和多段体，由几个复乐段相连，或由数个单乐段、复乐段混合而组成。其次，随意性曲式表现在《格斯尔》说唱曲调。《格斯尔》说唱曲调是为史诗文字配乐的，由于史诗文字强烈的文学色彩，导致一部分乐曲出现曲调语言性、节奏述说性和结构随意性效果。

再次，随意性曲式为史诗音乐创作不可缺少的重要手段。从旋律发展手法看，主要有变奏手法和对比手法。最后，从伴奏艺术看，用四胡、马头琴伴奏，边拉边唱是其一大特色。它极大地丰富了《格斯尔》说唱的表现能力，增添了绚丽的艺术色彩。在演奏中充分发挥乐器的各种演奏技巧，又紧密地配合歌唱，起到铺垫、衬托的作用，产生了强烈的艺术效果。

第四，音乐独特性。蒙古《格斯尔》音乐经过民族性格和民族音乐文化的熔铸，加上器乐伴奏的方法，使音乐表现力具有强烈的独特性。具体体现在以下七点。其一，曲调的丰富性。蒙古《格斯尔》音乐说唱曲调丰富，从数量到质量都表现出自己的实力。其二，形象的生动性。蒙古民族是个具有优良的艺术传统、很富激情的民族，加上他们对史诗主人公格斯尔的信仰、崇拜意识，使其说唱《格斯尔》时具有很深的感情，他们还运用自己的艺术才能，塑造出丰富、生动的音乐形象。其三，表现力的多样性。蒙古族《格斯尔》音乐通过声、器乐的综合处理，以抒情性、描写性、叙述性、语言性等多样的曲调功能，较好地满足了史诗文字的表现需要，取得了圆满的艺术效应，很好地发挥了自己的优势。其四，音乐处理的夸张性。不论是艺人的表演，还是旋律的进行，蒙古族《格斯尔》音乐十分注重艺术手法的夸张性。依情节的发展，演唱时喜、怒、哀、乐显于表，粗、细、唱、吼显于声，音色、音区、力度作大幅度的变化，非常吸引人。旋律进行在力度、速度等方面作了超常的处理，不无一番渲染。其五，熟练的技巧性。凭借民族音乐的雄厚基础和说唱艺人的可靠功底，各种音乐技巧在演唱、演奏、成曲的各方面得到较好的发挥，特别在类型艺术、伴奏艺术、结构艺术中取得的成就，表现出较高的成熟度。其六，大胆的吸纳性。蒙古族《格斯尔》音乐和本民族其他民间音乐之间的关系是非常紧密的。基于上述原因，加之《格斯尔》

的音乐容量和蒙古族地理、社会、性格的开放性，促成了蒙古族《格斯尔》音乐对外的大胆吸收状态。其七，鲜明的民族风格性。蒙古族《格斯尔》音乐产生、长成在本民族民间音乐的肥沃土壤，通过对民族粗犷、豪爽性格和纷繁音乐氛围的造就，强烈体现出蒙民族音乐的共性和特质。那大跳的音程，婉转的打音，爽直的滑音，狂放的演唱等，都表现出了鲜明的民族风格。

巴林《格斯尔》

《格斯尔》在巴林右旗以书面、口传史诗以及风物传说、祭词等形式广泛流传。蒙古《格斯尔》分类一般以其版本、抄本和发现的地点命名，所以巴林流传的《格斯尔》也可以称为"巴林格斯尔"。

1. 书面形式：虽然在巴林右旗至今未发现蒙古《格斯尔》书面形式流传的具体版本或手抄本，但可以肯定地说，《格斯尔》在巴林右旗曾以书面形式流传。原因可归纳为以下几点：第一，巴林右旗目前流传的《格斯尔》传说中常能看到其他地区流传的书面《格斯尔》史诗基本情节；第二，当地民间传说中相关信息也能证明这一点。如巴林右旗查干沐沦苏木有说唱《格斯尔》的习俗，主要有两种形式：一种是蒙古族民间说唱艺人胡尔奇和朝尔奇说唱，另一种是乡绅们"格斯尔·读达胡"（蒙语意为念或召唤）。说唱《格斯尔》的缘由一般为避灾免灾。该地区格斯尔庙里或乡绅们手中收藏的《格斯尔》版本均在"文革"中被毁。

2. 传说：巴林格斯尔传说将史诗英雄历史化、传奇化、地方化，属于山水风物传说类型，共有60多篇，分布在巴林右旗、左旗。其特点是篇幅短，互相之间有情节的连续性，一般从一个点开始，随着故事的发展，以线形展开。这些传说主要讲述了格斯尔作为保护巴林草原的英雄在巴林草原上放牧、骑马、下棋，当"蟒古思"前来为非作歹时，他把蟒古思赶走或消灭，让当地人过上和平安宁的生活。巴林格斯尔传说是巴林民间人物传说与地方风物传说在一定历史时期内，随格斯尔史诗在民间广泛流传，接受其核心内容而产生的。所以，可以说巴林格斯尔传说是《格斯尔》史诗在巴林右旗广为流传的历史阶段的产物。

3. 祭词：格斯尔祭词是在格斯尔庙祭祀上念诵的书面文学作品。目前发现的格斯尔祭词共六篇，均从巴林右旗发现。有两部蒙古文手抄经、四部木刻版藏文经，其中四部已被译为蒙古文。这四部经文的题目分别为《称为高和的大汗格斯尔宝格达金酪招徕全部所望祈祷文》、《快成兴教灭敌著名的格斯尔汗祭祀祈祷文》、《格斯尔宝格达祭祀祝文》、《格斯尔宝格达祭祀祈祷文》。据研究，这些祭词分三个部分，即邀请、祭祀、祈祷。创作年代大约是1776年以后，即在巴林右旗建格斯尔庙后。

4. 口传史诗：在巴林右旗，在格斯尔史诗、传说、祭词基础上，那些才华横溢的民间艺人，创编了大量格斯尔口传史诗文本。索达那木拉布坦先生编辑的《巴林格斯尔传》一书就是这样的口传史诗文本的集成。该书史诗部分由五位著名格斯尔演唱艺人说唱，共16章。另有训诲谕诗、传说、祭词等。这些口传史诗在内容方面，有了很多新的母题，并与格斯尔传说融为一体；佛教对其影响小，萨满教对其影响大；主人公主要以武力战胜敌人为主，魔幻术使用少；在形式方面，以诗的形式，以巴林方言为主，大量使用传统史诗程式诗句，每一篇史诗中只降服一个"蟒古思"，注重战争过程描写，渲染战争场面，故事情节有民间故事色彩。巴林《格斯尔》是蒙古族英雄史诗在一定历史阶段上、一定范围内的产物。

卫拉特《格斯尔传》

卫拉特《格斯尔传》在新疆蒙古族人民中，是以口头传唱和托忒文手抄本两种形式流传的。

从《格斯尔传》在新疆卫拉特蒙古族中流传的总的情况来看，有这样几种情况：第一，《格斯尔传》在卫拉特各地流传的广泛程度不一样，各地民间艺人说唱的形式和内容也有区别。从《格斯尔传》口头流传的地区来说，伊犁州尼勒克县、特克斯县、昭苏县是《格斯尔传》流传最广泛的地区。那里说唱《格斯尔》的艺人多，而且手抄本《格斯尔》也偶尔能找到。塔城地区额敏县、和丰县、博尔塔拉州温泉、博乐县是《格斯尔传》流传较广的地区。在巴音郭楞州除了仁钦、敖道尔言等几个民间艺人能说几章《格斯尔》以外，其他能唱《格斯尔》的艺人极少。当地的艺人们把《格斯尔传》第一章题目改称为《光秃头的儿子》或《黑心肠的晁同可汗》。第二，各地艺人们的说唱形式和内容不同。从艺人们说唱情况来看，伊犁州尼勒克、特格斯、昭苏等三个县和塔城地区额敏、和丰两县艺人们说唱的内容和形式，基本上没有区别，博尔塔拉州温泉和博尔塔拉县艺人们说唱的内容和形式也基本上一样，但是他们的说唱与其他地区民间艺人说唱有着较大的差异，而且有的艺人竟将《格斯尔》和《江格尔》这两部史诗相互糅杂起来说唱。巴音郭楞州虽然有的艺人能唱几章《格斯尔传》，但是他们的说唱与格斯尔毫无关系，且新加工的故事情节较多。第三，在卫拉特蒙古人中，没有专门说唱《格斯尔》而被称为"格斯尔奇"的艺人，却有被称为"江格尔奇"的艺人。在卫拉特流传的《格斯尔传》多由"江格尔奇"们说唱。在卫拉特地区，《格斯尔》的流传不像《江格尔》那样普遍，影响不像《江格尔》那么深。"江格尔奇"在说唱《格斯尔》时有声有色，首尾呼应，内容丰富，语言动听，但加工的东西多。一般说书人说唱《格斯尔》时则显得平淡。但是他们有一个优点，既不像"江格尔奇"那样随意删增，而且与手抄本《格斯尔》的内容大体相同。卫拉特口头流传的《格斯尔》和手抄本《格斯尔》在故事情节上有较大的区别。

《霍尔·格斯尔传》内容

《霍尔·格斯尔传》内容丰富、篇幅巨大。第一章：格斯尔从霍尔穆斯塔的天界降临到瞻布州；第二章：格斯尔镇压阿尔查桑图山的蜘蛛妖；第三章：格斯尔镇压蟒妖迎娶南海龙王之女诺尔斯克玛；第四章：格斯尔帮助瑙木图汗镇压龙头蟒古思和嘎拉丹达拉两个蟒古思；第五章：打赌娶阿润高娃为第二位夫人；第六章：绷紧达拉嘎尔弓射穿七座山峰；第七章：台鲁克河边举旗建军；第八章：救获在沙漠里迷路的母女，杀死暴君呼加汗治理呼加国；第九章：帮助岭国消灭阿哲日杜勒玛蟒古思；第十章：因失明，格斯尔在岭国滞留多年；第十一章：巴勒日涛鲁姆汗蟒古思入侵格斯尔的家乡，扎萨希和尔等人失去金子般的生命；第十二章：格斯尔返回家园消灭巴勒日涛鲁姆汗蟒古思；第十三章：去道家圣地点神灯祈祷兄弟们的灵魂；第十四章：格斯尔率领五万蒙古军大战唐古特的塔姆曾格两汗；第十五章：格斯尔陷入黑狗妖魔的陷阱，诺日斯克玛等人带兵营救；第十六章：格斯尔消灭鸟妖，救获自己的诺敏高娃夫人；第十七章：在深山老林中大战斯日德瓦格们；第十八章：显奇星长神树格斯尔可汗繁衍子孙后代；第十九章：阿润高娃携儿归来，消灭猪蟒古思救格斯尔等人；第二十章：霍尔穆斯塔大帝大怒可恶的超通灭亡；第二十一章：治理霍尔国给大众宣教。

该文本有宏伟的结构，它由前后连贯的21个章节组成，每个章节长短不一。其中，最长的章节是第十五章，约三千三百诗行，最短的是第六章，约三百诗行；其余大部分都是一千多行。第一章是开头，霍尔·格斯尔降生；从第二章开始，第三、四、五、六、八、十四、二十章都各叙述一个完整的故事；而第九和第十章是一个完整的故事，第十一章和第十二章又是一个完整的故事；第二十一章是结尾；第七章较特别，它是单独设的一篇，没有描写征战故事，特意叙述霍尔·格斯尔建立霍尔国的故事。各章之间的关系如下。各章之间有三种情况：有严密的因果关系的，如第二章和第三章之间，第九章和第十章之间；也有较松散的因果关系的，比如第七章和第八章之间；也有能够独立成篇的，如第七章，它和第六章及第八章都没有因果关系。但是整体上二十一章是连贯的，顺序是固定的，不像其他传统的蒙古族民间史诗比如《江格尔》那样各个章节的顺序能够自由移动而不影响其整体内容；也没有前后矛盾或重复拖沓的章节。如此完美的结构自然有了完整的故事情节。整篇史诗以霍尔·格斯尔为主人公，叙述了他从出生到征战到消灭蟒古思到娶妻到繁衍子孙后代过上和平安定生活的过程，歌颂了他为霍尔国人民消灾除魔的丰功伟绩。

青海蒙古《格斯尔》

青海的卫拉特民间口传《格斯尔》，在整个蒙古《格斯尔》传统中独树一帜。因为青海《格斯尔》的一部分与传统的、被认为正统的北京木刻本《格斯尔》有着密切的关系，而其另一部分，则与之几乎没有任何关系。目前较完整发表的有诺尔金、乌泽尔、楚乐图木、胡亚克图以及苏和演唱的《格斯尔》口头文本，此外还有肃北史诗艺人们演唱的《格斯尔》篇章。其中，诺尔金、胡亚克图、楚乐图木、乌泽尔等演述的诸篇章与北京木刻本《格斯尔》的故事更加接近。苏和等其他艺人演唱或演述的诸篇章，则有的与北京木刻本《格斯尔》接近，有的与之毫不相干。对于青海蒙古口传《格斯尔》的研究，比较有代表性的有齐木道吉的《青海〈厄鲁特格斯尔〉(传唱本)与〈北京木刻本〉的关系》、《纵谈蒙古〈格斯尔〉》、古·才仁巴力的《青海蒙古〈格斯尔〉简论》、玛·乌尼乌兰的《〈格斯尔传〉西蒙古变异本研究》等。齐木道吉认为，青海蒙古《格斯尔》有韵文体演唱和散文体叙述两种形式的传唱本。其中诺尔金、初鲁图木、乌泽尔等人以散文体说唱的《格斯尔》才是"真正能体现《格斯尔》特色的青海《厄鲁特格斯尔》"，而苏和用韵文体演唱的《格斯尔》篇章"与书写卷本，特别是与《北京木刻本》毫无依存关系，属于一般的英雄史诗作品"。古·才仁巴力认为，青海蒙古民间最先传播的篇章，应该是北京木刻本中的若干篇章，与藏族《格萨尔》在起源上有密切关系，但通过蒙古族艺人的再创作已经相当蒙古化了，与北京木刻本《格斯尔》不同的那些篇章，例如苏和演唱的《格斯尔》是把古老蒙古史诗改编或把其中一些故事情节同《格斯尔》的一些故事结合起来再创作的结果。而乌尼乌兰的主要贡献在于把青海蒙古（含肃北）口传《格斯尔》同北京木刻本进行详细比较，指出它们情节上的异同。

"中国格斯尔文化之乡"——巴林右旗

内蒙古赤峰市巴林右旗被誉为蒙古族《格斯尔》史诗文化发祥地之一、国内外《格斯尔》文化传播中心之一。其传统具有以下几个特点。第一，巴林《格斯尔》史诗传播区域广。巴林右旗《格斯尔》史诗影响不仅辐射阿鲁科尔沁、扎鲁特等周边旗县，而且辐射整个内蒙古，并波及辽宁、吉林等省（自治区）。第二，巴林《格斯尔》史诗有数百年传统，并形成一个聚合了史诗演述、传说故事、祭祀民俗、那达慕、群众文化、生态保护为一体的格斯尔文化体系。这是一个活态《格斯尔》文化系统，且世代传承，生生不息。这样的非物质文化生态系统在全国也属罕见。第三，巴林右旗《格斯尔》史诗始终保持着活的传承形态。其一个显著标志，就是巴林右旗不断涌现出民间《格斯尔》演唱或演述艺人。历史上曾出现普日来、巴达尔胡、陶克套胡、呼鲁格尔阿爸、根敦、苏鲁丰嘎、却音霍尔、齐木德道尔吉、其木德斯楞、叁布拉敖日布、敖干巴雅尔、金巴扎木苏等几十位著名艺人。第四，巴林《格斯尔》史诗文本具有鲜明的地方性特征。在巴林右旗，《格斯尔》史诗也与地方其他史诗、神话传说融合，形成了独具特色的巴林《格斯尔》史诗文本，反映了一部民族史诗地方化的现象。第五，在巴林，围绕《格斯尔》史诗产生了大量的风物传说。至今有许多格斯尔可汗传说故事在流传，例如《阿斯罕山的豁口》、《豪赉呼特勒》、《格斯尔可汗的棋盘石》、《格斯尔可汗的图拉嘎》、《钦达木尼石的来历》、《格斯尔可汗的拴马桩》、《格特奇与强那奇》、《石房的传说》等。这些风物传说是《格斯尔》史诗在巴林民众生活中生根发芽的重要标志，是《格斯尔》史诗地方化的产物，也是在巴林右旗形成格斯尔信仰的基础。第六，巴林右旗形成了独具特色的巴林格斯尔可汗信仰。巴林右旗有全国唯一一座"格斯尔庙"和一座"格斯尔敖包"。庙会和敖包都有数百年传统的祭祀民俗仪式。上述这些充分说明了巴林右旗《格斯尔》文化具有丰富的内涵，与本旗历史、文化、习俗乃至与自然生态有着千丝万缕的联系，而且影响周边旗县，形成我国北方地区独一无二的《格斯尔》文化生态系统，在蒙古族乃至整个北方民族文化发展史上具有重要的地位。今天，巴林右旗在保护、传承和发展《格斯尔》文化方面依然具有得天独厚的优势和潜力。可以说在《格斯尔》史诗活态传统的保护中，巴林右旗具有代表性意义和价值。2008年，巴林右旗被文化部命名为"中国格斯尔文化之乡"。

二、艺人

琶杰

琶杰（1902—1962），琶杰是蒙古族《格斯尔》说唱艺人。内蒙古扎鲁特旗人。

1902年，琶杰出生在内蒙古扎鲁特旗额尔德尼山东麓的草原上。他是家中第三代中唯一的男孩。酷爱说书的祖父经常抱着小琶杰到好友、当地著名的说书艺人却旺家中串门。每当他们畅饮之后，便会在一起说唱民间故事。却旺是位多才多艺的说书人，他识蒙文。不但能够说唱蒙古族民间故事、史诗《格斯尔可汗传》以及好来宝等蒙古族民间各种体裁的作品，而且还能讲述《三国演义》、春秋战国、《水浒传》等汉族题材的故事。小琶杰自幼就是在这位师傅的影响下，成为一位说书艺人的。

9岁时琶杰被迫进入王爷家的诺音庙当了小喇嘛。由于他天资聪颖，背诵经文、绘画、木刻均取得了优异成绩。然而，他向往着自由生活，憧憬自己成为一名说书艺人。他经常偷跑出来，到却旺爷爷家听说书。后来年纪稍大一点，他就到附近的村庄给牧民们说书，牧民都称赞他是一个说书的好苗子。

15岁那年，他不堪忍受寺庙的生活，三次逃跑均被抓回，遭到毒打。当王爷得知他会说书时，同意他离开寺庙，但约法三章：每年要在寺庙的集会上无偿说唱、终生不准还俗娶妻。

为了能够说书，琶杰答应了这些条件，他终于获得了自由。

琶杰从18岁开始了他作为说唱艺人的生涯。此后的17年间，他走遍了内蒙古昭乌达、哲里木、锡林郭勒和察哈尔地区20多个旗县，为草原上的牧民说书、唱《格斯尔》的故事，并创作了大量的民间歌谣、好来宝以及即兴的赞辞等作品。同时，他还会见了各地的优秀艺人，广交朋友，从他们那里汲取营养，取长补短，使自己的说唱技艺在实践中日臻成熟，其名望也与日俱增。

贫苦出身及人生路上遭受的艰辛与磨难，使琶杰对处于水深火热中的蒙古族牧民百姓极为同情。他爱民族、爱祖国，对旧中国的反动统治者及日本侵略者无比憎恨。他经常在自编自演的说书中揭露他们的罪恶，以其独特的说唱艺术为传播和发展蒙古族民间文化遗产作出了贡献。

33岁那年，琶杰回到了家乡。他一边说唱，一边拜人为师学习蒙古文。经过努力，在他掌握了蒙文拼读后，便开始阅读各类民间说唱的本子，从而丰富了他的说唱内容，升华了他的说唱技艺。

1947年内蒙古解放了，他积极投身家乡的土改运动，为建设家乡而努力工作。他当过农会会长、村长、乡长。与此同时，他还用自己心爱的胡琴，自编自演新的作品，歌颂新生活，歌颂共产党。他的代表作品《胡琴颂》、《欣赏故乡的好风光》、《歌唱共产党》、《献给国庆节》等，在草原被牧民广为传颂。

他说唱的几部史诗给当地百姓留下了深刻的印象，如长篇史诗《格斯尔可汗传》（6万多诗行，已于1989年由北京民族出版社出版），以及蒙古族短篇史诗《大力士朝伦巴特尔》（1500诗行）、《孤胆英雄》（30000余行）等。

1950年11月，琶杰参加了在张家口召开的内蒙古民间艺人第一次代表大会。1951年，他加入了内蒙古东部区文工团，成为一名专业的文艺工作者。1952年，在他50岁的时候结了婚，建立了美满的家庭。1955年，他光荣地加入了中国共产党。1958年，他来到祖国首都北京，见到了毛主席。他以高超的说唱技艺为祖国、为民族作出了贡献，祖国和人民也给予他应有的荣誉。他荣任中国曲艺家协会理事、内蒙古文联委员、中国民间文艺研究会内蒙古分会副主席等职。新旧社会的对比，使他无限感慨，他拉着陪伴了他大半生的胡琴，唱出了发自肺腑的心声："在那黑暗的旧社会，我的可爱的胡琴，你是那样多灾多难，在人民的新时代，我的亲爱的胡琴，你的声音多么甜蜜。我的可爱的胡琴，你的兄长我虽然已年迈，但永远不会忘记你，只要活着，你都将表达我的心声。"

这位蒙古族著名艺术家于1962年4月7日在北京与世长辞。他留下了用心血写成的17篇好来宝作品及三部史诗，《格斯尔可汗传》是其中的精品。1991年11月，琶杰被文化部、国家民委、中国文联、中国社会科学院四部委追认为"《格斯尔》说唱家"。

参布拉·敖日布

参布拉·敖日布是蒙古族《格斯尔》说唱艺人。内蒙古昭乌达盟巴林右旗人。1925年，参布拉出生在巴林草原一个普通牧民的家里。巴林草原不知从何时起形成了说书的传统，牧民酷爱听说书，尤其爱听《格斯尔可汗传》。在这里说书艺人可以施展他们的才能，而普通民众也能说上几段，人们附会的关于《格斯尔》的风物传说也比比皆是。参布拉就在这样的氛围中长大。在他出生的村子里，有一位当地有名的说书艺人陶克涛。他常年瘫痪在家，然而上门听其说唱的牧民却络绎不绝。陶克涛是位造诣很高的说书艺人，他会说《三国演义》、《水浒传》，尤其擅长说唱《格斯尔可汗传》。在他的家中收藏了不少手抄的说书本子，闲暇时，他经常拿出来自得其乐地边看边说。牧民们春季接羔、夏季打草，家中的活计总是干不完，参布拉也要帮助大人们忙活。只有到了冬天，人们才清闲下来，围着炉子喝着奶茶享受生活，这时人们就可以聆听艺人说书了。参布拉的父亲是个爱听说书的人，他经常带着参布拉到陶克涛老人家去听书。久而久之，那些精彩的故事便在参布拉的脑海中留下了深深的印象。他着魔似的喜爱上了《格斯尔可汗传》，希望能够拜师学艺。在他的请求下，父亲带上羊腿和茶叶到陶克涛家中，请求老艺人收下这个徒弟。陶克涛素知小参布拉聪颖、懂事理，便欣然同意了。从此，9岁的参布拉就经常到师傅家中学习说唱。

学习说书并不是件容易的事情，蒙古族学艺的规矩十分严格。一方面要学习曲调、记忆故事的情节并背诵诗行，另一方面还要学拉四胡，练习边拉边唱的本领。参布拉按照师傅的要求去做，学得很上心，师傅也很喜欢这个做事认真的孩子。就这样，师傅每天教几段，参布拉就跟着边拉边唱。有时，家中没有外人，师傅就把一大摞《格斯尔》的手抄本拿出来边看边唱。那书是用毛笔工整地抄在发黄的草纸上，摞在炕上比盘腿坐着的师傅还要高。依据师傅珍藏的本子，在老人的带领下，参布拉一字一句地学会了全部的说唱。就在参布拉16岁那年，他已全部掌握了包括好来宝、赞词及史诗《格斯尔》的说唱本领，可是陶克涛师傅却离开了人世。

陶克涛师傅留下的这部《格斯尔》手抄本很有特色，把史诗分为120章，全韵文体。每章一般为27—36首诗，最长的一章约有300首诗。每首4行，每行5、6、7个音节不等。这在目前见到的抄本中也是少见的。这部史诗在内容上也极具特色，他认为：首先，对格斯尔的来源有详细交代，先讲三界的故事，即天界、地界、中界，然后说到人间；其次在内容细节上也有许多不同，例如格斯尔的坐骑不是枣红马，而是由天上的水星下凡，变成了白骡马，所以坐骑伴随格斯尔征战所向披靡，既不怕水也不怕火。

旧时逢年过节，或在婚礼的酒宴上，过去是师傅带着他说唱，现在这一使命就落在了参布拉身上。他的说唱得到乡亲们的称赞，有时还被邻村的人请去说唱。参布拉说唱从来不收钱，人们只供给酒和茶，因为他不以说唱为生。

1947年家乡得到解放，他参加中国人民解放军，随部队四处奔走。在部队中他是一个文艺积极分子，经常为战士们说唱，受到欢迎。从部队复员以后，无论是在县上工作期间，还是回到家乡，他都没有停止说唱。他那时而高亢激越，时而低沉委婉的嗓音，以及声情并茂的演唱，配上四胡优美的旋律，达到完美和谐的境地，深受人们喜爱。

1984年，内蒙古《格斯尔》办公室的领导拉布坦同志，根据群众提供的线索，在巴林右旗索博力嘎苏木找到了他。从此，他投入了抢救史诗《格斯尔》的工作。当年师傅的抄本已经不复存在，他就凭着回忆，用自己粗通的蒙古文，唱一段，记一段，再唱、再记，用了整整四年的时间，终于把陶克涛传授的史诗记录下来。经参布拉精心誊写过的120章本《格斯尔可汗传》就成了陶克涛唯一的传本。

由于参布拉精湛的说唱技艺，在1991年11月文化部、国家民委、中国文联、中国社会科学院四部委联合举办的《格萨（斯）尔》艺人命名大会上，他被授予"《格斯尔》说唱家"的光荣称号。1997年在全国《格萨尔》工作表彰大会上，已故的参布拉·敖日布获得了个人荣誉奖。

罗布桑

罗布桑，男，蒙古族，1943年出生于内蒙古乌兰察布盟察哈尔右中旗一个手艺人家里。1948年被家乡的济仁巴庙请为沙布隆喇嘛，1952年到杜尔伯特西拉姆伦庙当了普通喇嘛，1958年还俗回家。1964年6月于察哈尔右中旗组织部参加工作，1965年8月调至乌兰察布盟文工团，1988年1月调到内蒙古民族曲艺团，现已退休，是国家二级演员。这期间，在工作之余，他经常参加民间文学的搜集整理翻译等工作，还创作过好来宝，说唱过蒙古民间史诗《锡林嘎拉珠巴特尔》等。罗布桑最初是从一个叫哈日嘛嘛的僧人那里听到"格斯尔的故事"的。可以说，哈日嘛嘛是他的启蒙老师。他是当时杜尔伯特西拉姆伦庙尼日巴喇嘛，因他长得黑，大家都叫他哈日嘛嘛（哈日是蒙古语，黑的意思，嘛嘛是过去蒙古人对喇嘛的敬称）。他俗名阿旺，教名罗布桑道尔吉，精通史书，说话风趣幽默，会唱50多章《霍尔·格斯尔传》，且是跟他父亲学的。哈日嘛嘛的语言特别丰富，全部用韵文，说唱时手里拿佛珠或坠铃或碰盅。哈日嘛嘛常说的章节有《格斯尔从天界降临到瞻布州》等几个章节。据罗布桑说，听得多了他就学会了一些，有时候会背着大人说给小朋友们听。1959年罗布桑来到呼和浩特见到了蒙古族著名艺人毛衣罕，还拜见过琶杰。这两位大师都曾听过罗布桑说唱的《霍尔·格斯尔传》。1984年参加在拉萨举行的全国首届《格萨（斯）尔》艺人演唱会；1985年内蒙古电台录制并播出罗布桑说唱的《霍尔·格斯尔传》共10小时；1986年5月，在北京召开的全国《格斯尔》工作表彰大会上荣获由中国社会科学院、文化部、国家民委、中国民研会四个部门颁发的荣誉证书。1986—1987年乌兰察布电台录制并播出《霍尔·格斯尔传》共20小时；1987年7月25日内蒙古电台以《格斯尔奇》为标题介绍了罗布桑的事迹。

苏鲁丰嘎

苏鲁丰嘎，男，蒙古族，副编审，国家级《格斯尔》史诗说唱艺人。1923年正月初七生于巴林右翼巴彦塔拉苏木召胡都格嘎查。他父亲斯楞道尔吉是牧民。1937年至1940年在嘎查小学读书；1940年至1943年在大板镇读书；1943年至1944年在开鲁发展模范场学兽医；1952年至1985年在内蒙古人民出版社蒙古文编辑部担任副编审。他会演唱《格斯尔》，他演唱的《格斯尔》有三部，出版了《钱达木尼岩石镇压毕德尔蟒古思》、《十方圣主格斯尔镇服金角蟒古思》、《圣主格斯尔汗镇服女妖魔》等三部《格斯尔》。1985年在赤峰参加"首届全国《格斯尔》研讨会"，并演唱《格斯尔》，以独特的说唱风格受到了诸位学者的高度评价。1986年在北京举行的"全国《格斯尔》工作总结表彰大会"上获得搜集整理工作先进个人奖。1991年获得国家级《格斯尔》说唱艺人称号。

却音霍尔

却音霍尔（又名确吉浩日劳，1907—1983），男，蒙古族，出生于巴林左旗衙门艾里牧民家。自12岁开始到庙里给喇嘛大师当学徒学习藏文、蒙医。15岁时，他开始学拉四胡子，在村里说唱乌力格尔。他说唱的乌力格尔有《金国故事》、《五虎平南》、《格斯尔》。俄罗斯学者李福清、蒙古国学者铁木尔其荣曾搜集整理并以俄文和蒙古文出版他说唱的五章本《格斯尔》。

齐木德道尔吉

齐木德道尔吉，男，蒙古族，1924年出生于巴林右翼旗沙布台苏木牧民尼玛家。从小向喇嘛学蒙藏文字，后来在大板完小学习。他从小就喜爱蒙古族民间文学。1946年参军，后历任乌盟阿鲁旗文化馆干部，内蒙古东部区文联创作员，《内蒙古文艺》编辑，《花的原野》编辑，乌盟文化局文联干部，中国作家协会内蒙古分会常务理事，乌盟政协委员。1945年开始发表作品。1959年出版《英雄格斯尔》。1979年加入中国作家协会。1980年去世。著有长篇小说《西拉木伦河的浪涛》（上）、《英雄格斯尔汗》，诗集《巴林马驹》，儿童文学《带铃铛的狗》，民间文学《木头姑娘》、汉译蒙的《百鸟衣》、《勇敢的骑兵》、《毛主席诗词二十一首（合作）》、《董必武诗词》等。

敖干巴雅尔

敖干巴雅尔（1930—2004），男，蒙古族，内蒙古巴林右旗查干沐沦沙巴尔台人。他擅长蒙古语说书，是说唱《格斯尔》史诗的能手。他一生中，除了说唱《巴林格斯尔传》外，还口头讲述了巴林格斯尔风物传说达数十种，还演唱了诸多巴林格斯尔祝词、祭词等。1997年，他被文化部、中国社会科学院、国家民委、中国民间文艺研究会授予"全国《格斯尔》抢救与研究工作先进个人"称号。

金巴扎木苏

金巴扎木苏（1934—），男，蒙古族，内蒙古巴林右旗敖日盖查干勿苏人。他自幼得祖父的艺术真传，到八岁时已具备了说书艺人的基本技能。他的恩师达瓦敖斯尔通晓蒙、汉文字，为久负盛名的说唱艺人。金巴扎木苏在其精心培养下，与说唱艺术结下了不解之缘。19岁就成为闻名遐迩的说唱艺人。他踏遍了内蒙古5个盟市8个旗县22个苏木30多个嘎查的城市牧区、寺院，巡回演唱了蒙古语乌力格尔与《格斯尔》史诗。金巴扎木苏具有独特的语言风格，他驾驭语言的能力很强。在长期的巡回演唱中，他不断吸收各地的谚语、歌谣，使其说唱语言生动活泼。金巴扎木苏说唱了迄今篇幅最长、内容最丰富的《格斯尔》口头文本。在此之前，人们认为琶杰演唱的文本是中国乃至世界最长的《格斯尔》文本，而金巴扎木苏的文本比琶杰的文本长达十倍之多，共18.6万诗行。现已出版三部演唱文本。其中，《圣主格斯尔可汗》（《格斯尔全书》第二、三部）是其代表作。这些作品，诗文绚丽多彩，篇幅宏伟，而且包含蒙古族社会历史、经济文化、风俗习惯、宗教信仰等诸多内容。他的作品，不但具有极高的文学价值，而且具有极高的学术价值。2007年，他荣获中国文学艺术界联合会，内蒙古自治区民间文艺家协会授予的"民间文化杰出传承人"称号。现在金巴扎木苏老人虽已八旬，还为培养《格斯尔》史诗说唱艺人工作作着贡献。

三、学者

索德那木拉布坦

索德那木拉布坦（1933—2004），男，蒙古族，文学理论家、评论家、翻译家、教育家，我国文学事业的优秀组织者、学术带头人之一。任内蒙古少数民族古典书籍和《格斯尔》研究中心教授，享受政府特殊津贴专家。索德那木拉布坦于1933年12月17日，出生于阿日宝冷艾里一个普通牧民家。他先后组织国家重点研究课题《格斯尔》、《江格尔》、《蒙古文学史》等研究工作，在内蒙古文学研究和学科建设中作出贡献。他还编写、翻译出版《江格尔》（3卷）、《格斯尔丛书》（15卷）和《巴林格斯尔》等书籍。在他领导《格斯尔》文化研究工作期间，内蒙古《格斯尔》文化的研究在全国处于领先地位，内蒙古《格斯尔》工作领导小组办公室曾两次被评选为全国先进单位。他本人也因其作出的突出贡献，于1986年、1997年荣获全国《格斯尔》文化研究工作先进工作者称号。曾任职的职务有中国《江格尔》研究协会副会长，内蒙古《格斯尔》研究协会会长等。

曹都毕力格

曹都毕力格笔名为达尔玛僧格，男，蒙古族。他是国内外学术界公认的大学者、大翻译家。1922年10月29日出生于巴林右翼旗查干沐沦苏木珠腊沁嘎查，普通牧民王其格苏荣家。他天资聪颖，勤奋好学，幼年在寺庙学习藏文；用藏文和蒙古文两种语言学习了蒙藏医《四部药典》中的三部；他13岁还俗回家，在家乡私塾学了蒙古文和满文。1938—1942年，先后在大板国民优级小学和扎兰屯师范学校学习。1960年开始在内蒙古教育出版社工作，先后任编辑室主任、副总编辑、总编辑等职。从1945年开始，在工作之余写作诗词并从事蒙汉翻译工作。他的著作，曾多次获得各级各类奖项。曹都毕力格兼任过中国蒙古文学学会常务理事、尹湛纳希研究会会长、内蒙古翻译家协会名誉理事长等社会职务。主要学术成果：《曹都毕力格诗选》、《春晓集》、《尹湛纳希故乡访问记》、《药用动物》等书籍。他还有《关于巴林格斯尔》（论文）、《女神》、《宗教词典》、《蒙医药名（蒙、汉、藏三体合璧）》等著作。

斯钦孟和

斯钦孟和，男，蒙古族，博士、教授、中国社会科学院民族文学研究所研究员、文学与民俗学博士生、博士后导师，享受国务院特殊津贴专家。1954年7月6日生于内蒙古巴林右旗。1980年毕业于中央民族大学。1981—1984年在中国社科院研究生院研读，1988—1989年在蒙古国国立大学研读。1997—1999年在蒙古国外国语学院和国立大学研修。2003—2004年在俄罗斯圣彼得堡大学研修。1999年和2004年在蒙古国科学院和俄罗斯圣彼得堡大学分别获得语言学科学博士学位和文学博士学位。他已发表的学术著作和专著：《卫拉特格斯尔》(1984)、《卫拉特蒙古史诗》(1987)、《二十世纪西方蒙古学》(2002)、《格斯尔全书》等18部。其中《卫拉特蒙古史诗》、《格斯尔版本研究》、《蒙古＜格斯尔＞关系论》分别在1991年、2000年、2004年德、蒙古、俄罗斯三国，以德、西立尔、俄三种文字出版。已发表论文86篇，其中26篇发表于美、日、俄、印度、匈牙利等国家学术刊物。自1989年至今他荣获包括省部级奖项9次，1997年荣获国家"突出贡献的先进个人"称号及奖励。2006年获得蒙古国科学院忽必烈肖像最高学术金章。他任职的学术职务：原中国社科院民族文学研究所蒙古族文学研究室主任，社科院《格（萨）斯尔》研究中心主任，全国《格萨（斯）尔》工作领导小组秘书长，兼任中国蒙古文学学会副理事长等多个学会的职务。

道荣嘎

道荣嘎，男，蒙古族，内蒙古社会科学院副研究员。1926年生，内蒙古昭乌达盟（今赤峰市）巴林右旗白音塔拉苏木人。1935年至1942年，在巴林右旗大板国民优级学校学习。1945年参加东北联军，任骑兵四师三十四团副参谋长兼团直属机关指导员。1958年至1972年，任内蒙古哲学社会科学研究室主任、内蒙古文学学会名誉理事。1962年学术资料《蒙古民间故事》他获得了内蒙古自治区民间口头文学一等奖。1986年获《格斯尔》史诗搜集整理工作先进个人奖。主要论著：《简论＜独贵龙歌谣＞》、《东蒙＜胡尔奇＞艺术概要》、《论蒙古民歌分类》、《试谈"蒙古宫廷歌曲"》、《英雄史诗集》、《宝格达格斯尔可汗传》等。

仁钦嘎瓦

仁钦嘎瓦，男，蒙古族，著名翻译家、蒙古学学者。他出生于1921年1月10日，巴林右翼旗彦尔灯苏木哈拉姆都嘎查牧民斯宾图的长子。1931年，他在哈拉姆都嘎查小学读书；1938年，在开鲁县"蒙古文学会"理事长布和贺西格创办的"蒙古族师范学校"求学；1952年，在内蒙古日报社工作担任蒙古文编辑部时事政治组组长及蒙古文版主编；1984年退休。他研究和翻译英雄史诗《格斯尔》，发表论文40余篇，编辑、创作、翻译作品共10余部。他被载于《中国翻译家词典》、《中国蒙古学学者》等辞书。曾任内蒙古新闻研究中心特邀研究员、内蒙古翻

格萨（斯）尔

译家协会成员、内蒙古蒙古语翻译研究协会成员、《蒙古民俗通鉴》编辑组成员、中国蒙语研究协会名誉理事长等职务。主要学术成果有《<格斯尔>史诗人名解释》、《蒙古古典文献选介》、《蒙古文化史试拣》、《蒙译史概要》，翻译《包身工》、《粉妆楼》等著作。

却日勒扎布

却日勒扎布曾用名包·兴安。1937年2月20日生，蒙古族。1956年8月毕业于内蒙古师范学院数学专修班，留本院数学系工作。1957年9月考入内蒙古大学语言文学系学习，1960年1月留本系任教。1965年2月，调入内蒙古大学蒙古人民共和国研究所从事科研工作。1978年11月重回蒙古语言文学系任教。兼任中国蒙古文学学会理事。多年从事蒙古文学的教学与研究，侧重于蒙古古代文学、蒙古史诗研究主要论著《试论萨满教文学》（蒙古文，《内蒙古大学学报》（1980年第2期）、《蒙古文学史》（蒙古文，内蒙古教育出版社，1984年11月）、《新发现的蒙古<格斯尔>》（蒙古文，《内蒙古大学学报》1987年第2期，译载日本《东洋史苑》第32号，1988年9月）、《蒙古<格斯尔>的独特性》（蒙古文，《内蒙古大学学报》1989年第4期）、《青史演义故事》（蒙古文，署名孛·兴安，内蒙古人民出版社）。

巴·布和朝鲁

巴·布和朝鲁，男，蒙古族，1959年出生于内蒙古巴林右旗，1984年毕业于内蒙古大学历史系，现任内蒙古社会科学院研究员，文学研究所所长，学术委员会秘书长，兼任内蒙古文学研究会常务副秘书长，自治区民间文化遗产保护工程专家委员会成员、教育部重点研究基地内蒙古大学蒙古学研究中心学术委员会委员、中国蒙古文学学会理事、内蒙古民间文艺家协会理事、国际民俗学协会通讯会员等职务。

主要学术成果如下：《论蒙古族民间仪式歌的演唱传统》，论文，2006年，呼和浩特；《隆福寺格斯尔》校勘注释本，合作，1989，呼和浩特；《青海蒙古族<格斯尔>》搜集整理本，合作，1986年，呼和浩特；《对史诗演化过程的观察：蒙古族英雄史诗<格斯尔>在民间流传的现状分析》，论文（英文），1997年，芬兰约恩苏大学；《大河源上观巨流——再谈青海蒙古族<格斯尔>的特性及普遍意义》，论文，中国社科院召开的蒙古族文化与文学国际研讨会，2007，吉林省松原市。

乌·新巴雅尔

乌·新巴雅尔，男，蒙古族，1960年大年初一生于著名说唱艺人乌斯胡宝音家。1984年毕业于内蒙古大学蒙古语言文学专业。1984年至1990年，内蒙古社会科学院文学研究所助理研究员。1990年至1995年，任内蒙古语文学学会理事，在《格斯尔》办公室从事研究工作。1995年至2003年，他留学日本国立大阪外国语大学、先后获得语言文化学硕士学位和博士学位。2004年始，任内蒙古大学外国语学院教授、研究生导师，从事日本语言文化教导、蒙语日语文化比较研究等工作。主要作品有：校勘注释本《南瞻部洲雄狮王传》、专著《蒙古<格斯尔>研究》、论文《关于蒙古族说唱艺术的起源》、《格斯尔与布里亚特神话》、《青海蒙古<格斯尔>比较研究》。

纳·宝音贺希格

纳·宝音贺希格，男，蒙古族，译审，《巴林右旗志》执行主编。1978年，毕业于内蒙古大学中文系蒙古语专业文学班。自1978年至1980年，他在巴林右旗文化馆工作，1981年至今在巴林右旗地方志办工作。纳·宝音贺希格在搜集、整理、研究巴林格斯尔文化中成绩突出，多次参加国内国际《格斯尔》学术研讨会，发表了有分量、有学术价值的研究文章多篇。对他在《格斯尔》工作中作出的突出贡献，1986年和1997年，文化部等四部委授予《格斯尔》工作突出贡献先进个人奖。在国际《格斯尔》学术研讨会上交流的论文有：《巴林格斯尔传说·庙·祭祀》（1993）；《蒙古文《格斯尔》中的阿珠莫日根夫人的形象》（2000）；《巴林《格斯尔》文化在蒙古＜格斯尔＞中的地位》（2009）等。编纂的著作有：《巴林格斯尔文化》（2010），《中国格斯尔故乡——巴林》。

巴图

巴图，男，蒙古族，1961年9月28日出生于内蒙古赤峰市巴林右旗。大学本科学历，现任内蒙古社会科学院文学研究所研究员。1984年至今在内蒙古社会科学院文学研究所工作，参加国家"六五"、"七五"社科重点科研项目《格斯尔》的搜集、整理、研究和翻译出版工作并进行民间文学研究。1999—2000年，参加了"七五"、"八五"期间国家重点课题《蒙古族文学史》编写工作；2000—2002年，参加国家社科规划重点项目《蒙古学百科全书》文学卷的词条编写，独立撰写《尸语故事》等45篇词条。他所涉猎的研究领域包括蒙古族民间文化、民间文学。研究的重点是蒙古族民间文学比较研究。并从事佛教文化、佛教文学研究。他独立完成了有关《蒙古族民间故事与印藏民间故事比较研究》系列论文20余篇，他独立完成专题著作《如意修饰》一部，参加和主持完成了《格斯尔全书》（卷一、四、六、十）4部专著。他出版和研究蒙古族英雄史诗《格斯尔》、蒙古民间文学的同时，也重视民间文学的抢救保护和利用问题。围绕这一研究方向，他曾多次到境内内蒙古、青海等地区和境外蒙古国进行田野调查、学习访问，搜集了大量的第一手资料。在信息处理方面参与完成《蒙古文学数据浏览库》，计算机数据库，为2001年内蒙古社会科学院重点课题。他参与完成内蒙古自治区成立六十周年献礼项目之一《内蒙古民族民间文化遗产数据库》的计算机数据库编程、程序设计、计算机处理数据、发布平台设计、技术报告、设计方案。

斯钦巴图

斯钦巴图，蒙古族，1963年生。1998年毕业于中国社会科学院研究生院，获文学博士学位。现为中国社会科学院民族文学研究所研究员，蒙古文学研究室主任，兼任中国《江格尔》研究会副会长兼秘书长。他长期从事蒙古史诗研究，在国内外发表学术论文50余篇，出版《江格尔与蒙古族宗教文化》（1999年出版，2000年荣获第二届"胡绳青年学术奖"——文学奖）、《蒙古史诗：从程式到隐喻》（2006）、《图瓦〈格斯尔〉：蒙译注释与比较研究》（2008等学术专著，与他人合作出版《蒙古英雄史诗大系》（1—4卷，2007—2009年出版，2010年荣获第二届中国出版政府奖——图书奖）等学术资料。

乌·纳钦

乌·纳钦，男，蒙古族，1970年1月28日生于内蒙古巴林右旗查干沐沦苏木。现任全国《格萨（斯）尔》工作领导小组办公室副主任、文学博士。出版学术专著《"格斯尔之乡"新格斯尔奇艺人——熬干巴特尔〈阿齐图·莫日根·格斯尔可汗〉史诗文本及其研究》（2013）、《纳·赛音朝克图研究》（2011）、《口头叙事与村落传统》（2004），出版论文集《诗歌与民俗研究》（2011）。出版《蓝色的蒙古高原》、《边界的野羊》、《巴林石》等文学著作。他作的词歌曲有《蓝色的蒙古高原》、《佛心的阿妈》、《爱的哈达》等200余首，其中很多已广为传播。他策划编剧《阿拉善传奇》、《大辽礼赞》、《金枝衍庆》、《天赐阿拉善》等多部舞台剧。主持或参与全国社科基金课题、文化部课题、中国社科院课题等多项研究课题。曾荣获"胡绳奖"、"共和国五十年音乐"优秀作品奖、文化部第十四届文华音乐作品创作奖、内蒙古"五个一工程"奖、全国第一届蒙古文网络文学奖等多种奖项。（第17部分的编写参考了《蒙古族文学史》，第2卷，第309—352页，荣苏赫等编著，内蒙古人民出版社2000年版）

第十八部分　土族《格萨尔》

土族《格萨尔》

土族是个历史悠久而十分勤劳的民族。目前，主要居住在青海、甘肃两省交界之地，其次在云南、新疆、内蒙古以及北京等地也有少量散居的土族人。据全国第五次人口普查统计，土族共有241198人，其中居住较集中的青海互助土族自治县有62780人，民和回族土族自治县有39616人，大通回族土族自治县有42347人，甘肃天祝藏族自治县有12600人。除此，在青海其他市、县，内蒙古、新疆、云南、甘肃兰州、北京等地散居数万人。

尽管土族《格萨尔》是在藏族《格萨尔》的深刻影响下产生的一部以韵散体结合形式说唱的长篇史诗，但是，土族《格萨尔》史诗中的很多内容都是新颖而独创的，在其他民族的《格萨尔》版本中并未出现。就目前已见诸文字的土族《格萨尔》和土族地区流传的《格萨尔》内容，主要有天界篇、诞生篇、降魔篇与珠牡成婚篇、赛马成王篇和霍岭大战篇；或阿布朗创世史、晁同毁业史、格萨尔诞生史、堆岭大战史、霍岭大战史、姜岭大战史、嘉岭大战史、安定三界史等八个部分。

概括地说，土族《格萨尔》的内容可以划分为创世史诗和英雄史诗两大部分。其中前一部分是土族《格萨尔》中独有的，它反映了土族先祖们的原始创世生活以及对世界万物的最初认识，具有很高的史学研究价值；后一部分的主要内容和故事情节与藏、蒙民族的《格萨尔》相近。

土族《格萨尔》中的"创世史诗"形成独立的思想体系，反映出了土族先祖们原始的生活标志。吃野果、狩猎、住窑洞、身上裹兽皮等，都是原始生活的具体写照。在王永福艺人说唱的土族《格萨尔》中，把神创造万物的创世神话描述得具体、真实，恢宏壮阔，更为独特和更加合理。宇宙是怎么形成的，人类是怎么被创造出来的，万物是怎么起源的，这一切不仅是之后合理续接的"英雄史诗"的前奏，而且是在土族《格萨尔》中最具分量的部分。它是土族先祖最原始的宇宙观、人类观、宗教观、语言观以及万物起源观的综合体现，是人类最古老的思想认识之一。

土族《格萨尔》中的"英雄史诗"，讲述的内容是阿朗部落的起源以及部落内部的权力之争和周边各部落（国）之间的战争过程：老可汗阿朗恰干年高退位，想推选一个接班人接替汗位，结果被代表恶势力的阿古加党买通了卦师作了弊，夺得了汗位。他性格懦弱、挥霍无度、连年战争，使阿朗部落的老百姓痛苦不堪。危难之际，老可汗出马去往天界，求得下部龙王神的三太子降生阿朗部落，他就是后来的"格萨尔"。他是上天派到人间救苦救难的英雄。他一出生，就遭到了叔叔阿古加党的迫害，但聪明又神奇的"格萨尔"小小年纪就能逃脱阿古加党的各种阴谋。最终，格萨尔战胜了阿古加党，夺回了老可汗的政权，并且征服了周边的一些小国，缓和了与周边部落的关系。阿朗部落的老百姓又过上了平静而幸福的生活。英雄史诗的内容与藏、蒙"格萨尔"的故事情节大致相近，不同的是在土族《格萨尔》中增加了很多土族风俗和历史文化内容，使其更具备本民族独特的说唱风格，形成了土族人民喜爱的自己民族的"格萨尔"。

土族《格萨尔》的价值不仅仅反映了藏族英雄史诗流传范围之广，影响之大，也是研究藏族《格萨尔》在不同地区的变体的重要资料，同时是研究土族人民的历史、社会、民俗、文学和语言的珍贵资料。

土族《格萨尔》说唱

"土族《格萨尔》说唱"于2005年首先被列入了"甘肃省非物质文化遗产名录"，继而于2006年6月又被列入"第一批国家级非物质文化遗产名录"。它不仅在历史文化、宗教、哲学和艺术等方面具有极高的认识和研究价值，而且在《格萨尔》研究领域中也是独树一帜的。作为口头传唱的口承文献古籍，土族《格萨尔》具备有别于其他口头传唱的英雄史诗的特质，独具其个性魅力。在流传方式上，它是在土族地区流传的，由土族民间艺人说唱的《格萨尔》；在语言上，它是用土族语和藏语分别说、唱散文和韵文的《格萨尔》；在内容上，它是与藏区流传的《格萨尔》有所区别，带有浓郁的土族文化特色的《格萨尔》。

由于历史上形成的土族只有语言，没有文字及与藏民族的长期深入的交往等原因，造成了土族《格萨尔》独特的说唱形式和内容。在说唱时，用藏语咏唱其韵文部分，然后用土族语进行解释。这种解释并非原文原样地照释藏语唱词，而是在解释了藏语唱词的同时，加述了许多具有土族古老文化特质的新内容，起到了承上启下的作用，进一步充实和丰富了藏族《格萨尔》，充分反映出土族人民在吸收其他民族优秀文化时的创造精神。

土族《格萨尔》在说唱时有独特而严格的一套程序。说唱时必须按照从远古流传下来的规矩进行。据目前国内唯一健在的土族《格萨尔》说唱艺人王永福介绍：如果在说唱土族《格萨尔》时不按照这些规矩进行，一方面会触犯神灵和格萨尔，另一方面说唱者（艺人）会有罪过，得到因果报应。在说唱的前几天要到十里外的山沟深处，取回一些没有受到污染的第六个至第九个泉眼中的泉水，同时还要从此山中背一捆松柏树尖端的松柏枝来，以备说唱时用它煨桑，以此来敬奉神灵和格萨尔。说唱前

◎ 格萨（斯）尔

首先要对说唱场地进行清扫和用柏树枝烟熏燎，然后穿戴《格萨尔》艺人特制的衣帽，煨桑焚香、点燃佛灯、供奉净水、念颂祈祷词，还要用酒或净水等敬奉上部天王神、中部财宝神和下部龙王神以及各路山神、家神等。这样做一方面是为了除病免灾，使六畜兴旺发达，农田物阜年丰；另一方面则是出于对格萨尔的敬仰和爱戴。在完成了这一系列的程序之后才开始说唱。虔诚的说唱艺人们世代都严守这样的说唱程序，不敢违背。

土族《格萨尔》的说唱是有时间性的。一般在农闲和春节说唱，其他时间说唱的情况也有。但"格萨尔"的说唱是件严肃的"大工程"，一唱则需要几天几夜。艺人们要谋生，无法随时说唱，听众们平日也忙于农活，因此在一定的时间内说唱，艺人和听众都有兴趣和精力保证，比如农闲时、春节期间；更重要的一个因素是说唱"格萨尔"需要在一定的氛围中才能进行，除了举行说唱前的祭奠仪式，还要请一些当地的长者坐镇"指导"，找几位会唱酒曲或会唱《格萨尔》片段的"道拉齐"陪唱。形成这种习俗的原因是，一方面可减轻说唱艺人长时间说唱造成的疲劳，另一方面形成特殊的说唱氛围和在座的听众形成"互动"，产生更好的说唱效果。

土族《格萨尔》的说唱特点

土族《格萨尔》艺人与藏族《格萨尔》说唱艺人有很大的区别，土族《格萨尔》基本上没有神授、掘藏、圆光等类型艺人。从王永福传唱土族《格萨尔》的情况中可以看出，土族《格萨尔》说唱艺人的师承关系很清晰，基本是家族式传承。王永福的外公叫恰黑龙江（1875—1946），是青海省互助县著名的土族《格萨尔》说唱艺人。他把土族《格萨尔》传给了女婿杨增（1900—1955），即王永福的父亲。杨增在几个儿子中选中了王永福，就把土族《格萨尔》又传给了他。土族《格萨尔》说唱艺人的这种师承关系，除了热爱和专门传承这一历史文化成果的使命之外，还有一个重要原因就是对于土族《格萨尔》这样大型的口碑文学，家族式的师承关系是最主要的一种传承方式。当然，在家族之外也可以有传承，其前提条件是学艺人要酷爱说唱《格萨尔》，记忆力强，且有说唱土族"酒曲"的爱好和功底等。

土族艺人在说唱时，不需要别人付任何报酬。说唱一般在农闲和春节时进行，是一种纯自娱性的民间文艺活动，不是艺人赖以谋生的手段，说唱史诗只是艺人们的共同爱好而已。土族艺人除说唱《格萨尔》外，大部分还擅长于唱土族赞歌、婚礼歌，是受群众欢迎的民间歌手。土族《格萨尔》艺人中，有的还是巫神。

土族《格萨尔》说唱中将两个民族的两种语言有机地统一于一体，这种韵散结合的说唱形式，既增加了艺人传承方面的难度，又不可避免地延长了说唱的时间。即便如此，艺人们都具有惊人的记忆力，只需随师傅听唱几遍，就能将如此长篇的韵散内容记忆不忘。土族在历史上没有自己民族的文字（现在创造有拼韵字），也没有《格萨尔》的抄本传世。传承土族《格萨尔》就凭艺人们的记忆和对土族《格萨尔》的热爱，这就使说唱土族《格萨尔》的艺人们成为这一文化传承的关键。

贡布（1900—1974）

又名王文宝，土族《格萨尔》说唱艺人。青海省互助县东山乡人。

贡布1900年出生于青海省互助县东山乡，兄弟姐妹六人，他排行老大。父亲在生活贫困的情况下，以打猎接济生活。某一年，一个收购皮子的人来到东山，不巧他的癫痫病犯了，昏了过去。当地的乡亲们以为他死了，看着他孤身一人，便把他背到山上为他送葬。谁知到了山顶后，此人又逐渐苏醒过来。乡亲们以为是死人复活，闹鬼了，便动手把"鬼"打死了。

贡布的父亲正好在附近打猎，撵狐狸来到山顶，看到此事便去报了案。死人的家属得知后赶来，以为是贡布的父亲打死了人，便不问青红皂白把他活活打死了，随后抢走了他家的东西。

好端端的一个家从此被拆散，几个妹妹被匆匆嫁出去，弟弟们有的种地，有的流浪。老大贡布只好背井离乡四处流浪，学点手艺谋生。后来，贡布落脚到大泉乡小羊圈成了家。他流浪时学会了画柜子，尽管他的手艺并不太好，但还能维持一家人的生活。一年四季，他经常外出给别人画箱子、柜子，渐渐地他不但会画一些土族传统的图案，还学会了画孙悟空等汉族图案，在当地有了点小名气，得了个"画匠"的称号。

在他外出来到附近的岔儿沟林家台干活时，认识了当地一个叫林黑龙江的人。此人说唱的《格萨尔》很动听，吸引了贡布。他和同村的旦嘎经常去听说唱，慢慢地学会了伴唱（土族艺人说唱《格萨尔》时，都有人在旁边附和尾音伴唱）。后来，他终于从林黑龙江那里学会了说唱《英雄诞生》部。此后，每逢年节，贡布和比他小5岁的旦嘎就在小羊圈为乡亲们说唱《格萨尔》，渐渐地有了点名气。贡布是一个很害羞的人，每次说唱时，总是低着头慢慢地唱。平时外出干活、画柜子，每到一地，劳动之余，他便被当地人邀请到家中说唱《格萨尔》。当地人说，和他一起学唱的旦嘎唱得并不比贡布差，但是名气不如贡布大。

1947年，互助沙塘川天主教堂的德国传教士多米尼克·施罗德，从教他土族语的朵家学生那里，得知贡布会唱长篇史诗《格萨尔》，便把贡布请到甘家堡天主教堂进行说唱。当时没有录音机，只能由贡布说唱一段，朵家学生翻译一段，施罗德用打字机把音记录下来，然后再记录翻译文字。由于贡布是用藏语唱其韵文部分，然后又用土语进行解释，所以记录比较缓慢。对于贡布在说唱中运用的23种不同旋律的曲调，为了记录准确，先由贡布唱一段，然后施罗德吹笛子把曲调重复一遍，确认准确无误之后再记录下来。施罗德在后来发表的文章中形容："贡布是一位特别具有模仿能力天才艺人。他像一位史诗演员那样，可以表现各种人物或深入角色。"

他们在一起工作了近一年的时间。1948年施罗德没有记录完就回国了。后来经过施罗德整理的12000行土族史诗《诞生部》（仅有二分之一）在德国发表。

新中国成立以后，生活安定了，贡布不用四处奔波找活干，所以唱《格萨尔》的机会也少了。只是在县上的集会上唱一些片段。1958年他唱过，在1969年互助县成立15周年大庆时他也唱过。长时间不唱《格萨尔》，他的名字渐渐被人们忘记，只有画匠这个名字还留在当地人脑海中。贡布终生笃信藏传佛教，对格萨尔王十分敬重，这是他不间断说唱《格萨尔》的动力。

李生全

李生全（1927—？），已故，土族《格萨尔》说唱艺人，别名枪手喇嘛，青海省互助县人。

1927年，李生全出生在互助土族一个农户家中。1948年到甘肃省夏河的拉卜楞寺削发为僧，取法号"单增嘉措"，在那里他学习了藏语、藏文。七年后回到互助松树湾寺（土族称祥隆寺）修习，直到1958年还俗回到父母身边。不久，哥哥去世，家庭的重担压在了他的肩上。可是一个从寺院回来的人哪里会做农活？于是，他决定外出以打猎为生。他背着猎枪整天在山上转，没过多久，他的枪法已远近闻名了，由此，获得了"枪手喇嘛"的绰号。他为此十分自豪地说：打过的猎物小的已数不清，光狐狸就打了七八十只，还在雪线上打过一只石羊。当时他打猎成瘾，"若山上放着一百元钱，叫我拿，我不一定去。假如听到哪里有猎物，再远的路我也愿意去"。后来，他成了家，就不能总在山上转，于是开始干农活。为了补贴家用，他只好靠着藏文卦书，给当地老百姓卜个卦，得到一点微薄的收入。

枪手喇嘛对《格萨尔》有着特殊的爱好。他在拉卜楞寺当喇嘛时，就曾偷偷地溜出寺院，去听一位藏族盲艺人说唱《格萨尔》。这位盲艺人的精彩演唱给他留下了极深的印象。然而，格鲁派寺院戒律森严，他不能随心所欲地听艺人说唱。

还俗回家后，他如鱼得水，可以在浩瀚的民间文学海洋中遨游。他除了喜爱《格萨尔》外，还对土族民间文学产生了极大兴趣。当时他的岳父还健在，而岳父就是一位民间歌手。于是他向岳父学习，不论什么歌，只要听两遍就记住了。他从岳父那里学到了不少土族婚礼赞词、问答歌等，《文成公主与松赞干布》的叙事歌也是在那时学会的。

每逢年节外出，遇到民间艺人说唱，他就停下来听。像东沟大庄背后的土族艺人东莫廓和丹麻乡拉卜楞沟的名艺人伊吉拉才让，都是他曾经拜访过的民间艺人。在听过几遍之后，他便开始自己说唱。他的记忆力惊人地好，又当过喇嘛，学过藏语，便于他记忆藏语唱词。就这样，慢慢地他可以说唱《格萨尔》的首部——《英雄诞生》了。土族《格萨尔》的特点是艺人使用藏语与土族语言说唱，先用藏语唱史诗的韵文部分，然后用土语进行解释，唱和说使用两种语言，藏语唱词一般是比较固定的，而土语解释是灵活的，有时甚至是即兴的。说的部分不仅仅是唱词的翻译，而是在其中加入许多土族人的理解与土族民间文学的元素。这就需要说唱艺人懂藏语，为此多数土族《格萨尔》艺人都是懂藏文的当过喇嘛的人。枪手喇嘛说唱的《格萨尔》故事脉络清晰简练，唱词重叠部分较少，土语解释部分的语言比喻十分丰富，具有浓郁的生活气息和土族特色。土族艺人在说唱时，还有人为其助唱，这也是土族人演唱《格萨尔》的独特习惯。

在1991年11月，由文化部、国家民委、中国文联、中国社会科学院联合召开的《格萨尔》艺人命名大会上，李生全获得了表彰。

王永福

王永福（藏名更登什加，1931— ），土族《格萨尔》说唱艺人，原为青海省互助县人。

王永福1931年出生于青海省互助县，在他1岁时，为了逃荒避乱，一家人在父亲杨增的带领下，翻山越岭，渡过大渡河，来到今甘肃省天祝藏族自治县朱岔乡定居。生活极端困苦，父亲劳累成疾，患眼病无钱医治而双目失明。他心中的愁苦只有通过说唱《格萨尔》来排解。杨增是互助著名土族《格萨尔》说唱艺人恰黑龙江（1875—1946）的女婿，从小就从他的岳父那里学到了说唱《格萨尔》的本领。后来王永福及共兄长长大成了家，家境渐渐好转。当一天劳累之后，兄弟几个就陪伴着父亲，围坐在火盆旁，听双目失明的父亲说唱《格萨尔》。

在几个兄弟当中，王永福不但具有很强的记忆力，还很勤奋好学。在父亲的耐心传授与鼓励下，他进步很快，没多久就能够独立说唱土族《格萨尔》了。后来他又向其他土族艺人学习，不断充实和提高自己的说唱。至1947年，王永福成为远近闻名的"酒曲匠"。每当逢年过节，迎亲嫁娶，他都被请去说唱《格萨尔》，主持婚礼。

改革开放后，经历了挫折的王永福又焕发了青春，他积极投入到抢救土族《格萨尔》的工作中。他的儿子王国明如今是一位博士，在西北民族大学专门从事《格萨尔》研究，重点进行王永福口头说唱的土族《格萨尔》记录、整理及翻译工作。作为至今仍健在的为数不多的土族《格萨尔》说唱艺人，王永福的说唱本正在陆续出版。

王永福说唱本的特点是，首先用藏语吟唱其韵文部分，然后用土族语（互助方言天祝话）进行解释。但这种解释并非只是藏语唱词的简单翻译，而是在解释藏语唱词的同时，又加述了许多土族古老文化的新内容。为此，土族《格萨尔》除采用藏、土两种语言进行说唱外，还具有鲜明的土族文化特色。这是因为，土族人民长期以来与汉族、藏族等民族杂居生活，在他们相互交往中，语言、文化及生活习俗等诸多方面都受到影响，土族《格萨尔》正是这一民族文化交流的产物。

1991年，王永福第一次来到北京，参加由文化部、国家民委、中国文联、中国社会科学院联合召开的《格萨尔》说唱家命名大会，获得四部委的表彰；1997年在全国《格萨尔》工作总结、表彰大会上，获得"有突出贡献的先进个人"的光荣称号。

《虚空部》、《创世部》

土族《格萨尔》中的《虚空部》、《创世部》内容奇特，这一部分内容实际就是一部完整的万物起源史和创造史。特别值得一提的是，土族《格萨尔》中的创世史诗部分，是其他民族传承的《格萨尔》中所没有的，具有很高的学术价值和独特的思想内涵，对土族史前史研究和土族神话系统的研究也有重大的史学价值。

土族《格萨尔》中的《虚空部》和《创世部》详细描写了上部天王神、中部财宝神和下部龙王神不厌其烦地创造万事万物的过程：最初，外部宇宙是一片无边无际的虚空，整个地球处于一片哑然和静态的汪洋之中。三位天神和众神灵齐心协力，历尽艰辛，以神兽"鲁赞"的身体为依托，造成了大地。大陆形成之初，仍是黑暗之地。天神们商量用珍贵的元素造出日月星辰以及原始人类，又用神奇的宝物和奇妙的方法让世界建立起一种趋于合理的秩序。在此基础上，阿朗部"五英雄"一一诞生，他们是去治理阿朗部地方和阿朗部的人类的，人类的世俗社会逐步形成。人们学会了农业生产和日常生活的本领，繁衍生息，直到过上安定团结、丰衣足食、人丁兴旺、牛羊满圈的富裕生活。

这部分内容从本源上解决了宇宙万物和人类的由来，其次进一步延伸出"英雄史诗"部分。从土族《格萨尔》创世史诗的这一思想体系而言，它在迄今的《格萨尔》史诗中是独一无二的，更符合逻辑、更深沉，更具韵味。

鲁赞

鲁赞是土族《格萨尔》创世史诗中描述的神兽，它是貌似蛤蟆的古老生物，大地就是以它的身体为依托建立起来的。

在土族的传统神话故事中，早就存在天神在金蛤蟆身上造地的说法，流行面最大最普遍的要算《阳世的形成》。它是这样描述的：远古时候，地球上没有陆地，到处是汪洋一片。天神总想在地球上造一块陆地，可是地球上既没有能落脚的地点，也找不到能支撑陆地的东西。有一天，天神忽然看见了一只蛤蟆漂游在水面上，便从空中拿来一些土放在金蛤蟆的背上。可是金蛤蟆立刻沉入水底，放在背上的那把土被水冲得无影无踪。天神生气了，便取来弓箭，等金蛤蟆再浮出水面时，朝它射了一箭，把金蛤蟆射穿了。这时，天神又拿来一把土放在金蛤蟆背上。金蛤蟆翻过身来抱住了这把土，再也没有沉下去。这就是后来的陆地。

天神在金蛤蟆身上造地的神话，实际上就是陆地的起源。在土族《格萨尔》创世史诗中，上部天王神、中部财宝神、下部龙王神在一片混沌的黑暗世界中，发现一只好似蟾蜍的动物在水中蠕动，发出了水波荡漾般的声音，再细看它的身形让人恐惧。它龇牙咧嘴有四颗又大又长的尖齿，面目狰狞。它的头像巨人的头，它的身体像只巨蛙，还有带点长毛的小尾巴，四脚各带着四只锋利的小爪子。除此之外，这里看不到任何的生物，像死一般寂静。此时的水中除了这个古怪又神秘的奇特动物——鲁赞，再找不到其他可以作支撑和依托的事物。天神们试着和这位"鲁赞"交流造地的想法，但是交涉失败，天神们只得另想对策。征服鲁赞是在创世史诗中遇到的首个棘手的事情，在商讨未果的情况下，天神们进行了各种尝试。用填土压水的方法试图造出大地，用来压水的沙石也被鲁赞抖落深水之中。最终，天神们用金法轮和金针征服了鲁赞，将金针插入鲁赞的肚脐，然后继续驮来沙石和黄金造陆地，陆地最终形成。

尼玛卓娃神箭

尼玛卓娃是土族《格萨尔》创世史诗中描述的具有神奇功用的箭，威力无比。在史诗中，三位天神做好太阳后，举行了盛大的送太阳仪式，用叫作尼玛卓娃的神箭，将十三颗太阳一个个地射向天空，为大地带来了光明和温暖。可是十三颗太阳的热度和能量过剩导致大地炎热干涸，三位天神见此状况，又向尼玛卓娃神箭跪拜乞求，尼玛卓娃神箭将其中十二颗射落下来。月亮和群星也借助尼玛卓娃的神力被送上天空。尼玛卓娃神箭还能与天神对话，具有鲜活的生命力和动人的感染力。土族《格萨尔》创世史诗中的神箭是天神们手中的法宝。传承到民间，它转化为保护人民生活和生产安全的保护神，广大的土族群众依旧崇拜它，供奉它。神箭崇拜是土族民间传承的独特风俗，供奉"神箭"（打拉尕）是土族人的古老传统，不仅象征五谷丰登、钱粮丰盛，而且能够保护家族平安。

土族供奉"神箭"（打拉尕）的一般方式如下：置一个"升子"（一种方形的木制容器）或木头，土族语叫库日，里面装上五色粮食、金银钱币、棉花、茶叶等物；然后将一枚铁镞箭杆或木制箭杆插进库日的五色粮食中，箭头向下，箭杆上面捆扎五彩布条和哈达等，放在堂屋中堂的柜子上；箭的前面供献馍馍、点酥油灯或烧香。一般人家只供奉神箭，无须每日顶礼膜拜，具有生活的随意性。

土族供奉"神箭"的风俗源自吐谷浑第九代可汗阿柴的"折箭遗训"。《北史·吐谷浑传》及《魏书·吐谷浑传》记载："……有子二十人，纬代其长子也。阿柴谓曰：汝取一支箭折之。慕利延折之。阿柴曰：汝取十九支箭折之。利延不能折。阿柴曰：汝曹知否？单者易折，众则难摧，戮力一心，然后社稷可固。言终而死。"阿柴可汗去世后，"二十子"将一支箭供奉起来，以示不忘祖训。他们不仅供奉箭，还时常到供奉"箭训"的供桌前去上香、磕头，回顾父王"遗训"时的情景。王室之下的各部属仿照王室供奉箭，以示对王室的忠诚。这样，供奉箭的习俗在整个吐谷浑地区风行起来。时代愈久，供奉的箭就愈抽象，愈神秘。"折箭遗训"不仅是对阿柴可汗的"二十子"的训导，也是留给所有吐谷浑人的遗训。所以大家都谨记、敬守他的遗训，具体的衡量标准就是供奉"神箭"和对"神箭"的崇拜。时至今日，土族人供奉的"神箭"已经不是阿柴可汗让折断了的那支普通的箭，而是被土族人长期供奉，使其神化了的"神箭"。

神女洞

神女洞是土族《格萨尔》中三位天神造人的地方，是一个天然的石洞。据已取得的考古结果证明，神女洞就是20世纪80年代考古发现的"嘎仙洞"。嘎仙洞在内蒙古自治区呼伦贝尔鄂伦春自治旗境内，洞口呈三角形，高12米，宽19米，南北长92米，面积约2000平方米。《土族格萨尔》中描述的石洞，是"一个天然生就的男女佛像各一千尊的石洞"。在土族《格萨尔》中描述的也是一个天然石洞，其颜色和周边环境都与嘎仙洞的红砂岩颜色和周边长满草木花卉的大兴安岭北端的环境完全吻合。

在《魏书·包洛候传》中有拓跋氏遣使到乌洛候国的"石室"祭祖的记载，《魏书·礼志》

中对其祭祖事记载甚详:"魏先之居幽都也,凿石为祖宗之庙于乌洛候国西北。……石室南距代京可四千余里。"这一记载的意思是说,鲜卑先祖的"石室"仍在乌洛候国境内,完好如故。北魏拓跋焘派员去"石室"祭祖,并在"石室"石壁刻了祝文。至20世纪80年代初,考古工作者在鄂伦春自治旗首府阿里河镇西北十公里处的半山腰中,发现了"石室"嘎仙洞,并在洞内的石壁上发现了古人刻下的祝文。后经对比研究,洞壁上的祝文与《魏书》中的祝文基本一致,时间、地点都相吻合。这就证明"石室"嘎仙洞就是鲜卑的先祖曾经生活过的天然石洞。

土族《格萨尔》中,三位天神造人的天然石洞里,天然地置放着石桌和石凳。考古发现的嘎仙洞正中央,也放着一个天然的大石桌,周边还有石凳。除此之外,鲜卑"石室"嘎仙洞中发掘出的遗物与神话产生的年代相符。史诗中反映的这段历史正是由新石器时代中晚期的母系氏族社会向铜石并用和铁器时代的父系社会过渡的这一转型历史。神话产生的时代和创世神话中所反映的历史生活与考古发现的嘎仙洞内的文化堆积完全一致。土族《格萨尔》创世史诗中描述的神女洞就是考古发现的鲜卑"石室"旧墟嘎仙洞,即鲜卑始祖在"史前"生活和繁衍过初民的石洞。土族《格萨尔》中三位天神称这个洞是神女洞,他们的祭祀和修行活动都在这个洞中。这进一步表明,在三位天神之前,神女洞已经存在。

腾格利

在土族人的宗教观念中,"天"或"腾格利"是宇宙中最大和最高的神,即天神,在天神之下才有佛和诸神的位置。土族人无论是家祭还是村庄祭祀,首先祭奠地位最高的"腾格利",其次才轮到诸佛和神仙们。这就说明,萨满教思想在土族《格萨尔》和土族人的现实生活中是一致的。它们之间是一种自然的延展和自觉的继承关系,无论从思想内容还是具体形式,都表现出高度的一致性。

土族人的祭祖生活中,有些家庭每天早晨都要煨桑敬神,大部分的家庭在一些吉日里煨桑敬神。无论每天祭祀敬神还是选择一些吉日祭神,敬祭的内容是相同的,即一敬"腾格热"(天),二敬"哈热格加"(大地),三敬"普日汗"(神或众神),这样的程序延续千年不曾更改。土族人在日常的祭祀生活中之所以要坚守这一程序,并非个人的意志所规定,也不是英雄和神创造的,而是源自土族人的创世观念,是土族人认识自然,创造现世生活的理念的自然渗透,也是土族人的先祖们遗留下来的创世哲学的思想继承。由于这种原因,土族人无须教导便自然而然在日常生活中保留了这种风俗,并使之成为土族人日常生活的必要程序。在土族的日常祭祀和风俗中,把天、地、神始终放在首位。无论干什么事,先敬天、地、神,再论具体的人事。

土族人的敬天、敬地、敬神的风俗是普遍存在的。虽然在古代交通不便,族内的地理分割现象很严重,导致了民族区域或方言区域的形成,但即便如此,土族人日常祭祀的习俗依然能相沿不变。特别是敬天、敬地、敬神这一古老的习俗是在任何一个方言或风俗区域内都是一致的。

在土族《格萨尔》中有祭天、祭天神和祭神山等一系列的祭祀活动和天人一体的萨满思想。在今天的土族人的生活中,这一祭祀活动思想依然贯穿了下来。

普日汗

普日汗是土族的家神信仰,普日汗的神奇功用,在土族《格萨尔》中也表现得十分充分。大事小情出现之后,天神都会以煨桑、吹法号、挂佛像等方式召集众神灵。

土族的普日汗具有保护族人的神奇功用。概括地说,大概有五个方面使信仰者受到普日

◎格萨（斯）尔

汗的具体保护：(1) 占卜，通过巫师祈求普日汗，用预测结果给人以精神上的鼓舞，从而获得成功的勇气，因此土族到今天仍保留着每事必卜的传统习惯；(2) 驱鬼避邪，普日汗能制服邪恶，祈求于普日汗就能达到驱鬼避邪、保护族人的目的；(3) 治病救急，虽然这种燎、擦、念经、回土等做法不一定能完全奏效，但土族人依然求助于自己家的普日汗，通过普日汗达到驱邪治病的目的或者是对病人和家属的一种安慰；(4) 保护生产，普日汗还能保护信众的生产，譬如保苗、阻挡冰雹、驱除瘟疫、消灾躲难等；(5) 营造"天人合一"的生活环境，把天和人这两个极端协调起来，从而实现"天人合一"的精神境界。时至今日，土族人敬仰神山，祭鄂博，放神羊、神牛、神鸡等，都是为了追求和达到"天人合一"这样一种精神境界。

第十九部分　其他民族和地区的《格萨尔》

裕固族《格萨尔》故事

裕固族是中国北方的一个古老的少数民族，世代以畜牧业为主，现有人口1.37万人（据2000年中国人口普查），分布于河西走廊的中部和祁连山北段，即主要集中在甘肃省肃南裕固族自治县和酒泉市肃州区黄泥堡裕固族乡，为甘肃省特有世居民族。按照方言，分为东部裕固族（也称恩格尔族）和西部裕固族两种。裕固族主要从事畜牧业，信奉喇嘛教，在风俗习惯上近似藏族。

《格萨尔》史诗在裕固族民间流传较为广泛。在肃南裕固族自治县部分村镇和牧场的裕固族群众中，虽然流传着《格萨尔》，但是在使用东部裕固语和使用西部裕固语的裕固族群众中，说唱的内容与形式不仅和藏族《格萨尔》有一定区别，就是在东西两部之间也有较大差异，各自具有鲜明的特色。

东部裕固语属于阿尔泰语系蒙古语族，使用东部裕固语的裕固族群众主要居住在自治县东部。他们中有不少人会说藏语，有些人还懂藏文。1958年以前，多有《格萨尔》手抄本流传，群众最喜欢听的有《英雄诞生》、《赛马称王》、《世界公桑》、《降魔》、《门岭》、《卡岭》、《松岭》、《大岭》、《姜岭》、《朱岭》、《地狱救妻》、《分大食牛》、《安定三界》、《阿古叉根史》、《阿古乔冬史》和《霍岭大战》缩写本。这些手抄本，早已全部毁于1958年的"反封建斗争"之中。近年来，除《阿古叉根史》、《阿古乔冬史》、《安定三界》和《霍岭大战》缩写本之外，上述其他各部的藏文铅印本又陆续流传，深受群众喜爱。

东部裕固族吟唱的韵文以及对韵文的解释词语，与藏文原作比较，有三个明显的特点：

一是在吟唱原藏文韵文时删去了其中的曲调和神名,以及一些他们认为不必要的诗文;二是裕固语的释词质朴、贴切,而且在将藏文韵文散文化的同时,注重连缀故事,增强了史诗的故事性;三是把繁多的祈祷形式、神名、调名和与故事进展没有关系或关系不大的句子删去,使其单一化或简单化。而操东部裕固语的艺人在说唱《格萨尔》时,是用裕固语说散文部分,用藏语唱韵文部分,然而用裕固语对韵文部分进行解释。如果把用裕固语说的散文部分和所解释的韵文部分连接起来,译成汉文,则是一部独特的裕固化了的《格萨尔》。据说1958年以前有一部分裕固族艺人说唱用藏文编著的《霍岭大战》缩写本。这部缩写本对研究藏族英雄史诗《格萨尔》如何演变成裕固族艺人用双语(裕固、藏语)说唱《格萨尔》的特殊传承方式,无疑具有重要的价值。

西部裕固语属于阿尔泰语系突厥语族,使用西部裕固语的裕固族群众主要居住在自治县西部。他们中虽有人也会说藏话,懂藏文,但流传在西部的《格萨尔》,不论其内容、形式,还是其他特色,都与东部的流传情况大不一样。它在藏族格萨尔母题的基础上,对故事情节和故事范型作了适当的调整和改动。

裕固族艺人与说唱习俗

大河区的皇城区北滩等地的《格萨尔》说唱者,他们大都是裕固族故事、歌谣和婚礼歌的说唱艺人,平日从事牧业生产,说唱《格萨尔》一般在牧闲和过年过节时。裕固族有个讲究,说过春节是春天到来的象征,春天到了,雪融冰消,万物生长,一切都开始欣欣向荣,这时来说唱《格萨尔》会吉祥如意。孩子们长到三岁时过剃头节,那天亲朋来祝贺,同时请艺人来讲《格萨尔》。据说孩子听了会越长越聪明,长大后就会像格萨尔那样勤劳能干,智勇双全。据传农历四月十一日是格萨尔给自己的赤兔马剪鬃剪尾的日子。因此,过去每到这天,裕固族牧民就给到龄的马驹剪鬃剪尾,首次备鞍、骑驯。同时请艺人来讲《格萨尔》,赞祝马长大后就像格萨尔的骏马那样,聪慧有力。

1958年以前,说唱《格萨尔》,要先在石头砌垒的桑台上煨桑,说唱《地狱救妻》时,还必须点灯。现在不再讲究这些了。

艺人的大致情况是年事较高,最大的九十岁,大部分是六七十岁,最年轻的也是五十岁左右了。其中有的已经作古;有些艺人懂藏文,能看书说唱《格萨尔》,会演唱《盖瑟尔》者居多,还有《霍岭大战》、《诞生》、《赛马》、《降魔》、《地狱救妻》等。据说新中国成立前还有全用裕固语说唱《格萨尔》和《盖瑟尔》的艺人。

裕固族格萨尔风物传说

哪里流传着《格萨尔》史诗,哪里就有格萨尔的风物传说。如雪泉乡白泉门十八里处有一石柱,说是格萨尔拴赤兔马的;东柳沟南山崖上有一石槽说是格萨尔放宝剑留下的痕迹;萨隆章垭口甘青交界之地有个石台,说是格萨尔征战途中煨过桑的桑台。

在县城东百余公里临松山下,有马蹄寺,石窟凿于悬崖峭壁上。它初建于晋,明永乐十四年被赐名"普光寺"。据传马蹄是格萨尔当年反击霍尔国时,为神马所踏,后人在这个马蹄印上筑起佛寺,该蹄印现在第八号窟内,保存完好,清晰可见。每年农历正月十五、二月初九、六月十五等节日,县内外不少藏、汉、裕固族群众来朝拜,有的还将神马蹄印印在纸上,拿回去系在马脖子上,以求吉祥。在第三窟的宝塔内曾珍藏有一把近四尺长的宝刀。据传格萨尔在攻打雅泽卡玛尔红城之前,用该刀将一间平房般大的巨石劈成两半,以此向霍尔国官兵示威。后人将这把刀视为珍宝,珍藏在马蹄寺第三窟内的宝塔中。1958年宝塔被毁,刀被人盗,只有那块被劈的巨石仍竖立在盘道上。

据传，雅泽卡玛尔库玛城系古代霍尔国的王宫遗址。当年格萨尔攻打王宫时钉挂在城墙上的铁镢、铁链至今仍悬挂在马蹄寺石崖上。在石崖上端的最高处凿有三十三个石洞，内有白度母、绿度母的塑像。传说这是森姜珠牡和梅萨奔吉跟格萨尔大王一同返回天界时留在人间的化身。石崖的下端低处凿有一洞，内有一坟。传说原霍尔国大臣辛巴梅乳孜归服岭国后，在跟随格萨尔大王与突厥国作战中阵亡，被埋葬在这里。

雅泽卡玛尔库玛城和西水绵延百里。西水乡二加皮有座高山叫加吾拉日，据传珠牡妃被霍尔白帐王抢后曾去这顶山峰上遥望过家乡；西水乡的芭蕉湾，正南沟和大都麻乡的南城子等地曾分别是白帐王、黑帐王和黄帐王部落的住地，新中国成立前，这里的部落头人中有白头目、黑头目和黄头目之称，都是由此而得名。还传说从雅泽卡玛尔库玛城到西水乡正南沟再越过草大坂，走向青海湖，是当年格萨尔大王领着爱妃珠牡返回家乡的路线。

这些风物传说，在把格萨尔神化的同时也将它历史化了。

撒拉族的《格萨尔》及其风物遗迹传说

藏族长篇英雄史诗《格萨尔》，不仅广泛流传在藏、蒙、土等民族中，而且在青海省循化县信仰伊斯兰教的撒拉族中广为流传。它的风物遗迹及其传说甚多，且粗照互映，完美和谐，叙述详尽。如同昨天的历史。问起每个撒拉人，无一不知《格萨尔》，还能给你讲个把风物遗迹及其传说。

《格萨尔》传说在一个信仰伊斯兰教的民族中如此广泛流传，并为他们喜爱、颂扬。尽管藏族《格萨尔》与撒拉族《格萨尔》属于源流关系，但撒拉族口中的《格萨尔》已不是藏族"格萨尔"本身，而是已经成为"撒拉人"了。人们往往把格萨尔这位主人公自然根据本民族的意愿，视为本民族中扶危济贫、惩除恶魔、不畏强暴的一位撒拉英雄。认为他是真主派来的，能为民造福。因此，他便成了撒拉族中妇孺皆知且歌之舞之的一位英雄形象。

循化撒拉族中流传着多处典型的格萨尔风物遗迹及其传说：孟达乡往东两公里处有个叫"格萨尔帕流"的。"帕流"是撒拉语即"磐石"的意思，故译为"格萨尔磐石"。磐石很大，呈青褐色。撒拉人说，格萨尔受真主之命，至此惩除一个害民的巨蟒。他是从遥远的沙漠中来的，在这块磐石上落脚，故磐石上留下的脚印，像是脚带微粒的沙子踩成的。此脚印约十厘米长，九十厘米宽。

据说格萨尔等待巨蟒出动，在此磐石上凿了两处石椅（一个是给他妻子坐的）。又在磐石左边用刨子刨了一个坑，在他座椅的右边凿了一个槽，放置了箭和武器。

一天，巨蟒出动，在对面的石壁上爬行，格萨尔弩弓放箭，正中巨蟒颈部，巨蟒即死。它的血从箭孔中喷出，冒在石壁上，宛如一条巨蟒浮动绝壁。至今这血迹染成的赤红石带层依旧如当年。

格萨尔为民除害具有高尚的爱民、为民性，得到人民的赞许。正是如此，人们在塑造他时描述得无比神奇，并将他的功绩随人民之口"记载"在这些遗迹里。如循化县白庄乡所在地，靠北面的山上有个叫"格萨尔板凳"的遗迹。传说格萨尔生前用具都是石头做成的。他在此遇难后，灵魂化成巨龙飞进了天堂，留下了他的一条巨大的石凳、一双石鞋和一件武器——石耙。由于这些器具的缘故，冰雹也慑于格萨尔的威力，从不到这里斗胆作害，保护了庄稼的丰收。

另外，在红旗乡通往尕楞乡的一个沟里，有一个红土柱。柱粗而高大，独自竖立，与其根底垂直处是一处平地，对面远处是红旗乡与化隆甘都乡相隔之山。传说，格萨尔身高体大，一只脚踏在南山,另一只脚落在北山,常弓着身子从山沟里舀水。

有一次,数不清的盗徒暴强从这种相隔之山翻越而来,格萨尔从土柱处一箭射去,箭落山顶,倾间山顶上土石翻滚,埋没了敌人。格萨尔大胜。从此,那山顶上就留下了一处大缺豁。据说埠那缺豁是格萨尔箭射成的,土柱是当时格萨尔的拴马柱,平地是他的卧床。后人们也就时常到这处遗迹来纪念、歌颂这位伟大的民族英雄,寄托他们的向往。

巴尔蒂斯坦的《格萨尔》

巴尔蒂斯坦位于巴基斯坦北部喜马拉雅山脉和喀喇昆仑山脉之间,跨印度河两岸,也可以说位于拉达克和吉尔特之间。巴尔蒂斯坦面积只有 10118 平方英里,人口大约 40 万。巴尔蒂斯坦居住着一个富有文明的民族,一般被称为巴尔蒂人。从人种上来说,他们属于藏人,但也融合了突厥人、伊朗人、希腊人、亚希昆人和欣人的血统。他们喜爱音乐、舞蹈、马球和狩猎,性情温和。从地理、政治、宗教、语言和种族上来说都是西藏的一部分,因此,莫卧儿统治者和印度的历史学家都称其为小西藏。当地民歌称为"赫罗尤尔",意为"歌之国",或称为"拉呼尤尔"(龙国)。当地人称这里为"巴尔蒂尤尔"即"巴尔蒂人之地"。这里的语言称巴尔蒂语,系藏语之一种方言。由于过去五六个世纪以来中断了和西藏的宗教、政治联系,并受到突厥语、波斯语、布鲁沙斯基语的影响,同西藏所使用的藏语已略有区别。

这里的文学至今保留着民间文学的形式,水平很高,富有趣味。其中有许多神话传说,如"神之子盖瑟尔"、"吉祥王子"、"善养王子"、"萨尔玛公主"、"檀香木木匠"等。还有数百条谚语、成语和民歌。由于伊斯兰教的影响,这里也发展了波斯语和乌尔都语的类型的诗歌,产生了许多颂诗、哀悼诗、挽歌、抒情诗、叙事诗等作品。五六个世纪之前,这里一直使用藏文,后因波斯文化的强烈影响和穆斯林毛拉们的激烈反对,藏文便逐渐消亡了,开始使用波斯书法。

对于巴尔蒂斯坦的神话传说、民歌、风俗习惯、信仰和传说来说,具有较大影响的是藏族原始宗教——苯教。佛教对这一地区的统治达 600 年之久,伊斯兰教也统治了这里 600 多年。这里的社会处在穆斯林毛拉们的控制下,但佛教对这里的影响很少见到,而距今 1200 年以前的苯教信仰和传统作为文化的遗产至今仍可看到。其原因无疑是当伊斯兰教传入这里时,只看到佛教是自己的对立面,因此,伊斯兰传教者和毛拉们只为反对佛教进行了激烈的运动,消灭了佛教。但苯教的信仰和传统早已成为这一地区文化的一部分,在伊斯兰教的强烈反对下,仍然作为文化遗产存留下来。过去五六百年以来,尽管百分之百的巴尔蒂人都成了穆斯林,但他们至今仍信仰"拉"(神)、"鲁"、守护神、罗刹女、鬼、驴鬼、罗刹。其他神话传说中也有这种超自然事物的故事。这一切证明,苯教的影响至今仍存在于当地社会之中。在这些遗产中,《格萨尔》传说具有中心地位,他们称《格萨尔》为《盖瑟尔》。这一传说从各方面影响了这里的社会、文化和文学生活。自古以来一直被认为是高级的文学。但它千百年来只以民间传说的形式代代相传,尚没有被文字记载下来。但是,自从道格拉贵族占据了查谟和克什米尔,波斯语、乌尔都语文学和书籍便开始传播到这里,使《盖瑟尔》传说的传播受到了影响。有些毛拉力图诋毁盖瑟尔的形象,使人们憎恨这一传说。他们说,盖瑟尔就是世界末日以德加尔的面目出现的、力图消灭伊斯兰教的罪恶的首领。但毛拉们的这种论调在人民中毫无影响力,《盖瑟尔》的传说照样流传。1947 年,巴尔蒂斯坦摆脱道格拉的统治加入巴基斯坦之后,变化的速度便加快了。在独立后的 40 年里,这一传说

◎格萨(斯)尔

开始寿终正寝。现在，几乎找不到一个还能完全记得这一传说的几章或者哪怕一章的巴尔蒂人了。尽管如此，直至不久以前，《盖瑟尔》的传说一直在巴尔蒂斯坦广为流传。在漫长的冬夜，几乎在所有的村子里或街区里，男女老少都聚集在一起，由其中的一个人讲述这一故事。一般是一晚上讲述一章。流传在巴尔蒂斯坦的《盖瑟尔》，每章的长度为一小时至两小时。但讲述者可以讲得非常生动，并伴以表情和动作的表演，似乎他自己也成了故事中的一个角色。讲述过程中，不时还停下来吃一些杏干，或是抽一袋烟。听众们则不时发出"是，是啊"或"真主保佑你长寿"等赞叹声以表示对讲述者的鼓励。这样，一两个小时的故事需要三四个小时才能讲完。最后，主人或听众也会给一点钱或实物表示谢意，但这方面并无一定之规。巴尔蒂斯坦的统治者、大臣或其他贵族，在冬天也不时地或经常地举行这种集会，把有名的故事家请来讲述故事。在这种集会上，除了王族的人之外，王国的臣民们也被召来参加。巴尔蒂斯坦还有一个普遍的传说，如果某个人或故事讲述者能够完整正确地讲述盖瑟尔的故事，盖瑟尔就会出现在他的梦里，向他表示自己的高兴之情。盖瑟尔还会对他说，为了奖励他讲得完整准确，在某地为他备好了奖品，可以去取。据说从前有几个讲故事的人得到过捻角山羊，它们在盖瑟尔指定的地方，互相纠缠在一起，无法逃脱而最终会成为说唱者的猎物。从统治者到平民百姓，都对这一传说有无比浓厚的兴趣，从中吸取教训。他们熟记其中的比喻和诗歌，广泛用于日常生活。音乐家、马球手和统治者都能记得传说的韵文部分和音乐，应用于不同的场合，或表示劝诫、赞扬、谴责，或传递信息、交流意见，或表示玩笑。巴尔蒂斯坦的两个著名古典剑舞"乔戈巴莱苏尔"和"加舒巴"就是按照《盖瑟尔》的有关韵文部分的乐曲编成的。这两种剑舞还有一些相关的历史事件。

"乔戈巴莱苏尔"编入了12支乐曲，而"加舒巴"编入9支乐曲。出色地、有含义地使用这一传说的韵文部分的乐曲已成为隆格尤尔的一种传统，延续了许多世纪，至今犹存。这种传统在某种程度上使这一传说在该河谷保存下来。在这里，凡马球比赛获胜，该球队队员都要骑马来到坐在球场一边的音乐家面前，围成半圈，上下挥舞球杆，同声呼喊"呀呀呀呀呼"。然后，一个队员朗诵盖瑟尔传说某一韵文部分的首句，并对音乐家们说，请他们为对方球队队员演奏这一段的音乐。音乐家们便全力以赴，演奏三四段曲子。在这种场合唱的歌曲往往带有嘲笑、谴责、戏弄的意思，用以奚落对方，球队的每个队员轮流这样做一遍。听了这些，输了的一方火冒三丈，发誓要在下次比赛中打赢他们，以报复这种奚落和嘲讽。如果下一次他们胜利了，也用这种方法报复对方。这样，这种方法和传说的有关韵文部分不但给马球运动增加了生气，也给运动员的斗志以一种强有力的刺激。这种习俗也为保存《盖瑟尔》的一些韵文部分起了重要作用。因为每个马球手都要这样做，所以，他就必须听盖瑟尔的故事，记住其唱词、曲调、含义和使用的场合。这一切便成了保存这一民间文学的有利条件。

《盖瑟尔》艺人阿卜杜尔·拉赫曼

巴尔蒂斯坦最长的《盖瑟尔》传说是由著名传说演唱家阿卜杜尔·拉赫曼·米斯德里巴演唱的。陆水林于1980年9月和莱纳戴·索赫南博士一起录制了他的演唱，共12章10盘磁带。按照莱纳戴·索赫南博士所作的比较研究，在北部地区流传的所有传说中，这是最接近拉达克《盖瑟尔》传说的演唱。

演唱者阿卜杜尔·拉赫曼系欣族人，生于隆格尤尔河谷的一个山村图尔日。他的出生年份在1930年至1933年间，幼时随其父从图尔日迁至斯德格镇。因其父是一名工匠师傅(米斯德里)，因而人们也称他为阿卜杜尔·拉赫曼·米斯德里巴或米斯德里巴。尽管他是欣族人，但巴尔蒂话讲得很好，从小便有极好的嗓音和独立的个性。在他小时候，一位老人穆哈玛从斯卡杜的巴舒村迁至斯德格定居。这位老人记得全部的《盖瑟尔》，并在斯德格人的家里演唱。阿卜杜尔·拉赫曼非常喜欢这一传说，便跟着老人同住以便学习，老人教会了他《盖瑟尔》的大部分篇章后便去世了，因此，阿卜杜尔·拉赫曼未能学到其余部分，一些疑问也没有来得及请教。此后，阿卜杜尔·拉赫曼便取代了师傅的位置，为人们演唱。据笔者所知，他是巴尔蒂斯坦最后一位对《盖瑟尔》记得最多也最准确的演唱家。他从小风流倜傥，不为谋生操心，大部分时间都用来为镇上美丽的妇人们服务了。为此，他还学习了民歌，学会了唢呐。后来，他的爱好成为他的职业，被称为"蒙"即"音乐家"。隆格尤尔河谷马球手威震整个北部地区，几乎每个镇子都有马球场和马球队。斯德格镇的马球队请他担任乐队的领队，并给了他一些土地。

阿卜杜尔·拉赫曼精通自己的艺术，嗓音优美洪亮，能演唱难度极大的曲调。他记得许多民歌，唱得十分动人。他终身为斯德格的马球队服务，同时耕种一点点土地，以自己的辛劳养育妻子儿女。阿卜杜尔·拉赫曼于1983年逝世，其妻儿现仍过着极为贫困的生活。

附录：《格萨尔》专用词汇藏、汉、拉丁转写对照表

བོད་ཡིག	汉文	Latin
	人 名	
སེང་ཆེན་ནོར་བུ་དགྲ་འདུལ	桑钦·诺布占堆	seng chen nor bu dgra vdul
ཐོས་པ་དགའ	推巴尕瓦	thos pa dgav
དོན་འགྲུབ་དཀར་པོ	顿珠嘎波	don vgrub dkar po
བུ་ཏོག་དཀར་པོ	吾朵嘎布	bu tog dkar po
གཞོན་ནུ་དཀར་པོ	雄努噶沃	gzhon nu dkar po
སྨུག་པོ་ལྡོང	穆布董氏	smug po ldong
ལྡོང་སེང་བློན	董僧伦	ldong seng blon
ཇོ་རུ	觉如	jo ru
སེང་ཆེན་རྒྱལ་པོ	桑钦杰布	seng chen rgyal po
སེང་ལྕམ་འབྲུག་མོ	森姜珠牡	seng lcam vbrug mo
སྒ་སྐྱ་ལོ	嘎嘉洛	sga skya lo
རྒྱ་ཚ་ཞལ་དཀར	贾察·协嘎尔	rgya tsha zhal dkar
ཁྲོ་ཐུང	晁同	khro thung
མེ་བཟའ་འབུམ་སྐྱིད	梅萨奔吉	me bzav vbum skyid
ཨ་ནེ་གོང་མ་རྒྱལ་མོ	天姑贡曼杰姆	a ne gong ma rgyal mo
ནེའུ་ཆུང	乃琼	ne'u chung
སྔོ་ལོ་ཚང	俄洛	sngo lo tshang
སྨུག་པོ་འཇང	穆布姜	smug po vjang
འཇང་བཟའ་པད་མ་ཆོས་སྒྲོན	姜萨·白玛曲珍	vjang bzav pad ma chos sgron
ཨ་སྟག་ལྷ་མོ	阿达拉姆	a stag lha mo
གཡུ་སྒྲོན	玉珍	gyu sgron
མཛེས་སྒྲོན	则珍	mdzes sgron
ཡ་ཐེ	亚特	ya the
གསེར་མཚོ	色措	gser mtsho
ཁྲོ་མོ་མཚོ	晁姆措	khro mo mtsho
རོང་ཚ་ཁྲ་རྒན	绒查叉根	rong tsha khra rgan
ཚ་ཞང་འདན་མ་བྱང་ཁྲ	察香·丹玛向查	tsha zhang vdan ma byang khra
སེང་སྟག་ཨ་དོམ	僧达·阿东	seng stag a dom
ཤན་པ་རྨེ་རུ་རྩེ	辛巴·梅乳孜	shan pa rme ru rtse
འགོག་བཟའ་ལྷ་མོ	噶萨拉姆	vgog bzav lha mo
མི་སྤྱང་རིན་ཆེན་དར་ལུ	仁庆·达尔鲁	mi spyang rin chen dar lu
ཉི་འབུམ་དར་ཡག	尼奔·达尔雅	nyi vbum dar yag
ཝེར་མ	威尔玛	wer ma
གནམ་སྨན་རྒྱལ་མོ	朗曼杰姆	gnam sman rgyal mo
སྒ་སྐྱ་ལོ་སྟོན་པ་རྒྱལ་མཚན	嘎嘉洛·顿巴坚赞	sga skya lo ston pa rgyal mtshan
སྒ་སྐྱ་ལོ་བུ་ཡག་འབྲུག་རྒྱལ	嘎嘉洛·伍雅周吉	sga skya lo bu yag vbrug rgyal
དུང་སྐྱོང་དཀར་པོ	东琼尕布	dung skyong dkar po
ཀླུ་ཉུལ་འོད་ཆུང	龙树俄琼	klu nyul vod chung
འོད་དཀར་ཐ་ལེ	白干图鲁	vod dkar tha le
གླིང་བླ་མ་འགག་ཚ་བསྟན་པ	岭喇嘛噶察登巴	gling bla ma vgag tsha bstan pa
སྡེ་ཡར་ནང་བླ་མ་དར་འབུམ	德亚朗喇嘛达尔崩	sde yar nang bla ma dar vbum
སྡེ་མ་ནང་བླ་མ་ཆོས་འབུམ	德玛朗喇嘛却崩	sde ma nang bla ma chos vbum
ར་ཁྲ་རྒན་པོ	拉叉根保	ra khra rgan po
གསེར་ལོ	赛洛	gser lo
དུང་ལོ	东洛	dung lo
འཇང་ཕྲུག་གཡུ་ལྷ་ཐོང་འགྱུར	玉拉托居	vjang phrug gyu lha thong vgyur
ཧོར་གུར་དཀར	霍尔·白帐王	hor gur dkar
རྐྱང་རྒོད་གྱེར་བ	绎果叶哇	rkyang rgod gyer ba
ཐོག་རྒོད་འབར་བ	托果巴哇	thog rgod vbar ba
སེང་འབྲུག་སྟག་རྩེ་ཕོ་བྲང	狮龙宫殿	seng vbrug stag rtse pho brang
མགར་བཟའ་ཆོས་སྒྲོན	噶萨曲珍	mgar bzav chos sgron
དཔའ་ལ་མི་རྐྱང་དཀར་པོ	巴拉·米姜尕尔保	dpav la mi rkyang dkar po
སྟོབས་ཆེན་གླང་པོ་ཁྲ་འབར	多钦·朗布查巴尔	stobs chen glang po khra vbar
ཆོས་འཕེན་ནག་པོ	曲潘纳波	chos vphen nag po
ལྷ་བུ་ནམ་མཁའ་སེང་ཞལ	拉吾南喀桑协	lha bu nam mkhav seng zhal
དགྲ་ལྷ་རྩེ་རྒྱལ	拉色扎拉泽杰	dgra lha rtse rgyal
རོང་ཚ་ལྷ་རྒོད་འབུམ་ལུ	绒察拉贡奔勒	rong tsha lha rgod vbum lu
འབུམ་པའི་ཞལ་དཀར་རྒྱང་གྲགས	奔贝协嘎江扎	vbum pavi zhal dkar rgyang grags
ཆེ་བརྒྱད་གང་བ་ཁྲོ་རྒྱལ	且杰岗巴晁杰	che brgyad gang ba khro rgyal
དུང་སྐྱོང་སྟག་ལྷ་ཁྲི་དཀར	董穹达拉赤噶	dung skyong stag lha khri dkar
རོང་བློན་ཨ་བུ་སེང་སྔོན	绒伦阿努桑恩	rong blon a bu seng sngon
སྟག་རོང་ཉ་ཚ་ཨ་བརྟན	达绒娘察阿登	stag rong nya tsha a brtan
ཨ་ཁུ་སྤྱི་དཔོན་རྒྱལ་པོ	阿克吉奔杰布	a khu spyi dpon rgyal po
ཡུམ་བུ་ཨ་ནུ་དཔའ་བཟང	翁吾阿努华桑	vum bu a nu dpav bzang
སྟག་རོང་དཔོན་པོ་གཟིགས་འཕེན	达绒奔波苏彭	stag rong dpon po gzigs vphen
སྒ་བདེ་ཆོས་སྐྱོང་བེར་ནག	嘎德却君威那	sga bde chos skyong ber nag
ཆོས་ལུ་བུ་ཡི་དར་འཕེན	却鲁吾益达彭	chos lu bu yi dar vphen
སེང་བློན་ཀརྨ་རི་སྐྱེས	僧伦嘎玛日基	seng blon karma ri skyes
སྣང་ཆུང་གཡུ་ཡི་མེ་ཏོག	朗穹玉叶美朵	snang chung gyu yi me tog

藏文	中文	拉丁转写	藏文	中文	拉丁转写
	觉阿华赛达瓦	bco lnga'i dpav gsal zla ba		阿柯塔贝索那	a khu thar pavi zor sna
	迦那奔波桑桑	lcags nag dpon po seng seng		牟贝仲堆托果	mu ba'I grong stod thog rgod
	东赞郎吾阿华	ldong btsan snang lu'i a dpal		苏绒华俄扎杰	gzig rong dpav bo grags rgyal
	阿巴尔吾叶潘达	a par bu yi vphen stag		朗雅恩姆	gnam yag sngon mo
	拉吾南喀森夏	lha bu nam mkhav seng zhal		南萨托赞	gnam bzav thog btsan
	绒察贡格玛尔勒	rong tsha gong gi dmar leb		嘎协更桑尼玛	ka bzhi kun bzang nyi ma
	翁吾姜赤昂庆	vum bu spyang khri rngam chen		贡威玉那托赞	gong bu'I gyu nag thog btsan
	贡巴吾叶迦查	gong pa bu yi skya khra		斯贝基抽阿杰	gzu ba'i gces phrug
	玉雅更波东投	gyu yag gung po stong thub		拉吾雍仲巴登	lha bu gyung drung dpal ldan
	果波尼玛灵智	rgod po nyi ma lhun grub		噶却白日达杰	dkar mchog dpal ru dar rgyas
	色尔巴吾穹塔雅	gser pa bu chung thar yag		直叶却杰托美	vbri yi khyi rgyal thogs med
	牟青杰巴灵智	mi chen rgyal ba'i lhun grub		那日切吾阿杰	nag ru khyi bu a rgyal
	岭青塔巴索南	gling chen thar pa bsod nams		加奔完德玛列	brgya dbon ban de dmar leb
	加奔色吉阿尔岗	brgya dpon gser gyi a sgang		绒登拉吾更嘎	rong bstan lha bu kun dgav
	东奔扎则希却	stong dpon grags rtse gzhi mchog		文里东奔玉杰	sbu lu stong dpon gyu rgyal
	嘎日尼玛坚赞	dkar ru nyi ma rgyal mtshan		直察拉果冬玛	vbri tsha lha rgod gdong dmar
	阿格冲巴俄陆	a khu tshangs pa'i ngo lug		达夺格巴伽壤	stag rgad gad pa rgya ring
	牟吾达江俄陆	mu bu dar vjam ngo lug		果波东赞岗杰	rgod po ldong btsan gangs rje
	达绒真察俄陆	stag rong sprin tsha ngo lug		赤苍杜才昂玛	khri tsha drug rtse rngam ma
	斯青威尔玛拉达	gzi chen wer ma lha dar		斯贝节却阿登	gzu ba'i skye mchog a brtan
	旺佳旺波达尔彭	dbang bcad dbang po dar vphen		杰日苏瓦那穹	skyes ri kzu ba nag chung
	切西吾叶古如	khyi shi bu yi sgu ru		蕃绸米穹喀德	bod phrug mi chung kha bde
	摩玛更希土波	mo ma kun shes thig pa		布绸布穹协德	bu phrug bu chung lce bde
	节堪喀切米玛	sgyu mkhan kha che mig dmar		麻克布穹协德	smra mkhan bu chung bshad bde
	木姜协嘎江扎	mi dpon zhal dkar rgyang grags		觉西穆穹喀德	gyod bshad mi chung kha bde
	董赞朗欧阿华	gdong btsan snang ngu a dpal		拉桂奔鲁	lha rgod vbum lu
	卓洛白嘎拉则	gro lo pad dkar lha mdzes		穆古王尼玛赞杰	smug gu nyi ma btsan rgyal
	卓洛旺修坚赞	gro lo dbang phyug rgyal mtshan		达玛道庆	rta dmar stobs chen
	斯贝·却杰晋美	srid pavi chos rje vjigs med		噶伦却朱	bkav blon chos vgrub
	贡觉·喇嘛坚赞	go vjo bla ma rgyal mtshan		拉姆玉珍	lha mo gyu sgrong
	达吉奔穹灵智	dar rgyas vbum chung lhun grub		郎琼玉达	snang chung gyu stag
	嘎希奔波灵智	ka bzhi dpon po lhun grub		喀拉麦巴	kha la me vbar
	雅麦珠加登巴	ya med vbrug rgyal bstan pa		达瓦果松	rta ba mgo gsum
	丹吉玉朱拉藏	bstan rgyal gyu vbrug lha bzang		贡巴拉杂	sgom pa ra dzwa
	赤奔仁青达尔鲁	khri vbum rin chen dar lu		禄东赞	mgar stong btsan
	门巴达尔鲁仁青	mon pa dar lu rin chen		百眼赞普魔王	tsha ba myig rje btsan po bdud rgyal
	雅麦旦巴仁青	ya med bstan pa rin chen		象雄灵智扎巴	zhang zhung lhun grub grags pa
				阿扎尼玛坚赞	a brag nyi ma rgyal mtshan

366

格萨（斯）尔

藏文	中文	拉丁转写
དབང་ཆེན་རྡོ་རྗེ་གྲགས་པ།	旺钦多吉扎巴	dbang chen rdo rje grags pa
འདན་མ་གུ་རུ་མཚན།	丹玛古如坚赞	vdan ma gu ru rgyal mtshan
སྔོ་ལོ་མཁྱེན་རབ་རྒྱལ་མཚན།	俄洛·钦绕坚赞	sngo lo mkhyen rab rgyal mtshan
གུ་རུ་གྲགས་པ་རྒྱལ་མཚན།	格日·扎巴坚赞	gu ru grags pa rgyal mtshan
བསྟན་རྒྱལ་རྒྱུ་འབྲུག་ལྷ་བཟང་།	丹吉玉朱拉藏	bstan rgyal gyu vbrug lha bzang
ཆོས་ལུ་རིན་ཆེན་བསོད་པ།	却鲁仁青所巴	chos lu rin chen bsod pa
ཡར་ཁམས་ཀླུ་བཙན་རྒྱལ་པོ།	亚尔康鲁赞王	yar khams klu btsan rgyal po
སྐྱེས་ཡག་དར་མ་སྔོ་ལུག	节雅·达玛俄陆	skyes yag dar ma ngo lug
གུ་རུ་ཐུབ་བསྟན་རྒྱལ་མཚན།	格日·土旦坚赞	gu ru thub bstan rgyal mtshan
རྩིས་པ་ལྷ་བ་གྱང་དཀར།	孜巴拉吾央嘎	rtsis pa lha ba gyang dkar
གོ་ཆོད་དཔལ་རྒྱལ་དར་ཡག	高确华杰达意	go chod dpal rgyal dar yag
སྟོབས་ཆེན་ཁྲ་འབར།	多钦查巴尔	stobs chen khra vbar
སྐྱ་ལོ་སྲོ་མ།	嘉洛肖志索玛	skya lo sro ma
ཨ་ཆུང་སྐྱིད།	阿穹吉	a chung skyid
ལུ་ཆུང་སྐྱིད།	里穹吉	lu chung skyid
གཡུ་ཡག	马勒多多玉雅	gyu yag
བདུད་ཀླུ་བཙན།	魔王鲁赞	bdud klu btsan
མ་བཞི་དཔོན་པོ།	麻希奔波	ma bzhi dpon po
ལྷ་གནམ་བཙན་པོ།	南拉王	lha gnam btsan po
མོན་ཤིང་ཁྲི་རྒྱལ་པོ།	门辛尺赞普王	mon shing khri rgyal po
ཤིང་ཁྲི་བཙན་པོ།	辛尺赞普王	shing khri btsan po
ས་དམ་རྒྱལ་པོ།	萨丹王	sa dam rgyal po
མ་སངས་རྒྱལ་པོ།	玛桑杰布	ma sangs rgyal po
སྟག་གཟིག་ནོར་གྱི་རྒྱལ་པོ།	大食财宝王	stag gzig nor gyi rgyal po
མི་ནུབ་རྨ་བྱ་རྒྱལ་པོ།	米努玛夏王	mi nub rma bya rgyal po
བྱེ་རུ་རྒྱལ་པོ།	歇日王	bye ru rgyal po
མེ་གསེར་ཁྲི་རྒྱལ་པོ།	梅色尺王	me gser khri rgyal po
སྟག་རྩེ་རྒྱལ་པོ།	达则王	stag rtse rgyal po
དུང་དཀར་སྟག་ཐུབ་རྒྱལ་པོ།	东嘎达投王	dung dkar stag thub rgyal po
ཆོས་ལུང་ཉི་མ་རང་ཤར་རྒྱལ་པོ།	却龙尼玛壤夏王	chos lung nyi ma rang shar rgyal po
དཔལ་རི་གནམ་གྱི་རྒྱལ་པོ།	巴日穹天王	dpal ri gnam gyi rgyal po
ཚངས་པ་ཞལ་དཀར།	苍巴协嘎尔	tshang pa zhal dkar
དཔའ་བོ་ཞལ་དཀར་ལྡེམ་པ།	勇士协嘎尔丁巴	dpav bo zhal dkar ldem pa
ཡེ་ཤེས་མཚོ་རྒྱལ།	益西措杰	ye shes mtsho rgyal
སློབ་དཔོན་པད་མ་འབྱུང་གནས།	莲花生	slob dpon pad ma vbyung nas
གླིང་སྟོན་བ་བྱང་ཆུབ་གྲགས་པ།	岭登巴向曲扎巴	gling ston ba byang chub grags pa
དམ་ཅན་རྡོ་རྗེ་ལེགས་པ།	当坚多吉列巴金刚	dam can rdo rje legs pa
འབྲི་ཡུལ་ཁྱི་རྒྱལ་ཐོགས་མེད།	直叶切杰托美	vbri yul khyi rgyal thogs med
པེ་ཧར་སྲིད་པའི་ཟོར་བདག	白哈斯贝索达	pe har srid pa'j zor bdag
མ་ཅིག་གྲུབ་པའི་རྒྱལ་མོ།	玛久智贝杰姆	grub pavi rgyal mo
སྣང་ངུ་ཨ་ནུ་དཔའ་སེང་།	郎吾阿努巴桑	snang ngu a nu dpa' seng
ཀླུ་རྒྱལ་གཙུག་ན་རིན་ཆེན།	鲁加朱郎仁青	klu rgyal gtsug na rinchen
དཔའ་ཐུར་ཕྱིང་ནག་སྨུག་པོ།	巴图尔羌纳穆布	dpav thur phying nag smug po
ཐང་རྩེ་རྒྱུ་འབྲུག	唐泽玉周	thang rtse gyu vbrug
ངག་རིག	昂仁	ngag rig
ལྷ་གཅིག་སྒྲོལ་དཀར།	拉吉卓嘎	lha gcig sgrol dkar
གཉན་ཆེན་ཨ་བོ་གེར་མཛོ།	大圣阿尼格宗	gnyan chen a bo ger mdzo
སྲིང་མོ་རྒོད་ཆིབས་དཀར་མོ།	孙姆给切嘎姆	sring mo rgod chibs dkar mo
རྗེ་བཙུན་མི་ལ་རས་པ།	杰尊米日巴	rje btsun mi la ras pa
ནེ་ནེ་གནམ་སྨན་དཀར་མོ།	白梵天母	ne ne gnam sman dkar mo
ནུ་བོ་ཀླུ་ཕྲུག་འོད་ལྡན།	鲁俄陆珠俄穷	nu bo klu phrug 'od ldan
དགྲ་ལྷའི་མེ་སྟག་དམར་པོ།	查打玛波战神	dgra lha'i me stag dmar po
གྲུབ་ཆེན་ཐང་སྟོང་རྒྱལ་པོ།	大成就者唐东杰布	grub chen thang stong rgyal po
ལྷ་ཆེན་ཚངས་པ་དཀར་པོ།	白梵大天王	lha chen tshang pa dkar po
གཉན་ཆེན་ཐང་ལྷ།	念青唐古拉	gnyan chen thang lha
ཀླུ་རྒྱལ་གཙུག་ན་རིན་ཆེན།	龙宫宝顶王	klu rgyal ktsug na rin chen
སྟག་ལྷ་ཁྲི་དཀར།	达拉赤嘎	stag lha khri dkar
ལེགས་སྨོན།	拉孟	legs smon
དགའ་ལྡན་སྐྱབས།	更登什嘉	dgav ldan skyabs
ཚེ་རིང་དཔལ་སྐྱིད།	泽巴吉	tshe ring dpal skyid
དངོས་གྲུབ་སྒྲོལ་མ།	俄珍卓玛	dngos grub sgrol ma
རྫ་པ་རིག་འཛིན་རྡོ་རྗེ།	仁孜多杰	rdza pa rig 'dzin rdo rje
འཇུ་མི་ཕམ།	居·米旁	vju mi pham
རྡོ་སྦིས་དགེ་བཤེས་ཤེས་རབ་རྒྱ་མཚོ།	道帏格西·喜饶嘉措	rdo sbis dge bshes shes rab rgya mtsho
སྤྱི་དཔོན་སྣང་ཆུང་རྒྱུ་སྟག	吉本郎吾玉达	spyi dpon snang chung gyu stag
ཕུག་ཁོང་དགོན་པདྨ་རིན་ཆེན།	普公寺高僧白玛仁青	phug khong dgon Padma rinchen
ཆོས་རྗེ་ཀུན་དགའ་འཇིགས་མེད།	法王衮尕吉美	chos rje kun dga' vjigs med
མཁྱེན་བརྩེ་ཡེ་ཤེས་རྡོ་རྗེ།	钦则益西多吉	mkhyen brtse yeshi dorje
དམུ་དགེ་བསམ་གཏན།	毛尔盖·桑木旦	dmu dge bsam gtan
ཕུར་ལྕོག་ངག་དབང་བྱམས་པ།	普布觉阿旺强巴	phur lcog ngag dbang byams pa
རྫ་དཔལ་སྤྲུལ།	巴珠活佛	rdza dpal sprul
རྡོ་རྗེ་སེང་གེ	多吉僧格	rdo rje seng ge
ཤེས་རབ།	西洛	shes rab
རྡོ་རྗེ་ཉི་མ།	多吉尼玛	rdo rje nyi ma
ལྷུན་གྲུབ་རྡོ་རྗེ།	伦珠多吉	lhun grub rdo rje
ཀུན་དགའ་ཚེ་རིང་།	根嘎泽仁	kun dga' tshe ring

ཚེ་རིང་དཔལ་ལྡན།	泽仁巴登	tshe ring dbal ldan		དགེ་ལེགས་ཉི་མ།	格乃尼玛	dge legs nyi ma
ཚེ་དབང་སྐྱབས།	泽旺交	tshe dbang skyabs		འཇམ་དགའ།	降嘎	vjam dga
མཁས་གྲུབ་ཉི་མ།	克珠尼玛	mkhas grub nyi ma		འཇམ་དབྱངས་རྣམ་རྒྱལ།	降拥朗加	vjam dbyangs rnam rgyal
ཚེ་རིང་དབང་རྒྱལ།	泽仁翁加	tshe ring dbang rgyal		ཀརྨ་དབང་རྒྱལ།	嘎玛翁加	karma dbang rgyal
དཀོན་མཆོག་བཀྲ་ཤིས།	根秋扎西	dkon mchog bkra shis		དཀོན་མཆོག་བསྟན་འཛིན།	根秋登子	dkon mchog bstan 'dzin
མིག་དམར།	米玛	mig dmar		ཡོན་ཏན་ཚེ་རིང་།	颜登泽仁	yon tan tshe ring
བློ་བཟང་།	洛绒	blo bzang		བུ་དཀོན།	布根	bu dkon
དཀོན་མཆོག་བསྟན་འཛིན།	根秋登子	dkon mchog bstan 'dzin		རྡོ་གྲུབ།	多智	rdo grub
ཡ་མ་ཚེ་རིང་།	亚玛泽仁	ya ma tshe ring		བུ་བདེ།	布迪	bu bde
ཨ་ཉིད་བསོད་ནམས་སྟོབ་ལྡན།	阿尼四郎多登	a nyid bsod nams stob ldan		ཡ་མ་ཚེ་རིང་།	亚玛泽仁	ya ma tshe ring
དཔལ་ལྡན།	巴丹	dpal ldan		བརྩོན་འགྲུས་རབ་རྒྱས།	宗者拉杰	brtson 'grus rab rgyas
རྡོ་རྗེ་དགྲ་འདུལ།	多吉占堆	rdo rje dgra 'dul		ནོར་བུ་དབང་རྒྱལ།	诺布旺杰	nor bu dbang rgyal
རྡོ་བ་ཆོས་ཀྱི་དབང་ཕྱུག	多哇曲吉昂秀	rdo ba chos kyi dbang phyug		གཅོད་པ་རྡོ་རྗེ།	觉巴多吉	gcod pa rdo rje
ཞབས་དཀར་བ།	夏嘎巴大师	zhabs dkar ba		ཡེ་ཤེས་མགོན་པོ།	益西贡布	ye shes mgon po
འཇིགས་མེད་ཕུན་ཚོགས་འབྱུང་གནས་དཔལ་བཟང་།	久买彭措君乃华尔桑宝	vjigs med phun tshogs abyung knas dpal bzang		བསོད་ནམས་རྒྱལ་མཚན།	四龙降泽	bsod nams rgyal mtshan
ཨ་རིག་དགེ་བཤེས།	阿柔格西	a rig dge bshes		དཀོན་མཆོག་རྒྱལ་མཚན།	关却坚参	dkon mchog rgyal mtshan
འདན་མ་མཁན་ཆེན་ཡོན་ཏན་དཔལ།	丹玛堪谦元丹班	vdan ma mkhan chen yon tan dpal		རྡོ་རྗེ་རྒྱལ་མཚན།	多杰坚赞	rdo rje rgyal mtshan
དབྷོམ་དཀར་རྡོ་རྗེ།	红格多杰	dbhom kar rdo rje		ཚེ་རིང་དར་རྒྱས།	才让达杰	tshe ring dar rgyas
འཇམ་དབྱངས་ཚུལ་ཁྲིམས།	江永次诚	vjam dbyangs tshul khrims		ཐུབ་བསྟན་ཚེ་རིང་།	土登泽仁	thub bstan tshe ring
བསམ་གཏན་ཕུན་ཚོགས།	桑登彭措	bsam gtan phun tshogs		དཔའ་རྒྱལ་སྤྲུལ་སྐུ།	巴伽活佛	dpa' rgyal sprul sku
ཐུབ་བསྟན་ཆོས་རྗེ་རྡོ་རྗེ།	土登却吉多吉	thub bstan chos rje rdo rje		ནམ་མཁའ་རྒྱན།	朗卡杰	nam mkha' rgyan
ཕུར་བུ་རིག་འཛིན།	波洛仁孜	phur bu rig 'dzin		**文 本**		
ཀུན་བཟང་།	更藏	kun bzang		ལྷ་གླིང་གབ་རྩེ་དགུ་སྐོར།	《天岭卜筮》	lha gling gab rtse dgu skor
ཚེ་རིང་དཔལ་ལྡན།	泽仁巴登	tshe ring dpal ldan		འགོག་གླིང་།	《葛岭大战》	vgog gling
དོན་འགྲུབ་ཚེ་བརྟན།	东智才旦	don grub tshe brtan		རྨ་ཤེལ་བྲག	《玛燮扎》	rma shel brag
རིན་ཆེན་རྒྱ་མཚོ།	仁青嘉措	rin chen rgya mtsho		ཚ་བ་རོང་གི་མདའ་རྫོང་།	《擦瓦箭宗》	tsha ba rong gi mdav rdzong
དོན་འགྲུབ་རྒྱ་མཚོ།	东主嘉措	Don vgrub rgya mtsho		ཟི་ལིང་རྟ་རྫོང་།	《西宁马宗》	zi ling rta rdzong
ཚེ་རིང་དབང་འདུས།	才让旺堆	tshe ring dbang 'dus		འདན་མ་ནས་རྫོང་།	《丹玛青稞宗》	vdan ma nas rdzong
བསྟན་པ་རབ་བརྟན།	丹巴绕旦	bstan pa rab brtan		འཛོམ་གླིང་སྤྱི་བསང་།	《世界共桑》	vdzom gling spyi bsang
རིག་འཛིན་རྣམ་རྒྱལ།	仁真郎加	rig 'dzin rnam rgyal		བདུད་འདུལ།	《降伏魔国》	bdud vdul
ཉི་མ་ཚེ་རིང་།	尼玛泽仁	nyi ma tshe ring		ཧོར་གླིང་གཡུལ་འགྱེད།	《霍岭大战》	hor gling gyul vgyed
གདུགས་དཀར་འབུམ།	豆嘎本	gdugs dkar vbum		རྒྱ་ནག་ཇ་རྫོང་།	《甲岭传奇》	rgya nag ja rdzong
ཡེ་ཤེས་ཚེ་རིང་།	益西泽仁	ye shes tshe ring		འཇང་གླིང་གཡུལ་འགྱེད།	《姜岭大战》	vjang gling gyul vgyed
ཟླ་བ།	达瓦	zla ba		དམྱལ་གླིང་མུན་པ་རང་སེལ།	《地狱救妻》	dmyal gling mun pa rang sel
ཡེ་ཤེས་བསམ་གདན་གཏན།	益西桑丹	ye shes bsam gdan gtan		མེ་གླིང་གསེར་རྫོང་།	《梅岭黄金宗》	me gling gser rdzong
ཐང་བླ་ཚེ་དབང་།	通拉泽翁	thang bla tshe dbang		གྲུ་གུ་གོ་རྫོང་།	《祝古兵器宗》	gru gu go rdzong
པ་སང་ཆུང་བ།	小巴松	pa sang chung ba		སྟག་གཟིག་ནོར་རྫོང་།	《大食财宝宗》	stag gzig nor rdzong
ཨོ་རྒྱན་རྡོ་རྗེ།	吾金多吉	au rgyan rdo rje		ཁ་ཆེ་གྱུ་རྫོང་།	《卡契玉宗》	kha che gyu rdzong

མོན་གླིང་གཡུལ་འགྱེད།	《门岭大战》	mon gling gyul vgyed		སྲིད་པ་ཁོལ་མོ་རོག་རྫོང་།	斯巴柯毛若宗	srid pa khol mo rog rdzong
ཞང་ཞུང་མུ་ཏིག་རྫོང་།	《象雄珍珠宗》	zhang zhung mu tig rdzong		ཡ་རྩེ་མཁར་དམར།	雅泽·卡玛尔	ya rtse mkhar dmar
གཡུ་རྒྱལ་ཐོག་རྒོད།	《玉杰托哇》	gyu rgyal thog rgod		རྒྱ་གར་ཆོས་རྫོང་།	天竺国	rgya gar chos rdzong
བྱེ་རུ་བྱུར་རྫོང་།	《歇日珊瑚宗》	bye ru byur rdzong		དུང་དཀར་རྒྱལ་ཁབ།	东嘎国	dung dkar rgyal khab
མངའ་རིས་གསེར་རྫོང་།	《阿里金宗》	mngav ris gser rdzong		ཆུར་ཐང་།	曲拉滩	chur thang
རྒྱ་གླིང་གཡུལ་འགྱེད།	《汉地茶宗》	rgya gling gyul vgyed		འབྲུག་མོ་རྟ་ར།	珠牡马圈	vbrug mo rta ra
མུ་ནུ་དར་རྫོང་།	《米努绸缎宗》	mu nu dar rdzong		ཀླུ་མོ་བྲག་སྣེ།	鲁毛石崖	klu mo brag sne
ཁམས་གསུམ་བདེ་བཀོད།	《安定三界》	khams gsum bde bkod		བྲག་དཀར་ཁྱུང་ཆེན།	扎嘎穷钦	brag dkar khyung chen
ཤན་འདན་ནང་འཁྲུག	《辛丹内讧》	shan vdan nang vkhrug		འདུ་ར་སྟག་ཐང་ཕྲ་མོ།	德合唐叉姆聚议滩	vdu ra stag thang phra mo
གངས་རི་ཤེལ་རྫོང་།	《雪山水晶宗》	gang ri shel rdzong		བལ་བོ་ལུག་རྫོང་།	尼泊尔绵羊宗	bal bo lug rdzong
མེ་རི་ཐོག་རྫོང་།	《梅日霹雳宗》	me ri thog rdzong		སྤང་དཀར་ཐང་།	邦嘎塘	spang dkar thang
སོག་པོ་རྟ་རྫོང་།	《蒙古马宗》	sog po rta rdzong		བྲག་རྒྱ་སྒོ།	知加果	brag rgya sgo
ཨ་བྲ་གཟུ་རྫོང་།	《阿扎玛瑙宗》	a bra gzu rdzong		མཚོ་སྙིང་མ་ཧ་དེ་ཝ།	措娘玛哈德瓦	mtsho snying ma ha de wa
བྷེ་ར་ལུག་རྫོང་།	《百热绵羊宗》	bhe ra lug rdzong		བདུད་ཡུལ་ཕྱིང་སྔོན།	魔国降香翁	bdud yul phying sngon
ཀོང་ཐེའུ་རང་ར་རྫོང་།	《贡太让山羊宗》	kong thevu rang ra rdzong		ཙོང་ཁ།	宗喀	tsong kha
ཤང་ཤང་སྨན་རྫོང་།	《香香药宗》	shang shang sman rdzong		གོར་ཁ།	廓尔喀	gor kha
ཙ་རི་སྨན་རྫོང་།	《杂日药宗》	tsa ri sman rdzong		ལ་དགས།	拉达克	la dags
ལྕི་རོང་ལུག་རྫོང་།	《吉荣绵羊宗》	lci rong lug rdzong		འདན་ཡུལ།	丹域	vdan yul
ལྷ་གླིང་།	《天界篇》	lha gling		རོང་བྲག་རྫོང་།	丹巴	rong brag rdzong
地 名				འཇང་ཡུལ།	姜域	vjang yul
རྫོང་།	宗	rdzong		བདུད་ཡུལ།	魔国	bdud yul
རྫོང་ཆེན་བཅོ་བརྒྱད།	十八大宗	rdzong chen bco brgyad		གླིང་ཡུལ།	岭域	gling yul
ཤན་པའི་རྡོ་མཁར།	辛巴石城	shan pa'i rdo mkhar		མོན་ཡུལ།	门域	mon yul
ཨ་སྟག་ཤ་མཁར།	阿达角城	a stag sha mkhar		སྟག་གཟིག	大食国	stag gzig
ཕོ་རོག་སྙིང་རྫོང་།	普若娘宗	pho rog snying rdzong		སྨུག་གུ	穆古国	smug gu
མཚོ་དཀྱིལ་ཕོ་བྲང་།	措基颇章	mtsho dkyil pho brang		ལྷོ་ཚ་བ་རོང་།	南察瓦绒	lho tsha ba rong
ཤ་རྦ་གནམ་རྫོང་།	夏加如南宫	sha rba gnam rdzong		བྱང་ཨ་བྲག	阿扎国	byang a brag
བེའུ་སྟག་རྫོང་།	犊虎宫	bevu stag rdzong		ལྷོ་སྡིག་པོའི་ཡུལ།	南罗刹国	lho sdig povi yul
ཕོ་རོག་སྙིང་རྫོང་།	乌鸦心宫	pho rog snying rdzong		སྟོད་གླིང་གསེར་པ་མཆེད་བརྒྱད།	上岭色尔坝八部	stod gling gser pa mched brgyad
ཡ་རྩེ་མཁར་ཤུལ།	雅泽宫殿	ya rtse mkhar shul		བར་གླིང་འུམ་བུ་ཚོ་དྲུག	中岭翁吾六部	bar gling vum bu tsho drug
ཁྲ་མཁར་བྱ་རོག་གནམ་རྫོང་ཕྱུག་མོ།	查卡尔夏惹南宗秀姆	khra mkhar bya rog gnam rdzong phyug mo		སྨད་གླིང་མུ་སྤྱང་སྡེ་བཞི།	下岭牟姜四部	smad gling mu spyang sde bzhi
གནམ་རྫོང་ཕྱུག་མོ།	南宗秀姆	gnam rdzong phyug mo		སྒ་བ་རིན་ཆེན་ཚོ་དྲུག	嘎巴任青六部	sga ba rin chen tsho drug
སྤྱང་ཚང་རྫ་ལུང་།	江仓杂隆	spyang tshang rdza lung		འདན་མ་ཁྲི་སྐོར་བཅུ་གཉིས།	丹玛河东西十二万部落	vdan ma khri skor bcu gnyis
གནམ་ལྕགས་བཙན་རྫོང་།	雷铁故宫	gnam lcags btsan rdzong		རྟའུ་མུ་མཚོ་དམར་པོ།	达俄木措玛布部落	rtavu mu mtsho dmar po
ཁྲ་རྒོད་གནམ་ཧཁར་ཕྱུག་མོ།	查域富天宫	khra rgod gnam hkhar phyug mo		འབྲུག་དང་སྐྱ་ལོའི་སྡེ་བ།	朱和嘉洛部落	vbrug dang skya lo'I sde ba
བདུད་མཁར་ལྕགས་ར་རྩེ་དགུ	魔国吉合拉泽格城	bdud mkhar lcags ra rtse dgu		ཤར་ཙོང་ཁ་ཁྲ་མོ་དགོན།	东宗喀查摩寺	shar tsong kha khra mo dgon
རྨ་ཡུལ་མཐོང་བ་ཀུན་སྨོན།	玛域通瓦贡门	rma yul mthong ba kun smon		ལྷོ་དགོན་སྡེ་ཁྲ་མོ་དགོན།	南贡德查摩寺	lho dgon sde khra mo dgon
རྨ་སྨད་ཡུལ་ལུང་སུམ་མདོ།	玛域玉龙松多	rma smad yul lung sum mdo		ནུབ་འབུམ་ཆུང་དཀར་མོ་དགོན།	西崩迥嘎摩寺	nub vbum chung dkar mo dgon

藏文	中文	拉丁转写		藏文	中文	拉丁转写
	吉苏雅格卡多	skyid sos yag gi kha mdo			金川县	chu chen rdzong
	岭苍土司翁青友加	gling rgyal dbang chen bstan 'dzin chos rgyal			麻巴乡	smad pa shang
	德格印经院	sde dge par khang			常牧乡	vphrang dmar
	德格竹庆寺	sde dge rdzogs chen dgon			江西沟乡	cang shes shang
	隆恩图丹群科林	lung sngon thub bstan chos vkhor gling			黑马河乡	rta nag ma zhang
	德格县柯洛洞乡色巴沟村	'khor lo mdo shang gser 'bar grong tsho			郭密部落	sgo me tsho ba
	色达拉则寺	gser rta lha rtse dgon			恰卜恰	chab cha
	江达县瓦拉寺	vjo mda' rdzong wa ra dgon			隆务河	rong bo dgu chu
	德格县更庆寺	sde dge dgon chen dgon			色须县	ser shul
	甘孜县东谷寺	dkar mdzes stong skor dgon			隆恩寺	lung sngon dgon
	霍尔十三寺	hor dgon sde bcu gsum			甘德县	dga' bde rdzong
	理塘县瓦须云汝部落	li thang rdzong dbal shul gyon ru			八邦寺	dpal spungs dgon
	新龙县日郎	nyag rong ri nang grong			年龙乡	brnyan lung yul tsho
	青海热贡	mtsho sngon reb gong			化隆县	dbal ris rdzong
	石渠县宜牛寺	rdza chu kha 'ju mang dgon pa			尖扎县	gcan tsha rdzong
	巴塘县相喀寺	vba' thang rdzong byang dkar dgon			邓柯	cdan khog shang
	莫斯卡村	ma ha skyid lung sde ba			乃东县	snevu gdong rdzong
	阿尼玛沁山	a myes rma chen			囊谦县	nang chen rdzong
	甲拉沟甲拉勒神山	rgyal la khog gi rgyal la gnas			扎陵湖	mtsho skya rengs
	吉尼沟青麦格则神山	rgyud 'dus pa 'chi med ke'u tshang gling			查朗寺	khra gling dgon
	曲登沟巴扎格热神山	mchod rten khog gi badzar gu ru'i gnas			石乃亥乡	spre'u nag shang
	东雅拉拉则山	shar stod bzhag bra dkar po			那曲索县	nag chu sog rdzong
	阿色雄龙扎嘎山	shing lam brag dkar a bse			赞丹寺	tsan dan dgon
	玛沁邦拉神山	rma chen spom ra			浪加村	gling rgya sde ba
	岗底斯神山	gangs dkar ti se			共和县	gser chen rdzong
	伦保赛钦山	blon po gser chen			当家寺	ting rgya dgon
	阿玛索格雪山	a ma zo dgu gangs ri			恰嘎	chab vgag
	松格嘛呢城	gsang gi ma ni rdo mkhar			称多县	khri vdu rdzong
	巴格嘛呢墙	dpal ldan ma ni rdo mkhar			杂多县	rdza stod rdzong
	循化县文都乡	ya rdzi rdzong rdo bis shang			佐那寺	mdzo sna dgon
	年钦阿吾格佐	gnyan chen a bo ger mdzo			旦盼俄博	bstan phan lab rtse
	玛沁县郎日班玛本宗	rma chen gling ri pad ma 'bum rdzong			色达县	gser rta rdzong
	拉日马乡蓝溪牛场小学	lha ri ma hre khag brgyad pa'I slob chung			炉霍县	brag 'go rdzong
	冈察寺	rkang tsha dgon			仲萨寺	rdzong gsar dgon
	结古镇	skye rgu mdo			日努湖	ru nu mtshevu
	达日县	dar lag rdzong			鄂陵湖	mtsho sngo rengs
	道孚县	rta vu rdzong			卓陵湖	mtsho gro lo
					卡斯甲都	mkhal spyod mdo
					赤雪嘉姆	khri shor rgyal mo

藏文	中文	拉丁转写
མངའ་རིས་སྐོར་གསུམ	阿里三部	mngav ris skor gsum
དབུས་གཙང་རུ་བཞི	卫藏四翼	dbus gtsang ru bzhi
མདོ་ཁམས་སྒང་དྲུག	多麦六岗	mdo khams sgang drug

其他

藏文	中文	拉丁转写
བབས་སྒྲུང	巴仲	babs sgrung
པྲ་སྒྲུང	圆光史诗	pra sgrung
སྒྲུང་པ, སྒྲུང་མཁན	仲巴，仲肯	sgrung pa, sgrung mkhan
བསླབ་སྒྲུང, འདོན་སྒྲུང	吟诵	bslab sgrung, vdon sgrung
སྒྲུང་ཐང	仲唐	sgrung thang
གཏེར་སྒྲུང	代仲，伏藏史诗	gTer-sgrung
རྟོགས་པ་ཉམས་ཤར	朵巴酿夏	rtogs pa nyams shar
གླིང་རྗེ	岭杰	gling rje
གླིང་ཆེན	岭青	gling chen
རྟ་ལྕག་བསམ་པའི་དོན་གྲུབ	桑贝顿珠（马鞭）	rta lcag bsam pavi don grub
ལྷ་རྟ་རྐྱང་རྒོད་གྱེར་བ	赤兔神驹	lha rta rkyang rgod gyer ba
རྒོད་མ་བློ་ཁྲིད	果玛洛赤	rgod ma blo khrid
ལྕང་དཀར་བེར་ཀ	白杨木棍, 江尕尔外尕	lcang dkar ber ka
ལྕགས་མདའ་དུང་གཤོག་དཀར་མོ	铁箭冬雪噶姆	lcags mda' dung gshog dkar mo
ཆེ་རྒྱུད	长系	che rgyud
འབྲིང་རྒྱུད	中系	vbring rgyud
ཆུང་རྒྱུད	小系	chung rgyud
གོ་ཡིག	"各益"	go yig
གླུ	勒	glu
ལ་གཞས	拉伊	la gzhas
མགུར་གླུ	道歌，"格里"	mgur glu
དགའ་སྟོན་དབྱངས་རྟ	喜庆调，"尕尔顿央达"	dgav ston dbyang rta
དར་དཀར་བསྟོད་གླུ	达尔嘎都拉	dar dkar bstod glu
སྐྱོ་གླུ	悲歌调，"觉勒"	skyo glu
འདོན་རྟ	诵经调，"顿达"	vdon rta
སྒྲུང་གི་དབྱངས་རྟ	格萨尔唱调，"仲格央达"	sgrung gi dbyang rta
འགོ་འདྲེན	葛真	vgo vdren
འགོ་བ	葛哇	vgo ba
ཤོག་དཔོན	学本	shog dpon
རུ་དཔོན	如本	ru dpon
སྤྱི་དཔོན	吉本，总管	spyi dpon
དགྲ་ལྷ	扎拉	dgra lha
གསང་མྱུལ	"桑尼"，密探	gsang myul
བཀའ་ཤོག	"噶学"，书面命令	bkav shog
བསྟན་མ་བཅུ་གཉིས	十二地母神	bstan ma bcu gnyis
ཁྲུང་ཁྲུང	丹顶鹤，冲冲	khrung khrung
ལྷ་ཁང	拉康	karma Bishaw
ཀརྨ་སྒར	嘎玛博秀	a phyug rtswa thang
རྩེད་རིག	则柔	rtsed rig
གཡང	央	gyang
མགོ་དམར	高曼	mgo dmar
གྲི	吉	gri
གནམ	南	gnam
ས	萨	sa
སྨད	美	smad
གཡུང་དྲུང	雍仲	gyung drung
གཏེར་སྟོན	伏藏大师	gter ston
ཨུར་རྡོ	乌多（投石带）	vur rdo
ལབ་རྩེ	俄博	lab rtse
འབྲས་དཀར	折嘎	vbras dkar
ཀརྨ་སྒར་ལུགས	噶玛噶孜	karma sgar lugs
སྨན་ཐང	曼唐	sman thang
མཁྱེན་བརྩེའི་ལུགས	钦孜	mkhyen brtsevi lugs
བྱེའུ་སྒང་པའི་ལུགས	希岗	byevu sgang pavi lugs
ནག་ཐང	黑唐	nag thang
སྤྱན་འབྱེད	辛杰	spyan 'byed
ཐབ་རྡོ་སྤུན་གསུམ	灶脚石三兄弟	thab rdo spun gsum
དབྱར་གནས་དུས	央勒节	dbyar gnas dus

《江格尔》史诗篇

◎江格尔

英雄史诗《江格尔》概览

《江格尔》是一部主要流传于我国新疆维吾尔自治区的卫拉特蒙古族人、蒙古国的卫拉特人和喀尔喀人当中以及俄罗斯联邦的卡尔梅克共和国境内的英雄史诗，此外，在俄罗斯联邦图瓦共和国、阿尔泰边疆区也都有流传。《江格尔》是一部以主人公江格尔的名字命名的史诗。它热情讴歌了以圣主江格尔汗为首的六千又十二位勇士，为保卫以阿尔泰圣山为中心的美丽富饶的宝木巴国，同来犯的形形色色的凶残敌人所进行的英勇不屈的斗争事迹，充分展现了蒙古民族爱国爱家乡、崇尚自由、崇尚英雄的民族精神。蒙古族人民的史诗传统源远流长，一部部诗章从遥远的古代口耳相传，迄今仍保持着其特有的艺术魅力。据统计，蒙古族英雄史诗有550部以上。其中，能够集中体现蒙古史诗发展水平的最优秀的作品，当数英雄史诗《江格尔》。它同蒙、藏两个民族的《格斯（萨）尔》、柯尔克孜族的《玛纳斯》一起，被誉为"中国三大史诗"。《江格尔》每一部诗章均以优美的序诗开始，序诗记叙了江格尔苦难的童年，历数他在逆境中创造的丰功伟绩，赞颂圣主江格尔和天堂般美丽富饶而又幸福和平的宝木巴王国，然后开始叙述江格尔及其勇士们的一次次英雄业绩。其内容大致可以归纳为四大类：第一类是江格尔的身世及其前辈勇士的故事；第二类是江格尔及其勇士们的结义故事；第三类是江格尔及其勇士们的婚姻故事；第四类是江格尔及其勇士们的征战故事。第四类故事在整个《江格尔》史诗群中为数最多。

第一部分 人物

一、史诗主要人物

江格尔

博格达诺彦江格尔汗（圣主江格尔汗）是宝木巴汗国的缔造者、组织者和领导者，是史诗里的理想领袖或理想首领形象。人物形象较为复杂：在他身上，既有理想化的领袖人物的特点，又有在现实社会中的封建统治者的特点。总体而言，作为理想化领袖的一面是主要的。江格尔这个人物形象是和古代社会的封建统治者相对立的一个理想领袖形象。在他身上体现了古代社会那些有胆有识的领袖人物的优秀品质和人民群众对领袖的期望和要求。他的原型可能是历史人物，但史诗作者们把那些历史人物加以理想化，因而使江格尔形象超越了现实。江格尔这一形象具有重要的社会意义。史诗描绘的宝木巴国处于各部混战状态，常年遭受战争灾难的人们渴望铲除战争的根源，稳定社会秩序，创造和平幸福的生活局面。江格尔是为统一家乡，保卫宝木巴汗国的独立自由而战斗的英雄。他的行为体现了人民的愿望和要求，代表了宝木巴的英雄们和全体人民的利益，因而得到了人民的拥护和支持。作为一位领导者形象，江格尔的最突出特征是他的威信超过史诗里的任何人。史诗形象地描写了他的威信和作用，说明如果没有江格尔，众勇士将不能团结，会失去宝木巴国的独立自主，全体民众将遭受极大的灾难和痛苦。江格尔在童年时代就有非凡的经历，他的祖宗三代都是可汗，他从小就是一个神童。如许多古老蒙古史诗的主人公一般，他从3岁起就建立了丰功伟业，显示出非凡的才干，得到广大民众的爱戴和拥护。对于他的童年时代，史诗有如下描述：当他两岁的时候／故乡被恶魔洗劫／只剩他只身一人／当他三岁的时候／他跨上飞快的三岁赤骥／冲破了三大营垒／降伏了庞大的魔鬼／当他七岁的时候／打败了他所属的七个地方／江格尔的名声倍加传扬。江格尔的形象确实具备了理想领袖应有的许多特点。最初他上无父兄的庇护，下无亲人的辅佐，后来"他征集了神驹般的最快的骏马，他聚结了雄狮般的最壮的好汉"，创建了强大的宝木巴，成为赫赫有名的可汗。从无依无靠的孤儿到一位名扬四海的英雄，他主要靠的是自己的智慧和勇敢，尤其是靠他那英明的战略战术。首先，他与勇敢无比的洪古尔和智慧过人的阿拉坦策吉结为忠实的战友。其次，他又依靠这两位大将的力量和智慧，团结了萨布尔、萨纳拉等雄狮般的勇将。最后，他采取各个击破的战术，征服了周围分散的70个汗国。在这个过程中，江格尔表现出了善于团结人和使用人的卓越的领导才干。江格尔心胸宽广，不记私仇，能够充分发挥每个英雄的作用。他还能把反对过自己的人也团结过来，并委以重任，大胆任用。例如，洪古尔的父亲孟根希克锡力格曾经俘虏江格尔，并企图将其杀害。他还曾用借刀杀人的方法，派江格尔去为他驱赶著名的英雄阿拉坦策吉的马群，结果使江格尔被阿拉坦策吉的箭射中。可是，当他跟随江格尔后，不但没有受到任何歧视和排斥，反而得到江格尔的信任，成为宝木巴地方受人尊敬的长者。曾经是江格尔敌人的阿拉坦策吉也做了右翼首席大将，是宝木巴国的决策者之一。萨布尔的情况也是如此，他曾经打得江格尔的"那些虎将紧搂马脖，战马征鞍全部滚翻，寻找雪峰，狼狈逃窜"。尽管这样，当江格尔看出他的本领后，让他作了自己的一位非常得力的大将。这种不咎既往和任人唯贤的政策，是他作为一个领导人能够取得成功的重要原因之一。江格尔能够团结人，遇事常和自己的英雄们商量，发挥大家的聪明

才智，群策群力，因而能够克敌制胜。宝木巴统一之后，江格尔成为可汗。但他没有贪图安逸，停滞不前，相反，他时刻关心保卫家乡的重大事业。他以身作则，亲自参战，不断建立新的战功。作为一个统帅，他在关键时刻能够身先士卒，亲自出马，以自己超人的勇气、力量和武艺击败强大的敌人。但是，江格尔形象也有截然相反的一面。他有时嫉妒别人超越他，甚至连别人的马都不能跑在他的骏马前头；他有时畏惧敌人的威胁，向敌人妥协；最严重的是他有一次无缘无故地抛弃宝木巴而出走，流浪他乡，使富饶而美丽的宝木巴遭到洗劫。尽管江格尔形象存在一些缺陷和矛盾，但仍不失为史诗中一个成功的首领形象。江格尔不愧是一个较大的汗国的缔造者、组织者和领导者。他指挥着一群军事将领和数万大军。在这个方面，他远远超过了其他蒙古英雄史诗中的任何一个可汗。可以说，《江格尔》在蒙古英雄史诗中，第一次塑造了一个较大汗国的首领形象。

洪古尔

宝木巴国的左翼首席勇士，是勇敢过人型人物。他的父亲是布克孟根希克锡力格，是一个强大部落的首领，母亲是希勒泰赞丹格日勒夫人。史诗中，洪古尔总是左右着战事的胜败，是冲锋陷阵的勇猛将领的典型形象。史诗里这样讴歌洪古尔：在那一百个国家的英雄中／勇敢超众的是洪古尔／在那六个国家的好汉中／力量过人的是洪古尔／在那阿鲁宝木巴地方／洪古尔是一根闪闪的金柱／在那美丽的阿尔泰地区／洪古尔是人们的梦想／在那四面八方的蟒古思／洪古尔是有力的镇魔石。这形象地表现了洪古尔的特长和他在宝木巴国所起的重要作用。洪古尔从童年起，就是正直、勇敢、果断，并富有远见的孩子。他是江格尔的第一个朋友和救命恩人。当他的父亲孟根希克锡力格活捉5岁的

江格尔

孤儿江格尔，由于嫉妒这个孩子的才干和前途，企图杀害他的时候，小小的洪古尔几次用身体掩护这个和他同岁的小英雄，救出无辜的小江格尔。两人结成了生死与共的伙伴，为统一家乡、保卫家乡并肩作战。有学者指出，《江格尔》主要歌颂了江格尔和洪古尔的忠实友谊。洪古尔虽然是一个具有传奇色彩的人物，却给人们一种现实生活的真实感。他并不是一生下来就完美无缺，他的英雄性格是在斗争实践中逐步形成的。他初次到远方去娶妻时，表现得相当胆怯和鲁莽。但后来经历了一些磨炼，在建立和保卫宝木巴地方的战斗中，就逐渐具有了"勇敢过人"的英雄性格。史诗概括洪古尔创建宝木巴地方的功绩道：不怕粉身碎骨／不顾皮开肉绽／无畏的洪古尔英勇战斗／征服了七十个可汗的领土。尤其是在保卫家乡的屡次战斗中，充分反映了洪古尔的英勇无比的英雄气概。在每次作战中洪古尔总是"进攻的时候，他带头冲锋；收兵的时候，他在后面护卫"。当黑拉干汗和芒乃汗各派遣使者来进行威胁的时候，洪古尔首先起来坚决抵抗这些蛮横的掠夺者；当沙日古尔古、哈日黑纳斯和沙日蟒古思等汗先后派大军侵犯宝木巴地方时，又是洪古尔一马当先与凶恶的敌人搏斗；每当其他英雄们抵挡不过敌人时，总是洪古尔前去战胜残暴的对手。掠夺者沙日蟒古思汗为了"踏平富饶而美丽的宝木巴地方"，妄想"抢走宝木巴地方的牛羊马群"，派出了凶残的大将查干侵犯宝木巴时，洪古尔说：我不怕流尽自己的鲜血／我不怕摧残自己的骨骼／我有矫健的铁青战马／我有锋利的金黄宝刀。说罢立即迎敌作战。洪古尔与敌将查干交锋，酣战多时，不分胜负，最后洪古尔跳上去与敌人扭打起来，以自己坚强的意志和过人的力量，战胜了这个强暴的敌将。接着他又勇往直前突破了蟒古思汗的4万卫兵，直冲进魔宫里，把那个"肩膀七丈宽，生有五大凤凰力气"的蟒古思汗捆绑起来，用一只手把他拎到马背上，然后跨上自己的战马，又冲破了敌人的数万大军。这时正巧江格尔亲率大军赶来，他们一道粉碎了强大的侵略者。这里出现的洪古尔是一个理想化的英雄。在他身上，既有神话般的超人力量，又有现实生活中的英雄人物应有的勇气和力量。洪古尔这个人物，不仅在战斗中英勇顽强，而且在经受残酷折磨时宁死不屈。有一次洪古尔独自与沙日古尔古汗的侵略军打了好多天仗，后来因昏倒而被敌人活捉。他遭受了种种酷刑，被关进了深洞，但他对自己进行的正义斗争仍然充满必胜的信念。又有一次，洪古尔被敌将布赫查干拴在马尾上拖走，"他那日月般光辉的面孔，被折磨得像灰土一样；他那檀香般笔直的腰背，已弯曲得像一张雕弓"。敌人把他拖回去后，用尽毒刑逼他屈服，可是洪古尔一如既往不屈不挠：受百年折磨也不哼一声；挨六年拷打也一句话不讲。洪古尔虽然英勇牺牲，但史诗创作者们借助于万能药救活了这个理想的英雄。故事结束时，勇敢的洪古尔终于征服了凶恶的敌人。洪古尔不屈不挠的斗争精神，弥补了江格尔和阿拉坦策吉的短处。在残暴的掠夺者来威胁的情况下，由于认识不一致，在宝木巴地方的英雄中有时会发生激烈的矛盾斗争。矛盾斗争的焦点，是在侵略者面前表现出英勇无畏，还是胆小如鼠？是坚定不移地反抗，还是向敌人做出无原则的妥协？洪古尔主张坚决抵抗侵略。他对江格尔和阿拉坦策吉两人的无原则妥协行动进行了针锋相对的斗争。比如，凶残的敌人芒乃汗遣使对江格尔提出蛮横的五项要求，要江格尔立即交出自己的妻子、战马和最杰出的英雄洪古尔等。否则，他就要率领大军前来毁灭宝木巴地方。在这种恫吓威胁下，江格尔和阿拉坦策吉慑服于敌人的势力，不敢抵抗，竟作出了毫无原则的决定，答应了这些屈辱的条件。可是无私无畏的洪古尔却挺身而出，坚决反对江格尔这种错误的决定，当着敌人使者愤怒地宣告："谁愿意做牛马，谁愿意做奴隶，到异乡为魔鬼拾粪砍柴？不如抛头颅洒鲜血为国捐躯！我洪古尔刀斧不惧，到泉边草地战斗到底！"他这种斩钉截铁的誓言激怒了江格尔，竟下令把洪古尔捆绑起来交给敌人。可是英雄萨纳拉支持洪古尔坚决的抗敌意志，反对江格尔的妥协，他果断坚定地说："我们不能抛弃自己的誓言，我们十二人是生死相共的战友。""我不能背叛真理，如果谁敢动洪古尔，我就把他摔死在九霄云外。"这样一来，宝木巴地方的英雄们都从心底同意萨纳拉的话，背着江格尔让洪古尔逃走了。在这种严峻的情况下，纯厚朴实的洪古尔既不屈从于江格尔的错误决定，甘愿去充当掠夺者的奴隶；又不像有的人那样无法忍受屈辱撒手而去，抛弃自己的家乡和人民。他一出门，便去与芒乃汗的先遣部队打仗，夺下了敌人的军旗，把它当作胜利的象征让勇士明彦转送给江格尔，自己又继续与敌军搏斗。在他这种英雄行为的鼓舞和鞭策下，江格尔才率大军与洪古尔一起消灭了敌人。我们不难看出，在洪古尔身上，既集中概括了古代社会现实生活中表现出来的爱国将领的典型性格，同时，人们又把他理想化，从而寄予人民群众自己的愿望和期待，即所有的将领都应像洪古尔那样无限忠于家乡，无限忠于人民，在战斗中不但能表现无畏的英雄气概、无比的力量和高超的武艺，而且能显示百折不挠的钢铁意志和宁死不屈的刚强毅力。在洪古尔形象上集中地反映了《江格尔》这部史诗的永恒主题和伟大社会意义。理想化的洪古尔形象在某些方面似乎已大大超过了江格尔形象。不妨说，实际上洪古尔已成为这部以江格尔名字命名的英雄史诗的头号中心人物。虽然江格尔是宝木巴地方的首领，洪古尔只是他手下的一名将领，论地位、权力、威望，江格尔自应比洪古尔高，但作为艺术形象，洪古尔确确实实有超越江格尔的地方，这可以从以下几个方面来说明：第一，在国内外已经出版的各种版本的《江格尔》中，洪古尔这一人物所占的篇幅最多。第二，与江格尔相比，洪古尔是一个更富有理想光彩、更为完美的艺术形象。在洪古尔身上，没有江格尔和阿拉坦策吉有时所表现出来的那种软弱性和不彻底性。毋庸讳言，洪古尔也有他的缺点，如自高自大等。由于自高自大而轻敌，他曾被敌人活捉，受尽残酷的折磨。第三，洪古尔是蒙古族人民充分发挥他们的艺术才能，采用各种巧妙的表现方法和优美的诗句精心刻画塑造出来的一个艺术形象。他的个性鲜明，心态极有层次，在艺术上比其他人物形象更为突出完整。总之，洪古尔是宝木巴地方最出色的英雄。他的形象是在《江格尔》里最成功的较完美的艺术形象，是江格尔奇和广大听众最喜爱和崇敬的人物。同时，这个形象是中、蒙、俄三国境内搜集到的数百部《江格尔》长诗中塑造得最成功的英雄形象。

萨布尔

萨布尔具有无比的力量、无畏的勇气和非凡的武艺。他有一匹宝木巴地方跑得最快的宝驹，这是白鼻梁栗色马。还有一把神斧，它长达八十一庹。（庹：向两边展开双臂后两手中指尖之间的长度，称为一庹，约合5尺）萨布尔力大无比的特长是依靠宝驹和神斧的力量发挥的。史诗里交代他的性格特征道：人中之海青鸟萨布尔／是力大无比的勇士／他那心爱的飞快马／是个白鼻梁栗色马／用一万户百姓／换来了这匹栗色马／他有一个不离肩头的神斧／它长达八十一庹／不管多么强壮的敌人／都被神斧砍下马背。史诗从他童年时代开始叙述，在他一生的不同时期突出了他的力量和勇气，还有他那用神斧的武艺。幼年时代他经历了悲惨遭遇，

江格尔

同江格尔和其他史诗主人公一样,萨布尔也是个孤儿。3岁那年失去了双亲,4岁那年敌人夺走了他的部落百姓和畜群。因误解父母的遗嘱,他曾单枪匹马投奔沙日蟒古思汗。江格尔听从阿拉坦策吉的忠告,率勇士追上他。经过激烈的较量,终于使他归顺了江格尔。在这次战斗中,幼小的萨布尔表现出他那神童的力量。宝木巴勇士们在一个荒无人烟的大河滩上,层层包围了萨布尔,并使他离开了心爱的宝驹。即使这样,用了七七四十九天都未能捉住他。史诗里说:迅猛非凡的骏马/也不敢跑到他的前面/狮子般强悍的勇士/都经不住他的利斧一砍/如狼似虎的勇士们/揪着马鬃逃窜/马鞍在马腹下翻滚/战马向白头山狂奔。萨布尔归顺江格尔后,在宝木巴地方屡建战功。他和洪古尔一样起到了栋梁作用。每次出征,都是萨布尔骑着白鼻梁栗色马第一个同敌人厮杀。如在《美男子明彦赶回吐鲁克汗的马群之部》中,明彦出征前胆怯时,萨布尔第一个起来为他壮胆说:今生让我们结为兄弟,来世我们一同投身于圣地。你的尸骨不会抛在吐鲁克汗国,我和我飞快的栗色马,在金桥畔迎接你!并以实际行动实践了他的诺言。再如雄狮勇士洪古尔因失策而被敌人拴在马尾上拖走后,宝木巴勇士们去寻找洪古尔。在这次激战中,又是萨布尔先到敌人阵地去,打听到了洪古尔的消息,并同敌人进行决死的斗争。史诗描写了萨布尔是决定宝木巴地方命运的关键性人物之一。虽然因他嫉妒,有时也会采取鲁莽的行动,但在宝木巴地方的危急时刻,他曾救过众勇士和宝木巴家乡。有一次,江格尔赞扬洪古尔在强敌面前的英勇不屈性格,说:"平日在宫廷中饮酒欢乐时,勇士们个个都同样。在外敌前来威胁时,别人都缄口无言,唯独洪古尔挺身而出,没有一个人能和他相比。"这话激怒了萨布尔,他离开宝木巴去投奔锡莱依高勒三汗。可是他离开江格尔后,听到宝木巴国受到敌人的袭击,江格尔及其勇士们遇难,江格尔呼喊萨布尔返回去拯救时,他深更半夜离开锡莱依高勒三汗,返回家乡与敌人大军作战,并活捉了暴君赫拉干汗。他呼风唤雨,祈得天上的甘雨,救活了遇难的江格尔及其勇士们。史诗既谴责萨布尔的鲁莽品性,同时也称颂他热爱家乡、忠实于友谊的高贵品德以及他在宝木巴汗国的地位和作用。

萨纳拉

《江格尔》中经常称他为道格欣哈日萨纳拉,意为脾气暴躁的、力大无比的萨纳拉。其父名布凌格尔,因此,也叫布凌格尔的儿子道格欣哈日萨纳拉。是受到人们爱戴和崇敬的勇敢忠诚并老实的勇将。在《萨纳拉迫使扎恩台吉汗归降江格尔之部》里突出地描述了这一人物形象,这也是著名江格尔奇鄂利扬·奥夫拉演唱的10部篇章中最感人的篇章之一。卡尔梅克和俄罗斯艺术家们通过各种艺术形式,重新创作了萨纳拉的艺术形象,如俄罗斯著名人民画家弗·阿·法弗尔斯基便塑造了萨纳拉的肖像。萨纳拉单枪匹马冲击扎恩台吉汗国,走到汗宫里在扎恩台吉汗及其众将面前显示了宝木巴勇士们的威风和自己的英雄气概。史诗叙述道:萨纳拉从座位上起立/走到洁白的银桌前来回踱步/把手放进口袋/面对扎恩台吉宣布/我向你传达江格尔旨意/你是要和平/还是要战争/如果要和平/你就送上五十年的贡品/缴纳一千零一年的税金/发誓归顺江格尔/做宝木巴的属民/如果要战争/我就砍倒你们的旗杆/赶走你的八万匹黑马群!听到他的话,扎恩台吉汗的左翼首席勇士奥敦查干跳起来,拔出宝剑叫喊:"我要把你戳穿!"扎恩台吉汗的众勇士向他进攻时,他拔出大刀,向四面砍去,并冲出大门,砍断了扎恩台吉汗的旗杆,把黑斑旗装进口袋,跨上宝驹,奔到远处河边去,赶走了敌人的八万匹马。萨纳拉不仅是勇敢无畏的大将，有勇气、力量、口才和智慧，而且无限忠于共同誓言，注重义气，始终忠于朋友。当江格尔错误地下令，让勇士们把洪古尔捆起来交给敌人时，萨纳拉坚决反对这种行为。在萨纳拉的带动下，勇士们抵制了江格尔和阿拉坦策吉的错误决定，避免了宝木巴地方的一场灾难。史诗把萨纳拉塑造成为智勇双全、真善美的化身。阿拉坦策吉曾说过，萨纳拉"有和我一样的智慧，有和萨布尔一样的武艺，有和洪古尔一样的勇气，有和明彦一样的美貌"。当然，在史诗里突出地描写的是他作为勇将忠诚老实而坚强勇猛的英雄形象。

美男子明彦

明彦也属于勇将，史诗突出地描写了他的勇将特征。明彦原来是统治一个领地的可汗，江格尔率众勇士和他较量，经过三七二十一天的战斗，谁也没有能战胜谁。但明彦具有远见卓识，看出江格尔的本领和前景，自愿放弃汗位，归顺江格尔，充当了宝木巴国的颂奇（礼宾官）。史诗用明彦的话说：荣耀的圣主江格尔／我曾有雄伟的明山／我曾有千万属民／我曾为一方的可汗／您率领众勇士同我交战／酣战了三个七天／谁也没有战胜／我没有伤您／我从九伯勒远的地方／端详您的伟容／看出您是占有天下的兄长般的圣人。明彦归顺江格尔之后，为宝木巴地方立了多次战功。他单枪匹马去赶图鲁克汗的马群战胜敌人，迫使图鲁克汗国做了宝木巴汗国的附属国。他活捉力大无比的库尔门汗，解除了掠夺战争的隐患，保障了宝木巴地方的安全。和其他勇猛型勇士不同，明彦是个多才多艺的人物。他是天下无双的绝世美男子、器乐演奏家、江格尔的颂奇，是汗宫里主管礼宾和外交事务的官员。但他的有些才能尚未得到发挥，描写得较好的是他的艺术表演才能。在江格尔的汗宫里常常举行艺术表演活动。史诗这样写道：江格尔美丽的夫人／她拿出一张古老的金琴／这张金琴有八千根弦和八十二个弦码／阿盖洁白纤细的十指轻拢琴弦／在低音七弦上弹出著名的古老乐章／明山的主人／白发的额尔赫图克的儿子明彦／和着金琴的旋律吹起笛子／笛声和谐／优美动听。明彦是相貌出众的美男子，众人称他为"世界美人"。史诗里说，小媳妇与大姑娘、美女与妖精、甚至勇士们的未婚妻和妻子，看到明彦都为之动情。可是明彦不理睬，更不会中敌人的美人计，连帮助他战胜敌人的美女也不娶做自己的妻子，反而让给其他勇士。在他身上反映了蒙古人纯洁的美德。他绝对服从江格尔和阿拉坦策吉的决定，包括面对错误的决定和使自己受辱的事情，也试图去做，而且毫无怨言。正是在这一点上暴露了他性格上的软弱，这种弱点是古代蒙古族人民忠君思想的反映。明彦的形象在丰富史诗人物性格多样化方面有一定意义。这是在蒙古英雄史诗史上，最早的多才多艺的勇将形象。

阿拉坦策吉

江格尔的右翼首席勇士，是《江格尔》中智慧人物的典型。"他能牢记过去九十九年的往事，他能预知未来九十九年的吉凶。他掌管着七十个汗国的政教大权，他能迅速裁断任何疑难案件。"阿拉坦策吉具有丰富的战斗经验，是一位身经百战的老将领。他的地位和权力仅次于江格尔，起着江格尔的军师或参谋长的作用。他原是一个独立自主的地方首领，因其高瞻远瞩，看出了江格尔的才能和未来，为了缔造一个强大统一的国家，自愿与江格尔和洪古尔合作，接受江格尔的领导。他始终对创建和保卫宝木巴的各项事业忠心耿耿。阿拉坦策吉不仅亲自参加战斗，表现出非凡的勇气、力量和高超的武艺，而且经常出谋献策，发挥了智囊的作用。当敌人进攻时，他能说出来进犯者的身世和力量，指出派哪些英雄迎战就能够战胜敌人。他能预先告诉勇士们在远征途中将会遇到的困难和阻力，提出突破难关的具体办法和措施。当远征的勇士们遇到危险时他能及时想到，并派出援军。阿拉坦策吉形象是蒙古史诗第一个智谋型英雄形象。他的名字直译为"金胸"，其含意为"宝贵的智慧"。他是人民智慧的化身，在他身上反映了古代人民的智慧和对智慧的追求。这个形象在蒙古英雄史诗的人物塑造中是个重要的创举，填补了智谋型英雄形象方面的空白。阿拉坦策吉形象有二重性：既像现实社会中的谋士，又像萨满巫师。他具有萨满的职能，告诉人们过去、现在和未来之秘密。

勇士古恩拜

他是巨人、武将，又是圆梦官，他参加决定政教大事的讨论，属于智谋型英雄人物。《江格尔》不同诗篇中，对古恩拜的描写不同，他在宝木巴勇士中的席位排列也不同。鄂利扬·奥夫拉演唱本中说，他是左翼第二名勇士，他的席位排在洪古尔之下，但也有诗篇说他是左翼首席勇士。这个形象有时同阿拉坦策吉和洪古尔交替，存在一些矛盾之处。他的名字"古恩拜"是藏语佛名。卡尔梅克《江格尔》里没有关于这个人物的独立诗篇，新疆却有几个诗篇。首先，古恩拜是个巨人和武将，他有一匹大象般的宝驹，有一支神奇的黑铁叉，他以黑铁叉手出名。史诗描述这位巨人道："他舒展款坐／独占五十二人的位置／他蜷屈而坐／也占二十五人的位置。"这位勇士及其神奇的黑铁叉威力非凡，史诗里说："他手执五十二庹长的铁叉，这铁叉有三节，三十六般叉刃闪射着火花。他挥舞铁叉怒吼咆哮，山呼海啸，地动天摇。七国的魔鬼，心惊胆颤，垂首降服。"又说："他愤怒地大吼战斗口号，震慑了七十五路大军，这样威武的吼声，他们从未听过，大地颤抖，地暗天昏。从他血淋淋的铁叉上，放射出六庹高的火花。被铁叉刺中的敌人，哪怕是轻微的小伤，请来最高明的医生，服用最好的妙药灵丹也毒侵肺腑，难保性命。"《江格尔》里不仅交代了古恩拜是宝木巴国超群的"黑铁叉手"，而且在新疆发现的几部篇章里也描写了他的赫赫战功。如有一次他去同凶暴的沙日古尔古汗交战，结果他通过自己的力量和智慧，打死了沙日古尔古汗的赫赫有名的勇士宝玛额尔德尼，并活捉沙日古尔古汗归来。古恩拜又是个圆梦官，他有时同阿拉坦策吉一样，能说出过去的和未来的事情。但他擅长占卜，尤其是以梦卜超众，史诗里说他是"以梦卜驰名的珠德奇诺彦（圆梦官）古恩拜"。在这一形象上反映了蒙古萨满的占卜职能。

赫吉拉干

《江格尔》中的又一智慧人物形象。常被称为"和勒木尔奇"，意思是能说会道的雄辩家，有时也称他为"达赖"吉拉干。"达赖"是大海之意，说明他的智慧像海洋那样无穷无尽。赫吉拉干擅长舌战，不管对外还是对内遇事都由他来出面。他掌握了邻近各民族和各国语言，而且每种语言都说得像母语那样流利。他通过舌战击败了锡莱依高勒三汗，取得了胜利，曾得到过江格尔的奖赏。对内遇到大事，尤其是江格尔不愉快的时候，别人无法让江格尔开口，唯独赫吉拉干可以凭借口才，使江格尔汗不得不说出话来。江格尔悲泣时，赫吉拉干便这般说道："荣耀的江格尔，您为什么这样悲泣？是您那良种骡马的小驹，阿兰扎尔坐骑跑得不快吗？是您那黄花黄金长枪，刺杀不锋利吗？是您那像十六岁少女般的阿盖莎布塔拉夫人不漂亮吗？是您统帅的七十可汗的领地，还不够辽阔吗？是您的六千又十二名勇士，还不够顶用吗？是您那十层九色汗宫，还不够宏伟华丽吗？"听到这种讽刺挖苦的话，江格尔才会说出心中的悲痛。他不仅仅是个雄辩家，口才超群，史诗里还说他是"扎如嘎奇诺彦"，是汗宫总官，大法官，主管内政和外交。汗宫的酒宴，什么人参加都由他决定。他手持长棍撵走五千户长以下官员，只许万户长参加国宴，但还叫他们跪着喝酒。他负责清理战败者的牲畜和财产，在战败国"不留一条母狗，不留一名孤儿，全体迁往宝木巴，在阿尔泰山下安家"。赫吉拉干有时可以教训和谴责江格尔汗，这说明他的权力很大。如有一次，江格尔不吃不喝，默默无言。赫吉拉干连续问两次，江格尔没有回答。这时他愤怒地说道："啊，你是以英雄来恫吓我们？论英雄，我们之中有洪古尔。你是以俊美来恫吓我们？论俊美，我们之中有美男子明彦。你是以智慧来恫吓我们，论智慧，我们之中有阿拉坦策吉。我们三十五个勇士都可和你比肩，我们和你一样都是可汗之子。"赫吉拉干说完，拉开银门走出宫殿。在这个人物身上存在成吉思汗时代以来出现的大法官的一些特征。赫吉拉干是后期进入《江格尔》的一种文官形象。

阿盖莎布塔拉

《江格尔》人物之一，圣主江格尔之妻子，是天下无双的美女。江格尔刚满20岁，他的阿兰扎尔马只有7岁的时候，奔向四方寻找美女，拒绝了正统的四大可汗的女儿，拒绝了著名的特布新扎木巴可汗的爱女，拒绝了其他四十二诺彦的女儿，从远方聘娶了诺木特古斯可汗的女儿阿盖莎布塔拉。史诗赞美她的美丽、善良和艺术才华，说："她像一块晶体玻璃一样发射金光，她的光辉能压倒初升的太阳。借着她身前闪射的光芒，夜间也能挑针绣花。借着她身后闪射的光芒，晚间也能放牧马群。她往远方看的时候，能将远方的海水照透，能让人看清楚远水中的鱼苗。她往近处看的时候，能将近处的海水照透，使人能看清楚近水中的鱼苗。她有整齐的四十颗牙齿，她有洁白柔嫩的十个手指，她的嘴唇如同熟透的樱桃，她的头如同美丽的孔雀。她心爱的银胡，有九十一根琴弦，能演奏出十二种曲调，琴声悦耳悠扬，好似苇丛中生蛋的天鹅在欢唱，好似湖畔生蛋的绒鸭在欢唱。"

乌兰邵布秀尔

江格尔的儿子。在《道格欣沙日古尔古之部》等篇章中出现，是江格尔同阿盖莎布塔拉夫人以外另一个女子生的儿子，勇士。曾在同沙日古尔古汗的战斗中表现英勇。

哈日吉拉干

江格尔的儿子。同洪古尔的儿子和顺乌兰、阿拉坦策吉的儿子阿里亚雄胡尔一起完成英雄业绩。有时被称作哈日吉尔宾。

和顺乌兰

洪古尔的儿子。关于这位小勇士，有很多独立长诗。江格尔把宝木巴国的汗位让和顺乌兰来继承。

阿里亚雄胡尔

阿拉坦策吉的儿子，江格尔的勇士之一。曾同江格尔的儿子哈日吉拉干勇士和洪古尔的儿子和顺乌兰共同完成英雄业绩。

塔黑勒祖拉汗

江格尔的曾祖父。史诗称江格尔为塔黑勒祖拉汗的曾孙，唐苏克宝木巴汗的孙子，乌宗阿拉达尔汗的儿子，孤儿江格尔。《江格尔》中没有关于他的独立篇章，也没有叙述其业绩。

◎江格尔

唐苏克宝木巴汗

江格尔的祖父。史诗称江格尔为塔黑勒祖拉汗的曾孙，唐苏克宝木巴汗的孙子，乌宗阿拉达尔汗的儿子，孤儿江格尔。《江格尔》中没有关于他的独立篇章，也没有叙述其业绩。

乌宗阿拉达尔汗

江格尔的父亲。史诗称江格尔为塔黑勒祖拉汗的曾孙，唐苏克宝木巴汗的孙子，乌宗阿拉达尔汗的儿子，孤儿江格尔。《江格尔》中没有关于他的独立篇章，也没有叙述其业绩。《江格尔》中有叙述其婚事故事的篇章，也有叙述在江格尔2岁的时候乌宗阿拉达尔汗被害，江格尔成为孤儿的篇章。

哈日黑纳斯汗

哈日黑纳斯汗是《江格尔》史诗中天下有名的暴君，他有强大的军事势力。史诗里说："有一个黑心的暴君黑纳斯可汗，他住在夕阳西下的远方。西方的七个国家全被他征服，他号称四十万蟒古思的霸王。"黑纳斯已经七世称王，在阳光照耀的大地上，无数强悍的勇士都被他招降。黑纳斯每次出征，都有八万名勇士护卫，他走在八千层守卫圈的中央。黑纳斯在宫殿里之时，一万名卫士轮班站岗。他向江格尔的宝木巴国发动袭击，使那里的人民陷入水深火热之中。江格尔、洪古尔等宝木巴国的众勇士通过浴血奋战，终于战胜残暴的哈日黑纳斯，使宝木巴国恢复太平。关于哈日黑纳斯汗，有《道克欣哈日黑纳斯之部》等篇章。其中有的篇章早在19世纪时就已经被搜集记录下来。

沙日古尔古汗

沙日古尔古汗是《江格尔》史诗中的混世魔王。他是宝木巴国的敌对可汗，具有封建统治者和奴役者特征，而且还是凶暴的掠夺者和侵略者，他破坏社会安定，制造混战，烧毁房室和草原，屠杀无辜的牧民百姓。史诗这样描述了沙日古尔古汗的罪恶："魔鬼洗劫了宝木巴国，毁坏了江格尔的宫殿。一伙人驱赶江格尔的马群，七伙人驱赶江格尔的人民，没有留下一条母狗，没有留下一个孤儿。江格尔的夫人阿盖，七十二位可汗的妻子，捆在一条绳索上，被敌人掠去，巍峨的白头山被夷为平地，浩瀚的宝木巴海被黄沙填满，消灭了江格尔的宝木巴乐土，毁灭了江格尔的声望。"沙日古尔古班师回国，临行时他又命令："把江格尔的人民全部迁移，迁到毒海和乳海之间的空地，迁到草木不生的荒凉的戈壁！"沙日古尔古又用粗铁绳捆住在战场上昏倒的勇士洪古尔，把他绑在大铁车上，交给手下的八千个妖精，下令："每天抽打八千鞭，每天刀剖八千下，让洪古尔活活地遭受折磨，遭受十二层地狱的痛苦。把他关进七层地下红海的海底，设七十二道岗哨严加看管。"关于沙日古尔古汗，有《道克欣沙日古尔古汗之部》等多部长诗，其中有的长诗记录于19世纪。

库尔门汗

凶恶的库尔门汗，《江格尔》史诗中称他为四大可汗之一。他的保护神是大地的主宰者查干鄂布根（白老翁），白老翁向他传递敌人来犯的信息。他在脖子上带着护身符，若不摘下护身符，任何人休想战胜他。还有凶猛异常的一熊一虎昼夜在他身旁守着，警惕敌人的袭击。美男子明彦以非凡的勇气和过人的聪明智慧，把他活捉，将其国土并入宝木巴国。《江格尔》中有《美男子明彦活捉库尔门汗之部》等篇章。

库日勒额尔德尼蟒古思

库日勒额尔德尼蟒古思汗，是《江格尔》中描绘的可怕的暴君，是宝木巴国的敌人。有

《圣主江格尔征服库日勒额尔德尼蟒古思汗之部》叙述了江格尔同该暴君的较量：正在白海饮水的江格尔的七万匹马不见了。江格尔率萨布尔、阿拉坦策吉、翁格诺彦、洪古尔等追上了赶走马群的四个小妖，同他们交战了两个星期，最后失败了。库日勒额尔德尼汗变成了一只金翅鸟，将江格尔抓到了上界宝木巴国，把他交给一万八千名妖魔加以折磨。江格尔虽然被捆绑，但仍挣扎着用食指拨响了琵琶。库日勒额尔德尼汗的妃子娜仁格日勒听到琴声后，派人查清发生了什么事。原来江格尔原先曾从妖婆口中救过她的命。她念江格尔救命之恩，趁着夜色来到囚禁江格尔的地方，把库日勒额尔德尼汗的命根子和武器所在地告诉了他。江格尔照她说的地点去杀死了库日勒额尔德尼汗，让其侍从当了部落头领，并将娜仁格日勒姑娘嫁给他。他又杀死了想吃掉金翅鸟的三只幼雏的毒蛇。金翅鸟感念江格尔，并用身子驮着他回到了人间。

沙日蟒古思

沙日蟒古思是《江格尔》中的暴君形象之一。他更有神力，他得到上天的支持和熊虎的保护，他的身躯可以变成石头。他的生命不在身上，他的灵魂不附在肉身上，他的灵魂是雄鹰飞不到的高山上的金鹿肚皮里的三个小鹿。这座高山被浩渺的湖水包围着。史诗这样描绘沙日蟒古思："他的生命不在他身上，他的灵魂不附在他的躯干。如用刀砍他的皮肉，立即变做一块顽石。如用刀割他的咽喉，鲜血流出立即变做一块红石头。捆绑他的四肢，投入冲天火海，晴空立即乌云密布，降下冰雹和倾盆大雨，冲天烈火顿时被熄灭。"《赤胆勇士洪古尔生擒凶残的沙日蟒古思汗之部》叙述了其残暴行径：凶残的沙日蟒古思妄想独占当地四个汗国的赋税，并让东舒尔格日勒蟒古思占领宝木巴国。阿拉坦策吉预知了这一情况，于是洪古尔前去讨伐，半路上同沙日蟒古思的雄狮英雄查干相遇。洪古尔抓住了查干，用卧牛石镇压了他。洪古尔继续前行，通过激烈的战斗，捉住了沙日蟒古思，把他驮在马背上返回。这时，沙日蟒古思的大力士布克查干骑黄骠马赶来，追上了洪古尔。在白刃战中，洪古尔多处受伤，枪械折断了，连石头也打完了。这时阿拉坦策吉让江格尔率六千零一十二名勇士前去支援，镇压了敌人，救出了洪古尔。

乌图查干蟒古思

乌图查干蟒古思，卡尔梅克《江格尔》中有名的暴君形象。他让使臣沙日别日曼前去同洪古尔交战。沙日别日曼抓住洪古尔，绑在马尾上拖走。宝木巴国的一个小孩看到，报告了江格尔。江格尔带领萨布尔去解救洪古尔。萨布尔骑着棕色马赶上了沙日别日曼，只一鞭，就把他打翻在地。他为洪古尔松绑，与洪古尔一同前行，来到了乌图查干蟒古思那里，同乌图查干的军队激战了七天七夜，大挫了敌人的锐气。就在这时，江格尔可汗率阿拉坦策吉、贡贝等三十三名勇士来到白海边，同敌人交战，并取得了彻底胜利。他们抓获了乌图查干蟒古思，在他脸颊上打上了宝木巴的印章，让他做了江格尔的顺民。《江格尔》的《圣主江格尔征服乌图查干蟒古思之部》等篇章中出现。

克勒干汗

江格尔的敌人，最后归顺江格尔。他派使者向江格尔提出霸占阿盖莎布塔拉夫人、阿兰扎尔枣红神马和美男子明彦的无理要求。萨布尔前去征服了他使之归顺江格尔。见于《铁臂萨布尔迫使凶猛的克勒干汗归顺江格尔》篇章。

江格尔

扎安台吉汗

江格尔的敌人。关于他的故事见于《勇猛的哈日萨纳拉征服凶猛的蟒古思的领地，让他归顺江格尔之部》篇章。勇猛的哈日萨纳拉奉江格尔可汗之命来到凶猛的蟒古思扎安台吉汗处，对他说："我们可汗有令，命你缴五十年的捐税，提供一千年的贡赋。如不服从，我就赶走你的八万匹黑骏马。"那蟒古思汗手下的白面敖东查干、三岁的古南哈日、显赫的哈尔盖等英雄一齐同萨纳拉交战。萨纳拉把他们用力扔到了远处，并撕碎了他们的旗帜，装进口袋，最后又赶走了他们的八万匹骏马。凶猛的蟒古思扎安台吉骑上山一样高大的黄斑马，率领一万军队追赶萨纳拉，眼看要追上。这时，江格尔率六千零一十二名勇士赶到，打败了扎安台吉，在他右颊上打上了宝木巴的大红印章，让他宣誓效忠，永做顺民。

阿里亚孟胡莱

《江格尔》中江格尔的敌人。盗马贼、反面英雄，先与江格尔为敌，后被迫归顺江格尔。他的故事见于《乌兰洪古尔活捉阿里亚孟胡莱之部》（又称《赫赫有名的杜图胡拉之孙、杜图之子阿里亚孟胡莱驱走江格尔的一万八千匹血红枣骟马之部》）。阿里亚孟胡莱来到江格尔的宫殿，宣称将江格尔的血红枣骟马赶走。于是，以洪古尔、萨布尔、萨纳拉为首的将士们追上阿里亚孟胡莱，同他展开激战。铁臂萨布尔和萨纳拉受了伤，但洪古尔战胜了阿里亚孟胡莱，将他手脚反绑后拴在鞍子梢绳上驮了回来。圣主江格尔给武艺高强的猛将阿里亚孟胡莱松了绑，让他做自己的顺民，年年进贡，然后把他放了回去。

芒乃汗

卡尔梅克《江格尔》中的反面人物，掠夺者形象。他要求江格尔拿阿兰扎尔枣红神马、阿盖莎布塔拉夫人、美男子明彦、赤胆英雄洪古尔等五样宝贝进贡的无理要求，最后被洪古尔消灭。关于他的故事见于《赤胆英雄洪古尔制服凶残的芒乃汗，使之归降圣主江格尔之部》。

哈日吉拉甘汗

卡尔梅克《江格尔》中与江格尔毗邻的国家首领，江格尔的对手，最终归顺江格尔。事件的起因是，奉江格尔之命，洪古尔趁着夜色潜入英雄哈日吉拉甘汗的宫中，活捉哈日吉拉甘汗回来。但是由于江格尔的勇士们饮宴行乐，对哈日吉拉甘汗看管不严，让他得以挣脱，反而把江格尔的断事官赫吉拉干活捉走了。洪古尔等一干英雄同哈日吉拉甘汗激战，不分胜负，于是和他讲和。哈日吉拉甘汗则向江格尔及其十二位英雄献礼，彼此结为兄弟，决心在今后的战争中互相支援。关于他的故事见于《赤胆英雄洪古尔同哈日吉拉甘汗鏖战之部》。

巴德玛乌兰汗

卡尔梅克《江格尔》中江格尔的敌人。江格尔幼年时，曾败于巴德玛乌兰手下。巴德玛乌兰答应以后再较量，便把他放了。江格尔想趁早把巴德玛乌兰征服。于是，派自己的儿子哈日吉拉干、阿拉坦策吉的儿子阿里亚雄胡尔和洪古尔的儿子和顺乌兰三位少年勇士，活捉了巴德玛乌兰。江格尔达到了目的，让他回归本部。其故事见于《英雄吉拉干、阿里亚雄胡尔、和顺乌兰三人活捉勇猛的巴德玛乌兰汗之部》。

阿布朗嘎汗

卡尔梅克《江格尔》中江格尔的敌人，贪得无厌的掠夺者。他向江格尔提出交出夫人、洪古尔和枣红神马的无理要求。洪古尔与他的勇士独眼的翁吉尔沙日巴托尔交战，受了重伤，被后者活捉。洪古尔的坐骑跑回宝木巴，向江格尔报了信。江格尔率军赶来镇压了敌人，救出了洪古尔。江格尔与洪古尔将阿布朗嘎汗扔进了毒海。关于他的故事见于《赤诚英雄洪古尔同阿布朗嘎汗鏖战之部》。

哈日旃檀汗

蒙古国艺人乌力吉·道木以及女艺人孟根演唱的同名篇章《圣主江格尔》中出现的江格尔的敌人、掠夺者。最终被雄狮洪古尔所征服。其故事见《圣主江格尔》条。

哈布罕哈日索耀

蒙古国艺人青格勒以及科彻·桑杰演唱的《江格尔》篇章中出现的江格尔的敌手。洪古尔、洪古尔的儿子与之交手，都不能取胜，最后江格尔战胜了他。其故事见于《征服哈布罕哈日索耀之部》条、《诺彦金格尔拜汗》条、《圣主江格尔可汗》条。

土默特汗

蒙古国艺人浩毛尔演唱的《江格尔》篇章中作为宗拉诺彦（即江格尔）的岳父出现。他是江格尔的妻子娜仁公主的父亲。见《乌宗阿拉达尔可汗之子、幼小的宗拉诺彦》条。

尹德尔拜哈日蟒古思

蒙古国艺人登德布·杜古尔苏荣演唱的《博格达德钦江格尔汗》中出现的江格尔的敌人。尹德尔拜哈日蟒古思要来生吞圣主江格尔，洪古尔携子前去交战，将他砍成两截，扔在江格尔的布尔罕哈日山的两侧。但蟒古思竟又复活了，赤诚英雄洪古尔再次制服了他。见《博格达德钦江格尔汗》条。

达赖柴拉布尔汗

蒙古国艺人格雷格·萨姆坦演唱的《江格尔迎娶达赖柴拉布尔汗的阿勒腾黑努尔公主之部》中出现的人物。他是江格尔的妻子阿勒腾黑努尔公主的父亲，即江格尔的岳父。见于《江格尔迎娶达赖柴拉布尔汗的阿勒腾黑努尔公主之部》条。

海斯图哈日特博格里

蒙古国艺人演唱的《江格尔》篇章中出现的人物，江格尔的敌人，后被迫归顺江格尔。江格尔想征服海斯图哈日特博格里。赤诚英雄洪古尔和萨布尔两位勇士一同去和海斯图哈日特博格里交战，但未能取胜。于是江格尔也去增援，不料枣红神马被海斯图哈日特博格里夺走，只得徒步作战。枣红神马挣脱了羁绊，前来与江格尔并肩战斗，终于战胜了敌人。他们在海斯图哈日特博格里右颊打上印记，让他做了江格尔的臣民。见《江格尔一章》条、《江格尔可汗》条、《博格达诺彦江格尔汗》条。

阿拉坦毕希库尔

江格尔的对手。蒙古国艺人楚库尔·纳米朗演唱的《江格尔》篇章中出现。是骑黄马的罗藏缇布汗手下的一员大将。江格尔同他激战，最终战胜了他。见《江格尔同罗藏缇布汗手下的阿拉坦毕希库尔激战之部》条。

哈日布尔古德

江格尔的对手。蒙古国艺人道尔吉·乃旦演唱的《江格尔》篇章中出现。是占据东南方的哈日卢斯图汗手下的英雄。洪古尔击溃了哈日卢斯图汗的军队，让哈日布尔古德做了圣主江格尔的臣民。见《乌宗赞布勒汗》条。

◎江格尔

库日勒哈日英雄

蒙古国《江格尔》篇章中出现的人物，是洪古尔的婚姻竞争者。洪古尔战胜他，娶回那仁格日勒图汗的女儿娜布奇格日勒。见《名扬四海的好汉洪古尔》条。

乌库尔奇汗

新疆《江格尔》篇章中出现的宝木巴国的敌人、侵略者和掠夺者。当江格尔和宝木巴国享受太平宁静的生活时，乌库尔奇汗派使者铁木尔布斯巴托尔前去挑衅，要江格尔纳贡称臣。圣主江格尔不敢当面回绝，答应七天内满足其要求。打发使者后，江格尔召回洪古尔，告知所发生的事情。洪古尔征讨乌库尔奇汗，途中杀死了有十五颗脑袋的阿塔哈尔哈日蟒古思。洪古尔冲入乌库尔奇汗的黑色铁墙，取下了乌库尔奇汗的首级，不料被乌库尔奇汗之子乌兰扎拉腾射伤。洪古尔带箭回来，贞洁的阿拜格日勒夫人从他身上跨越而过，为他取出了身上的箭。之后，洪古尔之子和顺跨上褐红母马所生的青灰马，前往乌库尔奇汗部，杀死了乌兰扎拉腾。有关乌库尔奇汗的故事出现在《洪古尔及子和顺与乌库尔奇汗、沙莱高勒三汗战斗之部》等多部篇章中。

古南哈日苏农凯

新疆《江格尔》篇章中的反面英雄。《洪古尔之子和顺征服那仁达赖汗的儿子古南哈日苏农凯之部》中说，古南哈日苏农凯是那仁达赖汗的儿子。而那仁达赖汗则是《江格尔》史诗中反复出现的一个反面人物。但是，那仁达赖汗又是新疆卫拉特中小型史诗的主人公。关于古南哈日苏农凯的故事，见于新疆《江格尔》的《洪古尔消灭道格欣哈日苏农凯，却被三个蟒古思打败，和顺复仇之部》等多部篇章。

腾格里天神之子铁木尔布斯腾

新疆《江格尔》篇章中出现的宝木巴的勇士们的敌手。腾格里天神之子铁木尔布斯腾在和静县江格尔奇巴桑演唱的《洪古尔的婚事之部》中，是洪古尔的主要婚姻竞争者。被洪古尔打败。这一形象还是蒙古英雄史诗传统以及《江格尔》篇章中经常出现的人物，其中都以英雄的婚姻竞争者身份登场。他地位显赫，是蒙古萨满教最高神腾格里天神之子，在史诗中经常以富有、傲慢、蛮横无理的粗暴形象出现。但是，在《江格尔》中，都以勇士打败腾格里天神之子，娶回美丽的妻子而告终。

玛拉哈布哈汗

新疆《江格尔》的《和顺乌兰征服玛拉哈布哈汗之部》、《洪古尔之子和顺取残暴的玛拉哈布哈的首级之部》、《和顺乌兰砍取道克欣玛拉哈布哈的首级之部》等多部篇章中出现的宝木巴国的敌人。各部篇章的故事各有不同。《和顺乌兰征服玛拉哈布哈汗之部》中，当玛拉哈布哈汗对宝木巴国发出侵略威胁时，洪古尔去迎战，被玛拉哈布哈汗俘虏。江格尔设法让洪古尔的阿勒腾登吉夫人提前生下怀孕仅五个月的胎儿，为他取名和顺。年幼的他前去制服玛拉哈布哈汗，救出父亲。

十五个头的安杜尔玛哈日蟒古思

新疆《江格尔》的《乌兰洪古尔铲除十五个头的安杜尔玛哈日蟒古思之部》、《洪古尔与和顺二人夺回战马，征服蟒古思部众之部》等多部篇章中出现的宝木巴国的敌人。这个蟒古思，在《江格尔》和蒙古《格斯尔》中均出现。

二十五个头的浩特豪尔哈日蟒古思

新疆《江格尔》篇章中的恶魔、暴君。《江格尔》多部篇章中出现。在《洪古尔消灭二十五个头的浩特豪尔哈日蟒古思之部》中，他派使者大力士雄胡尔侵犯宝木巴国，被洪古尔所打败。其故事另见《洪古尔之子和顺灭二十五头的浩特豪尔哈日蟒古思之部》。

毛勒木哈布哈

新疆《江格尔》篇章《洪古尔之子和顺征服毛勒木哈布哈之部》中的人物，是掠夺者、暴君。先挑衅宝木巴国和江格尔，引洪古尔前来征伐，然后设计捕捉、杀害洪古尔。这时洪古尔的儿子出生，神速长大，顷刻间变成了顶天立地的英雄。他跨上了灰青马驹上战场。他先在父亲遗骨上撒上神药，让父亲复活。然后消灭毛勒木哈布哈，取其首级交给父亲，洪古尔则将首级献给圣主江格尔，为此宝木巴举国设宴欢庆胜利。

楚雄胡尔

新疆《江格尔》篇章《洪古尔之子和顺征服楚雄胡尔之部》中出现的宝木巴国的敌人，反面英雄。该部说他是那仁达赖汗的勇士。进犯宝木巴国，最终被洪古尔的儿子和顺乌兰勇士消灭。

哈日库库勒汗

新疆《江格尔》的《洪古尔消灭哈日库库勒汗之部》中的人物，宝木巴国的敌人。进犯宝木巴国，最终被雄狮英雄洪古尔消灭。

库克芒乃蟒古思

新疆《江格尔》篇章中的反面人物。其故事见于《江格尔之子布俊宝日、洪古尔之子和顺乌兰灭库克芒乃蟒古思之部》（新疆人民出版社1985年出版的《江格尔资料（五）》）。

额尔古蒙根特布赫汗

新疆《江格尔》篇章中的反面人物，恶魔、掠夺者和暴君。其故事见于《江格尔》的一部篇章、《江格尔之子阿尔巴斯哈尔活捉额尔古蒙根特布赫汗之部》（内部交流资料《江格尔资料（一）》）等篇章。

大力士阿拉坦索耀汗

新疆《江格尔》篇章中的反面人物，实力强大的一国之君，可汗。有万夫不当之勇，手下有千军万马，还有泽格德克查干、塔勒宾夏尔等勇士。其故事见于《博尔托洛盖的大力士阿拉坦索耀汗之部》（内部交流资料《江格尔资料（一）》）。

杜希芒乃汗

新疆《江格尔》篇章中出现的反面人物。他是杜尔伯特达赖部首领、汗。手下有四十四名勇士。最终被江格尔的勇士扎雅图阿拉达尔汗之子宝日芒乃所消灭。其故事见于《扎雅图阿拉达尔汗之子宝日芒乃征服杜希芒乃汗之部》（内部交流资料《江格尔资料（一）》）。

道木布汗

新疆《江格尔》篇章中登场的黑心肠岳父形象。有的篇章中又称作道木布尔汗。其故事见于《洪古尔抛弃道木布汗之女杜布日沙尔那钦，聘娶阿拉奇汗之女阿拉坦登珠叶之部》、《洪古尔娶杜布日沙尔那钦，打败道木布尔汗之部》（新疆人民出版社于1985年用托忒蒙古文出版的《江格尔资料（三）》等篇章。）

那仁达赖汗

新疆《江格尔》篇章中登场的反面人物。江格尔及其勇士直接同那仁达赖汗战斗的篇章少，而更多的是同他的儿子古南哈日苏农凯或与其手下勇士作战的篇章。那仁达赖汗还是新疆卫拉特中小型史诗的主人公。《江格尔》中作为反面英雄出现的篇章有《洪古尔砍取那仁达赖汗的首级之部》（《江格尔资料（三）》）等。有的篇章中，那仁达赖汗还作为江格尔的勇士的岳父身份出现，如《英雄萨布尔聘娶那仁达赖汗之女诺木图古斯之部》（见于新疆人民出版社于1985年用托忒蒙古文出版的《江格尔资料（二）》）。

道格欣哈日蟒古思

新疆《江格尔》篇章中登场的反面人物、恶魔。其故事见于《洪古尔灭道格欣哈日蟒古思之部》（新疆人民出版社于1985年用托忒蒙古文出版的《江格尔资料（二）》）。

格棱赞布勒汗

新疆《江格尔》篇章中登场的掠夺者形象。其故事见于《洪古尔征服格棱赞布勒汗之部》、《洪古尔智取格棱赞布勒汗的首级，聘娶阿拉奇汗之女之部》（新疆人民出版社于1985年用托忒蒙古文出版的《江格尔资料（二）》）等篇章。

额尔古耀温乌兰

新疆《江格尔》篇章中登场的恶魔。它是十个头的青面蟒古思手下的魔鬼，掳走腾格里天神的小公主。最终位居江格尔的英雄们末位的巴特哈那巴托尔消灭了耀温乌兰，解救了腾格里天神的小公主，让她返回天国。见于《江格尔的小勇士巴特哈那巴托尔灭蟒古思国额尔古耀温乌兰之部》（新疆人民出版社于1985年用托忒蒙古文出版的《江格尔资料（二）》）。

二、《江格尔》的演唱者——江格尔奇

（一）江格尔奇及其类型

江格尔奇

演唱英雄史诗《江格尔》的民间艺人，蒙古语叫作江格尔奇。江格尔奇是《江格尔》这部不朽的英雄史诗的保存者和传播者。国内外搜集到的200多部《江格尔》长诗及异文，都是靠江格尔奇的口传得以保存下来的。他们除了演唱《江格尔》外，通常还演唱其他的英雄史诗和叙事诗，讲述各种神话传说和民间故事。由于过去演唱《江格尔》的人很多，因而仅会演唱三五部的人就不被当作江格尔奇。只有会演唱很多部，而且演唱技巧高超的人才会被人们称作江格尔奇。在那些著名的江格尔奇中，只有极少数人可以得到上层人物的赏识，成为汗、王或一些诺彦的专职江格尔奇。

业余江格尔奇

江格尔奇可以划分为业余、职业、世家和御前等几种类型。业余江格尔奇，就是那些自幼喜欢《江格尔》，经常听著名江格尔奇的演唱但没有经过专门培训，从自己模仿到逐渐成熟的艺人。古今中外的江格尔奇中绝大多数都属于这一类。他们的活动范围不是很广，往往局限于各自所在的苏木（相当于乡）、旗（县）范围内。虽然属于业余类型，但其中也不乏演技高超者，这些佼佼者的演唱水平往往不比职业的或御前的江格尔奇差。

职业江格尔奇

所谓职业江格尔奇，就是那些师从著名江格尔奇并受到过严格的训练，在个人天赋的基

础上通过刻苦训练而达到很高造诣的艺人。称其为职业，仅仅是为了把他们同没有经过专门训练的业余江格尔奇区别开来罢了，他们并不是以专门演唱《江格尔》为职业的人。

江格尔奇世家

祖孙几代人都演唱《江格尔》的艺人，叫作江格尔奇世家。在江格尔奇世家当中，《江格尔》的各部长诗在他们祖孙几代人中纵向稳定地传承。虽然口头史诗各个异文在科学上没有正宗不正宗之别，但是江格尔奇世家出身的艺人所演唱的长诗往往在民间被认作正宗。在国内，南部土尔扈特的江格尔奇扎拉家族是江格尔奇世家，据说其祖孙七代都是江格尔奇。到20世纪80年代一直在新疆演唱《江格尔》及其他史诗的艺人额仁策，就是扎拉的孙子。在卡尔梅克，20世纪初的著名艺人鄂利扬·奥夫拉也是江格尔奇世家出身。他祖孙六代都是演唱《江格尔》的著名歌手。

御前江格尔奇

所谓御前江格尔奇，就是旧时代各部落的汗、各旗的王爷从以上各类江格尔奇中挑选出的专门为自己演唱《江格尔》的艺人。上述扎拉既是江格尔奇世家出身，又是新疆巴音郭楞草原南部土尔扈特部满楚克加甫汗指定的御前江格尔奇。在和布克赛尔，道诺洛布才登王的专职江格尔奇是西西那·布拉尔；奥尔洛郭加甫王时代的专职江格尔奇是胡里巴尔巴雅尔。御前江格尔奇也并不是仅仅在汗宫或在王府演唱，他们还云游草原，为牧民演唱。

江格尔奇传说

从前，有个叫吐尔巴依尔的老人。他和老伴吐布森吉尔嘎拉过着贫困的生活，五只山羊是他们仅有的财产。一天，五只山羊失踪了，老人急得上山到处找寻，终于在山顶的两眼湖畔寻到了山羊。气喘吁吁的他坐下来休息，忽然看见两湖中间有一束七十色的彩虹。他惊异地靠近一看，原来是一堆色彩各异的鹅卵石发出的光芒。老汉把石头一一捡起往怀里揣，一共70块。回家后，老人夜里做了个梦，梦中一位鹤发童颜的白衣老者对他说："你捡回来的70块彩石是70部《江格尔》，好好习唱吧，保准你吃穿不愁。"次日醒来，吐尔巴依尔老人真的能演唱70部《江格尔》了。从此，《江格尔》在卫拉特人中流传开来，吐尔巴依尔也赢得了"会演唱《江格尔》70部长诗的史诗袋子"这一美誉。另一种异文说，历史上最著名的江格尔奇是生活在17世纪的吐尔巴依尔。他从小练习演唱《江格尔》，每学会一部长诗，就往怀里放进一块石头，久而久之，他演唱《江格尔》的本领达到了炉火纯青的境地，此时他怀里的石头也达到了70块，成了一位著名的江格尔奇。人们尊称他为达兰·脱卜赤，意为"会演唱《江格尔》70部长诗的史诗囊"。

（二）俄罗斯的卡尔梅克江格尔奇

鄂利扬·奥夫拉

鄂利扬·奥夫拉（Eeleen Ovlaa,1857—

江格尔

1920），卡尔梅克最伟大的江格尔奇。他于丁巳年（1857）出生于俄国阿斯特拉罕省小杜尔伯特地区伊克布哈斯部贫苦牧民鄂利扬家，是鄂利扬膝下3个儿子中最小的一位。他的大哥叫乔依格尔，二哥叫乌图那生。奥夫拉20岁时，父亲给他娶了一个叫查干的姑娘。查干给他生了3个女儿和1个儿子后于1905年去世。此后奥夫拉一直没有续弦，他的晚年是和孙子们一起度过的。

奥夫拉出生在江格尔奇世家。因此，从童年时代起，他就受到了卡尔梅克民间文学特别是英雄史诗《江格尔》的熏陶。他的家族包括奥夫拉在内六代人都是有才华的江格尔奇。他们依次是津铁木耳、津策格、查干鄂姆根、库斯莫和两位叔父德勒特尔和玛尔嘎什以及奥夫拉。虽然奥夫拉的父亲鄂利扬不是江格尔奇，但是他的两位叔父还是把接力棒传给了奥夫拉。叔父德勒特尔具有较高的文化程度，他精通卡尔梅克文字（托忒蒙古文）和卡尔梅克文学艺术。他的儿子普波也是个有名气的江格尔奇，但不幸早年去世。

鄂利扬·奥夫拉13岁前就从两位叔父那里学会了《江格尔》10部长诗。他生来就口吃，这对他学习演唱《江格尔》是一个巨大的障碍和考验。然而他是个坚忍不拔的人，天生的生理缺陷也无法阻碍他。经过长期艰苦的努力，他终于克服了口吃这一生理缺陷，难以置信地掌握了流利演唱史诗的高超本领，成了远近闻名的江格尔奇。

鄂利扬·奥夫拉从19世纪80年代起开始了他《江格尔》演唱的生涯。他受到了能歌善舞、喜欢民间弹唱艺术的卡尔梅克普通百姓和贵族们的尊重和爱戴。他不仅在逢年过节、庙会和婚礼等场合为普通百姓演唱，有时还应邀到贵族、富人和大喇嘛的官邸和庙宇去演唱，得到一定的报酬。但是这样的机会不多，收入低微，一生过着贫寒的生活。圣彼得堡大学的科特维奇教授曾于1910年采访过奥夫拉，30年后他回忆道："他是一位正直的卡尔梅克穷人，一个破旧的蒙古包，几件寒酸的摆设，一匹两岁马，两头母牛，这便是他仅有的全部财产。"

1908年，圣彼得堡大学学生，来自小杜尔伯特地区的卡尔梅克青年奥奇洛夫，受科特维奇教授的委托和俄罗斯皇家地理学会的资助，回到故乡采访奥夫拉。在手写记录第一部长诗之后，用留声机录下了奥夫拉演唱的其他9部长诗。奥奇洛夫回忆说，当他回到圣彼得堡，向俄罗斯皇家地理学会汇报时，听了奥夫拉录音的与会者无不被那优美的英雄史诗《江格尔》及其英雄人物所倾倒。

此后，这位江格尔奇不仅闻名于俄罗斯东方学界，而且成为整个卡尔梅克草原上家喻户晓的著名江格尔奇。各地卡尔梅克人纷纷邀请他去演唱《江格尔》。正当他的演唱事业如日中天的时候，厄运又开始接连笼罩他。1913年至1920年间，他的儿子和孙子们因传染病相继故去，让老年奥夫拉孤零零地留在世界上，这对他来说是一个沉重的打击。但就是在这样的时候才看到他摧不垮的意志和坚强的品格。到1920年的秋天，他重新振作起来，徒步到许多乡村、居民区和红军部队中进行巡回演唱，直到当年冬天去世。得知他去世的消息，附近地区的很多人前来参加了这位伟大的江格尔奇的葬礼。虽然他走了，但他为后人留下了伟大史诗《江格尔》的不朽遗产——他演唱的《江格尔》10部长诗的记录稿和录音资料永远收藏在档案馆里。另外，奥夫拉还培养了自己的接班人。巴德玛也夫和李吉继承了他的演唱艺术。

巴桑嘎·穆克温

巴桑嘎·穆克温（Basangaa Muuköbuun, 1878—1944），卡尔梅克著名江格尔奇。他出生于哈尔胡斯地区一户贫苦的土尔扈特人家。在那个时期，他的家乡出现过李吉、额尔德尼等江格尔奇。他从童年起就通过听这些江格尔奇学唱《江格尔》。穆克温的记忆力惊人，一部长诗，往往听一次就能记住。到 9 岁时，就已经学会了两部长诗，并常常向其他孩子讲述。10 岁时他生了一场大病，49 天后痊愈，此后他对自己学唱《江格尔》，又有了一种说法。他说："我当时病重昏死了过去。这时我看见穿着深棕色喇嘛服的人，那人带着我从地洞走着，到了地府里。后来喇嘛模样的两个人搀扶我前行，到了大概是阎王爷那里。阎王爷见我就问那些人：'为什么带这孩子来了？这孩子气数还没有完呢。'他转过来对我说：'哦！可怜的孩子，你受苦了。你想要什么？要歌曲还是舞蹈？'我说，我只喜欢《江格尔》，如果您想给我点什么，就给我演唱《江格尔》的本领吧。于是阎王爷给了我演唱《江格尔》的本领，我也就成了江格尔奇。"数年后，州里的一位领导人桑杰决定鉴别穆克温的演唱艺术，事先通知有经验的人来听，结果附近几个村的村民云集而来。这次穆克温把江格尔及其勇士们的英雄诗篇一连演唱了两天，因时间有限而中止。他的演唱很受欢迎，从此，他赢得了真正江格尔奇的头衔。他一生多次参加了《江格尔》演唱比赛并获奖。他曾荣获"卡尔梅克自治共和国人民江格尔奇"称号。1940 年，卡尔梅克学者们记录出版了他演唱的《江格尔》6 部长诗。在卡尔梅克，穆克温是继鄂利扬·奥夫拉之后演唱《江格尔》部数最多的人。第二次世界大战前，他还为人们演唱了众多神话传说和民歌。在战争年代，为了鼓励红军指战员的战斗意志，他还为将赴前线的红军战士们演唱过《江格尔》。他也培养了自己的艺徒，其中的奥其尔和亚历山大二人曾于 1939 年的《江格尔》演唱会上获奖。

巴拉达尔·纳森卡

巴拉达尔·纳森卡（Baldaraa Nasank, 1888—1971），俄罗斯卡尔梅克著名江格尔奇。1888 年出生于卡尔梅克贫苦人家。从小给别人干苦力活儿，后来学会做一些家具和生活用具，以此维持生计。他自幼具有语言才能，平时与他人相处时十分注意学习民间口头文学，如叙事民歌、民间故事。1966 年，卡尔梅克语言文学历史研究专家 A.Sh. 科契克夫、N.B. 桑嘎吉耶娃在埃利斯塔市采访巴拉达尔·纳森卡，记录了《江格尔》史诗之《与道克申芒乃汗战斗之部》。据桑嘎吉耶娃的记录，巴拉达尔·纳森卡是在与众人一起听一位叫作姚图恩·满吉的江格尔奇的演唱时学会的。

利基·卡纳拉

利基·卡纳拉（Liijiin Kanar,1922—1984），俄罗斯卡尔梅克共和国江格尔奇。1922年出生于巴嘎乔努斯地区的一户贫苦人家。这个家庭子女众多，卡纳拉是家中长子，照看弟弟妹妹的任务，就落到了他的身上。由于需要放牧，他未能上学。1940年他入伍成为苏联红军战士。1941年奉命奔赴乌克兰参加打击法西斯德军的伟大的卫国战争。不幸的是，在哈尔科夫战役中被德军俘虏，被关在德军战俘集中营直到1944年。1944年逃出集中营，在南斯拉夫参加游击队，与德军作战，直到战争结束。战后，苏联政府以他曾被德军俘虏为由，将他流放到东巴斯市。在东巴斯市期间，他不停地打听家人的下落，终于在1946年了解到他的家人与卡尔梅克其他同胞一起被苏联政府流放到寒冷的西伯利亚——新西伯利亚州一个叫作奎北谢夫斯基区的地方。于是，他得到批准，于1946年在那里与家人会合。苏联政府为卡尔梅克人平反，允许他们回到故土后，利基·卡纳拉重新回到家乡巴嘎乔努斯草原，当起了羊倌儿，直到1984年去世。

他是一位优秀的民间艺人，会唱很多民歌，会说很多故事，尤其对演唱《江格尔》很感兴趣。每当人们要求他演唱《江格尔》时，他总是不予拒绝，爽快答应。他演唱的曲目主要有《道克申哈日萨纳拉之部》、《美男子明彦驱赶突厥阿拉坦汗一万八千匹骏马之部》、《江格尔序章》等。他弹奏冬不拉琴演唱《江格尔》，曲调优美，引人入胜。他的演唱曾通过广播电台电波和电视画面传到千家万户，从而成为家喻户晓的江格尔奇。他也曾到蒙古国进行《江格尔》演唱表演。晚年的他为了《江格尔》这一民族文化的瑰宝不至于失传，经常到所在地区的学校去为孩子们演唱《江格尔》，主动、有意识地为孩子们传授《江格尔》演唱的各种知识，为民族文化的发扬光大尽了自己最大的努力。

阿杜沁·策仁

阿杜沁·策仁（Aduuchiin Tseren,1918—1990），俄罗斯卡尔梅克江格尔奇。1918年出生于卡尔梅克草原巴嘎杜尔伯特地区。其时，卡尔梅克地区正处于困难时期，十月革命刚刚发生，苏维埃政权刚刚诞生，一切都需要恢复和建设。策仁的父亲阿杜沁·巴孜尔，是一位有才华的江格尔奇，是他让儿子把全部精力投入到学习和传承《江格尔》的。阿杜沁·策仁会说长篇故事，也会唱民歌，会表演多种民间口头文学，尤其是《江格尔》。

他13岁时跟一位叫乌尔图·丹巴的人学习了鄂利扬·奥夫拉的《江格尔》篇章。至于乌尔图·丹巴是干什么的以及从哪里来的，策仁却一概不知。阿杜沁·策仁生活在一个适合于学习演唱《江格尔》的地方，也因此，他后来果然成为一个江格尔奇。他在冬不拉伴奏下演唱《江格尔》。20世纪70年代和80年代，他演唱的《江格尔》得以记录。1981年，他为卡尔梅克《江格尔》研究学者N.Ts.比特凯耶夫演唱了《洪古尔结亲之部》、《道克申哈日萨纳拉之部》2部《江格尔》篇章。他演唱《江格尔》，严格以鄂利扬·奥夫拉的文本为标准，从不加入任何个人创作。在演唱风格上，他属于鄂利扬·奥夫拉派。在喜庆的时候，人们总是喜欢邀请阿杜沁·策仁去演唱《江格尔》。他自己也喜欢到处去演唱《江格尔》。阿杜沁·策仁能够在没有任何准备情况下为任何人演唱《江格尔》，而且在演唱开始前，他会询问人们想听哪个篇章。如果人们没有指定演唱曲目，他就会开始演唱《道克申哈日萨纳拉之部》。1990年，江格尔奇阿杜沁·策仁逝世，享年73岁。

格尔奇那里学到的《江格尔》篇章。但是，他的演唱仍然有自己的特点。他会演唱《洪古尔结亲之部》、《沙日古日古之部》、《道克申哈日萨纳拉之部》、《道克申哈日黑纳斯之部》等多部篇章。20世纪20年代的时候，他已经会演唱鄂利扬·奥夫拉演唱的全部篇章。1940年，他应邀参加《江格尔》演唱比赛，获得第三名。1957年开始，他历次参加以《江格尔》为主的演唱比赛，表演了许多长篇故事、短篇故事，例如《马赞巴托尔的故事》、《会说动物语言的人》，并讲述这些故事的产生历史以及参加口头论辩。利基·托尔图于1970年去世。

利基·托尔图

利基·托尔图（Liijiin Toolt,1906—1970），俄罗斯卡尔梅克江格尔奇。1906年出生于卡尔梅克草原的贫困人家。从小开始为生计而工作，从早到晚为当地的牧主放牛、放羊、放马。跟他一起工作的还有一位会演唱《江格尔》史诗的鄂利扬·奥夫拉派艺人，名字叫巴德玛·奥金。很多人喜欢听巴德玛·奥金演唱《江格尔》，利基·托尔图也不例外。但是托尔图与其他人不同，他总是把头晚上听到的篇章，在第二天放牧的时候复述演唱。这样，在他12岁的时候，他已经记住了巴德玛·奥金演唱的大多数《江格尔》篇章，并能够有模有样地进行演唱。托尔图主张必须不加任何改变地复述演唱那些从别的江

道尔吉·穆西克

道尔吉·穆西克（Dorjiin.Muushk,1889—1982），俄罗斯卡尔梅克共和国江格尔奇。1889年出生于阿斯特拉罕。曾从事多项劳动，善于捕鱼。俄语勉强能说一些，不识字，但是后来他成为卡尔梅克很重要的民间艺人。从他那里，人们记录了卡尔梅克口头文学多种文类文本。他的《江格尔》史诗包括鄂利扬·奥夫拉的全部10个篇章，巴桑嘎·穆克温的《沙日毕尔玛斯汗之部》、《九妖之部》，戈尔斯通斯基于19世纪记录的《哈日黑纳斯之部》以及《沙日古日古之部》等篇章。1971年，当卡尔梅克学者奥瓦洛娃、桑嘎吉耶娃和比特凯耶娃到道尔吉·

穆西克家采访的时候，艺人说，他的全部《江格尔》篇章是从一位叫作绍瓦达伽·哈日库肯那里学习的。据他说，绍瓦达伽·哈日库肯是才华比肩鄂利扬·奥夫拉的艺人。当地居民接连举行喜庆宴席，屡屡请绍瓦达伽·哈日库肯演唱《江格尔》，这样，道尔吉·穆西克就学会了他演唱的《江格尔》篇章。其实，绍瓦达伽·哈日库肯是个典型的游吟诗人，他平时到处去演唱《江格尔》，以此为生。道尔吉·穆西克不用冬不拉伴奏，也不用曲调，只是演述《江格尔》，所以他的《江格尔》篇章首先从语言艺术以及精雕细刻方面不如鄂利扬·奥夫拉以及巴桑嘎·穆克温等其他艺人，但是在卡尔梅克江格尔奇中也树立了自己独特的风格。

满吉·米哈伊尔

满吉·米哈伊尔（Manjiin.Mihail,1879—1974），俄罗斯卡尔梅克共和国江格尔奇。1879年生于阿斯特拉罕。一生都在阿斯特拉罕故乡从事各种生产劳动，不识字。1974年逝世，享年95岁。

他与鄂利扬·奥夫拉同属一派，即认为古老的英雄史诗的故事情节不能随意改动，前辈江格尔奇怎么演唱，就必须跟着不加改动地演唱。1971年，卡尔梅克历史、语文、经济研究所的学者们在满吉·米哈伊尔的故乡阿斯特拉罕，采访了米哈伊尔，采录了他演唱的《江格尔》数部篇章，其中包括鄂利扬·奥夫拉演唱过的几部《江格尔》篇章的异文、《道克申哈日黑纳斯之部》的异文以及残缺不全的《江格尔》序篇。他演唱的鄂利扬·奥夫拉的篇章包括《江格尔与芒乃汗战斗之部》、《明彦活捉大力士库尔门汗之部》、《道克申哈日萨纳拉之部》等。此外，他还演唱了一部很有趣的篇章——《江格尔的儿子结亲之部》。

巴德玛·孟克纳生

巴德玛·孟克纳生（Badmaan. Mönknasan, 1879—1944），又称巴德玛·奥金(Badmaan. Okin)，俄罗斯卡尔梅克江格尔奇。1879年出生于卡尔梅克草原彦达嘎·玛茨克属地（今俄联邦卡尔梅克共和国里海区）一个贫苦牧民家庭。

巴德玛·孟克纳生对卡尔梅克民间口头文学非常熟悉。但是他从谁那里、怎么学会卡尔梅克口头文学的，没有这方面的确切报道。人们只知道1939年尹金.L.O和道尔金.B.B两人记录过他演述的大量口头文本，这些资料后来散逸。据尹金.L.O报道，巴德玛·孟克纳生在当地以善于唱歌和演唱《江格尔》出名。1944年，巴德玛·孟克纳生在全体卡尔梅克人被苏联政府流放到西伯利亚时，并在那里去世。但是他所知道的卡尔梅克口头文学并没有随着他的去世而消失。因为他的徒弟利基·托尔图（1906—1970）继承了他的遗产，并学会了巴德玛·孟克纳生演唱的曲目，《沙日古日古之部》、《道克申哈日黑纳斯之部》就是从巴德玛·孟克纳生那里学来的。

考赞·安珠卡

考赞·安珠卡（Kozaan Anjuuka,1890—1944），俄罗斯卡尔梅克江格尔奇。他于1890年出生在卡尔梅克巴嘎杜尔伯特地区。其祖父是一位江格尔奇，从小向祖父学习了演唱《江格尔》。11岁至12岁左右就会讲述许多卡尔梅克民间故事及《江格尔》史诗。通过在众人面前表演《江格尔》并得到大家的赞赏，他成了名副其实的江格尔奇。1939年秋，夏尔布拉·格勒记录了考赞·安珠卡演唱的《道克申沙日古日古之部》，2312诗行。他于1944年在被流放西伯利亚期间去世。

夏瓦林·达瓦

夏瓦林·达瓦（Shavaaliin Dava,1884—1959），俄罗斯卡尔梅克著名江格尔奇，诗人。1884年出生于阿斯特拉罕的伊克朝浩尔地区浩伊奇村（今俄罗斯联邦卡尔梅克共和国雅士库尔区查干乌孙村）一户贫苦人家。他的父亲是位民间艺人。夏瓦林·达瓦经常听父亲演唱《江格尔》、唱民歌、讲故事。同时也经常听周围的卡尔梅克民间艺人的演唱和看其表演。据夏瓦林·达瓦讲，他父亲会演唱《江格尔》多部篇章。他除了学习父亲演唱的《江格尔》篇章外，还向一位叫作恰普拉·巴德玛的江格尔奇学了《江格尔》。1938年，应邀到埃利斯塔市参加《江格尔》史诗500年庆典筹备工作。在那里，夏瓦林·达瓦在剧场向观众演唱了史诗《江格尔》。他的表演取得圆满成功，博得了观众一致好评。同年还应邀到莫斯科进行表演。1939年，由于夏瓦林·达瓦创作了很多优秀诗作，他成为苏联作家协会会员。还是在1939年，A.B.布尔杜克夫记录了夏瓦林·达瓦演唱的《江格尔》篇章。其中有《洪古尔娶亲之部》、《江格尔的勇士们同道克申·芒乃汗战斗之部》、《阿里亚芒忽里之部》以及《江格尔的坐骑阿兰扎尔骏马被盗之部》等。这些资料现收藏在圣彼得堡布尔杜克夫档案馆。1940年，在埃利斯塔市举行的《江格尔》史诗500年庆典上，夏瓦林·达瓦参加《江格尔》演唱比赛，荣获第二名。当时获第一名的是另一位江格尔奇巴桑嘎·穆克温。原因是巴桑嘎·穆克温演唱了之前人们未曾发现的《江格尔》篇章。同年冬，夏尔布拉·格勒记录了夏瓦林·达瓦演唱的《阿里亚芒忽里之部》的一个异文以及《阿兰扎尔骏马被盗之部》。1957年，由于夏瓦林·达瓦战前写作的诗作均遗失，卡尔梅克作家巴拉卡·阿烈克谢采访夏瓦林·达瓦，整整三天听他演唱《江格尔》，记录了他创作的诗作、祝词赞词等大量资料。据巴拉卡·阿烈克谢的观察，夏瓦林·达瓦演唱《江格尔》用冬不拉琴伴奏，其曲调很有特点，有时高亢，有时低沉，抑扬顿挫，引人入胜。江格尔奇夏瓦林·达瓦于1959年病

◎江格尔

逝，享年 75 岁。

珠喀·奈曼

珠喀·奈曼（Juukaan Neemen,1921—1997），俄罗斯卡尔梅克共和国江格尔奇。他对卡尔梅克英雄史诗的传承作出了特别贡献，因而获得卡尔梅克共和国"文化先进个人"、"人民江格尔奇"等荣誉称号。珠喀·奈曼1921年出生于卡尔梅克共和国雅士库尔区查干乌孙村。其青少年时期正值苏维埃政权建立之初，生活特别艰难。1940年至1944年末，参加苏联红军服兵役。1945年至1956年与全体卡尔梅克人一起遭政治迫害被流放到西伯利亚。1956年夏回到故乡雅士库尔区查干乌孙村至1997年去世。珠喀·奈曼的舅舅是著名江格尔奇夏瓦林·达瓦。他从舅舅那里学会了《江格尔》演唱，因此获得了人们的尊重。他多次参加《江格尔》演唱比赛，并多次获奖。在伟大的卫国战争时期由于其英勇事迹获得功勋奖章。他会演唱夏瓦林·达瓦演唱的《阿里亚芒忽里之部》和《江格尔的坐骑阿兰扎尔骏马被盗之部》两个《江格尔》篇章。

巴德玛·乌鲁木吉

巴德玛·乌鲁木吉（Badmiin Ulemj, 1928—），俄罗斯联邦卡尔梅克共和国库图齐讷尔地区人。参加了1990年在埃利斯塔市举行的《江格尔》史诗550年纪念暨《江格尔》演唱比赛，演唱了《江格尔》序诗。与鄂利扬·奥夫拉一样，巴德玛·乌鲁木吉也坚持不加任何改变地演唱《江格尔》。因此，他属于鄂利扬·奥夫拉派。他平时在劳动场所演唱《江格尔》，以帮助人们解除疲劳。在喜庆、聚会上演唱《江格尔》，以增添快乐。他的舅舅叫作邵布嘎拉·芒嘎德，是位江格尔奇。巴德玛·乌鲁木吉小时候和舅舅学会了《江格尔》。他会演唱的，都是鄂利扬·奥夫拉演唱的《江格尔》曲目。因此可以推定，其舅舅邵布嘎拉·芒嘎德会演唱鄂利扬·奥夫拉的《江格尔》篇章。20世纪40年代，卡尔梅克人全体被流放到西伯利亚时，巴德玛·乌鲁木吉也一同被流放。在西伯利亚，乌鲁木吉当了一名拖拉机手。1957年平反返回故乡。

奥尔加·尼科拉伊

奥尔加·尼科拉伊（Orgaan Nikolay, 1920—1996），俄罗斯联邦卡尔梅克共和国江格尔奇。1920年出生于卡尔梅克共和国萨尔宾斯克区。7岁那年，他们举家搬到巴嘎杜尔伯特地区。小学六年级毕业，当过苏联红军，一生从事文化相关工作。他所在的巴嘎杜尔伯特区哈纳塔村曾组织过民间艺术团。直到卫国战争前，他都在哈纳塔村。1957年卡尔梅克人从西伯利亚返回故土后，他重新投身于文化工作。1986年移居埃利斯塔市，并组织有着14名成员的"太阳民间艺术团"，在卡尔梅克共和国各村庄巡回演唱。艺术团的演出节目包括民间口头文类中的长篇爱情民歌、长篇叙事民歌或者短歌以及反映民间日常生活场景的剧目。他熟悉卡尔梅克民间口头传统，1930年左右，在他所在的哈纳塔村有许多江格尔奇和民间艺人。奥尔加·尼科拉伊从其中一位叫作尼姆格尔·纳尔玛的艺人那里，学了不少长篇故事、谚语、谜语等，从淖斯泰·奥金（Noostaan Okin）那里学了神话、传说、民间戏剧等，而从一位叫穆奇卡·阿尔恰（Muuchkaan Alka）的江格尔奇学了《江格尔》史诗的《与芒乃汗战斗之部》这一篇章。据奥尔加·尼科拉伊回忆，淖斯泰·奥金表演《江格尔》不用冬不拉伴奏，但是用曲调演唱。还有一位民间艺人，叫作努德尔奇·奥金（Nudelchiin Okin），是个有名的祝词赞词家，知道很多谜语。奥尔加·尼科拉伊从他那里也学会了不少祝赞词、谜语等。他还从巴桑嘎·伊万诺夫（Ivanov Basang）那里学得了长篇故事《那木吉拉姑娘》。奥尔加·尼科拉伊和他的"太阳民间艺术团"曾多次在电视台和学校进行演出，他本人也经常参加有关文化的访谈节目。他演唱《江格尔》，表演性极强，仿佛进入史诗世界，犹如身临其境，把不同人物的行为、语言、性格演绎得淋漓尽致。1990年，在《江格尔》史诗550年庆典期间参加了《江格尔》演唱比赛，获得"才华横溢的江格尔奇"称号。他也获得了卡尔梅克共和国"功勋文化活动家"荣誉称号。

卡伦·弗拉基米尔（查干哈拉嘎）

卡伦·弗拉基米尔（又称查干哈拉嘎，Kaaruun Vladimir,Chagaan Haalga,1957—），俄罗斯卡尔梅克江格尔奇。1957年出生于伏尔加格勒州斯维耶特劳亚尔斯克区契尔弗烈诺伊村。他的出生正值卡尔梅克人被流放到西伯利亚13年后回到故土之时。于是人们给他取了一个卡尔梅克语名字——查干哈拉嘎（Chagaan Haalga），意为坦荡幸福之路，以此祝愿卡尔梅克人以及刚出生的卡伦·弗拉基米尔回到故土后开始享受幸福平顺的生活。在他还小的时候,他们家移居到库图齐讷尔区库图齐讷尔村。卡伦·弗拉基米尔就在那里度过了他的童年时光。这期间,他经常听民间艺人讲述长篇故事,表演民间舞蹈,并学会了演述故事以及跳民间舞蹈。对他的表演生涯影响最大的是其父亲,他从父亲那里学会了很多民间故事,也学到了凡事皆认真完成的人生信条。1974年中学毕业后到莫斯科建筑工程学院深造。大学时代,他经常参加学生们自发组织的民间艺术团,表演卡尔梅克民间艺术,博得各民族学员的阵阵喝彩。大学毕业后回到库图齐讷尔区工作。1986年,即《江格尔》史诗550年庆典前夕,一家唱片公司准备出一部《江格尔》唱片,但是缺少青年江格尔奇的演唱资料。于是把寻找青年江格尔奇的人物交给了《江格尔》研究室的V.K.什维利亚诺娃。任务是找到青年江格尔奇并在短时间内练习演唱《江格尔》的片段进行灌录。1987年,离唱片公司灌录只剩一个月的时候,音乐学校的老师Ts.N.查嘎迪诺夫领来了卡伦·弗拉基米尔。后者曾听过20世纪50年代出的夏瓦林·达瓦、阿拉·乔瓦的《江格尔》唱片。他嗓音很好,有模仿能力,只要确定究竟学哪位江格尔奇他就可以按其风格演唱。于是,他们给卡伦·弗拉基米尔定了一个任务,就是把巴桑嘎·穆克温的《沙日毕尔玛斯汗之部》用夏瓦林·达瓦的演唱曲调和风格唱出来。最终,卡伦·弗拉基米尔的演唱获得成功。从此,卡伦·弗拉基米尔踏上了成为一名江格尔奇的道路。1988年,他进入教师进修学校,成为一名培养青少年江格尔奇的教师。这是一个异常艰巨的任务,因为,当时在埃利斯塔市的卡尔梅克青少年很少有人会说母语。因此,他培养少年江格尔奇,为卡尔梅克人恢复母语起到了积极而重要的作用。此后,他多次出访国外,在法国、德国、比利时、瑞士、蒙古等国家进行演出。1991年,他荣获"人民江格尔奇"光荣称号。

(三) 中国江格尔奇

加·朱乃

加·朱乃(Javiin Juunai,1926—),丙寅年(1926)出生在新疆和布克赛尔中旗的加甫家。朱乃的祖父叫额尔赫太,是个很有名的江格尔奇,王爷非常赏识他的演唱。加甫继承了父辈演唱《江格尔》的才华,也成为一名优秀的《江格尔》歌手。不仅如此,他还能歌善舞、善于言辞,担任王爷的松奇(礼仪官),得到王爷的宠爱。于是奥尔洛郭加甫王把亲妹妹布雅下嫁给加甫。朱乃出生在这样的家庭,因为条件好,朱乃7岁被送到王爷的文书乌里吉图千户长那里学习文化知识,直到14岁。乌里吉图家当时收藏着手抄本《江格尔》,而且胡里巴尔巴雅尔、夏拉·那生等一些著名的江格尔奇又常来演唱,少年朱乃得到了其他人难以获得的学习演唱《江格尔》的机会。他天生聪明好学,肯下功夫,虚心学习,喜欢包括《江格尔》在内所有史诗及民间口头传统。凭自己的天赋,通过自己的努力,他终于掌握了《江格尔》史诗的26部长诗,成为名副其实的江格尔奇。目前,朱乃会演唱《江格尔》26部长诗。其中向胡里巴尔巴雅尔学的有《江格尔与汗哈冉贵激战之部》、《英雄和顺·乌兰征服色乃汗之部》等5部;向父亲加甫学的有《洪古尔的婚事之部》等部;阅读手抄本学会的有8部;另外还向柯克·衮尊等江格尔奇学了几部。他还演唱了《格斯尔》、《汗哈冉贵》等其他多部英雄史诗以及很多民歌、祝词赞词等。朱乃是一位为今天的人们传授《江格尔》部数最多的卓有贡献的江格尔奇。因此,他曾多次获得新疆维吾尔自治党委、文化厅、文联等部门的表彰;1989年9月,文化部召开表彰大会,表彰他在史诗《江格尔》演唱、抢救工作中的突出贡献。1998年，由中国《江格尔》研究学会授予他"功勋江格尔奇"荣誉称号。

冉皮勒

著名江格尔奇冉皮勒（1923—），癸亥年（1923）出生在新疆和布克赛尔中旗一个贫苦牧民波尔来家。波尔来为王爷当使者，家住在王府附近。他们家邻居是王爷专属江格尔奇兼王爷宿营官，著名的江格尔奇胡里巴尔巴雅尔家。因为波尔来和胡里巴尔巴雅尔是好朋友，所以经常带冉皮勒到他家去听《江格尔》演唱，胡里巴尔也常到他们家来聊聊天或者演唱《江格尔》。当胡里巴尔巴雅尔在王府演唱的时候，冉皮勒在外面倾听。七八岁时，冉皮勒就立志要当像胡里巴尔巴雅尔那样的江格尔奇。他自幼聪明伶俐，记忆力强，这点得到胡里巴尔巴雅尔的赏识，于是让他和自己的孩子一起学唱《江格尔》。当时，除了胡里巴尔巴雅尔外，夏拉·那生和阿乃·尼开都还在世，他们经常演唱《江格尔》。他的父亲波尔来任王爷的使者，他家住在王府附近。这样他便有机会经常向著名江格尔奇们学习。他从十几岁起就熟练背诵多部《江格尔》。他看得懂藏文经书，但不懂蒙文。尽管胡里巴尔巴雅尔有时也教他演唱蒙文抄本的《江格尔》，但他主要还是通过多次听胡里巴尔巴雅尔的演唱学会的。冉皮勒的青年时代，在他家乡有个叫柯克滚尊的喇嘛，也会演唱《江格尔》。冉皮勒二十五六岁时向这位喇嘛学了《江格尔》的《征服博尔托洛盖山的阿拉坦索耀汗之部》和《洪古尔的婚事之部》。冉皮勒的演唱声音洪亮，唱词清楚，节奏分明。他讲的各部内容较完整，语言精练，诗歌优美动听。冉皮勒演唱的21部长诗，绝大多数都是从胡里巴尔巴雅尔那里学的。然而，冉皮勒的父亲是一位虔诚的佛教徒，虽然冉皮勒的兴趣在《江格尔》上而不在佛经上，但父亲还是把13岁的他送进寺庙当了喇嘛。因为酷爱《江格尔》，就偷偷到外面演唱《江格尔》，惹怒了寺庙的喇嘛们，于是他干脆不参加法会和诵经。不久，母亲因病去世。1943年和布克赛尔全旗暴发传染病，夺走了他的师傅胡里巴尔巴雅尔的性命，次年父亲也死于肝炎。此后几年里，冉皮勒离开寺庙，为一家的生计，当过仆人，给人挑水、拾柴、做饭，历尽人间辛苦。他一生未娶，一直过着喇嘛独身生活。新中国成立后，他当了人民公社社员，参加采矿、铺路、农耕、打草等生产劳动，闲暇之时为人们演唱《江格尔》。1978—1994年，他多次参加各种《江格尔》演唱会，为我们留下了丰厚的《江格尔》遗产，他演唱的部数仅次于朱乃，达到21部。1994年5月20日，他因病在和布克赛尔去世，享年71岁。他是中国民间文艺家协会新疆分会会员、布克赛尔县第五届人大代表、政协委员。他曾多次获得新疆维吾尔自治党委、文化厅、文联等部门的表彰；1989年9月，文化部召开表彰大会，表彰他在史诗《江格尔》演唱、抢救工作中的突出贡献。

巴图那生·达日木

巴图那生·达日木（1911—1982），中国江格尔奇。新疆维吾尔自治区伊犁地区尼勒克县蒙古厄鲁特部人。不识字。达日木早年从江格尔奇江巴学习演唱《江格尔》几部篇章。据说，江巴能演唱《江格尔》12部篇章。1978年和1980年，他先后为贾木查演唱了《江格尔》3部长诗。1981年6月，达日木在伊犁地区和博尔塔拉蒙古自治州举行的《江格尔》演唱会上说唱《江格尔》，受到好评。达日木演唱《江格尔》的曲调和动作优美，演唱中情绪激昂，情不自禁地手舞足蹈，做出一些夸张的动作来，因此，他的演唱往往引起人们较高的兴趣。他演唱的《奥特亨乌兰洪古尔同哈图哈日桑萨尔战斗之部》入选《中国江格尔奇演唱精选本》（托忒蒙古文，新疆科技出版社，2009年）。

胡里巴尔巴雅尔

胡里巴尔巴雅尔（？—1943），新疆和布克赛尔县人。著名江格尔奇。在前辈江格尔奇中，胡里巴尔巴雅尔在新疆各地蒙古人中影响最大。他生于和布克赛尔中旗一个贫苦牧民家庭，是奥尔洛郭加甫王的专职江格尔奇，当过苏木佐领，死于1943年。他从小就向当时和布克赛尔的江格尔奇世家西西那·布拉尔学习演唱，学会了《江格尔》的20多部篇章。西西那·布拉尔和胡里巴尔巴雅尔都不识字，他们学习演唱，完全靠的是口耳相传的方式。除演唱《江格尔》外，胡里巴尔巴雅尔还会讲《阿尔吉布尔吉汗传》（即《健日王传》）。他原名巴雅尔，他每说《江格尔》，开头用大嗓门，然后慢慢降调，并带着手势，因而能紧紧抓住听众。他在王府说唱《江格尔》，唱到兴奋时情不自禁地离座挪身到王爷面前，喝王爷的酒、吃王爷的糖，王爷听得是那样地出神，竟容忍他的一些出格的举动。由于他是个既聪明机智而又风趣的人，所以在巴雅尔这个原名之外又得了个"胡里巴尔"外号（意为机智聪慧）。于是，他的名字就变成了胡里巴尔巴雅尔。他虽然是王爷的一位专职江格尔奇，但经常到牧民家演唱《江格尔》。奥尔洛郭加甫王不仅请他在王府里演唱《江格尔》，而且还把他带到外地去演唱。1926年前后，胡里巴尔巴雅尔跟随王爷到乌鲁木齐和南疆的喀喇沙尔去演唱，曾得到当地官吏的奖赏。胡里巴尔巴雅尔极具即兴创编能力，演唱《江格尔》时随时根据听众的兴趣创作一些有趣的段落加在适当的地方。

西西那·布拉尔

西西那·布拉尔，新疆和布克赛尔的著名江格尔奇。土尔扈特部人。生活在19世纪中叶到20世纪初。当时和布克赛尔十四苏木的土尔扈特分为左、中、右3个旗。布拉尔生于中旗的贫苦牧民西西那家。他从小背熟了《江格尔》的许多篇章，并演唱得非常出色，因而成为和布克赛尔的道诺洛甫才登王爷的专职江格尔奇。他不仅闻名于和布克赛尔一带，而且被邀请到塔城等地演唱。据说，他的出色演唱赢得了塔城都统的赏识，赏给他金银和绸缎。听过他演唱的和布克赛尔县的老人说，布拉尔会演唱《江格尔》的32部篇章。还有其他人也证实他能演唱30多部。人们称西西那·布拉尔为"雅苏乃（祖传的）江格尔奇"。

扎拉

扎拉，生卒年不详，中国著名江格尔奇。南部土尔扈特部人。南部土尔扈特部满楚克加甫汗的江格尔奇。扎拉出生于今新疆巴音郭楞蒙古自治州和静县巴音布鲁克草原的一个穷人家，他一直活到21世纪60年代。扎拉不识字，从小听南部土尔扈特汗宝音孟克的一位专职江格尔奇的演唱，因而学会了《江格尔》。20世纪30年代，南部土尔扈特汗宝音孟克之子满楚克加甫汗召见他并让他演唱《江格尔》。汗府的仆从给扎拉吃饭、喝茶后，又敬酒请他演唱。扎拉连续几天演唱了《江格尔》多部篇章。他的演唱使满楚克加甫汗感到非常满意。于是赐予他价值50两银子的纸票，一匹缎子和一块茶砖，并赐给他"汗的专职江格尔奇"称号。除在汗宫演唱《江格尔》外，扎拉还经常到牧民的蒙古包演唱，受到群众的广泛欢迎。曾有多人师从扎拉，向他学习演唱《江格尔》。据他的徒弟、著名江格尔奇李·普尔拜说，扎拉演唱《江格尔》时善于根据情况使故事的表达富有变化。据说他亲口对李·普尔拜说："我演唱的《江格尔》里有原本就有的一些词语，也有我根据情况创编的词语，在演唱中可以自己自由创编。"

据说,扎拉会演唱《江格尔》的11部篇章。

李·普尔拜

李·普尔拜(1925—1987),中国著名江格尔奇。1925年出生于今新疆巴音郭楞蒙古自治州和静县巴音布鲁克草原一牧民家庭。20世纪40年代,他师从南部土尔扈特部满楚克加甫汗的专职江格尔奇扎拉,学唱《江格尔》史诗的3部篇章。据他自己讲,当时扎拉一贫如洗,他家经常请扎拉演唱《江格尔》,以便李·普尔拜学习演唱。作为报酬,他们家给扎拉以面粉、布匹、食用油等。但是李·普尔拜未能记住和学会扎拉演唱的全部篇章。李·普尔拜除了会演唱《江格尔》,还会演唱《格斯尔》、《库日乐阿拉坦图德格》、《那仁汗克布恩》等众多史诗。1982年10月,他为搜集《江格尔》的民间文艺工作者,演唱了《洪古尔抛弃道木布汗之女杜布日沙尔那钦,聘娶阿拉奇汗之女阿拉坦登珠叶之部》、《布克蒙根西克锡力克的阿日格乌兰洪古尔砍取凶猛的玛拉哈布哈的首级之部》等。他演唱的有关洪古尔结亲的篇章,是迄今中外江格尔奇演唱的同一部篇章不同异文中,属于演唱得最好的一个异文,共有近5000诗行。李·普尔拜逝世后的1989年,中华人民共和国文化部在表彰对中国"三大史诗"的传承、保护工作中作出突出贡献的人员时,追授李·普尔拜一等奖。

达瓦

达瓦,新疆尼勒克县江格尔奇。厄鲁特部人。19世纪60年代,他出生于新疆尼勒克县一个有文化的人家,他于20世纪20年代66岁时去世。达瓦的父亲名叫道尔吉,道尔吉的父亲名叫巴塔,巴塔的父亲名叫沙尔安本。从沙尔安本开始,他们祖孙几代都有文化,家里收藏了大量书籍。在那些书籍中,除了多种史书,还有《格斯尔传》和手抄本《江格尔》12部。达瓦本人也给别人抄写过17种书,其中有《格斯尔传》的《觉如之部》。达瓦是一位多才多艺的人,他会用白银制作纽扣、戒指、手镯、耳坠等。所以人们称他为达瓦达尔罕(银匠)。同时,他会唱歌,也会弹陶布舒尔琴,又会占卜。达瓦记忆力极强,熟悉许多历史和文学书籍,并能全文背诵自己收藏的12部《江格尔》。他边演唱边弹陶布舒尔琴,能用多种不同的曲调和节奏演唱来吸引听众。他曾应巴音布鲁克的土尔扈特千户长道尔吉拉的邀请去演唱《江格尔》,因演唱得出色,道尔吉拉赠给他一匹马。又有一次他被邀请到当地官吏阿扎家去,在那里连续十几天讲了一部书《赡部岭》。达瓦关心后代,教儿子们演唱《江格尔》。他的儿子巴桑哈拉后来成为有名的江格尔奇。达瓦的二儿子杜格尔也是个多才多艺的人。他会唱歌,跳民间独舞,朗诵祝颂词,讲民间故事,还会弹陶布舒尔琴和制作陶布舒尔琴。1981年,中国社会科学院仁钦道尔吉先生采录了他演奏的新疆蒙古陶布舒尔琴12部曲。这是在卫拉特蒙古音乐史上占重要地位的艺术宝藏,而且是民间十分罕见的蒙古族音乐遗产。

沙·普尔布加甫

沙·普尔布加甫(1923—),新疆著名江格尔奇。察哈尔部人。于癸亥年(1923)出生在博尔

江格尔

塔拉察哈尔新营的一个贫苦牧民家庭（今博尔塔拉蒙古自治州博乐市小营盘镇二牧场）。普尔布加甫是一位多才多艺的江格尔奇。除演唱《江格尔》外，他还会讲述许多民间故事和笑话，会边唱歌边弹陶布舒尔琴，也能跳民间独舞。普尔布加甫没有文化，他从小到博尔塔拉朋斯克活佛家干活。当时，在他们家乡有宾拜、道尔巴和达拉达拉希等江格尔奇。宾拜是察哈尔旧营的著名江格尔奇，朋斯克活佛经常叫他到家里演唱《江格尔》。宾拜会唱《江格尔》的许多部。普尔布加甫18岁在活佛家干活时多次听宾拜演唱，从而学会了其中的3部篇章。据普尔布加甫自己讲，他还会演唱5部，其中印成书的有《征服哈尔桑萨尔之部》、《乌兰洪古尔寻找叔父之部》和《洪古尔击败库尔勒占巴拉汗之子之部》。另外两部是《博格达诺彦江格尔和朱勒德乌兰英雄战斗之部》和《洪古尔的婚事之部》。普尔布加甫的幼年时代，达拉达拉希经常说唱《江格尔》，因为那时他很小，没有记住。此外道尔巴也会边弹琴边演唱《骑栗色马的铁臂力士萨布尔之部》，普尔布加甫也学会了其中的一部分。普尔布加甫演唱的各部篇章情节完整，语言富于形象性，且韵律感强。他的演唱很有特色，开头嗓门高，语速快，接着善于配合情节，变幻高低声音演唱，不同人物语言有不同的音调。他感情丰富，有时跳起来做各种滑稽动作。在演唱过程中，随时加进一些笑话吸引听众。普尔布加甫掌握了较高的演唱艺术。其演唱曲调优美，节奏明快，语言生动幽默，其演唱风格在新疆江格尔奇中独树一帜。1978年、1980年和1986年，他为《江格尔》史诗抢救搜集人员演唱了3部篇章，以及其他史诗和民间故事多部。1989年，中华人民共和国文化部在表彰对中国"三大史诗"的传承、保护工作中作出突出贡献的人员时，授予他个人贡献一等奖。1991年，新疆维吾尔自治区在表彰对《江格尔》搜集、整理、出版等抢救保护工作中作出突出贡献的单位和个人时，授予沙·普尔布加甫以个人一等奖。

额仁策

额仁策，生卒年不详，中国江格尔奇，江格尔奇扎拉之孙。他是师从祖父扎拉及其徒弟李·普尔拜学唱《江格尔》以及其他英雄史诗的。他从小就听祖父演唱，并记住了一些片段。此外，李·普尔拜师从扎拉，学过演唱史诗《江格尔》，并把自己会演唱的几部教给了额仁策。20世纪70年代末，额仁策给中国社会科学院少数民族文学研究所学者仁钦道尔吉演唱了《江格尔》的头几部以及《那仁汗传》、《额尔古古南哈尔》、《钢哈尔特勃赫》等史诗。1981年，仁钦道尔吉把上述3部史诗进行整理，以《那仁汗传》（蒙古文）为书名在北京民族出版社出版。

巴桑哈拉

达瓦达尔罕·巴桑哈拉（1901—1986），新疆伊犁地区尼勒克县人。其父亲达瓦达尔罕是著名的江格尔奇。巴桑哈拉说："我从22岁起学习演唱《江格尔》，父亲看着本子让我背，我背不出来就揪我耳朵，打我。"巴桑哈拉不识字，还是记住了父亲教给他的《圣主江格尔与沙尔格日勒汗战斗之部》这部《江格尔》史诗篇章。他分别于1981年和1985年演唱的《圣主江格尔与沙尔格日勒汗战斗之部》两个文本已入选《中国江格尔奇演唱精选本》（托式蒙古文，新疆科技出版社，2009年），但是两个文本长度相差很大，1981年唱本有5500诗行，而1985年唱本则只有1200诗行左右。

苏·图尔逊

苏·图尔逊（1924—）中国江格尔奇。蒙古厄鲁特部落人。是新疆伊犁尼勒克县乌兰格日乐牧场水利站的一名员工。他从江格尔奇云登那里学了《江格尔》的《萨里亨塔巴嘎的婚礼之部》。他演唱《江格尔》的特点是声音洪亮又略带颤音。

杜岱

杜岱（1935—1984），中国江格尔奇。新疆巴音郭楞蒙古自治州和静县巴音郭楞苏木巴音郭楞村人。1935年生于新疆巴音郭楞乌恩苏珠克图旧土尔扈特杜奇图苏木牧民敏杰家。蒙古土尔扈特部人。在他三岁的时候母亲不幸离世，从那以后跟着叔叔生活。因为家境困难，他小学三年级就辍学回家放牧。后来，跟一位叫孟和布仁的姑娘结了婚。1984年11月24日去世。他是一个热情好客、开朗又幽默的人，邻居们都非常喜欢他。他从邻居朋友噶莱那里学会了演述《江格尔》。他不用曲调，也不用乐器，专以演述方式表演《江格尔》。在他看来，史诗《江格尔》叙述的是神灵和佛陀的历史，不能随便演唱。他偶尔会给自己的孩子们演唱《江格尔》。对于外人，则非常谨慎，极少在外人面前表演《江格尔》。曾给民间文艺工作者演唱了《江格尔》的《阿雅拉嘎之子伊特力克灭十五个头的阿塔嘎尔哈日蟒古思之部》。除了《江格尔》，他还擅长演唱长调民歌，讲各种古老的神话、传说和民间故事以及卫拉特历史，还会在民俗仪式场合诵祝词等。

舒盖

舒盖（1950—），中国江格尔奇。1950年生于新疆巴音郭楞的乌恩苏珠克图旧土尔扈特查屯旗杜奇图苏木牧民禅杰之家。蒙古杜尔伯特部人。在他10岁的时候母亲因病去世，留下了年幼的他和哥哥弟弟们。夏天，他在巴音郭楞苏木蒙古族小学上学，冬天，在附近的呼和乌孙的胡斯毛都苏木蒙古族上学。二年级的时候辍学回家。他熟悉托忒蒙古文。小时候听过舅舅乌斋演唱《江格尔》，但因年幼未能记住。在他22岁时，队里派他去帮助年迈的江格尔奇钟格道布过冬。就在那时，他同钟格道布的儿子一起向老江格尔奇学了《江格尔》史诗的《洪古尔之子灭八万岁的那仁达赖汗之部》。他以演述方式表演《江格尔》。他坚持完整学习《江格尔》篇章，相信不完整演唱会遭厄运。

钟高洛甫

钟高洛甫（1932—），中国江格尔奇。民国21年（1932）生于今新疆巴音郭楞蒙古自治州巴音布鲁克区巴音郭楞苏木的乌恩苏珠克图旧土尔扈特南路盟的萨嘎之家。蒙古土尔扈特部人。他自幼丧母，由奶奶抚养长大。没有上过学。在他17岁的时候，自学了托忒蒙古文，但是学得不好，没有托忒蒙古文阅读能力。会说日常哈萨克语。擅长祝词和唱歌。28岁时，在土尔扈特部落查屯旗都其德苏木的江格尔奇洪古尔那里学习《江格尔》。一开始他并没有刻意去学，只是喜欢听。每当到了冬天漫长的夜晚，邻居们都会聚集在江格尔奇家听《江格尔》。他也每晚都听洪古尔的演唱。后来，慢慢学会了其中的一些篇章。他以演述方式表演《江格尔》。他只有在家的时候演唱《江格尔》，从来没有外出演唱过。他曾给搜集《江格尔》的民间文艺工作者演唱了《洪古尔之子和顺灭八万岁那仁达赖汗之部》（又称《洪古尔之子灭古南哈日苏农凯之部》）、《雄狮英雄阿日格乌兰洪古尔灭古南哈日苏农凯之部》，以及《格斯尔》中的《英雄超通巴特尔赶走十二个头的安杜拉玛哈日蟒古思之马群之部》等。

普尔拜

普尔拜（1953—?），中国江格尔奇。1953年2月28日出生于新疆巴音郭楞蒙古自治州和静县阿鲁高苏木西拉河村牧民阿尤西家。蒙古土尔扈特部人。大伯桑嘎吉拉因为没有孩子，因而在他3岁时继养他为义子。9岁，在夏日噶河小学学习。三年级的时候，养父怕他在学校受苦，让他辍学回家。15岁，跟一个叫朱茵·尼玛的江格尔奇学习了演唱《江格尔》的《江格尔婚礼之部》。从16岁开始，在野外给一起出来打猎的同龄人演唱《江格尔》。1977年结婚以后，为了满足孩子们的要求，偶尔会在家里演唱《江格尔》。他会演唱《江格尔》的《洪古尔婚礼之部》、《洪古尔驱赶大力士库尔门汗的马群之部》、《洪古尔征服大力士库尔门汗之部》、《大力士萨布尔活捉库尔门汗之部》、《美男子明彦与包道乐陶鲁盖汗之女奥特根仙女的婚礼之部》等。

宝斯郝木吉

宝斯郝木吉（1939— ），中国江格尔奇。民国28年（1939）出生于新疆巴音郭楞阿鲁高苏木牧民巴亚之家。蒙古土尔扈特部人。在他3岁的时候母亲不幸去世，把他送到了叔叔巴拉太家。13岁开始上小学。二年级时辍学回家。15岁到20岁期间，在西拉格河畔的喇嘛寺当喇嘛。在那里学习了藏文。读过很多藏文文献、书籍，也积累了不少知识。当时他从哈日道尔吉那里学习演唱《江格尔》。和他一起学的，还有后来成为江格尔奇的乌·格勒克。哈日道尔吉会演唱《江格尔》史诗12部篇章。可惜宝斯郝木吉未能学会哈日道尔吉的《江格尔》篇章。后来，他从另一位江格尔奇确扎布那里学了《洪古尔的第二次婚事之部》。他曾给搜集《江格尔》的民间文艺工作者演唱了《洪古尔杀死哈拉库库勒汗之部》、《洪格尔的第二次婚事之部》、《洪古尔与江格尔战斗之部》、《江格尔汗之部》等篇章。

格勒克

格勒克（1934—1987），中国江格尔奇。1934年出生在今新疆巴音郭楞蒙古自治州巴拉干泰区牧民乌力吉图家。蒙古土尔扈特部人。因为他舅舅哈日道尔吉是一名江格尔奇，也非常疼爱他，希望格勒克能够成为一个有名的江格尔奇。于是，一到晚上就给他演唱《江格尔》。因此，他最早是从舅舅那里聆听和学习演唱《江格尔》的。他舅舅哈日道尔吉是以演唱的形式表演《江格尔》，所以他也学了舅舅的演唱风格和方式。他20岁左右开始学习托忒文，业余时间还学习了维吾尔语。他最初的演唱舞台是在野外，放牧的时候给比自己大十多岁的人们演唱《江格尔》。偶尔还会边演唱边弹奏陶布舒尔琴。除了《江格尔》以外，他还会演唱《格斯尔》，会讲很多民间故事、传说，善于演唱长调歌曲。1987年7月29日病逝。1982—1983年，他为搜集《江格尔》的民间文艺工作者演唱了《江格尔灭道格欣沙日古日古之部》、《萨纳拉驱赶扎恩台吉汗的八万匹骏马之部》、《美男子明彦赶回图鲁克汗的一万匹黄斑马之部》等。

巴桑

巴桑（1915—？），中国江格尔奇。1915年生于今新疆巴音郭楞蒙古自治州牧民诺尔布之家。蒙古土尔扈特部人。他不识字，善于演唱民歌、念诵祝词，会讲述很多民间故事、传说等。他曾演唱《江格尔》的《江格尔之子布俊宝尔、洪古尔之子和顺乌兰灭蟒古思之子库克芒奈之部》。

照·道尔吉

照·道尔吉（1926— ），中国江格尔奇。1926年5月12日生于今新疆巴音郭楞蒙古自治州和静县巴拉干泰区牧民照杜布家。蒙古土尔扈特部人。在他小的时候，父亲教过《格斯尔》

几部篇章。7岁时，父亲送他到满楚克扎甫王的秘书乌力木杰家学习文化。两年内他熟练掌握了托忒蒙古文，还阅读了许多托忒蒙古文文献。和静县蒙古族小学建立那年，他正式上学学习。在这期间，曾阅《格斯尔》13部篇章，并记住了其中一些故事。23岁那年，他从一个名叫阿尔布克的江格尔奇那里学会了《洪古尔和那仁达赖汗之子大力士雄赫尔之战》一部。1984年4月，应《格斯尔》研究室的邀请，到乌鲁木齐演唱了《格斯尔》篇章7部。当时得到十五章本《江格尔》，从这本书里又学会了一部《江格尔》篇章，即《洪古尔的婚礼之部》。1984年7月28日至9月13日，参加了在拉萨举行的全国《格斯尔》演唱会。1986年应邀到北京演唱《格斯尔》，被授予"为演唱史诗格斯尔工作做出杰出贡献的民间艺术家"称号。他曾给搜集《江格尔》的民间文艺工作者演唱过《洪古尔和八万岁的那仁达赖汗之子大力士雄赫尔战斗之部》、《洪古尔的婚礼之部》等。

尼麦

尼麦（1946—），中国江格尔奇。1946年生于新疆巴音郭楞喀喇沙尔土尔扈特部的牧民图格齐格家。蒙古土尔扈特部人。自幼丧母，被叔叔确丹喇嘛抚养长大。小时候经常去邻家听著名江格尔奇桑嘎杰的演唱，只可惜因为年幼也没有能记住。后来，向他的叔叔学习演唱《江格尔》。他叔叔大概会演唱30多部《江格尔》，一般以演述形式表演《江格尔》。尼麦经常阅读托忒文《江格尔》和藏文《江格尔》之书。后来他在和静县当老师的时候，偶尔给学生演唱《江格尔》。他曾给搜集《江格尔》的民间文艺工作者演唱了《江格尔》的《江格尔的小勇士巴塔哈纳巴托尔灭蟒古思国额尔古耀温乌兰之部》、《洪古尔的婚礼之部》、《博格达诺彦江格尔》等部。

鹏斯克

鹏斯克（1919—），中国江格尔奇。1919年生于今新疆巴音郭楞蒙古自治州和静县新公社第四村夏拉达日木家。蒙古土尔扈特部人。10岁上了和静县蒙古族小学，五年级毕业。在他十六七岁的时候，向江格尔奇毛淖海学了《江格尔》。从小擅长跳舞，也跟母亲学过跳舞。1993年和1994年，被誉为县级优秀干部，1990年7月10日参加了在乌鲁木齐举行的新疆维吾尔自治区蒙古族英雄史诗《江格尔》搜集整理成果展。1986年7月在巴音布鲁克参加了《江格尔》演唱会，演唱了《江格尔》史诗中的《赛音诺彦江格尔之部》，还表演了自己创编的《江格尔》舞。

巴希

巴希（1947—），中国江格尔奇。1947年生于今新疆巴音郭楞蒙古自治州和静县巴拉干泰区乌里雅苏台人高柴之家。蒙古土尔扈特部人。"文化大革命"期间，他因是富人家子弟而被迫接受劳动改造。其间，他经常在晚间休息时给大伙演唱《江格尔》。他曾给搜集《江格尔》的民间文艺工作者演唱了《雄狮阿日格乌兰洪古尔灭道木布巴尔汗之部》。

奥其尔

奥其尔（1919—1997），中国江格尔奇。1919年出生于乌纳恩苏珠克图旧土尔扈特南路盟杜纳日扎萨克苏木（今新疆巴音郭楞蒙古自治州和静县）的布木拜梅林家。蒙古土尔扈特部人。小时候跟赛音特里贡台吉学习了文字，背熟了他珍藏的手抄本《江格尔》。他演唱《江格尔》的特点是有节奏有曲调的演唱。1982年10月，曾给搜集《江格尔》的民间文艺工作者演唱了《江格尔》史诗中的《洪古尔之子和顺的婚礼之部》、《洪古尔之子和顺砍取下赡部洲残暴的玛拉哈布哈的首级之部》等。

◎江格尔

胡·巴桑

胡·巴桑（1904—1983），中国江格尔奇。1904 年生于今新疆维吾尔自治区巴音郭楞蒙古自治州和静县一牧民家。蒙古土尔扈特部人。小时候从喀喇沙尔土尔扈特部江格尔奇扎巴学习了《江格尔》史诗的《洪古尔婚礼之部》、《和顺乌兰灭玛拉哈布哈之部》等。他熟悉托忒蒙古文和藏文，读过很多藏文和托忒文文献。曾给搜集《江格尔》的民间文艺工作者演唱过《洪古尔婚礼之部》、《和顺乌兰灭玛拉哈布哈之部》等。

道尔吉

道尔吉（1922—1997），中国江格尔奇。1922 生于新疆巴音郭楞喀喇沙尔土尔扈特部一牧民家。蒙古土尔扈特部人。小时候拜师东黑学习《江格尔》。他演唱《江格尔》的特征是有节奏的演唱。1982 年，他为搜集《江格尔》的民间文艺工作者演唱了《洪古尔之子和顺灭楚双胡尔之部》。

沙·扎瓦

沙·扎瓦（1948—），中国江格尔奇。新疆巴音郭楞蒙古自治州和静县巴拉干泰区的牧民，蒙古土尔扈特部人。小学文化程度。从小对民间文学感兴趣，在父亲桑杰那里学了两部《江格尔》篇章。他演唱《江格尔》的特征是有节奏的演唱。除了《江格尔》，他还会讲民间故事、传说等。1982 年，他给《江格尔》搜集者演唱了《阿日克乌兰洪古尔灭十五个头的安杜拉玛哈日蟒古思之部》、《洪古尔与儿子和顺一道征服三个蟒古思之部》、《洪古尔灭二十五个头的赫苏浩尔哈日蟒古思之部》等。

善杰

善杰（1911—1986），中国江格尔奇。辛亥（1911）年出生于今新疆巴音郭楞蒙古自治州和静县一个叫巴图确木巴尔的普通人家。蒙古土尔扈特部人。小时候向经常来他家附近演唱《江格尔》的江格尔奇巴桑学习《江格尔》。他原本会唱六七部《江格尔》篇章，可是因长时间中断演唱而忘记了大部分。除了《江格尔》，他还会演唱《格斯尔》四部篇章，还会讲述《玛尼巴日亥汗》、《乌米盖图日乐克图汗》、《英雄好汉扎尔图日根》、《思沁汗》以及《巴托尔汗》等故事。他曾给搜集《江格尔》的人员演唱了《八万岁的纳沁之子洪古尔与和顺降伏蟒古思之部》、《洪古尔与儿子和顺一道征服三个蟒古思之部》等。

道·普尔拜

道·普尔拜（1930——），中国江格尔奇。1930 年生于新疆巴音郭楞喀喇沙尔土尔扈特部牧民道尔吉家。蒙古土尔扈特部人。小时候跟江格尔奇契米岱·巴赛学得了两部《江格尔》。他喜欢在野外放羊的时候给人们演唱《江格尔》。他演唱《江格尔》的特征是有节奏的演唱。曾给搜集《江格尔》的人员演唱《江格尔》史诗的《洪古尔之子和顺灭毛劳木哈布哈之部》、《洪古尔之子和顺的婚礼之部》等。

道·都戴

道·都戴（1935—1984），中国江格尔奇。1935 年出生于新疆巴音郭楞和静县喀喇沙尔土尔扈特人丹皮勒家。蒙古土尔扈特部人。小时候师从家乡的有位叫道尔吉的江格尔奇学习《江格尔》的《洪古尔与道格欣哈日苏农凯战斗之部》。他经常在放牧的时候会给牧人们演唱《江格尔》。1983 年 10 月，他为《江格尔》搜集者们演唱了《洪古尔与儿子和顺一起灭道格欣哈日苏农凯之部》等。

占巴

占巴（1950—），中国江格尔奇。1950年出生于新疆巴音郭楞喀喇沙尔土尔扈特人东鲁布家。蒙古土尔扈特部人。从小聪明伶俐，也喜欢民间文学。小时候从父亲那里学习演唱《江格尔》。他曾给搜集《江格尔》的人员演唱了《江格尔》史诗中的《雄狮洪古尔和大力士双胡尔战斗之部》。

乌日乐扎布

乌日乐扎布（1906—1986），女，中国江格尔奇。1906年出生在新疆尼勒克县厄鲁特部的牧民孟克布仁家。蒙古厄鲁特部人。她两岁那年双亲逝世，居住在尼勒克县吉仁太苏木的乌乙巴·珲杜领养了她和九岁的姐姐。小时候她从同苏木的牧民呼和·达瓦那里学了《江格尔》的《下赡部洲残暴的玛拉哈布哈之部》。她偶尔也在自己家里演唱《江格尔》。曾应邀到博尔塔拉演唱过《江格尔》。参加过1981年6月5日至12日的《江格尔》演唱会。1986年6月29日中国社会科学院科研人员曾采访过她，并记录了《阿拉杜杰莫尔根》等民间故事。

宾拜

宾拜（1920—1987），中国江格尔奇，新疆和布克赛尔蒙古族自治县乌兰敖登苏木牧民，蒙古族土尔扈特部人。1920年生于乌恩苏珠克图旧土尔扈特北路盟东旗（札萨克旗）马宁斤苏木塔布肯家。小时候读了几年书，"三区革命"时期当过苏木章京。宾拜的父亲塔布肯是位江格尔奇，深谙当地民间传说、祝词赞词。宾拜从小就从父亲那里学会了江格尔之《三岁英雄洪古尔之部》，从手抄本上学会了《江格尔》多部。又能熟练地讲述《格斯尔》之《镇压十五个头的安杜拉玛蟒古思之部》和《阿雅巴哈麦夫人》等其他四部短篇史诗。其演唱的《铁臂力士萨布尔击败凶暴的海拉干汗令其归降江格尔之部》、《盗赶江格尔一万八千匹血红马的阿里亚孟胡莱被擒之部》等两部诗章，被选入七十章本《江格尔》之第一卷。1981年7月，和布克赛尔县举行阿尔泰地区、塔城地区江格尔奇、民歌手、舞蹈家参加的《江格尔》演唱大会；1984年7月，为庆祝和布克赛尔蒙古族自治县成立三十周年而举办塔城地区江格尔奇、民歌手、舞蹈家《江格尔》演唱大会。两次演唱会上宾拜皆受邀参加，表演《江格尔》及蒙古族传统祝词赞词，得到了国内外贵宾及家乡人们的称赞。1983年，宾拜成为新疆民间文艺家协会会员。1987年，于新疆和布克赛尔蒙古族自治县乌兰敖登苏木去世，享年64岁。1991年8月，新疆维吾尔自治区党委宣传部、文化厅、文学艺术家联合会、《江格尔》工作领导小组等机构联合召开表彰大会，在表彰整理、出版、研究《江格尔》工作中作出突出贡献的单位和个人时，给宾拜追授有突出贡献的个人奖。

阿里亚

阿里亚，生卒年不详，中国江格尔奇，蒙古族土尔扈特部人。新疆乌恩苏珠克图旧土尔扈特北路盟北路旗（中旗或王旗）小西苏木巴图特氏贫农伊黑勒之子。从小就在鄂博图库伦等地富人之家帮工并以演唱《江格尔》或讲幽默故事等养家糊口。在鄂博图库伦地区柯克滚尊之家，阿里亚演唱《江格尔》时，年轻的江格尔奇冉皮勒从其口中学会了《洪古尔婚事之部》。江格尔奇阿里亚活到七十多岁。

宗高罗甫

宗高罗甫（1919—1989），中国江格尔奇，蒙古族土尔扈特部人。1919年出生在新疆乌恩苏珠克图旧土尔扈特北路盟北路旗台吉纳尔苏木贫苦牧民家庭。小时候出家成为和布克赛尔六苏木拉布楞寺小沙弥，后成为和布克赛尔县和什托勒盖镇农业机械管理站夜间更夫。据说宗高罗甫平时的表演多以演述《江格尔》为主。只有喝了酒才会演唱《江格尔》。他还会讲很多民间故事，1993年，内蒙古大学学者达·塔亚整理其讲述的《有九十九哈屯的耶儒占布拉可汗》，刊登在新疆《汗腾格里》（托忒蒙古文）系列丛书第四十五卷上。1989年，宗高罗甫于克拉玛依市乌尔禾乡去世，享年70岁。

图尔陶克陶

图尔陶克陶（1952—），中国江格尔奇，蒙古族土尔扈特部人。1952年10月7日出生于新疆和布克赛尔县查干哈拉噶家。9岁入学，小学四年级后退学，参加农牧业劳动及担任拖拉机手等。其父擅长蒙古族民歌和乐器，又爱好读书，因而从事放牧的同时担任一所私塾的教师，还会演唱《可汗苏力坦之部》、《阿日格乌兰洪古尔活捉大力士库尔门汗之部》等《江格尔》篇章，又会朗诵祝颂词。图尔陶克陶从小耳濡目染，记住了父亲所演唱的《江格尔》史诗，到二十一二岁时，就已具备独立演唱《江格尔》的能力。他自编曲子演唱了《额尔古道格欣芒乃汗之部》、《残暴的沙日古日古之部》、《可汗苏力坦之部》等篇章，朗诵或演述《江格尔赞》、《婚礼颂词》、《十二生肖赞》等很多颂词赞词及《王子和青蛙》、《小偷和老虎》、《神仙婆婆和魔鬼婆婆》、《羊酸奶》等民间传说故事。

伊丹加甫

伊丹加甫（1934—），中国江格尔奇，蒙古族土尔扈特部人。1934年出生于新疆和布克赛尔县牧民巴图奥齐尔之家。1949—1955年，读完小学和中学。1955—1956年，受县里委派，到克拉玛依市工作，担任燃料采购员、会计等。其后又从事矿业开发、农牧业、会计等多种工作。伊丹加甫的祖父沙拉是演唱《江格尔》史诗的艺人，也能讲述当地诸多蒙古族民间传说故事。受其影响，伊丹加甫从小就学会演唱《江格尔》，并在20岁左右时期背诵过从乌恩苏珠克图旧土尔扈特北路盟西旗文书马希巴图处得到的托忒蒙古文《江格尔》手抄本。伊丹加甫从祖父那里学会《大力士库尔门汗之部》等《江格尔》史诗篇章。1999年11月21—22日，内蒙古大学学者达·塔亚录音记录了伊丹加甫演唱的《洪古尔婚事之部》、《铁臂力士萨布尔与苏努凯汗战斗之部》、《绝代美男子明彦生擒强大的库尔门汗之部》、《江格尔赞》等几部《江格尔》篇章。此外，伊丹加甫还能讲述《格斯尔》、《毕嘎日米吉德》、《巴哈麦夫人的故事》等多部民间故事以及蒙古族祝词赞词。

布日古德拜

布日古德拜（1948—），中国江格尔奇，蒙古族和硕特部人。1948年10月，布日古德拜出生于甘肃省苏北蒙古族自治县什宝赤河之滨青海蒙古和硕特部阿日亚家。1957年，从甘肃移居至新疆和布克赛尔蒙古自治县。1958—1962年，就读于乌兰图嘎公社道兰图小学。小学毕业后在合作社、生产大队从事生产劳动。布日古德拜从七八岁开始随邻家松固如布老人学《江格尔》之《西里图乌兰洪古尔之部》。又于1970年左右得到老蒙古文十三章本《江格尔》（即卡尔梅克《江格尔》之中国版本），背诵过其中的诗章。1999年11月22日，内蒙古大学学者达·塔亚录音记录了其《西里图乌兰洪古尔之部》。

柯克滚尊

柯克滚尊，生于19世纪70年代，逝世于20世纪50年代，中国江格尔奇，蒙古族土尔扈特部人。新疆和布克赛尔县鄂博图库伦（寺庙）喇嘛。他经常以低音演唱《江格尔》史诗。著名江格尔奇冉皮勒小时候从柯克滚尊口中学会了《阿里亚孟胡莱之部》、《铁臂力士萨布尔之部》、《道格欣哈日萨纳拉之部》等《江格尔》篇章和《莫尔根特布纳的故事》和《毕嘎日米吉德汗的故事》的一部分。

巴·扎黑喇

巴·扎黑喇（1917—），中国江格尔奇，蒙古族土尔扈特部人，出生于和布克赛尔牧民巴图家。1957年开始，为新疆建设兵团第七师137团驻和布克赛尔第十七连牧民。小时候通过自学掌握了蒙古文，从沙弥那尔苏木乌斯呼·衮布手里得到十三章《江格尔》的手抄本，记住了其中的2部。其演唱的《序章》、《绝代美男子明彦生擒强大的库尔门汗之部》、《绝代美男子明彦赶回图鲁克汗的一万匹黄斑马之部》等篇章被收录于七十章本《江格尔》之第一卷。

扎·尼开

扎·尼开（1916—），中国江格尔奇，蒙古族土尔扈特部人，其父名为扎布。扎·尼开师从著名江格尔齐阿乃·尼开学会了《江格尔》多部及哈萨克族英雄史诗。其演唱的《江格尔序章》、《阿日格乌兰洪古尔与凶暴的芒乃汗战斗之部》收录于七十章本《江格尔》之第一卷。

卡·普日拜

卡·普日拜（1900—1982），中国江格尔奇，蒙古族土尔扈特部人，和布克赛尔蒙古族自治县沙扎盖图牧场卡库之子。新中国成立前流浪在乌苏等地，新中国成立后回到故乡定居，并成为县级、地区级劳动模范。其演唱的《布克孟根希克锡力克的婚礼之部》被发表在《江格尔资料本》第二卷和七十章本《江格尔》第一卷。

劳宗

劳宗（1940—），中国江格尔奇，蒙古族厄鲁特部人。1940年出生在塔城地区额敏县伊丹加甫之家。原名为衮布苏荣。1947—1959年，在额敏县哈喇毛敦寺随舅舅勒黑如布喇嘛出家成为小沙弥。其间，在寺院学校学习至初中二年级，其后参加农牧业生产。他掌握了藏文、托忒蒙古文等文字，以托忒蒙古文抄写了《金光明经》、《金刚经》、《白伞盖》等经文。他从13岁开始师从其舅舅勒黑如布喇嘛学习演唱《江格尔》，18岁开始正式演唱《江格尔》。1981年前往和布克赛尔，参加首届和布克赛尔演唱《江格尔》大会，1999年又参加了塔城地区首届《江格尔》演唱会及和布克赛尔蒙古族自治县第四届《江格尔》演唱大会。他能唱《江格尔》之《洪古尔镇压哈屯汗、浩屯汗、特木尔哈布哈汗三兄弟蟒古思之部》、《铁臂力士萨布尔与洪古尔大战库鲁尔吉汗之部》、《乌楞提布、洪古尔、萨布尔三雄狮英雄打败乌沁蟒古思之部》、《蒙古英雄毛泰之部》等《江格尔》篇章。此外还能讲述《嘎勒丹巴传》、《阿木尔萨纳传》等其他故事传说。

阿勒泰扎布

阿勒泰扎布（1924—），中国江格尔奇，蒙古族厄鲁特部人。1924年出生于新疆阿勒泰地区厄鲁特部人舒乐凯家。20岁至25岁服兵役，复员后移居至额敏县，担任生产队队长等。没学过蒙古文字。小时候，在其家乡有个叫巴图蒙克章京的人，酷爱《江格尔》艺术，经常邀请有名望的江格尔奇至家中演唱《江格尔》。每当这种时候，阿勒泰扎布从不缺席地前去欣赏《江格尔》，从而记住多部《江格尔》篇章，并自己配曲子，成为一位江格尔奇。1999年11月28—29日，内蒙古大学学者达·塔亚录音记录了阿勒泰扎布所唱《洪古尔镇压下赡部洲道荣嘎蟒古思之部》、《江格尔大战占布拉赞丹汗之部》两部《江格尔》篇章。

巴彦泰

巴彦泰（1964—），中国江格尔奇，蒙古族土尔扈特部人。1964年6月13日出生在新疆精河县土尔扈特部人董鲁甫家。在家乡读完中学后，当了牧民。为了培养演唱《江格尔》的年轻艺人，1998年8月，《江格尔》研究学者贾木查送给他《江格尔资料本》第七辑。巴彦泰于1999年3月2日的麦德尔节（与元宵节重合的蒙古族传统宗教节日）、精河县新年晚会及当年的9月21日的精河县土尔扈特人的敖包祭祀上分别演唱过《江格尔》。

安扎

安扎（1926—1984），中国江格尔奇，蒙古族土尔扈特部人。新疆精河县喀喇乌苏陶力苏木基布黑村岗噶之子。其本人曾参加过"三区革命"，又从事过农牧业生产。1952—1953年，在家乡参加夜校扫盲班，学习托忒蒙古文。安扎在二十岁左右经常聆听邻家江格尔奇桑杰的《江格尔》演唱，掌握了独立演唱《江格尔》的技能。其演唱的《洪古尔活捉陶尔干昭劳汗，聘娶占巴拉汗之女，征服三大蟒古思之部》发表于《江格尔资料本》第七卷。

固沙

固沙（1928—），中国江格尔奇，蒙古族土尔扈特部人。1928年出生在精河县喀喇乌苏土尔扈特人衮楚克家。18岁参加"三区革命"，在伊犁、塔城、和布克赛尔、精河县等地服四年兵役。1950年11月复员回乡，成为牧民。自学掌握了托忒蒙古文。13岁开始师从二哥巴桑学唱《江格尔》。他所唱《乌宗阿拉达尔汗成婚之部》就是师从二哥学的《江格尔》篇章。

后来固沙背诵过七十章本《江格尔》的第一卷。1999年10月26日至29日，内蒙古大学学者达·塔亚录音记录过固沙演唱的《乌宗阿拉达尔汗成婚之部》、《汗哈冉贵之子汗苏乃进犯江格尔之部》等江格尔篇章和《炮奇莫日根阿拉达尔江格尔汗》的传说故事。固沙还能演唱《酒赞》、《秋收赞歌》等多部赞颂词。

孟特库尔

孟特库尔（1913—1996），中国江格尔奇，蒙古族土尔扈特部人。1913年，出生于今新疆博尔塔拉蒙古自治州精河县伊克卓思朗之地土尔扈特部人巴达玛家。从小受到母亲表演的民歌和传说故事等民间艺术熏陶，掌握了《海林哈日宝东》、《兰州城的蓝巴彦》、《汗青格勒》、《吉仁台老翁的故事》、《巴雅尔降伏魔鬼的故事》等多部民间传说故事。8岁至16岁间，在精河县土尔扈特部著名的江格尔奇普日拜家做零工，掌握了《江格尔》史诗7部篇章。后又担任达什王的专职江格尔奇。其演唱的《绝代美男子明彦活捉强大的库尔门汗之部》、《汗苏尔宝东之部》、《古哲恩古恩拜征服残暴的沙日古日古汗之部》、《大力士萨布尔活捉图尔逊汗之部》等四部篇章发表在《江格尔资料本》第七卷。《古哲恩古恩拜收复残暴的沙日古日古汗的属地之部》发表在七十章本《江格尔》第一卷。此外，他还能演唱《千万岁的炮奇莫日根江格尔之部》、《额尔德尼乌兰勇士之部》等两部史诗。以低沉的曲调演唱是其最显著的艺术特点。1989年8月，在北京举办江格尔艺术展，江格尔艺人孟特库尔的照片和简介等入选展览。1991年8月，新疆维吾尔自治区党委宣传部、文化厅、文学艺术家联合会、江格尔工作领导小组等多家机构联合表彰在《江格尔》史诗搜集整理、出版发行、研究等领域作出突出贡献的集体和个人，孟特库尔获得奖励。

布迪巴孜尔

布迪巴孜尔（1922—），中国江格尔奇，蒙古察哈尔部人。1922年生于察哈尔旧营章京努德勒其家。他是新疆博尔塔拉蒙古自治州温泉县哈日布呼镇村民。1928年，布迪巴孜尔的父亲带着6岁的他，跟乌佑泰诺彦一起去了西藏，让儿子当喇嘛。1929年，布迪巴孜尔回到家乡，跟舅舅嘎瓦喇嘛学习佛教文化以及史诗《江格尔》的8部篇章以及《阿勒泰台吉的故事》、《呼和门德尔》、《纳钦雄胡尔》、《赫楚汗与额斯赫楚汗的故事》等20余部史诗和故事。布迪巴孜尔的老师演唱的各部长诗情节完整，语言生动形象，且韵律感强。他的演唱很有特色，开头嗓门高，速度快，接着善于配合情节，变幻高低声音演唱，不同的人物语言有不同音调。他的感情丰富，表现力强。布迪巴孜尔从老师那里掌握了较高的演唱艺术。他曾给搜集史诗《江格尔》的人员演唱了《江格尔》的《洪古尔与哈尔桑萨尔战斗之部》、《洪古尔消灭那仁达赖汗之子，取那仁达赖汗首级之部》、《洪古尔战胜大汗和小汗，同布斯鲁尔奇汗和解之部》、《洪古尔娶库日勒占巴拉汗的公主成婚之部》以及《洪古尔赞》等篇章。1991年1月，新疆维吾尔自治党委、文化厅、文联等部门召开表彰大会，表彰在史诗《江格尔》的演唱、抢救、研究工作中作出突出贡献的单位和个人，他被授予有突出贡献的个人奖状。1992年3月，成为中国民间文艺家协会会员。

沙格杰

沙格杰（1920—1985），中国江格尔奇，蒙古察哈尔部人。1920年生于察哈尔旧营（今新疆博尔塔拉蒙古自治州温泉县坤都伦镇）策布克家。20世纪30年代，他从宾拜江格尔奇那里学会了《江格尔》。宾拜江格尔奇一般说唱《江格尔》中的《博克多诺彦江格尔传》篇章。江格尔奇沙格杰不识汉字，懂哈萨克语和维语。他参加了1981年夏天在博尔塔拉州梅力其格草原召开的全疆《江格尔》演唱会。1985年病逝。

朝乐登

朝乐登（1899—1983），中国江格尔奇，蒙古族察哈尔部人。1899年生于察哈尔旧营，今新疆博尔塔拉蒙古自治州温泉县查干屯格乡莫德图村巴图家。温泉县的哈日布呼镇有一位江格尔奇，名字叫作哈拉布哈，从小学习演唱《江格尔》，从20岁开始独立演唱《江格尔》。哈拉布哈江格尔奇是一位孤寡老人，平时给家乡的富有人家打杂工，或演唱《江格尔》来维持生计。他从哈拉布哈江格尔奇那里学会了《乌图乌兰洪古尔之部》、《布克西克锡力克勇士之部》、《铁臂勇士萨布尔之部》以及《美男子明彦之部》等14部《江格尔》篇章。

莫那

莫那（1932—1988），中国江格尔奇，蒙古族察哈尔部人。1932年生于今新疆博尔塔拉蒙古自治州温泉县加拉玛图乡胡杜日海村察哈尔旧营的阿拉希加甫家。在莫那13岁那年，他的母亲因病过世。从蒙古族小学毕业后因家境困窘辍学。恰在此时，担任温泉县政府秘书的普尔瓦把他介绍给从伊犁来的维吾尔人阿哈买提·阿凡提，后者带莫那到伊犁斯大林中学用维吾尔语继续读书。中学毕业后，他到温泉县公安局工作了四年。后在温泉县政府当了15年的政府会计，1986年退休。于两年后的1988年因病逝世。他小时候师从父亲阿拉希加甫学习演唱《江格尔》。莫那经常模仿父亲给家人和家乡的人演唱《江格尔》。江格尔奇莫那的维吾尔语和蒙古语非常流利，还会说哈萨克语，平时喜欢热闹，还会唱民歌。

嘎日布

嘎日布（1919—1990），中国江格尔奇，蒙古族察哈尔部人。1919 年生于察哈尔旧营（今新疆博尔塔拉蒙古自治州温泉县昆德伦镇胡吉日泰村）巴德玛才仁家。他小时候母亲过世，奶奶带他长大。13 岁的时候，父亲送他去胡吉尔太庙察哈尔旧营的扎木苏大喇嘛家当徒弟。他的师傅精通蒙古历史、《江格尔》和蒙古民间传说故事。江格尔奇嘎日布会读藏文和托忒蒙古文，但不会写。还懂哈萨克语和维吾尔语。从喇嘛那里，他学会了演唱《江格尔》的 4 部篇章。他曾给搜集史诗《江格尔》的民间文艺工作者演唱了《洪古尔聘娶阿拉奇汗之女古师姗丹之部》、《博格达诺彦江格尔和洪古尔与哈图哈尔亨斯克和道格欣沙尔亨斯克战斗之部》、《博格达诺彦江格尔之部》以及《阿日格乌兰洪古尔与布尔古特汗战斗之部》等篇章。他还会演唱《格斯尔》史诗，也会讲述其他故事以及民歌。他 1981 年成为新疆民间艺术协会会员。1991 年 8 月，新疆维吾尔自治党委、文化厅、文联等部门召开表彰大会，表彰在史诗《江格尔》的演唱、抢救、研究工作中作出突出贡献的单位和个人时，追授他有突出贡献的个人奖。

伊万

伊万（1930—），中国江格尔奇，1930 年生于今新疆博尔塔拉蒙古自治州温泉县。蒙古厄鲁特部人。他父亲叫扎木苏荣，是一位江格尔奇。他父亲从著名的江格尔奇宾拜、达希那里学会了 10 部《江格尔》。伊万从小向父亲学了《哈图哈日桑萨尔侵犯江格尔的国土之部》、《乌图乌兰洪古尔与哈图哈日桑萨尔战斗之部》、《江格尔与库日勒占巴拉汗的儿子大力士双胡尔结义之部》、《洪古尔结亲之部》、《乌兰洪古尔与那仁达赖汗的双胡尔勇士战斗并与之结义之部》等《江格尔》篇章。他为民间文艺工作者曾演唱过《布克孟根希克锡力克的儿子洪古尔与那仁达赖汗的纳沁双胡尔战斗，并与之结义之部》、《洪古尔与哈图哈日桑萨尔战斗之部》、《洪古尔与库日勒占巴拉汗之子大力士双胡尔战斗之部》等篇章。

图·加瓦

图·加瓦（1920—），中国江格尔奇，蒙古族察哈尔部人。1920 年生于今新疆博尔塔拉蒙古自治州温泉县。父亲名叫图新巴特。图·加瓦不识字。从名叫杜尔巴达尔罕的江格尔奇那里学习演唱《江格尔》。杜尔巴达尔罕曾为寺院的喇嘛，后来厌倦喇嘛生活，逃出寺院，游走于精河县土尔扈特地区。其间学会了当地江格尔奇演唱的八九部《江格尔》篇章。图·加瓦曾给搜集史诗《江格尔》的人演唱了《江格尔》史诗之《江格尔的欧依罕巴托尔降伏五百个妖魔之部》、《雄狮洪古尔之部》、《洪古尔结亲之部》、《铁臂勇士萨布尔之子三岁的额尔德尼才茨克、哈日伊尔盖、嘎苏尔麦三位英雄降伏三大魔王之部》等篇章。

阿迪亚

阿迪亚（1921—1980），中国江格尔奇，蒙古族杜尔伯特部人。1921 年生于今伊犁哈萨克自治州特克斯县。父亲名叫喀日布。他的父亲与一个名叫浩日海的江格尔奇是叔侄关系，而他的外祖父也是一名江格尔奇，名叫奥齐莱。阿迪亚从小失去了父母，在富人家里打杂工。那时候他师从索胡尔博勒岱江格尔奇习唱《江格尔》。他会演唱《江格尔》史诗之《哈日特布克汗之部》、《铁臂勇士萨布尔之部》、《道格欣沙日古日古之部》、《道格欣玛拉哈布哈之部》、《洪古尔消灭朗沙日蟒古思，解救江格尔之部》以及《洪古尔之子和顺乌兰怒斩毒蛇之部》等篇章。

齐木德

齐木德（1964—1998），中国江格尔奇，蒙古族杜尔伯特部人。1964年生于新疆伊犁哈萨克自治州特克斯县。江格尔奇齐木德从13岁开始师从父亲阿迪亚学会了《江格尔》。后来阅读《江格尔》相关书籍，并从广播收听著名江格尔奇们的演唱。他会演唱大约5部《江格尔》。参加了1988年8月新疆乌苏县召开的《江格尔》国际学术会议，并演唱了《江格尔》。参加了1991年在北京举办的《江格尔》成果展。

浩·阿拉希

浩·阿拉希（1950—），中国江格尔奇，1950年生于新疆伊犁哈萨克自治州特克斯县。蒙古族杜尔伯特部人。他的父亲是一名江格尔奇，名字叫作浩日海。他从15岁开始师从父亲学了《江格尔》史诗之《道格欣沙日古日古之部》、《洪古尔结亲之部》以及《洪古尔之子和顺乌兰怒斩毒蛇之部》等篇章。

利吉

利吉（1908—1987），中国江格尔奇，1908年生于今新疆伊犁哈萨克自治州尼勒克县。蒙古族厄鲁特部人。父亲名叫巴桑。他小时候学了托忒蒙古文，还会讲流利的哈萨克语和维吾尔语。当时他的师父达希手里有《江格尔》12部篇章的手抄本，从中利吉学会了《道克欣玛拉哈布哈之部》和《江格尔序章》。他曾给搜集史诗《江格尔》的人员演唱了《阿日格乌兰洪古尔挽救江格尔镇伏郎蟒古思之部》、《洪古尔之子和顺乌兰怒斩毒蛇之部》以及《七十个可汗之部》等篇章，1991年荣获自治区级奖。

利·阿拉希

利·阿拉希（1968—），中国江格尔奇，蒙古族杜尔伯特部人。1968年生于新疆伊犁哈萨克自治州特克斯县。江格尔奇利吉之子。从14岁开始师从父亲利吉江格尔奇学习演唱《江格尔》。从新疆人民广播电台广播的文艺节目中听了冉皮勒和朱乃演唱《江格尔》，学习了他们演唱《江格尔》的方法。他曾给搜集史诗《江格尔》的人员演唱了《江格尔》史诗之《洪古尔生擒顿舒尔格日勒蟒古思汗之部》、《汗西尔布东之部》、《哈日特布克汗之部》、《和顺乌兰、哈日吉拉干、阿里亚双胡尔三人生擒巴德曼乌兰之部》以及《道格欣玛拉哈布哈之部》等篇章。

阿·宾拜

阿·宾拜（1912—1986），中国江格尔奇，蒙古族杜尔伯特部人。1912年生于今新疆伊犁哈萨克自治州特克斯县。父亲名叫阿日夏图。他会演述并演唱《江格尔》。他还会说很多传说故事，并擅长于蒙古族民歌和舞蹈以及弹奏陶布舒尔琴。他曾给搜集史诗《江格尔》的人员演唱了《江格尔》史诗之《洪古尔之子和顺乌兰怒斩毒蛇之部》和《道格欣沙哈日黑纳斯之部》等篇章。除此之外，他还会讲《乌嫩图日勒黑图汗》、《那仁达赖汗传》、《嘎拉丹巴的故事》以及《健日王传》的故事。

道加

道加（1948—），中国江格尔奇，蒙古族厄鲁特部人。1948年生于今新疆伊犁哈萨克自治州昭苏县。1956—1963年，他在家乡的小学读书。1963年开始当了两年的牧民，然后成了农民。先后担任大队会计和副大队长等职务。从14岁开始从吉尔嘎拉江格尔奇那里学习演唱《江格尔》。他会演唱《洪古尔夺回被蟒古思盗走的江格尔的马群之部》等2部篇章。

江格尔

巴孜尔

巴孜尔（1933—），中国江格尔奇，蒙古族厄鲁特部人。1933年生于今新疆伊犁哈萨克自治州昭苏县。父亲名叫巴伊卡。由于父母在他小时候过世，他在伯父照顾下长大。他在私塾麦代老师那里读了五年的书。1957年，师从加伊卡和特·巴德玛两位江格尔奇，学会了《江格尔》史诗之《道格欣沙日古日古之部》、《道格欣哈日黑纳斯之部》以及《图鲁克阿拉坦汗之部》等篇章。他还会讲《阿尔坦铁布克》、《巴彦汗与乌盖泰汗》、《满希日汗的儿子》等故事。他还能以流利的哈萨克语演述《一千零一夜》的故事。

加衣瓦

加衣瓦（1917—1929），中国江格尔奇，蒙古族厄鲁特部人。1917年生于今新疆伊犁哈萨克自治州昭苏县。父亲名叫扈凯。加衣瓦10岁开始从江格尔奇特克那里学习《江格尔》。他精通托忒蒙古文和哈萨克语。江格尔奇加衣瓦后来阅读《江格尔》和《格斯尔》手抄本。他会演唱《江格尔》史诗之《道格欣沙日古日古之部》和《道格欣哈日黑纳斯之部》等篇章，还会演唱《格斯尔》。1991年荣获自治区奖项。

巴音巴图

巴音巴图（1918—1982），中国江格尔奇，蒙古族厄鲁特部人。1918年生于今新疆伊犁哈萨克自治州昭苏县。父亲名叫朝齐海。他小时候在寺院当过喇嘛。在寺院从特格江格尔奇那里学会了演唱《江格尔》。45岁还俗，成了家开始务农。江格尔奇巴音巴图平时弹奏着陶布舒尔琴演唱《江格尔》。

奥伦巴伊尔

奥伦巴伊尔（1957—），中国江格尔奇，蒙古族厄鲁特部人。1948年生于今新疆伊犁哈萨克自治州昭苏县。父亲名叫阿奈。从1964年到1974年读小学和中学。1975起成为牧民。1984年11月师从江格尔奇布·奥齐尔学会了演述《江格尔》之《洪古尔与库日勒占巴拉汗之子战斗之部》篇章。后来又从15章本《江格尔》上学会了《洪古尔生擒布尔古德汗之部》。除此之外，他还会演唱《洪古尔降伏兄弟三个蟒古思之部》、《江格尔十二英雄赞》、《江格尔赞》等。

奥其尔

奥其尔（1927—1992），中国江格尔奇，1948年生于新疆伊犁哈萨克自治州昭苏县。蒙古族厄鲁特部人。父亲名叫宝热。他小时候学了托忒蒙古文。1944年至1947年参加了"三区革命"。年轻时候背熟了家里珍藏的《江格尔》手抄本。后来他又背了1964年托忒蒙古文版的13章本《江格尔》。他平时被邀请到邻里乡亲家里演唱《江格尔》和《格斯尔》。他曾给搜集史诗《江格尔》的人员演唱了《阿日格乌兰洪古尔生擒顿舒尔格日勒蟒古思汗之部》、《洪古尔与库日勒占巴拉汗的大力士战斗之部》等篇章。

布勒嘎

布勒嘎（1923—1995），女，中国江格尔奇，蒙古族土尔扈特部人。1923年生于今巴音郭楞蒙古自治州和静县奈曼莫顿村牧民阿拉希家。三岁时因父母离异，年幼的她跟随外婆一起生活。她外婆擅长民间文学。每晚给她演唱《江格尔》的故事。15岁时，她母亲与一个叫尼玛的人结婚。因此，有时她的姓名记作尼·布勒嘎。布勒嘎17岁成婚。她经常给自己的孩子们演唱《江格尔》。她深谙婚礼习俗，会唱很多民歌。自1981年起先后给《江格尔》领导小组的人演唱了《八岁小勇士乃尔巴图消灭蟒古思营救霍尔穆斯塔天神之女之部》、《八岁小勇士乃尔巴图营消灭蟒古思，营救霍尔穆斯塔天神之女，战胜腾格里天神的勇士铁木耳布斯，聘娶乌苏达赖汗之女之部》、《洪古尔之子和顺与蟒古思战斗之部》、《乃尔巴图婚事之部》等《江格尔》篇章。1991年在乌鲁木齐市，新疆维吾尔自治区文化厅与自治区《江格尔》工作领导小组表彰了她在《江格尔》的演唱和传承方面所作出的突出贡献。江格尔奇布勒嘎于1995年5月逝世。

安凯

安凯（1930—），中国江格尔奇，蒙古族土尔扈特人。1930年出生于巴音郭楞喀喇沙尔土尔扈特部哈日莫顿村尼木格尔家。5岁时其父去世。安凯的舅舅确本就住在邻村，是当地小有名气的江格尔奇，经常在晚上召集邻居们演唱《江格尔》。安凯对《江格尔》特别感兴趣，且每晚都去听舅舅演唱的《江格尔》，久而久之，安凯也学会了其中的一个篇章。安凯8岁上了小学，当时跟小伙伴们玩耍时也演唱一些《江格尔》。毕业后以给富人放羊、种地来维持生计。新中国成立后他曾担任村长、合作社社长。1956年就读于乌鲁木齐市畜牧技工学校。1959—1990年在焉耆县畜牧兽医院工作，1990年退休。1981年给《江格尔》领导小组成员演唱了《雄狮洪古尔取格棱占巴拉汗的首级之部》。

琼俊

琼俊（1911—？），中国江格尔奇，蒙古族土尔扈特人。1911年出生于今巴音郭楞蒙古自治州焉耆县。平时家乡人叫他"博日喇嘛"。他会托忒蒙古文和藏文。琼俊的舅舅加甫是位江格尔奇。琼俊向加甫学习演唱《江格尔》。但身为喇嘛的他常住在寺庙里，很少能得到聆听江格尔奇演唱《江格尔》的机会。1981年，琼俊给《江格尔》领导小组成员演唱了《洪古尔及其儿子和顺与乌库尔奇汗和沙莱高勒三汗战斗之部》。

奥齐尔

奥齐尔（1935—），中国江格尔奇，蒙古族和硕特部人。1935年出生于今巴音郭楞蒙古自治州博湖县。1947年左右，从和硕特部著名江格尔奇加木彦那里学习演唱《江格尔》。新中国成立前与父亲一起给富人家放羊。1956年参加了在乌鲁木齐召开的新疆维吾尔自治区首届青年代表会议。1956年至1958年在信用社工作。1958年在拖拉机培训班学习一年，之后做拖拉机手直到1961年。1961年到1971年到供销社工作，1971年到1975年做了牧民。1979年给《江格尔》领导小组工作人员演唱了《雄狮洪古尔取格棱占巴拉汗的首级，聘娶阿拉其汗之女之部》、《洪古尔的婚礼之部》两个篇章。1981年7月，参加了在巴音郭楞蒙古自治州和静县巴音布鲁克草原召开的《江格尔》演唱会。1983年10月，参加了在和硕县召开的《江格尔》演唱会。1986年7月，参加了在和静县巴音布鲁克草原召开的新疆维吾尔自治区《江格尔》演唱会。1988年8月，出席了在乌鲁木齐市召开的《江格尔》国际学术研讨会，会上演唱《江格尔》。1989年8月，参加了新疆维吾尔自治区在北京举办的《江格尔》成果展。1989年9月荣获中国文化部颁发的奖状。1991年1月在中国《江格尔》研究会成立大会上，新疆维吾尔自治区党委宣传部、自治区《江格尔》工作指导小组、自治区文化厅、自治区文联联合表彰了对《江格尔》搜集整理、出版、研究作出突出贡献的单位和个人，奥齐尔获得了有突出贡献个人奖。奥齐尔还会讲很多民间故事、传说以及祝词赞词。

江格尔

李嘉拉

李嘉拉（1942—1984），中国江格尔奇，蒙古族和硕特部人。1942年出生于今巴音郭楞蒙古自治州焉耆县。是巴图杰的第三个儿子。他聪明活跃，有着过耳不忘的记忆力。11岁时，从江格尔奇奈德米德那里学习了几部《江格尔》。李嘉拉是一位演述《江格尔》的江格尔奇。他能说流利的汉语、维吾尔语，也做过翻译工作。1984年病逝。1981年，李嘉拉向《江格尔》领导小组成员演唱了《雄狮洪古尔和那仁达赖之子大力士双胡尔战斗之部》。

梢夏

梢夏（1929—），中国江格尔奇，1929年出生于今巴音郭楞蒙古自治州和硕县。他祖父是来自甘肃省的汉人，来到巴音布鲁克草原，与蒙古族土尔扈特部的一位姑娘完婚。祖父在他父亲两岁时去世，随后他父亲被焉耆县姓刘的汉人领养并当作用人。他父亲二十几岁时跟一个名为毕勒格泰的蒙古族姑娘结婚。梢夏从小喜欢讲故事或听别人讲故事。打猎时，经常在野外给同伴们演唱《江格尔》。有时邻村的江格尔奇道尔吉也向他请教《江格尔》演唱方面的问题。梢夏会演唱《洪古尔和那仁达赖汗战斗之部》。

乌吉玛

乌吉玛（1939—），女，中国江格尔奇，蒙古族土尔扈特部人。1939年出生于今巴音郭楞蒙古自治州焉耆县。父亲名叫尼玛，是一位普通牧民。母亲是一位江格尔奇，经常应邀到邻村演唱《江格尔》。乌吉玛刚刚懂事，母亲就开始每晚为她演唱《江格尔》。乌吉玛因此学会了《江格尔》一部篇章。但未能掌握母亲演唱《江格尔》的曲调和韵律节奏。乌吉玛初次试唱《江格尔》，是十四五岁左右的事情，舞台是放牧的野外，听众则是年岁相当的小伙伴。后来，偶尔在家里也说说《江格尔》。她会演唱《洪古尔征服那仁达赖汗之部》。

哈尔察克

哈尔察克（1916—1987），中国江格尔奇，蒙古族和硕特部人。1916年出生于喀喇沙尔和硕特部的才丹家。他的家庭是传统的江格尔奇世家。其祖父硕古尔是当地有名的江格尔奇，会演唱《江格尔》十多部篇章。哈尔察克的父亲才丹，从自己父亲硕古尔那里学会了演唱《江格尔》，也成了有名的江格尔奇。哈尔察克10岁左右起，父亲专门教他演唱《江格尔》。遗憾的是，哈尔察克13岁时父亲不幸去世。1934年，当时的和硕特左旗四个苏木里选拔派往俄罗斯学习的人员，哈尔察克有幸被选中。他在俄罗斯学习了8年。回国后，没有给他安排工作，只好务农。新中国成立后在焉耆县政府工作过一段时间。后来由于工作上的疏忽被辞退，回乡重新务农，直至1987年病逝。他的弟弟其麦，也是一位江格尔奇。哈尔察克演唱《江格尔》的曲调和韵律跟他弟弟其麦大体一样。但嗓门比弟弟细弱。自1981年开始，哈尔察克先后给《江格尔》工作领导小组成员演唱了《洪古尔征服格棱占巴拉汗之部》、《洪古尔灭道格欣哈日蟒古思之部》、《英雄萨布尔聘娶那仁达赖汗之女诺木图古斯之部》、《雄狮洪古尔、举世无双的额米勒才格、铁木耳布斯兄弟三战胜宝日芒乃汗之部》等篇章。他还会演唱《宝木巴的洪古尔》、《梅尔根汗之子洪古尔与夜叉汗战斗之部》两部篇章。1981年7月，参加了新疆维吾尔自治区在巴音郭楞蒙古自治州和静县巴音布鲁克草原举行的《江格尔》演唱会。1983年10月，参加了在和硕县举行的《江格尔》演唱会。1986年7月，参加了在和静县巴音布鲁克草原举行的新疆维吾尔自治区《江格尔》演唱会。1989年8月新疆维吾尔自治区在北京举办的《江格尔》搜集整理出版成果展上，介绍了他的生平事迹。1989年9月文化部追授他个人二等奖。1991年1月在中国《江格尔》研究会成立大会上，新疆维吾尔自治区党委宣传部、自治区《江格尔》工作指导小组、自治区文化厅、自治区文联联合表彰了对《江格尔》搜集整理、出版、研究作出突出贡献的单位和个人，追授哈尔察克以有突出贡献的个人奖。

其麦

其麦（1925—?），中国江格尔奇，蒙古族和硕特部人。1925年出生于乌鲁木齐一个叫固景的地方，其父亲属喀喇沙尔和硕特左旗沙弥那尔苏木人，名叫才丹。其麦是著名江格尔奇哈尔察克的弟弟。他的家庭是传统的江格尔奇世家。其祖父硕古尔是当地有名的江格尔奇。会演唱《江格尔》十多部篇章。父亲才丹从他父亲那儿学会了演唱《江格尔》也成了家乡著名的江格尔奇。其麦三岁时父亲去世，后来被叔父拉巴塞领养。他叔父也会演唱《江格尔》，每天晚上给他演唱。这样，其麦13岁时就已经学会了《道格欣沙日布尔古德之部》和《守马人阿哈萨哈拉巴岱之部》两部篇章。此外，他也会说其他几部史诗和故事，不识字。1980年和1981年，他先后给《江格尔》搜集者演唱了《道格欣沙日布尔古特之部》和《守马人阿哈萨哈拉巴岱之部》两部篇章。

萨·巴德木加甫

萨·巴德木加甫（1923—?），中国江格尔奇，蒙古族和硕特部人。1923年出生于和硕县。他父亲桑杰是一位江格尔奇。他从父亲以及一个叫道尔吉的江格尔奇那里学了两部《江格尔》篇章。1980年给《江格尔》搜集者演唱了《江格尔给洪古尔之子和顺禅让之部》。

才外

才外（1951— ），中国江格尔奇，蒙古族和硕特部人。1951年出生于博湖县本布图村。父亲名叫达瓦。才外在兄弟姐妹中排行老大。从13岁开始跟着他的叔叔和硕特左旗的官员阿日布登布迪（1894—1967）学习演唱《江格尔》。因他叔叔的独生子不幸夭折，所以特别疼爱侄子，经常给他演唱《江格尔》。才外从叔叔那儿学会了《绝世美男子明彦之部》、《道格欣沙日布尔古德之部》、《骑大灰马的芒乃汗之部》、《赤诚的雄狮洪古尔的婚礼之部》等四部《江格尔》篇章。他记忆力超强，有过耳不忘之本领，别人的演唱听一次就能铭记于心。十五六岁时，师从和硕县一个叫加木彦的江格尔奇学会演唱《洪古尔与阿勒坦策吉战斗之部》、《江格尔选定继承人三位小勇士之部》等两部篇章。他1961年小学毕业，1962年在和硕县中学学习了半年。1965年因他的父亲是旧官员，被下放到农村接受改造，才外也跟着到了乡下。劳动间隙，他的伙伴们常常要求他演唱《江格尔》，于是他开始在众人前演唱《江格尔》。1970年代末，他为《江格尔》史诗搜集记录者演唱了《绝世美男子明彦之部》、《道格欣沙日布尔古德之部》、《骑大灰马的芒乃汗之部》、《赤诚的雄狮洪古尔的婚礼之部》等四部篇章。

吕日布

吕日布（1942— ），中国江格尔奇，蒙古族和硕特部人。1942年出生于和硕县。父亲叫作布拜。他的爷爷道尔吉和爸爸布拜都会演唱《江格尔》。他父亲曾应邀到和硕特部首领和官员家演唱过《江格尔》。1951年起，他开始公开演唱《江格尔》。后来在20世纪70年代他经常演唱《江格尔》自娱自乐。20世纪70年代末，他给搜集《江格尔》的人员演唱了《雄狮洪古尔与格棱占巴拉汗战斗之部》、《雄狮洪古尔、额米勒才格、铁木耳布斯三勇士战胜宝日芒乃汗之部》。1999年给内蒙古大学塔亚博士演唱了《江格尔盛宴之部》、《雄狮洪古尔与格棱占巴拉汗战斗之部》、《洪古尔征服那仁达赖汗之部》。1980年，和硕县举办了《江格尔》演唱会。会上，他演唱了《江格尔盛宴之部》。1996年在北京召开的第二次《江格尔》国际研讨会上也演唱了《江格尔》。

朱俊

朱俊，生卒年不详，中国江格尔奇。他为搜集《江格尔》的民间文艺工作者演唱了《雄狮洪古尔与格棱占巴拉汗战斗之部》、《雄狮洪古尔、额米勒才格、铁木耳布斯三勇士战胜宝日芒乃汗之部》。

（四）蒙古国江格尔奇

玛格萨尔·普尔布扎拉

玛格萨尔·普尔布扎拉（Magsariin Pürevzal, 1893—？），蒙古国著名史诗艺人、江格尔奇。科布多省布尔干苏木土尔扈特部人。1893年，他生于我国新疆土尔扈特牧民家。他做过土尔扈特王爷的仆人，20世纪40年代，跟着土尔扈特王移居蒙古国科布多省。他于1978年给蒙古科学院考察队演唱了许多民歌、民间祝词、赞词、民间故事和史诗。他会弹奏西蒙古各种民间乐器。他演唱的《汗苏尔之部》是在蒙古境内记录的最完整的《江格尔》篇章之一。这部篇章同我国新疆搜集出版的《汗苏尔·宝东之部》的几种异文大同小异。玛·普尔布扎拉还是一位出色的民间诗人。他曾与他人合作创作了歌舞剧《阿克萨勒》，歌颂了伏尔加河流域卡尔梅克草原上的一位土尔扈特英雄的事迹。"阿克萨勒"是卫拉特一种传统民间单人舞的名称。普尔布扎拉创作的《金黄色走马》、《苏荣胡》和《五种畜群》等歌已成为民歌在西蒙古民间流传。关于他演唱的这部《江格尔》篇章的来源，普尔布扎拉作了如下解释：过去，土尔扈特的米希格道尔吉王爷听说在和布克赛尔地区有个著名江格尔奇，便派人去请他来到自己旗里演唱。王爷的使者请来了一位江格尔奇，他叫布拉尔。布拉尔先后演唱了《江格尔》的八部长诗，米希格道尔吉王爷很高兴，奖赏给他一匹马和能做一件蒙古袍的缎子。于是，不少人向布拉尔学习演唱《江格尔》，从此在他们旗里《江格尔》流传开来。他演唱的《汗苏尔之部》就是其中的一部。后来，20世纪40年代，他跟随土尔扈特王爷移居蒙古国科布多省，也就把他所学会的《江格尔》长诗带到了蒙古国。

朝·巴格莱

朝·巴格莱（Ts.Baglai），生卒年不详，蒙古国著名史诗艺人、江格尔奇。他是乌布苏省乌兰固穆苏木的杜尔伯特部人，是才华出众的史诗演唱家。他演唱了西蒙古著名英雄史诗《宝玛额尔德尼》和《盔腾库克铁木耳哲勒》，并于20世纪40年代演唱了《江格尔》的一部。1968年，乌·扎格德苏荣整理、科学院出版社出版的《史诗江格尔》（蒙古国科学院主办的《口头文学研究》丛书，第6卷）收录了该篇章，并定名为《江格尔史诗一篇章》。

帕·古尔拉格查

帕·古尔拉格查（P.Gürlagtsa, 1902—？），蒙古国著名史诗艺人、江格尔奇。1902年，他出生于当时的赛音诺彦汗盟杭爱苏木牧民家。1926年参加蒙古军队服役，服役期满后回家当牧民。他在青年时代，向旧察哈尔苏木人拉格查学唱史诗《岱尼库日勒》和《海尔图哈尔》，向当地史诗艺人劳占学习了史诗《汗哈冉贵》和《阿尔泰孙本胡》的演唱。1972年，他演唱了《博格达·

诺彦江格尔》、《达赉汗老人》和《岱尼库尔勒》等史诗以及《江格尔》的篇章，并作了录音。1978年，乌·扎格德苏荣整理、科学院出版社出版的《名扬四海的好汉洪古尔》（蒙古国科学院主办的《口头文学研究》丛书，第11卷）收录了他演唱的《圣主江格尔》篇章。

科彻·桑杰

科彻·桑杰（Kecain Sanji, 1901—?），蒙古国史诗艺人、江格尔奇。蒙古国戈壁阿尔泰省沙尔格苏木人。1966年，他为民间文学搜集者演唱了《诺彦江格尔拜》，是蒙古国《江格尔》的一部篇章。他还会演唱《好汉阿日勒莫尔根》、《好汉鄂格岱莫尔根》、《十五岁的阿特哈勒奇莫尔根》和《好汉汗哈冉贵勇士》等其他英雄史诗。

道尔吉·乃旦

道尔吉·乃旦（Dorjiin Naidan, 1897—?），蒙古国史诗艺人、江格尔奇。东戈壁省赛音都贵郎苏木人。约于1920年左右向其兄学唱《江格尔》。道尔吉·乃旦演唱了《乌宗赞布勒汗》、《博格达江格尔诺彦》等《江格尔》篇章，以及《好汉汗哈冉贵》、《阿贵乌兰汗》等其他英雄史诗。蒙古国科学院语言文学研究所资料库收藏着他演唱的《江格尔》以及其他英雄史诗的录音磁带。1968年，乌·扎格德苏荣整理、科学院出版社出版的《史诗江格尔》（蒙古国科学院主办的《口头文学研究》丛书，第6卷）收录了其演唱的《乌宗赞布勒汗》。

登得布·杜古尔苏荣

登得布·杜古尔苏荣（Dendeviin Dügürsüren），生卒年不详。蒙古国史诗艺人、江格尔奇。蒙古国巴彦洪古尔省吉尔嘎郎图县人。1966年，他为民间文学搜集者演唱了《博格达德钦江格尔汗》。1968年，乌·扎格德苏荣整理、科学院出版社出版的《史诗江格尔》（蒙古国科学院主办的《口头文学研究》丛书，第6卷）收录了该篇章。

格雷格·萨姆坦

格雷格·萨姆坦（Gelgiin Samtan），生卒年不详。蒙古国史诗艺人、江格尔奇。蒙古国乌布苏省塔斯县人。1940年，他为民间文学搜集者演唱了《江格尔迎娶达赖柴拉布尔汗的阿勒腾黑努尔公主之部》。1968年，乌·扎格德苏荣整理、科学院出版社出版的《史诗江格尔》（蒙古国科学院主办的《口头文学研究》丛书，第6卷）收录了该篇章。

孟根

孟根（Möngön），生卒年不详。蒙古国史诗艺人、女江格尔奇。蒙古国戈壁阿尔泰省娜仁苏木人。20世纪40年代，她为民间文学搜集者演唱了《圣主江格尔》，是蒙古国《江格尔》的一部篇章。1968年，乌·扎格德苏荣整理、科学院出版社出版的《史诗江格尔》（蒙古国科学院主办的《口头文学研究》丛书，第6卷）收录了该篇章。

乌力吉·道木

乌力吉·道木（Olzain Doom），生卒年不详。蒙古国史诗艺人、江格尔奇。蒙古国乌布苏省塔斯县人。1956年和1966年，他为民间文学搜集者演唱了《圣主江格尔诺彦》。1968年，乌·扎格德苏荣整理、科学院出版社出版的《史诗江格尔》（蒙古国科学院主办的《口头文学研究》丛书，第6卷）收录了该篇章。

青格勒

青格勒（Tsengel, 1880—?），蒙古国江格

尔奇。戈壁阿尔泰省通吉尔县人。1943年由拉德纳希迪记录了他演唱的《征服哈布罕哈日索耀之部》。1968年，乌·扎格德苏荣整理、科学院出版社出版的《史诗江格尔》（蒙古国科学院主办的《口头文学研究》丛书，第6卷）收录了该篇章。

巴尔金·浩毛尔

巴尔金·浩毛尔（Baljiin Moqor 1895—？），蒙古国江格尔奇。蒙古国巴彦洪戈尔省布木布格尔县人。1966年由蒙古国科学院语言文学研究所口头文学—方言田野考察队记录了他演唱的《乌宗阿拉达尔可汗之子、幼小的宗拉诺彦》。1968年，乌·扎格德苏荣整理、科学院出版社出版的《史诗江格尔》（蒙古国科学院主办的《口头文学研究》丛书，第6卷）收录了该篇章。

楚库尔·纳米朗

楚库尔·纳米朗（Chükriin Namilan, 1909—？），蒙古国江格尔奇。蒙古国乌布苏省图尔更县杜尔伯特部人。1966年由蒙古国科学院语言文学研究所口头文学—方言学田野考察队记录了他演唱的《江格尔同罗藏缇布汗手下的阿拉坦毕希库尔激战之部》。1968年，乌·扎格德苏荣整理、科学院出版社出版的《史诗江格尔》（蒙古国科学院主办的《口头文学研究》丛书，第6卷）收录了该篇章。

纳音泰·杜格尔

纳音泰·杜格尔（Nayantain Düger, 1920—？），蒙古国江格尔奇，蒙古国东方省马塔特县人。1966年由蒙古国科学院语言文学研究所口头文学—方言学田野考察队成员策·纳姆斯莱加甫记录了他演唱的《博格达诺彦江格尔汗》。1968年，乌·扎格德苏荣整理、科学院出版社出版的《史诗江格尔》（蒙古国科学院主办的《口头文学研究》丛书，第6卷）收录了该篇章。

额日格金·罗布桑扎木苏

额日格金·罗布桑扎木苏（Eregjiin Lubvsanzamts, 1905—？），蒙古国江格尔奇。蒙古国东方省马塔特县人。1948年由纳姆斯莱·夏日布益希记录了他演唱的《圣主江格尔的故事》。收藏于蒙古国科学院语言文学研究所口头文学资料库。1968年，乌·扎格德苏荣整理、科学院出版社出版的《史诗江格尔》（蒙古国科学院主办的《口头文学研究》丛书，第6卷）收录了该篇章。

策·普尔布朝克图

策·普尔布朝克图（Ts.Pürevtsogt），生卒年不详。蒙古国江格尔奇。蒙古国扎布汗省人。1978年，乌·扎格德苏荣整理、科学院出版社出版的《名扬四海的好汉洪古尔》（蒙古国科学院主办的《口头文学研究》丛书，第11卷）收录了他于1976年演唱的《圣主江格莱可汗》篇章。

卓拉·奥斯尔

卓拉·奥斯尔，生卒年不详，蒙古国江格尔奇。蒙古国乌布苏省东戈壁县人。1943年由拉德纳希迪记录的他演唱的《江格尔一章》。1968年，乌·扎格德苏荣整理、科学院出版社出版的《史诗江格尔》（蒙古国科学院主办的《口头文学研究》丛书，第6卷）收录了该篇章。

G. 敖登

G. 敖登（G.Odon），生卒年不详，蒙古国江格尔奇。蒙古国库苏古尔省额尔德尼布尔干县人。1978年，乌·扎格德苏荣整理、科学院出版社出版的《名扬四海的好汉洪古尔》（蒙古国科学院主办的《口头文学研究》丛书，第11卷）收录了他演唱的《江格尔》史诗篇章《名扬四海的好汉洪古尔》和《三岁的儿子伯东》。

M. 罗布桑金巴

M. 罗布桑金巴（M.Luvsanjamba），生卒年不详，蒙古国江格尔奇。蒙古国后杭爱省杭爱县人。1978 年，乌·扎格德苏荣整理、科学院出版社出版的《名扬四海的好汉洪古尔》（蒙古国科学院主办的《口头文学研究》丛书，第 11 卷）收录了他演唱的《圣主江格尔可汗》篇章。

D. 丹奇格

D. 丹奇格（D.Dancig），生卒年不详，蒙古国江格尔奇。蒙古国库苏古尔省嘎拉丹县人。1978 年，乌·扎格德苏荣整理、科学院出版社出版的《名扬四海的好汉洪古尔》（蒙古国科学院主办的《口头文学研究》丛书，第 11 卷）收录了他于 1976 年演唱的《圣主江格莱》篇章。

玛格乃

玛格乃（Magnai），生卒年不详，蒙古国江格尔奇。蒙古国大库伦（今乌兰巴托市）人。1904 年，由布里亚特学者策旺·扎木察拉诺在大库伦记录了他演唱的《圣主江格莱可汗》。1978 年，乌·扎格德苏荣整理、科学院出版社出版的《名扬四海的好汉洪古尔》（蒙古国科学院主办的《口头文学研究》丛书，第 11 卷）收录了该篇章。

三、《江格尔》研究学者

B.Y. 符拉基米尔佐夫

B.Y. 符拉基米尔佐夫（Boris.Yakovlevich.Vladimirtsov,1884—1931），俄罗斯蒙古学家，苏联科学院院士。1884 年出生于俄罗斯卡卢加市。1904 年考入圣彼得堡大学东方学系汉语、满语专业学习。其间，从 1905 年 6 月至 1906 年 7 月在法国巴黎学习东方语言。1906 年归国后开始在蒙古语—满语—塔塔尔语专业学习，1909 年毕业。作为方言考察队成员，1907 年和 1908 年分别在阿斯特拉罕的卡尔梅克地区和蒙古国西部卫拉特蒙古地区进行田野调查。1911 年重返蒙古西部的科布多地区进行田野考察，对巴亦特部进行语言学和民族学研究。1913 年起在西蒙古地区进行了为期 2 年的田野考察。其间，采访巴亦特部史诗艺人帕尔臣在内的多名民间史诗艺人，记录了《厄尔格勒—图尔格勒》、《岱尼库日勒》、《宝玛额尔德尼》等多部史诗。后来于 1923 年出版了著名的《蒙古卫拉特英雄史诗》，收录了他搜集的西蒙古史诗文本，及他撰写的长篇学术导论。其中，符拉基米尔佐夫对《江格尔》史诗的结构特征、组诗方法等把握得相当准确。可以说，严格意义上的《江格尔》科学研究，是从符拉基米尔佐夫开始的。

A. 鲍勃洛夫尼科夫

A. 鲍勃洛夫尼科夫（Aleksei Aleksandorovich Bobrovnikov, 1821—1865），俄罗斯蒙古学家，《江格尔》研究专家，蒙古语言文学研究杰出学者。他的父亲在蒙古学研究方面颇有造诣，对《格斯尔》等蒙古口头文学、蒙古文学、蒙古史诗的重要文献进行过研究。A. 鲍勃洛夫尼科夫受其父亲的影响，涉足蒙古学研究。他 1821 年出生于伊尔库斯克，在故乡伊尔库斯克接受初、中级教育，之后就读于喀山神学院。毕业后，1850 年至 1855 年，从事蒙古语、数学的教学工作。1849 年，撰写了《蒙古—卡尔梅克语语法》，此书 1850 年获杰米多夫奖二等奖。该书在精读《格斯尔》等蒙古文学文献基础上，对蒙古语语音学、语法结构（词法、句法）进行了系统而深入的研究，用方言学、口头文学、书面文学的丰富而鲜活的实例支持自己的理论观点，成为蒙古语研究的经典之作。1855 年，因生活所迫，移居奥伦堡。虽然生活条件艰苦，但他没有中断蒙古学研究。在此期间，他把《勇士洪古尔之部》、《铁臂勇士萨布尔之部》等《江格尔》史诗篇章由卡尔梅克语翻译成俄语（这些资料是喀山大学教授、蒙古口头文学学者 N. 米哈伊洛夫受俄罗斯地理学会的委托从卡尔梅克江格尔奇口中记录的），发表在《俄罗斯地理学会通讯》1854 年第 12 卷上。同年，他还将 O. 科瓦列夫斯基从卡尔梅克地区的和硕特部搜集到的《江格尔》手抄本中选出几部篇章，在圣彼得堡予以出版。遗憾的是，他出版的这些《江格尔》篇章的蒙古文原文现已下落不明。他对《江格尔》史诗的翻译和出版工作，虽未能反映《江格尔》史诗的全貌，但对欧洲读者和学界了解这部蒙古口头文学的经典之作起到了重要作用。基于 A. 鲍勃洛夫尼科夫在蒙古学研究领域作出的杰出贡献，俄罗斯皇家古典学会评选他为该学会通讯会员。他还在蒙古宗教，尤其是蒙古佛教方面进行过较为深入的研究。

Sh. 嘎丹巴

Sh. 嘎丹巴（Sh.Gaadamba,1924—1993），蒙古国学者，蒙古文学和蒙古口头文学研究方面的著名学者，文学理论家、翻译家、教育学家、史诗研究专家。Sh. 嘎丹巴 1924 年出生于蒙古国布尔干省莫高德县。少年时期师从家乡的文人巴拉丹台吉，学习蒙古文。11—12 岁，被送到家乡的一座寺庙当小喇嘛，进入该寺主办的专门学校，之后在布尔干省中心中学学习。1942 年，毕业于乌兰巴托师范学校临时少年师资班。1952 年，从蒙古国国立大学蒙古语言文学专业毕业。1961 年，在莫斯科东方学研究所研究生院毕业。1990 年，以其《文学理论基础》、《蒙古民间口头文学》、《蒙古秘史研究中的若干问题》等成果，荣获蒙古国最高政府奖。同年，以《蒙古秘史文本——旧蒙古文复原本》成果，获语文学科学博士学位。Sh. 嘎丹巴是一位对蒙古口头文学研究作出突出贡献的学者。1967 年，他同 D. 策仁索德纳姆一起出版了《蒙古民间文学精华集》，为蒙古民间口头文学的分类和比较研究奠定了基础。他还与 H. 散丕勒登德布一起，用结构主义理论方法对蒙古口头文学的史诗、神话、传说、谜语、谚语等体裁进行研究，出版了《蒙古民间口头文学》一书（1988）。在这部蒙古国第一部蒙古民间口头文学教材中，把蒙古民间口头文学按体裁进行归纳，将它们纳入一个系统。在史诗部分中，有对《江格尔》史诗的专门论述。1988 年，发表《蒙古英雄史诗》论文，分析研究蒙古英雄史诗的起源、种类、艺术特色、故事情节、形式与结构、主题思想等问题，并探讨蒙古人民的现实生活、阶级关系在其中的反映，以及蒙古英雄史诗的发展趋向问题，对蒙古英雄史诗作了如下定义：歌颂表现了氏族群体的巨大力量和他们的美好愿望的伟大英雄英勇事迹的宏大体裁。把蒙古英雄史诗归纳为含有神话因素的婚姻型史诗，反映保卫祖国家乡主题的英雄史诗，揭露和讽刺社会非正义现象的讽刺性史诗三种类型。

戈尔斯通斯基

戈尔斯通斯基（Konstantin Fedorovich Golstunski,1831—1899），俄罗斯蒙古学家，蒙古史诗研究学者。1831年出生于尼日格勒省瓦西里苏尔斯克市。就读于喀山中学，并以优异成绩毕业，获银质奖章。1849年进入喀山大学历史、语言学系学习。1953年完成了研究佛教弘法大师宗喀巴的生平事迹的毕业论文，获金质奖章。毕业后，先在一座中学任教，后任职于圣彼得堡大学。他只去过一次卡尔梅克草原，从1853—1899年的46年间，他未曾去外地，专心致志地从事教育事业。1880年，以《蒙古—卫拉特法典》学位论文，获博士学位。他一生培养了很多有才华的学生，著名蒙古学家A.M.波茨德涅耶夫就是其中之一。他教学科研并重，在蒙古学研究还不发达，蒙古文学参考资料奇缺的那个时代，为了使学生获得蒙古文学方面的有序知识，他用石刻版出版了蒙古语、卡尔梅克语的故事、史诗以及《渥巴什洪台吉传》等文献。1864年，他在圣彼得堡出版了托忒文《渥巴什洪台吉传、卡尔梅克民间叙事诗江格尔及尸语故事》一书，书中有从卡尔梅克地区的江格尔奇那里搜集记录的《哈日黑纳斯之部》、《沙日古日古之部》

两部《江格尔》篇章。学者们认为，这是《江格尔》史诗最早的蒙古文版本。1936年，在埃利斯塔市用当时使用的、以拉丁字母为基础的卡尔梅克文出版了上述《江格尔》2部篇章。书名叫《江格尔——有关哈日黑纳斯和沙日古日古的两首歌》。他对卡尔梅克语言、历史、文化研究有着浓厚的兴趣，并广泛搜集了相关资料。现在，他当年搜集的丰富资料就收藏在圣彼得堡东方学手抄本档案馆。其中包括《江格尔》、《格斯尔》史诗的卡尔梅克异文、故事集等一批珍贵资料。他亲赴卡尔梅克草原，采访当地的民间艺人，搜集了很多卡尔梅克民间口头文学资料。上述《江格尔》史诗2部篇章，是通过委托精通卡尔梅克语的人，在民间艺人演唱史诗的鲜活现场完成记录初稿，隔天再让民间艺人复述校对的方法记录的。1892年，戈尔斯通斯基的学生A.M.波茨德涅耶夫把上述两部篇章写进了《卡尔梅克文学》著作，1911年更在上述两部篇章基础上再加上《沙日蟒古思之部》，出版了《卡尔梅克英雄史诗——江格尔》一书。戈尔斯通斯基的开拓性工作，对于V.L.科特维奇教授把《江格尔》史诗推向世界的工作产生了最直接而有力的推动作用。

Ts.达木丁苏荣

Ts.达木丁苏荣（Tsendiin Damdinsüreng,1908—1986），蒙古国人民作家、蒙古国政府最高奖的3次获得者、蒙古国科学院院士、民俗学家、史诗研究专家、博士、教授达木丁苏荣，1908年出生于东方省玛塔德县。1938年毕业于原苏联列宁格勒东方学院，1950年同院研究生院毕业。1957年晋升为教授。1961年成为蒙古国科学院院士。1971年获语文学博士学位，1946、1947、1951年三次荣获蒙古国最高政府奖，1986年获得人民作家荣誉称号。他对于研究蒙古人民所创造的文化，尤其是对于民间口头文学的搜集、研究、向国外推介等方面作出了杰出贡献。他还是一位杰出的作家、翻译家、教育家、著名学者、社会活动家。1932年，成为当时蒙古国科学院声学研究室的科研人员。1946年，被当时的列宁格勒（今圣彼得堡）东方学院研究生院录取，研究题目是蒙古《格斯尔》。1950年，以一篇《格斯尔史诗的历史根源》学位论文，获得文学副博士学位。在文中，他认为格斯尔不是神话或故事人物，而曾是真实的历史人物。这一观点在学界引起了热烈争论。这部著作于1957年在莫斯科初版（俄文）。1959年在沈阳以中国现行蒙古文出版的《蒙古文学概要》第一卷中，把《格斯尔》史诗的蒙古、布里亚特、藏文等50余种异文进行比较，做出了三个基本判断。对于达木丁苏荣院士的这部著作，波佩教授作了精当的评论，认为它达到了很高的理论水平，具有重要的学术价值，是蒙古国语文学第一部重要工程。Ts.达木丁苏荣院士一方面研究蒙古文文献，另一方面还进行了文学比较研究。1971—1973年，在列宁格勒工作期间，他研究印度古代史诗《罗摩衍那》在蒙古地区的传播问题，用蒙古文和俄文撰写发表了一些重要论文。他还一直关注着蒙古英雄史诗的搜集与研究工作。1940年，在他写给波佩教授的一封信中写道："委托他人从杜尔伯特部记录了《江格尔》的一个异文，只有两个篇章，且艺术水准方面还没有达到多高的程度。"他长期搜集有关《江格尔》的各种资料和书籍，并在他的学术论著中广泛引用。他曾为1957年在内蒙古出版、1963年在蒙古国出版的《江格尔》一书作序。生前他还计划出版一部有3500诗行的史诗《江格尔》，但未能实现。在Ts.达木丁苏荣院士诞辰90周年之际，他的学生奥特根巴特尔整理了他的手稿，于1998年出版了Ts.达木丁苏荣编著的《江格尔》史诗。

O.扎格德苏荣

O.扎格德苏荣，蒙古国《江格尔》研究学者，民俗学家。长期致力于《江格尔》研究，曾单独或与田野考察队一起多次深入蒙古国各地民间搜集、记录、研究蒙古国境内流传的《江格尔》史诗，于1967（1968？）年出版了第一部蒙古国境内搜集的《江格尔》史诗蒙古国异文，书名叫《史诗江格尔》。他为其作了注释并写了导论。导论中介绍了国际上对《江格尔》搜集、出版、研究的概况，记录了《江格尔》流传过程中曾产生过手抄本的信息，分析了该史诗的形式和结构以及诗歌特征。正文部分则收录了《圣主江格尔》、《圣主江格尔汗》、《江格尔一部篇章》、《江格尔拜汗》、《卫宗阿拉达尔汗的儿子江格尔诺彦》、《圣主德钦江格尔汗》等十余部蒙古国异文，并附上了有关江格尔的民歌。此书的出版，为国际蒙古学界和《江格尔》研究学者了解该史诗在蒙古国的流传情况、流传途径和蒙古国异文的特色等方面产生了重要的作用。1978年，作为《口头文学研究》丛书的第11卷，出版了蒙古国《江格尔》异文26部。书名叫《阿雅南 — 阿拉达尔图 — 阿雅尔干 — 洪古尔》。这是他十多年搜集研究蒙古国《江格尔》史诗的成果集结。1972年，O.扎格德苏荣还在《口头文学研究》丛书第7卷出版了1909年巴亦特部著名史诗艺人帕尔钦演唱、俄罗斯商人A.V.布尔杜克夫委托玛扎尔记录的《宝木额尔德尼》、《达尼库日勒》两部史诗的原始记录本之影印本。其原始记录本原藏在前苏联科学院列宁格勒东方学研究所图书馆。在导论部分，O.扎格德苏荣简要介绍了蒙古史诗的流传情况，喀尔喀部、乌梁海部、杜尔伯特部、巴亦特部民间口传史诗的形式和结构特征。1969年，他出版了《蒙古民间故事》一书，收录了《好汉哈日尼敦策本夫》、《阿拉坦嘎鲁诺彦》、《阿古乌兰汗》等喀尔喀小型史诗。此外，他还发表了《帕尔钦的史诗演唱生涯》、《关于史诗艺人巴塔》、《蒙古史诗搜集记录史》、《江格尔史诗的流传范围》、《史诗艺人的演唱艺术》等多篇学术论文。

S.A. 科津

S.A. 科津（KOZIN Sergei Andreevich, 1879 — 1956），对俄罗斯蒙古学研究的发展作出重要贡献的俄罗斯蒙古学家，蒙古口头文学、《江格尔》研究学者。他于20世纪20年代同其他学者一起创建了列宁格勒东方学研究所。1920年开始他的教学生涯，分别在东方学研究所和列宁格勒大学东方学系教授蒙古语课程。他于1914年4月2日获得语言学博士学位，1943年被选为苏联科学院院士。他的学术研究领域广泛，在他人生的后20多年，主要从事蒙古学、蒙古文学、蒙古口头文学的研究工作。他用俄文翻译、注释并作导论出版了《格斯尔传》，其中有《格斯尔》7章以及《江格尔》史诗的《沙日古日古之部》、《哈日黑纳斯之部》、《沙日蟒古思之部》等4部篇章。他的翻译作品被评价为忠实于原文的质量很高的翻译作品，对推动中亚各民族史诗研究具有重要作用。他对蒙古《格斯尔》进行开拓性研究，分析《格斯尔》产生的社会历史文化背景，从而指出：《格斯尔》史诗反映了蒙古古代社会阶级矛盾与斗争。他在蒙古民族史诗传统语境中研究分析过《江格尔》史诗。从历史、社会、艺术角度分析研究的结果的观点《江格尔》并不是产生在卡尔梅克草原，而是产生于西蒙古地区，并且在15世纪时已经形成为长篇史诗系列。他的这一观点得到了诸多东方学家的认可。

G.I. 米哈伊洛夫

G.I. 米哈伊洛夫（MIHAILOV, Georgii Ivanovich. 1909—），俄罗斯蒙古学家，《江格尔》研究学者。1909年出生于圣彼得堡。1925年进入列宁格勒东方学院蒙古学专业学习。1938 — 1941年供职于莫斯科外国文学出版社。在此期间，编辑出版了A.布尔杜克夫编著的《蒙古语 — 俄语词典》（1940），参与了《全苏联共产党简史》（1939）蒙古文版的审订工作。1952年，以《蒙古现代文学的产生与发展》著作获得了副博士学位。论文中，G.I. 米哈伊洛夫把蒙古现代文学分成若干发展阶段,并分析了每个发展阶段上的代表作家作品。在长期从事蒙古学研究过程中,他先后撰写出版了《蒙古文学史概要》(1955)、《蒙古人民共和国文化建设》(1957)、《蒙古文学遗产》(1969)、《蒙古文学》(1969,与 K.Yatskovskaya 合作)、《蒙古人民的口头文学问题》(1971)、《民歌》(1973)、《关于卡尔梅克江格尔》(1977)等著作。除此之外还发表了诸如《战后苏联蒙古学家的研究成果》(1955)、《符拉基米尔佐夫的文学研究志趣》(1958)、《江格尔与格斯尔祈愿经》(1969)、《托忒文,卫拉特—卡尔梅克文学的起点》(1970)、《关于蒙古语"图兀吉、苏杜尔、纳木塔尔、沙斯提尔"等术语》(1970)等数十篇论文。为了表彰他在蒙古学研究领域所作出的杰出贡献,蒙古国政府授予他"北斗星"劳动奖章。

R. 娜仁图雅

R. 娜仁图雅(NARANTUYA, Radnaabazariin),蒙古国史诗研究专家,口头文学、文学研究学者。1944 年出生于蒙古国乌兰巴托市。1965 年毕业于首都第一中学,1970 年从蒙古国国立大学蒙古语言文学系蒙古语言文学师范专业毕业,同年任职于蒙古国科学院语言文学研究所语言研究室。在此后的长达 30 多年时间里,她共出版 9 部著作,以及 80 余篇学术论文和学术报告。1999 年,以《蒙古史诗的口头与书面文本的关系》学位论文,获得副博士学位。她的代表性成果有《蒙古秘史记载的有关考验女婿的风俗》(1974)、《史诗江格尔的发展变异问题》(1986)、《乌梁海史诗》等学术论文,《蒙古史诗统计》、《喀尔喀史诗》等学术资料集,《蒙古史诗的口头与书面文本的关系》学术专著。

S.Y. 涅克留朵夫

S.Y. 涅克留朵夫(NEKLYUDOV, Sergei Yurievich,1941—),俄罗斯蒙古学家、民间文艺学家、东方学家,俄罗斯联邦人文大学口头文学类型学与语义学教学科研中心主任,语文学博士、教授。1941 年出生于莫斯科市。1965 年毕业于国立莫斯科大学。1969—1992 年,在苏联科学院世界文学研究所从事蒙古语族人民的史诗研究。1973 年以一篇题为《中亚各族人民史诗传统与中世纪东方及西方文学关系》的论文获得副博士学位。1985 年,以《蒙古文学经典中的史诗传统及其产生与演变》论文,获科学博士学位。为了观察民间口头文学的活态传统,分别在 1974、1976、1978、2006、2007 年赴蒙古国,深入民间,获取了大量蒙古口头文学与民俗学方面的第一手资料,并将之出版发表。1984 年,出版了学术专著《蒙古人民的英雄史诗》。作者在该书的第一章详细介绍了蒙古语民族英雄史诗的搜集、整理、出版、研究历史,其中包括《江格尔》史诗的搜集、出版和研究史;第二章分析研究了蒙古史诗的体裁与题材、主要人物及史诗演唱形式;第三章主要研究了蒙古《格斯尔》及其书面和口头的文本,着重探讨了蒙古《格斯尔》的起源及其结构和形式、书面文本、口头异文的特征等问题;第四章则强调了蒙古英雄史诗传统在整个蒙古书面文学传统中所发挥的重要作用。在这里,作者首先在 13 世纪成书的《蒙古秘史》与蒙古英雄史诗之间发现了诸多相似或相同的主题、题材、结构、叙事模式甚至固定套语,从而断定蒙古英雄史诗传统成熟于 13 世纪之前,其体裁、题材、结构、叙事模式甚至语言深深地影响了《蒙古秘史》乃至尹湛纳希的《青史演义》等历代蒙古书面文学作品。

N.N. 波佩

N.N. 波佩（189—1991），语言学家、民族学家、阿尔泰学家、蒙古口头文学研究学者。1897年出生于中国山东省烟台。1921年毕业于彼得堡社会学大学蒙古语系。他最初用俄语翻译《牛童传》，以此作为自己蒙古学、蒙古口头文学研究工作的开端。1918年师从著名蒙古学家鲍·雅·符拉基米尔佐夫，1926年开始任俄罗斯科学院蒙古学研究室主任。1933年成为俄罗斯科学院通讯院士。1926—1932年，与桑杰耶夫、别尔塔嘎耶夫等人一起参加科学考察队赴蒙古进行蒙古语言、口头文学资料的搜集研究工作。1939年从蒙古回国时，俄罗斯科学院正在进行科研人员审查工作，于是到黑海附近定居。1939—1940年参加芬兰战争。"二战"开始后于1941年7月18日被派到卡尔梅克地区工作。此后虽为躲避战乱而几次更换居住地，但其居住地最终依然被德军占领。此时，懂得德语的他成为德军的翻译。因当时的苏联政府认为他与沙俄旧势力有联系并为德国工作，于是携妻儿于1943年移居德国，在伯恩大学、东亚研究所等机构继续从事蒙古语教学、蒙古民俗学研究工作直到"二战"结束。1949年移民到美国。在那里，他在华盛顿大学远东学系任教，直到1968年。1968年成为伯恩大学名誉博士、芬兰科学院外籍院士。他搜集、翻译、出版蒙古英雄史诗集11卷以及谚语、民歌、故事集多部，在蒙古口头文学尤其是史诗研究方面作出了突出贡献。1927年，撰写了有关《格斯尔传》史诗新篇章的论文。1928年出版了喀尔喀中小型史诗的德语翻译、拉丁文转写本。此书中，他详细探讨了喀尔喀蒙古英雄史诗传统、内容、形式、故事结构、演唱习俗。1930—1931年，出版了《阿莱尔方言》一书，其中研究阿莱尔布里亚特蒙古英雄史诗，把《叶日麦博格达汗》、《汗赛克塞莫尔根》史诗以及《阿拉坦沙盖》史诗的部分内容用俄文字母转写并用俄语翻译，予以一同出版。1932年，出版了《喀尔喀蒙古口头文学作品集——北喀尔喀蒙古方言》。书中有《圣主江格尔汗》、《好汉额仁臣莫尔根》、《阿穆尔吉尔嘎啦汗》等喀尔喀蒙古8部中小型史诗的转写文本、俄语翻译及相关注释。1955年，出版了此书的德文翻译本。1937年，撰写出版了学术专著《喀尔喀蒙古英雄史诗》，根据喀尔喀蒙古史诗资料，集中分析研究了喀尔喀蒙古史诗的起源、内容、形式、社会历史根基、与蒙古其他部族史诗传统之间的联系、结构、故事情节、语言等，提出了喀尔喀蒙古英雄史诗传统成型于14—17世纪的蒙古封建割据时代的观点。1934年，出版《色楞格省布里亚特蒙古语言及社员诗歌》，其中发表了《乌兰努登布亦登》、《巴彦道尔吉的儿子巴托尔赤那嘎尔丹》2部布里亚特史诗，在1936年出版的《布里亚特蒙古口头文学与方言资料集》中又发表了《阿拉坦赛克塞克布恩》、《格斯尔》、《埃杜莱莫尔根》等布里亚特史诗。在1940年发表的一篇论文中，他对布里亚特史诗作了概述，认为布里亚特史诗与萨满文化有着密切的联系。他一生用俄文、德文、英文出版了包括有关蒙古口头文学的 284 部书以及 205 篇论文及评论文章。

G.I. 拉姆斯特德

G.I. 拉姆斯特德（RAMSTEDT, Gustav Ion. 1873—1956），又译作兰司铁。芬兰蒙古学家、蒙古史诗研究学者。赫尔辛基大学教授、芬 - 乌戈尔学会会长、芬兰科学院院士，蒙古语方言学、国际阿尔泰学研究的奠基人。他一生除了研究蒙古语方言之外，还发表了研究蒙古文学、口头文学的论文，其中引起人们最大关注的是他发表的一部蒙古英雄史诗文本——《阿古拉汗》。他还搜集了有关蒙古口头文学中的故事、史诗、民歌、谚语、谜语的大量资料。这些资料大部分至今还未被出版发表。

B. 仁钦

B. 仁钦（RINCHEN, Byambiin 1905 — 1977），20 世纪蒙古国著名学者、作家、翻译家、民族学家。1905 年出生于恰克图（今蒙古国色楞格省阿拉坦布拉格县东部布尔萨莱地方）。其父亲叫作拉德纳加甫，是个兼通蒙古、满、汉、俄语文的具有进步思想的开明人士。宾•仁钦 7 岁时师从一位会蒙古文、满文的人，学习蒙古文和满语文。接着又师从当时的俄罗斯边防站蒙古语、满语翻译卡列诺夫，学习俄语。1914 年进入中学预备班（俄罗斯），1917 年苏联二级学校毕业。1924 年就读于苏联列宁格勒市东方语言研究所。从 1927 年开始，任职于文化教育部下属翰林院（蒙古科学院前身），1937 年至 1942 年坐了 5 年冤狱。出狱后，根据蒙古人民革命党中央委员会的指示，在《真理报》社供职 16 年。1958 年调到蒙古科学院工作，遂成为蒙古科学院院士。1956 年在匈牙利科学院以《蒙古语语法》论文获得科学博士学位，1970 年成为匈牙利科学院院士。宾•仁钦在蒙古语言学、民族学、历史学、文学、翻译学方面撰写了诸多成果，并在国外出版。他一生出版多部著作、几百篇论文，翻译 20 多个国家 70 多个作家的 240 多部作品，包括长篇小说、中篇小说、短篇小说以及诗歌。同时，他还以长、中、短篇小说、诗歌等文学所有样式进行创作。1960 — 1970 年，他在德国出版研究蒙古口头文学的 5 部著作——《蒙古口头文学》（*Folklore Mongol*）。其中，把蒙古口头文学资料用拼音转写的形式予以出版。在这 5 卷中，有一卷专门发表了蒙古史诗。德国 Asiatische forschungen 丛书第 10 卷（1960）中，发表了自己从罗布桑胡尔奇记录的史诗《宝迪莫尔根汗》。该丛书第 11 卷（1963）中，发表了喀尔喀史诗艺人奥淖力图、德力格尔等演唱、自己记录的《博格达诺彦江格尔》、《汗青克》、《赛音莫尔根》等史诗和故事。在第 12 卷（1964）中，发表了 1928—1940 年间从喀尔喀史诗艺人登德尔记录的《一百五十岁的鲁莫尔根汗》史诗以及从一位喀尔喀喇嘛那里记录的《好汉杭布岱莫尔根》史诗。第15卷（1965）中，发表了喀尔喀史诗艺人那里记录的《巴金达赖汗》、《青奇赫尔汗》、《汗哈冉贵》等史诗。第30卷中，则发表了布里亚特蒙古史诗艺人们演唱、扎姆查拉诺搜集记录的若干史诗。

G. 仁钦桑布

G. 仁钦桑布（RINCHENSAMBUU, Galsangiin 1934—2010），蒙古国民俗学家、文学家。1954—1956年在蒙古国家图书馆工作，任副馆长、馆长。1954—1962年，在蒙古国国立大学任教。1956—1958年，任蒙古作家协会秘书长，1958—1962年，在蒙古国科学院语言文学研究所从事科研工作。1962—1967年，任《真理报》文化部主任，文学部秘书长。1974—1978年，任文化部专家。与此同时，还兼职于科学院历史研究所、文化艺术研究所。还担任过蒙古国立大学、电影艺术学院的领导和教师职务。1956—1962年，每年赴蒙古国各地进行蒙古口头文学、民俗学、方言学田野调查，搜集了大量的田野资料，其中包括许多史诗资料。1960年，出版了《蒙古英雄史诗》。书中还有仁钦桑布写的长篇导论以及注释。瓦尔特·海希西、波佩等人把此书翻译成德文。1962—1964年出版的《蒙古谚语之海》，收录了蒙古谚语11000多则。此书于2002年重印，书名改作《蒙古谚语》。

G.D. 桑杰耶夫

G.D. 桑杰耶夫（SANJEEV, Garma Dantsaranovich 1902—1982），俄罗斯语言学家、民间文艺学家、史诗研究专家。桑杰耶夫1902年出生于俄罗斯布里亚特地区一布里亚特蒙古人家。1920年中学毕业，成为一名小学教师。后来在伊尔库斯克大学师范专业学习。从那时起，他对民间口头文学产生了浓厚的兴趣，开始搜集和研究民间故事、民歌、萨满教口承文学。1924年被列宁格勒大学蒙文系录取，有幸聆听巴托尔德、符拉基米尔佐夫、谢尔巴等一批著名东方学家的课程。在大学学习期间的1927年，出版了《阿莱尔布里亚特民歌》一书并用德文发表了《阿莱尔布里亚特人的世界观与萨满教》论文。还在1927年，根据导师符拉基米尔佐夫的意见，他选择了语言民族学研究方向。为此远赴蒙古进行田野调查。后来，在这次调查的资料基础上出版了《蒙古达尔哈特部：1927年在蒙古进行的民族学调查报告》、《达尔哈特方言与口头文学》两部著作。1937年出版了《蒙古汗哈冉贵传》。书中深入分析了该史诗的结构及其特点，得出了《汗哈冉贵》是一部英雄史诗的结论。多年后，他又搜集到该史诗的一部手抄本，1960年予以出版，书名叫《蒙古汗哈冉贵史诗之克孜勒手抄本》。他对布里亚特蒙古史诗有较深入的研究，先后撰写了《阿拉姆杰莫尔根——北布里亚特史诗》（1936）、《布里亚特蒙古口头文学》（1936）、《布里亚特格斯尔的性质》（1953）等学术著作多部。20世纪30年代，他开始涉猎蒙古语研究。1948年，以《蒙古语动词句法》论文获得博士学位。他是匈牙利东方学会名誉会员，蒙古国科学院语言文学研究所名誉教授。

A.I. 乌拉诺夫

A.I. 乌拉诺夫（ULANOV, Aleksei Ilich 1909—2000），俄罗斯的布里亚特诗人、翻译家、口头文学研究学者。1931年开始诗歌创作。1933年起任布里亚特作家协会秘书长。1940年毕业于莫斯科N.K. 克鲁普斯卡娅师范学校，在乌兰乌德几座学校临时任教后进入布里亚特蒙古及其文化研究所成为一名科研人员。1941年自愿加入红军奔赴前线参加苏联卫国战争。战争结束后，他开始研究布里亚特《格斯尔》，获得教育学副博士学位。但是从1948年起出现了批判《格斯尔》及《格斯尔》研究的政治倾向，认为《格斯尔》维护的是封建王公贵族的利益，研究《格斯尔》就是站在苏维埃政权的对立面，于是叫停了《格斯尔》的研究。从此，乌拉诺夫开始了在中亚、西伯利亚、远东地区到处躲藏的生涯。1953年，他回到布里亚特，继续从事布里亚特口头文学的研究。1961年，出版了布里亚特语、俄语合璧的《阿拜格斯尔》。1963年撰写了关于布里亚特英雄史诗的论文，获得了科学博士学位。

藤井真湖

藤井真湖（又写藤井麻湖，Mako FUJII），日本蒙古学家，博士，教授。1965年出生于日本名古屋市。1989年毕业于大阪大学蒙古语专业。1991年在蒙古国国立大学进修学习，1992年在大阪大学获蒙古学硕士学位。1993—1995年在蒙古国科学院语言文学研究所访问学习。1998年在大阪民族学博物馆获博士学位（Ph.D），并在该博物馆工作至2004年。2004年以后供职于日本淑德大学。她在蒙古史诗研究方面成绩突出，代表作有《传承的丧失与结构分析方法——蒙古英雄史诗被隐藏的主人公》（2001）、《蒙古英雄史诗结构研究》（2003）。此外，她还发表了有关蒙古英雄史诗、蒙古历史文献、蒙古民俗学方面的诸多学术论文。

瓦尔特·海希西

瓦尔特·海希西（1913—2003），德国蒙古学家，伯恩大学哲学系博士、教授。1913年出生于奥地利首都维也纳。少年时代起，就喜欢阅读斯文·赫丁的《在亚洲中心》、《从北京到莫斯科》、《穿越亚洲沙漠》等著作。这对他日后选择蒙古学专业产生了重要影响。他在维也纳大学学习蒙古学、汉学、民族学和史前史专业，1941年获得副博士学位。1943—1946

年，在北京天主教辅仁大学任蒙古学专业教师。1951年开始在德国哥廷根大学攻读博士学位，同时在该校任教。1952年临时赴英国从事科研。1953年在哥本哈根皇家图书馆进行蒙古文手抄本统计工作。1957年出任伯恩大学教授。同年发起组织"国际阿尔泰学常务会议"，并出任该会总秘书长至1960年。1994年被聘为蒙古国国立大学名誉教授，1983年成为英国皇家科学院院士、1993年成为蒙古国科学院外籍院士。海希西是在蒙古文学、口头文学、历史、蒙古文献学、民族学、宗教学领域出版数十部著作的著名蒙古学家。其有关蒙古英雄史诗的论著有《史诗艺人的个体语言特色问题》、《东蒙古史诗艺人琶杰演唱的镇压蟒古思的故事》、《格斯尔征服黑斑虎的史诗题材》、《从察哈尔部搜集的格斯尔传——嘎拉蒙杜尔汗》、《从向格斯尔献祭仪轨看格斯尔传产生时代》、《蒙古英雄史诗》、《关于蒙古英雄史诗母题结构类型问题》、《关于格斯尔变驴故事》、《格斯尔传异文之间的异同》、《关于蒙古英雄史诗的复活与痊愈母题》、《萨满教传说故事与部族史诗传统》、《关于蒙古史诗研究问题》、《西方史诗与中亚史诗相对应的题材》、《江格尔史诗之汗锡尔之部的传播问题》、《蒙古英雄史诗问题》（2卷）、《蒙古黄金史中的史诗题材》、《蒙古史诗和芬兰民族史诗卡勒瓦拉之相互对应题材》、《蒙古英雄史诗中的蛇与公牛》、《蒙古英雄史诗中的史实及其主要因素》、《关于东蒙古史诗的神话学复原》等。

仁钦道尔吉

仁钦道尔吉，1936年2月26日出生，男，蒙古族，内蒙古巴林右旗人，1960年毕业于蒙古国立乔巴山大学。现任中国社会科学院荣誉学部委员，国际蒙古学协会书记处书记，曾任中国社会科学院民族文学研究所副所长、学术委员会主任、研究员，中国社会科学院研究生院民族文学系主任、博士生导师，兼任中国蒙古学学会副理事长，中国《江格尔》研究会副会长，中国作家协会民族文学委员会副主任委员等职。1960年进入中国科学院文学研究所，1966年助理研究员，1981年副研究员，1986年研究员。1979年参与筹建少数民族文学所，1982年任所党组成员，1985年调至少数民族文学所工作。从事蒙古文学研究，尤其是蒙古口头文学和蒙古——突厥英雄史诗研究。出版的专著和资料集有三十多部，国内发表论文一百多篇，国外用英文、德文、俄文、蒙古文发表的论文三十多篇。在德国出版了蒙古语说书故事《西凉演义》（与德国知名学者W.Heissig合作）。主要学术论著与资料集有《蒙古民间文学论文选》（蒙古文，民族出版社，1986年）、《英雄史诗〈江格尔〉》（浙江教育出版社，1990年）、《〈江格尔〉论》（内蒙古大学出版社，1994年）、《英雄史诗〈江格尔〉》（增补修订的第二版，浙江教育出版社，1996年）、《〈江格尔〉论》（修订版，内蒙古大学出版社，1999年）、《蒙古英雄史诗源流》（内蒙古大学出版社，2001年）、《蒙古英雄史诗论》（台湾唐山出版社，2007年）、《英雄希林嘎拉珠》（史诗集，蒙古文，黑龙江人民出版社，1978年）、《蒙古族民间故事》（蒙古文，辽宁人民出版社，1979年）、《蒙古民歌一千首》（与道尼日扎木苏、丁守璞合编，蒙古文，1—5卷，内蒙古人民出版社，1979—1984年）、《那仁汗传》（英雄史诗选，仁钦道尔吉、道尼日扎木苏搜集整理，蒙古文，民族出版社，1981年）、《吉如嘎岱莫尔根》（伊犁、塔城蒙古族民间故事选，仁钦道尔吉、旦布尔加甫搜集整理，蒙古文，内蒙古文化出版社，1987年）、蒙古族说书故事《西凉》（德文和蒙古文，与瓦·海西希合作，德国哈拉索维茨出版社，威斯巴登，1996年）、《蒙古英雄史诗大系》（1—4卷，仁钦道尔吉主编，朝戈金、旦布尔加甫、斯钦巴图副主编，蒙古文，民族出版社，2007—2009年）、《萨满文化与艺人研究》（蒙古文，民族出版社，2010年）等。发表的代表性论文有《评〈江格尔〉里的洪古尔形象》（《文学评论》1978年第2期，第91—97页）、《论巴尔虎英雄史诗的产生、发展和演变》（《文学遗产》1981年第1期，第21—32页）、《巴尔虎英雄史诗和卫拉特英雄史诗的共性与特性》（《中国少数民族文学论文集》，第四集，第216—233页，中国民间文艺出版社，1986年，北京）、《〈江格尔〉与蒙古族英雄史诗传统》（《文学遗产》1988年第5期，第110—116页）、《蒙古英雄史诗情节结构的发展》（《民族文学研究》1989年第5期，第11—19页）、《关于中国阿尔泰语系民族英雄史诗、英雄故事的一些共性》（《民族文学研究》1989年第6期，第21—26页）、《关于〈江格尔〉的形成与发展》（《民族文学研究》，1996年3月）、《蒙古—突厥英雄史诗情节结构类型的形成与发展》（《民族文学研究》2000年第1期，第17—26页）、《蒙古英雄史诗的勇士及其类型的发展》（《东方文学研究》集刊（1），湖南文艺出版社，2003年，长沙，第216—245页）等。这些论著中提出了许多对我国史诗学建设至关重要的意见和观点，包括根据地理历史条件，各个部落的迁徙史和史诗分布状况，将国际蒙古英雄史诗归纳为三大体系和七大分布中心。过去国外学者不了解中国蒙古史诗，他们认为各国蒙古语族民众的史诗有四大中心。仁钦道尔吉通过自己几十年来的调查研究，掌握了第一手资料，阐述在中国还有蒙古史诗流传的三大中心，即内蒙古呼伦贝尔盟的巴尔虎—布里亚特部族、哲里木盟的扎鲁特—科尔沁部族和新疆青海等地卫拉特部落中有蒙古史诗广泛流传的三大中心。这样，在国外蒙古史诗的四大中心上加中国的三大中心，世界蒙古史诗流传中心一共有七个。并根据七大中心的史诗的异同、联系和起源，将它们分为三大体系，说明了三大体系的史诗是同源异流作品，都来自原始蒙古部落史诗。关于蒙古英雄史诗的三大类型，仁钦道尔吉对七大中心发现的300余部史诗和长篇史诗《江格尔》进行比较分析，发现了各类史诗共同的核心，即史诗情节框架所组成的特殊母题系列，并根据各类史诗母题系列的内容数量如排列方式，把整个蒙古英雄史诗归类为单篇型史诗（单一母题系列所组成的史诗）、串连复合型史诗（串连两个或两个以上母题系列所形成的史诗）和并列复合型史诗（多数母题系列同等的并列在一起而构成的史诗）三大类型。这三大类型的史诗标志着整个蒙古英雄史诗的三大发展阶段。关于英雄史诗的产生时代，过去我国许多学者断定史诗产生于野蛮期高级阶段，他提出了不同看法。说明了史诗的产生和发展经过了三大阶段，最初的史诗产生于野蛮期中级阶段上，反映了人与自然界的斗争和族外抢婚风俗；到了野蛮期高级阶段，在原始史诗的框架上出现

中国非物质文化遗产百科全书·史诗卷

了反映财产争夺型史诗，并且，史诗得到了更进一步的发展和繁荣；在封建割据时期，在原有单篇型史诗和串连复合型基础上创作了并列复合型史诗《江格尔》。关于活态史诗，确定蒙古英雄史诗与希腊、印度等史诗不同，它是活态史诗，处于不断的发展变化形态中。在蒙古中小型史诗和长篇史诗《江格尔》中存在着不同时代、不同社会、不同地域和不同艺人演唱的史诗，它们具有多元多层次内容、结构和人物形象。对这种史诗的研究方法与作家作品的静态分析不同，也与以往对史诗的评价有区别，必须在动态中分析文本的发展与变异。这种做法更符合民间口头创作的发展与流变规律。关于蒙古英雄史诗的产生地域，对现有七大中心的史诗进行追根溯源，证明了它们都来自贝加尔湖周围的森林地带。同时，把蒙古英雄史诗与突厥英雄史诗进行比较分析，发现它们在内容、情节、类型、人物、程式等核心有共同性，证明了二者的共同起源。国外学术界认为，突厥英雄史诗起初产生于西伯利亚，西伯利亚是蒙古—突厥英雄史诗的产生带。这一史诗带的各个部族聚居区都出现了史诗萌芽，它们互相影响，发展成为最初的单篇型史诗，主要题材有勇士与恶魔的斗争、族外抢婚斗争等。抢婚风俗存在于公元 7 世纪的室韦部族，室韦是蒙古民族的先祖。关于长篇英雄史诗《江格尔》的形成时代和反映的社会生活原型方面提出了重要的观点。他认为，尽管《江格尔》中有早期传统和近代因素，但其主要部分艺术地再现了 15—17 世纪蒙古族卫拉特人的社会生活和斗争。他还从《江格尔》的文化渊源、社会原型、词汇、地名、宗教形态、早期江格尔奇的传说、卫拉特人的迁徙史和演唱艺人的成熟程度等七个方面入手，论证《江格尔》于 15—17 世纪上半叶形成长篇英雄史诗。他的著作多次获中国社会科学院和国家级大奖。《蒙古民歌一千首》（5 卷）

获得了中国社会科学院第一届（1977—1991）优秀成果奖；《〈江格尔〉论》获得中国社会科学院第二届（1992 —1994）优秀成果奖，并且于 1999 年荣获首届国家社会科学基金项目优秀成果奖；《蒙古英雄史诗大系》于 2010 年 12 月荣获第二届中国出版政府奖。他本人于 1997 年获得了国际蒙古学协会最高奖——该协会的"荣誉会员"称号。

朝戈金

朝戈金，男，蒙古族。法学（民俗学）博士。中国社会科学院学部委员，民族文学研究所所长。

他长期致力于少数民族文学和民俗学（民间文艺学）研究工作，是国内这两个领域最有影响的学者之一，目前担任"中国少数民族文学学会"会长和"中国民俗学会"会长，兼任《中国社会科学》、《民族文学研究》、《民俗研究》和《第欧根尼》等多家学术期刊编委，以及国家社科基金评委、国家非物质文化遗产专家委员会委员等。

他在国际学界有一定影响，近年当选"国际史诗研究学会"（ISES）会长，当选"国际哲学与人文科学理事会"（CIPSH）主席，担任联合国教科文组织非物质文化遗产项目评审专家等，兼任《口头传统》等三家海外学术刊物（美国、俄罗斯、蒙古）的编委。

在少数民族史诗研究方面，他撰写过诸多

论文,涉及的论题有:本土文化语境中的史诗传统、史诗研究的理论方法论及概念工具、口传史诗的田野作业规程、史诗文本类型和分类、西方史诗学术史及前沿研究、中国族群史诗的多样性问题,以及中国史诗学的学科建设等问题。代表性论文有:《"口头程式理论"与史诗"创编"问题》(1999)、《口传史诗的田野作业问题——南斯拉夫和蒙古史诗田野作业评述》(1999)、《口传史诗文本的类型——以蒙古史诗为例》(2000)、《口传史诗诗学的几个基本概念》(2000)、《再谈口传史诗的田野作业问题》(2007)、《西方史诗学术史谫论》(2008)、《从荷马到冉皮勒:反思国际史诗学术的范式转换》(长篇专论,2008)、《中国史诗传统:文化多样性与民族精神的"博物馆"》(2010,与尹虎彬、巴莫曲布嫫合作)、《朝向21世纪的中国史诗学》(2010)、《史诗认同功能论析》(2012,与冯文开合作)、《国际史诗学若干热点问题评析》(2013)等。此外,朝戈金还是《中国大百科全书》第二版"史诗"条的主撰,也是《民间文学教程》(普通高等教育"十一五"国家级规划教材)"史诗"专章的主笔。

刊发在国际权威学术刊物《口头传统》上的三篇论文和马来亚大学论文集中的论文,分别从蒙古口头史诗的一个"程式句法特征"的点,扩展到一个地方系统(卫拉特"江格尔"),再到整个蒙古史诗的统揽式研究,进而将蒙古史诗与古希腊、古英语、巴尔干半岛等史诗传统相比较,层层扩展,把蒙古史诗研究置于世界史诗研究背景下。

《江格尔》研究方面的代表性著作是《口传史诗诗学:冉皮勒江格尔程式句法研究》(2000)。该著借鉴西方的"口头程式理论"和其他相关学说(如"讲述民族志"诸方法),立足本土史诗传统和实地田野作业,从精密的诗学分析出发,形成四个理论创新点:一是在广泛吸收中外前贤思想的基础上,推出了史诗学的术语体系,今天在业内已得到广泛使用;二是开创了"田野再认证"的工作模型和技术路线,为研究变动中的传统文化、更好地利用历史上形成的缺少现场要素的誊写本,提供了新的范式;三是结合蒙古语言特性,发展了诗学分析的模型,尤其是根据蒙语诗歌押头韵的特点创用的"头韵音序排列"的思路和方法,在分析"韵式"和"程式频密度"上十分有效,也为其他语言的文本解析,提供了可资借鉴的范例;四是对蒙古诗歌格律的研究,尤其是对其句法、韵律、韵式等做出总结,其中"句首韵"和"头韵法"的区分,"内韵"的认定等,具有开创性意义。该著作的三大影响:一是在概念工具和研究范式两个主要方面,明显推动了中国史诗学理论的发展,引领了中国史诗研究范式的转换;二是影响进而超越了史诗学领域,扩展到民间文艺学领域,带动了民间叙事研究的范式转换——从主要以"文学学"方法分析民间作品,到同时借鉴民俗学方法关注叙事语境要素;从关注民间文学的口承性特征,到同时关注口头叙事的"现场性"和"时空同一性"等;三是这些学术理念和研究范式上的革故鼎新,影响进而波及其他领域,如古典文学(特别是宝卷和乐府研究)、民族音乐学(特别是叙事旋律)、曲艺(相声、说书)、戏剧(特别是地方小戏)、宗教学(布道、信仰仪式等)、神话学(尤其是神圣叙事)、民族学(特别是文化认同问题等),以及非物质文化遗产保护(尤其是口头传统、表演艺术及仪式和节庆等"非遗"项目)等领域,催生了不少以新理念和方法解析问题的成果。

和模糊性是史诗时空观的主要特征。

巴·布林贝赫

巴·布林贝赫（1928—2009），男，蒙古族，著名诗人、诗歌理论家。内蒙古巴林右旗人。1943—1945年在家乡读小学；1948年5—12月，就读于冀察热边联合大学鲁迅文学艺术院美术系；1960—1964年，在内蒙古大学文艺研究班就读。1958年后在内蒙古大学从事教学与科研工作。历任内蒙古大学蒙语系助教、讲师、副教授、教授、博导、教研室主任、系主任，中华青年联合会第四届副主席，第五、六届全国政协委员，中国蒙古文学学会名誉理事长，内蒙古自治区文学研究会会长。著有蒙古文版诗集《你好？春天》、《凤凰》、《黄金季节》、《喷泉》、《巴·布林贝赫诗选》等9种；汉文版诗集《星群》、《命运之马》、《生命的礼花》等6种；出版有蒙古文诗学专著《心声寻觅者的札记》、《蒙古诗歌美学论纲》、《蒙古英雄史诗的诗学》、《直觉的诗学》4种，以及诗作与诗论合集《巴·布林贝赫文存》（四卷本）。

巴·布林贝赫在《蒙古英雄史诗的诗学》中，通过对包括《江格尔》在内的、产生于不同部落、不同地区的经典性、代表性史诗作品的综合分析，认为原始性、神圣性和规范性是蒙古英雄史诗的共同特征。巴·布林贝赫指出，蒙古史诗通过对"三界"（上、中、下）、时间、空间、方位、数目的生动描述，表现了游牧民族独特的宇宙观。史诗中把正面人物的高贵性同上界联系在一起，把反面人物的丑恶性同下界联系在一起，中界是他们生活和斗争的主要"场所"。混融性、形象性

丹碧

丹碧，中国《江格尔》研究学者。男，蒙古族，1946年12月10日出生于今内蒙古库伦旗额勒顺镇苏尔图嘎查。从1953年开始上学。1965年9月考入内蒙古大学蒙古语言文学系（时称中文系蒙文专业），1969年12月提前半年毕业，应征入伍到新疆军区工作。在部队期间（1978年9月—1981年7月），就读内蒙古师范学院（今称大学）蒙古文学专业硕士研究生。从此投身于蒙古文学研究与教学事业。1982年11月从部队转业到新疆师范大学任教，2013年1月退休。以蒙古文学及卫拉特蒙古文学为主要研究方向，发表相关论文80余篇，1999年出版《卫拉特蒙古古代文学简史（概要）》、《卫拉特蒙古当代文学史》（二主编之一）。1994年出版《乌拉与祖拉——蒙古文学研究论集》（2002年再版）；2006年出版《卫拉特蒙古英雄史诗研究》（三人合著，第一作者）。其主要学术成果集中在卫拉特蒙古文学及史诗《江格尔》研究上。1985年论文《江格尔——卫拉特史诗》荣获自治区第一届哲学社会科学优秀成果鼓励奖；1990年论文《卫拉特蒙古文学简论》荣获第二届自治区哲学社会科学优秀成果一等奖；1995年论文《史诗〈江格尔〉的历史成因与文化传承》荣获北方6省市民间文学优秀成果奖；2006年专著《卫拉特蒙古英雄史诗研究》荣获自治区第七届哲学社会科学优秀成果二等奖。曾任新疆文联副主席、新疆社科联常委，现系新疆作协副主席，又任中国蒙古文学研究会副理事长、中国江格尔研究会副会长（曾任秘书长）、新疆卫拉特蒙古研究学会名誉会长（曾任副会长）、国际蒙古学协会会员。

◎江格尔

贾木查

中国《江格尔》研究学者。蒙古族，1933年生，新疆乌苏人。新疆维吾尔自治区文联研究员，新疆大学专职教授。兼任国际蒙古学协会会员、中国《江格尔》研究会常务理事、新疆卫拉特蒙古研究会常务理事、新疆维吾尔自治区非物质文化遗产专家委员会委员等社会职务。1980—1988年，按照自治区《江格尔》领导小组和自治区文联党组"关于抢救《江格尔》工作计划"，深入蒙古族聚居的23个县，抢救搜集《江格尔》资料，同时还搜集《格斯尔》、民间故事、民歌、谚语等大量口头文学资料，他亲自搜集的第一手资料有400张盒式磁带。他组织并指导1981年在巴音郭楞蒙古自治州巴音布鲁克、博尔塔拉蒙古自治州温泉县、塔城地区和布克赛尔蒙古自治县的《江格尔》演唱会，组织和指导1983年的巴音郭楞蒙古自治州《江格尔》演唱会、1984年的塔城地区《江格尔》演唱会、1985年的博尔塔拉蒙古自治州的《江格尔》演唱会等，对发动群众抢救《江格尔》，产生了至关重要的作用。他以编辑或责任编辑身份参加整理和出版《江格尔资料》第1—9册的工作，以副主编身份参加托忒蒙古文版《江格尔》三大卷（70章本）的整理出版工作，也参加了该三卷本老蒙古文版的审校和名词注释工作。他的主要研究成果有专著《史诗＜江格尔＞探渊》（王仲英汉译，新疆人民出版社，1996年；托忒文版，新疆人民出版社，1997年），主编《史诗〈江格尔〉校勘新译》（新疆大学出版社，2005年），主持出版《江格尔》英译本。他还发表《新疆蒙古族＜江格尔＞蕴藏概况》调查报告以及《中俄蒙三国＜江格尔＞的主要章节及其源流初探》、《江格尔奇们的共性与独特的艺术风格》等研究论文多篇。此外，1983年和1984年，在当时任新疆维吾尔自治区副主席的巴岱和任新疆维吾尔自治区人大副主任的吐尔巴依尔的支持下，经他不懈努力，在自治区文联成立了《江格尔》、《格斯尔》研究室。1984—1987年间，他亲历"新疆卫拉特蒙古研究会"的筹备工作，创办《卫拉特研究》刊物并任第一任主编。1988年在乌鲁木齐召开首届新疆《江格尔》国际学术研讨会期间，他和仁钦道尔吉、索伦措夫一起倡议成立中国《江格尔》研究会，得到有关领导的支持，并由他负责筹备工作。在他的努力下，中国《江格尔》研究会于1991年1月初在乌鲁木齐正式成立。

萨仁格日勒

萨仁格日勒，女，蒙古族，1958年12月出生于青海省海西蒙古族藏族自治州。1982年毕业于西北民族大学蒙古语言文学专业并获学士学位。1991年受国家教委委派留学蒙古国立大学，期间在蒙古国科学院语言文学研究所攻读硕士研究生并于1993年获硕士学位。1995年考入中国社科院研究生院攻读博士研究生，于1998年获博士学位。1998年后在中央民族大学任教，蒙古语言文学系教授，博士研究生导师。西北民族大学和青海民族大学客座教授，中国民俗学会会员，中国《江格尔》研究会副秘书长，新疆江格尔文化建设工程特聘专家；蒙古国科学院语言文学研究所学位委员会外聘委员。国际蒙古学研究会会员，国际亚细亚民俗学会理事,国际游牧文化研究会会员,2001—2002年和2013—2014年为日本国立民族学博物馆客员教授。成果有《史诗〈江格尔〉与蒙古文化》、《蒙古史诗生成论》、《青海蒙古喇嘛服饰文化研究》《青海蒙古族民俗文化资料及其阐释》(合著)、《蒙古族民俗文化探源》、《额济纳母亲们的口述史》(合著)等。同时在国内外报刊上,用蒙汉日语等文字发表了60多篇学术论文。《蒙古史诗生成论》一书在2006年荣获国家民委社会科学优秀成果三等奖。《青海蒙古喇嘛服饰研究》一书在2006年荣获北京市社会科学优秀成果二等奖。《上蒙古风俗志》一书曾获省部级社科优秀成果二等奖。

旦布尔加甫

旦布尔加甫(B.Damrinjab),蒙古族,1960年2月出生于新疆乌苏市。中国社会科学院民族文学研究所研究员、国际蒙古学协会会员、中国《江格尔》研究会理事。曾先后多次到蒙古国、日本和俄罗斯学习并进行学术交流,获得蒙古国科学院语文学副博士学位(Ph.D),日本外国语大学文学博士学位(Ph.D)。研究方向为卫拉特蒙古民间故事及蒙古英雄史诗研究。主要研究成果有专著《卫拉特英雄故事研究》(民族出版社,2006年)、合作主编《蒙古英雄史诗大系》(1—4卷,800万字,民族出版社,

2007—2010年)、《汗哈冉贵——卫拉特英雄史诗文本及校注》(民族出版社,2006年)、《卡尔梅克〈江格尔〉校注》(民族出版社,2002年)。搜集、整理、出版了《卫拉特英雄故事》(内蒙古教育出版社,2012年)、《赞色太扎拉莫日根——土尔扈特地区民间故事》(合著,乌兰巴托版,2006年)、《阿拉图杰莫尔根——伊犁地区蒙古民间故事》(新疆人民出版社,1998年)、《卫拉特英雄史诗》(蒙古国乌兰巴托——台湾联合出版公司出版,1997年)、《萨丽和萨德格——乌苏蒙古故事》(合著,民族出版社,1996年)、《哈尔阿让嘎——卫拉特英雄故事集》(新疆人民出版社,1994年)、《吉如嘎岱莫尔根——伊犁、塔城蒙古民间故事》(合著,内蒙古文化出版社,1988年)等13部学术资料。这些学术著作先后获得中国民族图书一等奖、民族文学研究所优秀科研成果一等奖、中国社会科学院优秀科研成果一、二、三等奖等多项奖,尤其合作主编的《蒙古英雄史诗大系》(1—4卷)于2010年荣获我国新闻出版领域的最高奖、第二届中国出版政府图书奖。在国内外学术刊物上发表的论文有40余篇:《蒙古英雄故事与神话、传说、魔法故事比较研究》(2008)、《卫拉特英雄故事、英雄史诗中的岩石崇拜观念》(2006)、《火崇拜与卫拉特故事、史诗中的火崇拜》(2001)、《关于卫拉特英雄故事、史诗中的"拜太阳、执踝骨"母题研究》(2000)、《卫拉特史诗、英雄故事中女性生殖器崇拜观念》(1999)、《卫拉特英雄故事所反映的神话思维特征》(1997)、《卫拉特英雄故事、史诗中的灵魂观》(1997)、《卫拉特方言音位与蒙古书面语比较研究》(1994《卫拉特蒙古英雄故事浅析》(1989)等。1985—2014年间,在新疆二十多个县进行田野调查研究达40个月,搜集到700多小时的音频和300多小时的视频的卫拉特蒙古民间文学资料。其中《江格尔》160

多部，《格斯尔》30多部，其他史诗20多部，民间故事1000多篇，长调民歌2000多首，祝赞词300多篇，谚语及谜语若干。

卓日格图

卓日格图，男，蒙古族，1962年6月12日生，1984年毕业于中央民族大学民语系蒙古语言文学专业。1984年至2004年在新疆维吾尔自治区文联民间文艺家协会从事《江格尔》、《格斯尔》及蒙古族民间文学的搜集、整理、研究工作。1998年至2004年担任新疆民协《江格尔》、《格斯尔》研究室主任。2004年后任新疆维吾尔自治区文联《启明星》杂志社副总编、副研究员。他在新疆文联《江格尔》、《格斯尔》研究室工作期间，尤其是在20世纪80年代和90年代，与研究室的其他同人一起，走遍新疆蒙古族聚居的地方，深入民间探访演唱《江格尔》的艺人和其他民间艺人，采录大量的《江格尔》史诗及其他口头文学资料，为史诗《江格尔》的抢救、搜集记录及资料建设方面作出了重要贡献。他们搜集的资料为中国《江格尔》资料建设和科学研究奠定了最牢固的基石。

哈·阿勒腾

哈·阿勒腾，女，1960年生，蒙古族，新疆和布克赛尔县人，新疆维吾尔自治区文联民间文学文艺家协会副研究员。1982年毕业于内蒙古大学语言文学系，获文学学士学位。1982年2月份被分配到新疆维吾尔自治区文联民间文学艺术协会工作，从事《江格尔》与民间文学、民俗的搜集、整理和研究工作。中国民间文艺家协会会员、新疆民间文艺家协会理事、《江格尔》研究会会员、新疆卫拉特蒙古研究会理事，新疆民间文艺家协会民俗研究室主任。数十年时间里，她走遍天山南北，走访民间艺人40多人，搜集录记他们演唱的资料，共计磁带100多盘。其中有《江格尔》49部篇章，民间故事的记录40多盘，《格斯尔》两部篇章等。1990年至1998年参与《江格尔》文学读本（即70章本《江格尔》）第三卷的审定工作。1995年至1998年，参与《中国民间文学三套集成·新疆卷·蒙古族分卷》、《蒙古族民间故事卷》、《蒙古族民间歌谣卷》、《蒙古族民间谚语卷》的审定工作。独立整理著名江格尔奇冉皮勒的《江格尔》资料本，共16章（1996年，新疆人民出版社）。在《江格尔》资料本第6、7、8、9、11、12卷里，独立搜集、记录、整理了10章《江格尔》。独立整理完成了塔城地区宾拜等10位艺人演唱的《江格尔》，共计30部篇章。此外发表有多篇研究论文。

布·阿木尔达来

布·阿木尔达来，蒙古族，新疆博尔塔拉蒙古自治州温泉县人，1958年生。1981年毕业于内蒙古大学蒙古语言文学系。1982年1月起在新疆维吾尔自治区文联民间文艺家协会工作。1989—1995年，任新疆文联民间文艺家协会副主席，1995—1998年任新疆文联民间文艺家协会《江格尔》、《格斯尔》研究室主任。1998年起任新疆文联《启明星》杂志（蒙古文）副总编、《启明星》杂志社副社长、副总编等职。2012年退休。曾任中国《江格尔》研究会副会长、秘书长。他在新疆文联《江格尔》、《格斯尔》研究室工作期间，尤其是在20世纪80年代和90年代，与研究室的其他同人一起，走遍新疆蒙古族聚居的地方，深入民间探访演唱《江格尔》的艺人和其他民间艺人，采录大量的《江格尔》史诗及其他口头文学资料，为史诗《江格尔》的抢救、搜集记录及资料建设方面作出了重要贡献。他们搜集的资料是中国《江格尔》资料建设和科学研究最牢固的基石。他全程参与《江格尔》资料本的搜集、誊写、整理、出版工作，其中独立完成了《江格尔》资料本第十卷的资料搜集、誊写整理、出版工作。

塔亚

中国《江格尔》研究专家，内蒙古大学教授。1965年10月出生于新疆和克赛尔蒙古自治县和什托落盖镇昆德伦村。1982年至1986年在新疆蒙古族师范学校学习，1986年至1989年在和布克赛尔蒙古族自治县第一中学从事教学工作。1989年至1993年在内蒙古大学蒙古语言文学系读本科，1996年在内蒙古大学蒙古学学院获文学硕士学位，1997年至1999年由日本文部省资助赴日本国千叶大学文学部留学。2001年7月在内蒙古大学蒙古学学院获文学博士学位，2006年11月晋升为教授。在主讲《蒙古族古代文学史》、《蒙古族民间文学》、《蒙古民俗学》、《蒙古族文学》、《〈江格尔〉研究》、《人类学田野调查》等课程外，主持完成了国家社科基金资助项目《江格尔演唱艺人研究》（2004—2007）、内蒙古自治区项目《新疆阿勒泰图瓦民族志研究》（2003—2006）、内蒙古大学研究项目《江格尔演唱研究》（2005—2008）、《蒙古族文学大系（＜江格尔＞卷）》（2002—2006）等。出版了《卫拉特蒙古族文化研究》（内蒙古人民出版社、2006年）、"Шинжааны жангарчийн уламжлал судлал"新疆〈江格尔〉演唱艺人传统研究》（Тод номын гэрэл ТӨБ.Улаанбаатар（蒙古国乌兰巴托），2010он）等专著。还出版了『アリムピルの「ジャンガル」—新疆オイラト・モンゴルの英雄叙事詩』（日本千叶大学出版社，1999年）、《周乃书抄本〈江格尔〉》（内蒙古人民出版社，2006年）、《蒙古文学大系6史诗卷（三）江格尔》（内蒙古人民出版社，2010年）、《喀喇乌苏土尔扈特族〈江格尔〉》（内蒙古人民出版社，2011年）、《鄂利扬·奥夫拉演唱的10章〈江格尔〉》（内蒙古人民出版社，2012年）、《冉皮勒演唱的23章〈江格尔〉》（内蒙古人民出版社，2013年）、《和布克赛尔蒙古自治县蒙古民间故事》（内蒙古人民出版社，2013年）、《和布克赛尔蒙古自治县蒙古族谚语选集》（内蒙古人民出版社，2013年）、《蒙古族十八首诗歌》（内蒙古出版集团内蒙古人民出版社，2013年）等编著。在国内外学术期刊上发表了《一部历史的几种传说》等100余篇学术论文。1997年《〈江格尔〉中的黄颜色及其象征意义》一文获得蒙古国文化部优秀成果奖。2004年《冉皮勒演唱的〈江格尔〉—新疆卫拉特英雄史诗》一书，获首届内蒙古自治区民间文化"阿尔丁"一等奖。"К вопросу об отождествлении рода хух мончаг синьцзянского алтая"（《关于新疆阿尔泰地区库库门恰克人的认同问题》）一文，2012年9月获得俄罗斯联邦图瓦国优秀科研成果"托卡"奖。"Шинжааны жангарчийн уламжлал судлал" 一书，2012年12月获内蒙古自治区第四届哲学社会科学优秀成果政府二等奖。国际蒙古学会会员、日本口承文艺学会会员、日本蒙古学会会员、中国蒙古文学学会理事、中国江格尔研究会副会长。

斯钦巴图

斯钦巴图，蒙古族，1963年10月生，内蒙古巴林右旗人。1985年毕业于中央民族学院少数民族语言文学系，获文学学士学位，1988年获该学院文学硕士学位。在新疆师范大学中文系任教7年后于1995年考入中国社会科学院研究生院博士研究生，1998年获文学博士学位。1998年起在中国社会科学院民族文学研究所从事科研工作。现任中国社会科学院民族文学研究所蒙古文学研究室主任、研究员、博士生导师，兼任中国少数民族文学学会常务理事、中国蒙古文学学会常务理事、中国《江格尔》研究会副会长兼秘书长。出版有《江格尔与蒙古族宗教文化》（内蒙古大学出版社，1999年）、《蒙古史诗：从程式到隐喻》（民族出版社，2006年）、《图瓦〈格斯尔〉——蒙译注释及比较研究》等专著以及《蒙古英雄史诗大系》（1—4卷，与他人合作，副主编，民族出版社，2007—2009年）、《口头文学异文比较集——青海蒙古史诗与故事》（民族出版社，2013年）等学术资料，发表有《那仁汗克布恩史诗六种异文中程式的特点》、《北京木刻本〈格斯尔〉与佛传关系论》、《佛经〈孝顺子修行成佛记〉的蒙古口头文本研究》等论文60余篇。

那木吉拉

那木吉拉（笔名特·那木吉拉），男，蒙古族，1960年生于新疆和布克赛尔蒙古自治县夏孜盖乡。1968年9月至1975年7月在该县夏孜盖乡小学学习，1975年9月至1980年7月就读于和布克赛尔蒙古自治县第一中学，1980年9月至1984年7月就读于内蒙古大学蒙古语言文学系，1984年7月起在新疆社会科学院民族文学所从事卫拉特蒙古民间文学和民俗文化的研究工作，2001年9月获得蒙古国乌兰巴托大学语言文学博士学位。现任新疆社会科学院民族文学所副所长、研究员，新疆社会科学院新疆文化发展研究中心副主任，中国《江格尔》研究会副会长。长期致力于《江格尔》及卫拉特蒙古民俗、口头文学研究，发表学术论文数十篇，出版有关

的学术专著和学术资料多种。其中有《论江格尔奇与听众的关系》（《卫拉特研究》1996年第1期）、《关于江格尔奇研究的几点问题》（《卫拉特研究》1997年第1期）、《论艺人江格尔奇的创作动机》（《启明星》2002年第6期）《江格尔奇一词的文化内涵及其有关问题》（《语言与翻译》2007年第2期）等有关《江格尔》艺人研究的论文。也有像《论史诗〈江格尔〉中的"男子汉九艺"之说》（《语言与翻译》2002年第4期）、《论〈江格尔〉中有关力量观念与英雄人物描写》（《内蒙古大学学报》2009年第5期）、《史诗〈江格尔〉中的骏马形象与鲁斯特崇拜》（《卫拉特研究》1993年第4期）等研究《江格尔》文化内涵的论文。还有《论史诗〈汗哈冉慧〉》（《卫拉特研究》1992年第2期）、《〈汗哈冉慧〉对加·朱乃演唱的〈江格尔〉的影响》（《语言与翻译》1999年第2期）、《论从单篇史诗〈汗哈冉慧〉到〈江格尔〉的过程》（《内蒙古大学学报》2007年第5期）等研究《江格尔》文本联系、产生形成过程的论文。

扎格尔

扎格尔，男，蒙古族，1949年2月生，内蒙古正蓝旗人。1978—1982年，在内蒙古师范大学蒙古语言文学系学习，获学士学位。1982—1985年，在内蒙古师范大学蒙古语言文学研究所攻读硕士研究生，获硕士学位。1995—1997年，在蒙古国科学院语言文学研究所攻读博士研究生，获文学博士学位。现任内蒙古师范大学社会学民俗学学院教授，博士生导师，并任国际蒙古学协会会员、亚细亚国际民俗学会会员、中国蒙古学学会常务理事、内蒙古民俗学会理事长、蒙古国科学院民间文学民俗学博士学位授权委员会外籍委员、华东师范大学文艺民俗学学科兼职博士生导师等国内外社会职务。他的主要研究方向为蒙古族古近代文学、蒙古

民间文学、民俗学、文化人类学等。《江格尔》研究主要成果有专著《史诗江格尔研究》（内蒙古教育出版社，1993年），另有《江格尔艺术形象分类》、《江格尔盟誓仪式》等。

布·孟和

布·孟和，1963年生于新疆巴音郭楞蒙古自治州和硕县。1985年毕业于新疆师范大学中文系蒙语言文学专业，现任该大学中文系教授。先后任新疆师范大学卫拉特文化教育研究室主任、新疆师范大学人文学院副院长等职。兼任新疆卫拉特蒙古研究学会会长、中国江格尔研究会副会长、中国蒙古文学学会副秘书长、新疆写作学会副会长等社会职务。主要成果有专著《加·朱乃＜江格尔＞研究》（民族出版社，2011）、《〈江格尔〉产生的地理环境与社会历史渊源》（民族出版社，2011年），另有多篇学术论文。

娜仁花

娜仁花（别名花娃），蒙古族，1962年9月出生于新疆博湖县。1984年7月毕业于中央民族学院民语系蒙古语言文学专业，获文学学士学位；现任职于新疆维吾尔自治区文学艺术界联合会民间文艺家协会，副研究员，《江格尔》、《格斯尔》研究室主任；中国民间文艺家协会会员，中国《江格尔》研究会会员、新疆民间文艺家协会理事，新疆卫拉特研究会理事。主要从事蒙古族民间文学搜集整理研究工作，尤其是以英雄史诗《江格尔》、《格斯尔》及民间长诗为重点，多次深入新疆蒙古族聚居区进行田野作业，搜集了大量第一手资料，整理出版了许多史诗及其他蒙古族民间文学样式，并发表研究论文。主要成果有文学读本《卫拉特格斯尔》（新疆人民出版社，1989年合编）、蒙古族英雄史诗汇编《哈尔查莫尔根》（新疆人民出版社，2002年）、《中国谚语集成新疆卷·蒙古族分卷》（新疆人民出版社，2006年副主编、执行编辑）、《新疆蒙古图兀勒精选本》（新疆人民出版社，2009年，合编）、附原唱录音光碟的《新疆江格尔奇演唱记录本》第一册（新疆人民出版社，2013年）等。另发表多篇论文。

第二部分 《江格尔》内容篇

一、卡尔梅克《江格尔》篇章

《江格尔序章》

卡尔梅克《江格尔》的一部篇章,演唱者是著名江格尔奇鄂利扬·奥夫拉。圣彼得堡大学的卡尔梅克族学生奥其尔·诺木图受该大学教授科特维奇的委托,在卡尔梅克草原小杜尔伯特部驻地的艺人家里,于1908—1910年记录到此部篇章。其故事情节如下:江格尔刚刚2岁,他的部落就遭到凶残的沙日蟒古思的进攻,江格尔沦为孤儿;江格尔7岁,就征服了世界上七个强大的国家,登上了有四十四条腿的高高的宝座,执掌了政教大权,使自己名扬四海;他让人修建了金顶红木房屋,娶了阿盖夏布塔拉夫人,率领十二位大英雄,建立了富强的宝木巴国。序章还介绍了辅佐江格尔的五大勇士的职务、才干以及宝木巴国优美的自然风光、五百万百姓的和平幸福生活。《江格尔序章》,是其他各部篇章故事情节的总介绍。

《江格尔征服阿拉坦策吉》

卡尔梅克《江格尔》之一部篇章,演唱者是著名江格尔奇鄂利扬·奥夫拉。圣彼得堡大学的卡尔梅克族学生奥其尔·诺木图受该大学教授科特维奇的委托,在卡尔梅克草原小杜尔伯特部驻地的艺人家里,于1908—1910年记录。其故事情节如下:江格尔5岁时,大力士蒙根希克锡力格俘虏了他。蒙根希克锡力格仔细端详江格尔后想:"这孩子相貌大福大贵,将来或许会主宰世界。日后他可能给我的独生子带来灾难。"想着想着,顿生杀掉江格尔的念头。这时,他的儿子洪古尔用身体挡住江格尔,不让父亲下手。大力士蒙根希克锡力格无奈,便想出借刀杀人之计,派江格尔去抢阿拉坦策吉的马群,好让江格尔死在阿拉坦策吉的弓箭之下。江格尔在驱赶马群时果然中了阿拉坦策吉射出的箭,但在阿兰扎尔枣红骏马的帮助下,咬紧牙关将马群赶到了蒙根希克锡力格的家门口,这才吐血倒下。他背上还扎着箭头。蒙根希克锡力格命其夫人道:"把这孩子拿去喂狗!"说完便走了。洪古尔又一次保护了江格尔。他请求自己贞洁的母亲,让她从江格尔身上跨过三次,使箭头自动脱落,救活了江格尔。阿拉坦策吉追寻马群来到蒙根希克锡力格家,了解了事情的原委。他预知自己将成为江格尔的右翼首席勇士,又见江格尔与洪古尔联手,自知胜不过这两个盖世英雄,便与蒙根希克锡力格一同臣服于江格尔,同江格尔结成了生死之交。他们同心协力,征服了四十二个国家,威震四方。

《洪古尔娶亲之部》

卡尔梅克《江格尔》之一部篇章,演唱者是著名江格尔奇鄂利扬·奥夫拉。圣彼得堡大学的卡尔梅克族学生奥其尔·诺木图受该大学教授科特维奇的委托,在卡尔梅克草原小杜尔伯特部驻地的艺人家里,于1908—1910年记录。其故事情节如下:圣主江格尔想让洪古尔娶赞巴拉汗的女儿赞丹格日勒。阿拉坦策吉说,我曾经见过那个姑娘,也仔细观察过。那姑娘外表虽然美如仙女,但内心却恶如魔鬼,给洪古尔娶这样的姑娘不合适。江格尔不听劝阻,执意去提亲。江格尔到赞巴拉汗那里提亲,约定让洪古尔一个人前来娶亲。江格尔回到宝木巴国后让洪古尔前去,结果洪古尔发现,在他到来之前,赞丹格日勒单方面毁约,已与腾格里天神的图盖布斯成婚。洪古尔怒杀图盖布斯,然后漫无目的地穿越荒野戈壁,途中,因缺水险些渴死,幸而他命中注定的未婚妻在暗中救助,他才逃过一劫。走着走着，就来到查干卓拉汗的国度，正好赶上芒罕博格达的儿子、大力士玛莱查干强娶查干卓拉汗的女儿格仁卓拉。他骑上青骏马来到查干卓拉的宫殿，通过男子汉三项比赛战胜并杀死了大力士玛莱查干，如愿与格仁卓拉公主成婚，领着美丽的夫人回到了宝木巴。

《赤胆英雄洪古尔同哈日吉拉甘汗鏖战之部》

卡尔梅克《江格尔》之一部篇章，演唱者是著名江格尔奇鄂利扬·奥夫拉。圣彼得堡大学的卡尔梅克族学生奥其尔·诺木图受该大学教授科特维奇的委托，在卡尔梅克草原小杜尔伯特部驻地的艺人家里，于1908—1910年记录。其故事情节如下：奉江格尔之命，洪古尔趁着夜色潜入英雄哈日吉拉甘汗的宫中，活捉哈日吉拉甘汗并装进口袋，绑在马鞍梢绳上带回来了。洪古尔把他的手脚钉在马桩上，关在房子里，便同其他英雄一道饮宴行乐，最后醉卧不起。半夜，哈日吉拉甘汗挣脱了铁马桩，来到了江格尔宫中，心想："我如果把洪古尔抓回去，人们会说我报私仇；如果将江格尔抓回去，会说我贪功心切；如果把阿盖夏布塔拉抓回去，会说我贪图女色，败坏我的名声。"于是把江格尔的断事官赫吉拉干捆起来背走了。洪古尔闻讯，和其他英雄一道去追，同哈日吉拉甘汗激战，不分胜负，于是听从巴德玛居日肯勇士的话，洪古尔同哈日吉拉甘汗讲和。哈日吉拉甘汗则向江格尔及其十二位英雄献礼，彼此结为兄弟，决心在今后的战争中互相支援。

《赤胆英雄洪古尔制服凶残的芒乃汗，使之归降圣主江格尔之部》

卡尔梅克《江格尔》之一部篇章，演唱者是著名江格尔奇鄂利扬·奥夫拉。圣彼得堡大学的卡尔梅克族学生奥其尔·诺木图受该大学教授科特维奇的委托，在卡尔梅克草原小杜尔伯特部驻地的艺人家里，于1908—1910年记录。其故事情节如下：江格尔举行盛宴时，有位叫纳林乌兰的英雄前来，转达凶残的芒乃汗的无理要求，说要将阿兰扎尔枣红神马、阿盖夏布塔拉夫人、美男子明彦、赤胆英雄洪古尔等五样宝贝带走，说这是他们汗的命令。江格尔和阿拉坦策吉因为害怕，便想让凶残的芒乃汗的使臣把五样宝贝带走了事。这时，洪古尔站起身来说："与其去蟒古思部当奴仆，不如去青泉边洒一腔热血！"说完便来到凶残的芒乃汗部，同敌人交战。后来，他体力渐渐不支，便躺在石头上休息。江格尔率众英雄前来参战，终于消灭了凶残的芒乃汗，让芒乃汗的臣民做江格尔的顺民一千零一年。

《乌兰洪古尔活捉阿里亚孟胡莱之部》

又称《赫赫有名的杜图胡拉之孙、杜图之子阿里亚孟胡莱驱走江格尔的一万八千匹血红枣骝马之部》，卡尔梅克《江格尔》之一部篇章，演唱者是著名江格尔奇鄂利扬·奥夫拉。圣彼得堡大学的卡尔梅克族学生奥其尔·诺木图受该大学教授科特维奇的委托，在卡尔梅克草原小杜尔伯特部驻地的艺人家里，于1908—1910年记录。其故事情节如下：阿里亚孟胡莱来到江格尔的宫殿，宣称将江格尔的血红枣骝马赶走。于是，以洪古尔、萨布尔、萨纳拉为首的将士们追上阿里亚孟胡莱，同他展开激战。铁臂萨布尔和萨纳拉受了伤，但洪古尔战胜了阿里亚孟胡莱，将他手脚反绑后拴在鞍子梢绳上驮了回来。圣主江格尔给武艺高强的猛将阿里亚孟胡莱松了绑，让他做自己的顺民，年年进贡，然后把他放了回去。

《绝世美男子明彦夺得图鲁克汗的一万匹黄斑马之部》

卡尔梅克《江格尔》之一部篇章，演唱者

是著名江格尔奇鄂利扬·奥夫拉。圣彼得堡大学的卡尔梅克族学生奥其尔·诺木图受该大学教授科特维奇的委托，在卡尔梅克草原小杜尔伯特部驻地的艺人家里，于1908—1910年记录。其故事情节如下：江格尔可汗对众英雄说：图鲁克阿拉坦汗正在调来吊膘的一万匹黄斑马准备进攻我们，要是把他的一万匹黄斑马一匹不剩地赶来，威胁就解除了。于是，绝世美男子明彦跨上黄骠马，去把图鲁克汗的一万匹黄斑马往回赶，半路上同追来的乌图查干腾格里之特盖布斯展开了生死搏斗。洪古尔、萨布尔随后赶来，协助明彦制服了敌人，赶回了马群。

《绝世美男子明彦活捉凶猛的库尔门汗之部》

卡尔梅克《江格尔》之一部篇章，演唱者是著名江格尔奇鄂利扬·奥夫拉。圣彼得堡大学的卡尔梅克族学生奥其尔·诺木图受该大学教授科特维奇的委托，在卡尔梅克草原小杜尔伯特部驻地的艺人家里，于1908—1910年记录。其故事情节如下：一天，江格尔对众英雄说，凶猛的库尔门汗快要派使臣来索要财宝了。于是，绝世美男子明彦跨上黄骠马，向库尔门汗宫殿进发。途中，他一一制服了吃人的哈布萨勒公驼、众女妖和毒辣的大黄蜂等敌人，到了库尔门汗宫。明彦在被库尔门汗俘获的一位姑娘的帮助下，把库尔门汗装进口袋背了出来，姑娘也跟随明彦而来。归途上，明彦把闻讯追赶他们的猛虎勇士莫日根用箭射死，回到了宝木巴国。十二位大英雄给库尔门汗松绑，让他坐在右侧，成为江格尔的臣民，并放他回到本部。

《勇猛的哈日萨纳拉征服凶猛的蟒古思的领地，让他归顺江格尔之部》

卡尔梅克《江格尔》之一部篇章，演唱者是著名江格尔奇鄂利扬·奥夫拉。圣彼得堡大学的卡尔梅克族学生奥其尔·诺木图受该大学教授科特维奇的委托，在卡尔梅克草原小杜尔伯特部驻地的艺人家里，于1908—1910年记录。其故事情节如下：勇猛的哈日萨纳拉奉江格尔可汗之命来到凶猛的蟒古思扎安台吉汗处，对他说："我们可汗有令，命你缴五十年的捐税，提供一千年的贡赋。如不服从，我就赶走你的八万匹黑骏马。"那蟒古思汗手下的白面敖东查干、三岁的古南哈日、显赫的哈尔盖等英雄一齐同萨纳拉交战，萨纳拉把他们用力扔到了远处，并撕碎了他们的旗帜装进口袋，最后又赶走了他们的八万匹骏马。凶猛的蟒古思扎安台吉骑上山一样高大的黄斑马，率领一万军队追赶萨纳拉，眼看要追上。这时，江格尔率六千零一十二名勇士赶到，打败了扎安台吉，在他右颊上打上了宝木巴的大红印章，让他宣誓效忠，永做顺民。

《铁臂萨布尔迫使凶猛的克勒干汗归顺江格尔》

卡尔梅克《江格尔》之一部篇章，演唱者是著名江格尔奇鄂利扬·奥夫拉。圣彼得堡大学的卡尔梅克族学生奥其尔·诺木图受该大学教授科特维奇的委托，在卡尔梅克草原小杜尔伯特部驻地的艺人家里，于1908—1910年记录。其故事情节如下：凶猛的克勒干汗的大臣布迪乌兰来向江格尔发出最后通牒：快将阿盖夏布塔拉、阿兰扎尔枣红神马和美男子明彦交出，否则将率七万大军前来夺取。正在欢饮的洪古尔挺身而出，说道："我甘愿将一腔热血洒在青泉边上，也不受此大辱。"说完将使臣撵走。江格尔可汗叹道："喝起酒来虽然一个比一个英雄，危急时刻开口的却只有洪古尔。"铁臂萨布尔闻言心中委屈，便跨上棕色骏马，去投奔了沙莱高勒的三个汗。这期间，凶猛的凯拉干汗率大军侵犯宝木巴国，抓走了江格尔。江格尔悔恨道:"要是铁臂萨布尔在,我怎会落到别人之手?"他的喊声被棕色骏马听到了。它喊醒正在熟睡的铁臂勇士萨布尔,向他报了信。铁臂萨布尔以宝木巴的利益为重,便给沙莱高勒的三个汗留下一封信,告知缘由后连夜快马加鞭赶到凯拉干汗处,同他的七万大军交战,最后生擒了凶猛的凯拉干汗。随后,他同古哲恩贡贝、明彦一道,解救被囚禁的江格尔及其他英雄。江格尔和铁臂萨布尔给凶猛的凯拉干汗的右脸颊打上宝木巴的印戳,让他做了江格尔的顺民,然后允许凯拉干汗带领七万军队返回了本部。

《英雄哈日吉拉干、阿里亚雄胡尔、和顺乌兰三人活捉勇猛的巴德玛乌兰汗之部》

卡尔梅克《江格尔》之一部篇章,演唱者是著名江格尔奇鄂利扬·奥夫拉。圣彼得堡大学的卡尔梅克族学生奥其尔·诺木图受该大学教授科特维奇的委托,在卡尔梅克草原小杜尔伯特部驻地的艺人家里,于1908—1910年记录。其故事情节如下:江格尔幼年时,曾败于巴德玛乌兰手下。江格尔乞求饶命说:"我娶了阿盖夏布塔拉才三个月,连孩子还没见到呢。"巴德玛乌兰答应以后再较量,便把他放了。一天,江格尔对众人说:"巴德玛乌兰即将派两名使者来要求和我再次较量,我们如果能趁早把巴德玛乌兰活捉就好了。"于是,江格尔的儿子英雄哈日吉拉干、阿拉坦策吉儿子阿里亚雄胡尔和洪古尔的儿子和顺乌兰三位少年勇士,来到巴德玛乌兰的金顶红木房子外,将在那里站岗的八千名卫兵干掉。和顺乌兰摇身一变,变成一条毒蛇,钻进巴德玛乌兰的宫殿,把他装进口袋背了出来。三人一道把他带回了宝木巴。巴德玛乌兰对江格尔说:"好吧,这宝木巴地方就归你了。你要好自为之啊!"说完便返回了本部。

《赤胆勇士洪古尔和铁臂勇士萨布尔制服凶残的赞布勒汗手下的七员狂暴勇士之部》

卡尔梅克《江格尔》之一部篇章。演唱者不详。19世纪50年代初由N.I. 米哈伊洛夫从卡尔梅克草原的巴嘎曹浩尔地方搜集记录,1854年由他的学生鲍勃洛夫尼科夫将其俄译出版。1979年,卡尔梅克学者B.策仁诺夫从列宁格勒俄罗斯地理学会档案馆发现了当年鲍勃洛夫尼科夫俄译时所用的托忒文原文。1990年,N.Ts.比特凯耶夫、E.B. 奥瓦洛夫在埃利斯塔——莫斯科出版卡尔梅克文25部本《江格尔》时将这部篇章首次用卡尔梅克文发表。其故事情节如下:铁臂勇士萨布尔登上蒙根查干山顶瞭望时,看到凶残的赞布勒汗的七位英雄正在将江格尔的九千匹枣红马赶走。于是,他们便下山追赶。到了黑海边上,一个叫哈希胡莱的勇士用长长的钢矛指着萨布尔,挡住了他。另外六位英雄继续将九千匹马往黑海中驱赶。萨布尔无法靠近,只好向着马群喊道:"难道你们找到了比壮丽的阿尔泰更好的地方了吗?难道你们找到了比圣主江格尔更好的主人了吗?"听到他的喊声,一匹棕色老公马带头向着阿尔泰山奔去,所有的马匹也紧跟在它后面。铁臂萨布尔纵身跳上棕色公马背急驰而去。与此同时,洪古尔飞马来到,同哈希胡莱等七位英雄激战。最后,洪古尔和萨布尔齐心协力杀死了七位英雄,并在他们的左颊上写下这样的文字:"赞布勒汗,你若有胆量,就到蒙根查干山上来决战,要是不敢来,你就得归顺圣主江格尔,服一百年劳役,认六年错!"写完,两人将七颗脑袋拴在七匹马的鞍梢绳上,那七位勇士的七匹马则带着主人的头颅,返回赞布勒汗的国家。

《圣主江格尔征服乌图查干蟒古思之部》

卡尔梅克《江格尔》之一部篇章。演唱者

◎江格尔

不详。1862年，一位卡尔梅克知识分子受戈尔斯通斯基的委托，从一位卡尔梅克艺人那里记录。直到20世纪六七十年代，卡尔梅克学者A.Sh.科契科夫从戈尔斯通斯基的档案资料中发现了此记录稿，并于1978年在莫斯科出版的卡尔梅克文25章本《江格尔》中予以发表。其故事情节如下：乌图查干蟒古思的使臣沙日别日曼前来同洪古尔交战。他抓住洪古尔，把他绑在马尾上拖走了。正在嘎尔丹汗部乞讨的秃头乞儿看到此情景，给江格尔报了信。江格尔重奖这个孩子，便带领萨布尔去解救洪古尔。萨布尔骑着棕色马赶上了沙日别日曼，只一鞭，就把他打翻在地。他为洪古尔松绑，又继续前行来到了乌图查干蟒古思那里，斥责说："不是早已约定你占有西方的部落，我们占有东方的部落吗？你为何要派遣使臣挑起战争？"洪古尔和萨布尔同乌图查干蟒古思的军队激战了七天七夜，大挫了敌人的锐气。就在这时，江格尔可汗率阿拉坦策吉、贡贝等三十三名勇士来到白海边，同敌人交战，并取得了彻底胜利。他们抓获了乌图查干蟒古思，在他脸颊上打上了宝木巴的印章，让他做了江格尔的顺民。

《圣主江格尔征服库日勒额尔德尼蟒古思汗之部》

卡尔梅克《江格尔》之一部篇章。演唱者不详。19世纪60年代初，彼得堡大学教授亲赴卡尔梅克草原，采访当地的民间艺人，通过委托精通卡尔梅克语的人记录。1864年，他在圣彼得堡出版托忒文《渥巴什洪台吉传、卡尔梅克民间叙事诗江格尔及尸语故事》一书时并未将此篇章收入其中。直到20世纪六七十年代，卡尔梅克学者A.Sh.科契科夫从戈尔斯通斯基的档案资料中发现了此记录稿，并于1978年在莫斯科出版的卡尔梅克文25章本《江格尔》中予以发表。其故事情节如下：正在白海饮水的江格尔的七万匹马不见了。江格尔率萨布尔、阿拉坦策吉、翁格诺彦、洪古尔等追上了赶走马群的四个小妖，同他们交战了两个星期，最后失败了。库日勒额尔德尼汗摇身一变，变成了一只金翅鸟，将江格尔抓到了上界宝木巴国，把他交给一万八千名妖魔加以折磨。江格尔虽然被捆绑，但仍挣扎着用食指拨响了琵琶。库日勒额尔德尼汗的妃子娜仁格日勒听到琴声后，派人查清发生了什么事。原来江格尔曾从妖婆口中救过她的命。她念江格尔救命之恩，趁着夜色来到囚禁江格尔的地方，把库日勒额尔德尼汗的命根子和武器所在地告诉了他。江格尔照她说的地点摸去杀死了库日勒额尔德尼汗，让其侍从当了部落头领，并将娜仁格日勒姑娘嫁给他。他又杀死了想吃掉金翅鸟的三只幼雏的毒蛇。金翅鸟感念江格尔，用身子驮着他回到了人间。江格尔又来到阿拉坦古日克汗的部落，部落的可汗每年都向强大的沙日蟒古思送三千男孩和三千女孩作贡品。江格尔镇压了强大的沙日蟒古思汗，救了那些孩子的命。于是江格尔带领阿拉坦古日克汗的萨仁格日勒公主和兵卒回到了宝木巴国。

《名扬四海的乌兰绍布舒尔制服凶残的沙日古尔古汗之部》

卡尔梅克《江格尔》之一部。又简称《沙日古日古之部》。演唱者不详。19世纪60年代初，彼得堡大学教授戈尔斯通斯基委托精通卡尔梅克语的人从卡尔梅克江格尔奇那里记录。1864年，他在圣彼得堡出版了托忒文《渥巴什洪台吉传、卡尔梅克民间叙事诗江格尔及尸语故事》一书，用托忒文发表了《哈日黑纳斯之部》、《沙日古日古之部》两部《江格尔》篇章。学者们认为，这是《江格尔》史诗最早的蒙古文版本。1936年，在埃利斯塔市用当时使用的、以拉丁字母为基础的卡尔梅克文出版了上述《江格尔》

两部篇章。书名叫《江格尔——有关哈日黑纳斯和沙日古日古的两首歌》。这两部《江格尔》史诗篇章，是采用在民间艺人演唱史诗的鲜活现场完成记录初稿，隔天再让民间艺人复述校对的方法记录的。1892年，戈尔斯通斯基的学生A.M.波茨德涅耶夫把上述两部篇章写进了《卡尔梅克文学》著作，1911年更在上述两部篇章基础上再加上《沙日蟒古思之部》，出版了《卡尔梅克英雄史诗——江格尔》一书。1978年，卡尔梅克学者A.Sh.科契科夫在莫斯科出版的卡尔梅克文25章本《江格尔》收进了此《沙日古日古汗之部》。其故事情节如下：江格尔可汗将宝木巴国政交由洪古尔代管，自己骑上枣红神马去远方，与腾格里天神的公主同居，并生了一个儿子，取名绍布舒尔。沙日古日古听到这个消息，便率大军突然袭击并占领了宝木巴国。蟒古思抓住了洪古尔，将他拖入地下世界，交由8000个妖魔不分昼夜地折磨。又将江格尔的部属赶到寸草不生的毒海和酸海之间居住。一天，绍布舒尔骑着枣红马打猎时，同流落到此的宝木巴国的英雄们相遇。于是江格尔也同他们见了面，并把宝木巴国的事和自己的身世告诉儿子。他让儿子将母亲送回娘家，自己下到地狱里，用万年旃檀树叶为洪古尔治好了病，把他救出了地狱。绍布舒尔前来与沙日古日古交战，战胜了敌人，凯旋宝木巴。

《赤胆勇士洪古尔生擒凶残的沙日蟒古思汗之部》

卡尔梅克《江格尔》之一部。又简称《沙日蟒古思汗之部》。演唱者不详。19世纪60年代初，圣彼得堡大学教授戈尔斯通斯基从卡尔梅克江格尔奇那里记录。1911年，波茨德涅耶夫在《卡尔梅克叙事诗——江格尔》一书中予以发表。1978年，卡尔梅克学者A.Sh.科契科夫在莫斯科出版的卡尔梅克文25章本《江格尔》收进了此《赤胆勇士洪古尔生擒凶残的沙日蟒古思汗之部》。其故事情节如下：圣主江格尔对富人和穷人一视同仁，不偏不倚地掌管政教大权。但凶残的沙日蟒古思却妄想独占当地四个汗国的赋税，并让东舒尔格日蟒古思占领宝木巴国。阿拉坦策吉预知了这一情况，于是洪古尔前去讨伐，半路上同沙日蟒古思的雄狮英雄查干相遇。洪古尔抓住了查干，用卧牛石镇压了他。洪古尔继续前行，捉住了沙日蟒古思，把他驮在马背上返回。这时，沙日蟒古思的大力士布克查干骑黄骠马赶来，追上了洪古尔。在白刃战中，洪古尔多处受伤，枪械折断了，连石头也打完了。这时阿拉坦策吉似乎听到了阿兰扎尔枣红神马的嘶鸣声。于是，江格尔率六千零一十二名勇士，由小雄胡尔带路，来到沙日蟒古思部，镇压了敌人，救出了洪古尔。他们用一庹半长的铁桩将凶残的沙日蟒古思钉在地上，将他的部落全部赶到了宝木巴国。

《名扬天下的圣主江格尔制服凶残的哈日黑纳斯之部》

又简称《哈日黑纳斯之部》，卡尔梅克《江格尔》之一部。演唱者不详。19世纪60年代初，彼得堡大学教授戈尔斯通斯基委托精通卡尔梅克语的人从卡尔梅克江格尔奇那里记录。1864年，他在圣彼得堡出版了托忒文《渥巴什洪台吉传、卡尔梅克民间叙事诗江格尔及尸语故事》一书。学者们认为，这是《江格尔》史诗最早的蒙古文版本。1978年，卡尔梅克学者A.Sh.科契科夫在莫斯科出版的卡尔梅克文25章本《江格尔》收进了此《哈日黑纳斯之部》。其故事情节如下：凶残的哈日黑纳斯为侵占宝木巴国准备派使者前来。阿拉坦策吉预知此事，向江格尔报告。于是，洪古尔挺身而出，前去迎击黑纳斯的使者大力士布克查干，但遭失败，被布克查干勇士绑在马尾后拖走了。阿拉坦策吉的放羊娃看到了这一切,向江格尔报了信。江格尔率领众勇士前去解救。路遇一位姑娘,将敌人鞭打折磨洪古尔的消息告诉了萨布尔。他们同黑纳斯的军队进行了激烈的战斗,损失惨重。江格尔在同黑纳斯交战时长枪折断了,在库克铁匠那里修好枪,继续战斗。江格尔让巫婆占卜,那巫婆告诉江格尔,敌人正在第三次用洪古尔喂梭鱼。江格尔从梭鱼口中救出了洪古尔,两人齐心协力制服了黑纳斯和布克查干,又施魔法唤来甘雨,救活了战争中牺牲的众勇士,回到宝木巴国,举行了庆功盛宴。

《赤诚英雄洪古尔同阿布朗嘎汗鏖战之部》

卡尔梅克《江格尔》之一部篇章。演唱者是小杜尔伯特部的巴拉达尔·纳森基。N.Ts.比特凯耶夫、E.B.奥瓦洛夫整理。其故事情节如下:阿布朗嘎汗派遣使者来到江格尔处,向他提出交出夫人、洪古尔和枣红神马的无理要求。洪古尔用鞭子将那使者打倒在地,还把他的坐骑烤熟吃掉了。敌人前来同洪古尔交战,洪古尔受了重伤,被独眼的翁吉尔沙日巴托尔活捉。翁吉尔沙日巴托尔将洪古尔拖在马尾后,拖得他奄奄一息,又拿去喂梭鱼,梭鱼吞不下。独眼的翁吉尔沙日巴托尔又让蟒古思吞食洪古尔,蟒古思也吞不下。翁吉尔沙日巴托尔用火烧洪古尔,忽然风雨大作,将火熄灭了。这时,洪古尔的坐骑跑回宝木巴,向江格尔报了信。江格尔率军赶来镇压了敌人,救出了洪古尔。江格尔与洪古尔将阿布朗嘎汗扔进了毒海。

《骑漂亮黄斑马的克尔梅之子蒙忽莱驱走江格尔的九万匹红色骏马》

卡尔梅克《江格尔》之一部篇章。演唱者是大曹浩尔杜尔伯特部的夏瓦里·达瓦。1940年,由G.夏勒布罗夫记录。卡尔梅克学者A.Sh.科契科夫于1978年出版的卡尔梅克文25章本《江格尔》中予以发表。1990年,N.Ts.比特凯耶夫、E.B.奥瓦洛夫在埃利斯塔——莫斯科出版卡尔梅克文25部本《江格尔》时将这部篇章再次用卡尔梅克文发表。其故事情节如下:江格尔的马夫哈日巴岱一觉睡了七天七夜。醒来发现,他饲养的九万匹红马已被凶残的沙日希尔门汗的大臣、柯尔木之子孟忽莱抢走了。于是,哈日巴岱骑上骏马赶上孟忽莱,投以一记闷棍。孟忽莱正要反击的时候,哈日巴岱自知不是孟忽莱的对手,于是假装归降,跟着孟忽莱赶着马群前行。他伺机跃上阿兰扎尔枣红神马之父、漂亮的白鼻梁公马之背,飞奔到江格尔那里报了信。圣主江格尔率众勇士,急驰赶上了孟忽莱。洪古尔、阿拉坦策吉、查干布东在同孟忽莱交战中负了伤。江格尔用枪将孟忽莱连人带马挑起来,成功将其活捉。洪古尔和摔跤手之子宝日芒乃用大山将孟忽莱镇压在深谷中,随后将马群赶了回来。为此,圣主江格尔和他的臣民大摆宴席,欢庆胜利。

《江格尔的阿兰扎尔枣红马被盗之部》

卡尔梅克《江格尔》之一部篇章。演唱者是大曹浩尔杜尔伯特部的夏瓦里·达瓦。1940年,由G.夏勒布罗夫记录。卡尔梅克学者A.Sh.科契科夫于1978年出版的卡尔梅克文25章本《江格尔》中予以发表。1990年,N.Ts.比特凯耶夫、E.B.奥瓦洛夫在埃利斯塔——莫斯科出版卡尔梅克文25部本《江格尔》时将这部篇章再次用卡尔梅克文发表。其故事情节如下:江格尔的马夫宝日芒乃一觉醒来,发现枣红神马被盗贼偷走。宝日芒乃又怕又羞之余自杀了。江格尔和众英雄找来灵丹妙药,救活了宝日芒乃,问明其自杀原委,知道枣红神马被阿里亚孟忽莱偷走了。于是,洪古尔为寻枣红神马乔装来到了沙日希尔门汗的部落。阿里亚孟胡莱认出了洪古尔，双方交战，结果阿里亚孟胡莱抓住了洪古尔严刑拷打，但洪古尔没有说出自己真实姓名。沙日希尔门汗将洪古尔收为义子，把阿尔斯朗布东的女儿嫁给他作妻子。洪古尔同这位姑娘生了一个儿子，这位姑娘把隐藏枣红神马的地方告诉了他。洪古尔找到了枣红神马，将它带回宝木巴。大力士孟根希克西日克同孙子一道前来镇压沙日希尔门汗，并在他的脸颊上打上宝木巴印记，让他做了江格尔的顺民。

《江格尔初掌国政之部》

卡尔梅克《江格尔》之一部篇章。演唱者是巴桑嘎·穆克温。1939—1940 年间，由俄罗斯学者西蒙诺夫记录。卡尔梅克学者 A.Sh. 科契科夫于 1978 年出版的卡尔梅克文 25 章本《江格尔》中予以发表。1990 年，N.Ts. 比特凯耶夫、E.B. 奥瓦洛夫在埃利斯塔——莫斯科出版卡尔梅克文 25 部本《江格尔》时将这部篇章再次用卡尔梅克文发表。其故事情节如下：世界四大可汗袭击江格尔的父亲乌宗玛莱汗，并征服了他和他的臣民。12 岁的江格尔同 3 岁的洪古尔藏在深山中的一个山洞里。当世界四大汗的军队搜山过来的时候，江格尔主张出去向四大汗投降，但洪古尔誓死不从。就在山上，洪古尔让江格尔即汗位，然后出山洞与四大汗交战，并取得了胜利。此后又逐渐征服了四方 42 个汗国，建立了强大的国家。他们建起了汗宫，制作了旗帜作为国家的标志。还建造佛寺，弘扬佛法。本章还描述了江格尔的左翼和右翼勇士，描述了英雄们的性格，所用的武器，所骑的马匹，以及一些英雄投诚江格尔的故事。例如，英雄哈布图翁格诺彦能在云雀张嘴唱歌时一箭射中它的红舌头，抓住它送交江格尔，因此，他当上了江格尔的弓箭手。萨布尔遵照父亲的嘱咐准备去给哈日黑纳斯做仆人，阿拉坦策吉预知此事，派人召唤他，让他加入了江格尔的卫队等。

《洪古尔夺取北方沙日库尔门汗的珊瑚珠尾棕色马群之部》

卡尔梅克《江格尔》之一部篇章。演唱者是巴桑嘎·穆克温。1939—1940 年间，由俄罗斯学者西蒙诺夫记录。卡尔梅克学者 A.Sh. 科契科夫于 1978 年出版的卡尔梅克文 25 章本《江格尔》中予以发表。1990 年，N.Ts. 比特凯耶夫、E.B. 奥瓦洛夫在埃利斯塔——莫斯科出版卡尔梅克文 25 部本《江格尔》时将这部篇章再次用卡尔梅克文发表。其故事情节如下：洪古尔去驱赶沙日柯尔门汗的马群。他和宝日芒乃一道来到了沙日柯尔门汗部，故意将马群惊散，然后往回赶。敌人随后追来同他交战，洪古尔战胜了敌军，将马群驱回了宝木巴国。萨布尔在沙日柯尔门汗脸颊上打上五辈子褪不掉的印记，为他改了名，让他和他的百姓一道当了江格尔可汗的臣民。

《洪古尔被九个妖婆吸血之部》

卡尔梅克《江格尔》之一部篇章。演唱者是巴桑嘎·穆克温。1939—1940 年间，由俄罗斯学者西蒙诺夫记录。卡尔梅克学者 A.Sh. 科契科夫于 1978 年出版的卡尔梅克文 25 章本《江格尔》中予以发表。1990 年，N.Ts. 比特凯耶夫、E.B. 奥瓦洛夫在埃利斯塔——莫斯科出版卡尔梅克文 25 部本《江格尔》时将这部篇章再次用卡尔梅克文发表。其故事情节如下：一天，洪古尔骑着青骏马游荡，他来到一顶白色帐篷前，见到一位漂亮姑娘。洪古尔喝了姑娘献上来的酒，渐渐醉了。那姑娘摇身变成了妖精，和另外八个妖婆一道用又尖又长的铜嘴吸洪古尔的血。人们发现洪古尔不见了，按照阿拉坦策吉的占卜，萨布尔找到了洪古尔。他从妖婆们的门缝念咒、吹气，使洪古尔清醒，偷偷救出了洪古尔。萨布尔杀死了追来的妖婆，领着洪古尔返回了宝木巴国。

◎江格尔

《萨纳拉夺取名扬四方的塔克毕尔玛斯汗的七百万匹花斑战马之部》

卡尔梅克《江格尔》之一部篇章。演唱者是巴桑嘎·穆克温。1939—1940年间，由俄罗斯学者西蒙诺夫记录。卡尔梅克学者A.Sh.科契科夫于1978年出版的卡尔梅克文25章本《江格尔》中予以发表。1990年，N.Ts.比特凯耶夫、E.B.奥瓦洛夫在埃利斯塔——莫斯科出版卡尔梅克文25部本《江格尔》时将这部篇章再次用卡尔梅克文发表。其故事情节如下：阿拉坦策吉梦见塔克毕尔玛斯的使者沙日莫尔根即将来捉拿洪古尔。江格尔闻讯，十分担心，命阿拉坦策吉、萨纳拉和古恩拜分别再次占卜。三个人占卜的结果一致。这时阿拉坦策吉说道，如果我们夺取他们的七百万匹战马，那他们就没法来抓洪古尔。于是，江格尔让断事官赫吉拉干查看各位勇士的功劳簿，结果是洪古尔一个人征服了35个国家并使之归顺；左手首席勇士古恩拜征服了33个国家；萨布尔征服了34个国家；萨纳拉征服了34个国家。按理说，这次应该轮到古恩拜再立战功，但是他却设法避开了远征作战的苦差事，使这项艰巨的任务落在了萨纳拉身上。萨纳拉为夺来塔克毕尔玛斯的马群，来到了塔克毕尔玛斯汗的汗宫，告诉塔克毕尔玛斯，自己是来夺取马群的，毕尔玛斯汗命军士们抓住萨纳拉。萨纳拉同他们大战，他抓起一把灰撒在汗的眼睛里，骑上快马，赶着七百万匹马就朝宝木巴国跑。在魔王国度的路上，自动形成的丛生荆棘，挡住了英雄的去路，萨纳拉用法术使之化解。塔克毕尔玛斯汗的两位猛将追来，萨纳拉一一消灭之。塔克毕尔玛斯汗率领33万士兵围住萨纳拉，萨纳拉单枪匹马进行激战。翁格诺彦和江格尔以及古恩拜前来接应，打败了塔克毕尔玛斯汗，赶着七百万匹马凯旋。

《芒乃汗的勇士那仁格日勒逼江格尔进贡五样宝贝之部》

全称为《骑棕熊般大灰马的凶残的芒乃汗和骑追风红马的英雄那仁格日勒前来逼江格尔进贡五样宝贝之部》。卡尔梅克《江格尔》之一部篇章。演唱者是巴桑嘎·穆克温。1939—1940年间，由俄罗斯学者西蒙诺夫记录。在卡尔梅克学者A.Sh.科契科夫于1978年出版的卡尔梅克文25章本《江格尔》中予以发表。1990年，N.Ts.比特凯耶夫、E.B.奥瓦洛夫在埃利斯塔——莫斯科出版卡尔梅克文25部本《江格尔》时将这部篇章再次用卡尔梅克文发表。其故事情节如下：那仁格日勒来到江格尔的宫殿，逼江格尔交出洪古尔、威武的雄胡尔、阿拜格日勒夫人、阿兰扎尔枣红马和宝木巴国旗。洪古尔大怒，越过芒乃汗的军队，将那仁格日勒和另外十一人一道抓住捆绑起来。洪古尔又打败了敌人的大军，生擒了芒乃汗，在他脸上打上宝木巴国的印记，让他做了江格尔的臣民，方才返回了宝木巴国。

《洪古尔盗取沙日毕尔玛斯汗的著名钢盔和闪电钢剑之部》

卡尔梅克《江格尔》之一部篇章。演唱者是巴桑嘎·穆克温。1939—1940年间，由俄罗斯学者西蒙诺夫记录。卡尔梅克学者A.Sh.科契科夫于1978年出版的卡尔梅克文25章本《江格尔》中予以发表。1990年，N.Ts.比特凯耶夫、E.B.奥瓦洛夫在埃利斯塔——莫斯科出版卡尔梅克文25部本《江格尔》时将这部篇章再次用卡尔梅克文发表。其故事情节如下：洪古尔在一次宴席上口出狂言，藐视在座的众勇士。阿拉坦策吉说道，如果你像自己说的那么厉害，就去夺取沙日毕尔玛斯汗的头盔和钢剑，给我们证明你的本领吧。这话激怒了洪古尔，于是单枪匹马闯入沙日毕尔玛斯汗的国度。他把坐骑变化成一个谁都不会捡起的破鞋扔在地上,然后徒步走进沙日毕尔玛斯汗的宫殿。沙日毕尔玛斯看到洪古尔徒步来到,确信他是遭到了排挤,便让他当了自己的大臣。洪古尔也为他制服了一些敌人,收降了独眼妖魔,进一步取得了沙日毕尔玛斯汗的信任,并娶了沙日毕尔玛斯汗的大臣散布拉的妹妹。一天,洪古尔假装得了重病,浑身散发臭味,别人无法靠近。他将一只鸡压在身子下,在鸡脚上系上线,将线的一头交给室外的医生把脉。医生们把了半天脉吃惊地说:"奇怪了!刚摸时像是禽类的脉,再一摸又像是被折磨的什么动物的脉,而不是正在遭罪的病人的脉。"汗一听大怒道:"你们是什么医生!"喝令对他们用刑。"现在怎么办?只有喝绿头雁的肉汤,我的病才能好了。"洪古尔从毡房内向夫人说。于是,散布拉去外地抓绿头雁了。洪古尔从散布拉的妃子那里打听到汗的钢盔和钢剑的所在地,他念咒让沙日毕尔玛斯汗及汗后睡着,自己则盗取钢盔和钢剑星夜赶回。途中正好同散布拉相遇,散布拉一箭射中了洪古尔,使他失去了知觉,洪古尔的坐骑将洪古尔驮了回来。萨布尔让自己贞洁的夫人从洪古尔身上跨越三次,那箭头"嗖"地一声从洪古尔身上跳了出来。洪古尔同散布拉妹妹的儿子一道,制服了敌人。

《圣主江格尔君臣同凶残的芒乃汗鏖战之部》

卡尔梅克《江格尔》之一部篇章。演唱者是小杜尔伯特部的巴拉达尔·纳森卡。1966年由卡尔梅克学者A.Sh.科契科夫和N.B.桑嘎杰耶娃记录。在A.Sh.科契科夫于1978年出版的卡尔梅克文25章本《江格尔》中予以发表。1990年,N.Ts.比特凯耶夫、E.B.奥瓦洛夫在埃利斯塔——莫斯科出版卡尔梅克文25部本《江格尔》时将这部篇章再次用卡尔梅克文发表。其故事情节如下:凶残的芒乃汗的使者来向江格尔索要洪古尔、阿拜格日勒夫人和阿兰扎尔枣红神马。洪古尔大怒,远征芒乃汗。路上遇到芒乃汗的一位英雄,并生擒之。芒乃汗的大力士布克查干来同洪古尔交战,打败并生擒洪古尔,将他拴在马后拖走。一牧童将此消息报告江格尔,江格尔率军赶来同敌军作战,战至钢枪断裂。萨纳拉继续来同敌人交战。江格尔让青铁匠修好了枪,再次投入战斗,最终制服了敌人,救出洪古尔,向着宝木巴国凯旋。

二、蒙古国《江格尔》篇章

《圣主江格尔》

蒙古国《江格尔》之一部篇章。演唱者是蒙古国戈壁阿尔泰省图门县女艺人孟根。1940年由T.杜古尔苏荣记录。1968年,乌·扎格德苏荣整理、科学院出版社出版的《史诗江格尔》(蒙古国科学院主办的《口头文学研究》丛书,第6卷)收录了该篇章。其故事情节如下:圣主江格尔命马夫头阿里亚沙日去寻找适于聚会和诵经的风水宝地。阿里亚沙日在波姆那仁海边找到了适于修建佛寺的地方,在特布那仁海边找到了适于修建宫廷的风水宝地,便以碗大的金元宝作了标志。当他们在那里建起了宫殿,正在举行盛宴时,哈日旗檀汗的使者来向江格尔索要洪古尔、阿拜格日勒夫人和江格尔的枣红神马。雄狮洪古尔拍案而起与那使者战斗并取得了胜利。

《圣主江格尔》

蒙古国《江格尔》之一部篇章。演唱者是蒙古国戈壁阿尔泰省泰希尔县艺人乌力吉·道木。1956年由厄鲁特部人齐木德记录。1968年,乌·扎格德苏荣整理、科学院出版社出版的《史诗江格尔》(蒙古国科学院主办的《口头文学研究》丛书，第 6 卷）收录了该篇章。其故事情节如下：正当江格尔可汗娶来阿拜格日勒夫人，举行盛宴之时，哈日旄檀汗的使者哈日哈布哈克前来向江格尔索要洪古尔和枣红神马，于是江格尔和洪古尔率军与哈日旄檀汗交战并打败了他。

《征服哈布罕哈日索耀之部》

蒙古国《江格尔》之一部篇章。演唱者是蒙古国戈壁阿尔泰省的艺人青格勒。1943 年由拉德纳希迪记录。1968 年，乌·扎格德苏荣整理、科学院出版社出版的《史诗江格尔》（蒙古国科学院主办的《口头文学研究》丛书，第 6 卷）收录了该篇章。其故事情节如下：江格尔可汗召集三十二位英雄，问他们："谁敢去同哈布罕哈日索耀战斗？"洪古尔应声说："我去！"便出发了。途中他与骑三岁淡黄马的儿子相遇，两人一同登上长满刺柏的旄檀山瞭望。他们看到哈布罕哈日索耀早有防备，成千上万军队严密地保护着他，一点破绽也找不出来。于是，洪古尔摇身变成麻雀，飞到哈布罕哈日索耀身旁。他举刀向哈布罕哈日索耀砍去，竟然砍不死他。洪古尔和儿子敌不过哈布罕哈日索耀大军，于是，圣主江格尔率三十二位英雄前来，战胜了敌人。

《诺彦金格尔拜汗》

蒙古国《江格尔》之一部篇章。演唱者是蒙古国戈壁阿尔泰省希日嘎县艺人科彻·桑杰。1966 年由蒙古国科学院语言文学研究所口头文学—方言田野考察队记录。1968 年，乌·扎格德苏荣整理、科学院出版社出版的《史诗江格尔》（蒙古国科学院主办的《口头文学研究》丛书，第 6 卷）收录了该篇章。其故事情节如下：圣主江格尔拜修建了寺庙宝塔，同英雄们一道饮宴。就在这时，凶狠的哈日哈布罕索耀前来江格尔处抢掠。于是宝日勒吉汗的儿子、猛将宝日芒乃和乌兰嘎拉珠巴托尔迎战。当两位英雄招架不住的时候，江格尔前去支援，终于制服了敌人。

《乌宗阿拉达尔可汗之子、幼小的宗拉诺彦》

蒙古国《江格尔》之一部篇章。演唱者是蒙古国巴彦洪戈尔省布木布格尔县艺人浩毛尔。1966 年由蒙古国科学院语言文学研究所口头文学—方言田野考察队记录。1968 年，乌·扎格德苏荣整理、科学院出版社出版的《史诗江格尔》（蒙古国科学院主办的《口头文学研究》丛书，第 6 卷）收录了该篇章。其故事情节如下：宗拉诺彦想拥有一座佛教寺院，洪古尔就给他建造了一座寺院。江格尔又想纳土默特汗的女儿娜仁公主为妻，派洪古尔前去为他实现愿望。洪古尔在骏马的帮助下克服了途中遇到的毒海、密林、悬崖峭壁等重重障碍，又射死一个巨大的蟒古思，解救了蟒古思吞下的各部落人民。途中遇到三个女人，她们告诉土默特汗所在位置。洪古尔终于带来了娜仁公主，并举行了盛大的婚礼。

《博格达德钦江格尔汗》

蒙古国《江格尔》之一部篇章。演唱者是蒙古国巴彦洪戈尔省吉尔嘎郎图县艺人登德布·杜古尔苏荣。1966 年由蒙古国科学院语言文学研究所口头文学—方言田野考察队记录。1968 年，乌·扎格德苏荣整理、科学院出版社出版的《史诗江格尔》（蒙古国科学院主办的《口头文学研究》丛书，第 6 卷）收录了该篇章。其故事情节如下：获悉尹德尔拜哈日蟒古思要来生吞圣主江格尔，洪古尔携子前去交战，将他砍成两截，扔在江格尔的布尔罕哈日山的两侧。但蟒古思竟又复活了，赤诚英雄洪古尔再次制服了他。

《江格尔迎娶达赖柴拉布尔汗的阿勒腾黑努尔公主之部》

蒙古国《江格尔》之一部篇章。演唱者是蒙古国乌布苏省塔斯县艺人格雷格·萨姆坦。1940年由作家策·策登加甫记录。1968年，乌·扎格德苏荣整理、科学院出版社出版的《史诗江格尔》（蒙古国科学院主办的《口头文学研究》丛书，第6卷）收录了该篇章。原记录稿篇名叫《江格尔》。其故事情节如下：江格尔骑上血红色枣骝马，去东方迎娶达赖柴拉布尔汗的阿勒腾黑努尔公主，但在途中被有魔法的强盗害死了。他的枣骝马设法将托洛盖图汗的女儿托勒布高娃变成江格尔的模样，让"他"战胜了强盗铁木尔特波克图，领回阿勒腾黑努尔公主，让公主救活江格尔。江格尔战胜敌人，与达赖柴拉布尔汗的阿勒腾黑努尔公主成婚。

《江格尔一章》

蒙古国《江格尔》之一部篇章。演唱者是蒙古国乌布苏省东戈壁县艺人卓拉·奥斯尔。1943年由拉德纳希迪记录。1968年，乌·扎格德苏荣整理、科学院出版社出版的《史诗江格尔》（蒙古国科学院主办的《口头文学研究》丛书，第6卷）收录了该篇章。其故事情节如下：江格尔可汗与众英雄欢宴后问道："有谁敢去同海斯图哈日特博格里交战？"赤诚英雄洪古尔和萨布尔两位勇士应声而出，一同去和海斯图哈日特博格里交战，但未能取胜，于是江格尔也去增援，不料枣红神马被海斯图哈日特博格里夺走，只得徒步作战。枣红神马挣脱了羁绊，前来与江格尔并肩战斗，终于战胜了敌人。他们在海斯图哈日特博格里右颊打上印记，让他做了江格尔的臣民。

《江格尔可汗》

蒙古国《江格尔》之一部篇章。演唱者巴亦特部艺人，姓名不详。约于1910年由符拉基米尔佐夫记录。1926年在《蒙古民间文学形象》一书中初次发表。1968年，乌·扎格德苏荣整理、科学院出版社出版的《史诗江格尔》（蒙古国科学院主办的《口头文学研究》丛书，第6卷）收录了该篇章。其故事情节如下：圣主江格尔在阿尔泰十三坳中最宽阔美丽的一个山坳修建了寺庙、宝塔，与众英雄欢宴。座上，江格尔问众勇士道："有谁敢去同南边的海斯图哈日特博克交战？"洪古尔和一个叫做宝日的小伙子一道前去征服了海斯图哈日特博克。而后，洪古尔、萨布尔、江格尔又同十五个脑袋的蟒古思反复交战，终于合力铲除了蟒古思。

《江格尔传》

又名《梦见三个凶兆》，蒙古国《江格尔》之一部篇章，手抄本。搜集者、记录时间、演唱者不详。收藏于蒙古国科学院语言文学研究所口头文学资料库。1968年，乌·扎格德苏荣整理、科学院出版社出版的《史诗江格尔》（蒙古国科学院主办的《口头文学研究》丛书，第6卷）收录了该篇章。其故事情节如下：圣主江格尔21天不吃不喝也不睡，问其原因，原来是他梦到了三个凶兆。江格尔说，其中一个凶兆是骑青色飞马的黑纳斯博格达汗的人马要来攻打我们。江格尔首先派出大军前去迎敌，自己三天后动身赴战场。他在途中遇到一个小伙子，他是古南洪古尔诺彦英雄。江格尔与他结为兄弟，同去与黑纳斯博格达汗交战。江格尔在战斗中负伤，逃回了本部。古南洪古尔诺彦英雄继续战斗，终于制服了敌人，回到了宝木巴。江格尔召集臣民，大讲自己的功绩，在众人面前炫耀，却不提古南洪古尔诺彦的功绩。因此，古南洪古尔诺彦委屈地出走了。江格尔的臣民中的八成也跟着古南洪古尔诺彦离去。他们来到依山傍水的美丽的地方驻营，建造寺院，过上了幸福安康的生活。

《江格尔史诗一篇章》

蒙古国《江格尔》篇章。演唱者是蒙古国乌布苏省乌兰固木县艺人朝格苏木·巴格莱。1940年由佚名氏记录。1968年，乌·扎格德苏荣整理、科学院出版社出版的《史诗江格尔》（蒙古国科学院主办的《口头文学研究》丛书，第6卷）收录了该篇章。其故事情节如下：圣主江格尔之子纳林乌兰洪古尔，同道尔岱库日勒巴托尔一道，与恩德尔哈日蟒古思多次交战，终于铲除了他。他们娶来那仁汗的那木齐阿拉坦公主，举行了盛宴。

《江格尔同罗藏缇布汗手下的阿拉坦毕希库尔激战之部》

蒙古国《江格尔》之一部篇章。演唱者是蒙古国乌布苏省图尔更县艺人楚库尔·纳米朗。1963年由蒙古国科学院语言文学研究所口头文学—方言学田野考察队记录。1968年，乌·扎格德苏荣整理、科学院出版社出版的《史诗江格尔》（蒙古国科学院主办的《口头文学研究》丛书，第6卷）收录了该篇章。其故事情节如下：圣主江格尔同骑黄马的罗藏缇布汗手下的阿拉坦毕希库尔激战，最终战胜了他。

《乌宗赞布勒汗》

蒙古国《江格尔》之一部篇章。演唱者是蒙古国东方戈壁省赛音杜贵龙县艺人道尔吉·乃旦。记录者不详。其资料收藏于蒙古国科学院语言文学研究所口头文学资料库。1968年，乌·扎格德苏荣整理、科学院出版社出版的《史诗江格尔》（蒙古国科学院主办的《口头文学研究》丛书，第6卷）收录了该篇章。其故事情节如下：圣主江格尔命萨日森浩尔莫老汉登上阿尔泰杭爱山顶瞭望。他看到占据东南方的哈日卢斯图汗手下的英雄、凶残的哈日布尔古德正要来攻打江格尔的国家。于是，洪古尔前去迎敌，击溃了哈日卢斯图汗的军队，让强壮的巩布和哈日布尔古德做了圣主江格尔的臣民。

《博格达诺彦江格尔汗》

蒙古国《江格尔》之一部篇章。演唱者是蒙古国东方省马塔特县艺人纳音泰·杜格尔。1966年由蒙古国科学院语言文学研究所口头文学-方言学田野考察队成员策·纳姆斯莱加甫记录。1968年，乌·扎格德苏荣整理、科学院出版社出版的《史诗江格尔》（蒙古国科学院主办的《口头文学研究》丛书，第6卷）收录了该篇章。其故事情节如下：江格尔同众英雄欢宴。座上，江格尔问众勇士道："有谁敢去同海拉森哈日特博克交战？"洪古尔一听，便和好汉宝日芒乃一道去同海拉森哈日特博克交战，但未能取胜。于是，江格尔又让鲁莽的额尔古哈日舒布古尔、强壮的巩布去帮助洪古尔，但他们也被海拉森哈日特博克打败了。最后江格尔亲率大军前去，大家同心协力征服了海拉森哈日特博克。随后，他们又同占据西北部的秃头沙日蟒古思多次交战，制服了他，在他右颊上打了印记，让他做了江格尔的臣民。

《圣主江格尔的故事》

蒙古国《江格尔》之一部篇章。拼写符号记录本。演唱者是蒙古国东方省马塔特县艺人额日格金·罗布桑扎木苏。1948年由纳姆斯莱·夏日布益希记录。收藏于蒙古国科学院语言文学研究所口头文学资料库。1968年，乌·扎格德苏荣整理、科学院出版社出版的《史诗江格尔》（蒙古国科学院主办的《口头文学研究》丛书，第6卷）收录了该篇章。这一篇章的故事情节和《博格达诺彦江格尔汗》相同。见《博格达诺彦江格尔汗》条。

《圣主江格莱可汗》

蒙古国《江格尔》篇章。1976年，由蒙古国扎布汗省艺人策·普尔布朝克图演唱。1978年，乌·扎格德苏荣整理、科学院出版社出版的《名扬四海的好汉洪古尔》（蒙古国科学院主办的《口头文学研究》丛书，第11卷）收录了该篇章。其故事情节如下：江格莱可汗修建了宫殿，正在和众英雄欢宴时，哈布罕哈日索耀前来挑战。于是洪古尔和强壮的巩布去同他交战，但未能取胜。江格莱可汗亲自去支援，终于制服了哈布罕哈日索耀，返回本部。又有南边的四岁沙日蟒古思率大军前来侵犯。洪古尔和聪明的占卜家一道迎战，战败。江格莱可汗同蟒古思交战，枪被折断，马也丢失。在这为难之时灰儿马前来给江格莱当了坐骑，江格莱让铁匠修好枪，同宝日芒乃等英雄一道制服了蟒古思。

《名扬四海的好汉洪古尔》

蒙古国《江格尔》篇章。由蒙古国库苏古尔省额尔德尼布尔干县艺人G.敖登演唱。1978年，乌·扎格德苏荣整理、科学院出版社出版的《名扬四海的好汉洪古尔》（蒙古国科学院主办的《口头文学研究》丛书，第11卷）收录了该篇章。其故事情节如下：洪古尔战胜婚姻竞争者库日勒哈日英雄，娶回那仁格日勒图汗的女儿娜布奇格日勒，又医治好江格尔夫妇的病，最终大家过上幸福快乐的生活。

《三岁的伯东》

蒙古国《江格尔》篇章。由蒙古国库苏古尔省额尔德尼布尔干县艺人G.敖登演唱。1978年，乌·扎格德苏荣整理、科学院出版社出版的《名扬四海的好汉洪古尔》（蒙古国科学院主办的《口头文学研究》丛书，第11卷）收录了该篇章。其故事情节如下：江格尔可汗同阿里亚青格勒等三十三位英雄及三十万大军一道过着太平的日子。一天，枣红神马忽然不见了，于是阿里亚青格勒之子三岁伯东骑上灰青马去找，但没有找回来。江格尔大怒，要斩他的首级。伯东的弟弟霍硕德罕从摇篮中一跃而起，说我去找它回来，说完便骑上灰青马走了。霍硕德罕在路上遇到阿斯哈勒岱莫日根汗的放马老汉铁木尔泰，便向他打听枣红神马的下落，但老人不知。接着他同阿斯哈勒岱莫日根汗的三十三位英雄激战，将他们全部消灭，又用神奇的药将他们救活了。阿斯哈勒岱莫日根汗大喜，便将萨仁高娃公主许配给霍硕德罕。三岁的伯东之弟继续前行，同赶走枣红神马的小伙子、狰狞的莫日根汗之子哈拉巴布嘎尔大战了二十一天，受了伤。但三岁伯东之弟霍硕德罕在用灵丹妙药治好自己的脚伤后，制服了阿斯哈勒岱莫日根汗，将枣红神马夺了回来。但江格尔已将他哥哥关进十庹深的地洞之中，霍硕德罕让江格尔将哥哥释放出来，自己登上江格尔可汗的宝座，并迎娶了萨仁高娃公主，生活得很幸福。

《圣主江格莱可汗》

蒙古国《江格尔》篇章。由蒙古国后杭爱省杭爱县艺人M.罗布桑金巴演唱。1978年，乌·扎格德苏荣整理、科学院出版社出版的《名扬四海的好汉洪古尔》（蒙古国科学院主办的《口头文学研究》丛书，第11卷）收录了该篇章。其故事情节如下：占据西方的乌宗阿拉达尔汗之子圣主江格莱可汗同夫人阿若勒高娃永葆二十五岁青春，生活得很幸福。一天，江格莱可汗对众英雄说：哈布罕哈拉索耀和贪婪的夏拉蟒古思现占据着北方，有谁敢去将贪婪的夏拉蟒古思擒来？于是，洪古尔骑上枣红神马前去捉拿。骑着快如幻影的淡黄马的英雄嘎勒乌兰同洪古尔一道前往。他抓住夏拉蟒古思，报了当年被他在脸上打下印记的仇。哈布罕哈拉索耀率大军前来同江格莱交战，江格莱与包尔罕芒乃齐心协力，制服了哈布罕哈拉索耀。

蒙古国《江格尔》史诗的特征，就是大多数情况下都说成江格莱汗。

《圣主江格尔》

蒙古国《江格尔》篇章。1971年，由蒙古国后杭爱省艺人古儒·阿日格恰演唱。1978年，乌·扎格德苏荣整理、科学院出版社出版的《名扬四海的好汉洪古尔》（蒙古国科学院主办的《口头文学研究》丛书，第11卷）收录了该篇章。其故事情节如下：江格尔可汗和雄狮英雄们一道，同夏拉蟒古思、哈布罕哈拉索耀等来犯之敌进行了多次激战，终于战胜了他们，让他们做了自己的臣民。

《圣主江格莱》

蒙古国《江格尔》篇章。1976年，由蒙古国库苏古尔省嘎拉丹县艺人D.丹奇格演唱。1978年，乌·扎格德苏荣整理、科学院出版社出版的《名扬四海的好汉洪古尔》（蒙古国科学院主办的《口头文学研究》丛书，第11卷）收录了该篇章。其故事情节如下：一天，乌宗阿拉达莱汗召集自己的臣民，要给儿子娶亲。小伙子江格尔跨上青灰马，前去迎娶阿格布若勒汗的公主阿勒腾图娅。阿格布若勒汗宣布：谁能在男子汉三项比赛中取胜，谁才能娶他女儿。于是，小伙子江格莱在男子汉三项比赛中战胜了蟒古思的摔跤手乌图夏拉，娶回了阿勒腾图娅公主。

《圣主江格莱可汗》

蒙古国《江格尔》篇章。1904年，由大库伦（今乌兰巴托）艺人玛格乃演唱，由布里亚特学者策旺·扎木察拉诺记录。1978年，乌·扎格德苏荣整理、科学院出版社出版的《名扬四海的好汉洪古尔》（蒙古国科学院主办的《口头文学研究》丛书，第11卷）收录了该篇章。其故事情节如下：江格莱可汗骑上枣红神马，登上阿尔茨泰山，同一位孤儿相遇。他把那孩子带了回来，让他当了多年马倌。那孩子本是腾格里天神最小公主的儿子，他在江格莱那里待了很长时间，然后回到天上去了。一天，哈布罕哈拉索耀前来报仇，江格莱手下的英雄道克欣夏拉和策岑乌兰前去迎战，但未能取胜。江格莱便去将腾格里天神小公主的儿子请了回来。江格莱和那孩子一道去请老铁匠，打造了长枪，然后登上约定的包尔山头，同哈布罕哈拉索耀交战，并消灭了他。

《勇猛圣主江格莱可汗》

蒙古国《江格尔》篇章。1903—1904年间，芬兰著名蒙古学家兰司铁从阿尔泰地区记录，演唱者不详。1978年，乌·扎格德苏荣整理、科学院出版社出版的《名扬四海的好汉洪古尔》（蒙古国科学院主办的《口头文学研究》丛书，第11卷）收录了该篇章。其故事情节如下：占领西北方的江格尔可汗手下有哈吉尔·巩布和额盖岱·莫日根两位大臣。一天，哈吉尔·巩布为制服有九十五颗脑袋的印丹玛·哈拉蟒古思而去同他交战，败在他手下。江格尔随后又派额盖岱·莫日根前去助战。额盖岱·莫日根救出了哈吉尔·巩布，二人齐心协力制服了敌人。

《圣主江格莱汗》

蒙古国《江格尔》篇章。1903—1904年间，芬兰著名蒙古学家兰司铁从阿尔泰地区记录，演唱者不详。1978年，乌·扎格德苏荣整理、科学院出版社出版的《名扬四海的好汉洪古尔》（蒙古国科学院主办的《口头文学研究》丛书，第11卷）收录了该篇章。其故事情节如下：圣主江格莱为迎娶那仁高娃汗的萨仁高娃公主而登上天国，他摇身变成一匹银胸金臀的骏马，混进了那仁高娃汗的马群。汗的公主萨仁高娃看上了这匹马，就骑到他的背上。江格莱可汗驮着她立即下凡回到了本部。

《圣主江格尔可汗》

蒙古国《江格尔》篇章。采集地点、时间和演唱者不详。1978年，乌·扎格德苏荣整理、科学院出版社出版的《名扬四海的好汉洪古尔》（蒙古国科学院主办的《口头文学研究》丛书，第11卷）收录了该篇章。其故事情节如下：江格尔可汗前去迎娶伊尔维斯泰汗的敖永公主，途中他在一座白色无系带宫帐前下了马，摇身变成一只小麻雀飞到天窗上坐下。他听到三个正在试弓箭的小伙子和三个正在缝盔甲的姑娘齐声夸赞伊尔维斯大汗的敖永公主和圣主江格尔，说他两人十分般配。于是，江格尔化装成一个寻找骆驼的人，来到伊尔维斯泰汗的牛倌家好好休息了一下，这才去同腾格里天神的摔跤手乌图夏拉进行男子汉三项比赛，并夺得了胜利。伊尔维斯泰汗说："谁能抓来腾格里天神的三匹黄骠马，我就把女儿嫁给他。"江格尔跨马来到两座一开一合的山前，像箭一样"嗖"地穿过山缝，又"腾"地跃过翻滚着红浪的大海，抓回腾格里天神的三匹黄骠马献给了汗，然后娶回了汗的敖永公主。

《罕西尔》

蒙古国《江格尔》篇章。1978年，由蒙古国科布多省布尔干县艺人玛格萨尔·普尔布扎拉演唱。蒙古国家出版社1982年出版的《蒙古民间英雄史诗》一书收录了该篇章。其故事情节如下：罕西尔同五百名强盗交战并消灭他们后，让敖尔诺乌拉岱陪伴着自己，前往蒙根汗那里迎娶其女儿蒙德勒高娃。途中，敖尔诺乌拉岱趁罕西尔熟睡之机将他杀害，然后穿戴上他的盔甲，来到蒙根汗的宫殿想迎娶蒙德勒高娃为妻。蒙德勒高娃识破了他的假面具，不肯同他举行婚礼。蒙根汗十分生气，便砍断了女儿的手脚，弄瞎了她的眼睛，将她抛到部落边缘。洪古尔在去给蟒古思还债途中，看到了两匹马的足迹和一具被杀害的人的尸体。他跟踪查找，又发现了遭摧残后倒在地上的蒙德勒高娃姑娘。他急忙回去取来了灵丹妙药，救活了罕西尔和蒙德勒高娃姑娘。江格尔的英雄们为罕西尔举行了盛大的婚礼。洪古尔要护送罕西尔回本部落，但罕西尔已不愿意回去，便留下来做了江格尔的第19位伯东——罕西尔伯东。《罕西尔》是新疆和布克赛尔县江格尔奇皮尔来·冉皮勒和精河县巴·孟特库尔演唱的《罕西尔伯东》的变体。

三、中国《江格尔》篇章

《洪古尔及子和顺与乌库尔奇汗、沙莱高勒三汗战斗之部》

新疆《江格尔》篇章。演唱者是焉耆县江格尔奇诺·琼真。1982年由阿穆尔达赖、贾木查搜集，1984年由巴·乌力促根据第154、155号录音带上的两次演唱录音本誊写整理，在新疆人民出版社1985年出版的《江格尔资料（四）》中予以发表。其故事情节如下：两个看相师前来江格尔部看相，对江格尔、江格尔的夫人到众勇士以及宝木巴国的自然环境、社会经济逐个进行赞美。江格尔听了很高兴，让玛希巴勒达达鲁花（达鲁花即大臣之意）前往五位富豪那里，取来用五百头骆驼的奶酿制的头锅奶酒和用五百头骆驼的奶酿制的二锅奶酒，摆上了盛大的宴席。正当众人纵酒狂欢之时，乌库尔奇汗派使者铁木尔布斯巴托尔前来挑衅道："我命你立即交出洪古尔、阿拜格日勒夫人和枣红神马。"圣主江格尔不敢当面回绝，答应七天内满足其要求。打发使者后，江格尔召回洪古尔，告知所发生的事情。为征讨乌库尔奇汗，洪古尔跨上阿兰扎尔枣红马离去。途中，洪古尔杀死了有十五颗脑袋的阿塔哈尔哈日蟒古思。阿兰扎尔枣红马摧毁了乌库尔奇汗的黑色铁墙冲了进去。洪古尔变幻成秃头小儿，取下了乌库尔奇汗的首级。乌库尔奇汗之子乌兰扎拉腾从后面赶来，一箭射中洪古尔。洪古尔带箭回来，贞洁的阿拜格日勒夫人从他身上跨越而过，为他取出了身上的箭。之后，洪古尔之子和顺跨上褐红母马所生的青灰马，前往乌库尔奇汗部，杀死了乌兰扎拉腾。又得知了沙莱高勒三汗的命根子所在地，于是来到大白衙门口，砸碎了三块白石头，杀死了从三只白蛋中孵出的三头母鹿。大白衙门立时倒塌，三个蟒古思倒在门口死去。少年英雄和顺将沙莱高勒三汗的人畜一个不剩地全部带回宝木巴国。故事在六十五天的庆祝筵宴、八十五天的尽情欢乐中结束。

《洪古尔之子和顺征服那仁达赖汗的儿子古南哈日苏农凯之部》

新疆《江格尔》篇章。演唱者是和静县江格尔奇宗儒甫。1983年由贾木查、六十五搜集记录，1984年由六十五从第142号录音带上誊写整理，在新疆人民出版社1985年出版的《江格尔资料（四）》中予以发表。其故事情节如下：在江格尔的宴席上，出现了那仁达来汗之子古南哈日苏农凯。他威逼江格尔交出枣红神马、洪古尔、阿拜格日勒夫人和朝布道勒查干公主。经江格尔哀求，古南哈日苏农凯宽限三个月，而先期带走了枣红神马。洪古尔赶去杀死了古南哈日苏农凯，然后又按银须老者指点消灭藏在母鹿腹中的敌人灵魂，征服了那仁达来汗部。但是古南哈日苏农凯复活，把洪古尔的故乡掳掠一空。洪古尔再度前去交战，不幸被擒。洪古尔新出生的儿子和顺前来，消灭了古南哈日苏农凯。在返回宝木巴后，和顺继承了江格尔的汗位。

《洪古尔的婚事之部》

新疆《江格尔》篇章。演唱者是和静县江格尔奇巴桑。1983年由贾木查、阿·乌力促搜集记录，1984年由巴·乌力促从第84、85号录音带上誊写整理，在新疆人民出版社1985年出版的《江格尔资料（四）》中予以发表。其故事情节如下：由圣主江格尔做主，按道克欣夏拉格西喇嘛的意见，为洪古尔娶了东布巴尔汗的公主杜维尔夏日娜琴。一天夜里，洪古尔梦见宝木巴地方名声扫地，圣主江格尔也成了战俘。他心中生疑，便杀了杜维尔夏日娜琴，独自外出。途中，宝东托洛盖汗的公主想引诱他，他不落圈套，继续赶路。他变幻成一个秃头的小儿潜入阿拉奇汗宫殿，发现腾格里天神之子铁木尔布斯腾正欲娶走汗的公主、美丽的阿勒腾登吉。于是，洪古尔恢复原形，通过赛马、射箭、摔跤三项本领的较量，战胜铁木尔布斯腾，娶了阿勒腾登吉为妻。之后，阿拉奇汗又让洪古尔完成抓回丢失十五年的公骆驼、公牛和狗的任务。洪古尔带着阿勒腾登吉返回宝木巴国途中，被十五颗脑袋的阿塔哈尔哈日蟒古思射出的箭射中。回到宝木巴后，贞洁的夫人阿勒腾登吉从他身上跨越而过，救了他的性命。

《和顺乌兰征服玛拉哈布哈汗之部》

新疆《江格尔》篇章。演唱者是和静县江格尔奇巴桑。1983年由贾木查、阿·乌力促搜集记录，1984年由巴·乌力促从第85号录音带上誊写整理，在新疆人民出版社1985年出版的《江格尔资料（四）》中予以发表。其故事情节如下：众人见洪古尔娶了夫人归来，欣喜万分，饮酒相庆。此时，下方世界的道克欣道代玛拉哈布哈汗手下的海孙哈拉巴图尔前来对江格尔说:"我汗有旨,命你交出洪古尔、阿拜格日勒夫人及阿兰扎尔枣红马,如不交出,将用马鞭杆推倒你们的须弥山。"洪古尔闻言大怒,即率领三位英雄前去与玛拉哈布哈汗交战,不幸被俘。为救出四位英雄,江格尔设法让阿勒腾登吉夫人提前生下怀孕仅五个月的胎儿,为他取名和顺。年幼的和顺道:"为父报仇,讨还人命和血债,正在此时。"说罢,便飞身上马,前去制服了玛拉哈布哈汗,救出了父亲和三位叔叔。

《乌兰洪古尔铲除十五个头的安杜尔玛哈日蟒古思之部》

新疆《江格尔》篇章。演唱者是和静县江格尔奇沙·嘉瓦。1982年由六十五搜集记录,并从第132、133号录音带上誊写整理,在新疆人民出版社1985年出版的《江格尔资料(四)》中予以发表。其故事情节如下:圣主江格尔派飞毛腿萨里亨塔巴克勇士给国中的七位富豪传令,叫他们准备盛大的宴席。席间,洪古尔因傲慢且受江格尔格外尊敬,引起众勇士不满,这也致使洪古尔生气而退席。这时,骑着高大黑线脸马的安达勒玛蟒古思的图古勒乌兰勇士前来,向江格尔提出无理要求,强行牵走了江格尔的阿兰扎尔枣红骏马。祖勒盖日乐夫人将这一不幸消息告诉了洪古尔。洪古尔大怒,立刻追到安达勒玛蟒古思部里,打败了图古勒乌兰,夺回了阿兰扎尔骏马。但是,高大的黑线脸马却救走了图古勒乌兰。洪古尔又与安达勒玛蟒古思的大军交战。他在自己的保护神的指点下打败了蟒古思独眼的浩查干勇士,消灭安达勒玛蟒古思,俘获了他的部落百姓。

《洪古尔消灭二十五个头的浩特豪尔哈日蟒古思之部》

新疆《江格尔》篇章。演唱者是和静县江格尔奇沙·嘉瓦。1982年由六十五搜集记录,并从第133、134号录音带上誊写整理,在新疆人民出版社1985年出版的《江格尔资料(四)》中予以发表。其故事情节如下:在宝木巴国举行的欢宴上,阿拉坦策吉预见到二十五个头的浩特豪尔哈日蟒古思的使者大力士雄胡尔骑着长须马进犯边境。在座的十二位勇士没有一个人敢应战。唯有洪古尔跨上青线脸骏马,为打垮劲敌驰向疆场。洪古尔与雄胡尔交战,经过三个回合,雄胡尔诈败逃回家乡。待洪古尔追到蟒古思驻地,骑着银白色马的浩查干勇士阻击洪古尔。洪古尔在坐骑的配合下连续消灭了浩特豪尔哈日蟒古思及其众多勇士,生擒雄胡尔。

《洪古尔之子和顺征服毛勒木哈布哈之部》

新疆《江格尔》篇章。演唱者是和静县江格尔奇道·普尔拜。1982年由贾木查搜集,由六十五从第144、145号录音带上誊写整理,在新疆人民出版社1985年出版的《江格尔资料(四)》中予以发表。其故事情节如下:在江格尔汗宫举行的宴席上,骑着哈斯尔黑马的海森哈日勇士前来提出三大蛮横无理的要求。江格尔的十二位勇士没有一个挺身而出。这时,洪古尔站出来,说要取来毛勒木哈布哈的首级。随即率领骑柴红线脸马的铁臂勇士萨布尔等几位勇士,跨上阿兰扎尔枣红骏马远征。在与敌人的交锋中,洪古尔落入圈套,不幸被俘。这时洪古尔的儿子出生,神速长大,顷刻间变成了顶天立地的英雄。他跨上了灰青马驹上战场,途中结束了十五个头的阿塔哈尔哈日蟒古思等仨兄弟的性命。骑着哈斯尔黑马的海森哈日勇士前来接应洪古尔的儿子,指给他父亲洪古尔的遗骨。他在父亲遗骨上撒上神药,让父亲复活。然后消灭毛勒木哈布哈,取其首级交给父亲,洪古尔则将首级献给圣主江格尔,为此宝木巴举国设宴欢庆胜利。

《洪古尔之子和顺结亲之部》

新疆《江格尔》篇章。演唱者是和静县江格尔奇道·普尔拜。1983年由贾木查搜集，由六十五、阿力腾从第145号录音带上誊写整理，在新疆人民出版社1985年出版的《江格尔资料（四）》中予以发表。其故事情节如下：在为庆祝战胜毛勒木哈布哈的宴会上，洪古尔对儿子说，我想给你娶霍尔穆斯塔天神的独女，你看如何？和顺乌兰不同意，离家出走。他梦见日月光辉，得知这是赞布拉汗的女儿的容颜发出的光芒，于是决心娶她为妻。他变幻成秃头孤儿，去赞布勒汗家充当仆人，期间以"江格尔颂歌"十二首博得公主芳心，并与企图强娶赞布拉汗女儿的巴音查干勇士行进"好汉三艺"较量并获胜，如愿迎娶了赞布拉汗的女儿，返回宝木巴国，安居乐业。

《江格尔消灭道格欣沙日古日古之部》

新疆《江格尔》篇章。演唱者是和静县江格尔奇格雷克。1983年由六十五搜集并从第139、140号录音带上誊写整理，在新疆人民出版社1985年出版的《江格尔资料（五）》中予以发表。其故事情节如下：江格尔将宝木巴国交由乌兰洪古尔管理，自己按梦境中的启示，去追求查干汗的公主。如愿娶到公主后，在荒原戈壁上修筑房舍居住下来，并有了一个儿子。江格尔出走后，以阿拉坦策吉为首的右翼勇士们和以古哲恩古恩拜为首的左翼勇士们自行散去。住在七层地下的道格欣沙日古日古乘机率领七万大军来到世间，同单枪匹马的洪古尔鏖战十九天，终于生擒了洪古尔，侵占了宝木巴国，并掳走了宝木巴的百姓。江格尔在旷野里住了一段时间，一眼望见十二英雄带来的乘骑和箭镞，又怀念起宝木巴国。他将妻儿送回岳父家，开始寻找自己的部落。按照保护神的指点，进入滚烫的海里，消灭老妖婆和她的七个秃头小儿，以及还在铁摇篮里的小儿，救出腾格里天神的公主及两个迷路的小儿，一同来到地面。但那两个小儿为了得到公主，竟砍断了用来攀爬的绳索，使江格尔又坠入海中。江格尔从海底救出洪古尔，两人坐在金翅鸟的双翼飞回地面，落在万年旃檀树上。江格尔之子肖布舒尔随后来到，进入下界杀死铲除道克欣沙日古古，将人民百姓从下界迁回到宝木巴国。

《道克欣哈日萨纳拉夺取扎恩台吉汗八万匹战马之部》

新疆《江格尔》篇章。演唱者是和静县江格尔奇格雷克。1983年由六十五搜集，1984年由布·阿穆尔达赖从第137、138号录音带上誊写整理，在新疆人民出版社1985年出版的《江格尔资料（五）》中予以发表。其故事情节如下：在酒宴集会上，江格尔命令道克欣哈日萨纳拉勇士去扎恩台吉汗部，向他转达旨意。道克欣哈日萨纳拉领命，跨上花脸灰白马，向着扎恩台吉汗部出发，途中杀死一个妖精。途经额楚肯梯布汗部后，来到扎恩台吉汗的宫中，开口道："汗王，你听着，圣主江格尔命我问你，是想和还是想战？如想和，便需进贡五十年，服役一千年，向我部投诚称臣。"话犹未了，从右侧站起古南哈日英雄，要与道克欣哈日萨纳拉战斗。道克欣哈日萨纳拉，一把夺下宫门上的黑白旗，赶起汗的八万匹花脸黑马便走，扎恩台吉汗的众勇士同道克欣哈日萨纳拉大战，直至战死。又有八万蟒古思团团围住萨纳拉勇士，萨纳拉终于抵挡不住。阿拉坦策吉遥知所发生的一切，并向江格尔通报。江格尔亲率众勇士出征，与道克欣哈日萨纳拉同心协力，生擒了扎恩台吉汗，驱赶来他的战马，收降了他的部落。

《美男子明彦夺取图鲁克汗一万匹黄斑战马群之部》

新疆《江格尔》篇章。演唱者是和静县江格尔奇格雷克。1983年由六十五搜集并从第138号录音带上誊写整理,在新疆人民出版社1985年出版的《江格尔资料(五)》中予以发表。其故事情节如下:绝世美男子明彦奉圣主江格尔之命,前去图鲁克阿拉坦汗部驱赶他的一万匹黄斑战马群。途中杀死了齿长百尺的烈性野公驼,驱赶着万匹黄斑战马,返回宝木巴国。名叫阿尔斯朗布赫查干的蟒古思,带领一万名勇士,赶来同绝世美男子明彦厮杀,将其生擒。其后,人中之隼、铁臂勇士萨布尔和布凌格尔之子道克欣哈日萨纳拉二人赶来,同蟒古思激战,终于生擒了图鲁克阿拉坦汗,将其带回交给圣主江格尔,举行庆功宴。

《洪古尔之子和顺征服楚雄胡尔之部》

新疆《江格尔》篇章。演唱者是和静县江格尔奇库·道尔吉。1983年由贾木查、六十五搜集,由阿力腾从第146、147号录音带上誊写整理,在新疆人民出版社1985年出版的《江格尔资料(五)》中予以发表。其故事情节如下:正当圣主江格尔召集臣民举行盛宴时,那仁达赖汗的楚雄胡尔英雄来到宫中,叫江格尔以洪古尔勇士、阿盖夫人和枣红神马向那仁达赖汗进贡。江格尔委曲求全,叫楚雄胡尔勇士先带走枣红神马。雄狮英雄洪古尔闻讯从后面赶去,杀死楚雄胡尔,夺回了枣红神马,但楚雄胡尔的坐骑抢过主人的首级逃走。洪古尔还被蟒古思射伤,勉强回到家中。洪古尔之子和顺乌兰跨上花脸青骏马,来到那仁达赖部,经过一番激战,消灭楚雄胡尔及其儿子——十个头的蟒古思,征服那仁达赖汗及其三大部落将他们迁到宝木巴国。为此,江格尔又举行了八十天的庆祝活动。

《洪古尔消灭哈日库库勒汗之部》

新疆《江格尔》篇章。演唱者是和静县江格尔奇博斯浩木吉。1981年由贾木查搜集,由六十五从第94号录音带上誊写整理,在新疆人民出版社1985年出版的《江格尔资料(五)》中予以发表。其故事情节如下:江格尔君臣大开筵宴,饮酒歌舞八十天,尽情欢乐六十天。哈日库库勒汗的使者乌兰扎拉坦前来,提出了带走枣红神马、阿拜格日勒夫人和洪古尔的三项要求。江格尔答应给他枣红神马,但洪古尔发誓:宁洒一腔热血,决不受辱。于是,双方确定进行决战。洪古尔跨上花脸青马,前往哈日库库勒汗所在地,花脸青马为他排除了途中的一切障碍。洪古尔变幻成蜘蛛,先将哈日库库勒汗杀死,又杀死了他的夫人和七个喇嘛。他右手提着他们的首级,左手持枪,与包围他的军队激战,最后拽住花脸青马自屋顶垂下的尾巴,爬上屋顶,奔赴宝木巴。乌兰扎拉坦随后赶上洪古尔,向他连射几箭,射穿洪古尔的身躯,将他钉在马鞍上。花脸青马小心翼翼地将洪古尔带回了家中,洪古尔夫人从他身上来回跨越,为他拔出箭头,将他救活。

《洪古尔第二次婚礼之部》

新疆《江格尔》篇章。演唱者是和静县江格尔奇博斯浩木吉。1981年由贾木查搜集,由六十五从第94号录音带上誊写整理,在新疆人民出版社1985年出版的《江格尔资料(五)》中予以发表。其故事情节如下:哈拉岱汗之子神箭手哈拉吉凌,奉江格尔之命,根据七万僧侣之长道克欣夏拉主持喇嘛的预卜,来到东布巴尔汗那里,替洪古尔向公主赠了手帕和哈达作为聘礼,获得了许诺。其后,江格尔君臣用一千峰骆驼满载全套彩礼,举行了八十天婚礼,将公主娶了过来。当天夜里,洪

江格尔

古尔梦见自己和江格尔、阿拜格日勒夫人三人被他人俘虏。惊醒过来后，他认定这是不祥之兆，便杀死了新婚妻子。洪古尔又外出寻找意中人，行前向江格尔索要三样东西，遭到拒绝。洪古尔赌气跨上花脸青马，弄断了牧马人头领阿哈萨哈勒的腿，又揍了闻讯赶来的十三名勇士。随后，他渡过毒海，来到布都勒托洛盖汗部，扮成一个秃子，参加为公主选夫婿的三项比赛，打败婚姻竞争者腾格里天神之子铁木尔布斯图，又驯服害人的公驼、公牛和狗，如愿娶美丽的公主为妻，回到家乡，过上了美满的生活。

《洪古尔消灭道格欣哈日苏农凯，却被三个蟒古思打败，和顺复仇之部》

新疆《江格尔》篇章。演唱者是和静县江格尔奇丹皮尔·道岱。1983年由贾木查搜集，1984年由六十五从第164、165号录音带上誊写整理，在新疆人民出版社1985年出版的《江格尔资料（五）》中予以发表。其故事情节如下：圣主江格尔主持盛宴，君臣们尽情欢乐。阿拜格日勒夫人劝诫江格尔应防范敌人侵犯，江格尔不听。果然，达来汗之子古南哈日苏农凯来到这里，向江格尔提出三项苛刻要求：1.交出阿兰扎尔神马；2.交出阿拜格日勒夫人；3.交出乌兰洪古尔。在他的威逼下，江格尔将阿兰扎尔神马交给了他。洪古尔随后赶去，镇压了古南哈日苏农凯，又继续前行，杀死了狰狞的蟒古思，最后败于二十五颗脑袋的蟒古思之手，被钉在大车上。留在家中的洪古尔三岁儿子为报父仇，跨马来到蟒古思部，将他杀死，又消灭了其妻腹中之子。他救出被铁钉钉在大车上的父亲，用仙药治好了他的伤。父子二人带着俘获的蟒古思部百姓，荣归宝木巴。

《江格尔之子布俊宝日、洪古尔之子和顺乌兰灭库克芒乃蟒古思之部》

新疆《江格尔》篇章。演唱者是和静县江格尔奇诺·巴桑。1981年由贾木查搜集，1984年由六十五从第94号录音带上誊写整理，在新疆人民出版社1985年出版的《江格尔资料（五）》中予以发表。其故事情节如下：骑银白马的差役舒戴查干，被库克芒乃蟒古思抓去后下落不明。圣主江格尔闻讯，派铁臂勇士萨布尔和神箭手哈拉吉凌去蟒古思部探寻。两位英雄正骑马行进，库克芒乃蟒古思的五岁黄色雄鹰飞来，将他们连人带马叼至库克芒乃蟒古思的宫门，掷于地下，被蟒古思的部队钉于大车上。阿拜格日勒夫人好言抚慰洪古尔，将他派去库克芒乃蟒古思部，洪古尔刚来到旷野，便遇到了跨青花白骡子的库克芒乃蟒古思。二人枪来箭往，摔跤角力，最后，洪古尔也被库克芒乃蟒古思生擒，钉到了大车上，但洪古尔的坐骑却逃了回来。最后，圣主江格尔亲自跨上阿兰扎尔枣红马，前去与库克芒乃蟒古思部作战。库克芒乃在精疲力竭后降下雷箭，杀死了江格尔。身怀有孕的江格尔和洪古尔的夫人，分别生下儿子布俊宝日以及和顺乌兰。两个孩子神速长大，只过了一天，一张羊羔皮就包裹不住了。只过了两天，两张羊羔皮也包裹不住了。两人很快长成了青年。他俩为报父仇，身挎武器，踏上征程，同库克芒乃蟒古思的部队大战，杀死了无数敌人，血流成河，尸骨成山。库克芒乃摇身变成黄色鹞鹰逃跑，两个孩子紧追不舍。库克芒乃又将自己熔进岩石之中，两个孩子举起万斤重锤击碎岩石，让工匠们投入鼓风炉煅烧，这才消灭了库克芒乃蟒古思。两个孩子找到了铁臂勇士萨布尔、神箭手哈拉吉凌，以及洪古尔和差役舒戴查干，又找到了圣主江格尔的尸骨，按原样对好，抹上仙药，使之复活。他们一行七人胜利返回宝木巴国。从此，江格尔的政权更加巩固，百姓们个个安居乐业。

《洪古尔之子和顺的婚礼之部》

新疆《江格尔》篇章。演唱者是和静县江格尔奇宝·奥齐尔。1982年由六十五采录并从第134号录音带上誊写整理，在新疆人民出版社1985年出版的《江格尔资料（五）》中予以发表。其故事情节如下：圣主江格尔对洪古尔之子和顺乌兰说："你要娶满朱来之女乌冉斯琴为妻。"只有三岁的和顺乌兰听到，十分害羞，便骑上灰青马逃到了另一个部落，给一对老夫妇做了儿子。该部落之汗夏拉为择女婿而举行了"男子汉的三项比赛"（射箭、赛马、摔跤）。和顺乌兰在比赛中赢得了全胜。他娶得夏拉汗之女为妻后，返回宝木巴国。

《洪古尔之子和顺取残暴的玛莱哈布哈的首级之部》

新疆《江格尔》篇章。演唱者是和静县江格尔奇宝·奥齐尔。1982年由六十五采录并从第135、136号录音带上誊写整理，在新疆人民出版社1985年出版的《江格尔资料（一）》中予以发表。其故事情节如下：乌兰洪古尔，铁臂勇士萨布尔和发长及耳的齐斯乌兰三人，奉圣主江格尔之命，来到下界的道克欣玛莱哈巴哈汗部，提出三项要求。道克欣玛莱哈巴哈汗的三个蟒古思起身，同他较量，最后生擒洪古尔，用烧红的铁条将其钉住。齐斯乌兰英雄阵亡，只有铁臂勇士萨布尔逃了出去。洪古尔之子和顺乌兰接受了母亲的祝福，获得了圣主江格尔的准许，跨上灰青马，为报父仇来到敌人那里。他消灭了母鹿腹中的蟒古思三兄弟的命根子——三只麻雀，一一铲除了蟒古思的三兄弟，又取下道克欣玛莱哈巴哈的首级，最后找到了被铁条钉住的洪古尔。二人骑灰青马，回到了宝木巴国，过上了幸福的生活。

《孟根希克锡力格与孤儿江格尔相遇之部》

新疆《江格尔》篇章。演唱者是和布克赛尔县江格尔奇冉皮勒。1980年由陶·巴德玛采录，并从第25号录音带上誊写整理，由中国民间文艺家协会新疆维吾尔自治区分会在1982左右编印的内部交流资料《江格尔资料（一）》中予以发表。其故事情节如下：孟根希克锡力格徒步周游世界，在阿尔泰山中和一位黑瘦小儿相遇。那小儿故意逗他，从这个山头蹦到那个山头，不让他抓住自己。孟根希克锡力格好不容易才将他抓获，猜测他是个怪物，就命他去给阿拉坦策吉驱赶马群。这个小孩正是后来名扬四海的江格尔。江格尔正驱赶着马群，被身背鹰尾长矛的阿拉坦策吉看到了。阿拉坦策吉暗自寻思，这是哪个异教徒在赶我的马群，便向他射了一箭。那孩子虽中了箭，仍然驱赶着他的马群，来到了阿尔泰山右侧的孟根希克锡力格家。阿萨尔乌兰洪古尔将他中箭之事告知母亲，其母为江格尔取出了箭。从此，江格尔和洪古尔便结拜成了弟兄。

《孟根希克锡力格将希尔格汗的领地移交于江格尔之部》

新疆《江格尔》篇章。演唱者是和布克赛尔县江格尔奇冉皮勒。1981年由陶·巴德玛采录，并从第2号录音带上誊写整理，由中国民间文艺家协会新疆维吾尔自治区分会在1982左右编印的内部交流资料《江格尔资料（一）》中予以发表。其故事情节如下：故事的开头叙述了孟根希克锡力格将希尔克的五百万百姓交给江格尔的经过；介绍了江格尔家乡的美好景象：这里有常年积雪的宝山，有八万棵万年旃檀，有长生不老、永葆二十五岁青春容颜的仙泉；讲述了江格尔可汗同八千英雄商议，建造起十层九彩金色汗宫，这座皇宫共有七千根名为东珠尔玛尼的宝柱，每根宝柱都具有一亿个阿弥陀佛的法术。皇宫落成后，江格尔邀请四大洲的君主和四十万百姓前来庆祝。在盛宴上，通事凯吉勒干将各路英雄的首领一一向江格尔作了介绍。

《额尔古蒙根特布赫汗扫荡乌宗阿拉达尔汗的故乡，摔跤手孟根希克锡力格给乌宗阿拉达尔汗的孤儿起名为江格尔之部》

新疆《江格尔》篇章。演唱者是和布克赛尔县江格尔奇冉皮勒。1981年由巴·乌力促采录，由照·李嘉拉从第3号录音带上誊写整理，由中国民间文艺家协会新疆维吾尔自治区分会在1982左右编印的内部交流资料《江格尔资料（一）》中予以发表。其故事情节如下：在陶高斯阿勒泰左侧的雪山坡上，孟根希克锡力格和宝木巴国首领乌宗阿拉达尔汗，毗邻而居。一天，额尔古孟根特博克汗给一万个蟒古思下达了命令，要他们骑上一万匹黑公马，去把乌宗阿拉达尔汗抓来。这群蟒古思来到宝木巴国，舀干了宝木巴海水，抢光了金银财宝。在万分紧急的情况下，乌宗阿拉达尔汗给只有两岁的儿子嘴里含了一颗白宝玉（据说这样就不致饿死），把他藏进山洞，用巨石堵住了洞口。额尔古孟根特博克生擒并杀害了乌宗阿拉达尔汗及其夫人。孟根希克锡力格闻讯来到乌宗阿拉达尔汗的部落，找到了他留在草地上的枣骝马驹和藏在山洞里的儿子。他看到这孩子本领特别高超，又看到他两肩之间有块闪闪发亮的胎记，十分惊讶，便为他取名为"江格尔"。有一天，孟根希克锡力格看到江格尔和自己的儿子洪古尔一道做游戏，江格尔扮成可汗，洪古尔扮成他的臣民。孟根希克锡力格大为不悦，心中寻思：要是现在不除掉他，他将来定会加害于我的孩子。于是，他在江格尔三岁时，便让他骑上枣骝马驹和郭力金沙日蟒古交战。好友洪古尔嘱咐江格尔说："你去吧，令那里敢于反抗的人都臣服，把敢于违逆的人全部踏平。"江格尔便骑上高大威武的三岁枣骝马，手持父亲留下的武器，制服了郭力金沙日蟒古思。孟根希克锡力格又派他去驱赶阿拉坦策吉的马群，使不明真相的阿拉坦策吉射了江格尔一箭，江格尔带着箭伤赶着阿拉坦策吉的马群回来。他的好友洪古尔哀求母亲姑希赞丹格日勒，为江格尔取出了背上的箭头，救了江格尔。阿拉坦策吉赶到问明情况以后，生气地责备孟根希克锡力格："到了受到腾格里天神恩典的江格尔掌大权的那天，我要亲自赶着五千匹灰青马，坐到他右侧英雄们的首位。到那时，你会把统辖希尔克的五百万百姓的权力移交给江格尔。"

《博尔托洛盖的大力士阿拉坦索耀汗之部》

新疆《江格尔》篇章。演唱者是和布克赛尔县江格尔奇冉皮勒。1980年由陶·巴德玛采录，并从第20号录音带上誊写整理，由中国民间文艺家协会新疆维吾尔自治区分会在1982左右编印的内部交流资料《江格尔资料（一）》中予以发表。其故事情节如下：江格尔在十层九彩美丽汗宫里和众英雄畅饮欢叙时，阿拉坦策吉向江格尔报告说："博尔托洛盖的阿拉坦索耀汗将进犯我部，他的儿子长至十八岁时，必将成为征服我们宝木巴国的强大的敌人。"洪古尔听了，怒火中烧，说要亲自前往将其生擒而归，说罢上马而去。路遇英雄沙尔额然哈尔察哈，两人结为弟兄，一同来到阿拉坦索耀汗的部落。洪古尔设计擒拿了阿拉坦索耀汗五岁的儿子。泽格德克查干率三千勇士追来与洪古尔交战，最终投降，阿拉坦索耀汗又亲率十五万勇士追来。这时，江格尔也亲率雄狮英雄们，来到阿勒泰山西侧迎接洪古尔。就这样，以江格尔、洪古尔为首的一方，同以阿拉坦索耀汗、塔勒宾夏尔为首的一方摆开阵势，展开了激战。江格尔几乎战死，但最后消灭了阿拉坦索耀汗，并将他的百姓收降为自己的臣民。

《江格尔之子阿尔巴斯哈尔活捉额尔古蒙根特布赫汗之部》

新疆《江格尔》篇章。演唱者是和布克赛尔县江格尔奇冉皮勒。1981年由巴·乌力促采录，由照·李嘉拉从第4号录音带上誊写整理，由中国民间文艺家协会新疆维吾尔自治区分会在1982左右编印的内部交流资料《江格尔资料（一）》中予以发表。其故事情节如下：肩负向阿塔哈尔哈日蟒古思征收十袋黄金赋税之责的洪古尔，贪睡了七七四十九天。圣主江格尔只好自己骑上阿兰扎尔骏马前往蟒古思处，但留在家中的妻子生子，江格尔只得返回给儿子取名。阿拉坦策吉为其子占卜，说道："这孩子是为了生擒杀害他祖父的额尔古孟根特博克汗而生的。"因此给他取名叫阿尔巴斯哈日，意即能干而健壮。后来，额尔古孟根特博克汗下令攻打江格尔部。阿尔巴斯哈日为报祖父乌宗阿拉达尔汗之仇，毅然出马迎敌。他擒住额尔古孟根特博克汗，将其当作棍子，向其手下的凶神恶煞们一路扫打过去，直杀得尸横遍地。待他杀出敌阵定睛看时，手中的额尔古孟根特博克汗已奄奄一息。阿尔巴斯哈日的坐骑、名骥道凌格尔所产的道勒岱（意即难驭之良骥）枣红马也连踢带咬，将蟒古思之万匹银光闪亮的公马一个个撕烂鬃皮，反挂于尾椎骨上。最后，道勒岱枣红马又与主人会合。阿尔巴斯哈日把额尔古孟根特博克绑在鞍梢绳上，请来乌宗阿拉达尔汗的土地神尹德热查干老翁，将蟒古思部妇幼鸡犬一个不剩地全部赶到宝木巴国。阿尔巴斯哈日完成了自己的使命，便从阿尔泰圣山顶升上腾格里天界。江格尔不知事情的原委，还派神鸟去打听阿尔巴斯哈日的下落，最后由腾格里天神派使者，告诉他阿尔巴斯哈日其实就是江格尔已去世多年的叔父的化身，下凡投胎只是为了报祖父之仇。如今使命已经完成，因此又回到天堂。

《博格达江格尔手执道格新希尔格汗的玉玺召集雄狮英雄之部》

新疆《江格尔》篇章。演唱者是和布克赛尔县江格尔奇加·朱乃。1980年由陶·巴德玛采录，并从第6、7、8号录音带上誊写整理，由中国民间文艺家协会新疆维吾尔自治区分会在1982左右编印的内部交流资料《江格尔资料（一）》中予以发表。其故事情节如下：宝木巴国地方的全体臣民讨论决定，将掌管宝木巴国的大印授予江格尔，由他继承义父希尔克的汗位。后来江格尔要去纳日图地方许多君主的领地巡视，便把政教事务托付给洪古尔及阿拉坦策吉掌管，自己骑上枣红骏马出发了。他收降了舒勒敏比尔满汗的百姓，使号称"绝世美男子"的明彦和英雄宝日芒乃慑于他的威望也俯首称臣。后来，江格尔又去拜会了古哲恩古恩伯，并把他们邀请到自己部落。宴会上，江格尔将左翼和右翼众勇士封为首席勇士、执法官、笔贴赤、通事、礼仪官、马夫长等职务。江格尔又把明彦和宝日芒乃两人的未婚妻接来，让他们完婚。圣主江格尔可汗为此又举行了盛大的宴会。人们从此过上了安居乐业的生活。

《扎雅图阿拉达尔汗之子宝日芒乃征服杜希芒乃汗之部》

新疆《江格尔》篇章。演唱者是和布克赛尔县江格尔奇加·朱乃。1980年由陶·巴德玛采录，并从第8号录音带上誊写整理，由中国民间文艺家协会新疆维吾尔自治区分会在1982左右编印的内部交流资料《江格尔资料（一）》中予以发表。其故事情节如下：扎雅图阿拉达尔汗之子宝日芒乃请求江格尔派他外出打仗，获准后，他来到杜尔伯特达赖部都希芒乃汗的领土，刀劈了他的四十四名英雄，最后打败了都希芒乃汗本人。都希芒乃汗临死时说："我死而无怨，让我的部落并入江格尔部，把我的头盔献给江格尔作礼物吧。"从此，杜尔伯特达赖汗部便做了江格尔的臣民。宝日芒乃向圣主江格尔献上了都希芒乃汗的头盔和首级。江格尔夸赞宝日芒乃道："正如俗话所说，你折断了敌人的肋骨回来了。今后你即使连犯三个大错误，我也可以宽恕你。"从此江格尔的臣民过上了上无强凌侧无敌的安宁幸福生活。

《洪古尔寻找叔父之部》

新疆《江格尔》篇章。演唱者是博尔塔拉县江格尔奇普尔布加甫。1980年由贾木查采录，1981年由努·霍比拉图从第3号录音带上誊写整理，由中国民间文艺家协会新疆维吾尔自治区分会在1982左右编印的内部交流资料《江格尔资料（一）》中予以发表。其故事情节如下：敖特洪乌兰洪古尔长大成人后，向父亲提出拜访叔父的请求。得到准许后，从孟根希克锡力格的无数马匹中挑了一匹花脸青灰神马，只身一人日夜兼行，终于找到了自己的伯父。

《江格尔向洪古尔之子和顺授玉玺之部》

新疆《江格尔》篇章。演唱者是和硕县江格尔奇桑吉·巴登加甫。1980年由贾木查、阿·乌力促采录，由嘉瓦从第82号录音带上誊写整理，由中国民间文艺家协会新疆维吾尔自治区分会在1982左右编印的内部交流资料《江格尔资料（一）》中予以发表。其故事情节如下：正当年迈的江格尔可汗准备向洪古尔交印让位，举行盛大仪式，大家尽情欢乐庆祝时，亚松额尔滚伯东（一将军名）忽然心怀嫉恨地站起身来，非议道："滚布勒赞布勒汗的首级是我们取来的，而不是布尔津乌兰洪古尔。"洪古尔一听，怒气冲冲地走了。那仁达赖汗之子郭那图哈日色棱克乘虚来到江格尔的部落，抢走了汗的大印、女儿、夫人和坐骑。后来，洪古尔得知此事，回到自己的部落，斩杀了郭那图哈日色棱克和那仁达赖汗二人。郭那图哈日色棱克又变成一个只有半截身子的鬼魂，再次前来，将江格尔部落的百姓赶到了安达勒玛汗那里。洪古尔又来到安达勒马汗的部落，因在战斗中失利，被钉死在双轮大车上。洪古尔之子和顺为报父仇，到那里劈死了有十二颗脑袋的安达勒玛汗和郭那图哈日色棱克的鬼魂，收回了被抢去的百姓，并俘获了对方的百姓，让父亲洪古尔复活。他以自己的战斗赢得了汗位继承权，江格尔可汗便向洪古尔之子和顺授了印，给了他三个大部落。从此人们过上了没有战乱的太平幸福日子。

《洪古尔抛弃道木布汗之女杜布尔沙日那钦，聘娶阿拉奇汗之女阿拉坦登珠叶之部》

新疆《江格尔》篇章。演唱者是和静县江格尔奇李·普尔拜。1982年由贾木查采录，并从第111、112、113、114号录音带上誊写整理，在中国民间文艺家协会新疆维吾尔自治区分会编，新疆人民出版社于1985年用托忒蒙古文出版的《江格尔资料（三）》中予以发表。其故事情节如下：圣主江格尔的洁白的宫殿巍然耸立。宫中东西两侧，依次坐着十二名大英雄、三十五伯东等众英雄，正在畅饮马奶子和美酒欢乐。高坐在四十四条腿的黄色宝座上、脸似满月般红润放光的圣主江格尔喝到兴头上，命布克孟根希克希尔格去请大喇嘛预卜，看看道克欣东布汗的公主杜布尔沙日娜琴与洪古尔是否般配。掌管七万个僧侣的道克欣夏拉主持喇嘛掐算一番后说，杜布尔沙日那钦同洪古尔真是天生的一对。圣主江格尔听后大喜，便命人给道克欣东布汗送去提亲酒。阿拉坦策吉起身说道："我曾从道克欣东布汗的部落经过，仔细观察过杜布尔沙日那钦。据我观察，她外表虽似天仙，内心实为妖精。阿鲁宝木巴地方并非没有好姑娘，依我之见，不必去远处求亲。"江格尔生气地说道："我认为可行之事，你何必阻拦？"不听阿拉坦策吉的劝阻，给东布汗送去了提亲酒。随后，便举行婚礼，为洪古尔娶了杜布尔沙日那钦。新婚之夜，杜布尔沙日那钦梦见一个比洪古尔更漂亮的青年明彦，便想同他来往。而洪古尔则梦见自己被人抓起来做车夫。惊醒后，天已大亮，他心里疑惑，便骑马打猎去了。归来时，见杜布尔沙日那钦蓬松着头发，背向他离去。洪古尔怒道："凌驾于皇帝之上的皇后是国家的祸害，小看丈夫的女人是家庭的祸害。"说罢便挥刀砍杀了杜布尔沙日那钦。之后，他便骑上吮吸五十匹骒马奶长大的青花脸马，自己去找称心如意的情人。途中，他突入了巴音孟克汗部，仔细观察汗的小公主。他看到小公主处处比自己差七分，扭头便走，那公主却让洪古尔过了夜再走。洪古尔对小公主说："啊，我的公主！我可不是那种见了两壶酒就来酒瘾，见了漂亮女子便住下不走的青年。"说完径自上了路，来到阿拉奇汗部。他又仔细观察阿拉奇汗的公主阿拉坦登朱叶，认定那是他称心如意的情人。于是，洪古尔便同想以武力夺走阿拉坦登朱叶的腾格里天神之子铁木尔布斯进行了摔跤、射箭、赛马三项比赛，并取得了胜利。他按照惯例和卫拉特习俗，煮了黄头羊肉，举行了婚礼。拜过父母和长辈，并与公主一起对着太阳发誓之后，夫妻双双回到了阿鲁宝木巴国。圣主江格尔等众人称赞洪古尔制服了敌人，从外地娶亲回来。大家一齐庆贺了八十天，欢宴了六十天。

《和顺乌兰砍取道克欣玛莱哈布哈的首级之部》

新疆《江格尔》篇章。演唱者是和静县江格尔奇李·普尔拜。1982年由贾木查采录，并从第115号录音带上誊写整理，在中国民间文艺家协会新疆维吾尔自治区分会编，新疆人民出版社于1985年用托忒蒙古文出版的《江格尔资料（三）》中予以发表。其故事情节如下：占有下方世界的道克欣玛莱哈布哈的使者——骑乌黑马的哈萨尔哈日巴托尔，前来对江格尔传达道克欣玛莱哈布哈的要求，说要交出阿拜格日勒夫人，让她去伺候道克欣玛莱哈布哈夫人；再交出阿拉克乌兰洪古尔，让他去做道克欣玛莱哈布哈的拾牛粪捡柴禾的仆人；再交出英俊的枣骝神马，好让它为道克欣玛莱哈布哈拉车。江格尔听后"唉"地长叹一声道："我如今已骨枯血干，年老体衰，无法与你的汗抗衡了。你先将英俊的枣骝神马带走吧。另外两件事我做不了主，容我们商议后再说吧。"说罢让哈萨尔哈日巴托尔将英俊的枣骝神马带走了。此时，阿拉克乌兰洪古尔等五位英雄挺身而出，说道："与其去外部落当拾粪捡柴的奴才，不如洒一腔热血，与敌人见个高低。"他们挎上弓箭等武器，前往道克欣玛莱哈布哈部交战，但因势孤力单，被他们的五百军士抓获，有的被杀，不知音讯。圣主江格尔闻此凶信，惊恐万分。无奈，他只得用狍鹿皮绳勒住洪古尔夫人的小腹，让她提前生下只怀了七个月的儿子，为他取名和顺乌兰，让他踏着五位英雄的足迹，前去寻找他们。和顺乌兰巧设计谋，取出了藏在母鹿腹中的道克欣玛莱哈布哈的灵魂，将其杀死。随后又变幻成一只蜘蛛，钻进道克欣玛莱哈布哈部砍下了他的首级，拴在鞍梢绳上。他又找到洪古尔等五位英雄，使死者复活。英雄们让哈萨尔哈日巴托尔将道克欣玛莱哈布哈的全体臣民一齐驱赶到宝木巴国。和顺乌兰将道克欣玛莱哈布哈的首级献于江格尔的案前。人们大开宴席，庆贺胜利。圣主江格尔威名重震，阿鲁宝木巴更加巩固，享受了万年太平。

《洪古尔娶杜布尔沙日那钦，打败道木布巴尔汗之部》

新疆《江格尔》篇章。演唱者是和静县江格尔奇高·巴塞。1980年由贾木查采录，1984年由六十五从第97号录音带上誊写整理，在中国民间文艺家协会新疆维吾尔自治区分会编，新疆人民出版社于1985年用托忒蒙古文出版的《江格尔资料（三）》中予以发表。其故事情节如下：奉圣主江格尔之命，哈拉岱汗之子、神箭手哈拉吉凌给东布巴尔汗送去提亲酒，为洪古尔娶来杜布尔沙日那钦公主为妻。江格尔在婚礼后的一次喜庆活动中，没有请洪古尔出席，此外，洪古尔又做了一个不祥的梦。于是，洪古尔心中产生疑虑，杀了杜布尔沙日那钦后出走了。其间，东布巴尔汗之子前来向江格尔提出三项要求，并先带走了英俊的枣红神马。洪古尔闻讯后，赶去夺回了英俊的枣红神马，杀死了东布巴尔汗之子，将其首级悬于鞍梢绳上，他还向东布巴尔汗宣战。到了约定的时间，洪古尔在交战中消灭了东布巴尔汗和他的七个妖僧，然后上马前往乌呼尔齐汗部。乌呼尔齐汗之子乌兰扎拉腾见洪古尔，一箭射伤了洪古尔。他带箭勉强回到阿鲁宝木巴国，请阿拜格日勒夫人三次从身上跨越而过，其伤自愈。

《洪古尔砍取那仁达赖汗的首级之部》

新疆《江格尔》篇章。演唱者是和静县江格尔奇纳塔尔。1982年由贾木查采录，1983年由阿力腾从第149、150号录音带上誊写整理，在中国民间文艺家协会新疆维吾尔自治区分会编，新疆人民出版社于1985年用托忒蒙古文出版的《江格尔资料（三）》中予以发表。其故事情节如下：孟根希克锡力格家举行盛宴，无所不知的楚海格日勒大臣、无所不管的塔勒布夏拉大臣及纳沁夏拉长官三人担当礼仪官。他们对所有来宾不论贫富均一视同仁，殷勤款待。此时，喝得脸红耳赤的洪古尔踩着矮个儿的脑袋和高个儿的肩膀走进来，独自占据了二十个人的位置。阿哈萨哈勒巴岱骂道："你这厮充其量制服了有十五颗脑袋的阿塔哈尔哈日蟒古思，区区功劳，休得无礼！"洪古尔听后恼恨地走了。那仁达赖汗帐前力大无比的雄霍尔乘虚来到宝木巴国，抢掠英俊的枣红神马而去。洪古尔闻讯，赶去杀死了雄霍尔，夺回了被抢去的神马。洪古尔继续前行，变为八条腿的蜘蛛，钻进那仁达来汗的宫中，砍下酣睡中的那仁达赖汗的首级，又将其十二位夫人一一杀死，并剖开其最小夫人之腹部，取出其胎儿。该胎儿拖着脐带坐起，抓住洪古尔就抢起来。洪古尔命在旦夕，幸亏枣红神马赶来与洪古尔齐心协力，好不容易才杀死了胎儿。洪古尔将那仁达赖汗的首级拴于鞍梢绳上，将其百姓悉数迁至阿鲁宝木巴为奴。从此，人人安居乐业。

《洪古尔之子和顺之部》

新疆《江格尔》篇章。演唱者是和静县江格尔奇查·齐麦。1979年由艾仁才记录，发表于托忒蒙古文《汗腾格里》丛刊1983年第2期；1984年由贾木查审稿，在中国民间文艺家协会新疆维吾尔自治区分会编，新疆人民出版社于1985年用托忒蒙古文出版的《江格尔资料（三）》中予以发表。其故事情节如下：圣主江格尔胡子长到膝盖，已显老迈。在为他祝寿时，阿拉克乌兰洪古尔赶来。江格尔传旨：向国家的顶梁柱洪古尔敬献上等美酒。礼仪官领旨，向洪古尔频频敬酒。此时，力大无穷的古哲恩古恩伯馋得直流口水，站起来对着江格尔说道："取来贡贝勒赞布勒汗的首级时，出大力的是我，你忠诚的洪古尔干了什么？"洪古尔听后感到委屈，离席而去。其后，那仁达来汗之子古南哈日苏农凯前来向圣主江格尔提出了四项苛刻要求。他威慑众英雄，先行带走了英俊的枣红神马。洪古尔闻知此事后，骑上花脸青马追去，杀死了古南哈日苏农凯，夺回了英俊的枣红神马，并继续前去杀死了那仁达来汗。待返回家乡一看，百姓们的家园已长满了野草，除亚森额尔根伯东外，其余英雄均已不见。洪古尔问他发生了什么事，亚森额尔根伯东答道：自你走后，古南哈日苏农凯又复活前来，滥施淫威，掳走了圣主江格尔、阿拜格日勒夫人和朝布道勒查干公主等。洪古尔再度前去追赶，不料被古南哈日苏农凯生擒，钉死在大车上。洪古尔夫人腹中的胎儿提前降生，得名和顺。他循着父亲的足迹前去，消灭了古南哈日苏农凯，又杀死了朝布道勒查干公主腹中的古南哈日苏农凯的遗腹子，将被钉在车上的江格尔、洪古尔等人解救下来，让他们复活。大家一齐回到了阿鲁宝木巴国。庆祝宴会上，和顺继承了汗位，人们过上了幸福生活。

《洪古尔之子和顺灭二十五头的浩特格尔哈尔蟒古思之部》

新疆《江格尔》篇章。演唱者是和静县江格尔奇楚木奇格。1982年由贾木查采录，1983年由六十五从第142号录音带上誊写整理，在中国民间文艺家协会新疆维吾尔自治区分会编，新疆人民出版社于1985年用托忒蒙古文出版的《江格尔资料（三）》中予以发表。其故事情节如下：骑着虎斑黄马的浩特格尔哈尔蟒古思，掳掠老赞布勒汗及其夫人、公主、骏马、百姓而去。受委屈出走的洪古尔闻讯，随后赶去与蟒古思搏斗，终因不敌，被钉死在大车上。后来，洪古尔夫人腹中仅三个月的胎儿提前降生，得名和顺。他骑上长着牛蹄的黄褐马前去蟒古思部，制服了二十五颗脑袋的浩特格尔哈尔蟒古思，使赞布勒汗、洪古尔及英俊的枣红神马复活，率领本部及蟒古思部的百姓胜利返回阿鲁宝木巴国。从此，洪古尔之子和顺执掌了政教大权，人们过上了安宁的生活。

《洪古尔灭道格欣哈日蟒古思之部》

新疆《江格尔》篇章。演唱者是焉耆县江格尔奇哈尔察克。1981年由照·李嘉拉采录并从第111号录音带上誊写整理，1982年由贾木查将该文本同该艺人之前演唱的另一文本进行校勘整理，在中国民间文艺家协会新疆维吾尔自治区分会编，新疆人民出版社于1985年用托忒蒙古文出版的《江格尔资料（二）》中予以发表。其故事情节如下：十二英雄及八千勇士欢聚江格尔汗宫内大开宴席。酒酣耳热之时，大家你拽我手，我掐你腿，醉醺醺地夸口道："如今，世上哪还有敢于同我们较量的英雄呢？"坐在八条腿宝座上的圣主江格尔说道："看你们今天快乐成这样，殊不知明天就可能成为人家的俘虏呢。下方世界的道荣嘎道克欣哈日蟒古思及其兄弟，正在前来我处，要将我们这个没有贫困只有富庶的宝木巴国，连马驹和山羊羔也不剩一头地抢个精光呢！现在该如何是好？"听了此话，十二名英雄、八千勇士面面相觑，不作一声。位居右翼首席勇士的乌兰洪古尔起身奏道："死了不过一把骨头，洒了不过一腔鲜血。我情愿和他见个高低。"江格尔准奏，洪古尔便骑上漂亮的枣红神马，迎着蟒古思而去。他制服了二十五个头的道荣嘎道克欣哈日蟒古思，制服了他的弟弟——十五个头的黑吊脸蟒古思，随后又剖开蟒古思夫人乌苏嘎玲盖的肚子，同蟒古思的尚未足月的胎儿厮拼，好不容易才取得了胜利。乌兰洪古尔命令刚刚归顺的霍木克赛音色凌凯驱赶着道荣嘎道克欣哈日蟒古思的部落，回到了故乡宝木巴国。江格尔大喜，亲自主持盛大宴会，让制服了仇敌远征归来的乌兰洪古尔坐了上席，隆重款待。美丽的宝木巴国从此享受了万年之福。

《洪古尔征服格棱赞布勒汗之部》

新疆《江格尔》篇章。演唱者是焉耆县江格尔奇哈尔察克。1981 年由贾木查采录，同年努·霍比拉图从第 78、79 号录音带上誊写整理，在中国民间文艺家协会新疆维吾尔自治区分会编，新疆人民出版社于 1985 年用托忒蒙古文出版的《江格尔资料（二）》中予以发表。其故事情节如下：江格尔可汗年迈后，有一次正和众英雄及臣民们欢宴之时，葛棱赞布勒汗的使臣前来以战争相威胁，逼迫江格尔投降，并要求交出乌儒布沁夫人、司仪官明彦和青色大象作为贡品。洪古尔、额梅勒策克、铁木尔布斯三人竭力反对。他们连续奋战十三年，其间经历了两场激战，终于活捉了葛棱赞布勒汗，让他作了江格尔的臣民。随后，他们又和宝日芒乃蟒古思三兄弟进行战斗，并赢得了胜利，保卫了自己的家乡。

《英雄萨布尔聘娶那仁达赖汗之女诺木特格斯之部》

新疆《江格尔》篇章。演唱者是焉耆县江格尔奇哈尔察克。1981 年由贾木查采录，由策·策仁从第 81 号录音带上誊写整理，在中国民间文艺家协会新疆维吾尔自治区分会编，新疆人民出版社于 1985 年用托忒蒙古文出版的《江格尔资料（二）》中予以发表。其故事情节如下：一日，人中的鹰隼、铁臂萨布尔获悉，那仁达赖汗之女诺木特格斯年届十七，已许与阿尔布斯汗之子布克哈日，便手持绣有阿尤希神之大哈达，向圣主江格尔启奏道："请允许我前往那仁达赖汗处，与阿尔布斯汗之子布克哈日较量一番，将诺木特格斯娶来。"圣主江格尔赞许了他的请求。于是，圣主江格尔亲率众英雄，来到那仁达赖汗处，向其献上了提亲酒。那仁达赖汗说："我已答应了阿尔布斯汗，为今之计，可否由你同阿尔布斯汗商议，举行男子汉三项比赛（即骑马、摔跤、射箭），优胜者娶我女儿诺木特格斯而归？"江格尔和阿尔布斯汗均表示同意。比赛结果，江格尔一方获胜。那仁达赖汗遂以五百只羊及五十峰骆驼驮载女儿的嫁妆，将女儿诺木特格斯嫁与铁臂勇士萨布尔为妻。铁臂勇士萨布尔携诺木特格斯回到江格尔家乡，安置于宝木巴国海岸边，随即敲响大鼓小鼓，召集大小各部之百姓，举行盛大的宴会，举国上下沉浸在一片欢乐之中。

《洪古尔智取葛棱赞布勒汗的首级，聘娶阿拉奇汗之女之部》

新疆《江格尔》篇章。演唱者是博湖县江格尔奇布拜·瓦其尔。1980 年由贾木查采录，同年努·霍比拉图从第 103、104 号录音带上誊写整理，在中国民间文艺家协会新疆维吾尔自治区分会编，新疆人民出版社于 1985 年用托忒蒙古文出版的《江格尔资料（二）》中予以发表。其故事情节如下：葛棱赞布勒汗的使者来到江格尔可汗举行欢宴之地，提出了要得到江格尔的威武坐骑阿兰扎尔骏马和号称"绝世美男子"的礼仪官明彦的无理要求。洪古尔坚决反对，他径自前往葛棱赞布勒宫中，和他交战，最终取来了他的首级。江格尔见后开玩笑说："打了这么多年仗，总算取来了一颗老汉的首级。"洪古尔听后十分恼恨，他又前往阿拉奇汗的部落，同英雄布昆查干进行了激烈的争夺，终于赢得了胜利，娶了阿拉奇汗的公主阿拉尼仙女而归。

《孟根希克锡力格的婚礼之部》

新疆《江格尔》篇章。演唱者是和布克赛尔县江格尔奇卡·普尔拜。1980 年由陶·巴德玛采录，并于1981年从第22号录音带上誊写整理，在中国民间文艺家协会新疆维吾尔自治区分会编，新疆人民出版社于1985年用托忒蒙古文出版的《江格尔资料（二）》中予以发表。其故事情节如下：希尔克登上权力之宝座，在阿尔泰山巅建起了宇庙，并举行了盛大的庆典。这时，希尔克的长子孟根希克锡力格突然向父母及长辈们提出请求，说要去寻找未婚妻。获准后，他即骑上棕色骏马，横穿大鹏鸟需五十天才能飞越的辽阔大地，来到祖乐阿拉达尔汗那里。其时，那里正聚集着一群来自各个汗国的太子，为争夺阿勒腾甘珠尔公主而举行的赛马、摔跤和射箭比赛。孟根希克锡力格向祖乐阿拉达尔汗提起了父亲希尔克当年和祖乐阿拉达尔汗之间指腹为婚的诺言，要求参加各种竞技。他如愿参加了赛马及摔跤、射箭比赛，并赢得了全部胜利。这样，布克孟根希克锡力格和阿勒腾甘珠尔公主终成眷属。祖乐阿拉达尔汗将一半百姓和家产赠予女儿作为嫁妆。孟根希克锡力格和阿勒腾甘珠尔双双回到了希尔克的部落，在高处搭起蒙古包，在开阔处拉上拴牲畜的绳子，将政教事务都管理得井井有条，兴旺发达。从此，人们过上了安定的生活。

《洪古尔与和顺二人夺回战马，征服蟒古思部众之部》

新疆《江格尔》篇章。演唱者是和静县江格尔奇沙格扎。1981年由贾木查采录，由巴·嘉瓦从第92号录音带上誊写整理，在中国民间文艺家协会新疆维吾尔自治区分会编，新疆人民出版社于1985年用托忒蒙古文出版的《江格尔资料（二）》中予以发表。其故事情节如下：宝木巴国的臣民达到了十万人之众，圣主江格尔举行盛大的庆祝宴会。江格尔因不喜欢阿拉克乌兰洪古尔，便没有请他参加。洪古尔前来诉说自己的委屈，回去蒙头睡了三年。这期间，长着十五颗脑袋的安达勒玛蟒古思的使者图嘎勒乌兰，骑上高大的花脸黑马来到这里，威逼江格尔，让他交出了漂亮的枣骝神马。洪古尔夫人梦中知道了此事，告诉了洪古尔。洪古尔骑上一匹吮吸五十匹骒马乳汁长大的花脸无敌青灰马，撵上去劈死了图嘎勒乌兰，杀死了蟒古思汗及其夫人，砍下首级挂在枣骝神马的鞍梢绳上，并将蟒古思的百姓迁了过来。这时，洪古尔离家后才出生的儿子，漂亮精干的和顺已长成青年。他赶来与父亲相认，并问父亲："现在我该干什么呢？"洪古尔说："西北部太阳落山的地方，有个叫安达勒玛的蟒古思，你去把他讨平了回来。"和顺骑上自己的三岁灰白马，去制服了安达勒玛蟒古思，解救了他掳得的百姓，返回了宝木巴国。从此，江格尔的臣民过上了幸福生活。

《江格尔的小勇士巴特哈那巴托尔灭蟒古思国额尔古耀温乌兰之部》

新疆《江格尔》篇章。演唱者是和静县江格尔奇陶·尼麦。1981年由李嘉拉采录，巴·乌力促从第115号录音带上誊写整理时，与1979年由陶·巴德玛采录的文本进行核对，在中国民间文艺家协会新疆维吾尔自治区分会编，新疆人民出版社于1985年用托忒蒙古文出版的《江格尔资料（二）》中予以发表。其故事情节如下：十层九彩金殿落成后，圣主江格尔举行盛宴。宴席上酒、肉、奶制品堆成了山，聚成了海。江格尔乐不可支，喝得醉醺醺的，飘飘欲仙。这时，门吏曹布岱查干上前谏道："可不要乐过了头，连春夏秋冬也分不清了。该去看看百姓和畜群。"江格尔说："你说得对。"阿拉坦策吉出去察看了一阵，回来禀报江格尔："蟒古思手下英雄耀温乌兰已经掳走了腾格里天神的小公主。我们宝木巴国眼看也要大祸临头了。"江格尔便派洪古尔去镇压蟒古思。洪古尔说：

"妖魔一来，我就是对你有用的洪古尔，平时，我就成了你眼中的捣鬼洪古尔。这回我可不去了。"位居英雄们末位的巴特哈那巴托尔遂起身奏道："常言说，为谋生而流浪，为国家而捐躯。就让我去制服蟒古思吧。"说完便骑上骏马，来到蟒古思那里，制服了缠着铁腰带的蟒古思耀温乌兰，俘获了他的百姓，进而又战胜了十个头的青面蟒古思，但他自己也负了伤。英雄巴特哈那巴托尔让腾格里神的小公主径自回家，自己仰仗懂人话的枣红马之力回到家乡，养好了伤。圣主江格尔高兴地致辞祝道："愿俘获的百姓均成为忠诚的臣民，愿诸事顺遂，尽合圣规。"江格尔的臣民们在宝木巴国过上了太平日子。

《道格欣夏尔布尔格德之部》

新疆《江格尔》篇章。演唱者是和硕县江格尔奇查·齐麦。1981年由贾木查、阿·乌力促采录，并从第76号录音带上誊写整理，在中国民间文艺家协会新疆维吾尔自治区分会编，新疆人民出版社于1985年用托忒蒙古文出版的《江格尔资料（二）》中予以发表。其故事情节如下：圣主江格尔汗骑着黄骠马，带着名叫道克欣夏尔布尔格德的猎鹰和名叫哈撒尔、巴撒尔的两条猎狗出外打猎，归来时发现，自己的独生子已经死了。江格尔悲痛万分，饮鸩而死。这时蟒古思两兄弟来到江格尔部落。他们意欲将江格尔的百姓收降为自己的臣民，然而力不从心，最后只把江格尔的骨骸抢走了。道克欣夏尔布尔格德一直撵到他们家中，把江格尔的骨骸抢了回来。江格尔的黄骠马飞渡茫茫大海，请来仙师，将江格尔和他的儿子一起救活。从此江格尔部落的人们又过上了安定的生活。

《江格尔开篇之部》

新疆《江格尔》篇章。演唱者是和布克赛尔蒙古自治县江格尔奇冉皮勒。1987年由哈·阿勒腾采录，并根据第181号录音带内容誊写整理，发表于新疆人民出版社1996年出版的《江格尔》托忒蒙古文资料本第1册。其故事情节如下：在阿尔泰山的西麓常年积雪的查干山下，在那由十二条滔滔河流汇成的宝木巴海岸边，长有五百棵檀香和杨树的地方，坐落着江格尔的九色十层金碧辉煌的宫殿。宫殿落成，江格尔邀请四大部洲汗王及四十万百姓，举行七十天的欢宴，八十天的庆典。酒至半酣，江格尔命通官凯吉勒甘一一介绍赴宴者：右手是首席英雄金胸智者阿拉坦策吉、古哲恩贡布、勇猛的哈日萨纳拉、包若芒乃、黑眼英雄额尔克哈日尼敦，左手边是首席勇士洪古尔、明彦、铁臂英雄萨布尔、纳沁雄胡尔、大英雄桑撒尔哈日布尔古德。至此，在这和平的国度里，国泰民安，人丁兴旺，男女老幼，欢聚一堂，尽情享受人间幸福的生活。

《圣主江格尔周游八千八百个汗国》

新疆《江格尔》篇章。演唱者是和布克赛尔蒙古自治县江格尔奇冉皮勒。1987年由哈·阿勒腾采录，并根据第182号录音带内容誊写整理，发表于新疆人民出版社1996年出版的《江格尔》托忒蒙古文资料本第1册。其故事情节如下：在一次宴席中，圣主江格尔下达指令："十二位雄狮英雄和八千名勇士们以及阿萨尔乌兰洪古尔，请听我说。我要骑着阿兰扎尔骏马去周游八千八百个汗国。"说完他立刻出发了。他首先来到绝世美男子明彦的辖地，跟他较量了一番，最后拍着阿兰扎尔骏马飞奔而去。江格尔飞速登上三座山上，正好碰见大鹏咬住了龙王的腰身，魔王的毒蛇则咬住了龙王的头部。江格尔消灭大鹏和毒蛇救出龙王。继续往前，到了十五个魔王之地，跟他们争斗二十一天。这时，腾格里天神的大力士与地神的大力士前来，助他战胜妖魔。腾格里的大力士还打烂了地狱的门锁，让里面受苦的人见到阳光。而地神的大力士则消灭了十五个魔王之首的灵魂，让江格尔彻底消灭蟒古思。圣主江格尔对他们说："我周游八千八百个汗国，终于找到了你们，你们现在到阿日宝木巴国去吧！"他继续前行，到龙王那里，从龙王处找到古哲恩贡布，返回阿日宝木巴，过上幸福的生活。

《勇猛的哈日萨纳拉和圣主江格尔结义之部》

新疆《江格尔》篇章。演唱者是和布克赛尔蒙古自治县江格尔奇冉皮勒。1982年由陶·巴德玛采录并誊写整理，发表于新疆人民出版社1996年出版的《江格尔》托忒蒙古文资料本第1册。其故事情节如下：在江格尔年轻的时候，骑着阿兰扎尔骏马，去周游八千八百个汗国。一天，他遇到勇猛的哈日萨纳拉英雄。哈日萨纳拉并未认出圣主江格尔，不由分说，两个人较量起来。打斗中江格尔受了十五处致命刀伤。阿兰扎尔骏马一看主人受了重伤，不顾一切地驮着江格尔直奔常年积雪的查干山顶。哈日萨纳拉望着他们渐渐远逝的背影，忽然意识到那远去的是上界天神下凡，受霍尔穆斯塔天神保佑的圣主江格尔。得知这一切，哈日萨纳拉顿时不知所措，急忙赶上江格尔，向他表示歉意，俩人结拜为兄弟。

《圣主江格尔出走，道克欣沙日古日古侵占宝木巴国之部》

新疆《江格尔》篇章。演唱者是和布克赛尔蒙古自治县江格尔奇冉皮勒。由哈·阿勒腾采录，并根据第128、129、130、131号录音带内容誊写整理，发表于新疆人民出版社1996年出版的《江格尔》忒蒙古文资料本第1册。其故事情节如下：在一次宴席中，江格尔说道："为了我们阿日宝木巴国，我要出去周游各国。"他把阿日宝木巴国交给洪古尔治理，自己出发了。阿拉坦策吉等众英雄觉得不可思议。江格尔到了无人的旷野，跟天女纳日尼格日勒成婚，有了名叫古南乌兰邵布秀尔的儿子。有一天，古南乌兰邵布秀尔骑着阿兰扎尔骏马出去打猎时，见到了古哲恩贡布等人。第二天去打猎时，又见到了阿拉坦策吉等人。江格尔返回阿日宝木巴国时，那里已成无人的旷野。原来他出走后道克欣沙日古日古掠夺了他的国土，洪古尔只身抵抗被敌人俘虏。江格尔打听到道克欣沙日古日古之地，从一个大的地缝里进入七层地下，找到被妖魔日夜折磨的洪古尔。古南乌兰邵布秀尔帮助江格尔拯救阿日宝木巴国。阿拉坦策吉、洪古尔都回到阿日宝木巴。江格尔告诉洪古尔自己最初走出去的原因，众人从此过上幸福的生活。

《名扬天下的圣主江格尔制服凶残的哈日黑纳斯之部》

新疆《江格尔》篇章。演唱者是和布克赛尔蒙古自治县江格尔奇冉皮勒。1982年由土·贾木查采录，由哈·阿力腾根据第127、128号录音带内容誊写整理，发表于新疆人民出版社1996年出版的《江格尔》托忒蒙古文资料本第1册。其故事情节如下：江格尔正与众英雄欢娱时，金胸智者阿勒坦策吉告诉江格尔："西方有个名叫哈日黑纳斯的暴君，即将命摔跤好手博克察干来擒拿洪古尔。"洪古尔一听，火冒三丈，表示要和博克察干决一雌雄。他跨上骏马出发，与博克察干交战。博克察干用各种技巧，终于放倒洪古尔，把他系在马尾上拖着走。洪古尔被拖得皮肉脱落，惨不忍睹。骑着两岁黑马的牧童见此情景，去江格尔宫中禀报。江格尔听后，心如火燎，立即带领众英雄出征。到哈日黑纳斯那里，冲进敌阵，杀死无数敌人。哈日黑纳斯拔剑追赶江格尔，江格尔趁机掷出长矛，扎透了哈日黑纳斯的肩膀和黑沙马的胸脯。江格尔从大鳄鱼肚里救出洪古尔，用神药把他从昏死中救醒。洪古尔与江格尔一道策马驰向战场，江格尔发现哈日黑纳斯，追上前去，将他连人带马用矛挑起，生擒。洪古尔生擒博克察干，将他拴于马尾巴上，交由江格尔发落。江格尔押着哈日黑纳斯和博克察干回到宝木巴，并派出使者广邀四方英豪，庆祝胜利。

《江格尔之子阿尔巴斯哈日活捉道克欣沙日蟒古思之部》

新疆《江格尔》篇章。演唱者是和布克赛尔蒙古自治县江格尔奇冉皮勒。1981年由巴·乌力促采录，李嘉拉根据第4号录音带内容誊写整理，发表于新疆人民出版社1996年出版的《江格尔》托忒蒙古文资料本第1册。其故事情节如下：洪古尔前往蟒古思之地收税，已经四十九天了，还没返回。于是，江格尔亲自骑着阿兰扎尔骏马奔向蟒古思之地。在他走后，他夫人生了个儿子。江格尔回来要给他起名。阿拉坦策吉说道："这男孩将活捉道克欣沙日蟒古思，为圣主江格尔的父亲乌宗阿拉达尔汗复仇的人。"于是，起名叫阿尔巴斯哈日。道克欣沙日蟒古思汗大战江格尔，阿尔巴斯哈日为了给祖先报仇，与道克欣沙日蟒古思血战。最后他战胜道克欣沙日蟒古思，将其捆绑在马鞍上，返回阿日宝木巴国。从此，阿尔巴斯哈日名扬天下，过上幸福的生活。

《阿日格乌兰洪古尔与占布拉汗的公主珠拉赞丹成婚之部》

新疆《江格尔》篇章。演唱者是和布克赛尔蒙古自治县江格尔奇冉皮勒。1978年由陶·巴德玛采录，1987年哈·阿勒腾根据第0号录音带内容誊写整理，发表于新疆人民出版社1996年出版的《江格尔》托忒蒙古文资料本第1册。其故事情节如下：一天，江格尔和众英雄在席间议论道："洪古尔如今已长大，该让他成家了。"江格尔说："我想亲自去见敦布巴拉可汗，把他的女儿杜布尔沙日纳钦嫁给我们的洪古尔。"阿拉坦策吉立刻表示反对，说道："我在年轻力壮的时候，从战场返回的路上，路过敦布巴拉可汗的家乡，见过杜布尔沙日纳钦姑娘。看那姑娘的外貌，像是一位温柔的仙女，可骨子里却像妖魔一般，很像一个饶舌的坏丫头。你让她嫁给洪古尔，依我看似乎不大妥当。"江格尔生气地说："我说东你总是说西，你老是跟我顶。以前你的话很是灵验，如今你却什么都不懂了，真是越来越糊涂。"之后，江格尔让他们俩成亲。杜布尔沙日纳钦姑娘嫁给洪古尔才过三天，一天夜里，洪古尔在梦中忽然看见一位白胡子老人走进屋内，对他说："你如果娶了占布拉可汗的公主珠拉赞丹，就会觉得称心如意，感到无比的幸福。"隔了一夜，他又梦见珠拉赞丹姑娘说道："现在你心里在盘算着什么？娶的媳妇杜布尔沙日纳钦是个妖魔！她会毁掉江格尔汗的家园。你怎么糊涂到这般地步，竟察觉不到危险。"说罢，姑娘伸出手来在他右脸上狠狠扇了一记耳光。洪古尔从梦中惊醒后，抽出宝剑就把杜布尔沙日纳钦拦腰砍成两段，跨上战马，朝着占布拉可汗的国度飞驰而去。他来到芒哈其汗的家园。可汗的公主芒噶哈尔对洪古尔一见钟情，说道："请你住上一宿再走，玩上一夜再走。"洪古尔听了说道："你这姑娘，一见漂亮的小伙子就求他'住下住下'，一见几桶美酒就说'喝呀喝呀'。我可是个有心机的勇士，决不上你的圈套。"说完跨上战马，头也不回地离去。他到了占布拉可汗的故乡，变成小男孩，给可汗讲故事，成了有名的人，并娶了珠拉赞丹，过上幸福的生活。

《阿日格乌兰洪古尔活捉顿舒尔格日勒蟒古思之部》

新疆《江格尔》篇章。演唱者是和布克赛尔蒙古自治县江格尔奇冉皮勒。无录音磁带，只有额仁才的手写记录稿，由哈·阿勒腾重新整理、分诗行，发表于新疆人民出版社 1996 年出版的《江格尔》托忒蒙古文资料本第 1 册。其故事情节如下：有一天，江格尔向众人说："当年阿兰扎尔精力旺盛，我年轻力壮，周游天下八千八百汗国之际，有一天深夜，正当我来到道克欣沙日蟒古思紫黑色的大殿时，蟒古思汗的夫人正在分娩。那孩子刚呱呱落地，就哭喊着立下这样的誓言：'我发誓要将阿日宝木巴国洗劫一空，不留一个孤儿，不留一只母狗。'如今他已三十七岁。不知道我们美丽的家园会遭到怎样的不幸。"众英雄听后面面相觑，洪古尔说道："我去把那残暴的魔王顿舒尔格日勒活捉回来。"于是洪古尔骑着青色马出发，来到道克欣沙日蟒古思之地，抓住三十七岁的魔王顿舒尔格日勒。顿舒尔格日勒汗说道："我发誓从此以后，做你们一千年的仆人，缴纳一百年的赋税。打仗时做你的帮手，危难时做你的顶梁柱。"从此汗国安宁幸福，百姓过着欢乐美满的日子。

《阿里亚毛胡莱赶走江格尔的八千匹汗血枣红马之部》

新疆《江格尔》篇章。演唱者是和布克赛尔蒙古自治县江格尔奇冉皮勒。1987 年由哈·阿勒腾采录，并根据第 184、185 号录音带内容誊写整理，发表于新疆人民出版社 1996 年出版的《江格尔》托忒蒙古文资料本第 1 册。其故事情节如下：江格尔与众英雄正在欢娱的时候，宫前突然来了道克欣查干汗之外甥、贡布查干汗的勇士阿里亚毛胡莱大声喊叫："我要赶走江格尔诺颜的八千匹汗血枣红马。如果是个有胆量的勇士，就来追赶我；如果是个没有胆量的懦夫，就躺在夫人阿盖沙布塔拉的怀里。"江格尔就大声喊道："我亲同手足的十二位英雄，你们快去追赶他。"铁臂英雄萨布尔、道克欣哈日萨纳拉追赶阿里亚毛胡莱，双方交锋，过了许久也不分输赢。于是洪古尔骑着战马追赶阿里亚毛胡莱，活捉他，赶着八千匹汗血枣红马，浩浩荡荡地返回了阿日宝木巴家园。圣主江格尔把阿里亚毛胡莱叫过来，把阿日宝木巴国的红印打在毛胡莱的右脸上，说道："你从此成了江格尔的臣民，每年不要忘记来缴贡纳税。"然后，把他放回家园。

《勇猛的哈日萨纳拉迫使扎恩塔巴嘎扎恩塔巴嘎库杜尔台吉归顺江格尔之部》

新疆《江格尔》篇章。演唱者是和布克赛尔蒙古自治县江格尔奇冉皮勒。1981 年由陶·巴德玛采录，并根据第 124 号录音带内容誊写整理，发表于新疆人民出版社 1996 年出版的《江格尔》托忒蒙古文资料本第 1 册。其故事情节如下：江格尔在酒宴上发布旨意，命哈日萨纳拉前去扎恩塔巴嘎库杜尔台吉国，询问扎恩塔巴嘎库杜尔台吉是愿和还是愿战。如果要打仗，你就扯下他们的黑斑旗，并给我赶来他们的五千匹白顶黑马。哈日萨纳拉因江格尔派他孤身一人前往遥远的异国而心中不悦，骑上骏马，带上萨布尔、洪古尔、古哲恩贡布给的武器出发了。扎恩塔巴嘎库杜尔台吉汗的奥敦察干与哈日萨纳拉作战，把哈日萨纳拉捆在鞍梢绳上，赶走马群。阿日格乌兰洪古尔和铁臂英雄萨布尔前来支援，最终扎恩塔巴嘎库杜尔台吉投降。于是阿日格乌兰洪古尔、铁臂英雄萨布尔、哈日萨纳拉带上扎恩塔巴嘎库杜尔台吉回来，让他归顺江格尔。江格尔命铁臂英雄萨布尔、哈日萨纳拉、扎恩塔巴嘎库杜尔台吉的勇士们各自回去。

◎江格尔

《汗西尔宝通之部》

新疆《江格尔》篇章。演唱者是和布克赛尔蒙古自治县江格尔奇冉皮勒。无录音磁带，只有额仁才的手写记录稿，由哈·阿勒腾重新整理、分诗行，发表于新疆人民出版社1996年出版的《江格尔》托忒蒙古文资料本第1册。其故事情节如下：赤诚英雄洪古尔在从三十五个头的蟒古思和二十五个头的蟒古思部收完税，返回宝木巴国的途中，发现了两匹马的脚印。跟踪过去，发现了为了迎娶美丽的蒙杜尔高娃姑娘，汗西尔宝通勇士和乌拉岱勇士展开了竞争，结果乌拉岱杀死了汗西尔宝通。洪古尔征服乌拉岱勇士，然后赶到汗西尔宝通身旁，用妙药圣水将他救活。汗西尔宝通跟随恩人洪古尔来到江格尔的宫殿时，江格尔被蟒古思捉走了。于是洪古尔去救江格尔。他们回到阿日宝木巴国后，江格尔举办了盛大的喜宴，汗西尔宝通勇士和蒙杜尔高娃公主成了亲，过上了安宁而幸福的日子。

《和顺乌兰、哈日吉拉干、阿里亚双胡尔三人活捉巴德曼乌兰之部》

新疆《江格尔》篇章。演唱者是和布克赛尔蒙古自治县江格尔奇冉皮勒。无录音磁带，只有额仁才的手写记录稿，由哈·阿勒腾重新整理、分诗行，发表于新疆人民出版社1996年出版的《江格尔》托忒蒙古文资料本第1册。其故事情节如下：江格尔说："在我年轻的时候，骑着阿兰扎尔骏马，去周游八千八百个汗国时，巴德曼乌兰在一处无人的沙丘与我相遇，没说几句话便跟我厮打起来。他骑在我身上逼我说出心里的三句怨言。我万般无奈只好说道：我娶阿盖沙布塔拉夫人至今还不到三个月的时光，我想盖起一座九色十层金碧辉煌的宫殿，让力大无比的乌兰洪古尔英雄坐在我的身边。他也许觉得杀我这个孩子实在是易如反掌，就说等到我如愿以偿之后，再来与我一比高低。"于是，和顺乌兰、哈日吉拉干、阿里亚双胡尔三个意气风发的英雄出征讨伐巴德曼乌兰。他们按阿拉坦策吉的叮嘱，杀死肩上背着虎皮口袋的姑娘，跃过了大山，到了巴德曼乌兰国土。和顺乌兰、阿里亚双胡尔赶上五千匹大黑马，活捉巴德曼乌兰，回到阿日宝木巴国。江格尔和众英雄设宴庆贺三位小英雄降伏顽敌，过上幸福的生活。

《〈江格尔〉结尾之部》

新疆《江格尔》篇章。演唱者是和布克赛尔蒙古自治县江格尔奇冉皮勒。1987年由哈·阿勒腾采录，并根据第183、184号录音带内容誊写整理，发表于新疆人民出版社1996年出版的《江格尔》托忒蒙古文资料本第1册。其故事情节如下：有一天江格尔对众勇士说，自己升天的时候到了。手下众人异口同声说要跟着圣主江格尔升天。于是做起了死亡升天的准备。但是，道喀尔干的道卡汗派哈日苏农凯来袭击宝木巴国。洪古尔派和顺乌兰、哈日吉拉干、阿里亚双胡尔迎击，消灭哈日苏农凯，进而消灭道卡汗，把他的国土并入宝木巴国。此间，有一个法师喇嘛用法术救活哈日苏农凯。哈日苏农凯立刻到江格尔处，抢走了江格尔的夫人、明彦以及宝木巴的国玺。然而走错路，到了古吉尔孟根杜拉胡汗的地方。古吉尔孟根杜拉胡汗认出江格尔的夫人，将哈日苏农凯活捉。这时，归途中的和顺乌兰等三位勇士也来到古吉尔孟根杜拉胡汗处。众人一起，回到宝木巴国江格尔的宫殿并举行盛大的仪式，让洪古尔的儿子和顺乌兰继承了江格尔的汗位。江格尔及其众勇士则于正月十六升天，人们则将他们的名字在石碑上用金字刻上去，让他们流芳万世。

《古哲恩贡布大战道克欣沙日古日古之部》

新疆《江格尔》篇章。演唱者是精河县江

格尔奇孟特库尔。1983年由土•贾木查采录并根据第161、162号录音带内容誊写整理，发表于中国民间文艺出版社出版的《江格尔》托忒蒙古文资料本第7册。其故事情节如下：圣主江格尔、乌兰洪古尔、阿拉坦策吉、布克孟根希克锡力格合力战胜蟒古思，热热闹闹地庆祝胜利。后来，江格尔命令古哲恩贡布去征服道克欣沙日蟒古思。古哲恩贡布跨上战马奔向道克欣沙日蟒古思之地。古哲恩贡布活捉道克欣沙日蟒古思。江格尔又派玛吉格道尔吉来增援。二人合力，消灭哈日蟒古思，依次征服库伦乌兰勇士、伊尔盖勇士、巴斯曼乌兰勇士、哈尔盖勇士，活捉哈图哈日哈布哈汗，救出额尔德尼乌兰勇士。最后战胜并活捉道克欣沙日古日古，把他交给江格尔。道克欣沙日古日古承诺要做江格尔的臣民。这样，盛会举行了八十天，欢乐持续了六十天，江格尔和他的臣民们过着和平安宁的生活。

《罕苏尔布通之部》

新疆《江格尔》篇章。演唱者是精河县江格尔奇孟特库尔。1980年土•贾木查采录，并根据第33号录音带内容誊写整理，发表于中国民间文艺出版社出版的《江格尔》托忒蒙古文资料本第7册。其故事情节如下：哈日阿日斯楞汗临死对儿子罕苏尔说："圣主江格尔是你亲舅舅。你现在去见查干汗，跟他的公主查干毕力克成亲，带上她去见江格尔。"于是，罕苏尔跨上战马奔向查干汗之地。途中，一个叫齐尔麦岱乌兰的英雄堵住他的路，要与他争夺查干毕力克公主。罕苏尔战胜他，让他做自己的随从。再继续赶路，遇到阿拉坦策吉。阿拉坦策吉得知他的情况，劝告他小心身边的人。他没有听劝，安心地入睡，结果被齐尔麦岱乌兰勇士砍下首级。乌兰勇士骑上他的马，奔向公主查干毕力克之地。向蟒古思纳贡后回国的洪古尔救了罕苏尔，找到齐尔麦岱乌兰英雄，战胜他。罕苏尔见到查干毕力克公主，与她成婚。最后，罕苏尔布通带着查干毕力克公主来见江格尔，举行盛大的喜宴，返回自己的家园。

《绝世美男子明彦大战库尔门汗之部》

新疆《江格尔》篇章。演唱者是精河县江格尔奇孟特库尔。1980年土•贾木查采录，1984年根据第32号录音带内容誊写整理，发表于中国民间文艺出版社出版的《江格尔》托忒蒙古文资料本第7册。其故事情节如下：宴席间，江格尔说："早在很多年前，强大的库尔门汗战胜过乌宗阿拉达尔汗。现在他知道我们在欢乐聚会，一定会侵犯我们的。"随即，江格尔派绝世美男子明彦去活捉库尔门汗。途中，明彦用降妖除魔的法术，打死了拦路的野公驼、野公牛，到达库尔门汗宫。一只狮子和一只老虎立在库尔门汗左右两侧贴身警卫。在一位姑娘的帮助下，明彦活捉了库尔门汗，跑出了他的宫殿。在这期间，那位帮助明彦的姑娘，与八千名护卫拼命厮杀，化作一条手绢挂在明彦的腰带上。明彦回到江格尔在宝木巴国的宫殿里，把库尔门交给江格尔。库尔门汗臣服于江格尔，江格尔在库尔门汗的脸上烙上宝木巴国的红色印章。江格尔为明彦举办盛大的婚宴，让他过上幸福的生活。

《铁臂勇士萨布尔活捉图日森蟒古思汗之部》

新疆《江格尔》篇章。演唱者是精河县江格尔奇孟特库尔。1983年贾木查采录，1984年根据第32号录音带内容誊写整理，发表于中国民间文艺出版社出版的《江格尔》托忒蒙古文资料本第7册。其故事情节如下：图日森蟒古思汗的乌图库准勇士来到宝木巴国，要求江格尔把枣红马、雄狮阿日格乌兰洪古尔、绝世美男子明彦贡献给他。江格尔和众英雄不敢吭声，只有洪古尔勇敢地站出来说道："决不能屈服于蟒古思汗！我要去征讨万恶的图日森蟒古思汗！"江格尔夸赞洪古尔勇敢。图日森蟒古思汗的乌图库准勇士和哈日萨纳勇士带众兵来到宝木巴国，和江格尔交战。江格尔、洪古尔都被蟒古思活捉。萨布尔得知这一消息，前来搭救他们。最后，图日森蟒古思汗的乌图库準勇士和哈日萨纳勇士做江格尔的臣民，返回家园。宝木巴国的人民过上来幸福的生活。

《雄狮洪古尔活捉陶尔根焦劳汗，与格陵占巴拉汗之女成婚，征服三大蟒古思之部》

新疆《江格尔》篇章。演唱者是精河县江格尔奇安佳。1980年贾木查布采录，1984年哈·阿力腾根据第30号录音带内容誊写整理，发表于中国民间文艺出版社出版的《江格尔》托忒蒙古文资料本第7册。其故事情节如下：圣主江格尔正在和他手下的英雄们举行隆重的聚会，洪古尔也来参加聚会。就在这时，陶尔根焦劳汗派使者到宝木巴国，要求江格尔把枣红马、雄狮英雄洪古尔给他。江格尔愤怒地赶走了使者。不料，那使者竟把萨里亨塔巴嘎勇士俘虏而去。洪古尔征伐，活捉陶尔根焦劳汗。之后，洪古尔到占布拉汗的国度，通过男子汉三项竞技，战胜腾格里天神的大力士，迎娶心仪的姑娘，返回宝木巴国。此时，圣主江格尔、宝木巴国众英雄都已不见踪影。洪古尔跨上枣红马，再次踏上征程，砍下掳掠宝木巴国的三个蟒古思的首级，救出圣主江格尔和宝木巴国民众返回家乡，过上幸福的生活。

《奥特亨乌兰洪古尔大战哈图哈日桑萨尔之部》

新疆《江格尔》篇章。演唱者是博尔塔拉县（今博尔塔拉市）江格尔奇普尔布加甫。布·阿木尔达来根据第177、178号录音带内容誊写整理，发表于中国民间文艺出版社出版的《江格尔》托忒蒙古文资料本第7册。其故事情节如下：江格尔与他的英雄们正在金碧辉煌的宫殿里举行隆重聚会。这时，兄弟三个蟒古思中的两个兄长悄悄议论："听说如今江格尔和他的英雄们已经不堪一击。"这番话正好被小弟哈图哈日桑萨尔听见了。他到江格尔的宫殿，要求江格尔给他三样东西。江格尔答应了他的要求。洪古尔得知后，来到宝木巴国，打败哈图哈日桑萨尔，夺取其国土，盖上宝木巴国的国印。江格尔举行隆重盛宴，众人过上幸福的生活。

《奥特亨乌兰洪古尔活捉胡日勒占巴拉汗之子纳钦雄胡尔之部》

新疆《江格尔》篇章。演唱者是博尔塔拉县（今博尔塔拉市）江格尔奇普尔布加甫。布·阿木尔达来根据第179号录音带内容誊写整理，发表于中国民间文艺出版社出版的《江格尔》托忒蒙古文资料本第7册。其故事情节如下：胡日勒占巴拉汗的儿子对父亲说："听说江格尔现已成为荒山的回音，朽木不可雕的枯木。我今日就去活捉他，交由您处置。"胡日勒占巴拉汗立刻表示反对，劝说道："我们曾饮血起誓，结为永久的兄弟。你千万不要去侵犯他。"但儿子不听胡日勒占巴拉汗的劝告，悄悄地跨上战马，前去侵犯宝木巴国。他来到江格尔的国土，趁人们举行聚会之机，牵上阿兰扎尔骏马，活捉守门的萨里亨塔巴嘎勇士，悄悄溜出宫，奔回自己的家乡。洪古尔听到这个消息后，赶到胡日勒占巴拉汗的国度。胡日勒占巴拉汗得知洪古尔来，知道洪古尔精通变幻术，所以发出斩杀陌生人和动物的命令。洪古尔变作猎狗跟着汗的猎人混进了宫里。被察觉后洪古尔与众兵交战。寡不敌众时叫来阿兰扎尔马和萨里亨塔巴嘎勇士，消灭了胡日勒占巴拉汗的军队，又战胜胡日勒占巴拉汗的儿子纳钦雄胡尔，叫他举国搬迁到理想的乐土、美丽富饶的宝木巴国，做江格尔的臣民。最终，洪古尔回到江格尔的宝木巴国，举行盛宴庆祝。

《奥特亨乌兰洪古尔寻找叔父之部》

新疆《江格尔》篇章。演唱者是博尔塔拉县（今博尔塔拉市）江格尔奇普尔布加甫。1980年贾木查采录，1981年努·霍比拉图根据第53号录音带内容誊写整理，发表于中国民间文艺出版社出版的《江格尔》托忒蒙古文资料本第7册。其故事情节如下：洪古尔长大了，他想去寻找叔父，天天缠着父亲答应他的请求。老父亲答应他的请求，让他自己去马群挑匹好马，准备出发。洪古尔跨上挑好的马，寻到叔父，举行盛大的喜宴，过上幸福的生活。

《布克孟根希克锡力格之子洪古尔大战那仁达赖可汗之部》

新疆《江格尔》篇章。演唱者是博尔塔拉蒙古自治州温泉县江格尔奇伊万。1980年贾木查采录，1983年布·阿木尔达来根据第39、40、41号录音带内容誊写整理，发表于中国民间文艺出版社出版的《江格尔》托忒蒙古文资料本第7册。其故事情节如下：江格尔和众英雄开怀畅饮时，阿拜格日勒夫人走进来说："那仁达赖可汗正准备要活捉你。"江格尔跨上阿兰扎尔骏马，奔向那仁达赖可汗之地。江格尔来到那仁达赖可汗之地，跟他争斗了二十一天，不分胜负，反而让那仁达赖汗俘虏了哈日尼敦勇士。最后，江格尔向那仁达赖可汗求和遭到拒绝。这个消息被洪古尔知道了。于是他跨上枣红马，来到那仁达赖可汗之地，跟那仁达赖汗的儿子纳钦雄胡尔战斗了十二年不分胜负，于是趁下雨甩掉纳钦雄胡尔，来到那仁达赖可汗宫殿，砍其首级，回到宝木巴国。之后折返，找到纳钦雄胡尔。纳钦雄胡尔向江格尔投诚，与洪古尔成为结拜兄弟。

《奥特亨乌兰洪古尔大战哈图哈日桑萨尔之部》

新疆《江格尔》篇章。演唱者是博尔塔拉蒙古自治州温泉县江格尔奇伊万。1980年贾木查采录，1987年布·阿木尔达来根据第157、161号录音带内容誊写整理，发表于中国民间文艺出版社出版的《江格尔》托忒蒙古文资料本第7册。其故事情节如下：江格尔正在宝木巴国宫殿里举行隆重聚会。这时，兄弟三个蟒古思中最小的弟弟哈图哈日桑萨尔按照两个兄长的旨意，来到江格尔的汗宫，说道："交出阿拜格日勒夫人、绝世美男子明彦、阿兰扎尔骏马。"江格尔写信给布克孟根希克锡力格，说把绝世美男子明彦给哈图哈日桑萨尔。洪古尔听到这个消息，来到宝木巴国，用震天动地的声音说道："你回去告诉你的两位兄长，限他们在三天之内投降。"哈图哈日桑萨尔被这惊天动地的喝声吓破了胆，一溜烟地逃了回去。最后，兄弟三个蟒古思前来投诚，决意做江格尔的臣民。

《奥特亨乌兰洪古尔大战胡日勒占巴拉汗之子雄胡尔之部》

新疆《江格尔》篇章。演唱者是和布克赛尔县江格尔奇伊万。1983年贾木查采录，1987年布·阿木尔达来根据第160、161号录音带内容誊写整理，发表于中国民间文艺出版社出版的《江格尔》托忒蒙古文资料本第7册。其故事情节如下：布克孟根希克锡力格汗的儿子洪古尔出生，举办宴会庆祝。胡日勒占巴拉汗之子雄胡尔听到这个消息后，也去参加这个庆典。喜宴未能让雄胡尔高兴，于是他把萨里亨塔巴嘎和阿兰扎尔骏马掳走了。第二天，江格尔发现萨里亨塔巴嘎与阿兰扎尔马被人带走了。于是，洪古尔跨上马，奔向胡日勒占巴拉汗之地，与雄胡尔决战，势均力敌。他大声吆喝，萨里亨塔巴嘎勇士和阿兰扎尔骏马冲出关押他们的地方，与洪古尔汇合，战胜了雄胡尔。最终，胡日勒占巴拉汗求和，做了江格尔的臣民。

《江格尔开头之部》

新疆《江格尔》篇章。演唱者是和布克赛尔县江格尔奇朱乃。发表于中国民间文艺出版社出版的《江格尔》托忒蒙古文资料本第8册。详细介绍和赞美了圣主江格尔的宝木巴国、金碧辉煌的宫殿、阿拜格日勒夫人及众英雄。

《记述江格尔祖谱之部》

新疆《江格尔》篇章。和布克赛尔县江格尔奇朱乃整理。发表于中国民间文艺出版社出版的《江格尔》托忒蒙古文资料本第8册。其故事情节如下：在众英雄欢宴之际，赫吉尔宾遵照江格尔的命令打开江格尔家族世代珍藏和祭拜的神盒，从中出现一面神奇的镜子，镜子里竟然依次显示过去的君主们的祖先谱系。江格尔又命负责历史档案的笔贴赤文书，让他打开密藏的文书，里面记载着江格尔往上十几代祖先的祖谱，同时还记载着后代的名字。江格尔认真聆听记住了祖先谱系。

《摔跤手孟根希克锡力格汗与赞丹格日勒成婚之部》

新疆《江格尔》篇章。演唱者是和布克赛尔县江格尔奇朱乃。1985年六十五、努·照日格图采录，六十五根据第167、168号录音带内容誊写整理，发表于中国民间文艺出版社出版的《江格尔》托忒蒙古文资料本第8册。其故事情节如下：有一天，摔跤手孟根希克锡力格跟父母提起众多英雄为了娶到赞丹格日勒公主正在展开竞争的事情，请求父母允许他去竞争。他父母说："你才十七岁，年纪还小，等长大了再去。"他没有听父母的话，执意参加竞争。到达特木尔勒格图汗之地，在与众英雄的比试中脱颖而出，如愿与赞丹格日勒公主成婚，返回家乡，过上幸福的生活。

《乌宗阿拉达尔汗成婚之部》

新疆《江格尔》篇章。和布克赛尔县江格尔奇朱乃演唱并自己整理记录，发表于中国民间文艺出版社出版的《江格尔》托忒蒙古文资料本第8册。其故事情节如下：乌宗阿拉达尔汗到哥哥摔跤手孟根希克锡力格和嫂子赞丹格日勒那里，透露了想要成家的想法。哥嫂劝说他再等三年，然后与古尔特姆彻辰汗的公主成婚。乌宗阿拉达尔没有听他们的劝告，为寻找心上人，跨上心爱的骏马出发。他来到古尔特姆彻辰汗之地。他中了古尔特姆彻辰汗的诅咒，昏死过去。古尔特姆彻辰汗的达木巴秀公主飞来，救活了他。于是，乌宗阿拉达尔来到天上云雾中建造的达木巴秀公主的宫殿。他想带着达木巴秀公主回故乡，达木巴秀公主劝他再等三年。乌宗阿拉达尔没有听公主的劝告，去古尔特姆彻辰汗的宫殿，提起与公主成婚的事。古尔特姆彻辰汗非常生气，与乌宗阿拉达尔作战。最后，乌宗阿拉达尔赢了，并带着达木巴秀公主回到了家乡。哥哥摔跤手孟根希克锡力格给他们办了一场盛大的婚礼。五年后，乌宗阿拉达尔汗有了一个儿子。就在这时，蟒古思夺走了他的家园，乌宗阿拉达尔汗也被活捉，只剩下乌宗阿拉达尔汗的儿子。这孩子长大后成为江格尔汗。

《摔跤手孟根希克锡力格给乌宗阿拉达尔汗的孤儿起名叫江格尔之部》

新疆《江格尔》篇章。演唱者是和布克赛尔县江格尔奇朱乃。1985年六十五、努·照日格图采录，六十五根据第 168 号录音带内容誊写整理，发表于中国民间文艺出版社出版的《江格尔》托忒蒙古文资料本第 8 册。其故事情节如下：道克欣沙日蟒古思奔向乌宗阿拉达尔汗的家园，把那里的一切抢劫一空，把乌宗阿拉达尔汗夫妇活捉并杀死。摔跤手孟根希克锡力格在乌宗阿拉达尔汗之地发现了一匹小马驹和一个孤儿。摔跤手孟根希克锡力格把孤儿带回家，给他起名叫江格尔。江格尔一年一年慢慢长大，摔跤手孟根希克锡力格觉得江格尔不是一般人，试图让赞丹格日勒夫人杀死江格尔。赞丹格日勒夫人正要杀江格尔时，儿子洪古尔拼命救了江格尔。后来，洪古尔与江格尔成为结义兄弟。

《古哲恩贡布之部》

新疆《江格尔》篇章。演唱者是和布克赛尔县江格尔奇朱乃。1985 年六十五、努·照日格图采录，并根据第 167 号录音带内容誊写整理，发表于中国民间文艺出版社出版的《江格尔》托忒蒙古文资料本第 8 册。其故事情节如下：篇章开头介绍和赞美古哲恩贡布和他的两位英雄特木尔哈日布赫、钢哈日布赫以及他们的家乡。古哲恩贡布正和乌丹巴勒夫人欢宴之时，玛拉木德汗之子独眼的阿日木查干带着众蟒古思来袭。古哲恩贡布带上特木尔哈日布赫、钢哈日布赫两位英雄，跟阿日木查干作战，战胜所有的敌人和蟒古思，过上幸福安康的日子。

《雄狮英雄阿日格乌兰洪古尔活捉阿斯日哈日蟒古思之部》

新疆《江格尔》篇章。演唱者是和布克赛尔县江格尔奇朱乃。1982 年陶·巴德玛采录，1984 年阿·乌力促根据第 121 号录音带内容誊写整理，发表于中国民间文艺出版社出版的《江格尔》托忒蒙古文资料本第 8 册。其故事情节如下：江格尔与众英雄尽情欢娱，开怀畅饮，庆祝洪古尔十五岁。宴会上洪古尔喝醉，众人不欢而散。第二天，江格尔为了惩戒洪古尔，让洪古尔去活捉阿斯日哈日蟒古思。途中，洪古尔从两个妖魔手中抢到了一个用来隐身的宝物。继续前行，来到一个漫无边际的戈壁。在遭遇困难的时候，洪古尔的叔叔阿日善格日勒来救他。他继续赶路，来到阿斯日哈日蟒古思的国度，用隐身宝物通过蟒古思的重重岗哨，活捉阿斯日哈日蟒古思，回去交给江格尔。

《雄狮英雄阿日格乌兰洪古尔与道克欣芒乃汗战斗之部》

新疆《江格尔》篇章。和布克赛尔县江格尔奇朱乃演唱并自己整理记录，发表于中国民间文艺出版社出版的《江格尔》托忒蒙古文资料本第 8 册。其故事情节如下：圣主江格尔正在举行盛宴时，道克欣芒乃汗的英雄奈林乌兰勇士来到江格尔的宫殿，要求江格尔把阿拜格日勒夫人、绝世美男子明彦、洪古尔勇士、枣红马、银灰骏马作为贡品献给他。江格尔屈服，洪古尔起来反抗。洪古尔和明彦跨上战马，带着四百二十万兵马，与道克欣芒乃汗作战。最后，江格尔带着六千又十二名勇士增援洪古尔，战胜了道克欣芒乃汗。

《阿日格乌兰洪古尔大战沙日安岱蟒古思之部》

新疆《江格尔》篇章。演唱者是和布克赛尔县江格尔奇朱乃。1982 年陶·巴德玛采录，1984 年巴·乌力促根据第 126 号录音带内容誊写整理，发表于中国民间文艺出版社出版的《江格尔》托忒蒙古文资料本第 8 册。其故事情节如下：江格尔与众英雄正在举行聚会时，沙日安岱蟒古思的使者疯狂的沙日嘎日扎来到江格尔的宫殿，要求江格尔宝木巴国及其汗位让给他。江格尔及众英雄不敢反对，阿日格乌兰洪古尔愤怒，并与蟒古思大战。在奔向沙日安岱蟒古思国途中，杀死了疯狂的沙日嘎日扎，与沙日安岱蟒古思决战，消灭他，并征服他的国家，返回家乡。

《阿日格乌兰洪古尔与布拉尔占布拉汗的赞丹公主成婚之部》

新疆《江格尔》篇章。和布克赛尔县江格尔奇朱乃演唱并自己整理记录，发表于中国民间文艺出版社出版的《江格尔》托忒蒙古文资料本第8册。其故事情节如下：洪古尔十四岁时，嫌弃并杀死自己的沙布达拉夫人，寻找他梦寐以求的布拉尔占布拉汗的女儿赞丹公主。洪古尔去寻找赞丹公主之事被母亲赞丹格日勒夫人发现，但未能阻止。洪古尔在路上遇到困难，找到一个富饶美丽的地方，休息了四十天，继续赶路。路上经过好几个汗国，也遇到好几个公主，但他一个都看不上眼。过了几个月才到达占布拉汗的国家。他用变幻术让自己变成一个秃头小孩，给一对老夫妇当义子，在那里过了很多年。他在那里以讲故事出名，并应邀到汗宫给赞丹公主讲故事。赞丹公主识破洪古尔的真实身份，但是比洪古尔势力强大的布赫查干要娶她。就在这时，江格尔带着六千又十二名勇士来到布拉尔占布拉汗的国家，通过竞争赢得比赛，赞丹公主与洪古尔成婚，返回故乡。

《圣主江格尔与道克欣哈日萨纳拉战斗之部》

新疆《江格尔》篇章。演唱者是和布克赛尔县江格尔奇朱乃。1981年由加·巴图那生采录，六十五根据第120号录音带内容誊写，1988年贾木查整理，发表于中国民间文艺出版社出版的《江格尔》托忒蒙古文资料本第8册。其故事情节如下：阿拉坦策吉受命于江格尔，来到道克欣哈日萨纳拉的国家，传达江格尔的命令，让他做江格尔的臣民。道克欣哈日萨纳拉没有同意，要江格尔用武力征服自己。阿拉坦策吉回去把这个消息告诉江格尔。道克欣哈日萨纳拉与江格尔战斗四十九天，他们的英雄大部分战死。最后，江格尔与萨纳拉单独决斗，江格尔败走。萨纳拉望着远去的江格尔的背影，忽然意识到那是上界天神下凡，受霍尔穆斯德神保佑的圣主。于是，带着他的属下，立下誓言，做了江格尔的臣民。

《乌兰洪古尔大战哈图哈日桑萨尔之部》

新疆《江格尔》篇章。演唱者是博尔塔拉蒙古自治州温泉县江格尔奇努·布德巴孜尔。1986年由布·阿木尔达来采录，根据第180、181、182号录音带内容誊写整理，发表于新疆人民出版社1993年出版的《江格尔》托忒蒙古文资料本第10册。其故事情节如下：圣主江格尔和他的英雄们正在金碧辉煌的宫殿里举行隆重聚会。这时紧那罗天神之女阿拜格日勒夫人来到宫殿警告："我的诺颜江格尔啊，你终日摆宴欢乐，汗国要遇到不寻常的麻烦，兄弟三个蟒古思悄悄议论，派哈图哈日桑萨尔汗来破坏家园呢。"于是，江格尔让阿拉坦策吉向四方观望，阿拉坦策吉看到十五个头的蟒古思正奔宝木巴而来，急忙报告江格尔。能够预卜未来九十九年吉凶的阿拜格日勒夫人知道布克孟根希克锡力格有一个儿子是举世无双的英雄，派使者去，让布克孟根希克锡力格的儿子抵挡敌人。那时，洪古尔只有三岁，还没有起名，父亲为他取名叫洪古尔，让他上战场。哈图哈日桑萨尔前来要江格尔投降。乌兰洪古尔出征，哈图哈日桑萨尔败走。

《乌兰洪古尔大战那仁达赖可汗之部》

新疆《江格尔》篇章。演唱者是博尔塔拉

蒙古自治州温泉县江格尔奇努·布德巴孜尔。1986 年由布·阿木尔达来采录，根据第 184、185 号录音带内容誊写整理，发表于新疆人民出版社 1993 年出版的《江格尔》托忒蒙古文资料本第 10 册。其故事情节如下：在一次宴席上，圣主江格尔对乌兰洪古尔说："早在我年轻时，那仁达赖可汗曾经战胜过我。现在我把这个事情告诉你。"就在这时，那仁达赖可汗派使者抢走了萨里亨塔巴嘎勇士和阿兰扎尔骏马。洪古尔得知此事，骑上战马，讨伐那仁达赖可汗。那仁达赖可汗带领儿子及手下众将与洪古尔交战。洪古尔把他们消灭干净，砍下那仁达赖可汗的首级凯旋。

《乌兰洪古尔战胜伊赫汗和巴格汗，与布斯鲁尔齐汗讲和之部》

新疆《江格尔》篇章。演唱者是博尔塔拉蒙古自治州温泉县江格尔奇努·布德巴孜尔。1986 年由布·阿木尔达来采录，根据第 186、187 号录音带内容誊写整理，发表于新疆人民出版社 1993 年出版的《江格尔》托忒蒙古文资料本第 10 册。其故事情节如下："这世上还有比我强大的人吗？"伊赫汗打听到有关洪古尔的事，如此咆哮。于是派儿子去杀害洪古尔。阿拜格日勒夫人预知，派人去杀掉伊赫汗的儿子的坐骑。当儿子报告战马被杀之事，伊赫汗暴跳如雷，立斩儿子，将其脑浆给夫人吃。那夫人吃了脑浆竟重新怀孕。之后，伊赫汗及巴嘎汗加强警戒，按兵不动，静待夫人将儿子生下来。乌兰洪古尔知道情况后前去，用计让布斯鲁尔齐汗活捉两个汗，之后洪古尔与布斯鲁尔齐汗讲和。伊赫汗的夫人生了一个儿子，新出生的儿子得知洪古尔来袭，将箭射过去，穿透了洪古尔的后背。阿拜格日勒夫人找一位圣洁的女子，从洪古尔的身上跨过去，箭便脱落，洪古尔恢复健康。

《乌兰洪古尔跟库日勒占布拉的小女儿成亲之部》

新疆《江格尔》篇章。演唱者是博尔塔拉蒙古自治州温泉县江格尔奇努·布德巴孜尔。1986 年由布·阿木尔达来采录，根据第 188、189 号录音带内容誊写整理，发表于新疆人民出版社 1993 年出版的《江格尔》托忒蒙古文资料本第 10 册。其故事情节如下：阿拜格日勒夫人替洪古尔物色了库日勒占巴拉的小女儿，并为他们举行了盛大的婚礼。婚礼期间，洪古尔得知有妖婆在祸害人们，便去消灭妖婆，让人们过上了幸福的生活。

《乌兰洪古尔迎娶赞丹才茨克公主之部》

新疆《江格尔》篇章。演唱者是博尔塔拉蒙古自治州温泉县江格尔奇巴·嘎尔布。1980 年由贾木查采录，1984 年哈·阿力腾根据第 49、50、51 号录音带内容誊写，1985 年布·阿木尔达来整理，发表于新疆人民出版社 1996 年版的《江格尔》托忒蒙古文资料本第 11 册。其故事情节如下：阿日格乌兰洪古尔、嘎拉珠乌兰洪古尔和奥特根乌兰洪古尔在一起玩耍的时候，奥特根乌兰洪古尔把自己做的一个梦告诉两个伙伴。他梦见自己娶了阿拉奇汗的公主赞丹才茨克。为娶心仪的姑娘，阿日格乌兰洪古尔到阿拉奇汗那里去。路上遇到大力士双胡尔，与其交战，最后成为义兄弟。洪古尔继续走到阿拉奇汗那里，与赞丹才茨克公主订婚。但是，古南查干勇士提出挑战，要与洪古尔竞争。洪古尔战胜古南查干勇士，与赞丹才茨克公主成婚。

《征服圣主江格尔之部》

新疆《江格尔》篇章。演唱者是博尔塔拉蒙古自治州温泉县江格尔奇巴·嘎尔布。1981 年巴·乌力促采录，1984 年布·阿木尔达来根据第 52 号录音带内容誊写整理,发表于新疆人民出版社 1996 年版的《江格尔》托忒蒙古文资料本第 11 册。其故事情节如下:库日勒占巴拉汗的儿子大力士雄胡尔跨上战马来到宝木巴国,要江格尔纳贡称臣。江格尔屈服。洪古尔得知消息,前来战胜大力士雄胡尔,让他臣服于江格尔,并把宝木巴国的红印盖在他脸上,命其返回家乡。

《圣主江格尔征服哈图哈日黑纳斯、道克欣沙日黑纳斯之部》

新疆《江格尔》篇章。演唱者是博尔塔拉蒙古自治州温泉县江格尔奇巴·嘎尔布。1980 年贾木查采录,1984 年哈·阿力腾根据第 51 号录音带内容誊写,1985 年布·阿木尔达来整理,发表于新疆人民出版社 1996 年版的《江格尔》托忒蒙古文资料本第 11 册。其故事情节如下:江格尔为征服哈图哈日黑纳斯、道克欣沙日黑纳斯,带上众英雄和洪古尔出征。厮杀时,九千个妖魔抓住洪古尔,拖入下赡部洲施以酷刑。众勇士被打散。江格尔悲痛欲绝,阿拜格日勒夫人伤心流泪。江格尔登上一座山顶,在那里与腾格里天神之女邂逅,天女为他生了一个儿子,起名叫额尔克巴达玛。额尔克巴达玛在外面玩耍时见到了阿拉坦策吉等英雄。阿拉坦策吉给他一个箭。江格尔见到箭,找到众英雄,历尽艰辛救出洪古尔,合力消灭哈图哈日黑纳斯、道克欣沙日黑纳斯。

《洪古尔抢来杭克勒哈布哈汗的杭克勒孟根杜拉哈,将其献给江格尔之部》

新疆《江格尔》篇章。演唱者是博尔塔拉蒙古自治州温泉县江格尔奇阿·奥布勒。1985 年贾木查、哈·嘎尔岱采录,贾木查从第 172 号录音带上誊写整理,发表于新疆人民出版社 1996 年版的《江格尔》托忒蒙古文资料本第 11 册。其故事情节如下:江格尔和他手下的众英雄举行热闹的宴会时,正在喝酒的江格尔说道:"谁能像我一样拥有如此富丽堂皇的宫殿,阿兰扎尔一样的骏马,美丽贤惠的夫人呢?"阿拉坦策吉说,杭克勒哈布哈汗的杭克勒孟根杜拉哈聪明贤惠。于是,江格尔命令洪古尔将其抢来。乌兰洪古尔跨上战马,去战胜杭克勒哈布哈汗的三个蟒古思,抢到杭克勒孟根杜拉哈,返回宝木巴汗国,献给了江格尔。

《神箭手阿拉腾汗江格尔之部》

新疆《江格尔》篇章。演唱者是博尔塔拉蒙古自治州温泉县江格尔奇阿·奥布勒。1982 年贾木查采录,1984 年布·阿木尔达来根据第 36 号录音带内容誊写整理,发表于新疆人民出版社 1996 年版的《江格尔》托忒蒙古文资料本第 11 册。其故事情节如下:圣主江格尔说道:"名扬天下的我,怎么就没有子孙命呢。"于是,向占卜师求助。占卜师给他白米,说把吃剩下的放到家门前的卧牛石上。江格尔照办。七天后,卧牛石崩裂,里面有个孩子。江格尔收养了这个孩子。这个孩子很快就长大。有人告诉他,兄弟三个蟒古思想偷袭你的父汗已经来了三次,都没有成功,你应去征服那些敌人。于是,他找马夫要战马,马夫指给他一个骏马。孩子抓到骏马时,母马跑到跟前,给坐骑起名叫宝日嘎拉赞,给小英雄起名叫奥特根乌兰洪古尔。奥特根乌兰洪古尔征服了兄弟三个蟒古思。神箭手阿拉腾汗江格尔庆祝洪古尔的胜利,举行了盛大的聚会。

《阿日格乌兰洪古尔大战胡日勒占巴拉汗的儿子之部》

新疆《江格尔》篇章。演唱者是博尔塔拉蒙古自治州温泉县江格尔奇阿·奥布勒。1985 年贾木查采录,根据并从第 38 号录音带内容誊写整理,发表于新疆人民出版社 1996 年版的《江格尔》托忒蒙古文资料本第 11 册。其故事情节如下：江格尔年轻的时候，曾与胡日勒占巴拉汗结为义兄弟。胡日勒占巴拉汗在花甲之年喜得一子。有一天，儿子对父汗说要征服江格尔。其父表示反对，但儿子不听劝告，侵袭江格尔，牵走阿兰扎尔骏马，俘虏萨里亨塔巴嘎勇士。最后，洪古尔战胜敌人，夺回阿兰扎尔骏马和萨里亨塔巴嘎勇士。

《狮子英雄阿日格乌兰洪古尔大战胡日勒占巴拉汗之子大力士雄胡尔之部》

新疆《江格尔》篇章。演唱者是博尔塔拉蒙古自治州温泉县江格尔奇格·贾木苏荣扎布。1980 年贾木查采录，1984 年布·阿木尔达来根据第 36 号录音带内容誊写整理，发表于新疆人民出版社 1996 年版的《江格尔》托忒蒙古文资料本第 11 册。其故事情节如下：江格尔和他手下的众英雄正在举行宴会时，胡日勒占巴拉汗之子雄胡尔闯进宫殿，发出威胁。洪古尔与其战斗，正要结束其性命时，胡日勒占巴拉汗来求情，说愿意成为江格尔的臣民。于是洪古尔将他们父子押解到宝木巴国，铁臂勇士萨布尔则把宝木巴国的红印盖在了他们的脸上，让他返回家园。

《阿日格乌兰洪古尔大战哈图哈日桑萨尔之部》

新疆《江格尔》篇章。演唱者是博尔塔拉蒙古自治州温泉县江格尔奇格·贾木苏荣扎布。1980 年贾木查采录，1984 年布·阿木尔达来根据第 36 号录音带内容誊写整理，发表于新疆人民出版社 1996 年版的《江格尔》托忒蒙古文资料本第 11 册。其故事情节如下：圣主江格尔和他的英雄们不顾阿拜格日勒夫人的警告，正在金碧辉煌的宫殿里尽情饮宴。果然，哈图哈日桑萨尔来发出侵略威胁。洪古尔挺身而出，化解了一场战争。

《阿日格乌兰洪古尔大战道格欣芒乃汗之部》

新疆《江格尔》篇章。演唱者是博尔塔拉蒙古自治州温泉县江格尔奇格·贾木苏荣扎布。1986 年布·阿木尔达采录，并从第 190 号录音带内容誊写整理，发表于新疆人民出版社 1996 年版的《江格尔》托忒蒙古文资料本第 11 册。其故事情节如下：正当江格尔与众英雄尽情欢娱时，道格欣芒乃汗的勇士哈日勇士走了进来，傲慢地说："满足我的五个要求，阿兰扎尔骏马、阿盖沙布塔拉夫人、天下美男子明彦等都给我。"江格尔说："阿兰扎尔骏马、天下美男子明彦，你都带走。剩下的，道克欣芒乃汗亲自来时再给吧。"这时，愤怒的洪古尔大声说："没那么容易给你，我要与你血战。"但是江格尔反倒斥责洪古尔："你有多大的胆子，竟敢违背我的命令。把他抓起来。"萨纳拉站起来说："谁敢碰一下洪古尔，我就把他从这宫殿扔出去。"于是，洪古尔借明彦的阿兰扎尔马，与残暴的道格欣芒乃汗决战。最后，江格尔和众英雄们征服道格欣芒乃汗，把宝木巴国的红印盖在他的脸上。道格欣芒乃汗见大势已去，便发下誓言，臣服于江格尔。

《乌兰洪古尔消灭阿萨尔赞丹汗，娶其女儿奥特根哈拉格奇之部》

新疆《江格尔》篇章。演唱者是博尔塔拉蒙古自治州温泉县江格尔奇道吉。1978 年由陶·巴德玛誊写，1986 年布·阿木尔达来分诗行整理，发表于新疆人民出版社 1996 年版的《江格尔》托忒蒙古文资料本第 11 册。其故事情节如下：乌兰洪古尔勇士找到上师喇嘛，自己起名、指定战马。然后跨上战马，踏上征程。途中遇见布尔罕乌兰勇士和奈特格哈日勇士，并与他们成为结拜兄弟。三人来到那仁达赖汗处，通过竞争，让布尔罕乌兰勇士同那仁达赖汗的女儿成亲。洪古尔与奈特格哈日勇士继续前行,来到胡日勒占巴拉汗国,让奈特格哈日勇士娶胡日勒占巴拉汗的女儿。洪古尔独自前行,来到阿萨尔赞丹汗国。通过武力消灭阿萨尔赞丹汗,娶其女儿奥特根哈拉格奇为妻。

《阿日格乌兰洪古尔大战布尔固德汗之部》

新疆《江格尔》篇章。演唱者是博尔塔拉蒙古自治州温泉县江格尔奇道吉。1978年由陶·巴德玛誊写,1986年由陆世武整理,发表于新疆人民出版社1996年版的《江格尔》托忒蒙古文资料本第11册。其故事情节如下:江格尔有一件遗憾事,就是未能征服布尔固德汗。于是,洪古尔与铁臂勇士萨布尔、古哲恩贡布一起去征服了布尔固德汗。

《乌兰洪古尔大战道克欣沙日蟒古思之部》

新疆《江格尔》篇章。演唱者是博尔塔拉蒙古自治州温泉县江格尔奇朝尔坦。1980年贾木查采录,1983年布·阿木尔达来根据第44号录音带内容誊写整理,发表于新疆人民出版社1996年版的《江格尔》托忒蒙古文资料本第11册。其故事情节如下:道克欣沙日蟒古思从出生之日起说要活捉乌兰洪古尔。洪古尔听到,怒气冲冲。他跨上战马,去征伐道克欣沙日蟒古思。洪古尔活捉道克欣沙日蟒古思,让他臣服于江格尔。阿拉坦策吉则把宝木巴国的红印盖在他的右脸上,并让他的八千八百英雄也做了江格尔的臣民。

《嘎拉珠乌兰洪古尔之部》

新疆《江格尔》篇章。演唱者是博尔塔拉蒙古自治州温泉县江格尔奇陶·嘉瓦。1980年贾木查第一次采录,1981年巴·乌力促第二次采录,1984年布·阿木尔达来根据第46、47号录音带内容誊写整理,发表于新疆人民出版社1996年版的《江格尔》托忒蒙古文资料本第12册。其故事情节与温泉县江格尔奇巴·嘎尔布演唱的《乌兰洪古尔迎娶赞丹才茨克公主之部》基本相同。(见《乌兰洪古尔迎娶赞丹才茨克公主之部》条)

《额尔德尼哈日勇士之部》

新疆《江格尔》篇章。演唱者是博尔塔拉蒙古自治州温泉县江格尔奇陶·嘉瓦。1980年贾木查采录,1984年巴·乌力促根据第46号录音带内容誊写整理,发表于新疆人民出版社1996年版的《江格尔》托忒蒙古文资料本第12册。其故事情节如下:哈日黑纳斯汗夺走了江格尔宝木巴国部分土地。额尔德尼哈日勇士跨上战马,与额尔德尼哈日勇士、铁臂萨布尔勇士一起去征伐哈日黑纳斯汗。他们打败了哈日黑纳斯汗,并让他做了江格尔的臣民。但是,他言而无信,又与沙日黑纳斯汗一起侵袭江格尔的国家。洪古尔打败了他们,过上幸福的生活。

《奥特亨乌兰洪古尔娶固什赞丹公主之部》

新疆《江格尔》篇章。演唱者是博尔塔拉蒙古自治州温泉县江格尔奇阿尤西。1980年贾木查采录,1983年布·阿木尔达来根据第43、44号录音带内容誊写整理,发表于新疆人民出版社1996年版的《江格尔》托忒蒙古文资料本第12册。其故事情节如下:江格尔无子女,带着阿拜格日勒夫人向上师喇嘛祈子,喇嘛说从海边会得到一个孩子。果然,江格尔的马夫从海边找到一个孩子送给阿拜格日勒夫人。这个孩子神速长大,他便是洪古尔。有一天,他要娶梦中的姑娘阿拉奇汗的固什赞丹公主,便骑着马驹出发。他用变幻术把自己变成一个形貌丑陋的男孩，做了阿拉奇汗的臣民的养子。在那里，他渐渐以善讲故事出名。于是被固什赞丹公主邀请到宫殿讲故事。在接触的过程中两人订了婚约。这时，古南查干勇士要娶固什赞丹公主为妻。通过竞争，洪古尔战胜了对手，如愿与固什赞丹公主成婚，回到宝木巴国。江格尔和众英雄为此举行盛宴，大家都兴高采烈地畅饮美酒时，来了一位不速之客，提出三项无理要求。洪古尔愤怒，战胜敌人。从战场上回来，发现宝木巴国空无一人。原来古南查干勇士劫掠了家乡。洪古尔战胜了古南查干勇士，回到宝木巴国，过上幸福的生活。

《奥特亨乌兰洪古尔娶阿拉奇汗的固什赞丹才茨克公主之部》

新疆《江格尔》篇章。演唱者是博尔塔拉蒙古自治州温泉县江格尔奇沙格杰。1980年贾木查采录，1982年霍比拉图根据第42号录音带内容誊写整理，发表于新疆人民出版社1996年版的《江格尔》托忒蒙古文资料本第12册。其故事情节如下：圣主江格尔之子奥特亨乌兰洪古尔梦见阿拉奇汗的公主固什赞丹才茨克将要与古南查干勇士成婚了。为了得到那个公主，奥特亨乌兰洪古尔跨上骏马奔向阿拉奇汗的国家。到了那里，他通过各种手段接近公主，又通过施展法术展示自己的本领。此时，古南查干勇士要娶公主。洪古尔通过竞技战胜古南查干勇士，如愿娶回固什赞丹才茨克公主，返回宝木巴国。江格尔为他们举行盛大宴会时，还有古吉尔孟根勇士侵扰宝木巴国，洪古尔战胜来犯之敌，最后庆祝胜利。

《乌兰洪古尔与布尔固德汗战斗之部》

新疆《江格尔》篇章。演唱者是博尔塔拉蒙古自治州温泉县江格尔奇巴布格。1980年贾木查采录，1984年巴•乌力促从第48号录音带誊写整理，发表于新疆人民出版社1996年版的《江格尔》托忒蒙古文资料本第12册。其故事情节如下：一日，江格尔和众英雄举行盛宴，大家都兴高采烈地畅饮美酒。江格尔忽然沉默起来，一言不发。阿拉坦策吉问起原因，江格尔说道："我心爱的洪古尔没有来参加。"于是，阿拉坦策吉通知洪古尔参加宴会。江格尔向他透露想征服布尔固德汗的愿望。于是洪古尔与古哲恩贡布、铁臂勇士萨布尔一起奔赴布尔固德汗处，通过各种变幻术以及策略，与布尔固德汗周旋和争斗。正当他们与布尔固德汗决战时，洪古尔的儿子前来支援，帮助消灭敌人的军队，活捉布尔固德汗。他们把布尔固德汗押解到宝木巴国，在其身上盖上宝木巴国的红印，让其臣服于江格尔。

《乌兰洪古尔做圣主江格尔的儿子之部》

新疆《江格尔》篇章。演唱者是博尔塔拉蒙古自治州温泉县江格尔奇伊•木纳。1982年贾木查采录，1984年阿力腾从第49号录音带上誊写整理，发表于新疆人民出版社1996年版的《江格尔》托忒蒙古文资料本第12册。其故事情节如下：江格尔和众英雄正沉浸在宴席的欢乐之中时，兄弟三个蟒古思来到江格尔的宫殿，要求江格尔称臣。布克孟根希克锡力格的儿子洪古尔与蟒古思交战，战胜蟒古思。蟒古思向圣主江格尔称臣纳贡。江格尔聚集众英雄，说道："这是我的孩子，今年12岁，机智又有胆量，就给他起名叫奥特亨乌兰洪古尔吧。"

《圣主江格尔大战哈日特布格图汗之部》

新疆《江格尔》篇章。演唱者是博尔塔拉蒙古自治州温泉县江格尔奇彭茨克。1979年陶•巴德玛、确精扎布采录，陶•巴德玛誊写整理，发表于新疆人民出版社1996年版的《江格尔》托忒蒙古文资料本第12册。其故事情节如下：

◎江格尔

江格尔和众英雄沉浸在欢乐之中时，阿拜格日勒夫人发出敌人来袭的警报。江格尔出去瞭望，看见岩石中蹦出一个男孩，便把他带回家交给阿拜格日勒夫人。这时，居住在北方的哈日特布格图可汗的使者纳钦双胡尔英雄走进来，要江格尔向哈日特布格图可汗称臣纳贡。从岩石缝里出生的小孩去把这个消息告诉洪古尔。于是洪古尔同萨里亨塔巴嘎、铁臂勇士萨布尔一起，消灭哈日特布格图汗。然而，纳钦双胡尔射伤了洪古尔。洪古尔的未婚妻从他身上跨过去，箭头便掉落下来。洪古尔返回敌营，不幸又被一支流箭射中。最后江格尔骑着阿兰扎尔骏马前去营救，战胜纳钦双胡尔。

《奥特亨乌兰洪古尔取安杜尔玛汗的首级之部》

新疆《江格尔》篇章。演唱者是博尔塔拉蒙古自治州温泉县江格尔奇贾布杰。1980年贾木查采录，1993年布·阿木尔达来从第35、36号录音带上誊写整理，发表于新疆人民出版社1996年版的《江格尔》托忒蒙古文资料本第12册。其故事情节如下：江格尔的儿子奥特亨乌兰洪古尔在出征取安杜尔玛汗首级之前，曾向上师询问吉凶，得到启示，说庚午年白马年初一是取安杜尔玛汗首级的最佳时刻。洪古尔跨上骏马，来到安杜尔玛汗那里。得知安杜尔玛汗喜欢打猎，洪乌尔就变成猎鹰，故意让安杜尔玛汗捉住自己。洪古尔变成猎鹰得以进入安杜尔玛汗的宫殿。后来，安杜尔玛汗的夫人和安杜尔玛汗对猎鹰产生怀疑并识破。洪古尔逃出，等庚午年三十晚上，安杜尔玛汗酩酊大醉时洪古尔砍下他的首级。安杜尔玛汗的两个手下，追杀洪古尔，射伤了他。其战马驮着主人返回家乡，让贞洁的女人治愈其伤口。洪古尔把安杜尔玛汗的首级带到江格尔汗那里，江格尔使安杜尔玛汗复活，从此做了他的臣民，过上幸福的生活。

《布克孟根希克锡力格汗》

新疆《江格尔》篇章。演唱者不详。博尔塔拉蒙古自治州的乌·巴伊卡1993年书写整理，发表于新疆人民出版社1996年版的《江格尔》托忒蒙古文资料本第12册。其故事情节如下：萨里亨塔巴嘎的使臣来到布克孟根希克锡力格汗的宫帐，让他臣服于萨里亨塔巴嘎勇士。布克孟根希克锡力格汗征讨萨里亨塔巴嘎，却被其莫诺科勇士和毛浩莱勇士捉住，受酷刑。阿拜格日勒夫人梦见这些事儿，求上师救布克孟根希克锡力格汗。上师说，你肚子里的孩子能救他。阿拜格日勒夫人生了个儿子，起名叫巴木乌兰勇士。巴木乌兰勇士跨上骏马去救了父亲，过上了幸福的生活。

《巴木乌兰勇士被毒蛇活捉之部》

新疆《江格尔》篇章。演唱者不详。博尔塔拉蒙古自治州的乌·巴伊卡1993年书写整理，发表于新疆人民出版社1996年版的《江格尔》托忒蒙古文资料本第12册。其故事情节如下：三岁的巴木乌兰勇士救回父亲，正在举行聚会时，莫诺科勇士和毛浩莱勇士的灵魂变成毒蛇活捉了巴木乌兰勇士。在两个仙女的帮助下巴木乌兰勇士终于彻底消灭莫诺科勇士和毛浩莱勇士的灵魂——两个妖蛇。

《巴木乌兰勇士成婚之部》

新疆《江格尔》篇章。演唱者不详。博尔塔拉蒙古自治州的乌·巴伊卡1993年书写整理，发表于新疆人民出版社1996年版的《江格尔》托忒蒙古文资料本第12册。其故事情节如下：道克欣贴木尔汗要把萨仁格日勒公主嫁出去，巴木乌兰勇士听到消息，在父母的旨意下与众多英雄展开竞争，最终获胜。巴木乌兰勇士如愿迎娶萨仁格日勒公主，返回故乡，过上幸福快乐的日子。

《巴木乌兰勇士寻找弟弟哈什朝仑之部》

新疆《江格尔》篇章。演唱者不详。博尔塔拉蒙古自治州的乌·巴伊卡1993年书写整理，发表于新疆人民出版社1996年版的《江格尔》托忒蒙古文资料本第12册。其故事情节如下：哈什朝仑继承其父汗之位，兄弟三个蟒古思侵袭他。哈什朝仑迎战，久不能取胜。布克孟根希克锡力格汗的儿子巴木乌兰勇士接受妻子萨仁格日勒公主的话，前来搭救哈什朝仑，打败蟒古思，与弟弟相认。

《阿拉坦策吉汗之部》

新疆《江格尔》篇章。演唱者不详。博尔塔拉蒙古自治州的乌·巴伊卡1993年书写整理，发表于新疆人民出版社1996年版的《江格尔》托忒蒙古文资料本第12册。其故事情节如下：有一天，兄弟三个蟒古思的最小弟弟奥特根哈日蟒古思威胁阿拉坦策吉汗做了他的奴隶。布克孟根希克锡力格汗的夫人阿拜格日勒梦见这一情景，派自己的儿子巴木乌兰勇士去救阿拉坦策吉汗。巴木乌兰勇士打败蟒古思，救出阿拉坦策吉汗。

《阿亚拉噶之子伊提力格消灭十五个头的阿塔哈尔哈日蟒古思之部》

新疆《江格尔》篇章。演唱者是和静县江格尔奇都代。1982年由贾木查、陆世武采录，陆世武从和静县第0号录音带上誊写整理，发表于中国民间文艺出版社出版的《江格尔》托忒蒙古文资料本第6册。其故事情节如下：十五个头的阿塔哈尔哈日蟒古思掠走了阿亚拉噶的父亲。阿亚拉噶对儿子嘱咐说：替你爷爷报仇，将臣民夺回来。阿亚拉噶的儿子伊提力格消灭蟒古思，夺回自己的人民，回到了自己的家乡。

《赤胆英雄洪古尔鏖战那仁达赖汗之部》

新疆《江格尔》篇章。演唱者是和静县江格尔奇萨盖。1978年由陶·巴德玛采录，从和静县第1号录音带上誊写整理，发表于中国民间文艺出版社出版的《江格尔》托忒蒙古文资料本第6册。其故事情节如下：在江格尔的宴席上，那仁达赖汗派遣的大力士雄胡尔向江格尔转达了那仁达赖汗提出的三条无理要求。江格尔顺从了他的要求，让雄胡尔牵走了自己的宝马。派遣一个叫奥索尔的英雄，向赤胆洪古尔通报所发生的事情。洪古尔听闻之后立即前来与江格尔见面。洪古尔埋怨江格尔屈服于强者，并追赶大力士雄胡尔，追回了自己的宝马。洪古尔准备杀死雄胡尔时，雄胡尔的战马变成了雄鹰，叼起雄胡尔飞往远处。洪古尔追讨那仁达赖汗途中遇到拄着拐杖的白发老翁，白发老翁对洪古尔传授了"欲除掉那仁达赖汗，就要驱赶他的灵魂"的妙计。洪古尔按照白发老翁的妙计首先驱赶了那仁达赖汗的灵魂，降服了那仁达赖汗和大力士雄胡尔。洪古尔准备砍杀那仁达赖汗的夫人时，腹中八个月的恶魔胎儿拉着自己的脐带与洪古尔展开了殊死搏斗，洪古尔在宝马的提醒下发起了风暴，冻结了他的脐带，终于消灭了恶魔胎儿。洪古尔把那仁达赖汗的领地和子民并入宝木巴国，凯旋。

《赤胆英雄洪古尔之子和顺乌兰灭安杜尔玛之子阿图哈日蟒古思之部》

新疆《江格尔》篇章。演唱者是和静县江格尔奇孟克·尼玛才仁。1982年由贾木查采录，1984年陆世武从和静县第8号录音带上誊写整理，发表于中国民间文艺出版社出版的《江格尔》托忒蒙古文资料本第6册。其故事情节如下：那仁达赖汗派儿子苏农凯威逼江格尔向他俯首称臣。洪古尔听到这个消息，追杀苏农凯，进而到达那仁达赖汗的国家。在一位老者的帮助下消灭了那仁达赖汗，将其国土并入宝木巴国。回来后发现，苏农凯早已复活，俘虏了以江格尔为首的英雄，把宝木巴国劫掠一空。洪古尔到了恶魔的领地与恶魔展开了殊死搏斗，却不幸被敌人俘获。遗腹子和顺出生，降伏蟒古思，救出江格尔、洪古尔和他们的属民。

《圣主江格尔之部》

新疆《江格尔》篇章。演唱者是和静县江格尔奇那木达格。1982年由布·阿穆尔达赖采录，阿力腾从和静县第157号录音带上誊写整理，发表于中国民间文艺出版社出版的《江格尔》托忒蒙古文资料本第6册。其故事情节如下：江格尔的故乡有着数不胜数的牲畜和广阔无垠的土地。有一天，八万岁的那仁达赖汗派来一个叫铁木尔布斯特的英雄提出了三项要求。并声称不满足要求便要毁坏你的家园，抢走你的属民。江格尔对他说：你先带走我的马驹，其他条件我们再满足你。洪古尔则对此表示了强烈反对，他说：父母生的孩子都会有复仇的意识。他追着铁木尔布斯特到达他的领土，征服了那些恶魔和随后到来的军队，回到家乡过上了幸福的生活。

《阿拉坦策吉之部》

新疆《江格尔》篇章。演唱者是和静县江格尔奇乔格登。1982年由贾木查、陆世武采录，陆世武从和静县第141号录音带上誊写整理，发表于中国民间文艺出版社出版的《江格尔》托忒蒙古文资料本第6册。这是一个演唱不完整的篇章。

《赤胆英雄洪古尔与骑着棕色马的大力士雄胡尔战斗之部》

新疆《江格尔》篇章。演唱者是和静县江格尔奇江巴。1982年由贾木查、陆世武采录，陆世武从和静县第141号录音带上誊写整理，发表于中国民间文艺出版社出版的《江格尔》托忒蒙古文资料本第6册。其故事情节如下：在盛大的宴会上江格尔夸奖了洪古尔，引起众人的嫉妒。洪古尔伤心出走。洪古尔走后那仁达赖汗派来的大力士雄胡尔向江格尔提出了三项要求，牵走了他的枣骝马。洪古尔在妻子的提醒下追赶雄胡尔，与其展开殊死搏斗，并在枣骝马的鼓励下将其斩为两段。雄呼尔的坐骑驮着主人的上半身逃走。洪古尔继续追到那仁达赖汗的领地，寡不敌众，而返回营地。洪古尔得到白发老者的指点，消灭了那仁达赖汗。洪古尔返回时雄胡尔正在劫掠宝木巴国。洪古尔杀死雄胡尔，同时消灭它的战马，将那仁达赖汗的国土并入宝木巴国。

《洪古尔及子和顺同乌库尔奇汗与沙莱高勒三汗战斗之部》

新疆《江格尔》篇章。演唱者是焉耆县江格尔奇琼俊。1981年和1982年由布·阿穆尔达赖和贾木查采录，1984年巴·乌力促从第154、155号录音带上誊写，并把两次唱本合并整理，发表于中国民间文艺出版社出版的《江格尔》托忒蒙古文资料本第6册。其故事情节如下。乌库尔奇汗侵犯江格尔和宝木巴国，提出屈辱性的条件。洪古尔愤怒，征讨消灭乌库尔奇汗。但被乌库尔奇汗的儿子乌兰扎拉腾射伤。洪古尔的儿子和顺乌兰替父出征，消灭乌库尔奇汗的儿子乌兰扎拉腾。进而袭击世仇沙莱高勒三汗。他打探到沙莱高勒三汗隐藏灵魂的地方，先消灭他们的灵魂，然后消灭其肉体，带着战利品回到宝木巴国，接受人们的欢呼。

《八岁的奈日巴图救霍尔穆斯塔腾格里神之女，降伏腾格里天神的铁木尔布斯特，聘娶乌孙达赖汗之女之部》

新疆《江格尔》篇章。演唱者是焉耆县江格尔奇尼·布鲁盖。1981年贾木查采录，1984年巴·乌力促从第93号录音带上誊写整理，发表于中国民间文艺出版社出版的《江格尔》托忒蒙古文资料本第6册。其故事情节如下：阿拉坦策吉对江格尔说，蟒古思掳走了霍尔穆斯塔腾格里之女，如不赶紧救出仙女，将发生灾难。八岁的奈日巴图主动请命，要求去降伏蟒古思，救出腾格里天神之女。接近蟒古思之地，八岁的奈日巴图心生恐惧。此时洪古尔赶来给他指点迷津，传授了制敌技巧。他按照别人的指点，找到并杀死了保存着蟒古思灵魂的野猪。然后化作蟒古思潜入，救出了腾格里天神的女儿。他征服了蟒古思和他的三个英雄，解放了被蟒古思奴役的人们，回到了宝木巴国。八岁的奈日巴图长大成人，有一天梦见自己与乌孙达赖汗的女儿成亲。他与洪古尔一同来到了乌孙达赖汗的国家，在那里与腾格里天神的大力士铁木尔布斯特展开激烈竞争。洪古尔和奈日巴图对公主施展魔法，通过讲故事使其想起了乌孙达赖汗指腹为婚的故事。在竞争中，奈日巴图胜出，如愿娶了乌孙达赖汗的公主。他们在回乡途中消灭了前来挑战的铁木尔布斯特，过上了幸福的生活。

《洪古尔之子和顺与蟒古思战斗之部》

新疆《江格尔》篇章。演唱者是焉耆县江格尔奇尼·布鲁盖。1981年贾木查采录，1984年阿·乌力促从第93、94号录音带上誊写整理，发表于中国民间文艺出版社出版的《江格尔》托忒蒙古文资料本第6册。其故事情节如下：三十五个头的蟒古思和二十五个头的蟒古思一同来到江格尔的宝木巴国，要求江格尔把枣骝马和阿拜格日勒夫人献给他们。洪古尔得知此事，去征讨蟒古思，消灭了蟒古思的勇士布坤查干。他准备返回时，三十五头蟒古思与洪古尔展开搏斗，活捉洪古尔。洪古尔征讨蟒古思出发时还在娘肚子里的孩子，如今已经十三岁。母亲给他起名叫和顺，并给他佩上了他父亲的弓箭。洪古尔的儿子消灭了蟒古思，父子在战场上相认。父子二人带着战利品回到了故乡。

《赤胆英雄洪古尔取格楞赞巴拉汗的首级之部》

新疆《江格尔》篇章。演唱者是焉耆县江格尔奇安凯。1983年贾木查采录，巴·嘉巴从第164号录音带上誊写整理，发表于中国民间文艺出版社出版的《江格尔》托忒蒙古文资料本第6册。这是一个演唱不完整的篇章。大概叙述了洪古尔征讨侵犯宝木巴国的乌库尔奇汗及其儿子乌兰扎拉腾的故事。

《洪古尔之子和顺消灭木匠、铁匠、玉匠三兄弟，征服布日古德达赖汗之部》

新疆《江格尔》篇章。演唱者是焉耆县江格尔奇李嘉拉。1982年布·阿穆尔达赖采录，1984年巴·乌力促从第155、156号录音带上誊写整理，发表于中国民间文艺出版社出版的《江格尔》托忒蒙古文资料本第6册。其故事情节如下：洪古尔的夫人生下了一个早产五个月的胎儿，起名叫和顺。和顺为报父仇骑马远征。途中射杀了黄、黑、蓝三色的雄鹰后洪古尔的枷锁突然打开，父子得以相见。和顺幻化作相貌丑陋的人，到达布日古德达赖汗的国度，用计消灭他的铁匠、木匠和玉匠。布日古德达赖汗的儿媳乌日木格日才茨克知道了他的真实身份，把他扔进了九十九层地狱。他设法从地狱逃脱，然后铲除了布日古德达赖汗、铁木尔布斯特、乌日木格日才茨克，带着丰厚的战利品回到了家乡。

《赤胆英雄洪古尔与那仁达赖汗之子大力士雄胡尔鏖战之部》

新疆《江格尔》篇章。演唱者是焉耆县江格尔奇李嘉拉。1981年贾木查采录，1982年布·阿穆尔达赖从第98号录音带上誊写整理，发表于中国民间文艺出版社出版的《江格尔》托忒蒙古文资料本第6册。其故事情节如下：大力士雄胡尔威逼江格尔索要三样东西，并牵走了枣骝马。洪古尔得知，战胜雄胡尔。雄胡尔的坐骑化作猛禽叼走雄胡尔。洪古尔骑着枣骝马，到了那仁达赖汗的领地，与敌人展开搏斗，征服那仁达赖汗。而此时，雄胡尔则掠夺了宝木巴国。洪古尔赶回来，消灭雄胡尔及其坐骑，过上了幸福的生活。

《洪古尔及其儿子和顺夺回枣红马，征服蟒古思国之部》

新疆《江格尔》篇章。演唱者是和静县江格尔奇沙格扎。1980年贾木查采录，巴·嘉巴从第92号录音带上誊写整理，发表于中国民间文艺出版社出版的《江格尔》托忒蒙古文资料本第6册。其故事情节如下：江格尔举行盛大的宴会时因嫉妒洪古尔的才能而没有邀请其前来赴宴。洪古尔因此抱怨而进入了三年的睡眠。其间，十五个头的安杜尔玛蟒古思派使者图古勒乌兰，威逼江格尔牵走了枣骝马。洪古尔的夫人通过梦境获悉此事后告知洪古尔。洪古尔追上图古勒乌兰，取其首级。正当洪古尔赶着蟒古思返回的时候，洪古尔的遗腹子和顺前来与父亲相认。和顺问父亲现在应该干什么，洪古尔叫他去日落之处，征服安杜尔玛蟒古思。和顺征服安杜尔玛蟒古思，与父亲一道凯旋。

《乌兰洪古尔与大力士雄胡尔的巴图蒙根西格西勒岱勇士战斗之部》

新疆《江格尔》篇章。演唱者是焉耆县江格尔奇尼麦。1980年贾木查、阿·乌力促采录，巴·嘉巴从第100号录音带上誊写整理，发表于中国民间文艺出版社出版的《江格尔》托忒蒙古文资料本第6册。其故事情节如下。大力士雄胡尔的使者向江格尔提出霸占阿拜格日勒夫人、洪古尔和骏马的要求。江格尔的勇士们虽反抗，但没能战胜使者，无奈将骏马交给使者。洪古尔得知后夺回了骏马，却中了大力士雄胡尔的箭，返回宝木巴国后才得以痊愈。

《赤胆英雄洪古尔与大力士雄胡尔战斗之部》

新疆《江格尔》篇章。演唱者是焉耆县江格尔奇席勒。1981年贾木查采录，1982年布·阿穆尔达赖从第98号录音带上誊写整理，发表于中国民间文艺出版社出版的《江格尔》托忒蒙古文资料本第6册。其故事情节与《乌兰洪古尔与大力士雄胡尔的巴图蒙根西格西勒岱勇士战斗之部》雷同。（见《乌兰洪古尔与大力士雄胡尔的巴图蒙根西格西勒岱勇士战斗之部》条）

《赤胆英雄洪古尔与安杜尔玛蟒古思鏖战之部》

新疆《江格尔》篇章。演唱者是焉耆县江格尔奇米格米尔加甫。1981年贾木查采录，并从第99号录音带上誊写整理，发表于中国民间文艺出版社出版的《江格尔》托忒蒙古文资料本第6册。其故事情节如下：十五个头的蟒古思派乌兰扎拉腾向江格尔提出了无理要求。洪古尔愤怒，征讨了蟒古思并消灭了十五个头的安杜尔玛蟒古思。回归途中，他中了乌兰扎拉腾发射的毒箭，坐骑将他安全送回家乡。经过贞洁的夫人跨越伤体的仪式，他的伤势得以痊愈。

《江格尔的巴塔哈纳勇士灭额尔古耀温乌兰之部》

新疆《江格尔》篇章。演唱者是和静县江格尔奇尼麦。1981年李嘉拉采录，从第115号录音带上誊写，与1979年巴·乌力促、陶·巴德玛采录的另一个文本校对整理，发表于中国民间文艺出版社出版的《江格尔》托忒蒙古文资料本第6册。其故事情节如下：阿拉坦策吉对江格尔说，耀温乌兰蟒古思掳走了霍尔穆斯塔腾格里之女，因此我们这里将要发生灾难。江格尔想派洪古尔前去降服蟒古思，遭到洪古尔的拒绝。此时，英雄中排名靠后的末将巴塔哈纳勇士主动请命，出征降服了蟒古思，解救了腾格里天神的女儿。他继续征程，一举消灭了十五个头的蟒古思，自己也受了伤。巴塔哈纳勇士让天女回到天上，然后依靠自己的坐骑回到家乡，通过仪式治愈箭伤。

《道格欣哈日萨纳拉征服扎恩台吉之部》

新疆《江格尔》篇章。和布克赛尔县江格尔奇朱乃演唱并自己记录，根据1984年加·朱乃交给贾木查的原稿，重新分诗行整理，发表于中国民间文艺出版社出版的《江格尔》托忒蒙古文资料本第9册。其故事情节如下。江格尔汗派道格欣哈日萨纳拉，让他征服胡德尔扎嘎尔的扎恩台吉汗。道格欣哈日萨纳拉出征。途中，萨纳拉遇到乃德格提布汗之女，到了她的家。她对萨纳拉勇士说，胡德尔扎嘎尔的扎恩台吉汗蛮横无理，抢走太子作为人质，并求他解救太子。道格欣哈日萨纳拉到扎恩台吉汗的宫殿，传达江格尔的旨意，要求他做江格尔的忠实臣民，世世代代向江格尔进贡纳税。然后折断他的战旗，焚毁他的宫殿，驱赶他的马群返回。扎恩台吉的众多勇士追来，萨纳拉独自一人作战。江格尔带领众勇士支援，同敌人作战，征服了胡德尔扎嘎尔的扎恩台吉汗。

《铁臂萨布尔之部》

新疆《江格尔》篇章。和布克赛尔县江格尔奇朱乃演唱并自己记录，根据1984年加·朱乃交给贾木查的原稿，重新分诗行整理，发表于中国民间文艺出版社出版的《江格尔》托忒蒙古文资料本第9册。其故事情节如下：道格欣黑拉盖汗派出的使臣布丹乌兰大模大样来到殿内，向江格尔转达道格欣黑拉盖汗的命令：速速交出阿盖落莎布塔拉夫人、阿冉扎勒枣红马、绝世美男子明彦。此时洪古尔挺身而出，驱逐了那使者。江格尔嘉奖洪古尔的勇气。对此，铁臂勇士萨布尔不满而投奔沙莱高勒三汗去了。他走后，黑拉盖汗洗劫了宝木巴国。萨布尔在沙莱高勒汗处在毡帐中歇息时，其战马提醒说，黑拉盖汗洗劫宝木巴国，圣主江格尔正在呼唤你。萨布尔留下书信给沙莱高勒三汗，自己急忙回宝木巴国。那里除了阿勒坦策吉、绝世美男子明彦和古哲恩贡布三人外，其他人均成了俘虏。萨布尔同暴君黑拉盖汗战斗，终于将其征服。之后救出江格尔和众勇士，回到宝木巴国。萨布尔在黑拉盖汗右脸打上宝木巴国的红印，命他做江格尔的臣民，缴纳一千零一年的贡赋。

《阿里亚孟胡莱驱赶江格尔的马群被活捉，做江格尔的臣仆之部》

新疆《江格尔》篇章。和布克赛尔县江格尔奇朱乃演唱并自己记录，根据1984年加·朱乃交给贾木查的原稿，重新分诗行整理，发表于中国民间文艺出版社出版的《江格尔》托忒蒙古文资料本第9册。其故事情节如下：江格尔可汗在宫中举办盛大宴会。君臣畅饮之时，关布查干可汗派出的使臣阿里亚孟胡莱来到殿内口出狂言：驱走你的一万八千匹枣红马，有本事追我，拿走你的马群。说完驱赶江格尔的马群走了。江格尔的众勇士制服他，在他身上烙上宝木巴国的印章，让他做江格尔的臣民。

《道格欣哈日黑纳斯活捉洪古尔之部》

新疆《江格尔》篇章。和布克赛尔县江格尔奇朱乃提供。朱乃于1956年11月10日抄写本篇章后记载，本篇章原本是西希那·布拉尔演唱，沙日诺彦的秘书官扎玛达克记录，然后朱乃抄录了扎玛达克的记录本。1988年，贾木查将此手写本与其他异文比对，对重复的部分予以删减整理，发表于中国民间文艺出版社出版的《江格尔》托忒蒙古文资料本第9册。其故事情节如下：江格尔与众勇士饮宴时，阿拉坦策吉忠告江格尔说，凶恶的哈日黑纳斯汗派布克查干勇士前来侵犯。洪古尔听闻此预言，骑上战马迎战布克查干勇士，战败。布克查干勇士将奄奄一息的洪古尔俘虏而去。江格尔汗得到洪古尔被俘的消息，率领六千又十二勇士与哈日黑纳斯战斗，降伏了哈日黑纳斯汗。江格尔从硕大凶残的鱼肚中解救了洪古尔，将哈日黑纳斯领土并入宝木巴国。

《江格尔的断事官凯吉尔宾与沙莱高勒三汗的讼事之部》

新疆《江格尔》篇章。演唱者是和布克赛尔县江格尔奇加·朱乃。此篇章根据第15、16号录音磁带誊写稿，参考加·朱乃提供的两种手写稿以及其他一个异文之间相互比对整理，发表于中国民间文艺出版社出版的《江格尔》托忒蒙古文资料本第9册。其故事情节如下：江格尔的断事官凯吉尔宾，经阿拉德尔江格尔允许，拿着神明般的金镜子，带着五百名助理，到沙莱高勒三汗处，在各国各地众多断事官面前指控沙莱高勒三汗，赢得诉讼，追回了失去的一切。

《哈日塔的儿子杭嘎勒迪吉毕格之部》

新疆《江格尔》篇章。演唱者是和布克赛尔县江格尔奇加·朱乃。1981年巴·乌力促采录，1984年布·阿穆尔达赖从第19号录音带上誊写整理，发表于中国民间文艺出版社出版的《江格尔》托忒蒙古文资料本第9册。原篇章名如果全译，应叫《骑着杭盖般巨大的线脸马的、哈日塔的儿子杭嘎勒迪吉毕格威胁逼迫江格尔汗，被赤胆洪古尔射伤，最后尼木德尔格汗归顺江格尔当臣仆之部》，在此简化成《哈日塔的儿子杭嘎勒迪吉毕格之部》。其故事情节如下：江格尔可汗在宫内大摆宴席，与六千一十二名勇士一起畅饮之时，尼木德尔格汗派出使臣杭嘎勒迪吉毕格，来到江格尔跟前，命令江格尔交出宝木巴国的政权。此时洪古尔挺身而出，表示与敌人抗争。气急败坏的迪吉毕格一路烧杀抢掠回到自己的国度，并向尼木德尔格汗汇报所发生的事情。江格尔和洪古尔领着众多勇士与尼木德尔格汗战斗，最终江格尔征服了尼木德尔格汗，让他称臣于江格尔。

《两岁的和顺乌兰征服道格欣查干汗之部》

新疆《江格尔》篇章。和布克赛尔县江格尔奇朱乃演唱并自己记录，根据1984年加·朱乃交给贾木查的原稿，重新整理，发表于中国民间文艺出版社出版的《江格尔》托忒蒙古文资料本第9册。其故事情节如下：俘获洪古尔，把他交给道格欣查干汗的阿尔斯兰查干勇士，又要袭击宝木巴国。消息传出，江格尔和勇士们感到恐惧，于是贴出告示说，若有能征服这个敌人的勇士，速速站出来保家卫国。两岁的和顺乌兰看到告示后，骑着黄骠马，来到江格尔汗宫，表示自己愿意征服阿尔斯兰查干勇士。他出征，打败阿尔斯兰查干勇士，进而征服道格欣查干汗，让他做江格尔的臣民。营救了父亲洪古尔，一同回到宝木巴国。

《汗哈冉贵与圣主江格尔交战，被赤胆洪古尔消灭之部》

新疆《江格尔》篇章。演唱者是和布克赛尔县江格尔奇加·朱乃。见于中国民间文艺出版社出版的《江格尔》托忒蒙古文资料本第9册。此文本的形成过程较复杂。在1981年7月巴·乌力促采录，1984年尼·莫尔根誊写的名叫《圣主江格尔与汗哈冉贵战斗之部》的文本基础上，同1981年加·朱乃自己记录的同名篇章以及加·朱乃的另一个手写稿《圣主江格尔与汗哈冉贵战斗之部》校勘，再参考1984年尼玛誊写的文本《汗哈冉贵与圣主江格尔交战之部》整理，1988年贾木查将此整理稿再与第16号原录音核实，最终形成《汗哈冉贵与圣主江格尔交战，被赤胆洪古尔消灭之部》。其故事情节如下：江格尔汗为了解闷，骑着阿兰扎尔枣红马，上阿勒泰山打猎。此时汗哈冉贵蟒古思袭击江格尔。江格尔一个人不敢与他较量，只好逃遁，汗哈冉贵则穷追不舍。江格尔的保护神用魔力让汗哈冉贵迷路。这时洪古尔赶来，打败汗哈冉贵蟒古思，找到江格尔汗，回到宝木巴国。

《汗哈冉贵之子罕苏奈派使者用魔法蛊惑江格尔部众，最终使自己身败名裂之部》

新疆《江格尔》篇章。演唱者是和布克赛尔县江格尔奇加·朱乃。以1981年巴·乌力促采录，1984年布·阿穆尔达赖从第18号录音带上誊写整理为主，兼顾加·朱乃提供的三个手写文本整理，1988年贾木查将此文本重新与原录音核对，发表于中国民间文艺出版社出版的《江格尔》托忒蒙古文资料本第9册。其故事情节如下：江格尔在宫中举办盛大宴会。君臣畅饮之时，汗哈冉贵之子罕苏奈派使者前去，用魔法迷惑江格尔和他的右翼众勇士。然后向江格尔转达汗哈冉贵之子罕苏奈的命令，要求江格尔交出洪古尔，向罕苏奈俯首称臣。被迷惑的江格尔和右翼众勇士统统表示同意，洪古尔却坚决反对。江格尔和右翼众勇士想把洪古尔抓起来交给罕苏奈，道格欣哈日萨纳拉等左翼勇士们则打散右翼众勇士，放走洪古尔，消灭罕苏奈的使者。以阿盖莎布塔拉为首的众夫人作法，解除了蟒古思的魔法，使江格尔以及右翼众勇士恢复智慧，并让左翼和右翼勇士们握手言和。罕苏奈让人为自己算命，算命者说你应该当江格尔的臣民。罕苏奈虽然口头上说要与江格尔决一死战，却心底里恐惧异常，迟迟不见行动，在众人面前失去了威信。

《和顺乌兰勇士征服哈日苏乃，道格欣哈日萨纳拉征服哈日布图盖汗，布尔罕宝尔芒乃征服布日勒赞汗之部》

新疆《江格尔》篇章。演唱者是和布克赛尔县江格尔奇加·朱乃。见于中国民间文艺出版社出版的《江格尔》托忒蒙古文资料本第9册。此文本的形成过程是，在1981年和1982年朱乃以自己记录的两个文本为主，再利用哈·阿力腾誊写的名叫《和顺乌兰征服罕苏奈之部》整理。其故事情节如下：哈日萨纳拉、和顺乌兰、宝尔芒乃三勇士与在远方三个敌人交战。和顺乌兰与罕苏奈作战，哈日萨纳拉与哈日布图盖作战，宝尔芒乃跟布日勒赞布图盖作战。江格尔带领着三个勇士，来到博格达山上，营救了赤胆洪古尔。江格尔带领着众多勇士，来到了三个勇士的战场，打败了三个敌人。

《罕苏奈助江格尔活捉额尔克蒙根特博格汗之部》

新疆《江格尔》篇章。和布克赛尔县江格尔奇朱乃演唱并自己记录，1988年贾木查重新核对整理，发表于中国民间文艺出版社出版的《江格尔》托忒蒙古文资料本第9册。其故事情节如下：罕苏奈勇士投汗哈冉贵夫人腹中再次来到人间。与前世不同，这次他变得性格温和。3岁时，由于前世的誓言，他主动向江格尔投诚，成为江格尔的得力勇士，与和顺乌兰、哈日吉拉干、阿利亚雄胡尔三个少年英雄结拜为兄弟。江格尔想征服额尔克孟根特博格汗。罕苏奈消灭了额尔克孟根特博格汗的两个勇士，而江格尔趁机征服了额尔克孟根特博格汗。

《江格尔汗让和顺乌兰继承宝木巴国的汗位之部》

新疆《江格尔》篇章。和布克赛尔县江格尔奇朱乃自己记录，六十五则分诗行整理，发表于中国民间文艺出版社出版的《江格尔》托忒蒙古文资料本第9册。其故事情节如下：江格尔因为年岁已高，想让文武双全、有勇有谋的年轻人继承他的汗位。在自己的儿子哈日吉尔宾、洪古尔的儿子和顺乌兰和阿拉坦策吉的儿子阿里亚雄胡尔以及罕苏奈四位小勇士打败来犯之敌，建立英雄业绩之际，举行盛大的仪式，把宝木巴国的国玺交给洪古尔的儿子和顺乌兰，让他登上宝木巴国的汗位，继承江格尔的事业。

第三部分 《江格尔》版本篇

《江格尔——卡尔梅克英雄叙事诗》

卡尔梅克《江格尔》版本之一。由阿·科契克夫整理、校勘，收录25部篇章，于1978年在莫斯科出版。韵文体，250千诗行。25部长诗的部名、记录地区或演唱者。19世纪50年代记录的小杜尔伯特地区的3部长诗：1.江格尔征服乌图查干蟒古思之部；2.江格尔征服库尔勒额尔德尼蟒古思汗之部；3.乌兰少布西古尔征服残暴的沙尔古尔古汗之部。19世纪50年代记录的小朝胡尔土尔扈特地区的2部长诗；4.凶悍的哈尔黑纳斯生擒雄狮般的英雄洪古尔之部；5.洪古尔活捉狠毒的沙尔蟒古思汗之部。1908年小杜尔伯特地区著名江格尔奇鄂利扬·奥夫拉演唱的10部长诗；6.阿拉坦策吉归顺江格尔之部；7.洪古尔活捉阿里亚芒古里之部；8.洪古尔战胜残暴的芒乃汗之部；9.萨布尔迫使黑拉干汗投降江格尔之部；10.美男子明彦赶回突厥汗的马群之部；11.美男子明彦活捉强悍的库尔门汗之部；12.洪古尔娶查干珠拉汗之女格仁吉勒之部；13.萨纳拉迫使扎恩台吉汗归降江格尔之部；14.洪古尔降服哈尔吉拉干汗之部；15.小英雄哈尔吉拉干、阿里亚双胡尔、和顺乌兰活捉强暴的巴达玛乌兰汗之部。1940年哈尔胡斯地区土尔扈特江格尔奇巴桑嘎·穆克宾演唱的6部长诗；16.江格尔执掌大权之部；17.洪古尔夺取沙尔比尔莫斯汗的金盔和宝剑之部；18.洪古尔赶回北方的沙尔克尔门汗的马群之部；19.萨纳拉赶回塔克比尔莫斯汗的军马群之部；20.芒乃汗的使者乌兰那仁格日勒向江格尔提出五项要求之部；21.洪古尔力挫妖精之部。1940年大朝胡尔土尔扈特地区江格尔奇莎瓦利·达瓦唱的2部篇章；22.江格尔的阿兰扎尔骏马被盗之部；23.挫败克尔门汗之子芒古里之部。1967年小杜尔伯特地区的巴拉达尔·那生卡演唱的一部；24. 江格尔与众英雄击败凶顽的芒乃汗之部。附录一部或所谓鄂利扬·奥夫拉演唱的第十一部。25. 英雄洪古尔和阿布浪嘎汗战斗之部。

《渥巴什洪台吉传、卡尔梅克民间叙事诗江格尔及尸语故事》

卡尔梅克《江格尔》版本之一。搜集整理和编者为彼得堡大学教授戈尔斯通斯基。圣彼得堡，1864 年。书中有戈尔斯通斯基从卡尔梅克地区的江格尔奇那里搜集记录的《哈日黑纳斯之部》、《沙日古日古之部》两部《江格尔》篇章，托忒文。学者们认为，这是《江格尔》史诗最早的蒙古文版本。

《江格尔——有关哈日黑纳斯和沙日古日古的两首歌》

卡尔梅克《江格尔》版本之一。埃利斯塔，1936 年。书中有戈尔斯通斯基从卡尔梅克地区的江格尔奇那里搜集记录的《哈日黑纳斯之部》、《沙日古日古之部》两部篇章。以拉丁字母为基础的卡尔梅克文。

《卡尔梅克英雄史诗——江格尔》

卡尔梅克《江格尔》版本之一。A.M. 波茨德涅耶夫编，1911 年，圣彼得堡。书中有戈尔斯通斯基从卡尔梅克地区的江格尔奇那里搜集记录的《哈日黑纳斯之部》、《沙日古日古之部》两部篇章，还有《沙日蟒古思之部》共 3 部篇章。

十三章本《江格尔》

卡尔梅克《江格尔》之中国版本之一。中国内蒙古学者莫尔根巴特尔和铁木耳杜希两人由俄国出版的托忒蒙古文《江格尔》转写为中国通用的蒙古文，名字为《江格尔传》，由内蒙古人民出版社于 1958 年出版。这 13 部是由 1910 年科特维奇在圣彼得堡出版的鄂利扬·奥夫拉演唱的 10 部篇章和 1911 年阿·波兹德涅耶夫出版的单行本中的 3 部，即《沙日古尔古之部》、《哈日黑纳斯之部》和《沙日蟒古思之部》等构成。新疆人民出版社 1964 年在乌鲁木齐用托忒蒙古文出版了这一版本。

《塔黑勒祖拉汗之后裔、唐斯科宝木巴汗之孙、乌宗阿拉达尔汗之子、孤儿江格尔之史诗 10 章》

卡尔梅克《江格尔》版本之一。鄂利扬·奥夫拉演唱，奥齐尔·诺木图搜集整理，科特维奇审稿，圣彼得堡，1910 年，托忒文。1908，圣彼得堡大学教授科特维奇派他的学生奥奇洛夫回家乡阿斯特拉罕调查《江格尔》。奥奇洛夫用基利尔文字记录了著名的江格尔奇鄂利扬·奥夫拉演唱的《江格尔》10 部，后经科特维奇审稿，于 1910 年在圣彼得堡用托忒文出版。鄂利扬·奥夫拉是在俄罗斯境内发现的最有才华、演唱部数最多的江格尔奇。发现和出版他演唱的 10 部作品，这在江格尔学发展史上是具有划时代意义的重要事件。从此以后，各国学者才知道并承认《江格尔》是一部伟大的长篇史诗。

《卡尔梅克江格尔校注》

卡尔梅克《江格尔》之中国版本之一。由旦布尔加甫从卡尔梅克文译转成我国蒙古族通用的蒙古文，加以校勘和注释，2002 年民族出版社在北京出版。该版本共收录卡尔梅克《江格尔》的 31 部篇章。这 31 部篇章是旦布尔加甫在阿·科契克夫整理、校勘的 25 章本《江格尔》（《江格尔——卡尔梅克英雄史诗》，莫斯科，1978）基础上，从比特凯耶夫、奥瓦洛夫整理的 11 章本（《江格尔——卡尔梅克英雄史诗》，莫斯科，1990）以及在埃利斯塔出版的 16 章本（《江格尔——卡尔梅克英雄史诗》，埃利斯塔，

1990）中选取 5 个篇章而组成的。包含了到目前为止从俄罗斯联邦卡尔梅克地区搜集的所有长诗（不包括异文），是目前国际上部数最全的卡尔梅克《江格尔》版本。校注者在每部篇章后面对诸版本的异同进行认真的校勘，而且对新出现的卡尔梅克语词语进行注释。在书的最后，附上了人物名索引，还制作了一个有 2600 多条的《江格尔词语词典》。该词典采用蒙古文和卡尔梅克文对照形式，有助于把握读音和词义。该书曾荣获中国社会科学院优秀科研成果一等奖。

十五章本《江格尔》

中国《江格尔》版本之一，也是中国《江格尔》第一部托忒蒙古文版本。由托·巴德玛、宝音和希格搜集整理。蒙古文，韵文体，近 200 千诗行。新疆人民出版社，1980 年。这 15 部的部名、记录地区和演唱者如下：1.《阿拉坦策吉和萨纳拉战斗之部》（和布克赛尔县江格尔奇莱日布）；2.《洪古尔和萨布尔战斗之部》（和布克赛尔县江格尔奇冉皮勒）；3.《洪古尔征服蟒古思三兄弟之部》（尼勒克县江格尔奇达尔玛等）；4.《洪古尔击败库尔勒占巴拉汗之子之部》（博尔塔拉县江格尔奇普尔布加甫）；5.《征服哈尔桑萨尔之部》（博尔塔拉县江格尔奇普尔布加甫）；6.《萨里亨塔布嘎勇士的婚礼之部》（尼勒克县江格尔奇达尔玛）；7.《洪古尔的婚礼之部》（托·巴托玛根据多种异文整理）；8.《洪古尔活捉冬希乌尔格日勒蟒古思之部》（和布克赛尔县江格尔奇冉皮勒）；9.《汗苏尔宝东之部》（和布克赛尔县江格尔奇莱日布、冉皮勒）；10.《征服玛拉哈布哈汗之部》（托·巴德玛根据多人的演唱整理）；11.《洪古尔征服蟒古思的布尔古特汗之部》（温泉县江格尔奇嘎尔巴、陶卡）；12.《征服哈尔特布赫图汗之部》（温泉县江格尔奇朋斯格）；13.《巴托尔哈尔吉拉干击败沙尔格日勒汗之部》（尼勒克县江格尔奇巴桑哈尔）；14.《小英雄和顺乌兰、哈尔吉拉干、阿里亚双胡尔活捉勇士巴达玛乌兰汗之部》（和布克赛尔县江格尔奇冉皮勒）；15.《和顺乌兰的婚礼之部》（和静县江格尔奇李·普尔拜）。这一版本是作为文学读物提供给广大读者的，与科学资料本不同。搜集整理者进行了不少加工，与原文有一定的出入，其中有的篇章是根据多种异文改编而成的。该版本经转写后于 1982 年以我国现行蒙古文在呼和浩特内蒙古人民出版社出版。

《江格尔》

中国《江格尔》汉译本之一。译者为霍尔查。内容为"15 章本《江格尔》"（见"15 章本《江格尔》"条）。新疆人民出版社，1988 年，乌鲁木齐。

《江格尔》

中国《江格尔》汉译本之一。译者为色道尔吉。内容为"13 章本《江格尔》"（见"13 章本《江格尔》"条）。人民文学出版社，1983 年，北京。

七十章本《江格尔》

中国《江格尔》版本之一。对陆续以托忒蒙古文出版的《江格尔资料》丛书中的《江格尔》史诗篇章进行精选，从中整理出 70 章，分三卷出版。1985 年、1987 年新疆人民出版社出版了其托忒蒙古文版前两卷。1988 年、1989 年，内蒙古人民出版社出版了这两卷的蒙古文版。这套三卷本的第三卷，内蒙古科技出版社于 1996 年率先出版了其蒙古文版，而其托忒蒙古文版于 2000 年由新疆人民出版社出版。该书由陶·巴德玛任主编，特·贾木查任副主编，编委会成员包括阿·太白、额尔德尼、哈·哈斯巴、浩·巴岱、科·达明加甫、尼·罗塔、沙海、齐·艾仁才。

《江格尔资料（一）》

中国《江格尔》版本之一。中国民间文艺研究会新疆维吾尔自治区分会编，大约1982年印，托忒蒙古文，内部资料。部名、记录地区和演唱者如下：1.《孟根希克锡力格与孤儿江格尔相遇之部》（和布克赛尔县江格尔奇冉皮勒演唱）；2.《孟根希克锡力格将希尔格汗的领地移交于江格尔之部》（和布克赛尔县江格尔奇冉皮勒演唱）；3.《额尔古蒙根特布赫汗扫荡乌宗阿拉达尔汗的故乡，摔跤手孟根希克锡力格给乌宗阿拉达尔汗的孤儿起名为江格尔之部》（和布克赛尔县江格尔奇冉皮勒演唱）；4.《博尔托洛盖的大力士阿拉坦索耀汗之部》（和布克赛尔县江格尔奇冉皮勒演唱）；5.《江格尔之子阿尔巴斯哈尔活捉额尔古蒙根特布赫汗之部》（和布克赛尔县江格尔奇冉皮勒演唱）；6.《博格达江格尔手执道格新希尔格汗的玉玺召集雄狮英雄之部》（和布克赛尔县江格尔奇朱乃演唱）；7.《扎雅图阿拉达尔汗之子宝尔芒乃征服杜希芒乃汗之部》（和布克赛尔县江格尔奇朱乃演唱）；8.《洪古尔寻找叔父之部》（博尔塔拉县江格尔奇普尔布加甫演唱）；9.《江格尔向洪古尔之子和顺授玉玺之部》（和硕县江格尔奇巴德玛加甫演唱）。

《江格尔资料（二）》

中国《江格尔》版本之一。中国民间文艺研究会新疆维吾尔自治区分会编，1985年新疆人民出版社出版，托忒蒙古文。部名、记录地区和演唱者如下：1.《洪古尔灭道格欣哈日蟒古思之部》（焉耆县江格尔奇哈尔察克）；2.《洪古尔征服格棱赞布勒汗之部》（焉耆县江格尔奇哈尔察克）；3.《英雄萨布尔聘娶那仁达赖汗之女诺木图古斯之部》（焉耆县江格尔奇哈尔察克）；4.《洪古尔智取葛棱赞布勒汗的首级，聘娶阿拉奇汗之女之部》（博湖县江格尔奇布拜·瓦其尔）；5.《孟根希克锡力格的婚礼之部》（和布克赛尔县江格尔奇卡·普尔拜）；6.《洪古尔与和顺二人夺回战马，征服蟒古思部众之部》（和静县江格尔奇沙格扎）；7.《江格尔的小勇士巴特哈那巴托尔灭蟒古思国额尔古耀温乌兰之部》（和静县江格尔奇陶·尼麦）；8.《道格欣夏尔布尔格德之部》（和硕县江格尔奇查·齐麦）。

《江格尔资料（三）》

中国《江格尔》版本之一。中国民间文艺研究会新疆维吾尔自治区分会编，1985年新疆人民出版社出版。托忒蒙古文。部名、记录地区和演唱者如下：1.《洪古尔抛弃道木布汗之女杜布日沙尔那钦，聘娶阿拉奇汗之女阿拉坦登珠叶之部》（和静县江格尔奇李·普尔拜）；2.《和顺乌兰砍取道克欣玛莱哈布哈的首级之部》（和静县江格尔奇李·普尔拜）；3.《洪古尔娶杜布日沙尔那钦，打败道木布巴尔汗之部》（和静县江格尔奇高·巴赛）；4.《洪古尔砍取那仁达赖汗的首级之部》（博湖县江格尔奇那塔尔）；5.《洪古尔之子和顺之部》（和静县江格尔奇查·齐麦）；6.《洪古尔之子和顺灭二十五头的浩特格尔哈尔蟒古思之部》（和静县江格尔奇楚木奇格）。

《江格尔资料（四）》

中国《江格尔》版本之一。中国民间文艺研究会新疆维吾尔自治区分会编，1985年新疆人民出版社出版，托忒蒙古文。部名、记录地区和演唱者如下。1.《洪古尔及其儿子和顺与乌库尔奇汗和锡莱依高勒三汗战斗之部》（焉耆县江格尔奇琼真）；2.《洪古尔之子和顺灭那仁达赖汗之子古南哈日苏农凯之部》（和静县江格尔奇钟高洛甫）；3.《洪古尔的婚礼之部》（和静县江格尔奇巴桑）；4.《和顺乌兰灭玛拉哈布哈汗之部》（和静县江格尔奇巴桑）；5.《洪古尔灭十五个头的安杜拉玛哈日蟒古思之部》（和静县江格尔奇扎瓦）；6.《洪古尔灭二十五头的浩特豪尔哈日蟒古思之部》（和静县江格尔奇扎瓦)；7.《洪古尔之子和顺灭毛劳木哈布哈之部》（和静县江格尔奇道·普尔拜）；8.《洪古尔之子和顺的婚礼之部》（和静县江格尔奇道·普尔拜）。

《江格尔资料（五）》

中国《江格尔》版本之一。中国民间文艺研究会新疆维吾尔自治区分会编，1985年新疆人民出版社出版，托忒蒙古文。部名、记录地区和演唱者如下：1.《洪古尔征服残暴的沙日古尔古之部》（和静县江格尔奇格雷克）；2.《萨纳拉夺取扎恩台吉汗的八万匹骏马之部》（和静县江格尔奇格雷克）；3.《美男子明彦夺取图鲁克汗的一万匹黄斑战马之部》（和静县江格尔奇格雷克）；4.《洪古尔之子和顺征服楚雄胡尔之部》（和静县江格尔奇卡·道尔吉）；5.《洪古尔杀死哈日库库勒汗之部》（和静县江格尔奇博斯浩木吉）；6.《洪古尔的第二次婚礼之部》（和静县江格尔奇博斯浩木吉）；7.《洪古尔之子和顺为父亲报仇雪恨之部》（和静县江格尔奇丹皮勒·杜岱）；8.《江格尔之子布俊宝日、洪古尔之子和顺乌兰灭库克芒乃蟒古思之部》（和静县江格尔奇诺·巴桑）；9.《洪古尔之子和顺的婚礼之部》（和静县江格尔奇博·瓦其尔）；10.《洪古尔之子和顺取残暴的玛拉哈布哈的首级之部》（和静县江格尔奇博·瓦其尔）。

《江格尔资料（六）》

中国《江格尔》版本之一。中国民间文艺研究会新疆维吾尔自治区分会、新疆维吾尔自治区民族古籍办公室合编，中国民间文艺出版社出版。版权页未注明出版时间，大约出版于1988年，托忒蒙古文。部名、记录地区和演唱者如下：1.《阿雅拉嘎之子伊特利克灭十五个头的阿塔嘎尔哈日蟒古思之部》（和静县江格尔奇明吉·杜岱）；2.《雄狮洪古尔和那仁达赖汗战斗之部》（和静县江格尔奇萨盖）；3.《洪古尔之子和顺灭安杜拉玛之子阿塔嘎尔哈日蟒古思之部》(和静县江格尔奇孟克·尼玛策仁)；4.《博格达诺彦江格尔》（和静县江格尔奇那木达嘎）；5.《阿拉坦策吉巴巴》（和静县江格尔奇哲·昭格顿）；6.《雄狮洪古尔和大力士双胡尔战斗之部》（和静县江格尔奇道·占巴）；7.《洪古尔及其儿子和顺与乌库尔奇汗和锡莱依高勒三汗战斗之部》（焉耆县江格尔奇琼真）；8.《八岁小勇士乃尔巴图营救被蟒古思抓去的霍尔穆斯塔天神之女，战胜天上的勇士铁木尔布斯，聘娶乌苏达赖汗之女之部》（焉耆县江格尔奇布勒嘎）；9.《洪古尔之子和顺与蟒古思战斗之部》（焉耆县江格尔奇布勒嘎）；10.《雄狮洪古尔取格棱占巴拉汗的首级之部》（焉耆县江格尔奇安凯）；11.《洪古尔之子和顺杀死木匠、铁匠和石匠三兄弟，灭布尔古德汗之部》（焉老县江格尔奇李扎拉）；12.《雄狮洪古尔和那仁达赖之子大力士双胡尔战斗之部》（焉老县江格尔奇李扎拉）；13.《洪古尔、和顺二人夺取蟒古思汗国之部》（和静县江格尔奇沙扎）；14.《洪古尔战胜大力士双胡尔的勇士巴图蒙根西克锡勒岱之部》（焉耆县江格尔奇尼麦）；15.《洪古尔与大力士双胡尔战斗之部》（焉耆县江格尔奇希利）；16.《雄狮洪古尔与安杜拉玛蟒古思战斗之部》(焉耆县江格尔奇米格莫尔加甫)；17.《江格尔的小勇士巴特哈那巴托尔灭蟒古思国额尔古耀温乌兰之部》（和静县江格尔奇陶·尼麦）。

《江格尔资料（七）》

中国《江格尔》版本之一。中国民间文艺研究会新疆维吾尔自治区分会、新疆维吾尔自治区民族古籍办公室合编，中国民间文艺出版社出版。版权页未注明出版时间，大约出版于1988年，托忒蒙古文。部名、记录地区和演唱者如下：1.《古哲恩古恩拜征服残暴的沙日古尔古汗之部》（精河县江格尔奇孟特库尔）；2.《汗苏尔宝东之部》（精河县江格尔奇孟特库尔）；3.《美男子明彦活捉库尔门汗之部》（精河县江格尔奇孟特库尔）；4.《铁臂勇士萨布尔活捉图尔逊汗之部》（精河县江格尔奇孟特库尔）；5.《洪古尔活捉陶尔干昭苏汗，聘娶占巴拉汗之女，征服三大蟒古思之部》（精河县江格尔奇安扎）；6.《洪古尔与哈尔桑萨尔战斗之部》（博尔塔拉县江格尔奇普尔布加甫）；7.《洪古尔生擒库尔勒占巴拉汗之子那钦双胡尔之部》（博尔塔拉县江格尔奇普尔布加甫）；8.《洪古尔寻找叔父之部》（博尔塔拉县江格尔奇普尔布加甫）；9.《洪古尔与那仁达赖之子那钦双胡尔结义之部》（温泉县江格尔奇伊登）；10.《洪古尔与哈尔桑萨尔战斗之部》（温泉县江格尔奇伊登）；11.《洪古尔与库日勒占巴拉汗之子双胡尔战斗之部》（温泉县江格尔奇伊登）。

《江格尔资料（八）》

中国《江格尔》版本之一。中国民间文艺研究会新疆维吾尔自治区分会、新疆维吾尔自治区民族古籍办公室合编，中国民间文艺出版社出版。版权页未注明出版时间，大约出版于1988年，托忒蒙古文。和布克赛尔县江格尔奇加·朱乃演唱。部名如下：1.《汗诺彦江格尔》；2.《江格尔祖先世袭谱》；3.《希尔格汗的长子孟根希克锡力格聘娶铁木尔力格图汗之女赞丹格日勒之部》；4.《乌宗阿拉达尔汗的婚礼及其消亡之部》；5.《孟根希克锡力格给乌宗阿拉达尔汗的孤儿起名为江格尔之部》；6.《博格达江格尔手执道格新希尔格汗的玉玺召集雄狮英雄之部》；7.《骑举世闻名的大黑马的古哲恩古恩拜之部》；8.《扎雅图阿拉达尔汗之子宝尔芒乃征服杜希芒乃汗之部》；9.《雄狮洪古尔活捉危害十方的阿斯尔哈日蟒古思之部》；10.《雄狮洪古尔与凶暴的芒乃汗战斗之部》；11.《洪古尔杀死沙尔安岱汗及征服其领地之部》；12.《洪古尔抛弃道木布巴尔汗之女，聘娶布日勒占巴拉汗之女珠拉赞丹之部》；13.《江格尔与萨纳拉战斗之部》。

《江格尔资料（九）》

中国《江格尔》版本之一。中国民间文艺研究会新疆维吾尔自治区分会、新疆维吾尔自治区民族古籍办公室合编，中国民间文艺出版社出版。版权页未注明出版时间，大约出版于1988年，托忒蒙古文。和布克赛尔县江格尔奇加·朱乃演唱。部名如下：1.《萨纳拉征服扎恩台吉汗之部》；2.《出走的萨布尔回归辅佐江格尔之部》；3.《阿里亚芒忽里驱赶江格尔的马群，失败后臣服于宝木巴汗国之部》；4.《残暴的哈尔黑纳斯活捉洪古尔严刑拷打之部》；5.《雄辩家赫吉拉干舌战击败锡莱依高勒三汗之部》；6.《杭嘎勒德吉别克臣服于江格尔之部》；7.《两岁小勇士和顺乌兰上战场征服道格新查干汗之部》；8.《汗哈冉贵进犯及其灭亡之部》；9.《汗哈冉贵之子汗苏乃的进攻与失败之部》；10.《和顺乌兰战胜哈尔苏乃之部》；11.《汗苏乃归顺江格尔和活捉额尔古蒙根特布赫汗之部》；12.《江格尔汗将宝玺移交给和顺乌兰之部》。

《江格尔资料（十）》

中国《江格尔》版本之一。中国民间文艺研究会新疆维吾尔自治区分会、新疆维吾尔自治区民族古籍办公室合编，1993年新疆人民出版社出版，托忒蒙古文。温泉县江格尔奇努·布德巴孜尔演唱。部名如下：1.《洪古尔与哈尔桑萨尔战斗之部》；2.《洪古尔消灭那仁达赖汗之子，取那仁达赖汗首级之部》；3.《洪古尔战胜大汗和小汗，同布斯鲁尔奇汗和解之部》；4.《洪古尔与库日勒占巴拉汗的小女儿成亲之部》；5.《洪古尔赞》。

《江格尔资料（十一）》

中国《江格尔》版本之一。中国民间文艺研究会新疆维吾尔自治区分会、新疆维吾尔自治区民族古籍办公室合编，1996年新疆人民出版社出版，托忒蒙古文。部名、记录地区和演唱者如下：1.《洪古尔聘娶阿拉奇汗之女古师赞丹其其格之部》（温泉县江格尔奇嘎尔布）；2.《征服博格达诺彦江格尔之部》（温泉县江格尔奇嘎尔布）；3.《博格达诺彦江格尔消灭哈尔黑纳斯和沙尔黑纳斯之部》（温泉县江格尔奇嘎尔布）；4.《洪古尔夺取杭嘎勒哈布哈汗的银盔之部》(温泉县江格尔奇阿·奥夫拉)；5.《布奇莫尔根阿拉坦汗江格尔之部》（温泉县江格尔奇阿·奥夫拉）；6.《洪古尔与库日勒占巴拉汗之子战斗之部》(温泉县江格尔奇阿·奥夫拉)；7.《雄狮洪古尔与库日勒占巴拉汗之子大力士双胡尔战斗之部》（温泉县江格尔奇格·扎木苏伦加甫）；8.《洪古尔与哈图哈尔桑萨尔战斗之部》（温泉县江格尔奇格·扎木苏伦加甫）；9.《洪古尔与凶暴的芒乃汗战斗之部》（温泉县江格尔奇格·扎木苏伦加甫）；10.《洪古尔消灭阿拉奇阿斯尔赞丹汗，聘娶其小女哈日嘎奇之部》（温泉县江格尔奇杜格）；11.《洪古尔与蟒古思的布尔古特汗战斗之部》(温泉县江格尔奇杜格)；12.《洪古尔与凶暴的沙尔蟒古思战斗之部》（温泉县江格尔奇昭勒坦）。

《江格尔资料（十二）》

中国《江格尔》版本之一。中国民间文艺研究会新疆维吾尔自治区分会、新疆维吾尔自治区民族古籍办公室合编，1996年新疆人民出版社出版，托忒蒙古文。部名、记录地区和演唱者如下：1.《独生子洪古尔之部》（温泉县江格尔奇杜·加巴）；2.《骑黑马的额尔德尼哈尔巴托尔之部》（温泉县江格尔奇杜·加巴）；3.《洪古尔聘娶古师赞丹之部》（温泉县江格尔奇阿尤西）；4.《洪古尔聘娶阿拉奇汗之女古师赞丹其其格之部》（温泉县江格尔奇夏格加）；5.《洪古尔与玛纳斯之布尔古特汗战斗之部》(温泉县江格尔奇巴布格）；6.《江格尔洪古尔成为结义父子之部》(温泉县江格尔奇莫纳)；7.《江格尔与哈尔特布赫图汗战斗之部》（温泉县江格尔奇朋楚克）；8.《洪古尔取安杜拉玛汗的首级之部》（温泉县江格尔奇加巴杰）；9.《孟根希克锡力格汗之部》（博尔塔拉县佚名氏演唱，奥·巴雅卡记录）；10.《巴木乌兰巴托尔铲除毒蛇之部》（博尔塔拉县佚名氏演唱，奥·巴雅卡记录）；11.《巴木乌兰巴托尔的婚礼之部》（博尔塔拉县佚名氏演唱，奥·巴雅卡记录）；12.《巴木乌兰巴托尔寻找弟弟哈斯朝伦之部》（博尔塔拉县佚名氏演唱，奥·巴雅卡记录）；13.《阿拉坦策吉汗与夫人阿拜格日勒之部》（博尔塔拉县佚名氏演唱，奥·巴雅卡记录）。

《冉皮勒〈江格尔〉——新疆卫拉特蒙古族英雄史诗》

塔亚转写、解说的《冉皮勒＜江格尔＞——新疆卫拉特蒙古族英雄史诗》由日本千叶大学亚欧语言文化论集第一册专门作了收录，1999年3月出版，458页。该《江格尔》版本是中国新疆卫拉特著名江格尔奇冉皮勒的个人演唱专辑。本书由序言、江格尔奇冉皮勒演唱的十七部《江格尔》、《江格尔与洪古尔赞》、《文本的概要》、《解说》及《后记》等内容组成（序言、概要、解说、后记是用日语写的）。序言由日本千叶大学文学部荻原真子撰写，《序言》中介绍了该书的成书缘由、该版本的特点及学术研究价值。此版本中收录了《江格尔序章》、《布克孟根希克锡力格找到孤儿江格尔并命名他为江格尔之部》、《布克孟根希克锡力格收回杀害江格尔的心思并决定将希尔克汗的五千万领民交与江格尔之部》、《大力士萨布尔之部》、《汗之子罕嘎拉代乌索之部》、《阿利雅蒙浩来之部》、《洪古尔婚礼之部》、《大力士库尔库勒图阿拉坦索耀之部》、《道格欣沙尔古尔古之部》、《道格欣哈尔黑纳斯之部》、《洪古尔活捉冬希乌尔格日勒蟒古斯之部》、《洪古尔与凶猛的宝日芒乃战斗之部》、《道格欣哈日萨纳拉迫使扎干塔布嘎呼德尔台吉汗归降于江格尔之部》、《汗苏尔小英雄之部》、《江格尔之子阿图古尔哈尔活捉额尔古蒙根特布赫之部》、《小英雄和顺乌兰、哈尔吉拉干、阿利雅双胡尔迫使勇士巴达玛乌兰之部》、《江格尔之结局》十七部诗章及《江格尔与洪古尔赞》。概要中用日本语介绍了十七部《江格尔》诗章的摘要；解说部分中包括《江格尔奇冉皮勒传》、《江格尔奇冉皮勒的"江格尔观"(访谈)》、《江格尔奇冉皮勒演唱的"江格尔"诗章统计》、《江格尔奇冉皮勒的"江格尔"曲调》等内容；后记中评论了之前《江格尔》版本在收集与转写当中存在的一些问题、该版本的采录转写过程以及转写工作当中的相关说明。

《周乃手抄本〈江格尔〉》

由内蒙古大学教授塔亚搜集、转写、整理，并由内蒙古人民出版社于2006年3月以"江格尔"学术文本丛书第1册的形式出版（377页，字数为194千字）。塔亚根据加·朱乃的手写资料，将它从托忒蒙古文转写成传统蒙古文并加以科学整理而成。本书由转写者的注解、江格尔奇·朱乃手写的十七部《江格尔》和附录三部分组成。附录部分又包括朱乃本人写的扎布·朱乃的个人简介、"江格尔"的十三种优势、略谈本人对描写江格尔的看法及作者写的后记等四个内容。

在目录前，也附了江格尔奇·朱乃手写稿件的部分图片。从古至今，《江格尔》以现场表演本和手抄本两种形式广为流传。江格尔奇·朱乃本人不仅能演唱《江格尔》，而且因能读书识字，他也有用托忒蒙古文手写《江格尔》的习惯。本书正是其手写《江格尔》的转写、整理版本。便于《江格尔》口头传统以外的广大读者和学者能够正确地读懂朱乃手写的《江格尔》，本书转写整理者对其手写原稿作了些必要的、科学的整理。比如，在各章节开头部分，详细介绍了原文的来源、书写情况及页数等信息，并在本书开头附了江格尔奇手写的原稿图片，这些信息可以让读者对原稿有更具体、直观的了解。本书中注释了1250多个属于卫拉特方言词语，并在其后用托忒蒙古文加以记录。对于由托忒蒙古文到传统蒙古文的转写技术问题，作者采用尽量忠于原作的文字形状，相近于江格尔奇的故乡——和布克赛尔的土尔扈特方言，相近于传统蒙古文的写法，以及对有些字借用阿里嘎里文字的笔画等几种方法进行转写和整理，并使用一些标点符号与江格尔奇本人标的符号加以区别。

《库尔喀喇乌苏土尔扈特〈江格尔〉》

该书由内蒙古大学教授塔亚搜集、转写、整理，并由内蒙古人民出版社于2011年以"江格尔"学术文本丛书第2册的形式出版（266页，字数为210千字）。本书结构由转写说明、正文、附录、后记、致谢词五个部分组成。正文有《哈尔萨纳拉攻破扎安台吉汗国归降江格尔之章》、《天下美男子铭彦抢赶图鲁克汗一万匹黄斑马之章》、《希拉客日曼可汗之章》、《暮年江格尔之章》、《洪古尔战胜杭嘎勒哈布哈之子哈拉特毕格伯东》组成。附录是由《江格尔奇传记》、《江格尔奇视野中的〈江格尔〉》、《〈江格尔〉各章节故事梗概》、《书抄本〈暮年

◎江格尔

江格尔之章>影印》、《旦布尔加甫搜集整理的<江格尔>文本》、《尼尔吉德玛搜集整理的<江格尔传说>文本》等组成。

《鄂利扬·奥夫拉演唱的10章〈江格尔〉》

该书由内蒙古大学教授塔亚搜集、转写、整理，并由内蒙古人民出版社于2013年以"江格尔"学术文本丛书第3册的形式出版（359页，字数为200千字）。卡尔梅克《江格尔》说唱艺人鄂利扬·奥夫拉是在俄罗斯发现的最有才华、演唱章数最多的《江格尔》说唱艺人。第一次发现和出版他演唱的10章《江格尔》，这在江格尔学发展史上是有划时代意义的重要事件。1908年，彼得堡大学教授弗·科特维奇派他的学生奥奇洛夫回家乡阿斯特拉罕调查《江格尔》。奥奇洛夫用基利尔文字记录了著名《江格尔》说唱艺人鄂利扬·奥夫拉演唱的《江格尔》10章，于1910年在圣彼得堡用托忒文出版。在鄂利扬·奥夫拉演唱的10章《江格尔》出版100周年之际，内蒙古大学蒙古学学院塔亚教授及其学生台文从托忒文转写为旧蒙古文字并注释了鄂利扬·奥夫拉演唱的《江格尔》10章。本书由序言、正文、江格尔之赞、后语等部分组成。正文部分包括《洪古尔娶查干珠拉汗之女格仁吉勒之章》、《洪古尔战胜残暴的芒乃汗之章》、《洪古尔降服哈尔吉拉干汗之章》、《小英雄哈尔吉拉干、阿里亚·双胡尔、和顺乌兰活捉强暴的巴达玛乌兰汗之章》、《萨纳拉迫使扎干台吉汗归降江格尔之章》、《洪古尔活捉阿里亚芒古里之章》、《萨布尔迫使黑拉干汗投降江格尔之章》、《美男子明彦赶回突厥汗的马群之章》、《美男子明彦活捉强悍的库尔门汗之章》、《阿拉坦策吉归顺江格尔之章》等10章《江格尔》的托忒文文本和旧蒙古文文本。

《冉皮勒演唱的23章〈江格尔〉》

该书由内蒙古大学教授塔亚搜集、转写、整理，并由内蒙古人民出版社于2013年以"江格尔"学术文本丛书第2册的形式出版（899页，字数为450千字）。本书由序言、正文、冉皮勒经历、冉皮勒的《江格尔》观、后语等部分组成。正文部分包括和布克赛尔蒙古自治县江格尔奇（《江格尔》说唱艺人）冉皮勒演唱的23章《江格尔》文本和《江格尔和洪古尔之赞》等内容。冉皮勒（P. Arimpil，1923—1994）是中国新疆和布克赛尔蒙古自治县莫特格乡牧民。他多次参加县、地、区及全国性《江格尔》演唱会，自1978年以来前后演唱22多章《江格尔》，成为世界上演唱《江格尔》最多的江格尔奇之一。1989年获得中华人民共和国文化部的一等奖；1991年新疆维吾尔自治区人民政府对《江格尔》搜集、整理、出版的单位和个人给予奖励，他获得一等奖。他演唱的16章《江格尔》文本经过加工和改编，在国内各种文学读物中收录出版，塔亚用科学方法从录音转写为旧蒙古文字并注释了冉皮勒演唱的23章《江格尔》。这本书中所收入的《江格尔》内容不同于中国民间文艺研究会新疆分会已出版的内容，有很多章节在国内未公开出版。例如，冉皮勒演唱的《江格尔序章》、《大汗之子杭嘎力岱乌孜布之章》、《阿里亚芒霍来之章》、《雄狮洪古尔与凶暴的博日芒乃汗战斗之章》、《江格尔最终之章》等。

《蒙古文学大系——史诗卷（三）》

《蒙古文学大系》丛书第三卷《史诗卷》内容为卡尔梅克、新疆、蒙古国、布里亚特、图瓦等五个国家或地区的《江格尔》，编者为内蒙古大学塔亚教授，2010年由内蒙古人民出版社出版（550页，字数为280千字）。此书卡尔梅克《江格尔》部分由《残暴的沙日古尔古汗之部》、《残暴的哈日黑纳斯汗之部》、《洪古尔的婚礼之部》、《天下美男子明彦活捉库尔门汗之部》、《江格尔执掌大权之部》、《阿拉达尔江格尔众将与艾忽道格欣芒乃汗之战斗之部》等6章组成。新疆《江格尔》部分由《序诗》、《洪古尔活捉东希乌尔格日勒蟒古思之部》、《大力士阿拉坦索牙之部》、《两岁小勇士和顺乌兰上战场之部》、《赛力汗塔巴格英雄成婚》、《征服哈日桑萨尔支部》、《洪古尔灭道格欣哈尔蟒古思之部》、《阿拉德尔道日查汗,莫日根道日查汗之子芒汗芒乃塔里亚勤父子世袭谱》、《和顺乌兰英雄成婚之部》、《雄狮洪古尔与达兰汗之战》等11章组成。蒙古国《江格尔》部分由《宝格达道格欣江嘎尔汗》、《宝格达诺彦江莱汗》、《江格尔》、《宝格达诺彦江莱汗》、《宝格达·诺彦·江格尔汗》、《汗西尔之部》等6章组成。第四部《布里亚特〈江格尔〉》由《宝格达·江格尔的历史》一章组成。图瓦《江格尔》部分由《宝格达·强格尔汗》一章组成。而每一章都附有关于此章来源的详细信息。此书最后的附录部分详细介绍了在世界各国出版的《江格尔》不同版本。第一,"在俄罗斯的出版情况"简单明确地介绍了1864年开始在俄国先后出版的34种不同的《江格尔》版本。第二,"在蒙古国的出版情况"介绍了自从1959年策·达木丁苏荣主编的《蒙古古代文学一百篇》里的两章《江格尔》开始一共出版的9种不同版本。第三,"在中国的出版情况"里介绍了自1958年在国内出版的20个不同的《江格尔》版本。第四,"在其他国家和地区的出版情况"简明扼要地介绍了1999年在日本千叶大学出版,由塔亚撰写的《冉皮乐演唱的〈江格尔〉》。

第四部分 《江格尔》民俗篇

清唱方式

一部分江格尔奇演唱《江格尔》时不用任何乐器,进行清唱。其演唱曲调因地域、师徒谱系的不同而相互间有区别。清唱者由于手里不持乐器,因而能够手舞足蹈地进行演唱,往往具有身体表演动作丰富的特点。

弹唱方式

一部分江格尔奇在演唱《江格尔》时,会弹奏一种叫作陶布舒尔的三弦弹奏乐器来伴奏。采取这种表演方式的时候,江格尔奇的演唱会比清唱更加悠扬,语速相对平缓,较之清唱,也有更多现场即兴创编时间。不过,江格尔奇都是一些民间表演艺术家,不管他们是弹唱还是清唱,他们都能以极度夸张的面部表情、富于变化的肢体语言、抑扬顿挫的声音、快慢不同的语速、优美的诗歌、幽默的语言,还有那令人陶醉的故事来紧紧抓住人们的注意力。

呼麦方式

演唱《江格尔》的又一种方式。用喉音演唱史诗,在蒙古乌梁海部史诗艺人中相当普遍,而在江格尔奇中并不流行,只有极少数江格尔奇采用喉音唱法。其特点是声音穿透力极强,富有神圣感,声音变化极为丰富,引人入胜。

演述方式

所谓《江格尔》的演述方式是指,不用陶布舒尔琴等任何乐器,也不用任何专门曲调,以一般叙述形式叙说《江格尔》的故事。其在体裁上属英雄故事,而在题材上仍属《江格尔》。例如,中国社会科学院民族文学研究所的科研人员从新疆乌苏县(今乌苏市)民间艺人口中记录的《老洪古尔》、《洪古尔与老占巴拉赞丹汗战斗之部》等就是以演述方式表演的作品。其中，也有一定的韵文体叙述部分。

演唱民俗不改变主干情节

《江格尔》从词的运用、诗的构成到情节的安排、形象的塑造各方面都是高度程式化的，这种高度程式化为艺人的记忆和即兴创造提供了便利。因此，史诗艺人们在演唱的过程中随意改变史诗情节不但是可能的，而且非常容易。但是，包括《江格尔》在内，史诗在人们的心目中占据着神圣的地位，因而对它的演唱，在民间形成了一套演唱规则。《江格尔》的演唱规则中一条最重要的规则，就是艺人不能随意改变史诗的主干情节。认为史诗的主干情节就是过去的真实历史，因此，改变主干情节就等于篡改历史。而史诗讲述的则是祖先神在世时所建立的丰功伟绩。所以认为改变了史诗的主干情节，是一种莫大的罪孽，会遭到神灵的惩罚。这一规则在江格尔奇们的演唱实践中得到严格的执行，表现在一部长诗的各个异文之间虽然在细节上千差万别，但在主干情节这一层面上，大都保持着高度的一致性。

完整演唱

民间有一种演唱民俗，演唱一部长诗，就得完整地演唱，不能随意中止。随意中止演唱，也被认为是对神灵的大不敬，会遭报应。因此，艺人们不唱则已，一旦开始演唱，就坚持演唱完毕，绝不中途停止。即便是身体不适或体力不支，变换着演唱方式也一定会把它唱完。

完整听唱

《江格尔》的演唱规则不仅针对演唱者，而且对听众也有具体要求。对听众要求的最基本的一点，就是要求他们坚持听到演唱结束，不能随意中途离场。在演唱中，一般不许随意走动，大声喧哗，或做出其他影响艺人演唱的举动。

敬鬼神

由于认为史诗中的英雄是山神或祖先神，因此在过去，好多艺人在演唱《江格尔》前烧香拜佛，也有的地方举行鸣枪驱鬼仪式，有的地方则祭"江格尔敖包"。温泉县的江格尔奇加瓦、格尔布等人说：《江格尔》不宜说得太多，如果演唱太多，苍天也会被感动得下过多的雨雪，甚至造成风雪冰雹灾害。因此，每次演唱《江格尔》时都要烧香，点佛灯，遮掩好门窗。

自行演唱

在平时生活中说唱《江格尔》，是一种自我文化娱乐的消遣活动。江格尔奇或会说唱《江格尔》的人们，在漫长难熬的冬季夜晚，在单调枯燥的远行或放牧过程中，为了解除郁闷和疲劳，在牧群旁，或在篝火旁，或在蒙古包的炉灶旁借着油灯的微弱光亮，给聚集在那里的几个人演唱《江格尔》。如和硕县的珠准、里日布、肖夏（汉族，自幼在同蒙古人一块放马过程中学会了说唱《江格尔》），和静县的艾仁才、科舍，乌苏县的德勒盖、洪古尔，特克斯县的阿·其木德等人都是在这样的场所听《江格尔》演唱，从而学会了演唱《江格尔》。

喜庆节日上演唱

早年，富贵人家在夏牧场，或逢年过节和婚姻嫁娶等喜庆日子里，都要准备奶酒和马奶酒，杀牛宰羊，邀来亲朋好友，请有名气的江格尔奇演唱《江格尔》。演唱结束后，大富人家要赠马匹，小富人家要赠肥羊或衣料，以示酬劳。例如，20世纪30年代末，一个夏夜，和布克赛尔六苏木的千户长邀请阿乃·尼开演唱

《江格尔》。仅《江格尔》的一部篇章，尼开就演唱了一整夜。演唱结束后，便给一匹马作为酬谢。王公贵族们给子女办婚宴时把江格尔奇请到家里演唱，在和布克赛尔、精河、乌苏、和静等县以及其他地区普遍有过类似习俗。

演唱比赛

新中国成立前，新疆境内的蒙古族开明王公们经常举行本地区或跨地区的《江格尔》演唱比赛，会上自然还有歌舞表演等节目。他们的这种文化娱乐活动，客观上起到了各种艺术之间交流经验、取长补短，促进本民族文化的发展，增进友谊和团结，鼓舞奋发向上的民族精神的作用。巴音郭楞蒙古自治州焉耆县包尔海乡的琼宗（1981年，71岁）说："我舅舅是一名江格尔奇，名叫加甫。我小时候他曾说，喀喇沙尔（今和静县、焉耆县）的土尔扈特王曾在珠勒图斯（今巴音布鲁克）召集各地的江格尔奇们举行过一次《江格尔》演唱比赛。舅舅说，当时因为他演唱很出色，得到了王爷赏赐的能做一件长袍的绸缎和一块砖茶。那时一块砖茶能换一匹马。"据伊犁地区尼勒克县的普·卡纳拉（教师、会说唱《江格尔》）的调查报告，早年，伊犁的厄鲁特蒙古部的查干毕力格、乌图那生、拉依旦、那生伊力格岱等有权势的人们，在各级那达慕大会上请来达瓦、江巴、乃杰、浩克迈等名艺人，进行《江格尔》演唱比赛，并给优胜者发五十两白银或马匹等奖赏。1981年5月，尼勒克县文教局在库克浩图胡尔地方举办了历时五天的《江格尔》演唱会。当时全县十个厄鲁特苏木的领导均按传统习俗带来了牛羊、奶酒和酸马奶等各种奶制品，献给大会。参加会议的著名江格尔奇达日木说："我是自小师从厄鲁特十苏木著名江格尔奇江巴，从他那里学会演唱《江格尔》的。江巴和其他厄鲁特江格尔奇一同去巴音布鲁克草原，参加那里的《江格尔》演唱比赛。由于他们演唱技艺高，巴音布鲁克土尔扈特部千户长道尔加拉给他们每人送了一匹好马，作为酬谢。"夏拉·那生、胡里巴尔巴雅尔、阿乃·尼开等均系和布克赛尔地区的著名江格尔奇。和布克赛尔亲王东洛甫策登、奥尔勒郭加甫等还带领他们到乌鲁木齐、塔城和喀喇沙尔等地参加《江格尔》演唱比赛，受到当时王公、都统等的赞许和奖励。《江格尔》演唱比赛，是历史上形成的一种演唱形式。这种演唱形式极大地激发了人们演唱《江格尔》的激情，能够促使艺人们提高演唱技艺和功底，在各个地方传统之间形成竞争，对《江格尔》传统的发扬光大产生了很大的推动作用。今天，在新疆各地蒙古族聚居区，由各级政府、社会团体、学术机构组织的《江格尔》演唱比赛仍在进行，对《江格尔》史诗的当代传承起到了促进作用。

军营里演唱《江格尔》

演唱《江格尔》能够鼓舞军队士气。因此过去，在军队出征前请江格尔奇演唱《江格尔》的实例不少。例如，1982年11月，巴音布鲁克的江格尔奇里·普尔拜和焉耆县的琼宗说："大约在1920年，哈拉夏尔土尔扈特的生钦活佛在他操练兵马期间也曾请来江格尔奇，为其部队演唱《江格尔》。"又如在俄国卡尔梅克人中也有类似情形。俄国十月革命期间，卡尔梅克红军司令哈木德尼科夫和政委卡努科夫，每次参战以前都要率其部队到江格尔奇鄂利扬·奥夫拉家，请他演唱《江格尔》，以鼓舞士气，英勇杀敌。

第五部分 《江格尔》艺术篇

英雄人物

《江格尔》是一部描绘军事斗争的长篇英雄史诗，它成功地塑造了不同类型的战斗英雄群像。主要英雄人物有宝木巴的首领博格达诺彦江格尔汗及其右翼首席英雄阿拉坦策吉、左翼首席勇士洪古尔以及其他雄狮勇士萨布尔、萨纳拉、明彦、赫吉拉干、古恩拜等。他们个个都是军事将领和亲自参战的勇将，在屡次战斗中以实际行动表现了他们的英雄气概。这些英雄都有共同的高贵品质，他们都忠于自己的宝木巴国及其首领江格尔，热爱家乡和人民，具有高度的英雄主义精神。他们为宝木巴的独立自主、和平昌盛赴汤蹈火，在所不辞，献出了自己的全部力量和智慧。他们以实际行动，实践着共同的誓言：我们把生命交给刀枪／把希望寄托给江格尔可汗／我们对圣主忠心一片／为着宝木巴永远披肝沥胆／虽然有众多的敌人聚集侵犯／我们也无人后退，只是勇往直前／虽然有崇山峻岭／我们的坐骑没有不能攀登的顶峰／不怕那咆哮的大海，波涛猛卷／不怕那熊熊的火海，烈火燎原／我们要正直地生活，摒弃过错／死后让灵魂躲避厄运，走向天堂。《江格尔》中的英雄人物不但有共性，而且有鲜明的个性。每个英雄都有一种特长。比如阿拉坦策吉智慧过人，洪古尔勇敢过人，萨布尔力大无比，哈布图箭法过人，赫吉拉干是一个雄辩家等。（仁钦道尔吉）

人物类型

史诗《江格尔》的形象类型可分为9种：1.英雄人物，如洪古尔、阿拉坦策吉、明彦等。2.理想型首领，如圣主江格尔。江格尔是一个军事领袖，在宝木巴国起着缔造者、组织者和领导者的作用。3.勇猛型将领，如雄狮英雄洪古尔、铁臂勇士萨纳拉等，在战场上冲锋陷阵，是决定战争胜败的关键性人物。4.智谋型将领，如阿拉坦策吉、古哲恩古恩伯等，他们在宝木巴国处于军师或参谋长的地位。5.贤慧女性，如阿盖夫人等。6.神奇骏马，如阿兰扎尔枣红马等；7.乱世暴君，如道克欣哈日黑纳斯、道克欣沙日古日古等。8.残忍的岳父形象。9.各种妖精和凶禽猛兽形象。

理想型首领

《江格尔》史诗英雄人物类型之一。这一类型的人物在《江格尔》中只有一个，那就是江格尔。江格尔是宝木巴国的缔造者、组织者和领导者，是史诗里的理想型领袖或理想型首领形象。人物形象较为复杂，在他身上，既有理想化的领袖人物的特点，又有在现实社会中的封建统治者的特点。总体而言，作为理想化领袖的一面是主要的。江格尔这个人物形象是和古代社会的封建统治者相对立的一个理想型领袖形象。在他身上体现了古代社会中那些有胆有识的领袖人物的优秀品质和人民群众对领袖的期望和要求。他的原型可能是历史人物，但史诗作者们把那些历史人物加以理想化，因而使江格尔超越了现实。江格尔这一形象具有重要的社会意义。为了塑造江格尔这个理想人物，把他摆在重大社会斗争的环境中进行全方位的描写。史诗描绘的宝木巴国处于各部混战状态，常年遭受战争灾难的人们渴望铲除战争的根源，稳定社会秩序，创造和平幸福的生活局面。江格尔是为统一家乡、保卫宝木巴国的独立自由而战斗的英雄。他的行为体现了人民的愿望和要求，代表了宝木巴的英雄们和全体人民的利益，因而得到了人民的拥护和支持。作为一位领导者形象，江格尔的最突出特征是他的威信超过史诗里的任何人。史诗形象地描写了他的威信和作用，说明如果没有江格尔，众勇士将不能团结，会失去宝木巴汗国的独立自主，全体民众将遭受极大的灾难和痛苦。江格尔在童年时代就有非凡的经历，他的祖宗三代都是可汗，从小就是一个神童。如许多古老蒙古史诗的主人公一样，他从3岁起就建立了丰功伟业，显示出非凡的才干，得到广大民众的爱戴和拥护。对于他的童年时代，史诗有如下描述：当他两岁的时候／故乡被恶魔洗劫／只剩他只身一人／当他三岁的时候／他跨上飞快的三岁赤骥／冲破了三大营垒／降伏了庞大的魔鬼／当他七岁的时候／打败了他所属的七个地方／江格尔的名声倍加传扬。江格尔的形象确实具备了理想领袖应有的许多特点。最初他上无父兄的庇护，下无亲人的辅佐，后来"他征集了神驹般的最快的骏马，他聚结了雄狮般的最壮的好汉"，创建了强大的宝木巴国，成为赫赫有名的可汗。从无依无靠的孤儿到一位名扬四海的英雄，他主要靠的是自己的智慧和勇敢，尤其是靠他那英明的战略战术。首先，他与勇敢无比的洪古尔和智慧过人的阿拉坦策吉结为忠实的战友。然后，他又依靠这两位大将的力量和智慧，团结了萨布尔、萨纳拉等雄狮般的勇将。接着，他采取各个击破的战术，征服了周围分散的70个汗国。在这个过程中，江格尔表现出了善于团结人和使用人的卓越的领导才干。江格尔心胸宽广，不记私仇，不嫉妒他人，能够充分发挥每个英雄的作用。他还能把反对过自己的人也团结过来，并委以重任，大胆任用。例如，洪古尔的父亲孟根希克锡力格曾经俘虏江格尔，并企图将其杀害。他还曾用借刀杀人的方法，派江格尔去为他驱赶著名的英雄阿拉坦策吉的马群，结果使江格尔被阿拉坦策吉的箭射中。可是，当他跟随江格尔后，不但没有受到任何歧视和排斥，反而得到江格尔的信任，成为宝木巴国受人尊敬的长者。曾经是江格尔的敌人阿拉坦策吉也做了右翼首席大将，是宝木巴的决策人之一。萨布尔的情况也是如此，他曾经打得江格尔的"那些虎将紧搂马脖，战马征鞍全部滚翻，寻找雪峰，狼狈逃窜"。尽管这样，当江格尔看出他的本领后，让他作了自己的一位非常得力的大将。这种不咎既往和任人唯贤的政策，是他作为一个领导人能够取得成功的重要原因之一。江格尔能够团结人，遇事常和自己的英雄们商量，发挥大家的聪明才智，群策群力，因而能够克敌制胜。宝木巴统一之后，江格尔成为可汗，但他没有贪图安逸，停滞不前，相反，他时刻关心保卫家乡的重大事业。他以身作则，亲自参战，不断建立新的战功。作为一个统帅，他在关键时刻能够身先士卒，亲自出马，以自己超人的勇气、力量和武艺击败强大的敌人。但是，江格尔的形象也有截然相反的一面。他有时还嫉妒别人超越他，甚至连别人的马都不能跑在他的骏马前头；他有时畏惧敌人的威胁，向敌人妥协；最严重的是他有一次无缘无故地抛弃宝木巴而出走，流浪他乡，使富饶而美丽的宝木巴遭到洗劫。尽管江格尔的形象存在着一些缺陷和矛盾，但仍不失为史诗中一个成功的首领形象。江格尔不愧是一个较大的汗国的缔造者、组织者和领导者。他指挥着一群军事将领和数万大军。在这个方面，他远远超过了其他蒙古英雄史诗中的任何一个可汗。可以说，《江格尔》在蒙古英雄史诗中，第一次塑造了一个较大汗国的首领形象。（仁钦道尔吉）

勇猛型将领

《江格尔》史诗中的英雄人物类型之一。《江格尔》里有多种不同类型的人物形象，其中最引人入胜的是具有悠久传统的勇猛型将领形象。这是在蒙古中小型英雄史诗的英雄形象基础上发展而来的一种人物类型。蒙古小型英雄史诗主人公形象一直都属于勇猛型人物类型。后期

江格尔

形成的系列史诗《江格尔》继承和发展了蒙古小型英雄史诗的传统，塑造了栩栩如生的勇猛型英雄群像。蒙古小型英雄史诗的正面人物个个都是无所畏惧的勇士，他们见到掠夺者——凶恶的敌人蟒古思时，表现出视死如归、气吞江河的勇气和气势。小型史诗的主人公往往经过持久的英勇顽强的搏斗，终于取胜。在他们身上反映了原始时代的人们对大力士、勇敢人物的重视和崇拜。《江格尔》采用小型史诗的艺术手法，把它提高到文明时代的更高层次上去，从各个不同角度描绘了勇敢人物形象，塑造了较完整的勇猛型英雄群像。诸如雄狮勇士洪古尔、萨布尔、萨纳拉、小勇士和顺·乌兰等属于这种类型的英雄人物。（仁钦道尔吉）

智谋型将领

《江格尔》史诗英雄人物类型之一。《江格尔》塑造了一批智慧人物形象。这些人物都有不同的职能，有的足智多谋，有的擅长辞令，有的则掌握了神秘的占卜术，他们能力互补，形成了古代社会不可缺少的智囊团。史诗里说，阿拉坦策吉的"智慧过人"，古恩拜是占梦官或圆梦官，赫吉拉干是"和勒木尔奇"（雄辩家）。尽管他们有不同职能，但都属于智谋型人物类型。但除了智慧过人，他们还是勇将。这些人物形象是由单一勇猛型人物向智谋型人物过渡阶段上出现的某种意义上的智勇双全的人物形象。（仁钦道尔吉）

贤慧女性

《江格尔》英雄人物类型之一。在《江格尔》里，除了有多种类型的男子汉形象外，还塑造了一批生动的巾帼英雄形象。在雄狮洪古尔的贤慧妻子格莲金娜、江格尔的美丽夫人阿拜格日勒身上反映了富有战斗传统的蒙古女子的特征。《江格尔》中的贤惠女性形象继承了蒙古中小型史诗女性形象传统。这些女性往往在关键时刻，发挥聪明才智，鼓励和协助丈夫，赢得与掠夺者和奴役者的战斗的胜利。有的史诗里，当勇士被敌人害死后，未婚妻或妻子以神奇的魔力，使勇士起死回生。她们有共同的特征，那就是美丽、善良、机智、勇敢，是勇士的忠实助手，而且还具有神奇的魔力。在贤惠女性形象上，反映了人们对女子的看法，对女子的愿望和理想。按照蒙古人的审美观念，描写了妇女的美德，塑造了真、善、美的形象。史诗描写了妇女忠于丈夫，忠于故乡，坚决反抗掠夺者和奴役者的殉国精神。在太平时期，她们常常提醒丈夫，让他们参加各种重大社会活动。遇到危难的时候，她们勇敢地参加复杂的斗争，协助勇士们战胜凶恶的敌人。在战争时期，故乡遭到进攻的紧急关头，她们为保卫家乡而不惜牺牲自己的一切。比如，江格尔和其他勇士们出走后，残暴的沙日古尔古汗率数万大军，从四面八方围攻宝木巴国，雄狮洪古尔正在生死搏斗的时刻，江格尔的妻子和洪古尔的妻子无所畏惧，挺身而出，全力以赴支持和帮助洪古尔抵抗掠夺者。江格尔的夫人阿盖莎布塔拉奋不顾身，给受伤的洪古尔裹好箭伤，让他重新上战场刺杀敌人。洪古尔的夫人格莲金娜，当洪古尔的铁青马来救她的时候，她不惜牺牲自己，却让铁青马去找洪古尔，使他得以英勇反抗敌军。通过这种描写深刻地反映了无限忠于自己丈夫及其正义事业，无限忠于家乡的富有战斗传统的英勇顽强的蒙古妇女性格，表现了古代蒙古妇女的爱国英雄主义精神。（仁钦道尔吉）

神奇骏马

《江格尔》史诗英雄形象类型之一。在游牧民族英雄史诗中，勇士的英雄业绩是在马背上完成的。勇士离开了骏马，无法完成艰巨任务，也就很难成为勇士。骏马是在勇士的事迹中时刻不能分离的可靠助手。因此，蒙古史诗艺人们一向把骏马当作史诗的一种特殊艺术形象去描绘，赋予了其他人物尚不具备的性格和功能。在蒙古英雄史诗中，往往把勇士和他的坐骑一起交待，往往把坐骑的名字排在勇士名字前头以作为与其他勇士的区别。有时坐骑和英雄同时出生，有时坐骑先于英雄出生，这是勇士即将诞生的象征。许多小型英雄史诗以勇士的名字命名，并且勇士名字同坐骑名字一起出现。《江格尔》中的不少长诗也如此。诸如骑着银合马的希林嘎拉珠巴托尔、骑着红沙马的萨纳拉、骑着灰沙马的芒乃汗等。马的毛色各种各样，以毛色命名的居多。

在《江格尔》里，骏马形象有多元多层次内容。作为骏马，它有马的属性和功能，但不是普通快马，而是加以夸张和理想化的马。它还是一匹人格化的骏马，和人一样有语言和意识，属于史诗的智慧型人物类型。同时，它和凡人不同，具有人类不可能具备的本领，像神话传说中的神灵。《江格尔》中的骏马有三个突出特点。其一，《江格尔》里勇士的骏马发挥了坐骑的一切功能，在它们身上集中突出地反映了蒙古马的各种优良特征和蒙古人对骏马的理想。勇士的马身躯高大，外形漂亮、动作敏捷、跑得飞快，而且同勇士一样有力量、勇气和耐力，所向无阻，不达到目的绝不半途而废。它们能跨过大海，飞过高山，能上天下地。其二，骏马起着勇士的助手和保镖作用。它与人一样有语言和意识，还有超人的智慧。勇士马的特殊作用体现在智慧方面，它们的智慧往往弥补了无经验的少年鲁莽勇士的短处。勇士处处依靠骏马的力量和智慧：勇士远征要靠骏马的能力；勇士参加争夺美女的"男子汉三项较量"，还要依靠骏马取胜；勇士掉在大海里，骏马将长尾巴甩到海里，主人抓住马尾出海；勇士遇到化妆成美女的妖精和吃人的凶禽猛兽，是依靠坐骑的本事脱险；勇士中箭身受重伤，失去知觉，从马背上昏迷欲倒，神驹护持主人不落鞍，并安全带到家乡；勇士在战场上遇到生命危险的时刻，是骏马拯救主人。其三，勇士的骏马有人的语言、思维和智慧，使骏马变成了勇士的军师和参谋。勇士在远征中遇到问题，或者勇士向坐骑询问解决的办法，或者坐骑主动为他出谋划策。（仁钦道尔吉）

乱世暴君

蒙古英雄史诗的反面人物经过了三个发展阶段，原始史诗的最初的反面人物是来自传说中的形象，即多头恶魔蟒古思。接着出现了现实生活中的勇士，他们和正面勇士一样有"可汗"、"巴托尔"、"莫尔根"等称号。往往他们以单枪匹马的形象出现，有时带一两个兄弟或助手，他们的原型可能是氏族社会的酋长。最后一个发展阶段上产生了一个较大汗国的领导者可汗，统帅一批勇士和大军，他们手下还有数十个小可汗和各级官吏。这类可汗的出现同封建割据时代的封建领主有关。《江格尔》的主要反面人物属于最后一类。他们生性残暴，专以掠夺和奴役为能事，视人命如草芥，经常烧杀抢掠，杀人如麻。《江格尔》描绘了道克欣沙日古日古、道克欣哈日黑纳斯、乌图查干蟒古思、沙日蟒古思等一大批乱世暴君形象。（仁钦道尔吉）

残忍的岳父

《江格尔》史诗形象类型之一。《江格尔》和其他蒙古英雄史诗有两大主题，即勇士的征战和婚事斗争。征战故事中的主要反面人物是仇视和侵犯勇士家乡的凶恶的可汗们。在婚事斗争故事中，勇士的敌对势力，除了同他争夺美丽姑娘的情敌外，还有折磨勇士的那些未婚妻的父亲。

蒙古小型英雄史诗中的勇士岳父形象，可以分为早期和晚期两种类型。据史诗的描写看，早期的岳父通过多种手段折磨勇士，勇士战胜各种自然界和社会势力，完成艰巨任务，终于得到美丽的姑娘。有时，勇士带着姑娘返回家乡途中还遇到岳父或其他敌人的伤害，妻子帮助他脱险。史诗里晚期出现的岳父，主要是考验和选择女婿，最后他不仅将女儿嫁给勇士，而且同女婿的部落进行联合，加强自己的势力。第一类岳父几乎成为勇士的敌人，是反面人物。第二类则不同，他们成为勇士的同盟者和朋友。史诗里岳父形象，随着社会的发展变化而得到新内容。

《江格尔》继承了蒙古英雄史诗传统的岳父形象描写手法，其中有上述两类岳父形象。岳父迫害勇士所采取的是两种方式：一是让勇士完成三项有生命危险的艰巨任务，二是叫他在好汉三项比赛中获胜，以此作为嫁女儿的条件。但《江格尔》的勇士们都战胜了各种敌对势力，终于得到了美丽的妻子。以李·普尔拜等人演唱的《洪古尔抛弃道木布汗的女儿杜布日沙尔那钦，聘娶阿拉奇汗的女儿阿拉坦登诛叶之部》中的阿拉奇汗形象为例。这是一个害死许多勇士的残酷的岳父，雄狮洪古尔向他的女儿求婚时，他采取了上述两种方式。首先，阿拉奇汗让洪古尔同著名勇士铁木耳布斯进行好汉三项比赛，即赛马、射箭和摔跤。这是一种害人的手段，因为常常在摔跤过程中两位勇士中的一个被对方打死。进行三项比赛结束，洪古尔摔死了铁木耳布斯，聘娶了阿拉奇汗之女。其次，阿拉奇汗先后派洪古尔同三大猛兽搏斗。这是岳父迫害女婿的另一种方式。洪古尔依次驯服了害人的野骆驼、野公牛和野狗。第一次派洪古尔去捉拿一匹野骆驼。这个野骆驼的下边的两根獠牙往上长到触天，上边的两根獠牙往下长到触地，它曾咬死无数勇士。勇士洪古尔使出自己的力量，把它捉住后牵回来，拴在阿拉奇汗的门口，吓得阿拉奇汗不敢出门，请洪古尔把野骆驼牵回原地。洪古尔则完全征服了野骆驼，使它变成了自己的家畜。接着洪古尔先后征服了曾用两个犄角顶死过无数好汉的野公牛和咬死众勇士的野狗。史诗通过岳父折磨洪古尔的事迹，把洪古尔描写为起初驯养家畜的文化英雄。（仁钦道尔吉）

人物的半人半神性

《江格尔》史诗几个主要人物是半人半神式的英雄，在他们身上人性和神性相结合。《江格尔》是在蒙古古老英雄史诗的基础上产生的一部带有神话色彩的长篇英雄史诗。古老史诗是以神话、萨满教观念创作的作品，其人物具有一定的神性。创作《江格尔》的艺人们运用古代英雄史诗的艺术手法，借助于想象和夸张，塑造出许多既有幻想性，又有现实性的人物形象。作为人民的智慧和力量的化身，江格尔、阿拉坦策吉、洪古尔等人物，一方面具有现实生活中的人的性格，有着人们经过努力可以锻造的品质；另一方面又具有一些神的特征，有着凡人不可能具备的本领。他们身上有不少超人的特征，如他们的外形是可变的。在一般情况下，洪古尔等人是英俊小伙子、高大的男子汉、是像日月般光辉的人物，但他们远征到他乡异地时常常变作一个穷苦的秃头儿，使自己的坐骑——那些天下无双的快马变为满身长癞的两岁小马。这是在蒙古和东突厥各类史诗中普遍出现的正面人物及其战马变化的一种带有固定性的模式，它是古代人民的想象力的产物。《江格尔》是从古老史诗中借用过来的。再如史诗的人物具有人类不可能有的智慧、力量和本领。江格尔、阿拉坦策吉等人，有的坐在自己的宫殿里就知道敌人说的话和商量的事；有的能牢记九十九年前的往事和预知未来九十九年的吉凶；有的会施展法术，从受伤的人身上一跨过去，伤口便会愈合；有的甚至能使死人复活，让那些已阵亡的英雄活过来重新参加战斗。这些人物，既具有现实生活中英雄的特点，又像神话人物，有时甚至有点儿像萨满，也像特异功能法师。这些神奇现象是在神话、萨满教观念影响下出现的。作品里面的这种神奇变幻的描绘，往往有着很强的艺术魅力，引人入胜，使人物形象更加典型化和理想化，这是一种美好的想象和夸张。但也有相反的情况。由于赋予了他们一些原始宗教巫祝之特征，就使人物过分神秘化，从而给人以一种虚幻不真实的感觉。（仁钦道尔吉）

人物的矛盾性格

《江格尔》的一些人物身上还往往存在着一些互相矛盾的性格特征。同一个人物，既像人类文明时代的人，又像野蛮时代的人；既像理想化的领袖人物，又像现实社会中的压迫者和剥削者。在他们身上，同时具有善良的一面和残忍的一面，理想的一面和现实的一面，优秀的一面和丑恶的一面。这些特点使人物的性格变得相当复杂，甚至不够和谐统一。其原因首先，一部巨型的史诗，从整体来看，不可能是某一个特殊时代的产物。它的产生和发展，经历了漫长的岁月，具有极为复杂纷繁的继承性和变异性。在同一个人物身上，除了史诗最初产生时代特征外，还存在着从古老英雄史诗中所沿用的旧因素以及在流传过程中所增添的新因素。其次，这些现象反映了不同的人们对史诗里的同一人物的不同理解和看法。史诗产生时，演唱艺人通常采用各种表现手段把歌颂的人物加以理想化，而丑化所要批判的人物。但在史诗的流传过程中，一些演唱者却又往往自觉或不自觉地将一些理想化的人物与自己所处时代的统治者联系类比，赋予他们以现实生活中统治者的某些使人痛恨的新特征，并加以暴露和批判。于是，在同一人物身上，折射出各种截然相反的矛盾现象。总之，英雄人物身上的矛盾是由史诗的多元多层次结构所造成的。（仁钦道尔吉）

《江格尔》的社会历史文化内涵

《江格尔》史诗犹如一面镜子，全方位展示了卫拉特蒙古历史文化，包括卫拉特蒙古人的政治、经济、宗教、民俗、语言文学等各方面。每一个主题，每一种母题，都有深厚的文化含义。看似简单的故事中含有复杂的社会历史内涵。英雄同形形色色的敌人战斗的场面反映了卫拉特蒙古历史上曾经发生的连绵不断的战争。英雄结义主题和勇士的婚姻主题则反映了古代各部落民族之间形成的错综复杂的联盟关系。英雄们在结义前总是处于敌对状态，是结义让他们之间达成了战争的和平解决。勇士结亲以后勇士和岳父之间关系的变化，是因为结亲主题下实际反映的仍然是另一种部落联盟的形成。同时，通过勇士结义的叙述，可了解古代蒙古人具有浓厚宗教色彩的各种结义形式和仪式。同样，从勇士结亲故事中看到蒙古古代曾经盛行的抢婚、考验婚、包办婚等各种婚俗，还看到女婿用自己的劳动补偿岳父母对其妻子的养育之恩，然后娶走媳妇的非常古老的婚姻制度和习俗。在叙述征战主题的长诗里，有更多古老的宗教习俗得到了描绘。例如，在《江格尔》中，经常描述勇士杀死蟒古思恶魔之后火烧其尸骨，然后挖一道六十度深的黑洞，把它扔进深洞，用巨石镇压的场景。这是典型的萨满教镇鬼仪式，直到最近，科尔沁萨满教仍保留着这种仪式。在《江格尔》长诗中，还出现英雄们说饮血之类的话。最常见的情况是，江格尔的勇士们战胜了对方之后，对手总是这么说：

我本想杀死江格尔，喝他的热血，抢他的江山，但没能如愿以偿，这是我唯一的遗憾。或者说：有三大遗憾，一是未能娶阿拉坦·登朱叶为妻；二是未能喝你洪古尔胸腔里的热血；三是未能夺得你的阿兰扎尔神驹乘骑。喝敌人的血这种血腥的习俗，在蒙古及北方民族历史上曾经存在。勒尼·格鲁塞写道："在印欧族游牧人与突厥、蒙古人中有同样的血腥气味。斯基泰人将敌人的血洒在建立于土丘上的神圣的坟墓内；他要喝被他杀死的第一个人的血。"《江格尔》的勇士们杀死敌人以后饮其血，显然与古代斯基泰人要喝被他们杀死的第一个人的血的习俗在起源上有关系。并且还与斯基泰人、匈奴人和蒙古人的血祭习俗也有着内在的联系。成吉思汗祭奠系列中，就保留着饮血习俗，只不过把人血换成羊血罢了。《江格尔》史诗是蒙古卫拉特人历史文化的百科全书，其高度程式化的诗歌是蒙古族口头诗歌艺术的光辉典范。（仁钦道尔吉）

《江格尔》的发展与变异方式

仁钦道尔吉在《江格尔论》中总结出，《江格尔》史诗的发展和变异是以人物变化和情节变化为基础的。人物变化有以下几种：1.正面人物或英雄人物不断增加。2.在英雄人物结构中，存在着由同一代人向三代人发展的趋向。3.反面人物不断增加。情节的发展和变异也有三种方式：1.各个篇章之情节的发展和变异。2.史诗母题系列的发展和变异。3.母题的发展和变异。

增加正面人物或英雄人物的史诗发展变异方式

仁钦道尔吉总结的《江格尔》史诗发展变异方式之一。他比较分析了晚近采录的新疆《江格尔》和较早采录的卡尔梅克《江格尔》中的人物变化后发现，20世纪70—80年代从新疆记录的《江格尔》中，出现了19世纪或20世纪中叶以前从卡尔梅克地区记录的《江格尔》里尚未有过的一批人物，诸如勇士萨里亨塔布嘎、汗西尔宝东、小勇士乃尔巴特、小勇士巴特哈那、小勇士阿尔巴斯哈日、宝日芒乃等。而且他们每个人都成为一部新篇章的主人公。因此提出，增加正面人物或英雄人物，是史诗《江格尔》发展变异的一种重要方式。

由一代人的故事向三代人的故事扩展的发展变异方式

仁钦道尔吉总结的《江格尔》史诗发展变异方式之一。他比较分析了晚近采录的新疆《江格尔》和较早采录的卡尔梅克《江格尔》中的人物变化后发现，在英雄人物结构中，存在着由同一代人向三代人发展的趋向。19世纪中叶和20世纪初记录出版的《江格尔》的全部诗篇中主要英雄是江格尔、洪古尔和阿拉坦策吉等同辈人物，尽管有长辈人物乌宗阿拉达尔汗和布克孟根希克锡力格，但他们没有成为主要人物。在下一代人物里，江格尔的儿子、洪古尔的儿子和阿拉坦策吉的儿子三位小勇士一起成为一部长诗的主人公，江格尔的儿子肖布舒尔在《征服残暴的沙日古尔古汗之部》的下半部分中起了一定作用。但在20世纪40年代和70—80年代记录于卡尔梅克地区和新疆的《江格尔》里出现了一大批第二代小勇士，他们起着非常重要的作用，成为近30部诗篇的主要人物。除了原有江格尔的儿子肖布舒尔、哈日吉拉干，阿拉坦策吉的儿子阿里亚双胡尔和洪古尔的儿子和顺乌兰外，还出现了江格尔的夫人阿盖莎布塔拉生的神奇小勇士阿尔巴斯哈日，洪古尔的异国妻子（沙日克尔门汗的勇士阿尔斯郎之女）生的无名小勇士以及其他一批小勇士，他们成为《江格尔》第二代小勇士的一个完整梯队和宝木巴国的接班人。在许多诗篇里突出地描写了洪古尔的儿子和顺的功绩，他成为20多部诗篇的主角。甚至在一部诗篇里说，江格尔选他做汗位继承人，把政权移交给和顺乌兰。江格尔的前辈勇士——其父亲乌宗阿拉达尔汗和洪古尔的父亲孟根希克锡力格成为新疆《江格尔》的6—7部诗篇的主要人物。据此，提出了由一代人的故事向三代人的故事扩展，是《江格尔论》史诗发展变异的一种重要方式。

增加反面人物的发展变异方式

仁钦道尔吉总结的《江格尔》史诗发展变异方式之一。他比较分析了晚近采录的新疆《江格尔》和较早采录的卡尔梅克《江格尔》中的人物变化后发现，在《江格尔》的口头演唱过程中，江格尔奇们有意无意地新增加了很多反面人物，并创编了宝木巴的勇士们同他们战斗的一批新篇章。例如，演唱者们把《格斯尔传》的反面人物和其他英雄史诗的著名英雄吸收到《江格尔》的反面人物群中来，通过宝木巴勇士们战胜那些名将的英雄业绩，衬托了他们无敌于天下的英雄行为。例如锡莱高勒三汗、汗哈冉贵等。还出现了许多新的敌对可汗和勇士名字，诸如沙日格日勒汗、玛莱哈布哈汗、哈日桑萨尔、阿拉坦索耀汗、格棱赞布勒汗等。同时，增加了宝木巴勇士们同他们斗争的许多新篇章。据此他提出，反面人物的不断增加，也是《江格尔》史诗发展变异的一种重要方式。

《江格尔》反面人物形象发展阶段

蒙古英雄史诗的反面人物经过了3个发展阶段，原始史诗的最初的反面人物是来自传说中的形象，即多头恶魔蟒古思。接着出现了现实生活中的勇士，他们和正面勇士一样有"可汗"、"巴托尔"、"莫尔根"等称号。往往他们以单枪匹马的形象出现，有时带一两个兄弟或助手，他们的原型可能是氏族社会的酋长。

最后一个发展阶段上产生了一个较大汗国的领导者可汗，统帅一批勇士和大军，他们手下还有数十个小可汗和各级官吏。这类可汗的出现同封建割据时代的封建领主有关。《江格尔》的主要反面人物属于最后一类。同正面人物一样，反面人物也有多元多层次结构。在他们身上除了有反映史诗形成时代的现实社会中的人物性格外，还有从小型史诗中继承的因素和流传过程中不断变化的因素。（仁钦道尔吉）

《江格尔》固定的征战母题系列

仁钦道尔吉在《江格尔论》（内蒙古大学出版社，1999年）中提出，史诗《江格尔》里存在着一批固定的征战母题系列和母题群，多数征战篇章是以它们为核心形成的。它们是：1. 以"三项要求"为起因的征战母题系列。2. 以驱赶军马群为起因的征战母题系列。3. 活捉敌国汗王的征战母题系列。4. 宝木巴勇士被敌人俘虏受刑的母题系列。5. 在战斗中江格尔的长枪折断的母题系列。

以"三项要求"为起因的征战母题系列

仁钦道尔吉在《江格尔论》（内蒙古大学出版社，1999年）中提出的《江格尔》固定的征战母题系列之一。指敌人派遣使者，向江格尔提出3项要求（有时为5项要求，有时为3项之一，内容通常是要求江格尔交出阿盖夫人、雄狮英雄洪古尔和战马——阿兰扎尔骏马），宝木巴国的勇士们，尤其是雄狮洪古尔愤怒，同敌人交战而取胜的故事。这种母题系列在中国新疆《江格尔》、俄罗斯的卡尔梅克《江格尔》和蒙古国《江格尔》诗篇中普遍存在。鄂利扬·奥夫拉、巴桑嘎·穆克温、巴拉达尔·那生克、满查·科契演唱的有关征服芒乃汗的诗篇的4种异文，有关征服锡莱高勒三汗和安都拉玛蟒古思的 4 部诗篇以及《萨布尔迫使黑拉干汗投降江格尔之部》、《征服哈日桑萨尔之部》、《征服玛莱哈布哈汗之部》、《征服哈日特伯赫图汗之部》等篇章都是以"三项要求"为起因的以征战母题系列为核心形成的。

以驱赶军马群为起因的征战母题系列

仁钦道尔吉在《江格尔论》（内蒙古大学出版社，1999 年）中提出的《江格尔》固定的征战母题系列之一。在《江格尔》中，夺取、盗取他国、他民族马群常常成为战争的导火索。在《江格尔》里驱赶对方马群的情节，出现在《阿拉坦策吉归顺江格尔之部》、《洪古尔活捉阿里亚芒古里之部》、《美男子明彦夺取图鲁克汗的马群之部》、《萨纳拉迫使扎恩台吉汗归降江格尔之部》、《江格尔征服库日勒额尔德尼蟒古思汗之部》、《洪古尔夺取北方的沙日克尔门汗的马群之部》、《萨纳拉夺取塔克毕尔玛斯汗的军马群之部》、《洪古尔击败库日勒赞布勒汗之子之部》和《凶暴的占巴拉汗之部》等多部篇章里，其故事情节都以驱赶马群为起因的以征战母题系列为核心来组织演绎的。

活捉敌国汗王的征战母题系列

仁钦道尔吉在《江格尔论》（内蒙古大学出版社，1999 年）中提出的《江格尔》固定的征战母题系列之一。其基本内容是，为了解除战争威胁，江格尔派某勇士潜入异国汗宫中，活捉其汗王归来，同他举行和平谈判，最终让其成为自己的臣民。这种故事在许多篇章里出现。例如，仅在鄂利扬·奥夫拉演唱的 10 部篇章中就有《洪古尔降服哈日吉拉干汗之部》、《小英雄哈日吉拉干、阿里亚双胡尔、和顺乌兰活捉残暴的巴达玛乌兰汗之部》和《美男子明彦活捉强悍的库尔门汗之部》等 3 部篇章里有这种征战母题系列，其中的一批母题和细节也相似。活捉异国汗王的情节早在 19 世纪 50 年代记录的《活捉沙日蟒古思汗之部》就已存在。

宝木巴的勇士被敌人俘虏受刑的母题系列

仁钦道尔吉在《江格尔论》（内蒙古大学出版社，1999 年）中提出的《江格尔》固定的征战母题系列之一。19 世纪中叶记录的卡尔梅克《江格尔》里，在征服沙日古尔古汗、哈日黑纳斯汗、库日勒额尔德尼蟒古思汗、乌图查干蟒古思汗等 4 部长诗中都有这种情节。但受刑的勇士有变化，在其中的 3 部长诗中受刑的是洪古尔，而在《征服库日勒额尔德尼蟒古思汗之部》中换成了江格尔。在新疆记录出版的《征服玛莱哈布哈之部》、《征服蟒古思布尔古特汗之部》等一批诗篇中也有洪古尔被俘受刑的情节，但救出洪古尔的是他儿子（破母亲肚皮而生的男孩或者摇篮里的婴儿）。破母亲肚皮而出生的故事在蒙古—卫拉特小型英雄史诗中较为常见。

在战斗中江格尔的长枪折断的母题系列

仁钦道尔吉在《江格尔论》（内蒙古大学出版社，1999 年）中提出的《江格尔》固定的征战母题系列之一。这是《江格尔》独有的母题群。在征服哈日黑纳斯、乌图查干蟒古思汗和库日勒额尔德尼蟒古思汗等不少篇章中，都出现战斗中江格尔用长枪刺穿敌人，把敌人挑上去的时候长枪折断，江格尔到地底下去寻找呼和达尔罕（呼和铁匠）修理长枪等情节。

史诗母题系列的发展变异方式

仁钦道尔吉在《江格尔论》（内蒙古大学出版社，1999 年）等论著中提出的《江格尔》及蒙古其他英雄史诗母题系列的发展变异方式。概括为：1. 在史诗母题系列内，那些固定的共同性的各个母题之间嵌入新的母题。2. 在母题系列的前后增加新母题。新增加的部分可以成为序诗和结尾。3. 在一个史诗母题系列内不但可以嵌入个别母题，而且同样可以嵌入整个史诗母题系列和母题群。《江格尔》各诗篇中的派生情节和插曲就是以这种方式出现的。在这种情况下，只有一个史诗母题系列成为整体框架，连接情节的始终，其他母题系列和母题群被夹在当中成为附加成分。例如，《征服残暴的沙日古尔古汗之部》叙述宝木巴国与沙日古尔古汗的战斗，可其中出现了一些复杂的情节，诸如江格尔抛弃宝木巴汗国出走，聘娶第二个妻子，妻子生了一个非凡的儿子；江格尔下地下世界，寻找洪古尔的尸体，使洪古尔复活等母题群。除了史诗母题系列的发展与变异，还有母题本身的发展与变异问题。也就是说，母题经过由粗到细、由简到繁、由小到大的发展过程，有时从一个母题里可以派生出其他母题。以各个篇章开头和结尾描写的盛宴为例。在《雄狮洪古尔的婚礼》里只说："勇士们团团坐了七圈，举行芳醇美酒的盛宴。"在鄂利扬·奥夫拉演唱的各篇章中，宴席的交代只有这两句诗。可在其他一些篇章中描写的内容较多。《残暴的沙日蟒古思之部》交代了奶酒的产生地、酿酒人、运送车辆、主管运送奶酒的官吏、举行盛宴的时间、地点以及宴会参加者及其欢乐盛况等。而在《征服哈日黑纳斯汗之部》中，不但提到了汗宫敬酒人的敬酒过程，而且描写了宴会上汗宫演出队的歌唱、弹陶布舒尔琴和跳卫拉特单人舞以及美男子明彦的艺术表演等活动，还描写了汗宫大官赫吉拉干手持钢鞭维持盛宴秩序的情景。这些均反映了史诗母题的发展与变异现象。

《江格尔》中的宇宙三界

与萨满教、佛教宇宙三界观念相对应，史诗《江格尔》也把宇宙分为天上、地上和地下三个结构层次。但具体表达时江格尔奇们运用的名词术语多种多样。我们从史诗中见到的这类词语有：宝木巴国、上宝木巴国、下宝木巴国；赡部洲、上赡部洲、下赡部洲；上七国、下七国。或者下方七国、上方十二国以及"阳光下的八千个世界"。有时还出现"三十三尊天神的世界"、"卢斯之国"等说法。例如出现"宝马枣骝神驹嬉戏/上赡部洲被它搅乱/下赡部洲为之震动/它以鬃毛鞭打日月/它以四蹄击打宇宙赡部洲"等诗句，也有"闻名遐迩的圣主江格尔/他成为上方七国的梦幻/他成为下方七国的传奇人物"等诗句，也有"江格尔是下界七国的梦幻/江格尔是上界十二国的理想/江格尔是四大部洲可汗的心脏"这样的诗句。《江格尔》中用"宝木巴国"、"上宝木巴国"、"下宝木巴国"这一组术语来指称宇宙三界。赡部洲本为佛教神话中用来指须弥山周围四大部洲中南边的一个洲。史诗中也用"赡部洲"、"上赡部洲"、"下赡部洲"这一组名词来表示宇宙三界结构。一般情况下，"宝木巴国"这一名词在史诗中表示以阿尔泰山周围为中心地区的圣主江格尔的国家，而"太阳底下的八千个世界"、"赡部洲"这些名词表示"中界"；"上宝木巴国"、"上赡部洲"、"上方七国"、"上界十二国"、"三十三尊天神之国"等术语表示"上界"；"下宝木巴国"、"下赡部洲"、下方七国"等名词则表示"下界"概念。但是，《江格尔》中上、下这两个方位词并不是一成不变地指上界和下界的。史诗中不出现"中宝木巴"、"中赡部洲"、"中界七国"等词语，其原因除了史诗中有专指中界的"太阳底下的八千个世界"、"赡部洲"等名词以外，主要与江格尔奇们在相对意义上使用"上"、"下"两个方位词以表示上、中、下三界概念有关。中界如果是相对于上界的，那么中界也就成为下界，被称为"下宝木巴"、"下赡部洲"、"下界七国"；而站在下界的立场上进行叙述的时候中界就成为"上界"，这时中界被称为"上宝木巴"、"上赡部洲"、"上界七国"，如此等等。还有一种情况也必须注意，那就是并非每当出现上下宝木巴、上下赡部洲、上下七国等词语时就必定要指萨满教宇宙三界。《江格尔》中这些词还被用来指世界上不同的国家和地区。这时，"上宝木巴国"、"上赡部洲"、"上方七国"一般都指江格尔的国家。例如，《洪古尔及其儿子和顺·乌兰斩道格欣·玛腊·哈巴哈首级之部》这部长诗及其几个异文中"上方七国"、"上赡部洲"指江格尔汗的国土，而"下赡部洲"、"下方七国"则指道格欣·玛腊·哈巴哈汗的国家。

《江格尔》的结构

与世界其他著名的史诗相比，《江格尔》有它独特的结构。许多民族的史诗是以连续的故事情节为主线贯穿而成的，而有的英雄史诗则以英雄人物的活动为主线。《江格尔》就属于后者。其特点是，它的各个章节都有一批共同的英雄人物形象，以此作为有机联系构成它的结构体系。以江格尔汗为首的洪古尔、阿拉坦策吉、古恩拜、萨布尔、萨纳拉、明彦等人物及其英雄事迹始终贯穿各部长诗，这就使数十部长诗统一成为一个规模宏大的《江格尔》史诗集群。除了少数几章外，《江格尔》的各部长诗在情节上互不连贯，各自像一部独立的长诗，并作为一个个组成部分平行地共存在整个英雄史诗当中。这种结构，国内学界已经习惯于称作"并列复合型英雄史诗"。除了这种总体结构外，《江格尔》的各个长诗也有自己的情节结构。它们都由序诗和基本情节两个部分组成。序诗以静态描写手法介绍江格尔及其家乡、人民和众勇士，基本情节部分则以动态叙事描写英雄们惊心动魄的业绩。

第六部分 《江格尔》研究篇

一、分类综述

《江格尔》的传播

《江格尔》主要流传于我国新疆一带的蒙古族卫拉特人中，在蒙古国的卫拉特人和喀尔喀人，在俄罗斯联邦的卡尔梅克共和国、图瓦共和国、阿尔泰边疆区，也都有流传。历史上，蒙古族分为东蒙古和西蒙古。东蒙古指漠南和漠北的蒙古各部。在东蒙古西边，居住在阿尔泰山周围的蒙古，叫作西蒙古，也叫卫拉特蒙古。历史上著名的准噶尔汗国，就是西蒙古各部建立起来的。当时属于卫拉特的各部落有土尔扈特部、和硕特部、杜尔伯特部、辉特部等多部落。由于种种原因，他们中的一些部落从原来居住的阿尔泰山周围开始向南、向西迁徙。17世纪初，土尔扈特部为避免内讧向西迁徙到欧洲伏尔加河流域，由于无法忍受沙俄的压迫，居住在伏尔加河东岸的部分民众于1771年回归阿尔泰家乡，这就是史上有名的土尔扈特东归。现今生活在新疆各地的卫拉特蒙古人中的大部分是他们的后裔。而留在伏尔加河西岸的那部分，则成为现在的俄罗斯卡尔梅克共和国的卡尔梅克人。18世纪50年代，清军击溃和消灭准噶尔汗国时，杜尔伯特等部东逃，现今蒙古国西部的卫拉特人，就是他们的后裔。《江格尔》史诗的跨三国流传局面就是在这样的历史背景下形成的。其中我国新疆卫拉特地区，是《江格尔》的故乡。

《江格尔》的搜集和出版

《江格尔》产生于我国新疆一带的蒙古族卫拉特人中，后来逐渐流传到俄国和蒙古国境内，成为中、俄、蒙三国蒙古语族人们的共同文化遗产和精神财富。尽管《江格尔》在上述三国境内都有流传，但学术界的发掘和记录出版有先有后。最早于19世纪初始，在俄国伏尔加河下游一带游牧的卡尔梅克人中发现了《江格尔》的一批诗篇，故称"卡尔梅克英雄史诗《江格尔》"。可是，自20世纪初开始，在蒙古国境内发掘了《江格尔》的20多部诗篇。从20世纪30年代，发现了我国新疆卫拉特人中流传着英雄史诗《江格尔》。而大规模搜集出版中国《江格尔》，开始于20世纪70年代末。从那时起，在中国新疆蒙古族地区记录了150多部诗篇（包括《江格尔》独立的章节和异文）。因此，《江格尔》的搜集出版史，分俄罗斯、蒙古国、中国三个部分。

俄罗斯的搜集、翻译和出版

从19世纪初开始，学术界最初在俄国境内的卡尔梅克人中发现了《江格尔》的诗篇。当时主要是俄国和德国的学者对此产生兴趣。他们记录了俄国的卡尔梅克人中所流传的《江格尔》的一批诗篇，进行最早的翻译、注释和评析，并予以出版。德国人别尔格曼是第一个记录和翻译《江格尔》诗篇的学者，他于1802—1803年到俄国阿斯特拉罕地区的卡尔梅克草原，实地考察了卡尔梅克人的生活、风俗和民间口头创作。他最感兴趣的正是歌颂神话般的英雄江格尔汗及其12名勇士征战的故事，并用德文发表了其中的两篇故事的内容。有的学者认为，别尔格曼所发表的正是《江格尔》中的《沙日古尔古之部》最早的异文之一，有的则说这篇故事不仅与《沙日古尔古之部》有关，而且也同另一部篇章《哈日黑纳斯之部》有联系。俄罗斯地理学会的旅行家斯特拉霍夫、涅费季耶夫和涅鲍尔辛等人也记录了许多有关《江格尔》的材料。19世纪中叶，喀山大学教授阿·波波夫和科瓦列夫斯基发现《江格尔》的手抄本。他们的学生阿·鲍勃洛夫尼科夫把《江格尔》的两部异文译成俄文发表于1854年，并在序言中谈到了《江格尔》和江格尔奇的一些情况。1857年，埃尔德曼又把这两部由俄文译成德文发表。从此，俄国和欧洲学术界进一步了解和注意到了英雄史诗《江格尔》。不久，喀山大学教授卡·戈尔斯通斯基到阿斯特拉罕地区卡尔梅克人当中去寻找江格尔奇，他观看了江格尔奇的演唱，于1864年发表了《沙日古尔古汗之部》和《哈日黑纳斯汗之部》，这是第一次用卡尔梅克人的托忒文发表的原作。后来，阿·波兹德涅耶夫教授曾多次再版过这两部作品，并把它们选入大学教科书，作为学习卡尔梅克语教材。圣彼得堡大学教授弗·科特维奇及其学生奥奇洛夫在搜集出版《江格尔》方面也作出了重大贡献。学生时代的科特维奇于1894年就到了卡尔梅克地区，并翻译过《哈日黑纳斯之部》，对《江格尔》产生了浓厚的兴趣。1908年，派他的学生奥奇洛夫回家乡阿斯特拉罕调查《江格尔》。奥奇洛夫用基利尔文字记录了著名江格尔奇鄂利扬·奥夫拉演唱的《江格尔》10部篇章，后经科特维奇审稿，于1910年在圣彼得堡用托忒文出版。鄂利扬·奥夫拉是在俄罗斯境内发现的最有才华、演唱部数最多的江格尔奇。发现和出版他演唱的10部作品，在江格尔学发展史上具有划时代的意义。从此，各国学者才知道并承认《江格尔》是一部伟大的长篇史诗。1917年俄国十月革命以后，尤其是在1940年在埃利斯塔召开《江格尔》诞生500周年纪念会的前后，在卡尔梅克掀起了调查、搜集、改写、出版、翻译和研究《江格尔》工作的一个新高潮。在搜集作品方面，1940年发掘了哈尔胡斯地区的土尔扈特江格尔奇巴桑嘎·穆克温演唱的6部，大朝胡尔地区的土尔扈特江格尔奇莎瓦利·达瓦演唱的两部，并第

江格尔

一次发表了伊·波波夫在顿河卡尔梅克人中记录的一部。但此后，在该国有关《江格尔》的演唱和学术活动几乎再没有什么进展。到1967年，才又有人记录了小杜尔伯特地区的巴拉达尔·那生卡演唱的一部。再版、改写和翻译方面，有人把科特维奇于1910年用托忒文出版的10部改写成拉丁字母拼写本，于1935年在厄利斯塔出版；纳木林·尼古拉把《沙日古尔古之部》和《哈尔黑纳斯之部》改为韵文体于1936年出版；巴特尔·巴桑戈夫把鄂利扬·奥夫拉演唱的10部译成俄文；在纳·尼古拉的基础上，巴·巴桑戈夫把上述10部由散文改写成韵文，于1940年在厄利斯塔出版，其中共有12部韵文作品；里布金和卡里亚耶夫等人又把这韵文体12部译成俄文，同年在厄利斯塔出版。为配合纪念会，1940年科津院士的名著《江格尔传》出版，其中包括4部《江格尔》的俄译文，并有引言和注释。当时的苏联各加盟共和国还出版了乌克兰文、白俄罗斯文、格鲁吉亚文、阿塞拜疆文、爱沙尼亚文和哈萨克文的部分译文。据说，日本学者也曾把里布金的俄译本的一部分译成日文，于1941年在东京的《蒙古》杂志上发表（见蒙古国《民间文学》1963年第4期，第74页）。蒙古国学者杜格尔苏伦把韵文体《江格尔》由卡尔梅克文改写成斯拉夫式蒙古文，于1963年在乌兰巴托出版。20世纪60年代以后，在卡尔梅克自治共和国建立了《江格尔》研究机构。学者们根据过去的线索到各有关档案馆去寻找《江格尔》材料。他们发现了大量的原始记录和音响资料。如阿·科契克夫等学者从波兰的弗·科特维奇档案资料馆里找到了奥奇洛夫于1908年用基利尔文字记录的《江格尔》，这就是著名江格尔奇鄂利扬·奥夫拉演唱的10部作品的原始记录稿。他们又从列宁格勒俄罗斯文学录音馆查找了鄂利扬·奥夫拉演唱的唱片。阿·科契克夫又从卡·郭尔斯顿斯基档案资料中发现了过去未发表的两部《江格尔》，这就是《江格尔征服乌图查干蟒古思汗之部》和《江格尔征服库日勒额尔德尼蟒古思汗之部》。此外，他们还找到了弗·科特维奇记录的鄂利扬·奥夫拉演唱的第11部及伊·波波夫曾于1901年在顿河的卡尔梅克人中记录的《乌兰洪古尔之部》。在大量发掘原始资料基础上，阿·科契克夫对《江格尔》的各部作了校勘，并于1978年在莫斯科出版韵文体25部《江格尔》，全诗长达2.5万诗行。其中有19世纪50年代记录的小杜尔伯特地区的3部长诗，19世纪50年代记录的小朝胡尔土尔扈特地区的2部长诗，1908年小杜尔伯特地区著名江格尔奇鄂利扬·奥夫拉演唱的10部长诗，1940年哈尔胡斯地区土尔扈特江格尔奇巴桑嘎·穆克宾演唱的6部长诗，1940年大朝胡尔土尔扈特地区江格尔奇莎瓦利·达瓦唱的2部长诗，1967年小杜尔伯特地区的巴拉达尔·那生卡演唱的一部长诗，鄂利扬·奥夫拉演唱的第十一部，以及鄂利扬·奥夫拉演唱的两种序诗。当然，在这25部本《江格尔》里还有格·米哈伊洛夫写的序言和编者阿科契克夫的说明及简短的词汇表。此外，80年代瓦·策日诺夫在列宁格勒发现了19世纪的一个手抄本，其中有《洪古尔和萨布尔征服占巴拉汗的七勇士之部》。在俄罗斯境内，《江格尔》主要曾在卡尔梅克人中广为流传。此外，在西伯利亚的布里亚特人、阿尔泰人和图瓦人中也流传着个别诗篇。例如，蒙古国著名学者宾·仁亲于1937年记录了豁里布里亚特地区的一种异文，这部长诗约有2700诗行。布里亚特共和国学者达·杜嘎洛夫也曾记录过两种较短的色楞格河布里亚特地区的异文。西伯利亚的个别突厥语族的人民，如在图瓦人中流传的《博克多·昌格尔汗》和《洪古尔·马迪尔》也同《江格尔》和其他蒙古英雄史诗有一定的联系。因图瓦语接近于蒙古语，图瓦人曾借用过回鹘式蒙古文字。

蒙古国《江格尔》的搜集出版

20世纪初,学者们开始注意到现蒙古国境内流传的《江格尔》。各国学者先后在蒙古搜集的《江格尔》及其有关作品有近30种,其中包括韵文体、散文体和韵散结合体几种形式。最早着意于此的是芬兰著名的比较语言学家和蒙古学家格·拉姆斯特德(兰司铁)。他在进行语言和口头文学的调查过程中,于1901年在大库伦(今乌兰巴托)记录了《博克多·诺谚江莱汗》和《博克多·道克森江格尔汗》两个篇章。格·拉姆斯特德搜集的蒙古民间文学作品,后来经芬兰学者哈里·哈林整理,于1973年在赫尔辛基出版,这两篇《江格尔》的故事也在其中。与格·拉姆斯特德同一时期,著名学者策·扎木察拉诺也在大库伦记录了喀尔喀人满乃讲述的《博克多·诺谚江莱汗》,几年后收入阿·鲁德涅夫和策·扎木察拉诺所编的《蒙古民间文学范例》,于1908年在俄国出版。苏联科学院院士、著名的蒙古学家鲍·雅·符拉基米尔佐夫于1910年记录了一位巴亦特喇嘛演唱的《江格尔》篇章,编入了1926年在苏联出版的另一本《蒙古民间文学范例》中。原苏联科学院通讯院士尼·波佩在20世纪20年代记录了《江格尔》的篇章,并于60年代在德国发表。当然,其余部分主要是在40年代以后,由蒙古国的学者们在各地搜集的。据现有材料看,蒙古国中部地区和东部地区也搜集到一些篇章,但主要流传地区还是在卫拉特人聚居的蒙古西部几个省。在乌布苏诺尔省记录的有6种,在戈壁阿尔泰省搜集的有5种,在库苏古尔省发现的有4种。除口头流传外,据说曾经在乌布苏诺尔省、戈壁阿尔泰省、科布多省、色楞格省、后杭爱省和东方省等地有过一些手抄本。蒙古国学者乌·扎嘎德苏伦对他们搜集到的各部《江格尔》进行了编辑整理,于1968年和1978年先后由蒙古科学院出版社出版了《史诗江格尔》和《名扬四海的洪古尔》两本书,其中共有25个篇章。还附有从图瓦人中记录的史诗《博克多·昌格尔汗》。这些篇章有很多是不完整的。1977年乌·扎嘎德苏伦和哲·曹劳等人记录了科布多省江格尔奇普尔布扎拉演唱的《汗苏尔之部》。这倒是一部完整的作品,它与我国新疆发现的同名的一部长诗极为相近,二者是同源关系。对《史诗江格尔》和《名扬四海的洪古尔》中的25种片段,乌·扎嘎德苏伦指出:有些作品的故事情节与《江格尔》有直接联系,但有的则不然,只是偶尔提到过江格尔的名字。

中国《江格尔》的搜集、翻译和出版

《江格尔》最初虽产生于我国新疆的蒙古族地区,且至今仍在当地人民中普遍流传,但在我国进行科学性搜集和出版《江格尔》,却是在新中国成立后才开始的。上海商务印书馆在1950年即出版了边垣编写的《洪古尔》一书,1958年由作家出版社再版。它第一次向我国各民族读者提供了《江格尔》这部长篇英雄史诗的个别故事。边垣在编写时没有擅自改动史诗的情节结构,所以,《洪古尔》一书,对了解《江格尔》具有一定的价值。我国内蒙古老学者莫尔根巴特尔和铁木耳杜希两人把俄国出版的13部《江格尔》,由托忒蒙古文转写为回鹘式蒙古文,名之为《江格尔传》,由内蒙古人民出版社于1958年出版。新疆人民出版社1964年在乌鲁木齐用托忒文又出版了这13部。这13部是1910年科特维奇在圣彼得堡出版的鄂利扬·奥夫拉演唱的10部和1911年阿·波兹德涅耶夫出版的单行本中的3部,即《沙日古尔古之部》、《哈日黑纳斯之部》和《沙日蟒古思之部》。在我国,《江格尔》的正式搜集记录是从1978年开始的。这一年,陶·巴德玛、宝音和希格二人到新疆天山南北12个县的蒙古族聚居地区进行了5个月的调查,他们记录的15部《江格尔》,

◎江格尔

先于1980年以托忒文在乌鲁木齐新疆人民出版社出版,后于1982年以我国现行蒙古文在呼和浩特内蒙古人民出版社出版。1978年7—8月,仁钦道尔吉和道尼日布扎木苏到新疆巴音郭楞蒙古自治州,记录了巴桑、乌图那生和额仁策演唱的4部《江格尔》。后来,在新疆成立了《江格尔》工作领导小组和工作组,由时任自治区副主席的巴岱任领导小组组长。从1980年3月开始在巴岱的领导下,以巴德玛、贾木查为首的《江格尔》工作组深入巴音郭楞蒙古自治州、博尔塔拉蒙古自治州、伊犁哈萨克自治州和塔城地区的20多个县的蒙古族聚居地区,进行普查。据他们统计,共录制了民间口头流传的《江格尔》187盒式录音磁带(约187小时),其中有157部长诗及异文,约19万诗行。1981年6—7月,他们在博尔塔拉、巴音郭楞和塔城举办了《江格尔》演唱会,在会上对艺人们演唱的《江格尔》都做了录音。1981年8—9月,仁钦道尔吉和贾木查一起去博尔塔拉、伊犁二州的6个县访问了十多位著名江格尔奇,除录制过去未录音的《江格尔》的章节外,还了解到不少有关古今江格尔奇的生平事迹和《江格尔》演唱等方面的珍贵资料。后来在新疆不断发现新的线索,《江格尔》工作组都及时做了录音。在新疆先后记录出版的《江格尔》有以下几种版本:由陶·巴德玛、宝音和希格等人搜集整理的15部《江格尔》(简称15部本),长达近2万诗行。这15部本是作为文学读物提供给广大读者的,与科学资料本不同。搜集整理者进行了不少加工,与原文有一定的出入,其中有的长诗是根据多种异文合编而成的。霍尔查把这15部本译成了汉文,新疆人民出版社于1988年在乌鲁木齐出版。1982—1996年先后分几批出版的《江格尔》托忒蒙古文资料本1—12卷,其中有124部长诗和异文。第1卷是中国民间文艺研究会新疆分会编印的内部资料,约于1982年印刷。第2—5卷同样由中国民间文艺研究会新疆分会编,新疆人民出版社于1985年在乌鲁木齐出版。第6—9卷是由中国民间艺文家协会新疆分会、新疆维吾尔自治区民族古籍办公室合编,中国民间文艺出版社出版,新疆新华印刷厂印刷,约于1988年出版,版权页上未注明出版时间。第10—12卷也是由上述两个单位合编,新疆人民出版社于1993年出版第10卷,于1996年出版第11—12卷。整理加工的文学读物《江格尔》1—3卷,其中有70部长诗。第1—2卷是中国民间文艺研究会新疆分会和新疆维吾尔自治区《江格尔》工作组搜集整理,新疆人民出版社以托忒文于1985年出版的《江格尔》(一)和于1987年出版的《江格尔》(二),书中有60部长诗约8万诗行,还附有一首江格尔颂歌。这两卷由托忒文转写为回鹘式蒙古文,内蒙古人民出版社先后于1988年和1989年在呼和浩特出版。第三卷是中国民间文艺家协会新疆分会整理,内蒙古科学技术出版社于1996年在赤峰以回鹘式蒙古文出版。在第三卷中,除了10部长诗外,还有照片、插图、江格尔奇传和调查报告等资料。这第三卷,直到2000年,才在乌鲁木齐新疆人民出版社以托忒蒙古文予以出版。这三大卷本中的70部长诗,是由陶·巴德玛、宝音和希格搜集整理的15部长诗、1958年内蒙古人民出版社出版的《江格尔传》、在新疆以口头流传的异文以及上述资料本中的30多部作品所组成的。内蒙古科学技术出版社于1996年在赤峰以经卷式版本影印了《江格尔手抄本》。书中有两种不同的手抄本,第一种书名为《博克多额真江格尔、道格欣沙日古尔古、哈日黑纳斯之部》。第二种是《博克多额真江格尔与哈日黑纳斯之部》。此外,在附件里有其他一些手抄本的少数几页影印件。不仅上述文学读物与资料本中有大量重复的作品,而且在资料本中的124部长诗和异文中,也有近10部完全重复(先后两次发表)的诗篇。

国际《江格尔》研究

《江格尔》史诗流传在中、蒙、俄三国蒙古语族人民中，《江格尔》研究同它的记录出版工作几乎是同时开始的。最初进行发掘和出版工作的是俄罗斯和欧洲学者。在200多年来的研究过程中，以上述三国学者为主的国际"江格尔学"研究队伍业已形成。至今，除中、蒙、俄三国有数百名学者研究《江格尔》外，还有德国、美国、日本、英国、法国、芬兰、匈牙利、捷克斯洛伐克和吉尔吉斯斯坦等国的蒙古学家和史诗学家也注意到对《江格尔》和其他蒙古英雄史诗的研究。过去各国一批著名学者对《江格尔》研究作出了重要贡献，其中有苏联科学院院士鲍·雅·符拉基米尔佐夫、谢·阿·科津，美国华盛顿大学教授尼·波佩(30年代曾任苏联科学院通讯院士)，蒙古科学院院士宾·仁亲、策·达木丁苏伦和前捷克斯洛伐克科学院院士帕兀哈，德国著名蒙古学家、波恩大学教授瓦·海希西，波恩大学教授卡·萨嘉斯特，美国学者阿拉什·保尔曼什诺夫，俄罗斯境内的学者鲍·李福清、谢·尤·涅克留多夫、阿·科契克夫、尼·比特克耶夫，蒙古国学者达·策仁索德那木以及中国学者色道尔吉、仁钦道尔吉、宝音和西格等。国际上，专门论述《江格尔》的论文、专著达数百种。

俄罗斯的《江格尔》研究

19世纪伊始，俄国和德国学者开始搜集、出版卡尔梅克《江格尔》的同时，也着手对这部史诗进行翻译、注释和评介工作。俄国"江格尔学"有200多年的历史。当时在俄国工作的别尔格曼，既是《江格尔》的第一个记录出版者，又是向欧洲和各国学者介绍《江格尔》的第一位学者，他不但到卡尔梅克人中去调查记录，并早在1804—1805年就用德文发表《江格尔》的两个故事，还撰写了《有关江格尔奇的传闻》一文。他说"江格尔奇的歌唱是连续不断的，歌手只作不大的停顿"，艺人的艺术技巧在于"把极端夸大的现象赋予现实的自然世界，把卡尔梅克人的生活方式和传统，真实地反映在诗歌创作中，并尽可能地延长诗歌的演唱时间。一个歌手所知道的诗篇一般有二十个之多……"俄罗斯地理学会的旅行家涅鲍尔辛曾到阿斯特拉罕的和硕特人(卡尔梅克一部落)中去考察，他说，《江格尔》"整个史诗……是由几首大的歌曲组成的，而这些歌曲中的每一首又都是独立的、完整的……它们的篇幅有时竟是如此之长，以至复述它们需要花上几昼夜。《江格尔》不是以文字形式来保存，而是由歌手们对子孙口述传授而世代相传。它们或是在音调优美的乐器伴奏下歌唱……或者简单地被当作历史来讲述"。而鲍勃洛夫尼科夫对《江格尔》的一些章节进行比较后曾说它"还没有获得固定的文学形式。史诗似乎出现于18世纪，或者可能更晚些"。阿·波兹德涅耶夫对《江格尔》作了高度的评价，说它是"卫拉特精神的最好体现"。前苏联学者继承和发展了俄国江格尔学传统，形成了从20世纪20—40年代江格尔学的第一个发展阶段。这个发展阶段以1940年在埃利斯塔召开《江格尔》诞生500周年纪念会前后为标志。在20世纪20—40年代的研究著作中，影响最大的是鲍·雅·符拉基米尔佐夫院士、谢·科津院士和尼·波佩通讯院士的著作。开始正式研究《江格尔》的是符拉基米尔佐夫院士，他的重要著作《蒙古—卫拉特英雄史诗》于1923年问世。他在此书的长篇序言中谈到了许多重要问题。后来在1926年他又发表了自己所搜集的《江格尔》的故事。符拉基米尔佐夫把《江格尔》作为卡尔梅克和新疆的卫拉特史诗与其他史诗作了比较。他指出了《江格尔》的独特性，介绍了史诗过去在卡尔梅克流传和受到人们欢迎的情况以及到后来史诗演唱已趋向于消亡的现象，也提到他见过一位新疆的年轻人在冬不拉伴奏下演唱《江格尔》的情景；他从体裁的角度研究，把这部史诗与俄罗斯的壮士歌和吉尔吉斯的《玛纳斯》等作品进行比较，论述了它们的共性与特性；他还把它与布里亚特史诗进行了比较。论及《江格尔》所反映的思想内容和社会生活，认为它反映的不仅仅是游牧者的生活，而且反映了整个游牧汗国的生活。他明确指出："《江格尔》是人民的精神、人民的追求和期望的最好体现。《江格尔》描绘了人民的真实的世界，描绘了人民的日常的、真实的、升华为理想的生活，它是真正的民族史诗。"与此同时，他认为波斯的《王书》和藏族、蒙古族的《格斯尔》对《江格尔》有一定的影响。他分析"江格尔"一词来源于波斯语，是波斯语的"世界征服者"的译音，"格斯尔"是恺撒大帝名字的译音。符拉基米尔佐夫的这本书，至今还被认为是一部权威性著作。科津院士的著作，除《江格尔传》外，还有《蒙古人民的史诗及其书面形式》（见《列宁格勒大学学报》1946年第3期）和《蒙古人民的史诗》。他断定这部史诗产生于15世纪，并正确指出《江格尔》最初产生于新疆准噶尔的卫拉特人民中。从1966年开始，苏联的《江格尔》研究进入了第二个发展阶段。1966年在卡尔梅克自治共和国成立了研究《江格尔》的专门机构，他们四处寻找《江格尔》原稿，发现了大量的档案材料，并在此基础上进行校勘和研究工作，还召开了几次全苏民间文学专家参加的《江格尔》讨论会。在卡尔梅克自治共和国首都埃利斯塔，于1967年举行了"纪念著名江格尔奇鄂利扬·奥夫拉诞生110周年"学术讨论会。1972年为纪念科特维奇诞生100周年召开了"阿尔泰学与蒙古学研究问题"学术讨论会。1978年又举行了"《江格尔》与突厥、蒙古各民族叙事作品问题"讨论会。参加最后一个会议的有来自莫斯科、列宁格勒以及各加盟共和国和自治共和国的代表340多名，在会上宣读了74篇论文。论文涉及面极广，被分为综合性问题（如《江格尔》的版本、演唱艺人、史诗与其他体裁的关系等）、《江格尔》与史诗的诗学问题、类型学问题、语文学问题和在卡尔梅克人民的历史和文化中《江格尔》所起的作用等五大类问题。1990年是在卡尔梅克的《江格尔》研究史上具有重要意义的一年。这年8月22日至24日在埃利斯塔为纪念《江格尔》诞生550周年而召开了"《江格尔》与叙事创作问题"国际学术讨论会。参加会议的有来自当时的苏联各加盟共和国和自治共和国的200多名学者以及美国、德国、日本、蒙古、捷克斯洛伐克、保加利亚、匈牙利和中国等外国学者数十名。共有139位学者做了发言。讨论了《江格尔》与史诗的诗学问题、《江格尔》与史诗的类型学和说唱学派问题、《江格尔》与历史和文化问题、《江格尔》与民间史诗研究的语言学问题等。在《江格尔》研究方面，苏联已发表了数百种论文和专著，出现了格·米哈伊洛夫、阿·科契克夫、尼·比特克耶夫、鄂·奥瓦洛夫、尼·桑嘎杰耶娃等学者，其中阿·科契克夫的成绩较突出。他除出版校勘本25部《江格尔》外，还于1974年和1976年先后用卡尔梅克文和俄文在卡尔梅克图书出版社出版了《英雄史诗江格尔》和《英雄史诗江格尔研究》两本书。他还编写了《卡尔梅克文学史》中的"江格尔的英雄人物"一章。他对"江格尔"一词的来源，《江格尔》的产生时代，各个部之间的联系、主要人物和思想意义等方面提出了自己的看法。阿·科契克夫还先后发表两篇文章较客观地评价了1980年新疆人民出版社用托忒文出版的15部《江格尔》的重要意义，并作了一些比较分析。1992年科学出版社于莫斯科用俄文出版了阿·科契克夫的新专著《英雄史诗〈江格尔〉》。这是一部从比较类型学角度探讨各国出版的《江格尔》文本的著作。论著是由关于英雄婚礼的古老史诗（陶兀里—乌利格尔）、关于江格尔的布里亚特故事、《江格尔》的蒙古国异文、新疆卫拉特异文和卡尔梅克异文等主要部分所组成的。在向1997年于北京召开的《江格尔》国际学术讨论会提交的论文中，论述了上述专著的主要论点。鄂·奥瓦格洛夫专门研究《残暴的哈日黑纳斯之部》（由1977年苏联卡尔梅克图书出版社出版），他对这一部作品的几种异文进行了比较，分析了它的思想内容、人物形象、情节结构、诗学特征、表现方式等问题。此外，值得提及的著作还有《卡尔梅克文学史》（第一卷）和1982年出版的《蒙古人民的叙事诗歌》。前者中有《江格尔》的英雄人物、演唱艺人、情节结构特征和诗学特点四章。在后一本书中有英雄神奇诞生母题、英雄的助手母题和妇女形象，还有《江格尔》中的赞词和江格尔奇的艺术风格等方面的论文。20世纪80年代以来，尼·比特克耶夫在《江格尔》研究方面取得了显著成绩，于1997年以《江格尔》研究论文获得了语文学博士学位。俄罗斯的《江格尔》研究，在以下几个方面都有深入的研究。第一，比较研究工作得到一定的进展。学者们不但把《江格尔》与其他蒙古史诗作比较，而且把它与蒙古其他民间文学体裁作比较，又与突厥语族人民的史诗进行了多方面的比较，探讨了它们之间的一些共同性问题。第二，对《江格尔》的结构分析和母题研究也有较大的发展。1978年召开的《江格尔》与突厥—蒙古各民族叙事作品问题讨论会的前后，学者们发表了许多分析《江格尔》母题的文章。第三，在《江格尔》的版本分析和艺人研究方面有一定的成绩。奥瓦洛夫、比特克耶夫和桑嘎杰耶娃分别研究"哈日黑纳斯之部"以及江格尔奇鄂利扬·奥夫拉和巴桑嘎·穆克温的艺术风格。

蒙古国的《江格尔》研究

从20世纪40年代开始，蒙古国学者开始重视对英雄史诗《江格尔》的研究，他们取得了很大成绩。蒙古已故学者策·达木丁苏伦院士、宾·仁亲院士、巴·索德那木以及乌·扎嘎德苏伦等在《江格尔》研究方面都留下了不少著作。从20世纪70年代起，达·策仁索德那木、特·杜格尔苏伦、日·娜仁托娅、哲·曹劳、哈·散皮勒登德布和哈·罗布桑巴拉丹等一批学者继续深入探讨《江格尔》，不断发表论著。巴·索德那木1944年在蒙古《科学》杂志上发表的《论〈江格尔〉》论文中，把蒙古境内记录的一些作品与苏联出版的《江格尔》进行了比较，他指出蒙古发现的作品属于新篇章，与卡尔梅克搜集的《江格尔》有一定的区别，新发现的这些作品说明《江格尔》原来的规模比现在还大。巴·索德那木1946年在《科学》杂志上发表的《蒙古文学史略》论文提出了一些新见解。他把英雄史诗《江格尔》列为古代文学范围，并指出据蒙古发现的某些篇章看，这部史诗的产生比15世纪还早些，只是在流传过程中随着时代的变化，其内容也有所变化，认为，《江格尔》是一部精湛的人民诗篇，它深刻地反映了古代蒙古人民的英雄业绩。蒙古著名学者、史诗学家策·达木丁苏伦于1958年应邀为我国内蒙古人民出版社出版的《江格尔》作了序。这是在我国发表的第一篇较系统地评介《江格尔》的文章。在这篇文章中作者扼要地叙述了过去记录出版《江格尔》简况、思想内容、艺术特色以及它在蒙古文学史上的地位。策·达木丁苏伦于1959年把《江格尔》的一部选入《蒙古文学范例一百篇》（由蒙古人民共和国科学高等教育出版社出版）一书中。1963年他为在乌兰巴托出版的《江格尔》所写的序言中，谈到了蒙古境内发掘的《江格尔》的部数及其讲述者和记录者。宾·仁钦先后发表过《江格尔》的一种布里亚特异文和与《江格尔》有联系的史诗《一百五十五岁的劳莫尔根老可汗》（见联邦德国《亚细亚研究》第43卷，奥托—哈拉索维茨出版社），后者长达一万行诗。这是在《江格尔》研究方面具有重要意义的资料。他在《我们的人民史诗》（见《论蒙古人民的英雄史诗原理》，蒙古科学院出版社，1966年）一文中，通过对蒙古发现的异文的分析，指出《江格尔》不仅流传在伏尔加河流域的卡尔梅克人和西蒙古卫拉特人中，而且在其他地区的喀尔喀人中，也同样广泛流传。乌·扎嘎德苏伦在《江格尔》的编辑出版和研究方面都有较突出的成绩。他先后出版了《史诗江格尔》和《名扬四海的洪古尔》两本学术著作。第一本书有长篇序言，作品最后附有详细注释，介绍古今江格尔奇的信息、疑难词汇解释、英雄及战马、地名索引和参考书目。在第二本书中同样有上述各项。乌·扎嘎德苏伦还撰写了《蒙古文学概况》（第二卷，蒙古科学院出版社1977年出版）一书里的《江格尔》一节。他的涉及面很广，不仅谈到了《江格尔》在蒙古境内的流传、演唱、调查记录以及蒙古和其他国家的研究概况，而且分析了史诗的思想内容、人物形象和艺术性等方面的问题。20世纪70年代以后，蒙古国《江格尔》研究不断地发展，达·策仁索德那木、日·娜仁托娅、特·杜格尔苏伦、哲·曹劳等学者发表了一批论文。娜仁托娅在《关于史诗〈江格尔〉的发展变化问题》（见《民间文学研究》，乌兰巴托，1986年）这一长篇论文中，将蒙古境内记录的各种异文与卡尔梅克异文进行比较研究，探讨了《江格尔》的起源和发展变化问题。她认为，《江格尔》起初是以"序诗"和"江格尔与阿拉坦策吉的战斗"两部篇章为基础形成的。它记述了一位叫作江格尔的英雄统一许多部落而建立统一的游牧汗国的事迹。在创建这个游牧汗国的过程中，洪古尔完成了重要任务，史诗里说他"不怕粉身碎骨，不顾皮开肉绽，无畏的洪古尔英雄战斗，征服了七十个可汗的领土"。《江格尔》原来描绘了江格尔与众勇士的结义，尤其是突出描写江格尔与洪古尔的友谊。后来，歌颂洪古尔的英雄事迹逐渐超过了江格尔的业绩，在现有的蒙古异文和卡尔梅克异文中主要描写的是洪古尔的业绩。可以说，洪古尔的事迹和洪古尔的婚礼，已成为蒙古异文和卡尔梅克异文的基本情节。接着她对蒙古异文和卡尔梅克异文的情节进行比较，说明了洪古尔的英雄事迹和洪古尔的婚礼在各部篇章中的发展变化。达·策仁索德那木院士在《蒙古文学（13世纪至20世纪初）》一书（民族出版社，蒙古文，1989年）中把《江格尔》列为第一编的第四章，简要论述了研究概况、结构和情节、古老观念、主要人物和艺术特征等问题。为了配合1990年8月卡尔梅克共和国纪念英雄史诗《江格尔》550周年而举行的国际学术讨论会，蒙古科学院语言文学研究所于1990年11月15日在乌兰巴托召开了《江格尔》学术讨论会。参加会议的除蒙古学者数十人外，还有俄罗斯和中国学者。从1997年到2013年，在蒙古国还举行了几次以蒙古—中亚英雄史诗传统为主题的国际学术讨论会，有关《江格尔》的各种学术问题继续得到深入研究。

德国《江格尔》研究

从20世纪五六十年代起，欧洲和美国学者开始关注《江格尔》研究。在德国著名学者瓦·海希西的带动下，欧美出现了大量的蒙古史诗研究著作，其中就包括《江格尔》研究。当然，专门论述《江格尔》的论著并不太多，但是在分析蒙古史诗和世界各国史诗的著作中常常从不同角度提及这部长篇英雄史诗。他们比较注意史诗的类型研究，分析史诗的结构和母题。瓦·海希西教授把蒙古英雄史诗归纳为14个大类型和300多个母题，并专门研究了一批母题。他为完成一部蒙古史诗研究巨著，系统地查阅了在中国、蒙古、苏联和欧洲先后出版的《江格尔》和其他史诗。除自己翻译外，还组织尼·波佩、弗·法伊特等人翻译出版了70部史诗。瓦·海希西发表了研究新疆版《江格尔》的著作，卡·萨嘉斯特写了分析《江格尔》的象征意义的论文，提出了许多新见解。同时，瓦·海希西在其主编的《亚细亚研究》和《中央亚细亚研究》两套丛刊上，发表了美国、苏联、中国、蒙古和东欧、西欧学者的《江格尔》研究著作，并刊登了蒙古学者策·扎木萨莱诺、宾·仁亲、格·仁钦桑布、普·好尔劳、乌·扎喀德苏伦、达·策仁索德那木等编选的蒙古史诗及其德译文，其中有不少《江格尔》章节。尼·波佩把乌·扎嘎德苏伦的《史诗江格尔》一书译为德文，在序言中提到了这部作品的产生发展、主题思想、蒙古境内发现的各种异文的特点及其在蒙古的流传等问题。

美国的《江格尔》研究

在美国从事《江格尔》研究的，是美籍卡尔梅克人阿拉什·保尔曼什诺夫。他在瓦·海希西主编的丛刊上，发表了《史诗〈江格尔〉研究现状》和《鄂利扬·奥夫拉的演唱艺术》（见《亚细亚研究》第72、73卷，奥托—哈拉索维茨出版社分别于1981、1982年出版）等重要著作。在前一篇论文中，他系统地评介在苏联搜集、出版和研究《江格尔》的概况，并提出了自己对这部史诗某些方面的看法和将来各国研究者的合作问题。他建议各国学者的研究应当注意13个方面的问题，其中谈到除卡尔梅克地区外，还在蒙古国西部和中国的新疆、青海等地区的卫拉特人中寻找江格尔奇的问题和制作青海省以西地区的《江格尔》的流传地图问题。在后一篇文章中，他深入分析了鄂利扬·奥夫拉的生平事迹和艺术风格，绘制了他家几代人的家谱。

芬兰的《江格尔》研究

芬兰学者哈里·哈林为纪念芬兰著名的蒙古学家拉姆斯特德诞生100周年，专门编辑了拉姆斯特德在20世纪初记录的喀尔喀蒙古史诗和故事，题为《北蒙古民间文学》，于1973年在赫尔辛基出版。其中有几篇关于《江格尔》的篇章。

前捷克斯洛伐克的《江格尔》研究

前捷克斯洛伐克蒙古学家帕·帕兀哈曾发表过一些《江格尔》研究著作。他于1959年在乌兰巴托举行的第一次国际蒙古学家会议上，宣读了题为《关于卡尔梅克史诗江格尔》的论文，发表于大会资料第3册。文中他提出了自己的见解，认为《江格尔》产生于新疆卫拉特蒙古地区；产生的时间约在13—17世纪的几百年间，其主要部分形成于17世纪。他又说，《江格尔》主要是歌颂了江格尔和洪古尔二人的忠诚友谊。

匈牙利的《江格尔》研究

匈牙利的蒙古学家较多。其中乔治·卡拉、拉·劳仁兹和勒·勃什等人都研究蒙古史诗。勃什曾到蒙古国戈壁阿尔泰省去记录《江格尔》，于1964年发表了《博克多诺谚江格尔》一部。劳仁兹于1971年在匈牙利科学院的《东方论丛》第24卷第2分册中发表了一篇论文，分析了乌兰巴托出版的《史诗江格尔》一书的特点和意义、史诗的最初产生地区、卡尔梅克版本与该版本的关系等问题。他说《江格尔》不是在卡尔梅克人居住的伏尔加河流域产生，而是来源于他们原来的故乡阿尔泰山地区。

中国的《江格尔》研究

与俄罗斯和蒙古国相比较，我国的《江格尔》研究起步较晚，但是发展很快。我国的江格尔学发展可以分为几个阶段：50—60年代，是对《江格尔》作初步评介和注释阶段。从50年代以来，在我国出版《江格尔》的一些章节以后，才有一批学者开始进行研究。色道尔吉、诺尔布、仁钦嘎瓦、额尔德尼等都发表了文章，对这部史诗作了初步评介和注释工作。其中色道尔吉做的工作比较突出。他不仅把《江格尔》的两部作品译成汉文，而且写了比较全面的介绍。1978年至1999年，《江格尔》研究进入了恢复和发展阶段。1978年仁钦道尔吉在《文学评论》第二期上发表的《评〈江格尔〉里的洪古尔形象》一文，标志着中国《江格尔》研究恢复的开端。接着色道尔吉、纳·赛西雅拉图、宝音和西格等也相继发表论文，陶·巴达玛和贾木查的文章也较系统地介绍了这部史诗的流传、演唱和搜集情况，使我国《江格尔》研究进一步复苏。1982年8月在乌鲁木齐举行的"新疆维吾尔自治区首次《江格尔》学术讨论会"和1983年8月在西宁召开的"全国少数民族史诗学术讨论会"，推动和加快了这一专题研究的发展，使它进入一个较高的发展阶段。色道尔吉发表在《新疆民族文学》1982年第4期的论文《蒙古族英雄史诗〈江格尔〉》，提出《江格尔》产生于土尔扈特部人中间的观点，引起学界很大的争议。他还认为，《江格尔》产生的时代是从氏族社会末期，经过奴隶社会到封建社会。仁钦道尔吉《〈江格尔〉在国内外的流传、搜集出版和研究概况》（《蒙古学资料与情报》1982年第4期），是我国第一次比较系统地介绍《江格尔》流传、搜集出版和研究历史的文章，对于刚刚恢复的中国《江格尔》研究，产生了重要的推动作用。巴图那生发表在《民族文学研究》1984年第1期和贾木查发表在《民间文学论坛》1983年第4期的调查报告，在《江格尔》的产生、流传、演唱、古今演唱艺人等方面提供了大量的信息。仁钦道尔吉发表了《关于新疆的〈江格尔〉和江格尔奇》（德国《亚细亚研究》第91卷和蒙文版《内蒙古师范大学学报》1984年第2期）、

《〈江格尔〉研究概况》（《蒙古语言文学》1984年第2期），《略论〈江格尔〉的主题和人物》（《民族文学研究》1983年创刊号）等论文。1988年8月在乌鲁木齐召开了"《江格尔》国际学术讨论会"，这次会议在我国《江格尔》研究历史上具有重要意义。参加会议的除我国学者40余人外，还有来自苏联、蒙古、德国、美国、匈牙利、芬兰和日本的学者16人，各国学者向会议提交了52篇论文。德国著名学者，蒙古英雄史诗研究专家瓦·海希西和卡·萨嘉斯特，苏联《江格尔》研究专家阿·科契克夫，蒙古著名学者达·策仁索德那木、奇·达赖，匈牙利蒙古学家阿·沙尔库茨等外国著名学者，仁钦道尔吉、色道尔吉、宝音和希格、托·巴德玛、陶·贾木措、扎嘎尔等中国学者与会。20世纪90年代中国《江格尔》研究继续得到更广泛深入的发展，取得了重大成绩。除了出版《江格尔》从未发表过的20—30部篇章，汉译出版了26部诗篇以外，1990—1999年先后出版了9部论著，其中仁钦道尔吉出版了4部。仁钦道尔吉的《〈江格尔〉论》（内蒙古大学出版社，呼和浩特，1994年初版；1999年修订后再版），论述了《江格尔》的演唱艺人、流传和演唱、搜集出版和研究、故事内容、反映的社会生活、思想内容、人物形象、情节结构、诗歌艺术、继承与发展等方面的问题。这是我国《江格尔》研究的奠基性著作，也是代表我国《江格尔》研究最高水平的著作。2000年至今中国《江格尔》研究进入转型期。这一时期最突出的特点是引进了国际史诗学新的理论方法，即口头程式理论、表演理论和民族志诗学理论与方法，尤其是重点推介口头程式理论，并用以研究中国蒙古史诗研究。2000年，朝戈金的《口传史诗诗学——冉皮勒〈江格尔〉程式句法研究》一书面世。这也是这一时期中国蒙古史诗研究的代表性成果。作者运用口头程式理论，首先对"口头性"

与"书面性"的关系、史诗文本的种类与基本属性、文本与语境的关联、给定文本与整个传统的关系、史诗研究的方法论、史诗文本的互文性、由单个文本投射整个传统的可能性等问题展开了讨论，然后以这些理论认识为依托，以冉皮勒演唱的《江格尔》史诗一部长诗的现场录音整理文本为样例，对其进行了诗学分析、句法形态分析和程式系统分析，最后得出结论：程式是蒙古口传史诗的核心要素，它制约着史诗从创作、传播到接受的各个环节，而程式的根源是它的口头性。

二、研究著作

《蒙古卫拉特英雄史诗》

符拉基米尔佐夫的有关《江格尔》等蒙古史诗的研究著作于1923年出版。在《蒙古卫拉特英雄史诗》中，除了发表西蒙古巴亦特部著名史诗演唱艺人帕尔臣演唱的6部史诗的俄译文之外，还有一个长篇序言。这篇序言成为《江格尔》史诗乃至整个蒙古史诗研究史上一个重要的里程碑。他首先简要地谈到了蒙古史诗的产生时代、分布、存在形态、演唱状况、史诗的内容和反映的社会生活、布里亚特史诗及其外来影响等问题，接着着重论述了卡尔梅克《江格尔》。他根据当时所能掌握的蒙古史诗资料，指出蒙古英雄史诗有三大中心，即伊尔库茨克和贝加尔湖附近的布里亚特，伏尔加河的卡尔梅克（卡尔梅克在俄罗斯境内，在这里他把我国新疆的卫拉特蒙古也包括在其中）和西蒙古卫拉特（在蒙古国西部）。他还指出，在这三个中心，史诗不但完整地存在，而且还呈现出处于不同发展阶段的层次特征。其中有的部落拥有专门背诵史诗的职业史诗艺人，他们的史诗得到了进一步发展，在保存古老的史诗的同时还形成了新的史诗。而布里亚特史诗非常古老，虽然它自原始时代以来发生了不少变化，但仍然保留着纯粹原始的形态和面貌。关于蒙古卫拉特人的史诗时代，符拉基米尔佐夫认为，蒙古人的史诗思想、史诗主题在12世纪末13世纪初得到了发展，并具备了固定形式，产生了较长的叙事诗、神话传说，甚至出现了较大的史诗。这一时期蒙古人所进行的征战活动和英雄们所建立的卓越战功为史诗发展创造了适当的条件。他说："十二、十三世纪的蒙古人正处于史诗创作时代。"他还认为，卫拉特人之所以完整地保留着英雄史诗，是因为他们至今很好地保留着史诗赖以产生和发展的氏族联盟。在他们那里，过去的一切照旧存在。"这些卫拉特人如此完整地保留着他们的氏族联盟，确实不可思议。所以，过去的一切得以原封不动地被保留了下来。为建立大游牧帝国而奋斗的历史和捍卫大游牧帝国而战斗的历史对他们来说似乎刚刚过去，人们对那段往事记忆犹新。"卫拉特人至今仍然处于史诗时代，他们具有史诗心理，在他们生活中史诗模式依旧存在。在谈到卫拉特史诗时，他分析了卫拉特氏族联盟、卫拉特人的史诗思维、卫拉特史诗演唱艺人（其中分为职业卫拉特史诗艺人和一般演唱者）及其社会地位（在这里他特别强调了草原贵族对史诗和史诗艺人的崇敬）、史诗艺人的演唱场所、寺庙对史诗发展中的作用等问题。最精彩的部分是讨论西蒙古史诗的结构模式、卫拉特史诗艺人的学艺过程、卫拉特史诗的传统诗法结构及特点的部分。所有这些分析都是以活生生的田野资料作为立论根据的。他写道：现在在西北蒙古传唱的几乎整个卫拉特史诗，看起来简直像是在一个模子里头打出来的一样。虽然在细节上、英雄生活上的某一段历史上，以及英雄与英雄之间有区别，但是史诗的总的模式是一致的，只是把其中的一些词语改换掉了而已。正因为如此，卫拉特英雄史诗总让人觉得它们不是"民间的"，而更像是由个人创作出来的。甚至我们可以看到，虽然西北蒙古英雄史诗出自接受过相同训练的不同歌手，但它们以相同的结构法则相互紧密联系。如上所述，演唱史诗的西北蒙古卫拉特歌手们来自社会的不同阶层。但是，他们中间鲜有以演唱史诗为职业，把演唱史诗当作唯一谋生手段的人。所以，叫他们为专业歌手，实在不符客观事实。话虽然这么说，但他们实际上就是"专业"人员。因为他们专门研究所演唱的史诗，接受专业训练，并通过在公众面前演唱史诗来获得"陶兀里奇（史诗歌手）"称号。他们像取得学位那样获得这个称号，并像一种学位或职称那样享受这个称号。这样，他们在社会上的地位就变得越来越清晰起来。在西北蒙古卫拉特人那里，什么样的人才算史诗歌手呢？一个歌手，如果他能够获得按照数百年来的传统演唱史诗的杰出歌手以及对本地情况十分熟悉的人的首肯，才能被称为"陶兀里奇（史诗歌手）"。史诗歌手是全面负责歌手培训的志愿者。在西北蒙古，练习史诗演唱通常从青少年开始。对这一民族文学样式感兴趣的人，开始模仿自己认识的或常听的艺人，在游戏间开始习练演唱史诗的一些段落。如果哪一位青年自觉喜欢史诗演唱并有这方面才能，他就会到一位著名歌手那里学习演唱史诗。还有不少艺人平时到处留意观察年轻人，试图从他们中间发现史诗演唱方面有天赋的人，以便使自己的演唱传统能够后继有人。年轻人习练史诗，首先要学会自己最喜欢的史诗的题材内容，然后他自然会记住史诗的故事情节。在习练的初期，他先学粗略的框架，然后进行实际练习，最后进行理论提高。之后，就可以进入史诗各个结构部分的练习。这些结构部分包括：开头部分、主要部分和附加部分。在大体上掌握这些结构部分之后，他还要学习诸如关于英雄出生地、关于骏马、关于公主的美貌的叙述部分，并把这些部分同叙述英雄丰功伟绩的主题区别开来。年轻的学习者要掌握这些，并记住情节顺序，然后学习"公共段落"和修饰诗句。希望成为卫拉特史诗演唱歌手的人，不仅要学习在某个史诗的一定位置上经常重复的诗句（这在其他史诗中也一样），还要留意经验丰富的老艺人的演唱，从中学习那些老艺人是如何在那些经常重复的诗句中尽情地注入自己的创作，使之变得生动、富有变化的。初学者要学会经常重复的"公共段落"，例如学习关于英雄，关于马匹、关于战斗的描述部分，并试图把这些段落用于他刚学来的主题。然后他找一个合适的地方，主要是没有人烟的山上或原野，拿起陶布舒尔琴开始演唱。在这次演唱中，他模仿真正的艺人，尽量把故事情节叙述得入微如至，并且尽可能以自己的修饰语去改变那些"公共段落"，使之有所变化。一个被认为记忆力强、喜欢史诗，并有这方面才能的年轻人，会很快记住师傅教的东西，在很短的时间里就能像样地演唱一部四五千诗行的长篇史诗。但这才算刚刚开始，他要成为大家一致认可的歌手，还有很长一段路要走。一位真正的卫拉特史诗艺人必须会演唱好几部史诗，这有助于他忘记其中一部史诗时很容易地学会新的史诗。一位真正的艺人，在他的记忆里储存着大量关于各种地形、各种竞技、各种战斗场面的"公共段落"。同时，还储存着大量的修饰诗句，以备修饰史诗的各部分之用。真正的史诗艺人在自己愿意的时候能够淋漓尽致地发挥自己的才能，在自己的演唱中展示其诗歌天赋。他的全部艺术才能体现在富有变化地使用那些"公共段落"和修饰语，吊起听众胃口的能力上。史诗歌手有时会把史诗的任意部分拉长或缩短，并把它们像串珠子一样串连起来，有时也会根据自己的意愿简要地演唱史诗。有经验的歌手可能把一部史诗演唱一夜或者三四夜，但是他不会漏掉题材的一切细节。卫拉特史诗艺人们不会省略或改变史诗的主题。反之会被认为不合规矩，是一种罪过。虽然史诗主题是不可改动或替换的，但其他部分，艺人们却可以根据自己的意愿、运用诗句能力等，尽可能优美地演唱下去。符拉基米尔佐夫的这段议论具有惊人的创造性。他结合艺人的学艺实践过程，把蒙古史诗的结构法则总结得非常准确。他始终紧紧围绕歌手的学艺过程，探讨蒙古卫拉特史诗是如何按照一定的结构模式，运用大量重复的公共段落和同样大量重复的程式化修饰语被创作出来的问题。他的这一思想和观察的视角、方法，恰好与洛德后来提出来的"表演中的创作"观点相一致。同时，他发现的所有史诗中重复出现的公共段落，程式化的修饰诗句，更与后来的口头程式理论的一些基本概念十分相似。同时，他还把史诗演唱活动与其社会语境紧密地联系在一起。他观察到的经常重复的"公共段落"，例如学习关于英雄、马匹、战斗、英雄出生地、公主美貌的描述部分，既与口头程式理论的主题概念相似，更与海希西提出的蒙古史诗母题几乎相同。或许，在海希西制作蒙古史诗母题结构类型表时，符拉基米尔佐夫院士的这些发现起到了一定作用。

《英雄史诗——〈江格尔〉》

《英雄史诗——〈江格尔〉》，苏联卡尔梅克自治共和国（今俄罗斯联邦卡尔梅克共和国）学者A.SH.科契克夫著，卡尔梅克文，埃利斯塔，1974年版。该著作由导论和正文组成。导论部分讨论了《江格尔》史诗的产生问题、《江格尔》的篇章数量规模问题、《江格尔》的综述等问题。在正文部分，作者依次介绍了与沙日古日古有关的异文及其演唱者们，鄂利扬·奥夫拉演唱的篇章以及巴桑嘎·穆克温演唱的篇章。在介绍这些篇章和演唱者的过程中，作者涉及了《江格尔》研究中的很多问题。

《中国少数民族英雄史诗〈江格尔〉》

国内出版的有关《江格尔》的第一部专著是仁钦道尔吉的《中国少数民族英雄史诗〈江格尔〉》。该专著是作为刘魁立主编的《中国民间文化丛书》之一，1990年由浙江教育出版社出版的。该专著由草原勇士的故事、社会生活的一面镜子、丰富深刻的蕴含、生动的艺术形象、独特的情节结构、精湛的诗歌艺术、传统史诗的继承和发展、天才的口头诗人江格尔奇、流传和演唱、搜集出版和研究等十个部分组成，是国内第一部全面评介史诗《江格尔》的著作。1995年，经作者修改后该出版社又出版了第二版。第二版新增加了神奇的神话宗教世界一章，对其它内容也作了较大的修改。修改后的第二版保留了第一版面向普通读者的简单易懂的评介特点，又增添了较深刻的学术内容。

《〈江格尔〉史诗研究》

研究《江格尔》的学术专著，作者是内蒙古师范大学教授扎格尔。书中介绍了《江格尔》搜集、整理、出版、翻译、研究的历史以及江格尔研究中有争议的问题，探讨了其情节结构、思想内容、艺术特点、深层文化结构等问题。其中颇有分量的是对史诗艺术形象的研究部分。这一部分是作者在自己的硕士学位论文基础上进行深入和拓展的。其中把《江格尔》艺术形象分为圣主形象、力量过人的英雄形象、智慧出众的英雄形象、技能非凡的英雄形象、女英雄形象、秃头儿形象、骏马形象、暴君形象、蟒古思形象等，并提出这些形象的阶段性发展过程，认为力量过人的英雄形象属于第一个发展阶段，第二阶段上出现了智慧出众的英雄形象，第三阶段上则出现了技能非凡的英雄形象。

该书作者目前正对《江格尔》中的色彩象征作系列的、系统的研究。

《〈江格尔〉论》

1994年，内蒙古大学出版社出版了中国少数民族史诗研究丛书之一、仁钦道尔吉著《〈江格尔〉论》。该书分上、下两编。上编详细地介绍了活态史诗《江格尔》和演唱艺人以及对这部史诗的搜集、出版、研究情况。下编从理论上分别就史诗《江格尔》的文化渊源、社会原型、形成时代、发展与变异、情节结构的发展、人物形象、艺术语言等方面作了分析。其探讨范围甚广，几乎涉及了《江格尔》研究中所有的重大问题，并对之提出了自己的见解。该书一经出版，便在学术界引起了广泛反响。人们评价它是一部显示了我国蒙古史诗研究的学术高水平，表明《江格尔》研究新进展的佳作，代表了我国在这一研究领域的学术水准。1999年，内蒙古大学出版了《〈江格尔〉论》的修订增补版。

《十三章本〈江格尔〉的审美意识》

1995年，内蒙古教育出版社出版了格日勒的《十三章本〈江格尔〉的审美意识》一书。这是一部国内首次从美学角度较系统地研究十三章本《江格尔》学术著作。共分七章，分别从审美理想、审美意识、自然美、形体美、社会美、艺术美及《江格尔》审美意识之时代和民族特征等多方面多角度审视《江格尔》，提出了许多新鲜而有趣的观点。

《江格尔黄四国》

1996年在北京《江格尔》国际学术会议召开之前，内蒙古文化出版社出版了金峰教授所著《江格尔黄四国》一书。该书由前言，序，第一章《江格尔》史诗所反映的社会制度，第二章江格尔及其勇士们的历史原型，第三章江格尔的敌人及各部长诗的起源、结语等构成。金峰教授多年从事蒙古史研究，掌握和熟悉蒙古史方面的丰富资料，编写过蒙古史方面的许多著作。在书中，他以一位历史学家的眼光审视《江格尔》，提出了许多颇有启发性的观点，例如在有关宝木巴国行政军事组织的论述部分就提出了很多独到的见解。但同时，该书存在着一些明显的缺陷，例如刻意追求为史诗每个人物形象找到一个历史人物原型等。

《史诗〈江格尔〉探渊》

1996年，新疆人民出版社出版了贾木查《史诗〈江格尔〉探渊》一书。作者贾木查多年从事新疆《江格尔》的搜集出版工作，为此他走遍了天山南北卫拉特蒙古居住的地方，走访了各地江格尔奇，掌握了丰富的原始资料，包括《江格尔》文本、演唱民俗、曲调、有关江格尔奇的资料和有关《江格尔》的传说故事等，还搞过"《江格尔》史诗之路文化寻根调查"，因而充分利用田野调查资料成为该书的一大特点。

《江格尔与蒙古族宗教文化》

斯钦巴图的《江格尔与蒙古族宗教文化》由上编"《江格尔》演唱宗教民俗研究"、中编"《江格尔》文本与萨满教"、下编"《江格尔》与佛教"等三个部分组成。上编勾勒出史诗的宗教——文学的总体发展脉络，并在这种总体发展过程中探讨阐释史诗在部落社会生活中的地位以及围绕史诗演唱活动产生的各种文化现象；中编和下编则比较作为本土原始宗教的萨满教和作为外来宗教的佛教对史诗《江格尔》的作用和影响，指出萨满教的影响是深层次的，其观念与史诗中人物的行为和作为演唱者和传播者群体的观念相一致；而佛教的因素在深层上均与史诗人物行为和观念相矛盾，因此更多的是浅表层面的。

《口传史诗诗学——冉皮勒〈江格尔〉程式句法研究》

朝戈金的《口传史诗诗学——冉皮勒〈江格尔〉程式句法研究》（广西人民出版社，2000年）是中国蒙古史诗研究的代表性成果。该著借鉴西方的"口头程式理论"和其他相关学说（如"讲述民族志"诸方法），立足本土史诗传统和实地田野作业，从精密的诗学分析出发，形成四个理论创新点：一是在广泛吸收中外前贤思想的基础上，推出了史诗学的术语体系，今天在业内已得到广泛使用；二是开创了"田野再认证"的工作模型和技术路线，为研究变动中的传统文化，为更好地利用历史上形成的缺少现场要素的誊写本，提供了新的范式；三是结合蒙古语言特性，发展了诗学分析的模型，尤其是根据蒙语诗歌押头韵的特点创用的"头韵音序排列"的思路和方法，在分析"韵式"和"程式频密度"上十分有效，也为其他语言的文本解析，提供了可资借鉴的范例；四是对蒙古诗歌格律的研究，尤其是对其句法、韵律、韵式等做出总结，其中"句首韵"和"头韵法"的区分，"内韵"的认定等，具有开创性意义。该著作的三大影响：一是在概念工具和研究范式两个主要方面，明显推动了中国史诗学理论的发展，引领了中国史诗研究范式的转换；二是影响进而超越了史诗学领域，扩展到民间文艺学领域，带动了民间叙事研究的范式转换——从主要以"文学学"方法分析民间作品，到同时借鉴民俗学方法关注叙事语境要素；从关注民间文学的口承性特征，到同时关注口头叙事的"现场性"和"时空同一性"等；三是这些学术理念和研究范式上的革故鼎新，影响进而波及其他领域，如古典文学（特别是宝卷和乐府研究）、民族音乐学（特别是叙事旋律）、曲艺（相声、说书）、戏剧（特别是地方小戏）、宗教学（布道、信仰仪式等）、神话学（尤其是神圣叙事）、民族学（特别是文化认同问题等），以及非物质文化遗产保护（尤其是口头传统、表演艺术及仪式和节庆等"非遗"项目）等领域，催生了不少以新理念和方法解析问题的成果。

《蒙古英雄史诗源流》

仁钦道尔吉的《蒙古英雄史诗源流》（内蒙古大学出版社，2001年）是蒙古史诗研究的一部重要成果。这本书由绪论、总论、起源论、发展论、文本论几个部分组成，是作者几十年蒙古史诗研究的总结性著作。其中集中探讨了蒙古史诗的蕴藏与分布情况、类型、部族特征和地域特征、起源、发展与变异规律，并在文本论中对65部史诗的113个异文进行了详细的比较和内容介绍。这部成果也是《江格尔》研究中不可或缺的参考性理论著作。

《蒙古史诗：从程式到隐喻》

斯钦巴图的《蒙古史诗：从程式到隐喻》（民族出版社，2006年）将蒙古史诗文本放在它赖以产生和传承的传统文化背景中，从传统的角度审视文本，揭示其创作和传承上的程式化运作机制，以及它在与传统文化每根神经的紧密联系中获得多重意义的过程；从文本的角度反观语境，阐释和印证传统对蒙古史诗创作、表演、接受各个环节的深层约束力，揭示围绕史诗表演形成的史诗文化语境之存在意义。指出蒙古史诗在程式诗句的层次上极不稳定，在母题层面上相对稳定，而在主题层面上更加稳定。于是提出一个古老史诗可能以晚近的形式出现和一部晚近的史诗可能以古老的形式出现。从程式化创编机制提供给歌手随意创作的无限可能性与歌手在演唱实践中对随意创作的刻意抵制这一矛盾现象中，发现了来自传统深处而作用于史诗演唱的一种无形的约束力，并认为正是这种约束力使得史诗文本在流布过程保持相对稳定性。而这种约束，通过与神话和信仰交织在一起的种种禁忌、仪式的力量充分发挥其威力。发现并提出了蒙古史诗存在表层意义和深层意义的双重甚至多重意义结构。并首次提出：史诗隐喻同书面文学隐喻不同，其创造和传承紧紧依赖口头史诗的程式化特点，基于母题隐喻、神话隐喻和人物名称隐喻来建构和传承。这部成果对《江格尔》研究具有理论参考价值。

《蒙古史诗生成论》

萨仁格日勒的《蒙古史诗生成论》（中央民族大学出版社，2001年）利用《江格尔》及其他蒙古史诗资料，主要探讨蒙古史诗赖以生成的蒙古文化地域的和信息的时空、对本土文化的反省、围绕英雄的命运在实际的和信息的两种时空中蒙古史诗的生成规律，以及在接受和再生的反复过程中蒙古史诗的存在方式等问题。这部成果对《江格尔》研究具有理论参考价值。

《卫拉特蒙古族文化研究》

论文集，作者为内蒙古大学教授塔亚。2006年由内蒙古人民出版社出版，409页，20万字。其中收集了作者从1987年以来发表过的20余篇学术论文。这些论文中有《＜江格尔＞中的黄颜色及其象征意义》、《关于＜江格尔＞中的＜手握胫骨扣拜出升太阳＞仪式母题》、《＜江格尔＞中的蟒古思灵魂寄存处》、《试寻＜江格尔＞中的宝木巴地方》、《二十世纪中国＜江格尔＞研究综述》、《从说唱＜江格尔＞的谬误探析说唱结构》、《新疆卫拉特人对＜江格尔＞和＜江格尔奇＞的理解》、《喀喇乌苏地区＜江格尔＞传承》、《＜江格尔＞和＜玛纳斯＞中的战马比较》、《论蒙古人的方位象征意义之模糊化》等关于蒙古族英雄史诗《江格尔》的研究论文，《蒙古族史诗中的鸟之研究》、《关于蒙古族英雄史诗＜摔跤将士布尔吉彦＞》、《关于＜吐尔扈特暗语＞》、《试论卫拉特历史歌＜那林戈壁枣红马＞》、《迷雾中呐喊——关于呼·胡也的小说＜雾中的戈壁＞读后感》、《关于年轻诗人卡·才仁道吉的诗歌》、《关于蒙古族胫骨崇拜》、《关于蒙古族牛崇拜遗迹》、《关于禄马风旗起源》、《蒙古民俗的搜集记录中存在问题》、《关于＜蒙古秘史＞中的＜巴噜黑＞一词》、《关于和布克赛尔吐尔扈特土语某些音位之变化》等关于卫拉特蒙古族文化的相关论文。

《新疆＜江格尔＞演唱艺人传统研究》

（"Шинжааны жангарчийн уламжлал судлал"）《江格尔》研究专著。作者为内蒙古大学教授塔亚。2010年蒙古国乌兰巴托市Тод номын гэрэл төв ТББ出版社出版，322页，45万字，由绪论、正文、结论三个部分组成。正文部分包括四章内容。第一章从文化人类学、民俗学和民族学视角，充分运用广泛的田野调查资料，研究分析了作为创作主体的《江格尔》历代说唱艺人队伍的形成过程（共列342人）、说唱艺人在部落和地区中的分布、说唱艺人彼此之间的相互交流情况、每位说唱艺人用自己的聪明才智对史诗作出的编创贡献以及说唱艺人的艺术素质和演唱风格等问题，并予以理论阐释。也分析研究了他们在不同历史时期，不同社会环境中发生的地位高低变化原因，并结合蒙古民俗和蒙古游牧经济特征，分析了《江格尔》说唱艺人总体特点。同时对《江格尔》说唱艺人之传承，进行了历时的研究（《江格尔》说唱艺人发展）和共时比较研究（各《江格尔》说唱艺人之间的共时的横向比较），从而勾勒出了《江格尔》说唱艺人产生、发展、演变和衰亡的生动的历史脉络。第二章通过观察活生态英雄史诗《江格尔》说唱民俗，探讨了演唱民俗的文化内涵、演唱时间和空间的选择、演唱活动中的仪式程序和禁忌回避、说唱艺人的传唱方式和即兴编创技巧等特征。从文化人类学的角度，探讨口头史诗演唱活动的民俗文化背景所起的作用以及《江格尔》演唱民俗的诸多功能（演唱活动的审美功能和巫术功能），从而提出了新观点，即活生态英雄史诗《江格尔》说唱民俗及其功能最初起源于蒙古族狩猎经济时期萨满教的巫术，后来受佛教教义影响而逐渐发生了变化。第三章着重阐释了说唱艺人们的学习动机、学习时的主客观条件、"神授"方式传承由来、新说唱艺人向老说唱艺人学艺时的拜师仪式和规矩、老艺人对新说唱艺人的训练方式、对新说唱艺人的考核标准和资格确认等问题。并论证了他们在学习、演唱过程中对师辈们传统的继承和创新。还探讨了与学唱有关的民间禁忌及其对史诗演唱活动的影响。得出的结论是，学唱活生态英雄史诗《江格尔》活动并非是简单地死记硬背文本的过程，而是学习和掌握整个活生态英雄史诗《江格尔》传唱民俗文化的过程。第四章通过对接受欣赏主体的听众和史诗欣赏民俗文化的考察，探讨了欣赏活生态英雄史诗《江格尔》演唱的动机、个体欣赏者的差异、欣赏秩序和禁忌等问题。并进一步探讨了演唱过程中听众所扮演的角色和所起的作用。解释了听众的巫术心理和欣赏要求、对《江格尔》说唱艺人的现场反馈，对《江格尔》说唱艺人的奖励方式等特殊的文化氛围。其中，对《江格尔》说唱艺人和欣赏者之间的互动关系予以了特别关注，从文化人类学的角度探讨听众给《江格尔》说唱艺人、传唱民俗以及史诗文本所带来的影响，从而挖掘出说唱艺人与听众在整个英雄史诗演唱民俗中所体现出的极为丰富的深层文化内涵。

《蒙古突厥史诗人生仪礼原型》

乌日古木勒的《蒙古突厥史诗人生仪礼原型》（民族出版社，2006年）利用《江格尔》及其他蒙古史诗资料，通过对蒙古——突厥史诗求子、英雄特异诞生、英雄接受考验、英雄再生四祖母题的人生仪礼民俗原型的探讨，阐明了蒙古——突厥史诗的特征及其起源问题，对《江格尔》研究具有理论参考价值。

《加·朱乃＜江格尔＞研究》

《加·朱乃＜江格尔＞研究》 新疆师范大学文学院布·孟克教授著。民族出版社2011年出版，15万字。该书着重对加·朱乃进行研究，认为他是本时代最出色的史诗歌手之一，是名扬世界的《江格尔》演唱大师，是当今国内外在世的江格尔奇中年纪最大、演唱《江格尔》部数最多的江格尔奇。他对中国《江格尔》的传承弘扬作出了不可磨灭的贡献。由于加·朱乃出身于江格尔奇世家，加上后天的努力与勤奋，所以他演唱的《江格尔》无论从部数还是从总长度上都大大超出同代江格尔奇们，且结构严谨，内容丰富，情节曲折，人物描绘亦细腻、生动，比较完整地保存了史诗《江格尔》的原始面貌。该书还认为，加·朱乃演唱的《江格尔》中不仅存在着蒙古族传统英雄史诗、传说的影响和带有印度、西藏等一些异族的古代传说的烙印，而且还掺和了一些非史诗语言的现代词汇。不仅如此，他还用自己的聪明才智对《江格尔》进行加工和再创造，使《江格尔》的部分章节更趋充实和完善。对此学术界有一些不同的看法。

《＜江格尔＞产生的地理环境与社会历史渊源》

《＜江格尔＞产生的地理环境与社会历史

渊源》，新疆师范大学文学院布·孟克教授著。民族出版社2011年出版，15万字。该书认为：1.《江格尔》是以《三十三勇士》等历史传说为基础，于17世纪初到18世纪末，约200年间，在新疆阿尔泰山脉和伏尔加河流域卫拉特蒙古人中间产生并定型；2. 17—18世纪土尔扈特汗国与准噶尔汗国等四卫拉特联盟的兴盛是《江格尔》产生的社会历史背景；3.《江格尔》中的宝木巴之国，不是凭想象和幻想来描绘出来的理想乐园，而实际上指的就是土尔扈特汗国与准噶尔汗国的国土；4. 土尔扈特汗国的著名可汗阿玉奇是该史诗主人翁——圣主江格尔可汗的原型；5.《江格尔》最初的作者很可能是阿玉奇可汗宫廷中的一位知识渊博的大喇嘛；6. 19世纪以后《江格尔》的创作过程并没有停止，同时以变体的形式得到了多渠道的丰富发展，逐渐达到当今的水平和规模。

第七部分　其他篇

《江格尔》演唱会

由新疆维吾尔自治区《江格尔》工作领导小组领导，新疆维吾尔自治区民间文艺家协会组织，1981年至1986年在博尔塔拉蒙古自治州温泉县美丽其克草原、巴音郭楞蒙古自治州和静县巴音布鲁克大草原、塔城地区乌苏县（今乌苏市）赛勒克图牧场、和布克赛尔蒙古自治县等地先后举行了《江格尔》演唱会。演唱会不但受到广大群众的欢迎，而且引起了各界人士和领导的重视。通过这种方式，不但采录了大量《江格尔》史诗的各种资料，而且发现了一批著名江格尔奇、图兀勒齐、故事讲述家以及民俗资料。

新疆维吾尔自治区《江格尔》工作领导小组

20世纪80年代初，新疆维吾尔自治区党委和政府非常重视蒙古族英雄史诗《江格尔》的搜集、整理、翻译、出版工作。为了更好地加强对这项工作的领导，批准成立以浩·巴岱（时任新疆维吾尔自治区人民政府副主席）为组长的新疆维吾尔自治区《江格尔》工作领导小组。该领导小组的任务是在自治区党委宣传部的领导下，制定规划，统一部署，协调力量，督促检查，研究解决工作中的重大原则问题，保证史诗《江格尔》工作的顺利开展。日常具体工作由新疆民间文艺家协会蒙古民间文学研究室（即《江格尔》、《格斯尔》研究室）负责实施。在自治区《江格尔》工作领导小组的协调下，新疆民间文艺家协会蒙古民间文学研究室（即《江格尔》、《格斯尔》研究室）做了大量地搜集、整理、出版、研究等工作。20世纪80年代初，由托·巴德玛、特·贾木查等牵头，深入蒙古族聚居的 24 个县市，对《江格尔》进行了大规模普查，拜访加·朱乃、皮·冉皮勒、普尔布加甫、才·哈尔次合、李·普日拜等 105 名江格尔奇，共采录民间口头流传的《江格尔》187 盒录音磁带，其中包含 157 种变体。还收集到了非常珍贵的《江格尔》手抄本，初步完成了对《江格尔》史诗大规模普查的历史任务。同时也采录到部分艺人演唱的《格斯尔》30 余盘磁带和十几册手抄本以及神话、传说、故事、民歌、谚语等有关民间文学作品。1981 年开始，一方面继续搜集《江格尔》史诗的新变体，另一方面抓紧进行对《江格尔》的整理和翻译工作，取得了一定的成效。1982 年至 1996 年，先后分几批出版了 13 册《江格尔》资料本，约 20 多万行诗。1986 年至 1990 年整理出版了 70 部《江格尔》文学读本三大卷，约 10 万行诗。为了让广大蒙古族人民欣赏《江格尔》，组织有关专家、学者，将《江格尔》由托忒蒙文转写成胡都木蒙文，先后于 1988 年、1989 年和 1996 年分三册由内蒙古人民出版社出版。随后，组织翻译人员将《江格尔》文学读本翻译成汉文，分 6 册由新疆人民出版社出版。1996 年还由内蒙古科技出版社以经卷式版本影印了《江格尔》手抄本。

搜集整理蒙古族英雄史诗《江格尔》成果展览

新疆和北京的 5 个单位主办的"搜集整理蒙古族英雄史诗《江格尔》成果展览"，于 1989 年 8 月 26 日至 9 月 4 日在北京民族文化宫展出，包括有关《江格尔》各种图片、书籍、录音磁带及原始记录资料等大量实物，充分展示了《江格尔》工作开展以来的工作成就。随后在新疆乌鲁木齐市及其他蒙古族聚居区巡回展出。参观的各民族文化界人士近万人次。在会议期间，由中华人民共和国文化部召开了表彰奖励会，表彰了在《江格尔》的搜集、整理、翻译、出版、研究和演唱等方面的有功人员 16 名。这次会议对《江格尔》研究工作给予了极大的重视和支持，在向全国各族文化界人士和学者推荐和介绍《江格尔》这部伟大的英雄史诗，吸引更多的各民族学者加入这部史诗的研究队伍中来，在发展我国"江格尔学"和史诗研究事业方面，起到了一定的作用。

中国《江格尔》研究会

1991 年 1 月经有关部门批准，在乌鲁木齐召开了"中国《江格尔》研究会成立暨首届年会"。来自北京、内蒙古、甘肃和新疆的学者们向会议提交了 30 多篇论文。与会者讨论通过成立了"中国《江格尔》研究会"，制定了章程，选举产生了研究会领导。这个研究会是全国性的学术组织，其成立标志着我国《江格尔》研究工作迈入新的发展阶段，也在推动和发展我国《江格尔》研究事业方面作出了应有的贡献。研究会成立以来，除了年会以外，参与组织了几次大型学术活动。中国《江格尔》研究会和中国社会科学院少数民族文学研究所于 1996 年 8 月在北京召开了"《江格尔》研究第二届国际学术讨论会"。参加会议或向学术讨论会提交论文的有德国、意大利、俄罗斯、日本、吉尔吉斯斯坦、蒙古国、中国和中国台湾等国家和地区的 60 多位学者，其中包括一批各国著名的史诗学家和江格尔学家。会议论文在一定程度上显示了我国和国际"江格尔学"研究的新水准。1998 年 12 月与中国《江格尔》研究会联合举行著名江格尔奇"加·朱乃命名大会暨《江格尔》学术研讨会"。2006 年 9 月 11 日至 13 日与新疆民间文艺家协会、中国社科院民族文学研究所、和布克赛尔蒙古自治县人民政府联合召开了中国新疆《江格尔》国际学术研讨会。参加研讨会的有来自中国、俄罗斯、蒙古国、德国、哈萨克斯坦、日本等国家的 50 余位专家学者。本次会议的主题是经济全球化语境下的《江格尔》研究。会议共收到论文 50 多篇，内容涉及史诗《江格尔》的流传和变异研究、史诗《江格尔》的文化研究、史诗《江格尔》的文本研究等。与以往相比，这次研讨会的论文有质量、有深度，研究范围广，涉及领域多。这是史诗《江格尔》被列入我国非物质文化遗产代表作名录后召开的第一次国际研讨会。它为促进我国及国际《江格尔》学研究向前发展、为推动我国保护人类口头与非物质文化事业作出了贡献。为推动《江格尔》入联合国教科文组织人类口头与非物质文化遗产代表作名录工作，研究会还与中国社会科学院民族文学研究所、新疆和布克赛尔蒙古自治县人民政府合作，于 2012 年 11 月在北京召开了"非物质文化遗产国际圆桌会议"，来自美国、德国、埃塞俄比亚、蒙古、中国等国家 20 多位学者和官员出席会议。

新疆民协《江格尔》、《格斯尔》研究室

新疆民间文艺家协会于 1980 年 9 正式挂牌成立，《江格尔》、《格斯尔》工作也被纳入协会的工作之中，并成立了蒙古民间文学研究室（即《江格尔》、《格斯尔》研究室前身）。这个研究室以蒙古族英雄史诗《江格尔》、《格萨尔》的搜集、整理、翻译、研究工作作为重点，同时兼顾蒙古族其他民间文学如叙事诗、神话、传说、故事、歌谣、民俗等的搜集整理研究，并召集了一批专业人员，专门从事这项工作。最初编入这个研究室的有托·巴德玛、特·贾木查两个人。之后陆续分配和调入的有阿木尔达来、娜仁花、桌日格图、阿勒坦、刘石武、尼玛、玛德丽娃、阿尔布东等人。新疆民协成立之初，托·巴德玛被选为副主席，分管蒙古民间文学研究室（即后来的《江格尔》、《格萨尔》研究室）工作。研究室主任为贾木查。1989 年 3 月召开新疆民协第二次代表大会，阿木尔达来被选为民协副主席（直到 1995 年），分管蒙古民间文学研究室（即《江格尔》、《格萨尔》研究室），桌日格图担任研究室主任。2005 年桌日格图调离，由玛德丽娃接任研究室主任直到 2009 年。2010 年后由娜仁花担任《江格尔》、《格斯尔》研究室主任。20 世纪 80 年代初，新疆维吾尔自治区党委和政府非常重视蒙古族英雄史诗《江格尔》的搜集、整理、翻译、出版工作。为了更好地加强对这项工作的领导，批准成立以浩·巴岱（时任新疆维吾尔自治区人民政府副主席）为组长的新疆维吾尔自治区《江格尔》工作领导小组，"该领导小组的任务是在自治区党委宣传部的领导下，制定规划，统一部署，协调力量，督促检查，研究解决工作中的重大原则问题，保证史诗《江格尔》工作的顺利开展。日常具体工作由新疆民间文艺家协会蒙古民间文学研究室（即《江格尔》、《格萨尔》研究室）负责实施。新疆民间文艺家协会蒙古民间文学研究室（即《江格尔》、《格萨尔》研究室）在自治区《江格尔》工作领导小组的协调和自治区文联及新疆民间文艺家协会的具体领导下，做了大量地搜集、整理、出版、研究工作。20 世纪 80 年代初，由托·巴德玛、特·贾木查等同志牵头负责，带领研究室工作人员深入蒙古族聚居的 24 个县市，对《江格尔》进行了大规模普查，拜访加·朱乃、冉皮勒、普尔布加甫、才·哈尔次合、李·普日拜等 105 名江格尔奇，共采录民间口头流传的《江格尔》187 盒录音磁带、《江格尔》157 部篇章（包括异文）。还收集到了非常珍贵的《江格尔》手抄本，初步完成了对《江格尔》史诗大规模普查的历史任务。同时也采录到部分艺人演唱的《格萨尔》30 余盘磁带和十几册手抄本以及神话、传说、故事、民歌、谚语等有关民间文学作品。1981 年开始，一方面继续搜集《江格尔》史诗，另一方面抓紧进行对《江格尔》的整理和翻译工作。1982年至1996年，先后分几批出版了13册《江格尔》资料本，约20万行诗。1986年至1990年整理出版了70部《江格尔》文学读本三大卷。由该研究室组织有关专家学者，将70章本《江格尔》由托忒蒙古文转写成老蒙古文，先后于1988年、1989年和1996年出版。随后，组织翻译人员将《江格尔》文学读本翻译成汉文，分6册由新疆人民出版社出版。1996年，由该研究室提供资料，由内蒙古科技出版社影印出版了一部经卷式手抄本《江格尔》。1981年至1986年该研究室人员组织参与在博尔塔拉蒙古自治州温泉县美丽其克草原、巴音郭楞蒙古自治州和静县巴音布鲁克草原、塔城地区乌苏市赛勒克图牧场、和布克赛尔蒙古自治县等地举办的《江格尔》演唱会。演唱会不仅受到广大群众的欢迎，而且引起了各界人士重视。通过这种方式，采录了大量《江格尔》史诗的各种资料，还发现了一批江格尔奇以及其他民间艺人。在该研究室人员的主要参与下，1989年8月在北京举办史诗《江格尔》工作成果展。包括有关《江格尔》各种图片、书籍、录音磁带及原始记录资料等大量实物，充分展示了《江格尔》工作开展以来的工作成就。随后在新疆乌鲁木齐市及其它蒙古族聚居区巡回展出。为了推动对《江格尔》史诗的研究，1982年至1996年之间，在新疆乌鲁木齐市和北京先后组织召开国际国内学术研讨会4次，并将会议论文汇编成《江格尔》论文集，出版汉文论文集1册，蒙古文论文集6册。1998年12月与中国《江格尔》研究会联合举行著名江格尔奇加·朱乃命名大会暨《江格尔》学术研讨会。

1985年新疆民协在蒙古民间文学研究室内成立《格萨尔》工作组，从此正式有组织、有计划地开展《格萨尔》搜集整理和出版工作。为了加强领导，自治区党委于1987年2月，又批准区文联的请示报告，决定由自治区《江格尔》工作领导小组兼职履行《格萨尔》工作领导小组的职责，定名为新疆维吾尔自治区《江格尔》《格萨尔》工作领导小组。《格萨尔》工作组成立后，先后派6名工作人员，分别到新疆蒙古族聚居区进行《格萨尔》普查，采录到了吕日普、卓·道尔吉、吴特卡等32名格斯尔齐讲述的60多种变体，收集到托忒蒙文手抄本10册。在此基础上，经认真地筛选和整理12章文学读本《卫拉特格萨尔》于1990年、1991年分别用托忒蒙古文版和老蒙古文由新疆人民出版社出版。同时也出版了《伊犁地区格萨尔资料本》。1984年8月，组织格萨尔说唱艺人参加了在拉萨市举行的全国首届《格萨（斯）尔》演唱会。80年代末至90年代末，这时期的标志性工作莫过于在全国范围内开展的民间文学集成工作。蒙古民间文学研究室（即《江格尔》、《格萨尔》研究室）根据自治区民间文学集成领导小组办公室的统一安排，在新疆蒙古族聚居区做了大量的组织、动员和指导工作，配合当地集成工作机构开展普查、搜集和编选工作，并承担了36本县级资料本的审稿任务，有力地保障了蒙古族聚居区集成工作的顺利进行，同时获得了大量珍贵的原始资料。在此基础上，经三年时间的努力，从千万字的资料中选编出了《中国民间故事集成新疆卷·蒙古族分卷》、《中国歌谣集成新疆卷·蒙古族分卷》、《中国谚语集成新疆卷·蒙古族分卷》等三大卷的初稿，在巴音郭楞蒙古自治州、博尔塔拉蒙古自治州及和布克赛尔蒙古自治县的大力资助下，经过二次编辑于2006年和2007年由新疆人民出版社出版。

附录：《江格尔》专用词汇汉、拉丁转写对照表

汉文	Latin	汉文	Latin
卫拉特	Oyirat	阿拉坦毕希库尔	altan biSkUUr
喀尔喀	Halh	哈日布尔古德	har bUrgUd
卡尔梅克	Halimag	哈日卢斯图汗	har lust haan
格斯尔	Geser	道尔吉·乃旦	dorjiin naidan
博格达诺彦江格尔	Bogda noyon Jangar	那仁格日勒图汗	narangerelt haan
宝木巴国	Bumba-yin oron	娜布奇格日勒	nabcngerel
阿拉坦策吉	Altan tseej	库日勒哈日英雄	kUrel har baatar
洪古尔	Hongor	乌库尔奇汗	UkUrc haan
萨布尔	Sabar	铁木尔布斯巴托尔	tOmOr bUs baatar
萨纳拉	Sanal	阿塔哈尔哈日蟒古思	atkhar har mangus
布克孟根希克锡力格	BUk MOngOn SigSireg	乌兰扎拉腾	ulaan zalaatan
希勒泰赞丹格日勒	Siltei zandan gerel	敖东查干	odon tsagaan
黑拉干汗	kilgan haan	古南哈日	gunan har
芒乃汗	Mangnai haan	哈尔盖	hargaa
沙日古尔古	Sar gUrg	克勒干汗	kilgan haan
哈日黑纳斯	har kinas	乌图查干蟒古思	ut tsagaan mangus
沙日蟒古思	Sar mangus	沙日别日曼	Sar birman
锡莱依高勒三汗	Saraigoliin gurban haan	沙日蟒古思汗	Sar mangus haan
道格欣哈日萨纳拉	dogSin har sanal	布克查干	bOh tsagaan
布凌格尔	bulingar	库日勒额尔德尼蟒古思汗	kUrel erdeni mangus haan
扎恩台吉汗	zaan taij haan	库尔门汗	kUrmUn haan
美男子明彦	orclongiin saihan mingyan	娜仁格日勒	narangerel
阿里亚孟忽莱	aliya monkhulai	道克欣哈日黑纳斯	dogSin har kinas
铁臂萨布尔	kOnd gartai sabar	塔黑勒祖拉汗	takil zul haan
哈日吉拉干汗	har jilgan haan	唐苏克宝木巴汗	tansug bumba haan
巴德玛乌兰	badam ulaan	乌宗阿拉达尔汗	UzUng aldar haan
阿布朗嘎汗	abulanga haan	和顺乌兰	huSuun ulaan
哈日旃檀汗	har zandan haan	阿里亚雄胡尔	aliya Sonhur
哈布罕哈日索耀	habhan har soyo	哈日吉拉干	har jilgan
尹德尔拜哈日蟒古思	yinderbei har mangus	哈日吉尔宾	har jilbing
达赖柴拉布尔汗	dalai cailbur haan	乌兰邵布秀尔	ulaan SobSuur
阿勒腾黑努尔公主	altan hyanuur dagni	特布新扎木巴	tObSin zambal
海斯图哈日特博格里	haisat har tebegli	诺木特古斯可汗	nom tOgs haan
罗藏缇布汗	loozan tib haan	阿盖莎布塔拉	agai Sabtal
		和勒木尔奇	kelmerc

赫吉拉干	ke jilgan		珠喀·奈曼	Juukaan Neemen
阿兰扎尔	aranjal		巴德玛·乌鲁木吉	Badmiin Ulemj
宝玛额尔德尼	bum erdeni		奥尔加·尼科拉伊	Orgaan Nikolay
珠德奇诺彦	zUUdec noyon		淖斯泰·奥金	Noostaan Okin
古恩拜	gUmbei		穆奇卡·阿尔恰	Muuchkaan Alka
古南哈日苏农凯	gunan har sOnenkei		努德尔奇·奥金	Nudelchiin Okin
那仁达赖汗	narandalai haan		巴桑嘎·伊万诺夫	Ivanov Basang
铁木尔布斯腾	tOmOr bUsten		卡伦·弗拉基米尔	Kaaruun Vladimir
玛拉哈布哈汗	malai habha haan		查干哈拉嘎	Chagaan Haalga
安杜尔玛哈日蟒古思	andulma har mangus		冉皮勒	arimpil
浩特豪尔哈日蟒古思	hotkhor har mangus		巴图那生·达日木	batnasangiin daaram
毛勒木哈布哈	molom habha		西西那·布拉尔	SiSnaan buurul
哈日库库勒汗	har kOkOl haan		扎拉	zaala
库克芒乃蟒古思	kOk mangnai mangus		李·普尔拜	liijiin pUreb
博尔托洛盖	bor tolgoi		达瓦	dava
阿拉坦索耀汗	altan soyo haan		巴桑哈拉	basankhar
扎雅图阿拉达尔汗	zayaat aldar haan		杜格尔	dUger
杜希芒乃汗	dOS mangnai haan		普尔布加甫	pUrebjab
道木布巴尔汗	dombo bar haan		察哈尔部	cahar
道格欣哈日蟒古思	dogSin har mangus		额仁策	erintsei
格棱赞布勒汗	geling zambal haan		图尔逊	tOrsUn
额尔古耀温乌兰	ergUU yobon ulaan		钟高洛甫	zungurub
江格尔奇	jangarc		普尔拜	pUrbai
胡里巴尔巴雅尔	hulibar bayar		宝斯郝木吉	bushumji
吐尔巴依尔	tOrbayar		格勒克	gelek
达兰脱卜赤	dalan tobc		巴拉干泰	balgantai
鄂利扬·奥夫拉	Eeleen Ovlaa		巴桑	basang
巴桑嘎·穆克温	Basangaa Muukobuun		布俊宝尔	bujimbor
巴拉达尔·纳森卡	Baldaraa Nasank		库克芒奈	kOk mangnai
利基·卡纳拉	Liijiin Kanar		道尔吉	dorj
阿杜沁·策仁	Aduuchiin Tseren		尼麦	nimai
利基·托尔图	Liijiin Toolt		鹏斯克	puntsuk
道尔吉·穆西克	Dorjiin.Muushk		奥其尔	ocir
满吉·米哈伊尔	Manjiin.Mihail		阿里亚	aliya
巴德玛·孟克纳生	Badmaan.Monknasan		图尔陶克陶	tOrtogtoh
巴德玛·奥金	Badmaan.Okin		伊丹加甫	idamjab
考赞·安珠卡	Kozaan Anjuuka		布日古德拜	bUrgedbai
夏瓦林·达瓦	Shavaaliin Dava		和硕特部	hoSuut

◎江格尔

柯克滚尊	kOk gUnzUn	额日格金·罗布桑扎木苏	Eregjiin Lubvsanzamts
扎黑喇	zahiraa	策·普尔布朝克图	Ts.pUrevtsogt
尼开	nikai	G. 敖登	G.Odon
阿勒泰扎布	altaijab	M. 罗布桑金巴	M.Luvsanjamba
巴彦泰	bayantai	玛格乃	Magnai
孟特库尔	mOntgUr	D. 丹奇格	D.Dancig
布迪巴孜尔	budibaazar	B.Y. 符拉基米尔佐夫	Boris.Yakovlevich.Vladimirtsov
沙格杰	Sagja	A. 鲍勃洛夫尼科夫	Aleksei Aleksandorovich Bobrovnikow
嘎日布	garbu	Sh. 嘎丹巴	Sh.Gaadamba
伊万	ivan	戈尔斯通斯基	Konstantin Fedorovich Golstunski
阿迪亚	adiya	Ts. 达木丁苏荣	Tsndiin Damdinsureng
齐木德	cimed	O. 扎格德苏荣	O.ZagdasUrUng
阿拉希	araaS	S.A. 科津	KOZIN Sergei Andreevich
利吉	liiji	G.I. 米哈伊洛夫	MIHAILOV, Georgii Ivanovich.
巴孜尔	baazar	R. 娜仁图雅	NARANTUYA, Radnaabazariin
巴音巴图	bayanbat	S.Y. 涅克留朵夫	NEKLYUDOV,Sergei Yurievich
奥伦巴伊尔	ulumbayar	N.N. 波佩	N.N. Poppe
布勒嘎	bulgai	G.I. 拉姆斯特德	RAMSTEDT, Gustav Ion.
安凯	ankai	B. 仁钦	RINCHEN, Byambiin
李嘉拉	lijara	G. 仁钦桑布	RINCHENSAMBUU, Galsangiin
乌吉玛	Uzmaa	G.D. 桑杰耶夫	SANJEEV, Garma Dantsaranovich
哈尔察克	harcag	A.I. 乌拉诺夫	ULANOV, Aleksei Ilich
其麦	cimai	藤井真湖	Mako FUJII
巴德木加甫	badamjab	瓦尔特·海希西	W.Heissig
才外	tsavai	仁钦道尔吉	rinchindorj
玛格萨尔·普尔布扎拉	Magsariin PUrevzal	朝戈金	Chogjin
朝·巴格莱	Ts.Baglai	巴·布林贝赫	B.BUrinbek
帕·古尔拉格查	P.GUrlagtsa	丹碧	Dambipeljid
科彻·桑杰	Kecain Sanji	贾木查	Jamtas
道尔吉·乃旦	Dorjiin Naidan	萨仁格日勒	sarangerel
登得布·杜古尔苏荣	Dendeviin DUgUrsUren	旦布尔加甫	B.Damrinjab
格雷格·萨姆坦	Gelgiin Samtan	卓日格图	jorigt
孟根	MOngOn	哈·阿勒腾	H.Altan
乌力吉·道木	Olzain Doom	布·阿木尔达来	B.Amurdalai
青格勒	Tsengel	塔亚	D.Taya
巴尔金·浩毛尔	Baljiin Moqor	斯钦巴图	Tsetsenbat
楚库尔·纳米朗	cUkriin Namilan	那木吉拉	Namjil
纳音泰·杜格尔	Nayantain DUger	扎格尔	Jagar

布·孟克	B.MOnk	扎恩塔巴嘎库杜尔台吉	jaan tabag kUdUr taiji
娜仁花	naranhuar	汗西尔宝通	han siir budung
图鲁克阿拉坦汗	tUrek altan haan	蒙杜尔高娃	mUndUl goo
科特维奇	L.Kotvich	巴德曼乌兰	badmiin ulaan
奥其尔·诺木图	Ochraa.Nomt	陶尔根焦劳汗	torgon joloo haan
N.Ts. 比特凯耶夫	N.Ts.Bitkeev	哈图哈日桑萨尔	hatuu har sangsar
E.B. 奥瓦洛夫	E.B.Ovalov	胡日勒占巴拉汗	kUrel zambal haan
乌图查干蟒古思	ut tsagaan mangus	哈日尼敦勇士	har nidUn baatar
A.Sh. 科契科夫	A.Sh.Kichkov	纳钦雄胡尔	nacin Sonhur
沙日毕尔玛斯汗	Sar birmas haan	萨里亨塔巴嘎勇士	salkin tabag baatar
哈布罕哈拉索耀	habhan har soyo	阿斯日哈日蟒古思	asar har mangus
哈日库库勒汗	har kOkOl haan	沙日安岱蟒古思	Sar andai mangus
哈拉岱汗	haraadai haan	伊赫汗	yike haan
哈拉吉凌	har jiling	巴嘎汗	baga haan
布都勒托洛盖汗	budultolgoi haan	布斯鲁尔齐汗	bUslUUrc haan
阿哈萨哈勒	Ak sahal	赞丹才茨克	zandantsetseg
额尔古孟根特博克汗	ergUU mOngOn tebeg	巴·乌力促	B.Oltsuu
郭力金沙日蟒古思	guljin Sar mangus	额尔克巴达玛	erk badma
阿尔巴斯哈日	arbas har	杭克勒哈布哈汗	hankhal habha
杜布尔沙日娜琴	dUUbUr Sar nacin	杭克勒孟根杜拉哈	hankhal mOngOn duulha
阿勒拉坦登朱叶	altan denjuuye	布尔罕乌兰勇士	burhan ulaan baatar
顿舒尔格日勒蟒古思	dunSuur gerel mangus	阿萨尔赞丹汗	asar zandan haan

《玛纳斯》史诗篇

第一部分　人物

一、神话人物形象

腾格里

腾格里（rengir），柯尔克孜族神话中的最高神。柯尔克孜族把"腾格里"作为万物之主加以崇拜，认为腾格里生活在蓝天上，从那里给大地降福，保护人类和自然免受灾难和痛苦，给世间苍生赐予幸福。给汗王赋予公正、财富和智慧，给每个人赋予他应得的幸福和欢乐，保佑他们免受疾病和妖魔鬼怪的侵害以及死亡的威胁，延长他们的生命，给他们赐予力量，指明方向。腾格里明察秋毫，辨是非明善恶，对每一个人的失误和过错，阴谋和诡计均心知肚明。因此，柯尔克孜族老人常常对自己的孩子祝福说："愿腾格里保佑你！"而在发誓或诅咒时说："如果不遵守诺言，愿腾格里惩罚！"腾格里在柯尔克孜族的观念中不仅代表物质的苍天，更重要的是它代表天之灵魂，是这个无与伦比的庞大物质的灵魂，同时它也是至高无上的神。在柯尔克孜族以及其他突厥语民族的认识中，腾格里这个概念应该包括三层含义：第一是蓝天，即宇宙中人们能够直接看到的部分；第二是造物物主的形象；第三是祖先，统治世间一切的神。腾格里（rengir）一词来源于公元前3世纪的匈奴语。据《汉书·匈奴传》记载："匈奴俗，岁有云龙祠，祭天神。"匈奴的君长被称为"撑犁孤涂单于"。"撑犁"和"腾格里"均为"苍天"一词的不同音译，而"孤涂"意为"子"，此称呼翻译过来就是"苍天之子"。隋唐史料中的"登里"、"腾里"亦与"腾格里"同，是一词多种音译。《突厥语大辞典》中收录有"腾格里"一词，该词注释说："异教徒把苍天称作腾格里，并对此顶礼膜拜。"古代匈奴人与柯尔克孜族的祖先有着密切的渊源关系。上述关于"腾格里"的记载不仅出现在各种史料之中，而且在柯尔克孜族的祖先生活的叶尼塞河上游地区发现的诸多碑文中亦反复出现，甚至可以说是出现频率最多的神灵之名。比如在属于公元712—716年的《暾欲谷》碑共62行碑文中，"腾格里"一词先后共出现7次。而开头6行中就出现3次。古代突厥碑铭中"腾格里"一词大量出现，证明了对于"腾格里"的崇拜和信仰是包括柯尔克孜族先民在内的古代突厥语民族的主要信仰。突厥语民族崇拜苍天"腾格里"神，无论在神话学，还是在文化人类学，以及在语言学、民俗学上都得到了印证。腾格里崇拜的观念在柯尔克孜族中的影响是根深蒂固的，古代柯尔克孜祭天、拜天、向天祈祷的习俗不仅在历史上十分盛行，至今也仍然长盛不衰。这种崇拜在民间口头史诗中表现得非常充分。史诗《玛纳斯》中，加克普膝下无子，他不断向上天祈祷，并把妻子送到森林中独居。他们的虔诚之举感动上苍腾格里神，绮伊尔迪在树林中独居时怀上了英雄玛纳斯。如同匈奴的单于是腾格里之子一样，玛纳斯亦是腾格里赐予人类之子，因此他非同凡响，具有超人的神力和勇气。英雄玛纳斯的妻子卡妮凯婚后久不生育，圣人阔绍依在阔阔托依的祭典上率领众人向苍天祈祷，祈求腾格里赐子于玛纳斯，祈祷仪式结束后不久，卡妮凯就有孕在身，生下了英雄赛麦台。

柯尔克孜族在英雄史诗《玛纳斯》中常常有"愿清澈的蓝天惩罚你！愿长满野草的大地惩罚你！"这样的咒语和誓言。在日常生活中，人们常常说"千万不要干出违背腾格里意愿的事情"、"腾格里作证"、"腾格里之外没有神"等。

奇勒黛阿塔

奇勒黛阿塔（Qilde—ata），冬神在柯尔克孜族语中被称为奇勒黛阿塔。据说他从天而降，带着他的四十个女儿和四十个儿子以及九种寒冻。他每天派一个儿子和女儿向地面发出严寒，使大地变冷结冻。孩子们轮流出场一遍刚好需要80天时间。这就是每年冬天的80天严寒。80天严寒之后，他亲自上阵，将自己带来的九种寒冻煮着吃。这样，大地上就出现了90天严冬。根据传说，冬神的前额、眼睛上落满了厚厚的白霜，胡须上结满冰凌，头上长满长长的白发。他煮吃自己带来的九种严寒时，用雪点火，用冰架锅。90天过后，冬神奇勒黛阿塔便会变成气体带着儿女们返回天上。他和儿女们回去后，大地上才会春暖花开。在《玛纳斯》史诗中尽管没有直接关于这位神灵的描述，但是在史诗的各种唱本中多次提到他的名字和本能。

阿亚孜阿塔

阿亚孜阿塔（Ayaz—ata），雪神在柯尔克孜族语中称为阿亚孜阿塔或阿克阿塔。他体大无比，专司降雪，在春天来临之前变成白雪从天而降。凡是有他降临的地方和年份，大地上总会五谷丰登，草木旺盛，牲畜肥壮。有时他会根据人们的祈愿来到人间，因此每当严寒过后，人们总是要祈求阿亚孜阿塔降临，给人们带来富裕、幸福。在《玛纳斯》史诗中，常出现拥有呼风唤雨的英雄人物，比如加姆额尔奇和阿勒曼别特等在危难时刻请来雪神阿克阿塔帮忙降雪，战胜敌人的情节。

阿达姆阿塔和阿瓦耶涅

柯尔克孜族传说中的神话人物。人们认为阿达姆阿塔是人类最初的先祖，是造物主所创造的第一个人类，为男性。由于阿达姆阿塔甚感孤独，于是造物主就用其左边的肋条骨创造了人类第一个母亲阿瓦耶涅。他们最初一起生活在天堂，通身像玉一样透明纯洁，没有任何邪念。他们一起居住在天堂，一起嬉戏，吃天堂里的食物。这种食物吃完之后全部被消化，在体内不留任何遗留物。后来，他们受魔鬼夏依坦的诱惑而违反了禁忌，偷吃了造物主安拉禁止他们食用的食品。于是，这些食物在他们体内生成粪便，污染了他们的身体，只有指甲没有被污染。于是，他们被逐出天堂，下到人间靠自己的劳动维持生活。造物主随后把一千零七十二种植物的种子撒到大地上，于是大地上便有了各种庄稼。阿达姆阿塔和阿瓦耶涅后来成为一对夫妻，并在冰天雪地上繁衍了后代。所以，这就是今天妇女臀部一般都发冷，而男人的双膝总是不会发热的原因。

努赫

柯尔克孜族神话中人类的再生祖先。柯尔克孜族人认为努赫是人类大洪水之后的再生祖先。阿达姆阿塔和阿瓦耶涅去世后不知过了多少年，人类长期不懈地繁衍生息。根据传说，人们总是受魔鬼夏依坦的诱惑而不断地犯罪，使罪恶四处蔓延，充满人间。于是，造物主引来大洪水惩罚人类。在大洪水来临之际，救世主建造了一艘四方形的大木船把努赫及其三个儿子萨姆、卡姆、迦帕斯以及三个儿媳妇送到船上。不仅如此，他还将世间每一种生物各选出一对载到船上。大洪水之后，努赫的三个儿子分散在大地的不同地方开垦土地，种植庄稼。今天的人类便是他们繁衍的后代。

阿吉达尔

阿吉达尔（Ajdaar），柯尔克孜族民间文学中的神怪形象。在柯尔克孜族史诗及民间故事中他是口吐火焰、面目恐怖、多头，可以一口吞下活人、动物，甚至一座毡房，吸进一湖水的形象。在有些柯尔克孜族的民间故事中，它还被描述成司掌雨水的神并具有强大的神力。

某些神话史诗英雄还拜阿吉达尔为师，学得许多超人的神奇武功。在以反面形象出现时，它给人们带来巨大危害，阻止英雄获得新娘或达到目的。以正面形象出现时，它则护佑英雄出征杀敌，帮助他战胜险阻取得胜利。在《玛纳斯》史诗中，阿吉达尔是无限神力的象征。它与虎、狼、豹子、神鹿、神兔等动物神一起成为英雄玛纳斯的保护神，给英雄增添勇气和力量。

依塔勒

依塔勒 (Itale)，柯尔克孜族民间文学，尤其是史诗当中的神怪人物形象。作为神话形象在《玛纳斯》史诗的某些异文中有专门的描述。他们是一些身材怪异，类似犬类，居住在偏僻的深山野林地区，在人迹罕至的山区出没的特殊群体。男性为人身狗头，女性则如原始人一样健康而美丽。在柯尔克孜族民间传说中，人们将其认为人类的一个最原始的部落。这一形象在柯尔克孜族民间故事、传说及史诗中多有反映。这种人身犬头的神话形象，不仅在柯尔克孜族史诗中，而且在波斯史诗，菲尔多西的《列王纪》中，在马可波罗的游记中，以及在蒙古族的关于成吉思汗的民间英雄传说中也多有出现。

巴巴德依罕

巴巴德依罕 (Dikan—baba)，柯尔克孜族神话传说中的圣人，也被称为巴巴德依罕，被认为是第一个开垦荒地播种庄稼的人。其多以白胡须的老人形象出现，在个别情况下则以鹰的形象出现。柯尔克孜语，意为种植业的始祖。据柯尔克孜族传说，阿达姆阿塔和阿瓦耶涅被安拉逐出天堂之后，在凡间无法生活，面临死亡的绝境。真主安拉便派使者给他们送去一袋小麦、两头耕牛和一只木犁。于是，阿达姆阿塔便开始开荒种田收获庄稼。阿瓦耶涅则将小麦制成面粉用来烤饼或制作其他食物。从此，他们的后代也学会了各种农活。巴巴德依罕便是其中之一。他不仅教会了人们如何开垦土地，播种庄稼，而且成为司掌农业生产的神灵。"巴巴"在柯尔克孜族语中是"始祖、先祖"之意，"德依罕"则指从事农业生产的人。在《玛纳斯》史诗的多种异文中多次提及这位神灵的名字及其业绩。在诗中的某些异文中，他通常会佑助英雄获得粮食丰收，并用丰收的粮食换来自己一生相伴的坐骑。

朵特

朵特 (Döötü)，柯尔克孜族传说中的工匠之神。在《玛纳斯》史诗中被描写为一位巧夺天工的铁匠以及各种匠人的保护神。据民间口头传说，朵特是一个贤明的国王。有一天，他为了更好地了解民情，而化装成贫民到民间巡游。他向行人询问在位的国王是贤主还是暴君，人们都回答说国王十分公正贤明。只有一位老太太抱怨说国王好吃懒做，不干活，只知吃喝玩乐。朵特回宫后心里十分沉重。最后，他苦苦地乞求上帝赐予自己一点真本事，让他用劳动养活自己。上帝被他的诚心所感动，便赐予他揉铁如泥、做衣服的本领。从此，他的本领又通过他自己传遍人间，他也就成了工匠们所崇拜的神。工匠们认为自己的本事都来自朵特圣人。在柯尔克孜族中还流传着这样一个传说：有一天，朵特和隼鹰比试本领。隼鹰用铁一般的爪子踢碎磨盘。隼鹰踢碎转动的磨盘后还来不及转身，朵特就能将磨盘修复，让它重新运转起来。隼鹰因胜不过朵特而十分伤心，流下了两行热泪。从此以后，隼的两个眼角上便留下了两道黑色的泪痕。

阿勒巴热斯特

阿勒巴热斯特 (Albarste)，柯尔克孜族神话传说及民间故事中的妖魔。有各种面目及特征，成为柯尔克孜族神话系列中的反面主人公。多披头散发、面目狰狞可怖、指甲长数尺。常在妇女分娩或人们熟睡时潜入，掐住人的脖子或用发出奇臭的乳房缠住人的脖子置人于死地。有时，还以小女孩或其他动物的面目出现。若有人剪下其头发，它便会苦苦地哀求并保证永世不侵扰其子孙。如果还不放行，它就会拿出藏在舌头底下的黑色纸片把它交给抓住它的人。获得这种黑色纸片的人便会成为"克乌奇"。"克乌奇"是能够降妖驱鬼，专门驱走降伏纠缠孕妇的妖魔的法师。

朵

朵（Döö），柯尔克孜族神话、史诗及民间故事中的巨人形象。身体巨大，具有无限神力。体形像人，但浑身长毛，面目可怖，前额上有一只独眼。其中有些朵的帽子里能够容纳一圈羊或一群牛、马等，独眼，具有超常的神力。有时还有好几个头，具有超常的力气。有时把两座大山扔着玩，就像在玩羊髀石。常住在荒无人烟的原始森林、洞穴、冥界或其他人迹罕至的地方并成为那里的主宰者。由于他以人为食、危害人类，而在神话、史诗及故事中成为英雄主人公强有力的对手。在柯尔克孜族史诗及民间故事中有很多专门描述英雄主人公与朵斗智斗勇的章节。朵性格特征基本相同，但有不同的具体名称，如《玛纳斯》史诗各部中有巨人朵、卡拉朵、萨热朵、克孜勒朵等。他们性格特征相似，但各有不同的本领。《玛纳斯》史诗中有很多专门描述史诗英雄人物与这些巨人斗争，并最终将其消灭的生动情节。在通常情况下，这些"朵"并不使用具体武器，而是手持木棍、石块，或赤手空拳与英雄搏斗，但最终因缺乏智谋而败在英雄手下，被挖去独眼丧命。除了《玛纳斯》史诗之外，独眼巨人"朵"的形象在柯尔克孜族口头流传的其他史诗传统中也很多，比如在神话史诗《艾尔托什图克》中也有英雄独战独眼巨人的情节。

四十个奇勒坦

四十个奇勒坦（Kirk Qiltan），柯尔克孜族神话人物形象。在柯尔克孜族史诗以及民间文学的其他题材中都普遍出现，具有超自然的本领，常常以英雄主人公襄助神的身份帮助英雄渡过难关，或战胜敌人。在史诗中，他们通常为人们所看不到的隐身方式被提及，无人看到过他们的真身。他们基本上为善神，通常以隐身的方式或以普通人形出现，并与人混居，对自己喜爱和欣赏的人给予帮助。有学者认为"四十个奇勒坦"的概念是来自古代波斯语中，即"奇勒（Qil）"为四十，"坦（tan）"为人物。其引申的含义为"四十个襄助神"、"四十个神奇圣人"等。在史诗《玛纳斯》的各种异文中都提及四十个奇勒坦，说他们作为英雄的佑助者，陪伴在英雄身边，在英雄最困难、最危急的时刻帮助他。有时候，四十个奇勒坦还分别幻化成不同的动物，显现出古代氏族图腾的特征。

梦神

梦神（Tüx Eesi），柯尔克孜族神话中的神。他头如大锅，脖细如丝，身体却十分矮小。当人们熟睡时潜入睡者身边，唤走人的灵魂并带着它遨游天界、人间及阴间。游完后才放走灵魂让它回到主人身上。如果某人做完梦，让人解梦，解梦者在解释时绝不能说出任何侮辱梦神，对梦神不敬的言词，否则梦神会给做梦者带来灾祸。梦的解释结果与梦神的头有密切联系。梦神的头偏向哪边梦就有哪种结果，这全由梦神的意愿而定，与解梦者的解释也有一定关系。《玛纳斯》史诗中有很多英雄做梦和让人释梦的情节。这都与柯尔克孜族人关于梦神的观念有着千丝万缕的联系。

◎玛纳斯

乌麦

乌麦（Umay），柯尔克孜族信仰中的女神。有时也称为"乌麦叶涅（Umay—ene）"。在史诗和民间神话、传说、故事中，主要认为她是妇女和儿童的保护神，同时也是灶神，并保护外出的旅人。在古代柯尔克孜族的祖先黠戛斯人中，乌麦是与天神腾格里并列的神灵。在叶尼塞河上游地区发现的《阙特勤碑》、《暾欲谷碑》以及在马赫穆德·喀什噶里的《突厥语大辞典》对其均有描述，被解释为儿童在母腹中的保护神，并说："谁敬信乌麦，谁就得子。"人们普遍认为她是送子娘娘，有"谁敬信乌麦，谁就得子"的说法。乌麦信仰表现了母系氏族社会的痕迹。在《玛纳斯》史诗中，女神乌麦的名字在孩子出生时，在英雄外出征战和归来时都有提及，并得到英雄们的敬仰和崇拜。它是唐代黠戛斯人信仰的女神，是母权社会女性崇拜的遗留。

卡伊别然

卡伊别然（Kayberen），柯尔克孜族神话中所有野生反刍动物的保护神。除此之外，这个词还有一些引申的含义。比如它还指所有的野生反刍动物，以及以隐身或者各种幻化的形式存在，帮助正面英雄人物的神灵。在《玛纳斯》史诗中，这三种含义都能够看到。据有些学者的观点，这个词可能来自阿拉伯语中表示隐身与同伴含义的"卡伊普（Kayip）"及"亚然（yaran）"两个词的合成词。但是，这个神话形象早在柯尔克孜族同阿拉伯人发生接触之前就已经在民间广为流传，是一个非常古老的神话形象和神话概念，有着浓厚的古老的图腾及萨满文化背景。在《玛纳斯》史诗中，有很多人物，尤其是那些能够随意幻化，在人界和神界自由游走的仙女，如阿茹凯、阿依曲莱克、阔克蒙乔克、库娅勒等都与卡伊别然有血缘关系。比如，在史诗的有些异文中描述阿茹凯的父亲巴英就是一个狩猎神的形象。人们狩猎时必须首先向他祈求赠予猎物，只能这样才能有所收获。在柯尔克孜族的另一部神话史诗《阔交加什》中的主人公之一野生动物的母亲神苏尔艾其科（灰色母野山羊）便是其最突出、最形象和最生动的形象。很明显，这一形象反映了柯尔克孜族古老的母系氏族社会生活状况，是母系氏族社会的古老图腾及神话的遗留。

各种动物的保护神

柯尔克孜族神话中的各类动物的主神。在《玛纳斯》史诗中对这些动物神均有生动的描述。布达依克（Budayik）是神话中的鹰神，百禽之王。库麻依克（Kumayik）则是神话中的犬神，主司各种猎犬。不同的动物也有不同的神灵和主宰。奥依索勒阿塔（Oysul—ata）、康巴尔阿塔（Kambar—ata）、乌依桑巴巴（Uysang—baba）、巧力潘阿塔（Qolpon—ata）、奇羌阿塔（Qiqang—ata）分别是柯尔克孜族英雄史诗以及神话传说中的骆驼神、马神、牛神、绵羊神和山羊神。他们均被认为第一个将该种动物从野生驯养成人类亲密朋友和伙伴的圣人，而且最后都成了该动物的保护神。据说牛神乌依桑巴巴或称赞戈巴巴是13世纪生活在中亚的人物，被人们认为是圣人崇拜，而且其陵墓依存，坐落于塔什干16公里处，受到世人的祭拜。野生动物也有统一的保护神苏尔艾奇科。在柯尔克孜族语中苏尔艾奇科是灰色野山羊的意思。柯尔克孜族神话史诗《阔交加什》中就描述了英雄主人公神射手阔交加什，同野山羊神斗智斗勇，因为过度屠戮野生动物而最终遭到野山羊神诅咒，被困在悬崖上冻饿而死的悲剧故事。

布达依克

柯尔克孜族神话形象。"布达依克"被认

为是万禽之王鹰神。他身体硕大,翅膀展开足有五十度长,具有无限的神力,不仅能够帮助猎人获得猎物,而且也会惩罚人类。

库玛依克

柯尔克孜族神话形象。库玛依克被认为是猎犬神,是神鹰的后代转变成猎犬而成为猎人的助手。在《玛纳斯》史诗中都出现过,而且在很多场合帮助英雄渡过难关,成为英雄的伙伴。

克孜尔

克孜尔(Kizir),柯尔克孜族神话传说中的圣人。有些地方称其为克德尔。他能够给人降福,佑助人们摆脱困境。相传,他对每个人都很公平,一视同仁。在每个人的一生中都会有三次与他会面的机会。他不停地周游世界,为善者造福。由于他变化无常、时隐时现,人们通常会认不出他。克孜尔右手大拇指没有骨头,因此人们在喜庆或悲哀时相互要用握大拇指的方式握手以期能够碰到克孜尔圣人。如果某人有幸遇到克孜尔圣人并能够认出他,他便会得到克孜尔圣人的佑护和降福,从而福运亨通,快乐一生。得到他赐福的人,头顶上会降落幸福鸟,会有很多好运。有关克孜尔圣人的传说在柯尔克孜族民间故事、史诗中都有描述。在《玛纳斯》是史诗中,克孜尔常常与四十个奇勒坦一起被称为英雄玛纳斯最得力的保护神。

夏伊灭尔丹

柯尔克孜族神话中英雄人物和年轻人的保护神和力神。在有些地方简称为夏伊。最初可能来自阿拉伯神话,但后来逐渐演变成了柯尔克孜族史诗中英雄人物的保护神。在英雄们在出征时或者在与敌人较量之前,总是要祈求夏伊灭尔丹神灵佑护英雄,赐予他神力,在战场上打败敌人,获得胜利。

介孜开姆皮尔

柯尔克孜族神话及民间故事中变化无常、诡计多端的反面形象。也被称为杰勒毛古兹。有铜一般的利爪和尖如钢铁的鼻子。因此,它还有介孜特尔玛克(铜爪妖魔)、介孜吐尔休克(铜鼻子)等名称。它有瞬息万变的本领,能把自己变成各种动物。它阴险狡诈,诡计多端,能用妖术把人变成动物,总是企图谋害单独出行之人和独自狩猎的猎人、远离村庄的人家或年轻姑娘。在柯尔克孜族神话、史诗及众多的民间故事中,它常常变成老太婆或卖弄风骚的女子或年逾古稀的老人,伺机谋害荒山野林中独行的猎人或行人、远离村落的人家及年轻姑娘。当骗取他们的信任后便设法吮吸他们的血,将他们置于死地。由于它具有瞬息万变的魔法,善于伪装,所以常人很难战胜它。只有那些超人的勇士运用种种手段,经过多次搏斗才能将其杀死。

阿勒巴尔斯特

阿勒巴尔斯特(Albarsti)在很多方面主要被认为与妇女和婴儿的保护神乌麦神相对应,也可以说是其反面形象的代表。阿勒巴尔斯特属于恶神,心狠手辣,常常给人们带来不幸和灾难。这种信仰不仅在柯尔克孜族中,而且在其他很多突厥语民族中广泛流传。但是,阿勒巴尔斯特的性质十分复杂,甚至有些相互矛盾。在有些地方,它择时而来,压在熟睡的人身上,让他(或她)动弹不得。在另一些地方,它来到自己选择的人身边,如果是女性则装扮成男性,如果是男性则装扮成女性进行纠缠。被它纠缠的人往往变得萎靡不振,昏昏沉沉,甚至逐渐走向死亡。有些时候它还要引诱路人迷失路途。在柯尔克孜族中阿勒巴尔斯特分为阿勒巴尔斯特、萨斯克阿勒巴尔斯特、阿兹特科等几种类型。阿勒巴尔斯特被认为披头散发,形象极为狰狞可怖。它常在傍晚活动，在妇女分娩或熟睡时潜入，掐住妇女的脖子，置她于死地。若有人能够剪下其头发，它就会苦苦地哀求并发誓永远不会再侵扰他的后代子孙。在民间还有这样的说法，阿勒巴尔斯特总是在人们睡觉之后偷偷地进入毡房，来到火塘边偷火。如果在这时候有人在它坐着的地方用刀子划一刀的话，它就会乖乖地被擒获。假如这时候揪住其头发折磨它，就会使它苦苦地哀求。如果继续折磨它，它就会拿出藏在舌头下面的黑色纸片交给擒获它的人。获得这种黑色纸片的人就获得了能够降伏各种妖魔鬼怪的法宝，并获得降妖驱鬼法师"克乌楚"的称号。萨斯克阿勒巴尔斯特形同女人，以披头散发的面貌出现，暗中用其长长的乳房缠住被害人的脖子，将被害人置于死地。由于其乳房底下发出奇臭无比的气味，因此才得名。萨斯克阿勒巴尔斯特在柯尔克孜人中意为臭妖。阿兹特科经常出没于荒山野岭和戈壁荒漠，以及废墟、沟壑、墓地、树林之中，装扮成少女或其他模样伺机诱骗或蛊惑独行的路人。如果有人单独行走在荒野中，绝不能回应任何叫声，否则就会被阿兹特科擒获，丢掉自己的性命。

二、史诗中的主要人物

玛纳斯

英雄史诗《玛纳斯》第一部的主人公，故事情节均以他为主线展开，所有史诗人物的行动也都与他有关。史诗从玛纳斯的诞生开始，到其牺牲结束，描述他一生的英雄业绩及婚姻生活。他的精神和灵魂激励他的后代为故乡和人民的利益奋斗终生。

英雄们高呼他的名字冲锋陷阵，当遇到困难时，他就会显灵，佑护他们取得胜利。玛纳斯的形象经历了一个漫长的演变发展过程。无论他是真实的历史人物，还是一个文学艺术形象，他都从一个比较原始的形象，发展成了史诗中感人至深、形象生动、栩栩如生的人物形象。

玛纳斯英勇善战，粗犷而质朴，自始至终为人民的利益而战，是柯尔克孜族民族精神、民族性格、民族意志的集中体现。他既具有常人的品性，又有神的威武与神力。史诗中描述他神奇的诞生情形，出生时一手握血，一手握油。母亲怀他时想吃老虎心、狮舌头和阿勒普神鸟的眼油脂。当他冲锋陷阵时，喘出的气流像旋风，眼里射出金光。从正面看，他像一只猛虎；从后面看，他像一条巨龙；从上面看，他像一只苍鹰。前面有两只黑斑猛虎为他开道，两只带斑纹的大蟒蛇（龙）护佑在两边并缠绕在腰际，两只同色的兔子贴在马蹬上，六十只大盘羊奔腾左右助威，一个前额上有红痣的孩童牵着他的马缰绳，一个高高的女神扶着他的肩站在马背。他就是这样一位神灵佑护的英雄，但其性格中亦不乏常人所拥有的缺点。英勇无比却缺乏计谋，因鲁莽行事而惹下事端，具有狂放不羁而又充满真挚的感情和伟大的品质，是一位典型的史诗英雄。他最后的悲剧命运进一步提升了他这一人物形象的崇高性和永恒性。

英雄玛纳斯　　　　　油画 吴立中 画

赛麦台

英雄玛纳斯之子，有的汉译文写作"赛麦台依"或"赛麦泰"等。《玛纳斯》史诗第二部《赛麦台》的英雄主人公。性格上与父亲玛纳斯有许多共同之处，相貌酷似，同样身材伟岸，力冠群雄。当他遇到困难，受到挫折时，父王玛纳斯总是显灵，帮助他战胜敌人。赛麦台血管中流淌着玛纳斯的血液，品格上亦继承了父王嫉恶如仇、诚心豪迈、珍惜友情的品质。他是德高望重的阔绍依在阔阔托依的祭典上率众祈祷上苍求得的，因此被视为天赐之子。他思想单纯，心地善良，往往受骗上当。正是这种性格使他尝尽生活的辛酸，最终被手下背叛的勇士所害。

史诗中对他的死没有具体明确的描述。他第一次被害后，只留有几滴血液，身体却无影无踪地消失，被卡依普山中的仙女救走。

后来，在一次祭典的赛马上英雄的祖母卡妮凯让老英雄阔绍依的塔依托茹骏马参赛，并预言说如果这匹骏马获得冠军，那她的孙子赛麦台一定还活在世间。塔依托茹骏马参赛并获得冠军，从而证实赛麦台并没有死去的预言。赛麦台的消息传来，巴卡依、卡妮凯等用法术让其恢复神智并回到人间，最终实现了自己的夙愿。赛麦台娶的是仙女阿依曲莱克，被害后又被仙女救入仙山神境。他的生活带有强烈的神话幻想色彩。他与阿依曲莱克的婚姻是史诗最生动、流传最广泛的篇章之一。在搜集《玛纳斯》史诗的过程中，有关赛麦台和阿依曲莱克缠绵爱情的内容也搜集得最多。赛麦台不仅是史诗《玛纳斯》第二部的主人公，在第三、四部史诗内容中亦频频出现，成为连接史诗各部的纽带和桥梁。

赛依铁克

史诗第三部《赛依铁克》中的英雄主人公。英雄赛麦台的独生子，为仙女阿依曲莱克所生。他继承祖父玛纳斯伟岸的体格，但由于身体大如高山而找不到合适的坐骑，不能像别的英雄那样驰骋于疆场，而只能徒步与对手较量。这种体魄大大影响了他创造伟业的机会。由于他在战斗中屡遭挫折，只好请来卡依普圣山中的仙女库娅勒前来助战才得以扭转乾坤，打败敌人，解救水深火热之中的人民。

◎玛纳斯

后来他还与这位善战仙女库娅勒结为夫妻，并肩作战，保卫家园。他是仙女所生，又娶仙女为妻，是史诗中与仙女有直接血缘关系的英雄主人公，因此也是玛纳斯家族中寿命最长的一位英雄。他的英雄事迹也延续到史诗后面几部的内容之中。比如在史诗第四部中，由于年老力衰，其子凯耐尼木便代他出征，去营救被困的祖父赛麦台及巴卡依等英雄。赛依铁克虽然没有惊天动地的英雄气概，但不影响他成为《玛纳斯》中非常典型、独特而生动的英雄人物形象。

凯耐尼木

是史诗《玛纳斯》第四部的英雄主人公，有的汉译文中写作凯涅尼木，为玛纳斯的重孙。作为玛纳斯家族的第四代英雄，他继承了父亲赛依铁克硕大的体魄，也继承了母亲智慧善战的本领，一生战斗不息，同恶魔强敌展开惊心动魄的战斗，创造了辉煌的业绩。在玛纳斯的后代子孙中，他的英雄业绩可以说最为显赫。他12岁出征，先后杀死卡勒别克、居仁朵、奇克太、夏勒克玛特、克柯玛特、巧云阿勒普巨人、凯斯莱特、达吾塔依等形形色色的敌人。而且其中大多数都是精通魔法、武艺非凡、勇猛过人的顽敌。

凯耐尼木像先祖玛纳斯一样神威盖世，震慑万物，以自己的勇敢和智慧解救被困在魔山中的祖父赛麦台以及巴卡依、古里巧绕等英雄。后来，他又精通魔法，在世间活了8000年，把通晓人类和动物界各种语言的居仁朵杀死，吃掉其舌头，自己也通晓了世间所有动物的语言。他是一个战无不胜的常胜将军，被称为黄脸死神，最后含泪驮着孙子阿斯勒巴恰的尸体消失在"冰山之父"上。他是整部史中唯一一位跨越三部史诗的玛纳斯家族内的英雄，不仅保卫了故乡的安宁，而且以自己的神威成为儿子赛依特和孙子阿斯勒巴恰及别克巴恰的靠山。他的母亲是善战女神库娅勒，所以他身上反映出很多神话幻想的因素，人物性格形象也丰富多彩、有血有肉。史诗"玛纳斯奇"在他身上注入的神话因素，不仅表现在其行动和外貌上，而且表现在他的坐骑等身边的事物上。他作为贯穿三部史诗的英雄，为史诗的承前启后等连贯性起了重要作用。

赛依特

史诗《玛纳斯》第五部的英雄主人公，凯耐尼木之子。他从小就继承父业，代父出征，肩负起保卫家乡的重任，杀死欺压百姓、作恶多端的卡拉朵巨人，救出备受奴役的人民，在救出的人中间有被卡拉朵抢掠来的苏莱玛特之女，美女克勒吉凯。赛依特与她一见钟情，双双双坠入爱河。但是，苏莱玛特不仅不感谢赛依特的救命之恩，而且向他提出苛刻条件和种种难题，意欲阻止他们的婚姻。他要求赛依特去大海彼岸的青色坟墓中取来世间独一无二的蓝宝石，抓来难以到手的凤凰，并要求在婚礼中除了举办各种游戏外，还要用鱼宴招待宾客。

赛依特在心上人克勒吉凯的帮助下，经过无数磨难取来宝石，抓来凤凰，将它们赠送给苏莱玛特。与此同时，在婚礼前的竞赛游戏中又获得赛马、射箭、摔跤等三项勇士比赛的冠军。但即使这样，苏莱玛特依然不甘心将女儿轻易嫁给赛依特，并想方设法进行阻挠。他指派七位巨人、七头女妖对其进行堵截追杀，赛依特与妻子克勒吉凯携手合作，并肩作战，经过一场惊天动地的决战，终于战胜敌人。之后，赛依特还与许多强敌和恶魔进行斗争并取得巨大胜利，保卫了家乡安宁，使人们过上了幸福的生活。22岁时，赛依特不甘寂寞想重建祖先玛纳斯远征契丹都城别依京的创举，执意不听父亲凯耐尼木的劝阻。最后，在远征途中因火枪走火打穿双肾而悲惨地死亡。

阿斯勒巴恰

史诗《玛纳斯》第六部的英雄主人公，为赛依特的遗腹双胞胎之子其一。因为赛依特英年早逝，一对双胞胎孩子在祖父凯耐尼木的照顾下成长。阿斯勒巴恰15岁时骑马出征，有着与先祖玛纳斯一样的威严，身边还有众多保护神伴随，给他助威。他先后杀死萨克恰克等5位强敌，保卫了祖先玛纳斯的陵墓，并被众人拥戴为汗王，替祖父凯耐尼木管理国家大事。后来，他又与狡猾无比、妖术多端的克孜勒克孜较量并获得胜利。25岁时，他被阔勇阿勒普英雄误杀。凯耐尼木悲痛万分地把大事全部交待给小孙子别克巴恰后，驮上阿斯勒巴恰的尸体消失在冰山雪岭之中，再也没有返回。

别克巴恰

史诗《玛纳斯》第六部的英雄主人公之一。是阿斯勒巴恰的孪生弟弟。阿斯勒巴恰离开人世后，别克巴恰按照祖父凯耐尼木的教诲管理人民，并以非凡的英雄气概先后与卡勒玛克、唐古特、芒额特等部交战，屡战屡胜，承担起了保家卫民的责任，后与阿克芒额达依结为夫妻。然后，又率军抗击玛德勒、卡勒德克及八头妖魔的入侵，并最终铲除恶魔，为民除害。为了追剿宿敌，他周游世界，足迹遍及中亚、阿富汗、西藏等地。他戎马一生，最后在抗击入侵之敌的战斗中身负重伤。他来到很长时间没有会面的前妻帐中，被早已背叛他狠心的前妻在洗澡水中放入毒药所陷害。别克巴恰虽未立即中毒死去，但因身体奇痒无比，在返回家乡途中忍不住在树上蹭、石头上磨，弄得全身皮开肉绽，痛苦不堪。他好不容易被忠诚的坐骑驮回家后悲惨地离开了人世。他的身上反映出强烈的悲剧色彩，是史诗悲剧性特征的一个典型人物。他虽然具有超人的英雄气概和过人的作战本领，但却不是死在战场上，而是遭到自己所爱的女人陷害。附着在他身上的大量的神话母题和悲剧色彩，使别克巴恰成为有血有肉、十分生动感人的英雄形象，具有强烈的英雄主义气概和浓厚的悲剧色彩。

索木碧莱克

史诗《玛纳斯》第七部的英雄主人公。是别克巴恰的遗腹子。别克巴恰死后，其妻子阿克芒额达依也因悲痛万分，刚生下索木碧莱克就离开人世。成为孤儿的索木碧莱克在舅父的精心抚养下长大成人，15岁被带回故乡。在得知自己身世和祖先的业绩后，他决心继承祖业，为父报仇。此时，柯尔克孜族的宿敌世仇芒额特人中也成长起来一位名叫卡勒都别特的英雄。他知道了芒额特人和唐古特人是五代世仇，了解自己的父亲汗王就是被柯尔克孜人所杀。满怀仇恨的卡勒都别特，听说了别克巴恰去世的消息。

于是，他便纠集起芒额特人和唐古特人向柯尔克孜人发起进攻，欲报杀父之仇。听到穷凶极恶的敌人开始进攻故乡的消息，索木碧莱克告别舅父回到故乡塔拉斯，获得人们的拥戴，得到父辈留下的战袍、武器和骏马，奋勇抗击入侵的敌人，与芒额特、卡勒玛克入侵者进行你死我活的斗争，并将敌人一一打败，保卫了父辈的家园。一日，有人来报称呼罗珊人库茹木珠进犯旭库尔鲁地区，要霸占卡尔玛那之女特尼穆罕为妻，请求英雄前去救援。索木碧莱克获讯后挺枪跃马前去，杀死库茹木珠，救出被芒额特掳去的特尼穆罕，赢得了她的爱情，并与她结为连理返回故乡。有一天，当他在祭拜先祖玛纳斯的陵墓时，忽然从陵墓中传出阵阵响声，而且出现了火光冲天、洪水滚滚的景象。院子里一棵古老的其纳尔树也突然间出现奇怪的现象，一半枝叶郁郁葱葱，另一半枝叶则叶落枯黄。这是不幸的预兆，说明英雄将会遇到不幸或灾难。后来，索木碧莱克果然在与反攻的芒额特人的交战中身负重伤，又被仇人暗中用粘有毒药的矛枪刺中多处而凄惨地离开人世。

奇格台

史诗《玛纳斯》第八部的英雄主人公，是索木碧莱克的遗腹子，也被译作奇格台依。他出生不久母亲特尼穆罕就离开了人世，沦为孤儿，并由玛德别克收养长大。他力大过人，自幼练功习武，成为一名力大超群、精通武艺的勇士。得知芒额特人侵略哈萨克的消息，跨马出征相救。经过三天三夜的激战，他最终打败抢劫哈萨克族的芒额特人，初战告捷，威名远扬。被他打败后溃逃的奥托尔野心不死，又勾结喀拉契丹人率重兵卷土重来，夺走哈萨克汗王萨塔依的王位，肆虐无辜，烧杀抢掠。年轻的奇格台再度出征，与哈萨克英雄并肩作战，并最终战胜顽敌，解救了处在水深火热之中的人民。他由于太年轻没有来得及结婚，便身患绝症弃世而去，膝下无子。他是玛纳斯家族的最后一位英雄，家族的英雄业绩也到此结束。

卡妮凯

英雄玛纳斯的妻子，有的汉译文写作卡妮凯依，是史诗中形象最丰满的人物之一。史诗第一部和第二、三部中的一些重要章节与她有密切的关联。她是卡拉汗的公主，出身高贵，又具有劳动妇女的美德。她心地善良，忠贞不渝，精通医术，会刺绣，而且是制毡熟皮的能手，心灵手巧，勤劳能干。玛纳斯共有3个妻子，娜克莱依、卡拉玻茹克和卡妮凯。前两位中第一个是卡勒玛克大将肖茹克的女儿，另一个是芒额特首领玛德阔勒的女儿。这两人都是玛纳斯征战所获的女战俘。卡妮凯则是玛纳斯按照柯尔克孜族传统习俗以贵重的彩礼明媒正娶的第一夫人。她是布哈拉铁米尔汗的女儿，因在叔伯卡拉汗的抚养下长大，所以在史诗中也被称卡拉汗之女。玛纳斯在征战芒额特途中看到湖边与四十个姑娘一起游玩的卡妮凯，两人便一见钟情，坠入情网。随后，玛纳斯派阿吉巴依说媒提亲，用丰盛的聘礼将她娶回。卡妮凯用自己的聪明智慧赢得了英雄玛纳斯和众英雄的尊敬和爱戴。她为四十勇士制作毡帽，缝制战袍，为玛纳斯特意缝制的"卡思达阿依"神裤在阔阔绍依托依祭典上发挥神力，使阔绍依一举摔倒卡勒玛克大将交劳依，获得摔跤冠军；她不仅料理家务，安排后勤，而且参与战争的筹划，并在其中发挥重要作用。玛纳斯不幸离开人世后，她为英雄料理后事，举办葬礼祭典仪式，修建了壮观的陵墓。后来又保护赛麦台躲过篡权者阿维凯和阔别什的谋害，把他培养成顶天立地的英雄，最终为玛纳斯报了仇。她受尽逃亡之苦，又遭叛徒坎巧绕迫害沦为奴隶。后来与巴卡依、古里巧绕、阿依曲莱克等一起协助赛依铁克惩治了内奸，为儿子夺回王位起到了关键作用。她是贯穿《玛纳斯》、《赛麦台依》、《赛依铁克》三部史诗的人物，既享受了生活的快乐，也遭受了欺凌和屈辱。除了玛纳斯诞生及童年时代的内容外，她几乎参与了史诗前三部所有的重大事件。在史诗系列的第二部《赛麦台》中，她是前辈的代表，为培养教育赛麦台作出了重要贡献。在第三部《赛依铁克》中，她虽然失去自由，沦为奴仆，但却对未来充满信心，虽然年老但与人民荣辱与共，以顽强的毅力度过了生活中最黑暗的时期。未卜先知的本领使卡妮凯具有超人的神力。比如，她预感到丈夫玛纳斯的远征凶多吉少，劝他不要去，结果玛纳斯果然在征战中牺牲。她看到自己被坎巧绕吮吸的乳房流出鲜血后预感到他将是一个不孝之子和叛徒，结果也为事实所证实。她见到阔绍依的塔依托茹骏马后预感到赛麦台没有死去，执意让这匹骏马参加比赛，结果证明儿子赛麦台没有死去。果然，不久赛麦台便返回人间。在史诗演唱者和听众心里卡妮凯是永远不会死亡的。史诗中描述她和赛麦台、巴卡依、阿依曲莱克、古里巧绕等一起从人间消失，但她的灵魂却永驻人间。

阿依曲莱克

史诗第二部《赛麦台》和第三部《赛依铁克》的主要人物。她是具有浓郁神话色彩的典型人物。相貌迷人、超凡脱俗。关于她的身世，在居素普·玛玛依的唱本中有这样的描述：卡依普山上的仙人卡依普恰勒与仙女结婚后每年得一女儿，但每次女儿出生不久便被妖魔抢去。当第四个女儿出生后，卡依普勒担心女儿再次被妖魔夺去，于是他将女儿裹好放在一条山路上。阿昆汗恰巧从这里路过，将女婴抱回家精心抚养。后来，玛纳斯、阿勒曼别特等英雄追击敌人路过阿昆汗的家，看到襁褓中的孩子，阿勒曼别特为她取名叫阿依曲莱克，玛纳斯则为自己尚未出生的儿子与阿依曲莱克订婚。这一情节，为史诗第二部的重要情节内容的展开作了铺垫。阿依曲莱克是一位能够穿上白天鹅羽衣在空中自由飞翔的仙女。青阔交被她的美貌所动，妄图勾结托勒托依抢取阿依曲莱克为妻，并为此将阿昆汗的城堡团团围住。阿依曲莱克为了拖延时间假装让父亲同意他们的要求，但条件是要推迟九十天办婚事。然后，她穿上白天鹅羽衣飞上天空，用各种巧妙的办法，甚至用夺走其隼鹰的办法向赛麦台表明自己的真实身份，让他了解自己就是其父亲玛纳斯指腹为婚的未婚妻。赛麦台率领身边的勇士与围城之敌交战，并经过一番血战杀死敌人，最终与阿依曲莱克成婚。赛麦台与阿依曲莱克的故事是史诗中坚贞不渝的爱情的最动人的篇章，深受柯尔克孜族人民的喜爱。赛麦台身边的勇士坎巧绕背叛后，与托勒托依之子克亚孜密谋杀害赛麦台。他将赛麦台的坐骑和武器装备骗走，然后配合敌人斩杀赛麦台，在危急时刻赛麦台突然消失。赛麦台消失之后，已经有孕在身的阿依曲莱克在敌人的威逼下，为了保护赛麦台的遗腹子，假装与克亚孜成亲，并且实施法术，把一个女巫变成自己的替身陪伴克亚孜，与他亲热。她在艰难中千方百计将自己的遗腹子赛依铁克在腹内整整保存了三年多时间才生下。她运用自己的聪明才智不断与克亚孜周旋，既保护了自己纯洁的身心，又保护了英雄之子平安降生。并且最终将孩子抚养成人，协助孩子铲除了叛徒坎巧绕，杀死克亚孜，为丈夫赛麦台报了深仇大恨。她不仅是一位智慧超群、忠于爱情的仙女，而且是一位慈祥的母亲和为人民的利益而奋斗的女中豪杰。当赛麦台消失后，她为寻找丈夫历尽千辛万苦。当儿子赛依铁克在战斗中处境艰难时，她请善战仙女库娅勒助战，重振柯尔克孜雄风，扭转了战局。她的形象具有双重性，一是一尘不染、自由飞翔的仙女；一是受尽人间生活之苦，为争取美好生活而进行斗争的妇女。正是这些光彩照人的人物形象，才使《玛纳斯》史诗系列的第二部《赛麦台》和第三部《赛依铁克》的情节更加引人入胜，曲折多变，具有了不朽的艺术魅力。

库娅勒

《玛纳斯》史诗第三部《赛依铁克》中的女英雄主人公，为赛依铁克的第二个妻子。她被阿依曲莱克从卡依普山神山中请来时，是一位身披铠甲、手持长矛的美貌而善战的女神。勇猛无比的敌将萨热巴依向柯尔克孜人的故乡发起疯狂进攻，古里巧绕、赛麦台、巴卡依和赛依铁克均无法抵挡萨热巴依凶猛的进攻。于是，库娅勒催马握枪挺身而出，打退了敌人的进攻，杀死萨热巴依，保卫了柯尔克孜部落的安宁，从而名声远扬，成为一名勇猛无比的女英雄。库娅勒在史诗中不是贤淑能干的美貌弱女子，而是以一位无敌战将的形象出现的女中豪杰。她的这一形象极大地丰富了《玛纳斯》史诗的人物形象系列，树立了柯尔克孜史诗女英雄的典型形象。她因建立不朽的功勋而备受人们尊敬，后来与赛依铁克结为连理，成为他的第二位妻子。由于她总是以女战将的身份出现，所以其性格中更多地闪烁着战神的光彩。她身上的典型女性的形象与勇猛无畏的特性交织在一起。她不仅是赛依铁克的妻子，而且是赛依铁克的保护人。每当赛依铁克落入危难时，她总是前来救助，使其转危为安。

克勒吉凯

史诗《玛纳斯》第五部的英雄主人公赛依特的妻子，是该部史诗的主要人物之一。她纯洁美丽、善良智慧，虽不像卡妮凯那样雍容高贵，也不像阿依曲莱克那样来自仙国，能够飞翔，但她温柔多情，聪明勇敢，临危不惧，同样凭着自己的智慧帮助丈夫赛依特渡过各种难关。她的这种性格特征通过具体的事件塑造出来，形象而生动。她被赛依特从卡拉朵的囚牢中解救出来后，便与他深深相爱。无论他们俩的婚姻如何遭到克勒吉凯父亲苏莱玛特的阻挠，她始终站在赛依特一边，帮助他完成各种婚姻难题的考验，最终如愿以偿，得以成婚。后来又在"红沙漠大战"中表现出非凡的战斗才能，用计谋战胜敌人，使他们的爱情经受住了血与火的考验。当丈夫赛依特亡故后，她用悠扬深沉的歌调和感情真挚的语言诵唱悼念丈夫的送丧歌，表达对丈夫的怀念和崇敬之情。赛依特死去不久，她便顺利生下其遗腹双胞胎阿斯勒巴恰和别克巴恰，使玛纳斯家族得以繁衍。克勒吉凯以其温柔多情、智慧聪明的性格与阳刚之美的英雄赛依特形成了鲜明对比，为史诗增添了不少艺术色彩。

萨依卡丽

史诗《玛纳斯》中的人物，是史诗中唯一一位能够与玛纳斯面对面对抗的女中豪杰。在艾什玛特的唱本中，萨依卡丽是柯尔克孜族卡拉恰（一说是诺依古特部落）部落的首领，但一直未屈从过玛纳斯。在阔阔台依祭典举行的赛马比赛中，玛纳斯截住萨依卡丽的跑马向她调情，遭女英雄一顿皮鞭狠抽。玛纳斯落马失去知觉，醒后恼羞成怒，祭典之后便向萨依卡丽发起进攻。萨依卡丽毫不示弱，披上铠甲穿上战袍，骑上战马迎战玛纳斯。玛纳斯不仅没有战胜女英雄，还连连被萨依卡丽刺中，鲜血涌流不止。萨依卡丽是史诗中一个不畏强暴的女英雄形象。而在史诗的其他一些异文中也有不同的说法。但比较一致的说法是，她是一位叫卡拉恰的汗王的女儿，曾经站在卡勒玛克人的阵营中与英雄玛纳斯单独交手过招，差一点把玛纳斯挑落马下。但是，她最终还是败在玛纳斯手下，没有答应玛纳斯的求婚，却发誓在来世一定要嫁给他。在有些异文中，在玛纳斯离开人世时，她还曾身穿黑色孝服，专门前来吊唁，并哭唱传统的送葬歌。关于萨依卡丽和玛纳斯的恩怨情仇，在柯尔克孜族中还有专门的史诗流传。比如，我国《玛纳斯》演唱大师居素普·玛玛依演唱出版了英雄史诗《萨依卡丽》。在我国及吉尔吉斯斯坦等国也有其他一些译文变体被记录下来。

卡尔德哈奇

贯穿《玛纳斯》史诗第一、二部和第三部中的妇女形象，玛纳斯的唯一一位同胞姐姐，为土库曼英雄卡尔玛纳普的妻子。在居素普·玛玛依唱本中，她是史诗"玛纳斯杀死芒额特英雄玛德阔勒"、"赛麦台依杀死独眼英雄巴德阔勒"、"卡妮凯让塔依托茹骏马参加赛马"等重大事件的重要参与者。在史诗第一部中，玛德阔勒进犯她的丈夫卡尔玛纳普的领地，玛纳斯为解救姐姐和姐夫的危难率众前往御敌，并杀死敌人将领，解救受苦受难的人民。在这次进军途中，玛纳斯还巧遇卡妮凯并与她萌生爱情。在史诗第二部中，独眼巨人巴德阔勒出兵进攻卡尔玛纳普的领地，叫嚣要为父亲玛德阔勒报仇，并扬言强娶卡尔德哈奇为妻。卡尔玛纳普与弟弟并肩同卡拉朵和巴德阔勒对阵，但都被对方生擒。卡尔德哈奇披甲出战救下丈夫及其弟弟，并去向赛麦台求救。赛麦台策马前去支援，并经过殊死决战杀死独眼巨人巴德阔勒。在史诗第三部中，卡尔德哈奇61岁时生一子并取名叫阔波甘。卡尔德哈奇欣喜不已，但因没有娘家人前来参加而始终没能为老年所生的孩子举行庆典。当她得知赛依铁克铲除内奸重新夺取汗位的消息后，向四面八方发出邀请，为孩子举行了庆典。卡妮凯精心喂养的老英雄阔绍依的100岁老马塔依托茹在这次庆典上获得赛马冠军，这证实了赛麦台还活在人间的预兆。在所有这些重大事件中，卡尔德哈奇始终是事件发生、发展和转化的契机。由此可知她的形象在史诗情节发展中的重要性。

加克普汗

《玛纳斯》史诗中主要人物之一，亦称"加克普汗"，是英雄玛纳斯的父亲。玛纳斯与父亲加克普汗之间复杂的关系与世界上广为流传的奥狄浦斯式的神话原型有一定的相似性。作为英雄的父亲，他贪财如命，心胸狭隘，不仅不支持儿子保家卫民的英雄业绩，反而认为玛纳斯太过豪爽大方，毫不珍惜家里的财产，认为他豪放无忌的性格必定会给家族带来危难，而暗中勾结敌人欲杀害自己的儿子。玛纳斯出生前他虽然尽心尽力，想方设法使英雄平安降生，但是玛纳斯慷慨大度、一心为民的行为使他感到不快。童年的玛纳斯将自家的牲畜分给穷人，使他很不高兴。为此，他甚至将儿子送到陌生的吐鲁番去种麦子。儿子挖坎儿井引来雪山之水，耕种的麦子获得大丰收，他又将麦子全部运走。他是史诗中性格复杂、形象生动的人物之一。他的贪财吝啬引发他与儿子玛纳斯之间的不和。他的性格与玛纳斯形成了鲜明的对比。他一方面表现出对玛纳斯的慷慨大度、豪放不羁的不满；另一方面又不敢直接表示出自己的这种观点，只好忍气吞声，暗作打算。玛纳斯去世后，他便原形毕露，欲将玛纳斯的独生子——自己的亲孙子赛麦台扼杀在摇篮之中，并扶持自己的另外两个儿子阿维凯和阔别什（由卡勒玛克妻子所生，为玛纳斯同父异母的兄弟）登基。预谋杀死孙子的计划破灭之后，他又几次用各种手段加害赛麦台，甚至将毒药放入马奶酒中对其进行暗害。在众人的积极帮助下，聪明的赛麦台终于认清了祖父加克普汗的真面目，将他和预谋篡权的两个叔父阿维凯与阔别什处死，巩固了自己在玛纳斯家族的统治地位。

巴卡依

《玛纳斯》史诗主要人物之一，为玛纳斯的内七汗之一。他不仅一生陪伴玛纳斯出征，承担玛纳斯的高参谋士的角色，而且还是赛麦台和赛依铁克的导师、靠山及保护人。巴卡依汗博学多才、充满智慧，且以自己高尚的人品及超人的智慧赢得众人的拥戴。他集古代萨满形象及神话人物形象于一身，为英雄们出谋划策，帮助英雄们战胜无数次困难，辅佐他们为家乡的安宁和人民的幸福建立卓越功勋。他银发鹤须，骑着一匹白马，常常在英雄们最困难的时候出谋划策，辅佐他们。他那神秘的长者形象在史诗中特别鲜明，引人注目。史诗中既没有描述他的出生，也没有描述他的死亡。他似乎从天而降，又悄然从人间消失，灵魂永存，辅佐后人。他在史诗中被描述成一个圣人，在辅佐玛纳斯之前他就曾辅佐过6位英雄。他接受神的旨意来辅佐玛纳斯，找来瘸腿匠人波略克拜为玛纳斯制造战甲、盾牌、神矛、宝剑、月牙斧及神鞭等武器，又紧紧伴随在玛纳斯身边为他出谋划策。可以说玛纳斯所取得的每一次战绩，都有巴卡依汗的一份功劳。玛纳斯去世后，他又协助卡妮凯为英雄举办葬礼，修建陵墓。在赛麦台将要被自己的两位叔父扼杀于摇篮之中时，又帮助卡妮凯携子逃出险境，成为赛麦台的保护人，帮助他返回塔拉斯，惩治恶人，重振雄风。赛麦台遇难后，巴卡依汗又辅佐赛依铁克杀死谋害赛麦台的坎巧绕和克亚孜，为父报仇，重新夺回大权。他的有血有肉的形象很容易让人想起我国古典小说《三国演义》中的诸葛亮这个人物形象。应该说两人之间有许多共同之处。

楚瓦克

《玛纳斯》史诗第一部的英雄主人公玛纳斯身边最勇猛、最得力的战将之一。属玛纳斯内七汗之一，与玛纳斯有血亲关系，是他的堂兄弟。楚瓦克从小伴随玛纳斯东征西战，并肩战斗一生，是史诗第一部中的一位主要人物。楚瓦克勇猛善战，武艺高强，是一位铁甲英雄，在战斗中屡建奇功，杀死敌人众多将领，多次把玛纳斯从危难中救出，是玛纳斯最勇敢的帮手。但他性格暴躁好胜，并由于心胸狭窄，嫉妒心强，而常常做出鲁莽之事。在史诗的远征一章中，他认为玛纳斯委任阿勒曼别特为汗王，并在远征时担任军队总统帅是对他的轻视和羞辱，是对他功绩的不公平评价。于是，他因为自己手下的几个士兵的闲言碎语而丧失理智，并试图杀死阿勒曼别特。幸好他的这一举动被巴卡依汗和玛纳斯发现并及时制止，才避免了一场内战。楚瓦克是一位豪放而直率的大英雄，当他明白事理、怒气消去之后，依然不计前嫌，与阿勒曼别特并肩战斗，屡建奇功，还深入敌后俘获空吾尔拜手下四十名大将的儿子作人质，使敌人军心动摇，为玛纳斯的胜利立下汗马功劳。最后，在远征的决战中，他身受暗箭，不幸去世。楚瓦克是史诗中最有血有肉、生动而丰满的人物形象之一。他作为玛纳斯的得力干将，与阿勒曼别特一起伴随在玛纳斯身边，成为玛纳斯的左膀右臂。

阿勒曼别特

史诗《玛纳斯》第一部主要英雄人物之一，玛纳斯的内七汗之一，有的汉译文写作阿里曼别特、阿里芒别特等。史诗情节中的很多重要事件都与他相关联，有若干章节，如《阿勒曼别特的哀伤》、《阿勒曼别特离开阔克确投奔玛纳斯》、《阿勒曼别特的婚礼》、《阿勒曼别特杀死阔克确阔孜》、《阿勒曼别特向色尔哈克介绍北京地形》等还直接描述其事迹。史诗中他与玛纳斯结盟后，结拜为兄弟，成为情同手足、同甘共苦的战友和同伴。在史诗所塑造的众多英雄人物中，他的形象十分鲜明、丰满，仅次于玛纳斯。他原为契丹王子，由于王室家族内讧，在无奈中离家出走，投奔了哈萨克汗王阔克确，为其建功立业，使哈萨克日渐富足，强盛起来，深受阔克确汗的赏识。但阔克确汗手下的其他人嫉妒他的才能和智慧，散布流言，说他与阔克确之妻有暧昧关系，引起阔克确的怀疑，并将他赶出哈萨克领地。正当他举目无亲、彷徨无奈之时，神奇的梦兆使他与玛纳斯结缘，遇见玛纳斯并投在他门下。两位英雄结拜为兄弟，玛纳斯的母亲绮依尔迪见到阿勒曼别特后，其干瘪的乳房突然发胀充满乳汁，阿勒曼别特吮吸了她的乳汁，与玛纳斯成为同乳兄弟。从此，玛纳斯如虎添翼，屡屡取得战争的胜利，这都与阿勒曼别特的功劳有直接的关系。他与玛纳斯形影不离、并肩出征、屡建战功。由于他智勇双全，熟悉地形，在远征时被推举为全军统帅，但这却引起楚瓦克的嫉妒。楚瓦克在手下士兵的闲言碎语中，愤愤不平，并准备对阿勒曼别特实施暗杀。这就是史诗中著名的章节《阿勒曼别特与楚瓦克之争》的内容。玛纳斯和其高参巴卡依汗及时得到讯息，立刻前去进行劝导。在他们的极力劝解下这场风波才被平息下去。阿勒曼别特深入敌后侦察敌情，在危难之时掩护玛纳斯撤离，自己却献出宝贵的生命。他的尸体被运回柯尔克孜的土地埋葬，但他的灵魂依然伴随玛纳斯的灵魂，常常在玛纳斯的子孙危难之时显现，保佑他们战胜困难，脱离险境。阿勒曼别特在史诗中是一个重朋友兄弟感情、讲义气、讲正义的人物。他智慧超群，精通兵法，而且能呼风唤雨，精通武艺和巫术，在战斗中运筹帷幄，决胜千里。以他为主的庞大故事群，穿插于史诗各个篇章之间，成为史诗感人至深的动人章节。阿勒曼别特是义胆忠臣，他的儿子古里巧绕也成为玛纳斯之子赛麦台最忠诚的勇士，以自己的赤胆忠心，继承父辈的事业，协助赛麦台完成了柯尔克孜族复兴的大业。

加木额尔奇

英雄史诗《玛纳斯》中玛纳斯的内七汗之一，是玛纳斯的叔父，其形象在史诗中也被塑造得十分出色。他驻守塔拉斯，统辖卡拉诺奥依部。他具有呼风唤雨的神奇本领，是一位萨满，常常主持祈福驱邪求雨仪式。幼年玛纳斯带着伙伴玛吉克从吐鲁番出发，投奔住在阿勒泰的阿克巴勒塔后，又前去寻找驻守在塔拉斯的叔父加木额尔奇。加木额尔奇命人宰杀肥壮的母马热情招待，并在暗中认真观察侄儿的相貌和言行。玛纳斯几口啃光了马肋骨和马腿骨上的肉，然后抓了几把就将木盆里堆成小山般的切肉吃光。9岁的玛纳斯身上显示出的非凡特征和食量惊人的举动，使加木额尔奇非常高兴，他确信神主赐予了柯尔克孜族一位将会名震寰宇、带领受苦受难的柯尔克孜族人民摆脱奴役，走向复兴的英雄。他告诉玛纳斯，加克普、阿克巴勒塔等柯尔克孜汗王们都将搬迁到塔拉斯来，塔拉斯即将成为柯尔克孜聚集之地和汗国的首都。后来，瘸腿匠人波略克拜为玛纳斯制造武器时，加木额尔奇用牛皮为匠人制作风箱，几乎把自己的牦牛全部杀光。又宰了60只山羊，剥下其皮将其割成皮条，让匠人编出布勒都尔松神鞭。他不仅辅佐玛纳斯，而且辅佐玛纳斯之子赛麦台。在他130多岁高龄时，其子带着卡勒玛克大军进犯塔拉斯。加木额尔奇对自己的叛逆之子十分气愤，而且他早已在梦中预知自己将离开人世。于是他手握大树冲进敌军中亲手杀死逆子，横扫敌人将士，最后在与卡勒玛克首领的交战中壮烈牺牲。

什阿依汗

史诗《玛纳斯》中玛纳斯的内七汗之一，为奥诺孜都汗的发妻所生之子，与玛纳斯的父亲加克普是同胞亲兄弟，为玛纳斯的叔父之一，是史诗第二部中英雄赛麦台的内部敌人青阔交的父亲。在史诗中驻扎在什那地方休养生息。史诗对他的一些事迹只是作为次要线索进行了描述，对史诗的主体并不产生重大影响。在《阔阔托依的祭典》、《玛纳斯邀请七汗商讨远征》等章节中列数各位汗王的情况时有所叙述。

铁凯奇

史诗《玛纳斯》中玛纳斯的内七汗之一，为奥诺孜都汗的第五个妻子所生的孩子，与玛纳斯的父亲加克普是同父异母兄弟，为玛纳斯的叔父之一。在《阔阔托依的祭典》、《玛纳斯邀请七汗商讨远征》等章节中列数各位汗王的情况时有所叙述。但有关他的情节，并没有在史诗中得到更广泛的描述。有意思的是，他的名字意思为"放牧野山羊的人"，可能与古老的狩猎时代有着某种神秘的联系。

玉尔必

史诗《玛纳斯》中玛纳斯的内七汗之一，在《玛纳斯》史诗中驻扎在凯孜地方守边防。他对玛纳斯始终心怀不满，但慑于玛纳斯的强大威武而不敢不臣服。他一直是口服心不服，对玛纳斯虚与委蛇。他在《玛纳斯》史诗的很多异文中都被描述为一个善于言谈、聪敏智慧、富有心计的人。他的名字在史诗中经常被提及。在阔阔托依祭典的筹办过程中，是他提议邀请所有的汗王，而唯独不邀请玛纳斯参加祭典，从而达到排斥玛纳斯的目的。但是，在卡勒玛克人在祭典上制造混乱，肆意抢夺奖品和食物时，他才迫不得已又派人去恳请玛纳斯前来维持祭典秩序，惩治卡勒玛克人。玛纳斯来到祭奠仪式上，首先当众鞭挞了玉尔必。从此以后，他对玛纳斯再也不敢说三道四，而是尽量用实际行动表现出自己的诚服之心。

艾尔托什吐克

玛纳斯的外七汗之一，为柯尔克孜克普恰克部落的首领，统辖喀什噶尔、英吉沙等地。他是一位能征善战的神话英雄，而且具有神奇非凡的经历。在《玛纳斯》史诗中，他虽然站在玛纳斯的阵营，但是也有自己的独特个性。他还曾与其他六位汗王密谋，准备推翻玛纳斯但未能得逞，而最终成为玛纳斯的属汗。史诗中描述了他到地下世界与精灵和神话动物结盟，与各种恶魔作斗争的事迹。以他的名字命名，由民间史诗歌手们根据他的非凡经历而创作，广泛流传于柯尔克孜及临近其他突厥语民族中的神话英雄史诗《艾尔托什吐克》是一个古老的神话史诗。史诗用大量的神话母题叙述了这位英雄在与恶魔的搏杀中来到冥界，与老虎、熊、蚂蚁、神鹰大鹏等各种动物以及搬山精灵、大肚精灵、飞毛腿精灵、顺风耳精灵等结盟，并在他们的帮助下铲除七头恶魔及其他妖魔。为了铲除恶魔，他在地下生活7年时间，然后又在鹏鸟的帮助下返回人间，铲除篡权者，与家人重新团聚。

森奇别克

《玛纳斯》史诗中玛纳斯的外七汗之一。是乌兹别克的汗王，他胆小怕事，谨小慎微，同时又处事圆滑，见风使舵。在卡尔洛甫攻占其城堡、压榨其人民，玛纳斯率众前来营救，攻下浩罕城并立他为乌兹别克的大汗，让他统管巴达克山和巴勒克地区后，他才开始向玛纳斯贡纳大量的粮食和财物。森奇别克作为玛纳斯的附属，向柯尔克孜族及玛纳斯部下供应食粮、衣物及布匹，成为玛纳斯主要的后勤保障者。玛纳斯远征别依京时，他一同前往并担任军队的后勤总务官，负责军队后勤供应，在战争中发挥了一定的作用。

阔绍依

玛纳斯的外七汗之一，有的汉译文中写作考少依，是奥诺孜都十个儿子之一的卡塔安之子，与玛纳斯是堂兄弟。他英勇盖世，无人匹敌，多次表现出惊人之举。柯尔克孜族被卡勒玛克人驱赶到四方做奴仆时，卡塔安一直住在中亚的阿特巴什，后来阔绍依出生，成长为一名无敌的英雄，甚至卡勒玛克人都因惧怕其勇猛而不敢去招惹他。正因为有了他的这一后方根据地，玛纳斯才得以躲过卡勒玛克人的追杀，并最终被拥戴为汗王，聚集起分散的柯尔克孜人民。他是一位忠心耿耿、富有远见、具有先见之明、通晓天路，并拥有萨满身份的神秘智者。是为玛纳斯成就伟业登上王位以及在其人生的关键时刻为他保驾护航、出谋划策的重要人物。在玛纳斯武器的制作过程中，阔绍依尽心尽力，寻找矿源，提供了矿石、炼铁炉等。在七汗谋反的会议上，他力排众议，维护玛纳斯的威望和尊严。在阔阔托依的祭典上，他老当益壮，战胜卡勒玛克勇士交劳依，为柯尔克孜族赢得了荣誉，又率众祈祷上苍，为玛纳斯祈子。在《玛纳斯》史诗中阔绍依被描述为一位圣人，在敌对双方中均享有崇高威望，别人不敢对玛纳斯纳谏的话，他可以随时谏争。他德高望重，心胸旷达。从他身上可以见到柯尔克孜族古代萨满的影子。

古里巧绕

史诗《玛纳斯》第二部和第三部的主要人物之一，阿勒曼别特之子。他继承父亲崇高的品德，一生伴随在赛麦台身边，东征西战，屡建奇功，为柯尔克孜族人民的利益奋斗终生。作为一个外族后代，他与赛麦台情同手足，在人格上、品德上与赛麦台的另一位勇士坎巧绕形成鲜明的对比。他对朋友肝胆相照、忠心耿耿，对敌人痛恨无比、横眉冷对。在史诗的第二、三部中，他是首屈一指的勇士，既有呼风唤雨的本领，又有无人可比的才能和勇气，使敌人闻风丧胆。柯尔克孜族的强敌均被他一一铲除。在一场大决战中，独眼巨人玛德坎连续将赛麦台、坎巧绕、巴卡依等柯尔克孜族英雄戳下马。在危急时刻，古里巧绕高呼着"玛纳斯"的名字，冲向强敌玛德坎，并在祖辈神灵的佑护下将强敌斩落马下砍死。在营救阿依曲莱克时，他又将青阔交和托勒托依消灭。当暗害玛纳斯的宿敌孔吾尔拜再次前来进犯时，古里巧绕又将对方劈死，为玛纳斯报了仇。在激烈的战斗中，古里巧绕又先后杀死涅斯卡拉、交包塔依及把生命寄存在动物体内的克牙孜等强敌，建立了非凡的伟业。不仅如此，后来他也深受坎巧绕的迫害，被砍去肩胛骨，受尽欺凌，却依然顽强地渡过难关，对赛麦台忠心耿耿。最终帮助赛麦台之子赛依铁克惩治坎巧绕、克亚孜等败类，辅佑他登上了王位。古里巧绕成为赛麦台的同乳兄弟，处处表现高尚的品质，最后与赛麦台、卡妮凯、巴卡依、阿依曲莱克等一起隐逝。

阿吉巴依

玛纳斯四十名勇士之一，是克普恰克巴依（即克孜勒塔依）之子，与玛纳斯是堂兄弟。他原名叫阿不德勒达，因为率领阿克巴勒塔挑选的二十名勇士跟随楚瓦克去投奔玛纳斯，被称为"阿普比"。"阿普比"又转化成"阿吉比"进而变成了"阿吉巴依"。他是玛纳斯四十名勇士中最惹人喜爱的一个人物。他不仅相貌俊美，而且口齿伶俐、能言善辩、思维敏捷、聪明过人，常常作为玛纳斯的使者完成外交联络任务。他不仅有极强的口才，而且通晓多种语言。这些特点都为他充当使者的角色提供了便利条件。玛纳斯同卡妮凯相爱后，阿吉巴依去为他求婚，用婉转而优美的语言替英雄玛纳斯表达了意愿，显示了自己的才能。在远征前的大会商议中，他担任邀请十四位汗王的任务，走遍东南西北，说服众汗王前来参加大会，使十四位汗王都积极支持远征，率军陪同玛纳斯出征。当阿勒曼别特从阔克确出走后，玛纳斯做了一个奇异的梦。梦中，他得到一把宝剑，宝剑锐利无比，只一挥就能把坚硬的山石劈成两半。玛纳斯将宝剑佩在腰间，剑变成老虎和白隼使百兽云集，阿勒普神鸟带领百鸟布满天空。玛纳斯认为这个梦非同一般，于是召集四方宾客举行庆典并让人圆梦，人们都慑于玛纳斯的威严不敢圆梦，只有阿吉巴依圆了此梦。他指出玛纳斯不久将得到阿勒曼别特勇士的辅佐，让天下臣服，宝剑、猛虎、白隼均为其化身。他对这个梦境的解释使众人心服口服，也让玛纳斯高兴万分，亲自把一件金丝袍披在阿吉巴依身上。阿吉巴依在史诗中虽被描述得不是很多，但却有独具魅力的性格。

阿克巴勒塔

史诗《玛纳斯》中第一部的主要人物之一，为奥诺孜都汗的十个儿子之一，是玛纳斯的叔父、英雄楚瓦克的父亲。卡勒玛克人分割蹂躏柯尔克孜时，他与加克普一起被驱至阿尔泰。在艰苦的岁月里，他鼓舞、提高和凝聚了人们的斗争意志。他为人宽宏大量、目光远大，与玛纳斯的亲生父亲加克普形成鲜明的对比。他为加克普圆梦后预言，拯救柯尔克孜族于苦难的英雄玛纳斯即将诞生。玛纳斯出生前绮依尔迪闹口，阿克巴勒塔拿出世代珍藏的阿勒普神鸟的眼睛让她吃。绮依尔迪产下一个青皮囊时，他用金戒指划开皮囊取出婴儿，在皮囊中放入一对狗崽子，使婴儿顺利躲过了卡勒玛克侦探的搜查。他看到婴儿手上"玛纳斯"的字样后，为了使孩子不被敌人察觉，给孩子取名"冲京迪"（大疯子）。阿克巴勒塔还向加克普描述了玛纳斯未来的坐骑阿克库拉的外观特征，帮助加克普顺利地发现这匹神驹，并用大量的麦子将其换回。阿克巴勒塔把珍藏多年的马具赠送给玛纳斯，并对他叮咛嘱咐："要想打败卡勒玛克人，不能在卡勒玛克聚居的阿尔泰开始实施行动，而应该先从边远地区开始。"玛纳斯听从他的话，去撒玛尔罕寻找加木额尔奇和什阿依，与他们会合，听从他们的教诲。后来，阿克巴勒塔还让儿子楚瓦克带领二十名勇士及随从二百二十人投奔玛纳斯，跟随他为民族的生死存亡而战斗。他还给儿子楚瓦克写信，让他从阿勒玛特的布达依克汗手中取来阿克奥勒波克战袍交给玛纳斯。阿克巴勒塔作为玛纳斯的叔父，为玛纳斯平安降生人间，并扶持玛纳斯成长为一名英雄汗王作出了不懈的努力，并最终完成了自己的心愿。

额尔奇吾勒

《玛纳斯》史诗中玛纳斯的40名勇士之一，是大富翁额拉曼之子。额拉曼从占卜书中得知英雄玛纳斯降生人间，他将英名盖世，赶走奴役各族人民的卡勒玛克入侵者。于是，他从自己所属的卡拉卡勒帕克、土库曼、居尔居特、朱达、巴壤、向卡依、卡勒恰、克依巴、塔吉克、斯亚等部族中选出20名勇士，其中包括自己的儿子额尔奇吾勒，并让弟弟克尔哥勒率领这些勇士向东挺进去投奔玛纳斯。额尔奇吾勒作为玛纳斯的40名勇士之一，不仅是一位战士，同时又是天才的民歌手。从其名字上也能看出他的双重身份。在柯尔克孜族语中"额尔奇"就有民间歌手之意。而"吾勒"则为勇士的意思。他随玛纳斯东征西战，目睹玛纳斯创造的伟大业绩，并把这些编成歌来演唱，成为随军的即兴歌手。玛纳斯离开人世之后，他又把玛纳斯一生的英雄事迹编成哭悼歌反复在民众中进行演唱。这大概是史诗《玛纳斯》最早的原形，许多玛纳斯奇称其为《玛纳斯》史诗的第一位创作者和演唱者，拜他为自己的祖师爷。

阿克艾尔凯奇

《玛纳斯》史诗中哈萨克英雄阔克确的夫人。她是卡拉汗的女儿，所以与玛纳斯之妻卡妮凯是姐妹关系。当年，玛纳斯与阔克确在康西别尔草原上玩攻打"皇宫"的游戏时，身为朵汗、巴努斯汗骆驼商队头领的满洲人朵都尔巨人牵着驮有丝绸、茶叶的骆驼踩过他们画在地上的游戏圈并污辱他们，于是，玛纳斯气愤至极，与阔克确一起奋起拼杀。在搏斗中，除了阔克确阔孜一人侥幸逃跑外，其余人全被两位少年英雄杀死，财物也被他们缴获。从此以后，阔克确与玛纳斯结为兄弟，并带着货物到布哈拉娶回了阿克艾尔凯奇。她是个美丽、善良、心胸宽广的女人，与心胸狭窄、多疑而轻信谣言的阔克确形成鲜明的对比。由于阿克艾尔凯奇是个绝色美人，阔克确便听信流言，认为阿勒曼别特与自己的妻子有暧昧关系，便以莫须有的罪名把投奔自己麾下的阿勒曼别特赶走，完全无视他为哈萨克族的振兴所作出的贡献，让阿勒曼别特感到无比伤心和绝望。阿克艾尔凯奇一再向阔克确解释和说服均没有奏效。阿克艾尔凯奇的性格随着史诗情节的发展而变化，得到了细致而全面的揭示。她努力劝说自己的儿子玉麦台不要与自己的亲戚赛麦台作对，但玉麦台傲慢地目空一切，执意去向赛麦台讨战，结果被气愤的赛麦台命手下砍下其首级。阿克艾尔凯奇对赛麦台这种不顾手足之情的行为甚为恼怒，也为失去独生子而悲痛欲绝。即使赛麦台把征战中的坐骑塔依布茹里骏马作为感情债相送，也不能使她平息心中的怨气，表明了她对母子之情的深深眷恋。

波略克拜

《玛纳斯》史诗第一部中的人物，玛纳斯武器的制作者，因为他腿有残疾，故人称瘸腿铁匠。在居素普·玛玛依的唱本中，对他的武器制作过程有细致而生动的描述。巴卡依请来波略克拜，并把从埃及拿来的阿克凯勒铁神枪交给玛纳斯，阿依阔交把他珍藏多年的神剑交给玛纳斯。波略克拜躲在森林里架起火炉开始为玛纳斯制作其他武器。加木额尔奇派出50名壮士专门为波略克拜运送木炭。为制作风箱，加木额尔奇与什阿依将阿依勒的牡牛全都宰杀干净。为烧制木炭，几座森林被烧光，在巴卡依、阔绍依、加木额尔奇、阿克巴勒塔等人的帮助下，波略克拜终于给玛纳斯制作完成月牙斧、神矛、神鞭、神枪等武器。这些武器日后对玛纳斯成就英雄业绩发挥了举足轻重的作用。

玛合都姆

《玛纳斯》史诗第一部中的人物，英雄玛纳斯之父加克普的第二位妻子，是玛纳斯同父异母的兄弟色尔哈克和赛热克的母亲。在史诗中，她是一位寡妇，身边带有一个儿子。其儿子偷偷地给送入森林独居的绮依尔迪送饭时，在途中奇迹般地遇到尚未出世的玛纳斯的灵魂，并将此事告诉加克普。由于当时克塔依、卡勒玛克的暗探们四处打听玛纳斯的消息，欲将玛纳斯杀死在母腹中。贾克普因害怕这个小孩走漏消息，遂将孩子捆在烈马背上让马拖死在森林中。玛合都姆听到自己儿子受害的消息后向加克普索命。于是，在阿德勒别克的撮合下，加克普在无奈之下娶玛合都姆做小老婆才使事情得到平息。玛合都姆后来生下了玛纳斯同父异母兄弟、成为功勋卓著的大英雄的色尔哈克和赛热克。

阔阔托依

史诗《玛纳斯》中的人物，有的译文中称"阔克托衣"。他是柯尔克孜族中一位德高望重的汗王。他所统治的部落游牧于塔什干周边一带的草原，是一个十分富裕的地方。阔阔台依有万贯家财和数不尽的牛羊，可惜没有儿子。一次偶然的机会，他在路旁拣到了一个弃婴，取名包克木龙，长大后成为他的汗位继承人。阔阔托依的人物形象在史诗中并非十分明确，但是为他所举办的大型祭奠仪式"阔阔托依的祭典"却成为史诗中最著名的传统情节之一得到细致而全面的描述。"阔阔托依的祭典"上四面八方人员齐聚，赛马、摔跤、射箭等各种竞技活动热闹非凡。由于柯尔克孜族在竞赛中赢得大胜，玛纳斯的阿克库拉骏马获得赛马第一，德高望重的阔绍依老将军经过惊心动魄的搏斗，最终将著名的卡勒玛克英雄交牢依摔倒，玛纳斯又在射箭、马上角力等比赛中打败空吾尔拜。于是，卡勒玛克人感到羞愧难当，不仅抢走赛马竞赛的奖品，而且还抢夺准备用来招待客人的肉食。空吾尔拜还蛮不讲理地向柯尔克孜族提出要求，要柯尔克孜族人把世间最快的神马玛尼凯尔赠送给他。于是，一场不可调和的矛盾为史诗后续情节的发展奠定了基础。

穆兹布尔恰克

史诗《玛纳斯》中的人物，为哈萨克汗王，是玛纳斯的外七汗之一，在很多场合都站在英雄玛纳斯一边，并积极参加远征，最终在战斗中不幸中箭身亡。玛纳斯让人将其尸体一路带回故乡，到达阔阔尼西地方时，将其尸体葬在群山悬崖之中。在今新疆阿合奇县城东边色帕尔巴依乡阔阔尼西地方有一座隐藏在山中的墓地。根据当地的传说，这就是哈萨克英雄穆兹布尔恰克之墓。墓地南边是陡峭的山崖，山崖上生长有一棵千年古树。枝叶茂盛，树冠如云。悬崖上还有一股清澈的泉水流出。当地人将此泉水视为"圣水"，人饮此水可以消灾祛病。往来求水者络绎不绝。墓地东边长满刺玫瑰和一棵杏树。过往路人在树枝上绑满各色布条，以求得英雄灵魂的保佑。这座墓地已经成为远近闻名供人们祭拜的麻扎圣地。

阿牢开

史诗《玛纳斯》中的主要人物之一，是卡勒玛克人的首领，对柯尔克孜人实施野蛮统治的暴君。他率卡勒玛克人向柯尔克孜部不断发动疯狂进攻，占领柯尔克孜牧场，奴役柯尔克孜族的各个部落后，将柯尔克孜汗王奥诺孜都的10个儿子作为礼物分送给各地卡勒玛克汗王，并将他们的部众全部遣散，分送给卡勒玛克人当奴隶，使柯尔克孜民族面临灭顶之灾。当阿牢开从占卜师朗吉都克处获悉，柯尔克孜族人中将出生一位盖世英雄玛纳斯，并将推翻卡勒玛克人的统治时，他下了一道惨无人道的命令：剖开柯尔克孜所有孕妇的肚子，不让一个柯尔克孜男孩诞生。英雄玛纳斯在柯尔克孜人民的全力保护下出生，长大成人之后，率众推翻了卡勒玛克人的统治，阿牢开也被赶出柯尔克孜族的领地。

孔吾尔拜

为《玛纳斯》史诗第一、二部英雄主人公的主要敌手，是史诗的主要人物之一。他在整部史诗中是一个形象丰满、有血有肉的人物。有的译文中称为空吾尔巴依、昆吾尔等。作为卡勒玛克的首领（在有些异文中称他是克塔依的首领），他生性残忍，诡计多端，英勇善战，武功高强。其形象通过战场骁勇善战和战前对战争的细密策划而得到充分展现。他在这一方面的才能可以和玛纳斯并驾齐驱，在计谋和策略方面甚至超过玛纳斯，是一位智勇双全的英雄。他的英雄行为在第一部的《远征》及第二部的《塔拉斯的大决战》中表现得尤为突出。在《远征》中，大多数英雄都因为孔吾尔拜的诡计多端而献身，玛纳斯本人也中其埋伏而受伤，被毒斧砍中后牺牲。玛纳斯等老一辈的英雄们全部去世之后，孔吾尔拜又策划了一起大举进犯塔拉斯的阴险计划，但他本人在这次战争中被赛麦台杀死。在史诗第一部中悬而未决的问题，到了第二部得到解决。孔吾尔拜这个令柯尔克孜英雄们倍感恐惧的强敌最终被铲除，一个侵略成性的人物得到了应有的下场。

阔孜卡曼

史诗《玛纳斯》中的人物。"阔孜卡曼"在柯尔克孜语中是"野猪眼"之意，是一个不受人欢迎的人物。他作为加克普的弟弟，玛纳斯的叔父，是一个利欲熏心、见利忘义的小人。他被卡勒玛克人收买为奸细，潜入柯尔克孜人内部，伺机谋害玛纳斯。阔孜卡曼谋害玛纳斯的阴谋，在不同变体中有多种多样的说法，有说是以毒箭在打猎时射伤玛纳斯的，也有说是以利斧砍中玛纳斯的，还有说是以毒酒毒死玛纳斯的。但是无论如何，他的阴谋虽然得逞，但最后玛纳斯经过妻子卡妮凯等用神奇的秘方精心治疗和呵护，最终都会死而复生，并惩处阔孜卡曼父子，报仇雪恨。

娜克莱依

史诗《玛纳斯》中的人物，是玛纳斯的三位妻子之一，也是杀害玛纳斯的凶手之一。她是卡勒玛克首领肖茹克之女，玛纳斯在战场上杀死她的父亲，将她作为战利品带回塔拉斯做自己的妻子。作为妻子，她常常挑拨玛纳斯与他明媒正娶的爱人卡妮凯两人的关系，甚至参与到阔孜卡曼暗害玛纳斯的阴谋之中。玛纳斯去世后，她嫁给了篡位者阿维开与阔别什兄弟，始终与阴谋者为伍。

恰奇凯

史诗《玛纳斯》中的人物，是史诗第二部英雄主人公赛麦台的妻子，也是阴谋杀害赛麦台的主犯之一。在赛麦台迎娶仙女阿依曲莱克公主之后，她妒火中烧，经常挑拨赛麦台与阿依曲莱克的关系。她的这种愈来愈烈的嫉妒之火最后甚至发展到使她成为谋害丈夫的幕后策划者。她唆使和怂恿心怀不轨的叛徒坎巧绕勾结克亚孜和托勒托依杀死赛麦台，叛变夺权。等阴谋得逞之后，她便大胆地嫁给了叛逆者坎巧绕为妻。恰奇凯在史诗中是一个刁钻、嫉妒、心狠手辣的女性形象的典型。

坎巧绕

史诗《玛纳斯》第二部和第三部的主要人

物之一。身为一代忠臣楚瓦克之子，坎巧绕却因为心胸狭窄，听信谗言，而成为史诗中叛逆者的典型。他背叛赛麦台，并与人勾结实施篡权阴谋是史诗的许多重要的传统情节之一。坎巧绕和古里巧绕一样，是赛麦台的两员随身大将。在对敌战斗中，坎巧绕也像古里巧绕一样积极参与战斗，建立功勋，得到赛麦台的赏识和柯尔克孜族的赞扬，但由于他心胸狭窄，对赛麦台看重古里巧绕产生强烈的嫉妒心理，并使之白热化，直到在史诗第三部《赛依铁克》中与赛麦台背道而驰，走向其对立面。史诗中，对坎巧绕的这种转变过程描述得十分真实生动，有许多感人的事例。玛纳斯奇在演唱坎巧绕吮吸卡妮凯的乳汁而与赛麦台成为同乳兄弟时，描述他所吮吸的乳房流出鲜血，预兆他日后必将成为赛麦台的敌人。坎巧绕的这种性格与继承父辈遗志、为人民的事业而顽强斗争的赛麦台和古里巧绕的性格形成了鲜明的对比。当然，坎巧绕的背叛也有客观的原因，那就是赛麦台娶阿依曲莱克之后，他的前妻恰奇凯便产生嫉妒，逐渐生出邪念，拉拢怂恿坎巧绕与赛麦台作对。坎巧绕在这种挑拨下，勾结克亚孜，伺机骗走赛麦台的坐骑和武器，使他因失去骏马和武器而遭到克亚孜的谋害。赛麦台在危急时刻突然消失，坎巧绕便如愿以偿，乘机篡夺王位，与恰奇凯结为夫妻。他还割掉古里巧绕的肩胛骨，让其变成残废，无法对他造成威胁。然后又把卡妮凯、巴卡依等贬为奴隶，受尽苦难。最后，在卡妮凯、巴卡依、古里巧绕等人的多方努力下，坎巧绕最终被赛依铁克惩治，得到应有的下场。

克亚孜

《玛纳斯》史诗第二部《赛麦台依》、第三部《赛依铁克》中的主要反面人物之一。他是托勒托依之子。为了向赛麦台报弑父之仇，他听从坎巧绕的怂恿，前来与赛麦台交战，为自己的先祖报仇。因坎巧绕配合克亚孜提前骗去赛麦台的战甲和武器，又说服他将骏马送给哈萨克人，失去坐骑和武器的赛麦台无法战胜克亚孜而在激战中遭到暗害，其尸骨也突然遁逝。实际上，在战斗中受重伤的赤手空拳的赛麦台，在危急关头，被仙女救入卡依普神山之中。这个情节在史诗的后续内容中才有所交代。暗害赛麦台之后，克亚孜便推举坎巧绕为王，将赛麦台的忠诚勇士古里巧绕肩胛软骨割去使其沦落为奴隶，自己则强娶已有身孕的阿依曲莱克为妻。具有神性的克亚孜怀疑腹中怀有赛麦台的遗腹子，便千方百计谋害阿依曲莱克所生的儿子。阿依曲莱克被克亚孜占为己有之后，利用自己能够幻化的神力，把女巫变成自己的替身去陪克亚孜睡觉，自己则一心一意保护着腹中的胎儿。在阿依曲莱克的巧妙策划和周密安排下，赛依铁克才安然无恙地诞生。长大后在巴卡依、古里巧绕等的帮助下，赛依铁克惩治叛徒坎巧绕，杀死克亚孜，替父亲报了仇。在史诗中，克亚孜这个人物身上反映出许多古老的神话母题及民间幻想的成分。他的生命被寄存在一只野山羊肚子里保存的箱子内的7只麻雀身上。他的坐骑、灰色的托托茹骏马也通人性，能说人话，甚至能够在危难中援助克亚孜，连生命也与主人紧密联系在一起。古里巧绕与克亚孜展开惊心动魄的血战，但无论如何也没能把他杀死。最后，在阿依曲莱克的帮助下，古里巧绕前去山中，射死野山羊，取出其肚子中的箱子，捏死了5只麻雀，而其余两只麻雀却乘机又钻入克亚孜的坐骑托托茹的两只鼻孔内。于是，只要托托茹骏马嘶鸣一声，克亚孜便立刻恢复神智，力量倍增。古里巧绕将克亚孜杀死6次，克亚孜又6次复活。最后，古里巧绕瞅准机会杀死克亚孜的坐骑后，他才与骏马一起送命。克亚孜是一位具有古老神话英雄特征的人物，体现了柯尔克孜族古老而独特的神话观念。

阔别什

《玛纳斯》史诗中的人物，是加克普的三老婆巴克多莱提所生的两个孩子中的次子，与玛纳斯是同父异母兄弟，他自私而无任何正义感和同情心，与哥哥阿维凯串通一气，阴谋夺取柯尔克孜族的汗位。英雄玛纳斯尸骨未寒，阔别什和阿维凯便在父亲加克普的支持和怂恿下，冲进玛纳斯的宫殿，烧杀抢掠，并不知廉耻地强迫卡妮凯与他们其中一个结婚。他们还灭绝人性地妄图杀害玛纳斯未满周岁的儿子赛麦台，结果在卡妮凯的巧妙安排和调包之后，他们误将萨热塔孜的养子当成赛麦台，残酷地连婴儿带摇床一起扔进滔滔大河之中。叛逆者以为自己的阴谋得逞，便毫无顾忌地篡夺了汗位，霸占了王宫和财物。赛麦台被机智勇敢的卡妮凯保护下来后，经过千难万险带到娘家抚养，12岁时得知自己的身世并返回塔拉斯。阔别什得知赛麦台重新返回塔拉斯的消息后，又与加克普、阿维凯密谋，欲用毒酒暗害赛麦台，最后因阴谋败露而被赛麦台在无奈中惩处。阔别什在史诗第一部中并没有什么重要表现，在第二部才真正表露出自私、狭隘，他为了个人的利益甚至不惜杀死亲人，其自私与狭隘暴露无遗。

巴额什

《玛纳斯》史诗中的英雄人物之一，巴额西是玛纳斯的外七汗之一，驻守在玛纳斯领地的边缘地区负责防卫。他是史诗第二部英雄人物托勒托依的父亲。在史诗中对他的一些事迹虽然只是作为次要线索进行描述，但对史诗的主体线索产生一定影响。在史诗的许多章节中都有与他相关的情节。在《阔阔托依的祭典》、《玛纳斯邀请七汗商讨远征》等章节中列数各位汗王的情况时有所叙述，并点明他是柯尔克孜节迪盖尔部落的汗王。他虽然在节迪盖尔部落中是一位名声显赫的汗王，也始终支持玛纳斯的征战活动，但有时候却因为玛纳斯不重用他而感到闷闷不乐。但无论如何，他是一位心胸豁达、知书达礼的人物。

托勒托依

《玛纳斯》史诗第二部主要人物之一。在《玛纳斯》第二部《赛麦台》中，托勒托依因受人欺骗和利用而与赛麦台作对，成为赛麦台的对手，在史诗情节的发展方面有很重要的作用，成为史诗主要人物群体中的成员。他受青阔交的诱导和怂恿，带领重兵围攻玉尔凯尼奇河边的阿空汗的城堡。而阿空汗之女阿依曲莱克是英雄赛麦台指腹为婚的未婚妻。史诗中"英雄争夺美女"的母题在这里得到了淋漓尽致的表现，引发了一场惊天动地的战争。一方是以玛纳斯之子赛麦台为首的保卫者，另一方是以青阔交与托勒托依为首的入侵者。战争以青阔交与托勒托依丧命而结束。这场争夺美女的战争是《玛纳斯》史诗第二部《赛麦台》中的重要章节。根据我国《玛纳斯》演唱大师居素普·玛玛依的唱本，还有一部根据托勒托依的生平创编演唱的史诗《托勒托依》已经在我国出版。这部史诗在内容情节的安排、人物关系和结构方面与《玛纳斯》史诗第二部《赛麦台》有多方面的联系，其内容也有所扩展，可以说是《赛麦台》补充篇，完全可以被认为《赛麦台》史诗中的插话或有机的补充。但是，尽管如此，两部史诗在一些英雄人物塑造的细节上，在英雄人物之间的关系上不可能丝毫不差地完全对应，更不能说后一部是前一部的简单重复。

科尔格勒恰勒

《玛纳斯》史诗第一、二部的主要人物之一，为玛纳斯四十勇士之首领。他虽为四十勇士之首领，但是在很多场合都是以搬弄是非、挑拨离间的坏人形象出现，成为史诗中的一个反面人物典型。在史诗的一些异文中，因为他的挑拨而使阿勒曼别特和楚瓦克之间出现矛盾冲突，影响了玛纳斯队伍内部的团结。也是由于他的挑拨，玛纳斯死后，四十勇士背叛赛麦台而招致杀身之祸。

玛纳斯的十四位汗王

玛纳斯的部落联盟，共有14大部落，14位汗王即为这14个部落的首领。14位汗王分为内七汗与外七汗。内七汗是柯尔克孜内部的汗王，又称诺奥依汗王，主要为玛纳斯的亲属，是玛纳斯的直属部落的首领，他们是：1. 加克普汗，玛纳斯之父，驻扎在加克塔什，管理萨尔诺奥依（黄诺奥依）部；2. 加木额孜奇汗，玛纳斯之叔父，驻扎在加依勒玛，管理卡拉诺奥依（黑诺奥依）部；3. 铁凯奇汗，玛纳斯的叔父，是奥诺孜都的第五位妻子所生，驻扎在特斯开依；4. 巴卡依汗（玛纳斯之友），驻玛依布拉克；5. 楚瓦克汗（玛纳斯之侄儿），驻包拉考角阿克塔什；6. 什阿依汗，玛纳斯之叔父，为奥诺孜都大老婆所生，驻扎在什那地方；7. 阿勒曼别特汗（玛纳斯之友，克塔依人），驻节迪干尔。外七汗是玛纳斯的附属部落的首领，他们是：1. 阔绍依（玛纳斯之叔父），驻阿特巴什；2. 托什托克，驻喀什噶尔；3. 森奇别克（乌孜别克人），驻浩罕安集延；4. 坎尔阔库勒，哈萨克汗王，驻扎在开特克托别；5. 阿额什，柯尔克孜部落首领，驻扎在介提都孜；6. 必，哈萨克汗王，驻扎在大开敏；7. 穆孜布尔恰克，哈萨克汗王，驻扎在阿拉木图。

玛纳斯的四十勇士

史诗《玛纳斯》中英雄玛纳斯的随身伙伴。他们分别来自不同民族或部落，聚集在玛纳斯的周围与玛纳斯同舟共济、并肩杀敌，成为他的左膀右臂。史诗中对四十勇士的名单有详尽的述列，他们是：玛吉克、康巴尔、恰力克、卡依古勒、波克吾勒、托茹勒楚、凯尔班、都尔班、扎塔依、阿塔依、玉麦特、玉麦塔勒、贾依桑、波别克、夏别克、秀库尔、卡拉阔交、卡勒克曼、艾列曼、托克诺依、包朗楚、吐尔纳、库突纳依、阔西阿勒达西、克尔哥勒、巴拉阿勒达西、卡拉托略克、阿拉坎、额尔奇吾勒、包孜吾勒、塔孜巴依玛特、阿勒巴依、阿勒木拜、阿吉巴依、卡德尔、加依纳克、秀图、吐曼、赛热克、色尔哈克。四十勇士各有所长，各有其固定的任务；其中有许多勇士在史诗中有比较具体而详细的描述，形象也十分鲜明，而有些则只有名字，其发挥的作用在史诗中也并没有得到具体描述。四十勇士的身份和来历都各有不同。比如其中有像赛热克、色尔哈克那样与玛纳斯同父异母的兄弟，也有像玉麦特、阿塔依、吐尔纳等来自外族的勇士等。但无论如何，他们均与玛纳斯朝夕相处，东征西战，一生伴随在玛纳斯身边，个个怀揣过人的本领。他们中有勇猛过人、战功显赫的赛热克、色尔哈克、玛吉克、塔孜巴依玛特、秀图等英雄；有精通文法、记录战争、专门编出赞歌颂扬玛纳斯业绩的额尔奇吾勒；有口才出众、善于辞令、能说会道，在谈判和游说中表现出色的阿吉巴依；有占卜师卡拉托略克，卦师阿拉坎以及其他很多各具本领的英雄人物等。有一些英雄还有其独特的本领，比如在史诗中色尔哈克还是一名出色的侦察员，而秀图能在黑夜里辨别出狐踪狼迹，看着星星指出方向和路径等。

奥诺孜都的十个儿子

奥诺孜都是玛纳斯的祖父，共娶5个妻子并得10个儿子。大老婆生加克普和什阿依，二老婆生卡塔安和卡特卡朗，三老婆生阿克巴勒塔和加木额尔奇，四老婆生卡斯耶特和卡勒卡，第五个老婆生铁凯奇和克孜勒塔依。奥诺孜都病故后，10个儿子不能团结一致共同对敌，备受卡勒玛克人的欺凌，被分割驱赶到各方。其中卡斯耶特和卡勒卡及早行动，带领3万户人家搬迁至蒙古，与哈萨克及蒙古人为邻，受阿勒万、克扎依两个卡勒玛克人的管辖，其子孙也逐渐被称为阿勒万和克扎依，组成了两个部落。玉尔必就是克扎依部落的汗王。这两个部落后来成了哈萨克族的重要组成部分。加克普被驱赶至卡勒玛克大富翁诺奥依的管辖区充当奴仆。加克普及其带领的9万户人便被称为诺奥依人，组成了柯尔克孜的诺奥依部落。阿克巴勒塔被赶往阿尔泰约恰木比勒山脊的阿克恰木比勒草原放牧，受卡勒玛克巨人诺依古特的管辖，从此其属民便被称为诺依古特人，组成了柯尔克孜的诺依古特部落。卡塔安和卡特卡朗最初就居住在阿特巴什，由于卡塔安之子阔绍依勇猛过人，卡勒玛克人慑于其威力而没有被赶到别的地区做奴仆。他们驻扎原地被称为"卡勒的柯尔克孜"（留下来的柯尔克孜），后又转变成"卡拉柯尔克孜"。卡特卡朗得一子叫卡拉恰，卡拉恰有一女叫萨依卡丽。她是史诗中名声显赫的一位女中豪杰。加木额尔奇和什阿依被驱赶至撒瑟尔罕，受驻守在那里的名叫艾什台克的一位卡勒玛克比的管辖。克孜勒塔依备受奴役和欺凌，被驱赶至塔吉克族中间，当时统治塔吉克和这一部分柯尔克孜的是名字叫克普恰克的卡勒玛克人；因此，克孜勒塔依率领的柯尔克孜人便被称为克普恰克柯尔克孜人。铁凯奇无子嗣。就这样，奥诺孜都的10个儿子被卡勒玛克弄得流离失所，四处飘零，寄人篱下，受尽屈辱。玛纳斯诞生后，才重新将这些分散的柯尔克孜部落联合起来，组成抗击入侵之敌的强大部落联盟。其中，有许多成为玛纳斯的附属汗王。

玛纳斯的祖先谱系

《玛纳斯》的各种异文都是从追溯英雄祖先谱系开始的，而且对英雄的祖先谱系的描述不尽相同。虽然每一个"玛纳斯奇"的说法各异，但有一个共同特点是要向上追溯八代。这与每一个柯尔克孜人要牢记祖先七代人的名字的古训有关。俄国学者拉德洛夫在十九世纪搜集的《玛纳斯》唱本中，玛纳斯的祖先谱系是："别云汗—卡拉汗—加克普汗—玛纳斯"仅四代，吉尔吉斯斯坦20世纪的大玛纳斯奇萨思拜依·奥罗兹巴科夫的《玛纳斯》唱本中，玛纳斯的祖先谱系是："图贝汗—克盖汗—诺盖汗—奥罗兹达、乌森、加克普、巴依（四人并列）"，加克普之后为玛纳斯，巴依之后为巴卡依，也有四代。我国《玛纳斯》大师居素普·玛玛依演唱的《玛纳斯》中，玛纳斯的祖先谱系最明确。分别是：别云汗—恰彦汗—卡拉汗—奥诺孜都—加克普、什阿依、卡塔安、卡特卡郎、卡斯叶特、卡勒卡、加木额尔奇、阿克巴勒塔、铁凯奇、克孜勒塔依（十人并列），加克普的儿子是玛纳斯、赛热克、色尔哈克、阿维克、阔别什五人，卡塔安之子是阔绍依；阿克巴勒塔之子是楚瓦克；克孜勒塔依之子为阿吉巴依，共五代。在我国另一位著名"玛纳斯奇"萨特瓦尔德的《玛纳斯》唱本中，玛纳斯的祖先谱系是：托盖依汗—阔别依汗—别云汗—恰彦汗—巴依加木额尔齐—确云汗—青阔居西—加克普汗—玛纳斯，共九代。

三、玛纳斯奇：《玛纳斯》史诗演唱艺人

玛纳斯奇

柯尔克孜族中专门以演唱《玛纳斯》史诗为职业的民间艺人。"玛纳斯奇"从广义上讲是指能演唱《玛纳斯》史诗整部或其中一部分的民间说唱艺人。从狭义上讲是指只唱《玛纳斯》第一部内容的民间艺人，而第二部内容的演唱者被称为"赛麦台奇"。"玛纳斯奇"曾一度

被称为"交毛克奇"，这一称呼至今在某些柯尔克孜地区依然流行。他们是《玛纳斯》史诗的传承者、创作者、传播者，在柯尔克孜民族中间享有崇高威望。根据演唱才能和演唱水平、对史诗内容掌握的情况和即兴创作、加工史诗的能力，"玛纳斯奇"可分为四个等级，分别是"琼玛纳斯奇"（大玛纳斯奇）、"恰拉克玛纳斯奇"（小玛纳斯奇）、"乌依然奇克玛纳斯奇"（学徒玛纳斯奇）。大玛纳斯奇一般都会演唱三部或三部以上的《玛纳斯》，出口成章，滔滔不绝，对史诗的人物、情节、故事了如指掌，能够凭借超人的记忆力、丰富的想象力和高超的诗歌表现能力，在史诗固定不变的框架内进行再创作，再加工，在不同的时间、不同的地点、不同的听众面前对史诗进行增删、修改，从而创作出自己独特的变体。这些大玛纳斯奇都有各种传奇身世，他们不仅会唱《玛纳斯》，而且能唱出柯尔克孜族的其他史诗和叙事诗，对柯尔克孜族口头文学极为熟悉，堪称柯尔克孜族民间文学的大师。大玛纳斯奇人数很少，对史诗的创作、发展、传播起着至关重要的作用。他们每个人都对自己所生长的区域内的人们产生深远影响，直接或间接地培养出许多小玛纳斯奇。一些大玛纳斯奇的名字与史诗融为一体，被人们永世记忆。根据玛纳斯奇的演唱，最初创作史诗的人是英雄玛纳斯40勇士之一、能言善辩的额尔奇乌勒。他作为玛纳斯身边的一名勇士，一生随玛纳斯南征北战，用歌声颂扬英雄的光辉业绩。可以说是玛纳斯奇的始祖。到了20世纪，能称得上大玛纳斯奇的人已寥寥无几。在吉尔吉斯斯坦发现了特尼别克·加皮（1846—1902）、巧大凯·奥木尔（1880—1925）、萨额木拜·奥诺孜（1867—1930）、萨雅克拜·卡拉拉耶夫（1894—1971）。中国有居素甫阿洪·阿帕依（？—1920）、额布拉音·阿昆别克（1882—1959）、艾什玛特·玛买特居素普（1880—1963）和目前惟一一位能演唱8部史诗的《玛纳斯》大师、被国内外学者誉为"当代荷马"的居素普·玛玛依。小玛纳斯奇是那些能够唱第一部《玛纳斯》和第二部《赛麦台依》主要内容的民间歌手。他们虽然不及大玛纳斯奇的才能，但由于人数较多，分布地域广阔，而且主要演唱人们喜闻乐见的精彩章节，所以在史诗的传承、保存、普及方面起着举足轻重的作用。其中的一些佼佼者，凭借自己的努力，创作出自己的独特变体而进入大玛纳斯奇的行列。学徒玛纳斯奇是《玛纳斯》演唱艺人中人数最多的部分，他们随时随地为听众演唱，成为史诗最广泛的传播者，并且师承前辈著名"玛纳斯奇"，从他们那里学习史诗的演唱技巧和风格。《玛纳斯》史诗从雏形发展到基本形态，在这一基础上不断增加新的内容，走向史诗艺术的高峰。每一个发展环节都离不开各个时代玛纳斯奇的加工、润色、即兴创作。正是由于众多才华横溢的玛纳斯奇的不断创作、加工和传播，才使它由小到大，从简到繁，从浅到深，不断发展，成为今天这样宏伟的规模，达到今天这样的艺术高度。

（一）国内玛纳斯奇

艾什玛特·曼别特居素普

艾什玛特·曼别特居素普（1880—1963），19世纪末20世纪初，中国著名玛纳斯奇。乌恰县黑孜苇乡阿克布拉克村人。没有进过任何学校，从小跟着父亲玛买特居素普学习文化知识，学唱《玛纳斯》史诗。幼年时就学会《艾尔托什吐克》、《库尔曼别克》、《考交加什》、《加尼西与巴依西》、《鸟王布达依克》等多部柯尔克孜史诗以及大量各类体裁的民间口头文学作品。长大成人后，他不满足于仅从父亲口中学习，开始到各地巡游，结识大批史诗演唱艺人，切磋交流，并在庆典婚礼、祭典上演唱《玛纳斯》及其他史诗。他甚至曾跨越国界，到前苏联境内的柯尔克孜（吉尔吉斯）地区，向一位名叫艾山别克的著名玛纳斯奇学习演唱《玛纳斯》史诗。

据说他还曾与中国的著名玛纳斯奇居素甫阿洪•阿帕依、前苏联吉尔吉斯著名玛纳斯奇萨恩拜•奥诺孜巴克等一起到吉尔吉斯斯坦的现代最杰出的玛纳斯奇之一特尼别克门下学习4年多时间。成名后，地方长官阿尔孜玛特赏识他的《玛纳斯》演唱才能，把他收养在身边，带着他到各地出席喜庆宴会及祭典活动。艾什玛特四处演唱《玛纳斯》，名声越来越大，被称为"柯尔克孜族的黄莺"。据说他经常一唱就延续数天时间，得到人们的阵阵喝彩。他所演唱的史诗，无论内容还是演唱风格，都保留了很多古老成分，语言朴实，生动感人，有非常鲜明的口头程式化特征，在许多情节上也同居素普•玛玛依的变体形成鲜明的对比。根据国内学者们的研究，他所演唱的史诗第一部中的《保卫塔拉斯》、《玛纳斯与萨依卡勒女英雄的爱情》、《阔阔托依的祭典》、《玛纳斯之死》、《玛纳斯的葬礼》，以及第二部中的《赛麦台与巴额西对阵》《赛麦台与玉麦台依结盟》、《坎巧绕的阴谋》等传统章节都有其独到之处。20世纪60年代初，他所演唱的内容，包括史诗前三部的内容，开始由郎樱和玉赛因阿吉共同合作翻译成汉文。但是这个译文在"文革"期间丢失。"文革"结束后，又找回来一些资料。其中的"智勇双全的巾帼英雄卡妮凯"、"玛纳斯死而复生"等传统篇章的汉译文，共计3300行，被编入中国文联出版社于2003年出版的《柯尔克孜民间文学精品选》第二集。据说，他能够演唱《玛纳斯》前七部，还能演唱多部柯尔克孜族史诗及叙事诗。在1961年开展的《玛纳斯》普查中，工作组只记录下了他演唱的史诗第一、二两部。记录他的演唱文本时，他已是80多岁高龄，所以当时没有能够留下他完整的史诗唱本。艾什玛特•曼别特居素普于1963年离开人世。2003年由当时《玛纳斯》工作组成员玉赛因阿勒•阿勒穆库勒于1961年记录下的文本《赛麦台》经过托汗•依萨克的编辑整理，由克孜勒苏柯尔克孜文出版社于2003年出版，并于2009年再版，文本共计12300行。他的唱本的一些片段汉译文也散见于各种出版物。关于他生平及其文本的研究见于郎樱、曼拜特•吐尔地、托汗•依萨克等人的研究著作。

额布拉音•阿昆别克

额布拉音•阿昆别克（1882—1959），19世纪末20世纪初，我国著名玛纳斯奇。阿合奇县哈拉奇人。据他的女儿朱玛汗回忆，额布拉音•阿昆别克17岁时成为孤儿。有一天，他在山坡上放羊，睡着了，玛纳斯及其随身大将巴卡依等在梦中出现，把史诗的内容教给了他，从此他便会演唱史诗《玛纳斯》了。但他由于性格使然，不轻易在众人面前演唱，因此，他在被巴勒瓦依发现，并开始记录其演唱的内容之前，还是一个默默无闻的人物。1917—1927年间，巴勒瓦依花费近十年时间，从他口中记录下了《玛纳斯》史诗后五部，即第四部《凯耐尼木》、第五部《赛依特》、第六部《阿斯勒巴恰与别克巴恰》、第七部《索木碧莱克》、第八部《奇格台》等的内容。当今《玛纳斯》大师居素普·玛玛依演唱的八部史诗的后五部的内容，即传承自他演唱的变体。当时，他是以散文和韵文结合的形式演唱，并由巴勒瓦依进行记录。居素普·玛玛依得到哥哥给他的这些文本资料后，对其中的有些内容进行了加工，把散文故事式的讲述部分都加工润色成为韵文，以便于记忆背诵和演唱，提高了史诗的艺术表达能力。正因为有了他所演唱的内容，才有了今天世界上最完整的 8 部《玛纳斯》变体。

巴勒瓦依·玛玛依

巴勒瓦依·玛玛依（1896—1937），20 世纪我国著名玛纳斯奇，当代著名玛纳斯奇居素普·玛玛依的哥哥，阿合奇县哈拉布拉克人。他自幼酷爱民间文学，特别是迷恋英雄史诗《玛纳斯》。他幼年曾在经文学校读书，后来成为当地著名的学者。他利用自己做生意游走各地的机会，凭着一腔热情，搜集、记录《玛纳斯》的各种手抄本。他不仅自己热衷于学习和演唱《玛纳斯》，而且亲自记录玛纳斯奇们的各种演唱资料，终于成为当地有名的玛纳斯奇和有成就的《玛纳斯》史诗资料的搜集家。他所搜集的资料主要来源于著名的玛纳斯奇居素甫阿昆·阿帕依和额布拉音·阿昆别克的唱本及从各地用重金买来的手抄本等。这些资料后来成为其胞弟居素普·玛玛依唱本 8 部《玛纳斯》唱本的主要来源。巴勒瓦依用近 20 年时间抚养和教育比自己小 22 岁的胞弟居素普·玛玛依，给他灌输《玛纳斯》的内容和演唱技巧，最终把他培养成为《玛纳斯》演唱大师。后来，他把自己搜集保存的一褡裢各种文学书籍、手抄本和各种资料全部交给了胞弟居素普·玛玛依。他曾在 20 世纪 30 年代积极参与创建乌什柯尔克孜文化促进会，为民族教育文化事业作出了贡献。1937 年，他与一批进步人士被盛世才政府逮捕，在喀什遇害。

居素甫阿昆·阿帕依

居素甫阿昆·阿帕依（？—1920），19 世纪末 20 世纪初我国著名玛纳斯奇。阿合奇县哈拉奇乡阿合奇村人。受父辈及当地民间口头艺人的民间文艺熏陶，从小热衷于柯尔克孜族史诗及民间文学的学习和演唱，曾到安集延、奥什等地拜访当时著名的玛纳斯奇阿勒太额奇、特尼别克等，学唱《玛纳斯》。后又到乌恰、阿克陶等柯尔克孜地区演唱《玛纳斯》，与当时许多著名玛纳斯奇进行切磋和交流。经过努力，他掌握《玛纳斯》史诗完整的内容，并且不断地在民众中演唱而成为闻名遐迩的大玛纳斯奇。1917 年，俄国的大玛纳斯奇萨额木拜·奥诺孜别巴克曾因战乱逃亡至中国境内的阿合奇县。当时，阿合奇县哈拉奇乡的比官阿热孜汗因为也热衷于《玛纳斯》史诗，便召集从俄国来的较有名望的巴依赛尔凯·切里克、萨哈里·巧里潘、俄国驻乌什县的代表阿布都卡德尔（维吾尔族）、考奇阔尔卡热（乌兹别克族）以及中国当地在柯尔克孜族中有名望的老人空克巴西、奥木尔扎克、苏来依曼等人作评委，由居素甫阿昆·阿帕依同萨额木拜·奥诺孜别克当众进行《玛纳斯》演唱比赛。两人所唱的史诗章节由评委们指定。评委们指定萨额木拜·奥诺孜别克首先演唱玛纳斯召集七汗共商远征大计并率兵出征的部分。萨额木拜·奥诺孜别克从第一天傍晚开始演唱，直唱到第二天日出才把这部分唱完。第二天傍晚由居素甫阿昆接上萨额木拜所唱的内容往下唱。他从傍晚唱到第二天日出。休息一天后，二人分别又重新演唱对方演唱过的内容。经过比较，史诗评论家们都异口同声地说："萨额木拜将玛纳斯在塔拉斯的英雄行为演唱得比较精彩，而居素甫阿昆则把玛纳斯远征别依京这一段唱得更加精彩。"根据居素普·玛玛依及其他当地老人们的采访资料，当有人问及居素甫阿昆，要演唱完整部《玛纳斯》需要多长时间时，他曾回答说:"《玛纳斯》、《赛麦台依》、《赛依铁克》、《阿勒木萨热克》、《凯南萨热克》5部就需要3个月时间。"居素甫阿昆·阿帕依演唱的史诗前3部内容曾由居素普·玛玛依的哥哥巴勒瓦依搜集记录下来,后来又让居素普·玛玛依记忆背诵下来,并进行演唱。目前,我国出版的居素普·玛玛依唱本前3部的内容即在居素甫阿昆·阿帕依演唱资料的基础上,由歌手加工整理而成。

居素普·玛玛依

居素普·玛玛依(1918—2014),我国著名玛纳斯奇,1918年出生,新疆克孜勒苏柯尔克孜自治州阿合奇县哈拉布拉克乡米尔凯奇村人,被国内外史诗专家誉为"当代荷马"、"活着的荷马",被国家领导人称为"国宝",是目前为止唯一一位能演唱完整的8部《玛纳斯》史诗的大玛纳斯奇,也是目前世界上唯一一位活着的《玛纳斯》大师。在我国各种书籍中,他的名字还被写成朱素普·玛玛依、朱素甫·玛玛依、居素甫·玛玛依等。他从8岁开始由比他年长22岁的哥哥巴勒瓦依照顾,并在哥哥、父亲的指导下,学习《玛纳斯》史诗演唱。

幼年时在伊斯兰教毛勒多手下学习阿拉伯文,能看书写字,有一定的文化基础。这样的条件为他日后阅读、记忆、背诵《玛纳斯》手抄资料提供了便利条件。居素普·玛玛依聪颖机智,具有过目不忘的惊人记忆力和语言天赋,加之刻苦努力,用8年多时间,在16岁时就把哥哥所搜集记录的20多万行的8部《玛纳斯》的故事内容全部记忆背诵了下来。史诗中的数百个人物、大大小小数十个故事情节和战争场面,每一位英雄人物及其骏马的神奇身世经历,每一个部落氏族和个人之间的矛盾和恩怨,他都能了如指掌。居素普·玛玛依的哥哥巴勒瓦依曾经经商,足迹遍及南疆各地及中亚地区。他一方面做生意,另一方面搜集各类书籍,尤其是广泛地搜集记录《玛纳斯》史诗和柯尔克孜族民间文学材料。他先从阿合奇县当时的著名玛纳斯奇居素甫阿昆·阿帕依口头记录下了《玛纳斯》史诗的前3部,即《玛纳斯》、《赛麦台》、《赛依铁克》的内容;后来又从阿合奇县另一位著名玛纳斯奇额布拉音·阿昆别克口中记录下了史诗后5部,即《凯耐尼姆》、《赛依特》、《阿斯勒巴恰—别克巴恰》、《索木碧莱克》、《奇格台》的内容。巴勒瓦依收藏的手抄本、书籍资料不仅有《玛纳斯》史诗的抄本,还有柯尔克孜族其他很多的史诗和叙事长诗的抄本,以及中亚各地用各种文字出版的有关宗教、文学、天文、地理、历史等方面的书籍和手抄本。居素普·玛玛依博览群书,开阔眼界,从这些资料中广泛汲取营养,为日后从事《玛纳斯》的演唱,完善自己的《玛纳斯》史诗唱本积累了丰富知识。居素普·玛玛依一边通过阅读背诵和学习《玛纳斯》史诗的这些手抄本资料,一边还聆听和观摩当地前辈玛纳斯奇们的史诗演唱,另一方面又在这些材料的基础上进一步梳理加工,把其中的散文改成韵文,花费一生的心血创造出了自己独具特色的史诗唱本。他所创造的唱本是目前世界上独一无二的结构最宏伟、艺术性强、悲剧性最浓郁的不朽经典。而且,他还凭着自己超强的记忆力,记忆背诵了《玛纳斯》史诗之外的其他众多的柯尔克孜族和哈萨克族英雄史诗。从20世纪60年代初开始,他

玛纳斯

为当时的《玛纳斯》调查搜集工作组演唱《玛纳斯》史诗和柯尔克孜族的其他一些英雄史诗和叙事诗，并由工作人员进行记录。到目前为止，他所演唱的民间口头史诗作品大部分已经整理出版。除了8部18卷的《玛纳斯》史诗之外，具体篇目有《艾尔托什图克》、《库尔曼别克》、《巴额西》、《托勒托依》、《萨依卡丽》、《江额勒木尔扎》、《阔班》、《玛玛克与绍波克》、《吐坦》、《阿吉别克》以及哈萨克史诗《七汗的故事》、《穆孜布尔恰克》等。这些史诗的每一部都在万行以上，成为柯尔克孜族和哈萨克族珍贵的口头文化遗产而得到普通民众和学界的珍视。除此之外，他还撰写有《我是怎样开始演唱＜玛纳斯＞史诗的》、《柯尔克孜族对少男少女的各种称呼》、《柯尔克孜族对四种牲畜的称呼》、《提莱克玛提的传说》、《柯尔克孜族民间文学简论》、《吉尔吉斯国纪行》等文章，在国内外报刊上发表。居素普·玛玛依一生坎坷，富有传奇色彩。从1961年到1983年20多年，他曾先后三次演唱《玛纳斯》。第一次是1961年，为新疆维吾尔自治区文学艺术界联合会《玛纳斯》普查搜集组演唱了史诗前5部的内容。演唱地点是在阿合奇县和克孜勒苏柯尔克孜自治州首府阿图什。当时唱了《玛纳斯》3.8万余行、《赛麦台》2.7万余行、《赛依铁克》1.38万余行、《凯耐尼木》1.6万余行、《赛依特》2880行，总计约11万行。第二次是1964年，在阿图什，他不仅补唱了《玛纳斯》史诗前5部，而且还唱出了史诗第6部《阿斯勒巴恰与别克巴恰》4.5万余行。这次演唱，使《玛纳斯》第一部由此前的3.8万余行增加到5.09万行；第二部由此前的2.7万余行增加到3.2万行；第三部由此前的1.38万行增加到2.44万行；第四部由此前的1.6万余行增加到3.4万行；第五部由此前的2880行增加到10130行，使《玛纳斯》史诗的篇幅增加到19.65万行。第三次演唱是在1978年11月，他被请到北京，在中央民族大学进行演唱，后又回到乌鲁木齐演唱。这次是他自己记录自己演唱的内容，除了"文化大革命"中所幸没有丢失的第二部《赛麦台依》外，其余各部都由他重新演唱和记录了一遍。具体为《玛纳斯》为53287行，《赛麦台依》为35246行，《赛依铁克》为22590行，《凯耐尼木》为32922行，《赛依特》为2.4万行，《阿斯勒巴恰与别克巴恰》为36780行，《索木碧莱克》为14868行，《奇格台》为12325行。这就是目前出版的8部18卷《玛纳斯》的全部资料，共计为236540行。居素普·玛玛依这种天才的记忆力和史诗演唱才能一直被认为是一个谜。很多学者都对他本人和他的变体进行专题研究并写出了许多文章。关于居素普·玛玛依的评价文章经常见诸报端。因为他在《玛纳斯》史诗的保护、传承和流传方面作出的重大贡献，曾多次获得国家及新疆维吾尔自治区的奖励。1983年，他在新疆维吾尔自治区文学艺术界联合会、新疆民间文艺家协会联合举办的1977年至1982年新疆民间文学作品评奖活动中获荣誉奖。同年，他演唱的《凯耐尼木》获1979—1982年全国优秀民间文学作品评奖一等奖。1990年12月因在《玛纳斯》搜集、演唱工作中做出突出贡献而受到新疆《玛纳斯》工作领导小组、新疆维吾尔自治区文学艺术界联合会、新疆民间文艺家协会的表彰，获特等奖。1991年4月，因在抢救、整理、出版《玛纳斯》工作中作出贡献，受到文化部、国家民委的表彰，获一等奖。1991年11月，因多年来在开拓、发展中国民间文艺事业中辛勤耕耘、贡献卓著而受到中国民间文艺家协会的奖励。1992年11月《玛纳斯》（第二部）获首届中国民族图书奖一等奖。1995年8月《玛纳斯》第四部《凯耐尼木》获第二届中国北方民间文学一等奖。1982年至2002年任新疆维吾尔自治区政协委员，政协常委。从1979年至1997年担任新疆文联副主席，现为新疆维吾尔自治区文学艺术界联合会名誉主席、研究员，国务院特殊津贴专家。他曾先后受到胡耀邦、王震、周扬、包尔汉、赛福鼎·艾则孜、王恩茂、司马义·艾买提、铁木尔·达瓦买提、王乐泉、张春贤等的专门接见。2006年获得中国文联、中国民间文艺家协会"山花奖"终身成就奖。2006年获得文化部国家级非物质文化遗产"杰出传承人"称号。曾先后3次出访吉尔吉斯斯坦共和国，并受到最高礼遇。吉尔吉斯斯坦共和国总统阿斯卡尔·阿卡耶夫在1995年吉尔吉斯斯坦共和国举办的《玛纳斯》1000周年大会上，授予居素普·玛玛依吉尔吉斯斯坦共和国"人民演员"称号。2007年吉尔吉斯斯坦文化部部长专程来华向他颁发"《玛纳斯》之父"一级金质勋章。他于2014年六月一日病逝，享年96岁。关于其生平的详细介绍和研究参见阿地里·居玛吐尔地和托汗·依萨克合作撰写的《当代荷马：＜玛纳斯＞演唱大师居素普·玛玛依评传》（汉文，内蒙古大学出版社，2002年）和《＜玛纳斯＞演唱大师居素普·玛玛依》（吉尔吉斯文，民族出版社，2007年）等。

铁米尔·吐尔杜曼别特

铁米尔·吐尔杜曼别特（1907—1964），我国现当代著名玛纳斯奇。1907年出生于乌恰县黑孜苇乡，属于切热克部落。因为他在当地是一位久负盛名的著名史诗歌手，所以，从20世纪60年代开始就引起当时《玛纳斯》工作组的关注，并且是最早被记录有文本的玛纳斯奇。当时，从他口中记录的文本包括《玛纳斯》史诗第一部中"阿勒曼别特的忧伤"1000多行；第二部《赛麦台》中"赛麦台和阿依曲莱克"共计2500多行；第四部《赛依铁克》片段400多行。他也是我国玛纳斯奇中所演唱的内容第一个被翻译成汉文和维吾尔文在报刊上发表的歌手。1960年秋，新疆作家协会的汉文文学刊物《天山》和维吾尔文文学刊物《塔里木》等编辑部派去到南疆组稿的刘发俊、玉素普·霍贾耶夫、阿布力米提·沙迪克以及胡振华、萨坎·玉买尔等带领的中央民族学院柯语班学生一起在乌恰县黑孜苇乡发现了铁米尔·吐尔杜曼别特和艾什马特等玛纳斯奇，并且首先记录了铁米尔所演唱的"赛麦台和阿依曲莱克"。他们很快就将这个片段翻译成了汉文和维吾尔文发表在《天山》杂志1961年第1、2期和《塔里木》杂志第1、2、3期上。汉文翻译者为胡振华和萨坎·玉买尔，维吾尔文翻译者为玉素普·霍贾耶夫、阿布力米提·沙迪克。汉译文还被编入2003年出版的《柯尔克孜族民间文学精品选》第二卷中，由中国文联出版公司出版。正是由于他所演唱的篇目发表之后在读者中产生了巨大反响，《玛纳斯》史诗很快就引起新疆文联领导的高度重视。于是他们很快便于1961年，与克孜勒苏柯尔克孜自治州党委联合组建了《玛纳斯》工作组，开始了对《玛纳斯》史诗的大规模调查和搜集。他所演唱的史诗朴实简练，韵律和谐，情节生动，深受听众的喜爱，在当地有很高的知名度。可惜的是，他的演唱文本——柯尔克孜文原件不知存在何处，至今无法找到。

满别塔勒·阿拉曼

满别塔勒·阿拉曼（1937—2013），我国当代著名玛纳斯奇。1937年4月13日出生于阿合奇县哈拉奇乡哈拉奇村。2009年，被评为我国非物质文化遗产国家级传承人，是我国仅有的三位入选非物质文化国家级传承人之列的玛纳斯奇之一。他认居素普·玛玛依为师。根据本人的采访资料，他从20岁开始热衷于学习和演唱《玛纳斯》史诗。其演唱篇目为史诗第一部的传统诗章"柯尔克孜族的起源"、"玛纳斯邀请七汗商议远征"、"远征途中的侦察敌情"、"远征决战"、"众英雄伤亡"及史诗第二部《赛麦台》等。

◎ 玛纳斯

除此之外，他还能演唱史诗第四部《凯耐尼木》的一部分传统章节以及史诗第五部《赛依特》的全部。作为传统的民间口头史诗艺人，他的演唱篇目还包括史诗《库尔曼别克》以及其他史诗和大量的柯尔克孜族民歌。他演唱的史诗长度总计3万余诗行。他唱腔圆润，吐字清晰，表情丰富，在当地拥有广泛的听众和影响力，他的很多演唱录音资料在当地广泛传播，对年轻的玛纳斯奇产生了很大的影响。21世纪以来，他所演唱的内容得到录音和录像，大部分视频资料均存在中国社会科学院民族文学研究所资料室和文化部非物质文化发展中心。家中他的孙子埃散阿勒·阔坡鲁柯能演唱《玛纳斯》的若干章节。1992年，他获得新疆《玛纳斯》工作领导小组的荣誉证书。2007年，他获得中国社会科学院民族文学研究所和克州文联的表彰，获得一等奖。

穆塔里夫·库尔玛纳勒

穆塔里夫·库尔玛纳勒（1945—2013），我国当代玛纳斯奇，1945年5月出生于阿合奇县乌曲镇乌曲村。玛纳斯奇穆塔里夫是从小跟随母亲提列瓦勒德·特尼别克，通过聆听她的演唱，从她口中学会《玛纳斯》史诗的。她是19世纪至20世纪之交吉尔吉斯斯坦的《玛纳斯》演唱大师特尼别克的独生女儿。她跟随哥哥阿克坦于20世纪30年代因战乱从吉尔吉斯斯坦而逃亡到中国境内。阿克坦不仅是大玛纳斯奇特尼别克的儿子，而且自己也是20世纪上半叶名扬柯尔克孜族的著名玛纳斯奇、考姆兹弹奏家、民歌手、即兴诗人等。穆塔里夫的母亲提列瓦勒德是他唯一的妹妹，除此之外，他还有三个弟弟。他们依次分别是索仁拜（Sorinbay）、迪干拜（Digenbay）、吐尔迪曼别特（Tudumanbet）等。

穆塔里夫的演唱篇目包括史诗第一部《玛纳斯》的"柯尔克孜族的起源"、"玛纳斯的诞生"、"玛纳斯的童年"、"阔阔托依的祭典"、"玛纳斯邀请十四位汗王商议远征"、"玛纳斯斩杀朵杜尔阿勒普巨人"、"玛纳斯战胜空乌尔拜和交牢依"等。除此之外还能演唱第二部《赛麦台》、第三部《赛依铁克》和第五部《赛依特》的一部分章节。除了《玛纳斯》史诗系列之外，他还能够演唱《贾尼西与巴依西》、《库尔曼别克》、《艾尔托什图克》、《吉别克姑娘》、《蒙鲁克与扎尔里克》、《阿勒帕米西》、《奇热克巴特尔》、《杰孜比莱克》等很多柯尔克孜族传统史诗，还能够讲述很多民间故事。穆塔里夫是典型的家族传承式的玛纳斯奇，对于他的研究还有待进一步深入。

萨特瓦勒德·阿勒

萨特瓦勒德·阿勒（1933—2006），我国现代玛纳斯奇，1933年出生于新疆特克斯县阔克铁热克柯尔克孜族民族村，牧民，没有上过正

579

规学校。其母亲生过16个孩子，但是大部分夭折，没有存活下来。萨特瓦勒德排行第十一，是仅存的三个孩子中最大的一个，他后面还有两个妹妹。从7岁到9岁开始在当地宗教人士举办的私塾中跟随一名叫玉素朴毛勒多的人学习宗教文化知识。当时他已经失去父亲成为孤儿，和母亲古里巴热木相依为命。受母亲的启发和引导，他对民间口头文学发生浓厚兴趣，并开始学习和背诵《玛纳斯》史诗。

萨特瓦勒德的外公阿西木别克曾是一位《玛纳斯》史诗演唱家和搜集家。他曾于20世纪初得到一本关于玛纳斯祖先故事的手抄本，并加以珍藏，后传给儿子阿克勒别克。手抄本中记录了关于托盖汗、阔别依汗、波彦汗、加木格额尔奇、恰彦汗、巧云汗、秦阔交什、巴依、卡塔干、喀喇汗、玛纳斯、赛麦台、赛依铁克、阔什巴士等英雄的故事和业绩。在母亲和舅舅阿克勒别克的直接关怀和培养下，萨特瓦勒德从小便开始熟悉《玛纳斯》史诗的内容并进行背诵。从目前所掌握的资料看，他能够演唱玛纳斯祖先托郭依汗、阔别依汗、加木合尔奇、恰彦汗、巧云汗、波云汗等英雄的故事。这些英雄人物的名字在《玛纳斯》史诗其他变体中只是一带而过，但萨特瓦勒德却能把他们的事迹用史诗的形式表现出来。萨塔瓦勒德从1974年开始在听众中间演唱《玛纳斯》，到1982年，他才真正开始得到新疆民间文艺家协会有关专家的关注，并被请到乌鲁木齐，在新疆民间文艺家协会进行录音。1982年10月，新疆民间文艺家协会把萨特瓦勒德请到乌鲁木齐，并将纳玛孜·阿赛凯在阔克铁列克录制的录音带和到乌鲁木齐后演唱的内容都记录下来。这些内容被称为《托郭依汗》，共计18732行。后来，朱玛别克又记录下他演唱的《加木合尔奇》的内容10400行。1986年，他第二次被请到乌鲁木齐，由多力坤·吐尔都进行录音。托合托布比·依萨克从录音带上记录下《恰彦汗》、《巧云汗》等部的资料共计17000余行。多力坤·吐尔都记录下《波云汗》部13780行。1991年，萨特瓦勒德第三次被请到乌鲁木齐继续演唱，并由阿散拜·玛特力进行记录。经过近十年的努力，萨特瓦勒德的唱本最终以《玛纳斯的祖先》为名，由新疆人民出版社于2010年出版，总计22000多行。萨特瓦勒德的唱本以其独特的内容，以英雄玛纳斯祖先的故事，在我国，乃至在世界《玛纳斯》学界引起了极大反响，得到国内外学者的关注，成为我国《玛纳斯》学界所取得的一个重大发现和突破。遗憾的是，玛纳斯奇于2006年去世时却没有亲眼看到自己唱本的正式出版。在《玛纳斯》演唱史上，从前还没有发现过如此详细描述玛纳斯祖先的英雄事迹的资料，这可以说是一个重大发现。因此，研究考证这些资料确实具有重大意义。到目前为止，我们还不能对这一原始资料的文学艺术价值作出公正的评价。但无论如何，史诗中描述那些用石块当武器与敌战斗的英雄主人形象和关于那些叶尼赛时期的故事已表明了它的古老性。

毛勒岱克·贾克普

毛勒岱克·贾克普（1920—2008），阿合奇县哈拉布拉克乡布隆村人，1920年出生，属于当地的切热克部落库普切开分支。20世纪30年代，他在当时新成立的哈拉奇新式学校里学过一段时间文化课，还曾在当地跟随伊斯兰教阿曾学过一段时间《古兰经》经文。年少时，他常常细心聆听叔叔讲述柯尔克孜族部落史故事传说散吉拉和各类民间口头文学。其中包括《玛纳斯》史诗的传统章节"阿勒曼别特的忧伤"等。在跟随叔叔在草原牧区放牧期间，或在山中打猎途中学会了许多部落谱系传说以及史诗《玛纳斯》的片段。20岁之后结识了比自己大2岁的居素普·玛玛依，并且成为要好朋友，常常听他演唱《玛纳斯》，并与其切磋交流。30岁之后，开始在小型的家族聚会场合，为了助兴演唱《玛纳斯》。

后来又从手抄本中学会了史诗更多的片段，其中有"卡妮凯让塔依托茹骏马参加比赛"等。祖父阿坦别克，父亲贾克普、叔叔厄斯坦别克都是能够演唱《玛纳斯》的艺人。家族的这种氛围对他产生了直接的影响。尤其是叔叔厄斯坦别克对他的成长起到了很大作用。在20世纪60年代的《玛纳斯》史诗调查中他曾被调查组记入当时的玛纳斯奇名单中。从1992年开始，他积极投入《玛纳斯》演唱中，参加各类大型文化活动并在其中为听众演唱史诗。由于父辈家庭生活殷实，曾在民国盛世才统治新疆时期当过一段时间乡约，自己又能演唱《玛纳斯》史诗，因此名扬四方。1979年被县党委划为统战对象，并且成为县政协委员直至去世。他的演唱篇目包括《玛纳斯》第一部的"远征"和第二部《赛麦台》中"卡妮凯让塔依托茹骏马参加比赛"等著名的传统章节，共计约1万行。曾在1987年7月26日在乌恰县玉其塔什草原举办的"首届柯尔克孜语言文学学术研讨会和民间歌手演唱会"上，在1992年8月5日在阿合奇县举办的"新疆吾维尔自治区首届玛纳斯演唱会"上，2003年9月13日在阿合奇县举办的"居素普·玛玛依85岁寿辰大会"上，他演唱的史诗受到了人们的好评。1992年曾获得新疆《玛纳斯》领导小组颁发的证书以及各种奖励。2007年8月在中国社会科学院民族文学研究所和克州文联表彰《玛纳斯》中获得一等奖。

萨尔塔洪·卡德尔

萨尔塔洪·卡德尔（1941—2014），我国当代玛纳斯奇，1941年出生于乌恰县黑孜苇乡，牧民。萨尔塔洪·卡德尔从小就在一个《玛纳斯》演唱氛围比较浓厚的地区长大，父亲是一位《玛纳斯》爱好者。20世纪，他出生、成长的黑孜苇乡则是乌恰县最重要的《玛纳斯》史诗传承地之一。现代著名玛纳斯奇艾什马特·曼别特居素普、奥斯曼·马特、铁米尔等均出自该乡。他从小就喜欢聆听《玛纳斯》演唱和其他口头民间文学作品，从9岁开始跟随祖父伽曼塔依学唱《玛纳斯》史诗，并且凭借自己的天赋很快掌握了史诗的很多片段。

后来又从一位名叫提兰的木匠以及当地其他民间艺人口中学会了大量的民歌和《库尔曼别克》等其他一些柯尔克孜族民间史诗的演唱。他的演唱声情并茂，富有感染力，得到当地人

们的喜爱。20世纪70年代开始，他的名字就逐渐开始被国内外《玛纳斯》研究学者们所关注。他不仅能够演唱《玛纳斯》史诗第一、二部的许多传统章节，而且还能演唱《库尔曼别克》等柯尔克孜族其他一些传统史诗。1989年德国波恩大学教授赖希尔曾从他口中记录下史诗《库尔曼别克》，并将其翻译成英文。1992年8月，曾参加在阿合奇县召开的新疆首届《玛纳斯》演唱会，获得新疆《玛纳斯》工作领导小组的荣誉证书。1994年9月参加在乌鲁木齐召开的《玛纳斯》史诗国际学术研讨会，2005年10月出席由克孜勒苏柯尔克孜自治州召开的《玛纳斯》国际学术研讨会。作为目前为乌恰县最具影响力和代表性的史诗歌手，2006年被认定为国家级非物质文化遗产传承人。现为克孜勒苏柯尔克孜自治州文联副主席，新疆民间文艺家协会会员。他不仅能够演唱《玛纳斯》史诗，而且还懂得一些巫术治病的方法。据说，他还曾在当地治疗过一些头疼、牙疼、肚子疼的一些病人。

奥斯曼·纳玛孜

奥斯曼·纳玛孜（1896—1967），奥斯曼·纳玛孜，我国现代玛纳斯奇，1896出生于阿图什市哈拉峻乡夏尔旁村，1967年去世。他是我国20世纪60年代的大规模《玛纳斯》史诗调查中发现的一位重要艺人，尤其以演唱《玛纳斯》史诗第二部《赛麦台》见长，是一位著名的"赛麦台奇"，即专门演唱史诗第二部《赛麦台》的歌手。1960—1961年，当时的《玛纳斯》工作组记录完成了他所演唱的史诗《赛麦台》。1961年3月31日，记录工作由阿勒吞、托合托逊等完成，记录下了共计6545行。除此之外，他还演唱了史诗第三部《赛依铁克》的内容仅3000行。他演唱的这些资料被装订成4个册子保存。在每本册子的前几页上有关于这一部分内容的简单注释说明和演唱者的姓名、年龄，但没有具体简历。奥斯曼·纳玛孜演唱的《赛麦台》资料的基本内容如下。第一本册子中的内容是青阔交、托勒托依攻打阿依曲莱克的父亲阿昆汗的城堡；阿依曲莱克从赛麦台手中骗走他的隼鹰，赛麦台为寻找隼鹰来到玉尔阔尼奇河边等情节。第二本册子中记录的内容是赛麦台打败敌人后返回故乡塔拉斯。玉赛音阿吉读完这本册子后写上了无须翻译的意见。第三本册子中的内容有一定的特色。赛麦台为了给父亲报仇而踏上去北京的征程；途中他遭到孔吾尔拜的各种阴谋阻挠；赛麦台与孔吾尔拜之间发生一场恶战；孔吾尔拜战败躲进城堡，赛麦台返回故乡。第四本册子中记录的内容为坎巧绕叛变的情节。这一部分同居素普·玛玛依变体的情节亦有较大不同。特别是坎巧绕叛逃克牙孜，欺骗赛麦台和古里巧绕被捕等情节在整体上虽然一致，但情节的发展、事件的起因及结果都不一样。这种区别无论大小都为史诗变体间的比较研究提供了珍贵的资料。奥斯曼·纳玛孜是在65岁高龄时演唱这些内容的。毫无疑问，由于年龄和记忆力的影响，他可能没有唱出自己的最高水平，发挥出自己最高的艺术才能。一方面是他长期在农牧区生活，是靠自己的双手维持生计的艺人，生活负担重，心情压抑，情绪难以稳定而影响了水平的发挥；另一方面为了让记录者能够赶上自己的演唱而不得不放慢速度，从而影响了演唱思维和质量。也许由于记录史诗需要花很长时间，而使这位玛纳斯奇放弃了一些细微情节的演唱，只唱一些自认为重要的内容。这种情况从记录稿中也可察觉到。没有录音器材，记录和演唱条件都很差的情况，也影响了奥斯曼·纳玛孜正常发挥，这是自然的。

卡布拉昆·玛旦别克

卡布拉昆·玛旦别克（1898—？），卡布拉昆·玛旦别克，现代玛纳斯奇，1898年出生于现阿合奇县哈拉奇乡阿合奇村。童年时曾在当地伊斯兰教宗教神职人员毛勒多门下学经识字。从13岁开始跟随著名玛纳斯奇居素普阿昆学唱《玛纳斯》史诗。后来，他随着年龄的增长，开始在节日集会上演唱《玛纳斯》，并显示出史诗演唱才华。1964年，阿合奇商业局干部玛特从他口中记录下了《玛纳斯》资料5963行。当时，这位玛纳斯奇已66岁高龄。他的唱本被记录下来的内容为：阿勒曼别特做梦并得到一种启示，因此放弃自己的信仰而准备皈依伊斯兰教，并朝麦加的方向出发。他母亲用美好的祝福送他上路。阿勒曼别特出家后四处漂泊来到哈萨克地方，并遇到阔克确。他在哈萨克人中间生活6年时间，并多次经过洗礼和祈祷成为名义上的穆斯林。6年后，他想起自己为母亲许下的诺言并回到别依京。孔吾尔拜装模作样地款待阿勒曼别特。一天，阿勒曼别特因信仰问题而同父亲阿则孜汗发生争吵，进而发展到动刀动枪进行拼杀。阿勒曼别特最终砍下父亲的头颅，携母逃离京城。城内有成千上万名士兵围捕。他与捉拿自己的追兵大战40天，最后终因寡不敌众而被捕，母亲惨遭杀害。在铁牢中滴水不进地熬了6天之后，阿勒曼别特开始苦苦祈祷真主，并设法逃出监牢。之后，他又潜入别依京，杀死6万兵士，并将母亲的尸骨掩埋之后回到阔克确身边。阔克确和阿勒曼别特成为挚友，并为阿勒曼别特的母亲举办大型祭典。正当他俩并肩而行、心心相印，建立起兄弟般感情的时候，小人阿不德赛依特在他俩之间散布谣言，并在阔克确烂醉时诽谤诬陷阿勒曼别特与阔克确的妻子有瓜葛。阿勒曼别特不能忍受知心朋友的怀疑和仇视，最终离开了阔克确。途中，他遇见卡妮凯，并在她的指引下找到了玛纳斯。卡布拉昆演唱的《玛纳斯》史诗片段与其他玛纳斯奇在演唱内容上有所不同。他继承和吸收了前辈玛纳斯奇们的演唱风格，在情节的安排上与传统保持了一致。比喻、夸张、修饰时所运用的形容词与前辈玛纳斯奇相似。从这一点也可看出玛纳斯奇们在演唱史诗时总是把传统的演唱内容和方法加以继承和发展。这种内在稳定性始终没有被破坏。因此，柯尔克孜族史诗尽管经过了上千年的流传过程，但却没有失去原始的精髓和积淀。作为《玛纳斯》史诗的优秀继承者，卡布拉昆给我们留下了史诗的重要变体资料。他所演唱的资料在某种程度上可以看作以阿勒曼别特为主人公的另一部史诗。卡布拉昆演唱变体的艺术性较高，描述生动，韵律优美。由于卡布拉昆在当时是当地清真寺的主持，因此他在自己的演唱内容中融入了许多伊斯兰教的色彩，对伊斯兰教有意识地进行了宣传和颂扬。对阿勒曼别特皈依伊斯兰教，向真主祈祷，在困难时向真主和伊斯兰圣人们求助等进行了大量渲染。作为文化遗产的继承者和保护者，卡布拉昆在一定程度上不可避免地将自己的思想意识、观点融入所演唱的史诗当中。宗教职业和伊斯兰教的教规都对史诗的内容产生了一定的影响。

奥斯曼·玛特

奥斯曼·玛特（1906—？），奥斯曼·玛特，我国现代著名玛纳斯奇之一，1906年出生于现乌恰县黑孜苇乡玛依坦村。1964年，他所演唱的《赛麦台》被《玛纳斯》工作组成员记录下9574行。从演唱记录稿中可以看出他所演唱的史诗变体无论在内容上，还是在艺术性方面都具有自己的特点，而且是当时记录的史诗第二部的比较完整的一个唱本。唱本的主要情节如下：赛麦台出生，加克普欲杀死自己的这个孙子。因为他认为赛麦台在将来可能要与自己的另外两个儿子争夺诺奥依人领袖地位。额尔奇吾勒帮助卡妮凯母子逃往铁米尔汗的城堡。赛麦台在外公门下长大，后来得知自己的故乡是塔拉斯，父亲是玛纳斯后，便向塔拉斯进发，杀死阻击自己的一千名敌人和十只恶狼后遇见巴卡依。巴卡依将他领进他爷爷加克普的门庭。加克普妄想毒死自己的孙子却没能得逞。赛麦台被加克普的所作所为惹怒后，夺走父亲玛纳斯留下的武器，回到外公铁米尔夏那里，并与恰奇凯结为夫妻，并携妻带母返回塔拉斯。加克普召集人马妄图在途中加害赛麦台，但其阴谋再次破灭。赛麦台回到塔拉斯之后，召集起父亲玛纳斯原先的四十名勇士，巩固了自己的地位。四十勇士预谋逃窜，赛麦台发现后，随即赶去并向他们下跪三次，求他们留下跟随他。勇士们不但不回头，反而向赛麦台拉弓射箭，被惹怒的赛麦台一怒之下，不仅杀死了四十勇士，而且连他们老婆的肚子也被剖开。他从阿勒曼别特和楚瓦克两位勇士老婆的肚子里活生生地扯出两个即将出生的婴儿。赛麦台给这两个婴儿分别起名叫古里巧绕和坎巧绕，并把他们交给卡妮凯抚养。这时，从卡妮凯的一个乳房中流出血，一个乳房中流出奶使她产生了很多疑虑。赛麦台为争夺阿依曲莱克而同青阔交、托勒托依交战，阿依曲莱克变成白天鹅飞翔，坎巧绕叛变等情节与其他变体相同，但各位英雄之间发生战斗以及对战斗过程的描述，与其他变体有差异的地方也不少。在史诗演唱方面，奥斯曼·玛特有他自己独特的方式。特别是赛麦台同自己的坐骑布茹里骏马的对话，从被剖开的妇女肚子中生下活婴等情节都保持了古老的神话母题。奥斯曼·玛特的演唱方法、史诗描述方式和内容都具有较高的艺术性，韵律和谐、语言流畅。某些情节和内容与其他变体有明显的差别。

托略·朱玛

托略·朱玛（1927年—？），托略·朱玛，现代玛纳斯奇。1927年出生于现阿克陶县布伦口乡苏巴什村。小学文化。1949年新中国成立后曾在乡粮站工作。据他本人讲，他是从当地玛纳斯奇卡勒考交、赛依特阿洪等口中学会《玛纳斯》史诗的，能够演唱《玛纳斯》、《赛麦台》等部的许多章节。他所演唱的《玛纳斯》曾于1964年由玉山阿勒记录下来。总计33页散韵结合的形式。其中有367行是诗体，其余部分均为散文体。这一变体可以认为是《玛纳斯》史诗十分独特的变体资料。其特点不仅在于它的散韵结合的外表，更重要的是它在内容上十分独特，与其他变体有着很大的差别。玛纳斯的诞生、成长、死亡、重生都有独特的描述。其主要内容为：加克普由于无子，又不忍抛弃妻子巴格达美人而心神不安。他的哥哥什哈依在一次婚礼上，为了羞辱加克普，让人给他端上挖去眼睛、割去耳朵的羊头骨和羊杂碎。以此讥笑他是一个无后嗣的孤老头。加克普对此又气又恨，回到家中就把老婆痛打一顿，并试图将她赶走。在认清丈夫要抛弃自己后，巴格达美女便好好地修饰打扮一番，向丈夫撒娇，努力使他回心转意。夫妻两人为了求子打算到白色（阿克）麻扎举行求子仪式。途中，他们遇到两个乞丐，并从他们手中得到一只苹果。巴格达美人吃下苹果五个月之后有了身孕，分娩时难产，肚中的婴儿却开口对母亲说话，并伸出手拉住芨草、柳枝才得以降生。惊奇而惶恐的人们谁也不敢给他取名。这时又突然出现两个乞丐并给婴儿取名叫"玛纳斯"。五六个月后，玛纳斯就踢翻摇床去玩耍，当听到什哈依的城堡被卡勒玛克侵占的消息时，便跨马出征，赶跑了卡勒玛克的汗王多莱提汗。在一次战斗中，玛纳斯同情心发作而放走了敌人，随后自己却遭敌人暗算，身负重伤来到阿克麻扎时死亡。巴格达美人在玛纳斯尸体前痛哭流涕，哭悼英灵时乳房突然又肿胀起来，于是她情不自禁地把乳头塞入英雄玛纳斯的嘴里，玛纳斯因而神奇地起死回生。他向卡勒玛克人发起更猛烈的进攻，最终报了仇，并将女战俘卡勒迪哈其纳为妾。另一位俘获的美女娜克莱依第二次与玛纳斯见面并结婚。这个变体中还有40勇士投靠玛纳斯，巴格达美女为玛纳斯寻找新娘，玛纳斯与娜克莱依重逢而后决裂，娜克莱依诅咒玛纳斯等情节。《玛纳斯》史诗的这种演唱变体十分罕见。这一变体资料在研究史诗渊源方面有重要价值。不仅结构独特，而且具有浓烈的神话色彩。托略·朱玛的这一演唱变体用一句话可以概括为神话、神奇故事、史诗特性相融合的复杂的古老变体，具有很高的研究价值。

夏巴依·巧露

夏巴依·巧露（1919年—？），夏巴依·巧露，现代玛纳斯奇，1919年出生于现吉尔吉斯斯坦的阿拉依区。20岁以后应亲戚们的要求，搬迁到我国境内的乌恰县波斯坦铁烈克村，并随一位名叫奥木尔的玛纳斯奇学唱《玛纳斯》、《赛麦台》、《赛依铁克》的不同片段。1961年，新疆文联的蒙古族学者太白从他口中记录下"玛纳斯的诞生"一节共计1702行。另一位名叫阿勒别克的人还从他口中记录下《玛纳斯》、《赛麦台》的片段600余行。从他所演唱的《玛纳斯的诞生》这一片段看，史诗《玛纳斯》的古老变体广泛流传当地的柯尔克孜地区。夏巴依演唱的《玛纳斯的诞生》一节，不仅在情节上十分独特，而且在诗句的构成、叙述的方式、语言的运用方面都很有特色。形式、结构、情节等方面都呈现出很多古老特色。他的这一唱本还对研究《玛纳斯》史诗的跨国交流情况有一定的参考价值。

阿勒普别克·卡勒恰

阿勒普别克·卡勒恰（1897—），现代玛纳斯奇，1897年出生于阿克陶县恰尔隆乡阿克萨热依村，属于克普恰克部落萨热托泼分支。他是一个文盲歌手，新中国成立之前曾在乡里担任保长和别克等官职。1965年1月11日，《玛纳斯》工作组成员玉赛因阿勒·阿勒穆库勒从他口中记录下了史诗的传统章节"玛纳斯的诞生和成长"。他所演唱的内容开头部分为韵文，后面部分却用了散文的表述。当时这位玛纳斯奇年事已高，已经68岁高龄。虽然他的演唱文本只有68页，但其学术研究价值却不容低估。根据曼拜特·吐尔地的初步研究，这个唱本在内容方面具有独特性。首先描述加克普因为无子而在集会上受到侮辱。回来便带着妻子到麻扎举行祈子仪式。母亲神奇受孕要分娩时，孩子在娘肚子里就开始说话，说自己要抓住柏树枝出来。一位乞丐给孩子起名叫玛纳斯。在母亲的指引下，孩子自己从四面八方在自己周围召集40名勇士。玛纳斯与卡妮凯刚认识时对歌，玛纳斯要强行带走她时，卡妮凯刺伤玛纳斯的手臂并诅咒他。坐骑阿克库拉通人语，玛纳斯在夺取骏马时被英雄塔拉斯射死，在母亲的哀歌声中重新复活等情节都具有不同于其他我们所熟悉的文本的特征，即具有帕米尔流派的特征。他的文本中的一些情节与同一个地区玛纳斯奇托略·朱玛的唱本具有共同点。

额司马依勒

额司马依勒（1918—），现代玛纳斯奇，1918出生于阿克陶县恰尔隆乡苏古特村，属于克普恰克部落。1965年1月11日，《玛纳斯》工作组成员玉赛因阿勒·阿勒穆库勒从他口中记录下了史诗的一个传统章节"玛纳斯的诞生"。根据曼拜特·吐尔地的初步研究，这个唱本表述了玛纳斯召集40勇士，与未婚妻娜克莱依对歌竞赛，娜克莱依的诅咒，玛纳斯死于英雄塔拉斯之手，死而复生，迎娶娜克莱依和卡勒迪哈其等情节。文本当中出现的一些古老母题所有的情节都是在人物的对话当中展开,没有出现在史诗的具体内容当中。情节非常简单,说明当时这位玛纳斯奇是一个对史诗内容不够熟练的蹩脚的史诗歌手。

奥诺佐·卡德尔

奥诺佐·卡德尔(1943年—),现代玛纳斯奇,1934年出生在现阿图什市铁格尔麦特乡阔如木杜克村阿依克特克草原一个牧民家庭,小学文化,现为牧民。1935年其父被盛世才政府抓去后便再没有回来过。奥诺佐从小与母亲相依为命。他母亲穆尔扎旸是一个口齿伶俐、聪明智慧的妇女,她让孩子从小便跟随阿依勒的民间考姆兹琴弹奏家考姆兹奇、宗教学者毛勒多和玛纳斯奇学习技艺,激发孩子的艺术热情。9岁时,奥诺佐就已在私立宗教经文学校学经识字约3年时间。从12岁开始,奥诺佐就能够弹奏考姆兹琴,头脑机敏,显示出艺术才华。

他按传统方式以赠送珍贵大衣和坐骑等方式拜师学艺,经过一番努力,从萨依提·江卡拉奇那儿学会了史诗第二部《赛麦台》。从19岁开始游历民间,并以演唱《赛麦台》而名扬四方。他在史诗演唱方面具有自己独特的技巧,而且富有感染力和艺术特色,因此得到"奥诺佐交毛克"(史诗歌手奥诺佐)的美誉。他演唱的《赛麦台》第一次于1966年5月由萨坎·奥木尔记录了下来。演唱内容包括"玛纳斯的祭典"、《赛麦台被藏在地窖躲避谋害》、《卡妮凯与婆婆奇绮尔迪前往布哈拉》、《萨尔塔孜给赛麦台揭露其身世》、《赛麦台返回故乡塔拉斯》、"秦阔交和托勒托依同流合污进攻阿昆汗城堡"、《阿依曲莱克抢走赛麦台的白隼鹰》等11个传统情节和故事,共计7668行。20世纪70年代初,热衷于搜集民间文学作品的作家木萨·阿不都拉依第二次记录下了奥诺佐演唱的内容。1987年,自治区民间文艺家协会派《玛纳斯》办公室工作人员阿散拜·玛提力,第三次记录下了他演唱的内容,即史诗第二部《赛麦台》。他作为我国具有代表性的赛麦台奇,是目前为数不多的史诗传统传承者和传播者。他的这三次演唱文本对于《玛纳斯》史诗演唱者来说是非常重要的第一手资料。他还曾作为师傅向穆萨·阿布都拉伊、图尔干·萨勒达特、阿曼吐尔·卡布勒等教会了自己唱本的某些章节。2007年,他曾获得自治区文联以及中国社会科学院民族文学所的奖励。

木萨·牙库普

木萨·牙库普(1914—?),现代玛纳斯奇,木萨·牙库普,维吾尔族。现代玛纳斯奇,1914年出生在现阿克苏地区柯坪县库木鲁克乡。少年时代,来到阿合奇县一位牧主家当牧羊人。在这期间,他在观摩当地史诗歌手的演唱过程中,耳听心记,在不知不觉中学会了史诗的很多片段。后来,他又师从当地大玛纳斯奇居素普阿昆学习了一段时间。1964年,帕孜力、阿布凯等搜集人员从他口中记录下了史诗"阿勒曼别特逃离别依京"这一片段,共计1140行。他是目前为止发现的我国绝无仅有的唯一一位维吾尔族玛纳斯奇。尽管他不是柯尔克孜族,但他所演唱的内容具有十分重要的研究价值。他以第一人称的形式,通过史诗人物阿勒曼别特之口描述他如何逃出别依京城，皈依伊斯兰教，并与哈萨克英雄阔克确成为朋友，后来又如何返回别依京杀死亲生父亲，投奔玛纳斯等。木萨•牙库普所演唱的内容文学性较高，是史诗极为珍贵的资料。尽管他演唱的仅仅是阿勒曼别特的故事，但从艺术性、情节的衔接等方面看，这位维吾尔族玛纳斯奇似乎更准确地领会和掌握了《玛纳斯》史诗传统的演唱艺术。

托略克•托略罕

托略克•托略罕（1930—），柯尔克孜族当代著名的部落系谱讲述家，同时也是一位玛纳斯奇，1930年出生于现阿图什市哈拉峻乡库尔库略村。从7岁开始，他先后在喀什、阿图什的著名宗教学校学习十几年，成为一位熟知教义的宗教学者。在这一过程中，他广泛接触了《英度斯史》、《乌都都勒的天文学》、《复仇记》等东方宗教及古典文学名著。他最初因能够讲述大量柯尔克孜族历史传说而出名。后来，他演述的柯尔克孜族民间叙事长诗《阿山卡依戈》、《勇士阿依达尔和女英雄萨依卡勒》、《汗加纳依和汗卡纳依》、《阿勒曼别特的忧伤》均被记录下来。

据他自己讲，他也能够演唱《玛纳斯》史诗的一些片段，但却没有被记录下来。20世纪初，沙俄统治地区的柯尔克孜族中曾出现阿不勒干哈孜•吐玛尔哈孜、莫勒多•波略特等知名学者。他们凭借自己的才学和智慧在柯尔克孜地区广泛搜集散吉拉资料，并加以整理，准备出版时，被沙俄政府以试图出版"反书"的罪名而遭死刑判决，书也被焚毁。当时有一位名叫巴特尔罕的小官吏偷偷带上还没被烧毁的少量资料逃到我国境内，并在铁格烈克藏身近3年后才返回。托略克•托略罕的父亲是一名德高望重的长老，他将巴特尔罕留在家中，热情款待。就这样，巴特尔罕带来的资料都交给托略克的父亲托略罕保管，后又传给托略克。从小就熟悉东方古典文学，并饱受母亲所讲述和演唱的优秀民间文学熏陶的托略克如获至宝，积极投入这些资料的学习研究中去。新中国成立后，由于种种历史原因，那些熟知柯尔克孜散吉拉、民间文学的民间文学家们不敢公开暴露自己的身份和才学，长期被埋没在生活的底层而不被人重视，甚至遭到抨击和迫害。20世纪80年代以后，民间文化遗产才开始得到搜集和研究。也就在这时，人们才开始真正注意到托略克这位民间文学传统的继承者。克孜勒苏柯尔克孜自治州有关部门将其请到阿图什，开始从他口中记录柯尔克孜部落史（散吉拉）资料。最初记录的稿子以《诸汗王的传说》为题送交出版部门。这些资料被认为托略克所讲述散吉拉的第一部，共分16个大专题，主要描述柯尔克孜古代汗王们的生平事迹。第一个专题《柯尔克孜族的来源》，主要讲述与历史十分相符的部落史资料，包括柯尔克孜族的形成、柯尔克孜各汗王的居住地、相互之间的关系、地理位置、后代之间的纷争与和睦相处、各种内忧外患等。在其余一些专题下，除了描述关于汗王的类似情况外，还论述和介绍了柯尔克孜族民乐、叙事诗产生的背景等内容。托略克所讲述的散吉拉以文学、历史传说的特色见长，在某些地方柯尔克孜民间文学（史诗、民间乐曲传说）中的人物也以历史人物的身份出现,并用艺术手法加以渲染。特别是其中囊括的民间故事、格言、民间诗人的作品、箴言、对汗王的哭悼歌及一些民俗事象的来源等十分引人注目。托略克讲述的最有意义的部分是《康巴尔罕》、《波托依》、《凯特布卡》、《黑柳》、《汗王西尔达克》、《加尼西与巴依西》等关于柯尔克孜民间曲目及民间叙事诗的描述。其中讲述了柯尔克孜某些民间曲目产生的背景,并对此进行了科学的阐述。特别是关于柯尔克孜具有代表性的民间乐器考木兹琴产生过程的传说十分真实和准确。还有一点是,柯尔克孜文学史上至今不甚明了的某些诗人、智人的作品或多或少地在作品中得到了反映。1992年,从托略克口中记录下的《阿山卡依戈》这部叙事诗的片段在报刊上发表。这部在柯尔克孜和哈萨克民间广为流传、产生于中世纪的珍贵遗产终于开始与读者见面。托略克演唱的《阿山卡依戈》艺术性很强,生动地反映出阿山卡依戈深刻的哲理思考、痛苦的悲剧性言论和复杂而伤感的人生旅程。2012年克孜勒苏柯尔克孜族文出版社根据他所讲述的资料出版了《柯尔克孜族史话》一书。

曼别特·帕勒塔

曼别特·帕勒塔(1940—),当代玛纳斯奇,1940年出生于阿图什市铁格尔麦特乡马伊丹村,现在当地耕地放牧。他曾于1949年至1954年在当地新式学校学习文化知识。后来,便开始放牧,成为一名在草原上游牧的人。他在上学期间就开始演唱《玛纳斯》史诗。根据他自己的说法,他是从一位名叫铁米尔·塔什坦别克的当地著名玛纳斯奇口中,通过耳听心记的方式学会史诗内容的。这位玛纳斯奇的儿子奥穆尔·铁米尔也曾经继承父业演唱《玛纳斯》史诗。作为邻居,其演唱也对曼别特·帕勒塔产生了一定的影响,起到了耳濡目染的作用。他能够演唱史诗的第一部《玛纳斯》和第二部《赛麦台》的很多片段,主要是深受当地听众喜爱的"阿勒曼别特的忧伤"、"赛麦台和阿依曲莱克的会面"等传统诗章。他的演唱声调及语言都有自己的特色。他是当地目前比较有代表性的著名玛纳斯奇。他的文本,已经被记录下来数千行的内容。此外,他还能够演唱柯尔克孜族的其他传统史诗。他所演唱的《库尔曼别克》比较完整,而且已经有文本被学者们记录下来。

库尔班·穆萨

库尔班·穆萨(1917—?),现代玛纳斯奇,1917年出生于阿图什市哈拉峻乡,属于巴尔马克部落,文盲。1964年,当他45岁时由买买提明记录下他所演唱的《玛纳斯》史诗传统诗章"玛纳斯的少年时代"。文本的开头部分用散文体讲述,后半部分则用韵文体演唱。记录文本共计13页。史诗的很多情节,比如玛纳斯与巴卡依结盟,波冏台汗王之死,包克木龙为父亲波冏台汗王的祭典邀请客人,玛纳斯在危难之时受到邀请来到祭典现场,与空吾尔拜较量,获得赛马冠军等都是用简单的散文体形式得到描述。这一文本的特点是玛纳斯的家庭成员,玛纳斯与变成四十只狼吃自己家羊群的四十个奇勒坦相遇的过程,玛纳斯与坐骑卡克库拉对话等情节具有独特性。

图尔干·居努斯

图尔干·居努斯(1941—),当代玛纳斯奇,1941年出生于阿图什市铁格尔麦特乡马伊丹村,具有小学文化水平,现为牧民。他从16岁开始师从当时哈拉峻的著名玛纳斯奇玉散·扎伊铁木学习《玛纳斯》的演唱。与此同时,他开始在各种集会婚礼等场合演唱《玛纳斯》史诗。他所演唱的篇目主要为史诗第一部的传统诗章"阿勒曼别特的忧伤"和"卡妮凯的挽歌"以及史诗第二部"赛麦台和阿依曲莱克的会面"等。

◎ 玛纳斯

此外，他还会演唱很多柯尔克孜族的传统民歌，也能讲述许多民间故事。目前，他除了在各种集会上演唱之外，还将史诗演唱技巧教授给自己的子孙，为史诗的传承作着自己的贡献。其儿子曼别特朱玛被他培养成了一位年轻的玛纳斯奇。他能够比较完整地演唱《玛纳斯》史诗第二部《赛麦台》的内容。其演唱曲调和演唱技巧生动有趣，深得人们的喜爱。他曾先后参加过 2000 年在乌恰县斯木哈纳举办的送别千年最后一缕阳光的大型活动；1992 年在阿合奇县举办自治区首届《玛纳斯》史诗演唱会；2007 年因在《玛纳斯》史诗传承与保护方面作出贡献而获得中国社会科学院民族文学研究所和新疆文联的奖励，获二等奖。

阿布德勒艾则孜

当代玛纳斯奇（1947—），1947 年出生于阿合奇县苏木塔什乡。1964 年，他记录下自己的演唱文本"玛纳斯的少年时代"交给当时的《玛纳斯》工作组成员。文本共计 330 诗行。主要描述英雄玛纳斯直到 7 岁时，他的名字还叫"冲金迪（大疯子）"。他生性调皮，召集 40 个同龄孩子与卡勒玛克人作对。然后，因为随意宰羊羔吃，而得罪父亲加克普。打败捣乱他们攻皇宫游戏的卡勒玛克人的骆驼商队等情节。虽然，唱本的情节简单，但是却显示了当地《玛纳斯》史诗演唱传统的特色。

朱玛·埃散

朱玛·埃散（1914—？），现代玛纳斯奇，1914 年出生于阿图什铁格尔麦特乡马伊丹村，属于冲巴格西部落的玛德亚尔分支，是当时这一地区比较著名的玛纳斯奇之一。盛世才统治新疆时期曾当过兵。后来以放牧为生。1964 年 10 月 28 日，《玛纳斯》工作组成员玉赛因阿勒·阿勒穆库勒从他口中记录下了史诗的"玛纳斯邀请七汗商议远征"、"阿勒曼别特向英雄讲述自己的身世"、"抢走空吾尔拜的马群"等传统章节。文本共计 50 页，1865 行。文本虽然比较简单，但却有一定的艺术性。据说，他因为演唱风格独特，语言优美而在听众中成为佳话。后来，一些年轻的玛纳斯奇都说自己是跟随这位玛纳斯奇学会演唱史诗的。

卡其肯·萨乌特拜

卡其肯·萨乌特拜（？），现代玛纳斯奇，出生于阿合奇县哈拉奇乡，1964 年 9 月受当时的《玛纳斯》工作组委派，司德科从他口中记录下了《玛纳斯》史诗的传统章节"玛纳斯邀请七汗商议远征"部分，共计 400 行。主要内容包括：玛纳斯想去远方的别依京征讨，于是便邀请来自己旗下的内七汗进行商讨。七位汗王无一人愿意协助玛纳斯前往。按照巴卡依的指点，玛纳斯派出阿吉巴依前去邀请外七汗率兵前来一起出征。艾尔托什图克、阿额什、凯尔阔库勒、玉尔必、穆兹布尔恰克都得到邀请。除了玉尔必因为在阔阔托依的祭典上被玛纳斯鞭打而耿耿于怀，不愿意协助玛纳斯之外，其他汗王均积极率兵前来。这个文本就此完结，但是在邀请各位汗王的情节方面很有古代口头史诗的程式化特征。

阿散别克·阿曼拜

阿散别克·阿曼拜（1902—），近现代玛纳斯奇，1902年出生于阿合奇县库兰萨热克乡，1964年9月21日，在62岁高龄时向《玛纳斯》工作组的成员帕孜力·阿维凯演唱了"七汗向玛纳斯派出使者"一章。帕孜力记录的这个片段共计304行。这个片段基本上包括了七汗向玛纳斯派出使者，使者们跋山涉水来到玛纳斯驻地。玛纳斯命令他们向各自的主人前去汇报，一定要在40天之内率兵来到，否则要受到惩罚等情节。

奥姆热坤

奥姆热坤（？），近现代玛纳斯奇，出生于阿合奇县苏木塔什乡。1961年5月由当时的《玛纳斯》工作组成员从他口中记录下了以"七汗向玛纳斯派出使者"为标题的《玛纳斯》史诗第一部篇章，共计350行。主要内容如下。汗王们不顾阔绍依的极力反对要向玛纳斯派出使臣交涉，如果他还那么肆意妄为便率领重兵前去征讨，将他消灭。他们如是这般地把手放进热血中发誓，表达决心。使者们受到玛纳斯的礼仪款待，但是在走之前也看到了玛纳斯手下士兵的威严和勇气。

撒乌特·吾斯曼

撒乌特·吾斯曼（1937—），现代玛纳斯奇，出生于阿克陶县恰尔隆乡。1965年1月，当时的《玛纳斯》工作组成员玉赛因阿勒·阿勒穆库勒从他口中记录下了《玛纳斯》史诗第一部的很多片段。其中包括七汗向玛纳斯派出使者交涉，玛纳斯率兵向别依京进发，玛纳斯受伤，坎巧绕和古里巧绕的出生等互不连贯的一些片段。虽然这些内容分散而不系统连贯，但是说明了当时阿克陶县恰尔隆乡的《玛纳斯》史诗真实的流传情况。

托略尼·玉素普

托略尼·玉素普（1945—），当代玛纳斯奇，1945年出生于阿图什市铁格尔麦特乡，具有中专学历，1958年曾在克州师范学校学习，1967年至1993年一直担任村干部。他曾师从自己的同乡，著名玛纳斯奇奥诺佐·卡德尔学习《玛纳斯》史诗的内容，还从其他一些玛纳斯奇口中耳濡目染地学会一些史诗片段。然后，他还从手抄本等文本中学习过史诗的一些片段。在他小的时候，还曾常常在晚上聆听父亲玉素普演唱的《玛纳斯》。从1970年，在当村干部期间，他就开始演唱《玛纳斯》。目前，他能够演唱史诗第一部《玛纳斯》和第二部《赛麦台》的一些传统片段。

奥穆尔·玉素普

奥穆尔·玉素普（1945—），当代玛纳斯奇，1945年出生于阿图什市铁格尔麦特乡阔克塔姆村，现为牧民，同时耕种土地，具有小学文化。他从1970年至1999年曾先后担任过村合作社干部、会计、村长等。1960年，在他15岁时就能演唱《玛纳斯》史诗。他能够演唱史诗第一部《玛纳斯》中的"英雄的远征"等部分章节。他刚开始是从油印资料中学会《玛纳斯》史诗的，后来在哈拉峻上学期间聆听老年玛纳斯奇们的演唱而热衷于学习和演唱《玛纳斯》史诗。

阿布德热扎克·马凯西

阿布德热扎克·马凯西（1950—），当代玛纳斯奇，1950年出生于阿图什市铁格尔麦特乡阔克塔姆村，初中文化。从1963年至1971年，他曾先后在阔克塔姆村小学和铁格尔麦特乡中学上小学和初中，现在自己的家乡务农放牧。他曾于1970年师从自己的同乡、著名玛纳斯奇奥诺佐·卡德尔，并在与其一同挖渠、一起开垦土地、一起干活期间听他演唱，耳濡目染地学会《玛纳斯》史诗的内容。20世纪80年代初开始阅读《玛纳斯》演唱大师居素普·玛玛依已经出版的唱本背诵史诗。之后，便开始在各种庆典集会场合演唱史诗，得到人们的鼓励和夸奖。其演唱充满激情，声音洪亮，富有感染力。

阿满图尔·卡布勒

阿满图尔·卡布勒（1967—），当代玛纳斯奇，1967年2月出生于阿图什市铁格尔麦特乡阔如木杜克村，小学文化，现为牧民，同时耕种土地。1982年，10岁从小学毕业之后，他开始认真聆听和学习《玛纳斯》史诗。后来，还曾受到当地著名玛纳斯奇奥诺佐·卡德尔以及吐尔孙·那扎尔等的指点。除了在各种婚礼庆典等场合演唱之外，也开始向自己的孩子及邻居的孩子们教授一些史诗的演唱技巧，成了当地比较活跃、比较有代表性的新生代玛纳斯奇。他的演唱篇幅超过4000行，包括史诗第一部和第二部的一些传统诗章。

塔瓦力地·凯热木

塔瓦力地·凯热木（1933—），当代玛纳斯奇，他于1933年10月10日出生于乌恰县波斯坦铁列克乡，属于江托略部落之人。1938年9月—1944年9月，在乌恰县膘尔托阔乡上小学。1944年—1949年9月在乌恰县一中上中学。1948年，在他15岁时，开始跟从当地玛纳斯奇波托耐，以口耳相传的方式学习玛纳斯演唱。根据郎樱和托汗依萨克的调查，歌手自己说这位玛纳斯奇波托耐从吉尔吉斯斯坦搬迁来在这里居住了三年时间。塔瓦力地·凯热木从他口中学会了史诗第二部《赛麦台》的内容。1961年3月22日，他曾将自己演唱的内容共计863行记录下来交给当时的《玛纳斯》工作组。

记录的主要内容为"阿依曲莱克抢走赛麦台的白隼鹰，引导他前去营救阿昆汗的城堡"。《玛纳斯》演唱主要在婚礼和民间节日上举行，他经常跟随师父参加当地的各种集会，通过耳听心记的方式，在实践过程中领会玛纳斯。在学习过程中，他不断地背诵各种题材、各种内容的玛纳斯，总数达到一万多行。从1948年开始，在各种场合上演唱《玛纳斯》歌史诗，主持很多婚礼和民间集会。他的演唱延续了将近半个世纪，是一位典型的《赛麦台》演唱家。帕米尔高原的柯尔克孜族具有独特的地域文化现象。塔瓦力地·凯热木是一位多年以来，以口头形式继承与传播玛纳斯传统，并具有独特地域文化现象的帕米尔柯尔克孜族中流传的《玛纳斯》史诗的传播人，即"帕米尔流派"的代表人物之一。2004年，史诗研究专家郎樱和托汗·依萨克也曾从他口中记录下《赛麦台》史诗的一些重要传统章节。他演唱的《玛纳斯》史诗第二部《赛麦台》的演唱风格独特，歌词和曲调的特征很明显，感染力强；演唱技巧高，在各种场合，能够有效控制局面，吸引观众，引起共鸣。演唱内容丰富：他继承和演唱的《玛纳斯》史诗在内容上比较古老，反映柯尔克孜族的历史传统与社会生活的各个层面。他继承的玛纳斯传统是目前只有在帕米尔地区保存下来的、独有的、面临灭绝的一种民间记忆。他为郎樱和托汗·依萨克演唱的内容包括"秦阔交和托勒托依围攻阿昆汗的城堡"、"阿依曲莱克变成白天鹅前去寻找赛麦台"、"阿依曲莱克与恰奇凯的争吵"、"阿依曲莱克抢走赛麦台的白隼鹰"、"赛麦台和阿依曲莱克的婚礼"等。他年轻时还从一位名叫马麦提亚尔的民间歌手口中学会了当地最为流行的柯尔克孜族民歌"约隆"的很多内容。他的"约隆"演唱也在当地独树一帜，得到人们的赞扬。2009年，他被确定为柯尔克孜族"约隆歌"唯一一位国家级传承人，而受到政府部门的肯定，并享受相应的生活补贴。

阿坎别克·努拉昆

阿坎别克·努拉昆（1919—），当代玛纳斯奇，1919年出生于新疆克州阿图什市哈拉峻乡，属于库特楚部落。他从1929年开始接受宗教教育，从1931年开始放牧，以放牧为生，年轻时还曾是一名出色的猎手和摔跤手。他年幼时开始从师父也就是他自己的父亲努拉昆那里学习《玛纳斯》史诗，先后学会《玛纳斯》前三部中的10个传统篇章的内容。根据郎樱和托汗·依萨克2004年的调查，他说他小时候放羊时曾做过一个梦。梦中见到史诗中的巴卡依老人，然后便得了一场大病。当地的一名巫师看过他的病之后，就说他应该演唱《玛纳斯》，崇拜英雄玛纳斯的灵魂，这样就会治好他的病。他的演唱篇幅超过8千多行，包括史诗的很多传统章节。这些传统篇章包括第一部的"玛纳斯的诞辰"、"玛纳斯的婚姻"、"阿勒曼别特的忧伤"、"玛纳斯的远征"以及第二部的"赛麦台和阿依曲莱克的婚礼"等。他的演唱充满激情，唱到伤心之处，会热泪盈眶，控制不住自己的情绪，极富感染力。除了《玛纳斯》之外，他还能演唱许多柯尔克孜族传统的小型的口头。从他口

中记录的英雄史诗《叶尔塔比力德》比较完整。他是阿图什哈拉峻乡年纪比较大、很有名望的玛纳斯奇。很多年轻的玛纳斯奇都拜他为师，师从他演唱史诗。

阔普尔·阿依巴西

阔普尔·阿依巴西（1928—），当代玛纳斯奇，1928年出生于新疆克州阿图什市铁格尔麦提乡牧民。他从1928年9月至1939年接受家庭教育；1939年开始接受宗教教育，不到一年时间；从1940年开始在草原放牧，以放牧为生。他年幼开始便跟随父亲阿依巴西游走四方，参加各种婚礼聚会，并聆听父亲的史诗演唱，从他父亲那里学唱《玛纳斯》史诗。他父亲是一个有名的玛纳斯奇，能够演唱史诗前两部的大部分内容和《艾尔托什图克》、《阔交加什》等多部柯尔克孜族史诗。在父亲的亲自传授下，阔普尔·阿依巴西学到《玛纳斯》、《赛麦台》2部中的10多个传统篇章，篇幅总共2千多行。他还曾从铁格尔麦提乡老一带著名歌手月穆尔阿坤那里学会了《赛麦台》的很多内容。他一生以放牧和演唱《玛纳斯》史诗为生，经常在当地的各种机会上演唱。他还是完整地唱完另外一部柯尔克孜族史诗《克孜达热依卡》的唯一史诗歌手。除此以外，他还能唱《库尔曼别克》

等柯尔克孜族其他一些小型史诗。

奥穆尔拜·戴尔坎拜

奥穆尔拜·戴尔坎拜（1904—），当代玛纳斯奇，1904年出生于阿合奇县苏木塔什乡，属于库图楚部落。1934年，一位名叫纳扎拉坤·库强木噶拉克，做小本生意的人来到阿依勒做生意待了一段时间。奥穆尔拜·戴尔坎拜就是从这位口中学会演唱《玛纳斯》，并开始在民间进行演唱。后来，为了生计，他于1948年搬迁到色帕尔巴依乡生活。1964年，当时的《玛纳斯》工作组成员帕孜力和马提从他口中记录下了史诗的传统章节"阿勒曼别特离开阔克确投奔玛纳斯"，共计2188行。文本语言优美，情节曲折完美，是一个非常有学术价值的资料。

托合塔昆·阿德凯

托合塔昆·阿德凯（1915—），现代玛纳斯奇，1915年出生于阿合奇县色帕尔巴依乡，新中国成立初期曾担任过三年村主任，文盲，属于特尔胡特部落。他是从一位名叫奥穆尔拜和当地的其他玛纳斯奇口中学会《玛纳斯》史诗的传统章节"阿勒曼别特离开阔克确投奔玛纳斯"的。1964年9月20日，当时的《玛纳斯》工作组成员玉赛因阿勒·阿勒穆库勒从他口中记录下了史诗的这个传统章节，共计1216行。主要内容为：阿勒曼别特因遭到阔克确身边小人的暗算和诽谤，说他与阔克确的妻子阿克艾尔凯奇有不正当男女关系。被身边小人的话蒙蔽的阔克确被小人们灌醉之后派人叫来无辜的阿勒曼别特对质，并命令手下捕杀阿勒曼别特。阿勒曼别特踢死守门的喀拉库勒逃走。他希望阔克确回心转意，但是醉酒不醒的阔克确依然躺在家里喝酒。心灰意冷的阿勒曼别特只好另寻出路。此时，玛纳斯梦见阿勒曼别特，并特意出去一边打猎一边寻找阿勒曼别特，两位英雄最终成为亲密朋友。这一文本基本上遵循《玛纳斯》史诗传统的主题线索，情节完整合理，同时也具有自己的特色。

麻木特·萨勒马凯

麻木特·萨勒马凯（1928—），现代玛纳斯奇，1928年出生于阿合奇县哈拉奇乡，具有小学文化，1950年在干部培训学校学习三个月之后参加工作，1955年离开工作，以牧业为生。1948年，他从当地一位名叫莫明的老师手中借到一本《玛纳斯》手抄本，并开始从这个手抄本中学习和背诵史诗的内容。后来还在民间偶尔演唱自己学会的史诗内容。1964年8月，他根据当时《玛纳斯》工作组的请求，自己把自己的演唱文本进行记录交给了工作组。毫无疑问的是，麻木特·萨勒马凯的《玛纳斯》演唱离不开家族的影响。因为他的爷爷阿帕依是当地有名望的贵族富翁，他热衷于《玛纳斯》史诗，不仅组织过很多次《玛纳斯》演唱活动，而且自己就是一位能够演唱史诗的歌手。他三个孩子分别为居素普阿洪·阿帕依、加克瓦昆·阿帕依和萨勒马凯·阿帕依三个儿子。居素普阿洪·阿帕依后来成为当地的大师级玛纳斯奇。麻木特·萨勒马凯年幼时受到叔父的熏陶和父亲的指导，自然对《玛纳斯》产生了浓厚的兴趣。根据曼拜特·吐尔地的初步研究，他当时所演唱的内容是"英雄的远征"这个传统章节，但是其中也出现"七位汗王前来招惹玛纳斯"、"楚瓦克与阿勒曼别特的纠纷"的情节，甚至像远征中或远征之后的一些情节"观察敌情"、"与空吾尔拜交锋"、"占领别依京"、"玛纳斯遭到暗算受伤"、"玛纳斯之死"等传统章节也得到粗线条式的描述。他的这一变体在《玛纳斯》研究中具有不可替代的学术价值。

阿加昆

阿加昆（？），出生于阿合奇县哈拉奇乡哈拉奇村。1964年8月，当时的《玛纳斯》工作组成员玉赛因阿勒·阿勒穆库勒从他收藏的手抄本中记录下了《玛纳斯》史诗的一些片段，文本共计760行，主要内容是"玛纳斯率部远征别依京"这个传统的诗章。其中有出发前玛纳斯带领勇士们与妻子卡妮凯道别、卡妮凯的忠告、阿勒曼别特的忧伤、阿勒曼别特被推举为全军统帅以及科尔格勒恰勒的闹剧等传统章节。根据曼拜特·吐尔地的初步研究，这个文本与同为当地玛纳斯奇的麻木特·萨勒马凯的文本有很多共同点。

曼别特奥诺佐·博尔布什

曼别特奥诺佐·博尔布什（1935—），现代玛纳斯奇，1935年出生于阿合奇县色帕尔巴依乡。他家中存有古老的《玛纳斯》史诗手抄本，他就是从这些手抄本中背诵和学会的。1964年，《玛纳斯》工作组成员帕孜力·阿布凯从他口中记录下了史诗第一部中"六位汗王与阔绍依进行协商"、"远征"、"阿勒曼别特前去观察敌情"等传统章节，共计2506行。这个文本内容丰富，语言优美，富有艺术性。主要是描述六位汗王本来不愿意参加玛纳斯的远征计划，但是迫于玛纳斯的压力最终同意前往，巴卡依被推举为汗王，阿勒曼别特和卡妮凯的悲伤，阿勒曼别特叮嘱妻子阿茹开如果生了男孩就起名叫古里巧绕，阿勒曼别特被推举为汗王，楚瓦克和阿勒曼别特的纠纷等情节。

塔力甫·赛依提

塔力甫·赛依提（1925—），现代玛纳斯奇，1925年出生于阿克陶县恰尔隆乡，曾担任牧场干部，能演唱史诗第一部《玛纳斯》和第二部《赛麦台》的很多传统章节。根据他自己的说法，他是1956年，在莫吉向乡从一位名叫库尔曼的玛纳斯奇那里学会这些内容的。1965年，当时的《玛纳斯》工作组成员玉赛因阿勒·阿勒穆库勒从他口中记录下了"玛纳斯邀请七汗商议远征"、"进入别依京城"、"玛纳斯受伤离开人世"等章节。文本采用韵文和散文结合形式记录，共计7页。文本用粗线条的方式描述了七汗商议造反，阿勒曼别特介绍别依京的情况，玛纳斯进入别依京并遭到暗害受伤，听到赛麦台出生的消息返回家乡途中找到并收养古里巧绕和坎巧绕两个孩子。空吾尔拜追击玛纳斯，玛纳斯离开人世等。

别克尔·马拉依

别克尔·马拉依（1926—），现代玛纳斯奇，1926年出生于乌恰县奥克萨勒尔乡。他的演唱内容于1964年12月由当时克孜勒苏柯尔克孜自治州防疫站干部曼拜特朱玛·曼别特依明记录下来。其演唱的内容为史诗第二部《赛麦台》，共计1102行。文本用韵散结合的形式演述，主要描述的是赛麦台成为孤儿在外公家中长大。12岁时听到自己的身世并回到故乡塔拉斯。爷爷加克普和两位叔父阿维凯和阔别什预谋陷害他，于是他斩杀了上述三人和四十位勇士，然后迎娶夏铁米尔之女恰奇凯为妻。出去打猎途中，其白隼鹰被阿依曲莱克抢去。赛麦台斩杀要强娶阿依曲莱克的青阔交和托勒托依，与阿依曲莱克成亲等。

卡德尔

卡德尔（1894—），现代玛纳斯奇。1894年出生于塔什库尔干塔吉克自治县塔伽尔马乡，现为阔克加尔乡。属于铁伊特部落。1964年12月，当时的《玛纳斯》工作组成员玉赛因阿勒·阿勒穆库勒从这位已年过70岁的老人口中记录下了史诗《赛麦台》的一些片段。文本用韵散结合的形式演述，共计15页。她的这一变体是当时塔什库尔干地区柯尔克孜族中唯一一个史诗文本而显得弥足珍贵。它说明了帕米尔高原地区《玛纳斯》的流传变异情况。文本的主要内容包括：玛纳斯刚刚去世，阿维凯和阔别什就派人前来向卡妮凯提亲。卡妮凯将媒人赶走。卡妮凯遭到上述两位的陷害，在巴卡依老人的帮助下卡妮凯带着摇床中的赛麦台逃亡到布哈拉。赛麦台长大后知道自己的身世，回到家乡惩治妄图陷害自己的阿维凯和阔别什等情节。根据曼拜特·吐尔地的初步研究，其中有很多古老的母题具有鲜明的地域特征，比如说卡妮凯变成狼审视和观察自己的孩子赛麦台，卡妮凯亲自骑马上阵等母题都具有很高的学术研究价值。

厄布拉伊·奥诺佐满别特

厄布拉伊·奥诺佐满别特（？），现代玛纳斯奇，生卒年不详，为乌恰县黑孜苇乡人，当时为乌恰县小学教员。1961年4月15日他自己记录下自己演唱的《赛麦台》的内容共计14页，交给当时的《玛纳斯》工作组。文本用韵散结合的形式写成，包括"阿维凯和阔别什的阴谋，赛麦台逃亡至铁米尔汗的城堡"、"赛麦台的少年时代，返回故乡惩治阿维凯和阔别什"、"阿依曲莱克变成白天鹅抢走赛麦台的白隼鹰"、"赛麦台迎娶阿依曲莱克"、"巴卡依的计谋和对策"、"赛依铁克杀死古里乔绕和克雅孜恢复父王的王位"等传统的章节。

马特

马特（？），现代玛纳斯奇，生卒年不详，阿合奇县色帕尔巴依乡马坦村人。1964年9月25日，当时一位名叫司德科的小学教员记录下了其演唱的内容。文本的内容主要为史诗第二部的传统章节"阿依曲莱克抢走赛麦台的白隼鹰"以及相关内容，共计2750行。描述了赛麦台的妻子恰奇凯在梦中见到阿依曲阿莱克前来求情，于是苦苦哀求，执意阻止赛麦台出去打猎。赛麦台鞭打阻挡自己的妻子上路去打猎。在途中，他的白隼鹰被阿依曲莱克抢走。最后，赛麦台斩杀托勒托依和青阔交，与阿依曲莱克成亲。中间还穿插了由托勒托依之口向青阔交介绍玛纳斯在阔阔托依的祭典上的勇敢行为，以及祭典的赛马、阔绍依与凯尔克马特的摔跤过程中睡觉、艾尔阿格什与涅斯卡拉摔跤、阿勒曼别特与玛纳斯相识、玛纳斯打败空吾尔拜、交牢依之死等章节的整个过程。

图凯西·贾马凯

图凯西·贾马凯（1901—），现代玛纳斯奇，1901年出生于阿合奇县色帕尔巴依乡，属于约瓦什部落。他从20岁开始以狩猎为生，为当地著名的猎人。他从当地一位名叫阿赛依的玛纳斯奇那里学会了《玛纳斯》史诗的一些内容。他一生都没有成家，骑着马四处打猎维持生计。1964年，当时的《玛纳斯》工作组成员玉赛因阿勒·阿勒穆库勒以及当地小学教员司德科从他口中记录下了史诗第二部《赛麦台》的一些章节，共计2200行。当时歌手已经是63岁高龄。内容主要为阿依曲莱克抢走赛麦台的白隼鹰之后，英雄带着勇士们前去寻找，并最终杀死要强娶阿依曲莱克的托勒托依，与阿依曲莱克成亲等章节。

巴克特白·托阔

巴克特白·托阔（1907—），现代玛纳斯奇，1907年出生于阿合奇县库兰色热克乡，属于托茹部落特普期部落分支。他的师父为当时曾在阿合奇县哈拉奇乡非常著名的玛纳斯奇萨德热坤·阿依萨热。他师从师傅，通过聆听观摩的方式学会了《玛纳斯》、《赛麦台》的多个内容。他还曾是柯尔克孜族著名现代诗人莫勒多·克里奇的亲属，能够演唱其诗作《扎尔扎满》等。1964年，时任阿合奇县供销合作社干部，参加《玛纳斯》搜集调查组的马提记录下了其演唱的《赛麦台》史诗中在民间流传最广泛的一部分内容。文本共计972行。主要内容为：阿依曲莱克变成白天鹅飞上天审视各位英雄豪杰，来到赛麦台的故乡向其妻子恰奇凯哭诉自己的不幸，并向她寻求帮助。但是，最终因为不仅没有得到帮助，反而受到侮辱，便在狩猎途中抢走赛麦台的白隼鹰，引导他来到被围困的阿昆汗的城堡斩杀了托勒托依和青阔交，解救城堡之围，最后和与自己指腹为婚的未婚夫赛麦台成亲。

朱玛库勒·乌斯凯

朱玛库勒·乌斯凯（1925—），现代玛纳斯奇，1925年出生于乌恰县黑孜苇乡，属于康达巴斯部落分支。当时为坎朱甘牧场牧民。1964年4月，在托云乡由一位名叫贾克普的人记录下了他所演唱的史诗内容，即以"赛麦台渡过玉儿凯尼奇河"为题的这个传统章节，共计126页。文本虽然简短，但却语言流畅，情节有趣。描述的是英雄赛麦台在湖边失去自己的白隼鹰之后向巴卡依老人寻求帮助，然后，在巴卡依的指点下前去寻找白隼鹰的故事。

加帕尔·铁米尔

加帕尔·铁米尔（1938—），现代玛纳斯奇，1938年出生于阿克陶县布隆口乡苏巴什村，小学文化。他自己记录保存有《赛麦台》的一些片段。1964年12月，当时的《玛纳斯》工作组成员玉赛因阿勒·阿勒穆库勒从他口中记录下了《赛麦台》的一些片段，文本共计320行。主要描述青阔交和托勒托依勾结在一起，围攻阿昆汗的城堡，意欲抢娶阿依曲莱克为妻。阿依曲莱克变成白天鹅飞上天空，审视各位英雄豪杰等。内容简单，却有着一定的学术研究价值。

托默克·曼别特阿勒

托默克·曼别特阿勒（1934—），现代玛纳斯奇，1934年出生于乌恰县托云乡苏约克村，属于凯勒德别克部落。他是以传统的口耳相传的形式学会《玛纳斯》内容的。1965年2月8日由曼别特朱玛·曼别特依明记录下了他所演唱的"青阔交和托勒托依勾结在一起，围攻阿昆汗的城堡"、"阿依曲莱克变成白天鹅飞上天，审视各位英雄豪杰"、"赛麦台渡过玉尔凯尼奇河前去营救"等民间最流行、深受人们喜爱的传统情节，共计665行。这个资料篇幅比较小，但是也有其一定的比较研究价值。

额司马依勒·库勒毛勒朵

额司马依勒·库勒毛勒朵（1909—），现代玛纳斯奇，1909年出生于乌恰县奥克萨勒尔乡，小学文化，民国时期曾经当过一年邮递员，后来以放牧和农耕为生。他是从手抄本中学会《玛纳斯》史诗第二部《赛麦台》的一些章节的。1961年5月22日，当时的《玛纳斯》工作组成员玉赛因阿勒·阿勒穆库勒从他口中记录下了共计980行的资料。文本的主要内容为：赛麦台失去白隼鹰之后向巴卡依求教，然后，赛麦台遵照巴卡依老人的指点骑马登程，前去寻找白隼鹰，渡过玉尔凯尼奇河，见到阿依曲莱克之后与她对歌等内容。文本具有浓郁的传统特色。

阿依达尔阿勒·塔什丹

阿依达尔阿勒·塔什丹（1911—），现代玛纳斯奇，1911年出生于乌恰县乌恰乡。他是一个性情豁达、说话幽默的人。在新疆民国盛世才统治时期当过七年兵。后来转业后从事农牧业维持生计。20世纪30年代末，通过耳濡目染，认真聆听，从当地玛纳斯奇口中学会了史诗第

◎玛纳斯

二部《赛麦台》的一些片段。1961年6月1日，当时的《玛纳斯》工作组成员玉赛因阿勒·阿勒穆库勒从他口中记录下了他所演唱的《赛麦台》的资料，共计1040行。内容包括：阿依曲莱克穿上白天鹅羽翼飞上天审视各个英雄豪杰的姿容，抢走赛麦台的白隼鹰，赛麦台带领勇士们渡过玉尔凯尼奇河找到阿依曲莱克与她相识，然后是青阔交和托勒托依联合攻打阿昆汗的城堡的情节。这个情节充分说明了在民间广泛流传的现实。

玉赛因·阿布德加帕尔

玉赛因·阿布德加帕尔（1920—1993），现代玛纳斯奇，1920年出生于乌恰县黑孜苇乡坎朱甘村，民国时期曾当过兵，新中国建立之后曾当过村干部和村长。他通过反复聆听当地玛纳斯奇的演唱学会了《玛纳斯》史诗的一些内容，并且能够以高度艺术化的技巧演唱《赛麦台》。演唱时，他会全身心地投入其中，唱到高潮处，身体、手势动作与演唱相配合，头吐白沫，眼睛发红。由于他还能用传统的巫术手段为人治病，因此被当地人称为"玉赛因巴合西（玉赛因巫师）"。1961年6月3日，当时的《玛纳斯》工作组成员玉赛因阿勒·阿勒穆库勒从他口中记录下了他所演唱的有关赛麦台的内容，共计1680行。主要内容是：青阔交前来恳恳托勒托依和他一起前去围攻阿昆汗的城堡强娶阿依曲莱克为妻；阿依曲莱克在危难时变成白天鹅飞上天前去寻找指腹为婚的未婚夫赛麦台前来救助；阿依曲莱克在天上审视各位英雄豪杰；与恰奇凯发生冲突，并抢走赛麦台的白隼鹰；赛麦台带领勇士们前去寻找；赛麦台与阿依曲莱克的婚礼等情节，尤其是把赛麦台和阿依曲莱克两人入洞房时欢愉的情节描述得很细致，而且富有艺术性，让听众陶醉其中。他演唱史诗时，由于内容带有生动的男欢女爱情节，一般女性根本不敢在场听。

奥穆尔

奥穆尔（？），出生于乌恰县黑孜苇乡奥义铁热斯堪村。1964年12月由当时的《玛纳斯》工作组委派的阿不来提从他口中记录下了共计547行的内容。这个文本的特点是在开头部分所有的人物对话均用韵文形式，而所有的描述性内容都用散文体形式记录，到了后面散文体形式却又逐渐消失，全都变成了韵文体形式。主要内容如下：玛纳斯和阿昆汗分别是两城堡的汗王，而且两人是好朋友。两人在一起出猎时约定，无论将来双方谁家是男孩谁家是女孩，只要两人的妻子分别产下男女孩，女孩都要嫁给对方的儿子做媳妇。这就是《玛纳斯》史诗中著名的指腹为婚的约定。赛麦台成为孤儿，到2岁时娶恰奇凯为妻。阿依曲莱克变成白天鹅飞上天专程到塔拉斯，并且首先遇见恰奇凯。阿依曲莱克遭到恰奇凯的侮辱，阿依曲莱克抢走赛麦台的白隼鹰。然后是所有的情节都按照传统方式得到呈现，比如详细介绍武器装备，介绍骏马的优劣，玉尔凯尼奇河的壮观描述，青阔交和托勒托依的攻击，古里巧绕射杀能够飞翔的托托如骏马，将青阔交和托勒托依斩杀。赛麦台与阿依曲莱克的婚礼等。

阿散木丁·麦伊曼

阿散木丁·麦伊曼（1919—1981），现代玛纳斯奇，1919年出生于乌恰县黑孜苇乡奥义铁热斯堪村。他除了能够演唱《玛纳斯》史诗第一、二部和第三部的内容之外，还能够演唱《艾尔托什图克》、《库尔曼别克》、《贾尼西与巴伊西》、《阔尔吾勒苏勒坦》、《古丽孙》、《斯尔噶》、《艾尔阿布勒》、《阿勒普波佐依苏勒坦》等多个传统的柯尔克孜族民间口头史诗作品，并在当地民间传播。其演唱的史诗《阿勒普波佐依苏勒坦》曾由阿不来提·阿奴瓦尔与诺合托努尔搜集，刊登在《新疆柯尔克孜族文学》2007年第2期上。

穆萨坤·木耳扎曼别特

穆萨坤·木耳扎曼别特（1911—），现代玛纳斯奇，1911年出生于乌恰县铁列克乡。他从小跟自己的哥哥麦凯学习演唱《玛纳斯》史诗，并掌握了史诗的许多内容。而他哥哥则是从吉尔吉斯斯坦卡拉阔勒附近的萨恩拜学会史诗演唱的。兄弟俩很好地掌握了萨恩拜的演唱风格和演唱内容。1961年5月10日，当时的《玛纳斯》工作组成员，蒙古组作家太白记录下了穆萨坤·木耳扎曼别特演唱的内容，共计1360行。根据曼拜特·吐尔地的初步研究，这个文本的前两页用散文形式记录的是英雄玛纳斯率部远征，玛纳斯与卡妮凯道别等内容。然后紧接着便是史诗《赛麦台》部分的内容中阿依曲莱克如何变成白天鹅飞上天寻找赛麦台，并从天上审视各位英雄豪杰，遇见恰奇凯并与她产生矛盾而争吵，抢走赛麦台的白隼鹰等情节。有趣的是，他所演唱的内容与特尼别克的唱本极为相似。

奥帕孜·加尔肯拜

奥帕孜·加尔肯拜（1921—），现代玛纳斯奇，1921年出生于阿图什哈拉峻乡，是当时一位很有名望的玛纳斯奇。他的学艺过程基本上遵循传统的口耳相传的方式。1961年4月10—11日，当时的《玛纳斯》工作组成员阿勒屯从他口中记录下了史诗《赛麦台》部分的内容，共计2684行。内容包括了从青阔交勾结托勒托依向阿昆汗的城堡发动战争以及阿依曲莱克飞上天，前去向赛麦台求救，抢走赛麦台的白隼鹰，恰奇凯和阿依曲莱克的争吵，赛麦台前去阿昆汗城堡与敌人展开决战，赛麦台战胜敌人保卫了城堡的安宁，并与阿依曲莱克相识结婚等史诗传统的情节。1966年，当时的工作组成员帕孜力曾认真阅读这个文本并对其给予较高的评价，因为其中有很多在其他变体中没有发展到的情节。比如，赛麦台在率领勇士前去营救阿昆汗的城堡途中，有恶龙、猛虎等凶猛的象征性动物挡道，最后又在赛麦台的努力下让开道路的情节。在赛麦台渡河几乎要被咆哮的河水冲走时，玛纳斯的保护神白龙神、金角白色野山羊神等纷纷前来救驾，帮助他渡过难关。这些母题的出现表明了这个文本的古老特质和其独特性。

别克包

别克包（1885—），近现代玛纳斯奇。他于1885年出生于乌恰县黑孜苇乡康西别尔村，属于江苏月尔部落。1961年4月13日，在他73岁高龄时，受当时《玛纳斯》工作组的委托，由一名叫贾克普的文人从他口中记录下了史诗第二部《赛麦台》的一些传统章节，共计1632行。主要内容包括赛麦台成为孤儿，被母亲卡妮凯带到外公家长大成人。等他从一位秃子口中得知自己的身世后返回故乡，以后的情节按照传统的情节发展，及赛麦台返回家乡惩治恶人，而且之后还出现了赛麦台出发前往别依京，与空吾尔拜较量为父亲报仇的情节。英雄回到故乡之后推举巴卡依为汗王。之后才出现了有关阿依曲莱克、青阔交、托勒托依等英雄以及赛麦台和阿依曲莱克结婚的情节。从上述各方面看，这个文本有其独特的价值。

阿布德开热木·玉散别克

阿布德开热木·玉散别克（1911—），近现代玛纳斯奇，1911年出生于乌恰县，曾在国营牧场康朱甘分场工作，属于托茹部落的分支。据他自己的说法，他是从阿拉布拉克的一位名叫奥诺扎昆的玛纳斯奇学会《赛麦台》的内容的。

1964年由曼拜特朱玛·买买提明记录下了他所演唱的内容共计17页，1130行。文本开始部分用散文形式描述了赛麦台斩杀不听自己命令的四十名勇士，准备出征去为父亲报仇之前到玛纳斯的陵墓前祈祷，并得到母亲卡妮凯的祝福。之后的内容才开始转为韵文体形式。赛麦台一行在途中不听从巴卡依老人的劝告执意在荒野中住宿，被卡勒玛克英雄穆拉地里用魔法下起大雪，偷走英雄的坐骑。巴卡依千方百计捕获空吾尔拜的六个枝杈的白野山羊、金翅膀的白野鸭，然后又消灭四十个巡逻兵。赛麦台遇到空吾尔拜，双方展开大战。其中，有意思的是，楚瓦克已经隐世的骏马阔克阿拉，以及赛麦台的坐骑泰布茹里都能通人性，并和英雄们说话。

赛依特·额不拉音

赛依特·额不拉音（1907—），近现代玛纳斯奇，1907年出生于乌恰县托云乡，属于乌拉嘎其部落分支。他是以口耳相传的形式学会《玛纳斯》史诗的。1961年6月受当时的《玛纳斯》工作组的委派，由贾克普记录下其演唱的内容共计3000行。这个唱本中主要讲述了青阔交和托勒托依暗中策划阴谋，围攻阿昆汗的城堡，阿依曲莱克飞上天，托勒托依和青阔交的战败，被斩杀等内容。除了这些内容之外，还有关于赛麦台做梦，克亚孜用花言巧语收买坎巧绕对付赛麦台，不仅骗取赛麦台的骏马和武器，而且还射杀赛麦台；古里巧绕在战斗中受伤被俘，并且被剜去肩胛骨受辱；克亚孜和坎巧绕分别娶赛麦台的两个妻子；阿依曲莱克施用各种魔法与克亚孜周旋，并顺利产下赛麦台的遗腹子赛依铁克；赛依铁克很快长大成人，并最终斩杀克亚孜和叛徒坎巧绕等情节。克亚孜的坐骑被阿依曲莱克用魔法锁住口舌不能够说话，他自己被赛麦台等烧成灰之后，与克亚孜命运相连的坐骑托托如前来哭泣："只要你能够留下一根汗毛或者一块肉我就会把你救活呀。"整个文本基本上囊括了《玛纳斯》史诗第二部《赛麦台》的主要内容，情节生动，有很高的艺术性，是一个非常具有参考和研究价值的资料。

马麦特卡德尔·马麦特阿散

马麦特卡德尔·马麦特阿散（1905—），近现代玛纳斯奇，1905年出生于乌恰县，属于约瓦什部落。以做小生意为生。1964年由曼拜特朱玛·满别特提明记录下了他所演唱的内容共计2369行。主要内容为，赛麦台准备前去攻打宿敌克亚孜。赛麦台不听妻子阿依曲莱克从梦中得到恶兆后的规劝，执意带领勇士们出发。英雄古里巧绕准备在途中射杀克亚孜，但是克亚孜在其通人性的骏马托托如的帮助下顺利躲过危机。然后是赛麦台和克亚孜之间的战争，克亚孜用离间计说服坎巧绕，让他设计陷害赛麦台，最后占领塔拉斯，剜去古里巧绕的肩胛骨，推举坎巧绕为汗王等。其中有很多情节很有特色，说明这个变体有其独特的研究价值。

卡德尔·巴依萨勒

卡德尔·巴依萨勒（1924—），现代玛纳斯奇，1924年出生于乌恰县，曾在乌恰县法院工作。他是从手抄本和吉尔吉斯斯坦出版的《玛纳斯》册子中学会《玛纳斯》史诗的。据他自己说，这些册子是他从生活在边境斯木哈纳的哥哥耶明手中拿到的。1961年4月19日由玉赛因阿勒·阿勒穆库勒从他口中记录下他所演唱的内容共计1760行。这个文本包括赛麦台迎娶阿依曲莱克；赛麦台与托勒托依的搏杀；坎巧绕在克亚孜的怂恿下背叛赛麦台并设计将他陷害；克亚孜强娶阿依曲莱克为妻；赛依铁克的诞生、成长以及最终消灭敌人惩治叛徒等传统章节，在内容和情节方面与民间广泛流传的传统文本没有太多区别。

卡丹·司马依勒

卡丹·司马依勒（1904—），近现代玛纳斯奇，1904年出生于阿图什哈拉峻乡。1961年4月14日，中共克孜勒苏柯尔克孜自治州委党校教员托合托孙从其口中记录下了以"赛麦台和克亚孜"为题的史诗内容，共计589行。主要包括赛麦台受害去世，赛依铁克的诞生以及成长等情节。根据曼拜特·吐尔地的初步研究，这个文本虽然很短，但在内容和风格上却有其独特性。比如赛麦台在其父亲玛纳斯的神灵以及其保护神白龙、黑白花斑的豹子以及一双兔子的保护和佑助下战胜克亚孜，但是克亚孜的神骏托托如却不顾一切地驮着克亚孜飞上蓝天。后来在托托如神骏的指点下，克亚孜怂恿坎巧绕背叛赛麦台，并帮助克亚孜将其杀死。古里巧绕将赛麦台的尸体带到卡拉翁库尔神洞，祈求神灵将其复活。但是。赛麦台对古里巧绕讲完遗嘱后又去世了。古里巧绕最终将克亚孜斩杀。但是，趁古里巧绕熟睡之际，克亚孜的神骏托托如偷偷前来，把克亚孜的脑袋从克亚孜身边偷走，并让克亚孜重新复活。克亚孜复活之后准备斩杀古里巧绕，但是在坎巧绕的哀求下没有将其斩杀，而是砍下了他的肩胛骨，让他变成残疾服苦役。阿依曲莱克在克亚孜的淫威下被迫假装嫁给他，但是却用各种魔法手段，保护赛麦台的遗腹子顺利出生，并抚养其长大。孩子的名字是一位乞丐前来取名叫赛依铁克。赛依铁克最终在母亲的帮助下与古里巧绕汇合，然后找神医治愈古里巧绕的肩胛骨。最后，他们合力将克亚孜和坎巧绕斩杀，为父亲报仇雪恨。史诗的这个变体很显然有其很多独特之处，文本中存在很多古老的神话母题，是一个值得深入分析和研究的文本。

吉勒布热斯卡·交勒多什

吉勒布热斯卡·交勒多什（1928—），现代玛纳斯奇，1928年出生于阿合奇县色帕尔巴依乡，属于库图楚部落库楚干分支。他2岁就成为孤儿，并在当地一位名叫奥穆尔的富翁家里做牧工将近十年时间。他是从住在当地克孜勒布拉克牧村的玛纳斯奇吐尔达洪学会《赛麦台》的一些片段的。1964年9月15日，当时的《玛纳斯》工作组成员马提·赛依特阿洪从其口中记录下了共计11页的文本资料。文本基本上都是用散文体形式记录的。主要内容包括赛麦台被克亚孜暗害，古里巧绕被割去肩胛骨变成残疾打柴放牧，阿依曲莱克用魔法将妖女变成其替身陪克亚孜睡觉，自己却全心全意地保护腹中赛麦台的遗腹子顺利出生。最后，孩子长大成人，杀死克亚孜将其尸骨烧毁。克亚孜的骏马托托如失望地哭泣着说："假如你还有一根头发或者一块骨头，我就会让你死而复生。"最后无奈之下才成为赛依铁克的坐骑。赛依铁克找神医治好古里巧绕的肩胛骨，杀死坎巧绕回到塔拉斯。

阿瓦科尔·埃特曼别特

阿瓦科尔·埃特曼别特（1950—），当代玛纳斯奇。他于1950年11月7日出生在乌恰县波斯坦铁列克乡乔尔波村。自幼在当地的一位名叫朱玛的玛纳斯奇的教导指引下学习《玛纳斯》，并掌握了史诗的许多传统章节。他熟知《玛纳斯》第一、二部的多部篇幅，并在集会、大型聚会上熟练演唱。他在演唱史诗时唱腔圆润、有力，吐字清晰，表情饱满，在演唱时配上丰富的眼神和手势动作，渲染了史诗的内容，深受广大人民群众的喜爱。是目前在当地以及其他很多场合比较受欢迎的玛纳斯奇。

玛尔杰克·加克瓦昆

玛尔杰克·加克瓦昆（1925—1999），1925年出生于新疆阿合奇县哈拉奇乡阿合奇村，为

20世纪我国著名玛纳斯奇居素普阿昆·阿帕伊的侄女。由于从小受到家庭氛围的影响，她从很小的时候起就受到《玛纳斯》史诗演唱传统的熏陶，在耳濡目染中学会了叔叔居素普阿昆·阿帕伊的很多演唱篇目。由于她出生于名门望族，家庭中的封建观念根深蒂固。所以，尽管她已经掌握并能够演唱《玛纳斯》的很多内容，但是作为女性，她是被禁止在大庭广众之下演唱史诗的。因此也就不能使自己的演唱被听众欣赏和评判，也不能与周围的其他男性玛纳斯奇们切磋交流，并在交流中提高自己的演唱水平。于是，在很长一段时间里，她便不断地把自己掌握的史诗所有章节反复演唱给半身不遂、卧床在家的女儿听。

女儿是她唯一的听众。她的演唱便在这样一种特殊环境中得到不断演练和提高，这样反复的演唱，既加强了自己对史诗内容的记忆，也激发了自己演唱史诗的激情。因此，她于1998年8月16日曾对采访她的学者们这样说："我不可能像男性玛纳斯奇那样被邀请去为大家演唱《玛纳斯》。如果那样的话，我的演唱水平会更好。所以，我为把自己小时候学会的《玛纳斯》牢牢记住，便经常为瘫痪在床的女儿演唱。这样一方面可以为可怜的女儿解闷消磨时间，另一方面还可以不断更新自己掌握的那些内容。"1992年8月5日至12日在阿合奇县举办的史诗演唱会上，已经年逾花甲的她终于有机会在公众面前亮相，为听众演唱了史诗的片段，惊艳全场听众，受到大家的普遍赞扬。其演唱篇目主要为"卡妮凯让塔依托茹骏马参加比赛"、"阔阔托依的祭典"等史诗传统章节。口头史诗的家族传承在她身上得到具体体现。1999年11月，这位女玛纳斯奇不幸离开人世。

古丽孙·艾什马特

古丽孙·艾什马特（1947—），当代女玛纳斯奇，1947年出生于乌恰县黑孜苇乡，初中毕业，为当地著名的大玛纳斯奇艾什马特之孙女。其父亲马麦特奥穆尔·艾什马特受她祖父的影响也是一位优秀的玛纳斯奇。古丽孙·艾什马特从5岁开始受祖父和父亲的影响而学唱《玛纳斯》，尤其是史诗第二部《赛麦台》。

18岁时便开始在各种喜庆活动中为民众演唱史诗。由于她受祖父的影响很深，耳濡目染中掌握了很多史诗演唱的技巧，演唱时声音动听，内容丰富，神情优雅，所以很受当地民众的喜爱，经常被请去参加各种活动，并为听众演唱史诗。早先她曾去乌鲁木齐当工人，后来还曾担任村妇女主任，多次受到表彰。目前，她经常参加各种大型活动，并且也经常演唱《赛麦台》的各种片段。从1999年开始，她开始培养徒弟。其中也有自己的两个儿子和两个女儿。

布把加尔·苏力坦

布把加尔·苏力坦（1978—），当代女玛纳斯奇，乌恰县的女史诗演唱艺人之一，是乌恰县黑子维乡人。她出生于1978年12月24日，是著名的史诗演唱艺人艾什买提老人的亲戚，她自幼对史诗感兴趣，经常听她的远亲艾什买提老人的女儿古力孙演唱史诗，并梦想着当一名史诗演唱艺人。她7岁踏入校门，识字后就开始读史诗。但初中毕业之后，她便离开了学校成家。从15岁开始她拜古力孙为师父，目前的她能唱史诗第一部《玛纳斯》的两个传统章节和史诗第二部《赛麦台》的三个传统章节。

依力亚孜·阿日尼

依力亚孜·阿日尼（1941—），当代玛纳斯奇，1941年3月20日生于乌恰县波斯坦铁列克乡。他自幼在一位名叫朱玛的玛纳斯奇教导下，学习《玛纳斯》。经过多年的学习，他掌握了《玛纳斯》史诗的很多传统诗章，篇幅超过数千行。在60多年的学习过程中，他不仅继承了他师傅的演唱技巧和变体特征，而且还不断地背诵其他各种题材和变体，目前他熟知的史诗内容总数达到了3000多行。也是目前当地一位有影响的玛纳斯奇。

纳满·朱玛

纳满·朱玛（1939—），当代玛纳斯奇，1939年5月10日生于波斯坦铁列克乡居鲁克巴仕村。他于1939年至1946年9月在家接受家庭教育，1946年9月至1950年9月在居鲁克巴仕村上小学，十岁开始，在当地的一位名叫莫热其的玛纳斯奇的教导下学习《玛纳斯》。现在的他能完整地演唱《玛纳斯》6个传统的片段，而且他唱的内容中依然保留着比较古老的母题，因此而受到当地人民的欢迎。

江额努尔·图尔干白

江额努尔·图尔干白（1966—），当代玛纳斯奇，1966年出生于乌恰县黑子苇乡。从7岁开始，他在爷爷依沙拜克和奶奶阿依萨勒肯的教导下，学习《玛纳斯》史诗的演唱。两位老人当时都是当地的玛纳斯奇，经常在家里或婚礼集会场合为听众演唱史诗。江额努尔从小耳濡目染，受到爷爷奶奶的精心指点，先后学会了《玛纳斯》第一、二部中的若干传统章节。他勤奋上进，十分喜爱《玛纳斯》演唱，通过20多年的不断学习，掌握了《玛纳斯》史诗第一部一半以上的史诗内容。篇幅超过万行。

阿布德别克·奥斯坎

阿布德别克·奥斯坎（1977—），当代玛纳斯奇，1977年出生阿合奇县哈拉奇乡阿合奇大队。玛纳斯奇阿布德别克受父亲的影响，在上小学3年级时就开始学唱《玛纳斯》史诗。父亲奥斯坎·楚瓦克于1996年10月去世，时年61岁（1935年出生），曾是柯尔克孜族著名的即兴诗人。其作品以诙谐幽默、讽刺著称，深受听众喜爱，在我国柯尔克孜族当中影响广泛。其作品至今流传于世，新疆人民出版社就出版过他的诗歌专集。

他的母亲亦是一位民歌能手，即兴创作的很多习俗歌和送葬歌在当地广为流传，是当地

有名的民歌手"阔绍克奇"。阿布德别克在父母的熏陶下对《玛纳斯》史诗产生了浓厚兴趣，并开始记忆和背诵有关章节。在上初中时曾为同学和老师们演唱，并应邀参加过1992年阿合奇县新疆首届《玛纳斯》演唱会。后来，阿布德别克又师从哈拉奇乡著名玛纳斯奇曼别塔勒·阿拉曼学习演唱。一方面在现场仔细聆听观摩师傅在民众中演唱，另一方面听他的录音磁带，与此同时还通过阅读居素普·玛玛依的史诗文本提高自己的演唱才能和演唱篇目，逐渐成长为阿合奇县年青一代玛纳斯奇的重要成员。他通过耳听心记、聆听录音等方法掌握了史诗的演唱声调、演唱时的手势动作以及随着史诗内容的发展变化，不断转换演唱旋律等技巧。演唱篇目是史诗第一部中"柯尔克孜族的起源"、"英雄玛纳斯武器装备的制造"、"远征"、"众英雄之死"等章节以及史诗第二、三部中的一些诗章，总共约3万诗行的内容。已婚，育有两个女儿。

比尔纳扎尔·吐尔逊

比尔纳扎尔·吐尔逊（Birnazar Tursun, 1976—），当代玛纳斯奇，1976年5月出生于哈拉布拉克乡哈拉布拉克村，10岁时因关节炎而辍学在家放牧。他主要是从居素普·玛玛依唱本中背诵记忆和演唱《玛纳斯》史诗。他视居素普·玛玛依为自己的师傅。其祖父阿依达尔阿勒是玛纳斯奇大师居素普·玛玛依的堂兄。由于从小受家庭熏陶，喜爱诗歌，自己也能即兴创编一些诗歌。他不仅模仿叔伯居素普·玛玛依的演唱，而且还曾得到他的治疗。演唱篇目主要是《玛纳斯》史诗第一部的传统章节"柯尔克孜族的起源"、"阿劳开踩躏柯尔克孜"、"英雄玛纳斯的诞生"、"玛纳斯在吐鲁番种麦子"、"加克普成为汗王"、"玛纳斯得到阿克库拉骏马"、"远征启程"、"阿勒曼别特成为全军统帅"、"远征决战，众英雄死亡"、"玛纳斯离开人世"；第二部《塞麦台》传统诗章"阿维凯与阔别什谋害卡妮凯"、"卡妮凯带着儿子赛麦台投奔娘家"、"赛麦台前去寻找阿依曲莱克"、"阿依曲莱克迎接赛麦台"等共计约3万多行。

苏拉伊曼·居马昆

苏拉伊曼·居马昆（Sulayman Jumakun, 1985—），当代玛纳斯奇。1985年11月出生于阿合奇县哈拉奇乡布隆村。他家里有4口人，父亲，居马昆1947年出生；母亲，居芒，1960年出生；妹妹布比卡里恰，1989年出生。苏拉伊曼·居马昆是哈拉奇乡已故著名玛纳斯奇毛勒岱克·贾克普（2007年去世，享年88岁）的孙子。他从16岁开始，在祖父毛勒岱克·贾克普以及父亲居马昆的亲自指导下学会演唱《玛纳斯》。演唱篇目主要是《玛纳斯》第一部的一些传统诗章。主要为：1."柯尔克孜族的起源"；2."远征起程，阿勒曼别特被推举为军队统帅"；3."空乌尔拜的神奇禽兽哨"；4."侦察途中的收获"；5."阿勒曼别特向色尔哈克介绍地形"；6."阿加特河边的大战"；7."双方为决战做准备"；8."奥荣呙与包郎楚等英雄一对搏杀"；9."众英雄死亡"等。

库尔曼别克·奥穆尔

库尔曼别克·奥穆尔（Kurmanbek Omur, 1965—），当代玛纳斯奇，1965年5月出生于新疆阿合奇县苏木塔什乡克孜勒宫拜孜村。初中文化。他学习演唱《玛纳斯》史诗的启蒙导师是一位名叫加帕尔的铁匠，后来又得到父亲的指点，近年来也从玛纳斯奇居素普·玛玛依的文本中学习。除了演唱《玛纳斯》史诗之外，他还能够讲述柯尔克孜族部落系谱散吉拉，还能够讲述许多民间故事和传说。他能够讲述的部落系谱主要有："阿吉别克的传说"、"奥尔曼汗"、"包隆拜"等部落英雄人物的传记。演唱的《玛纳斯》史诗内容长达1万行。主要内容为：第一部"克尔克孜人的诞生"、"玛纳斯的诞生"、"远征"等；第二部"卡妮凯教育赛麦台"、"赛麦台迎娶阿依曲莱克"、"青阔交与托勒托依的骚乱"、"托合托萨尔特的背叛"、"孔吾尔拜血洗塔拉斯"；第三部"赛依铁克的出生"、"赛依铁克返回塔拉斯"、"古里巧绕战胜坎巧绕"，"巴卡依的审判"；第四部"凯奈尼木对卡妮凯的引导"等章节。

别依先纳勒·阿布德拉依

别依先纳勒·阿布德拉依（Beyxenale Abdiray, 1960—），当代玛纳斯奇，1960年4月16日出生于阿合奇县哈拉布拉克乡阿科翁库尔村，司机，初中文化。别依先纳勒·阿布德拉依从七八岁开始，耳濡目染，在父亲、叔叔阿萨纳勒的演唱中学会《玛纳斯》的某些片段。到20岁时，已经能够演唱《玛纳斯》序诗部分以及史诗传统章节"玛纳斯的远征"的大部分内容。他的演唱篇目为史诗第一部《玛纳斯》传统篇章"巴卡依第一次对的玛纳斯的忠告"、"阿勒曼别特投奔玛纳斯"、"玛纳斯与阿勒曼别特结义"、"玛纳斯邀请七汗商议远征"、"玛纳斯夺取别依京称汗"、"玛纳斯遭暗害受伤"、"孔吾尔拜请来神箭手西普夏依达尔，阔克确中箭身亡"、"众英雄战死疆场"、"玛纳斯离开人世"等。此外，还能够演唱《玛纳斯》史诗第二部《赛麦台》中的"赛麦台被推举为汗王"、"赛麦台为了远征别依京与巴卡依商谈"、"赛麦台抢夺孔吾尔拜的马群"等章节以及第三部《赛依铁克》的传统诗章"卡妮凯让塔依托茹参加赛马竞赛"以及史诗第四部《凯奈尼木》的部分片段。除了《玛纳斯》史诗外，还能够演唱另一部柯尔克孜族史诗《库尔曼别克》。

托波库勒·艾沙纳勒

托波库勒·艾沙纳勒（1937—），当代玛纳斯奇，1937年7月10日出生于阿合奇县乌曲镇穆孜杜克村，属于萨茹（Saru）部落。他的父亲艾沙阿勒，于1938年53岁时去世。母亲夏尔汗于1941年去世，时年41岁，属于克德克部落。其父母均因为战乱随其祖父母从吉尔吉斯斯坦的同鄂（Tong）地区逃难而来。父亲的籍贯也属于吉尔吉斯斯坦节特奥古兹（Jeti—oguz）地区萨茹阿依勒。父亲曾演唱过《玛纳斯》史诗第二部《赛麦台》中的"赛麦台渡过玉尔凯尼奇河"，并记录下自己演唱的内容，以手稿形式保存。还能够演唱《库尔曼别克》史诗的大部分。母亲曾经能够演唱柯尔克孜族史诗《奥勒加拜和克希姆江》和《古丽孙》，并能够弹奏口簧琴，能够演唱送葬歌"阔肖克（Koshok）"。她是名门之后，哥哥是历史上有名的勇士萨哈勒（Sagali）。托波库勒不知道祖父是否能够演唱《玛纳斯》。他从10岁开始，根据父母亲留下的手抄本学习《玛纳斯》。能够演唱序诗以及父亲记录下的《玛纳斯》史诗第二部《赛麦台》中的"赛麦台渡过玉尔凯尼奇河"。除此之外，还能演唱史诗《库尔曼别克》的一部分（少年时代）。他近年来学唱了居素普·玛玛依唱本中的某些传统章节，如"玛纳斯的童年时代"，演唱时间长达半个小时。他写过文章和诗歌。

卡热别克·卡莱希

卡热别克·卡莱希（Karbek Kalex, 1977—），当代玛纳斯奇，1977年6月9日出生于阿合奇县哈拉布拉克乡国营牧场4大队，2007年4月19日进入46名玛纳斯奇表彰名单获得表彰，属于约瓦什（Joosh）部落、小学文化，他父亲卡莱希也能唱《玛纳斯》的一些片断。卡热别克·卡莱希从11岁入学开始学习《玛纳斯》，并开始背诵居素普·玛玛依的唱本，目前能够吟诵若干章节。按他本人的说法能够演唱居素普·玛玛依18卷之中的第一卷,及史诗第一部《玛纳斯》四卷之第一卷的全部内容,共计20000多行。主要为史诗第一部传统诗章"阿勒曼别特与楚瓦克的纠纷"、"玛纳斯攻击孔吾尔拜"、"孔吾尔拜到山里邀请神箭手希普夏伊达尔"、"阔克确之死"、"众英雄之死"、"玛纳斯离开人世"以及史诗第二部《赛麦台》的传统诗章"阿依曲莱克变成白天鹅飞翔蓝天"等。大约能够连续演唱4个小时。除此之外,他还能演唱史诗《库尔曼别克》的一些章节。从这里的访谈中可以看出,很明显,按照书本背诵的歌手已经开始扬弃《玛纳斯》史诗在口头传承过程中按史诗传统章节对史诗进行划分的传统,直接用已经出版的卷本来说明自己的演唱内容。这一点已经说明了,在书面文本流行的时代,口头传统已经不是纯粹的口耳相传的传统,而是变成了根据书卷进行背诵的传统。这一点很值得研究。卡热别克·卡莱希已婚,妻子别依谢汗,1977年出生。育有两女一男三个孩子。长女吐尔迪布比吟诵演唱《玛纳斯》的一些片段。

萨热拜·凯热穆

萨热拜·凯热穆(Saribay Kerim,1973—),当代玛纳斯奇,1973年5月出生于阿合奇县哈拉布拉克村麦尔凯奇村。牧民,初中文化,属于阿德格乃部落的卡勒恰分支。他的祖父耶米里(Emil)以及曾祖父曾经是当地的玛纳斯奇。祖父耶米里幼年时先从父亲那里学唱史诗,后来又根据居素普·玛玛依的唱本学唱,并在各种婚礼、集会、祭典上为听众演唱《玛纳斯》。萨热拜·凯热穆的父亲不会《玛纳斯》演唱,但母亲却是一位能够演唱很多民歌、热衷于民间文学的人。他从12岁上小学3年级时在学校老师的指点下开始学习《玛纳斯》演唱。背诵并掌握了居素普·玛玛依唱本。第一部《玛纳斯》的传统诗章1."柯尔克孜族的起源";2."玛纳斯的诞生";3."玛纳斯获得武器装备";4."玛纳斯斩杀空托依";5."远征起程"等。第四部《凯耐尼木》的传统诗章"凯奈尼木战胜乔云阿勒普巨人"。第八部《奇格台》的传统诗章"奇格台离开人世"等。除此之外,他还能够演唱史诗《艾尔托什图克》的传统诗章"艾尔托什图克大战七头妖魔";史诗《库尔曼别克》的传统诗章"库尔曼别克遭暗害受伤"等。他能够连续演唱《玛纳斯》史诗4个小时。他还写过诗,为小有名气的诗人阿肯。作品曾在《克孜勒苏文学》、《新疆柯尔克孜族文学》等刊物上发表。

托赫托古勒·阿那匹亚

托赫托古勒·阿那匹亚(Toktogul Anapiya,1979—),当代玛纳斯奇,1979年7月3日出生于阿合奇县乌曲镇皮羌村,属于切热克部落交诺分支。他高中毕业,是诗人、作家、新疆作家协会及克孜勒苏柯尔克孜自治州作家协会会员。他的一部分诗歌作品曾在《新疆柯尔克孜文学》、《克孜勒苏文学》、《克孜勒苏报》以及哈萨克文学刊物《曙光》等报刊上发表,一次在《新疆柯尔克孜文学》,两次在《克孜勒苏文学》上以简历和图片的形式得到介绍。2006年他曾参加过自治区作家协会举办的少数民族青年作家研讨会,已经向出版社提交3本诗歌集。他从20岁开始,学唱背诵居素普·玛玛依唱本。2001年曾以玛纳斯奇的身份参加阿合奇县成立50周年的庆典活动,并演唱《玛纳斯》的传统诗章之一"玛纳斯斩杀巨人朵的故事"。演唱篇目主要有:史诗第一部《玛纳斯》:1."序诗";2."玛纳斯斩杀巨人朵";3."远征:众英雄之死";4."玛纳斯离开人世"等内容。史诗第二部《赛麦台》:1."阿维凯与阔别什追杀卡妮凯";2."卡妮凯带着赛麦台逃往布哈拉娘家";3."赛麦台的童年"等。第四部《凯耐尼木》"凯耐尼木的婚礼"。第五部《赛依特》"塔帕克的归降"。能连续演唱《玛纳斯》5个小时以上。他已被列入玛纳斯奇行列，阿合奇县《玛纳斯》保护中心已为他建立档案。

素云拜·额布拉依木

素云拜·额布拉依木（Suyunbay Ebrayim，1954—），当代玛纳斯奇，1954年1月15日出生。属于约瓦什部落，牧民，居住在阿合奇县第二国营马场。素云拜·额布拉依木于1974年12月29日结婚之前在野外遇见神奇的亮光，玛纳斯行进的队伍的影子隐隐约约在他眼前出现。后来，连续二三年，他身上有时出现抽风昏迷症状。后来，英雄玛纳斯时常出现在他眼前。他开始通过听别人的演唱或朗诵而记忆背诵《玛纳斯》史诗。上过一年小学。后来，从1984年出版的居素普·玛玛依唱本中学习背诵《玛纳斯》。能够演唱史诗第一部"序诗"、"阿勒曼别特离开阔克确投奔玛纳斯"以及第二部"卡妮凯投奔布哈拉娘家"等传统诗章。演唱技巧比较成熟，音调高亢有力。

阿山·玛姆别塔昆

阿山·玛姆别塔昆（Asan Manbetakun，1973—），当代玛纳斯奇，1973年2月15日出生于阿合奇县哈拉布拉克乡阿克翁库尔村，农民，小学文化，属于切热克部落盖依克分支。他父亲玛姆别塔昆是残疾人，现年67岁（1940年出生），能够演唱《玛纳斯》和《江额勒木尔扎》等柯尔克孜族史诗的一些片段。祖父卡斯马勒曾是一位有知识有名望的人，而且是一位玛纳斯奇、考姆兹琴弹奏家和民间即兴诗人，能够演唱很多民间小型史诗。由于拥有丰富的伊斯兰教及文化知识而被人尊称为"毛拉"，而且与居素普·玛玛依有很长时间的交往。祖母古拉依是一位口才绝好的民歌手，能够即兴创作哭丧歌"阔肖克"，而且还掌握丰富的谚语、格言及民间故事等。阿山从7岁开始，上小学一年级开始学习和背诵居素普·玛玛依的《玛纳斯》史诗唱本，并常常在集会场合认真聆听歌手们的史诗演唱，在反复聆听中掌握了《玛纳斯》"序诗"及史诗第三部《赛麦台》中的传统诗章"卡妮凯让塔依托茹骏马参加竞赛"。他不仅在学校里学习和演唱，而且自己也在私下里学习和练习，并在婚典集会上演唱。目前，他的演唱篇目有：史诗第一部《玛纳斯》：1."序诗"；2."柯尔克孜族的起源"；3."远征：阿加特河边的大战"；4."孔吾尔拜损失交牢依为首的手下七位英雄"；5."众英雄战死疆场"；6."玛纳斯离开人世"等诗章。第二部《赛麦台》：1."坎巧绕和古里巧绕的勇气"；2."柯尔克孜族人重新团结在一起"；3."阿依曲莱克变成白天鹅翱翔蓝天"等诗章。第三部《赛依铁克》"卡妮凯让塔依托茹骏马参加竞赛"。第六部《阿斯勒巴恰与别克巴恰》"克孜勒姑娘的勇气"。其他柯尔克孜族史诗有《江额勒木尔扎》的完整内容等。

阿勒特米西·阿西姆

阿勒特米西·阿西姆（Altemix Axim，1974—），当代玛纳斯奇，1974年10月出生于阿合奇县库兰萨热克乡别迭里村，从1983年开始背诵记忆居素普·玛玛依唱本。他演唱的篇目包括史诗第一部《玛纳斯》的"阿劳开蹂躏柯尔克孜族"、"远征：阿勒曼别特为色尔哈克介绍地形"；第三部《赛依铁克》的"卡妮凯让塔依托茹骏马参加竞赛"；第五部《赛依特》的"赛依特斩杀卡拉朵巨人"等。

额勒尕尔别克·库尔玛什

额勒尕尔别克·库尔玛什（Elgarbek Kurmash，1980—），当代玛纳斯奇，1980年2

月4日出生于阿合奇县乌曲镇亚浪琦村，农民，属于阿里克部落。他的父亲库尔玛什·居玛昆和母亲都不会演唱史诗和民间文学，但擅长培训赛马参赛，放鹰狩猎；祖父居玛昆·阿那匹亚曾长时间担任小学教师、校长等职，在当地有一定的声望，熟知很多同辈人的经历身世。额勒尕尔别克·库尔玛什从2005年开始演唱《玛纳斯》史诗。能够演唱史诗第一部中的"序诗"、"玛纳斯得到邀请前来参加阔阔托依的祭典"、"玛纳斯主持祭典"、"远征：众英雄阵亡"等诗章。能够演唱3小时。2007年4月18日参加居素普·玛玛依90岁诞辰的《玛纳斯》演唱会，并获得"玛纳斯奇"证书。2007年7月参加《玛纳斯》演唱和表彰活动，并获得证书。演唱的内容均为背诵居素普·玛玛依的唱本。

姆卡迈特·穆萨

姆卡迈特·穆萨（Mukammet Musa，1980—），1980年4月5日出生在阿合奇县哈拉布拉克乡第一大队，属于切热克部落阿勒达亚尔分支，初中文化。他从1989年入学之后开始学习《玛纳斯》史诗。上学识字之后，从父亲保存的《新疆柯尔克孜文学》旧刊上读到居素普·玛玛依演唱的《玛纳斯》史诗序诗，并将其背会。在小学一年级时的六一儿童节上为同学们演唱《玛纳斯》序诗。从那以后，直到1997年一直在节日集会上演唱。然后从居素普·玛玛依的唱本中背诵学习《玛纳斯》史诗。视居素普·玛玛玛依为师。从1997年到2006年，在各种婚典集会上为听众演唱。2007年4月18日，在居素普·玛玛依诞生九十周年《玛纳斯》演唱会上获得"玛纳斯奇"证书。演唱篇目主要为：《玛纳斯》史诗第一部的部分章节：1.《玛纳斯》序诗；2."柯尔克孜族的起源"；3."阿劳开入侵柯尔克孜人"；4."卡尔德哈奇与玛赫杜姆的出生"；5."玛纳斯的诞生"；6."玛纳斯在吐鲁番种麦子"；7."玛纳斯得到阿克库拉骏马"；8."玛纳斯与巴勒塔巨人会面"；9."玛纳斯得到武器装备"；10."远征：阿加特河边的大战"；11."玛纳斯大战孔吾尔拜"等诗章。第四部《凯耐尼木》：1."凯耐尼木营救赛麦台等英雄"；2."赛麦台等英雄大战恶魔"；3."克孜勒巨人的杀戮"；4."凯耐尼木大战卡勒别克"；5."巧云阿勒普巨人的故事"等。他能够连续演唱6个小时。父亲穆萨，1944年出生，是一名民间文学和文化爱好者，能够弹奏考姆兹琴，而且保存有《玛纳斯》史诗的一些手抄本。内容为史诗第一部中的"玛纳斯的梦"，史诗第三部中的"卡妮凯让塔依托茹骏马参加竞赛"等诗章。祖父阿散卡德尔阿吉不仅是一位宗教人士，而且还曾收集、记录、保存柯尔克孜族史诗《江额勒木尔扎》，但在20世纪50年代因此而受到批斗，搜集的文本被烧毁，自己最终也被整死。

阿加坤·尼耶特

阿加坤·尼耶特（Ajakun Niet，1972—），当代玛纳斯奇，1972年1月15日出生在库兰萨热克乡别迭里村巧里盘牧场，属于切热克部落昆吐杜分支，初中毕业，农民。阿加坤·尼耶特从13岁开始在学校的各种活动中学会了《玛纳斯》史诗的演唱。1992年在自治区首届《玛纳斯》演唱会上演唱过《玛纳斯》史诗第五部《赛依特》中的传统诗章"赛依特大战卡拉朵巨人"，并获得"玛纳斯奇"证书。1995年进入库兰萨热克乡"前进"文工队前往乌恰县进行演出，并演唱《玛纳斯》史诗第五部《赛依特》中的传统诗章"赛依特大战卡拉朵巨人"。当时，主要是听从学校校长的指导而学唱。他所学会并演唱的是居素普·玛玛依的唱本。目前能够演唱：1.史诗的序诗部分；2.玛纳斯的面貌特征；3.玛纳斯斩杀空托依。除了《玛纳斯》史诗之外，他还能演唱《库尔曼别克》史诗的传统诗章"库尔曼别克斩杀朵兰汗与艾科埃斯"。大约能唱1个多小时。2007年4月19日在居素普·玛玛依诞辰90周年《玛纳斯》演唱会上演唱《玛纳斯》史诗片段,并被县党委宣传部、文化局授予"玛纳斯奇"证书。

努尔玛特·额德热斯

努尔玛特·额德热斯(Nurmat Ederis,1992—),当代玛纳斯奇,1992年7月15日出生,属于切热克部落的塔克塔克分支。他父亲额德热斯,1954年出生,能够演唱《玛纳斯》片段。母亲,托赫塔汗,50岁,能够演唱民歌,讲述故事。努尔玛特在11岁上小学三年级时,首次是在学校老师的指导下从背诵《新疆柯尔克孜文学》2001年第3期上发表的《玛纳斯》史诗传统诗章"阿勒曼别特的忧伤"开始学习演唱《玛纳斯》史诗的。后来,又开始从居素普·玛玛依唱本的手抄本中背诵《玛纳斯》史诗。这个手抄本目前还在家里保存。目前能够演唱《玛纳斯》史诗第一部中的"孔吾尔拜砍伤玛纳斯"、"远征:最后的决战"、"玛纳斯离开人世"等诗章。除此之外,他还曾通过小学柯尔克孜语文课本学会史诗第一部中的"瘸腿匠人波略克拜为玛纳斯制造武器"片段以及史诗第四部《凯奈尼木》中"巴卡依为凯奈尼木祈祷"等章节。能够演唱1个小时。2007年4月19日在阿合奇县为居素普·玛玛依诞辰90岁而举办的《玛纳斯》演唱会上进行演唱,并获得"玛纳斯奇"证书。

别先阿勒·苏勒坦阿勒

别先阿勒·苏勒坦阿勒(Beyxenale Sultanale,1972—),当代玛纳斯奇,1972年7月23日出生于阿合奇县哈拉布拉克乡哈拉布拉克村,属于切热克部落克孜勒图库姆分支,小学文化,他从10岁开始对《玛纳斯》十分着迷,从爷爷居素普·玛玛依的书本中背诵和学习,开始在众人面前演唱。2007年4月18日,他在居素普·玛玛依90岁诞辰《玛纳斯》演唱活动中获得阿合奇县颁发的"玛纳斯奇"证书。从那以后,他不断学习,学会了史诗第一部传统诗章"远征"的绝大部分内容和史诗第六部《阿斯勒巴恰—别克巴恰》中的传统诗章"别克巴恰在阔伊卡普神山里的故事"。目前的主要演唱篇目如下:史诗第一部:1."玛纳斯得到武器装备";2."玛纳斯斩杀空托依";3."孔吾尔拜请来神箭手西普夏伊达尔,阔克确中箭身亡";4."众英雄牺牲";5."玛纳斯离开人世"等。史诗第六部《阿斯勒巴恰与别克巴恰》:1."别克巴恰在阔伊卡普神山里的故事";2."卡勒德克从阔克特卡特逃亡";3."恰克马克塔西与卡尔德哈奇之死"等章节。这些内容加起来,目前已经能够演唱将近5个小时。除此之外,他还能够演唱英雄史诗《库尔曼别克》的传统诗章"库尔曼别克遭暗害受伤",神话史诗《艾尔托什图克》的传统诗章"艾尔托什图克的地下历险"等。

苏玉姆库勒·玉萨纳勒

苏玉姆库勒·玉萨纳勒(1979—),当代玛纳斯奇,1979年6月5日出生于阿合奇县国营牧场第四大队,牧民,属于切热克部落纳萨尔分支。小学文化。12岁时开始从居素普·玛玛依唱本中学会《玛纳斯》史诗,并在民众中演唱。2007年4月18日,他在居素普·玛玛依90周年诞辰庆祝活动中演唱《玛纳斯》史诗并获得县里颁发的"玛纳斯奇"证书。他现在能够演唱《玛纳斯》史诗"柯尔克孜族的起源"、"阔克缺阔孜的阴谋"、"阿勒曼别特离开阔克确"、"远征起程"、"远征途中阿勒曼别特与楚瓦克的纠纷"、"众英雄战死疆场"等传统诗章。除此之外,他还能演唱史诗第五部《赛依特》的一部分章节和《库尔曼别克》的一部分章节。其祖父、父亲都能唱《玛纳斯》。妹妹坎杰布比,弟弟托尔昆拜,也能演唱《玛纳斯》的某些片段。

玛姆别塔昆·马坎

玛姆别塔昆·马坎(Manbetakun Maken, 1987—),当代玛纳斯奇,1987年4月24日出生于阿合奇县国营牧场2牧场,2005年高中毕业。他从上小学时开始从居素普·玛玛依的书本中背诵学唱《玛纳斯》。从1995年开始他在上小学时庆祝六一儿童节时学会并首次演唱《玛纳斯》史诗的"玛纳斯进军阿富汗"一节。从2005年开始他参加各类大型活动,与其他玛纳斯奇一起演唱史诗。2007年4月19日在居素普·玛玛依诞辰90周年庆祝活动上演唱《玛纳斯》并被县里授予"玛纳斯奇"证书。目前能够演唱的篇目如下:第一部《玛纳斯》:"序诗";"柯尔克孜族的起源";"玛纳斯进军阿富汗";"远征";"阿加特河边的大战"以及史诗第四部《凯耐尼木》中"凯耐尼木与卡勒别克搏杀"等内容。总计能唱约2小时。玛姆别塔昆·马坎已婚,妻子布比朱拉,1986年出生,牧民。父亲马坎,1965年出生,牧民,能演唱英雄史诗《库尔曼别克》的某些片段。母亲能弹奏口簧琴。

库瓦特别克·坎加坤

库瓦特别克·坎加坤(Kuvatbek Kenjakun, 1984—),当代玛纳斯奇,1984年11月出生,小学毕业,从15岁开始学习弹奏考姆兹琴,有一定的即兴创作诗歌的能力。他在当地的婚礼庆典上即兴创作诗歌为人们助兴,并小有名气。他创作的一部分诗歌还曾在报刊上发表。从20岁开始根据居素普·玛玛依的唱本背诵《玛纳斯》史诗。能演唱史诗第一部《玛纳斯》的"柯尔克孜族的起源"、"远征"的传统诗章的一些片段,第二部《赛麦台》的"赛麦台与阿依曲莱克的婚礼"、"坎巧绕和古里巧绕的诞生"等诗章的一些片段。

穆萨·对谢拜

穆萨·对谢拜(Musa Dyxebay, 1989—),当代玛纳斯奇,1989年10月出生于阿合奇县哈拉布拉克乡麦尔凯奇村,初中文化,穆萨·对谢拜从小学五年级开始学习背诵和演唱《玛纳斯》史诗。主要以著名玛纳斯奇居素普·玛玛依的唱本为依据进行背诵。主要演唱篇目为史诗第一部《玛纳斯》中的传统诗章"玛纳斯斩杀空托依"、"玛纳斯战胜肖茹克"、"诸汗王启程远征别依京"、"远征:阿勒曼别特被推举为全军统帅"、"两军为大战做准备"、"玛纳斯夺取王位"以及史诗第二部《赛麦台》中的"塔拉斯保卫战"一章等,总计约3千诗行。

穆萨·奥诺佐拜

穆萨·奥诺佐拜(Musa Orozobay, 1987—),当代玛纳斯奇,1987年1月出生于阿合奇县哈拉布拉克乡阿克翁库尔村,初中文化,从上小学三年级开始学唱《玛纳斯》史诗。他首先是从反复聆听哈拉奇乡的著名玛纳斯奇曼别塔勒·阿拉曼演唱的录音磁带中开始学习和记忆。后来又从居素普·玛玛依的唱本中学习、记忆并背诵。目前的演唱篇目包括史诗第一部"玛纳斯起程远征"、"远征:阿勒曼别特被推举为军队统帅"、"孔吾尔拜暗害玛纳斯"、"孔吾尔拜邀请神箭手系普夏伊达尔前来参战,阔克确中箭身亡"、"远征:众英雄阵亡"等内容,共计约五千诗行。

奥曼·马木提

奥曼·马木提(Omon Manut, 1968—),当代玛纳斯奇,1968年4月11日出生于新疆阿合奇县哈拉布拉克乡阿克温库尔村牧人家庭,1985年初中毕业。他从14岁开始学唱《玛纳斯》演唱大师居素普·玛玛依的史诗文本,并于2007年被居素普·玛玛依认定为自己的徒弟,颁发认定证书，成为其10名正式认定的徒弟之一。他曾多次参加各种集会庆典及《玛纳斯》演唱活动，以自己的史诗演唱赢得赞誉，并获得各种奖励。

近年来，他以《玛纳斯》史诗中的一些重要英雄人物或者其他民间传说英雄的业绩为主线和故事背景，开始自己创编史诗新的内容。他所创编的史诗内容包括《阿勒曼别特》、《阔绍依》、《巨人阿额什》、《凯尔阔库勒》、《汗王阔克确》、《艾尔托什图克》、《汗王铁恩迪克》、《布尔汗巴特尔》、《艾尔索普》、《奥普勒巴特尔》、《麻木尔朵》、《穆兹布尔恰克》、《汗王阿勒泰》、《阿克波托依和阔克波托依》、《穆合塔尔巨人》、《阿勒木江巴特尔》、《诺茹孜汗》、《撒马尔巴特尔》、《奥尔罕》、《奥普坎巴特尔》、《阿克西汗》、《库坦巴特尔》、《艾尔达乌特》、《萨尔古勒》等十余部。其中，《凯尔阔库勒》等若干部已经出版发行。

满拜特阿散·卡帕尔

满拜特阿散·卡帕尔（Manbetasan Kapar，1962—），当代玛纳斯奇，1962年12月出生，阿合奇县萨帕尔拜乡2大队，他从15岁开始学习演唱《玛纳斯》史诗。从居素普·玛玛依以及手抄本中学习背诵和演唱。演唱篇目主要有史诗第一部的传统诗章"远征：阿加特河边的大战"、"阔阔托依的祭典"、"玛纳斯缴获孔吾尔拜的神秘禽兽哨"、"远征：阿勒曼别特与楚瓦克的纠纷"、"远征：阿勒曼别特向色尔哈克介绍地形"、"双方为大战做准备"等，近万诗行。

阿布勒哈兹·依萨克

阿布勒哈兹·依萨克（Abulhazi Esak，1948—），当代玛纳斯奇，1948年9月出生于阿合奇县哈拉布拉克乡古尔库绕村。1957年9月至1964年9月，他在哈拉布拉克以及阿合奇县上小学和中学。在上学期间他就显示出自己弹唱考姆兹琴和演唱民歌的技艺和表演才能，常常在上学途中用两手比画着弹奏并放声高歌。学校里的演出活动如果没有他就演不成。他的叔父，当代《玛纳斯》演唱大师居素普·玛玛依还曾经在哈拉不拉当教师期间受到其《玛纳斯》史诗演唱的影响，并开始模仿其演唱。由于他的艺术天赋，阿布勒哈兹·依萨克于1962年，年方14岁就被县文化局吸纳为县文工团编外演员。

此后，他参与演出的戏剧小品《骆驼是柯尔克孜人的马车》、《孤儿》、《阿尔特克玛特和阿纳尔罕》、《反对愚昧的封建传统观念》等深受人们的喜爱和好评，被人们称为"儿童演员"。他最初受到爷爷托赫塔勒的指导，后来曾先后师从民间歌手居素普瓦勒、阿萨纳勒，以及民间考姆兹弹奏师凯热穆阿昆、艾散拜、图尔达昆·阿坦白等当地名家，不断提高演奏技艺。1964年，在阿图什举办的克孜勒苏柯尔克孜自治州成立10周年汇演中，他所演唱的《向解放军致敬》、《牧人小伙和农家姑娘》、《月亮般美丽的姑娘》等节目深受好评并获得"优秀演出奖"。这些荣誉成为他继续努力的动力,使他不断地虚心学习。尤其是1965年,在贺龙、陈毅等中央领导到新疆视察工作期间,阿布勒哈兹被挑选为欢迎团队的成员,在阿图什和喀什等地参加欢迎演出。他充满激情和幽默的演出使他赢得了人们的喜爱,受到中央领导的接见并被人们称为"年轻的幽默家"。在"文革"中,由于父亲以及伯伯、叔叔等被扣上了"里通外国的修正主义分子"的帽子而受到批判,他也因此受到牵连,于1971年被清除出了"毛泽东思想宣传队",派到乡下接受农民再教育。1979年阿合奇县文工团很快恢复,阿布勒哈兹也重新被纳入文工团做演员。他一方面参加演出,一方面进行文艺创作,给文工团提出建议,加大幽默喜剧小品的演出力度,并亲自参与创作和演出。在1980—1983年,他在话剧《一女两婿》中担任巫师的角色,表演得十分成功,成为整个话剧的亮点。他那有血有肉、生动有趣的表演立刻在观众中引起反响和好评。1986—1988年,他在话剧《母亲坟》中扮演的民间巫医阿勒大亚尔,1989—1990年在话剧《母亲单身,女儿是知识分子》一剧中扮演的民间巫医多来特阿昆都很成功,赢得了人们的赞扬。他也因此得到了"黑巫师"的绰号。后来,1991—1992年他又组织演出了民间爱情悲剧《阿克萨特肯与库勒木尔扎》,并出演其中的铁米尔别克一角。他曾于1990年至1993年一度担任阿合奇县文工团副团长,参与大量剧目的创作和演出。他所创作的《阿科纳兹迈》、《库阔台》、《阿库台》、《生命》、《在祖国的怀抱》、《你的荣誉享誉世界》、《让我们比赛吧》、《献给苹果》、《思念》、《仙女》、《花香》、《足迹》、《诗人的爱情》等十余首歌曲至今在民间传唱。20世纪90年代之后,他那生动形象,附加丰富表情和动作、充满激情的《玛纳斯》史诗演唱受到人们的赞扬,于是他应邀参加了自治区、自治州以及阿合奇县所有的大型文化活动。他的史诗演唱甚至成为一个固定的节目。他的演唱内容主要来自叔父——当代《玛纳斯》演唱大师居素普·玛玛依的演唱和文本。目前,他的演唱篇目包括《玛纳斯》史诗的第一、二部的许多传统章节。

阿尔兹别克·阿曼图尔

阿尔兹别克·阿曼图尔(Arzibek Amantur,1994—),阿合奇县当代年轻玛纳斯奇,1994年2月出生于阿合奇县哈拉奇乡,阿合奇村。他家里有4口人,爷爷图尔迪霍贾,71岁。父亲阿曼图尔,42岁,乡村兽医。母亲阿加尔布比,38岁。阿尔兹别克·阿曼图尔在小学最初是从当地有名的玛纳斯奇曼别塔勒·阿拉曼口中学唱《玛纳斯》史诗的。后来,他又从居素普·玛玛依的唱本中学习背诵了许多章节。目前能够演唱《玛纳斯》史诗第一部"远征"、"玛纳斯的诞生"等章节以及史诗第二部《赛麦台》的一些片段。作为《玛纳斯》大师居素普·玛玛依十个弟子之中最年轻的一位,他的演唱富有激情、生命力,是少年玛纳斯奇中很有希望的史诗歌手。

依曼卡孜·阿布都卡力克

依曼卡孜·阿布都卡力克(1935—),现代玛纳斯奇。男,牧民,特克斯县阔铁热克乡卡依尼萨依村一大队人。1935年出生，小学文化，属于巴依伯托部落人。1963年即他45岁时开始学唱《玛纳斯》史诗，曾经从书上（斯拉夫文的吉尔吉斯斯坦著名玛纳斯奇萨雅克拜演唱的《玛纳斯》第一部分一本，《赛麦台》一本）自学。现会唱"卡妮凯的悲伤"、"在塔勒琼库侦察敌情"、"孔吾尔拜和赛麦台的争斗"、"托勒托依和赛麦台争抢阿依曲莱克"等内容。以前会唱"阿勒曼别特的诞生"，现已忘。能够演唱一个小时的《玛纳斯》。除了会唱《玛纳斯》史诗之外，还会很多柯尔克孜民间达斯坦和故事，如《秦吉尔汗》、《克孜吉别克托罗郭尼》、《叶尔托什吐克》等。现培养自己的两个儿子（一个是自己的儿子，一个是孙子）为徒弟。据这位在这个地方年龄最大的玛纳斯奇说虽然在这里曾经出现过很多玛纳斯奇，但在唱《玛纳斯》方面比不上以前这里的名叫库尔曼别克的玛纳斯。库尔曼别克演唱《玛纳斯》很像萨雅克拜的风格。在这里现在最有名的玛纳斯奇乔勒珀什（自治区级传承人）也曾经悲伤地说过"我根本学不来他（库尔曼别克）的任何一个地方，我怎么学现唱的水平也万万不如库尔曼别克玛纳斯奇"。遗憾的是作为当阔铁热克乡甚至整个伊犁地区玛纳斯奇们影响最大的玛纳斯奇，库尔曼别克唱的《玛纳斯》内容以前被记录下来的只在1000行左右，现在新疆维吾尔自治区文联民间文艺家协会《玛纳斯》研究室保存着。

木卡什·托合托尔拜

木卡什·托合托尔拜（1948—），现代玛纳斯奇。男，牧民。属于特尼木赛依特部落人，在民间唱玛纳斯已7年。六岁时从玛纳斯奇库尔曼巴依学唱《玛纳斯》。1958年他的父亲从阿克苏的一位名叫奥帕孜的人那里带来《玛纳斯》的书让他学，从此，他从这个书开始学习背诵《玛纳斯》。他现在演唱的内容都是那个时候学的。他说他唱的内容和居素普·玛玛依不一样。他会唱800行左右，主要会唱"塔依托茹骏马的眼泪"、"塔依托茹的参赛"、"赛麦台派遣勇士前往阿昆汗城堡"、"赛麦台渡过玉尔凯尼奇河"、"赛麦台的梦"、"阿依曲莱克的梦"、"孔吾尔拜攻打塔拉斯"等内容。以前他没有徒弟，但现想培养徒弟。他说他父亲给他的书是斯拉夫语的铅印本，为《玛纳斯》第一部分一本、《赛麦台》一本、《赛依台克》一本，是吉尔吉斯斯坦玛纳斯奇萨雅克拜的唱本《玛纳斯》。但这些书在"文化大革命"时已被人带走。

乔珀什·依沙克

乔珀什·依沙克（1936—），现代玛纳斯奇。男，特克斯县阔科铁热克乡人，为伊犁地区著名的玛纳斯奇，是伊犁地区唯一一位《玛纳斯》的自治区级传承人。他唱《玛纳斯》已经60多年，从16岁开始师从当地的玛纳斯奇库尔曼别克学唱《玛纳斯》。以前也从吉尔吉斯斯坦被人带过来的斯拉夫文的《玛纳斯》书上学习背诵过一些片段。这些书都在"文革"时被烧毁，他说："烧毁那些书时我不自禁嚎啕大哭，从此以后我不那么唱《玛纳斯》了。这个事影响过我唱《玛纳斯》的热情。"他现在身体不好，但已经开始培养自己的孙子唱《玛纳斯》了。他的几个孙子唱得都很好。看来他在培养青少年方面是很下功夫的。他说："我现在老了，因身体不好，不能像以前一样，唱不出来那么多，但我要好好培养这些孩子，把自己知道的内容都教给他们。这样我的《玛纳斯》还有人会唱，我的下一代还在唱，都不会忘记我的，这样就算我死了也像活着一样。"

萨拉买提·莫勒多艾合买提

萨拉买提·莫勒多艾合买提（1973—），当代玛纳斯奇，男，牧民，属于托阔依部落。特克斯县阔科铁热乡阿克绸库村人。他7岁开始跟母亲布比汗·阿萨那勒学唱《玛纳斯》。据他说他的母亲是跟一名叫斯德克阿里的玛纳斯奇学的。据说她能够完整地演唱"阿勒曼别特离开阔克确投奔玛纳斯"这个传统章节。2000年参加《玛纳斯》演唱比赛获得一等奖，从此在民间唱《玛纳斯》史诗。现会唱《玛纳斯》序诗，"英雄玛纳斯的诞生"、"玛纳斯武器的制作"、"阔阔托依的祭典"、"远征"等内容。他目前演唱的"阔阔托依的祭典"和"远征"等内容是从吉尔吉斯坦玛纳斯奇萨雅克拜所演唱的《玛纳斯》的书上学的，是斯拉夫语的铅印本，是吉尔吉斯斯坦1980年出版的《玛纳斯》的书，这本书现仍在他家里保存着。除了这本书之外，还向居素普·玛玛依的《玛纳斯》唱本学习。他说在母亲生前记录的《玛纳斯》的一部分手稿已交给新疆文联《玛纳斯》研究室的依沙别克·别先别克，大约有1000多行。他所演唱的《玛纳斯》也于2012年被北京来的胡振华教授记录、录像。他除了唱《玛纳斯》以外，还会唱民间歌曲、达斯坦、民间故事、写诗歌、弹库木孜琴等，在当地有一定的名声。以前他唱《玛纳斯》伴奏库木孜，边弹便唱，后来听他的老师托合托逊·阿山别克说《玛纳斯》从来没有跟库木孜伴琴奏唱，此后他再也没有伴奏库木孜唱，开始清唱《玛纳斯》。他现在培养自己的儿子。他儿子13岁，能唱20分钟左右。他现已在民间、学校等场所多次演唱《玛纳斯》。

阿依提别克·提莱克

阿依提别克·提莱克(1988—)，当代玛纳斯奇，男，牧民。属于阿热克部落。为特克斯县阔特热克乡莫云台牧场人。从小就对《玛纳斯》很有兴趣。从14岁上小学五年级开始学《玛纳斯》，主要跟伯伯现场学习，也从居素普·玛玛依的《玛纳斯》的书本上学习。会演唱的篇目包括传统的很多诗章。如"玛纳斯的梦"、"玛纳斯和孔吾尔拜的战争"、"阔阔托依的祭典"、"色尔哈克和阿勒曼别特抢走孔吾尔拜的6千匹马"等内容。据他说按故事的形式讲述的话这些内容都会，但以诗歌的形式唱的话，部分内容唱得不完整。

阿热克巴依·阿布勒尕孜

阿热克巴依·阿布勒尕孜(1959—)，当代玛纳斯奇，男，牧民，小学文化，属于特尼木赛依特部落，为特克斯县莫云台依牧场人。从16岁开始，跟随当地玛纳斯奇库尔曼巴依学习演唱《玛纳斯》。主要是在老师库尔曼别克玛纳斯奇演唱《玛纳斯》的时候，聆听他的演唱学的。现会唱"古里巧绕的征战"和"阔阔托依汗从野外捡到名叫包克木龙"等内容。其他内容因年老已忘。一般在婚礼或劳动歇息的时候，如果别人要求唱的话他就唱，从来不主动唱《玛纳斯》。他说："如果别人没要求我唱我就唱，这不是很羞愧的事吗！"他在民间唱《玛纳斯》已20年，现在把自己知道的内容教给自己儿子，在这个方面培养儿子。

艾山卡地尔·卓勒达什

艾山卡地尔·卓勒达什(1979—)，当代玛纳斯奇。男，34岁，牧民，属于阿热克偶尼多尼部落，特克斯县阔克铁热克乡人。30岁开始学唱《玛纳斯》，是向昭苏县的玛纳斯奇阿瓦克尔·朱玛巴依学会演唱史诗的。唱的基本上是居素普·玛玛依唱本的内容。会唱"远征大战"的内容，一唱就唱半个小时左右。一般在婚礼上，在家休闲的时候唱《玛纳斯》。他说，"在婚礼或聚会上别的玛纳斯奇唱的时候感觉好像别人唱得不完美，不如我唱的，就自己站起来唱"。

阿热普江·艾山库力

阿热普江·艾山库力（1979—），当代玛纳斯奇。男，34岁，属于特尼木赛依特部落，特克斯县阔科铁热克乡人。主要特长是即兴说唱，是阔科铁科乡的著名的即兴诗人"托科莫曲"。他也会唱《玛纳斯》史诗的一些片段。13岁开始从居素普·玛玛依的《玛纳斯》书上学唱《玛纳斯》，现会唱《玛纳斯》序和"远征"两个诗章。目前正把《玛纳斯》教给自己的孩子，5岁的木那尔·阿热普江。

儿子主要在节日活动上、婚礼和聚会上唱《玛纳斯》。孩子还能熟练地弹奏库姆孜琴。其表演受到人们的赞誉。

阿瓦克尔·朱玛巴依

阿瓦克尔·朱玛巴依（1974—），当代玛纳斯奇。男，39岁，属于布古部落，昭苏县夏特柯尔克孜民族乡卡营地村人。目前在当地乡里的小学担任教师。7岁开始从父亲那玛孜巴依给的《玛纳斯》手抄本中学会演唱《玛纳斯》史诗。这个手抄本的主要内容是史诗第一部的传统章节"阔克托依的祭典"和"远征"。据他说，在他学唱《玛纳斯》史诗时居素普·玛玛依对他的影响很大。

1981年，居素普·玛玛依来夏特乡，在阿瓦克尔家的邻居阿比德西家做客，居素普·玛玛依此行的目的也是为了搜集《玛纳斯》。那时阿瓦克尔90岁的奶奶西热米坎带着阿瓦克尔来到邻居的家，于是阿瓦克尔第一次见到了居素普·玛玛依，也第一次听到别人唱《玛纳斯》史诗。阿瓦克尔的奶奶让他坐到居素普·玛玛依坐过的位置上，做了一下古老的额热木仪式。从此他看手抄本学《玛纳斯》，后来跟夏特乡的玛纳斯奇多别提巴依·库勒贾、粤木尔·拜现米比、库尔曼别克等有名的玛纳斯奇（这些玛纳斯奇已去世）学《玛纳斯》和他们演唱的风格，从广播上也听学吉尔吉斯斯坦玛纳斯奇玉尔卡什·玛玛依塔里耶夫和萨亚克巴依唱的《玛纳斯》的内容。现会唱"阔阔托依的祭典"大远征《玛纳斯》序、玛纳斯和库古尔巴依的较量"、"人们赶到祭典"、"卡妮凯让塔依托茹参赛"、"派遣塔拉斯"等内容。现总共培养着五个徒弟，也在学校中亲自给学生们教《玛纳斯》，组织《玛纳斯》演唱活动，在教学过程中结合教学内容和自己的演唱练习一起给学生们教《玛纳斯》，是这个乡最有影响力的玛纳斯奇。

（二）国外的重要玛纳斯奇

萨恩拜·奥诺孜巴克

萨恩拜·奥诺孜巴克(Saginbay Orozbak, 1867—1930)，吉尔吉斯斯坦著名玛纳斯奇。1867年出生于伊塞克湖北岸喀布尔嘎地区，是20世纪玛纳斯奇的杰出代表人物之一。父亲是近代吉尔吉斯著名汗王奥尔曼汗的吹号手和牧马官。萨恩拜·奥诺孜巴克12岁时父亲去世，成为孤儿。尽管生活艰苦，但萨恩拜·奥诺孜巴克却聪明伶俐，具有过人的语言天赋，善于演唱和即兴表演。这正好为他日后成为史诗演唱大师创造了条件。由于生活拮据，他从15岁开始学唱《玛纳斯》史诗。根据学者们的研究，他曾师从夏帕克、特尼别克等当时著名的玛纳斯奇。他将自己的史诗演唱同神奇的梦授结合起来，并认为自己的史诗演唱保护神是《玛纳斯》第二部主人公赛麦台。

不仅如此，根据长期跟随他记录其史诗的额不拉音·阿布德热合曼诺夫的评价，萨恩拜奥诺孜巴克演唱的《赛麦台》要比其演唱的《玛纳斯》还要精彩。事实上，他是一位赛麦台奇，即专门演唱《赛麦台》的史诗歌手。他是一位专门以自己的史诗演唱养活自己家人的大师级玛纳斯奇。在吉尔吉斯斯坦各地都曾留下他的足迹。根据我国《玛纳斯》演唱大师居素普·玛玛依的说法以及其他人的会议资料，他还曾于1916—1917年跟随因为战争而从吉尔吉斯斯坦跑到我国境内的难民来到现在的阿合奇县，并在富贵乡绅的组织下同我国当地的著名玛纳斯奇居素甫阿昆·阿帕依进行过一场势均力敌的史诗演唱竞赛，两位歌手的演唱艺术让人惊叹，成为两国玛纳斯奇交流切磋的一代佳话。他是20世纪最著名的玛纳斯奇之一。尽管他能够演唱史诗前三部的完整内容，而且其演唱具有浓郁的传统特色，但是由于他的身体状况欠佳等各种原因，从他口中只记录下了史诗第一部《玛纳斯》的内容，共180378行。他的唱本的记录工作开始于1922年6月，到1926年时结束，总共延续四年多时间。记录工作的组织者为喀尤木·米夫塔考夫，而主要的记录由额不拉音·阿布德热合曼诺夫承担。他所演唱的文本资料最初出版于1940年至1944年。当时以系列单册形式出版了他演唱的"玛纳斯的儿童时代"、"阿牢凯汗"、"马凯勒朵巨人"、"初次的战斗"、"第一次远征"等。1946年，在莫斯科又以《远征》之名出版。1966年，他的唱本被列入莫斯科出版的世界文学丛书系列，于1966年以俄文和吉尔吉斯文出版。值得一提的是，其中存在不符合当时苏联意识形态的内容，这些版本都或多或少有所删减。进入21世纪，吉尔吉斯斯坦又重新开始编辑出版这位《玛纳斯》演唱大师的唱本的8卷本，并已出版了其中的4卷。

特尼别克·加皮

特尼别克·加皮（Tnibek Japy, 1846—1902），19世纪末至20世纪初著名玛纳斯奇。出生在吉尔吉斯斯坦伊塞克湖边一个叫卡伊纳尔的牧村，是当时整个柯尔克孜族玛纳斯奇的最杰出的代表人物之一。他是一位跨世纪的玛纳斯奇，因此被学者们称为古代和现代《玛纳斯》演唱艺术的纽带和桥梁。作为一名《玛纳斯》演唱大师，他对史诗的跨世纪交流以及两个世纪史诗歌手的传承衔接起到了巨大作用。他的演唱对后代玛纳斯奇产生了广泛的影响。20世纪最著名的几位代表性玛纳斯奇，如我国的居素普阿昆·阿帕依、艾什玛特·玛木别特居素普，吉尔吉斯斯坦的萨恩拜·奥诺孜巴克都曾在学艺初期到他门下，拜他为师，跟随他数年时间学习史诗的演唱技艺。

他从小善于演唱柯尔克孜族民歌,并受邀在婚礼、庆典上进行演唱。年轻时也曾到各地寻访当时的著名玛纳斯奇学唱史诗演唱技艺。据说他的师傅是一名叫冲巴西的著名歌手。他曾在其门下学习过5个月。除此之外,他还向当时的其他一些玛纳斯奇,如巴勒克、阿克勒别克、凯勒德别克等学习切磋过。他还在25岁时,同一位名叫纳扎尔的玛纳斯奇同台比赛,显示出自己史诗演唱的超人水平。后来,他成为当时很多上层贵族统治阶级婚庆祭典上的座上宾,成为一名名扬整个柯尔克孜族的《玛纳斯》演唱大师。成名之后,他积极推广《玛纳斯》演唱艺术,对前来学习的青年来者不拒,广招门徒,为《玛纳斯》史诗的进一步推广作出了巨大贡献。他的唱本的史诗第二部《赛麦台》一部分曾被记录下来并于1898年和1925年分别在喀山和莫斯科以单行本形式出版,在中亚及广大柯尔克孜族地区广泛流传。我国《玛纳斯》演唱大师居素普·玛玛依的哥哥巴勒瓦依就曾收集到这本册子交给弟弟。因此,特尼别克的这本史诗文本也曾对居素普·玛玛依《玛纳斯》史诗文本的产生起过一定的积极作用。

萨雅克拜·卡拉拉耶夫

萨雅克拜·卡拉拉耶夫(Sayakbay Karalaev,1894—1971),吉尔吉斯斯坦著名玛纳斯奇。1894年出生在伊塞克湖边的阿克奥龙地区塞米孜别勒村,是20世纪吉尔吉斯斯坦玛纳斯奇群体的代表人物之一,曾被学者们称为"20世纪的荷马",是到目前为止已发现的玛纳斯奇中演唱内容最长的一位。他12岁便跟随父亲游走各地,1916年还曾跟随战乱逃亡者们从伊塞克湖边来到中国境内避难,随后于1917年返回。1918年参加苏联红军,1922年复员。随后于1934—1954年在吉尔吉斯斯坦歌剧院工作,成为专职的《玛纳斯》史诗演唱家。

儿童时代给他启发的是其善于歌唱民歌、讲述民间故事,甚至能够演唱《玛纳斯》史诗片段的奶奶达柯西。在她的引导和指点下,萨雅克拜从1918年开始演唱《玛纳斯》史诗,而且已经掌握了史诗的大部分内容。随后,于1922年师从大玛纳斯奇乔伊凯,掌握了他的很多演唱技巧。丰富的阅历和勤奋好学的毅力,使性格外向的萨雅克拜从不同角度受到民间文学的熏陶,吸收了大量的柯尔克孜族民间文学、民间文化的素养,为其日后成为一代史诗演唱大师奠定了基础。根据他自己的说法,他曾在梦中见到英雄玛纳斯的妻子卡妮凯和高参巴卡依老人。在梦中巴卡依向他逐一介绍玛纳斯、阿勒曼别特、楚瓦克、色尔哈克以及四十勇士,并给他祝福,鼓励他演唱这些英雄们的事迹。他所演唱的《玛纳斯》史诗曾数次被记录下来。第一次的记录工作起始于1930年下半年,并且一直延续到1947年。参加记录工作的有K.朱马巴耶夫、I.阿布德热库诺夫和K.克德尔巴耶夫等。1952年，萨雅克拜还曾应当时学者们的要求演唱过一个删繁就简的唱本，记录工作由K.伊斯马伊洛夫完成。20世纪60年，萨雅克拜还为电台演唱，完整地录制了自己的唱本。这个工作由S.别噶里耶夫和S.木萨耶夫协助完成。第一次从他口中记录的唱本包括史诗第一部《玛纳斯》，共计84513行；第二部《赛麦台》，共计316157行；第三部《赛依铁克》，共计84697行；第四部和第五部《凯南（Kenen）》以及《阿勒木萨热克和库兰萨热克（Alimsarik—Kulansarik)》共计15186行。这样，他所演唱的内容包括《玛纳斯》史诗前五部，共计500553行。这种惊人的史诗演唱篇幅在世界上也十分罕见，曾在世界史学界引起轰动。他除了演唱史诗《玛纳斯》之外，还演唱出版了《艾尔托什图克》、《巴克太勇士》、《岱勒黛西巴特尔》、《飞禽》、《卡拉姆勒朵》、《托茂尔蔑儿干》、《雄鹰》等多部民间长诗。其中，他所演唱的《艾尔托什图克》还曾被翻成法文在巴黎出版。他曾三次被前苏联授予红色劳动勋章，多次被授予各类荣誉。他的史诗演唱风格生动形象，具有口头史诗的传统特色，演唱史诗时声音、动作协调配合，与史诗内容浑然一体，给听众产生视觉和听觉的双重艺术感染力，对年轻一代玛纳斯奇的演唱产生了重大影响。

阿克坦·特尼别考夫

阿克坦·特尼别考夫（Aktan Tnibekov,1887—1951),20世纪生活在吉尔吉斯斯坦境内的著名玛纳斯奇。1887年出生于吉尔吉斯斯坦纳伦州天山县特戈热克村。在前苏联，他曾是一位才华横溢的《玛纳斯》歌手，优秀的即兴诗人，卓越的考姆兹琴弹奏家。作为《玛纳斯》大师特尼别克的儿子，他从小受到父亲的熏陶，在耳濡目染中掌握了史诗的内容。他的表演天赋在他13岁时就已显现，开始在听众面前弹唱考姆兹琴，并在考姆兹琴的伴奏下演唱民歌，或者即兴创作民歌，得到人们的赞赏。1902年，他父亲特尼别克离开人世，15岁的阿克坦并没能掌握父亲完整的《玛纳斯》史诗演唱篇幅。

因此，他演唱史诗和弹唱民歌并举，在两个方面都成为具有很高造诣的艺术家。1905年，在他18岁时，在伊塞克湖边的巴勒克奇遇见了穆拉塔里·古然凯耶夫、卡勒克·阿克耶夫、库依茹楚科、卡拉姆勒朵等当时著名的即兴诗人和考姆兹弹奏家，并深受他们的影响。他从1936—1946年在吉尔吉斯斯坦歌剧院当演员，专门演唱《玛纳斯》等各种柯尔克孜族史诗以及自己即兴创作的作品。他的《玛纳斯》史诗演唱篇目包括"阔阔托依的祭典"、"赛麦台成为孤儿逃亡布哈拉"、"赛麦台从布哈拉返回故乡夺回王位"等传统章节。语言生动，情节曲折，人物丰满，具有较高的艺术性。不仅有他自己的加工和创新部分，而且保持了史诗的传统特色。他除了演唱《玛纳斯》史诗外，还能够演唱许多柯尔克孜族传统史诗。1940年他出版了由自己演唱的柯尔克孜族英雄史诗《埃尔塔布勒德》。他还曾根据史诗的内容创作了《大军》、《赛麦台》等考姆兹琴弹奏曲目。根据我国著名玛纳斯奇居素普·玛玛依以及阿合奇县著名玛纳斯奇，即阿克坦的外甥穆塔里甫·库尔玛纳勒的回忆，阿克坦曾于20世纪30年代因为战乱而带着自己的妹妹逃亡到我国阿合奇县，并在那里居住过一段时间。后来，还把妹妹，也就是穆塔里甫·库尔玛纳勒的母亲嫁给了当地的一位叫库尔玛纳勒的牧民。

阿克勒别克

阿克勒别克（约1840—？），19—20世纪柯尔克孜族著名玛纳斯奇。根据吉尔吉斯斯坦学者的研究，大约生于1840年左右，亡年不详。属于布谷（鹿）部落。尽管他所演唱的《玛纳斯》史诗内容没有能够记录下来，但是关于他的史诗演唱技艺和演唱活动的传说在我国及吉尔吉斯斯坦的著名玛纳斯奇中间广为流传。他的史诗演唱水平之高超、影响之深远可以从曾经亲耳聆听过其演唱史诗艺术的20世纪吉尔吉斯坦的两位著名玛纳斯奇萨恩拜·奥诺孜巴克和萨雅克拜·卡拉拉耶夫的评价中窥见一斑。他们都把他评价为自己所崇拜的大玛纳斯奇。根据萨恩拜·奥诺孜巴克唱本的主要记录者——玛纳斯奇伊·阿布德热库诺夫的记载，阿克勒别克曾经有一段时间在我国伊犁地区的特克斯草原看养马群，并在那里为各民族听众演唱《玛纳斯》史诗。我国特克斯地区阔克铁烈科乡的玛纳斯奇萨特瓦勒德·阿勒便是阿克勒别克的外甥。他也曾经得到舅舅阿克勒别克的亲自指导，后来成为著名的玛纳斯奇。阿克勒别克的史诗演唱活动主要通过曾经与他接触的人们的回忆而得到记录。毫无疑问，他是目前在我国民间传说中占有很高地位的玛纳斯奇之一。

四、研究学者

（一）国内学者

帕自力·阿依塔克

帕自力·阿依塔克（1915—1967），《玛纳斯》翻译者。精通俄语、汉语。出生在吉尔吉斯伊塞克湖畔。1930年随兄迁居新疆伊犁。1939年毕业于新疆省警察学校。毕业后在阿克苏警察局工作。1942年被盛世才当局逮捕入狱，1946年释放。1952年在阿合奇县任翻译。1957年参加了《苏联大辞典》中《柯尔克孜族简史》部分的俄文译柯尔克孜文工作。

1961年参加《玛纳斯》调查组并与人合作翻译《玛纳斯》居素普·玛玛依唱本，同时与刘发俊等合作翻译了居素普·玛玛依演唱的《库尔曼别克》、《玛玛克——绍波克》两部柯尔克孜族史诗。经他口译完成的柯尔克孜族部落史资料，也由陶阳先生整理出版。他是我国最早介入英雄史诗《玛纳斯》的柯尔克孜族学者之一。

阿不都卡德尔·托合塔诺夫

阿不都卡德尔·托合塔诺夫（1916—2002），柯尔克孜族教育家、语言学家、作家。长期从事教育工作。新疆乌恰县人。1916年5月出生在乌恰县乌鲁克恰提乡恰提村。1926年到1931年在家乡学习阿拉伯文。1931年到1934年在家乡学习斯拉夫字母的吉尔吉斯文。1935年前往苏联的塔什干中亚细亚大学教育系读书，主要攻读世界历史、行政管理等学科。1937年学成回国，在喀什柯尔克孜文化促进会、教育处工作，并在喀什小学、师范学校柯语班任教。他选用1911年根据阿拉伯字母为基础的察合台文，重新制定符合柯尔克孜语音特点，书写方便的现代柯尔克孜文字母，编写出了《柯尔克孜语字母读本》，同时又编写了柯尔克孜语小学使用的《柯尔克孜语语法》。他在喀什执教8年，为现代柯尔克孜族教育事业作出了杰出贡献。阿不都卡德尔以满腔热情，积极从事文学创作。1938年编写的短剧《少女的命运》在喀什柯文会文工队演出，是中国柯尔克孜族第一部戏剧作品。该剧是一个爱情悲剧，写的是一个穷苦牧民出身的少女被迫卖给一个老年牧主做小老婆的悲剧故事，是对当时柯尔克孜族社会的封建买卖婚姻制度的无情鞭挞，具有一定的进步意义。演出后在广大柯尔克孜族地区引起强烈反响。同时他还创作了大量小说和诗歌作品，以反映柯尔克孜族社会和柯尔克孜族生活为主。他是我国柯尔克孜现代文学的奠基人和开拓者。1945年8月到1949年1月任乌恰县副县长、县长。1947年7月，仅当了半年多时间民选县长的阿不都卡德尔·托合塔诺夫被国民党政府以通苏通共嫌疑逮捕入狱。1948年10月获释，出狱后留喀什柯文会工作。1950年在新疆维吾尔自治区人民政府任调研室主任，1950—1951年任喀什行署秘书室主任。1954年，任克孜勒苏柯尔克孜自治州人民委员会秘书长，同时兼任文教科科长，积极筹建自治州柯尔克孜中学。1957—1963年，受聘到中央民族学院任教，在中央民族学院任教6年，培养出了新中国成立后第一代掌握柯尔克孜语的汉、回等民族语言的学员。在中央民族学院教学期间，授课之余，他还和有关方面的同志合作，撰写了《柯尔克孜语言与文字概况》一文，同时，还合作编译了《柯尔克孜谚语三百条》。1963—1965年，参加史诗《玛纳斯》及其他柯尔克孜民间文学的搜集、整理、翻译和研究工作。他所撰写发表的《论柯尔克孜族＜玛纳斯＞》发表在1949年1月17日汉文版《新疆日报》上。这是我国国内发表的第一篇关于《玛纳斯》史诗的介绍。

此外，他还发表过《＜玛纳斯＞史诗玛纳斯部分简介》、《论"玛纳斯"名称的起源和含义》等关于《玛纳斯》的论文。"文化大革命"中，他受到审查，中断工作长达10年，"文革"结束后不久，进入了一个文学创作非常活跃的时期，并且于1980年受聘二进北京，再度到中央民族学院任教。任教期间主讲柯尔克孜语语法、词法、柯尔克孜文学。此间，他编写的《柯尔克孜语词法》、《柯尔克孜文正字法》、《浅谈词法学》等书，被列为中央民族学院柯尔克孜语进修班教材。先后发表的小说、散文《我又来到首都北京》、《实现了的愿望》、《柯尔克孜的库姆孜在民众中》、《逃亡者》、《回忆伊斯哈克别克将军》等，发表在《柯尔克孜文学》等杂志上。他编写和创作的《姑娘的眼泪》、《山鹰》、《柯尔克孜历史讲座》、《柯尔克孜历史故事》等在柯尔克孜族群众中有一定的影响。他创作的话剧《婚礼之前》由自治州文工团上演，成为这一时期柯尔克孜戏剧的代表作。他与朱玛克·卡德尔合编的电影剧本《阿克莱》由天山电影制片厂改名为《冰山脚下》拍摄上映。这是我国唯一的一部反映柯尔克孜族生活的影片。

玉素音阿吉·吾色克毛拉

玉素音阿吉·吾色克毛拉（1919—2006），柯尔克孜族社会活动家、学者、宗教人士。阿合奇县哈拉奇村人。精通阿拉伯、波斯和突厥语族各民族语言，对伊斯兰教宗教经典《古兰经》以及伊斯兰哲学、道德、法律和柯尔克孜族历史文化均有研究。1936年在阿克苏师范上学，1940年在阿合奇柯尔克孜文化促进会任会计，兼管教育，主要致力于集资办学，并开始潜心研究柯尔克孜族的历史文化。1943年任哈拉奇乡副乡长，1946年离职回乡，从事牧业生产。在新疆反帝会的领导下，他曾积极参加抗日救国宣传活动。曾深入农村牧区开展募捐活动，在家乡一次募集捐资60只羊、13峰骆驼，以柯尔克孜族名义委托新疆反帝会转交抗日前线战士。1953年任阿合奇县哈拉奇乡乡长，1956年调入克孜勒苏柯尔克孜自治州文字改革委员会工作。1959年被选为自治州政协副主席。在任职期间，仍积极参与柯尔克孜文字改革推广工作。1961年、1964年先后两次参加《玛纳斯》史诗的搜集翻译工作，并与郎樱合作翻译过艾什玛特·曼别特居素普的唱本数千行。1962年到北京伊斯兰学院学习，1965年毕业。在校期间，他系统学习了有关宗教、民族学、政治、哲学理论，并联系新疆社会历史发展实际，撰写了《伊斯兰教在新疆的发展》一文，对伊斯兰教在新疆的传播、发展以及对新疆社会、历史、文化的影响，作了较全面的分析，有较高的学术价值。其出版和发表的学术著作还有《柯尔克孜史话》（柯孜勒苏柯尔克孜文出版社，1989年）、《柯尔克孜历史研究》（新疆人民出版社，1997年）及其他学术论文、诗歌、回忆录等共60多篇。其中，在《柯尔克孜史话》中对于《玛纳斯》史诗及我国著名玛纳斯奇居素普阿昆、巴勒瓦依、铁木尔、艾什马特、塔巴勒德等都有所涉及。特别是对至今还没有确切生平资料的居素普阿昆·阿帕依这位著名玛纳斯奇的生平及《玛纳斯》演唱生涯进行较详细的描述。一些论文用吉尔吉斯文、维吾尔文、汉文等发表。他还是《古兰经》柯尔克孜文译者。由他翻译的《古兰经》柯尔克孜族文版于2003年由民族出版社出版。1978年当选为第五届全国政协委员，并连任第六、七届全国政协委员。曾3次赴阿拉伯各国参加朝觐和宗教学术交流活动，曾任中国伊斯兰教协会副会长、新疆伊斯兰教协会副会长、新疆伊斯兰教经学院副院长等职务。

阿曼吐尔·巴依扎克

阿曼吐尔·巴依扎克（1919—1981），柯尔克孜族社会活动家，诗人。昭苏县切格尔提村人。1942年至1944年在伊宁市斯大林中学任高中教师。1944年参加三区革命，曾任民族军骑兵团参谋、参谋长、代团长。1950年加入中国共产党，历任中国人民解放军第五军第十三师三十七团团长，新疆军区司令部军训处副处长。1954年2月，参与筹建克孜勒苏柯尔克孜自治区。1954年7月任克孜勒苏柯尔克孜自治州党委副书记，1955年6月任克孜勒苏柯尔克孜自治州党委第三书记，1956年10月任新疆维吾尔自治区监察厅厅长、党组书记、自治区教育厅厅长、党组书记。1957年4月任新疆维吾尔自治区党委常委。1976年3月任新疆维吾尔自治区政协副主席、新疆医学院院长、党组副书记，中国共产党第八次全国代表大会代表、新疆维吾尔自治区第一届至第六届人民代表大会代表，新疆维吾尔自治区第五、六届人大常委会副主任。阿曼吐尔·巴依扎克也是一位诗人，曾任新疆作家协会理事。1952年开始文学创作，部分诗作被收入1957年出版的柯尔克孜族多人诗歌集《初次的歌》，1962年出版的《凯尔麦套》中再次收入他的多篇诗作。20世纪60年代，用维吾尔文在《新疆日报》、《塔里木》等刊物上发表了大量作品。1984年，第一个诗集《生命之路》出版。具有代表性的诗有《玛坦》、《我的白山羊》、《克孜勒苏》、《武钢》、《长江大桥》、《向牧马人致敬》、《牧羊人的欢乐》。抒情诗有《给一位姑娘》、《红头巾》、《山区姑娘》、《在我心中》、《英雄无悔》等。寓言诗有《库普凯战胜汗王》、《鸡做为证人而被捕》、《老鼠救老虎》、《狗找朋友》等。1996年，由他搜集整理的民间谚语、谜语、格言、绕口令以及民歌等曾汇集成册作为柯尔克孜族民间文学丛书之五，以《语林汇萃》之名由新疆人民出版社出版。从 1982 年至 1989 年担任新疆维吾尔自治区《玛纳斯》史诗工作领导小组组长，为组织我国《玛纳斯》史诗的搜集、整理、出版等作出了很大贡献。

安尼瓦尔·巴依图尔

安尼瓦尔·巴依图尔（1938—1991），柯尔克孜族历史学家。新疆温宿县博孜东乡人。1953 年毕业于新疆学院（现新疆大学）历史地理系。同年，参加新疆社会科学院新疆社会历史调查组赴柯尔克孜族地区做社会调查。1961 年在中央民族学院学习。1962 年进中国社会科学院民族研究所工作，开始研究新疆各民族历史，曾为中国社会科学院民族研究所副研究员。先后与他人合作撰写《柯尔克孜族简史》、《新疆地区与祖国内地》、《中国柯尔克孜文学概况》等重要著作。著有《柯尔克孜族史稿》（柯尔克孜文一册，吉尔吉斯文，上下册）、《新疆民族史》等。发表了《毛拉穆沙·萨依然米及其名著伊米德史》、《略论阿帕克和卓》、《察合台文和察合台文献》、《柯尔克孜族对祖国统一的贡献》、《新疆与内地的历史交往》等论文。曾相继用现代柯尔克孜文、维吾尔文翻译了察合台文献《乐师传》、《柯尔克孜族世系》、《萨依然米古诗选》、《伊米德史》等重要著作。积极参与《维吾尔族简史》的修改工作，审定《维吾尔文学史纲要》、《维吾尔族历史》（上册）两书。在从事科研工作的同时，还多次应邀到中央党校、中央民族学院、中央干部管理学院为新疆各民族干部讲授新疆历史。他先后编写了《关于新疆历史的若干问题》（维文）、《研究新时期的民族、民族史的若干问题》等讲义近 90 万字。在其担任新疆古籍整理出版领导小组顾问期间，曾相继在各种会议上，做了题为《关于整理、出版民族古文献的若干问题》、《新疆伊斯兰教在信仰和仪式上的特点》、《新疆伊斯兰教伊禅派的历史和现状》、《柯尔克孜族文学浅谈》、《<福乐智慧>中有关古代突厥语族天文历法观的记载》等学术报告。1985 年当选为新疆柯尔克孜语言文学历史学会第一副会长，并分管历史研究工作。曾先后两次组织学术研讨会讨论柯尔克孜族语正字法及柯尔克孜英雄史诗《玛纳斯》，主持全国柯尔克孜族阿肯（民间歌手）弹唱会，还组织各地会员对柯尔克孜族的历史、语言、民间文学进行调查，初步建立起学会的资料库。1991 年在土耳其讲学期间猝逝。中国政府派专机将遗体运回故乡乌鲁木齐安葬。生前曾担任中国中亚文化研究学会、中国民族历史研究学会、中国突厥语研究学会、中国古人类研究学会、中国北方民族哲学思想研究学会、新疆宗教研究学会、新疆柯尔克孜族语言文学历史学会的副会长、常务理事、理事等职。

夏尔西别克·斯迪克

夏尔西别克·斯迪克（1925—2005），新疆特克斯人。1944 年参加三区革命，1950 年加入中国共产党，1946 年在三区革命军特克斯第二骑兵团任连长，1949 年在三区革命军第一骑兵团任营长，1949 年至 1955 年在独立骑兵团、伊犁四十二团任副团长，1955 年至 1956 年在新疆维吾尔自治区人民政府交际处任副处长，1956 年至 1972 年在自治区任农垦厅副厅长、党组书记。1972 年至 1982 年任自治区农牧委副主任，1978 年至 1982 年任自治区政协副主席，1982 年至 1987 年同时兼任新疆生产建设兵团副司令，1984 年至退休担任自治区人大常委会任副主任。长期担任新疆《玛纳斯》史诗工作领导小组副组长，1990 年担任组长，1995 年当选为中国《玛纳斯》研究会会长，新疆《玛纳斯》史诗编辑委员会主任，新疆柯尔克孜语言文学历史学会会长等。在组织领导中国柯尔克孜族史诗《玛纳斯》的搜集、整理、出版、研究、国际交流方面做了大量的工作，由于在我国柯尔克孜族《玛纳斯》史诗搜集、出版、抢救方面作出突出成绩而受到文化部、国家民委的表彰。他在三区革命时期以作战勇敢、机智而受到多次表彰，并于1950年获得西北军政委员会授予的"人民功臣"、"解放西北"等勋章。

塔依尔·买买提力

塔依尔·买买提力（1928—2005），新疆阿图什市吐古买特乡人。1950年参加工作，在伽师县哈拉峻区（现隶属于阿图什市）任民政助理员，后任伽师县城镇区区长。1953年加入中国共产党，同年7月任伽师县二区区长。1954年3月任中共克孜勒苏柯尔克孜自治州委员会秘书处秘书，1955年出任中共克孜勒苏柯尔克孜自治州委员会副秘书长，1962年任中共克孜勒苏柯尔克孜自治州委员会候补书记，1963年5月任州委副书记，1965年10月任中共克孜勒苏柯尔克孜自治州委员会常委、自治州州长。1972年7月至1980年先后出任自治州党委常委、自治州党委副书记、自治州革命委员会主任、革委会党组书记等，全盘主持自治州党政工作。1983年4月起担任政协新疆维吾尔自治区委员会第五、六届副主席，全国人民代表大会第三、五届代表，全国人大民族事务委员会委员。在担任自治州州长期间经常深入农牧区开展调研，为发展自治州的农牧业生产、改善人民群众的生活水平做了大量工作。他一生生活俭朴，工作踏实，清正廉洁，深得广大干部群众的尊重。与此同时，为《玛纳斯》史诗的搜集整理编辑出版做了大量的工作，曾担任新疆《玛纳斯》工作领导小组副组长。

吐尔干·伊仙

吐尔干·伊仙（1941—1987），阿合奇县哈拉布拉克乡麦尔凯奇村人。柯尔克孜族当代音乐家。自幼喜爱音乐艺术，在中小学期间就积极参加学校组织的各种文艺活动，并以明亮的歌喉、优美的舞姿和库姆孜弹奏而声名远播。1959年初中毕业后，进入新疆艺术学校音乐系，专攻作曲，主攻手风琴、钢琴，毕业后成为中国柯尔克孜族第一代受过正规中等音乐教育的毕业生。他常常深入牧区搜集民间音乐作品，并为自己的创作服务。他所谱曲创作的歌曲《你在哪里》、《阿勒玛汗》、《白羔羊》、《我们的草原》、《牧羊人的歌》、《我们的人民》、《我的姑娘》、《萨拉姆，北京》、《我的喜悦》、《咱们的自治州》、《毛泽东时代颂歌》、《我的祖国》等都是脍炙人口、传唱至今的名篇。他的音乐作品有鲜明的民族特色，有很多作品不仅在我国得到广泛传播，甚至在中亚吉尔吉斯斯坦和中国香港也广为人知。1980年香港影业公司拍摄的反映中国少数民族生活的纪录片将他创作整理的乐曲《你在哪里》作为主题曲之一，列入中国少数民族经典乐曲之列。他创作的《绣花手帕》成为我国第一部柯尔克孜族题材影片《冰山脚下》的主题曲。他由于为柯尔克孜族英雄史诗《玛纳斯》片断配曲，并搬上舞台而获得新疆维吾尔自治区首届（1977—1982）民间文学评选荣誉奖。1985年参加全国第四届音乐家代表大会，同年参加第三届华北音乐节。曾任克孜勒苏柯尔克孜自治州文工团副团长，是中国音乐家协会会员，中国音乐家协会新疆分会理事，自治州音乐家协会主席等。

艾斯别克·阿比罕

艾斯别克·阿比罕（1942—1996），特克斯县阔克铁列克柯尔克孜民族乡人，柯尔克孜族当代著名作家，曾任中国作家协会会员、新疆作协副主席。1964年毕业于新疆学院（现为新疆大学）文学系，毕业后分配在哈萨克文学刊物《曙光》任编辑。1980年后任《新疆柯尔克孜文学》副主编、主编。《玛纳斯》编辑委员会副主任。其处女作《黑夜里写的信》发表于1964年。

此后他用哈萨克文、柯尔克孜文先后发表《女药剂师》、《白隼》、《老人的故事》、《决定》、《马驹在鸣叫》、《星星为什么微笑》、《没有睡意的夜晚》、《骑牦牛的人》、《透过云层的月亮》等短篇小说近百篇。他的创作以短篇小说见长，其短篇小说因内容生动、语言简洁明快而在新疆各民族中广为人知。1986年以后发表《大象的眼泪》等中篇小说和大量脍炙人口的短篇小说。大量作品被翻译成汉文、维吾尔文、哈萨克文发表，有部分作品还在吉尔吉斯斯坦等国发表。1981年，小说《汗腾格里的女儿》获得自治区优秀文学作品二等奖。论文《关于＜玛纳斯＞的产生和流传》还曾获得新疆社会科学优秀成果论文鼓励奖。他是新中国成立后成长起来的当代柯尔克孜族小说家，是柯尔克孜族新时期文学的代表性人物，为新时期柯尔克孜文学的发展作出过很大贡献。此外，他还曾担任新疆《玛纳斯》编委会副主任等。

苏勒坦阿勒·包尔泊多依

苏勒坦阿勒·包尔泊多依（1902—1994），阿合奇县人，1954年参加工作，历任教员、乡秘书、乡干事。1981年3月人阿合奇县人大副主任，1984年任阿合奇县政协副主席。1994年病逝。著有《柯尔克孜族史话》、《柯尔克孜族历法》等著作，对柯尔克孜族民间文学、民间文化非常熟悉，是20世纪柯尔克孜族著名的部落史、散吉拉讲述家、故事家和史诗演唱家。20世纪60年代参加《玛纳斯》史诗的搜集、记录工作。他还曾给工作组讲述过很多关于柯尔克孜族历史、文化、部落史方面的传说故事。陶阳先生在《柯尔克孜族部落史》（克孜勒苏柯尔克孜文出版社，2004年）中收入其讲述的《英雄阿吉别克的故事》。他所讲述的数十篇民间传说和故事还被收在《中国民间文学三大集成故事卷·柯尔克孜族卷》中。

萨坎·玉麦尔

萨坎·玉麦尔（1927—2007），阿图什哈拉峻人。1950年参加工作，中共党员，曾在中共阿图什县党委、县政府办公室供职，在克孜勒苏报社任编辑、编辑室主任、副译审。曾为中国民间文艺家协会会员、中国社会科学院少数民族文学学会会员，新疆作家协会会员、新疆民间文艺家协会会员，克孜勒苏柯尔克孜自治州作协副主席，曾担任新疆维吾尔自治区《玛纳斯》工作领导小组副组长，《玛纳斯》编委会副主任，民间文学三大集成新疆卷柯尔克孜族分卷副总编等。

从20世纪60年代开始便长期从事文学创作和柯尔克孜族民间文学搜集、记录、翻译工作，多次参加英雄史诗《玛纳斯》的调查搜集翻译出版工作。用柯尔克孜文、维吾尔文发表长篇小说、中短篇小说、散文、诗歌50余篇，尤其以短篇小说见长。其中，短篇小说《分数》、《婚礼之后》等获得自治区级文学奖，长篇小说《辉煌的道路》获得中国少数民族文学"骏马奖"。出版有短篇小说集《在凯尔麦陶绿洲》（克孜勒苏柯尔克孜文出版社，1987年）、《荣誉》（克孜勒苏柯尔克孜文出版社，1992年），长篇小说集《黎明之前》（新疆人民出版社，1993年），中篇小说集《初次的献礼》（新疆人民出版社，1994年）、《红花》（克孜勒苏柯尔克孜文出版社，1996年）、《辉煌的道路》（新疆人民出版社，2006年）等。除此之外，多次参加《玛纳斯》学术研讨会，发表论文有《柯尔克孜族英雄史诗＜玛纳斯＞》、《论＜玛纳斯＞中的"北京"》、《论叙事长诗＜江额勒木尔扎＞》、《论＜玛纳斯＞中的民族团结》等。由于在《玛纳斯》搜集、整理、翻译方面的突出贡献，曾于1990年、1991年分别获得新疆《玛纳斯》工作领导小组以及文化部、国家民委的表彰。

郎樱

郎樱（1941—），中国"玛纳斯学"奠基人之一。1941年4月生人，女，籍贯北京。1965年毕业于中央民族学院民族语文系，维吾尔语专业，1965年8月至1976年3月在中国文联民间文艺研究会工作，1976年3月至1983年4月在文化部文学艺术研究院工作，1983年4月至今在中国社会科学院少数民族文学研究所工作，曾任中国社会科学院民族文学研究所北方民族文学研究室主任（现任主任是阿地里·居玛吐尔地教授）、副所长。

2010年当选以中国社会科学院荣誉学部委员，并担任中国社会科学院学术咨询委员会委员，中国社会科学院研究生院博士导师；中国《玛纳斯》史诗研究会副会长，中国维吾尔历史文化研究会副会长，中国维吾尔古典文学和维吾尔木卡姆研究会副会长，国家社会科学基金项目评委，国家出版署专家委员会委员、国家政府图书奖评委，中国文化部非物质文化遗产保护专家委员会委员，中国比较文学学会常务理事等。学术领域是《玛纳斯》史诗和突厥语民族叙事文学，一生主要从事《玛纳斯》史诗的研究和史诗比较研究，直至退休。主要学术专长是维吾尔及突厥民族文学，长期从事柯尔克孜民族史诗《玛纳斯》研究。在柯尔克孜族史诗《玛纳斯》研究方面作出过突出贡献，1991年4月受到国家民委和文化部的嘉奖。1992年享受国务院颁发的政府特殊津贴。2011年被授予吉尔吉斯斯坦共和国"达纳克尔"总统勋章。主要代表作有《＜玛纳斯＞论》、《中国少数民族英雄史诗——玛纳斯》、《＜玛纳斯＞论析》、《＜福乐智慧＞与东西方文化》、《民族英魂玛纳斯》等学术著作和普及读物5部以及《＜玛纳斯＞史诗的悲剧美》、《中国北方民族英雄史诗论》、《＜玛纳斯＞与柯尔克孜族民间文学》、《＜玛纳斯＞与希腊史诗的比较》、《＜江格尔＞与＜玛纳斯＞中的神女、仙女形象》、《西北突厥民族的萨满教遗俗》、《波斯神话及其在新疆的流传》等学术论文60余篇。其中，有很多论文被翻成英文、日文、土耳其文、吉尔吉斯斯文等在国外发表，大大推动了我国《玛纳斯》史诗在国外的影响力，促进了我国《玛纳斯》学科的向前发展。除此之外，还主编有《中国史诗研究丛书》、《阿尔泰语系民族叙事文化与萨满文化》、《中国个民族文学关系史》等多部著作，担任《中国大百科全书》文学卷·民族文学卷主编等。郎樱教授从20世纪60年代初开始从事柯尔克孜族英雄史诗《玛纳斯》的搜集、翻译工作，并曾与玉赛因阿吉合作翻译了居素普·玛玛依《玛纳斯》唱本第六部《阿斯勒巴恰与别克巴恰》以及中国20世纪另一位大玛纳斯艾什马特·麦拜特居素朴的《玛纳斯》文本。20世纪80年代之后，她几乎每年都到新疆柯尔克孜族地区开展田野调查工作，掌握了大量的《玛纳斯》及柯尔克孜族民间文学资料，她是中国《玛纳斯》研究的领军人物，不仅在《玛纳斯》及突厥语民族文学研究方面有很大影响，而且培养了很多在学术上很有成就的学生，在研究柯尔克孜族史诗传统《玛纳斯》方面作出过突出贡献，1990年受到新疆维吾尔自治区党委政府部门的嘉奖，1991年4月受到国家民委和文化部的嘉奖。她的学术研究代表作《＜玛纳斯＞论》曾获得中国文学艺术家联合会和中国民间文艺家协会共同颁发的"山花奖"学术著作一等奖以及中国社会科学院优秀科研成果二等奖。她还曾在吉尔吉斯斯坦、日本、韩国、土耳其、瑞典等国参加各类学术活动和会议，并在这些学术会议上主要以英雄史诗《玛纳斯》为题进行发言和讲座，为弘扬和传播英雄史诗《玛纳斯》文化作出了巨大贡献。

胡振华

胡振华（1931—），《玛纳斯》史诗专家。男，回族，1931年1月9日出生于山东省青岛市。中央民族大学少数民族语言文学学院教授，博士生导师，享受政府特殊津贴的有突出贡献的专家。1949年6月参加革命，1953年毕业留校任教，迄今一直从事国内外柯尔克孜（吉尔吉斯）族语言文化及中亚学教学研究工作，参加过我国柯尔克孜族文字及正字法的制定，柯尔克孜语方言、社会历史调查及组织史诗《玛纳斯》的抢救、翻译工作。著作10余部，论文200多篇。

胡振华教授是新中国成立以来培养的第一批民族语文学家，1953年1月由中央民族学院维吾尔专业毕业，后留校工作，安排学习和调查柯尔克孜语，并于1957年创办了柯尔克孜语专业。参加过创制柯尔克孜文字及制定正字法工作，是国内柯尔克孜史诗《玛纳斯》最早的研究者。在前苏联解体、中亚5个加盟共和国独立后，他根据形势的发展开始进行中亚学研究。2004年离休。胡振华1953年从中央民族学院毕业留校任教，当时国家正在为少数民族创制、改革民族文字而展开调查和征求意见。胡振华就是在这种情况下被只身派往帕米尔高原和天山脚下，调查柯尔克孜语言的。正是在这个过程中，胡振华搜集到了许多珍贵的第一手资料，为研究柯尔克孜学打下了扎实的专业基础。柯尔克孜族《玛纳斯》是我国著名的三大史诗之一，胡振华在组织调查整理的基础上对其进行了深入研究。经过他有说服力的科学论证，指出史诗《玛纳斯》中许多地方所讲述的残忍地屠杀柯尔克孜人、抢掠他们财产的"克塔依人"是早已消逝的"契丹人"，而不是多少年来误认为的"中国人"或"汉人"，还历史以本来面目，消除了多少年来的重大误解。在多年调查研究的基础上，他出版了《柯尔克孜谚语》、《汉柯简明词典》、《柯尔克孜语言简志》、《玛纳斯第一部片段》（柯汉日对照本）、《吉尔吉斯语读本》、《吉尔吉斯语教程》、《柯尔克孜语言文化研究》、《民族语言文化研究文集》、《中亚五国志》等著作和工具书，拍摄了介绍柯尔克孜民俗、抢救黑龙江柯尔克孜语的多部录像片，并把我国的柯尔克孜学介绍到国际学术界，提高了我国学术和民族政策在国际上的影响力。胡振华也是我国学术界"东干学"的开拓者。东干人是19世纪下半叶西北回民起义失败后被迫迁移到中亚各地的回族人，1924年中亚民族划界时被苏联政府称作"东干"。胡振华早在50年代就跟随苏联专家查阅过有关东干学的资料。1989年中苏关系解冻后，他应邀去中亚访问交流，进行田野调查，回国后撰写了一系列介绍东干的文章，并培养了几位研究东干的青年博士。其相关著作还有《中亚东干学研究》、《中国回族》、《当代回族文艺人物辞典》、《伊犁维吾尔民歌》、《高昌馆课》（明代回鹘文文献，校勘本）、《高昌馆杂字》（明代回鹘文汉文分类词汇，校勘本）等。1999年被吉尔吉斯斯坦国家科学院选举为外籍荣誉院士、2002年荣获吉尔吉斯斯坦总统亲自颁发的"玛纳斯"三级勋章。2009年10月被评为"首都教育60周年人物"。2012年6月荣获上海合作组织"丝绸之路人文合作奖"。同年8月被推举为吉尔吉斯钦吉思·艾特马托夫研究院院士。他还曾荣获中华人民共和国文化部与国家民委颁发的"史诗《玛纳斯》工作先进个人"及土耳其安卡拉大学颁发的功勋证书等多项奖励。现为中央民族大学东干学研究所所长、中国少数民族双语教学研究会顾问、中国《玛纳斯》研究会顾问。曾担任第八届北京市政协委员、北京市民族教育研究会副会长、北京市伊斯兰教协会副会长。现任中国中亚友好协会顾问，国务院发展研究中心欧亚社会发展研究所研究员，中国突厥语研究会副会长，中国伊斯兰教协会委员。

陶阳

陶阳（1926—2013），《玛纳斯》专家。汉族，原名李伯海，1926年生，山东省泰安市北集坡镇赵庄人。1948年参加革命，1953年毕业于山东大学中文系，1955年调入中国民间文艺家协会，从事神话与史诗研究。历任北京大学哲学系助教，国家文化部艺术局群众文化处负责人，中国民间文艺家协会书记处书记、研究部主任，《民间文学论坛》主编。离职休养后，仍担任中国民间文艺家协会常务理事，中国民间三套集成总编委，职称为研究员，系中国作家协会会员，国务院特殊贡献专家津贴获得者。

他一生著作甚丰，其主要代表作有《＜玛纳斯＞史诗调查与采录》、《泰山民间故事大观》、

与夫人牟钟秀合著了《中国创世神话》、《中国神话》,诗集《泰山的传说》、《段赤城》、《扶桑风情》以及《中国民间故事大观》等。1953年,陶阳在山东大学中文系毕业,被分配到北京大学哲学系任助教。1955年,陶阳被调到中国民间文艺研究会,从此与中国民间文艺结下了不解之缘。1956年,他随社科院文学研究所赴云南大理白族自治州调查采风3个月,与白族杨亮才合编了《白族民歌集》,于1958年由人民文学出版社出版。1964年至1966年,中国民间文艺研究会与新疆文联、柯尔克孜自治州成立了柯族英雄史诗《玛纳斯》工作组,又成立了《玛纳斯》调查采录组,并指定陶阳和新疆文联的刘发俊为组长,以阿图什为驻点,分赴柯族聚居区的4个县补充调查采录,集体翻译了居素普·玛玛依的唱本6部,工作尚未完成,"文革"就开始了。仅就陶阳个人来说,当年他骑马驰骋奔走了3个县,几乎丧命戈壁。后来,他写了《史诗＜玛纳斯＞的调查采录方法》,参加了中国·芬兰史诗研究会。还写了《史诗玛纳斯歌手神授之谜》。1987年,中国民间文艺研究会改为中国民间文艺家协会,陶阳任书记处书记、研究部主任、《民间文学论坛》主编、中国神话学会副主席等职。其间,与夫人牟钟秀合著了《中国创世神话》,由上海人民出版社出版。《中国神话》由上海文艺出版社出版。另外还有《中国民间故事大观》,由北京出版社出版。《柯尔克孜族部落故事》,由克孜勒苏柯尔克孜文出版社出版。诗集《泰山的传说》由山东人民出版社出版,《段赤城》由云南人民出版社出版。

阿地里·居玛吐尔地

阿地里·居玛吐尔地(阿地力·居玛吐尔地,1964—),《玛纳斯》研究学者。男,柯尔克孜族,1964年出生。2004年9月开始在中国社会科学院民族文学研究所工作,现任中国社会科学院民族文学研究所北方室主任,研究员,中国社会科学院研究生院教授,博士生导师,中国社会科学院民族文学研究所学术委员,职称评定委员会委员。1986年本科毕业于上海交通大学外语系,获文学学士学位。2004年,中国社会科学院研究生院毕业后获得文学博士学位。2006年至2008年,中央民族大学开展博士后研究并获得博士后证书。1986年大学毕业后曾先后在新疆工学院、新疆文联工作,并曾担任新疆文联副主席(1997—2005)、新疆民间文艺家协会副主席(1995—2005)、政协新疆维吾尔自治区第九届委员会常委(2002—2006)等职。长期从事柯尔克孜族民间文学、民俗文化以及我国阿尔泰语系突厥语族民族的英雄史诗、叙事诗、中亚民间文学、口头传统研究,并在新疆、甘肃、黑龙江等地开展《玛纳斯》史诗、民间文学、民间非物质文化遗产调查,搜集了大量第一手资料。主攻方向为柯尔克孜族英雄史诗《玛纳斯》及各类史诗、口头文学研究。用汉文、英文、日文、俄罗斯文、柯尔克孜文、吉尔吉斯文、维吾尔文、哈萨克文等在国内外发表学术论文70余篇,出版有专著10部。主要有《中国柯尔克孜族》(黄河出版集团,2012年),《呼唤玛纳斯》(新疆克孜勒苏柯尔克孜文出版社,2011年),《口头传统与英雄史诗》(中央民族大学出版社,2009年),《玛纳斯史诗歌手研究》(民族出版社,2006年),《中亚民间文学》(宁夏人民出版社,2008年),《柯尔克孜族民间宗教与社会》(合著,民族出版社,2009年),《＜玛纳斯＞演唱大师:当代荷马居素普·玛玛依评传》(合著,内蒙古大学出版社,2002年),《＜玛纳斯＞演唱大师居素普·玛玛依》(合著,吉尔斯斯文,民族出版社,2007年),《东方民间文学概论》(四卷,合著,昆仑出版社,2007年),《中国各民族跨世纪家庭实录:＜玛纳斯＞演唱大师的一家》(合著,云南大学出版社，2003年）等10多部。翻译出版《玛纳斯》史诗第一部54000多行（新疆人民出版社，2009年），另有《玛纳斯》史诗第七、八部的汉译文30000余行即将出版。翻译出版《突厥语民族口头史诗：传统、形式和诗歌结构》（[德]卡尔·赖希尔著，中国社会科学出版社，2011年），《柯尔克孜族文学史2》等学术著作两部。上述书中均有涉及《玛纳斯》史诗的内容。除此之外，还翻译发表、出版英文、吉尔吉斯文、柯尔克孜文、维吾尔文、哈萨克文学术论文和文学作品近100万字。主持和参与国家级和中国社会科学院级社会科学研究项目10多项。目前正在主持文化部社科基金重大项目《史诗百卷工程：玛纳斯》和国家社科基金项目《突厥语民族英雄史诗结构与母题比较研究》等。曾多次在吉尔吉斯斯坦、俄罗斯、德国、芬兰以及国内各大专院校等参加国际学术研讨会，发表学术论文多篇。现为中国《玛纳斯》研究会常务副秘书长，中国民间文艺家协会会员，新疆维吾尔自治区古籍整理领导小组专家委会成员，柯尔克孜族古籍整理小组副主任，中央民族大学特聘教授，吉尔吉斯斯坦艾特马托夫国际科学院院士，芬兰国际《卡勒瓦拉》学会会员，国际民俗学组织通讯会员，北京作家协会会员，北京市民族联谊会理事，黑龙江柯尔克孜族联谊会顾问等。曾获得中国少数民族文学骏马奖，撰写出版的《<玛纳斯>演唱大师：当代荷马居素普·玛玛依评传》，《玛纳斯史诗歌手研究》曾先后两次获得中国文联民间文艺家协会"山花奖"学术著作一等奖，《玛纳斯演唱大师：当代荷马居素普·玛玛依评传》还获得新疆首届"天山文艺奖"作品奖；1999年曾被评为中国民协"德艺双馨"中青年会员，新中国成立50周年"德艺双馨"文艺百佳；2012年被评为新疆维吾尔自治区古籍整理先进个人等。

托汗·依萨克

托汗·依萨克（托合托布比·依萨克，1966—），《玛纳斯》研究学者。1966年出生，女，柯尔克孜族，出生于新疆克孜勒苏柯尔克孜自治州阿合奇县。1988年毕业于新疆大学中文系语言文学专业，获文学学士学位。曾在新疆维吾尔自治区文联民间文艺家协会《玛纳斯》研究室工作，从事柯尔克孜族民间文学、《玛纳斯》史诗和民俗文化搜集、整理、宣传、研究工作。在民间文学、作家文学的研究方面均取得一定成就。1996年加入中国共产党。2000年被评为副研究员。从2005年5月被调到中央民族大学哈萨克语言文学系，任该系教学管理办公室主任至今。2007—2011年在吉尔吉斯斯坦国家科学院钦吉斯·艾特玛托夫语言文学院博士学位。2011年10月获得语言学博士学位。2011年8月荣获吉尔吉斯斯坦以叶山那里·阿热拜耶夫命名的国立大学荣誉教授称号。2011年5月获得中央民族大学中国少数民族语言文学学院语文学研究方向硕士导师资格。参加《玛纳斯》史诗居素普·玛玛依唱本前5部内部参考资料版本（1988—1992）共9本的印刷、公开出版发行版本18卷和再版柯尔克孜文本两卷（2004）的全部审定工作。其中，独立整理出版第八部《奇格台》（1995），共计13000余行。整理和出版玛纳斯奇艾什玛特·曼别特居素普《赛麦台》唱本的工作（2003），共计12000余行。记录和校对玛纳斯奇萨特瓦勒地·阿勒唱本（约17000行），参加柯尔克孜族民间文学"三套集成（故事、歌谣、谚语）"县卷本和省卷版本的编选、审定、出版工作。并多次到偏远山区进行田野调查，搜集了大量民间文学、民俗学第一手资料，用汉文、维吾尔文、哈萨克文、柯尔克孜文发表了40余篇调查报告和研究论文。有些论文被翻译成日文、吉尔吉斯斯坦文在国外发表。与人合作或独立出版的著作有《当代荷马＜玛纳斯＞演唱大师：居素普·玛玛依评传》（与人合著，汉文，27万字，内蒙古大学出版社，2002年）。《＜玛纳斯＞演唱大师：居素普·玛玛依》（与人合著，吉尔吉斯文，35万字，民族出版社，2007年），《中国柯尔克孜族史诗＜塞麦台＞变体比较研究》（吉尔吉斯文，30万字），获得吉尔吉斯斯坦《玛纳斯父亲》学科研究资金出版资助，2011年3月在吉尔吉斯斯坦《biyiktik》出版社出版。她还参与编写了《＜玛纳斯＞史诗情节概述》（参加编写，40000字，新疆人民出版社，1995年）。与人合作编译居素普·玛玛依《玛纳斯》唱本第一部维吾尔文故事梗概在《美拉斯》杂志2000年第5期至2001年第5期上连载，共计40000多字。现为新疆民间文艺家协会会员、新疆作家协会会员、中国《玛纳斯》研究会理事等。与人合作专著《当代荷马＜玛纳斯＞演唱大师：居素普·玛玛依评传》，于2004年2月获由自治区党委、人民政府颁发的新疆维吾尔自治区首届"天山文艺奖"作品奖。同年9月，该书还获得中国文联、中国民间文艺家协会"山花奖"学术著作一等奖。她还于2006年完成了中央民族大学青年教师科研项目《帕米尔柯尔克孜族民间文学调查研究》。目前承担着教育部一般项目《玛纳斯史诗与柯尔克孜民俗文化》（2008）和中央民族大学"985三期工程"科研项目《中国柯尔克孜族传统达斯坦研究》等。

玉山阿勒·阿勒木库勒

玉山阿勒·阿勒木库勒（1920—），《玛纳斯》搜集、翻译家。男，1920年出生。阿合奇县哈拉奇乡阿合奇村人。他曾于1956—1957年参加中国社会科学院民族语言调查工作并搜集大量的民间文学作品。1960年参加《玛纳斯》史诗的调查采录工作，记录了铁木尔、艾什玛特等玛纳斯奇的演唱资料。这些资料后来被译成汉文和维吾尔文在《天山》及《塔里木》杂志上发表。1961年和1964年两次参与搜集《玛纳斯》工作。由他搜集的具体资料有：1961年搜集记录卡德尔·巴依萨勒（阿克陶县）演唱的1760行，司马义·库勒木尔扎（乌恰县）演唱的980行，玉赛音·阿不德加帕尔（乌恰县）演唱的1680行，阿依达尔阿勒·塔什旦（乌恰县）演唱的1040行。1964年搜集记录加帕尔·铁木尔（阿克陶）、塔勒普·赛依特（阿克陶）、吐凯西（阿合奇）、托合塔洪·阿德凯（阿合奇）、阿加洪·巴依多别特（阿合奇）、居素普·玛玛依等人演唱的资料共计1万余行。1965年又从阿勒普别克·卡勒介凯及司马义口中记录下一部分《玛纳斯》史诗古老的韵文、散文。20世纪80年代后，其儿子努肉孜·玉山阿勒又继承父业参加《玛纳斯》审稿编辑工作并出任居素普·玛玛依演唱本18卷的责任编辑。

曼拜特·吐尔地

曼拜特·吐尔地（1965—），《玛纳斯》史诗专家。男，柯尔克孜族、教授、硕士生导师。1965年9月20日出生于新疆阿图什市吐古买提乡。1988年7月毕业于新疆大学中文系，同年被分配到新疆社会科学院民族文学研究所。2004年被调到新疆师范大学人文学院中文系。2005年被聘任为教授，是新疆作家协会副主席，全国青联第八、九、十届委员，中国《玛纳斯》研究会常务理事。新疆《玛纳斯》研究中心主任。正式出版的个人专著七部，合著3部，参加编写的教材5部，编写的其他书5部。在国内发表的论文及评论文章70多篇，国外发表的论文9篇，科研成果字数为180多万字。单独完成的国家社会科学基金项目三项，自治区项目一项，合作项目三项。主要专著有：《柯尔克孜文学史》（新疆人民出版社，1995年柯文版，2005年汉文版）；《玛纳斯的多众变体及其说唱艺术》（新疆人民出版社，1997年）；《柯尔克孜民间文学的帕米尔流派》（新疆人民出版社，2009年）；《柯尔克孜族民间文化研究》（新疆科学技术出版社，2009年）；《中国柯尔克孜当代文学》（新疆科学技术出版社，2011年）；《柯尔克孜诗歌创作》（新疆科学技术出版社，2011年）；《黑龙江柯尔克孜族研究》（与德国学者合著，波兰亚格兰大学出版社，1998年）；2004年《汉文史料中有关柯尔克孜族资料选译》（主编）一书的国内版和海外版同时出版发行。获奖情况：2000年获自治区有突出贡献的优秀专家称号。1994年获自治区第三届社会科学优秀成果青年佳作奖。1994年被评为自治区优秀专业技术工作者。1996年获全国第三届少数民族当代文学研究新秀奖。1998年获自治区第四届社会科学优秀成果三等奖。1998年被评为自治区文联中青年会员"德艺双馨"。2004年获首届天山文艺奖。

托合提汗·司马义

托合提汗·司马义（1971—），《玛纳斯》研究学者。女，柯尔克孜族，乌恰县人，1971年4月出生。1987年至1991年在新疆维吾尔自治区党校（新疆行政学院）1987级哲学本科班学习。1991年7月被分配到新疆维吾尔自治区党校（新疆行政学院）哲学教研部，至今一直当教师。参加工作以来一直从事哲学教学和哲学研究，给各主体班、研究生班、本科班讲授了哲学专业的系统课和原著课、各种专题课和讲座课、当代西方哲学等课程。2001年被评为副教授，现任研究生导师。1998年9月至2000年7月在新疆维吾尔自治区党校（新疆行政学院）马克思主义理论研究生班学习。2002年9月至12月在甘肃省委党校县委书记班培训。2008年毕业于吉尔吉斯共和国伊·阿拉巴耶夫国立大学哲学与社会学学院，获哲学博士学位。2009年9月至2010年7月在北京师范大学哲学与社会学学院和北京师范大学价值与文化研究中心进行访学。2007年在吉尔吉斯共和国出版社出版《仁爱》专著一本书。2011年度全国哲学社会科学规划办审批本人立项了题目为"人类非物质文化遗产《玛纳斯》史诗哲学思想"的社科基金（11BZX042号）一般项目。项目的中心内容是《玛纳斯》史诗中的哲学思想，整个研究都要紧密围绕这一核心展开。本课题研究的着眼点在于全面审视和研究《玛纳斯》哲学思想的基础理论和研究的基本范式、方法。在此基础上，全面研究和论述《玛纳斯》哲学思想的特殊内涵和历史过程。具体研究《玛纳斯》史诗的本体论、认识论、社会观、伦理观、人学思想、美学思想和继承发扬《玛纳斯》史诗哲学思想的问题。按照本项目的申请报告，本项目预期成果形式为理论研究专著，字数15万字。参加完成两个国家课题：《新疆少数民族文化典籍中的和谐思想探析》的子课题《<玛纳斯>史诗中的和谐思想》和《中国少数民族哲学思想史》中负责撰写《中国柯尔克孜族哲学思想史》。2012年在中国新疆人民出版社出版本人翻译的孔子之《论语》译著。用汉文、柯文（中国柯尔克孜文与吉尔吉斯斯坦的吉尔吉斯文）、维尔三种文字发表了《玛纳斯奇产生的必然性与偶然性》、《探<玛纳斯>史诗中的天人关系》等40多篇论文。

阿曼吐尔·阿不都拉苏尔

阿曼吐尔·阿不都拉苏尔（1960—），《玛纳斯》研究学者。男，柯尔克孜族，1960年3月19日生，新疆乌恰县人，大专文化程度，1982年毕业于中央民族学院民语系。中共党员，曾任新疆克孜勒苏柯尔克孜文出版社社长，新疆克孜勒苏报社社长，克孜勒苏广电局党组书记，局长等。现任克孜勒苏柯尔克孜自治州政协副秘书长，克孜勒苏柯尔克孜自治州非物质文化中心、《玛纳斯》研究中心主任，副高职称，新疆作家协会会员，克州作家协会理事。30年来，撰写和发表各种作品及文章100余篇；编辑出版克孜勒苏报（柯尔克孜文版）1500余期；编辑出版各类图书近200种；翻译和编辑各种题材的柯尔克孜语电视连续剧近2000集。20世纪80年代开始发表文学作品，绝大部分作品曾在读者中引起反响，大部分作品被译成汉文（包括蒙、藏、维文）发表，或在吉尔吉斯转载，赢得读者和专家的好评，逐渐成为中国柯尔克孜族当代文学代表性作家之一。小说集《心旋》于1993年由克孜勒苏柯尔克孜文出版社出版；1994年中篇小说集《穆拉特别克》在克孜勒苏柯尔克孜文出版社出版；2010年小说集《科克博汝》在新疆人民出版社出版。此外，他还与人合作或独立编纂《汉柯小词典》、《汉柯会话》、《汉维柯对照词典》、《柯汉词典》、《汉柯大词典》、《汉柯——柯汉动植物对照词典》和《柯尔克孜语形动词词典》等。他还曾参加过《中国柯尔克孜族百科全书》、《汉文史书中的柯尔克孜族》、《克州地方志》等图书的编译工作。先后承担翻译了《西游记》、《成吉思汗》、《康熙王朝》、《铁齿铜牙纪晓岚》、《朱元璋》、《汉武大帝》等大型电视连续剧。2004年被克州党委宣传部和克州文联评为优秀作家。2002年与人合编的大型双语词典《汉柯大词典》荣获全国少数民族图书评比二等奖；2002年独立完成的《柯汉词典》荣获全国少数民族图书评比三等奖。2006年小说《秘密写的三封信》获哈柯文学飞马奖。2011年7月承担翻译的大型电视连续剧《朱元璋》获全疆电视剧评比优秀翻译奖二等奖。2011年8月策划制作的专题片《玛纳斯史诗申遗成功》荣获全国少数民族优秀电视节目评比一等奖。2011年10月被评为自治区优秀作家。在《玛纳斯》史诗研究方面发表论文、文章等10余篇，并参与《玛纳斯》史诗居素普·玛玛依唱本第三部的翻译、审定等工作。

吴占柱

吴占柱（1947—），柯尔克孜族学者。男，柯尔克孜族，1947年12月3日出生。黑龙江省富裕县人。曾任农垦齐齐哈尔管理局党委书记，农垦管理干部学院副书记、副院长，黑龙江省政协委员、省政协民族宗教委员会副主任等职。现任中国当代少数民族文学研究会理事、黑龙江省民族研究学会理事长、黑龙江柯尔克孜族研究会会长、黑龙江省民族研究所研究员、黑龙江省作家协会会员、黑龙江北大荒作家协会名誉副主席。

多年来，其曾在刊物和报刊发表的诗歌、散文、报告文学等200余篇。并由哈尔滨出版社、黑龙江人民出版社、黑龙江教育出版社等分别出版发行的著作与文集有《黑龙江柯尔克孜族》、《乌裕尔河畔柯尔克孜人》、《鹰在蓝天》、《黑龙江柯尔克孜文化》、《嫩江草原上柯尔克孜人》、《黑龙江柯尔克孜族民间传说故事》、《北大荒少数民族》、《北大荒少数民族博采录》等书籍。发表《＜玛纳斯＞史诗与黑龙江柯尔克孜族》等有关《玛纳斯》史诗的论文多篇。其中，他所撰写的柯尔克孜族方面的书籍填补了黑龙江省少数民族历史文化、文学创作的空白。《黑龙江柯尔克孜文化》一书，于2009年11月荣获由中国当代文学研究会颁发的全国当代少数民族文学研究优秀成果奖。由于多年来在民族团结方面的贡献以及在学术研究及文学创作中取得的优异成绩，曾在1994年和2005年两次被国务院授予全国民族团结进步先进个人称号。2008年当选为北京奥运火炬手。个人业绩曾被载入《民族画报》、《东方之子》、《中华骄子》、《中华魂·中国百业领导英才大典》、《中国当代改革者》、《公仆情怀》、《中国专家人员辞典》、《世界人名录》等，被称为柯尔克孜族雄鹰。现为黑龙江北大荒集团富裕牧场七家子村《玛纳斯》大型文化广场设计和建造总顾问，富裕县五家子村《玛纳斯》博物馆总设计师。他为《玛纳斯》史诗在黑龙江柯尔克孜中的传播发展作出了突出贡献。

巴赫提·阿玛别克

巴赫提·阿玛别克（巴格特·阿玛别克，1960—），《玛纳斯》学者，翻译家。男，柯尔克孜族，1960年出生，新疆伊犁人。1984年毕业于新疆师范大学中文系，1984年至1989年在乌鲁木齐县委组织部、县委办等部门任秘书、干事、副主任等职；1989年至今在自治区人大办公厅、民宗外侨委员会工作，任三届常委会领导专职秘书、县长助理（3年）、侨务处副处长、法制处副处长、办公室主任兼委员会党支部委员等职。长期从事民族、宗教、少数民族语言文字、侨务等业务及法规方面的研究，精通柯尔克孜、汉、哈萨克、维吾尔等多种语言文字。系新疆民间文艺家协会会员、新疆文学翻译家协会会员、新疆民族研究学会理事、新疆对外友好协会理事等。自20世纪80年代末开始参与组织史诗《玛纳斯》的审核、出版、翻译、研究、成果展览、国际研讨会、成立"中国诗史诗《玛纳斯》研究学会"等事宜。主要译作有：《柯汉谚语俗语大全》（自1980年开始收集翻译约10500条，正在核稿）；史诗《玛纳斯》（第六部《阿斯勒巴恰与别克巴恰》：第一、二、三卷；第二部《赛麦台》：第一卷合译、第三卷共6万余行）；第五部《赛依特》节选（1456行）；英雄史诗《叶尔托西图克》（居素普·玛玛依的变体，8320余行），英雄史诗《叶尔托西图克》（莎亚克拜·卡尔阿拉耶夫的变体，17700余行）以及故事体部分10余万字；英雄史诗《库尔曼别克》（居素普·玛玛依变体，8970余行）；爱情叙事长诗《吉别珂公主》（奥斯坤·曲巴克的唱体，6200余行）；以及《库尔曼别克》、《吉别珂公主》等节选（共28337行）；完成三套集成柯尔克孜卷《民间故事卷》（60余篇，40多万字）、《歌谣卷》（264首，1万余行）、《哈萨克歌谣卷》（民歌、长诗80首，3千多行）；合作完成《柯尔克孜民俗研究》（三卷），《哈萨克民俗研究》（第十一章，约65000千字）；《柯尔克孜族乌麦圣母崇拜》、《柯尔克孜族诀谣》等文学、民俗、艺术等方面学术论文十余篇；中、短篇小说《熊皮》、《灰狼后裔》、《一棵柳》、《彷徨等待》等二十余篇，诗歌上百首，情歌800多首。《我的童年》（12篇）钦吉斯·艾特玛托夫著（88600余字）；个人诗作有《静静的草原》、《牧人的忧思》、《致英雄的柯尔克孜儿女》、《太阳最留恋的地方》等。撰写、整理中国柯尔克孜大型专题电视剧《戴白毡帽的骄子——柯尔克孜族》解说词、字幕、歌词等；《柯尔克孜族日常生活中的禁忌》（300条）；《柯尔克孜族宗教信仰及神话传说故事中常见的古老名词术语解释》（355条）等。

伊斯拉木·伊萨合

伊斯拉木·伊萨合（1960—），柯尔克孜族历史学家。男，中共党员。1960年10月10日出生于克孜勒苏柯尔克孜自治州乌恰县乌鲁克恰提乡。1983年7月在中央民族学院预科部。1987年7月在南京大学历史系学习。1987年8

月至今在自治区民委（宗教局）少数民族古籍办公室工作。2010年6月开始任自治区民委（宗教局）少数民族古籍办公室主任、编审。2009年至今任新疆柯尔克孜族古籍搜集整理小组暨柯尔克孜族卷编辑委员会副组长（常务副主编）、《中国少数民族总目提要》新疆各民族卷副主编、自治区民语委名词术语规范审定委员会委员、自治区教育厅教科书审查审定委员会委员、自治区新闻出版局审读专家组成员、自治区《新疆文库》编辑出版委员会委员、新疆民间文艺家协会会员、新疆柯尔克孜族历史、文学研究协会会员等。整理编辑出版多部柯尔克孜族口头史诗书籍。主要有：《巴阁西》（合编），柯尔克孜文，新疆人民出版社1991年版；整理出版《柯尔克孜民歌选》，柯尔克孜文，新疆人民出版社1992年版；整理出版《柯尔克孜族情歌选集》，柯尔克孜文，新疆人民出版社1997年版；编辑（副主编）《新疆少数民族古籍论文选编》，汉文，新疆人民出版社2005年9月版；担任《中国少数民族古籍总目提要·柯尔克孜族卷》常务副主编，汉文，中国大百科全书出版社2007年12月版；整理出版《柯尔克孜族民间故事选》（柯文），新疆人民出版社2011年版；整理出版《柯尔克孜族民间故事选》（柯文），新疆人民出版社2012年版等。发表有关柯尔克孜族历史文化、史诗等方面的论文十余篇，翻译发表论文10余篇。

依斯哈别克·别先别克

《玛纳斯》研究专家。男，柯尔克孜族，党员，1975年2月12日出生于特克斯县阔克铁烈科柯尔克孜族民族乡。1996年毕业于中央民族大学汉语言文学专业。自1996年至今在新疆文联民间文艺家协会专门从事柯尔克孜民间文学，史诗《玛纳斯》的搜集、整理、翻译、研究工作，从2001年起担任《玛纳斯》研究室主任。2009年9月晋升为副研究员职称。2008开始在吉尔吉斯斯坦国家科学院玛纳斯学与艺术文化研究中心攻读副博士。精通汉、柯、哈、维四种语言，能够熟练应用汉、柯、哈三种语言进行创作，掌握俄语。2011年9月起作为中组部"西部之光"访问学者在中国社会科学院民族文学研究所研修。承担国家社科基金青年项目《玛纳斯大师居素普·玛玛依不同年代演唱异文与传统故事之比较研究》，2012年。发表有《玛纳斯奇萨特巴勒德·阿勒及其他演唱的史诗》、《以〈玛纳斯〉为代表的柯尔克孜族史诗演唱传统的保护与传承》、《英雄史诗〈玛纳斯〉国内外搜集、出版、研究综述》等。

马克来克·玉买尔拜

《玛纳斯》研究专家。柯尔克孜族，男，1954年3月生，新疆乌恰县人。1980年毕业于新疆大学。曾担任新疆维吾尔自治区民族语言文字工作委员会《语言与翻译》（五种文版）杂志社社长，编审。主编《语言与翻译》杂志柯文版共出版发行70多期，独立或参与编纂辞书有《汉柯词典》、《柯尔克孜文正字词典》、《汉柯教科书名词术语词典》、《汉柯常用新词新语词典》。

编写《柯尔克孜文正字法规则》、《柯尔克孜文标点符号规则》、《柯尔克孜文正音法规则》。专著有《柯尔克孜民间文学基础》、《柯尔克孜族文学史（1）》、《语言学基础》等。

译著有《中国动物故事集》、《一位大师的足迹》、《乌恰县志》等多部。参与主编《中国柯尔克孜族古籍名录》、《中国史籍中有关柯尔克孜族文献资料》等多部大型辞书。发表论文有《关于柯尔克孜语方言》、《＜玛纳斯＞史诗的历史渊源》、《＜玛纳斯＞史诗的神话色彩》等70多篇论文。其中一部分论文在吉尔吉斯斯坦共和国的刊物上转载或译成汉文发表。参加《玛纳斯》史诗居素普·玛玛依唱本柯文版18卷及汉译文本的审定。曾担任中国《玛纳斯》研究会秘书长，中国突厥语研究会副秘书长，新疆柯尔克孜语言文学历史研究学会常务副会长兼秘书长。擅长于柯尔克孜语言、文学、历史研究，是我国比较有成就的柯尔克孜族语言文学专家。精通维吾尔语、哈萨克语，懂汉语文。

刘发俊

刘发俊（1932—2006），《玛纳斯》研究专家。男，汉族，1932年出生。笔名古歌今。甘肃临洮人，中共党员。1949年参加解放军，任第一野战军第一兵团军政干部学校学员，2军教导团维语学员，1952年转业后历任南疆区党委宣传部干部，新疆维吾尔自治区党委办公厅、宣传部干部，新疆民间文艺家协会副主席，译审。文联第三届委员，中国民间文艺家协会第四届理事，新疆《玛纳斯》编委会委员、副主任，中国《玛纳斯》研究会副会长。

从20世纪60年代初开始参与《玛纳斯》史诗的搜集、采录、翻译、整理工作，并担任《玛纳斯》工作领导小组组长，为《玛纳斯》史诗的搜集、翻译、整理、编辑、出版等作出了突出贡献。1992年曾获文化部、国家民委《玛纳斯》突出贡献奖，1990年获新疆维吾尔自治区《玛纳斯》工作领导小组《玛纳斯》工作一等奖。曾被评为全国民族团结先进个人。1957年开始发表作品。1990年加入中国作家协会。译著长篇小说《克孜勒山下》、《战斗的年代》，长诗《帕尔哈迪马西林》、《莱丽与麦吉依》（以上均合译）等15部。编有论文集《玛纳斯研究》，参与组织编辑出版《玛纳斯》（柯文版，8部18册），与人合作翻译出版《玛纳斯》史诗居素普·玛玛依唱本第一部（柯译汉，2册）等。发表过《试论＜玛纳斯＞》、《卡妮凯，一个命运多舛的妇女形象》、《史诗＜玛纳斯＞搜集、翻译工作三十年》等有价值的论文。作品曾获新疆首届民间文学一等奖、全国第二届民间文学二等奖、1991年新疆一等奖、新疆新时期优秀文学奖、中国少数民族优秀论文奖等。

张彦平

张彦平（1931—），史诗研究专家。回族，山东曹县人。1957年毕业于河南郑州回民中学。1962年2月毕业于中央民族大学语文系柯尔克孜语班。1962年3月至1964年1月在新疆克孜勒苏柯尔克孜自治州乌恰县工作。1964年至1986年9月在克孜勒苏报社从事翻译、记者、编辑、副总编等工作，1984年11月至1986年2月期间在克孜勒苏柯尔克孜族文出版社工作，任副总编。1986年9月至1999年1月在中国社会科学院少数民族文学研究所从事《玛纳斯》及柯尔克孜族等少数民族文学研究工作。发表的论文有《论玛纳斯形象早期的神话英雄特质》、《多民族文化网络中的阿勒曼别特形象》、《＜玛纳斯＞与玛纳斯奇》、《＜玛纳斯＞的语言艺术》、

《史诗的循环主题——<玛纳斯>中英雄婚姻类型透析》、《<玛纳斯>中关于战马的描述》等，出版有《柯尔克孜民间文学探幽》，与郎樱合作出版有《柯尔克孜族民间文学概览》等。

尚锡静

尚锡静（1939—1987），史诗研究专家。女，汉族，涿州人。1962年2月毕业于中央民族大学语文系柯尔克孜语班。同年赴新疆克孜勒苏柯尔克孜自治州从事教学和柯尔克孜族民间文学研究工作。曾为新疆文联民间文艺家协会副研究员。中国民间文艺家协会会员。从20世纪60年代初开始从事《玛纳斯》史诗的搜集、翻译、研究工作。翻译了《玛纳斯》史诗数万行的文本。曾与刘发俊、朱玛垃依合作翻译出版《玛纳斯》史诗居素普·玛玛依唱本第一部（柯译汉，2册），1992年由新疆人民出版社出版。发表有《<玛纳斯>艺术特色初探》、《北方民族鹰神话与萨满文化》（与郎樱合作）、《论<玛纳斯>的人物形象塑造》等论文。

潜明兹

史诗研究专家。女，汉族。江西靖安县人，出生于江西南昌市。毕业于复旦大学中文系，师从刘大杰、贾植芳等，后在北京师范大学读研究生，师从钟敬文先生。曾从事文学编辑工作十数年。1980年调入北京师范大学中文系执教，历任讲师、副教授、教授等。为研究生开设《民间文学概论》、《马克思主义民间文艺学》、《神话学史》、《史诗学》等课程。著有《中国少数民族英雄史诗》、《神话学的历程》、《中国古代神话与传说》、《中国神话学》、《中国神渊》、《史诗探幽》、《史诗与史诗学概论》等专著。她的《史诗探幽》等著作是我国较早关于英雄史诗研究的著作，对我国史诗学科的发展起到了很大的作用。发表有《论史诗》、《英雄史诗简论》、《我国三大史诗研究评述》、《无情未必真英雄：<玛纳斯>情结》、《从比较史诗学看中国<玛纳斯>的艺术层次》等有影响的论文数十篇，其观点在史诗学界有一定影响。

马昌仪

马昌仪（1936—），史诗研究学者，女，汉族，1936年生于广州。著名作家、民间文学家、神话学专家、《山海经》研究专家。1957年毕业于北京大学俄罗斯语言文学系。1984年加入中国作家协会。曾任中国社会科学院文学研究所研究员，中国民间文艺家协会理事。享受政府特殊津贴。著作颇丰。译著有《民间文学工作者必读》（[苏]克鲁宾斯卡娅·希婕里尼可夫著，作家出版社，1958年）；《马克思恩格斯收集的民歌》（合译，人民文学出版社，1958年）；《苏联民间文艺学40年》（与刘锡诚合译，科学出版社，1959年）；《印第安人的神奇故事》（与刘锡诚合译，中国民间文艺出版社，1986年）；《安徒生传》（[苏]伊·穆拉维约著，上海文艺出版社，1981年）；《李福清中国神话故事论集》（[苏]李福清著，台湾学生书局出版社，1991年）。主编有《神话新论》（与刘魁立、程蔷编，上海文艺出版社，1987年）；《中国神话故事论集》（中国民间文艺出版，1987年）；《茅盾全集》（选注及校勘"神话研究专卷"，人民文学出版社，1993年）；《中国神话学文论选粹》（上、下卷，中国广播电视出版社，1994年）；《中国神话故事》（中国广播电视出版社，1996年）；《中华民俗文丛》（与刘锡诚、宋兆麟主编，20种，学苑出版社，1994年）；《中国民间故事精品文库》（与刘锡诚、高聚成主编，10种，中国广播电视出版社，1996年）；专著有《石与石神》（合著，学苑出版社，1994年）；《鼠咬天开》（社会科学文献出版社，1998年，陕西人民出版社，2008年）；《中国灵魂信仰》（上海文艺出版社，1998年、2000年）；《古本山海经图说》（二卷，山东画报出版社，2001年）；《全像山海经图比较》（学苑出版社，2003年）；《古本山海经图说》（增订珍藏本，广西师范大学出版社，2007年、2009年）；《关公传说》（中国社会出版社，2004年、2006年、2008年）；《全像山海经图比较》（古籍书，线装全七册，学苑出版社，2003年、2010年）。论文主要有《论民间口头传说中的关公及其信仰》、《〈玛纳斯〉与灵魂信仰》、《论茅盾的神话观》、《求索篇——钟敬文早期学术道路》等。

贺继宏

贺继宏（1944—），柯尔克孜族历史文化学者。男，汉族。1944年出生于陕西蓝田。曾任新疆克孜勒苏柯尔克孜自治州史志办主任、编审，自治州作家协会主席、州文联副主席。为新疆地方志学会常务理事，新疆党史学会理事，新疆作协会员，新疆民间文艺家协会会员，中国民俗摄影家协会会员，中国《玛纳斯》研究会理事。编辑出版的著作有60多部。其中，由他担任主编的《克孜勒苏柯尔克孜自治州志》、《中国柯尔克孜族百科全书》、《柯尔克孜族民间文学精品选》、《克孜勒苏柯尔克孜自治州民族志》等在国内有较大影响。发表有《论＜玛纳斯＞人物塑造的典型特点》、《关于人类口头及非物质文化遗产＜玛纳斯＞保护和传承、转型和发展》、《关于＜玛纳斯＞翻译出版与研究及学科建设中有关问题的探讨》、《浅谈民族民间长诗保护传承和发扬光大》等有关《玛纳斯》史诗的论文以及《叶尼塞柯尔克孜族西迁史》、《西域"诺鲁孜文化"之初探——从柯尔克孜族诺鲁孜节谈起》、《柯尔克孜族民歌初探》、《柯尔克孜族图案艺术》、《一曲维护祖国统一的赞歌——评柯尔克孜族叙事长诗＜玛玛凯与绍波克＞》、《突厥语民族语言的理解、翻译和其他——从"Kankor"和"Kara"谈起》、《汉代坚昆及其社会经济》、《柯尔克孜族对人类的重大贡献》、《黠戛斯汗国及其与唐王朝的关系》、《史前时期的叶尼塞文化》、《中吉跨国民族的形成》等大量的关于《玛纳斯》史诗以及柯尔克孜族历史文化方面的论文。出版有系列论文集《西域论稿》、《西域论稿续编》等。他还编写出版了《柯尔克孜族风情录》、《帕米尔上的牧人》、《玛纳斯的故事》、《玛纳斯奇》、《赛麦台与阿依曲莱克》、《玛纳斯与卡妮凯公主的婚礼》等文学普及读物和电影文学剧本、情景短剧等。此外，他还出版有散文集《帕米尔风采录》、《神秘的西部圣土》、《情凝帕米尔》、《帕米尔情结》等散文、诗歌集。退休之后被聘为克孜勒苏柯尔克孜自治州非物质文化遗产保护领导小组顾问、《玛纳斯》汉译工作委员会顾问、《玛纳斯》汉译学术工作组编辑组组长、审定组副组长。目前还在从事《玛纳斯》汉译学术组汉文编辑整理工作。同时还从事《玛纳斯》连环画及系列故事改编工作。正在从事《柯尔克孜族文化史》、《克孜勒苏地方史》的编写工作。

侯尔瑞

侯尔瑞（1936—），史诗研究学者。男，汉族。1936年5月出生于山西平遥。1962年2月毕业于中央民族大学。曾任新疆克孜勒柯尔克孜自治州报社记者、翻译。为中国突厥语研究会会员，中国民间文艺家协会会员，中国都市人类学学会会员。在新疆担任记者和翻译近20年，写过很多有影响的通讯报道、散文和诗歌。其撰写的人物报道散见于《人民日报》、《光明日报》、《人物》、《中国教育报》、《中国民族报》等报刊。其报道的人物包括当代荷马居素普·玛玛依、柯尔克孜族语言专家胡振华以及国内其他各民族的英才。1979年参加《玛纳斯》史诗的翻译工作。发表有论文《突厥语与中国文学史研究》、《"可汗"一词的源流》、《罗布方言与柯尔克孜语的渊源关系》、《柯尔克孜族诗歌格律初探》等。参与编纂的著作有《中国突厥语族语言词汇集》、《中国各民族书法宝典》、《少数民族诗歌格律》、《柯汉会话》等。翻译有大量的柯尔克孜族民歌、民间故事、英雄史诗《玛纳斯》片段和柯尔克孜族神话史诗《猎人阔交加什》片段以及一部分柯尔克孜族诗人的诗作等。2004年克孜勒苏柯尔克孜文出版社出版了《侯尔瑞文集》。

阿散拜·马特力

阿散拜·马特力（1936—），《玛纳斯》研究专家，柯尔克孜族，新疆阿图什人。1936年出生于阿图什哈拉峻乡。1959年毕业于新疆师范学院。毕业后当过中学教师。20世纪80年代初借调中央民族学院担任柯尔克孜语大专班教员。1982年调入新疆文联民间文艺家协会《玛纳斯》研究室。现为中国民间文艺家协会会员，新疆作家协会会员，中国突厥语学会会员。十年来编辑整理出版了《玛纳斯》史诗居素普·玛玛依唱本的第一、三、五部共8卷10万多行。在国内外发表有《史诗＜玛纳斯＞中的巫术和占卜》、《史诗＜玛纳斯＞个诗歌韵律》、《玛纳斯及其在史诗中的称呼》等论文7篇。此外，作为一名诗人，他还创作出版了诗集《草原的回声》、《一年之花》、《水滴》3部；发表了长篇小说《我未曾生活的大学毕业》，中篇小说及抒情叙事长诗《我的邻居》、《哪样的勺配那样的锅》、《我的心留在了海滨》等10余部。搜集整理民歌、民间故事等资料千余万字。不少作品被译成汉、蒙、维等文字发表。曾获国家民委、文化部颁发的"《玛纳斯》史诗工作贡献奖"以及新疆维吾尔自治区、克孜勒苏柯尔克孜自治州、"柯尔克孜文学"设立的各类文学创作奖多次。

朱玛克·卡德尔

朱玛克·卡德尔（1950—），柯尔克孜族学者。男，出生于阿图什哈拉峻乡。1969年参加工作。后在新疆广播电视大学语言文学系毕业。1981—1982年曾调到中央民族学院柯尔克孜语言文学短训班任教。曾任克孜勒苏柯尔克孜自治州政府办公室主任，州长助理，克州政协副主席兼克州党委统战部部长，克孜勒苏柯尔克孜自治州人大常委会副主任等。曾参与编辑《柯尔克孜语法》、《汉柯语言学词汇对照》等。翻译《语言基础》、《美丽的克孜勒苏》、《乌恰地震纪实》等。2011年开始担任克孜勒苏柯尔克孜自治州文联主席，主要负责组织并参与克孜勒苏柯尔克孜自治州《玛纳斯》史诗的汉译工作，并在其中承担居素普·玛玛依唱本第三卷的翻译。发表有《民间史诗＜库尔曼别克＞初探》、《让更多的人了解＜玛纳斯＞，研究＜玛纳斯＞》等论文和文章。并与贺继宏合作撰写了《玛纳斯》史诗第一部的故事。

阿力木江·阿布都克力木

阿力木江·阿布都克力木（1973—），男，柯尔克孜族，1973年出生，新疆大学中文系毕业，学士，在职研究生学历，毕业后一直在克孜勒苏柯尔克孜州文联《克孜勒苏文学》编辑部从事编辑工作。现在阿合奇县文体广电局"玛纳斯"研究中心工作。2004年9—12月到鲁迅文学院第四届少数民族高级研讨班进修。其间参加中央民族大学组织的《少数民族非物质文化遗产》课题，完成《柯尔克孜族非物质文化遗产》部分的写作。此外还发表有《关于＜玛纳斯＞史诗中的"马"文化》，《帕米尔》2011年第2期；《柯尔克孜族口头非物质文化遗产——＜玛纳斯＞》、《克孜勒苏文学》（维文），2011年第3期；《世界级非物质文化遗产＜玛纳斯＞的传承与保护》等有关《玛纳斯》史诗和柯尔克孜族作家文学研究方面的论文10余篇。

梁真惠

梁真惠（1970—），青年《玛纳斯》学者。汉族，女。1970年2月生，副教授，2013年获得北京师范大学外文学院文学博士学位，研究方向为比较文化与翻译学研究，博士论文题目《史诗＜玛纳斯＞翻译传播研究》。于2010年9月至2011年9月在美国纽约州立大学（宾汉顿）比较文学系翻译教学研究中心访学，其间搜集《玛纳斯》英文翻译和研究的大量第一手资料。发表学术论文近30篇，其中与《玛纳斯》史诗相关的论文有《史诗＜玛纳斯＞的国内外"采录"综述》、《史诗＜玛纳斯＞的域内翻译传播研究》、《史诗＜玛纳斯＞的域外翻译传播》等。其博士论文主要探讨了《玛纳斯》史诗国内外翻译传播史以及在国外的英译情况。目前正在承担国家社科基金项目《史诗＜玛纳斯＞的翻译传播与"玛纳斯学"的发展研究》。

斯拉依·阿赫玛特

斯拉依·阿赫玛特（1956—），柯尔克孜族学者。男，1956年出生于乌恰县。现为喀什师范学院图书馆馆长，副教授。新疆柯尔克孜语言文学历史学会会员，中国突厥语研究会会员。1977年参加工作。曾先后在武汉大学进修图书馆学，在中央民族学院（现为中央民族大学）学习察哈台语。1990年9月至1991年7月在中央党校学习。先后在国内学术刊物上用汉文、柯尔克孜族文、维吾尔文发表《试论柯尔克孜英雄史诗中的马文化》、《论柯尔克孜语名词"格"的范畴》等关于柯尔克孜语言、《玛纳斯》史诗及民间文学方面的论文数十篇。其中，有关柯尔克孜语言研究的论文《试论柯尔克孜族的语音特点》、《试论现代柯尔克孜语与古代突厥语的相同点》、《论现代中国柯尔克孜文学语言的词汇成分及其特点》等，曾先后获得喀什师范学院科研奖。目前正在主持国家社科基金项目《＜玛纳斯＞史诗词典》。

张永海

张永海（1935—），史诗研究学者。1962年2月毕业于中央民族大学。曾任新疆克孜勒柯尔克孜自治州报社记者，翻译。20世纪80年代曾在新疆民间文艺家学会工作，从事《玛纳斯》史诗的翻译研究工作。为中国突厥语研究会会员。中国民间文艺家协会会员。在新疆担任记者和翻译近20年，写过很多通讯报道、散文和诗歌。曾与白多明合作发表《从官职的一种序列看＜玛纳斯＞的形成》、《从说唱艺术的角度窥探＜玛纳斯＞的两个特色》、《居素普·玛玛依唱本中的北京是契丹首都上京——临潢》等，在学术界产生一定影响。

（二）国外学者

乔坎·瓦里汗诺夫

乔坎·瓦里汗诺夫（1835—1865），哈萨克裔俄国军官、民族志学家。他曾于1856—1857年数次对吉尔吉斯斯坦的伊塞克湖周边地区和我国的伊犁、特克斯地区进行科学考察，记录下了《玛纳斯》史诗的重要章节之一"阔阔托依的祭奠(Kökötöydün axi)"，共计3319行。这是《玛纳斯》史诗目前已知的世界学术界第一个记录文本。这一内容后来收入他1861年出版的《准噶尔游记》一书中得以刊布，在世界范围内产生了很大影响。1977年，英国伦敦大学教授阿·哈托(A.T.Hatto)将这个文本转写成国际音标，并将其翻译成英文，加上详细注释和前言后记在牛津大学出版社出版,并且进行了细致的文本研究。

回顾《玛纳斯》史诗的学术史,1856年完全可以看作它的一个新纪元。乔坎·瓦利哈诺夫,原名穆罕迈迪·哈纳皮亚(Muhammad Hanapiya),是近代哈萨克族著名的民族志学家。1835年出生于今哈萨克斯坦胡斯塔奈(Kustanay)市附近的阿曼卡拉哈伊(Aman—Karagay)村。为哈萨克族历史上著名的国王阿布莱汗的第七代子孙。其父秦吉斯曾担任过苏勒坦一级的地方长官。1853年,他被选入伍,成为俄国军队里的一名文职官员,并于1854年至1857年多次被委派到中亚的节提苏、伊塞克湖周边地区,对哈萨克族、吉尔吉斯(柯尔克孜)族进行民族志调查。作为一名俄国军官,他受命来到当时由满清王朝统治的伊塞克湖周边地区以及我国新疆进行的各种调查活动无疑带有明显的军事和政治目的。但是,他本人编撰的《吉尔吉斯、哈萨克的神话传说》、《吉尔吉斯部落系谱》、《18世纪英雄们的传说》、《伊塞克湖日志》、《伊犁日志》、《准噶尔游记》等著述中却包含了近代哈萨克族、柯尔克孜族民族志、民间文学方面的珍贵资料,尤其是他所搜集的《玛纳斯》史诗片段"阔阔托依的祭典"在国际突厥学、《玛纳斯》学方面具有不可替代的重要作用。对于乔坎·瓦里汗诺夫,国内外学者有种种不同的评价。伦敦大学资深《玛纳斯》专家哈图(A.T.Hatto)把他评价为"一个天才的官员、秘密间谍、文物收藏家、业余人类学家、艺术家、游行家、文学家、陀思妥耶夫斯基流放期间的亲密朋友"。这个评价足以让我们体会到乔坎·瓦里汗诺夫复杂的身世和文化背景。1861年身患疾病的乔坎·瓦里汗诺夫从圣彼得堡返回故乡,并于1865年英年早逝,年仅30岁。他英年早逝,所记录的资料有很多长期去向不明。万幸的是,由他搜集的文本记录稿《玛纳斯》史诗"阔阔托依的祭典"一章之柯尔克孜文原稿在丢失了近一个世纪之后,于20世纪60年代末由前苏联哈萨克斯坦科学院院士阿利凯·马尔古兰从前苏联科学院亚洲研究所的档案中找到。1971年,他将其影印后作为附录,在自己的《乔坎与<玛纳斯>》一书中予以刊布,成了世界"《玛纳斯》学"界的一件大事。乔坎·瓦里汗诺夫不仅是第一位搜集《玛纳斯》史诗的人,而且是第一位对其给予综合评价的人。"《玛纳斯》史诗是将吉尔吉斯(柯尔克孜)所有神话、故事、传说融于一体,集中体现在一个人,即英雄玛纳斯身上的一部百科全书式的集成。它恰似一部草原上的《伊利亚特》。吉尔吉斯(柯尔克孜)的生活形式、民间习俗、道德规范、地理、宗教和医学知识及他们与各民族之间的关系都在这部宏大的作品中得到了反映。"他对于《玛纳斯》史诗的这段经典评述成为后来学者们普遍认同的观点而被广泛引用。他搜集的"阔阔托依的祭典"于1904年第一次刊布俄文译文以来,到目前为止,已经有英文、土耳其文、哈萨克文和吉尔吉斯原文陆续发表,长期以来受到各国学者的关注。150多年来,它在世界《玛纳斯》学术发展史上不断地得到翻译和解读,传遍了欧亚大陆,早已成为《玛纳斯》史诗书面文本的一个经典而得到人们的关注。我们相信,随着史诗研究的不断深入,这个早期的记录文本一定还会突显出自己的学术价值。

维.维.拉德洛夫

维.维.拉德洛夫（1837—1918），德裔俄国民族志学家。他曾于1862年和1869年在中亚吉尔吉斯地区进行了卓有成效的田野调查，记录了《玛纳斯》史诗第一部比较完整的文本以及这部史诗第二部和第三部的部分章节并于1885年在圣彼德堡把这个文本编入自己的系列丛书《北方诸突厥语民族民间文学典范》第五卷《论卡拉—柯尔克孜（吉尔吉斯）的方言》（Der Dialect Der Kara—Kirgisen））中刊布。书中收入的有关《玛纳斯》史诗的资料共计12454行，其中《玛纳斯》第一部9449行，其余的3005行为史诗第二部和第三部的内容。

除此之外，这个卷本还包括《交老依汗》、《艾尔托西图克》等另两部柯尔克孜（吉尔吉斯）史诗。他在这个第五卷所写的宏赡翔实的导言中，对《玛纳斯》史诗的有关论述，触及了诸如歌手表演、即兴创作、口头传统的叙事单元即典型片段（commonplace）、听众的角色、口头诗作中新旧叙事因素的混杂、叙事中前后矛盾所具有的含义、现场语境对歌手创作的影响、表演中与叙事相伴随的韵律和节奏等口头诗学的一些本质问题，并对这些问题都提出了启示后人、富有真知灼见的看法。他对于玛纳斯奇表演史诗现场的描述、评介、对于玛纳斯奇用现成的"公用段落"创编史诗的讨论以及对柯尔克孜族史诗歌手与荷马的比较研究启发了西方经典的"荷马问题"专家，并对后来影响世界民俗学界的"口头程式理论"（即帕里—洛德理论）的产生起到了很大的启迪作用。拉德洛夫是第一个把柯尔克孜族的伟大遗产《玛纳斯》史诗的所有传统章节，按顺序系统而全面地进行搜集，用柯尔克孜语将其汇集出版，并将它翻译成其他民族文字发表，同时又对保存和发展这部史诗的演唱者的创作特色进行深入而广泛研究的著名学者。20世纪上半叶，美国的两位研究"荷马问题"的古典学家，即后来为世界民俗学界带来一场革命性变革的"口头程式理论"的创立者——帕里和洛德从中得到诸多启发，演绎出了许多意义深远的思想和观点。从拉德洛夫的描述中，帕里感受到他研究的荷马史诗的一些特点恰好反映在拉德洛夫所报告的柯尔克孜活形态的口头诗歌当中。于是，帕里根据自己受到的启发，在他创立口头程式理论的过程中，确立了一种类比研究的方法。这就是，文本之外的传统口述生活现实的调查与文本研究相结合的人类学论证方法。在民俗学界声名显赫的美国密苏里大学教授约翰·麦尔斯·弗里（John Miles Foley）在他关于"帕里—洛德理论"学术发展史的专著中写道："回观其1930年起刊行的著作，特别是就1930年和1932年的奠基性论述而言，帕里常常参考瓦西里·拉德洛夫的著述，也就是那些在中亚的突厥人之中所进行的田野作业的第一手资料。它们对帕里学术思想的演进所产生的影响，似乎比学者们所曾意识到的要大得多。"由于拉德洛夫针对19世纪柯尔克孜口头传统，即《玛纳斯》史诗传统的富有创建性的田野调查报告所建立的文本之外的考察研究方法和更为普泛、更为广阔的人类学验证方法对当今柯尔克孜"活形态"史诗传统依然具有巨大的现实意义。他搜集的上述《玛纳斯》卷本还曾得到英国剑桥大学教授诺拉·察德维克、牛津大学教授亚瑟·哈托、前苏联学者日尔孟斯基的深入研究。

诺拉·察德维克

诺拉·察德维克(Nora K. Chadwick)，即 N.察德维克，英国剑桥大学教授，是欧洲大陆第一个对拉德洛夫搜集的《玛纳斯》资料进行系统研究的西方学者。她根据拉德洛夫的资料撰写的有关中亚突厥语民族民间文学初步的研究成果收入她与 H.查德维克(H.Munro Chadwick)合写的《文学的成长》（*Growth of Literature*）第三卷，于1940年在剑桥大学出版社出版。后来，这个在西方学术界已经产生了一定影响的著作，经过补充、修改和完善之后，于1969年又以《中亚突厥语民族的史诗》（*The Epic poetry of Turkic peoples of Central Asia*）为题与日尔孟斯基(Victor Zhirmunsky)的《中亚史诗和史诗歌手》（*Epic Songs and Sngers in Central Asia*）合编为一册，以《中亚口头史诗》（*Oral Epicsof Central Asia*）为书名，于1969年由英国剑桥大学出版。N.察德维克的被编入这部著作中的论著包括一个引言、正文以及参考文献和一个索引。正文部分分为：1. 英雄诗歌和传奇故事；2. 英雄的背景：英雄歌的特性；3. 非英雄歌与传奇故事；4. 英雄诗歌和传奇故事中的历史和非历史因素；5. 与神、灵魂相关的歌和传奇故事以及占卜歌；6. 古歌和传奇故事，格言式和叙述体文学，与虚构人物相关的歌和传奇故事；7. 文本；8. 吟诵与创造；9. 萨满。作者作为英国著名高校中一位严谨的古典学家，从一个旁观者的角度，比较客观地对拉德洛夫的10卷资料本中涉及的所有文本进行了细致的分析、研究和评价，对突厥语各民族的民间口头文学，尤其是史诗和叙事诗、传奇故事等进行了初步的分类。尽管作者的视野仅仅局限在拉德洛夫所搜集的资料上，但是她对突厥语民族英雄史诗宏观的评价，尤其是对《玛纳斯》史诗内容、结构、人物、英雄骏马的作用、各种古老母题以及史诗与萨满文化的关系、歌手演唱史诗的叙述手法和特点、歌手演唱语境的分析和研究都是十分精到和有见地的。作者在自己的研究中还多次将《玛纳斯》史诗同希腊的荷马史诗、英国中世纪史诗《贝奥伍夫（Beowulf）》、俄罗斯的英雄歌、南斯拉夫英雄歌等进行比较，给后人开拓了很大的研究视野，也从一定程度上证明了《玛纳斯》史诗在世界史诗坐标系中的重要地位。N.察德维克在高度评价和赞扬拉德洛夫卓有成效的田野调查工作，无论在英雄体或非英雄体口头文学，还是在戏剧体口头文学方面都为后辈学者提供了突厥语民族最优秀的韵文体叙述文学的同时，也毫不忌讳地对拉德洛夫在口头文本搜集方面的不足进行了批评。她指出，拉德洛夫在文本搜集方面有两个明显的失误：第一是没有记录和提供与口头史诗作品的演唱者或演唱情景相关的任何资料；第二是在搜集不同部族中最优秀的民间口头文学作品的同时，没有对该民族民间文学口头传统的全貌给出一个清晰的图像。此外，她通过比较研究的视野，不仅对整个突厥语民族的口头传统史诗进行了一个十分粗略的概述，而且对柯尔克孜族史诗以及史诗创作在整个突厥语民族中的影响和地位给予了自己的评价。她指出："根据我的观察，突厥语民族英雄叙事诗或史诗之中最重要的部分是拉德洛夫20世纪从吉尔吉斯(柯尔克孜)人中搜集到的。无论在长度规模上，还是在发达的诗歌形式上，在主体的自然性，或者在现实主义和对人物的雕琢修饰文体方面，吉尔吉斯（柯尔克孜）史诗超过了其他任何突厥语民族的英雄歌。"

日尔蒙斯基

日尔蒙斯基（Victor M. Zhirmunsky, 1891—1971），前苏联著名的文艺理论家、民间文学家。

他在自己大量的著作中对《玛纳斯》史诗的母题、情节、人物等进行过比较深入的研究，并撰写出版《＜玛纳斯＞史诗研究导论》等有影响的学术著作。他的这个导论经过扩展和补充于1974年编入《突厥语民族英雄史诗》一书中出版。这部分内容包括前言、正文、后记和参考书目。正文包括五章，第一章以"史诗传统"为题，主要论述史诗作为柯尔克孜族世代相传，并不断变化发展的口头史诗。作者通过分析史诗的情节、母题以及传承特点将吉尔吉斯斯坦的玛纳斯奇群体分为以萨恩拜•奥诺孜巴考夫为代表的天山流派和以萨雅克拜•卡拉拉耶夫为代表的伊塞克湖流派等两个流派。第二章主要分析《玛纳斯》史诗的情节，对史诗主人公英雄玛纳斯的诞生、起名、儿童时代、第一次英雄行为、婚姻、英雄业绩、死亡，英雄与亲属盟友的关系，史诗中的日常生活描述及阔阔托依的祭典的举办过程，英雄的远征等，运用比较研究的方法同世界各国的史诗进行比较，提出了很多有价值的结论。第三章主要论述史诗的主题思想和人物。第四章主要论述史诗的产生和发展过程。用大量的历史、文化、民俗资料对史诗的形成过程进行了广泛论述，并对《玛纳斯》史诗同突厥语民族其他史诗的关联进行了较深入的探讨。第五章主要论述《玛纳斯》史诗第一、二和三部的情节、结构和人物，并通过对史诗第二部和第三部的叙事语言、艺术手法的研究之后提出了史诗第二部和第三部产生于17—18世纪的观点。1969年，他的另外一个研究成果《中亚史诗歌和史诗歌手》（*Epic Songs and Singers in Central Asia*）与诺拉•察德维克的《中亚突厥语民族的英雄史诗》（*The Epic Poetry of the Turkic Peoples of Central Asia*）和编为《中亚口头史诗》（*Oral Epics of Central Asia*），由剑桥大学出版社出版。这本著作在下方学界产生了重要影响，对《玛纳斯》史诗在西方的传播起到了积极作用。

在这部论著中，对日尔蒙斯基突厥语民族的史诗以及史诗歌手进行了比较系统的研究。他在这部著作中关于史诗与英雄故事的研究及定型的书面史诗和活形态史诗之间的区别等具有较高的参考价值。

A.T. 哈图

A.T. 哈图（A.T.Hatto，1910—2010），在西方学者中对《玛纳斯》史诗研究最有建树、成果颇丰的是英国伦敦大学《玛纳斯》史诗专家 A.T. 哈图（A.T.Hatto）。他根据拉德洛夫和乔坎•瓦里汗诺夫搜集的文本对《玛纳斯》史诗进行了长期的研究。他不仅是继 N. 察德维克之后西方学者中研究《玛纳斯》史诗的佼佼者，而且还长期担任在西方学术界颇具影响的伦敦史诗研讨班主席，并主编了被列入"当代人类学研究会"丛书的两卷本《英雄诗和史诗的传统》（*Tradition of Heroic and Epic Poetry*）由伦敦大学于1980年出版。编入这部书中的论文均为1964年至1972年之间在伦敦史诗研讨班上宣读交流的作品。在第一卷中收有 A.T. 哈图本人于1968年撰写在上述研讨班上宣读的长篇论文《19 世纪中叶的吉尔吉斯（柯尔克孜）史诗》。作者在这篇论文中，从口头传统的历史文化背景出发，对《玛纳斯》史诗在19世纪的搜集研究情况，主要是乔坎•瓦里汗诺夫和拉德洛夫的搜集研究工作，进行了进一步梳理，对史诗的内容艺术特色进行了比较充分的分析、介绍和评价。第二卷中收入了哈图的另外一篇有分量的论文《1856—1869 年吉尔吉斯（柯尔克孜）史诗中的特性形容词》。在这篇论文中，作者充分运用了自己的语言修辞学、史诗学、神话学、宗教学才能，从多学科的角度对《玛纳斯》史诗中的特性形容词进行了深入研究和探讨。他将史诗中的特性形容词分为：1. 传统的型（在传统层面上）；2. 传统变异型；3. 变换型；4. 从新解释型；5. 蜕变型（从功能层面上）；6.赞颂型的和诋毁型的；7.循环型；8.虚循环型（在形式上）；9.简单型；10.复合型；11.缩略型等十几个不同的类型，并对每一个类进行了科学的比较研究和比较深刻的分析。此外，A.T.哈图还先后在世界各地不同的学术刊物上发表了《玛纳斯的诞生》（《亚洲大陆》，新系列，第14期，第217—241页，1969年）；《阔阔托依和包克木龙：吉尔吉斯（柯尔克孜）两个相关英雄诗的比较》（《学校亚洲和非洲研究报告》，第32期，第一部分，第344—378页；第二部分，第541—570页，1969年）；《阿勒曼别特、艾尔阔克确和阿克艾尔凯奇：吉尔吉斯（柯尔克孜）英雄史诗系列<玛纳斯>的一个片段》（《中亚研究》，第十三卷，第161—198页，1969年）；《北亚的萨满教和史诗》（伦敦大学东方和非洲研究学院，1970年）；《阔兹卡曼》（《中亚研究》，第十五期，第一部分，第81—101页，第二部分，第241—283页，1971年）；《阔阔托依的吉尔吉斯（柯尔克孜）原型》（《学校亚洲和非洲研究报告通讯》，第34期，第379—386页，1971年）；《赛麦台》（《亚洲大陆》，新系列，第一部分，第18期，第154—180页，1973年；第二部分，第19期，第1—36页，1974年）；《吉尔吉斯（柯尔克孜）史诗<交牢依汗>史诗中的男女英雄系列》（《阿尔太学论文集》，第237—260页，威斯巴登，1976年版）；《19世纪中叶吉尔吉斯（柯尔克孜）史诗的情节和人物》（《亚洲研究》，第68期，第95—112页，威斯巴登，1979年）；《玛纳斯的婚姻和死而复生：19世纪中叶的吉尔吉斯（柯尔克孜）史诗》（分两部分，分别载于《突厥学》（Turcica）巴黎、斯特拉斯堡，1980年、1981年版）；《德国和吉尔吉斯（柯尔克孜）的英雄史诗：一些比较和对照》（载 Deutung und Bedeutung: Studies in German and Comparative Literature Presented to Karl—Werner Maurer, ed. B.Schludermann. Mouton. pp.19—33）等系列论文。于1977年，将乔坎·瓦里汗诺夫的搜集文本"阔阔托依的祭典"转写成国际上通用的国际音标，并将其翻译成英文，加上详细注释和前言，以《阔阔托依的祭典》（The Memorial Feast For Kökötöy-Khan）的书名，作为伦敦东方系列丛书之一，于1977年由牛津大学出版社出版。这是"阔阔托依的祭典"首次被翻译成西方主要语言出版，在世界范围内产生了很大影响。1990年，又以《拉德洛夫搜集的<玛纳斯>》（威斯巴登，1990年版）为名翻译出版了拉德洛夫搜集的文本。书中不仅附有详细科学的注释，而且还有原文的拉丁撰写。原文和引文对应，为西方读者和研究学者提供了极为重要的《玛纳斯》著作。这本书也成为20世纪末西方学者了解和研究《玛纳斯》史诗必不可少的一部著作，同时也成为这位1910年出生的资深教授研究《玛纳斯》史诗的标志性成果之一。

西协隆夫

日本著名的中国少数民族文学专家。曾经在日本岛根大学，现在日本名古屋学院大学担任外国文学教授，主要研究方向是中国少数民族文学，出版有《中国少数民族文学》等专著，并有大量的关于中国各民族的古典文学、民间文学、英雄史诗等论文发表。西协隆夫教授于1983年4月在岛根大学创办期刊《中国少数民族文学》，这是日本第一家专门介绍、研究中国少数民族文学的学术刊物。他是日本《玛纳斯》史诗研究的旗帜性人物，长期以来对《玛纳斯》进行坚持不懈的研究和译介，取得了令人瞩目的成就。他与我国胡振华教授合作在日本岛根大学法文学部《文学科纪要》1992年第7号（1）、第15号（1）、第17号（1）翻译发表了我国《玛纳斯》大师居素普·玛玛依唱本的很多片段，并对居素普·玛玛依本人进行了介绍。他还在名古屋学院大学学报上翻译发表了阿地里·居玛吐尔地和托汗·依萨克合著的《<玛纳斯>演唱大师居素普·玛玛依评传》中的多个论述以及阿地里·居玛吐尔地的《<玛纳斯>史诗的口头特征》等多篇论文。西协隆夫在其代表性论著《中国的伊斯兰教文学》中谈到他的研究动机，也还是出于对边缘文化以及边缘文化与主流文化交流渊源关系的重视。其研究方法主要有二：一是跨科学的渊源探讨：回族文学与伊斯兰教即文学与宗教之间的渊源关系；二是跨类别的横向比较：中国民族文学与中国古典文学之间的关系。他曾多次来中国参加各类学术研讨会，是一位长期热衷于中国少数民族文学的日本学者。

丹尼尔·普热依尔

丹尼尔·普热依尔（Daniel Prior）教授的主要研究成果为《坎杰·卡拉的<赛麦台>：留声机录下的一部吉尔吉斯（柯尔克孜）史诗》（威斯巴登，2006年）；《包克木龙的马上之旅：穿越吉尔吉斯（柯尔克孜）史诗地理的旅行报告》（《中亚杂志》，第42卷，第2期，第238—282页）；《保护人、党派、遗产：吉尔吉斯（柯尔克孜）史诗传统文化史笔记》（印第安纳大学内陆亚洲学院论文，第33号，2000年）等。这位美国学者用锐利的批评眼光审视了前苏联学者以及政府在不同历史时期对《玛纳斯》史诗的评价和态度，探讨了政府行为如何对一部口头史诗的文本产生影响的问题，试图回答了史诗歌手与学者如何在彼此互动中提升民众的史诗情感、各种不同的社会权力阶层对史诗的命运施加了怎样的影响、不同社会阶层在对史诗施加影响的同时达到了什么目的等问题。

凯艾希·科尔巴谢夫

凯艾希·科尔巴谢夫（1931—2003），吉尔吉斯斯坦《玛纳斯》研究专家，文学副博士。从1962年开始从事《玛纳斯》史诗的研究、搜集。撰写发表了大量论文和著作。其代表作是《<玛纳斯>的艺术特征》一书。为吉尔吉斯斯坦出版的《<玛纳斯>包克全书》等各种大型辞书撰写了多篇词条。参与整理编辑了吉尔吉斯斯坦两位大师级玛纳斯奇萨恩拜·奥诺兹巴考夫和萨雅克拜·卡拉拉耶夫文本。值得一提的是，它对我国著名玛纳斯奇居素普·玛玛依的唱本进行了比较系统的研究。他不仅将居素普·玛玛依唱本第二部三卷转写成吉尔吉斯文出版，而且还撰写了大量论文。主要有《克孜勒苏柯尔克孜族的<玛纳斯>》、《玛纳斯奇居素普·玛玛依》、《论居素普·玛玛依演唱的<托勒托依>史诗》、《居素普·玛玛依演唱的<赛麦台>》、《居素普·玛玛依与萨雅克拜·卡拉拉耶夫》等有价值的论文以及专著。在吉尔吉斯斯坦出版的大型辞书《<玛纳斯>百科全书》中有关居素普·玛玛依及其文本的数十个词条也都出自他的手笔。他是吉尔吉斯斯坦学者中对居素普·玛玛依《玛纳斯》唱本进行系统研究的且有成就的学者之一。

雷米·岛尔

雷米·岛尔（Remy Dor,1946—），《玛纳斯》及柯尔克孜族语言文化学者，语文学博士。他曾任法国巴黎大学教授，突厥学研究中心主任。雷米·岛尔是《玛纳斯》研究方面有影响的西方学者之一。他于1973年从阿富汗北部山区的柯尔克孜族地区，从一位名叫阿西木·阿菲兹（Ashim Afez）的玛纳斯奇口中记录下了《玛纳斯》史诗的一个阿富汗变体。这个变体总共包括史诗的四个小的情节，共计616行。这是从阿富汗柯尔克孜族中记录下的唯一一个《玛纳斯》史诗的文本，因此具有弥足珍贵的研究价值。雷米·岛尔教授根据自己调查的第一手资料对当地柯尔克孜族中流传的《玛纳斯》唱本进行了研究。他的主要研究成果是：《阿富汗帕米尔地区的柯尔克孜族》（1975）；《阿富汗帕米尔地区的柯尔克孜族的方言》（1981）；《阿富汗帕米尔地区的柯尔克孜族的谚语、成语》（1982）；《阿富汗帕米尔地区的柯尔克孜族的谜语》（1982）；《帕米尔流传的＜玛纳斯＞片断》（《亚洲杂志》，第26期，第1—55页，1982年）；《新疆柯尔克孜族的＜玛纳斯＞》（与我国胡振华教授合作，《突厥学》，第10期，第29—50页，巴黎，1984）等。

卡尔·莱谢尔

卡尔·莱谢尔（Karl Reichl, 1943—），德国波恩大学古典学教授卡尔·莱谢尔是西方突厥语民族口头史诗研究的领军人物。他专长于对突厥语民族口头史诗的综合研究。他的《突厥语民族的口头史诗：传统、形式和诗歌结构》（*Turkic Oral Epic Poetry: Traditions, Forms, Poetic Structure*）一书于1992年由加兰出版社出版英文版。全书条理清晰，论述充分而细致，堪称目前世界上突厥语民族口头史诗研究的经典之作，目前已经有英文、俄文和土耳其文面世，在国际突厥学、史诗学界产生了很大影响。汉文的翻译也已经列入中国社科院民族文学研究所的重点翻译书目，正在加紧翻译之中。

作者精通柯尔克孜语、哈萨克语和乌兹别克语，而且曾经多次在我国新疆以及吉尔吉斯斯坦、乌兹别克斯坦和哈萨克斯坦进行田野调查，因此能够对突厥语民族口头史诗进行宏观的把握。他充分吸收《玛纳斯》等突厥语民族口头史诗经典的资料，运用近期国际上有影响的"口头程式理论"等前沿学术成果，从不同的层面上对突厥语民族口头史诗进行了广泛的比较研究，对史诗文本，史诗歌手的创作和演唱，突厥民族史诗的体裁、题材和类型，故事模式，史诗的变异，史诗的程式和句法，歌手在表演中的创作，史诗的修辞和歌手的演唱技艺等都有涉及。除此之外，他还发表过《玛纳斯史诗传播中的变异性和稳定性》（1995），《口头传统及乌兹别克和卡拉卡勒帕克史诗歌手的表演》（1985）、《哈萨克史诗的程式句法》（《口头传统》，1989）等有影响的论文。主编了《口头史诗：演唱和音乐》（*The Oral Epic: Performance and Music*）（《多重文化中的音乐研究丛书》第12卷，柏林，2000）；《演唱过去：突厥语民族和中世纪英雄歌、神话和诗学（*Singing the Past: Turkic and Medieval Heroic Poetry. Myth and Poetics*），《＜叶迪盖＞一部卡拉卡勒帕克英雄史诗》（*Edige. A Karakalpak Heroic Epic*）（赫尔辛基，2007）等。

第二部分　宗教信仰及仪式

一、宗教信仰

甘

柯尔克孜族的祖先，唐代黠戛斯人称巫为"甘"。为古代突厥语的汉语译写，即"萨满"巫师。又译作"喀木"。近世柯尔克孜称萨满为"巴克西"。其主要活动是主持祭天、祈福、祛灾、治病、求子、祈雨等萨满教仪式。在我国古籍中关于柯尔克孜族称萨满巫师为"甘"的记载很多。《新唐书·回鹘传》"黠戛斯"条云："祠神惟主水草，祭无时，呼巫为'甘'。"韩儒林先生在《穹庐集》中提出，关于"黠戛斯"人的"巫"记载要早于女真人的"珊蛮"。他说，学者们过去多以为《三朝北盟会编》卷三所载之"珊蛮"为最古之对音，似未注意唐代已"呼巫为'甘'"也。这里所说的"甘"，即"喀木（kam）"，是古代柯尔克孜族对萨满巫师的特定称呼。在《玛纳斯》史诗的许多唱本中都有关于"喀木（kam）"的记录。

太阳崇拜

每当人们早上起来，最先感受到的自然现象是太阳的升起，而黄昏使人们又对日落产生神秘的遐想。日出与日落的往复是早期人类最容易观察到的现象。但是古代人们又无法对这些规律性的现象作出科学合理的解释，因此首先将太阳视为神灵是很自然的事。古代柯尔克孜族对于太阳崇拜最典型的例子是将毡房的门向东方开，而绝不会向其他方向开。在柯尔克孜族的观念中，太阳神和火神是同一个神灵的不同表现形式。火神在一定程度上与太阳神是等同的。火来自太阳，太阳本身就是一个大火球，是火之源，也是光明与热量之源。古人也认识

到了这一点，而且用各种神话加以表述，并将这种观点贯穿和运用到自己的生活实践当中。我们从上面所描述的关于柯尔克孜族"诺茹孜节"的仪式当中可清楚地看到火在人们生活当中的崇高地位和作用。

火崇拜

根据唐代有关资料记载，古代柯尔克孜人"不髡面，三环尸哭，乃火之，收其骨，岁乃墓，然后哭泣油价"。这里所说的"三环尸哭"，是指人们祈求三个至高无上的神灵在来世给死者安定与幸福。而用火焚烧尸体，是为了驱除死者生前所犯的罪过，最后才将其送入大地母亲的怀抱。火被认为最圣洁的东西，火可以消除人身上的罪恶。因此，古代柯尔克孜族中有将死者的尸体先用火烧，将其肉体上的罪过烧去之后再将尸骨下葬的习俗。柯尔克孜族认为人类今世作恶多端，为了死后让大地母亲接受他，就必须用火来烧。只有用火烧，才能洗刷人们在凡间所犯的各种错误和罪过，所以就要施行火葬。火不仅有清洁污浊、洗涤灵魂的功能，而且还是住宅的保护神，绝不能轻易将屋里的火拿到外面去，或借给邻居。认为这样做，会把家里的福气一同送出去。在实际生活中，火还有治疗疾病、消毒等实用功能，因此也被人们神圣化。

大地崇拜

古代柯尔克孜族采用各种丧葬方式，比如土葬、火葬和树葬等。土葬是最普遍的方式，是人们承受完神灵所赐予的寿命之后，回归"大地母亲"怀抱的一种不可逃避的使命。人们认为，死者回到大地母亲的怀抱中长眠，大地母亲会保护死者并在来世赐予他第二次生命。因此，对死者实行土葬，让其灵魂回到大地母亲的怀抱是大多数人的追求。但是，古代柯尔克孜族还认为，

如果人类今世触犯神灵，犯过严重错误，应该承担自己的罪孽，他死后大地母亲也不会"接受"他。假如将这样的人埋入地下，触犯了大地神，那么死者就会在来世受到来自神灵的拷问和严重折磨。因此只有实行火葬才能洗刷人们在凡间所犯的错误和罪过。古代柯尔克孜族中对死者实行土葬还是火葬是由巫师来决定的。因为巫师是上天派到人间的使者，他能将上天的旨意直接传达给人类。人死后，巫师先要为上天以及死者的亡灵跳神、祈祷，然后决定死者的丧葬方式。按照传统惯例，生前有卓著功勋的可汗、部落首领，在战争中曾保护广大百姓的生命、替天行道、正直无私、勇敢无畏的勇士，以及对神灵虔诚，生活正派的人一般直接进行土葬。但如果人在闰年死去，则禁止在年内土葬，要把死者放在坟地的土堆上，体外用泥巴糊牢，使其干枯，然后在来年将其埋葬。

月亮崇拜

在柯尔克孜族神话中说到人是上天创造的，而天神所创造的第一人是"阿依阿塔"，即月亮父亲。因此，人们对月亮十分崇拜。平时忌讳面朝月亮出恭，如不慎违戒，就必须向月亮忏悔求饶，求得平安。人们看到月亮要站定祈祷，祈求平安，祈求月亮给自己带来幸福。在诺肉孜节的夜晚，当月亮升起时，草原上的人们要向月亮恭立祈祷。对月亮的崇拜还表现在用其比喻完美的英雄和美丽的姑娘。用月亮比喻英雄人物在民间文学中比比皆是。在《玛纳斯》史诗中，把英雄玛纳斯比喻成"阿依阔勒（月亮湖）"。"阿依阔勒玛纳斯"意思是"像月亮湖一般清澈明亮的、心胸豁达的英雄玛纳斯"。在我国著名玛纳斯奇艾什玛特的唱本中反复出现"我的用金绳拉起的毡房，我的月亮般的玛纳斯英雄！我的用银绳子拉起的毡房，我的太阳般的玛纳斯英雄！"这样的程式化表达方式。

在这个唱本中，英雄玛纳斯与月亮的密切关系还表现在如下句子当中："英雄玛纳斯的毡房，朝着月亮支起来；女王萨依卡勒的毡房，朝着太阳支起来。"除此之外，还要将英雄娶自天界的神女比喻成月亮，说明其尊贵和美丽。英雄赛麦台的妻子叫"阿依曲莱克"，意思就是来自天界的月亮仙女。对于上天的崇拜还表现在对蓝色和皓月般的白色的崇拜方面。

苍天崇拜

柯尔克孜族自古就有苍天崇拜观念。祭天、拜天、向苍天祈祷是柯尔克孜族古老习俗的遗存。人们认为蓝色的天空是诸神的居所，被称为"腾格里"。腾格里超然物外，是世界万物之主。人们对上天"腾格里"的崇拜逐渐发展成了对"天神"的崇拜。物化的"腾格里"最终变成了支配世间万物的命运、向人间施与善恶的"天神"。由于天空是蓝色的，在柯尔克孜语中被称为"阔克"，柯尔克孜人对所有蓝色的东西都存有崇拜之情。"阔克"在汉文中被译为"苍色"。《玛纳斯》史诗中经常用"阔克别律（苍狼）"、"阔克加勒（青鬃狼）"来形容英雄玛纳斯。玛纳斯被叛徒阔兹卡曼父子暗害之后，玛纳斯的尸体经"阔克河"洗浴后，便死而复生了。对"腾格里"的崇拜，是柯尔克孜族最古老的习俗。柯尔克孜族对苍天的崇拜主要表现在以下几个方面：第一认为人的生命是上天给的，因而没有子嗣时要向苍天求子。在柯尔克孜族英雄史诗《玛纳斯》之中，向苍天求子的描述比比皆是。玛纳斯就是上天之子，是他父亲向苍天求来的。玛纳斯的儿子赛麦台也是由圣人阔绍依率众人向上天祈祷而出生的。英雄们个个能征善战都是因为他们是上天之子。第二是对天发誓。柯尔克孜人认为上天是主宰一切的，可给人带来福运，也可以惩罚人类，因此遇事往往要对天发誓。这种对天发誓的形式在柯尔克孜族神话史诗当中也是随处可见。英雄们结盟起誓都要说腾格里在上，如果有谁背叛朋友背弃诺言就要受到天神腾格里的惩罚。第三是遇到困难和挫折要祈求上苍，祈求天神保佑。古代柯尔克孜族在出征之前还要举行祭天仪式，祈求天神保佑；请萨满跳神治病也蕴含着对上天的虔敬。甚至，将空气也认为是天神神力的一部分。认为空气有魔力，而且非常神圣。认为天气晴朗是上天对自己的孩子（人类）的关怀，因此人们还要对上天祈祷，祈求它给人类赐予清新的空气和充足的雨水。人们诅咒和发誓一定要提到天和地。遇到困难和危机的时候，要向上天祈祷，祈求它保佑。天神在柯尔克孜族中的遗存通过人们认上天为最强有力的神之一的观念而得以体现。人们害怕它的威力，惧怕受到其他的惩罚。与古代突厥民俗一样，柯尔克孜族也要宰杀牲畜进行祭天仪式。第四是由于对上天的崇拜，对天上的日月星辰也同样崇拜。柯尔克孜神话中有人是上天创造的，而天神创造的第一人就是"阿依阿达"，即月亮父亲。为此对月亮特别崇拜，平时禁忌面朝月亮出恭，如不慎违戒，则要向神灵忏悔求饶。在诺鲁孜节的夜晚，当月亮升起时，草原上的人们要向月亮恭立祈祷。第五是由于对上天的崇拜，从而对苍天一样的蓝色也产生崇拜，对月亮一样皓洁的白色也同样崇拜。萨满教认为，万物有灵，唯天最大，天神是众神之王，因此对众神的崇拜，首先是对上天的崇拜。

星辰崇拜

古代柯尔克孜族认为，天上的每一颗星星代表地上的每一个生灵。每一个人降生到人间，天上就会有一颗星星亮起。每一个人都有一颗寄托着自己生命的星星。只要属于自己的星星在天空中不停地闪烁，人们就会健康地生活。星星越亮，人们就越容光焕发，他的生活就越红火幸福。如果天上有一颗星星陨落，就表明人间有一个生命离开人世。因此，在柯尔克孜族中说某人"有星星"，指的是他具有高尚的情操和素质。这种观念一直流传至今，今天的柯尔克孜人仍然不许人们在星光下裸体，不许将落入眼中的吹向星空。如果妇女乳房疼痛，就在星光下梳头祈求早日康复。在柯尔克孜族神话中也有很多关于北斗星神话、三羊星神话、七星神话、北极星等众多相关的神话传说。这些神话不仅讲述北斗星、北极星等星星的由来，而且还蕴含了很多有关天体崇拜的观念。相传北斗星原先是人间的北斗神。她有一个漂亮的女儿名叫巧丽潘。"巧丽潘"在柯尔克孜语中是启明星的名称。据说，巧丽潘和一个年轻人恋爱后从脾气暴躁的北斗神的宫殿逃走了。北斗神受不了这样的奇耻大辱，随后追赶。一对年轻人眼看要被北斗神追上，他们心里又惊又怕，只好双双变成星星升上了天空。北斗神无可奈何，只好自己也变成一颗星星追到天上，这就是北斗星的由来。据说直到今天，他们还在彼此追逐着。关于三羊星也有一则神话。据说，古时候有一个猎人追猎40只野山羊，他已经射杀了其中的37只，只剩最后三只时，三只羊凭借魔力升上天空，变成了三颗星星。猎人无可奈何只好苦苦请求天神让他也升上天去完成追杀野山羊的使命。天神被他的虔诚所感动，只好同意了他的请求。于是，猎人继续追杀那三只野山羊，但是直到今天还在天上追杀野山羊，没有回来。三只野山羊和猎人都已经变成了天上的星星。关于人与天上的星星有关联的各种各样的神话传说在柯尔克孜族民间广泛流传。这都证明了星星在柯尔克孜族生活中的重要性以及它在人们心目中的崇高地位。北极星在柯尔克孜族心目中有特殊地位。他们认为北极星是宇宙的肚脐，处于宇宙的中央，是一个纹丝不动的星座和金桩，整个宇宙都是围绕着北极星转动。因此在对男子的祝福语中常常带有"祝你成为像北极星一样坚定的巴图尔（勇士）"等祝词。在《玛纳斯》中，勇士们远征别依京时，萨满考少依把赛麦台拉过来，让他头朝北极星，枕着自己的膝盖躺下，拔下一根胡子收藏起来，以求北极星保佑他平安归来。白羊星是造福人类的主神，所以每当在白羊星升起的时候都要举部同庆，祈求平安。当然，柯尔克孜族对星星也有不同的认识，认为金星和木星会给人们带来福运祥和，而火星是一颗不吉利的星星。人们认为星星有祛除邪恶、洁净污浊的功能。人死之后，死者留下的服装要分发给那些参与清洗尸体的亲友。得到服装的人们把带回来的衣服晒在毡房外面，第二天再把衣服拿进来，说这是要让星星看见。此外，还要把裹尸布和毡子拿到外面晒一个晚上。

大地崇拜

柯尔克孜人普遍认为自己是大地母亲之子，是由地上的泥土繁衍而来的，是大地造就了人类。因此，他们认为大地特别神圣。他们认为如果谁不敬重故土，谁就是对母亲的背叛；谁如果对大地没有敬仰之心，他死后将不被大地所容纳。至今人们离开故乡，都要用布包上一些故乡的土随身携带，表示对故乡土地的敬仰与思念，同时希望大地母亲能够赐予自己幸福。在柯尔克孜族中至今流传着"山是柯尔克孜族的父亲，水是柯尔克孜族的母亲"这样的谚语。柯尔克孜族认为山是他们的父亲，山神是他们强有力的保护神。山在任何民族存亡的危急关头都能够保护自己的后代，并且赐予后代财富和强壮的体魄。柯尔克孜族只要依山而居，就有安全感和自信心。山是雄伟的，也是仁慈的。连太阳都敬畏高山，把自己的第一缕阳光献给雄伟的高峰。每当春天来临之际，柯尔克孜人为了避免发生饥荒，都要集中到一个吉祥之地点起篝火，宰杀牲畜、煎油饼、准备食物进行祭祀活动，以求得地神的恩赐。在干旱季节，当河水干涸、泉眼干枯时，也要举办类似的仪式，并用七根芨芨草缠上白布沾上油点燃，祈求神灵赐予水，并挖泉求水。柯尔克孜族把长有高大独树、洞穴、吉祥的圣石、古墓等地视为神圣之地加以祭拜。他们时常要到这样的地方宰杀牲畜，举办祭典，求得神灵的恩赐。在他们的信仰中有这么一条，那就是只有到圣地进行祭拜，举办仪式，通过圣地主人的帮助，人的需求才能被传到神灵那里。每当迁到新居时，还要给地神宰牲，举办祭典，祈求地神给自己赐予吉祥和福气，万事顺利，使人畜免灾、兴旺。在古代，柯尔克孜族先民的丧葬方式有火葬、土葬和树葬等。大地被称为"大地母亲"。人类在大地上出生，死后也要在她的怀抱中长眠。"大地母亲"在来世也会保护死者，赋予他第二次生命。在人死后不立刻将尸体下葬，而是将其放入棺木中存放至腐烂风化，剩下白骨时才下葬。这是因为，在他们看来，人生时的罪过都隐藏在肉体和鲜血中，当死者走向后世时绝不能将其罪过重新交还给大地母亲，而是应该首先洗刷其罪过然后才能将他的尸骨交还给神圣的大地母亲。所以，每当有人去世，人们首先要将其尸体用火烧，把血肉烧光或者是放入木棺中将木棺悬挂到树上等待风化，等到死者附着在血肉上的罪过脱离尸骨之后再下葬。这在19世纪由哈萨克族民族志学家巧坎·瓦里汗诺夫所记录的《玛纳斯》传统篇章"阔阔托依的祭典"中英雄阔阔托依临死前要求将自己的尸骨分离，把肉从骨头上剔下然后再下葬的遗嘱中也能看到。"杰尔—苏塔优"通常是在春草出生的时候进行，由此可以推断，这个仪式不仅与畜牧业的生产相关，同时也与生产相关联。人们以此来希求雨水充足，牲畜兴旺，农业丰收。如果在农业地区发生虫灾，人们不仅要宰杀牲畜，而且还要将其血洒到麦苗上，祈求大地赐福、保护庄稼丰产丰收。在畜牧业地区，在牲畜产羔季节或者是在秋天转往冬牧场的季节，氏族的每一个成员都前来集中，起灶架锅，牵来准备宰杀的牲畜宰杀，让一位德高望重的老人带领大家举行祈祷，祈求天、地、水神，保佑氏族成员平安，不受疾病侵袭，人丁兴旺，身体健康。然后，共同享用各家带来的食物和所宰杀的牲畜的肉。现代柯尔克孜族的"杰尔—苏塔优"等祭拜天地的仪式已经在其原始的方式上叠加了一些伊斯兰教的因素，但是依然保存了很多古老的因素。柯尔克孜族对于大地的崇拜，在其传统的"诺如孜节"以及"秋收节（切契阔尔或克孜勒克尔曼节）"中得到具体体现。在"诺如孜节"中人们用七种植物熬制"阔缺"饭就是这种信仰的遗留。秋季打场的时候，农民一边唱着打场歌一边打场，等打场结束开始往麻袋里装之前，从田里捡来一个土块放在麦堆上，再捡来一块牛粪放在土块上面。然后，从麦田边捡来七棵麦穗插在牛粪上。之后，主人宰一只羊并让羊血流到扬场用的木锨上，再把那把木锨插入麦堆立在牛粪旁。那只被宰献祭的绵羊被称为"切契阔尔"。羊肉要全部下锅煮熟招待邻里亲朋。在麦堆上放牛粪土块有明显而深远的原始宗教意义。在柯尔克孜族的神话中，据说农神德伊罕巴巴下凡来到人间，天神赐给他一头耕牛。德伊罕巴巴用这头牛耕地播种，教会人们如何耕种土地。牛粪象征着这头神牛，麦子长在地上，因此至今人们在耕种收获时仍不忘祈求农神德伊罕巴巴、神牛以及土地神。求它们来年赐予丰收。人们吃过羊肉，祭祀仪式过后，要请来一位老人拿起立在麦堆上的木锨，从麦堆上铲一些麦粒，连同土块、牛粪一起扬到麦场边上，口中说这是献给英雄玛纳斯的坐骑阿克库拉神骏享用，以此表达对英雄玛纳斯的敬意。此外，还要说一些祈祷的话语。麦场的麦子一定要在凌晨时装入麻袋入仓，获得丰收的主人还要把收成的十分之一赠送给前来帮忙的收割者、打场的人和生活窘迫的穷人。这些穷人家的孩子要从丰收的人家里先象征性地讨要一些麦子，这被称为"开普赛"，求得自己来年获得更大的丰收，生活更加富裕。

山水崇拜

在柯尔克孜族的民间信仰里，山水崇拜十分普遍。"山是柯尔克孜人的父亲，水是柯尔克孜人的母亲"这句谚语，在全民族中流传至今。以游牧为生的柯尔克孜族，世代生息在干旱的高山草原上，逐水草而牧，靠天养畜。在战争来临、危难当头之时，高山还可以成为他们躲避灾祸的天然屏障。山和水是他们生存的最重要的依赖，靠山上自然生长的青草养畜，靠山上冰雪消融的山水润泽和生活、没有山水就没有了生命，也没有了靠山水生息的柯尔克孜族，由此山水则被视为全民族的父母。对山水的崇拜，表现在柯尔克孜人生活的各个方面。古代柯尔克孜人出征前要到大山下进行祭祀仪式，以求得到山神的保护，获得山一样的力量。在《玛纳斯》中，卡依普山是神灵栖息之地，是圣灵的、崇高的。因此英雄死后则到卡依普山中居住，在那里躲避灾难，恢复健康。勇士们在发誓时往往说"我若背弃诺言，让巍巍雪山惩罚我，让滔滔河水惩罚我"。利用清水消灾祛病，是柯尔克孜等突厥民族的一种古老的习俗。萨满在祛病消灾的仪式上，手持盛满清水的碗在病人头上转三匝，或用柳树枝蘸着清水轻洒在病人身上。玛纳斯的父亲加克普对玛纳斯不满，在毡房中咒骂玛纳斯，玛纳斯的母亲绮依尔迪端来一碗清水，走出门外，口中念道："愿这贪财吝啬的老家伙受到惩罚，愿玛纳斯平安！"说完将清水泼出去。她相信，这样加克普的诅咒就不会伤害玛纳斯。与高山崇拜相连的是对于水的崇拜。视山水为父母在柯尔克孜族中是最典型的山水崇拜观念，表达了他们对高山流水的深厚情感。英雄出征归来，母亲要在踏进房门之前，将盛满清水的碗在英雄的头上绕三遍，然后让他在碗里吐一口吐沫，再将碗里的水泼到干净的地方。这样做的原因主要是人们相信水具有洗去污浊和罪过的作用。英雄奔赴战场，浴血奋战，用上述方法就能够濯洗英雄的灵魂，洗清杀人的罪过。英雄玛纳斯出征前，都要到泉水边占卜。当他将手放进泉水中时，如果泉水是温的则完全可以放心地出征，如果泉水是凉的，则说明前途凶多吉少不能出征。相信水具有特殊的祛病消灾的神力，在现代柯尔克孜族的观念中依然存在。孩子们有病时依然会端一碗清水绕孩子头顶三次，口中说一些祝福的话语和咒语，让孩子在碗里吐一口吐沫，然后再将碗里的水泼出去。家里人做噩梦时也要用同样的方式将清水倒入碗里绕头顶三圈，口中说道："梦不过是狐狸的粪便，让它与夜幕一起消散。"然后再将水泼出门外。人们相信这样会将一切恶兆凶邪都泼出去。对山水的崇拜，表现在柯尔克孜族生活的各个方面。古代柯尔克孜族出征时要到大山下进行祭祀，以求得到山神的保护，获得山一样的力量。玛纳斯在率军出征之前，长老加木格尔奇亲自为他们举办祈祷仪式。主持人的祈祷词是："撒玛尔罕的大海啊，你是波涛汹涌的湖泊；愿你博大的胸怀施恩于玛纳斯，愿你汹涌翻滚的波涛，成为楚瓦克的英姿；将你那庄严的威仪，施与英雄色尔哈克。" 英雄们发誓时往往要说让巍峨的雪山惩罚我，让滔滔的河水惩罚我这样的誓言。这种祈祷仪式以及祈祷词，毫无疑问反映了古代柯尔克孜族典型的山水崇拜心理。柯尔克孜族相信圣泉之水有起死回生的神效。在《玛纳斯》史诗的一个变体中，英雄遭敌人暗害中毒，奄奄一息之时用清澈的圣泉水冲洗伤口，挽救了英雄的生命。在另外一个变体中英雄玛纳斯遭叛徒阔兹卡曼父子暗害，他的尸体被同伴放入河水中沐浴，河水的神力使他死而复生。在史诗《玛纳斯》中，有一个神灵栖息之地被称为"卡依普山"，英雄去世后要到这座神山上居住，卡依普山中的仙女纷纷下凡与英雄成婚，帮助英雄战胜强敌。

自然崇拜

在柯尔克孜族的民间信仰里，上至苍天和日、月、星辰，下至山、水、土地、森林、树木、青草都在崇拜之列。柯尔克孜人认为天地日月，树木花草，自然界万物都有神灵，给人生命，给人智慧，给人力量，也给人幸福。因此对于自然界各种神灵都要崇拜，予以祈祷和祭祀。柯尔克孜族视山水如父母，民间谚语称："山是柯尔克孜人的父亲，水是柯尔克孜人的母亲"，柯尔克孜既崇拜具有神力的凶猛动物，又崇拜与他们生活密切相关的动物。

动物崇拜

柯尔克孜人有动物崇拜的习俗，这一古老的习俗源于其古代以狩猎为生的生活方式。柯尔克孜猎民既依赖于野兽皮、肉以维持生计，又遭受猛兽袭击的威胁。这种既依赖又畏惧的心理，形成了其对动物的崇拜。同时柯尔克孜先民的生产生活方式，产生了其长期以来崇尚勇武的民族意识，而在柯尔克孜先民眼里，凶猛的野兽是力大无比的，有的甚至具有神力，由此便产生了对这些动物的崇拜心理。通过对动物的崇拜希冀达到：1.有丰富的动物供其狩猎以食用。2.有凶猛动物一样的力量和勇气，从而战胜动物及敌手。3.得到具有神力的动物的神灵佑护，得以平安生活。这便是其动物意识产生的主要原因。柯尔克孜人崇拜的主要动物是雄狮、巨龙、猛虎、豹子、熊、青鬃狼等。在柯尔克孜民间文学中，英雄的母亲在怀孕时，大多要吃猛兽的心肝，这样英雄出世以后即有了猛兽一样的神力。这些英雄的外貌也大都具有猛兽的特征，如英雄玛纳斯前面看上去像猛虎，后面看上去像巨龙，顶上看上去像苍鹰，他若发怒一声吼，胜过40只雄狮的吼声。由于对动物的崇拜，故而在英雄出师打仗时，总是有不少动物护卫着。玛纳斯在每次出征时，一群凶猛的野兽总是组成庞大的阵容随其前后。"苍龙、巨蟒，在他后面逶迤游动；尾巴像木棍一样的灰狼，听从英雄的调遣；神鸟展开双翅，伸出铁爪，在蓝天上盘旋；青色羚羊、黑斑猛虎，在前面引路；40只灰狼，朝天嗥叫；黑头白公驼，走在中间。"在英雄受难或遇害时，受动物的庇护和搭救，在民间文学中更是比比皆是。在柯尔克孜民间文学中，动物大都是有灵性的，可预示祸福。有的甚至会说人话，能给主人出谋划策。不仅玛纳斯的猎犬、猎鹰、骆驼、坐骑等通人性，就连其对手卡勒玛克人的野鸭、羚羊、狐狸等也是有灵性的。它们可以作为哨兵为主人放哨，给主人报信。在现代柯尔克孜族中，还有一个独特的祈福消灾的"萨达阿"仪式。在做了噩梦、受伤或亲人上路时，长者以羊肺在其背上敲打。他们相信羊肺能够祛邪消灾，保佑行人平安，这就是动物崇拜的一个具体表现。柯尔克孜人在发誓时杀白马、蘸马血发誓"如说假话违背诺言，让灰色马惩罚你"，也是动物崇拜的表现。他们相信，动物的神灵可以主持正义，扬善除恶。古代柯尔克孜人有纹身的习惯，而所纹图案大都是凶猛动物的形象，这又是其动物崇拜的一例。在他们看来，身上纹什么动物的形象，就具有了什么动物的力量与特征。现代柯尔克孜人中仍然有这种意识，不少纹手臂上文有自己崇拜的雄鹰或马头等。柯尔克孜族对动物崇拜主要是一种对力量的崇拜。古代从事游牧和狩猎的柯尔克孜人，对动物有着特殊的感情，特别是在崇尚勇武的时代，对动物的力量与勇猛，十分崇拜。他们总想借动物的神力以发展自己，并求得到某种凶猛动物的保护。这样，他们便千方百计将自己的先人、自己的部落同所崇拜的动物联系在一起，视这些动物为自己的保护神，并将这些动物的图形纹在身上，或绣在部落的大纛上，或绣在织物上，挂在毡房内，这就形成了对这些动物的图腾崇拜。在史诗《玛纳斯》中描写的跟随玛纳斯出征的、围绕在玛纳斯队伍周围的苍龙、巨蟒、灰狼、羚羊、猛虎、雄狮、公驼、雪豹、神鸟等，其实就是高举各个部落不同图腾的大旗或戴着本氏族图腾形象面具的各部落成员，追随着各部落总首领、部落统帅玛纳斯出征时的盛况的描写，是柯尔克孜各部落图腾崇拜的历史记录。古代柯尔克孜人视狼为始祖图腾，称狼为"青色鬃毛的勇士"，把古代无敌的勇士比喻为"青鬃狼勇士"。相传在古代，苍狼常常引导出征的柯尔克孜族战胜各种困难。对于狼的敬畏和崇拜便由此而来。人们常常担心狼发怒，给自己带来不幸。因而对其膜拜，以求保佑。至今人们还将狼的髀石、牙齿等穿在线上，挂到小孩以及青少年的脖子上做护身符或挂在婴儿的摇床把手上的习俗。很多大人为了避邪也将髀石挂在脖子上。而且，还把狼的嘴唇割下来保存，有男孩出生时，将狼嘴唇泡软后撑开，把婴儿轻轻地从狼嘴上穿过，以求他长大后能够得到狼神的呵护和关爱，像狼一样勇敢无敌。狼是从来不从花绳子上跨过的，因此人们也有不跨越花绳的禁忌。如果犯忌就被认为是一种罪孽。人们还将那些心术不正，不敬重祖先的人指责为"跨越花绳的人"。由此看来，花绳在这里已经成为一种具有深刻隐喻内涵的神秘象征物。柯尔克孜族从很早的时候起就放鹰打猎，把鹰训练成为捕猎能手。对猎鹰的崇拜古已有之。人们认为雄鹰能够保护婴儿和难产的孕妇免受"黑阿勒巴热斯特"的侵害。因此，在孕妇难产时，要将一只雄鹰架到毡房门外。这样就可以将企图迫害婴儿和孕妇的恶神赶走。柯尔克孜族还把野山羊、黄羊、盘羊、羚羊等野生动物统称为"克伊科"、"卡伊别冉"或"卡伊普",认为这些野生动物的保护神是"苏尔艾奇科"。柯尔克孜族认为这些野生动物是上天的灵性动物。根据柯尔克孜族神话传说,这些动物最初也都是普通的家养动物,因为主人对天神不敬,不按时为天神献祭杀牲而惹怒天神,最后自己遭到惩罚而死亡,而他放羊的牲畜则被天神变成了远离人间烟火的野生动物。野生动物被柯尔克孜族人认为是能够治病的良药,每个人每年至少应该品尝一次野生动物的肉。因此,如果猎人打到一只野生动物,他必须尽量让村子里的每一个人都品尝到猎物的肉,有时甚至猎人自己都不能对自己所猎杀的猎物做主。柯尔克孜族先民既依赖野生动物又对其畏惧的心理促成了他们对于野生动物的崇拜。在他们看来,动物不仅可以使他们有丰富的食物来源,而且人们能够借助其神力强化自己,增添力量,从而战胜敌人。如果能够得到动物神灵的保护,那将会使自己气力倍增,战无不胜。柯尔克孜族崇拜的野生动物主要有雄狮、巨龙、猛虎、豹子、熊、青鬃狼等。在柯尔克孜族的英雄史诗当中,英雄的母亲有孕在身,大都渴望吃到雄狮的心脏,凤鸟的眼睛等。这样才能使未来的英雄拥有猛兽般的神力。

骆驼崇拜

柯尔克孜族人认为骆驼是死者陵墓的保护者,具有神秘的巫术力量。骆驼在墓地上凄惨地鸣叫能够给死者的灵魂以安慰。当巫师或萨满行使法术时也会让一只骆驼站在旁边。他认为骆驼能够帮助自己完成神圣使命。行完法术之后,最好将那只骆驼赠送给巫师,据说这样可以增强法术的效能,使其尽快发生效应。对于骆驼的崇拜不仅表现在这个方面。在柯尔克孜族史诗当中,骆驼也被塑造成具有灵性的动物,对主人忠诚无比,甚至在主人下葬后也在痛苦中死去。骆驼被称为"荒原沙漠之舟",在农牧业生活当中发挥重要作用。骆驼是人们最好的交通工具之一。驮人、运送物品、搬迁、转场、放牧都要借助骆驼。在招待尊贵的客人时,驼羔肉还是上等的珍贵佳肴和美味。

马崇拜

马是柯尔克孜族草原牧区生活中不可缺少的一种牲畜,被认为是柯尔克孜族的翅膀。因此,马在柯尔克孜族的心目中占有特殊的地位。历史上,柯尔克孜族人如果不宰杀牝马就不会举办宣誓仪式,也不会举办大型祭典仪式。史诗《玛纳斯》中关于骏马的精彩描述更是比比皆是,令人目不暇接。每一位英雄都有自己专用的著名坐骑,它们通人语,懂人性,与英雄心心相印,伴随其东征西战,建立赫赫战功,成为史诗中与英雄一样的著名形象。对于精射善骑、崇尚武功的柯尔克孜族人来说,骏马不单单是饮料、肉食、皮张、畜力的主要来源,更是英雄的翅膀。如果没有好马,英雄的辉煌战功就没有办法实现。如果失去好马,英雄就会走向衰亡。今天,柯尔克孜族还以拥有好马为荣,招待客人也要宰杀马驹。无论是婚礼、祭典、集会、庆典仪式,没有马肉就不成席。髋骨肉是招待最尊贵客人的部位。马肠则被认为是美味佳肴。

植物崇拜

柯尔克孜族自古就有树木崇拜的习俗。在古老的萨满教观念中,人们认为高耸入云的树木与天最接近,而且是连接天界和人间的"天梯",与萨满有着密切联系。祭树也在柯尔克孜族民间有着悠久的历史。人们在有树的地方,或在大树旁举行祭天仪式。如果是在广袤无垠、不长大树的草原上,人们往往要将一根木橛伸出毡房的天窗用来祭天，这应说是北方民族比较普遍的一个习俗。古代人们面对常年翠绿不败的青松和柏树，看到树木顽强的繁殖能力和蓬勃向上的巨大生命力，普遍认为这些树拥有一种超凡的生命奇迹和神力。因此，也将这些树木同生命的繁衍联系起来，把人类的生命同树木的生机与活力结合起来。这一点可以从古代柯尔克孜族人向树木祈祷的习俗中得到证明。比如在英雄史诗《玛纳斯》中，英雄玛纳斯的父亲加克普在玛纳斯出生之前，因为年老无子而感到十分痛苦和悲伤。于是他便将自己的妻子绮依尔迪送到森林中独居并向上天祈祷，向森林中的神灵祈祷，向树木祈祷。结果如愿以偿，妻子给他生下了英雄玛纳斯。英雄玛纳斯可以说是上天之子，大地和树木之子。除此之外，在柯尔克孜族史诗中还有英雄们盟誓时不仅要向天神和大地发誓，而且折断树枝来表达自己的决心和承诺。在英雄或长老的陵墓旁栽种树木也表明了古代柯尔克孜族对于树木的崇拜心理。向树木祈祷在当今柯尔克孜族的生活中也有遗存。比如说人们在圣墓麻扎边的大树上绑上各种布条以驱邪避灾，求得家庭平安，无子的妇女则祈求树神给自己赐予后代。在"米努辛斯克文化"考古中发现有很多木质人偶陪葬品与《玛纳斯》史诗中英雄下葬时用木偶陪葬的习俗如出一辙。这也从另一方面表明古代柯尔克孜族的树木崇拜观念。古代柯尔克孜族还有人死之后不立即下葬，而是将其尸体放入木棺中，并将木棺悬挂到树上，等待尸体腐烂挥发。这里出现的悬挂木棺的树木并不是一般意义上的树木，而是古代柯尔克孜族加以崇拜的圣树。对这些圣树，按照古代习俗，每年的4月18日都要宰杀雪青马、花牛等做祭祀仪式。到后来，这个习俗逐渐演变成在墓地上栽树，然后在这棵树上绑布条的习俗。古代柯尔克孜族"不是把死者埋入地下，而是把盛着尸体的棺木放在高树上，任其腐烂和消失"。这实际上是把死者归还生他的"树母"或"树神"的仪式。承托死者的树是神在圣地造化的圣树。对这样的圣树祭祀，求他饶恕死者生前的罪过，让他在另一个世界安息的仪式一直到现在还在柯尔克孜族中遗留。柯尔克孜族对树神祭祀，宰杀牲畜，在麻扎上的树枝上绑布条，求树神保佑，在坟地上竖起一根木桩，在上面绑上白、蓝、红、黄等布条便是这一古老仪式的传承。古代柯尔克孜族人认为，圣树能够给人带来平安，它是死者得以洗刷自己罪过的葬身之地，葬在那里可以在来世免遭痛苦。人的罪过是在肉体和血液中产生的，只有通过树神的帮助才能使肉体腐烂，血液干涸，免除罪孽。因此，人死后人们要把尸体放在棺木中，挂到树上。过几年，等尸体完全腐烂干枯之后，再收其骨入土下葬。在柯尔克孜族中，树还有驱除鬼怪的功能。比如沙棘就有镇妖驱鬼的作用。沙棘本为一种长在戈壁上的植物，柯尔克孜族人认为它具有神奇的魔力，能够降妖镇魔，凡是有沙棘林木的地方，所有妖魔鬼怪都不能接近。因此，人们总是把沙棘条挂到门框上，或是放在室内，这样妖怪就不敢上门，病魔不敢纠缠病人，保护阖家欢乐平安，预防发生各种不测。

图腾崇拜

柯尔克孜族的图腾崇拜起源于对动物的崇拜，而对动物的崇拜很重要的一点是对一种力量的崇拜。柯尔克孜族自古从事狩猎和游牧，对动物有着特殊的感情，尤其是在崇尚勇武的英雄时代，其对动物的力量、凶猛非常赞赏，从而逐步走向对它们的崇拜。他们时时刻刻都希望求得某种凶猛或神圣动物的保护，借助动物的神力增加自己的力量。因此，千方百计地将自己或者部落同某种动物联系在一起，视这些动物为自己的保护神。不仅如此，他们还将这类动物的图案篆刻到器皿上，绣到大氅、织物用品上，或纹在自己身上展示给外人，从心灵上接近这些动物。在很多神话传说中，还有很多灵性动物与柯尔克孜族各个部落带有血缘关系的记录。与柯尔克孜族有密切关系的动物主要有雄狮、骆驼、母鹿、雪豹、狼、马、牛、鹰等。不同的部落有不同的图腾。根据史料记载，生活在叶尼塞河的柯尔克孜族的先民视牛为自己的图腾。唐代的柯尔克孜族中有雪豹氏族，这是以雪豹为图腾的部落的自称。柯尔克孜族中有以鹿为图腾的"布谷"部落。如果"布谷（鹿）"部落的成员亡故，则要在其坟墓上立一根鹿角，以求得灵魂安息。鹿图腾不仅是整个部落团结统一的象征，而且部落成员都以自己不平凡的部落起源为荣，其他部落的人们也因为这个原因而对他们加以敬重，认为对他们说任何侮辱性的言辞和引起他们发怒的行为都是一种罪过。作为部落图腾的长角鹿妈妈是一个半人半神的形象。她不会像人那样死去，也不会被埋葬，她具有幻化能力。她会保佑整个部落，但如果发怒，她也会给部落带来灾难、死亡，甚至会让整个部落灭绝。鹿图腾传说保存了古老的母系氏族的社会状态。与"长角鹿妈妈"的部落起源神话相关，柯尔克孜族还有名为"巴格西"（麋鹿）、"撒热巴格西"（黄色麋鹿）等部落，这些部落的起源也与图腾崇拜有着十分密切的联系。在柯尔克孜族中，与狼图腾有关的资料信息也十分丰富。比较早期的有关柯尔克孜族狼图腾的信息来自《周书·突厥传》中关于古突厥来历的记载中："或云：突厥之先，出于索国，在匈奴之北。其部落大人曰阿谤步，兄弟十七人，其一曰伊质泥师都，狼所生也。阿谤步等性并愚痴，国逐破灭。泥师都既别感异气，能征召风雨。娶二妻。云是夏神冬神之女也。一孕而生四男：其一变为白鸿；其一国于阿辅水、剑水之间，号为契骨；其一居于践斯处折施山，即其大儿也。山上仍有阿谤步种类，并多寒露。大儿为出火温养之，咸得全济，逐共奉大儿为主，号为突厥，即纳都六设也。"这里狼与柯尔克孜族祖先的血缘关系已经记录得很明确了。狼或者是它的皮子、肉、牙、爪子、髀石等都能保护儿童免遭疾病、恶魔鬼怪的侵袭和伤害，或者帮助人们克服困难、脱离危险等都为人们所普遍认同。关于苍狼图腾在柯尔克孜族古老传说、英雄史诗中多有涉及。史诗英雄玛纳斯也被赋予苍狼的性格并被称为"阔克加勒"（青鬃狼）。有一则传说讲述了柯尔克孜族的一个部落与狼图腾的关系：有一个男孩生来残疾，到了该迈步行走的年龄，却还不能走路。其父母搬迁时将孩子留故乡。一个路人经过那里，看到一只母狼正在给孩子喂奶。于是就将孩子带回家抚养长大并给他取名叫"卡巴"。由于他的头发长得如同鬃毛，于是人们又称呼他为"有鬃毛的卡巴"。他的后代经过繁衍发展，成了柯尔克孜族的"卡巴"部落，属于更大的萨亚克部落联合体中比较古老的部落分支。图腾崇拜是柯尔克孜族从古至今的信仰方式。根据一个名叫贝格列的碑文，生活在叶尼塞河上游地区的柯尔克孜族的先人就有图腾崇拜。碑文中写道："我打死七只狼，我没有打雪豹和鹿。"碑文所涉及的人物是一个声名显赫的英雄，他在25岁时曾见过"桃花石可汗"（指唐朝皇帝），而且还有其他功绩。像这样的人打死几只狼，而没有打雪豹和狼并不是什么值得炫耀的事情。所以很多学者认为他打死的并不是真正的狼，而是打败了以狼为图腾的七个氏族。在另外一些碑铭中，还提到了柯尔克孜族先民黠戛斯的图腾是雪豹。虽然有的雪豹以人的名字出现，但指的是氏族，有的甚至直接写成了"雪豹氏族"。既然雪豹是黠戛斯人的图腾崇拜动物，那他不打死狼也就顺理成章了。前苏联学者伯恩什达姆在研究了《暾欲谷碑》、《恰库尔碑》

之后，经过细致分析有力地证明了黠戛斯人的虎图腾崇拜。除了上述图腾之外，古代柯尔克孜人将牛也作为自己的图腾。根据唐代段成式《酉阳杂俎》记载，黠戛斯人"所生之窟，在曲漫山北，自谓上代有神，与牸牛交于此窟"。也就是说他们是"牛种"。在黠戛斯所养的牲畜中"牛尤多"，这说明牛与图腾崇拜有关联。此外，在一些艺术品上，两兽相斗的图景，实际上也是两种图腾相斗的艺术反映。在《玛纳斯》史诗中，跟随英雄玛纳斯出征，围绕在他周围的有苍龙、巨蟒、羚羊、猛虎、雄狮、苍狼、雪豹、神鹰等猛兽飞禽，实际上这些都隐喻着高举各部落图腾旗帜，团结在英雄周围的各部落首领和成员。他们高喊着各自部落的口号，追随英雄玛纳斯冲锋陷阵。史诗中这种各部落首领挥麾跟随统帅玛纳斯的盛况，是古代柯尔克孜族图腾崇拜的真实写照。

神秘数字的崇拜

柯尔克孜族对于一些数字也有独特的理解。这些数字主要是1、3、7、9、30、40等。"九"在柯尔克孜族的心目中是一个吉祥数字，因此在订婚的聘礼上就要有所讲究。聘礼都要以"九"为单位计算，平时送礼也非常讲究"九"这个数。比如说在英雄史诗《玛纳斯》之中，玛纳斯的使者前去卡拉汗朝中说媒提亲，卡拉汗馈赠给阿吉巴依的礼物就包括九匹布鲁木绸布，九匹度尔约绸缎，九件贵重的衣料，九件丝绸长袍，九件绣花缎袄等。这份礼单充分体现了柯尔克孜族将九作为吉祥数字的习俗，这一习俗流传至今。"四十"也是柯尔克孜族最重视的一个吉祥数字。这不仅表现在对族名的"十四个部落"、"十四个一百"、"十四个姑娘"等解释当中，而且表现在柯尔克孜族生活的其他方面。比如在英雄史诗中陪伴英雄出征的是"十四个勇士"，新娘结婚四十天之后可以回娘家，婴儿出生四十天之后要举办入摇床仪式，用四十根布条为婴儿缝制衣服避邪，老人去世四十天之后要举办祭奠仪式等。在民间文学作品中不乏对婚礼庆典举办四十天，支起的毡房有四十顶，应邀前来的尊贵客人有四十人等的描述。

生育崇拜

柯尔克孜族的生育崇拜，首先体现在乌麦女神崇拜方面。乌麦女神崇拜是从叶尼塞时期开始就广泛流传于柯尔克孜族民间的一个古老习俗。关于"乌麦"女神的记载首次出现在《阙特勤碑》和《暾欲谷碑》中。《阙特勤碑》里将阙特勤的母亲比作乌麦女神，而在《暾欲谷碑》中则将乌麦女神同 "腾格里"天神相提并论。在《突厥语大词典》把"乌麦"解释为胎儿的保护神，并引用了当时在突厥语民族中广泛流行的"谁敬奉乌麦，谁就会得子"这句格言。"乌麦"被供奉为送子娘娘、家庭的庇护者、后代的保护者等。柯尔克孜族对乌麦女神的崇拜实际上是母权社会留下的痕迹。前苏联学者C.M.阿布热马卓尼通过对多种资料研究之后指出："在古代柯尔克孜（吉尔吉斯）人中对于婴儿的保护女神的崇拜不仅时代久远，而且流传广泛。对于'乌麦耶涅'的崇拜在当今时代已经有些模糊了……根据传说'乌麦耶涅'来到人间时，她的足迹印在了山崖和一些石头上。柯尔克孜（吉尔吉斯）人把这些印记称作是乌麦耶涅的足迹。"由于乌麦具有送子功能，并与生命的产生相关，因此乌麦的神力也随之拥有了巨大的发展空间，天地间的交感，人神之间的交流，生命的轮回和延续都与"乌麦"结上了缘。"乌麦"是生育神，负责送子，同时也负责与此相干的妇女生育、儿童疾病、保健与护理等。当然，乌麦要比只会治疗一般疾病的职业化神具有更高的地位。

柯尔克孜族具有乌麦神崇拜，而且这种崇

拜源远流长。在有些地方，柯尔克孜妇女们将乌麦女神的形象用刺绣来表现，把乌麦的形象绣成鸟形。在古代，人们结婚时要将乌麦神的形象用金子或银子铸出来，或者是用布做成偶像，珍藏在干净、整洁的地方。人们还要常常向乌麦女神祈祷和祝福。在柯尔克孜族中常常把智慧超群、神情威严、精明能干、德高望重的妇女比喻为乌麦神。一些圣泉也被说成乌麦神的麻扎而加以崇拜。孩子要出远门，父母亲都要说："把你托付给了乌麦神。"一些民间医生为孩子治病时常常要说"这不是我的手，这是乌麦耶涅（母亲）的手"、"这是乌麦耶涅的药"等。根据传说，母亲肚子里的孩子自己希望以女儿身或以男孩身来到人间。但是，所有人的男女性别都由乌麦神掌控和支配。史诗《玛纳斯》中关于柯尔克孜人祈子的记载很多，其中最典型的一例是在阔克托依祭典上，长者阔绍依率众为玛纳斯的妻子卡妮凯举行盛大的祈子仪式。阔绍依"举起一双鹰爪一般的手掌"，为卡妮凯祈祷、祝福。诗中这样写道："阿拉什的六十个部落，全体民众同时举起了双手。众人为她祈祷，为她祝福，王后的眼前突然尘土四起。这尘土在空中飞旋，很快凝聚在一起，变成了一团火焰。"这是为受人尊重的君王和王后举行的一种规模盛大的万人祈子活动。另外一种祈子习俗是向森林祈子，向树神祈子，这主要缘于柯尔克孜人对森林树木的繁殖能力的崇拜。他们认为"树木是神灵栖息之地"、"树木是英雄诞生的摇篮"。古代柯尔克孜等信奉萨满教的民族对到森林中祈子还有独特的解释。传说天神创造人类时，曾把主宰生育、保护妇婴的乌麦女神与森林一起降到了人间。这就是说，送子的乌麦女神是住在森林之中的，到森林中去祈子，乌麦女神便会使其得子。到森林中祈子在史诗《玛纳斯》中也多有描述。

如加克普膝下无子，他在向上天祈祷之后，用黄牛驮着行装和一顶破毡房，把妻子绮依尔迪送到没有人烟的森林之中，绮依尔迪在森林中生了女儿卡尔迪阿其。为了得到儿子，加克普再次准备了破旧的毡房、烧焦的木盆和一把什么也割不动的钝刀，把绮依尔迪送到密林深处，结果绮依尔迪生下了玛纳斯。柯尔克孜人还有向祖宗祈子的习俗。在坟地上挂的小布条中，有一些就是妇女向祖宗祈子的标志。还有一些是到圣地、圣泉、圣山祈子。柯尔克孜人视狼为图腾，狼身上的一切均为圣物，具有超自然的神力，能给人以护佑。认为妇女不育，只要吃少许狼肉，即可得到狼的保佑生儿育女。在柯尔克孜族妇女中至今仍有朝拜麻扎求子的习俗。比如，在哈拉峻乡有吉兰都麻扎（jilandu mazar, 蛇麻扎），附近有水，不孕妇女到此地朝拜并且将手伸入水中，认为若能摸到有生命之物则立即食之，就会生育；若是摸到石头之类的无生命之物则不能生育。除此之外，在柯尔克孜人中还有以"乌麦"命名的民间图案，更为有趣的是，这个图案的形状恰似一只翱翔的飞鹰。柯尔克孜族还把"乌麦"同神话传说中的凤凰鸟加以对比。这种鸟在波斯语中也有出现，指的是生活在宇宙树上的一种鸟，并被描述为鸟中之王，是为了人间的幸福而诞生的。从这一点看，关于"乌麦"的信仰在远古的时候与作为象征太阳神，万物之创造者、生命神、生产神的神鸟的形象有密切关联。

祖先崇拜

祖先崇拜在柯尔克孜人的生活中占据着突出的地位。祖先崇拜的遗迹在柯尔克孜族的丧葬仪式中表现得较为明显——人死只是肉体的死亡，人的灵魂仍然活着，跟常人一样要吃、要穿、要住……因此要为死者的灵魂准备食物和用品。在柯尔克孜族民间举行丧葬仪式要宰杀马匹。柯尔克孜族巴合西保护神中的人、老人、白须老人也是祖先崇拜的反映。祖先崇拜是人类发展到一定阶段，人能够通过自己的主观努力战胜和面对来自自然界的压力和困难，对自身有了比较深刻而全面的认识之后所成的信仰。对祖先的崇拜应该说是部落联盟开始走向崩溃，家族观念逐渐占据重要位置的时候产生的。如果此前部落的命运与人们对于动物和自然界的崇拜密切相关的话，那么对于祖先的崇拜仅仅是为了让祖先的灵魂关照其子孙后代。而对于祖先的崇拜首先表现在对祖先灵魂的崇拜。我们经常在柯尔克孜族老人们口中听到"祖先的灵魂保佑！""要尊重亡灵！""希望你先祖的灵魂围绕在身边！""愿祖先的灵魂惩罚你！"等话语。这些都是柯尔克孜族原始信仰和宗教观在当今社会的遗留。柯尔克孜族的祖先崇拜来源于古老的萨满教灵魂不灭的观念。随着生产力的不断发展，人类逐渐开始从古老的自然崇拜过渡到自身崇拜，人类开始显示出自己的能力。根据萨满教观念，人死后灵魂脱离肉体，游荡在人世间，如果灵魂附体，他还会复生，重新回到人间。这样的观念和人类自身同自然界的不断斗争和不断征服的过程促成了祖先崇拜的产生。祖先崇拜实际上是灵魂崇拜的具体表现形式，柯尔克孜族的一些传统习俗就是灵魂崇拜的体现。古代柯尔克孜人确信人死灵魂犹存，其灵魂在人死后依然会为生前未能达到的目的而奋斗。而且还可以保护生者，给生者赐福驱灾。死者的亲属需时常到埋葬死者的坟墓前看望、打扫，并祈祷死者的灵魂安息，给自己带来幸福、安宁。他们相信已经死亡的人们灵魂还活在人间，而且还会保护自己的后代安宁幸福，帮助他们战胜艰难困苦和各种疾病、灾难。柯尔克孜族的祖先崇拜，同萨满教有着千丝万缕的关系，而且首先表现在丧葬礼仪当中。父辈死去，要尊重亡灵，取悦亡灵，尽量让死者的灵魂得到最大的满足。不仅要将死者生前所使用的用品统统作为陪葬品，而且还要建造陵墓，让后代记住亡者的业绩，并不时前来进行祭祀。认为如果在生前和死后没有一如既往地尊重父母和祖先，那么其生活就不会幸福美满。古代柯尔克孜族实行土葬、火葬、树葬等。土葬时还有很多殉葬品。在叶尼塞柯尔克孜族的墓葬中发现的随葬品有牛、马、羊等动物以及各种生活用品。对祖先的崇拜还表现在对死者的祭典上。祭典举办之时，都要宰杀马、牛、羊等牲畜，还要举办各种竞技游戏活动取悦亡灵。人们认为，亡灵在另一个世界舒心与否，与后代举办祭典的隆重程度和程序是否齐全有密切关联。如果祭典举办得隆重而热烈，所有程序都得到美满的执行，那么亡灵就会安息，并全力佑护自己的后代，反之，则会给后代带来灾害。在英雄史诗《玛纳斯》当中就有不止一个描述柯尔克孜族为纪念亡灵而举办祭典的盛大场面的情节。比如史诗第一部《玛纳斯》中的"阔阔托依的祭典"和史诗第六部《阿斯勒巴恰与别克巴恰》中"阿斯勒巴恰的祭典"是两个规模宏大的祭典亡灵仪式。不仅宰的马牛羊等牲畜数量数以万计，支起的毡房铺满草原，而且邀请参加的客人也来自四面八方，不同的部族和不同的国度。除了邀请客人进行款待之外，柯尔克孜族古代祭典的一个重要内容是举办盛大的群众性娱乐活动。其中，赛马、摔跤、射箭、马上搏斗比武是最引人入胜的娱乐内容和取悦亡灵的方式。柯尔克孜族相信祖先灵魂不死的观念，祖先的灵魂佑助后代完成使命的情节在英雄史诗《玛纳斯》中有很多具体而生动的反映。史诗中如果马纳斯的后代遇到困难，身处险境时，只要向玛纳斯的灵魂祈祷，玛纳斯的灵魂就会前来襄助。比如玛纳斯之子赛麦台与独眼巨人玛德阔勒决一死战的关键时刻，赛麦台祈求父王玛纳斯的灵魂保佑他获胜。当他祈祷完，奇迹出现，只见玛纳斯骑着阿克库拉神骏威武地向他走来，玛纳斯的身后是骑着黄花马的阿勒曼别特及骑着青公山羊骏马的英雄楚瓦克。三位英雄从赛麦台面前一闪即逝，赛麦台顿时浑身充满力量，用矛尖把身体庞大的独眼巨人挑起来，摔得粉身碎骨。这种场面在史诗的八部故事中都能够找到，而且成了史诗演唱者们反复使用的母题。这种对于祖先灵魂的崇拜，不仅反映在史诗文本当中，而且还反映在史诗歌手学唱史诗的实践当中。在调查中，我们不止一次地从玛纳斯奇本人或者听众口中听到玛纳斯奇在不自觉的状态下被迫领受"神灵梦授"，日后成为玛纳斯奇的情况。而且这种"神灵梦授"的观念在越是早期受到采访的玛纳斯奇身上得到更深刻的体现，玛纳斯奇们的"神灵梦授"现象与萨满接受神的启悟而成为萨满的过程有着相同的背景和惊人的相似之处。显而易见，这是柯尔克孜族传统的原始萨满文化观念在玛纳斯奇这一特殊群体中的遗留。进入玛纳斯奇梦境的那些史诗中的半人半神的英雄人物或者像白胡子圣人那样的超自然神灵都是柯尔克孜族从古至今延续的灵魂崇拜观念的产物。他们不仅启发未来的玛纳斯奇学唱《玛纳斯》史诗，而且始终成为玛纳斯奇职业生涯不断走向辉煌的心灵领护者。歌手们在演唱史诗时首先要很自觉地向神灵祈祷，请求他们保佑自己完成神圣使命。比如居素普·玛玛依一开口就以"哎…依，我诵唱英雄玛纳斯，愿他的灵魂保佑我，让我唱得动听而真挚"的诗行开篇，呼唤英雄的灵魂，祈求神灵的保佑。史诗中的英雄人物都是半人半神的形象。玛纳斯奇们在梦中领受启悟的"神灵"都是史诗中最英勇顽强的英雄玛纳斯，或者是具有特殊本领和精通巫术的人物额尔奇吾勒、阿勒曼别特，或者是具有未卜先知本领的女主人公、英雄玛纳斯的妻子卡妮凯，或者是来自神界的神秘的白胡子圣人那样拥有超凡神力的人物。史诗英雄人物也好，神秘的白胡子圣人也罢，他们身上所表现出的萨满文化特性都足以让我们把玛纳斯奇的"神灵梦授"同萨满的神启梦境联系在一起。这种杀生祭祖的习俗一直延续到今天。人们认为，人死40天或最少4天之内，死者的灵魂会每天返回自己生前的住处探望观察自己的后代的行为，因此，人们每天晚上都要在房内点上油灯，不让它熄灭。每天傍晚还要在点灯之前，掀开毡房的门帘，并在一个碗里盛满马奶放在门边的白色毡子上，准备迎接死者灵魂的来临。柯尔克孜族人相信祖先的灵魂在特定的时间会显灵，回到人间保护自己的后代。在《玛纳斯》史诗以及其他民间文学作品中均有生动的表现。英雄玛纳斯在其后代遇到危险，向他祈求保护时，都会显灵，帮助其后代度过难关。

英雄崇拜

祖先崇拜发展到后期与英雄崇拜思想融合在一起。对祖先的崇拜往往也是对英雄的崇拜，因为人们所崇拜的祖先大多都是盖世无双的英雄人物。古代柯尔克孜族祖先崇拜逐渐过渡到英雄崇拜之后，人们对于英雄的崇拜就有了密不可分的联系。祖先之中最有名望的个体的业绩成为传说，氏族、部落谱系和史诗的内容得到后人的传唱和赞颂。某一个部落的始祖，总是那些用自己的智慧和能力带领氏族部落战胜艰难险阻和外敌入侵、屡建战功的赫赫英雄，同时也是氏族部落兴旺发达，不断发展的推动力。这种始祖部落的祖先得到后人特别的尊崇。他们的名字常常要成为氏族部落的口号。在战争中或者在一些竞技活动中，人们都会高喊着这位英雄的名字冲上战场与敌拼杀，或在竞技场上与对手搏斗。人们认为，那些生前不畏艰险、勇敢，并且功绩显赫的著名人物的灵魂在来世同样也是强有力的，会得到人们永远记忆和颂扬，而那些普通人物的灵魂则会被后人淡忘。对于祖先和亡灵的崇拜，在柯尔克孜族中直到今天依然十分盛行。英雄玛纳斯被认为是全民族共同祖先，也是全民共同崇拜的英雄。直到今天，在人们的现实生活当中，依然将玛纳斯视为自己的崇拜对象。遇到危难时总是祈求玛纳斯的英灵保护，希望能够得到他的庇护。人们在发誓的时候往往要说"如果我不能信守诺言，就让玛纳斯的灵魂将我惩罚，让玛纳斯的圣墓惩罚我，让玛纳斯的威力惩罚我"等。如果遇到挫折和危难都要祈求英雄玛纳斯的庇护。这是祖先崇拜和英雄崇拜结合在一起的具体体现。柯尔克孜族的祖先崇拜要晚于自然崇拜。这是随着社会生活的发展，在认识上的一次飞跃。随着祖先崇拜的出现，柯尔克孜族逐步认识到了人的力量、人的作用和人的个性，逐步增强了人类要战胜自然、改造自然的勇气和信心。逐步从自然主宰人类命运向人类自己主宰自己命运转变。在古代，柯尔克孜族有将死者的头部形象制作成木偶存放在屋内的习俗。这种木偶被称为"图勒"，通常是将死者的衣服盖在枕头上面，然后将死者的"图勒"安放在立起的枕头上面。这种"图勒"通常被安置在房子一角，并用布帘遮挡。安放"图勒"的地方得到人们的尊重和膜拜。这种"图勒"一般都要搁置一年，直到为死者举办周年祭典的时候。英雄史诗《玛纳斯》中也有很多与此有联系的古老民俗仪式。英雄玛纳斯的妻子卡妮凯，在英雄生前就开始为其建造陵墓，但是英雄的尸骨并没有埋在这座陵墓之中，而是埋在山间大河的河床下面，或者是（其他一些变体中）无人知晓的高山绝壁上开凿的秘密山洞里。陵墓里却画出了英雄玛纳斯及与其同甘共苦的重要战友同伴的画像。根据考古挖掘发现，在属于古代柯尔克孜族的一些陵墓中除了有英雄及其同伴，甚至其坐骑的画像之外，还发现了英雄人物生前使用的战服、武器、日常生活用品以及陪葬的牲畜战马的骨骼。《玛纳斯》史诗中的相关内容正好验证了这种古老习俗在柯尔克孜族中的普遍性。所有这些都表明了人们希望自己心中的英雄在另外一个世界也能够像在世时一样生活。在柯尔克孜族中死者周年时举办大型的祭典，取悦亡灵的习俗表明了柯尔克孜族希望通过这种祭典方式满足先辈的亡灵对于食物的需求的愿望。

麻扎崇拜

"麻扎"是阿拉伯文"Mazar"的音译，意为"圣地"、"圣徒墓"，主要指伊斯兰教显贵的陵墓。柯尔克孜族的麻扎崇拜同山水崇拜、祖先崇拜、英雄崇拜等有密切关联。麻扎实际上就是圣墓、圣树、圣泉、圣山崇拜的延续。在现代柯尔克孜族的生活地区，有不少被视为麻扎的圣墓或圣泉，有些人要走数十公里到麻扎上的圣泉取水饮用或洗浴以求消灾免祸、祛除疾病。在阿合奇县哈剌布拉克乡麦尔凯奇村阿克布隆小队靠近山脚的地方有一个用石头垒起的大型石堆墓地，在当地传说中称为《玛纳斯》史诗英雄人物色尔哈克之墓。墓地占地数百平方米，耸立在大山之脚但依然十分壮观。用石头堆积成的墓地顶部有很多木杆，上面挂着野羊、盘羊的头骨，绑着许多各色布条。墓顶有一个凹陷的坑，其中还可以找到不知从何时起放在这里的外面光滑、形似人的心脏、肥皂、面团、瓜、畜蹄、箭矢、首饰以及其他各种形状的鹅卵石。当地柯尔克孜人认为这些石块具有治愈百病的神奇功效。每当有身体不适或疼痛难忍时，人们便来到这个圣墓前宰杀牲畜祈祷，并从那些石头中挑出合适的石块擦拭疼痛处，以此消除炎症和疾患。这种奇特的鹅卵石在方圆几里之内根本无法找到。据说这些石头都是色尔哈克英雄死去时，其手下弟兄从很远的地方特意拣来堆在这里的。一方面是为了表达对英雄的敬仰之情，另一方面也是为了能够使英雄的墓地坚固，千年也不坍塌陷毁。在阿合奇县东部色帕尔巴依乡的库阔尼希克地方，也有一个麻扎，位于黑山谷之中。该墓至今依然存在。墓地位于黑色高山之脚，旁边的高山悬崖处生长一株千年古树。树干经围约有2米，枝叶繁茂，树冠如云。站在树下可以听到地下泉水叮咚作响，一股清泉汩汩流出，当地以及邻近各县的农牧民认为这个泉水神圣无比，是"圣水"、"圣泉"，人饮此水可以消灾治病，畜饮此水可以消除百病。往来求"圣水"的人络绎不绝。墓地一侧还长着一丛野刺玫瑰和杏树。这些树木均由这个山泉滋润浇灌，无人摧折，长势旺盛。树枝上绑满了人们寄托希望、许愿的各色布条，在微风中轻轻摆动。根据民间传说以及史诗内容的描述，穆兹布尔恰克是英雄玛纳斯的哈萨克族战将，在远征途中阵亡。当队伍远征返回途中，路经此地时被玛纳斯埋葬。英雄在这里栽下一棵树枝。后来，一股清泉从坚硬的山崖壁上奇迹般地流出，山谷中栽下的树木也枝繁叶茂，在圣泉的滋润下不断长大，这里最终成为今天备受人们青睐的麻扎圣地。人们路过这里都要停下来念念有词地祈祷一番，然后还要喝几口水，洗一下脸面，以求英雄的灵魂保佑自己平安。在乌恰县吾依村两公里的水泥厂旁边有一个被称为"阔克朵别"（青色山冈）的地方。山顶上自然形成一泉水，顺着山上而下，并在山脚形成一个水塘。村民认为这些泉水是圣水，可以医治皮肤等疾病，因此经常特意前来饮用。数世纪以来，如果有干旱、洪水、地震等天灾人祸，或者牲畜感染流行疾病时，当地村民便自发地来到这个麻扎起灶架锅，宰杀羊牲畜，炸油果子，喝泉水，举办祭祀活动。不仅是为了驱邪消灾，还有求子、求雨等目的。久婚不育的妇女经常到这里祭拜杀生求子。如果是涉及全村利益的比较大的自然灾害，全村都会在这里举办大型祭祀活动。此时，人们都要面朝西方跪坐，由阿訇带领念诵《古兰经》文。

每家每户都可以根据各自的家庭情况，牵着宰牲所需的牛、马、羊、山羊等牲畜，带上面粉、清油、大米。炸油果子之前，一边往锅里倒油，一边祈祷许愿，说出自己知道的神灵的名字以及家族七代先人之名。专门为祭祀而做的饭弄好之后，大家坐在一起享用。最后，阿訇等长老又一次带领大家念经祈祷，向神灵表示尊敬。人们还要把特意从家里带来的许愿布条缠绑到麻扎山顶竖起的木杆上作为朝拜的标志。麻扎在柯尔克孜族社会中也起着重要的作用，而且在柯尔克孜族文化语境中又有着它自己的独特性，即具有神性的地方、神圣之地被称作麻扎——山、山峰、泉水、特殊的树木、灌木或草丛、洞穴，还有玛纳斯的四十勇士之墓（如克州阿合奇县卡拉布拉克乡的勇士斯尔阿克之墓）等，都是神圣的麻扎。人们去朝拜麻扎，祈求幸福、健康，因为他们相信麻扎可以消灾避祸、可以治愈疾病、可以佑助人们平安；巴合西们去朝拜麻扎，以保持与神灵们的关系，因为麻扎是神灵（pir）的居所，麻扎还有祖先的灵魂（arbax）。因此，巴合西的占卜、对疾病的诊断与治疗、他们超凡的能力等都要靠寓居于麻扎的神灵，这就使巴合西与麻扎建立起了密切的关系。

萨满崇拜

古代柯尔克孜人认为萨满是神的使者，具有很大的神力，是人神交往的使者，具有自由往来于天地之间的飞翔能力。萨满不仅可以预知吉凶祸福，而且可以指点迷津，消祸避灾。在古柯尔克孜人心目中，萨满有支配世间万物、呼风唤雨、施展法力、改变世间一切的能力。萨满的话被认为是神的旨意，因此，至高无上的汗王也不可违背。谁违背了萨满的话，就会受到神的惩罚。在英雄史诗《玛纳斯》中，阿勒曼别特、加木额尔奇、阿拉恩凯、古里巧绕，都具有萨满的形象特征。其中几位女性的萨满形象特征更明显：玛纳斯的妻子卡妮凯具有未卜先知和起死回生之神力，赛麦台的妻子阿依曲莱克能幻化成白天鹅在蓝天飞翔，诺依古特部落的女将领萨依卡勒能变成鹰飞向天空，仙女绮妮凯更是能腾云驾雾，变化多端。传说中的女萨满大都具有鹰魂、天鹅魂、飞鸟魂，平常是人形，遇事可以幻化成鸟飞往神界，接受神谕。这些萨满是神的人形化表现，普遍受到古柯尔克孜人的崇拜与尊敬。

乳汁崇拜

柯尔克孜族认为乳汁是洁白的，而且认为乳汁是生命之源。人们笃信乳汁是母爱的象征。柯尔克孜人在日常生活中以泼洒乳汁来除邪恶。萨满在治病驱邪时往往一边泼洒乳汁，一边念咒语，以轻弹乳汁来祝福。亲人特别是子女出远门时，母亲或老人要用手指将乳汁轻轻弹在子女头上，予以祝福，祈求平安。对生病的婴儿，母亲或老人也轻轻弹几滴乳汁在病人脸上，以求早日康复。人们还以乳汁发誓，在《玛纳斯》中，英雄在发誓时常常说"谁违背了誓言，让乳汁惩罚他"，而玛纳斯的后代子孙们发誓时更明确地说：如果我说的是假话，让卡妮凯依的乳汁惩罚我。柯尔克孜族，认为乳汁是神圣的，可以起死回生，具有神奇之力。在《玛纳斯》中，有玛纳斯被阔孜卡曼父子杀害后葬于墓中，仙女潜入墓中将玛纳斯母亲绮依尔迪的乳汁灌入玛纳斯之口，玛纳斯死而复生；玛纳斯的坐骑阿克库拉原是一匹瘦弱无力、长满疥疮的小劣马，是玛纳斯的母亲绮依尔迪挤出自己的乳汁拌在马料里，使奄奄一息的小马驹迅速长成一匹骏美健壮的会说话的神驹。人们相信，这一切均出自乳汁的神力。

铁崇拜

古柯尔克孜人有对铁的崇拜。《突厥语大辞典》称，黠戛斯、牙巴库、克普恰克和其他部族，在盟誓、订约时，将刀拔出鞘，横放在面前，口中说："谁如果毁约，让战刀染上红色的鲜血，让青铁复仇。"因为他们很尊重铁，在他们的谚语中有："青铁不会待着，碰见什么就都变成两半。"在《玛纳斯》史诗中也有很多关于柯尔克孜族崇拜铁的诗行和描述段落。

颜色崇拜

在柯尔克孜人的心目中，黑色、蓝色、白色都是吉祥、圣洁的颜色，都在崇拜之列。黑色，柯尔克孜语为"喀喇"，既是颜色，又指代方位。柯尔克孜人以黑色指代北方，以北方为尊。在柯尔克孜语中冠以"喀喇"的地名极多，如"喀喇苏"（喀喇水）、"喀喇库勒"（喀喇湖）、"喀喇塔格"（喀喇山），是对这些山水的尊崇。蓝色，柯尔克孜语为"阔克"，因为与苍天是同一种颜色，因而亦被视为神圣的颜色。如"阔克河"（蓝色河）被视为圣洁的河，"阔克湖"被视作圣洁的湖等。白色，柯尔克孜语为"阿克"，凡是带阿克的名词都带有崇拜、尊敬之意。如白面、棉花、乳汁等。在《玛纳斯》中，英雄每一次出征，都身着白战袍，足跨雪花马，手持白色苹果头银枪。玛纳斯的儿子赛麦台求婚时也是"黄毛白面马的前额上，结着雪白的棉花团"。在现代柯尔克孜人的习俗中，给前来提亲的男方客人马头上拴上棉花团，则表示女方应允了亲事，同时也预祝婚姻的圣洁和美满。在日常生活中，也有以撒面粉表示祝福，喜庆时披白色的纱巾等习俗。

禁忌黄色

在柯尔克孜人的意识中，黄色是悲痛的象征，是不吉利的颜色。因此在宰牲畜时，一般都是清一色的黄色牲畜，起码也是黄头山羊。他们认为，用这种毛色的羊只做祭品，祭祈者的疾苦就会随羊脖子里喷出的鲜血一起流走。在《玛纳斯》中，当玛纳斯从吐鲁番返回时，人们呼唤着他的名字，牵来黄山羊，宰杀后掏出羊肺在玛纳斯头上扑打，举行"萨达阿"仪式，便是出于对这种禁忌黄色的意识。

《玛纳斯》与伊斯兰教

柯尔克孜族从16世纪后半叶才逐渐开始信仰伊斯兰教，而到了17世纪末18世纪初伊斯兰教才成为柯尔克孜的全民宗教。《玛纳斯》史诗从其最初的英雄传说阶段经过数世纪的过渡，到13—16世纪已经发展成为一部内容较完整的史诗。伊斯兰教是在《玛纳斯》史诗内容已经基本定型以后，即从17世纪以后，才逐渐开始通过晚近玛纳斯奇之口逐渐渗入史诗当中的。作为一部活形态的口传史诗，《玛纳斯》是通过世世代代的天才史诗歌手的创作、加工、保存、传播而流传至今的。每一个有成就的歌手都或多或少地对《玛纳斯》史诗的发展作出了自己的贡献，都不得不根据自己所处的历史时代和社会生活环境以及当时当地听众的需求，在不影响史诗主题和业已形成的总体框架结构的基础上对史诗的内容加入自己的即兴创作成分。在这样的背景下，从18世纪以后已经成为柯尔克孜全民信仰的伊斯兰教绝不可能被完全杜绝在《玛纳斯》史诗的内容之外。伊斯兰教从其开始传入成为柯尔克孜族的全民信仰经过了数世纪的历程。这也正是《玛纳斯》史诗演唱活动不断走向高潮的时期。因此，《玛纳斯》史诗的无论哪一个流派都不可避免地受到了伊斯兰教的影响，只是程度不同而已。在《玛纳斯》史诗的各种唱本中有很多关于朝拜祖先陵墓、圣树、圣泉祈求得子、寻求佑护的情节。史诗中主要人物的诞生基本上都是按他们的父母到圣地去祭拜过夜，胡达听到了他们的祈求之声后赐给他们孩子的情节模式进行描述的。在这里，中亚、外高加索和新疆等地的穆斯林中间普遍流行的对和卓、伊斯兰教重要人物的墓地加以崇拜的习俗同柯尔克孜前伊斯兰教时期沿袭的对山川木石、树林水泉、祖先灵迹等的崇拜习俗交融在了一起。在伊斯兰教广泛流传地区，人们对那些放弃现世的幸福，为了追求来世的极乐世界而支着圣棍远走他乡、四处流浪去宣传伊斯兰教的圣徒们是非常崇敬的。与此相对应，在《玛纳斯》史诗的一些唱本中，史诗的一些重要人物如玛纳斯、楚瓦克、塞麦台、塞依铁克等出世时人们一时无法为他们找到合适的名字的时候，一位神秘的圣徒出现，给孩子起名之后又神秘地失踪。在《玛纳斯》的一些唱本中，英雄玛纳斯所使用的阿克凯勒铁神枪以及阿其阿勒巴尔斯神剑被描述成由来自麦加的伊斯兰圣徒所赐予，甚至在前苏联的著名玛纳斯奇萨恩拜·奥诺孜巴克夫那样受伊斯兰教影响较深的唱本中还穿插有史诗主人公玛纳斯去麦加朝圣，史诗的另一位重要人物阿勒曼别特一生下来就接受割礼皈依伊斯兰教，由于母亲是异教徒而拒吃母乳的情节。史诗第一部中的主要英雄人物阿勒曼别特是整部史诗中伊斯兰文化色彩最浓厚的人物。他的出生以及因家庭内讧而离家出走，为了追求伊斯兰教而投奔哈萨克族汗王阔克确后又投奔玛纳斯等情节都被描述成与他抛弃"邪教"自愿皈依伊斯兰教有关。在《玛纳斯》的多种变体中，他可以说是一个极为典型的从其他信仰皈依伊斯兰教，成为一个虔诚的穆斯林教徒的人物。但就是这样一个人物，在史诗中还同样被描述成一个能够用迦达魔石呼风唤雨、行使多种巫术的巫师。我们还可以从史诗的内容中随处看到伊斯兰教特有的诸如"唯一的安拉"、"胡达"、"阿合拉提"（后世）、"扎满阿合尔"（世界末日）、"占乃提"（天园）等宗教词汇和"和卓"、"毛拉"等伊斯兰教神职人员特有的名称以及史诗中的重要人物们行使念经、礼拜、封斋、施舍、朝拜等伊斯兰教规定的五项基本功课的情节。在史诗的一些诸如"玛纳斯的婚礼"、"阔阔托依的祭奠"、"玛纳斯的葬礼"等重要章节中也有很多融入柯尔克孜族古老生活传统中的伊斯兰教习俗。总之，数世纪以来，伊斯兰教逐渐成为柯尔克孜族的主要信仰，对他们的意识形态、日常生活习俗、民间口头文学传统都产生了重大的影响。从目前收集到的150余种《玛纳斯》唱本看，越是从靠近伊斯兰教成为中心话语的城市和地区收集到的唱本，其伊斯兰教色彩就越浓厚，而从那些相对比较封闭与外界交往相对比较稀少的地区搜集到的，如帕米尔玛纳斯齐流派、我国的艾什玛特·玛木别特流派和居素普·玛玛依流派等唱本中的伊斯兰教文化因素就相对较少。总而言之，《玛纳斯》史诗的无论哪一个流派的哪一个唱本都没能摆脱伊斯兰教的影响，只是有一些唱本受到的影响要深一些，而有一些唱本受到的影响就相对浅一些。最值得关注的是，无论在过去的数世纪中经过伊斯兰教怎样的洗礼，在史诗的任何一个唱本中柯尔克孜族古老的前伊斯兰文化因素，即自然崇拜观念、图腾崇拜观念、族灵崇拜观念以及萨满教文化因素都占据着比伊斯兰教更为显要的地位。这些古文化因素从史诗的诞生之日起就如同细胞一样融入《玛纳斯》史诗流动的血脉当中，伴随着它走过了漫长的发展历程，成为史诗不可取代的有机组成部分。如果说，萨满教对《玛纳斯》的影响是深刻而强大的话，那么，伊斯兰教对《玛纳斯》的影响则相对薄弱些；如果说，萨满教的影响已深入史诗的深层结构，那么，伊斯兰教的影响则仅仅停留在史诗的表层。这种差别的存在是必然的，因为《玛纳斯》毕竟是前伊斯兰教时代的史诗，即柯尔克孜民族信仰萨满教时代形成的史诗。

二、古老仪式

祈雨仪式与"鲊答"魔石

古柯尔克孜人有祈雨的习俗。据有关柯尔克孜族的史籍和史诗《玛纳斯》所载，古柯尔克孜人祈雨多用魔石"鲊答"。据说这种求雨魔石长在牛和羊的大肠内，羊的呈圆形，斑红色，魔力大。牛的呈扁圆形，淡蓝色，魔力不如前者。不过不是随便什么牛羊都会长这种石头，能找到它是不容易的。用"鲊答"魔石祈雨时，一般都要举行一种较简单的仪式，即将魔石放入水碗之中，搅动碗中的水以求雨。在《玛纳斯》中有不少利用魔石祈雨，具有古代萨满特征的人物。他们在敌我双方交战进入胶着状态时，用魔石求雨，一次招来暴雨淹死对方。史诗中的这种求雨一般多用于战争，借突降雨雪以战胜敌方。玛纳斯的叔父名叫加木额尔奇，其名字的含义为"掌管下雨的人"。他本人是一个以魔石祈雨的大师，阿勒曼别特与其儿子古里巧绕，都有用魔石祈雨的本领。史诗中还有对阿菲和沙菲兄弟二人经常将"加依塔石"魔石浸在一碗水里求雨，每求必应的描写。在《玛纳斯》中记载了一场盛大的祈雨活动：阿勒曼别特身着华丽的服饰，应众人之请，为大地求雨。他取出祈雨魔石，把它沉入水中。他朝水面吹了三口气，往水里啐了三口。他把手伸入水里，再把手挥了三挥，所有的人谁也不敢眨眼。霎时间，只见飓风猛起，漫天出现雷雨云一团团。大小就像大毡片，马匹惊恐不安，人们哑口无言。浓密的乌云，遮住了苍穹，雷声四起，大雨倾盆，偌大的冰雹从天而降，大地变白，好似覆盖了一层白粉。阿勒曼别特唤来的这场雷雨冰雹，惊天动地，威力无穷。

祭拜山水大地的"杰尔—苏塔优"仪式

柯尔克孜族对于山水的崇拜还要通过祈求大地保佑或者向其表达感恩之情的祭祀仪式得到体现。这种仪式被柯尔克孜族称为"杰尔—苏塔优",意为"大地山水祭祀"。这种仪式多数在干旱季节进行。当然。在春季、秋季也定时进行。每当春天来临之际,柯尔克孜人为了避免发生饥荒,都要集中到一个吉祥之地点起篝火,宰杀牲畜、煎油饼、准备食物进行祭祀活动,以求得地神的恩赐。在干旱季节,当河水干涸、泉眼干枯时,也要举办类似的仪式,并用七根芨芨草缠上白布,沾上油点燃,祈求神灵赐予水,并挖泉求水。在农业地区,人们要宰杀牲畜,将其血洒到麦苗上,祈求大地丰产丰收。在畜牧业地区,牲畜产羔或转场时,起灶架锅,宰杀牲畜,老人带领大家祈祷,祈求天、地、水神,保佑平安,免受疾病侵袭,人丁兴旺,身体健康。然后共同享用煮熟的肉。以此来祈求雨水充足,牲畜兴旺,农业丰收。仪式开始之前,每家每户都要准备牵上一头羊或者拿上7个馕,带着锅碗瓢盆来到河水的上游起灶架锅,宰牵来的羊作牺牲。仪式男女老少均可参加。在宰杀牲畜时人们面朝西方跪坐,年轻人把要宰的绵羊也头朝西方抓好,全体都要摊开双掌祈祷说:"愿库达依保佑!愿腾格里恩赐!请把雨水赐与我们吧。"宰绵羊,把献血汇入河水中,煮熟之后大家一起享用。类似的仪式在人们患病的时候也进行。比如患者在家人的带领下来到邻近的麻扎朝拜,宰牲畜(通常为山羊或绵羊),邀请亲朋前来共食。

祈子习俗

柯尔克孜人自古有祈子的习俗。古柯尔克孜人认为人是上天创造的,子女是天神或"乌麦女神"给的。因此,当久婚不育时,要向上天祈子。在唐代的史料中,就有柯尔克孜人向乌麦女神祈子的记载,认为乌麦是管理灶和子孙的神,有"谁敬奉乌麦,谁就得子"的说法。史诗《玛纳斯》中关于柯尔克孜人祈子的记载很多,其中最典型的一例是在阔克托依祭典上,长者阔绍依率众为玛纳斯的妻子卡妮凯举行的盛大祈子仪式。柯尔克孜人也向森林祈子。他们认为"树木是神灵栖息之地"、"树木是英雄诞生的摇篮"。传说天神创造人类时,曾把主宰生育、保护妇婴的乌麦女神与森林一起降到了人间。送子的乌麦女神是住在森林里的,因此,到森林中去祈子,乌麦女神便会使其得子。到森林中祈子在史诗《玛纳斯》中也多有描述。如加克普膝下无子,他在向上天祈祷之后,用黄牛驮着行装和一顶破毡房,把妻子绮依尔迪送到没有人烟的森林之中,绮依尔迪在森林中生了女儿卡尔迪阿其。为了得到儿子,加克普再次准备了破旧的毡房、烧焦的木盆和一把什么也割不动的铁刀,把绮依尔迪送到密林深处,结果绮依尔迪生下了玛纳斯。柯尔克孜人还向祖宗祈子。在坟地上挂的小布条中,有一些就是妇女向祖宗祈子的标志,另有一些是到圣地、圣泉、圣山祈子。

防止毒眼仪式

在柯尔克孜族人的心目中,除了上述各种民间崇拜观念外还有魔力崇拜以及颜色崇拜、神秘数字崇拜、铁崇拜、盐崇拜、粮食崇拜等各种崇拜观念。魔力崇拜主要是毒眼致厄以及毒舌致厄等观念的延续。根据柯尔克孜族古老的信仰,如果某人长时间凝视或用羡慕的话语谈论美丽可爱的婴儿或者青少年,以及可爱的牛犊、羊羔等会使他们致厄而死。人们相信,人的这种嫉羡尤物的眼光或舌头具有某种神秘的力量,必须加以防范。防范的方法就是给孩子的脖子上佩戴花色或蓝色的比较显眼的珠子,或者佩戴护身符、携带狼拐骨或邀请巫师驱邪。这种珠子被称为"阔子蒙巧克"，具有免遭毒眼的神奇功效。护身符被称为"图马尔"，具有驱邪、护身、求吉等含义。柯尔克孜族的护身符"图马尔"大多都是用丝绸和皮子缝制成的，内放写有经文或咒语的纸条的三角形小袋子。如同妇女佩戴的鸡心项链，挂在脖子上。人们相信这样的图马尔具有神奇的保护功效，能够使佩戴者免遭毒眼、毒舌的伤害。在英雄史诗《玛纳斯》中，英雄玛纳斯刚出生时其父为他取名叫"冲金迪"（大疯子），远征之前玛纳斯的妻子卡妮凯生怕儿子受到伤害甚至没有让孩子的父亲——英雄玛纳斯看自己的孩子赛麦台一眼。这些都表明，这种魔力崇拜的观念，在古代柯尔克孜族就已经存在。

布施消灾的习俗

柯尔克孜人相信布施能消除灾祸，祭祀能赎罪免灾。因此在做了噩梦有了凶兆时，便做饭请全牧村人吃，借以消灾。在信仰伊斯兰教以后仍然保留这一习俗，称为"乃孜尔"。在《玛纳斯》中就有绮依尔迪难产之时，她的丈夫加克普就给周围的邻居送去了一块块牛肉，分发了一碗碗白面，布施了一块块银两，以解除其痛苦。在现代，凡宗教人士到牧区化缘，柯尔克孜人都乐于施舍。

祈福祛灾习俗

古代柯尔克孜人有病或有什么灾祸时要请萨满祈福祛灾。这种仪式一般在毡房中进行，由萨满主持。举行仪式时首先将在一个长木杆的一头扎上雪白的棉花，从毡房的天窗伸出，称为神杆。萨满唱请神歌，天神由天梯（神杆）下来，降至人间，附于萨满身上，萨满进入狂迷状态，口念咒语。病人用手紧紧攥着神杆，获得神的佑护，从而驱散邪魔。在《玛纳斯》中有绮依尔迪怀玛纳斯已超过了月份，临产时难产，十分痛苦，加克普请来女萨满为其举行祛灾催生仪式。萨满在毡房内立一木杆，木杆从天窗伸出，萨满请神，绮依尔迪紧攥木杆，在神的护佑下玛纳斯顺利出生了。还有一种祈求水神祛灾祈福的仪式。对病人或做了噩梦的人，特别是对生病或受惊吓的小孩，多施此术。一般是由女萨满或孩子的母亲，端来一碗清水，在孩子的头上绕几匝，然后口中念着咒语，将水用劲泼出门外，这样病魔或厄运就会随水泼出；还有些地方在施行此术之前，要预先往衣袖中藏白绸子或棉花，男人藏在右手袖子里，女人藏在左手袖子里，这是因为古柯尔克孜人认为女孩子是从男人的左腋下出生的。在泼出清水时，同时从衣袖内抽出白绸来。这种仪式，既是以水祛灾祈福，又是以白色祛灾祈福，有对白色和清水崇拜的双层意义。据说这种祛灾祈福形式更具神力，更灵验。这一仪式在现代柯尔克孜族中还依然举行。

洁白祝福仪式

"洁白祝福"的仪式始于古代，后世也相当普及。他们对品德高尚、热爱故土的人施以"洁白祝福"，同时对那些品行低劣、心怀鬼胎的人则加以诅咒。"洁白祝福"的仪式一般由萨满主持，多在军队出征之前，为统帅及将军、勇士举行，一是表彰其出征的功绩；二是为其祝福，祝全军所向披靡，战无不胜，逢凶化吉，早日凯旋。祝福的仪式是洁白的白绫铺在地上，让将士从上边跨过，同时萨满在一旁念咒语和祝词。有时候萨满还举着白色的木碗，碗里烧着冒烟的油，在部队首领和将军们头上绕动，向全军祝福，有时是在瓷盘里燃烧的炭火上倒进由油搅和的面糊，以喷出强烈白色蒸气，向全军祝福。"洁白祝福"的另一种形式是将被祝福者用白色的织物包裹或抬起。如汗王玛纳斯登基时，臣民们按照卡莱希传下来的阿拉什古老的习俗为玛纳斯举行"洁白祝福"，人们准备了一块大白毡，雄狮玛纳斯端坐在中央，臣民们从四面拥来，抬起了白毡，把他抬上可汗的宝座。这是大型的"洁白祝福"仪式。小型的"洁白祝福"则是向人们身上洒洁白的面粉或乳汁等洁白色的物质，以期达到祝福的目的。在古代当为男子举行祝福仪式时，女子不得参加，即便出身高贵的女子也不得踏上举行仪式用的白绫。对女子的祝福仪式由女萨满主持。举行仪式时，女萨满向接受祝福的女子额头贴上白棉花，或往头上缠白绸带，祝福说"愿你幸福得像白绸一样飘荡！"然后取下白棉花或白绸带。这一仪式至今在广大柯尔克孜族地区还时有举行。

"萨达哈恰布"仪式

柯尔克孜族语音译。意为"宰牲驱邪"。古代英雄出征、返家、结婚、病愈时都要宰黄头山羊，开膛破肚，取出热气腾腾的羊肺拍打他的头部祈福驱灾。所宰的黄头山羊肉要全部煮熟招待客人，一点都不能剩下。在《玛纳斯》等史诗中，每一次当英雄玛纳斯或其子孙们出征或凯旋时，长辈们都要宰杀黄牛、牝马为出征或凯旋的英雄举办此仪式的描述，以达到驱邪祈福的目的。

"穆尔卓塔优"

柯尔克孜族语音译。意为"陵墓祭祀"。柯尔克孜族人时常要到死者的陵墓前，架起锅灶，宰绵羊或山羊等小型牲畜，祭奠亡灵，打扫陵墓，为死者的灵魂祈祷。这种仪式并没有十分固定的时日，适时举行。主要是祝死者安息，希望他的灵魂给家人后代带来幸福、安宁。在《玛纳斯》史诗的一些异文中有很多与此相关的仪式的描述。

古柯尔克孜人祭天的习俗和仪式

古柯尔克孜人笃信上天是主宰一切的神，经常举行祭天活动，以祈求上天保佑。祭天的习俗在柯尔克孜族史籍和史诗《玛纳斯》中均有详细的记载。在《玛纳斯》中，柯尔克孜人不仅每遇大事要举行祭天活动，就是一般的灾病，也要举行祭祀活动。大的祭天活动一般都在高山上或大树下举行，这是因为在柯尔克孜先民的意识中，山比较高，是最接近天的，高耸的大树是通天的天梯。在大型祭天活动中，还要同时祭祀地水。在高山上的大型祭天仪式一般是部落首领率领全部落人举行或汗王率军出征前率全军进行，由有名的萨满主持祭祀仪式。如玛纳斯率部出征前，由加木额尔奇在布都尔奥山口主持的一次萨满教祭天祈福仪式。在这个仪式上，宰杀了九匹青牡马，加木额尔奇手持清水碗向上天唱着祈祷词："撒马尔罕的大海子，你是波涛汹涌的湖泊。愿你将博大的胸怀，施予玛纳斯！愿你汹涌翻滚的波涛，成为楚瓦克的英姿！愿你将庄严的威仪，施与英雄包尔阿克！"唱完祈祷词后，他将清水高高地泼向空中。在另一次为玛纳斯出征举行的祭祀仪式上，加木额尔奇同他的妻子共同主持，这种由男女萨满共同主持的祭祀仪式更加隆重。他们让英雄从燃着的白绸子上跳过，两位萨满手持冒着烟的木油碗在英雄们头顶上绕几绕，然后高举木碗，摇晃着身子，舞蹈着，口中念着祈福的词语和驱邪的咒语。这是一种十分隆重的祭祀仪式。据说举行这种仪式之后军队就能得到上天和诸神的护佑而百战百胜。

宣誓仪式

柯尔克孜人讲究诚实守信，不说假话，一旦盟誓则定要信守诺言，正因为注重誓言，其宣誓的仪式就十分隆重。古代柯尔克孜人特别隆重的宣誓仪式是杀马盟誓，而盟誓用的马多为白马或青马。盟誓时将马杀死，切开马肚，盟誓的勇士一个个把手和胳膊深深地浸在马血里，以马血盟誓。盟誓时的誓言往往是"谁要是违背诺言，让雪青马惩罚你，让白龙马惩罚你"。史诗《玛纳斯》中关于盟誓的仪式还有这样一段描述：找来一根新鲜树枝，把它埋进湿润的泥土里，泥土上喷洒清水。树枝取出来后，快刀割，利斧砍，一根树枝剁成40截，拿到毡房外，咒语窃窃，念念有词，撒向卡勒玛克人驻扎的方向。树枝代表盟誓者，撒向敌人的方向意即谁违背了诺言，让敌人去惩罚。柯尔克孜人盟誓的誓词是很严肃的，在《玛纳斯》中，古里巧绕向赛麦台发誓的誓词是："如果我说的是假话，让光亮的白天惩罚我，让昏黑的夜晚惩罚我，让玛纳斯的坟墓惩罚我，让卡妮凯的乳汁惩罚我，让灰兔儿马惩罚我，让阿克开勒泰枪惩罚我，让月牙斧惩罚我，让玛纳斯的威力惩罚我！"在现代柯尔克孜人发誓时，依然有让玛纳斯的灵魂、上天、土地、冰山、河水等惩罚的誓词。

占卜

古代柯尔克孜族认为萨满或其他占卜师（柯尔克孜人称作"甘"）通过占卜，可以预知未来之吉凶，因此有事往往请萨满或占卜师占卜。占卜一般用卜石或羊肩胛骨。用卜石占卜，一般是用41块石子排列成卦阵，视其排列变化而卜吉凶；用羊胛骨占卜，一般是将羊肩胛骨放在火上烤，通过观察其裂纹来预卜吉凶。在史诗《玛纳斯》中，能占卜的人很多，玛纳斯的40个勇士中，就有占卜大师卡拉托略克。"托略克"在柯尔克孜语中即"占卜"之意，而"卡拉"则有出色、了不起之意，他的名字即取意"了不起的占卜师"。在《玛纳斯》中求卜问卦处处皆是。玛纳斯欲娶喀拉汗的公主为妻，求婚前他亲自去向占卜师问卦。占卜师以41颗石子占卜，呈吉兆，求婚果然顺利。玛纳斯远征后其妻卡妮凯忽然心绪不安，便请占卜师用肩胛骨占卜。卦成凶兆。原来，此时玛纳斯被奸细阔克确刺伤，生命垂危。占卜师所述的情景与实际情况一模一样。现代柯尔克孜人依然有占卜的习俗，在牧区经常可看到三五成群的人围在一起用石子或羊拐骨占卜，就连小孩在一起玩耍时也会拣几块石子占卜，特别是有亲人外出时，家人往往会用石子或羊拐骨占卜，问其吉凶和归期。在柯尔克孜民间流行着许多种占卜的形式，除羊肩胛骨、石子占卜外，还有灯光占卜等。古代柯尔克孜人对占卜笃信不疑。现代柯尔克孜人对占卜则半信半疑。有人说"占卜家口若悬河，没有一句真话"；也有人说"占卜不能信，但它也不能少"。现代柯尔克孜人的占卜仪式已不那么严肃、隆重，十分随意，有的甚至成为一种游戏和娱乐。

第三部分 《玛纳斯》的艺术特色

英雄史诗《玛纳斯》

《玛纳斯》既是整部史诗的统称，也是第一部的名称和第一部史诗主人公的名字。其他各部也都以各自主人公的名字命名。史诗包括柯尔克孜族古代历史生活的各个方面，是柯尔克孜族政治、经济、历史、文化、语言、哲学、宗教、美学、军事、医学、习俗的百科全书。《玛纳斯》史诗由《玛纳斯》、《赛麦台》、《赛依铁克》、《凯耐尼木》、《赛伊特》、《阿斯勒巴恰与别克巴恰》、《索木碧莱克》、《奇格台》8部组成。叙述玛纳斯家族八代人的英雄事迹。史诗以宏大的视野和高度的口头艺术语言反映了10—13世纪柯尔克孜人民与契丹人的长期斗争，以及13—14世纪与蒙古人艰苦斗争的情况，记述了古代柯尔克孜族的来源、族名、部落划分、分支及其名称、语言文字、宗教信仰、生活习俗、传统节日、各种娱乐活动、重大历史事件等内容，被誉为古代柯尔克孜族的"百科全书"。该部史诗世代以口头形式在演唱中传承，史诗的演唱至今依然活跃在民间。在众多的演唱者，即玛纳斯奇中，中国的居素普•玛玛依是目前健在的唯一一位能够完整演唱这部史诗的歌手。其唱本在规模和结构上是最完整的。史诗《玛纳斯》篇幅浩瀚、规模宏伟，仅居素普•玛玛依一个人演唱的内容就长达23.2万余行，《玛纳斯》描写了玛纳斯家族八代英雄的斗争业绩，表现了古代柯尔克孜族人争取自由、渴望幸福生活的理想和大愿望，歌颂了爱国主义、英雄主义精神。《玛纳斯》史诗世世代代以口头形式在民间流传。玛纳斯奇在史诗的形成、传承与发展过程中起着至关重要的作用。古代天才的玛纳斯奇是史诗的创作者，一代代的玛纳斯奇在传承前辈玛纳斯奇演唱传统的同时，根据各自的才能对史诗进行加工雕琢，使其更加完美，同时也产生了各种风格的演唱变体。因此，被学者们称为活形态的史诗。《玛纳斯》史诗是一种谱系式叙事结构的史诗。它的每一部都集中表现一位英雄主人公的事迹，八代英雄的事迹，构成八部史诗的内容，各部既独立成篇，又紧密衔接，组成一个完整的故事。八部史诗在人物、情节、叙事方面紧密相连，融会贯通。史诗里的人物形象出神入化，栩栩如生，就连英雄的坐骑也各具不同的性格。众史诗英雄既具有凡人的品性，又具有超凡的神奇能力，以及凡人的各种缺点和弱点。他们往往是神赐之子，却也在战斗中受伤甚至死亡，演绎了众多惊心动魄的悲剧事件。史诗《玛纳斯》流传地区很广，只要有柯尔克孜族聚居，就有《玛纳斯》流传。除了中国新疆柯尔克孜聚居区以外，吉尔吉斯斯坦、哈萨克斯坦、乌兹别克斯坦、阿富汗等国也有《玛纳斯》流传。就目前所搜集发现的变体中，最有影响的要属中国著名玛纳斯奇居素普•玛玛依演唱的变体、艾什玛特•玛买特演唱的变体以及吉尔吉斯斯坦著名玛纳斯奇萨额木拜•奥诺孜和萨雅克•卡拉拉耶夫的变体。关于史诗《玛纳斯》的产生，学者们众说不一，但是可以认为，《玛纳斯》史诗在10世纪左右产生雏形，到13世纪时已经发展成为一部较完整的史诗。有关《玛纳斯》史诗的记载，最早出现于16世纪毛拉•赛福丁•大毛拉•沙合•阿帕孜•阿克色肯特用波斯文写成的《史集》一书之中。开始比较系统地搜集、记录《玛纳斯》的工作则从19世纪俄国学者乔坎•瓦里汗诺夫和拉德洛夫开始。此后，便不断有《玛纳斯》史诗片段公布于世，其多学科的研究价值也被越来越多的学者所认识。《玛纳斯》研究已成为一个专门的研究领域。中国对《玛纳斯》史诗的搜集、整理、研究、翻译、出版工作开始于 1960 年。1961 年、1964 年及 1980 年初，先后进行三次大规模普查和搜集，共搜集记录 80 余位玛纳斯奇演唱的资料 100 多万行，其中居素普·玛玛依演唱的变体是目前世界上最完整的变体。艾什玛特·玛买特和萨特瓦尔德·阿勒的变体也各具特点，是《玛纳斯》研究工作中极为珍贵的资料。目前，中国出版的柯尔克孜文史诗《玛纳斯》是根据著名玛纳斯演唱大师居素普·玛玛依的演唱本整理出版的。整部史诗由 11 部组成：第一部《玛纳斯》；第二部《赛麦台依》；第三部《赛依铁克》；第四部《凯耐尼木》；第五部《赛依特》；第六部《阿斯勒巴恰与别克巴恰》；第七部《索木碧莱克》；第八部《奇格台依》。全部史诗共 23 万余行，分 18 册出版。居素普·玛玛依的演唱汉文译本已出版的卷本有刘发俊、尚锡静、朱玛垃依等节译本《玛纳斯》第一部上、下册（新疆人民出版社，1991—1992 年）；由阿地里·居玛吐尔地翻译出版的《玛纳斯》第一部全译本四卷（新疆人民出版社，2009 年）；由刘发俊、巴赫特·阿曼别克、依萨克别克等翻译出版的《玛纳斯》第二部全译本三卷（新疆人民出版社，2013 年）等。

《玛纳斯》学

专门研究柯尔克孜族史诗《玛纳斯》的领域。从 16 世纪毛拉·赛福丁·依本·大毛拉·沙合·阿帕孜·阿克色肯特在其波斯文《史集》一书中首先记载《玛纳斯》史诗以来，至今已有 300 多年历史。在这 300 多年里，《玛纳斯》这部世代以口头形式流传发展的史诗，不断被各国学者搜集、整理、翻译和研究，到目前已经形成了一个专门的研究队伍，成为一个世界性的研究领域。《玛纳斯》史诗已有汉、柯尔克孜、俄、英、日、德、土耳其、哈萨克、蒙古、乌兹别克、法等多种文字的译文章节或整部的内容。众多学者从不同的角度、不同的变体入手，对史诗进行研究，并取得成绩。

首先对《玛纳斯》史诗进行较系统全面的搜集和研究，开始于 19 世纪 80 年代。俄国哈萨克民族学家，沙俄军官乔坎·瓦里汗诺夫在其《准噶尔游记》一书里，对《玛纳斯》史诗进行了系统的介绍，并且发表了史诗片段《阔阔托依的祭典》。随后，德裔俄罗斯突厥学家维·拉德洛夫在其编著《北方诸突厥部落的口头文学典范》丛书第五卷前言中，也对《玛纳斯》史诗，尤其是对《玛纳斯》史诗歌手的演唱特色、口头创编方式以及传承形式等有广泛的论述。从 20 世纪初开始，随着《玛纳斯》史诗文本资料的不断发现和刊布，世界各国学者对该史诗的研究不断深入。在《玛纳斯》学的世界格局中值得一提的研究学者有前苏联俄罗斯学者维·日尔蒙斯基、阿·伯恩施塔姆等，吉尔吉斯斯坦学者波·尤努斯利耶夫、埃·阿布德勒达耶夫、凯·科尔巴谢夫、依·毛勒朵巴耶夫、穆·波尔不古洛夫、萨·木萨耶夫、热·柯德尔巴耶夫等，哈萨克斯坦学者穆·阿乌埃佐夫、阿·玛尔古朗等，土耳其学者阿·依南，英国学者亚·哈托，法国学者雷米·道儿，德国学者卡尔·莱谢尔，美国学者丹尼尔·普热尔，日本学者西胁隆夫等。目前，各国学者主要凭借吉尔吉斯斯坦的两位玛纳斯奇萨额木拜·奥诺孜和萨雅克拜·卡拉拉耶夫的唱本，以及中国玛纳斯奇居素普·玛玛依、艾什玛特·玛买特居素普、萨特瓦勒德·阿勒等的唱本，对史诗的文化艺术价值，以及对其文学、历史学、语言学、民族学、美学、哲学、军事学、口头诗学、民俗学等价值展开深入而广泛的研究，在《玛纳斯》史诗的研究方面取得了重要成果。中国从 20 世纪 60 年代初大规模的搜集、整理、研究、翻译《玛纳斯》史诗以后，历经近 40 年的努力，所取得的成绩为世界所瞩目。中国搜集翻译并且出版的居素普·玛玛依唱本是目前世界上结构最完美、内容最完整的唱本（柯尔克孜文。1984—1995年新疆人民出版社陆续出版，8部18册，232500行。2004年又分上、下册出版，16开本。原稿今藏新疆维吾尔自治区文联民间文艺家协会《玛纳斯》研究室）。此外，居素普·玛玛依唱本的部分片段、章节被翻译成汉文（全册也已译成汉文，译本正在审定中）、维吾尔文、哈萨克文、蒙古文等在国内广泛流传；亦被译成英文、日文、土耳其文等在国外发表，吉尔吉斯文版已出版发行。而艾什玛特·玛买特居素普的唱本则具有独特的民间口头传统特色，萨特瓦勒德·阿勒的变体又是唯一的描述英雄玛纳斯7代祖先业绩的唱本。到1995年，我国已经完成了居素普·玛玛依唱本柯尔克孜文版，共计18卷的出版工作，其他各种变体还在整理之中。史诗的许多章节被译成汉文、维吾尔文、哈萨克文、蒙古文发表，居素普·玛玛依唱本第一部和第二部的汉译文本也已经出版。其他各部也已经翻译完成，正在审校当中。史诗的多学科研究也正向深度和广度拓展。中国曾先后于1986年11月、1990年12月、1994年9月、2008年8月、2012年10月召开了学术研讨会。1995年成立了中国《玛纳斯》研究会。随着对《玛纳斯》史诗研究的不断深入，中国在世界《玛纳斯》学研究领域的影响和作用越来越显著。中国学者已写出一大批水平较高的学术论文和专著，其中较有代表性的研究成果当推郎樱所著的《中国少数民族英雄史诗（玛纳斯）》、《＜玛纳斯＞论》，阿地里·居玛吐尔地的《玛纳斯＞史诗歌手研究》，阿地里·居玛吐尔地和托汗·依萨克的《当代荷马：＜玛纳斯＞演唱大师居素普·玛玛依评传》，曼拜特的《＜玛纳斯＞多种变体及说唱艺术》，陶阳的《＜玛纳斯史诗调查采录＞》，马克莱克的《玛纳斯的智慧》，托汗·依萨克的《中国柯尔克孜中的＜赛麦台＞史诗的内容与结构特征》等是我国《玛纳斯》研究的标志性成果。

《玛纳斯》的艺术特色

《玛纳斯》不仅具有很高的认识价值，而且具有很强的艺术魅力。这部史诗塑造出许多栩栩如生的人物形象，英雄玛纳斯的形象塑造得最为鲜活、最富于激情和生命力。玛纳斯的形象经历了一个漫长的演变、发展过程。玛纳斯的原型是古老神话传说中的英雄——玛纳什。在这个神话英雄传说中，玛纳什是个半人半神的形象，他骑着马能飞上天，他自己还能幻化作一阵旋风离去。这位神话英雄的形象逐渐演化成史诗英雄玛纳斯的形象。在《玛纳斯》中，玛纳斯虽然依然具有超人的勇气与力量，但是他不再是半神半人的英雄。他是率领柯尔克孜人民与侵略者卡勒玛克人进行浴血奋战的部落联盟的首领，是一位与柯尔克孜民族存亡休戚相关的、与人民群众密切联系着的人民英雄，于柯尔克孜民族濒临灭亡的时刻诞生于世。在他诞生之前，占卜师朗古都克已经预言，即将诞生的玛纳斯是卡勒玛克蒙古人的克星。玛纳斯诞生时，他一手握着血，一手握着油，这预示着英雄的一生将与敌人浴血厮杀，使入侵之敌血流成河。油则象征富足，玛纳斯左手握油诞生于世，预示这位英雄能够使他的人民安居乐业、人畜两旺。玛纳斯出世时，柯尔克孜人民沦为卡勒玛克人的下属与奴隶。玛纳斯的父辈、10个柯尔克孜汗王均作为礼物分送给卡勒玛克人，可说是家破人亡。玛纳斯从小目睹了侵略者的暴虐与凶残，目睹了柯尔克孜人民遭受的深重苦难。11岁的玛纳斯立志要把入侵者赶出去，他策马挥戈，率领四十名少年勇士，统辖柯尔克孜各部人民与卡勒玛克人浴血奋战，勒死卡勒玛克强将肖茹克与阀托略克，赶走他们的畜群，俘获卡勒玛克姑娘，用武力将他们赶出柯尔克孜领地，使人民过上和平、安定的生活。之后，玛纳斯又多次出征，征服了邻近的各族各部落。从他11岁驰骋沙场，开始戎马生涯，直到花甲之年远征东逃的卡勒玛克军队而牺牲。玛纳斯的一生，是为保卫柯尔克孜民族独立而战斗的一生。他狂放慓悍，英勇善战，顽强不屈。他双眼如湖泊，鼻梁如高山，胡须如苇丛。他喘出的气像一股旋风，他眼中的光芒像风箱扇旺的火团。他大吼一声，地动山摇，他睡觉的打鼾声，能击碎巨石。他冲入敌阵，所到之处人头落地如割麦子，他射出的利箭，能同时穿透几个敌人。他气吞山河，力冠群雄，具有震慑万物的威力。

《玛纳斯》不仅在人物形象塑造上具有很强的艺术感染力，这部史诗的语言艺术也别具特色。史诗在人物形象的塑造、情节事件的叙述上，大量运用比喻手法，形容英雄无所不能，比喻他是"能点燃青草的人"；形容英雄威风凛凛，比喻他"像草原上的风暴"；为了形容势不可挡，比喻为"像挟带着冰块的洪水迅猛冲击而来"，"像席卷毡房的狂飙一样动地而来"。描写激战后的战场，"纵横交错的尸体像戈壁滩上的石子一样多，如青草一样多的克塔依人像陷到地里一样死去"。青草、戈壁、石子、风暴、洪水、毡房等等，都是柯尔克孜人民习以为常的物与自然现象。应特别指出的是，史诗中以动物为喻体的比喻特别多，"马头大的金子"、"公羊大的鱼"、"牛背大的弓箭"、"羊虱般渺小的敌人"、"像发情的公驼冲向敌阵"、"像野猪一样凶猛地冲上前去"等。史诗称玛纳斯英雄为"青鬃狼"、"雄狮"。比喻是一种想象，想象力丰富，比喻才会形象、生动。想象离不开生活，人们总是选用生活中所熟悉的东西作喻体，这样的比喻具有民族特点、地域特色。史诗《玛纳斯》的比喻具有鲜明的柯尔克孜民族特点，具有浓郁的西部草原游牧文化特色。

在史诗中，比喻手法经常与夸张手法并用。史诗对于玛纳斯容貌的描写就运用了夸张手法。

眼睛像深邃的湖泊，
鼻梁如高耸的大山，
胡须犹如苇草般零乱，
喘出的气如一股旋风，
眼中射出的光如同风箱扇旺的火团。
他的食量也非常惊人：
"木盆里的肉像座小山，
他只抓着吃了三次，
肉就光了。
倒在盆里的肉汤像个小湖，
他一口就喝光了。"

他出战迎敌，常常人未到，声先到。面对浩浩荡荡的强劲之敌，他发出惊天动地的吼声。史诗对于玛纳斯吼声的威力作了极为夸张的描绘：

玛纳斯的吼声传来，
云彩吓得相互冲撞，
顿时闪电交加、霹雳轰鸣：
大地剧烈地震颤，
山崩地裂，洪水汹涌，
山峦不停地摇晃，
巨石在空中飞滚，
苍天仿佛于顷刻间就要塌陷，
将大地万物挤得粉碎。
天空翱翔的飞鸟，
翅膀不能扇动而栽落于地，
四脚的走兽，
惊慌地躲进洞穴，
敌军在马上左右摇荡，
接二连三地滚落下来，头颅入地，
太阳昏黑，月亮逝去，
大地变得一片漆黑。
所有的生命停止了运动，
人们以为世界末日已经来临。

在史诗《玛纳斯》中，夸张的手法不仅运用在对英雄力与勇的赞颂上，而且也用在对于敌人形象的描绘上。玛纳斯在远征中遇到一个强劲的对手，他就是独眼巨人玛坎里。这是一个身躯庞大、力大无比的巨人。为了突出他的"大"，史诗描写了这样一个细节：玛坎里拿出烟袋，烟锅里放入六十秤子的烟草，还没装满。他把毡房一样大的炭火放入烟锅里。他吐出的烟迷漫全城，使人们什么也看不清。在这里，夸张敌人的庞大与有力，其目的不在于颂扬敌人，而旨在颂扬征服、战胜这样强大有力敌人的柯尔克孜英雄们。

《玛纳斯》作为一部史诗，从头至尾全部采用韵文形式。每个诗行7—8个音节，非常严整。诗段的划分主要依据史诗的内容，因此，每个诗段所含诗行数不定，有的诗段只有几行，十几行，长的诗段则包括几十个诗行。在韵律方面，《玛纳斯》的押韵形式十分丰富，头韵、腰韵、脚韵以及节奏韵。特别值得一提的是，押头韵的诗段占有相当的数量。头韵形式是一种古老的押韵形式，突厥语民族的长诗中头韵的形式已十分罕见，然而它在这部史诗中却被保留下来，而且保留得十分完整。押腰韵的形式在其他突厥语民族的诗歌中已经绝迹，但在《玛纳斯》中依然在使用。这表明，这部史诗韵律保留着较多的古老诗歌的押韵形式。由于音节严整，每个诗段都押同韵，因此这部史诗节奏感极强，富于音乐性，便于歌手咏唱，给人以和谐美的享受。从上述的阐述中，我们可以看出，《玛纳斯》不仅是一部内容丰富、具有很高思想价值和教育价值的史诗，而且是一部具有艺术魅力和美学价值的史诗。

《玛纳斯》有广义与狭义两层含义。广义指整部史诗而言，狭义则指史诗的第一部。在八部史诗中，第一部《玛纳斯》最长，共五万多行，占整部史诗篇幅的四分之一。另外，柯尔克孜人民反抗契丹、蒙古、卡勒玛克侵略的主题在第一部里也表现得最为鲜明与集中，许多母题十分古老。而且这部史诗的气势最为恢宏，风格最为浑朴。由于第一部《玛纳斯》在群众中流传十分广泛，并经过众多民间艺人的锤炼，加上结构十分严谨，语言优美生动，因此，在八部史诗中，第一部《玛纳斯》、第二部《赛麦台》是艺术上最为成熟的部分。由此可以推断，史诗第一部和第二部产生得最早，流传的年代最为久远，是八部史诗的核心部分。目前国内外学者研究这部史诗，也主要依据这几部《玛纳斯》。

《玛纳斯》史诗的结构

《玛纳斯》史诗是典型的以人物为结构和叙事中心的口头史诗。史诗的所有情节、所有事件都是按照主人公玛纳斯及其七代子孙的人生时序和英雄业绩而展开的。每一部史诗的主人公分别将该部的情节贯穿起来。也就说，每一部史诗的情节都是围绕该部的英雄主人公而展开的。《玛纳斯》史诗的八部之间存在着既相互独立，又彼此呼应的结构关系。每一部情节和结构都比较完整。不同的人物、不同的事件、不同的表现手法，展示出各部史诗独特的艺术效果。每部史诗都有头有尾，独立成篇，可以单独演唱，也可以成为独立的单部史诗作品。八部史诗之间的结构关系犹如彼此相连的一个链条，每一部史诗又犹如这个链条上的环扣，环环相扣，组成一个宏大而完美的整体。在这个宏大结构链条中，各环之间的衔接至关重要，代表着各部之间内在的联系。这种内在的关系一是通过人物之间的关系，二是通过事件之间的关联而得以维系。史诗从第一部到第八部主人公都是父子祖孙这样的血亲关系，作为英雄的母亲这样的一些地位不亚于男性的女性形象同样在这种关系中有重要作用。除了这种简单的血亲关系外，家族中的前辈成员，以及像巴卡依老人以及敌人方面的空吾尔拜等一些人物的事迹还延续到史诗若干部中，成为情节发展的纽带。情节和事件也彼此交叉、纠结，前面的矛盾和事件成为后面情节的伏笔，彼此在发展中被不断激活，从而把史诗的内容引向深入。虽然，每一部史诗都构成了程式化的叙事框架结构，但每一部史诗都具有各自独特的艺术感染力。

《玛纳斯》的产生年代

《玛纳斯》史诗中描述和塑造的人物形象，史诗中所反映的各种战争以及其他各类事件都从不同的侧面呈现了史诗所蕴含的各个历史层面。因此，关于《玛纳斯》史诗的产生年代，在国际上有多种说法。第一是8—10世纪，柯尔克孜族历史上的叶尼塞河时期说；第二是10—11世纪的阿尔泰—天山时期说；第三是12—15世纪的蒙古时期说；第四是16—18世纪的准噶尔时期说。这些观点都有各自的理由，因为《玛纳斯》史诗中反映了柯尔克孜族从古代发展到今天，从苦难走向繁荣的漫长历史过程，不同历史时期的事件和人物，与各民族之间的交往都在史诗中留下了深深的烙印。史诗中英雄玛纳斯所率领的柯尔克孜族的主要敌人也不十分明确。女真、契丹、回鹘、蒙古等都成为柯尔克孜族的敌人而在史诗中得到描述。因此可以说，《玛纳斯》史诗的产生是经过了漫长的过程，而不是一蹴而就的。作为一部规模宏大的史诗杰作，《玛纳斯》史诗毕竟融合了柯尔克孜族历史、文化、社会、生活的诸多层面，而这些都是在不同时期的玛纳斯奇口中不断得到传唱，不断得到艺术的加工和润饰而传递到今天的。因此，《玛纳斯》史诗的产生问题至今依然是国内外学界争论的问题。

《玛纳斯》的流传

《玛纳斯》的流传地域很广，凡是柯尔克孜人聚居的地方，都有《玛纳斯》的歌手和听众。史诗便在那里流传。我国新疆地区是柯尔克孜人聚居地之一，新疆南部以阿图什市为首府的克孜勒苏柯尔克孜自治州的阿合奇县、乌恰县、阿克陶县各个乡村都是《玛纳斯》的主要流传地。尤其是阿合奇县作为"当代荷马"，《玛纳斯》演唱大师居素普·玛玛依的故乡，被誉为《玛纳斯》的故乡，涌现了一大批优秀的玛纳斯奇。乌恰县也出现了以艾什马特为代表的优秀玛纳斯奇。新疆北部的特克斯草原、昭苏县等地区，自古以来也是《玛纳斯》史诗的重要流传地区。除我国之外，中亚的吉尔吉斯斯坦、乌兹别克斯坦、哈萨克斯坦也是《玛纳斯》的重要流传地域。阿富汗、巴基斯坦北部的柯尔克孜人居住区，也有《玛纳斯》传唱。

《玛纳斯》的听众

柯尔克孜是个游牧民族，居住分散。平日，他们散布于深山、草原放牧，亲戚朋友、部落族人之间见面的机会很少。因此，每逢喜庆节日或是婚礼祭典，主办者一般都要支起一些毡房，少则几顶，十几顶，多的则达几十顶。亲朋好友、邻里乡亲应邀而至，少则一二百人，多则几百人甚或上千人。这种群众性聚会活动，气氛热烈、场面壮观。挖灶架锅，宰羊杀马，白天举行赛马、摔跤，晚上则聚集起来全神贯注地聆听玛纳斯奇演唱《玛纳斯》。史诗典型的演唱环境一般都是在毡房里。玛纳斯奇坐在圆形毡房面对门的上宾席上，背后是叠得高高的被褥，前面是点火做饭的火塘，毡房内挂着马灯，听众围坐在花毡上，倾听玛纳斯奇动情的演唱。《玛纳斯》史诗的听众不仅是史诗的聆听者、欣赏者，而且也参与史诗的创作和传播。玛纳斯奇的每一次演唱都是对史诗的再创作，即"表演中的创作"。听众在专心地聆听玛纳斯奇演唱的同时，每当歌手演唱到精彩的段落时，高声吆喝，以此来鼓励和刺激歌手，而且在演唱结束时对每一位歌手的每一次演唱都提出各自中肯的评价。

对玛纳斯奇的这种评价，不仅对于提高玛纳斯奇的演唱水平有很大的促进作用，而且对于史诗传统的保存也是一种很好的监督。对于《玛纳斯》这种流传千年的活形态口头史诗而言，听众就是其赖以生存的土壤。如果失去了玛纳斯奇的演唱和听众的参与，那么口头史诗鲜活的生命力就会停止，从此就会进入书面文本传播的时代。

《玛纳斯》的异文或变体

《玛纳斯》在漫长的流传过程中，产生出许多异文和变体。根据我国学者的调查研究，目前我国发现的各种变体有近百部。在众多的异文中，我国新疆阿合奇县的居素普·玛玛依演唱的八部《玛纳斯》唱本最为光彩夺目。他的《玛纳斯》规模宏伟，长达二十多万行，相当于荷马史诗《伊利亚特》的十四倍。这一唱本内容异常丰富，情节曲折生动，上百个人物塑造得栩栩如生，性格鲜明，大大小小几十个征战场面，描写得绘声绘色，各具特色。这个唱本规模之宏伟、情节之完整、艺术造诣之高，是其他《玛纳斯》唱本难以相比的。居素普·玛玛依演唱的《玛纳斯》，每部篇名均采用玛纳斯家族英雄的名字命名：第一部《玛纳斯》、第二部《赛麦台依》、第三部《赛依铁克》、第四部《凯涅尼木》、第五部《赛依特》、第六部《阿斯勒巴恰与别克巴恰》、第七部《索木碧莱克》、第八部《奇格台依》。

玛纳斯奇的梦授说

在柯尔克孜族"玛纳斯奇"中关于学唱《玛纳斯》的一种流行说法。大部分大"玛纳斯奇"在谈到自己何以能够演唱多部《玛纳斯》时，都会说是因为在梦中得到过仙人传授，有的说是《玛纳斯》中的人物巴卡依、卡妮凯、额尔奇吾勒等的传授。对于"玛纳斯奇"梦授的说法，中国民间文艺研究专家陶阳曾有《史诗〈玛纳斯〉歌手"神授"之谜》一文，发表于1986年第1期《民间文学论坛》上。阿地里·居玛吐尔地在自己的《＜玛纳斯＞史诗歌手研究》一书中对玛纳斯奇的梦中"神授"观点进行了深入的研究，指出任何一个技艺超群的玛纳斯奇在解释自己学唱《玛纳斯》史诗的经历时都无一例外地把自己的史诗演唱才能同神秘的神灵梦授观念联系起来。他们总是把史诗的唱词看作某种天意的启示，把它解释为一种超自然力的干预。而这种超自然力仿佛在召引他们去执行这项使命，使他们这些被选中的人领悟到《玛纳斯》的学问，而且有些玛纳斯奇在接受"神谕"，被神灵（史诗中的英雄人物）选为他们的代言人之后往往要大病一场，病愈后便成为名扬四方的史诗歌手。根据作者在这本书中的研究，我国著名玛纳斯奇居素普·玛玛依十岁时梦见史诗英雄人物玛纳斯及其勇士并由史诗中勇士兼歌手的人物额尔奇吾勒引领他学会《玛纳斯》史诗，从那以后他便像是妖魔缠身一般痴痴呆呆、精神恍惚。无论是醒着还是睡着都像梦呓般吟唱《玛纳斯》史诗，仿佛进入一种忘我的境界。由于对《玛纳斯》的执着，一心一意投入《玛纳斯》史诗之中并有很多不同寻常的奇异表现，他还曾被族人称为"白脸圣人（kuu shaitan）"。不仅如此，他还曾一度因不唱《玛纳斯》史诗而患上奇怪的病，数年以后，等他开始演唱史诗后才逐步痊愈。无独有偶，居素普·玛玛依的哥哥巴勒瓦依，居素普·玛玛依的前辈玛纳斯奇朱素普阿洪·阿帕依，额布拉音·阿昆别克等也都做过类似的梦。关于"梦授"的观念不仅存在于阿合奇县的玛纳斯奇中，应该说这是自古流传于玛纳斯奇及柯尔克孜人中的传统观念。19世纪的著名突厥学家拉德洛夫询问一位玛纳斯奇相关的问题时，他的回答是："我能演唱所有的歌，因为神灵赐予我这样的能力。万能的神灵把这些词句放入我的嘴里，所以我无须去寻觅它们。我没有背下任何一首歌。我只需开口演唱，那些诗句就自动会从我的口中流泻而出。"19世纪至20世纪的大玛纳斯奇特尼别克（1846—1902）的"梦授"现象和他的史诗演唱技艺对后世玛纳斯奇产生了深远影响。关于他梦中领受神灵启迪掌握《玛纳斯》史诗演唱技艺的传说，也同时在后世玛纳斯奇中广为流传，并在流传过程中产生了多种变异。玛纳斯奇神灵的"梦授"说有以下几方面的特点：第一，进入歌手梦中，引领他学唱史诗的一般都是史诗中的英雄人物或者是柯尔克孜族神话中经常出现的白胡子圣人。比如在梦中引领玛纳斯奇学唱史诗的通常是玛纳斯的40勇士之一，传说中第一位编唱《玛纳斯》的英雄兼歌手额尔奇吾勒（居素普·玛玛依、巴勒瓦依和特尼别克）；或者是玛纳斯本人（额布拉音·阿昆别克）；或者是史诗中精通巫术能够呼风唤雨的阿勒曼别特（萨雅克拜·卡拉拉耶夫）；或者是史诗中的女主人公，玛纳斯的妻子卡妮凯（阿合奇县色帕巴依乡的一位少年玛纳斯奇）；或者是一位神秘的白胡子老人〔我国的朱素普阿洪·阿帕依和萨特瓦勒德、19—20世纪之交吉尔吉斯斯坦著名玛纳斯奇乔尤凯（1886—1928）〕。第二，被神灵选中受到神灵点化，智门顿开从此开始演唱《玛纳斯》日后成为玛纳斯奇的通常是那些以前从来没有演唱过史诗的少年。做梦之后突然之间成为玛纳斯奇是柯尔克孜族中极为常见的现象。比如，上述吉尔吉斯斯坦特尼别克、乔尤凯以及加尼拜·阔介考夫，我国玛纳斯奇居素普阿洪·阿帕依、额布拉音·阿昆别克等即属于这一类。第三，未来的玛纳斯奇领受神谕的方式是吃神赐予的小米、糜子（如居素普阿洪·阿帕依、加尼拜·阔介考夫）、马奶或蜂蜜。据说这是神灵将《玛纳斯》史诗变成食物强迫未来的玛纳斯奇吞食。第四，绝大多数玛纳斯奇吃过神灵赐予的"食物"或被神灵点化之后都会像居素普·玛玛依那样得一场重病，当他开始在众人面前演唱史诗后病情就会自然减退直至痊愈，自己从此也成为真正的玛纳斯奇。第五，绝大多数玛纳斯奇都是少年时代在迫不得已的情况下领得"神谕"并被强制成为神的代言人，在不自觉的状态下开始演唱《玛纳斯》史诗。众所周知，"萨满神"、"萨满梦"、"萨满病"是产生萨满的最核心的三个因素。任何一个未来的萨满都要在梦中的病态情景下受到神灵的引领，最终走向成为萨满的路途。"选择萨满的最普遍的形式，是梦中、病中或其他条件下，未来萨满与神或半神遭遇，神灵告诉他已被选中，并指示他将来应遵循的新的生活规则。""这种梦不仅有暗示性和指导性，还有强制性和强迫性。除了在梦中得到神灵的启示和教导外，他们还必须接受神灵的绝对命令，不管情愿与否，必须遵照神灵的意愿，做它们在人间的代理人。""有抗拒神灵挑选者，神灵便以病魔折磨他，制服他的反抗，迫使他不得不接受使命。"在调查中，我们不止一次地从玛纳斯奇本人或者从听众口中听到玛纳斯奇在不自觉的状态下被迫领受"神灵梦授"，日后成为玛纳斯奇的情况，而且这种"神灵梦授"的观念在越是早期受到采访的玛纳斯奇身上越是得到更深刻的体现（见拉德洛夫、乔坎瓦里汗诺夫、阿乌艾佐夫、陶阳、朗樱等人的著作或文章）。玛纳斯奇们的"神灵梦授"现象与萨满接受神的引领过程有着相同的背景和惊人的相似之处。显而易见，这是柯尔克孜族传统的原始萨满文化观念在玛纳斯奇这一特殊群体中的遗留。

第四部分 《玛纳斯》史诗中的古代部落、地名等人文资料

阿拉什

在史诗《玛纳斯》中玛纳斯将分散的柯尔克孜各部组织在一起及其相邻部落联合在一起所建立的部落联盟的总称。联盟中包括柯尔克孜各部，也包括一些哈萨克、乌孜别克、土库曼等部落。玛纳斯是阿拉什的首领，亦即部落联盟的首领，部落联盟中的各部群众统称阿拉什人。

诺奥依

《玛纳斯》中所述柯尔克孜最大的部落之一。关于这一部落，在不同的变体中有不同的解释，一说诺奥依是柯尔克孜几个主要部落的统称，如玛纳斯的父亲属于加克普萨尔特诺奥依部落（黄诺奥依，也含有南诺奥依）。玛纳斯的叔父加木额尔齐是卡拉诺奥依部落（黑诺奥依，也可译作靠北方的诺奥依）。玛纳斯的勇士楚瓦克是诺奥依特部落等。另一种说法是，诺奥依部落专指玛纳斯的父亲加克普的部落。那时，加克普被卡勒玛克人驱赶，率部众9万余户迁往卡勒玛克大富翁诺奥依的领地居住，他的这个部落就叫诺奥依部落，部落所属的柯尔克孜人被称作诺奥依人。

克塔依

史诗《玛纳斯》里所称"克塔依"是专指契丹，有时又称契丹及其所建立的"西辽"政权为"哈拉克塔依"或"喀拉契丹"，即黑契丹。这一点可以通过古代柯尔克孜族碑铭中把契丹写作"kitany"得到证明。这是契丹族名在柯尔克孜语中的音译。在史诗《玛纳斯》中，克塔依，即契丹，一直是柯尔克孜人的对手。史诗中描述契丹的章节和片段很多，尤其是在关于契丹王子阿勒曼别特投奔英雄玛纳斯的情节中最为显著。史诗中说他是克塔依王子，母亲却是一位穆斯林。他遵从母亲的规劝皈依伊斯兰教，并投奔玛纳斯。与他结拜为同乳兄弟。他智勇双全，帮助玛纳斯治理国家，还协助玛纳斯攻取了契丹京城。

卡勒玛克

汉语又译作"卡尔梅克"，其意为留下来的人或留下来的部落，指汉文史料中的"斡亦剌惕"、"斡亦剌"、"瓦剌"、"卫拉特"、"厄鲁特"等部。汉文史料统称西蒙古。在史诗《玛纳斯》里，卡勒玛克人是柯尔克孜人的统治者。从玛纳斯的父亲加克普与叔父加木额尔齐、阿克巴勒塔率柯尔克孜族部众抵抗卡勒玛克人失败后，柯尔克孜人即沦为卡勒玛克人的奴隶，卡勒玛克人对柯尔克孜人的统治十分残酷。卡勒玛克人对柯尔克孜族人凶残暴虐的统治，引起柯尔克孜人的强烈不满和英勇反抗。英雄史诗《玛纳斯》反映的是否就是以玛纳斯为首的子孙八代汗王率众反抗卡勒玛克统治的反侵略主题也是学者们需要深入研究的课题。《玛纳斯》史诗中有时把柯尔克孜族的敌人统称为卡勒玛克，有时又将克塔依和卡勒玛克混用，把两者视为玛纳斯的主要敌人。从这一点看，作为流传千年以上的口头史诗，《玛纳斯》史诗中蕴含着不同时期的历史痕迹。不同时代的历史事件，作为史诗内容无一列外地融入史诗之中，成为柯尔克孜族人民的历史记忆留存下来。

别依京

史诗《玛纳斯》中的重要地名。有的被音译为"北京"、"贝京"、"别依京"等。关于这一地名之所指，近年来学术界众说纷纭，莫衷一是。据史诗所述，别依京是克塔依人的

首都。国内外学者们的普遍观点认为，史诗中的别依京应指西辽的国都，《玛纳斯》中远征的别依京即契丹的首都临潢。此说曾得到学术界的认可，以后多有沿用。此外，也有把史诗中的别依京与现在的北京以及历史上的"北庭"联系在一起的说法。但有专家撰文指出对于民间文学所出现的人名和地名，不必非要同历史上真实存在过的人或地方联系在一起，牵强附会的考证是没有意义的。史诗中讲到了契丹人的五个别依京，这五个别依京与历史上同柯尔克孜族有过大量冲突的辽代的五个北京，即上京临潢府（今内蒙古孟昭乌达盟宁城县西南），东京辽阳府（今辽宁省辽阳市），南京幽州府（今北京市），西京大同府（今山西大同）十分吻合，说明史诗的主要内容可能就是在和契丹人的抗争中产生的。当然，这还需要作进一步科学的论证和研究。

阔克苏

史诗《玛纳斯》中的河名。据说是一条圣河，将人的尸体在河水中洗浴后，可以起死回生。艾什玛特的演唱变体里说，玛纳斯及其38名勇士被阔孜卡曼的马奶酒毒死后，勇士色尔克和色尔阿克将他们的尸体放入阔克苏中河洗浴后，众英雄死而复生。

阔依卡普

《玛纳斯》史诗中神仙和鬼怪的居所。风神在柯尔克孜族语中称为"阔依卡普"。据说他住在一个人迹罕至的崇山峻岭之中的深不见底的黑暗洞穴里。他具有极大神力，如果他生气，他便会打开风口吹气。这时，大地便会狂风大作，横扫一切，给人们带来灾难。

卡伊普山

《玛纳斯》史诗中一座神秘的山区，是很多仙女神仙的居所。在史诗中被描述为仙女和神仙出没的地方，具有浓郁的自然崇拜和神力崇拜色彩。山中的神仙与柯尔克孜族的英雄密切交往。玛纳斯的儿子，史诗第二部《赛麦台》的主人公英雄赛麦台的妻子，能幻化的仙女阿依曲莱克，玛纳斯的孙子，史诗第三部《赛依铁克》的妻子，善战女神库娅勒，英雄萨拉马特的妻子杰孜比莱克均出生在此山中。山中的仙女们爱慕人间的英雄豪杰。在英雄陷入危难之时总是及时来救助。比如说在史诗的某些异文中，当玛纳斯死后，仙女将英雄带入此山中用自己的乳汁让他死而复生。玛纳斯的儿子赛麦台被篡权者青阔交暗害后也被仙女带入此山中救活。而当赛依铁克陷入危难时，库娅勒则前来救驾，打退敌人并与英雄结为连理，共同杀敌。卡伊普山中的这些仙女的幻化、飞翔体现出古代女萨满的鲜明印记。

巴伊铁热克

在柯尔克孜语中也被称为"齐纳尔铁热克"。根据史诗的描述，这种树的树叶上渗出一种赋予人力量的白色乳汁，当英雄受伤时可以通过这种乳汁获得重生。它还被赋予宇宙树、生命树、母亲树等意义。根据柯尔克孜族的神话，这种神树的根与地下世界相通，树身则与人类世界相连，树冠与天界的神灵相连，是将整个宇宙连接在一起的象征。作为母亲树，在人类英雄即将要死去或昏迷的时候，她以自己的乳汁、圣水、苹果等方式赋予英雄不死的生命，或者是敌人无法战胜的力量。《玛纳斯》史诗中的"巴伊铁热克"形象充分地体现了柯尔克孜族古代神话的内涵。

图玛尔

柯尔克孜语音译。意为"护身符"。为免受魔鬼的侵害或避免遭恶眼恶舌，要随身佩戴鹰指甲、蛇角、熊指甲、狼踝骨、骆驼绒毛做成的护身符。狼拐骨及狼的皮、毛、骨、肉皆被当作圣物。佩戴狼踝骨可以带来好运。巴合西在各种干果、石子以及其他物品上念咒，使之起到避邪消灾的作用。也有的将《古兰经》经文中相应的条文写下来，再将之用布包裹起来做成护身符。

阔孜蒙雀克

柯尔克孜语音译，意为"避开注目"。柯尔克孜族古老宗教性习俗。柯尔克孜人认为，婴儿和美女如果长时间被人的目光，特别是凶恶的目光注视，会身体不适、生病或遭到其他灾难。为避开别人注目，柯尔克孜族常在新生婴儿和漂亮姑娘的脖子上戴上耀眼的宝石、金银等。用这些金银珠宝闪烁的光彩转移人们对婴儿和姑娘的注目，避邪消灾。

柯尔克孜族称谓用语

柯尔克孜语中称谓用语较多。最常见的有以下几种父亲：儿女称父亲为"阿塔"、"阿塔克"。爷爷和伯父健在，子女则称父亲为"阿巴"、"巴衣克"、"阿克"。母亲：儿女称母亲为"艾乃"、"艾乃克"。若爷爷、奶奶、伯母健在，子女则称母亲为"艾姐"、"吉额"。继父：儿女称继父为"阿塔克"、"阿塔"。继母：儿女称继母为"艾乃"、"艾乃克"、"阿帕"、"阿帕克"。岳父：女婿称岳父为"哈因阿塔"，见面时随妻称呼。岳母：女婿称岳母为"哈因艾乃"，见面时随妻称呼。丈夫：称"艾尔"、"阿比西哈"，一般妻子不直呼丈夫的名字。妻子：丈夫称妻子为"扎衣比木"、"阿牙力"。儿子：称自己或别人的儿子均为"巴拉木"。女儿：称自己的女儿"克孜木"、"巴拉木"，称他人的女儿为"克孜"、"哈仁达西"。媳妇：指儿子的妻，见面时称"巴拉木"、"克林巴拉木"。公公：妻称丈夫的父亲为"阿塔开"、"阿塔"。婆婆：妻称丈夫的母亲为"阿帕开"、"阿帕"。爷爷：孩子称爷爷为"穷阿塔"、"阿塔"。奶奶：孙子称奶奶为"穷艾乃"、"阿帕"。外公：外孙称外公为"塔依塔"、"阿塔"。外婆：外孙称外婆为"塔依乃"、"艾乃"、"阿帕"。另外，柯尔克孜人年龄小的男女对年龄大的女性尊称为"巴依比切"、"穷阿帕"、"穷艾乃"、"穷艾姐"，对年龄大的男性尊称为"阿合萨克力"、"阿日牙"、"穷阿塔"、"阿克"，对未婚女子统称"克孜"、"克孜恰克"，对一般年长者称"乌鲁"、"阿克萨哈力"、"哈日牙"，对一般年轻者称"克秋"、"加西木尼"。

柯尔克孜族畜牧用语

柯尔克孜人民主要经营畜牧业，长期的游牧生活使畜牧方面的词汇特别丰富。举例如下。马：吉力克；种马：阿依合尔；公马：阿特；一岁马：虎龙；二岁马：塔依；三岁马：库南；四岁马：皮西特；五岁马：阿色；六岁马：艾克阿色；十八岁马：恩托尔提阿色；母马：别塔力；三岁母马：库南巴衣塔力；四岁母马：皮西特巴衣塔力。牛：乌衣；牦牛：托坡孜；种牛：布卡；公牛：乌古孜；母牛：伊乃克；牛犊：托尔坡克。绵羊：考衣；母绵羊：错鲁克；种绵羊：考其禾尔；公绵羊：伊尔伊克；一岁绵羊羔：科祖；二岁绵羊：提射买；三岁母绵羊：托呼吐；三岁公绵羊：波肉库；山羊：艾其克；种山羊：特克；公山羊：艾尔开齐；母山羊：错路库艾其克；山羊羔：乌拉克；三岁母山羊：切比奇；三岁公山羊：色尔开。野山羊：克衣克；黄羊：吉任；大头羊：胡力加；母大头羊：阿尔卡尔。这些称呼都普遍出现在《玛纳斯》史诗的各种异文当中。

柯尔克孜人对生肖的理解

柯尔克孜人认为每一个人都与自己的生肖动物有着密切的关系，生肖主宰人的祸福。崇敬自己的生肖动物，就可以得其保护，否则就要受其惩罚。柯尔克孜人还认为每一个人的本命年，对他本人是凶年。在他们的本命年到来之时，要摔碎一个碗，还要把不顺眼的东西在头顶上绕三匝后，送给别人，以求消灾免祸，逢凶化吉。在《玛纳斯》中有这样的记载：有一次玛纳斯跨马出征，其妻卡妮凯提醒他，这一年是他的本命年，恐怕凶多吉少，要他多加小心。从未惧怕过任何东西的盖世英雄玛纳斯听后恐惧万分，仓皇不宁，以至用马鞭不停地敲打着马鞍，忧心如焚。柯尔克孜人在本命年，做事十分小心谨慎。

阿依特西

柯尔克孜族民间对唱。柯尔克孜族民间即兴诗人和口才伶俐的民间艺人们为了比试各自的才能而进行的演唱活动。主要分为民间习俗性对唱和阿肯对唱两种。民间习俗性对唱有巴迪克、卡依木、萨尔灭尔旦、男女对唱等形式，阿肯对唱则有阿勒木萨巴克、塔布西玛克、阔尔多、吾曲拉秀等形成。这些不同形式的对唱之间并没有严格的界限，往往在一种形式中可以见到另一种形式的介入，柯尔克孜族的对唱是在人们锻炼自己的口才和提高韵文表达能力的过程中产生、发展起来的。其中的"巴迪克"是同原始宗教信仰有关的古歌谣。人们通过轮流演唱同一个曲调、同一个内容的唱词来达到驱除病魔的目的。《别克白凯依》是妇女们在夜晚守护羊圈时轮流演唱的一种古歌谣，它有特定的曲调和内容。而卡依木、男女对唱、萨尔灭尔旦等则深刻地反映了年轻人的内心世界。在氏族部落时代，对唱这种形式尤为发达。各部落的头人们在大型集会或庆典上总是要安排天才的民间阿肯们即兴演唱，借以为集会增添欢乐气氛。随着部落间矛盾冲突的加剧，阿肯对唱的内容也有所改变。最初，双方阿肯只是通过歌唱来问答辩论一般的问题，后来则变成赞颂本部落头人、显贵们的事迹，揭露和讽刺对方部落的缺点，以此达到贬损对方部落的目的。有时则对一些神秘事物或宗教戒律进行解释。到了近现代，一些天才的民间艺人则把社会上的各种新鲜事物、先进思想意识编入自己的唱词中，在自己的演唱内容上既突出娱乐性，又注意劝喻教育性，使对唱更加适合社会发展的需求。民间对唱对现代诗人的创作曾经产生过重要影响。

铁尔麦

柯尔克孜族一种劝谕性的民歌。在内容上主要表现人们的日常生活及社会交往，很多历史事件也往往被融进作品中，以达到借古喻今的目的。民歌手在演唱铁尔麦时，常常运用象征、比喻、讽刺、抒情等艺术手法。

交毛克

柯尔克孜民间口头文学中一种古老的形式。从广义上说，它既包括长篇韵文形式的叙事作品，如英雄歌、史诗等；也包括一般的民间故事。但是在一般情况下，柯尔克孜族把民间故事称为"决交毛克"，而把英雄歌、史诗作品用国际通用的"达斯坦"、"艾波斯"等命名。交毛克，多以反映游牧生活和征战的故事为内容，充满幻想，具有感人的艺术魅力。

阿肯

柯尔克孜族中对头脑敏锐，即兴创作诗歌并当众演唱的民间诗人的称呼。阿肯与"额尔奇"在意义上相近，但"额尔奇"基本上是指能够演唱民歌的歌手，而"阿肯"是特指那些具有较强即兴创作能力并能倚声填词的民间歌手。只有那些具有很强语言驾驭能力的"额尔奇"才能成为"阿肯"。到了近代，阿肯的意义不断扩大，它除了指即兴演唱的民间口头诗人外，还指那些从事诗歌创作的当代诗人。

散吉拉和散吉拉奇

散吉拉，柯尔克孜语，直译为部落史，柯尔克孜族民间口头文学的一种。在柯尔克孜民间专门讲述部落史的人，散吉拉奇，意为部落史讲述家。其中部分人将部落史编成韵文叙事诗进行演唱。散吉拉主要讲述民族的起源，部落的产生和发展，以及著名首领和英雄人物的事迹。散吉拉中往往还包含着神话和民间习俗等内容。散吉拉的讲述者们根据自己的爱好和听众的要求以散文和韵文两种形式讲述。在柯尔克孜族中，每一个部落都有其固定的"散吉拉"（部落史）和"散吉拉奇"（部落史讲述者）。如果讲述整个民族的"散吉拉"需要数十天，一个部落的"散吉拉"便需数天才能讲完。不同部落的"散吉拉奇"在讲述本部落的"散吉拉"时，总是要有意突出自己部落在整个民族历史上的作用，提高自己部落在听众心中的地位，有一定的主观趋向性。在柯尔克孜地区有名的散吉拉奇有艾什玛特、托略克·托略罕、阿不都热合曼、托克托逊、吐克·苏里堂阿勒、洁恩别克、阿克木谢里夫、玉素因阿吉等。

1913年、1914年在俄国塔什干市曾先后出版过两本由奥斯满阿勒·斯德克编著的柯尔克孜族部落史。这两本书由新疆古籍搜集整理办公室搜集并于1985年由新疆人民出版社合集出版。我国柯尔克孜族中的著名"散吉拉奇"有苏里堂阿勒·布尔波多依、玉赛音·阿吉、居素普·玛玛依和托略克·托略罕。其中，玉赛晋·阿吉和托略克·托略罕两人的"散吉拉"专集曾先后由克孜勒苏柯尔克孜文出版社出版。

叼羊游戏的传说

柯尔克孜族民俗传说。相传，在柯尔克孜族英雄玛纳斯率领40名英雄，与卡勒玛克人肉搏时，发现敌人用海底捞月之法，掠去牛羊财物；用镫里藏身之术，砍杀士兵和群众；用飞马传递之技，抢掠妇女与儿童。为了克敌制胜，玛纳斯就将自己的40名勇士分作两队，用一只羊羔，训练破敌之法。他们有攻有守，有争有夺，经过40个昼夜的训练，终于练出了超过敌人的本领，将敌人抢到手的财物又夺了回来，取得了胜利。从那时起，为了纪念战争的胜利和玛纳斯的聪明才智，人们就将这一练兵之术，逐渐发展成今天的叼羊游戏。

攻占皇宫游戏的传说

柯尔克孜族民俗传说。相传，很早以前，柯尔克孜族各部落经常受到外族的入侵。后来柯尔克孜族出了一位出类拔萃的英雄汗王玛纳斯，他率领柯尔克族各个部落，奋起反抗，终于打败了凶残的入侵者。他们以勇追穷寇之势，一直把入侵者追到敌人的宫城之下，将敌人的皇城团团围定。这一天，玛纳斯设庆功宴，宴请各部首领和将军们。因敌城已围困40天，敌人守卫严密，始终难以攻下，使得这位英雄汗王日夜操心，就在宴席上也不忘攻城之事。他突然想出了一个攻城的作战方案，马上把自己的想法告诉了众首领。为了讲得清楚，他用手蘸着水酒，在餐布上画了一个大大的圆圈表示敌人的城堡；将一枚银币放在中间，表示敌人王宫中的国王；将餐布上的羊拐骨捡起来，当作敌人守卫皇城的卫兵，并按方位一一布置好。他抓起一只牛骨，作为自己的攻城部署。就这样用牛骨攻，用羊拐骨守，一进一退，一攻一守，一来一往。在众首领和将军们的参谋下，经过几次反复和交换攻法，终于将一个个羊拐骨打出了各自坚守的阵地，并且将中间的"国王"——银币打出了圆圈。就这样制订了一个成功的攻打皇宫的方案。各部首领回到营地后，立即用同样的方法，向部下传达了攻城方案和部署，很快就攻下了敌人的皇宫，取得了反侵略战争的最后胜利。为了纪念这一胜利，古代柯尔克孜人就模仿这一部署形式，编成"攻占皇宫"的游戏，一直流传至今。

白毡帽的传说

柯尔克孜民间传说。据说古柯尔克孜人戴的是黑毡帽。玛纳斯与敌人在一个黑夜交战时，获得了大胜。因卡勒玛克人戴的也是黑毡帽，狡猾的敌人便混入玛纳斯的军中，不仅逃脱玛纳斯的追杀，反而又从背后向玛纳厮杀来，使玛纳斯功败垂成。此后，玛纳斯为了战争的需要，将黑毡帽换成白毡帽，以与卡勒玛克人有一个明显的区别。起初，这种白毡帽为军帽，后来才慢慢发展成柯尔克孜族男子的帽子。

第五部分　《玛纳斯》与柯尔克孜族民俗

一、竞技游戏

荡秋千

柯尔克孜族的传统游戏之一，特别为妇女所喜欢。据史料记载，早在春秋战国时期，中国北方民族就有荡秋千的习惯。在柯尔克孜族民间流传一种说法，认为荡秋千能消灾免祸，男孩子、女孩子荡了秋千长身体，老年人荡秋千延年益寿。柯尔克孜族秋千分单人、双人和多人几种。

攻占皇宫

柯尔克孜族传统体育竞技活动。它不受季节的限制，特别受柯尔克孜人喜爱。"攻占皇宫"的场地一般是一直径为 8 米左右的圆圈，圆的中央是一个 10 厘米左右的小土坑，将一枚银币放在里面，作为汗王，然后将羊拐骨按双方商定的数字也摆在坑边的不同位置，作为守卫皇宫的卫士。双方队员围在圆圈外的固定位置，分别依次用手中的牛角方块打坑边上的羊拐骨和土坑内的银币。"攻占皇宫"的规则是：如果一方的牛角块打出了羊拐骨，还可以连打第二次，第二次又打出，可打第三次，直到打不出时才能让给对方打。另外，如果一人既打出了羊拐骨，而牛角块又落在离羊拐骨20厘米以内的地方，这样他就可以进入圈内，一腿跪地，拿起牛角块打近处的羊拐骨，但一次只能打一下。如果碰上了另一个羊拐骨，即被取消连打资格。还有一规定，站在圈外打羊拐骨时，脚不能踩线，否则算犯规，取消资格，停打一次。如果一方将坑内的银币打出，即为胜利。如果将"皇宫"的卫士都消灭了，而坑内的"国王"还未打出，还不能定输赢，双方还要继续攻打，直至谁打出"国王"才算胜利。

抢朋友

多在婚礼的集会上进行的游戏，又叫"青杨、白杨"。游戏开始前，将参加游戏的人分成数目相等的两组，每组排成一队，互相紧紧挽着手臂。两组队员对面站立，相距20—30米。游戏开始时，两组各定一个名字，一个叫"青杨"，一个叫"白杨"。然后分出谁先抢朋友。如"青杨"组先抢朋友，"青杨"组就集体唱道："白杨，白杨我问你，你们需要哪一位？""白杨"组的队员唱道："美丽的塔什古丽，快过来，我们就要你。"被叫名字者，立即跑到"白杨"组内，用力拆散"白杨"组的队列。在把"白杨"的队列拆散后，就赶快拉一人到"青杨"组内，如果经过反复的抢拉还拆不散，此人就只有进入"白杨"组内。这时"青杨"组要集体唱歌，跳舞认输。此后游戏继续进行。

牛式拔河

柯尔克孜族民间体育活动。柯尔克孜语称"克力布卡"，在牧区常见。玩法是：两人用一根长约4米的牛毛绳，两头结死，从两腿中间拉过胯再套在两人的脖子上，然后两人趴在地上头向外，手、脚着地，两边各有终点。当主持人开始发口令时，两人手脚并用，脖颈用力拉，先拉到终点的一方为赢。

互翻筋斗

柯尔克孜族传统的民间游戏之一。参赛的两人面对面站好，先分谁先翻。口令一下，先翻的一方抓住对方的腰，把对方翻成头朝下。双方利用惯性，急速翻转对方，这种快速翻转，若有一方翻不过来对方就算输。

月下寻物

柯尔克孜族古老的民间游戏。一般是在夏夜月下进行。参加的人员分成人数相等的两队，主持人站在队中间，把事先准备好的20厘米长的木棒和以迷惑游戏者的骨头棒同时在两队队员面前亮相，迅速将木棒和骨棒分别向反方向扔出去，然后大声喊："你们快去找木棒，找着木棒吃块肉，找着骨棒唱支歌。"这时双方队员去找木棒，若甲方找到木棒就喊着甲队人的名字往主持人跟前跑，这时乙队队员要堵截去抢。若乙队抢到了，就马上喊乙队人的名字往主持人跟前跑。双方经过激烈的抢夺，最后，把木棒交给主持人的那队为胜。

蒙眼找伴侣

柯尔克孜族民间游戏。这是男女青年传递情感、交流思想、增进友谊的游戏。游戏时，男青年自选一位姑娘为游戏对象，然后，主持游戏的人用姑娘的手帕蒙住男青年的眼睛，将其在原地转一圈。姑娘叫："我的山鹰展翅飞吧！"

主持人立即宣布开始。男青年展开双手，顺着女青年的声音发出的方向摸去，同时也边走边唱：小白鸽、小褐鸽，你在哪里，我骑骏马飞奔，何时到你那儿。姑娘在规定的范围内边躲藏边唱道：哟！说远不远，我在这儿，找不着我，要掉下深渊去。男青年根据声音边摸边唱道：小天鹅，小白鸽，你在哪儿？快马加鞭，何时到你那儿。优美的歌声在耳边响，我怎么找不着你，你那苗条的身姿，我怎摸不着你。姑娘边躲边唱：辨清方向向前走，诚心实意就可找到。迈开大步朝前走，我伸开双手，把你迎候。游戏在事先约定好的时间，抓住姑娘为赢，抓不住者为输。

滚球

儿童游戏。游戏开始时，根据参加人数多少，在平地上画一条直线，每隔10—15厘米按人数挖一小坑。滚球人离小坑2米左右，面对小坑。游戏开始时，先由第一人把用羊毛或牛毛制成的球往自己坑内滚，若滚进去，接着继续滚，若连续滚进五次，并排站的第二人唱歌跳舞以示惩罚。第一人接着再滚，若有一次滚不进去，唱歌跳舞后，第二人滚球。滚时若把球滚到别人的坑内，其他人员依次交换位置。在交换位置时，滚球者赶快拾起球向交换位置的人打去，击准者受罚，若没有击准，抛球者受罚。

木马舞

传统的民间游戏，这是一个有悠久历史的游戏。首先用一根约1.5米的木棒，一头系上用树枝或绳索扎成的马头，再扎上红布、彩巾，装扮成马头形，系上红缨、铃铛、嚼子、缰绳，"马"身上用大块红毡裹上，马尾用黑纱巾或黑布扎成。将木棒系于舞马人的身上，舞马人左手提缰，右手握鞭，随着音乐的节奏，翩翩起舞。木马舞的舞姿粗犷豪放，表演动作形象逼真。

藏髁骨

古老的民间游戏，直到现在仍很流行。这一游戏是柯尔克孜族人在由冬牧场转移到夏牧场前的欢乐聚会上举行的。全牧村的人在一起，吃手抓肉时，无论谁吃到羊腿下面圆形髁骨时，就要与在座的客人打赌，并用丢"羊拐骨"的办法产生游戏的对手。当找到参加游戏的对手后，吃出羊髁骨的人，便双手捧起羊髁骨唱一首民歌，然后把羊髁骨送给对方，大家一起唱歌游戏一番，并订出下次聚会的日期。来年，当牧民们在高山夏牧场度过夏季后，转移到冬牧场又聚在一块了，这时送羊髁骨的人见到了接受羊髁骨的人，就会问："羊髁骨带来了吗？"如果被问者迅速亮出羊髁骨，并递过去说，羊髁骨带来了，为你祝福，问者就要举行宴会，若被问者拿不出羊髁骨，则被问者举行宴会。

赛马

柯尔克孜族一项体育运动。根据汉文史籍的记载，唐代时，西域逐水草而居的游牧民族，在每年的年初要举行7天赛马活动，以这种游戏胜负，预测各部落一年生产的丰歉。元、明、清时赛马和兵役制相结合，成为当时的一种制度。这种传统的体育运动，在节日和喜庆时举行，届时，参赛双方的骑手选拔最好的马参加竞赛。比赛开始，只见赛手扬鞭催马，风驰电掣，各显神威。四周的观众，欢呼雀跃，呐喊助威，气氛异常热烈。

叼羊

柯尔克孜族传统的体育运动项目之一。参加竞技的人分成两队，每队5人，各分两人一组，平行立于相距约30米处。把准备要叼的宰好的羊，放到预定的地方，然后宣布开始，双方开始争夺。谁先把羊抓到手，就向终点跑去（现在用木架），另一队进行追赶，先抢到羊的一队队员互相接应。得羊者为了不让羊被夺走，在奔跑过程中，互相传递，而对方阻拦、抢截。一旦羊被对方抓住，为了不让对方轻易将羊叨去，就把羊的一小部分夹在脚镫带下，给对方争夺增加困难。

马背对刺

柯尔克孜族人练骑技和作战能力的古老游戏。游戏时，备长约2米多的木杆，小头系上红绸，双方在马上对刺，把对方刺下马者为胜。此游戏在《玛纳斯》史诗中描述得非常详细，而且是考验英雄作战能力和武功的一种重要手段。

飞马拾物

柯尔克孜族地区较流行的传统民间体育项目之一，又称"马上拾银"、"马上拾花"等。开始竞赛前，先在广阔的草地上挖一个小坑，将一枚银元、小花、银片或其他物品放在坑内。参加竞赛的人，骑马站在离小坑100米以外的地方，当主持人发出开始命令后，骑手们策马向小坑冲去，在飞奔的马上将坑内物品拾起，若拾不上或马跑得慢甚至马停者则为犯规，取消竞赛资格。这种竞赛，一般为分组赛和个人赛两种。马上拾物分男子和女子进行。还有一种马上拾物是在跑马线上等距离内放几朵小花，以同时间内拾得花朵多者为胜。

赛骆驼

柯尔克孜族古老的民间体育项目。早在唐代，柯尔克孜人赛骆驼、赛马及马术等民间活动就极为兴盛。《新唐书·黠戛斯》称唐代黠戛斯人的游戏有马技、弄骆驼等。弄骆驼就是今日之赛骆驼。赛骆驼规模不一，小的三五峰，多的上百峰，通常也为几十峰。骑手多为青少年男女。参赛的骆驼头挂彩绸，身披艳丽的驼衣。骑手多穿紧身衣裤，以红、绿、蓝或黄色为主，色彩鲜艳。赛骆驼多为长距离，一般在千米以上，长者可达万米。柯尔克孜族的赛骆驼曾几次作为表演项目，参加新疆维吾尔自治区少数民族传统体育运动会。

跨驼比武

柯尔克孜族的传统体育运动之一。比赛时，各自骑着训练有素的骆驼，在赛场两边栽上木桩、草人；在经过的路线上竖木栅，设障碍。比赛开始，骑手手持大刀，驱驼飞奔跨木栅，越障碍，抡刀左右开弓砍两面的目标。并在规定时间内，越过全部木栅、障碍，把两边的目标全部砍掉算胜，可重奖马匹、羊只。

射元宝

柯尔克孜族古老的民间竞技项目。射元宝有骑射和步射两种。射击前，在地上立一根10—15米的木杆，杆顶架一根约2—4米的横木，横木两边悬挂5—10枚用细皮条拴着的元宝。骑射：骑手从远处策马疾驰而来，距元宝40米的地方，举枪瞄准射击，在射击时不许停步。步射：射手原地站立，距离一般在50—100米。这两种射击，凡射中皮条，元宝落地，为胜。射中的元宝一般奖给获胜者。在《玛纳斯》史诗中出的各种集会上都有这一游戏出现，而且是考验英雄人物的必不可少的一项竞技项目。

马上角力

是显示骑技和勇敢的一种对抗性体育活动。比赛时，骑手以一只手执鞭或将鞭叼在嘴里，双方交手较量，力图将对方拉下马来，斗智斗勇，险情迭起。产生于公元10世纪左右的柯尔克孜族英雄史诗《玛纳斯》中是这样描绘马上角力的情景的："一边一个棒小伙子，赤膊上场。相搏在马上，马术有高有低，得胜靠力气，斗勇也斗智。一场鏖战后，胜负见分晓。"马上角力也有分组赛和选拔赛两种。分组赛就是将参赛人员分为两组进行比赛，以获胜人数多者为胜。选拔赛是胜者再依次与参赛人员比赛，直到最后无人应战时，为胜利者。

人背角力

一般分成两组进行对抗赛，参加的人数不限，但比赛的人数必须相等。每次比赛开始，双方各派出两名选手。主要方式为：一人骑在另一人的肩上，双方走近时，骑在脖子上的人，只能采取用手拉、扯、扭等方式，直到将对方从肩上拉下来者为胜。最后看哪组胜的人次多则为团体胜。另外也有进行选拔赛的，即先胜的选手再与第二对、第三对参赛的选手比赛，最后选出一对无敌的角力士来。这种人背角力，除了斗智斗力外，还需要两个人密切的配合，若配合不协调，要想取胜则十分困难。人背角力只在男子中进行。

摔跤

柯尔克孜族传统的古老竞技运动项目之一，是《玛纳斯》史诗中考验英雄好汉的必不可少的一项内容。在史诗的各种集会上或祭典上都有极为详细生动的描述。尤其是在史诗传统章节"阔阔托依的祭典"上英雄阔绍依与交牢依之间的较量，堪称史诗摔跤的经典，是《玛纳斯》内容中最为经典的章节之一。随着时代的发展，这种摔跤竞技分成了多种形式，主要为3种。

第一种是：摔跤手用右手抓住对方的肩胛，左手抓住对方的右手，两人在摔跤时可使脚绊，直到把对方摔倒为胜。第二种是：两个摔跤手可互抓腰上的皮带，用各种方法将对方摔倒为胜，可用脚使绊子。第三种是：双方抓住对方的皮带，采用各种方式把对方摔倒为胜，但不得使脚绊，否则为犯规，取消比赛资格。

赛鹰

猎人的游戏。游戏开始时，主持人将一只野兔或石鸡作为追捕的对象，抱在怀中，让驯鹰人把各自的鹰准备好，主持人将野兔或石鸡先放出，然后喊开始，参赛的人放鹰去追捕野兔或石鸡，先捉住了兔或石鸡的鹰为胜。

二、丧葬

纳兹尔

柯尔克孜族语音译，意为对死者的祭典和悼念。人死后，柯尔克孜要按照伊斯兰教的教义安葬并在3日、7日、40日和一周年之时为死者举办宗教祭典悼念活动。这些活动被称为"纳兹尔"。"纳兹尔"日时要宰杀牲畜，准备丰盛的食物招待客人，安慰和取悦亡灵。在柯尔克孜族中有"如果不能让死者满意，活人也不会得到安宁"的谚语。史诗中最为隆重的纳兹尔莫过于"玛纳斯的祭典"和"阔阔托依的祭典"两个传统的章节中关于为英雄举办的大型祭典的描述场景。这种祭典被称为"阿西"仪式。意为对死者的周年祭典。祭典举办期间要邀请远近四邻，宰大量的马匹、牛羊，举办赛马、刁羊、摔跤、射箭等活动为老年死者举办隆重的周年祭点。主要是取悦亡灵，表示悼念。在《玛纳斯》史诗中有详细而生动的描述。

迎接灵魂

柯尔克孜人对亡灵的祭祀和对祖先的崇拜和虔敬。据乔坎·里汗汉诺夫记载：柯尔克孜人认为，在人死 40 天或最少 4 天之内，死者的灵魂会每天返回到自己生前的住处探察自己的后代的，因此，人们每天晚上都要在房内点上油灯，不让它熄灭。每天傍晚还要在点灯之前，掀开毡房的门帘，并在一个碗里盛满马奶放在门边的白色毡子上，迎接死者灵魂的来临。

树葬

古代柯尔克孜族的丧葬习俗。在元明之前盛行，随着皈依伊斯兰教逐渐消亡。树葬的方式是将死者尸体放入棺木中，并将棺木置于高大的树杈上，任其被风吹日晒，最终腐烂消失。

土葬

古代柯尔克孜族的丧葬习俗。古代柯尔克孜族除了实行火葬、树葬之外还实行土葬。土葬的规模按贫富而有别。普通人只以单木棺下葬，没有墓室。富贵王族则不仅有砖墓室或石墓室并用套棺安葬，而且还有大量的随葬品，墓室中还有壁画。《玛纳斯》史诗中对此有详细描述。

火葬

古代柯尔克孜族的丧葬习俗。据史料记载，隋唐时期居住在叶尼塞河上游的柯尔克孜族先民盛行火葬。火葬方式是将死者尸体置于柴堆上燃烧，亲属们绕着火堆哭泣哀悼。妇女们披头散发，撕破脸面，为亲人表示哀悼。

第六部分 《玛纳斯》史诗中英雄的骏马和武器

阿克库拉骏马

英雄玛纳斯的坐骑，为灰白色骏马。同它的主人一样，阿克库拉骏马也有神奇非凡的身世、名称和能力。玛纳斯也同其他史诗人物一样，有专门的武器、战袍、铠甲和坐骑，如果失去这些，他将难以有所作为。玛纳斯的许多英雄行为和所取得的胜利与阿克库拉骏马有着密切的关系。阿克库拉是卡勒玛克汗王秦额什的白马所生。这匹白马每三年一次跑到阿勒泰的阿依登阔勒受孕，回来后产仔。阿克库拉是其第三胎。前两胎马驹分别被阿牢开和交牢依用重金买去。阿克库拉出生时，是一个身上长满绒毛，四肢细小，相貌丑陋的小马驹。加克昔送来麦子和其他财物向秦额什讨好时，在院子里看到了这匹瘦弱不堪的灰白色的马驹，顿时想起阿克巴勒塔当初的预言。他觉得预言中的玛纳斯未来的坐骑正好与眼前的这匹马驹相仿。于是，向秦额什要走了马驹。然而卡勒玛克占卜师江格尔立刻前来向秦额什进谏，说前两匹马驹已经成长为两匹名马，这匹瘦弱的灰白马驹也定会是一匹非凡的骏马。秦额什一听此言，便马上派人去抢回阿克库拉马驹，但马驹就是不愿往回走，士兵们只好弃马而返。加克普把阿克库拉马驹牵到驻地后，绮依尔迪早已干瘪的乳房突然发胀流出奶汁。于是，她便挤出乳汁拌上麦子喂给马驹吃。这样，玛纳斯与坐骑阿克库拉马驹便成为同乳兄弟，结为生死与共的伙伴。玛纳斯见到阿克库拉马驹时，顺手在它背上一摸，瘦弱不堪、丑陋无比的马驹顿时变得健壮俊美，胎毛褪尽，浑身光亮起来，两眼炯炯发光，两耳竖起处有烛光闪亮，臀部上有马的保护神康巴尔摸过的手印。阿克库拉骏马一生与玛纳斯为伴，多次在危难中救玛纳斯脱险，立下赫赫战功。阿克库拉的名字同英雄一样，名震草原。玛纳斯牺牲后，它不吃不喝，流着眼泪守在主人遗体旁。后来，在为玛纳斯举办的祭典上夺得赛马第一，再一次为玛纳斯赢得荣誉。祭典之后，阿克库拉骏马口鼻出血，献出生命，为主人殉葬。

塔依布茹里

史诗《玛纳斯》第二部主人公赛麦台的坐骑。与赛麦台命运相连，生死相依，12岁的赛麦台回到故乡，看到塔依布茹里从并排的12根拴马驹的长绳上一跃而过，它是特意向赛麦台显示自己的本领，让他选中自己做为坐骑。赛麦台最终选中了塔依布茹里，骑着它征战东西，戎马倥偬一生，最后与它一起消失。

康库拉

《玛纳斯》史诗第四部主人公凯耐尼木的神马。能说人话，通人性，能够以飞快的速度3天跑完3个月的路程。史诗里说，赛麦台、巴卡依、古里巧绕等在木孜塔格山受困。凯耐尼木得到消息后，因无坐骑只好从商贩手中选骑一匹浅黄色4岁马。此时，马开口说自己叫康库拉，是命中注定成为凯耐尼木的坐骑。指出凯耐尼木在骑用之前必须用大米、马奶等调养15天。于是，凯耐尼木按这种说法调养了15天后，骑上它出发去营救被困在山中的亲人。康库拉让凯耐尼木闭上眼，用3天时间就走完了3个月的路程，并在战斗中与凯耐尼木密切配合，为打败敌人立下战功。当凯耐尼木受伤后，它守卫在其身旁。

玛尼凯尔

《玛纳斯》史诗第一部中哈萨克汗王阔阔托依的神马。以超凡的速度而著称，阔阔托依汗死后遗留给儿子包克木龙。在阔阔托依的祭典上包克木龙把马借给阿依达尔，让他骑上这匹神马去邀请四方的客人。前来参加祭典的克塔依及卡勒玛克首领空吾尔拜、交劳依提出不让玛尼凯尔参加比赛，而且无理强行索要这匹神马，包克木龙胆小如鼠，竟答应把父亲留给他的神马送给卡勒玛克人，以此来换得屈辱的和平。玛纳斯介入后，神马才得以留在主人身边。

托托茹

《玛纳斯》史诗第二、三部反面英雄克亚孜的坐骑。"托托茹"在柯尔克孜语中是"土褐色"的意思。它通人性、能说人话，在许多危难时刻救助主人克亚孜的性命。当阿依曲莱克要骑它时，它向克亚孜暗暗提示将要来临的不测。当古里巧绕打死克亚孜寄存在野山羊体内的木箱中的7只麻雀中的5只时，其余两只顺势钻入托托茹鼻孔内。这时，克亚孜被古里巧绕先后杀死6次，但只要托托茹嘶鸣一声他便马上恢复神智，越战越勇。古里巧绕想方设法杀死托托茹骏马之后，克亚孜才随之送命。

阿克凯勒铁神枪

史诗《玛纳斯》中玛纳斯的神枪。关于这只神枪的来历在不同的变体中，有不同的描述。在居素普·玛玛依的变体中，阿克凯勒铁神枪由圣人巴卡依交给玛纳斯并说明这只枪是为了玛纳斯特意从埃及带来的。这是一支指哪打哪的夺命枪，每一颗子弹都能把一座山岗摧毁。枪膛有螺纹，枪口像苹果。玛纳斯的这只神枪在战斗中多次发挥神奇作用，给英雄增添信心和力量。史诗没有明确交待这只火枪的制作过程。

阿克奥勒波克战袍

玛纳斯用的战袍，是阿克巴勒塔写信让楚瓦克从阿勒玛特的布达依克汗手中取来交给玛纳斯的。在有些变体里则是由玛纳斯的妻子卡妮凯为他亲自制作的。它刀枪不入，箭矢不穿，是一种神奇美观的战袍，在有些场合穿它纯粹是为了显示威严。穿上它骑在高头大马上是一种荣耀。制作时，用白丝绸或其他布料做里子，用毡子或皮子重叠数层缝制成面子，为了增加穿用者的威严，在皮革面上雕刻有龙、虎、豹等动物的图像。这些动物一般都是远古时期的图腾：为了使英雄的动作不受限制，阿克奥勒波克一般缝制成短襟、短袖、竖领、两侧开口的式样。它与护胸镜、护肘、护腕、头盔、披氅等一起穿，更显英雄本色，勇武过人。

卡尼达嘎依

《玛纳斯》史诗中，英雄们在对刺、摔跤、角力或出征时所穿的一种神奇皮裤。用野山羊、野鹿等的皮革缝制而成。缝口上压边，用双根筋条做线缝成。在阔阔托依的祭典上，阔绍依上场与交劳依摔跤，但由于没有合适的裤子而犹豫不决，卡妮凯见状让他穿上自己亲手缝制的卡尼达嘎依神裤。阔绍依穿上皮裤后力量倍增，很快就将卡勒玛克大将交劳依摔倒在地。阔绍依非常敬佩卡妮凯，举手给她祝福祈子。后来，他的祝福灵验，卡妮凯果然怀上了赛麦台。

第七部分　《玛纳斯》史诗的内容

《玛纳斯》第一部《玛纳斯》

柯尔克孜族英雄史诗《玛纳斯》的第一部，是以该部的主人公玛纳斯的名字命名的。史诗开篇有一精彩的序诗，说"这是祖先留下来的故事，不唱完它怎么能行？……大地经过多少变迁，河谷干枯变成荒原，荒滩变成湖泊，湖泊又变成桑田……一切的一切都在变化，雄狮玛纳斯的故事，却一直流传到今天"。开篇气势恢宏，扣人心弦。具有史诗的典型特点。接着详述柯尔克孜族的族源，以娓娓动听的故事，将听众引进人类社会开辟鸿蒙的远古时期柯尔克孜人的生活画卷。然后交待英雄玛纳斯出世的背景，逐步归入柯尔克孜人民反侵略斗争的主题。其故事梗概是：古代勤劳善良的柯尔克孜人受卡勒玛克人的统治、奴役，柯尔克孜人处于灾难深重的年代里。玛纳斯诞生前，卡勒玛克人的占卜师预言，柯尔克孜人中要出现一个英雄，将推翻卡勒玛克人的统治。卡勒玛克汗王阿牢开下令，剖开柯尔克孜孕妇的肚子，妄图杀死即将出生的英雄。在柯尔克孜人机智的保护下，英雄躲过了被杀的大难。英雄出生时，一手握血，一手握油。手掌上有玛纳斯的印迹。其父母将他放在密林深处，长大成人。在乡亲们的支援下，为英雄制造长矛、战斧，送来战袍，聚集了四十勇士，南征北战，打击敌人，玛纳斯被拥为汗王。他与周边的哈萨克人、乌孜别克人组成了14个汗王的部族联盟。玛纳斯娶卡拉汗之女卡妮凯为妻，成为他的贤内助与高参。哈萨克人阔阔托依逝世一周年，其子包克木龙举办盛大祭典，卡勒玛克人空吾尔拜想乘机大闹祭典。玛纳斯被邀主持祭典，粉碎了卡勒玛克人破坏祭典、制造混乱的阴谋，使祭典顺利进行。克塔依人阿里曼别特加盟，与玛纳斯结为同乳兄弟，受到玛纳斯重用，被封为内七汗之一。卡勒玛克人侵袭柯尔克孜地区，玛纳斯率四十勇士远征。阿里曼别特受任统帅率远征大军，直捣京城，获得大胜后因军心涣散，丧失警惕，被卡勒玛克人的统帅空吾尔拜用毒斧击中玛纳斯的后颈。玛纳斯撤兵返回故乡后死去。夫人卡妮凯为他修建了陵墓。由阿散拜·玛特力整理的居素普·玛玛依演唱本，计53287行，分为四卷，已经由新疆人民出版社出版。

《玛纳斯》第二部《赛麦台》

柯尔克孜族英雄史诗《玛纳斯》第二部。赛麦台依是第一部英雄主人公玛纳斯的儿子，也是第二部的英雄主人公。《女赛麦台依》在故事情节的发展、人物形象的塑造，以及矛盾冲突的解决等方面与第一部有直接的联系，是第一部史诗内容的延续。在主题思想方面与第一部一致，艺术性有增无减。我国目前发现和搜集的《赛麦台依》描述第一部英雄玛纳斯的死敌空吾尔拜受到惩治，赛麦台依为父报仇、家族内讧及赛麦台依与美女阿依曲莱克之间曲折动人的爱情故事。其主要内容为：英雄玛纳斯的葬礼刚刚结束，一场家族内讧爆发。玛纳斯的同父异母兄弟阿维凯与阔别什在父亲加克普的指使下，预谋将玛纳斯之子赛麦台依扼杀在摇床之中，夺取王位。卡妮凯带着儿子逃到布哈拉娘家。赛麦台依12岁时得知自己的身世后毅然返回故乡，并在巴卡依老人的帮助下铲除内奸，重振柯尔克孜民族大业。青阔交与托勒托依勾结在一起想强娶美丽的仙女、赛麦台依指腹为婚的未婚妻阿依曲莱克。在敌人重重包围城堡的紧急关头，阿依曲莱克化为白天鹅飞上蓝天，去寻找未婚夫赛麦台依。她用各种神奇的变化法术把赛麦台依及其两位贴身的勇士古里巧绕和坎巧绕带到城堡，赛麦台依率领勇士们与敌人展开血战，把敌人打退并与仙女阿依曲莱克订婚。空吾尔拜伺机进犯柯尔克孜部，赛麦台依被困在城堡中。古里巧绕和阿依曲莱克同心协力把赛麦台依救出城堡，与敌人展开一场惊心动魄的激战，在战斗中杀死众多敌将。之后，赛麦台依的心腹坎巧绕背叛并勾结托勒托依之子克亚孜把赛麦台依诱骗到玛纳斯墓前，因赛麦台依的坐骑、战袍和武器早被坎巧绕骗去，使他赤手空拳，无法战胜敌人，在激烈的战斗中突然消逝。坎巧绕和克亚孜得势后将赛麦台依的忠诚勇士古里巧绕的肩胛软骨割去使其沦为奴隶。已有身孕的阿依曲莱克被克亚孜强娶为妻。史诗中，英雄主人公赛麦台依公正、善良、勇敢无畏、感情炽烈，真诚的形象与加克普、阿维凯、阔别什等的形象构成鲜明的对比。史诗融气势宏伟、震撼人心的激烈战斗场面与抒情的爱情描述于一体，成为柯尔克孜族民间文学的典范之作。赛麦台依与阿依曲莱克的爱情故事，成为千古绝唱，被世代玛纳斯奇颂扬。由买·艾尔格整理的居素普·玛玛依演唱的变体共计35246行。已由新疆人民出版社出版了柯尔克孜文版。

《玛纳斯》第三部《赛依铁克》

柯尔克孜族英雄史诗《玛纳斯》第三部。在内容上与第一、二部相呼应。既有一定的独立性，又与前两部有十分密切的联系。主题思想与前两部史诗一样，反映英雄主义、爱国主义精神，表现了主人公赛依铁克在内忧外患之中进行英勇抗争，并拯救流落他乡受苦受难的人民的英雄事迹。他是赛麦台依的妻子仙女阿依曲莱克所生，身体庞大，力冠群雄，但常常因没有合适的坐骑而苦恼。这部史诗的主要内容为：赛依铁克还未出生，其母亲阿依曲莱克就沦为克亚孜的奴隶。她想方设法与克亚孜周旋，把女巫变成自己的替身去陪克亚孜睡觉，自己则一心一意保护着腹中的胎儿。为了不引起克亚孜的怀疑，阿依曲莱克用法术将赛依铁克在体内怀了三年多才让其出生。当克亚孜知道赛依铁克是赛麦台依的儿子后，千方百计想杀害他，阿依曲莱克历经千辛万苦，凭借智慧和勇敢，保护并抚养赛依铁克长大成人。赛依铁克12岁时替克亚孜放马，阿依曲莱克利用儿子放马之便请来英明神医为古里巧绕治疗肩胛骨使他恢复元气。赛依铁克在巴卡依、古里巧绕等的帮助下，经过苦战，杀死了把性命寄存在羚羊体内的木箱中麻雀身上的克亚孜。回到故乡，处死篡权者坎巧绕，报了弑父之仇，重新夺回汗位，使人们重又获得幸福生活。卡妮凯始终不相信儿子赛麦台依死去的消息，她预测如果老英雄阔绍依的老马能在竞赛中获头奖，赛麦台依就尚在人间。于是，在一次庆典上，她让老英雄阔绍依的坐骑塔依托茹骏马参赛，塔依托茹获头奖并证实了她的预测。后来卡拉朵发现了赛麦台依与卡依普山中的仙女一起出没的踪影，并将此喜讯告知古里巧绕。巴卡依、卡妮凯、阿依曲莱克、古里巧绕等找到了赛麦台依并用各种法术神力恢复了赛麦台依的神智，使他重返人间。赛依铁克由于体大如山，没有一匹马能够驮动他，只好徒步行走与骑马的对手较量，在战斗中几次险遭敌人谋害。母亲阿依曲莱克焦灼不安，请来卡依普山中的善战女神库娅勒助战。古里巧绕、赛麦台依、巴卡依等老英雄都力不从心，赛依铁克便在库娅勒的帮助下多次击退敌人的进攻，保卫柯尔克孜人民的利益，重振玛纳斯家族雄风。最后，赛依铁克与善战女神库娅勒结为夫妻，并肩战斗，共同保卫柯尔克孜民族。《赛依铁克》有很多变体在民间流传，其中较完整的是居素普·玛玛依的唱本。艾什玛特·玛买特地曾唱过，可惜未被记录下来。作为整部史诗的第三部，《赛依铁克》虽然没有前两部那么有影响，但依然是一部具有很高艺术性和研究价值的作品，在8部史诗连贯性方面起承上启下的重要作用。由阿散拜·玛提里整理的居素普·玛玛依演唱本共22590行，已由新疆人民出版社出版。

《玛纳斯》第四部《凯耐尼木》

柯尔克孜族史诗《玛纳斯》第四部，以主人公凯耐尼木的名字命名。凯耐尼木是玛纳斯家族第四代英雄，是赛依铁克之子，女神库娅勒所生。他继承了父亲的巨人体魄，又具备了母亲善战的本领。一生战斗不息，战功显赫。为了人民的利益多次与恶魔般的敌人进行决战，最终消灭强敌，给生活在水深火热中的人民带来幸福美满的生活。史诗中叙述他先后与以人肉为食的秦额什、精通魔法且在世上活了8000年的蛇头石身魔王居仁多以及给人民带来无数灾难的巨人进行斗争，最终取得胜利的英雄事迹。《凯耐尼木》的主题思想同前几部史诗一样十分鲜明，表达了人民对美好生活的不懈追求，赞扬了英雄主义、爱国主义精神。在展开故事情节时，运用多种艺术表现手法，更多地融入了神话幻想成分。故事情节引人入胜，民间文学色彩也较前几部更为浓厚，具有特殊的艺术感染力。居素普·玛玛依演唱的《凯耐尼木》变体，是目前被继承保存下来的唯一一部变体，是由其哥哥巴勒瓦依从额布拉音·阿昆别克口中记录下来的。居素普·玛玛依在继承背诵的同时，把其中的散文故事部分改编成韵文。《凯耐尼木》全诗总计32922行，由吾尔哈里恰·何德尔拜整理，共分两卷，由新疆人民出版社出版，柯尔克孜文版。其故事梗概如下：凯耐尼木出生后，一直到7岁，食量惊人，却不会走路，痴痴呆呆。凯耐尼木9岁时，驼队有人来报：在阿依托别的阿依吐木什人的首领秦额什残害百姓，生吞活人。其祖父赛麦台依与古里巧绕、阿勒木萨尔克、库娅勒等众英雄出征，讨伐吃人魔王秦额什，反被秦额什用魔法将赛麦台依一行人马诱入深山，围困在山涧的魔鬼湖上。消息传来，凯耐尼木骑上坎库拉骏马，连根拔起一棵怪柳，当作武器，横扫敌军，把赛麦台依等人救出魔窟，平安回到塔拉斯。之后，凯耐尼木杀死居仁多，啖其舌头，顿时，他通晓了世间万物之语言。他与龟王结盟，与神鸟交友。最后，杀死了秦额什，带上秦额什之女绮尼凯回到塔拉斯。不久，巴卡依、卡妮凯、赛麦台依、阿依曲莱克、古里巧绕等人在一次大战中消失。塔拉斯遭暴风雨袭击，人、畜死亡，凯耐尼木病卧在床。此时，蒙古、伊斯法军人联合进犯柯尔克孜地区。凯耐尼木不顾大病初愈，骑马出征，打败了敌人，生擒了罪大恶极的达比塔依，惩处了背叛人民的萨拉玛特，保卫了家乡人民的安宁。

《玛纳斯》第五部《赛依特》

柯尔克孜族史诗《玛纳斯》的第五部，内容与史诗第四部《凯耐尼木》紧密衔接，描述凯耐尼木之子赛依特从小随父出征，为故乡和人民的安宁进行斗争的事迹。目前只有居素普·玛玛依的唱本得以记录和保存下来。全诗共24000行，由阿散拜·玛提里整理，分二卷，于1994年由新疆人民出版社出版。这一部的资料是由居素普·玛玛依的哥哥巴勒瓦依从额布拉音·阿昆别克口中记录下来的。居素普·玛玛依在记忆背诵过程中进行了大量的艺术加工，使其在艺术上达到了一定的高度。主要故事情节如下：赛依特从小随父出征杀敌，从9岁起担当起保卫家乡的重任，到过克尔克特、库都斯、巴格达等地，讨伐掳掠人民财产、抢占民女的巨人卡拉朵，杀死巨人，救出美女阿里同纳依和确里波纳依，让她们与亲人团聚。之后，赛依特完成了克尔克特汗王苏莱玛特提出的苛刻条件：打开蓝色陵墓，取出金银，散发给人民；从巨人卡拉朵的囚笼中救出神鸟，赢得了公主克里吉凯的爱情。后来，苏莱玛特勾结卡拉朵之子，联合居仁交的7个儿子，带领兵马将赛依特诱骗到人迹罕至的红色沙漠进行较量。赛依特打垮了敌人，惩处了苏莱玛特汗王，又去声援节迪尔人打退敌人。最后，他不听父王凯耐尼木的劝告，独自外出，因枪走火而死去。

《玛纳斯》第六部《阿斯勒巴恰与别克巴恰》

柯尔克孜族英雄史诗《玛纳斯》的第六部。由居素普·玛玛依演唱，全诗36780行，由多里坤·吐尔地整理，分三卷，由新疆人民出版社于1994年、1995年以柯尔克孜文出版。内容上与前部相呼应，但又有一定的独立性。以赛依特的孪生子阿斯勒巴恰和别克巴恰继承父业与来犯之敌进行顽强斗争的事迹为内容。阿斯勒巴恰25岁时便在战场上牺牲。别克巴恰独自率军抗击玛德勒、卡勒玛克及八头妖魔的入侵。最后铲除恶魔为民除害。为了追剿敌人，他的足迹遍及中亚、阿富汗、西藏等地。他为了保卫家乡，戎马倥偬一生，直到耄耋之年。史诗融入大量的神话主题，具有强烈的英雄主义气概。

《玛纳斯》第七部《索木碧莱克》

柯尔克孜族英雄史诗《玛纳斯》第七部以主人公索木碧莱克的名字命名。其故事梗概是：芒额特人卡勒都别特长大成为英雄后，知道了芒额特人和唐古特人与柯尔克孜人有五世之仇，自己的汗王父亲就是被柯尔克孜人杀死的。他听说柯尔克孜英雄别克巴恰死了，便纠集了芒额特人和唐古特人向柯尔克孜人报弑父之仇，让柯尔克孜人倒在血泊之中，无人敢起来反抗。别克巴恰和阿克芒达依死后，其子索木碧莱克成为孤儿，由舅父带去抚养。15岁时，他得知自己的身世和祖先的英雄业绩，知道了自己的故乡是塔拉斯。他辞别舅父，回到故乡，得到人民的拥戴，获得战袍、骏马和武器，与入侵者芒额特人、唐古特人进行了多次战斗，将敌人一一打败。一日，有人来报信求援，说呼罗珊人库茹木朱进犯秀库尔路地区，要强占卡尔玛纳之女铁尼木罕，请求英雄前去解围。索木碧莱克闻讯，挎枪跃马去征战敌人，杀死了库茹木朱，赢得了铁尼木罕的爱情。二人喜结良缘。索木碧莱克返回故乡后，去拜谒祖先的陵墓。忽然，从玛纳斯的墓中传出阵阵响声，顿时火光熊熊，洪水汹涌。中间，有一株奇娜尔树枝叶繁茂，郁郁葱葱。这是预兆英雄将会遇到灾难，后来，索木碧莱克又与芒额特人较量，不幸受伤死去。全诗用浪漫主义的手法歌颂了少年英雄索木碧莱克大无畏的英雄主义气概和为民献身的精神，由多里坤·吐尔地整理的居素普·玛玛依演唱本，共计14868行，已于1995年由新疆人民出版社出版。

《玛纳斯》第八部《奇格台依》

柯尔克孜族英雄史诗《玛纳斯》的第八部，也是最后一部。讲述的是玛纳斯家族最后一代英雄奇格台依东征西战，为家乡的安宁和友好邻邦的安危而奋斗不息、战斗不止的英雄业绩。他是索木碧莱克的遗腹子，刚刚出生便成为孤儿，由玛德别克抚养成人。在玛德别克的精心培养下，奇格台依成为一名精通武艺、力大超群的勇士。他闻知哈萨克被芒额特劫掠的消息后策马出征，与敌人展开顽强的斗争。经过激战，打退了敌人的进攻。败将奥托尔野心不死，重又勾结喀拉契丹人，率大军卷土重来，再次夺走哈萨克王位。奇格台依年少气盛，再度出征，战胜强敌，解放了受奴役的人民。奇格台依未娶妻生子便英年早逝，暴病身亡。玛纳斯家族8代英雄的故事到此结束。《奇格台依》具有浓郁的悲剧色彩，与前面各部形成一个完整的整体。全诗共计12325行。托合提比比整理的居素普·玛玛依演唱本，已于1995年由新疆人民出版社出版。

中国非物质文化遗产百科全书·史诗卷

第八部分 《玛纳斯》史诗的各种文本

一、手抄本

《玛纳斯》（第一部）唱本之一

柯尔克孜族英雄史诗《玛纳斯》（第一部）变体之一，流传于新疆维吾尔自治区乌恰县，叙述玛纳斯诞生的神奇故事。卡勒玛克人疯狂蹂躏柯尔克孜人，并从占卜师那里得知柯尔克孜人中将诞生一位叫"玛纳斯"的英雄，将推翻他们的统治，重建柯尔克孜汗国。玛纳斯在人民群众的保护下，终于诞生在柯尔克孜人民之中。他率领柯尔克孜人民为保卫家乡、追求和平而战。可供研究《玛纳斯》史诗的变体比较参考。1961年沙巴依·巧洛演唱，太白笔录。手抄本。记录篇幅16开纸，72页，1702行。原稿今藏新疆维吾尔自治区文联民间文艺家协会《玛纳斯》研究室。

《玛纳斯》（第一部）唱本之二

柯尔克孜族英雄史诗《玛纳斯》（第一部）变体之二，流传于新疆维吾尔自治区阿克陶县柯尔克孜族聚居地区，叙述玛纳斯的诞生、成长、死亡及复活等内容。可供研究《玛纳斯》史诗在帕米尔地区的变体参考。1946年托烈·朱玛演唱，玉散阿勒·阿力库勒笔录。手抄本。记录篇幅16开纸，33页，367行。原稿今藏新疆维吾尔自治区文联民间文艺家协会《玛纳斯》研究室。

《玛纳斯》（第一部）唱本之三

柯尔克孜族英雄史诗《玛纳斯》（第一部）变体之三，流传于新疆维吾尔自治区克孜勒苏柯尔克孜自治州阿合奇县，叙述英雄阿勒曼别特离开哈萨克可汗阔克确投奔玛纳斯的故事。阿勒曼别特原为克塔依（契丹）王子，由于王室家族内讧，无奈离家出走，投奔哈萨克可汗阔克确，为其建功立业，使哈萨克族日渐富足强盛，深受阔克确汗的赏识。由于受到阔克确汗手下其他比官们的嫉妒，散布流言，说他与阔克确之妻有染，引起了阔克确的怀疑，遂被赶出哈萨克领地。正当他举目无亲、彷徨无奈之时，玛纳斯为自己所做的梦举办隆重的传统圆梦仪式。圆梦人阿布迪力达得到赠品——大衣。随后，玛纳斯在打猎途中遇见阿勒曼别特，与其共图大业。可供研究《玛纳斯》史诗的变体比较参考。1864年9月20日托乎塔洪·阿迪凯演唱，玉散阿勒.阿力库勒笔录。手抄本。记录篇幅16开纸，63页，1216行。原稿今藏新疆维吾尔自治区文联民间文艺家协会《玛纳斯》研究室。

《玛纳斯》（第一部）唱本之四

柯尔克孜族英雄史诗《玛纳斯》（第一部）变体之四，流传于新疆维吾尔自治区特克斯县科克铁热克柯尔克孜民族乡，叙述吐果依汗的传奇事迹。史诗中唱道："我们的始祖是吐果依汗，柯尔克孜族由吐果依繁衍。"吐果依汗不是力大无穷的英雄，但在与强敌交战处于绝境时，他则能使出自己的魔法和本领。每当不幸和灾难降临时，他会把腰带搭在自己的脖子上向上苍祈祷。他死后，其他英雄遭遇困难险境时，他的神灵会突然出现，帮助英雄们脱离危险。于是，吐果依汗成为整个唱本中所有英雄依靠的神灵和救星，是一位具有传奇色彩的圣者。该唱本的情节不同于其他唱本，表现在：1.其中的英雄一般以7个人为一伙，这与柯尔克孜人传统的吉祥数目有着必然联系。2.不同于其他唱本中的"40名勇士"、"40名侍从"。吐果依汗率领的勇士有时与巨怪、妖婆展开搏杀，他们从动物的神灵——40个奇勒坦那里得到战骑，或从飞禽之神布达依克那里获得雄鹰，在交战中采用的方式十分古老原始。3.保留了许多原始、古老的痕迹。男主人公占主导地位，叙述较多，仅在勇士结婚时提到女性。很少有女性人物描述，神话色彩和故事情节尤为突出。4.以吐果依汗为首的英雄们基本上来自叶尼塞、特克斯、塔拉斯等地，都是柯尔克孜人中胆量超群、神武勇猛、身手不凡、智勇双全的勇士。可供研究《玛纳斯》史诗变体比较参考。20世纪80年代萨特巴勒德·阿勒演唱，阿山拜·玛提力笔录，依斯哈别克·别先别克整理。记录篇幅16开纸，3119页，72390行。原稿和37盘录音带今藏新疆维吾尔自治区文联民间文艺家协会《玛纳斯》研究室。

《玛纳斯》（第一部）唱本之五

柯尔克孜族英雄史诗《玛纳斯》（第一部）变体之五。流传于新疆维吾尔自治区阿合奇县。叙述英雄阿勒曼别特的故事。阿勒曼别特从别依京离家出走，投奔哈萨克可汗阔克确，为其建功立业，又回到别依京杀死自己的亲生父亲。在阔克确汗手下其他比官们的嫉妒下，他举目无亲，彷徨无奈。最后，遇见玛纳斯并投其门下。可供研究《玛纳斯》史诗变体比较参考。1964年9月14日木萨·牙克普（维吾尔族）用柯尔克孜语演唱，帕孜力·阿布凯笔录。手抄本。记录篇幅16开纸，570页，1140行。原稿今藏新疆维吾尔自治区文联民间文艺家协会《玛纳斯》研究室。

《玛纳斯》（第一部）唱本之六

柯尔克孜族英雄史诗《玛纳斯》（第一部）变体之六，流传于新疆维吾尔自治区阿合奇县，叙述玛纳斯手下14位可汗的故事。可汗有内七汗与外七汗之别。内七汗是柯尔克孜人内部的可汗，又称"诺奥依可汗"。外七汗基本上由柯尔克孜人之外的其他部族担任。外七汗不听阔绍依汗的劝阻，向玛纳斯派遣信使，预谋杀死玛纳斯的40名勇士。他们来到塔拉斯后，玛纳斯安排手下人款待他们，又派出一万二千名勇士威吓他们。最后玛纳斯看了信使们送来的书信，又重新设宴招待外七汗。可供研究《玛纳斯》史诗变体比较参考。1961年5月玉木尔阿洪演唱，佚名笔录。记录篇幅16开纸，175页，350行。原稿今藏新疆维吾尔自治区文联民间文艺家协会《玛纳斯》研究室。

《玛纳斯》（第一部）唱本之七

柯尔克孜族英雄史诗《玛纳斯》（第一部）变体之七，流传于新疆维吾尔自治区乌恰县，叙述玛纳斯之妻卡妮凯率40名勇士进行塔拉斯保卫战的故事。主要包括《塔拉斯保卫战》、《玛纳斯与女英雄依卡丽的爱情纠葛》、《玛纳斯被阔孜卡曼父毒死后复生》，以及《玛纳斯率四十勇士掠夺昆汗和阿依汗的畜群》等。故事情节描述极为详细。在演唱风格和语言特色上，充分运用了民间文学的典型表现手法，语言十分质朴和大众化，更具口传文学的特点。可供研究《玛纳斯》史诗变体比较参考。1961 年艾什玛特·玛木别特演唱，玉散阿勒·阿力库勒、沙坎·玉麦尔等笔录。记录篇幅 16 开纸，1000 页，1 万余行。柯尔克孜文及汉译文稿、原稿今藏新疆维吾尔自治区文联民间文艺家协会《玛纳斯》研究室。

《赛麦台》（《玛纳斯》第二部）唱本之一

柯尔克孜族英雄史诗《玛纳斯》（第二部）变体之一，流传于新疆维吾尔自治区阿克陶县柯尔克孜族聚居地区，叙述玛纳斯后裔赛麦台的英雄事迹。玛纳斯去世后，其子赛麦台遭到两位叔叔的追杀，只能随母亲逃到外公喀拉汗的宫殿。后来，阿昆汗之女阿依曲莱克与赛麦台之间产生爱情。阿依曲莱克在危急时刻变成一只白天鹅，将赛麦台的白隼鹰引到被敌人围困的城堡，使赛麦台解救城堡危机，战胜了敌人。阿依曲莱克与赛麦台成亲。可供研究《赛麦台》史诗变体比较参考。1988 年加帕尔·塔西演唱，吐尔干拜·卡德尔笔录。柯尔克孜文。记录篇幅 16 开纸，28 页，392 行。原稿由笔录者保存，复印件今存新疆维吾尔自治区克孜勒苏柯尔克孜自治州民族宗教事务委员会。

《赛麦台》（《玛纳斯》第二部）唱本之二

柯尔克孜族英雄史诗《玛纳斯》（第二部）变体之二，流传于新疆维吾尔自治区阿合齐县柯尔克孜族聚居地区，叙述 7 个可汗向玛纳斯派遣信使的过程和他们与英雄玛纳斯反目成仇，最后和好的故事。可供研究《赛麦台》史诗变体比较参考。1964 年 9 月 12 日阿山别克·依曼巴依演唱，帕孜力·阿布凯笔录。柯尔克孜文。记录篇幅 16 开纸，152 页，304 行。手抄本。原稿今藏新疆维吾尔自治区文联民间文艺家协会《玛纳斯》研究室。

《赛麦台》（《玛纳斯》第二部）唱本之三

柯尔克孜族英雄史诗《玛纳斯》（第二部）变体之三，流传于新疆维吾尔自治区阿合齐县，叙述英雄玛纳斯邀请 7 个可汗到宫殿商议远征的故事。可供研究《赛麦台》史诗变体比较参考。1964 年 9 月卡奇肯·阿曼别克演唱，斯迪克笔录。手抄本。记录篇幅 16 开纸，20 页，400 行。原稿今藏新疆维吾尔自治区文联民间文艺家协会《玛纳斯》研究室。

《赛麦台》（《玛纳斯》第二部）唱本之四

柯尔克孜族英雄史诗《玛纳斯》（第二部）变体之四，流传于新疆维吾尔自治区阿合齐县，叙述玛纳斯后裔赛麦台的英雄事迹。玛纳斯的儿子赛麦台和阿昆汗的女儿阿依曲莱克是指腹为婚的夫妻。但是，什哈依的儿子青阔交在托勒托依的怂恿下，重兵包围阿昆汗的城池，欲强娶阿依曲莱克为妻。危急之中，阿依曲莱克变成一只白天鹅，飞出被重重包围的都城，向奥诺孜都部落的都城塔拉斯飞去，寻找未婚夫赛麦台，搬救兵解救阿昆汗都城。恰在此时，赛麦台率众勇士出城围猎。他刚将手中的白隼鹰放出，就被从蓝天白云中飞下来的白天鹅引诱而去，直飞远方。赛麦台知道，带走自己白隼鹰的白天鹅一定是自己的未婚妻——仙女阿依曲莱克，于是立刻去解救阿昆汗都城。可供研究《赛麦台》史诗变体比较参考。1964年巴克特拜·托阔演唱，玛特笔录。手抄本。记录篇幅16开纸，486页，972行。原稿今藏新疆维吾尔自治区文联民间文艺家协会《玛纳斯》研究室。

《赛麦台》（《玛纳斯》第二部）唱本之五

柯尔克孜族英雄史诗《玛纳斯》（第二部）变体之五，流传于新疆维吾尔自治区阿合齐县，叙述玛纳斯与可汗们商议远征；楚巴克与阿勒曼别特之间的纠纷；玛纳斯远征空吾尔巴依，攻占别依京城；玛纳斯受伤，返回塔拉斯；玛纳斯之死；玛纳斯之妻卡尼凯的挽歌等内容。可供研究《赛麦台》史诗变体比较参考。1964年8月玛木特·萨力玛凯演唱、笔录。手抄本。记录篇幅16开纸，821页，1643行。原稿今藏新疆维吾尔自治区文联民间文艺家协会《玛纳斯》研究室。

《赛麦台》（《玛纳斯》第二部）唱本之六

柯尔克孜族英雄史诗《玛纳斯》（第二部）变体之六，流传于新疆维吾尔自治区乌恰县，叙述阿布凯与阔别什的阴谋；智慧老人巴卡依帮助玛纳斯之子赛麦台惩治篡权者，并辅佐他重振江山，找回英雄玛纳斯的所有武器的故事。同时也讲到仙女阿依曲莱克化作白天鹅带走赛麦台白隼鹰的情景。可供研究《赛麦台》史诗变体比较参考。1961年4月15日依布拉音·奥洛孜买买提演唱、笔录。手抄本。记录篇幅16开纸，14页，207行。原稿今藏新疆维吾尔自治区文联民间文艺家协会《玛纳斯》研究室。

《赛麦台》（《玛纳斯》第二部）唱本之七

柯尔克孜族英雄史诗《玛纳斯》（第二部）变体之七，流传于新疆维吾尔自治区乌恰县。叙述玛纳斯去世后，形势逆转，赛麦台12岁时得知自己的身世，重返塔拉斯的故事。巴卡依老人将赛麦台介绍给加克普、阿布凯、阔别什。他们贬低赛麦台，鞭打巴卡依老人。赛麦台一怒之下亲手杀死爷爷加克普、阿布凯、阔别什以及玛纳斯的40位勇士。之后，赛麦台寻找自己的白隼鹰，阿依曲莱克托梦，英雄托勒托依战死，赛麦台与阿依曲莱克成亲。可供研究《赛麦台》史诗变体比较参考。1964年别克尔·玛来演唱，买买提朱玛·买买提依明笔录。手抄本。记录篇幅16开纸，539页，1078行。原稿今藏新疆维吾尔自治区文联民间文艺家协会《玛纳斯》研究室。

《赛麦台》（《玛纳斯》第二部）唱本之八

柯尔克孜族英雄史诗《玛纳斯》（第二部）变体之八，流传于新疆维吾尔自治区乌恰县，叙述赛麦台和勇士们在远征别依京城过程中不听智慧老人巴卡依的劝告，独断专行，结果中了敌人的调虎离山计，被敌人包围；勇士们在巴卡依老人的帮助下，渡过难关，回到塔拉斯过上幸福、和平生活的故事。可供研究《赛麦台》史诗变体比较参考。1964年阿布都克力木·玉素甫别克演唱，买买提朱玛·买买提依明笔录。手抄本。记录篇幅16开纸，330页，660行。原稿今藏新疆维吾尔自治区文联民间文艺家协会《玛纳斯》研究室。

《赛麦台》（《玛纳斯》第二部）唱本之九

柯尔克孜族英雄史诗《玛纳斯》（第二部）

变体之九，流传于新疆维吾尔自治区克孜勒苏柯尔克孜自治州阿图什市哈拉峻乡，叙述英雄托勒托依受人挑唆，走上与玛纳斯之子赛麦台相对立道路的故事。青阔交在玛纳斯去世后，对侄儿赛麦台不仅不辅佐，反而处处刁难，又为赛麦台的未婚妻阿依曲莱克的美貌所倾倒，欲用武力抢走。为此，他去找巴格西之子托勒托依，借节迪盖尔部落的兵马攻打阿依曲莱克养父阿昆汗的宫殿。危难中，阿依曲莱克变成一只白天鹅寻找未婚夫赛麦台。赛麦台率勇士赶来，与敌人交锋。在激烈的搏斗中，青阔交与托勒托依均死在古里巧绕的手里。可供研究《赛麦台》史诗变体比较参考。1966年4月奥帕孜·加尔肯拜演唱，阿勒腾笔录。手抄本。记录篇幅16开纸，1393页，2786行。原稿今藏新疆维吾尔自治区文联民间文艺家协会《玛纳斯》研究室。

《赛麦台》（《玛纳斯》第二部）唱本之十

柯尔克孜族英雄史诗《玛纳斯》（第二部）变体之十，流传于新疆维吾尔自治区乌恰县，叙述赛麦台率众勇士出城围猎，当他刚将白隼鹰放出，就被从蓝天白云中飞下来的白天鹅带走，直飞远方；赛麦台在巴卡依老人的帮助下上路寻找未婚妻阿依曲莱克，勇士们渡过玉尔干奇河终于找到阿依曲莱克的故事。可供研究《赛麦台》史诗变体比较参考。1961年5月依斯玛依勒库力·毛勒达演唱，佚名笔录。手抄本。记录篇幅16开纸，490页，980行。原稿今藏新疆维吾尔自治区文联民间文艺家协会《玛纳斯》研究室。

《赛麦台》（《玛纳斯》第二部）唱本之十一

柯尔克孜族英雄史诗《玛纳斯》（第二部）变体之十一，流传于新疆维吾尔自治区克孜勒苏柯尔克孜自治州阿图什市哈拉峻乡，叙述青考交与托勒托依攻打阿昆汗的宫殿，阿依曲莱克化作白天鹅将赛麦台的白隼鹰带走，赛麦台找到阿依曲莱克，赛麦台战胜敌人返回塔拉斯，远征别依京城，坎巧绕背叛赛麦台等故事。可供研究《赛麦台》史诗变体比较参考。1961年奥斯曼·那玛孜演唱，玉赛音·阿吉、帕孜勒笔录。手抄本。记录篇幅16开纸，3274页，6545行。原稿今藏新疆维吾尔自治区文联民间文艺家协会《玛纳斯》研究室。

《赛麦台》（《玛纳斯》第二部）唱本之十二

柯尔克孜族英雄史诗《玛纳斯》（第二部）变体之十二，流传于新疆维吾尔自治区克孜勒苏柯尔克孜自治州阿图什市吐古买提乡，叙述英雄玛纳斯的祭典，卡尼凯与奇依尔迪到布哈拉城，赛麦台回到塔拉斯，阿依曲莱克带走白隼鹰，青阔交与托勒托依的阴谋等内容。可供研究《赛麦台》史诗变体比较参考。1966年奥洛佐·卡德尔演唱，沙坎·玉买尔、阿勒腾等笔录。手抄本。记录篇幅16开纸，4047页，8094行。原稿今藏新疆维吾尔自治区文联民间文艺家协会《玛纳斯》研究室。

《赛麦台》（《玛纳斯》第二部）唱本之十三

柯尔克孜族英雄史诗《玛纳斯》（第二部）变体之十三，流传于新疆维吾尔自治区乌恰县，叙述赛麦台的诞生，加克普妄图杀害玛纳斯幼子赛麦台，玛纳斯之妻卡妮凯携幼子赛麦台逃到铁木尔汗处避难，赛麦台长大成人；在人们的帮助下，赛麦台回到塔拉斯报仇除奸，加克普妄图用毒酒暗害他，幸被多智的长者巴卡依发现，其阴谋未能得逞；青阔交挑唆40名勇士与赛麦台对抗，赛麦台将40名勇士统统杀死；托勒托依欲用武力将赛麦台的未婚妻阿依曲莱克抢走；阿依曲莱克化作白天鹅将赛麦台的白隼鹰带走；坎巧绕背叛赛麦台等内容。可供研究《赛麦台》史诗变体比较参考。1966年奥斯曼·玛提演唱，佚名笔录。手抄本。记录篇幅16开纸，4877页，9754行。原稿今藏新疆维吾尔自治区文联民间文艺家协会《玛纳斯》研究室。

《赛麦台》（《玛纳斯》第二部）唱本之十四

柯尔克孜族英雄史诗《玛纳斯》（第二部）变体之十四，流传于新疆维吾尔自治区乌恰县，叙述赛麦台的白隼鹰被阿依曲莱克带走后，赛麦台寻找白隼鹰的内容。可供研究《赛麦台》史诗变体比较参考。1964年珠玛库勒·玉斯凯演唱，加克普笔录。手抄本。记录篇幅16开纸，63页，126行。原稿今藏新疆维吾尔自治区文联民间文艺家协会《玛纳斯》研究室。

《赛麦台》（《玛纳斯》第二部）唱本之十五

柯尔克孜族英雄史诗《玛纳斯》（第二部）变体之十五，流传于新疆维吾尔自治区乌恰县，叙述赛麦台与阿依曲莱克的婚礼，赛麦台与托勒托依的对抗，坎巧绕背叛赛麦台，赛依铁克的诞生、成长、为民除害等内容。可供研究《赛麦台》史诗变体比较参考。1961年卡德尔·巴依萨勒演唱，玉散阿勒·阿力库勒笔录。手抄本。记录篇幅16开纸，880页，1760行。原稿今藏新疆维吾尔自治区文联民间文艺家协会《玛纳斯》研究室。

《赛麦台》（《玛纳斯》第二部）唱本之十六

柯尔克孜族英雄史诗《玛纳斯》（第二部）变体之十六，流传于新疆维吾尔自治区乌恰县，叙述仙女阿依曲莱克穿上羽衣在空中飞翔，一个挨一个问遍所有人，最后飞到恰奇凯面前，走上前去央求其暂时让赛麦台陪伴她；恰奇凯冷言冷语，爱搭不理；刚强的阿依曲莱克化作白天鹅，将赛麦台的白隼鹰带走；恰奇凯被鞭打；勇士们渡过玉尔凯奇河来到阿依曲莱克身边等内容。可供研究《赛麦台》史诗变体比较参考。1961年阿依达尔阿勒·塔什坦演唱，玉散阿勒·阿力库勒等笔录。手抄本。记录篇幅16开纸，520页，1040行。原稿今藏新疆维吾尔自治区文联民间文艺家协会《玛纳斯》研究室。

《赛麦台》（《玛纳斯》第二部）唱本之十七

柯尔克孜族英雄史诗《玛纳斯》（第二部）变体之十七，流传于新疆维吾尔自治区乌恰县，叙述托勒托依威胁攻打阿依曲莱克养父阿昆汗的宫殿，阿依曲莱克化作白天鹅，飞出被重重包围的都城，寻找未婚夫赛麦台的故事。可供研究《赛麦台》史诗变体比较参考。1965年托木克·买买提阿勒演唱，佚名笔录。手抄本。记录篇幅16开纸，332页，665行。原稿今藏新疆维吾尔自治区文联民间文艺家协会《玛纳斯》研究室。

《赛麦台》（《玛纳斯》第二部）唱本之十八

柯尔克孜族英雄史诗《玛纳斯》（第二部）变体之十八，流传于新疆维吾尔自治区乌恰县。叙述巴格西之子托勒托依，借节迪盖尔部落的兵马攻打阿依曲莱克养父阿昆汗的宫殿；双方势均力敌，阿依曲莱克穿上羽衣飞上天空；赛麦台率领勇士来到阿依曲莱克身旁的故事。可供研究《赛麦台》史诗变体比较参考。1961年塔巴勒德·克热木演唱、笔录。手抄本。记录篇幅16开纸，431页，863行。原稿今藏新疆维吾尔自治区文联民间文艺家协会《玛纳斯》研究室。

二、印刷文本

《玛纳斯》（第一部）

柯尔克孜族英雄史诗《玛纳斯》之第一部，流传于新疆维吾尔自治区柯尔克孜族聚居地区，叙述生活在中国西北地区的古代柯尔克孜族人民备受卡勒玛克人奴役的故事。玛纳斯没有出生以前，卡勒玛克人从占卜师那里得知柯尔克孜人中将要诞生一位叫"玛纳斯"的英雄，将推翻卡勒玛克人的统治。卡勒玛克可汗下令剖开全部柯尔克孜人孕妇的肚子，玛纳斯的父亲加克普和母亲绮依尔迪四处躲避。绮依尔迪怀孕后害口，想吃老虎心、阿勒普神鸟的眼睛、狮子的舌头，柯尔克孜人满足了她的要求。玛纳斯出生时，一手握血，一手握油，他被送到森林中抚养，后又到吐鲁番农耕。贾克普用麦子换来一匹名叫阿克库拉的瘦马。玛纳斯11岁时骑着这匹马，率领族人赶走了入侵者。玛纳斯先后娶战败可汗的两个女子为妻，后又娶卡尼凯，并将她立为王后。哈萨克人巨富阔阔托依逝世一周年时，其子波克木龙举行隆重祭典，玛纳斯应邀主持祭典，并粉碎了卡勒玛克人制造暴乱的阴谋。玛纳斯被拥戴为统帅内外14位可汗的大可汗。卡勒玛克人不断侵袭柯尔克孜人聚居的地区，玛纳斯率领40名勇士和浩浩荡荡的大军远征，最后大获全胜，并登上汗位。但他忘记了妻子卡妮凯远征前对他的忠告，乐而忘返，结果被卡勒玛克首领空吾尔拜用毒斧头砍中后颈，回到故乡后很快死去。卡妮凯为他修建了陵墓，并把他的遗体秘密安葬在卡拉苏河床下。可供研究柯尔克孜族史诗参考。1980—1981年居素普·玛玛依演唱、笔录。柯尔克孜文。记录篇幅16开纸，4099页，53287行。1984—1989年新疆人民出版社出版，1—4册。后收入《玛纳斯》（上、下册，节译本），新疆人民出版社2004年版和2005年由新疆人民出版社出版的吉尔吉斯文版（1卷本）。刘发俊、尚锡静、朱马拉依等译成汉文，新疆人民出版社1994年版。阿地里·居玛吐尔地译成汉文，《玛纳斯》1—4卷，19开，新疆人民出版社，2009年出版。原稿今藏新疆维吾尔自治区文联民间文艺家协会《玛纳斯》研究室。

《赛麦台》（《玛纳斯》第二部）

柯尔克孜族英雄史诗《玛纳斯》之第二部，流传于新疆维吾尔自治区柯尔克孜族聚居地区，叙述玛纳斯的第二代后裔赛麦台的英雄事迹。玛纳斯的葬礼刚结束，一场家族内讧爆发，玛纳斯的同父异母兄弟阿维凯与阔别什预谋将玛纳斯之子赛麦台杀死在摇篮里。赛麦台的母亲卡妮凯凭智慧躲过暗害，带着儿子逃到布哈拉娘家。赛麦台12岁时得知自己的身世，返回故乡，并在巴卡依老人的帮助下铲除了内奸。青阔交与托勒托依勾结，包围了阿昆汗的城堡，预强娶赛麦台指腹为婚的未婚妻——仙女阿依曲莱克为妻。阿依曲莱克化为白天鹅去寻找未婚夫赛麦台，赛麦台打退敌人与阿依曲莱克完婚。空吾尔拜再次偷袭柯尔克孜人，赛麦台被困在城堡中，古里巧绕和阿依曲莱克把赛麦台救出城堡，与敌人展开一场大战，并杀死敌人的许多首领。之后，赛麦台的心腹坎巧绕背叛，并勾结托勒托依之子克亚孜将赛麦台诱骗至玛纳斯墓前。赛麦台的坐骑、战袍和武器被坎巧绕骗去，致使赛麦台无法战胜敌人，最后在战斗中突然消失。坎巧绕和克亚孜得势后，将赛麦台的忠诚勇士古里巧绕肩胛骨割去，使他沦为奴隶。克亚孜将已有身孕的赛麦台之妻阿依曲莱克强娶为妻。可供研究柯尔克孜族古代社会生活史及英雄人物参考。居素普·玛玛依演唱、笔录。柯尔克孜文。记录篇幅16开纸，2711页，22590行。新疆人民出版社1984—1990年（第一、二、三册）出版。后收入《玛纳斯》（上、下册），新疆人民出版社2004年版和2005年由新疆人民出版社出版的吉尔吉斯文版（1卷本）。原稿今藏新疆维吾尔自治区文联民间文艺家协会《玛纳斯》研究室。

《赛依铁克》（《玛纳斯》第三部）

柯尔克孜族英雄史诗《玛纳斯》之第三部，流传于新疆维吾尔自治区柯尔克孜族聚居地区，叙述玛纳斯第三代后裔赛依铁克的英雄事迹。阿依曲莱克沦为克亚孜的女奴，为了不引起克亚孜的怀疑，阿依曲莱克用法术将赛麦台的骨肉在体内保存3年多才生下，后又用各种巧妙的办法与克亚孜周旋，抚养赛依铁克长大成人。赛依铁克在古里巧绕等人的帮助下，经过一场苦战，杀死了勇士克亚孜，重返故乡。他处死篡夺可汗之位的坎巧绕，报了弑父之仇，使人们又过上了幸福的生活。卡妮凯始终不相信自己的儿子赛麦台已死去，她预感到，老英雄阔绍依的坐骑如能在赛马中获头奖，就能证明赛麦台尚在人间。于是在一次庆典上，她让这匹老马参加比赛，老马获得头奖。后来，卡拉朵发现了赛麦台与卡依普山中的仙女一起出没，告知古里巧绕、巴卡依、卡妮凯、阿依曲莱克。于是，他们找到了赛麦台，让其恢复神智，重返人间。在卡依普山中的善战仙女库娅勒帮助下，赛依铁克战胜敌人，重振玛纳斯家族雄风。最后，赛依铁克与她结为夫妻。可供研究柯尔克孜族古代社会生活及历史人物参考。20世纪80年代居素普·玛玛依演唱、笔录。柯尔克孜文。记录篇幅16开纸，1737页，22590行。新疆人民出版社1992年版。后收入《玛纳斯》（上、下册），2004年版和2005年由新疆人民出版社出版的吉尔吉斯文版（1卷本）。原稿今藏新疆维吾尔自治区文联民间文艺家协会《玛纳斯》研究室。

《凯耐尼木》（《玛纳斯》第四部）

柯尔克孜族英雄史诗《玛纳斯》之第四部，流传于新疆维吾尔自治区柯尔克孜族聚居地区，叙述玛纳斯第四代后裔凯耐尼木的英雄事迹。英雄凯耐尼木继承父业，加强柯尔克孜诸部落的联盟，改善与邻近其他民族的关系，在众勇士的辅佐下，继续与侵扰柯尔克孜人的妖魔进行斗争，并接连击破妖魔的几个据点，使柯尔克孜诸部落摆脱邪恶。凯耐尼木为捍卫柯尔克孜人的安宁在战斗中英勇献身。可供研究柯尔克孜族古代社会生活及历史人物参考。20世纪80年代居素普·玛玛依演唱、笔录。柯尔克孜文。记录篇幅16开纸，2532页，32922行。新疆人民出版社1993年版。后收入《玛纳斯》（上、下册），新疆人民出版社2004年版和2005年由新疆人民出版社出版的吉尔吉斯文版（1卷本）。原稿今藏新疆维吾尔自治区文联民间文艺家协会《玛纳斯》研究室。

《赛依特》（《玛纳斯》第五部）

柯尔克孜族英雄史诗《玛纳斯》之第五部，流传于新疆维吾尔自治区柯尔克孜族聚居地区，叙述玛纳斯第五代后裔赛依特的英雄事迹。赛依特从小随父亲出征杀敌，9岁起担当保卫家乡的重任。他征服喀拉朵巨人，解放受奴役的人们，并与苏莱玛特可汗之女相爱。但是，苏莱玛特可汗向赛依特提出很多苛刻的要求。在心上人的帮助下，赛依特解决了各种难题。在婚礼上的三项好汉比赛中，他获得赛马、马上比武及射箭竞赛的头奖，最终与心上人结为夫妻。在归途中，他遭岳父指派的7位巨人、7头妖女的袭击，均被他打败。最后，他不听父亲凯耐尼木的劝阻，执意远征。在途中，因祖传火枪走火而死亡。可供研究柯尔克孜族古代社会历史及英雄人物参考。20世纪80年代居素普•玛玛依演唱、笔录。柯尔克孜文。记录篇幅16开纸，1846页，24000行。新疆人民出版社1993年版。后收入《玛纳斯》（上、下册），新疆人民出版社2004年版和2005年由新疆人民出版社出版的吉尔吉斯文版（1卷本）。原稿今藏新疆维吾尔自治区文联民间文艺家协会《玛纳斯》研究室。

《阿斯勒巴恰与别克巴恰》（《玛纳斯》第六部）

柯尔克孜族英雄史诗《玛纳斯》之第六部，流传于新疆维吾尔自治区柯尔克孜族聚居地区，叙述玛纳斯第六代后裔阿斯勒巴恰—别克巴恰同胞兄弟的英雄事迹。赛依特留下一对双胞胎儿子阿斯勒巴恰和别克巴恰。阿斯勒巴恰25岁时在战场上牺牲。别克巴恰率众与玛德勒、卡勒玛克及八头妖魔的伙伴阿音扎尔等入侵者展开不屈不挠的斗争。为追剿这些敌人，他的足迹遍及中亚、阿富汗、中国西藏等地，最终为民除害，保卫了家乡的安宁，直到耄耋之年。可供研究柯尔克孜族古代社会历史及英雄人物参考。20世纪80年代居素普•玛玛依演唱、笔录。柯尔克孜文。记录篇幅16开纸，2829页，36780行。新疆人民出版社1993—1995年出版。后收入《玛纳斯》（上、下册），新疆维吾尔自治区2004年版和2005年由新疆人民出版社出版的吉尔吉斯文版（1卷本）。原稿今藏新疆维吾尔自治区文联民间文艺家协会《玛纳斯》研究室。

《索木碧莱克》（《玛纳斯》第七部）

柯尔克孜族英雄史诗《玛纳斯》之第七部，流传于新疆维吾尔自治区柯尔克孜族聚居地区，叙述玛纳斯第七代后裔索木碧莱克的英雄事迹。索木碧莱克是别克巴恰之子，年幼时成为孤儿，由舅父抚养，15岁时才得知自己的身世及祖先的业绩。他回到故乡后与卡勒玛克人、唐古特人、芒额特人等入侵者交战，每战必胜，表现出非凡的英雄才能。他与自己解救的土库曼姑娘特尼木汗一见钟情，结为夫妻。后又多次打退芒额特人的入侵，身负重伤，终遭敌人偷袭牺牲。可供研究柯尔克孜族古代社会历史及英雄人物参考。20世纪80年代居素普•玛玛依演唱、笔录。柯尔克孜文。记录篇幅16开纸，1144页，14868行。新疆人民出版社1995年版。后收入《玛纳斯》（上、下册），新疆人民出版社2004年版和2005年由新疆人民出版社出版的吉尔吉斯文版（1卷本）。原稿今藏新疆维吾尔自治区文联民间文艺家协会《玛纳斯》研究室。

《奇格台》（《玛纳斯》第八部）

柯尔克孜族英雄史诗《玛纳斯》之第八部，流传于新疆维吾尔自治区柯尔克孜族聚居地区，叙述玛纳斯第八代后裔奇格台的英雄事迹。奇格台是索木碧莱克的遗腹子，由玛德别克抚养成人。在玛德别克的精心培养下，奇格台成为一名精通武艺、力大超群的勇士。他闻知哈萨克人芒额特人劫掠的消息后策马出征，与芒额特人展开激战，打退敌人。败将奥托尔勾结喀拉契丹人，率大军卷土重来，再次夺走哈萨克汗位。奇格台再度出征，战胜强敌。奇格台没有娶妻结婚，膝下无子。最终患上严重疾病，痛苦而死。玛纳斯家族八代英雄的戎马生涯到此结束。可供研究柯尔克孜族古代社会历史及英雄人物参考。居素普·玛玛依演唱、笔录。柯尔克孜文。记录篇幅16开纸，948页，12325行。新疆人民出版社1995年版。后收入《玛纳斯》（上、下册），新疆人民出版社2004年版和2005年由新疆人民出版社出版的吉尔吉斯文版（1卷本）。原稿今藏新疆维吾尔自治区文联民间文艺家协会《玛纳斯》研究室。

国内出版和翻译发表的各种文本

从20世纪60年代开始，《玛纳斯》史诗的柯尔克孜族文的各种片段和各种翻译文本就开始在我国各类刊物上得到发表，构成了我国第一批基础资料。20世纪末，除了上述居素普·玛玛依演唱的八部23万行史诗的柯尔克孜文全文由新疆人民出版社公开出版之外，从20世纪到21世纪初，我国已经出版和翻译出版或发表的主要文本如下：《玛纳斯》（第一部《玛纳斯》，4卷），汉文，居素普·玛玛依演唱，阿地里·居玛吐尔地翻译，新疆人民出版社，2009年出版；《玛纳斯》（第二部《塞麦台》，1卷），柯尔克孜文，艾什玛特·玛木别特居素普演唱，托汗依萨克整理，克孜勒苏柯尔克孜文出版社，2003年出版；《玛纳斯》（第一部，2卷），汉文，居素普·玛玛依演唱，刘发俊、尚锡静、帕孜里、朱玛拉依等翻译，新疆人民出版社，1991—1992年出版；中国《玛纳斯》研究会编《史诗＜玛纳斯＞情节概述》，新疆人民出版社，1995年出版；郎樱编写《民族英魂玛纳斯》，汉文，吉林摄影出版社，1994年；维吾尔文，新疆人民出版社，2004年出版；《＜玛纳斯＞之歌》，海鹏彦整理，寰星出版社，2007年出版；《玛纳斯》史诗第二部《赛麦台》片段《赛麦台与阿依曲莱克》，铁木尔·吐尔杜曼别特的唱本，刘发俊等译，汉文，《天山》杂志1961年第1、2期；《玛纳斯》史诗第二部《赛麦台》片段《赛麦台与阿依曲莱克》，铁木尔·吐尔杜曼别特的唱本，阿不力米提·沙迪克翻译，维吾尔文，《塔里木》杂志1961年第1、2、3期；《玛纳斯》史诗第一部片段《阔阔托依的祭典》，居素普·玛玛依唱本，刘发俊等译，《新疆日报》，1961年12月14日、15日版；《玛纳斯》史诗第四部《凯耐尼木》片段，居素普·玛玛依唱本，刘发俊等译，汉文，《民间文学》（北京），1962年第5期；《玛纳斯》史诗第二部《赛麦台》片段，居素普·玛玛依唱本，《新疆文艺》（现改名《曙光》），哈萨克文，1979年在第7期；《玛纳斯》史诗第一部片段《玛纳斯的婚礼》，居素普·玛玛依唱本，阿不力米提·沙迪克翻译，维吾尔文，《新疆文艺》（现改名《塔里木》），1980年第1期；《玛纳斯》史诗第四部《凯耐尼木》片段，居素普·玛玛依唱本，刘发俊等译，《中国民间长诗集》第一卷，上海文艺出版社，1980年；《玛纳斯》史诗第四部《凯耐尼木》片段，居素普·玛玛依唱本，刘发俊等译，《中国少数民族文学》第二卷，上海文艺出版社，1981年；《玛纳斯》史诗第一部片段《玛纳斯的婚礼》，居素普·玛玛依唱本，汉译文，刘发俊等译，《新疆民间文学》丛刊，1981年第一期；《玛纳斯》史诗第二部《赛麦台》片段，居素普·玛玛依唱本，汉译文，刘发俊等译，《新疆民间文学》，1983年第4期；《玛纳斯》史诗第二部《赛麦台》片段，居素普·玛玛依唱本，汉译文，刘发俊等译，《民族文学》（北京），1983年第9期；《玛纳斯》史诗第一部片段《阔阔托依的祭典》，居素普·玛玛依唱本，汉译文，刘发俊等译，《民族作家》1989年第6期；《玛纳斯》史诗第三部《赛依铁克》片段《英雄古里巧绕铲除克亚孜》，居素普·玛玛依唱本，阿地里·居玛吐尔地翻译，《民族文学》2006年第8期；《玛纳斯》史诗散文故事节选本（1卷），奥尔嘎里恰·克德尔拜编写，民族出版社，1991年出版；《柯尔克孜族民间文学精品选》（共三卷），贺继宏、马雄福、阿地里·居玛吐尔地等主编，2004年出版；《玛纳斯的故事》，贺继宏、纯懿编写，五洲传媒出版社，2011年出版。

《玛纳斯》资料本

从20世纪60年代起，我国学者为了研究的方便，就开始了《玛纳斯》史诗内部资料本的出版。到目前为止，主要有：《玛纳斯》（第一部，2卷），汉文，居素普·玛玛依演唱，《玛纳斯》工作组翻译，1961年（内部资料本）；《玛纳斯》（第1、2、3、4、5部，共9卷），柯尔克孜文，居素普·玛玛依演唱，新疆民间文艺家协会《玛纳斯》研究室编，1982—1985年（内部资料本）；《玛纳斯》（第一部，2卷），柯尔克孜文，居素普·玛玛依演唱，《玛纳斯》工作组，中央民族学院，油印本，1978年；《玛纳斯》第二部《赛麦台》（1卷），柯尔克孜文，艾什玛特演唱本，《玛纳斯》工作组，中央民族学院，油印本，1978年；艾什马特演唱本《玛纳斯》第一部，第一、二卷，内部资料本，中国社会科学院民族文学研究，2012年。

居素普·玛玛依唱本在国外出版的版本

《玛纳斯》史诗第一部第一卷，居素普·玛玛依唱本，吉尔吉斯斯文，比什凯克，1995年；《玛纳斯》史诗第二部《赛麦台》（三卷），居素普·玛玛依唱本，吉尔吉斯斯文，比什凯克，1997年；《玛纳斯》史诗第一、二、三部《玛纳斯》、《赛麦台》、《赛依铁克》，吉尔吉斯斯文，比什凯克，2011年；《玛纳斯》史诗第一部片段，居素普·玛玛依唱本，日文，西协隆夫、胡振华翻译，岛根大学法学部《文学科纪要》1992年第7期—Ⅰ、第15期—Ⅰ、第17期—Ⅰ；《玛纳斯》史诗第一部居素普·玛玛依唱本，日文，西协隆夫翻译，名古屋学院大学内部资料集《中国少数民族文学》第4卷，2011年；《玛纳斯》史诗第一部居素普·玛玛依唱本，阿里木江·伊纳耶惕译，收入《居素普·玛玛依与＜玛纳斯＞史诗》，安卡拉出版社，2010年。

三、与《玛纳斯》相关的其他史诗文本

《艾尔托西吐克》

柯尔克孜族民间神话史诗，流传于新疆维吾尔自治区柯尔克孜族聚居地区，产生于柯尔克孜族狩猎文化时期，以口头形式流传于民间，融合柯尔克孜族神话传说和阿尔泰语系民族共有的众多古老的神话母题，在叙事结构、艺术手法方面对《玛纳斯》史诗的产生和发展具有深远影响。叙事诗以主人公艾尔托西吐克的名字命名。在柯尔克孜语中，"艾尔"为英雄之意，"托西吐克"意为"胸脯上长毛的人"。叙述柯尔克孜克普恰克部落一位叫叶勒阿满的财主，有9个儿子，都愚昧无知，使老人十分烦恼。他不断地向苍天祈祷，最终感动上苍，使妻子神奇地怀孕，并生下艾尔托西吐克。孩子在母胎中就能说话，出生7天会走路，6岁时娶乌鲁斯汗之女坎杰凯为妻。他在娶妻返回途中，为救母亲和妻子斩杀恶魔，引起七头女妖的嫉恨。七头女妖为了得到艾尔托西吐克的寄魂物——磨石，变成一块羊肺漂浮在河面上，出现在叶勒阿满经常路过的地方。当贪心的叶勒阿满捞

起羊肺后，七头女妖现出原形，逼迫财主讲出儿子艾尔托西吐克的寄魂物所在地。艾尔托西吐克从女妖手中夺回寄魂物，并与女妖展开大战。他落入地下世界，并在那里生活7年，结识卡拉多巨人、飞毛腿精灵、顺风耳精灵、神射手精灵、寻踪精灵、万语通精灵、神偷精灵、千里眼精灵以及熊、老虎、神鹰阿勒普卡拉库什等，并在他们的帮助下铲除地下世界的众妖魔，返回地面与亲人团聚，过上平安幸福的生活。反映柯尔克孜族古老的自然观、宗教观以及朴素的哲学思想和萨满教文化。可供研究柯尔克孜族叙事诗、神话、宗教信仰参考。20世纪80年代居素普•玛玛依演唱、笔录。柯尔克孜文。记录篇幅32开纸，331页，8000行。克孜勒苏柯尔克孜文出版社1984年版。《艾尔托西吐克》已被译成俄语、英语、法语和土耳其语。主要内容是：相传古代在新疆南部萨尔考尔地方居住着柯尔克孜的克普恰克部落。部落里有个叫叶列曼的财主，他有9个儿子，而9个儿子却都相继失踪了。正当叶列曼为此事愁得不行时，他年迈的妻子卡姆卡塔依竟奇迹般地怀孕了，怀孕两年后孩子才出生。孩子一诞生便与众不同，他7天便会开口说话，要吃要喝，到处奔跑。到了9岁，他已长成一个顶天立地的英雄。由于这个孩子出生时，前胸长满了浓密的黑毛，于是人们根据这一身体特征给他起名为"托什吐克"。托什吐克9岁娶妻，他妻子聪明、美貌，名叫坎杰凯。坎杰凯是乌鲁姆地方的首领窝鲁斯可汗之女。托什吐克携妻返乡途中，坎杰凯被妖魔库乌勒玛劫去。托什吐克为救妻子，将妖魔库乌勒玛杀死。托什吐克的斩妖之举，触怒了七头女妖，七头女妖与托什吐克结下了不解之仇。为了报复托什吐克，生活在地下的七头女妖升上地面，化作一块羊肺，漂浮在托什吐克之父叶列曼经常出没的一条河上。一天，叶列曼赶着牲口来到河边，他看见河中飘浮着一个羊肺，贪财的叶列曼把羊肺捞了回来。羊肺又化作女妖，她百般折磨叶列曼，把叶列曼折磨得死去活来。女妖令叶列曼交出儿子托什吐克的寄魂物——磨石。女妖知道，托什叶克的灵魂就藏在这块磨石内，只要得到这块磨石，杀死其中的灵魂，托什叶克就不攻自灭。吐列曼为保全自己的性命，不惜出卖自己的亲生儿子。他告诉女妖，儿子的寄魂物——磨石藏在坎杰凯的衣箱之中。七头女妖按照叶列曼的指点，打开坎杰凯的衣箱，取出磨石。恰在这时，托什吐克出现了。他抢过自己的寄魂物——磨石，骑马飞驰而去，七头女妖穷追不舍。但是，她怎么也追不上骑着神驹的托什吐克，于是，女妖施魔法，大地开裂。英雄托什吐克陷落地下。英雄托什吐克在地下生活了7年。在地下，他结识了黑巨人、狗熊、老虎、神鹰。在这些挚友的鼎力帮助下，他杀死了七头女妖、青巨人、白巨人、云雀力士等各种妖魔。英雄托什吐克在神鹰的帮助下，飞升回地面，与妻子坎杰凯团聚。由于妖魔除尽，柯尔克孜百姓得以安居乐业。

《巴阁西》

柯尔克孜族民间英雄叙事诗。流传于新疆维吾尔自治区柯尔克孜族聚居地区。叙述巴阁西率领杰提苏（七河）的杰德盖尔柯尔克孜人，打击外来邪恶势力的英雄事迹，以及主人公为柯尔克孜人民创造幸福生活的故事。可供研究柯尔克孜族英雄叙事诗参考。20世纪80年代居素普•玛玛依演唱、笔录。柯尔克孜文。记录篇幅16开纸，577页，8074行。新疆人民出版社1991年版。原稿今藏新疆维吾尔自治区少数民族古籍搜集整理出版规划领导小组办公室。主要内容：巴依汗居住在节提苏草原，他是柯尔克孜节迪盖尔部落的首领。当时，柯尔克孜人经常遭受卡勒玛克人的洗劫与欺凌，节迪盖尔部落的百姓饱尝了颠沛流离之苦。在柯尔克孜人遭受苦难之时，英雄巴额什诞生了。他从小目睹了卡勒玛克入侵者的暴虐，目睹了节迪盖尔人民悲惨的处境。少年英雄巴额什立志要把卡勒玛克侵略者驱赶出节提苏草原，但是却遭到胆小懦弱的父亲巴依汗的竭力阻挠。巴额什不顾父亲的反对，策马挥戈，率众与卡勒玛克入侵者展开浴血奋战。巴额什英勇善战，旗开得胜，他杀死了卡勒玛克将领考劳岛依与卡拉奥特，从他们手中夺回劫掠去的畜群和财产，把卡勒玛克人赶出节提苏草原，将柯尔克孜牧民从卡勒玛克人的奴役中解放出来，过上和平安定的生活。英雄巴额什征战一生，他不仅战胜了卡勒玛克人，而且还先后征服了入侵节提苏草原的塔吉克部落首领巴依努尔、莎车部落首领节莱克等人。巴额什与玛纳斯是同时代的英雄，巴额什属柯尔克孜节迪盖尔部落，玛纳斯则属于柯尔克孜的萨尔诺奥依部落。巴额什是部落首领，玛纳斯则是一个强大的部族部落联盟体的总首领。当巴额什听说玛纳斯大本营所在地塔拉斯受到卡勒玛克人围攻的消息后，他就立即率兵去增援，中途又听说玛纳斯已战胜卡勒玛克入侵者，于是他又率众折回，消灭了在节提苏草原为非作歹的40名强盗。他使节提苏草原恢复了生机，使节迪盖尔部落得到了安宁。巴额什年老得一子，取名托勒托依。孩子长大后，巴额什把汗位传给了儿子托勒托依。巴额什临终前曾留下遗言，要儿子托勒托依与玛纳斯之子赛麦台依友好相处，通力合作，共同抗击侵略者，保卫柯尔克孜百姓。

《托勒托依》

柯尔克孜族民间英雄史诗，流传于新疆维吾尔自治区柯尔克孜族聚居地区，叙述12—14世纪柯尔克孜各部落同契丹人、蒙古人之间纠纷和斗争的故事。托里托依从小善良、勇敢、朴实，从不侵犯别人，但对侵犯他人的人却毫不留情。当契丹首领卡拉孜戈、蒙古首领空托克其、锡伯人流浪者恰卡依对柯尔克孜人民进行抢掠时，他顽强地进行抗争，并打败了他们。最后，他被柯尔克孜节迪盖尔部落的青阔交所迷惑，与玛纳斯之子赛麦台分道扬镳，被赛麦台的手下古里巧绕杀死。可供研究柯尔克孜族古代社会历史及民间英雄叙事诗参考。20世纪80年代居素普·玛玛依演唱、笔录。柯尔克孜文。记录篇幅16开纸，1165页，15600行。新疆青年出版社1985年版。原稿今藏新疆维吾尔自治区少数民族古籍搜集整理出版规划领导小组办公室。主要内容是：托勒托依出生在满提苏草原，父亲巴额什去世后，他一人率领节迪盖尔部落（又称巴额什部落）征战四方。他勇敢无畏，嫉恶如仇。敌人来犯，他与之厮杀搏斗；部落内部出现败类，他果断地将其除掉；卡列孜与巴依恰卡依横行霸道，鱼肉乡里，他又将这两个恶霸无情地加以铲除。他为民除害，深得人民群众的拥护与爱戴。他心地善良，是个有威望的部落首领。但是，他也有致命的弱点，即头脑简单，轻信他人之言，易受人挑唆，致使他走上与玛纳斯之子赛麦台依相对立的道路。在这部史诗中还有一个重要的人物青阔交。青阔交是什阿依之子，玛纳斯的堂兄弟。玛纳斯去世后，他不仅不辅佐侄儿赛麦台依，而且还处处刁难他。敌人来犯，少年英雄赛麦台依要求父王玛纳斯的40名勇士与他同去讨伐敌人，由于青阔交从中作梗，挑唆40名勇士与赛麦台依对抗，拒绝听从赛麦台依的调遣，致使赛麦台依将40名勇士统统杀死。他被赛麦台依的未婚妻阿依曲莱克的美貌倾倒，顿生邪念，欲用武力将赛麦台依的未婚妻抢走。为此，他去找巴额什之子托勒托依，借节迪盖尔部落的兵马去攻打阿依曲莱克养父阿昆汗的宫殿。双方势均力敌，青阔交与托勒托依围攻半年之久，仍未将阿依曲莱克抢到手，英雄赛麦台依获得消息后，率勇士赶来，与青阔交和托勒托依交锋。在激烈的搏斗中，青阔交与托勒托依均死在勇士古里巧绕手里。托勒托依违背了父亲巴额什要他与赛麦台依友好相处、通力合作的遗嘱，他参与了抢劫赛麦台依未婚妻阿依曲莱克的阴谋活动，挑起柯尔克孜内部的不和，酿成流血冲突，最后他自己也在这场冲突中丧生。托勒托依被赛麦台依的勇士杀死后，托勒托依之子克亚孜继承了汗位。赛麦台依的勇士坎巧绕欲背叛英雄，阴谋篡权，他便暗中与克亚孜勾结。克亚孜为报杀父之仇，借兵给坎巧绕，他们合谋杀害了玛纳斯之子赛麦台依，篡夺了塔拉斯的大权。克亚孜霸占了赛麦台依的妻子阿依曲莱克，父亲托勒托依未抢到手的美女，他的儿子克亚孜终于抢到了。

《阿拉西汗》

柯尔克孜族民间英雄叙事诗，流传于新疆维吾尔自治区柯尔克孜族聚居地区，叙述柯尔克孜族祖先斯塔木的故事，柯尔克孜民族及其族名的来源，柯尔克孜族第一位可汗阿合力别克与外来侵略者卡拉朵可汗斗争的内容。着重描写主人公阿拉西汗在父亲去世后继承汗位，统一柯尔克孜所有部落的事迹。卡勒玛克的玛尔哈多可汗对柯尔克孜人进行侵略，战场上双方展开一对一的作战。阿拉西汗的勇士杀死玛尔哈多可汗的5个勇士，玛尔哈多趁机逃走，并重新组织军队，准备与阿拉西汗决一死战。但他的部下都不想打仗。玛尔哈多入侵柯尔克孜人居住地区，阿拉西汗出来迎战，他俩一对一地拼杀，最终阿拉西汗杀死玛尔哈多可汗。柯尔克孜人逐渐强盛起来，哈萨克、塔塔尔、塔吉克等人民纷纷前来投靠阿拉西汗。阿拉西汗又数次战胜入侵者，直到病故。可供研究柯尔克孜族古代历史参考。20世纪80年代托来克·托热汗演唱、笔录。柯尔克孜文。记录篇幅32开纸，133页，2660行。新疆人民出版社1996年版。

《萨依卡丽》

柯尔克孜族民间英雄史诗。流传于新疆维吾尔自治区柯尔克孜族聚居地区。与史诗《玛纳斯》在内容上密切联系。女萨依卡丽在史诗《玛纳斯》第一部里反复出现。叙述柯尔克孜女英雄主人公萨依卡丽凭借自己的智慧和勇敢，为民族的自强和独立与入侵者进行顽强斗争，保家卫民的英雄事迹。在《玛纳斯》里，她是一位抗击卡勒玛克、契丹入侵者的巾帼英雄，深受柯尔克孜族人的敬仰。在史诗中她还是英雄玛纳斯的梦中情人，而且是唯一一位将玛纳斯刺下马的女中豪杰。可供研究柯尔克孜族近代史及历史人物参考。20世纪80年代居素普·玛玛依演唱、笔录。努肉孜·玉山阿力整理。柯尔克孜文。记录篇幅32开纸，364页，9364行。新疆人民出版社1993年版以《女英雄萨依卡丽》之名出版。内容集中表现了这位女英雄的业绩，成为史诗《玛纳斯》的一个分枝。

第九部分 《玛纳斯》史诗工作、机构与研究

一、工作

《玛纳斯》的调查采录

中国《玛纳斯》的调查、采录工作是从1961年开始的。为挖掘柯尔克孜族民间文学的瑰宝，曾由新疆维吾尔自治区、克孜勒苏柯尔克孜自治州的有关单位以及中国民间文艺研究会组成工作组，分别于1961年、1964年、1980年先后3次对《玛纳斯》史诗进行较大规模的调查、采录工作，共访问民间艺人500多人，其中，访问演唱《玛纳斯》史诗的歌手"玛纳斯奇"100余人，记录《玛纳斯》史诗资料100多万行和柯尔克孜民间长诗、民歌、民间故事等作品多部以及不少民俗资料。《玛纳斯》首次调查、采录是1961年3月初，新疆维吾尔自治区文化艺术界联合会、社会科学院文学研究所等单位，组成《玛纳斯》工作组到克孜勒苏柯尔克孜自治州调查《玛纳斯》史诗的蕴藏情况。在此之前，1960年秋天，新疆作家协会《天山》、《塔里木》编辑部已经发现有人会唱《玛纳斯》，并在中央民族学院柯尔克孜语班师生的帮助下，记录了铁木尔演唱的史诗《玛纳斯》第二部《赛麦台依》中的"赛麦台依和阿依曲莱克"，译成维吾尔文、汉文，分别发表在《天山》和《塔里木》上。此次调查、采录工作共进行了3个多月，访问、记录了30多位歌手演唱的史诗资料20多万行和其他民间文学作品多部。这次调查，最大的收获是发现了著名歌手居素普·玛玛依。他用了近8个月时间，演唱《玛纳斯》五部：《玛纳斯》、《赛麦台》、《赛依铁克》、《凯耐尼木》、《赛依特》，共11万多行。调查、采录工作于当年10月结束。《玛纳斯》第二次调查是在1964年7月至1966年7月，1964年5月，在北京，经中国民间文艺研究会、新疆维吾尔自治区文化艺术界联合会、克孜勒苏柯尔克孜自治州等有关人员协商，成立《玛纳斯》工作领导小组，下设《玛纳斯》工作组，决定对《玛纳斯》进行补充调查。调查工作从1964年8月开始至1965年1月底结束。半年时间，调查了克孜勒苏自治州的4个县。记录《玛纳斯》片段《阔克托依的祭典》、《给七汗送信》、《远征》等共107份，计123375行。《玛纳斯》手抄本21册，约九万行。居素普·玛玛依补唱第一部《玛纳斯》由原唱38000行增加到50900行，第二部《赛麦台依》由原27000行增加到32000行，第三部《赛依铁克》由原18360行增加到24430行，第四部《凯耐尼木》由原16000行增加到34058行，第五部《赛依特》由2880行增加到10130行（现又增加到24000行）。又新唱第六部《阿斯勒巴恰及别克巴恰》45000行。还记录了民间长诗《库尔曼别克》、《艾尔托什吐克》、《布达依克》等24份，计17686行。《玛纳斯》史诗第三次调查（1978年底至1979年10月）：1978年，新疆维吾尔自治区文化艺术联合会与中国民间文艺研究会的领导研究决定抢救《玛纳斯》史诗。同年年底，由中国民间文艺研究会、新疆文化艺术界联合会、克孜勒苏柯尔克孜自治州等单位抽调人员组成《玛纳斯》工作组，在中国民间文艺研究会主持下，在北京重新开始记录、翻译《玛纳斯》史诗，工作于1979年10月结束。1982年，再次组成"《玛纳斯》工作领导小组"，并确定日常工作由中国民间文艺研究会新疆分会柯尔克孜文学研究会承担。首先，著名歌手居素普·玛玛依用5年多时间(1979—1983)重新演唱、记录《玛纳斯》史诗八部，即第一部《玛纳斯》；第二部《赛麦台》、第三部《赛依铁克》、第四部《凯耐尼木》、第五部《赛依特》、第六部《阿斯勒巴恰与别克巴恰》、第七部《索木碧莱克》、第八部《奇

格台依》，全诗长23万余行。此期间，新疆民间文艺家协会（前身为新疆民间文艺研究会）柯尔克孜民间文学研究室（也称《玛纳斯》研究室）先后派人去南北疆柯尔克孜聚居地区调查、采录《玛纳斯》史诗。在北疆的特克斯县阔克特尔克乡和昭苏县夏特柯尔克孜乡采访《玛纳斯》歌手10多位。其中特克斯县牧场的歌手萨特瓦尔德演唱了英雄玛纳斯6代祖先的故事。这个资料，是其他歌手从未提供过的。1992年8月，在阿合奇县召开了"全疆《玛纳斯》演唱会"，43位歌手同场演唱史诗，盛况空前。会上录制了《玛纳斯》资料近百盘磁带，推动了《玛纳斯》史诗的采录工作。目前，已拥有百万行史诗资料和完整的八部《玛纳斯》史诗，中国是世界上《玛纳斯》史诗资料最丰富、最完整的国家。到目前为止，《玛纳斯》史诗的调查采录工作一直在进行，而且还发现和搜集到了不少珍贵的唱本资料。

新疆维吾尔自治区首届《玛纳斯》史诗演唱会

1992年8月5—12日在阿合奇县举行演唱会。首届《玛纳斯》史诗演唱会由新疆《玛纳斯》工作领导组主办，由新疆维吾尔自治区文学艺术界联合会、新疆民间文艺家协会承办。有玛纳斯奇和研究《玛纳斯》的各民族专家学者300余人参加。在演唱会上，有37名老中青及少年玛纳斯奇登台演唱《玛纳斯》史诗，并且被授予玛纳斯奇证书。最老的年近90岁，最年少的只有7岁。居素普·玛玛依首先登台演唱了《玛纳斯》序诗，阿合奇县文工团还为会议特意编排了话剧《玛纳斯》。《玛纳斯》史诗工作成果展览也同时在阿合奇县开幕。会议期间，还举办了富有柯尔克孜族传统的赛马、叼羊、马上角力、摔跤等竞技活动。作为我国境内第一次由政府专门组织举办的《玛纳斯》史诗演唱会，不仅吸引了各民族听众，而且对此后的《玛纳斯》工作起到了极大的推动作用。

中国史诗《玛纳斯》学术研讨会

中国举办的第一次关于《玛纳斯》史诗的专题学术研讨会。1990年12月25—28日在乌鲁木齐举行。会议共收到包括汉族、柯尔克孜族、回族、维吾尔族等民族的学者撰写的论文47篇，在会议上宣读30篇。与会学者来自北京、乌鲁木齐、克孜勒苏柯尔克孜自治州、伊犁哈萨克自治州、喀什等地。新疆维吾尔自治区《玛纳斯》史诗工作领导小组组长夏尔西别克·司迪克作了《玛纳斯》史诗工作报告。中国民间文艺家协会副主席贾芝特意前来参会并作专题报告。自治区党政部门有关领导参加会议祝贺。时任自治区主席铁木尔·达瓦买提讲话。会议期间，新疆维吾尔自治区《玛纳斯》工作领导小组表彰了为搜集、调查、编辑出版和研究《玛纳斯》作出贡献的个人和集体。居素普·玛玛依获特等奖。陶阳、郎樱、刘肖芜等获荣誉奖。夏尔西别克·斯迪克、阿曼吐尔·巴依扎克、萨坎·玉买尔、萨特瓦勒德·阿勒、刘发俊等获得一等奖。艾什马特·曼别特居素普、奥斯曼·纳玛孜、玉赛因阿吉、帕孜力、尚锡静、玉山阿勒·阿勒木库勒、胡振华等获得二等奖。阿散拜·马特里、买买提艾山·艾尔格、奥尔尕勒恰·柯德尔拜、奴肉孜·玉山阿勒、朱玛垃依·居素普等获得三等奖。在这次学术会议上，《玛纳斯》演唱家居素普·玛玛依被授予研究员职称。在会议期间，新疆维吾尔自治区《玛纳斯》工作领导小组办公室还举办了《玛纳斯》史诗工作成果展览。会议收到民间文艺家协会、中国社会科学院民族文学研究所、中国少数民族文学学会以及自治区各地各部门的贺信贺电。

《玛纳斯》史诗工作成果展览

1992年3月，由新疆《玛纳斯》工作领导小组、自治区文联主办，在乌鲁木齐举办的史诗《玛纳斯》工作成果展览。这是继1991年4月在北京展览的基础上举办的又一次成果展览。展览会由全国政协副主席王恩茂、自治区党委书记宋汉良、自治区主席铁木尔·达瓦买提剪彩祝贺。展览会的内容分为：《玛纳斯》史诗搜集工作、《玛纳斯》史诗受到各级党政领导的关怀、《玛纳斯》史诗的研究情况、《玛纳斯》史诗在国外的情况、《玛纳斯》史诗的出版情况等。展览会共展出摄影图片资料164幅，图书、搜集、记录资料120余本及实物。展览会总举办3天，参观人数数千人。

《玛纳斯》史诗国际学术讨论会 (1)

《玛纳斯》史诗国际学术讨论会于1994年9月26—29日在新疆乌鲁木齐市召开。本次会议由自治区人民政府承办，并组成了由自治区政协主席贾那布尔、自治区副主席吾普尔·阿不都拉、自治区人大常委会副主任夏尔西别克·斯迪克担任主任和副主任的会议组委会。贾那布尔致开幕词，时任自治区人民政府副秘书长的司马依·铁力瓦尔地代表自治区人民政府讲话。参加会议的代表有中国、吉尔吉斯、日本、俄罗斯等国的《玛纳斯》学专家、学者50余名。有20多位代表在会上宣读了论文，同时还举行了分组讨论和交流。会议讨论的主要议题包括《玛纳斯》史诗的产生年代和历史文化内涵的挖掘、《玛纳斯》史诗中一些特有名称的人文解读、《玛纳斯》史诗所反映的古代柯尔克孜族习俗、《玛纳斯》史诗的艺术特色和人物分析、《玛纳斯》史诗与世界其他民族史诗的比较视野等多个方面。大会期间，与会代表观看了《中国柯尔克孜族风情》录像和由新疆克孜勒苏柯尔克孜自治州歌舞团表演的民族歌舞，参观了《玛纳斯》史诗工作成果展览和自治区博物馆。会议对《玛纳斯》史诗的国际交流和研究起到了积极的推动作用。

《玛纳斯》史诗国际学术讨论会 (2)

由新疆克孜勒苏柯尔克孜族自治州党委、政府举办的《玛纳斯》史诗国际学术研讨会。研讨会于2005年10月26日至28日在阿图什市举行。来自新疆各大专院校、学术机构以及北京、黑龙江等地的80多位各民族学者、专家与来自吉尔吉斯斯坦学者进行了一次有关史诗《玛纳斯》的学术对话。吉尔吉斯斯坦国务秘书达斯坦·萨尔古洛夫率领14位吉国学者参加了此次研讨会。大会共收到论文41篇。两国学者们主要从《玛纳斯》史诗的哲学、民俗学、史学、文学、语言学、比较文学、神话学的角度，对史诗的哲学思想、人物形象、口头诗学、田野调查方法、史诗在游牧文化中的地位、阿尔泰语系民族英雄史诗的比较等方面对《玛纳斯》史诗进行了较深入的探讨。两国学者一致对我国《玛纳斯》演唱大师居素普·玛玛依在国际"《玛纳斯》学"中的地位给予了高度评价。吉尔吉斯斯坦国务秘书达斯坦·萨尔古洛夫代表吉国政府为居素普·玛玛依颁发了吉国国家语言成就荣誉勋章。居素普·玛玛依是这一勋章第一位吉国之外的获得者。

中国·新疆·克孜勒苏《玛纳斯》论坛

由新疆非物质文化遗产保护研究中心、克州非物质文化遗产保护（玛纳斯保护研究）中心共同举办的以"中国·新疆·克孜勒苏《玛纳斯》论坛"为题的国际学术研讨会。会议于2012年11月13—14日在新疆克州阿图什市举行。这是一次旨在加强《玛纳斯》的研究、保护和传承，推动国际间的学术交流与合作，交流共享相关学术成果，提升理论研究水平的学术研讨会。论坛共邀请中国、吉尔吉斯斯坦相关研究部门、学术机构以及保护单位的近百名与会人员参加，围绕"玛纳斯的历史文化价值和社会价值"、"玛纳斯本体研究"、"玛纳斯与文化的传递和交流"三项主题展开学术研讨，内容涵盖了玛纳斯的产生和历史研究、玛纳斯的价值和功能研究、玛纳斯的保护和研究现状以及多项玛纳斯专题研究，集中展现了近年来国内外关于《玛纳斯》研究领域的最新成果。《玛纳斯》与许多产生于农业文明机制下的文化遗产一样，面临着如何适应现代化进程而保护生存发展活力、如何进一步交流和分享各国保护《玛纳斯》的信息和成果，凝聚当代保护《玛纳斯》的共识，促进保护、研究工作的国际合作，具有重要意义。本次论坛是履行和实践《保护非物质文化遗产公约》精神的有力措施和积极行动，进一步探讨了如何更好地使《玛纳斯》得到有效保护、活态传承和可持续发展等问题。此次"中国·新疆·克孜勒苏《玛纳斯》"论坛特点鲜明，一是学术层次高，二是研讨范围广，三是信息含量大，四是分享成果多。论坛形成并最终通过了《"中国·新疆·克孜勒苏＜玛纳斯＞论坛"克孜勒苏共识》，在《玛纳斯》的价值、《玛纳斯》保护的重要性、《玛纳斯》保护的方式方法以及加强中、吉等国《玛纳斯》保护、研究方面的信息交流与成果分享等五个方面达成了共识。

《玛纳斯》国际文化旅游节

新疆维吾尔自治区旅游局，新疆克孜勒苏柯尔克孜族自治州联合举办的旅游文化活动。首届《玛纳斯》国际文化旅游节于2007年6月30日至7月1日在阿合奇县举办。第二届活动于2009年6月29日至7月1日在阿图什市设立主会场，在阿合奇县设立分会场。从这一届开始，克州党委和政府将这一活动定为克州最具品牌效应的旅游文化活动，以此为契机向国内外推广和宣传柯尔克孜族丰富的传统文化和英雄史诗《玛纳斯》文化，并决定每年举办一届。第三届活动于2010年7月22日至24日在阿合奇县举行。第四届活动于2011年7月9日至10日在乌恰县举行。第五届活动于2012年6月29日至30日在冰山之父慕士塔格峰脚下的喀拉库勒湖岸边举行。第六届活动于2013年9月6日至8日在阿图什举行。作为新疆旅游文化节中具有独特文化魅力的一项活动，《玛纳斯》国际旅游文化节诸届都有一些创新。比如，前三届是将具有国际影响力、被国内外誉为"当代荷马"的我国《玛纳斯》演唱大师居素普·玛玛依的寿辰祝寿活动与其结合起来，向国内外大力宣传了他作为一代《玛纳斯》演唱大师的丰功伟绩和我国在英雄史诗《玛纳斯》工作方面所取得的成就。第四届在乌恰县举办的活动又推出了自己的特色。比如万人演唱《玛纳斯》和万人弹奏库姆孜等。第五届活动除了演唱《玛纳斯》史诗之外，又在冰山之父脚下举办了英雄玛纳斯的雕像落成典礼，邀请青海和新疆和布克赛尔蒙古自治县的《格萨尔》、《江格尔》歌手与玛纳斯奇同台演唱，并邀请了我国三大史诗国内最有名的资深专家学者在阿克陶县举行了学术研讨活动和首届柯尔克孜族"约隆"学术研讨会。在这项旅游节活动中，《玛纳斯》史诗演唱是每一届活动中不可缺少的活动内容。气氛热烈而隆重的《玛纳斯》演唱现场，使慕名而来的海内外宾客虽然不能全部听懂唱词，但从歌手丰富的表情、手势、节奏和唱腔中感悟到迷人的神话传说，惊心动魄的战争描绘，引人入胜的风俗人情，优美动人的爱情故事。优美的诗句行云流水般涌现，使观众身临其境般地看到和听到了史诗人物中的怒吼、搏杀、狂叫、欢呼、悲伤和情感活动，感染了在场的每一位观众的情绪。每一届活动除了邀请国内艺术家、各地游客及旅游部门的人员参加之外，还要请吉尔吉斯斯坦等周边国家的客人和官员参加，大大提升了旅游节的国际影响力，使《玛纳斯》国际文化旅游节逐步成为我国新疆旅游的一个重要品牌。

《玛纳斯》演唱大师居素普·玛玛依史诗演唱艺术学术研讨会暨新疆《玛纳斯》研究中心成立大会

2011年12月3日和4日，由新疆师范大学主办的"《玛纳斯》演唱大师居素普·玛玛依史诗演唱艺术学术研讨会暨新疆《玛纳斯》研究中心成立大会"在新疆师范大学国际教育大厦一楼会议室隆重召开。本次学术研讨会共进行了四场学术研讨和一场青年组学术交流，主要就"史诗演唱大师居素普·玛玛依的艺术成就和历史地位"、"口头史诗传承人对史诗传统的贡献"、"居素普·玛玛依的超人艺术才能"等方面的问题主题展开学术讨论。自治区人民政府、中国社会科学研究院、中国民间文艺家协会、黑龙江省民族研究会、新疆维吾尔自治区文联、新疆维吾尔自治区作家协会、《新疆日报》、新疆社会科学院、中央民族大学、新疆大学等全国40余所高校、研究机构和学术杂志社的专家学者共100余人参会。学术研讨会不仅深入探讨了居素普·玛玛依的史诗演唱艺术，为如何更好地传承《玛纳斯》积累了丰富的经验，同时还举行了"新疆《玛纳斯》研究中心"揭牌仪式。从此，我国高等院校中第一个《玛纳斯》研究中心，暨"新疆《玛纳斯》研究中心"宣告成立。本中心的成立对推动新疆非物质文化遗产保护研究事业的发展具有重要意义，它将会成为培养高层次《玛纳斯》研究人才的重要基地，成为向世界宣传《玛纳斯》的重要窗口，成为传播、保护和研究《玛纳斯》的重要渠道。

《玛纳斯》柯尔克孜文的编辑出版

《玛纳斯》史诗的编辑、出版是一项十分艰巨、繁重的工作。为保证《玛纳斯》编辑出版的质量，成立了由各方面学者、专家组成的《玛纳斯》编辑委员会，负责编辑出版居素普·玛玛依演唱的《玛纳斯》8部18册书。编辑委员会采取由个人执笔整理，编委会集体审稿、定稿的办法进行工作。从1984年3月24日到4月4日第一次《玛纳斯》审稿、定稿会议召开，到1995年1月《玛纳斯》8部18册书全部正式出版，历时10年。由新疆维吾尔自治区文学艺术界联合会、中国民间文艺研究会新疆分会、《玛纳斯》编辑委员会审定的柯尔克孜族英雄史诗《玛纳斯》，共8部18册，23万余行，并由新疆人民出版社从1984年至1995年出版。第一部《玛纳斯》共分4册，约58400行，阿散拜·玛特里整理。其中，第一册于1984年9月出版，约13000行，分精、平装两种，共印1万册，第二、三、四册于1989年10月出版。第二部《赛麦台依》共分3册，约36000行，由买买提艾山·艾尔格整理。其中，第一册于1984年9月出版，共印1万册；第二册，475页，于1990年11月出版，印数1100册；第三部《赛依铁克》共分2册，约23000行，由阿散拜·玛特里整理。其中，第一册于1992年2月出版，印数1215册；第二册，于1992年9月出版，印数1215册。第四部《凯耐尼木》分2册，约33200行，由吾尔哈里恰·何德尔拜整理。其中，第一册于1993年12月出版，印数1000册；第二册于1993年12月出版，印数1000册。第五部《赛依特》分2册，约24000行，由阿散拜·玛特里整理。其中，第一册于1993年7月出版，印数1470册，第二册于1993年12月出版，印数1470册。第六部《阿斯勒巴恰和别克巴恰》共分3册，约37200行，由多力坤·吐尔地整理。其中第一册于1993年5月出版，印数1470册，第二册于1993年12月出版，印数1470册；第三册于1995年7月出版，印数1145册。第七部《索木碧莱克》1册，约

15000 行，由多里坤·吐尔地整理。1995 年 7 月出版，印数 1145 册。第八部《奇格台依》1 册，约 12400 行，由托合托布比·依沙克整理，1995 年 8 月出版，印数 1145 册。

《玛纳斯》学术交流

随着《玛纳斯》史诗资料的日益丰富和《玛纳斯》史诗柯尔克孜、汉文版的出版以及史诗资料本的印刷，《玛纳斯》史诗的学术研究活动也逐步地开展起来。1986 年 12 月，召开的首届新疆维吾尔自治区《玛纳斯》史诗讨论会是我国关于英雄史诗《玛纳斯》的首次学术研讨会。随着《玛纳斯》史诗的研究逐渐走向国内，并且为了应对《玛纳斯》史诗在世界上早已成为一个独立的研究学科的现实，我国又于 1990 年 12 月，召开全国《玛纳斯》学术讨论会。之后不久，于 1994 年 9 月召开了《玛纳斯》国际学术讨论会，这次会议后，分别用柯尔克孜文和汉文编辑出版了三本《玛纳斯》研究会议论文集。此外，在 20 世纪末和进入 21 世纪之后，我国的《玛纳斯》史诗学者和世界各国学者之间的交流日益频繁，各种学术研讨会也接连召开，大大地促进了我国《玛纳斯》学的快速发展，提高了我国学者在世界《玛纳斯》学方面的话语权，使我国的《玛纳斯》研究快速上升到了一个能够与世界同行平等对话、相互切磋交流的水平。从 1989 年开始，中国《玛纳斯》学者及歌手居素普·玛玛依应吉尔吉斯斯坦共和国有关部门邀请出访吉国，受到该国领导人及学者的热情欢迎和隆重接待。中国学者撰写的《玛纳斯》论文和著作也开始在吉尔吉斯斯坦用吉尔吉斯文发表或出版发行。进入 21 世纪之后，吉尔吉斯斯坦和我国著者之间的交流更加频繁，无论是我国召开的《玛纳斯》国际学术研讨会还是吉尔吉斯斯坦召开的各种学术研讨会，两国学者之间的交流都邀请对方的学者参加，学术交流的层次也不断提高。我国《玛纳斯》演唱大师居素普·玛玛依的《玛纳斯》唱本八部均已在吉国出版发行。我国学者的大量论文也在吉国各种学术刊物上得到发表，甚至托汗·依萨克，马克来克等学者的论著也在吉国得到出版。而且我国的托汗·依萨克，马克来克、托合提汗等还在吉国获得了博士学位。胡振华、郎樱等学者还分别被吉国授予科学院荣誉院士，"达纳克尔"奖的荣誉称号。通过开展各种学术研究活动，我国学者和政府间的对话平台不断提高，各种交流渠道不断得到拓宽，交流的内容不断拓展。正是因为有了这种交流，中国《玛纳斯》研究水平才不断得到提高，研究成果逐年增多。

《玛纳斯》史诗的汉文翻译

《玛纳斯》史诗由柯尔克孜文译为汉文的工作是与《玛纳斯》史诗的搜集、记录工作同时进行的。从 1961 年至今，已将居素普·玛玛依的唱本前后翻译了 3 次。1961 年，居素普·玛玛依唱《玛纳斯》前五部时，就组织人力将其译成汉文，并将史诗第一部《玛纳斯》铅印了两册内部资料并征求专家学者的意见。当时参加汉译工作的人员有玉山阿勒·阿勒穆库勒、胡振华、玉赛因阿吉、刘发俊、托合塔孙、太白、帕孜力·阿依塔克等。1964 年至 1966 年，居素普·玛玛依对 1961 年唱的 5 部史诗，逐一地进行补唱，各部史诗的内容都有很大增加，还新唱了第六部。使《玛纳斯》史诗六部的内容达到 19 万多行。为此，重新组织力量进行翻译。这次参加翻译的人员和工作分析如下：赵潜德、萨坎·玉买尔翻译居素普·玛玛依唱本第一部《玛纳斯》；刘发俊、帕孜力翻译第二部《赛麦台》、第三部《赛依铁克》和第五部《赛依特》；黑在勤、阿布德卡德尔·托合托诺夫翻译第四部《凯耐尼木》；郎樱、玉赛因阿吉、尚锡静翻译第六部《阿斯勒巴恰和别克巴恰》。此外，当时郎樱和玉赛因阿吉还翻译了艾什马特唱本第一部的内容。陶阳负责译稿的阅稿并对译文提出修改意见。由于"文革"的原因，《玛纳斯》史诗的翻译工作一度停止，原先的译文以及柯尔克孜文资料，除了个别章节后来被找回之外，基本上丢失殆尽。直到1979年，《玛纳斯》史诗工作重新恢复之后，翻译工作又重新开始。由于《玛纳斯》史诗的资料几乎全部丢失，居素普·玛玛依又凭着顽强的毅力第三次重新演唱了《玛纳斯》史诗完整八部的全部内容。后来的《玛纳斯》汉译文基本上按照此次重唱的内容为蓝本。2004年，《玛纳斯》史诗全译文的汉译工作被重新提上日程。到2009年，由阿地里·居玛吐尔地翻译的《玛纳斯》第一部全译本4卷，共计54000多行，由新疆人民出版社出版，其他各部也基本翻译完成，已进入审定出版程序。由刘发俊、朱玛垃依·居素普、巴赫特·阿曼别克、伊斯哈克别克·别伊先别克等翻译的史诗第二部《赛麦台》于2013年由新疆人民出版社出版。《玛纳斯》史诗汉译文的有些片段，从20世纪60年代初开始在《新疆日报》、《天山》、《民间文学》、《民族文学》、《民族作家》等国内区内各种报刊、杂志上发表，有些片段收入《中国新文艺大系·民间文学卷》以及《中国少数民族文学作品选》等书籍和教材中。1991年新疆人民出版社出版了由刘发峻、尚锡静、朱马拉依等翻译的《玛纳斯》第一部汉文节译本上、下两册。

二、工作机构

《玛纳斯》调查组

为了调查、采录《玛纳斯》史诗而专门成立的临时结构。1961年3月，由自治区文联和自治区社会科学院文学研究所联合组成《玛纳斯》调查组。组长由新疆作家协会的刘发俊担任。成员有新架构文联的太白（蒙古族）、新疆社会科学院文学所的刘前斌。调查组到克孜勒苏柯尔克孜族自治州之后又与当地政府部门合作，组织了包括自治州部分干部及在自治州实习的中央民族学院柯尔克孜族班的师生参加，分成若干个组到各县各乡展开系统的调查工作。（参见《玛纳斯》调查采录条）

《玛纳斯》工作组

专门负责《玛纳斯》调查翻译的工作组。1964年5月成立。1964年5月，为了进一步做好《玛纳斯》史诗的挖掘、采录工作，中国民间文艺研究会、新疆维吾尔自治区文联、克孜勒苏柯尔克孜族自治州联合组成《玛纳斯》领导小组，下设工作组。领导小组由自治区文联党组书记刘肖芜，中国民间文艺研究会秘书长贾芝，新疆克孜勒苏柯尔克孜族自治州党委副书记塔依尔共同担任。工作组组长为中国民间文艺研究会民间文学专家陶阳，副组长为新疆作协的刘发俊，成员为玉赛因阿吉、阿布德卡德尔·托合托诺夫、玉山阿勒·阿勒木库勒、萨坎·玉买尔、阿里同、帕孜力、赵潜德、马特·托克马特、图尔干·伊先、朱玛·阿布来提。工作组的具体任务分为两个部分。第一是继续记录或补充记录《玛纳斯》演唱大师居素普·玛玛依的唱本。第二是赴柯尔克孜自治州境内柯尔克孜族聚居的四个县展开深入调查。1965年郎樱、尚锡静、黑在勤等人参加进来。不久，"文革"开始，《玛纳斯》工作组人员被解散，工作也被迫停止。1978年，新疆维吾尔自治区文联、中国民间文艺研究会决定抢救《玛纳斯》史诗，并经多方协商努力，重新组成《玛纳斯》工作组。工作组设在中央民族大学，把《玛纳斯》演唱大师居素普·玛玛依请到北京，重新开始记录、翻译。工作组成员有萨坎·玉买尔、居素普·玛玛依、刘发俊、尚锡静、胡振华、阔交什等。

《玛纳斯》工作领导小组

领导和协调《玛纳斯》史诗工作的组织。为了深入调查、采录史诗《玛纳斯》资料，新疆维吾尔自治区、中国民间文艺研究会等曾若干次组成《玛纳斯》工作领导小组，具体领导和组织《玛纳斯》的各项工作。1964年5月，最初成立《玛纳斯》工作领导小组时，是由中国民间文艺研究会、新疆文联、克孜勒苏柯尔克孜自治州联合组成。成员由中国民间文艺研究会秘书长贾芝、新疆维吾尔自治区文联党组书记刘肖芜、新疆克孜勒苏柯尔克孜族自治州州长塔依尔共同担任。1982年6月又在新疆成立新疆维吾尔自治区《玛纳斯》工作领导小组。领导小组由新疆维吾尔自治区相关领导和专家组成，故又称新疆《玛纳斯》工作领导小组。组长阿曼吐尔·巴依扎克，副组长王玉胡、塔依尔·买买提力、库尔班阿里，成员为夏尔西别克·斯迪克、刘肖芜、阿不都沙拉木、居素普·玛玛依、萨坎·玉买尔。办公地点设在中国民间文艺研究会新疆分会柯尔克孜民间文学研究室。1989年11月，经自治区党委批准，调整了《玛纳斯》工作领导小组。组长是夏尔西别克·斯迪克，副组长是亚生·哈提普、赛普鲁·玉素普。成员有居素普·玛玛依、苏拉依曼·尼耶提卡布里、刘发俊、诺肉孜·玉山阿里。具体工作仍由新疆民间文艺家协会柯尔克孜族民间文学研究室（《玛纳斯》研究室）负责。负责人由新疆民间文艺家协会副主席刘发俊兼任。

中国《玛纳斯》研究会

有关《玛纳斯》史诗研究的全国性学术团体。成立于1995年6月2日。研究会最初挂靠在中国文联，办公地点设在新疆民间文艺家协会。研究会成立当天，时任新疆维吾尔自治区主席阿不来提·阿不都热西提，自治区人大主任阿木冬·尼亚孜，副主任吐尔巴依尔、夏尔西别克·斯迪克，自治区副主席艾斯海提·克里木拜，自治区政协副主席塔依尔·买买提力等出席祝贺。夏尔西别克·斯迪克被推选为第一任会长，推举苏拉依曼·尼耶提卡吾勒、艾山拜克·吐尔地、王烈、亚生·哈提普、郎樱、刘发俊、奴肉孜·玉山阿里等为副会长。马克来克·玉麦尔拜、阿地里·居玛吐尔地、多力坤·吐尔地、巴哈提·夏尔西别克为研究会正副秘书长。居素普·玛玛依等19人为常务理事。研究会创立之后，团结和组织从事史诗《玛纳斯》研究的各民族专家学者积极开展《玛纳斯》史诗研究学术交流活动，取得了一系列成就，为宣传、推广《玛纳斯》史诗，提高《玛纳斯》史诗研究的学术水平做了许多有益的工作。2011年，因各种原因，中国《玛纳斯》研究会暂停各种活动。

新疆柯尔克孜语言、文学、历史研究学会

新疆维吾尔自治区社会科学学术团体。1985年成立，学会的任务是组织对柯尔克孜语言、文学、历史等方面的学术研究；搜集流散在民间的柯尔克孜语言、文学和历史材料，并帮助整理、出版；组织柯尔克孜"阿肯弹唱会"；与国内外学者或学会进行学术交流。学会成立后，于1986年召开首届新疆《玛纳斯》研讨会。1987年在乌恰县召开新疆柯尔克孜语言、文学研讨会暨第一次阿肯弹唱会，参加弹唱的阿肯30余人。1989年在特克斯县库克铁热克柯尔克孜族乡召开新疆民俗研讨会暨第二次阿肯弹唱会，参加弹唱的阿肯30多人。1990年在乌鲁木齐召开首届中国《玛纳斯》史诗研讨会，会后用柯尔克孜文和汉文出版了大会论文集。1994年，在乌鲁木齐有关单位的协助下，举行国际《玛纳斯》学术讨论会，会后出版了柯文版论文集。

柯尔克孜民间文学研究室

新疆民间文艺家协会所属机构，主要从事柯尔克孜族史诗《玛纳斯》的搜集、整理、翻译、研究工作，故又称"玛纳斯研究室"，简称"柯文室"。从1980年开始，《玛纳斯》史诗的第三次搜集、整理、翻译、研究等工作即由柯尔克孜民间文学研究室负责。最早由刘发峻担任研究室主任，后来由刘发俊担任主任，多里坤·土尔迪担任副主任。1995年开始，由阿地里·居玛吐尔地担任主任至2005年。从2006年开始，由伊萨克别克·别仙别克担任主任。该研究室是20世纪60年代《玛纳斯》工作组、20世纪80年代恢复的《玛纳斯》研究室的延续机构，数十年来在《玛纳斯》史诗的搜集整理、审定出版、翻译研究、抢救保护等方面作出了巨大贡献。半个多世纪以来各族学者在不同时期搜集的很多记录本、手抄本、内部资料本等珍贵的资料都在该研究室保存着。

新疆《玛纳斯》研究中心

新疆《玛纳斯》研究中心是经自治区人民政府批准成立、隶属新疆师范大学，具体业务管理放在新疆师范大学文学院。本中心是采取广泛合作方式、独立操作、研究与保护并重的学术机构。担负着《玛纳斯》史诗保护理论研究，《玛纳斯》研究和翻译，《玛纳斯》课外读物的编写，田野调查，数据库建设，参与民间社区文化遗产保护工作，举办学术、展览及公益活动，组织实施研究成果的出版、发表和相关民间艺人培训等职能。新疆师范大学于2011年5月17日向自治区人民政府呈交"关于新疆师范大学成立'新疆＜玛纳斯＞研究中心'的请示"，该请示说明了成立研究中心的意义并详细论证了新疆师范大学承担此任务的可行性及拟研究项目。2011年7月自治区人民政府批准在我校成立"新疆《玛纳斯》研究中心"的计划并拨付专项资金。新疆师范大学提出，《玛纳斯》保护与传承理念要以教育为根本，依托人才聚集、学术研讨氛围浓厚的高等学府，联合地区各级政府，发挥民间团体作用，建立起集《玛纳斯》的保护、研究、传承、弘扬为一体的学术平台。新疆维吾尔自治区党委书记张春贤同志在2011年4月10日下午看望《玛纳斯》传承大师居素普·玛玛依时指出"《玛纳斯》语言优美、内涵丰富，不仅是一部反映柯尔克孜族英雄史的史诗，还是一部反映柯尔克孜族政治、文化、经济、历史、语言、哲学、宗教、美学、军事、医学、习俗等的百科全书"，他强调"一定要将《玛纳斯》艺术完整地传承下去"。研究中心经过充分分析《玛纳斯》研究的国内外形势，结合学校的"中亚战略"布局，提出三年的中期计划。1.以新疆师范大学为主，联合相关单位，组织《玛纳斯》保护与研究专业队伍，开始全面的田野工作，尽全力搜集现存《玛纳斯》及与之相关的各种民间资料。2.加强国内外合作研究，设立专题研究项目，出版一系列研究丛书。3.建立《玛纳斯》资料信息库和网站。4.组织编写中小学《玛纳斯》课外读本，为社会服务。5.在各级政府和相关单位的支持下，对不同级别的《玛纳斯》传承人进行专门培训，培养新一代《玛纳斯》传人，推动《玛纳斯》向柯尔克孜族居住的农村、牧区以小城镇的原生态传承。6.定期或不定期举办《玛纳斯》学术研讨会，促进国内外学术界《玛纳斯》研究队伍建设，互通信息。7.完成史诗《玛纳斯》英文、德文、维文和哈文翻译，把《玛纳斯》推向世界。8.拍摄《玛纳斯》影视人类学片。通过视觉艺术，广泛宣传《玛纳斯》，扩大《玛纳斯》影响，让世界人民了解这一英雄史诗雄浑深厚的文化内涵。9.组织民间艺人，在国内和吉尔吉斯斯坦进行巡回演唱史诗，宣传我国非物质文化遗产保护成就。学校任命曼拜特·吐尔地教授为研究中心主任，中心专设学术委员会。由中国社会科学院、新疆师范大学、新疆大学以及新疆师范大学文学院、历史与民族学学院部分著名专家组成学术委员会，制定了《新疆玛纳斯研究中心管理办法》和《新疆玛纳斯中心经费管理办法》等相关规章制度。2011年12月3日至12月4日，由新疆师范大学主办，新疆师范大学文学院承办的"《玛纳斯》演唱大师居素普·玛玛依史诗演唱艺术学术研讨会暨新疆《玛纳斯》研究中心成立大会"在新疆师范大学隆重召开，各项准备工作正在按部就班地开展中。

三、学术研究成果

《＜玛纳斯＞论》

我国《玛纳斯》研究专家郎樱的《玛纳斯》研究专著。1999年由内蒙古大学出版社出版，共计40余万字。全书分为上中下三编，每编都侧重于论述《玛纳斯》史诗的某一个方面。上篇主要论述史诗的特点、流传变异情况，它在柯尔克孜族人们精神生活中的地位，古代柯尔克孜族的社会生活对史诗产生所起的作用和影响以及对史诗产生年代、传承、歌手和听众在史诗传承中的作用等。中篇主要讨论史诗中的人物形象并通过对人物和其情节内容的分析，总结史诗的美学特征，通过对史诗叙事结构以及它与柯尔克孜族民间文学的联系的探寻，对史诗的叙事方法和特点，对史诗中所反映的神话以及柯尔克孜族民间叙事诗、民歌等民间文学与史诗的关系提出了很多有价值的观点。下篇主要是运用比较文化学、比较文学的理论把《玛纳斯》同突厥语族民族史诗以及西方著名史诗进行宏观和微观的比较，从而总结出《玛纳斯》史诗的特点以及同世界各类史诗的异同。最后在"《玛纳斯》与宗教文化"一章中，作者通过《玛纳斯》史诗中自然崇拜、生灵崇拜以及萨满教的论述，得出了《玛纳斯》是前伊斯兰文化的产物这一令人信服的观点。《＜玛纳斯＞论》曾于2001年获得中国文联、中国民间文艺家协会的首届民间文艺"山花奖"学术作著作一等奖，是目前我国"《玛纳斯》学"领域最重要的著作之一，已经成为该学科具有重要学术指导性的文献。《＜玛纳斯＞论》已经把《玛纳斯》研究推上了一个高峰，可以说是世界"《玛纳斯》学"诞生以来一百多年中，对《玛纳斯》史诗论述面最广、分量最重的成果之一，对我国乃至世界《玛纳斯》学界都产生了重大的影响。

《＜玛纳斯＞演唱大师居素普·玛玛依评传》

阿地里·居玛吐尔地和托汗·依萨克联袂撰写的国内第一部系统研究我国《玛纳斯》演唱大师居素普·玛玛依的学术专著。主要论述我国《玛纳斯》演唱大师，被国际史诗学界誉为"当代荷马"的居素普·玛玛依。本书从搜集资料到写作完成出版共花费十多年的时间。从1994年开始，作者先后采访了多位民间艺人，从居素普·玛玛依本人、他的亲属以及同龄人口中搜集采录了大量口述资料，成为国内掌握居素普·玛玛依相关资料最多的学者。本书的初稿完成于1999年，其汉文本列入中国社会科学院民族文学研究所史诗研究丛书，由内蒙古大学出版社于2002年出版，共计28万字。

后来又经过近十年的补充完善，增加了很多新内容和新材料，在进行很多修改补充之后由民族出版社第一次用吉尔吉斯文出版新的版本。全书53万字，16开本，印数3000册。本书由前言、正文、后记三个部分组成。正文部分共分五章。全面系统地论述了居素普·玛玛依学习、演唱、传播、保存《玛纳斯》史诗的亲身经历。对出生成长的社会环境、家庭环境对他的影响，他学唱史诗过程、演唱特点、风格以及他在国内外的影响都进行了细致的研究探讨和论述，充分论证了我国《玛纳斯》史诗的特点和优势。作者用大量的第一手资料，运用民俗学、口头诗学和民族志诗学等学科的理论，从一个比较深的层面上对我国《玛纳斯》史诗活形态特征和史诗歌手进行了比较全面的、立体的研究和论述。对长期困扰我国乃至世界史诗学界的许多问题进行大胆探讨，得出了许多令人信服的结论，揭开了史诗演唱大师居素普·玛玛依的神秘面纱。本书汉文版出版后即在社会上引起很大反响，于2003年获得中国文联、中国民协"山花奖"，学术著作一等奖，并在同一年获得新疆维吾尔自治区党委、人民政府最高奖"天山文艺奖"学术著作优秀奖。吉尔吉斯文版的出版也在社会上引起很大反响，吉尔吉斯斯坦驻华大使卡杜尔别克·萨尔巴耶夫看到本书之后，激动地说："这本书是吉尔吉斯斯坦人民长期期待的一本书。它的出版不仅是中国民族文化界的一件大事，也是吉尔吉斯斯坦人民了解中国民族文化发展的一件大事。"

《＜玛纳斯＞论析》

"中国少数民族史诗研究丛书"之一。郎樱著，内蒙古大学出版社1991年12月出版，25.7万字。全书共有11章：第一章绪论；第二章《玛纳斯》产生的时代；第三章《玛纳斯》的流传、发展与变异；第四章玛纳斯奇——史诗的传承者与创作者；第五章听众——《玛纳斯》的生命；第六章《玛纳斯》人物论；第七章《玛纳斯》的美学特征；第八章《玛纳斯》的叙事结构；第九章《玛纳斯》与柯尔克孜民间文学；第十章《玛纳斯》与突厥史；第十一章《玛纳斯》与萨满文化。书前有中国社会科学院少数民族文学研究所中国少数民族史诗研究课题组负责人仁钦道尔吉教授撰写的前言。书中除详细评介了《玛纳斯》的产生时代、流传、发展和变异外，对史诗《玛纳斯》的美学特征、叙事结构以及与萨满文化的关系，进行了深入的研究。同时，还以比较研究的方法，对柯尔克孜史诗与突厥语诸民族史诗的共性和各自的特性进行了详尽的论述。

《中国少数民族英雄史诗＜玛纳斯＞》

"中国民间文化丛书"之一。郎樱著，浙江教育出版社出版，11.7万字。1990年8月第1版，1995年3月第2版。内容包括《玛纳斯》与柯尔克孜族、《玛纳斯》的形成与发展、玛纳斯奇——史诗的传承者与创造者、英雄玛纳斯的身世、《玛纳斯》中的人物形象、《玛纳斯》的艺术特点、《玛纳斯》与柯尔克孜民间文学、《玛纳斯》与宗教、《玛纳斯》与东西方史诗等9部分。

《＜玛纳斯＞史诗歌手研究》

阿地里·居玛吐尔地在自己的博士学位论文基础上修改而成的专著。2006年由民族出版社出版，31万字，印数2000册。《＜玛纳斯＞史诗歌手研究》由绪论、正文、结论和附录四个部分组成。正文部分共分六章。第一章主要交代与本文研究相关的田野调查点的人文地理、社会环境、口头传统和《玛纳斯》史诗在当地的流传发展情况，并运用统计学的方法从共时和历时角度观察、了解和比较当地玛纳斯奇的蕴藏、分布情况，从总体掌握该地区口头史诗传统的传承特征。第二章通过观察史诗歌手现场表演，探讨《玛纳斯》史诗表演空间、表演时间的限定、语境对于歌手和文本的影响、歌手表演的目的和功利性等，从民俗生活层面上探讨口头史诗演唱活动的民俗志背景和它对史诗演唱活动的影响。第三章主要考察与史诗表演相关的民间约束和禁忌，歌手每一次演唱的篇幅和内容的限定，讨论与史诗歌手的表演相关的服装和道具等问题，以及听众对玛纳斯奇的奖励方式等。第四章主要论述玛纳斯奇的集体性特征、他们身上表现出的萨满特征，并在历史演变的轨迹上观察他们在社区中的地位和对民众生活的影响。第五章主要从史诗歌手的表演，即文本创编过程入手，观察他们如何通过学习、演唱，对传统加以继承和创新，并附带讨论史诗表演和文本中凸显的戏剧化特征。第六章通过对史诗文本的分析，讨论《玛纳斯》史诗结构、语言和韵律中普遍存在的传统程式特征，总结史诗歌手在"表演中的创作"中对程式的把握、操作和运用规律。最后，对口头史诗表现特点、歌手的史诗创编规律作出结论性评述。附录部分也收入了居素普·玛玛依的史诗观、本书作者的访谈以及拉德洛夫曾于1885年为自己编辑的柯尔克孜族英雄史诗和民间文学卷所撰写的，曾对世界史学界，尤其是西方古典史诗学派产生深远影响的长篇文章。这本书的创新点主要表现在以下几方面：尽量突破以往只关注史诗记录文本，并通过记录文本解读史诗的学术规则，将口头史诗植入活形态表演语境当中，关注其活形态本质，从歌手与听众在表演现场的互动关系当中，从他们共同参与文本创作的视角观察作为民俗文化活动的口头史诗演唱这一综合性艺术。也就是说，把口头史诗置入它生存发展的原始土壤中，在歌手"表演中的创作"中，多侧面、立体式地审视口头史诗文本的生成过程，以此展示出口头史诗文本创作的复杂性和多样性。这样一个研究方法和策略，仅对史诗《玛纳斯》研究来说，具有一定的前沿性和创新性。此书出版之后在国内外也产生了较大影响，并于2007年获得了中国文联、中国民间文艺家协会第三届民间文艺"山花奖"学术著作一等奖。

《＜玛纳斯＞多种变体及其说唱艺术》

《玛纳斯》史诗研究专著。曼拜特·吐尔地著，1997年由新疆人民出版社出版，柯尔克孜文。全书分为两部分。第一部分主要介绍国内外70多个玛纳斯奇的生平以及其史诗变体，并进行了一定程度的对比。第二部分着重探讨玛纳斯奇的史诗演唱特色、玛纳斯奇的成长过程，并通过文本的分析对《玛纳斯》史诗同柯尔克孜族原始文化的密切关联，柯尔克孜族原始文化对史诗产生的影响，以及史诗中所沉淀的古文化内涵，史诗形成初期的历史文化背景等进行了研究，提出了自己独到的看法，特别是第六章"《玛纳斯》产生发展的文化层次"可以说是这本书最有价值的篇章。作者将《玛纳斯》史诗放到柯尔克孜族悠久的原始文化背景上，把柯尔克孜族原始宗教、古代韵律文化和《玛纳斯》史诗中所反映的原始文化因素进行对比分析之后，对史诗产生于8—9世纪，12—13世纪，甚至16—17世纪等年代的断代式研究方法提出了挑战。他认为：史诗这种体裁并不是柯尔克孜族在叶尼塞河上游地区建立汗国繁荣一时或是在遭受成吉思汗的屠杀，悲苦连天、苦难深重的历史时期，而是在从远古以来根深蒂固的文学艺术传统影响下产生的。而这种文学艺术传统包括柯尔克孜族原始的民间崇拜仪式、远古以来就伴随柯尔克孜族产生、发展的口头说唱艺术、韵律文化、民间音乐等。作者的这种研究不仅是一种尝试，而且给人一定的启迪和思索。由于这部专著用柯尔克孜文出版，发行范围受到一定局限，暂时还没有被更多的学者所了解。

《柯尔克孜文学史（2）》

曼拜特著，新疆人民出版社1996年出版。大32开本，印数500。此书是《柯尔克孜文学史》的第二部。作者在众多第一手资料的基础上详细介绍了中国柯尔克孜族文学近代、现代以及当代的发展状况，以各个时期典型的具有代表性的作家、诗人、剧作家们的文学创作和成就为线索，阐述了柯尔克孜族文学的发展脉络和所取得的成绩。全书共分为12章，三个部分。这三个部分分别是第一部分"近代柯尔克孜文学"，它包括"近代柯尔克孜文学概述"、"时代派诗人"、"阿拉套文学"等三章；第二部分"现代柯尔克孜文学"，它包括"现代柯尔克孜族文学的产生"、"现代玛纳斯奇"等两章；第三部分"当代柯尔克孜族文学"，它包括"社会主义文学"、"柯尔克孜族民间口头文学的新时代和当代玛纳斯奇"、"柯尔克孜族文学的新时期"、"诗歌"、"小说"、"戏剧与电影文学"、"文学评论"等八章的内容。本书被列入国家社科基金"七五—八五"重点计划和自治区社科院"八五"研究课题"各民族文学史"之一。汉文版于2005年由天马出版社出版，由阿地里·居玛吐尔地教授翻译，共计31万字，印数为1000册。《柯尔克孜族文学史》是我国第一部比较系统地研究和总结我国柯尔克孜族文学发展规律的著作，具有多方面的参考价值。

《柯尔克孜文学史（1）》

马克来克著，新疆人民出版社2005年出版。大32开本，印数1000册，柯尔克孜文。此书是《柯尔克孜族文学史》第一部，主要是介绍柯尔克孜族民间文学的内容、形式、文类、艺术特征和主要成果等。全书分为三个部分，即第一部分抒情性作品：劳动歌、习俗歌、情歌、仪式歌等；第二部分劝谕性作品：劝谕歌、对唱、谚语、典故、谜语、辞令、祝词、诅咒、儿童文学等；第三部分叙事作品：神话、传说、民间故事、史诗、著名史诗《玛纳斯》、《艾尔托什吐克》、《阔交加什》以及后记。这本书是我国柯尔克孜族民间文学研究方面的一部新成果，在某些理论问题上有所创新，是一部值得参考的学术著作，也是一部整体了解柯尔克孜族丰富民间文学的普及性著作。

《口头传统与英雄史诗》

阿地里·居玛吐尔地著，中央民族大学出版社2009年出版，大32开本，共计27万字。《口头传统与英雄史诗》是作者研究《玛纳斯》史诗和其他英雄史诗20多年来的一个总结。收入了作者2000年之后在国内外各种刊物上发表的学术论文共15篇。其中，收入第一编的是有关英雄史诗《玛纳斯》在国内外研究的学术史关注，对英雄史诗《玛纳斯》进行了较全面的总结和梳理；收入第二编的四篇论文主要是关于《玛纳斯》史诗文本研究以及对史诗歌手的史诗创编方面的深层理论探讨研究，有很多新的学术观点和理论思考；第三编比较篇中收入了作者以比较的视野对英雄史诗《玛纳斯》、《艾尔托什吐克》等史诗的比较研究以及《玛纳斯》史诗与伊斯兰教、《突厥语大辞典》与突厥语民族英雄史诗等方面的论文；第四编收入了作者对田野调查中所获得资料的深入分析以及对著名歌手的访谈等。

《呼唤玛纳斯》

《玛纳斯》专家阿地里·居玛吐尔地的论文集。2006年由克孜勒苏柯尔克孜文出版社出版，共计25万字，柯尔克孜文。其中收入了作者十多年来在国内外学术刊物上发表的论文十余篇，论述的内容涵盖《玛纳斯》的学术史、史诗歌手研究、文本分析、史诗的创作与演唱等多个方面，是近年来用柯尔克孜文出版的比较有分量的学术研究专集，在柯尔克孜族读者中引起了较大反响。第一版很快售罄，2009年和2013年又先后两次重印出版了这本论文集的修订本。

《柯尔克孜族民间宗教与社会》

由阿地里·居玛吐尔地、曼拜特·吐尔地、古丽巴哈尔·胡吉西合著，2009年由民族出版社出版，大32开本，共计27万字。本书是属于新疆维吾尔自治区民族学与宗教学重点项目，新疆师范大学社会文化人类学研究所、中央民族大学"985工程"重大民族宗教问题研究中心共同承担的"新疆少数民族民间信仰与民族社会研究丛书"之一。全书共分十四章，它们分别是：第一章柯尔克孜族概述，第二章柯尔克孜族民间信仰的研究概况及文献综述，第三章柯尔克孜族民间信仰的历史演变，第四章柯尔克孜族民间信仰中的人与自然，第五章柯尔克孜族民间信仰中的人与人，第六章柯尔克孜族民间信仰中的人与神，第七章柯尔克孜族民间信仰中的鬼，第八章柯尔克孜族民间信仰与巫术，第九章柯尔克孜族民间信仰与禁忌，第十章柯尔克孜族民间信仰与萨满教，第十一章柯尔克孜族民间信仰与文学艺术，第十二章柯尔克孜族民间信仰与礼仪，第十三章柯尔克孜族民间信仰与社会生活，第十四章柯尔克孜族民间信仰与物质生活。本书是对柯尔克孜族民间宗教、民间信仰与社会关系进行探讨的最新成果，也是这方面的第一部学术著作，具有一定的开拓意义。其中，第九章中论述了《玛纳斯》以及《艾尔托什图克》、《阔交加什》等史诗有关内容中反映的柯尔克孜族民间宗教的内容。

《柯尔克孜族民间文学概览》

张彦平、郎樱著，1992年克孜勒苏柯尔克孜文出版社出版。全书共分6章：第一章神话；第二章民间传说；第三章史诗、叙事诗；第四章民歌；第五章民间故事；第六章谚语、谜语、绕口令。书前设有概述，概括地叙述了柯尔克孜族的族源、历史以及其民间文学的形成、发展和特点。在第三章史诗部分对《玛纳斯》史诗和柯尔克孜族其他史诗作了分析和介绍。

《史诗＜玛纳斯＞情节概述》

中国《玛纳斯》研究会编，由多位柯尔克孜族《玛纳斯》专家联袂编写的史诗八部内容的完整的散文体故事梗概。本书为新疆人民出版社1995年10月柯尔克孜文版，印数1000册。该书包括居素普·玛玛依演唱变体8部内容的故事梗概。以散文体形式，用通俗的语言，简明扼要地介绍了英雄玛纳斯8代人的生平事迹和英雄业绩，全面地展示了《玛纳斯》史诗的魅力。书中还附有阿地力·朱玛吐尔地和托汗·依萨克撰写的有关居素普·玛玛依生平的长篇评传，比较全面地评述了居素普·玛玛依学习、演唱、保存《玛纳斯》史诗的功绩和演唱活动。这是我国境内第一篇比较全面和完整地介绍居素普·玛玛依生平的评传性文章。

《＜玛纳斯＞研究》

我国出版的第一本研究史诗《玛纳斯》的汉文论文集，由新疆民间文艺家协会编，于1994年8月由新疆人民出版社出版发行，汉文版。论文集共收入21篇论文，2篇工作回忆录。全书21.4万字，收入的论文涉及史诗的内容、人物形象、主题思想、艺术特色、产生年代及歌手研究等。收入的论文主要选编自1990年全国首届《玛纳斯》学术研讨会的论文，也适当挑选了已经在国内发表过的一些优秀论文。其中，《我是怎样演唱＜玛纳斯＞史诗的》、《史诗＜玛纳斯＞中的战略战术》、《＜玛纳斯＞与萨满文化》、《＜玛纳斯＞的悲剧美》、

《卡妮凯，一个命运多舛的妇女形象》、《史诗＜玛纳斯＞歌手的神授之谜》、《英雄史诗＜玛纳斯＞工作回忆录》、《史诗＜玛纳斯＞搜集整理工作三十年》等论文曾在学界产生一定的影响。

《民族英魂玛纳斯》

关于《玛纳斯》史诗内容的普及读物。由郎樱根据居素甫•玛玛依和艾什玛特唱本第一部和第二部的内容编写而成。主要包括第一部英雄玛纳斯和第二部英雄赛麦台依的英雄业绩和史诗的精彩章节。由吉林摄影出版社出版，作为世界十大史诗画库之一，于1994年4月出版，全书15万字，书中附有素描插图多幅。

《柯尔克孜族部落史》

玉赛音阿吉撰写的关于我国柯尔克孜族出版的第一部部落史专著。散吉拉是关于柯尔克孜族历史、习俗方面的口头或书面叙述资料，主要描述部落发展史。历史事件和世代相传的传说、轶事及作者的观点有机地融合在一起而构成完整的散吉拉体裁。作者以一位民族历史、文化史的研究者身份，在自己的作品中依据历史资料，有力地论证了自己的观点。60年代，在搜集《玛纳斯》史诗期间，先后到乌恰、阿合奇、阿图什、阿克陶县采访各地有名的民间艺术家和散吉拉奇，并从艾什马特、阿不都热合曼•托克托逊、吐克、苏里堂阿勒、洁恩别克、阿克木谢里夫等15名当时有名望的散吉拉奇那里学习有关知识。所以，这部散吉拉是民族传统与学术研究紧密结合的一部珍贵论著。全书分为《柯尔克孜族的来源》、《柯尔克孜族的部落分类情况》、《古代柯尔克孜族反抗侵略的斗争》、《柯尔克孜族的古代宗教信仰、文化、习俗及天文学知识》等四章。第一章和第三章以历史资料为主，而第二章和第四章则注重散吉拉式的叙述。作者在《柯尔克孜族的部落分类情况》一章中，除了对柯尔克孜族十余个部落的名称、分类、各部落之间的联系一一进行详细的论述外，对柯尔克孜族文学史有名的库尔曼别克、西尔达克别克等人物传说也进行了一定的论述。所以，这本书中关于柯尔克孜族文学方面的内容较丰富。对于《玛纳斯》史诗及我国著名玛纳斯奇居素普阿昆、巴勒瓦依、铁木尔、艾什马特、塔巴勒德等都有所涉及。特别是对至今还没有确切生平资料的居素普阿昆•阿帕依这位著名玛纳斯奇的生平及《玛纳斯》演唱生涯进行较详细的描述。所以说这部著作在某种程度上具有柯尔克孜族文学、艺术志的特性。作者在第四章中，对柯尔克孜族的宗教信仰、文字、文学、音乐、手工艺术、婚礼葬俗、人际交往、待人接物、天文等十几个专题进行全面的诠释。在这些专题下，作者注重对柯尔克孜族原始民间文化的深刻探讨，使读者了解到柯尔克孜族的原始生活风貌及原始文化特征。被当代柯尔克孜族逐渐遗忘的一些古老生活语汇、名词在书中随处可见。作者在书中末尾有一个附属说明，主要详述中国柯尔克孜族部落的分部情况。目前为止，如此详尽而系统地描述我国柯尔克孜族部落分部情况的资料还是第一次刊布。从这一点看，玉赛音阿吉的著作更具有其重要意义和价值。因此，这部著作的部分章节被吉尔吉斯斯坦学者编入他们出版的《柯尔克孜人》丛书。

《柯尔克孜族社会历史调查》

"国家民委民族问题五种丛书之一"的"中国少数民族社会历史调查资料丛刊"之一种。新疆维吾尔自治区丛刊编辑组编辑，由杜荣坤负责汇辑，刘维新审定。新疆人民出版社出版，1987年4月，16开本，128页，160千字，该书编入了1958—1961年中国社会科学院民族研究所等单位在新疆和东北柯尔克孜族地区对柯尔克孜族社会历史的调查文章12篇。书中除收入柯尔克孜族历史概述、柯尔克孜族民间文学艺术概况调查报告、新中国成立后柯尔克孜族民间文学艺术的发展及柯尔克孜族生活习俗和宗教信仰等4篇专题调查报告外，还收入在乌恰县的调查报告3篇，阿合奇、阿图什、阿克陶、特克斯、额敏、黑龙江省富裕县等县、乡的专题报告各一篇。其中，有关于《玛纳斯》史诗的一些内容。

《柯尔克孜族简史》

目前国内出版的第一本全面记叙中国柯尔克孜族2000多年来发展简史的专著。"中国少数民族问题五种丛书"中的"中国少数民族简史丛书"之一。由《柯尔克孜族简史》编写组编辑，新疆人民出版社1986年5月出版汉文版。全书共分10章：第一章概况；第二章族名、族源；第三章坚昆的社会经济及与其他民族的关系；第四章坚昆都督府——黠戛斯汗国；第五章蒙古称雄前后的乞儿吉思；第六章清朝的布鲁特；第七章近代的柯尔克孜族；第八章新民主主义革命时期的柯尔克孜族；第九章文学艺术；第十章宗教信仰与生活习俗。书前有克孜勒苏柯尔克孜自治州行政区划图、柯尔克孜族分布略图各一幅和坚昆、黠戛斯、吉利吉思分布示意图3幅及反映柯尔克孜族社会生活、文化教育的照片8幅。书后有结束语和大事年表。

该书是根据1963年内部印行的《柯尔克孜族简史简志合编》删节、增补、修订、改编而成的。参加修改编写的主要有郭平梁、杜荣坤、安尼瓦尔等人，由安尼瓦尔（柯尔克孜族）通审全书。2008年，民族出版社出版了该书的修订版。修订者为万雪玉和王平。本书的柯尔克孜文版于1993年1月出版。由朱玛哈得尔·加克甫、阿布都拉依·吾斯曼根据汉文版翻译，艾尔肯·买买提肉孜校定。在书的第七章，柯尔克孜族的文化部分中对《玛纳斯》史诗及其他一些史诗作品进行了简要介绍。

《柯尔克孜族风俗习惯》

《柯尔克孜族风俗习惯》"国家民委民族问题五种丛书"之一的"中国少数民族社会历史调查资料丛刊"。新疆维吾尔自治区丛刊编辑组编，贺继宏、张光汉撰稿，加安巴依（柯尔克孜族）、刘维新、雷永耀审定，新疆人民出版社1986年12月出版。全书共分：1．古老的民族；2．柯尔克孜族的衣食住行；3．柯尔克孜人的婚、丧和礼仪；4．岁时风俗；5．生产劳动习俗；6．民间文学与艺术；7．体育、竞技与游戏；8．民族手工艺品，共8部分。2009年，民族出版社出版了修订版。书中有许多关于《玛纳斯》史诗调查资料的信息。

《中国民族村寨调查丛书：柯尔克孜族》

关于新疆乌恰县库拉日克村的民族学调查专著。董秀团、万雪玉主编，多人合作完成。全书共分十二章，包括概况与历史、生态环境、人口、经济、社会政治、婚姻家庭、法律、文化、风俗、教育、科技卫生、宗教以及附录等。共计37.8万字，云南大学2004年出版。该书比较全面地展示了柯尔克孜族边境村落的历史发展以及现实状况。参加撰写的有董秀团、万雪玉、吕雁、朱刚、艾莱提·托洪巴依、曹盟等。本书是关于一个村落的全面而真实的田野调查著作，对了解当今柯尔克孜族农村具有重要的学术价值。书的文化部分介绍了乌恰县库拉日克村《玛纳斯》史诗的流传情况和歌手的一些信息。

《柯尔克孜语言文化研究》

中央民族大学胡振华教授关于柯尔克孜族

语言文化研究的论文集，是他一生致力于研究柯尔克孜族语言文化的一部成果汇集。2006年由中央民族大学出版社出版。全书共计63万字，分为上下两编以及一个附录。上编主要收入了胡振华教授关于柯尔克孜语研究的力作19篇，其中《柯尔克孜语中的元音和谐》、《柯尔克孜语动词及其构成》、《黑龙江省富裕县的柯尔克孜族及其语言特点》、《黠戛斯叶尼塞文献使用的文字》等论文以其严谨的科学性而在国内外学术界产生很大影响，不仅开拓了我国柯尔克孜语的研究领域，而且大大拓展了这一学科的发展。下编主要以《玛纳斯》史诗研究、柯尔克孜族宗教文化、民间文学、中亚研究等方面论文组成，共计12篇论文。附录部分主要收录了国内外有关学者对胡振华教授本人的介绍、对他的研究著作和研究成果的评述文章、国内外媒体上发表的有关消息等，共计17篇。对广大柯尔克孜族语言文化研究者、爱好者都是一部学术性和普及性兼备的参考书。

《中国柯尔克孜族》

由新疆维吾尔自治区政协副主席买买提艾山·托合达力编著的著作。大32开，精装本，并有多副彩色照片。2006年由新疆人民出版社出版，共计43万字。由克孜勒苏柯尔克孜自治州党委书记闫汾新作序。全书共分为四大部分。第一部分以"现代柯尔克孜族的概况及其分布"为题，以粗线条的方式主要介绍了克孜勒苏柯尔克孜自治州的基本概况、柯尔克孜族的分布情况、历史沿革、民族区域自治、柯尔克孜族的语言文字、经济生活、社会组织、宗教信仰、民间文化和习俗、文学艺术以及我国各地柯尔克孜族的基本情况等。第二部分以"古老的民族、悠久的历史"为题，展示了柯尔克孜族悠久的历史发展脉络、从叶尼塞向天山中亚迁徙、爱国主义的英雄壮举和英雄史诗《玛纳斯》产生的历史背景等。第三部分以"民族区域自治制度的实施和柯尔克孜人民的繁荣、进步与发展"为题，回顾和阐述了克孜勒苏柯尔克孜自治州的成立、在社会主义建设中所取得的伟大成就，以及在党的民族政策的光辉照耀下柯尔克孜族人民在政治、经济、文化、科技事业方面的发展现状和美好的未来。第四部分以"关于边疆民族区域自治地方政治、物质、精神文明建设的思考"为题，主要研究了党的边疆民族区域自治方针的落实和实践、克孜勒苏柯尔克孜自治州各项事业的发展等。该书是一部比较全面地介绍我国柯尔克孜族历史、文化、经济、教育、法制等各项事业发展的普及性著作。

《中国柯尔克孜族百科全书》

《中国柯尔克孜族百科全书》是有史以来关于我国柯尔克孜族的第一部大型百科全书。由贺继宏、张光汉主编，1998年由新疆人民出版社出版。全书共计105万字，16开本，印数为2000册。本书是广大柯尔克孜族以及各民族学者通力协作的重要成果，一经出版就成为各民族广大干部群众、科学工作者、老师、学生们了解我国柯尔克孜族的重要工具书。全书是融资料性、知识性、理论性、科学性、实用性于一体的辞书类大型工具书。书中力图全面地、系统地、真实地、客观地反映了中国柯尔克孜族历史、文化、社会的历史发展全貌。书中共收入词条3200余个，内容包括柯尔克孜族的政治、经济、地理、社会、文化教育、文学艺术、新闻出版、文献资料等各个方面。全书采用写实的方法进行编撰，书中所记的各种事件只作真实的叙述，编写者不加任何褒贬。对历史问题尽量采用了新观点、新方法加以记述，对学术问题尽量按照定论进行撰写，对不同的学术观点也进行了适当的介绍。书中还收编了部分有影响的柯尔克孜族人物传略。对古今人物均客观地记述其生平事迹，不作评论。除了古近人物之外，还收入了英雄史诗《玛纳斯》中广泛流传的人物。书中收入了柯尔克孜族地区部分有影响的古近地名，除了介绍这些地名的原意、形成、来源以及传说之外，主要介绍其自然、地理、经济概貌。词典还引用了大量古籍、经典历史资料。按照时任克孜勒苏柯尔克孜自治州州长阿山别克·吐尔地的评价："《中国柯尔克孜族百科全书》的编辑出版，对于柯尔克孜族，对于研究柯尔克孜族的历史，弘扬柯尔克孜民族文化都是一个十分重大的贡献，必将对我国柯尔克孜族的各项事业发展和柯尔克孜族历史的研究，特别是对柯尔克孜族优秀的民族文化的弘扬与繁荣，产生十分重要的现实意义和极其深远的历史意义。"

《中国少数民族古籍总目提要：柯尔克孜族卷》

本书是国家重大项目《中国少数民族古籍总目提要》中的一部。由马克来克·玉买尔拜、伊斯拉木·依萨合、阿地里·居玛吐尔地等主编，由十多名柯尔克孜族专家学者合作完成的一部大型工具书。全书共计73.4万字，16开本，323页。2008年由中国大百科全书出版社出版。收入书中的古籍条目共有1571条，其中书籍类4条，讲唱类1567条。讲唱类条目主要收录了长期以来在民间流传的史诗，叙事诗（包括神话叙事诗、英雄叙事诗、生活叙事诗），长诗（包括叙事长诗、生活长诗、传说长诗），神话（创世神话、造物神话、图腾神话、天体神话、动物神话、其他神话），传说（地名传说、族名传说、风物传说、人物传说、乐曲传说、其他传说），散吉拉（史话），民间故事（神话故事、生活故事、笑话故事、动物故事），祝词，谚语（关于祖国、故乡和人民的谚语，关于勇敢和胆怯的谚语，关于知识技能的谚语，关于劳动的谚语，关于岁时的谚语，关于道德观念的谚语，关于习俗的谚语，关于动物的谚语，关于语言的谚语，关于人类情感的谚语，关于食物的谚语，关于富贵及贫困的谚语，关于讥讽和鞭挞恶行的谚语，关于典故的谚语），民间歌谣（驱病歌、祝福歌、诅咒歌、摇床歌、仪式习俗歌、阔肖克、怨歌、奥隆歌、劳动歌、劝谕歌、动物歌、儿歌、民间对唱歌、赞歌、情歌及其他民间歌谣）等内容。《中国少数民族古籍总目提要：柯尔克孜族卷》是一部第一次系统介绍柯尔克孜族古籍总体情况，反映柯尔克孜族古籍概貌的大型工具书。它不仅是一部了解柯尔克孜族历史文化的读物，也是研究柯尔克孜族政治、经济、历史、宗教、文化的工具书，具有较高的收藏价值和使用价值。它展示了柯尔克孜族丰富多彩的民族历史文化遗产，反映了柯尔克孜族人民在缔造中华民族文明中所作出的贡献。

《中国柯尔克孜族》

由阿地里·居玛吐尔地编写的著作。2012年5月由宁夏人民出版社出版。全书361页，16开，共计37万字。本书是国内第一部以柯尔克孜族文化为侧重点，围绕柯尔克孜族传统文化，以宏观的视角，民族志的写作方法，全方位展示柯尔克孜族文化发展脉络、文化特点和文化成就的综合性普及读物，既有学术的深厚度，也有资料的广泛性。全书对民族发展过程中的物质文化、民间文化、民俗、口头传统、旅游文化、民族精神、历史文化人物以及重要历史文献作了比较详细的介绍。全书框架结构完整，包括导论、正文、附录、后记等四个部分。正文部分分为九章，第一章是柯尔克孜族概况，主要论述了族称族源、人口及分布、历史沿革、语言文字、民族教育、民族区域自治等部分。第二章主要从生产经济、饮食习俗、服饰习俗、居住习俗和交通习俗层面介绍民族的物质文化成就。第三章为柯尔克孜族的民间文化，包括民间科技、民间文学、民间造型艺术、民间舞蹈艺术、宗教信仰、非物质文化遗产、申遗项目等，概括性地全面介绍了柯尔克孜族的民间文化精髓。第四章重点介绍了柯尔克孜族的社会文化，包括传统社会组织、交往礼仪、亲属称谓、诞生礼仪、取名习俗、婚姻习俗、丧葬习俗、岁时节日习俗、传统体育游戏等。第五章介绍了与柯尔克孜族旅游文化相关的历史文化遗迹和自然文化景观。第六章分两部分主要介绍了新中国成立后柯尔克孜族文化的变迁，文化事业的发展历程和主要成就。第七章简要地总结了柯尔克孜族的精神气质和民族特质。主要论述了柯尔克孜族讲究道德礼仪的文雅追求，满腔热情的爱国主义情操以及自强不息的民族性格和开放式的民族心态等。第八章分古代、近代和当代，介绍了在柯尔克孜族历史形成、发展过程中作出突出业绩，在柯尔克孜族的文化发展史上具有重大影响力的历史文化人物36位。第九章则重点介绍了有关柯尔克孜族历史文化方面的重要著作和文献：这些文献主要分为历史文化类、地方志类、史诗及民间文学类等。附录部分列出了比较详细的柯尔克孜族历史大事记和本书的主要参考文献。总之，本书是目前国内系统地研究和介绍柯尔克孜族民族传统文化的综合性图书，在一定程度上涵盖了柯尔克孜族民族文化的各个层面，具有知识性、科学性、资料性特点。不仅对了解中国柯尔克孜族的历史文化具有全面的指导意义，对于深入研究柯尔克孜族的历史文化和民族传统文化也具有不可替代的参考价值。

《克孜勒苏柯尔克孜自治州民族志》

贺继宏、张光汉主编。克孜勒苏柯尔克孜文出版社1992年5月出版，28万字。书前有反映柯尔克孜族历史、文化、风俗的彩照28幅及克孜勒柯尔克孜自治州行政区划图和柯尔克孜族分布图各1幅。全书共分12章：第一章柯尔克孜族简史；第二章柯尔克孜族维护祖国统一的爱国斗争；第三章柯尔克孜族的经济生活；第四章柯尔克孜族的文化教育；第五章柯尔克孜族的社会组织与宗教信仰；第六章柯尔克孜族的风俗习惯；第七章柯尔克孜族的民间文学；第八章维吾尔族；第九章汉族及其他民族；第十章民族关系；第十一章民族区域自治；第十二章民族工作。本书的第七章"柯尔克孜族民间文学"中对新疆克孜勒苏柯尔克孜族自治州的境内《玛纳斯》史诗的保存、流传、保护、研究、出版等情况进行了介绍。

《<玛纳斯>——影视文学剧本集》

《葱岭丛书》之一，克孜勒苏柯尔克孜自治州作家协会，自治州民委自治州党委史志办联合编辑，责任编辑为何欣和。1997年克孜勒苏柯尔克孜文出版社出版。这是一本由克孜勒苏柯尔克孜自治州的作者编写，以反映柯尔克孜族历史、文化为主的影视文学剧本专集。书中收入了程海序的电视文学剧本《玛纳斯》，是根据柯尔克孜族英雄史诗《玛纳斯》第一部的基本内容编写的，剧本塑造了柯尔克孜古代英雄玛纳斯的典型形象，内容精选了史诗《玛纳斯》第一部中的精彩片段编写而成。同时还选入张光汉、贺继宏的《玛纳斯奇》，刘彦金、杜桂娥的《柯尔克孜巴什》，王济宪的《班超》，贺继宏、张光汉的《格登碑》，金平钰的《母亲的生日》，共6部影视文学作品。

《中国各民族跨世纪家庭实录：<玛纳斯>演唱大师的一家》

《中国各民族家庭实录》丛书之一。阿地力·居玛吐尔地、朱玛卡德尔·加科普合著，汉文，云南人民出版社，云南大学出版社，2003年。

通过细致的调查和采访，在第一手资料的基础上撰写完成的科普读物。通过对我国《玛纳斯》演唱大师居素普·玛玛依一家三代人的生活状况的具体细致描述，对其家族谱系，亲属关系，家庭内成员的出生、起名、割礼、婚姻、丧葬、祭典等多层面的生活描绘出一个真实的图像，并以此展示了柯尔克孜族的生活习俗、家庭关系、人生礼仪等民俗文化。

《〈玛纳斯〉百科全书》

为了配合联合国教科文组织命名的"《玛纳斯》年"（1995年），由吉尔吉斯斯坦的数百位《玛纳斯》专家学者合力编撰出版的，专门以《玛纳斯》史诗为内容的吉尔吉斯文大型百科全书。全书分为上下两卷，共收入3000多个词条，基本上囊括了19世纪末以来吉尔吉斯斯坦以及前苏联各加盟共和国学者在史诗《玛纳斯》的搜集、出版、研究、翻译方面的成绩，介绍了包括我国著名玛纳斯奇居素普·玛玛依在内的数十名玛纳斯奇的生平简历，是20世纪末世界"《玛纳斯》学"的重要标志性成果之一，也是20世纪末《玛纳斯》史诗研究的集大成之作，在世界"玛纳斯学"领域具有很高的学术参考价值。但该辞书最大的遗憾是，由于我国与吉尔吉斯斯坦学者之间的学术信息交流不畅，吉尔吉斯斯坦学界对我国学者的研究成果还不太了解，使这部"百科全书"基本上以吉尔吉斯斯坦学者的研究成果为主，而没能充分吸收我国《玛纳斯》史诗搜集、出版、翻译、研究等各方面成就。

《中国柯尔克孜族〈赛麦台〉史诗情节结构及其特征》

由我国青年女学者托汗·依萨克在自己的副博士学位论文基础上经过修改而成的《玛纳斯》史诗研究专著。吉尔吉斯文，比什凯克，"比伊克提科"出版社，2011年出版。这部专著主要研究的是我国两位著名玛纳斯奇居素普·玛玛依和艾什马特演唱的《玛纳斯》史诗第二部《赛麦台》的情节、结构以及艺术特征。作者通过比较两位玛纳斯奇的演唱文本，从多个角度，全面细致地分析了两位著名史诗歌手的演唱内容，从而对中国境内流传的史诗文本的传统内容和特色进行了总结，指出了其独有的特色。

《英雄史诗〈玛纳斯〉调查采录集》

由陶阳编著，中国文联出版社2011年出版。书中，作者以笔记形式真实而详细地记录了作者带领《玛纳斯》调查组于20世纪60年代初在新疆克孜勒苏柯尔克孜族自治州进行《玛纳斯》史诗调查和采录工作时的田野调查全过程。全书共包括四个部分。第一部分为"玛纳斯采风录"，包括"缘起"、"发动"过程的记述；远景规划及工作方法、调查采录细则、柯尔克孜族聚居区民俗文化的描述，以及《玛纳斯》大师居素普·玛玛依与各地玛纳斯奇演唱的《玛纳斯》和人物传奇故事、部落谱系传说等内容的采录。第二部分为"史诗《玛纳斯》第一部至第六部的人物及故事情节"，为采录者初次聆听居素普·玛玛依时记录些下来的采录线索。第三部分为有关柯尔克孜族的部落及传说故事选编，对于了解《玛纳斯》史诗是有价值的背景资料。第四部分题为"杂录"，实际上是关于那次田野调查的回忆、通信和有关《玛纳斯》翻译、格律、分布的补充和解析。本书虽然是一个田野调查的纪实和资料的汇集，但是对《玛纳斯》史诗的研究具有非常重要的参考价值。

《玛纳斯之光——〈玛纳斯〉的智慧》

我国柯尔克孜族学者马克来克·玉买尔拜的《玛纳斯》史诗研究专著。2011年由克孜勒苏柯尔克孜文出版社出版。全书由以下内容组成：

"史诗中对英雄玛纳斯的评价"、"玛纳斯的智慧"、"玛纳斯的开阔胸怀"、"《玛纳斯》的人民性"、"《玛纳斯》的荣辱观"、"《玛纳斯》的友谊观"、"《玛纳斯》的坚韧不拔精神"、"《玛纳斯》中的军事兵法及战略战术"、"《玛纳斯》史诗一半为真,一半为虚"、"《玛纳斯》精神的继承者钦吉斯·艾特马托夫"、"《玛纳斯》与《摩诃婆罗多》"、"玛纳斯的智慧在其语言当中"等。根据作者自己的说法,全书主要包括两个方面的内容:第一是探索和总结汇集在《玛纳斯》史诗中的柯尔克孜族民族的智慧;第二是挖掘、总结史诗的英雄主人公玛纳斯身上体现出的人格魅力以及其超人的智慧。

《柯尔克孜口头文化及其传统社会》

曼拜特·吐尔地著,柯尔克孜文,新疆科学技术出版社,2009年出版。全书包括总论及两部分内容。第一部分内容分为神话史诗、英雄史诗、生活史诗、柯尔克孜族史诗的层次,柯尔克孜族史诗中的部落、地名、人名,柯尔克孜族英雄史诗的比较等,主要是对柯尔克孜族口头史诗传统的讨论。第二部分由民间信仰和文学艺术、民间信仰与仪式、民间信仰与社会生活、民间信仰与物质生活等组成,主要是对柯尔克孜族民间信仰和民众生活的探讨。作者根据自己搜集的资料对柯尔克孜族民间口头传统文化与民间信仰等进行了一定程度的探讨和总结。

《＜玛纳斯＞论文集(1)》

国内第一部关于《玛纳斯》史诗的柯尔克孜文论文集。新疆民间文艺家协会编,新疆人民出版社,1991年出版。平装,大32开本,445页。印数1070本。责任编辑为奴肉孜·玉山阿里。论文集主要收入了1990年12月在乌鲁木齐召开的全国首届《玛纳斯》史诗研讨会的论文。收入了时任新疆维吾尔自治区主席铁木尔·达瓦买提在研讨会上的讲话,自治区人大副主任、新疆《玛纳斯》工作领导小组组长夏尔西别克·斯迪克所作的《玛纳斯》工作报告以及中国民间文艺家协会副主席贾芝的讲话和各民族专家学者的论文共计27篇。收入其中的论文涉及《玛纳斯》史诗的艺术性、思想性、史诗产生的年代、史诗与柯尔克孜族历史的关系、歌手研究、比较研究等。由于是我国国内第一部《玛纳斯》研究论文集,虽然其中收入的论文水平参差不齐,但是比较真实地反映了当时我国《玛纳斯》研究的整体水平。

《＜玛纳斯＞论文集(2)》

国内第2部关于《玛纳斯》史诗的柯尔克孜文论文集。由中国《玛纳斯》研究会编,新疆人民出版社,1998年出版。平装,大32开本,555页。编选者为多力坤·吐尔地,责任编辑为奴肉孜·玉山阿里。论文集主要收入了1994年8月在乌鲁木齐召开的中国首届《玛纳斯》史诗国际学术研讨会的论文。收入了时任新疆维吾尔自治区党委副书记贾那布尔的开幕词,自治区人大常委会副主任、新疆《玛纳斯》工作领导小组组长夏尔西别克·斯迪克所作的《玛纳斯》工作报告,时任新疆维吾尔自治区政府秘书长的司马依·铁力瓦尔地的讲话以及新疆维吾尔自治区政府副主席的米吉提·纳斯尔的闭幕词等。收入论文集中的包括国内著名史诗专家郎樱的《＜玛纳斯＞史诗与希腊史诗的比较》、仁钦道尔吉的《论＜玛纳斯＞与＜江格尔＞共同性》、马昌仪的《＜玛纳斯＞与灵魂信仰》、潜明兹的《从比较史诗学看＜玛纳斯＞史诗的艺术层次》、阿布的克里木·热合曼的《＜玛纳斯＞史诗中的颜色以及数字观》、托汗·依萨克的《神话形象的典型——阿依曲莱克》、曼拜特·吐尔地的《＜玛纳斯＞史诗的变体及玛纳斯奇》、刘发俊的《＜玛纳斯＞史诗的社会功能》、西协隆夫的《玛纳斯与日本古代英雄倭建》、康艾希·科尔巴谢夫的《萨雅克拜与居素普·玛玛依》、博略特·萨德考夫的《萨恩拜·奥诺孜巴考夫唱本中柯尔克孜族口头创作代表性作品的遗存》等国内外学者的论文共计40余篇。

《柯尔克孜民间文学探微》

张彦平著，中央民族大学出版社2012年出版。共计30万字，为作者多年研究《玛纳斯》史诗及柯尔克孜族民间文学的论文汇集。全书包括导论、散文体文学研究、史诗专论、其他韵文体文学研究和附录、民间文学作品译文选等。其中在散文体文学研究部分，作者着重探讨了柯尔克孜族的民间神话传说，而在史诗专论部分则包括"论玛纳斯形象早期的神话英雄特质"、"玛纳斯的战马之神性考论"、"《玛纳斯》关于战马的描述"、"史诗中祈子仪式比较研究"、"柯尔克孜族与中亚突厥语民族英雄史诗中的相似性因素辨析"、"史诗中的循环主题——《玛纳斯》中英雄婚姻类型透析"、"《玛纳斯》著名演唱变体间的对比研究"、"多民族文化网络中的阿勒曼别特形象"、"《玛纳斯》与玛纳斯奇"、"《玛纳斯》的语言艺术"等关于《玛纳斯》的专题研究，包括了作者对史诗研究成果的汇总。第三、四部分主要是对柯尔克孜族民间歌谣、叙事诗等的讨论和翻译。

第十部分 文化空间、遗迹和雕塑

与《玛纳斯》史诗相关的遗迹、雕塑及文化空间

与《玛纳斯》史诗相关的传统文化资源中，与史诗的内容融为一体，在史诗中得到描述的古代遗迹，遗迹后人为了纪念史诗英雄人物、著名歌手或为了其他各种目的而修建的文化纪念物，毫无疑问也是史诗文化资源体系中的重要组成部分，在史诗的传播普及中占据非常重要的地位。这些遗迹或多或少给当地的人们以心灵上的依托。玛纳斯奇和当地人们认为这些遗迹与史诗一样神圣，在《玛纳斯》史诗的演唱中能够佑助他们完成神圣的使命。无论是演唱者还是听众都认为史诗英雄们的灵魂不死，永远同柯尔克孜族人民在一起。除了史诗内容中反映的历史文化遗迹之外，还有很多由后世人们建造的相关遗迹和纪念物。这些纪念物包括大型纪念建筑群，史诗英雄的雕像，著名史诗歌手的雕像以及著名歌手的陵墓等。根据学者们的统计，在我国新疆以及克孜勒苏柯尔克孜自治州境内有很多与《玛纳斯》史诗内容相关的历史文化遗迹，中亚及吉尔吉斯斯坦地区共也有58处自然文化遗迹及后人建造的纪念物和文化空间。当然，在众多类似的文化古迹中，有一些确实在史诗内容中有明确记载，并与史诗内容有着密切的联系，也有一些却明显是后人附会的。即便如此，由于没有历史文献资料的记载，也没有考古挖掘的证据，因此这些文化古迹已经无法进行明确考证了。有趣的是，这种现象与口头史诗本身的特点形成了异曲同工之妙。也就是，既有民族历史发展的脉络，但又模糊不清，覆盖着一层神秘的面纱。作为与民族文化根脉相连的文化现象，无论如何，只要

有史诗内容作为根基，又有相关的民间传说流传，其生命就可以得以延续，就会有其开发利用、发扬光大的文化价值。历史文化遗迹长期以来成为柯尔克孜人心目中的圣地和心灵的依托，得到人们的祭拜，玛纳斯奇和当地人们都认为这些遗迹与史诗一样神圣。人们相信这些遗迹与英雄的灵魂相关联，体现着英雄的精神，而且会保佑当地人平安健康。史诗歌手们也相信英雄的灵魂会在他们演唱《玛纳斯》史诗时佑助他们完成演唱史诗这项神圣使命。无论是演唱者还是普通听众都认为史诗英雄们的灵魂不死，英雄的灵魂永远同柯尔克孜族人民在一起，保佑他们，给他们带来吉祥、安宁、和平。著名历史人物的墓地或者其他一些人们认为具有神圣意义的诸如泉源、圣树、圣山等在柯尔克孜以及其他突厥语中被称为"麻扎（Mazar）"，也就是崇拜祭祀的处所。而且，还形成了独特的麻扎崇拜习俗。与史诗《玛纳斯》相关的历史文化遗迹，无论是在史诗中描述的还是后世人们建造的都有其特定的文化功能，在普及《玛纳斯》史诗文化，保存柯尔克孜族民俗传统方面起着举足轻重的作用。堪称柯尔克孜族"百科全书"的《玛纳斯》史诗可以说是柯尔克孜人一部口头形式的"史书"。它承载着柯尔克孜族太多的民族情感和历史文化记忆。通过它我们可以看到或听到一个民族全部的民族情感，历史经历，历史事件，民族荣辱，不同人物的命运、喜怒和哀乐等。作为融合和体现这些情感的物质形式的遗存，这些历史文化遗迹和与之相关联的各种民间集体活动，以及在此基础上所形成的文化空间最直观地承载着民族传统文化的基因，体现着民族文化知识体系中最珍贵、最基本的因素，而且还通过物质的和非物质的现实体现凝聚着民族的精神，鼓舞着人们的意志，教育着年青一代，启迪和陶冶着人们的心灵。

玛纳斯的陵墓

玛纳斯陵墓坐落于吉尔吉斯斯坦塔拉斯山区，已经成为人们祭拜和瞻仰的重要场所。这座陵墓对于玛纳斯英雄的去世以及陵墓的建造过程在史诗中有明确记载。根据《玛纳斯》演唱大师居素普·玛玛依唱本的描述，英雄玛纳斯因为大意而遭到宿敌空吾尔拜的暗算，头颈部被毒斧砍中回到塔拉斯故乡黯然离开人世。玛纳斯的妻子卡妮凯与谋士巴卡依圣人商讨，按照柯尔克人的习俗，人们将其尸骨埋在河床地下，能够容纳五百人的墓穴中。然后再把挖掘墓穴之前引开的河水恢复原位，让英雄在滔滔的河水中安眠。

然后，又让人在另一个地方修建了一座高大陵墓。据史诗记载，建造陵墓用的砖块是用特殊的土混合了八万只公山羊的油脂烧制而成的。据说这种砖块非常坚固耐用，保持长久不会风蚀。陵墓的内壁上不仅画有英雄玛纳斯及其随身陪伴的英雄们的图像，而且还篆刻记录了英雄一生的业绩。后世历史学家和考古学家根据多方面的考证，确认今天位于吉尔吉斯斯坦塔拉斯的一座高大陵墓就是史诗英雄玛纳斯的陵墓。这座陵墓虽然经过千年的风吹雨打和战火烽烟的考验，却依然挺立在茫茫旷野中，向人们诉说着英雄的故事。20世纪上半叶，这座陵墓得到前苏联考古学家的翻修。翻修之后的玛纳斯陵墓高 11 米，用红砖砌成，砖块外墙呈现出典型的柯尔克孜族民间图案，陵墓的外层用琉璃瓦装饰，远远望去蔚为壮观，而且与周围的自然景色浑然一体，体现出草原游牧民族特有的建筑艺术风格。今天，吉尔吉斯斯坦将这座陵墓以及其周边地区设为重点保护区加以保护，并在陵墓旁边建造了一座博物馆供人们瞻仰和参观。

色尔哈克之墓 (Sirgaktin murzösu)

在阿合奇县卡克夏勒谷地西北山区的麦尔凯奇 (Berkeq) 村阿克布隆 (Akbulong) 地方山脚下有一个用石块堆积起来的，被称为"色尔哈克墓"的大型石堆墓。在《玛纳斯》史诗居素普·玛玛依唱本中有英雄玛纳斯让手下人用骏马驮上阵亡勇士的尸骨返回故乡时，正好路经卡克夏勒谷地 (Kakshaal)，在这里歇息调整的描述。在远征中玛纳斯身负重伤，而阿勒曼别特、楚瓦克、色尔哈克、穆兹布尔恰克等众多英雄多数阵亡，人们的脸上蒙上了阴影，处于一种绝望的境地。玛纳斯、巴卡依等清点过人数后，做出了返回故乡的决定。阵亡的阿勒曼别特的队伍暂交由包孜吾勒统管，楚瓦克的队伍交由额尔奇吾勒统率，加克普的人交由赛热克管理，巴卡依的队伍则分散到各营。

不仅如此，阵亡英雄们的尸骨也由他们负责送往故乡。各队先后向西而行，每隔三天相互联络互通情况一次。玛纳斯率领的大军在前面开路。当队伍到达一个地方时，躺在马背上六天没有睁眼的玛纳斯让人揭开盖在自己脸上的遮布，睁开眼睛环顾四周，意识到队伍已走错了路，来到了铁提尔苏岸边，便对身边的人说："英雄们阵亡之后难道我们就神志不清了吗？如果我们不走这条路，而从吐鲁番绕行经哈密翻越巴里坤大坂从伊犁谷地走就会省许多路，早一点到达。现在要从铁提尔苏下游的巴勒塔山绕过，走过奇兰盐碱地，这样我们可能到不了塔拉斯故乡了。现在我们转头向西，让北极星始终在我们的右边天空上悬挂，沿铁提尔苏而行。"将士们按玛纳斯的交代，经过调整后继续前进。这里提到的"铁提尔苏"正是卡克夏勒河无疑。按照玛纳斯的交代，赛热克带领队伍沿铁提尔苏而行，翻越铁西克套山隘并把英雄色尔哈克的尸体掩埋到铁提尔苏河边，让手下士兵找来石块堆放在色尔哈克墓上作标记的描述。当今在新疆阿合奇县所属卡克夏勒谷地西北边的麦尔凯奇村阿克布降地方山脚下有一个用石块堆起的被称为"色尔哈克之墓"的大型古堆墓。墓地上至今还可以找到表面光滑形似心脏、肥皂、面团、甜瓜、畜蹄、箭矢、首饰的各色鹅卵石，当地的柯尔克孜族人们认为这些石块具有治愈疾病的神奇效能。每当身体不适或疼痛不止时，便来到这个圣墓前祈祷并挑选出合适的鹅卵石擦拭疼痛之处，以此消除炎症和疾患。这种奇特的鹅卵石在方圆几里的范围内根本无法找到。据称这些石头都是色尔哈克的手下士兵从很远的地方特意捡来做为标记堆起来的。一方面表达对这位英雄的敬仰之情，另一方面也可使其墓地显得壮观宏伟，令人肃然起敬。《玛纳斯》史诗中就有这一地区还有一个被称为"吐勒帕尔的头骨"（骏马的头骨）的地方的描述。

这正是传说中安放色尔哈克的坐骑铁勒克孜勒骏马头骨的地方。而许多玛纳斯奇的唱词中都有"铁勒克孜勒是特意祭悼色尔哈克而宰杀,其头骨也是特意安放作为标记"的说法。因此,在民间便有关于这匹铁勒克孜勒骏马头骨及马鞍的各种传说。当地人根据民间信仰认为这块头骨是圣物,万一丢失会使此地的福运消失,便把这块马头骨转移后隐藏到了其他地方。之所以这样做,是因为麦尔凯奇村是出好马的地方,在全县范围内的任何一次赛马中都是麦尔凯奇的马获得第一,为主人赢得奖品。人们便认为这是英雄色尔哈克的坐骑铁勒克孜勒的灵魂佑助。因此,对于当地人来说铁勒克孜勒马的头骨便显得弥足珍贵和神圣了。

穆兹布尔恰克之墓 (Muzburqak din murzösu)

穆兹布尔恰克之墓位于阿合奇县城东部的色帕尔巴依乡的阔阔尼西克地方,是一个位于黑山谷地中的古墓。墓地南部高山悬崖处生长一株千年古树,树干径围约2米,枝繁叶茂,树冠如云,立于树下可听到地下泉水叮咚作响,一股清泉汩汩流出。当地和邻县的老乡谓此水为"圣水",人饮"圣水"可消灾祛病,往求"圣水"的人络绎不绝。墓地东侧还生长数株刺玫瑰树和一株杏树,这些树木都赖山泉滋润,无人摧折,长势旺盛。树枝绑满了人们寄托自己希望的各色布条,以此求得英雄灵魂的保佑。根据民间传说,穆兹布恰克是英雄玛纳斯的哈萨克族战将,在远征中阵亡。在队伍远征返回途中路经阔阔尼西克时被玛纳斯葬在此地。后来,一股泉水从干燥的山崖中奇迹般流出,山崖中还长出一棵枝繁叶茂的山杨树,使这儿成了一块圣地。人们都希望英雄的灵魂保佑自己平安,每次路过都要进行祈祷,饮几口泉水。

阿克库拉的拴马石 (Akkulanin chider taxi)

在阿合奇县哈拉布拉克乡色尔哈克墓北面深山里的一块开阔地上,还有一个被称为"阿克库拉的拴马桩"的呈三角形状的、毡房大小的三块石头,这三块石头中有两块间距约为150米。两块石头呈等边三角形,两个底角与另一块石头的间距为300米左右。人们从山坡上远远望去便能清楚地看到被芨芨草围绕的三块大石。根据民间传说,当年玛纳斯英雄曾在这三块石头上拴过自己的坐骑阿克库拉骏马。间距为150米的两块石头用来拴马的两条前腿,而另一块则用来拴马的一条后腿。

比什凯克的玛纳斯文化广场

在由后人建造的纪念物和文化空间中，最著名的莫过于坐落于吉尔吉斯斯坦塔拉斯山区的玛纳斯陵墓，坐落于吉尔吉斯斯坦首都比什凯克市中心的"玛纳斯文化广场"和位于该市西边城郊的"玛纳斯村（阿依勒）"等。吉尔吉斯斯坦比什凯克市中心的"玛纳斯文化广场"建于1981年。广场中央耸立着21米高的英雄玛纳斯手握宝剑策马驰骋的青铜雕像。其四周还立有史诗的英雄主人公玛纳斯、玛纳斯的妻子卡妮凯、玛纳斯的高参巴卡依以及19—20世纪吉尔吉斯斯坦著名玛纳斯奇特尼别克·贾皮（Tinibek Japi，1846—1902）、纳伊曼巴依·巴勒克（Naymanbay Balik，1801—1887）、萨恩拜·奥诺兹巴考夫（Saginbay Orozbakov，1867—1930）、萨雅克拜·卡拉拉耶夫（Sayakbay Karalaev，1894—1971）等的栩栩如生的花岗岩雕像。这些雕像都是出自吉尔吉斯斯坦著名雕塑家吐尔衮拜·萨德考夫之手。这一广场和雕塑群已经成为吉尔吉斯斯坦与《玛纳斯》史诗相关的最重要的文化景观和人们纪念史诗英雄们的活动场所之一。

玛纳斯四十勇士所栽四十棵树 (kirik terek)

在阿合奇县城东的咆哮的大河边的岩石丛中长有一排古树。人们称这些树为"玛纳斯的四十棵树"或是"四十勇士的四十棵树"。根据当地的传说，这四十棵树是由跟随玛纳斯东征西战的四十名勇士所栽。更为神奇的是，人们虽然说这些树总共有四十棵，但每次数过来都得不到一个明确数目。有时是四十棵，有时是四十一棵、四十二棵、三十九棵或三十八棵等。这一排树耸立在咆哮的大河边，如同守卫故乡的卫士，威武不屈，受到当地人们的敬仰和保护。

阿勒曼别特之墓 (Almanbettin murzösu)

位于卡克夏勒谷地下游地区，现属于乌什县管辖的牙满苏柯尔克孜民族乡阔克波克托尔山阴面有一个石堆，被当地人称为"阿勒曼别特之墓"。这个由石块堆起的墓地上游方向立有一块毡房大小的石头作为标号。这个墓地是当地人们祈祷祀祭的麻扎圣地。在麻扎北面的一个陡峭的山崖上有一大裂缝，被当地人称为阿勒曼别特的骏马夜间歇息之处。也就在这个悬崖裂缝中离地面高出20多米的崖壁上悬挂着一个绳扣清晰可辨的白色褡裢状的石块。这块石头历来就被柯尔克孜族人民称为是"阿勒曼别特的褡裢 (Almanbettin akkurjunu)"。

玛纳斯的阿依勒

位于比什凯克市近郊的"玛纳斯村"则是为了庆祝英雄史诗《玛纳斯》1000周年纪念活

动而建造的大型建筑群。整个"村庄"按照史诗中所描述的玛纳斯的王宫的样式设计建造。在建筑群的中心垒起的高大平台上搭建有能容纳百人、由上下两层结构的大型毡房。据说这是按照史诗内容仿造的玛纳斯接见来使、召集会议、运筹帷幄的宫毡。在这座大毡房的周围修建有独具柯尔克孜民族特色的围栏。围栏的大门两侧排列的用钢铁、岩石等雕塑、铸造而成的雄鹰、雄狮、黄羊等灵性动物的雕像和图案，气势宏伟，成为人们观光、集会、举办婚礼仪式的场所。

居素普阿昆·阿帕依陵墓

位于新疆阿合奇县哈拉奇乡阿合奇村南边山脚下的墓地中。根据传说，是20世纪新疆阿合奇县哈拉奇乡的玛纳斯奇居素普阿昆·阿帕依（Jusupkun Apay, 1881—1920）去世后其后人为了纪念他而建造的。属于20世纪上半叶的遗迹。居素普阿昆·阿帕依演唱的史诗文本经过"当代荷马"居素普·玛玛依的兄长巴勒瓦依·玛玛依的搜集之后留给弟弟居素普·玛玛依，成为他学习背诵的主要依据。也成为居素普·玛玛依唱本的主要来源，对他的成长产生过重要作用。目前，这里已经成为柯尔克孜族民众，尤其是年轻玛纳斯奇经常前往祭拜的场所。

艾什马特·曼拜特居素普

坐落于新疆乌恰县黑孜苇乡江俄捷尔村边。是当地政府为了纪念著名玛纳斯奇艾什马特·曼拜特居素普（Exmat Manbetjusup, 1880—1963）而建造的陵墓。这座陵墓同样成了人们经常前往朝拜的场所。他是我国20世纪玛纳斯奇群体中的翘楚，在我国《玛纳斯》史诗演唱传播史上具有举足轻重的作用。他的唱本曾在20世纪60年代初由我国民间文学家进行搜集，并于2003年出版。人们路过这些墓地都要驻足祈祷，而且在一些宗教节日到来时还特意前往祭拜。

青海湖边的玛纳斯雕像

坐落于青海湖边的世界史诗雕塑园之内，为世界著名史诗雕像群之一，于2009年树立，作者为我国雕塑家张维宁，雕塑加上底座有六米多高。雕塑用青铜制作而成，底座为花岗岩。雕塑主要展现玛纳斯的英雄气概，坐骑半身跃起，玛纳斯腰挎弯刀骑于马上，回身召唤他的队伍出发的景象。整个雕塑栩栩如生，很好地展现了英雄玛纳斯高大威武的形象和率领队伍跨马出征时的神态。为我国境内树立的第一座玛纳斯雕像。

新疆阿克陶县的布隆口乡的玛纳斯雕塑

雕塑于 2012 年 6 月落成。位于新疆阿克陶县布隆口乡柯尔克孜民俗文化旅游村。这座雕塑是坐落在帕米尔高原上的第一座玛纳斯雕像，也是目前世界上海拔最高的玛纳斯奇雕塑。雕塑坐落之地海拔 3600 多米，位于天山、昆仑山及塔里木盆地的结合部、著名的慕士塔格峰山脚下美丽的喀拉库勒湖湖岸。雕像背面是巍峨的冰山之父慕士塔格峰，旁边就是波光粼粼的卡拉库里湖，为雕像增添了无穷的魅力。雕像的落成为帕米尔高原史诗般的历史、古朴的民风、多彩的民俗、奇特的风情增添了丰富的内涵，为世人了解柯尔克孜文化、弘扬玛纳斯的爱国情操和奉献精神、展示高原牧民的精神面貌打造了一座永恒的丰碑。

黑龙江富裕县友谊牧场七家子村的玛纳斯雕像及玛纳斯文化广场和文化长廊

位于黑龙江省北大荒集团友谊牧场七家子柯尔克孜民族村。2011 年建成。玛纳斯雕像坐落于柯尔克孜族文化广场的中央，表现了英雄玛纳斯高举战刀、率领队伍抗拒入侵之敌的神态。这个文化广场以绘画、书法、雕塑、建筑等形式，全方位展示了《玛纳斯》史诗永恒的艺术魅力。文化广场中央为英雄玛纳斯的雕像，广场一侧是长达 348 米的《玛纳斯》文化长廊。雕像一侧的文化长廊，别具民族特色，汇集了英雄《玛纳斯》的情节和内容的精华。整个长廊长 348 米，共有 83 空，寓意史诗中发生的 83 场战斗；廊中共有 168 幅绘画，以绘画方式描述了整个史诗的精华情节。在长廊折角处的"玛纳斯英雄壁"上有一幅名为《攻克别依京》32 米长的大型壁画，气势磅礴，全景式展示了英雄玛纳斯率领旗下十四个汗王英勇征战的悲壮场面。走进长廊，如同走进柯尔克孜族光荣而悲壮的历史，长廊的每一段都记述着一个民族不屈不挠的民族精神。长廊共分三个部分：第一部分，概述，介绍《玛纳斯》史诗产生的历史背景，主要内容，文学成就，突出特色和社会影响；第二部分，按照八部史诗的排序，分别介绍史诗的主要内容；第三部分，从八个方面展示史诗中的民族团结、民族语言、民族宗教、民族风俗、民族文化、民族工艺、民族生产、史诗人物等。长廊共用各种书法书写了 84 段史诗，与相匹配的绘画一起展示史诗内容，做到廊中有画，廊外有诗，画中有情，诗画辉映。整个长廊共建成了 24 个雕塑；开头有居素普老人弹库姆孜演唱的雕塑；八部史诗每部史诗开始部分一侧有一个雕塑，雕塑基座上刻着这部分史诗的内容简介、基座上有这部史诗主人公的半身塑像；结尾处有柯族人民男女老幼四个雕塑演唱《玛纳斯》的情景；还有史诗书卷雕塑等。长廊有浓郁的柯族风情建筑，史诗长廊的边框雕有浓郁民族风情的花纹，长廊穿越了秀丽的诗湖，两侧延伸的榭台别具风情，湖中小岛中有表示柯族男女爱情的两株相依的百年"情人树"，更增加了长廊的魅力。史诗长廊具有四大特色：一是故事性，长廊将史诗中的主要故事分别用书画的方式再现出来，边走边看边讲，引人入胜。二是观赏性，长廊按

中国非物质文化遗产百科全书·史诗卷

史诗的各个组成部分绘成赤橙黄绿青蓝紫七色彩虹，有神奇的感觉；里面的绘画更是色彩斑斓，带有柯族独有的民族情调；史诗的精彩段落，语言生动，情节感人，令人赏心悦目。三是艺术性，与长廊相匹配的还有一个《玛纳斯》广场，广场有演出舞台，以后将定时演出《玛纳斯》史诗舞蹈；舞台大型屏壁后部镌刻着知名书法家书写的玛纳斯史诗段落碑帖；广场矗立着玛纳斯大型塑像。长廊既有建筑艺术、雕塑艺术、绘画艺术，还有书法艺术，是一个精品艺术长廊。四是教育性，史诗长廊传承了柯尔克孜族优秀的文化遗产，既弘扬了柯尔克孜的民族精神，也弘扬了中华民族艰苦奋斗、不屈不挠的民族精神，是一个爱国主义的教育基地。

736

附录：《玛纳斯》专用词汇汉、拉丁转写对照表

汉文	Latin
人 物	
腾格里	Tengir
奇勒黛阿塔	Qilde-ata
阿亚孜阿塔	Ayaz-ata
阿达姆阿塔	Adam-ata
阿瓦耶涅	Ava-ene
努赫	Nohg
阿吉达尔	Ajdaar
依塔勒	Itale
巴巴德依罕	Dikan-baba
朵特	Döötü
阿勒巴热斯特	Albarste
朵	Döö
四十个奇勒坦	Kirk Qiltan
梦神	Tüx Eeesi
乌麦	Umay
卡伊别然	Kayberen
布达依克	Budayik
库麻依克	Kumayik
奥依索勒阿塔	Oysul-ata
康巴尔阿塔	Kambar-ata
乌依桑巴巴	Uysang-baba
巧力潘阿塔	Qolpon-ata
奇羌阿塔	Qiqang-ata
苏尔艾奇科	Qqang-ata
克孜尔	Kizir
夏伊灭尔丹	Xayderden
介孜开姆皮尔	Jezkempir
阿勒巴尔斯特	Albarsti
玛纳斯	Manas
赛麦台	Semetey
赛依铁克	Seytek
凯耐尼木	Kenenim
赛依特	Seyit

汉文	Latin
阿斯勒巴恰	Aslibacha
别克巴恰	Bekbacha
索木碧莱克	Sombilek
奇格台	Qigtey
卡尼凯	Kanikey
阿依曲莱克	Aychurek
库娅勒	Kuyale
克勒吉凯	Kiljike
萨依卡丽	Saykal
卡尔德哈奇	Kardigach
加克普汗	Jakip
巴卡依	Bakay
楚瓦克	Chavak
阿勒曼别特	Almanbet
加木额尔奇	Jamgirchi
什阿依汗	Shigaykagan
铁凯奇	Tekechi
玉尔必	Yurbu
艾尔托什吐克	Aertoshtuk
森奇别克	Senqibek
阔绍依	Koshaoy
古里巧绕	Guchoro
阿吉巴依	Ajibay
阿克巴勒塔	Akbalta
额尔奇吾勒	Erchiuul
阿克艾尔凯奇	Ak-erkech
波略克拜	Bolokbay
玛合都姆	Mahdim
阔阔托依	Kokotoy
穆兹布尔恰克	Muzburchak
阿牢开	Aloke
孔吾尔拜	Kongurbay
阔孜卡曼	Kozkaman
娜克莱依	Nakilay
恰奇凯	Qachike

坎巧绕	Kanchoro	夏巴依·巧露	Xabay qolu
克亚孜	Kiyaz	阿勒普别克·卡勒恰	Alipbek Kalcha
阔别什	Kobosh	额司马依勒	Ismayil
巴额什	Bagesh	奥诺佐·卡德尔	Orozo Kadir
托勒托依	Toltoy	木萨·牙库普	Musa Yakup
科尔格勒恰勒	Kirgilchal	托略克·托略罕	Tolok Torokan
奥诺孜都	Orozdu	曼别特·帕勒塔	Manbet Palta
别云汗	Boyonkhan	库尔班·穆萨	Kurban Musa
卡拉汗	Karakhan	图尔干·居努斯	Turgan Junus
图贝汗	Tubeykhan	阿布德勒艾则孜	Abdil Aziz
克盖汗	Kegeykhan	朱玛·埃散	Juma Esen
诺盖汗	Nogoykhan	卡其肯·萨乌特拜	Kapkin Savutbay
乌森	Usun	阿散别克·阿曼拜	Asanbek Amanbay
恰彦汗	Qayankhan	奥姆热坤	Omurakun
卡塔安	Katagan	撒乌特·吾斯曼	Savut Osmon
卡特卡郎	Katkalang	托略尼·玉素普	Tolon Jusup
卡斯叶特	Kasiyet	奥穆尔·玉素普	Omur Jusup
卡勒卡	Kalka	阿布德热扎克·马凯西	Abdirazak Makeyxi
克孜勒塔依	Kiziltay	阿满图尔·卡布勒	Amantur Kavul
赛热克	Serik	塔瓦力地·凯热木	Tavaldi Kerim
色尔哈克	Sirgak	阿坎别克·努拉昆	Akkanbek Nurakun
阔别什	Kobesh	阔普尔·阿依巴西	Kopur Aybashi
玛纳斯奇	Manaschi	奥穆尔拜·戴尔坎拜	Omurbay Darkanbek
艾什玛特·曼别特居素普	EshmatManbetjusup	托合塔昆·阿德凯	Toktakun Adike
额布拉音·阿昆别克	Iburaim Akunbek	麻木特·萨勒马凯	Mamut Salmake
巴勒瓦依·玛玛依	Tabaldi Kerim	阿加昆	Ajakun
居素甫阿昆·阿帕依	Jusupakun Apay	曼别特奥诺佐·博尔布什	Manbetorozo Borbush
居素普·玛玛依	Jusup Mamay	塔力甫·赛依提	Talip Seyit
铁米尔·吐尔杜曼别特	Temir Turdumanbet	别克尔·马拉依	Bekir Malay
满别塔勒·阿拉曼	Manbetali Aleman	卡德尔	Kadir
穆塔里夫·库尔玛纳勒	Mutallip Kurmanale	厄布拉伊·奥诺佐满别特	Iburay Orozomanbet
萨特瓦勒德·阿勒	Sativaldi Ali	马特	Mati
毛勒岱克·贾克普	Moldek Jakip	图凯西·贾马凯	Tukesh Jamake
萨尔塔洪·卡德尔	Sartakun Kadir	巴克特白·托阔	Baketbay Toko
奥斯曼·纳玛孜	Osmon Namaz	朱玛库勒·乌斯凯	Jumakul Osmon
卡布拉昆·玛旦别克	Kabulakun Madanbek	加帕尔·铁米尔	Japar Temir
奥斯曼·玛特	Osmon Mati	托默克·曼别特阿勒	Tomok Manbetali
托略·朱玛	Toro Juma	额司马依勒·库勒毛勒朵	Ismayil Kulmoldo

阿依达尔阿勒·塔什丹	Aydarali tashtan	玛姆别塔昆·马坎	Manbetakun Maken
玉赛因·阿布德加帕尔	Yuseyin Abdijapar	库瓦特别克·坎加坤	Kuvatbek Kenjakun
奥穆尔	Omur	穆萨·对谢拜	Musa Dyxebay
阿散木丁·麦伊曼	Asanmudun Mayman	穆萨·奥诺佐拜	Musa Orozobay
穆萨坤·木耳扎曼别特	Musakun Murzamanbet	奥曼·马木提	Omon Manut
奥帕孜·加尔肯拜	Opaz Jarkinbay	满拜特阿散·卡帕尔	Manbetasan Kapar
别克包	Bekbo	阿布勒哈兹·依萨克	Abulhazi Esak
阿布德开热木·玉散别克	Abdikerim Yusenbek	阿尔兹别克·阿曼图尔	Arzibek Amantur
赛依特·额不拉音	Seyit Ibiray	依曼卡孜·阿布都卡力克	Imankazi Abdikalik
马麦特卡德尔·马麦特阿散	Manbetkadir Manbetasan	木卡什·托合托尔拜	Mukash Toktorbay
卡德尔·巴依萨勒	Kadir Baysal	乔珀什·依沙克	Qolposh Isak
卡丹·司马依勒	Kadan Ismayil	萨拉买提·莫勒多艾合买提	Salamat Moldakmat
吉勒布热斯卡·交勒多什	Jilburiska Joldosh	阿依提别克·提莱克	Ayitbek Tilek
阿瓦科尔·埃特曼别特	Avakir Aytmanbet	阿热克巴依·阿布勒尕孜	Arikbay Abulgazi
玛尔杰克·加克瓦昆	Marjek jakivakun	艾山卡地尔·卓勒达什	Esenkadir Zholdosh
古丽孙·艾什马特	Gulsun Eshmat	阿热普江·艾山库力	Aripjan Esenkul
布把加尔·苏力坦	Buvajar Sultan	阿瓦克尔·朱玛巴依	Avakir Jumabay
依力亚孜·阿日尼	Iliyaz Arin	萨恩拜·奥诺孜巴克	Saginbay Orozbak
纳满·朱玛	Naman juma	特尼别克·加皮	Tnibek Japy
江额努尔·图尔干白	Janginur Turganbay	萨雅克拜·卡拉拉耶夫	Sayakbay Karalaev
阿布德别克·奥斯坎	Abdibek oskon	阿克坦·特尼别考夫	Aktan Tnibekov
比尔纳扎尔·吐尔逊	Birnazar Tursun	阿克勒别克	Akilbek
苏拉伊曼·居马昆	Sulayman Jumakun	帕自力·阿依塔克	Pazil Aytak
库尔曼别克·奥穆尔	Kurmanbek Omur	阿不都卡德尔·托合塔诺夫	Abdikadir Toktorov
别依先纳勒·阿布德拉依	Beyxenali Abdiray	玉素音阿吉·吾色克毛拉	Yuseyin Savikmoldo
托波库勒·艾沙纳勒	Tobokul Esenali	阿曼吐尔·巴依扎克	Amantur Bayzak
卡热别克·卡莱希	Karbek Kalex	安尼瓦尔·巴依图尔	Anivar Baytur
萨热拜·凯热穆	Srebay Kerim	夏尔西别克·斯迪克	Xarshebek Sidik
托赫托古勒·阿那匹亚	Toktogul Anapiya	塔依尔·买买提力	Tayir Manbetali
素云拜·额布拉依木	Suyunbay Ibirayim	吐尔干·伊仙	Turgan Isen
阿山·玛姆别塔昆	Asan Manbetaku	艾斯别克·阿比罕	Irisbek Avikan
阿勒特米西·阿西姆	Altimix Axim	苏勒坦阿勒·包尔泊多依	Sultanali Borbodoy
额勒尕尔别克·库尔玛什	Ilgarbek Kurmash	萨坎·玉麦尔	Saken Omur
姆卡迈特·穆萨	Mukammet Musa	阿地里·居玛吐尔地	Adil Jumaturdu
阿加坤·尼耶特	Ajakun Niet	托汗·依萨克	Tokon Isak
努尔玛特·额德热斯	Nurmat Ederis	玉山阿勒·阿勒木库勒	Yusenali Alimkul
别先阿勒·苏勒坦阿勒	Beyxenale Sultanale	曼拜特·吐尔地	Manbet Turdu
苏玉姆库勒·玉萨纳勒	Suyumkul Usenale	托合提汗·司马义	Toktakan Ismayil

阿曼吐尔·阿不都拉苏尔	Amantur Abdirasul
巴赫提·阿玛别克	Bakit Amanbek
伊斯拉木·伊萨合	Islam Isak
依斯哈克别克·别先别克	Isakbek Beyxenbek
马克来克·玉买尔拜	Makelek Omurbay
阿散拜·马特力	Asanbay Matili
朱玛克·卡德尔	Jumak Kadir
阿力木江·阿布都克力木	Alimjan Abdikerim
斯拉依·阿赫玛特	Israyil Akmat
乔坎·瓦里汗诺夫	Chokan Valihanov
维.维.拉德洛夫	V.V.Radllov
诺拉.察德维克	Nora K. Chadwick
日尔蒙斯基	Victor M. Zhirmunsky
A.T. 哈图	A.T.Hatto
西协隆夫	Nixivakitako
丹尼尔·普热依尔	Daniel Prior
凯艾希·科尔巴谢夫	Kengex Kirbaxev
雷米·岛尔	Remy Dor
卡尔·莱谢尔	Karl Reichl
宗教信仰及仪式	
甘	Kam
麻扎	mazhar
鲊答石	jadatash
杰尔－苏塔优	Jer-suu tayuu
萨达哈恰布	Sadaga-chabuu
穆尔卓塔优	Muzo tayuu

古代部落、地名及人文	
阿拉什	
诺奥依	Alash
克塔依	Kitay
卡勒玛克	Kalmak
别依京	Beyjin
阔克苏	koksuu
阔依卡普	Koykap
卡伊普山	Kayiptoo
巴伊铁热克	bayterek
图玛尔	tumar
阔孜蒙雀克	Koz-monqok
阿依特西	aytish
铁尔麦	terme
交毛克	jomok
阿肯	akin
散吉拉	sanjira
散吉拉奇	sajirachi
纳兹尔	nazir
武器和战马	
阿克库拉	Akkula
塔依布茹里	Tayburul
康库拉	kengkula
玛尼凯尔	maniker
托托茹	totoru
阿克凯勒铁	Ak-kelte
阿克奥勒波克	Ak-olpok
卡尼达嘎依	kandagay

跋

为了顺利完成本书的编写任务，在项目启动之初就成立了编写委员会，他们由国内知名专家学者组成，集合了北京、四川、青海、内蒙、甘肃、西藏、新疆等地长期从事《格萨（斯）尔》、《江格尔》和《玛纳斯》研究的专家，全部都是具有高级职称或具有博士学位的学者。他们分别是杨恩洪（中国社科院民族文学所研究员、博士生导师）、阿地里·居玛吐尔地（中国社科院民族文学所研究员、博士生导师）、斯钦巴图（中国社科院民族文学所研究员、博士生导师）、诺布旺丹（中国社科院民族文学所研究员、博士）、角巴东主（青海省《格萨尔》研究所原所长、研究员、青海民族大学教授）、益邛（四川省色达县著名《格萨尔》学者）、杨嘉铭（西南民族大学教授）、黄智（青海《格萨尔》研究所所长，研究员）、王国民（西北民大《格萨尔》研究院教授）、李措毛（青海师大艺术系教授）、曹娅丽（青海民族大学艺术系教授）、揣振宇（中国社科院财经战略研究院党委书记、研究员）、乌·纳钦（中国社科院民族文学所副研究员、博士）、郭晓虹（青海民族大学艺术系副教授）、青措（青海省文化厅艺术研究所副研究员）、叶尔扎提·阿地里（西北民族大学硕士研究生）。

其中，揣振宇研究员负责项目的协调和整体策划工作。诺布旺丹研究员负责本卷的总体体例设计、组织编写、统稿和审稿工作，以及《格萨尔》部分的组织、协调和编写工作。阿地里·居玛吐尔地研究员负责《玛纳斯》部分的编写工作，斯钦巴图研究员负责《江格尔》部分的编写工作。封面烫金图案为位于青海果洛州格萨尔广场上的格萨尔大王雕塑，原图由杨恩洪、次平、李连荣拍摄。

图书在版编目（CIP）数据

中国非物质文化遗产百科全书·史诗卷：格萨（斯）尔、江格尔、玛纳斯/ 冯骥才 诺布旺丹编． -- 北京：中国文联出版社，2015.5
ISBN 978-7-5059-9399-0

Ⅰ．①中⋯ Ⅱ．①冯⋯ Ⅲ．①文化遗产-介绍-中国②少数民族-英雄史诗-介绍-中国 Ⅳ．①K203②I207.22

中国版本图书馆CIP数据核字(2014)第311538号

中国非物质文化遗产百科全书·史诗卷

总 主 编 ：冯骥才	
本卷主编 ：诺布旺丹	
出 版 人：朱 庆	
终 审 人：奚耀华	复 审 人：柴文良
责任编辑：王东升 龚 方	责任校对：师自运
封面设计：张雅静	责任印制：陈 晨

出版发行：中国文联出版社
地　　址：北京市朝阳区农展馆南里10号，100125
电　　话：010-65389142（咨询）65067803（发行）65389150（邮购）
传　　真：010-65933115（总编室），010-65033859（发行部）
网　　址：http://www.clapnet.cn
E - mail：clap@clapnet.cn
印　　刷：北京新华印刷有限公司
装　　订：北京新华印刷有限公司
法律顾问：北京市天驰洪范律师事务所徐波律师
本书如有破损、缺页、装订错误，请与本社联系调换

开　　本：889×1194	1/16	
字　　数：950千字	印　张：49	
版　　次：2015年5月第1版	印　次：2015年5月第1次印刷	
书　　号：ISBN 978-7-5059-9399-0		
定　　价：420.00元		

版权所有　翻印必究